主　编　高　翔
副主编　周溯源　王利民
执行主编　李红岩

中国道路

——中國社會科學報

特别策划（2009－2010）

ZHONGGUO DAOLU ZHONGGUO SHEHUIKEXUEBAO
——TEBIE CEHUA(2009-2010)

【上　卷】

人民出版社

策划编辑:孙兴民
责任编辑:孙兴民
装帧设计:徐　晖
版式设计:东昌文化

图书在版编目(CIP)数据

中国道路——中国社会科学报　特别策划(2009—2010)/高翔主编.
　-北京:人民出版社,2010.7
ISBN 978－7－01－009066－5

Ⅰ.①中…　Ⅱ.①高…　Ⅲ.①社会科学-期刊-汇编-中国-2009—2010
　Ⅳ.①C55

中国版本图书馆 CIP 数据核字(2010)第 121069 号

中国道路——中国社会科学报　特别策划(2009—2010)
ZHONGGUO DAOLU ZHONGGUO SHEHUIKEXUE BAO TEBIE CEHUA

高　翔　主编

人民出版社 出版发行
(100706　北京朝阳门内大街 166 号)

保定市北方胶印有限公司印刷　新华书店经销

2010 年 7 月第 1 版　2010 年 7 月北京第 1 次印刷
开本:700 毫米×1000 毫米 1/16　印张:75
字数:1132 千字　印数:0,001-7,000 册

ISBN 978－7－01－009066－5　定价:132.00 元(全三卷)

邮购地址 100706　北京朝阳门内大街 166 号
人民东方图书销售中心　电话 (010)65250042　65289539

序

又是初夏时节，绿树荫浓，风景无限。去年这些日子，是中国社会科学杂志社最忙碌的时候，同志们夜以继日地工作，内心充满了忐忑，急切地期待着、憧憬着一个新生命的到来。2009 年 7 月 1 日，它终于迎着朝阳喷薄而出：《中国社会科学报》诞生了！

回首报纸的创办过程，我们经历了两个"逆势而上"。一是在全球纸质媒体遭遇萧条、国内报业市场萎缩之际，我们逆势而上，不仅站稳了脚跟，而且发展势头可观；二是出版界多年的惯例是由报社办期刊，我们却逆势而上，先办刊，再出报，由一个纯粹的学术杂志社办报，创造了一个学术传媒的先例。

两个"逆势而上"的成功具有必然性。我们始终是在中国社会科学院党组书记、院长陈奎元同志，《中国社会科学报》编委会主任王伟光同志和院党组的坚强领导和大力支持下前进的。没有奎元同志和院党组，就没有这份报纸。中国社会科学杂志社深厚的学术传统、丰富的编辑经验，团队成员忠诚、敬业、奉献的精神，都是我们成功的保障。同时，我们与国内外学术界长期保持着紧密的沟通与互动，不断从学者们那里汲取智慧和营养。没有学术界的大力支持，就办不好这份报纸。

《中国社会科学报》到底是一份什么样的报纸？以什么为特色？按照奎元同志和院党组的指示，它必须是具有中国风格、中国气派、中国特色和国际视野、国际影响的学术理论大报。为体现报纸的定位与特色，创办伊始，我们即创立了"特别策划"与"对话"两个栏目。展现在读者面前的，就是一年来这两个栏目文章的结集。

"特别策划"主要围绕重大理论、学术或现实问题，邀请国内外著名专家学者，以三至四个版面的空间，展开深入的理论思辨、学术探讨或跨学科对话，全方位、多视角地彰显学术界对问题的认识水平。"对话"则刊登我们对世界一流学者、政界高层官员以及各界著名人士的独家专访，以高端、精英、权威为特点。这两个栏目追求以国际化的视野、前沿的理念来反映权威的声音，以学术的方式展现一流学者对重大理论和现实问题的看法。现在，将"特别策划"和"对话"集结成册。既是我们对一年工作的小结，也寄托着我们对所有关心和支持这份报纸的读者和作者的敬意。

转瞬一年过去了。在报纸周岁之际，中国社会科学杂志社告别后海王府，迁入颇具现代气息的京城CBD核心区。这是一次具有历史意义的迁徙，它意味着《中国社会科学报》将义无反顾地投身到现代社会变革的浪潮中，推动学术界在理论与实践的双重探索中，建构具有鲜明中国特色的现代学术体系，推动中国学者自觉参与世界范围内的争鸣，在同世界各种学术流派的对话、交流中发出我们自己的声音，展示中华民族独特的思想与智慧。

和报纸的创办相比，这是一次更加艰苦、更加漫长的创业，但我们充满了信心。刚刚告别"婴儿期"的《中国社会科学报》，正在步入活力与希望之季，在它前面是广阔无垠的原野，蕴藏着无限生机和可能。"诚重劳轻，求深愿达"，肩负着时代与学术的重托，我们敢不倾力为之？

文集付梓之际，聊草数语，权充序言。

高　翔

2010 年 6 月 18 日

于北京朝阳 CBD 泰达时代中心

目　录

上　卷

注：括号内数字为刊发时间

中国道路：全球视野与历史维度

童 力

北京共识：世界热议中国道路

2004 年 5 月，一位名叫乔舒亚·库珀·雷默的人写了一份研究报告，引起世界上许多政要、分析家、学者的广泛关注。一场以中国经验、中国模式、中国道路为关键词的大讨论，在国际社会迅速传播开来。

在这份名为"北京共识：中国是否能够成为另一种典范"的报告中，雷默描述了西方世界对中国的基本心态和主要看法，本着为西方国家出主意、想办法的立场，提出：正是中国，依靠它独特、典范而成功的发展路径，在帮助和重塑着这个世界。正是中国人走的路，正变得越来越流行，并且给世界带来了希望。

雷默是美国外交委员会成员、美国投资银行高盛公司资深顾问、清华大学教授、中国问题研究专家。他的研究报告引发广泛关注，不是由于作者的身份，而是由于适逢其时，契合了世界希望解读中国成功之路的强烈愿望。

无疑，世界想了解中国；不但想了解中国成功的"秘诀"，更想知道中国将向何处去？中国的成功，对世界意味着什么？

2008 年奥运会，为中国向世界展示自己、也为世界深入了解中国，提供了难得的机遇。随着奥运的礼花在北京夜空绽放，一些理论家更愿意把这一年定义为"中国模式年"。

一位对中国并不友好的美国人权教授写道：当美国经济被进一步拖进

房地产坏账的泥潭时，中国将会继续保持繁荣。中国的政治经济模式正在取得胜利，并且看起来是自由民主的资本主义一个很有吸引力的替代模式。

这位美国教授显然对中国的成功充满酸溜溜的感触。这种酸溜溜，并不奇怪。倒是这种心理背后，除去政治、经济、文化以及心理的背景，更向世人提出了一个颇有理论意味的问题，即脱离西方的模式、西方的标准、西方的概念，世界还会不会思考，能不能思考？人类是否能够成功建构一条非西方体系的现代化之路？

显然，这一提问具有全球性的价值。因为，迄今为止，在人类历史进程中，人们还看不到一个非西方的现代化成功范例。特别是在苏联东欧剧变、冷战结束的大背景下，历史似乎在向人类昭示：要走向现代化，就无法跨越西方资本主义的"卡夫丁峡谷"。

然而，中国却成了一个"例外"。

于是，在抛弃西化话语就不会思考的那些人眼里，中国模式、中国道路自然便总有那么一点儿不对劲，感觉不能适应！担心、嫉妒、仇视、不甘心，不一而足。

可是，中国的巨大成功又不能不让他们叹服！

许多人感叹，"北京共识"正在取代"华盛顿共识"——雷默称其为"一种傲慢的历史终结的标志"。后者，已经并正在被越来越多的人所不信任。因为它给许多国家带来的，是并不那么美妙的结果。从拉美到非洲，到东南亚的许多国家和地区……

2009年，世界上几乎所有重要媒体，都在谈论所谓的"中国经验"。自然的，各种各样的声音，泥沙俱下，五花八门。可是，与以往对中国的热议不同，这一次，肯定、赞许和感叹成了主流！

中国威胁论、中国崩溃论、中国未来不确定、谁来养活中国……，这些荒诞的臆测，已经被证明，不过就是荒诞的臆测。然而，没有人出来为荒诞的臆测承担责任，似乎也无须承担责任。世界舆论仿佛也像流水一样，轮流着转圈。

于是，中国经验、中国模式、中国道路、北京共识，这些不同的表述却同时表达着同一个意思，针对着同一个对象，蕴含着一个同样深刻的价值指向，即"中国"已经超出中国的意义，而是具有了"世界历史"的意涵。中国道路，很可能是人类历史上第一条非西方化的现代化成功之路。它是一条富裕之路，也是一条文明之路、和平之路。

当"中国"被赋予"世界"的意义，围绕这一话题的许多具体论断、学者们斤斤计较的各色观点，也就不那么重要了。

中国之路：中国特色社会主义

显然，"中国模式"也好，"北京共识"也罢，不过都是西方人对中国道路的解读而已。他山之石，可以攻玉。这些议论，无疑对中国人认识自己具有参考价值。然而，每一个中国人都知道，中国人民所走的这条路，正确的称谓应该是"中国特色社会主义"。要真正认清中国，还得靠中国人自己。

什么是中国特色社会主义？最新的权威文本有两个，一个是2007年10月胡锦涛总书记在中国共产党第十七次全国代表大会上的报告，一个是2008年12月胡锦涛总书记在纪念党的十一届三中全会召开30周年大会上的讲话。

这条成功之路的基本经验，被浓缩为"十个结合"。即：

（一）必须把坚持马克思主义基本原理同推进马克思主义中国化结合起来，解放思想、实事求是、与时俱进，以实践基础上的理论创新为改革开放提供理论指导。

（二）必须把坚持四项基本原则同坚持改革开放结合起来，牢牢扭住经济建设这个中心，始终保持改革开放的正确方向。

（三）必须把尊重人民首创精神同加强和改善党的领导结合起来，坚持执政为民、紧紧依靠人民、切实造福人民，在充分发挥人民创造历史的作用中体现党的领导核心作用。

（四）必须把坚持社会主义基本制度同发展市场经济结合起来，发挥社会主义制度的优越性和市场配置资源的有效性，使全社会充满改革发展的创造活力。

（五）必须把推动经济基础变革同推动上层建筑改革结合起来，不断推进政治体制改革，为改革开放和社会主义现代化建设提供制度保证和法制保障。

（六）必须把发展社会生产力同提高全民族文明素质结合起来，推动物质文明和精神文明协调发展，更加自觉、更加主动地推动文化大发展大繁荣。

（七）必须把提高效率同促进社会公平结合起来，实现在经济发展的基础上由广大人民共享改革发展成果，推动社会主义和谐社会建设。

（八）必须把坚持独立自主同参与经济全球化结合起来，统筹好国内国际两个大局，为促进人类和平与发展的崇高事业作出贡献。

（九）必须把促进改革发展同保持社会稳定结合起来，坚持改革力度、发展速度和社会可承受程度的统一，确保社会安定团结、和谐稳定。

（十）必须把推进中国特色社会主义伟大事业同推进党的建设新的伟大工程结合起来，加强党的执政能力建设和先进性建设，提高党的领导水平和执政水平、拒腐防变和抵御风险能力。

讲中国道路，这"十个结合"，就是中国道路的基本内涵。它是中国在过去 30 年的所作所为，也是中国未来发展战略的内在理路。它采用的是中国人的立场，中国人的语言。

"十个结合"意味着：中国道路既不是封闭僵化的老路，也不是改旗易帜的邪路，它只是中国特色社会主义道路。

这条道路甚至可以更加浓缩地概括为一句话，那就是：把马克思主义基本原理同中国具体实际相结合，走自己的路，建设中国特色社会主义。

对马克思主义者来说，这条路还具有不同于一般道路的更深刻内涵，意味着马克思主义发展史的崭新篇章。它的价值和意义在于：创造性地探索并回答了什么是马克思主义、怎样对待马克思主义，什么是社会主义、怎样建设社会主义，建设什么样的党、怎样建设党，实现什么样的发展、怎样发展等问题。

事实和逻辑如此清晰。中国特色社会主义道路，就是在中国共产党领导下，立足基本国情，以经济建设为中心，坚持四项基本原则，坚持改革开放，解放和发展社会生产力，巩固和完善社会主义制度，建设社会主义市场经济、社会主义民主政治、社会主义先进文化、社会主义和谐社会，建设富强民主文明和谐的社会主义现代化国家。

有人说，中国特色社会主义是世界社会主义运动的新发展，是社会主义实践的新探索，是社会主义理论的新阐发，凸显了当代社会主义的新形态。

实现现代化，是它的最终目标。

离开中国人的立场、中国人的感情、中国人的语言，任何对中国的观察和解读，终不免雾里看花、隔靴搔痒！

历史抉择：中国人的必由之路

世界上任何一个人都得承认，中国特色社会主义所取得的伟大成就，已经载入史册。世界上任何一个真正了解中国的人都会相信，中国的前景光明而美好。因为，中国将继续高举中国特色社会主义伟大旗帜，将继续坚持中国特色社会主义道路和中国特色社会主义理论体系。

同时，中国共产党人和中国人民深深懂得，世界上没有放之四海而皆准的发展道路和发展模式，也没有一成不变的发展道路和发展模式。当国际社会热议"中国道路"和"中国模式"的时候，中国人民没有头脑发热，没有忘乎所以，而是表现出高度的冷静和清醒。

中国人不会把书本上的个别论断当做束缚自己思想和手脚的教条，也不会把实践中已见成效的东西看成完美无缺的模式，更不会向世界强行推销自己的发展模式，不会把中国模式与西方模式看做是非此即彼的对立物。

中国人在成熟。从"摸着石头过河"到"十个结合"，中国人对中国特色社会主义在认识上更深化、把握上更深刻了。同时，在如何对待自己、如何对待他人，以及如何对待自己和他人的关系上，中国人也已经成熟。

中国人的成熟是历史换来的。中国之所以能够走上中国特色社会主义之路，绝非一朝一夕之事，更不是灵机一动、计上心来的结果，而是经过了沉重的历史磨炼，是150多年历史抉择的结果。

1840年，鸦片战争的炮火拉开了中国近代史的序幕。从那时开始，中国逐步沦为半殖民地半封建社会。同样从那时开始，走什么样的路、怎样走，便极为现实地摆在了中国人面前。

为实现中华民族伟大复兴，无数仁人志士奋起寻求救国救民、振兴中华的道路。为此，近一个世纪以来，中国人先后发动了三次伟大革命。

第一次是孙中山先生领导的辛亥革命，推翻了统治中国几千年的君主专制制度，为中国的进步打开了闸门。

第二次是中国共产党领导的新民主主义革命和社会主义革命，推翻了帝国主义、封建主义、官僚资本主义在中国的统治，建立了新中国，确立了社会主义制度，为当代中国一切发展进步奠定了根本政治前提和制度基础。

第三次是中国共产党领导的改革开放这场新的伟大革命，引领中国人民走上了中国特色社会主义广阔道路，迎来中华民族伟大复兴的光明前景。

与三次革命相伴随，围绕着"中国应该走什么路"，许多人提出了许许多多的方案和设想。

最初，洋务派搞"中学为体，西学为用"，试图在不变更大清王朝根基的前提下继续走封建皇权之路，结果，历史抛弃了他们。康有为、梁启超为代表的改良派发动戊戌变法运动，试图将中国引向皇权资本主义，结果，历史同样抛弃了他们。孙中山领导的中国同盟会和早期的中国国民党，试图将中国引向资本主义社会，结果，政权被他人篡夺。民国初年，袁世凯想让帝制回炉，结果，历史把他钉在了耻辱柱上……

改良主义的、村社主义的、无政府主义的、三民主义的、新儒家的、复古主义的、法西斯主义的、社会民主主义的……中国人提出并试图尝试的"路"，委实不少，但没有一条走得通。历史没有选择它们！

只有中国共产党，找准了中国应该走的路。那就是：从新民主主义到社会主义；在社会主义初级阶段实行中国特色社会主义。

这条路，是历史与逻辑的高度统一。

从历史看，它是150多年中国历史不断积累、不断选择的结果；从逻辑看，它具有从新民主主义到社会主义的一整套历史理论作支撑。

近代中国历史的发展使中国选择了社会主义。社会主义初级阶段的基本国情使中国选择了中国特色社会主义。只有中国特色社会主义，才能真正使中国实现现代化。

这就是150多年来中国所走过并还在继续走的现代化之路！

十学者纵论中国道路

编者按：中国特色社会主义是不断发展的事业。事业的发展没有止境，人们的探索、思考和认识也没有止境。正是在理论和实践的双重探索中，中国特色社会主义以其独有的强大的生命力、感召力和影响力，深受国内外学术界关注，成为当代人文社会科学研究不能回避的重大课题。近期，《中国社会科学报》记者采访了一些国内外学者，请他们围绕当代中国发展道路与模式发表意见与看法。这里摘登部分访谈内容，观点不代表本报立场，仅供读者参考。文章排列以主题内容为序。

季塔连科：马克思主义中国化是中国成功的关键

我认为，中国成功的根本原因在于中国共产党能够按照变化了的时代条件，及时平稳地调整党和国家的发展政策，用不断创新的中国化的马克思主义指导实践。中国60年的经验，特别是30年改革的经验，就是实行了最大限度地调动个人积极性的政策，这些政策对于实现国家的整体发展和现代化具有重大意义。

众所周知，早在1938年，毛泽东在《中国共产党在民族战争中的地位》的报告中就说过，马克思主义必须和中国的具体特点相结合，并通过一定的民族形式才能实现。因此，所谓马克思主义的中国化，在不同的时代里，都是将马列主义的普遍原理与中国具体实践相结合，掌握丰富的民族遗产并利用其为国家的发展和完成新任务服务。胡锦涛在十七大上号召，要努力用"马克思主义中国化的最新成果"武装全党，这不是偶然的。

还有，中国领导人多年来不断注意研究苏联解体和苏共亡党的原因及教训。在一系列党的代表大会特别是十七大文件中，可以清楚地看到中国领导人对苏联解体、苏共亡党的悲剧性教训的严肃思考。这表现在马克思主义中国化中，就是考虑到国家发展的特点，建设好"中国特色社会主义"是中国共产党巩固执政地位的主要条件，是保障中共领导作用的前提。

马克思主义中国化和建设中国特色社会主义与实现三个"伟大的历史任务"相联系，即实现现代化，实现国家统一和在推动现代化发展的情况下捍卫世界和平。如果内在的"中国化"计划是指全方位加强中国文化的地位，在中国民族土壤中挖掘改革的政治源泉，那么主导对外政策的思想，就是引领中国和平发展的观点。在当前阶段，用胡锦涛的话说，就是"建设持久和平、共同繁荣的和谐世界"。

（米哈伊尔·列昂季耶维奇·季塔连科，俄罗斯科学院远东研究所所长、院士）

房宁：中国道路如何形成

近60年来，特别是实行改革开放30年来，中国从一个一穷二白的国家，一跃成为世界强国。中国崛起的背后，是在不到60年，主要是在30年时间里，成功地实现了工业化，初步实现了现代化。

从人类历史看，中国的工业化与现代化，堪称历史上最成功的工业化与现代化。中国在实行工业化、现代化的过程中，探索形成了符合本国国情、具有本国特色的一整套社会发展模式，其中包括经济模式、政治模式和文化模式等，铺就了一条"中国道路"。

中国道路是无数先烈和仁人志士艰苦奋斗、前赴后继换来的，其中最智慧、最勇敢、最富有牺牲精神的就是中国共产党的先辈们。

需要从两个维度来考察中国道路，一个是从历史的维度，一个是从实践的维度。这两个维度其实是统一的。中国道路既是在历史中形成的，也是在实践中形成的。

中国道路的形成与国家的历史环境和主要任务有关。如果这种制度有利于发展，就会被人民普遍接受、被历史所选择并且在实践中站得住脚。这种道路的选择不是人为的，是客观的，不是想学哪个制度就可以学的。

为什么学马克思主义和社会主义会成功呢？因为它能解决中国人生存和发展所面临的主要问题。解决了主要问题，这种制度就站住脚了，成为历史和人民的选择。毛泽东在《新民主主义论》中说，谁能够把中国人民团结起来，把日本帝国主义赶走，谁就是中国人民的救星。这已经被中国100多年来的历史所证明。

在帝国主义、殖民主义的入侵下，在封建主义和官僚资本主义的压迫下，中华民族不屈不挠地探索着中国的发展道路。当时的世界，从西方到东方崛起了许多资本主义强国，他们已经初步实现了工业化，在整个人类走向工业化的道路上，留给中华民族的机会已经不多了。然而，就在三座大山的压迫和西方列强的傲视之下，中华民族从群峰之间的一条狭路上冲杀出来。

建国后的两个30年是贯通的，是一体的。虽然改革开放是一场革命，但是纵向来看，两个30年都是中华民族的探索和奋斗。

前30年是在当时的历史条件下进行探索和奋斗，改革开放后30年是在新时期探索和奋斗。探索和奋斗一以贯之。改革开放吸取了前期的经验教训，是在坚持中变革，不是改弦易辙。改革开放之初，邓小平提出了四项基本原则，四个"坚持"，有继承、有改革、有发展，基本精神就是探索和奋斗。在吸取前30年的经验教训之后，我们成功了，发展了。因此，前后两个30年共同构成了中国道路。两个30年都是中国人民在中国共产党领导下的探索和奋斗，后30年的发展全面总结和吸取了前30年的经验教训。

纵观20世纪80年代以后的20年，我们总结和借鉴了国内国外四大经验教训。

第一，苏东剧变发生后，中国党和人民从中学习到坚持中国共产党领导的重要性和社会主义道路的可贵性。

第二，1997年东南亚金融危机爆发，我们看到全球化的两面性。既有风和日丽，也有狂风骤雨，我们要在积极参与的同时注意趋利避害，关注民族利益。

第三，21世纪初拉美"新自由主义"的危机，使得拉美国家损失惨重，因此需要加强政府宏观调控，坚持社会主义基本经济制度。

第四，当前的全球金融危机，我们要吸取教训，加强金融监管，不能全面自由化。

什么是中国道路要由中国人自己说。政治发展道路很多，但中国不能照搬西方模式。坚持党的领导、人民当家作主、依法治国等有机统一，这是中国政治发展道路的基本规律。"三统一"体现在人民代表大会制度、中国共产党领导的多党合作和政治协商制度、民族区域自治、基层群众自治等很多政策上，这就是中国道路。

我们不要忘记自己的历史环境和任务。要实现民族振兴必须走不同于西方的道路。

我国已经形成一个既有人民群众积极性、主动性、创造性，又能集中力量办大事、集中资源用于跨越式发展的局面。这不是人为编造出来的，这是中国的实践。所以说，中国是有史以来工业化、现代化最成功的一个国家。其标准是：第一，快速、全面的发展；第二，没有对外侵略扩张，而且内部没有发生重大的社会对抗、分化。

这个成功，就是中国道路的成功。

（房宁，中国社会科学院政治学研究所研究员）

胡鞍钢：中国道路从自发走向自觉

1996 年，我到美国国务院交流访问，谈到未来中国的经济总量是否能够超过美国，他们的专家就认为，中国的经济总量迟早会超过美国，只是时间早一点或晚一点而已，差异是多长时间的问题，即 15 年、20 年或是 30 年。

时间过去了 13 年，我对中国崛起比那时更具自信心。今天，无论在美国、日本，还是其他发达国家或是发展中国家，"中国"已经成为谈论的热门话语。人们都在问，为什么中国会出人意料地迅速崛起呢？这在 30 年前中国刚刚实行改革开放时，没有任何人能够预见到。

从历史的发展角度看，中国崛起是否有其发展规律或发展轨迹？中国最初的发展是摸着石头过河，但在经过一段时间的发展之后，是否将发展轨迹由自发向自觉发展，最后成为一套完整的中国道路体系？这些都是应该仔细思考的。

孟子说过："天时不如地利，地利不如人和。"从近代历史看，中国至少失去过两次"天时"，一次"地利"。在第一次经济全球化和世界经济黄金时期（1870—1913 年），中国占世界经济总量和贸易总量比重都是下降的。在第二次全球化和世界经济黄金时期（1950—1953 年），也是东亚地区迅速发展时期，中国占世界经济比重下降至历史最低点。由于中国不能实现"人和"，也就无法利用"天时"和"地利"。1978 年之后，中国进入了历史上极其难得的"天时、地利、人和"时代，开始了伟大复兴的时代，这是中国对人类作出较大贡献的时代。

这里所说的天时，一是经济全球化，即中国大规模参与世界经济，迅速成为世界最大的贸易国之一；二是中国至少有可能创造和获得 40 多年的国际和平环境（1978—2020 年），通过争取和平的国际环境来发展自己，同时通过自身的发展促进世界和平；三是全球性的知识革命，中国可以利用这个机会实现三大效应，即人口规模效应、大国实力效应、技术蛙跳效应。

这里所说的地利，一是指亚洲地区集体性的高速增长和迅速崛起；二是指中国成为亚洲地区最大的贸易体，成为这一地区经济一体化的推动者；三是我们创造了历史上少有的良好的周边环境，东亚复兴促进了中国的复兴，中国的复兴带动了整个东亚的复兴。

这里所说的人和，一是指实现了人与人之间的社会和谐，即我国正在进入的全面小康社会和构建社会主义和谐社会；二是指实现人与自然的和谐，即中国正在进行的资源节约型社会与环境友好型社会；三是指对外和平发展，构建和谐亚洲与和谐世界，创造更大的天时地利。

我相信，一旦中国能够充分利用"天时、地利、人和"的话，无论在什么样的国际竞争环境下，中国都会像我们的先哲孟子所言："故君子有不战，战必胜矣。"

作为集中了世界上五分之一人口的大国，中国的现代化之路就是中国崛起之路，它是一幅十分宏大、雄伟、壮观的发展图景，也是一个充满着巨大变化与不确定性、没有人能够准确预测甚至没有人能够完整解读的

"发展之谜"。

在建国 60 周年之际，回顾新中国现代化的发展道路，我发现了三个重点：一是这条道路非常符合汤因比的"挑战—应战"模式，现代化既是国家之间竞争的最大挑战，也是国家兴盛的最大机遇，当我们的领导人选择了现代化的目标就意味着抛弃了被动应战，选择了主动应战；二是中国的现代化不同于其他国家的现代化，诚如邓小平所言，要"建设有中国特色的社会主义"；三是中国的现代化并非是一条笔直大路，从中长期看呈现出"成功—波折—调整—再成功"的演进路径。

现代世界历史证明，现代化发展是人类共同的主题。但是在差异甚大、多样化的世界没有同一的模式，不同国家和地区对发展目标的设定、发展战略的选择及其发展路径的演进并不相同，甚至相去甚远。

在我国，我们始终面临两个问题：选择什么样的现代化发展模式？如何成功实现现代化发展的阶段性目标？这主要取决于两个因素：一是决策者的发展意愿、发展目标和发展战略；二是不同时期的国情条件，包括有利条件和不利条件。我们的经验已经表明：与国情相适应、相协调的发展战略催生成功的发展，反之，则会导致发展的停滞甚至倒退。因此，我们的发展战略，必须根据国情的变化进行适时、可行的调整。

中国特色社会主义道路可以概括为"八个社会"和"一条道路"：共同发展和共同富裕社会，全民学习型社会，全民健康社会，资源节约型和环境友好型社会，安居乐业型社会，开放创新型社会和知识社会，和谐社会与稳定社会，民主社会与法治社会；坚持对外开放、走和平发展道路。以上九个方面构成了对内和对外相统一、相协调、相互补的中国特色的社会主义现代化社会与"中国发展之路"。

（胡鞍钢，清华大学国情研究中心主任、教授）

衣俊卿：推动"中国模式"在更深层次上的理论自觉

经过 30 年的改革开放，一种既向世界和国际开放，又自主发展、具有中国特色的中国发展模式和发展道路已经形成，并正在展示出特有的发展活力、发展潜力和巨大的吸引力。作为理论工作者，我们一方面为"中国模式"所取得的巨大成就而感到欢欣，另一方面也要时刻保持理论的清醒和警醒，在对"中国模式"的巨大发展潜力和美好前景充满信心的同时，要看到中国自身发展的基础依旧薄弱，看到中国的发展所面临的复杂的困难和压力。具体说来，如何使"中国模式"在普遍的国际金融危机中、在日趋复杂的国际环境中规避风险把握机遇，如何使"中国模式"焕发出更大的创造力，为中国的发展提供更大的动力，对世界的发展提供更多可资借鉴的经验，等等，既是紧迫的实践课题，也是重大的理论课题。一句话，"中国模式"不是完成的、封闭的模式，而是不断丰富、不断创新、不断完善的发展过程，积极推动"中国模式"在实践上的不断完善和理论上的不断自觉，是"中国模式"自身进一步发展的理论诉求，也是中国哲学社会科学研究责无旁贷的历史使命。

当我强调要积极推动"中国模式"在实践上的不断完善和理论上的不断自觉时，并非断言中国的发展模式本身不具备理论内涵。恰恰相反，一方面，"中国模式"和中国道路本身就包含着中国特色社会主义理论体系或者是以这一理论体系为指导思想的，其中包含着社会主义民主政治理论、社会主义市场经济理论、社会主义核心价值体系等丰富内容；另一方面，许多经济学家、政治学家分别从中国的视角或全球的视角，从经济的维度或政治的维度，对"中国模式"的内涵、特征、价值、意义、发展潜力等，做了许多理论探讨，取得了很多理论成果。

但是，我们也必须清醒地看到，关于"中国模式"和中国道路还有许多现实的和发展中的重大的、深层次的理论问题需要进一步探讨、研究和解决。实际上，目前无论在国际上还是在国内，关于"中国模式"的理论认识存在着许多不同的甚至相互冲突的观点。例如，一些发展中国家对中国的发展持肯定和赞美的态度，并努力从中国的实践中借鉴经验，探索自己加快发展的途径，而西方发达国家在对待中国经验和"中国模式"的态度上，既有能够相对比较公正和客观地加以评价和认识的明智人士，也有很多怀有戒备、警惕或敌意的人士，他们对中国的政治体制和相关问题持否定的评价，从中国的发展中得出"中国威胁论"、"中国责任论"等论调。国内关于"中国模式"和中国道路的认识实际上也存在很大分歧，其中既有过分偏重西方的模式而限制"中国模式"的价值和意义，把"中国模式"限定为特殊的、地方性经验的偏颇做法；也有出于爱国主义热情，甚至出于某种意义上的民族主义情绪而对"中国模式"盲目乐观的极端认识。因此，我们在讨论中既可以看到"'中国模式'他国可以效仿"的乐观结论，也可以看到"'中国模式'不好推广"的谨慎结论。总体上看，真正从人类社会演进和全球发展的大格局中认识中国经验，客观地、全面地分析"中国模式"的理论探讨，相对较少。这是我们应当正视的问题。我们常常强调要推动理论创新，要在深层次的重大理论问题上寻求突破，在这种意义上，推动"中国模式"在更深层次上的理论自觉，无疑是哲学社会科学最需要创新的重大理论课题。

（衣俊卿，采访时为黑龙江省委常委、宣传部长，黑龙江大学教授）

黄宗智：中国走过的发展道路非常独特

60年来，中国走过的发展道路是非常独特的。前30年，中国在党政国家集权制度之下，工业化建设取得了突出的成就。然而，到20世纪70年代末期，这种发展模式的优势基本上消耗殆尽，中国经济要想继续发展必须寻求新的推动力。

经济发展除了需要国家力量推动之外，私人企业家的创业也是重要的推动力。在中国计划经济体制下，私人创业基本被完全扼杀。因为在那样的制度环境下，私人创业的"成本"高得简直不可能克服。改革开放所要解决的问题之一，就是发动潜在企业家们的创业能力。要做到这一点，可以有两种选择：一个是解散旧体制，完全转向市场机制。苏联和东欧采用"休克治疗"方法来创造新制度环境，试图全盘移植资本主义的模式和动力，正是出于这样的逻辑和动机。但是，它们的经验证明，资本主义市场经济需要一系列的配套制度，不可能一蹴而就，"休克治疗"在短期内只可能导致经济衰退。中国并没有采用苏东的方法，而是选择在旧体制的基础上，采用计划和市场的"双轨"进路，"摸着石头过河"来逐步市场化。

改革开放30年来，中国国家在旧体制和市场化的相互作用下，形成了一个比较独特的国家体制，这一体制创造了中国 30 年经济高速增长的发展"奇迹"。研究这一体制我们发现，推动中国改革时期经济发展的主要动力既不单是计划经济下的"国家"，也不单是市场经济下的企业，而是两者的结合。

在维持总体制不变的客观环境之下，其实唯有政府本身才可能快速克服体制性的障碍而实现低"成本"、高"效率"的创业。正是改革中形成的体制，把旧制度下政府庞大管制权力的弱点变成市场化经济发展的优点。正因为旧体制所特有的国家威权，改革中的地方政府能够高效率地动用旧体制所掌握的资源，包括人才（尤其是能干的集体和国家干部）和土地（因此才会有大规模征地的现象）以及资本、劳动力和原材料。正因为权威政府，才有可能在现有劳动法规之外，使用不必遵照劳动法规、也不必为之提供福利的廉价劳动力，即两亿多"非正规经济"中的"农民工"和"下岗工人"。由此在追求全球资本的竞争下，提供极其廉价的劳动力，利用新古典经济学家之所谓"比较优势"，在短期间内使中国成为世界外资投入最多的发展中国家。

然而，这种经济发展模式一方面有效地推动了经济持续增长，另一方面也引发了一定的社会问题和环境危机。可以说，中国经济奇迹的来源，也就是今天社会和环境危机的来源。在"招商引资"和"征地"等改革经济发展所采用的方法下，便可能形成官员＋企业家的"官商勾结"的新利益集团。同时，在"非正规"地使用廉价劳动力的"比较优势"下，也可能形成尖锐的贫富不均和社会矛盾。改革的地方国家体制在推动了"奇迹"性发展的同时，也严重破坏了环境。正因为把 GDP 发展放在第一位，才会相对忽略环境政策的实施。其实，这不仅是一种忽视，它更是"招商引资"策略的一个重要组成部分，是提高全球资本投资者回报率的一个重要结构性组成部分，是吸引外来投资的秘诀之一。

从目前情况而言，改革开放前 30 年的发展模式现在也亟须进一步改革。关键在于怎样来进一步改革这样的现存改革体制。今天政府已经打出要从汲取型、管制型政府转化为服务型政府的理念。这是个非常关键的理念转变，意味着由政府来（再次）负起公共物品的主要责任，为广大农村人民和农民工以及城市的（下岗的）非正规就业人员，提供公共服务和社会保障。

当前的世界经济危机其实已经再度证明了原教旨市场主义和新古典资本主义的不足。过去的发展无可厚非，因为它帮助给予两亿多中国农民耕作之外的打工收入，也给予中国经济大规模的外来投资和技术转移。但是今天，更关键的是要扩大中国自己的市场，借此来推动更具可持续性的经济发展。关键要做的是利用社会改革来推进经济发展。低收入人群是消费占可支配收入最大比例的人群，提高他们的收入，要比提高中产阶层收入具有更快、更多的扩大消费效应。

（黄宗智，美国加州大学洛杉矶分校历史系教授）

张旭东：批判地考察问题的前提

首先需要谨慎地反思，因为这样的问题不是自明的，而是包含太多的预设、假定和想象。如果不批判地考查问题的前提，就不能把握它的历史背景和意识形态场域，也就不可能作出有效的思考。必须首先把这些问题和用来思考它的理论体系历史化、具体化。不在政治和思想表述的双重脉络里考察，就无法走出意见或议论的层面，表面上看你有你的立场、我有我的立场，其实却都没有跳出共同的大前提。

要思考"全球视野中的中国道路"，首先要弄清"全球视野"指什么，如果我们是以有"中国特色"的方式完成别人对我们的角色预期，甚至把别人的注视"内在化"，变成自己行为的无意识结构，那我们即便在所谓"中国道路"上走到头，走的其实还是美国道路或全球资本化道路。这个意义上的"中国道路"或"中国特色"，就逃不出自我东方化、异国情调化的逻辑。按这种逻辑，所谓"道路"其实都是非历史化、非政治化的，它的"文化"概念归根到底也是空洞的，没有价值内涵和价值指向的，因为它不植根于一种具有新的普遍意义的劳动方式，不能塑造一种具有新的普遍意义的人的概念，而只是一种经济逻辑的感伤的装饰。所以这个问题看似激进，带有挑战西方霸权、探索差异性和特殊性的味道，但其实也就是"接轨论"的另一面，即通过一种肤浅的，即非历史化、非政治化的多元论，用"文化"取代经济、政治、制度和价值领域的实质性冲突，客观上为更深层次的单一性和标准化辩护。

"普世文明与中国道路"也许根本不是一个问题，因为它其实并不带问号，而是一个设问句：有一个叫做普世文明的东西摆在那里，你要还是不要？那回答自然只能有一个：要。从简单的语义和形式逻辑上讲，如果有"普世文明"或"普世价值"，就无所谓文明或价值意义上的"中国道路"，因为后者最多只有手段或途径的意义，而没有目的或本体论的意义。我们知道，"道路"的含义是一种具有新的普遍意义的社会实验和价值创造，它对应着一种新的历史主体（"新人"）的出现，是"打破旧世界、建立新世界"的革命性集体行动，它必须同时具有明确的乌托邦指向和具体的实践上的可操作性。但在今天中国的知识界，关于"中国道路"的讨论，基本上仍是"中国崛起论"的文化版，它的物质前提是中国改革30年来经济上的成功，但要进一步追问"中国道路"的政治指向和价值指向，问题就变得模糊起来。

真正的理论性和政治性思考，一定是重新界定和把握普遍性问题的内部矛盾及复杂性，从而在普遍性的高度上，为普遍性问题再一次打开一个理论的、政治的和历史的可能性空间。每一个"世界历史的民族"，都通过自身的社会实践和政治激情，通过劳动、牺牲和代价高昂的错误（包括战争），为这个普遍性问题提供正、反两方面的教训。今天中国人提出这个问题，某种意义上的确暗示了中国人新近获得的自信和使命感，暗示中国人又一次处在了想象或现实中的"世界历史"的潮头。

（张旭东，美国纽约大学（NYU）比较文学系教授，东亚研究系教授、系主任）

郑永年：社会改革是今后几十年渐进改革最重要的制度保障

如果从未来的国际关系史来看，中国崛起也许会成为20世纪末21世纪初最重要的历史事件。随着中国的崛起，中国经验也变得越来越重要。

"中国模式"是在改革开放的条件下发展起来的，"中国模式"和经验不仅属于中国历史，也属于世界历史。

中国发展道路对于发达国家和发展中国家具有不同的意义。对于发展中国家来说，"中国模式"的意义在于，中国的发展经验是否会成为有别于西方的另一种发展模式。二战后，很多发展中国家按照西方的模式发展，但并不成功，尤其在拉美、非洲和亚洲一些国家采取西方民主模式并不成功，所以对"中国模式"很感兴趣。而西方国家更关注"中国模式"背后隐藏的价值观，它们担心中国的崛起会对西方的价值观产生冲击。

在国际学术界比较流行的观点是，中国只有经济改革，没有政治改革。这种说法阻碍了很多人们对"中国模式"的认识。

中国的政治模式很重要。如果不理解中国的政治模式，就很难理解中国的经济模式。因为，中国的经济模式是政治模式促成的。不承认中国的政治改革，就很难解释中国的经济发展成果，也很难理解当今中国政治与改革开放前中国政治的巨大差别。这里的关键，在于如何定义政治改革。我觉得不同的国家因为国情不同，政治改革具有不同的内容。同一个国家在不同的历史阶段，政治改革的内容也不一样。如果仅用西方民主化的观点来衡量中国的政治改革，就会认为中国政治改革进展缓慢，然而只从民主化的观点看，中国很多的宝贵经验就看不到，因为对中国这样的发展中国家而言，最重要的任务就是基本国家制度建设。从很多发展中国家的经验看，民主化并不能帮助它们建立现代国家制度。只有建立了基本国家制度，民主化的发展才会是良性的；如果没有建立基本国家制度，民主化是不会成功的。国家制度建设就是中国 30 年政治改革的核心。中国领导层一直在强调国家机构改革，民主化只是中国政治改革的目标之一，不是唯一目标。经济、政治和社会的多重转型曾给很多发展中国家带来很多麻烦，很多国家因为同时进行几项改革，结果改革反而很不成功。

中国的成功之处就在于很好地处理了经济改革与政治改革的关系。第一，就是渐进改革。中国没有采取苏东国家激进改革的方法，渐进改革使国家有时间和空间来调整自身的问题，适应社会经济的变化。第二，中国采取的是分阶段的改革。每一阶段，各方面的改革秩序不同，我认为中国的改革基本上分为三大类改革：经济改革、社会改革和政治改革。

从 1978 年到 21 世纪初，中国改革的主体是经济改革。从 21 世纪初，尤其是十六大以后，中国改革已经进入了以社会改革为主体的改革阶段。我认为，中国同样需要二三十年的时间进行社会改革。在这个阶段，以民主化为主体的政治改革的条件还不成熟。

基本的社会正义是可持续发展的前提。和谐社会、科学发展观的核心就是要解决社会正义问题。中国未来的改革核心就是要保证社会正义。

民主化改革必须在社会改革之后进行。如何造就好的民主，一要有国家制度建设，二要有社会经济发展。中国就遵循了这一路径，先经济发展，再社会制度改革，在此前提下逐步推进政治改革。

"中国模式"从目前来看是非常成功的，但它能否真正具有世界意义，很大程度上要取决于未来的社会改革能否成功。

社会改革就是要消化经济改革产生的一系列负面效果。经济改革一方面创造了世界经济史的奇迹，另一方面，我们今天看到的一系列问题也和中国经济的发展模式有关系。社会改革也是要为未来经济发展找到新的增长点。未来经济增长必须依靠内需。另外，社会改革也是为未来的政治改革做准备。社会改革是中国今后几十年渐进改革最重要的制度保障。

（郑永年，新加坡国立大学东亚研究所教授）

傅高义：中国需要在十年内健全社保制度

中国的发展模式在很多方面是十分独特的。中国的历史这么长、规模这么大、发展这么快，1978 年后中国在共产党的领导下进行改革开放，走向市场经济，这个过程的确有其独特的方面。但另一方面，我个人认为中国大陆的经济和社会发展跟日本、韩国有很多相似之处。日本、韩国等虽然没有共产党，但是它们刚开始也是权力比较集中，自由并不多。所以我觉得中国大陆与它们相同的地方还是很多，都属于亚洲后期快速发展的一种模式。

现在有人批评美国是冒险主义，因为最近几年美国欠债太多、赤字太多。中国每年的经济发展很快，没有赤字，只有贸易顺差。所以有人说，中国政府做得不错，美国政府做得不好。我个人看，这不一定是长期的情况。中国的情况很特殊，中国是个劳动力密集的社会，廉价劳动力很多，另外中国市场很大。从日本、韩国的经验看，劳动力工资很快就提高了，劳动力密集的产业很快就不行了。但是因为中国农业人口太多了，可能劳动力密集产业还可以持续一段时间。这是中国的特殊情况，所以经济有望继续发展。我觉得中国政府的政策也比较明智，所以经济成绩显著。当然，从社会角度看，中国还有一些可以改善的地方，比如农村问题和社会不平等问题等。我个人认为，中国和美国的发展都有极其独特的条件，但是不能用所谓的"中国模式"和"美国模式"来概括。

对于中国的未来，我当然是客观派，但是偏向于乐观派。中国有一些问题，比如农村问题，但中国政府的确想把农村搞好。中国社会的一些不满，很多都是对地方政府的不满而已，不是对中央政府的不满。中国文化本来是不能批评领导的，现在批评政府的多了，这也是进步和自由度提高的一个标志。有的人认为中国目前的问题很严重，我不同意。《华盛顿邮报》一位在中国住了很多年的记者说，改革开放后，中国很多人拥有了自己的房子、车子和财产。这些人是支持稳定的，因为他们要维护自己的社会地位，保护自己的财产。农村里面土地虽然不是私有，但是包产到户，农民有地种，能种自己要吃要用的东西，因而也是社会稳定的基石。但是与日本的中产阶级相比，中国城市白领的地位很不稳定，很多社会阶层也没有基本的保障。所以中国未来发展需要尽快建立完善的社会保障体系，我希望中国的社保制度能在 10 年时间内发展健全。

（傅高义 [Ezra F. Vogel]，哈佛大学教授，费正清中国研究中心
前主任）

阎学通：加强民族国家建构是中国未来的重大使命

从清末的天朝意识到现代国家意识的发展，是中国现代化过程的重要成果之一。在中国共产党领导下，不仅中国的经济社会得到长足发展，中国人的民族国家观念也日益加强，这是共产党的伟大功绩。但是，中国的

现代民族国家建构过程尚未完成，而中国的和平崛起，首先要求以这种民族建构为基础。几十年来，中国在建设民族国家的过程中面临着一个巨大困难：一方面要培养中国人的民族认同，另一方面又强调要保护少数民族的文化，这是一对矛盾。所以必须要明确，建立一个统一的中华民族是正确的还是错误的。如果是正确的，就要采取一切有利于培养所有公民"中国人"的民族认同的政策。也就是说新中国历史发展中形成的一些政策还需要进一步调整和完善。

西方国家总是有人批评我们破坏民族文化的多样性，其实西方国家自己也没有鼓励用少数民族语言教学的政策，都采取了统一语言教学。面对西方批评的时候，应该明确一个问题：对一个国家来讲，是让全体公民有共同的民族认同重要，还是让别人表扬几句重要？究其原因，国际社会对中国民族问题的看法，在一定程度上正是由于我们在民族建构问题上缺乏一个明确的方针。我们政策中的矛盾使得民族一体化进程严重受阻。这导致国际社会产生了一个印象，认为中国不是一个现代意义上的民族国家，或者国际社会认为一个分裂的中国是合理的。

举例来说，现代民族国家都实行统一货币，但当前我国却存在着四种货币：人民币、澳元、港币、台币。在这种情况下，促进民族统一是非常困难的。再如，中国的户籍制度限制了民众定居的自由，这必然造成不同民族的人混居速度缓慢。当前，全世界都在流动，而我们的户籍制度却阻碍国内各民族的流动。多种货币、户籍制度、血缘主义国籍原则等政策实际上加强了国内的区域和民族认同，在某种程度上抗衡了国家认同和中华民族认同的形成。

国际体系的历史进程可划分为三种状态。第一种状态是国家不断分裂、国家数量不断增加。第二种状态是国家数量日益减少，是一个统一趋势。第三种状态是维持一个相对稳定的趋势。第二次世界大战后世界进入了一个分裂时期。第一波是20世纪50年代的社会主义解放运动，第二波是60年代的民族独立运动，第三波是冷战后的民主化分离主义运动。三次运动使国际上的国家数量不断增加。

至今，这个分裂进程并未完结。在以分裂为主的历史进程中，能够抵制住历史潮流的国家就能维持国家不解体。对中国来说，面对一个分裂成为主流的国际环境，政府应在民族建构中投入更大精力，减少分裂的危险。

（阎学通，清华大学国际问题研究所所长、教授）

王缉思：世界认同中国文明，还有很长的路要走

中国的发展道路是独特的，所以我不认为有一种可以被普遍借鉴的"中国模式"。中国目前取得的成功，根本原因是中国共产党的领导，这一点是任何其他国家都没有的。其他国家，不管是社会主义国家还是资本主义国家，其政治条件决定了不可能模仿或重复中国的发展道路。

同时，中国的成功也与中国的历史经验和文化传统有着某种联系。中国文明的一些基本因素，决定了中国有自己独特的道路，建立在文明传统基础上的很多政治模式是不可复制的。如果不理解这一点，就谈不上中国模式，做不到这一点，就不可能走中国式的道路。

中国的成功主要体现在经济高速发展和人民生活水平普遍提高。但我们还面临着很多问题，还有很长的路要走，比如说要实现社会主义民主、法治、人权和更完备的市场经济。这些方面显然还有待完善，我们还有很多的试验没有进行，还有很多的问题没有解决，所以海内外对中国的这样一种发展道路存在疑问是很正常的。

中国发展道路的独特性也有不利影响。当一个文明的主流文化不能为外人所融入、所认同时，这个文明就不会成为一个世界性的文明，这个国家也不会成为世界性的国家。中国如果要成为真正意义上的世界大国，中国文化就要有更多的普世性。现在的中国文化在包容性和普世性方面还没有达到西方文化的水平，还不能被普遍认同并有效影响世界。

当然，中国文化有影响世界的独特方式，其他民族和文化的成员也的确可以部分理解和接受中国文化。比如，我10年前就曾说，如果中国强大起来，连著名反华派、美国议员佩洛西这样的人，也迟早会改变对中国的态度。现在，她果然有所变化。基辛格、老布什、小布什、施罗德、希拉克也早就在某种程度上"中国化"了。中国人在待人接物上感化人的能

力，中国文化的这种包容性、渗透力，是很多文化里所没有的。当然，这种包容性在他人看来也不完全是好事。西方人认为现在中国的一些做法不讲原则，只讲利益，而他们大都有一个明确的是非标准。在中西交往的过程中，我们用"大而化之"、求同存异的道德相对论，有时可以化解掉西方人的"原则"，但是不可能无限化解。对外国人来说的一些核心价值，比如宗教信仰，是化解不了的。再比如说气候变化、环境恶化问题，它关系到全人类，包括中国人的生存，对世界上许多人来说，甚至涉及宗教信仰。单纯讲利益的道德相对论解决不了问题。世界最终能否接受中国和平崛起、认同中国文明，取决于中国发展道路能否成功，中国人的文明素养能否令人羡慕，中国文化在伦理层面上能否不断得到普世性的认同。

（王缉思，北京大学国际关系学院院长、教授）

采访整理：王广　范勇鹏　袁华杰　张飞岸　何兰芳　李彩艳（本报记者）

李瑞琴　孙中欣（特约记者）

罗豪才：坚持走中国特色行政法治建设之路

30 年来的改革开放，使中国发生了翻天覆地的变化，取得了举世瞩目的成就，比较成功地实现了"社会转型"：经济体制从计划经济向市场经济的转轨，所有制结构由单一的公有制向以公有制为主体的多种所有制并存的转变，治国方略从人治向法治的转变，政府由全能政府、管理型政府向有限政府、服务型政府的转变，对外交往从封闭半封闭向全方位开放的转变，以及国家社会由高度统一的一元化结构向"国家—社会"二元结构转变。在这个社会转型的大背景下，中国 30 年来的行政法治建设，取得了丰硕成果，积累了宝贵经验，就此，《中国社会科学报》记者采访了行政法学权威、北京大学罗豪才教授。

《中国社会科学报》记者（以下简称"记者"）：罗教授您好，非常感谢您接受我们的采访。中国改革开放已逾 30 年。您能否总结一下 30 年来行政法治建设取得的巨大成就？

答：概括起来，我认为改革开放30年来的行政法治建设成就集中体现在三个层面：一是基本上建立起一套用以规范、监督行政权与维护、拓展公民权利的依法行政体制和机制；二是基本上实现了公共行政管理的制度化、规范化和程序化，依法行政的能力和水平得到显著提升，公务员的品行涵养得到明显的增强；三是在推动政治民主化、经济市场化、社会和谐化、发展科学化方面作出了重要贡献。

具体来说，主要取得了以下几方面的重要成果。

第一，对行政法治建设重要性的认识越来越全面。逐渐认识到行政法治建设不仅要实现行政关系的法定化，而且要解决监督行政关系的法定化问题。行政法治建设是依法治国的重点与难点，而行政法治建设的核心和关键就是依法行政。从以往片面强调依法行政的工具合理性，发展为追求依法行政的价值合理性；从将依法行政狭隘地理解为"无法律即无行政"，转变为在区分积极行政与消极行政的基础上对二者提出不同的法治化要求。伴随着公民社会的崛起，公民参与的广度和深度不断拓展，公私合作机制初步形成，呈现出多样化形态，在行政关系中，合作行政正在发展成为一个耀眼的亮点。

第二，对依法行政的要求越来越明确、越来越具体。1999年国务院发布《全面推进依法行政的决定》，号召各级政府全面推进依法行政。2004年国务院又公布实施《全面推进依法行政实施纲要》，提出要全面推进依法行政，经过10年左右坚持不懈的努力，基本实现建设法治政府的目标，并明确要求行政管理应当遵循合法行政、合理行政、程序正当、高效便民、诚实守信、权责统一等六个依法行政的基本要求。

第三，行政法律制度日趋完善。我国先后颁布实施了《行政诉讼法》、《国家赔偿法》、《行政处罚法》、《行政复议法》、《立法法》、《行政法规制定程序条例》和《行政许可法》等一批重要的法律、法规，基本实现了有法可依，为依法行政提供了制度保障。同时，依法行政制度建设的质量明显提高，意识到行政实体法与行政程序法需要同步发展，意识到行政组织法、行政行为法与行政救济法应当共同完善。

第四，行政法治实践成效明显。行政立法的民主性和科学性明显提高，公众和专家能够更广、更深地参与行政立法过程；行政执法积极探索新思路，决策与执行分离、综合执法、执法责任制等实践创新，使得执法绩效得到明显改善；积极探索建立健全多样化的行政纠纷化解机制，行政监督救济作用得到进一步发挥，依法行政对经济、社会协调发展的推动作用越来越大，其重要性逐渐获得人民群众的广泛认同。

第五，行政法教学研究取得较大发展。没有高素质的行政法制建设人才，没有先进的行政法治理论，就不可能出现科学的行政法治实践。我国行政法学研究起步比较晚，但经过 30 年坚持不懈的努力，已经培养出一大批优秀的行政法律实用人才，从事行政立法、执法、司法实务工作的同志，法律素质得到显著提高；造就了一支肯钻研、会思考、有创见的行政法学研究队伍，出版发表了一批有一定影响力的行政法学论著，初步确立了一套基本适应我国行政法治建设实践需要的行政法学理论体系。

记　者：能否请您总结一下，改革开放 30 来年的中国特色行政法治建设的基本经验？

答：可以说，改革开放 30 年来的中国特色行政法治建设，我们积累了许多宝贵经验。我认为，归结起来主要有以下几点。

第一，中央对推进行政法治建设非常重视。党的十六大报告强调要"加强对执法活动的监督，推进依法行政"，党的十七大报告指出要"加强宪法和法律实施，坚持公民在法律面前一律平等，维护社会公平正义，维护社会主义法制的统一、尊严、权威。推进依法行政"。中央颁布的《关于深化行政管理体制改革的意见》提出："遵守宪法和法律是政府工作的根本原则。必须严格依法行政，坚持用制度管权、管事、管人，健全监督机制，强化责任追究，切实做到有权必有责、用权受监督、违法要追究。"

第二，行政法治建设必须围绕科学发展这一主题，与经济、社会同步协调发展。行政法治作为经济社会发展的促进力量和保障力量，其全面推进无法脱离经济发展水平和社会条件。只有避免行政法治建设与经济社会发展的"两张皮"问题，紧密围绕科学发展这一主题，把改革、发展和稳定的重点作为依法行政的重点，坚持依法行政与经济和社会发展相适应，才能为依法行政提供源源不断的动力和活力。

第三，行政法治建设必须将规范、监督行政权力与维护、拓展公民权利统一起来。行政法治建设应当以人为本，以推动和保障人的全面发展为己任。行政法治虽然既要求行政机关依法行政，同时也要求公民守法，但其重点是规范和监督行政权力，并据此维护和拓展公民权利，只有实现二者的良性互动、有机统一，才不会使行政法治建设偏离方向。

第四，行政法治建设必须与政府职能转变和深化行政管理体制改革有机结合、同步实施。行政法治建设既是政府职能转变和行政管理体制改革的重要内容，也是政府职能转变和行政管理体制改革的必要手段。我们既要在现有行政管理体制下逐步推进行政法治建设，与行政管理体制改革和政府职能转变相衔接；又要为行政管理体制改革和政府职能转变提供足够的创新空间，保证行政管理体制改革和政府职能转变的逐步到位，实现到2020年建立起比较完善的具有中国特色社会主义行政管理体制的总体目标。

第五，依法行政的推进需要与公务员观念转变和法律素质提高相互促进。公务员是一切行政活动的最终实施者，他们的责任意识、法治意识和综合素质的高低，直接影响着行政法治建设的进程。要努力提高公务员依法行政的能力和水平，推进文明执法，坚守高尚品格，强化责任意识，避免行政权力的异化。

第六，行政法治建设必须坚持决策、执行和监督并重，使其相互协调、整体推进。决策、执行和监督是行政法治建设的三个基本环节，缺一不可。要全面推进行政法治建设，既要坚持职能分离，又要保证宗旨统一，实现决策、执行和监督的同步发展，整体推进。

记　者：作为一名行政法学教授，您认为未来中国行政法学研究的最主要方向是什么？

答：当前，我们站在新的历史起点上，应当积极谋划和全面推进行政法治建设。我认为，行政法学研究应当紧扣科学发展、建设服务型政府、构建社会主义和谐社会和建设小康社会的时代主题，建设中国特色法治政府。为此，第一要贯彻正确的行政法治建设和行政法学研究方向，坚持宪法确立的依法治国、建设社会主义法治国家的治国方略，实现党的领导、人民当家作主和依法治国三者的有机统一；第二要强化社会主义法治理念，坚持依法执政、执法为民、公平正义、服务大局；第三要贯彻落实科学发展观，以人为本，推动经济社会的全面协调可持续发展；第四要坚持胡锦涛总书记提出的"三个至上"：党的事业至上、人民利益至上和宪法法律至上。

此外，未来中国行政法学研究需要我们关注的内容还有很多。诸如统筹兼顾行政法学基础理论研究与具体制度研究，深化现有研究领域与拓展新视野，关注行政立法、执法与法制监督三个理论板块的相关研究，尤其需要我们顺应公共治理的发展趋势，统筹兼顾"硬法"与"软法"研究。

记　者：我们注意到，您这几年特别提倡"软法"研究，并且成立了北京大学软法研究中心。在您看来，"软法"研究对于中国特色法治建设有着怎样的重要意义？

答：最近两三年，"软法"主题开始成为我国法学研究的一个热点。"软法"研究的兴起，主要是法学界为了回应正在崛起的公共治理对软硬并重的混合法模式的迫切需要。如何探讨建构一套顺应现代法治发展趋势、切合中国实际、有助于全面实施依法治国方略的"一元多样混合法模式"，是当代法学必须直面的一个重大时代主题。

尽管"软法"现象久已存在且普遍存在，但有系统的"软法"研究才刚刚开始，这必将是一个反复试错、不断深化的艰辛研究过程。法学研究必须回应法治建设的实践需要，我们希望通过提倡和推动"软法"研究，来对中国在社会转型的背景下建设法治政府、法治国家与法治社会作出积极回应。面对着探讨如何建构一种与公共治理相适应的"一元性多样化混合法模式"，尽管还有太多的难题需要解决，但我们坚信，"软法"旺盛的生命力必将赋予"软法"研究以不同寻常的理论意义和实践价值。

（罗豪才，北京大学法学院教授，中国法学会行政法学研究会名誉会长）

记者　郭烁

共和国六十年话沧桑——金冲及研究员专访

金冲及，辛亥革命史和孙中山研究专家。中国史学会原会长。1948年加入中国共产党。1951年毕业于复旦大学历史系。历任复旦大学团委书记、教务部副主任、教学科学部副主任，中共中央华东局、上海市委《未定文稿》主编，文化部政策研究室研究人员，北京文物出版社副总编辑，中国社会科学院近代史研究所学术委员，复旦大学、上海大学历史系兼职教授，中国史学会常务理事，孙中山研究会秘书长、会长，中央文献研究室副主任、研究员。第七届全国政协委员。主要著作有：《转折年代——中国的1947年》、《二十世纪中国的崛起》、《周恩来传》、《刘少奇传》、《毛泽东传》（主编）；合著有《辛亥革命史稿》、《从辛亥革命到五四运动》、《论清末的立宪运动》等。

不能把"革命"与"现代化"对立起来

记　者：金先生您好！对中国近代历史的解读，存在着革命模式与现代化模式两种理路，请问您是如何看待这两种解读模式的？"革命"与"现代化"，在近现代中国社会变迁中，是不是构成一种分离式对立的关系？

金冲及：革命模式和现代化模式问题，在近代史领域里面，很多人谈过。我不赞成是革命模式还是现代化模式的提法。因为这样等于把革命和现代化对立起来了——是要革命，还是要现代化。

实际上，所有革命的目的都是为了最后能够实现现代化。而为了实现现代化，在近代社会那样的历史条件下，必须要革命，这两者是不可分的。在十五大报告里，江泽民同志有一个说法，他说鸦片战争后，中国成为半殖民地半封建国家。中华民族面对着两大历史任务：一个是求得民族独立和人民解放；一个是实现国家繁荣富强和人民共同富裕。前一任务是为后一任务扫清障碍，创造必要的前提。在某种程度上讲，前一个任务是革命的问题，后一个任务是实现现代化的问题，也就是说革命是为实现现代化创造必要的前提。历来，从孙中山到毛泽东，以及中国所有的先进分子，他们讲振兴中华，目的都是希望中国能够走向现代化，顺应时代的潮流，自立于世界民族之林。但当时面对的情况是封建势力的统治和帝国主义的控制，在这种情况下，为了达到这个目的，能够用温和的，而不是革命的办法吗？实际上做不到。尽管做不到，但在一开始的时候，还都想试一试，能不能用温和的办法来实现现代化。孙中山向李鸿章上书，毛泽东在《湘江评论》里也讲要实行无血的革命。让千百万人起来革命，抛头颅、洒热血，哪里是容易的事，不是万不得已，谁会去走这样的一条路？

关于共产党和国民党的关系，有这样一类说法：国共之间为什么要打起来？一次是大革命后的十年内战，一次是解放战争。为什么要打？不打对于和平建设不是更好吗？实际上从共产党来讲，在大革命的时候，是真心诚意希望国共合作的，甚至在"四·一二"大屠杀前夜，很多人还抱着这样的希望，以后还认为武汉政府是一个革命政府。但是，国民党以突然袭击的方式进行大屠杀，问题是这样尖锐地摆在面前：是坐以待毙，还是奋起反抗？很明显，不能坐以待毙，只能起而抗争。这实在是不得已的。抗战胜利以后，中国共产党确实也是希望和平，但蒋介石认为优势全在他那里，他还有美国的支持。蒋介石当时有两个方案，一个是何应钦提的，两到三年消灭共产党；一个是陈诚提的，半年消灭共产党。结果，蒋介石接受了陈诚的方案。这两个方案都是要消灭共产党，他要消灭你了，你怎么办？因此，从某种程度上讲，现代化是目标，革命是为了实现这个目标，在那个阶段不得已才采取的手段。

但是，有一点需要说清楚，在实现现代化的过程中，有一些人主张"实业救国"、"教育救国"，那么革命是不是就是对这些人的全部否定呢？并不是这样的。这里面有许多人是爱国的，他们希望国家现代化，他们从教育、实业这方面来努力，但这不能解决问题，这条路走不通；但他们出于爱国的愿望所做的工作还是要肯定的，尽管他们在那时候不能指明中国真正的出路，没有成为时代的主流。

新中国后30年站在前30年的基础上

记　者：今年是新中国成立60年，对这件大事已经有很多文章展开讨论。其中有某些观点认为，可以将新中国前后30年分开来认识，请问您如何看待这一问题？

金冲及：新中国成立后60年，笼统地讲，有前30年、后30年，严格地讲，是前29年、后31年。后30年，我看至少公开没有什么大的争议，尽管对这30年中的有些事情会有不同的看法。从某种程度上说，焦点是如何看待前30年。

我自己有一个感觉，这些年来，有一些刊物实际上在有意无意地给人造成一种印象：前30年，无非就是一个政治运动接着一个政治运动，整了一批人又一批人，好像没做什么好事。尤其对现在年轻人来说，他们没有在那个时代生活过，很容易就会得到这样一种印象。还有，我们在宣传改革开放的时候，为了突出改革开放的成就，好像常有意无意地拿前30年作为我们后30年改革开放成就的反衬。我记得在改革开放20周年的时候，那时电视里面有一些场面，说到过去，就是粮票、布票等等；说到今天，则是物质极大丰富，商店里面应有尽有。实际上就是给人一种印象，好像在忆苦思甜似的——以前30年之苦，来思后30年之甜。这是离开当时的历史条件来谈问题。那个时候，物资非常缺乏，每人的粮食、衣料都难以得到保障的时候，假如没有这些票，都交给市场，把价格全部放开，许多人（特别是低收入的人）会连最起码的衣、食都无法得到保障。这两种情况都造成人们对前30年有一种一片昏暗的印象。任继愈先生曾经说过，只有那些经历过旧中国的苦难，并且知道能够得到今天是多么不易的人，他对新中国的成立才会有一种翻身的感觉。这话讲得很对。但现在的年轻人很难理解这一点，他们认为中国本来就是这样的。

关于前30年，第一是新中国的成立。新中国的成立究竟解决了什么问题？至少体现在几个方面：第一是民族独立。现在的年轻人恐怕很少能知道过去的中国，我们是经历过的人。日本人侵略烧杀，不用提了。抗战胜利以后，我在上海，看到黄浦江里停的都是美国军舰，吉普车横冲直撞，美国大兵在北京东单强奸北大的女学生沈崇。这都让中国人极度痛心。大家盼望着，哪一天我们的民族能够独立，中国人民能够不被人随便摆布，被人家踩到脚底下？人们等了太久太久了。这种状况下，当1949年毛泽东宣布占人类人口四分之一的中国人从此站立起来了，会那样的激动人心。

第二就是人民的解放。现在的年轻人没有见过解放前的工人和农民。那时候工人农民有什么地位？鲁迅先生写的闰土就是一个例子。费孝通先生有一篇文章，讲他参加北京市第一届各界人民代表会议，他一进会场就看到有各种各样的人，有穿西服的，有穿工装的，那么多人坐在一起来讨论北京市的事情。他说这样的事情在他一生中，从来没有遇到过。新中国成立前，他们是完全没有地位的。新中国成立初期，每天的大喇叭里面都放着"妇女自由歌"：旧社会好比是黑洞洞的枯井万丈深，井底下压着咱们老百姓，妇女在最底层。

第三是国家的统一。不要说北洋军阀时期，军阀割据、军阀混战，就是在蒋介石时期，也没有真正统一过。只有在新中国成立以后，才真正实现了国家的统一，国家成为一个整体。

记　者：您怎样看待新中国社会主义制度的建立？

金冲及：说到怎么看社会主义制度的建立，很多人认为就是靠对资本主义工商业进行改造、赎买的基础上建立起来的。事实并非如此。社会主义过渡时期的总路线，那时叫"一体两翼"、"一化三改"，它的主体是社会主义工业化，两翼是对农业、手工业的社会主义改造和对资本主义工商业的社会主义改造。新中国成立之初，把国民党的官僚资本没收了以后，国有经济控制了国民经济的命脉，但在数量上来讲，无论工业还是商业，私人资本大概占了六成左右（当然它们的力量十分分散），农业上更是汪洋大海般的小农经济。为什么说社会主义工业化是主体？ 1953 年宣布第一个五年计划，全国以 156 项为核心的工业建设，国家的投资是 600 多亿，那时私人工商业者的全部资金有 20 多亿。有人说低了，就算翻一番吧，也就是 50 亿。因此，如果说中国的社会主义制度是怎么建立的，那主要不是靠赎买得来，而是靠现在年轻人的祖辈、父辈辛勤劳动把国家基础建立起来的。

新中国成立之初，农业产值大于工业产值，超过了一倍多，这在今天是不能想象的事情。直到 1956 年，工业产值才超过农业产值。我们是在前 30 年基本形成了工业体系。我们现在工业建设的基础，主要是那个时候打下的，大批建设人才是那个时候培养出来的。没有这些，怎么能谈得上改革开放呢？

那个时候，我们对什么是社会主义、怎样建设社会主义，都还认识不清。所以，这里面发生了许多问题，比如过分追求纯而又纯的公有制、对市场过分的压制等等。但改革开放不是把社会主义推倒重来，而是社会主义的自我发展和自我完善。我们的根本政治制度——人民代表大会制度是 50 年代建立的，我们党领导下的多党合作与政治协商制度，统一国家之下的民族区域自治制度，都是在这个时期建立起来的。至于外交，也是如此。新中国成立前，从来没有见过哪一个国家的首脑到中国来。新中国成立后就不同了。经过抗美援朝，我们有了一个相对安定的国际环境，提高了中国的国际地位；参加联合国以后，短短几年内，承认中国的国家大大增加，超过原来的一倍；后来，与美国关系正常化，和日本建交，还有我们确定的和平共处五项原则、以和平协商的态度来解决国际争端等，都是那时候奠定的。

但是，并不是说那时一切都好。假如一切都好，就用不着改革开放了。那时的确有两个大问题，一个是阶级斗争问题，另一个是发展速度问题。阶级斗争问题就是"以阶级斗争为纲"，当时不应该这么提，造成了很严重的后果。发展速度上，则是急于求成，结果造成了"大跃进"。这些都是让人很痛心的。但在某种程度上讲，中国这样一个人口众多的国家，我们要建设社会主义，要实现现代化，书本不能告诉你怎么走，实际生活里也没有这样的经验。后来我们又感到要吸取苏联的教训，走自己的路，但自己的路到底怎么走，当时也是不清楚的。又不能等一切弄清楚了再起步。正是在往前闯的实践中，经历了成功与失败，反复总结，才慢慢找到一条正确的路。总之，我们付出了很多代价，也有很多教训，但还是靠中国共产党，还是靠中国人民自己纠正自己有过的错误，走出一条新路来的。

我曾经打过两个比喻：历史给人的感觉，好像一场接力赛，跑第二棒的人总是以跑第一棒的人达到的地方作为起点，再一跑，当然又远远跑到第一棒前面去了。历史也像登山，只能从最低的地方，一级一级地往上爬，最后才能爬到顶峰。历史是一个过程。其中，对就是对，错就是错。我们过去的成就摆在那里，我们的失误——比如刚才说的两大问题，也留下了痛心的教训。路，就是那么走过来的。今后我们往前走，还是要小心，未来不是那么顺当的。王羲之的《兰亭序》里有一句话，叫"后之视今，亦犹今之视昔"。后世人看我们今天，就像今天的人看过去一样。如果对前人持全盘否定的态度或很轻薄的态度，再过几十年，后人也可以把你一笔抹杀，把你看得一无是处。

正确地总结历史留下的经验、教训

记　者：在您看来，中国未来发展还面临哪些"坎"，还要解决哪些难题？

金冲及：往后的发展，我讲不好。我们是过去的知道得多；对未来，要多由你们年轻人来谈。但是，以往的教训对以后都是有好处的。过去有人讲到"大跃进"，说不要回避，要总结教训。这话当然是对的，但是怎么总结教训？现在很多总结给人的印象就是毛泽东一个人发神经病，在那里胡来。要是这样总结，那么现在毛泽东已经去世了，不就天下太平了吗？这样永远也总结不到什么教训。

在我看来，"大跃进"和"文化大革命"还有区别。我在复旦大学待了18年，长期和知识分子待在一起。对"大跃进"，当时大部分人包括高级知识分子，都是兴奋的。为什么？第一个原因，是由于我们民族的心理。中华民族过去曾创造过那样先进的文明，但近100年来给人踩在脚底下，所以中国人都希望重新奋起。现在我们政治上站起来了，经济上当然希望发展得快。讲快，很容易得人心，引起共鸣。第二个原因，是因为那个时候处在一个特殊的历史阶段，是一个从量的积累到质的飞跃的过程。例如解放战争，毛泽东同志讲三到五年取得胜利。我当时是地下党员，觉得很难实现，但确实实现了。新中国成立之后，物价飞涨，面对这个烂摊子，毛主席讲三年恢复，十年建设。国民党时期解决不了通货膨胀问题，到了1950年3月，物价就稳住了，三年恢复如期做到。朝鲜战争时期，大家都捏把汗，怕惹火烧身，但三年后美国就签订了停战协议。一次一次，我们认为做不到的事，最后都做到了。"大跃进"恰好就处在这样一个由量变到质变的特殊阶段。特定历史阶段的人们产生了特定的思维方式，认为难事总是可以做到的。毛泽东也强调，只要把人的积极性调动起来，什么人间奇迹都可以创造出来。另外，从毛泽东本身来说，一些严重失误也同他后来变得骄傲，听不进去不同声音有关。要总结经验教训，这些才是真的经验教训。这些事情，都是在中国这块土地上发生过的，中国人的民族心理就是希望快，听到GDP增长得越快心里越高兴，民族心态就是这样。当然，今天不是"大跃进"那样的特殊阶段，但是当我们顺利发展的时候，很容易误以为可以一直这么发展下去。讲历史的经验教训，对"大跃进"如果仅是情绪的发泄，不能解决任何问题。对这些问题，我看以后还要小心。

中国的历史都是在中国这块土地上发生的，它的环境、人们的心理、民族的性格，确实要好好总结。这是有好处的。

历史虚无主义、后现代主义和公共知识分子

记　者：近些年，历史虚无主义和后现代主义在史学界颇为流行，对此您怎样看？

金冲及：关于历史虚无主义的问题，我认为，一切都是发展的过程，历史从来是切不断的，"抽刀断水水更流"。刚才谈的很多东西，实际上就有针对历史虚无主义的东西在内。对历史虚无主义，就不做太多的评述了。

谈到后现代主义，究竟什么叫后现代主义？在西方学界看来，好像也没有一个共同的概念。一切都要解构，一切都要拆散，究竟要弄出个什么东西来，谁也不明白。我想这大概是赶时髦。20世纪80年代初，我们史学界曾经有"老三论"的说法（指系统论、控制论和信息论）。1986年，我和戴逸、章开沅两位同志到澳大利亚去。国外学者问我们当前中国历史学界的状况，章开沅就讲现在流行这"三论"。澳大利亚的学者说对此闻所未闻。我当时也找过两本这方面的书来看，也不完全看得懂，比如系统论要用许多数学模型，是非常复杂的。但一些人只是简单地搬过来几个名词，什么政治子系统、经济子系统、文化子系统……讲了半天用了许多词，我没有看到对问题的认识比以前深刻多少。北京师范大学的龚书铎先生跟我讲，学生说请人给我们讲讲"三论"吧，他就找人来系统地讲，一开始坐满了人，两次、三次就没有人了——听不懂。后来又有什么"新三论"。我常常发现，在西方有什么东西，过几年在中国也就流行起来了。当我们这里流行时，在西方那里已经过时了。

我们搞历史研究的人有一个"坏"习惯，比较喜欢务实而不大会务虚，我宁可多读点史料，弄清楚事实是什么。我们到西方参加学术会议，他们一流的学者倒更愿意跟我们这样的人谈，因为我们对中国历史材料等还是

熟悉一点，对问题的理解是以历史事实为依据的。光跟着西方那些"理论框架"跑，是不行的。还是要先看史料，当然又不能停留在史料上，既要学，又要思。所以，历史虚无主义、后现代主义，出发点都是想搬一个什么时兴的理论过来。最近有些人所说的公共知识分子，看举出的历史学的几位，史学界的朋友大概会觉得比较陌生，因为他们似乎不大肯花那种笨功夫。如果这种功夫不下，讲得再头头是道，那些东西用不了多少时间，也就烟消云散了。

记者　王　广　王建峰

中国道路

中国社会科学报

●（2009——2010）

特别策划（上卷）

历史方位中的中国道路

记者　童力　晓风

　　岁末将近，如果回顾 2009 年的学术话题，"中国道路"和"中国模式"不仅是中国学术界探讨的理论焦点，也是全球热议的一个话题。2009 年恰逢新中国成立 60 周年，"中国道路"可以说是今年的年度话题。

中国道路　从近代中国走来

　　探讨中国道路，不能没有深邃的历史眼光。中国社会科学院研究员张海鹏、中央党史研究室研究员沙健孙均是中国近代史研究专家，他们从中国近代历史、中国革命史和近代国际环境的广阔历史背景出发，引出结论：近代中国走不通资本主义的发展道路，进行新民主主义革命、走上社会主义道路，对中国来说，都是必然的。沙健孙特别提出，在一个相当长的时间里，先进的中国人曾经希望通过学习西方，建立资产阶级共和国，使中国走向独立和富强。但是，正如毛泽东指出的，"资产阶级的共和国，外国有过的，中国不能有，因为中国是受帝国主义压迫的国家"，帝国主义不容许中国成为独立的、强大的资本主义国家；中国民族资产阶级的力量过于软弱，它没有勇气和能力去领导人民进行彻底的反帝反封建的革命斗争，为建立资产阶级共和国扫清障碍。只有中国共产党提出的关于建立人民共和国的政治主张，是唯一可行的建国方案。经过长期的政治实践的检验，它不仅获得了工人、农民、城市小资产阶级的坚决支持，而且最终也获得了民族资产阶级及其政治代表的拥护。

　　记者了解到，当代中国研究所所长朱佳木研究员对新中国 60 年历史的审视，也正是以 150 多年的历史方位为背景。他以"新中国两个 30 年与中国特色社会主义道路"为题，提出当代中国发展道路的形成，既有后 30 年对前 30 年的发展，也有后 30 年对前 30 年的继承。显然，朱佳木不能认同割裂前后两个 30 年的做法。中央文献研究室逄先知、北京大学梁柱、澳大利亚莫纳虚大学孙万国则从不同角度研究了毛泽东对中国社会主义建设道路的探索，认为毛泽东提出以苏为鉴，倡导马克思主义与中国实际的"第二次结合"，是开创中国特色社会主义道路的重要思想源头。记者接触到的学者普遍存在一种倾向性的观点，即认为当代中国的发展道路就是中国特色社会主义道路，是在中共十一届三中全会后的改革开放进程中开辟的。

显然，当代中国的发展道路和发展经验，蕴藏着丰富的研究资源，开辟了广阔的研究领域。以宽广的历史眼界、深厚的历史感和敏锐的历史洞察力，深入研究当代中国的发展历史和发展道路，对深化人类社会历史发展规律和发展趋势的认识，具有重要意义。

当代中国政治 中国道路的基石

中国的政治到底好不好？它与经济发展具有怎样的互动关系？

俄罗斯科学院玛玛耶娃对中国共产党和苏联共产党党政建设与改革的比较，是国内学者一向深感兴趣的视角。她认为，中国共产党与国家建设和立法工作共同发展，使中国的政治建设逐步完善，现行政治体制框架展现出稳步发展和完善的态势。

当代中国研究所资深研究员田居俭是《历史研究》杂志的老主编。他说，坚持人民民主专政是中共始终不渝的治国方略，把中国共产党执政与坚持人民民主专政结合起来，是富民强国的政治保障和政治基石。

俄罗斯科学院博罗季奇则认为，中国政治是中国国家竞争力的重要因素，中国政治有序发展对提升国家综合竞争力具有积极影响。当代中国研究所李正华则认为，60 年来的中国乡村治理理论与实践十分值得研究，而改革开放后中国乡村治理体制的变化，是政治体制改革的成功尝试，拉开了新时期政治体制改革的序幕。

以"一国两制"方式和平解决香港、澳门问题，是中国特色社会主义的伟大创造和对人类政治文明的独特贡献。澳门基金会吴志良博士、澳门特区可持续发展策略研究中心林媛对澳门多年来的发展有着切身体会，他们都为澳门特别行政区十年来之繁荣发展而自豪，认为澳门回归祖国后取得的成就，为"一国两制"添加了鲜活生动的证明。

当代中国经济发展道路是成功创造

实现社会主义工业化，建设社会主义现代化强国，是新中国经济建设始终不渝的奋斗目标。中国经济史学会会长董志凯就认为，新中国成立初期以农业为基础、优先发展重工业的战略选择和新时期以来积极推进工业企业、行业、政府宏观指导等方面改革，其目标始终是工业化、现代化，尽管各级规划、计划存在分歧，但是追求工业化、现代化的方向是一致的。

国庆前夕，当代中国研究所曾举办第二届当代中国史高级论坛。在论坛上，与会学者认为，把社会主义与市场经济结合起来，实现由计划经济体制向社会主义市场经济体制的转变，是中国特色社会主义的成功创造。

老资格经济学家、中国社会科学院研究员刘国光总结了从新民主主义经济到社会主义计划经济、由社会主义计划经济到社会主义市场经济的探索历程和经验教训，他认为国家计划导向下的宏观调控，是中国特色社会主义市场经济所必备的内涵，社会主义市场经济应该在更高层次上建立计划与市场之间的和谐关系。中国人民大学教授卫兴华，则从梳理和研究新中国成立以来对商品经济、市场经济两个重要经济学问题讨论与发展的历史角度，深刻阐述了邓小平社会主义市场经济思想及其发展过程。

在中国几十年的发展中，政府在中国经济发展中的主导作用、对中国工业化道路的选择和国际环境对中国经济发展的影响等问题，以及这些问题对中国经济发展模式的形成和演变产生的决定性作用，也是"中国道路"这一探讨中为学界所关注的。当代中国研究所研究员武力认为，作为指导和调控国民经济运行和发展的五年计划（规划），在新中国 60 年里也发生了剧烈的带有根本性的两次变革，而贯穿整个经济体制演变过程的主线之一，就是如何处理政府与市场的关系。

新中国成立特别是改革开放以来，中国经济保持了持续快速发展，创造了世界历史上的发展奇迹。这一历史奇迹的动力来自哪里？北京大学国家发展研究院的李玲教授认为，新中国前30年的一条重要经验在于寻找到一条依靠劳动密集投入的路径，保障全民健康、教育，提高劳动力素质，降低人口的死亡率和生育率。"用最低的成本启动人力资本内生改善的机制是'中国模式'的重要特征"，这位女经济学家认为，这一特征使得中国在改革开放前人均收入水平很低的情况下，就能够拥有高于其他发展中国家的人力资本禀赋，这为中国在改革开放后迅速把握全球化的有利时机、创造经济奇迹提供了内部支持。

香港浸会大学当代中国研究所所长薛凤旋的研究兴趣，在于新中国城市化的发展轨迹和城市性质、功能、结构的变迁及其经验教训，他从1949年以来60年的回顾看中国城市的发展，认为我国城市不单脱离了儒家思想为主导的城市发展轨迹，还大量引入了苏联式的社会主义理念与规划模式。今后的城市发展要在重新认识我国固有文明，特别是儒家思想的基础上，探求适合国情的城市发展方向。澳大利亚悉尼大学泰伟斯和莫纳虚大学孙万国不久前在一个国际论坛上，则分别发表论文《现代化共识的形成：打倒四人帮至十一届三中全会期间中国的经济政策》和《毛泽东领导时期中国的国家建设》，试图从那个特定历史阶段中寻求对"中国道路"的进一步理解。

全球视野中的中国社会文化变迁

国家的发展，社会的进步，最终都会表现在社会文化的整体变迁上。新中国成立以来，中国领导人一直把文化建设作为国家建设的主要任务之一，积极发展民族的科学的大众的社会主义文化，特别是在改革开放的新时期，探索和开创了中国特色社会主义的文化发展道路。与此相应，近年来，当代中国社会建设和当代社会史研究逐步引起学术界的重视。中共中央党校柳建辉认为，新中国60年特别是改革开放30年来，中国社会发生的广泛而深刻的历史性变迁，其主线是现代化。对于"集体化时期"中国

中国道路

中国社会科学报

(2009—2010)

特别策划（上卷）

农村社会研究，山西大学副校长、中国社会史研究中心主任行龙则主张，要加强"自下而上"的农村社会史研究，更多地关注亿万农民的生存环境、日常生活、人际关系和精神心理状态。这当中，作为中国国策之一的计划生育，自然受到了学者的关注。

当代中国研究所的李文，近年专攻当代中国经济史，对于新时期以来的计划生育政策对经济建设的影响和作用作了重点探讨。他认为，通过实施计划生育，减缓了人口增长速度，加大了人力资本投资，为中国加快现代化建设步伐、全面建设小康社会奠定了坚实的基础。当代中国研究所研究员刘国新和中国人民大学教授杨凤城，也对新中国文化的建设与发展作了学术性的回顾。杨凤城特别从执政党的文化理论和方针政策的角度，重点阐述了新时期以来文化"为人民服务"、"为社会主义服务"方针的确立和坚持马克思主义一元化指导思想下的多样化文化建设方针。

全球化的影响不止于社会的一般层面，而且深入到宗教、思想领域。中国社会科学院世界宗教研究所所长卓新平，分析了经济全球化对政治、法律、文化等方面的深刻影响，特别是经济全球化和对外开放环境下中国五大宗教的发展态势。他指出，近年来"全球化"氛围中的宗教发展，"已直接影响到当代中国宗教的存在与走向，成为中国当今社会'软实力'构建、文化发展工程中一个不可忽视的重要问题"。

中国道路　面向未来　面向世界

来自印度的莫汉蒂，是德里大学政治系教授、中国研究所所长。他在接受记者采访时说，中印两国作为"新型经济体"吸引了西方媒体的大量注意力，两国在处理全球经济危机的不良影响时的表现也令人满意，展示出较西方经济体更多的自信。由于这些出色的表现，近年来中印两国作为受邀国出席工业化国家的八国集团峰会，也是发达国家与发展中国家的新论坛——二十国峰会的主要与会国。虽然从经济规模和国际贸易结构来看，中国要优于印度，但是中印却作为对世界经济和政治进程产生重大影响的新生力量而被视为一体。季塔连科也谈到，深入研究中华人民共和国成立和现代化历史经验的国际与历史意义，不仅要对中国国内情况进行考察，也要从其外部世界进行分析。

许多学者认为，新中国坚持奉行独立自主的和平外交政策，实行互利共赢的对外开放战略，为维护世界和平、促进共同发展作出了积极贡献。中国社会科学院研究员于沛提出，中国道路表现在外交上，这60年走的是一条"繁荣富强和平和谐之路"。而当代中国研究所的丁明系统总结了新中国独立自主和平外交政策的确立和发展，认为中国的"和平外交"和"和平发展"，不仅实现了自身发展，而且成为人类文明持续进步的强大动因。

中国的发展，越来越与整个世界融为一体。研究中国道路，就会越来越多地从世界格局中来思考。某种程度上讲，中国以后的发展，"面向未来"与"面向世界"越来越是一个同义词了。中共中央党校国际战略研究所教授宫力素来研究中美关系、国际战略，他集中对新时期以来中国改革开放的不断深入和扩大与对外关系持续发展的良性互动发表了观点，认为中国的改革开放加快了与世界潮流的融合，强化了中国与世界各国共同利益的基础，为国际社会提供了一种全新的发展模式。美国华盛顿大学的沈大伟，则着重分析了改革开放以来中国与美国、欧洲、亚洲、拉丁美洲、非洲国家以及国际组织外交关系的发展。

中国的发展深刻地影响了世界，也推动了国外的当代中国研究，使这一学科愈益成为引人注目的显学。这一点，不论从近年来关于这方面研究的大量成果，还是今年众多的以"中国道路"、"新中国60年"为主题的学术会议，都可以得到证明。俄罗斯科学院远东研究所乌索夫研究员发表《俄罗斯学者近十年对中国历史的研究（1999—2009）》，从经济发展、社会政治史及中国共产党史、对外政策和中俄关系、当代中国人物研究四个方面，介绍和分析了近10年来俄罗斯学者有关中国历史和经济社会发展的70多部专著和论文集。中国社会科学院文献信息中心的何培忠的《日本学界的当代中国观》，分四个时期论述了新中国成立以来日本学界当代中国观的发展和演变及其对中日关系产生的影响。在第二届当代中国史国际高级论坛上，与会学者认为，少数人散布的所谓"中国威胁论"、"中国崩溃论"、"中国新殖民主义论"等论调，是没有事实根据的。与会学者表示，应当在本届国际论坛的基础上，进一步加强相互间的交流和沟通，共

41

中国社會科學報

（2009——2010）

特别策划（上卷）

同推进当代中国史研究的发展和繁荣。

21 世纪的第一个 10 年就要过去了。在上世纪，邓小平曾满怀信心地为中国的未来勾画过蓝图，在 21 世纪中叶，中国将达到中等发达国家水平，到那时，中华民族将全面实现伟大的民族复兴。而通向这一历史目标的，就是中国道路。

（本文写作参考了当代中国研究所张星星研究员的成果，谨致谢忱）

张海鹏：近代中国历史发展选择了社会主义道路

张海鹏

经过 60 年的探索和发展，今天的中国已经筑牢了社会主义的物质基础，虽然仍处在社会主义初级阶段，但无论是在社会主义经济制度、政治制度还是文化领域，都在中国特色社会主义理论的指引下，形成了具有自己特色的发展模式。

60 年前，中国为什么要走上社会主义道路？我认为，这是近代中国历史发展的结果，是历史的选择。

首先，从近代中国历史进程的演变看。鸦片战争后，半殖民地半封建社会的社会性质决定了中国只有进行反帝反封建的民主主义革命，才能获得民族独立和民主进步。在中国，哪一种政治势力能够领导人民赢得民主主义革命的胜利，就会取得引导中国走何种道路的主导权。

康有为、梁启超发动的戊戌变法运动，可能引导中国走向资本主义社会，但是未能成功。孙中山领导的中国同盟会，以及民国初年由同盟会改组的中国国民党，是近代中国的资产阶级革命政党，但是也被袁世凯窃夺了。

以毛泽东为代表创立的新民主主义革命理论对中国前进方向有清楚的阐述：中国反帝反封建的资产阶级民主主义革命必须由无产阶级领导，中国革命的前途是社会主义和共产主义。种种事实决定了中国共产党真正成为推动中国社会前进的主导力量。

其次，从近代中国政治思想史发展的角度看。中国传统儒家思想中包含大同思想。大同理想，不仅是儒家的追求，也是老百姓的追求，它较易与社会主义思想相结合。在这方面孙中山的思想是一个典型。三民主义中，被孙中山最看重的是民生主义。所谓"Socialism"（民生主义）这个英文词，常被译成社会主义。1912年，孙中山曾提出把中国建设成为理想的社会主义国家。实际上，孙中山所要建立的，不是没有资本家的社会，而是不要大资本家的资本主义社会。

再次，从近代国际环境和民族危机的影响看。1929—1933年，由美国引起的经济危机使资本主义世界深陷经济、政治、信仰灾难的恐慌之中，资本主义的吸引力在危机中日益受到质疑。与此同时，苏联的第一个五年计划取得了辉煌成绩，社会主义的影响力迅速彰显。在这样的历史背景下，中国知识分子对苏联社会主义表达了好感，他们把苏联的成功归因于社会主义制度、计划经济及马克思主义，知识界在对未来中国发展道路进行思索时，不少人表达了对社会主义的热切追求，社会主义思想由此达到高潮。

最后，从广大人民群众的态度看。知识界、工业界人士以及民主党派纷纷明确表态，支持中共的政治、经济主张。

这四点，充分说明是近代中国历史的发展为中国选择了社会主义道路。历史也已经证明，这一选择为当代中国的一切发展进步奠定了根本政治前提和制度基础。

（张海鹏　中国社会科学院学部委员）

董志凯：中国工业化 60 年的道路与建树

从 1949 年到 2009 年，中国人民为实现工业化、现代化奋斗了 60 年，将中国从一个积贫积弱的落后的农业国变成了初步工业化、现代化的国家。中华人民共和国成立 60 年来，政治经济社会经历了诸多变迁与曲折，但是工业化、现代化的目标始终不渝；各级规划、计划存在着分歧，但是追求工业化、现代化的方向是一致的。60 年来，中国从本国国情出发，走出了一条有特色的工业化道路。

董志凯

以农业为基础，优先发展能源、原材料和机械工业，重视基础设施建设（1949—1978）。新中国诞生前夕，中国政治协商会议所制定的《共同纲领》确定了优先发展重工业的工业化战略。这一选择首先来自 100 年来中国追求近代化、现代化的足迹。我国通过优先发展重工业奠定了工业化的初步基础，是由于这一方针基本适应了当时的国际国内环境。由于兴建这些基础工业投资多、周期长、资金回流慢，建设起来困难重重；外国资本不肯建，中国私人资本建不起，国际环境又相当恶劣。20 世纪 50—80 年代的工业化建设有以下特点：第一，通过社会主义制度集中财力、物力、人力，优先发展重工业。第二，以政治激励为主，建设规模和速度与国力平衡困难，变动曲折、波动大。第三，企业生机与活力不足的问题愈益凸现。

从三个层面改革与完善经济管理体制，实现开放型经济的战略转变（1978—2009）。进入工业化中级阶段，我国依靠改革开放，撬动了工业化的全面高速发展。1978 年 12 月召开的中共十一届三中全会，作出工作重点转移到社会主义现代化建设的战略决策，拉开了经济管理体制改革与进一步对外开放的序幕。从此开始了近 30 年改革开放中的工业化。工业领域的改革主要在企业、政府、行业三个层面上进行。同时实现了开放型经济的战略转变。

60 年工业化、现代化建树：其一，建立了独立的、门类齐全的工业体系，填补了传统工业部门的空白，新兴工业部门迅速建立发展。至 20 世纪末，联合国制定的《全部经济活动国际标准产业分类》所列的所有工矿业门类，中国已全部拥有。其二，工业生产保持了较高的增长速度，1953—1985 年工业总产值年均增长 11%。按不变价格计算，我国 2007 年的工业总产值为 1978 年的 2401.7%。其三，工业技术水平明显提高。依靠技术创新推动企业技术进步已成为人们共同的关注。通过技术引进与技术改造、消化、吸收相结合，明显提高了重点企业的技术装备水平。其四，推动了城市化发展和人民生活的改善。城市人口由 1949 年占全国人口总数的 10.6%上升到 2007 年的 44.9%。人民的物质文化生活发生了历史性变化。其五，国际地位上升。工业化使我国经济总量居世界位次稳步提升，缩小了我国与世界主要发达国家的差距，制造业大国地位初步确立。

我国工业化虽然取得了巨大成就，但长期积累的结构性矛盾尚未根本解决，经济粗放型增长的格局尚未根本改变，工业技术来源过多依赖国外、研发投入不足、自主创新能力薄弱；高新技术产业发展相对滞后，服务业比重偏低；高层次创新人才严重短缺，环境压力进一步加大。21 世纪初，正值工业化处于中期阶段向后期阶段过渡时期，实现工业化仍然是我国现代化进程中艰巨的历史性任务。

（董志凯　中国经济史学会会长、研究员）

李捷：中国道路的伟大探索从毛泽东发端起步

今年是新中国成立 60 周年。

60 年，在中国的传统理念里，正好是天干地支一个"甲子"的轮回。60 年前，中国还是一个刚刚脱离了帝国主义侵略欺凌和封建专制统治的积贫积弱的落后国家。60 年后，中国作为一个经济强盛、社会稳定、人民生活得到极大改善的社会主义强国，屹立在世界民族之林。今天，中国的发展道路与发展经验，正在得到国际社会的普遍关注与认同。

李捷

要走自己的道路，由此开始探索适合中国国情的社会主义建设道路，这是毛泽东在现代化建设上留给我们最大的思想遗产。可以说，对中国特色社会主义道路的伟大探索就是从这里发端起步的。

新中国成立后，毛泽东及时对关于从新民主主义向社会主义过渡的方针进行重大调整，果断放弃了原先的"一举过渡"和实行国有化的构想，形成党在过渡时期的总路线；创造性地提出"国家资本主义是改造资本主义工商业和逐步完成社会主义过渡的必经之路"的科学论断；创建在经济文化落后的东方国家里进行社会主义改造的成功范例，促进"一五"计划大规模工业化建设的提前完成；在我国当时的条件下，用和平的方法，说服教育的方法，变个体所有制为社会主义集体所有制。

这些创造，证明了以毛泽东为代表的中国共产党人成功地探索出一条具有中国特色的社会主义过渡的成功道路。

而新中国对社会主义现代化建设道路的探索，则是在既无经验又缺乏人才的基础上开始的。在国民经济基本恢复以后，新中国从 1953 年起开始了国民经济第一个五年计划，揭开了新中国大规模工业化建设的帷幕。从"一五"时期开始到 1976 年的 20 多年，尽管经历了"大跃进"和"文化大革命"的严重挫折，这个时期中国经济的发展速度仍然是比较快的。可以说，这一时期最大的建设成就，是基本建立了独立的、比较完整的工业体系和国民经济体系，从根本上解决了工业化中"从无到有"的问题。

首先提出了要把我国建设成为一个伟大的社会主义强国的宏伟目标，随后又完整地提出"四个现代化"的奋斗目标。在 1962 年"七千人大会"上，毛泽东又作出估计："中国的人口多、底子薄，经济落后，要使生产力很快地发展起来，要赶上和超过世界上最先进的资本主义国家，没有一百多年的时间，我看是不行的。"

其次在国民经济迅速恢复以后，以第一个五年计划为标志，使中国进入了前所未有的国家工业化建设时期。并且经过五个五年计划的建设，在中国初步建成了完整的、比较独立的工业体系和国民经济体系。

毛泽东对社会主义现代化建设规律的探索，集中到一点，就是提出要探索适合中国国情的社会主义道路的任务，并对我们要建成什么样的社会主义提出了初步的总体构想。

（李捷　中共中央文献研究室副主任、研究员）

宫力：改革开放与对外关系的良性互动

宫 力

1978 年，在邓小平的倡导下，党的工作重心转向以经济建设为中心，开始注重借鉴发达国家的发展经验，由此形成改革开放的战略思路，并在中国南方毗邻香港、澳门的深圳、珠海、汕头、厦门，打开对外开放的突破口。这些深刻变化，为中国对外关系注入了新的动力。此后中国决策层在对外关系方面的战略思考，既有为中国改革开放创造有利的国际环境的一面，更有借助国外的资金、先进技术和管理经验实现中国现代化宏伟目标的一面。从这个意义上看，改革开放对中国对外关系发展具有特殊重要的意义。

中国改革开放深入进行加快了中国同世界潮流融合的速度，中国同外部世界的关系也越来越紧密，共同利益基础越来越坚实。21 世纪以来，中国的迅速发展引起了国际社会的关注。中国强大起来之后向何处去？引发了种种的议论。有人说中国崛起是威胁，也有人说中国崛起后具有很大的不确定性。而在人类历史上，后起大国的崛起，往往导致国际格局和世界秩序的严重失衡，甚至引发世界大战。德国和日本就是例证。苏联在这方面也有深刻的历史教训。在如此的背景下，中国作为负责任的大国需要公开、坦诚地向国际社会阐明自己的战略取向。为此，经过几年的实践和深思熟虑，胡锦涛在党的十七大报告中郑重指出："中国将始终不渝走和平发展道路。这是中国政府和人民根据时代发展潮流和自身根本利益作出的战略抉择。"

近年来，中国在继续奉行开放战略之时，特别强调"互利共赢"四个字。这是因为，以加入世界贸易组织为标志，中国对外开放已发展到一个新的阶段，开始在更大范围、更广领域、更高层次上参与国际经济合作和竞争。与此同时，一些国家对中国高速发展会不会损害别人的利益，妨碍别人的发展也深表关切。

在"互利共赢"的开放战略引领下，一个更加开放和高速发展的中国会使世界局势更加稳定，使世界和平更有保障。中国经济持续、快速、协调、健康地发展将继续给国际社会带来更多的机遇，更大的合作空间，有利于世界经济的繁荣，有利于促进各国的共同发展。中国的和平发展将为国际社会提供一个全新的发展模式，这对国际社会将具有巨大的启迪意义。

（宫力 中共中央党校教授）

毛里和子：30 年的经济奇迹绝不是一件寻常事

毛里和子

2008 年中国迎来改革开放 30 周年，2009 年 10 月，又是新中国成立 60 周年的重大日子。60 年的发展，改革开放 30 年是"重头戏"。

把 1978 年与 2007 年的经济数据加以比较就不难发现，中国占世界 GDP 总量的比例已经从 1.8% 上升至 6.0%，GDP 总额在世界的排名已跃居第 4 位（2008 年又上升到第 3 位）。人均 GDP 已经从 300 美元增长至 2459 美元，突破了所谓"2000 美元大关"。

同时，中国社会也发生了巨大的变化，出现了私营企业家、城市中间阶层以及流动在城市与农村之间的农民工等新阶层。中国共产党也从过去的工人阶级先锋队组织转变为拥有众多高学历者在内的政治组织，成为拥有权力、财力与知识的执政党。

另一方面，随着空前的经济增长与社会变化，中国也出现了许多问题。比如，地区差异不断扩大；不同阶层间的贫富差距加大，不平等状况日趋严重；受到了由美国金融危机所引发的世界经济危机的冲击；利益的多元化与矛盾的激化导致了"胜者"与"败者"、掌权者与"弱势群体"间的紧张与对立等等。

30 年间经济保持 GDP 年均增长率 9.8% 的高速增长，这绝不是一件寻常事。毫不夸张地说，这创造了中国经济发展史的新奇迹。我们需要探讨的是，中国为何能够做到这一点。

神户大学的加藤弘之认为，中国经济长期高速增长的主要原因在于：一是政府主导的公共投资和投资依存型经济；二是取之不尽的廉价劳动力与劳动力生产率的提高；三是地区差距扩大但社会却允许这种状况存在等。

加藤弘之的主张只是代表性观点之一。这些观点各有各的说服力。但是，经济高速增长的最大贡献者是在这30年间的"开放政策"，这一点无疑是成立的。

很多专家认为30年并不是一个完全具有连续性的过程，其间出现过明显的分期。在此基础上，我们应该关注的问题是，2008年的世界经济危机是否会迫使中国进入改革开放的又一个新阶段？是否会出现发展战略的范式转换？

（毛里和子 日本早稻田大学政治经济学术院教授）

刘国光：中国特色社会主义经济运行机制的探索与创建

新中国成立60年来，我国经济建设围绕计划与市场这个基本问题，进行了长期的艰辛的探索。从新民主主义经济转变到社会主义计划经济，再由社会主义计划经济向社会主义市场经济过渡及社会主义市场经济体制的发展与完善，呈现出一个辩证的发展过程。这是一个朝着既定的目标，探索在中国这块土地上建设社会主义的实现途径、模式和体制的过程，这种探索是在特定社会历史条件下进行的，是客观条件、客观要求和主观认识共同作用的结果。

刘国光

十七大重新强调国家计划在宏观调控中的导向作用，并不是如某些人所歪曲的那样，"要回到传统计划经济模式"。原因有以下几点：第一，现在的国家计划不是既管宏观又管微观、无所不包的计划，而是只管宏观，微观的事情主要由市场去管；第二，现在资源配置的基础性手段是市场，计划是弥补市场缺陷的必要手段；第三，现在的计划主要不再是行政指令性的，而是指导性的、战略性的、预测性的计划，同时必须有导向作用和必要的约束、问责功能。由计划经济向市场经济过渡，再到重新强调国家计划在宏观调控中的导向作用，这合乎辩证法的正—反—合规律。这不是回到过去传统的计划经济的旧模式，而是计划与市场关系在改革新阶段更高层次上的综合。实现市场和计划在更高层次上的综合，就是在二者之间建立和谐关系。计划与市场之间的和谐，是社会主义和谐社会应有的内容。

回顾新中国60年的历程，我深切感到，中国特色社会主义经济的发展，是符合历史发展基本趋势的，又是一个螺旋式上升过程。新中国60年的经济建设进程，如果说改革开放之前是"正"，改革开放之后的一段时期就是"反"，这是一个否定。60年来，一"正"一"反"才形成现在的局面，也积累了不少新矛盾。现在也到了否定之否定的"合"的阶段，要对一些新矛盾进行一些新的"反"与"正"，从而在更高层次上转向新的综合。这样的综合，绝不是倒退，而是在更高层次上的综合，由此推动事物向更高阶段发展。坚持科学发展观，把这个更高层次的综合做好，发挥计划和市场两种手段在市场经济中的调节作用，全面保持和凸显社会主义市场经济的内涵和特征，到了非常关键的时候。综合得好，社会主义能够坚持，我国经济能够继续发展，改革开放的道路光明灿烂，中国的未来将更加辉煌。

（刘国光　经济学家，中国社会科学院顾问）

丁明：从"一边倒"到"全方位"的外交战略演变

新中国外交走过了60年辉煌的道路。当我们回顾这个波澜壮阔的历程时，可以看到，外交战略的演变在其中占有重要的地位。从新中国成立初期的"一边倒"，到20世纪60年代的"两面出击"，再到70年代的"一条线，一大片"，直至80年代的"全方位"，中国的外交战略大体上十年一变，经历了四个阶段。通过对这四个阶段的演变进行回顾，可以从一个侧面对中国外交取得的重大成就和经验进行总结。

（一）"一边倒"（20世纪50年代）"一边倒"战略是新中国成立后第一个外交战略。它是以毛泽东为核心的中共第一代领导集体在当时纷繁复杂、激烈对抗的国内国际形势下制定并实施的，具有强烈的时代特征。从总的方面看，它的制定和实施符合当时的国际背景，也符合中国的利益和目标，是一个成功的战略。

丁 明

（二）"两面出击"（20世纪60年代）从20世纪50年代末开始，国际形势日益严峻。中国坚持独立自主方针，反对美苏两国的霸权主义，变"一边倒"为"两面出击"。这一战略虽然使中国陷入与苏、美同时抗衡的不利局面，但是从另一个角度看，它加快了中国自力更生进行建设的步伐。

（三）"一条线，一大片"（20世纪70年代）从20世纪60年代末到70年代中期，国际形势发生了新的变化。为了更好地维护国家利益，摆脱两线作战的不利局面，集中力量应对苏联的威胁，毛泽东提出"一条线，一大片"战略。它的实施大大缓解了中国国家安全面临的威胁与压力，提高了中国的国际地位。

（四）"全方位"（20世纪80年代以后）从20世纪70年代末到80年代初，随着国际形势的变化，中国领导人对战争问题有了新的认识。中共十一届三中全会确定了党的战略重点转到以经济建设为中心上来，确定了改革开放的大政方针。与此同时，中美关系在台湾问题上遇到了障碍，中苏关系开始松动。在这些深刻的变化下，中国改变了"一条线"战略，坚持独立自主，不同任何国家结盟，开展全方位外交。

通过对中国外交战略演变的回顾，可以看到，毛泽东、周恩来、邓小平等新中国领导人运用马克思主义理论，科学分析国内国际形势，审时度势，运筹帷幄，在制定和调整中国外交战略的过程中，牢牢把握大局，经受了国际风云变幻的严峻考验，取得了辉煌的成就。20世纪80年代末，世界进入新旧格局交替时期。以江泽民同志为核心的第三代中央领导集体

51

创造性地继承和发展了邓小平的外交思想，使中国外交取得了新的成就。进入 21 世纪以来，以胡锦涛同志为总书记的党中央冷静分析国内外形势，紧紧抓住战略机遇期，高举和平、发展、合作的旗帜，使中国的对外工作取得了新的重大进展。

（丁明　当代中国研究所第四研究室主任）

杨凤城：文化观演变见证中国发展

杨凤城

从中国共产党的历史看，影响和制约其对文化与文化建设问题的认识、方针和政策的主要理论观点有：文化属于上层建筑，是一定政治经济的反映，同时反作用于一定的政治与经济；在阶级社会，文化是有阶级性的。可以说，中国共产党关于文化本质与功能的认定、关于文化建设的核心与深层理念均建基其上。在此基础上，我国的文化观经历了从为无产阶级政治服务到为社会主义服务、建设中国特色社会主义文化的历史演进。

为无产阶级政治服务的理念源于革命战争年代，并在土地革命战争时期得到明确表达，毛泽东、瞿秋白和中共有关根据地文化教育的文件中均明确，文化教育是阶级斗争的武器，苏维埃的文化教育是阶级的教育，核心是马克思列宁主义的灌输。

抗日战争时期，这种文化观得到系统阐述，代表作是毛泽东的《新民主主义论》和《在延安文艺座谈会上的讲话》。其具有长期影响的观点是，"在现在世界上，一切文化或文学艺术都是属于一定的阶级，属于一定的政治路线的。为艺术的艺术，超阶级的艺术，和政治并行或互相独立的艺术，实际上是不存在的"。

从新中国成立到十一届三中全会，这种文化观基本上延续下来。并未有新的认识上的突破。固然，过于凸显和胶着于政治正确、"政治挂帅"，易导致整个文化事业的日趋政治化和意识形态化。但是，客观地说，新中国头30年的文化建设有需要肯定的地方。这表现在马克思主义在整个国家的主导意识形态地位牢固确立；普通劳动者特别是工农大众的文化和受教育权利得到高度重视；反映革命历程和工农兵生活的文艺作品迅猛发展；一些特定的学术领域得到拓展和深化；一大批适应国家建设需要的各类专门人才得到培养和锻炼；等等。

党的十一届三中全会后，确定了文化为人民服务、为社会主义服务的新"二为"方向。这标志着中国共产党在文化建设指导思想上的重要调整和转变。一方面，马克思主义关于文化属于上层建筑、文化是有阶级性的观点并未放弃，但它不再像过去那样被经常提起、突出强调，而是放在其应有的深层理论支撑的地位上。另一方面，党对于文化在民族国家建设中的地位和作用有了更理性更科学的认识，审视文化和文化建设的视野更宏阔、更富时代感，其标志是社会主义精神文明概念的提出。

从十五大到十七大，每次党代会报告均设专节阐述社会主义文化建设问题，并且对精神文明或文化建设的战略地位不断有与时俱进的新认识，其突出特点是放到经济全球化、科技迅猛发展以及由此导致的综合国力竞争日趋激烈的国际背景下，放到世界各民族交往日趋频繁、世界范围各种思想文化相互激荡的时代背景中来看待。

毫无疑问，今天文化建设已经成为关系国家战略的大事，它所走过的历程正是新中国解放思想的发展历程。

（杨凤城　中国人民大学马克思主义学院副院长，兼中共党史系主任）

武力：新中国经济发展模式的三大重要因素

从世界近代以来的发展历史来看，所谓经济发展模式，实际上就是各国在工业化过程中走过的不同道路。例如早期的盎格鲁—撒克逊模式、普鲁士模式，后来的美国自由主义模式、日本军国主义模式、战前的苏联模式、战后的新加坡模式，实际上都是这些国家在工业化过程中遇到问题时所采取的不同方法，因应不同时代的要求而产生的发展特点。从这个角度来看，中国这样的大国，具有与众不同的内部条件和外部环境，自然要形成自己的发展模式。

武 力

新中国60年是不断探索中国国情和寻找快速发展模式的60年。其中，政府的作用、工业化道路以及国际环境是构成中国经济发展模式的最重要因素。

1949年中华人民共和国成立以来，中国经济发展模式的最大特点，就是政府在经济发展中处于高度主导的地位。60年来，我国经济发展的成就和优势来自于政府的主导，一些重大失误也与政府有关，怎样看待这种政府主导，实际上不仅关系到对中国经济发展道路的评价，也关系到改革开放目标的确定，关系到我国经济制度的社会主义性质问题。

1949年以来的中国工业化，不仅是在100多年来中国因落后而备受帝国主义列强侵略压迫的惨痛教训中起步的，是在世界形成了社会主义国家与资本主义国家激烈竞争的国际背景下进行的，更重要的是在中国人口众多、人均资源贫乏、大量农业人口需要转移的条件下起步的。因此，中国共产党和中国人民长期将高速发展作为经济制度和政策选择的第一前提，是不足为奇的。近60年来中国对工业化道路的三次选择，以历史的眼光看，从经济发展的角度看，是一种因果关系，是事物在新条件、新形势下向更高层次的演进，而不存在后者对前者的否定。同时，我们还应该看到，一种工业化道路向另一种道路的转换和演进，是不可能一蹴而就的，需要长期的努力，需要充分利用国外资源和市场的外部环境。

中国从1840年开始与资本主义列强正面接触到今天的169年里，其经历也是痛苦而曲折的。作为早期资本主义发展的受害者和中期帝国主义战争的牺牲者，在后帝国主义的第三阶段，则经历了一个巨大的变化：由对抗转变为合作，找到了一条可以与资本主义世界并行发展、吸取资本主义文明成果的社会主义道路。

以上三个方面是探索新中国经济发展模式形成和演变的历史环境和内

在逻辑的重要因素。

（武力　当代中国研究所副所长）

（本期特别策划采写工作组：李红岩、祝晓风、袁华杰、郑巧、陈静）

历史方位中的中国道路

中國社會科學報

（2009—2010）

特别策划（上卷）

60年：新中国的光荣与梦想

记者　怀畅

●在看待新中国60年来伟大历史意义的问题上，我们应该发现的恰恰是容易被忽略掉的制度优势。

●一个国家社会科学的水平不仅是构成国家软实力的重要组成部分，更代表着一个国家在思想上的高度和深刻性。

从1949年到2009年，新中国已经走过了60年的历程。60年，对一个人来说意味着经历了少年的迷茫、中年的奋斗，进入了老年的恬淡和物我两忘的"耳顺之境"。60年，对于一个国家又意味着什么呢？经过创业、积累和发展，60年的时间能否让国家也进入一种"耳顺之境"呢？

60年的时间很短，建国60年的1836年，美国还是一个处于青春期的国家，当时的南卡罗莱纳和佐治亚还是个需要大量黑人奴隶来开垦的蛮荒之地。60年的时间很长，它足够使一个国家由弱转强，或由强转弱。1928年的日本在经历了明治维新之后，60年的发展和积累已经使之成为当之无愧的亚洲第一强国。但也正是在这个时期，昭和军阀的幽魂已经从几年前德国巴登巴登小镇中的"三羽乌"，逐渐成为控制整个国家的中枢力量。十几年后这个强大帝国的轰然垮台正是在这个国力极盛的时期埋下了祸根。

历史总是因为纷乱复杂的线索而显得扑朔迷离，正如马克斯·韦伯所说，用单一因素来理解历史的方式根本无助于理解真实的历史，过分清晰化只是学者头脑想象的产物。因此，观察世界只有用开放的心态和多元的视角，才能更深刻理解这60年的伟大历史意义。

历史长河中的中国奇迹

"无限的过去都以现在为归宿，无限的未来都以现在为渊源"。这是李大钊 90 年前说过的一句话。确实，要读懂中国的今天，不能不读懂她的过去。

稍微懂得一点中国历史的人，只要不带政治的偏见，就不能不承认，古老的中国，真正获得新生并焕发出青春的活力，开始于 1949 年。在此后 60 年中，我们创造了人类历史的奇迹：短短 60 年，我们使占世界人口五分之一的中国人，不但站起来了，而且活得有尊严、有希望，走上了富裕的道路；我们使一个文盲占绝大多数、科学技术极其落后的国家，变成了世界科技、教育的大国，而且正在成为强国；我们使一个积贫积弱、陷于封闭半封闭的国家，变成了一个全方位开放的现代国度，享有了大国应有的尊荣，在国际社会中发挥着日益重要的作用，中华民族巍然屹立于世界民族之林……。这 60 年，只有将其置于历史的长河中，才能清晰地看到它独有的价值和地位。这是考察 60 年伟大意义的第一视角。从纵向看，新中国 60 年的社会进步、文明积累，无论是在质上还是量上，都超过了秦汉以降两千年历史进步的总和。从横向看，世界上还没有哪一个国家，能像中国这样在 60 年间完成如此巨大、如此深刻的历史跨越。需要特别指出的是：今天堪与中国比肩而立的国家，没有一个像中国这样属于世界公认的文明古国，从古代走到今天，从未间断！

当然，严肃的科学思维，不能止步于历史现象的描述。更重要的是，要揭示隐藏在表象后面的内在原因。60 年中国奇迹，它因何而生，缘何而起？

国际视野中的中国模式

自从全球化进程开始以后，对国家历史的考察，就一刻也不能离开国际视野。要发现"制造"中国奇迹的内在因素，也许，有必要在世界范围内寻找几个与中国有相似经历的国家进行比较，在比较中发现独特的中国因素，发现中国因素的独特价值。

印度与中国一样都是人口众多的国家，作为英国"女王王冠上的宝石"，独立之初的印度拥有比中国更好的工业基础，但是在摆脱英国殖民统治之后，印度的发展速度却远远落后于中国。德国和日本作为二战的战败国，在被限制了政治和军事能力之后，全力发展经济。在苏联解体之后，它们分别成为了世界第二大和第三大经济强国，但现在却无一例外地陷入了经济发展乏力和老龄化的困局，日本更是由于没有走出地缘政治的桎梏而难以彻底摆脱二战影响。而在新中国成立之初，无论是工业基础、还是科技、资金和人才上都无法与德国和日本相提并论的中国却在去年，在经济总量上超过了德国，而且很可能今年或明年在经济总量上超过日本。

当我们回首取得巨大成就的同时，也应该看到其他国家身上的闪光点。且不说德国、日本远远领先的人均 GDP，在韩国、以色列这样的中小国家身上，我们也要看到作为大国应该学习的经验。韩国的企业在全球经济中的地位要高于中国的企业；以色列在面临世界上最恶劣的地缘政治环境和自然环境的情况下，用科技和文化精神打破了自己命运的牢笼。

每个国家都有自己的光荣与梦想，但每个国家的发展经验却又都是独特的、不可复制的。那些发展历程与中国具有某种相似性的国家，既是我们发展的参照物，同时也是我们观照自身的一面面镜子。任何国家的崛起都是其内部力量发展的结果，也都是内部制度完善的结果。作为一个现代性的命题，在看待新中国 60 年来伟大历史意义时，我们应该发现的恰恰是时常容易被忽略掉的制度优势。国防大学的金一南教授在谈论中国共产党的执政资格时曾经有过这样一番话："1949 年全国解放时党员人数为 300 万，有名可查的党员烈士就有 370 万……这是中国共产党人执政的资格……在近代中国，任何一个宣称能够对国家发展、对民族命运负责的政治团体，如果不能集合、产生、拥有这样一批为其宣称的主义抛头颅洒热血而义无反顾的先驱者，不能赢得随之而来前仆后继、舍生忘死的追随者，其宣言哪怕再冠冕堂皇，也是一纸空言。"通过对几个相似国家的比较，我们看到经过历史考验的中国共产党和中国共产党领导的多党合作制的政治体制在与西方民主制度的比较中具有巨大的优势，这就是现在学术界热议的中国模式的基础。

在国际视野下，在各种发展模式的比较中，60年来所取得的成就证明了中国模式的有效性和正确性。在对以往60年来的历程进行反思和总结的今天，我们更充满了对自身制度的自信和自觉。在国际视野下反思中国模式，这也是在耳顺之年衡量国家成就的第二个视角。

社会科学家的历史责任

著名媒体人邱震海曾说："从历史和国际的经验来看，大国崛起一般都会涉及以下四个层面的内容：1、物质层面；2、制度层面；3、民族精神层面；4、文化更新层面。"新中国60余年的发展，使得我们已经跨过了物质现代化的门槛，如何实现制度和精神的现代化？这是在国家度过耳顺之年的时候，历史向社会科学家提出的问题。

回顾大国发展的历史，不论是重商主义引导下雄霸整个欧洲大陆的拿破仑法国，还是在短短几十年间迅速崛起的东邻日本，其国家衰败的最早征兆不是财力或军力的匮乏，不是缺少长袖善舞的外交手段，而恰恰是本国知识分子群体独立人格的丧失和一代人的集体失语。社会科学的水平不仅是构成国家软实力的重要组成部分，更代表着一个国家在思想上的高度和深刻性。

新中国成立60年来，我们国家已经在物质建设上取得了巨大的成就，在这个基础上，如何梳理和重建民族的精神世界？如何促成文化的自我复兴？如何使中国的社会与人文精神变成全世界的精神财富？这是耳顺之年衡量国家成就所必须解答的重要命题，这一连串的问号本身就成为耳顺之后中国充满信心、衡量国家成就的第三个视角。

中国充满信心

二战后，世界上有一大批国家浴火重生，与中国一同走过了约60年的发展历程。通过上述三个方面的比较，我们可以找到中国在21世纪初的世界上所处的时代坐标。当然，比较必须要有标准，我们按照三个标准选取比较对象：其一，在二战后的40年代下半叶起步或重新起步；其二，其政权和政治体制迄今没有发生大的断裂；其三，其国家规模和实力能够对今日世界发生较大的影响。按照这些标准，我们选择以色列、印度、日本、韩国、德国、意大利6个国家与中国进行横向比较。7个国家，60年左右的发展历程，为人类政治生活的实践增添了鲜活的素材，也为社会科学研究提出了令人着迷的问题，为了解答这些问题，本报采访了国内外知名学者。当然，这些专家的个人观点不代表本报立场。比较不是为了寻找自满的理由，而是为了寻找现有的不足和未来的方向。在这7个国家中，我们有理由相信，中国的未来光辉灿烂。在新中国60华诞之际，我们祝福这些与新中国一同走来的国家，祝福它们的人民按照自己的意愿，在各自的道路上走得顺利、精彩。

李云龙：新中国60年所取得的成就是一个奇迹

中国的经济发展举世无双

新中国60年的经济成就辉煌灿烂，在人类历史上独一无二。首先，中国经济发展的规模举世无双。人类进入工业化时代有300多年了，但迄今为止，也只有10亿人口实现了工业化。中国的工业化是一场涉及13亿人的巨大社会变动，其规模远非从前任何时代、任何国家可比。其次，中

李云龙

国经济发展的速度前所未有。改革开放以来，中国经济连续30年保持了9%以上的增长速度，这在世界上是没有先例的。即使是日本和亚洲四小龙在经济高速发展时期，也没有维持这么长时间的高增长。新中国60年的经济发展成就值得全国人民骄傲和自豪。

60年的历史证明：第一，稳定的政治环境是中国经济社会发展的必要条件；第二，不断扩大政治民主和民众参与是国家长治久安的基础；第三，

中国的政治制度需要不断完善。与任何政治制度一样，中国共产党领导的多党合作制度也需要不断完善合作形式，充实合作内容。中国目前的政治制度合法性来源于中国共产党对中国革命和建设事业的正确领导，来源于改革开放以来中国经济社会的快速发展。为了保持中国的政治稳定，中国目前的政治制度还要获得民众更多的授权和支持。扩大公民政治参与是保持中国政治制度生命力的有效途径。

中国的进步是全球性事件

中国融入全球体系，既是中国的大事，也是全世界的大事。近代以来，中国门户洞开，西方列强对中国大肆侵略，中国成了主权受践踏、经济受控制的半殖民地社会。新中国成立以后，为了结束中国与西方国家之间的不平等关系，中国选择了同苏联东欧社会主义国家合作的外交战略。后来，为了追求外交独立与自主，为了争取中国在国际上的平等地位，中国在一段时间内同冷战的双方都疏远了。从20世纪70年代中美建交开始，中国又以全新的姿态走进国际社会。这一段风云变幻、波诡云谲的外交折冲深刻地影响了国际战略格局和冷战的进程，也深刻地影响了中国的发展方向。最值得称道的是，作为一个占世界五分之一人口的大国，中国在融入全球体系的过程中保持了自己的独立性。中国是以国际社会平等一员的身份重返全球体系的。中国融入国际社会的过程也体现了中国外交强调国家利益、不以意识形态划线的特点。中国与美国在政治制度、意识形态和价值观念上有巨大的差距，但这并不妨碍两国在有共同利益的地方展开合作。进入21世纪以后，中国正在以前所未有的速度快速融入世界。但是，中国没有失去自己的独立性，也没有失去自己的特色。相反，中国为世界带来了独特的历史与文化，使全球大家庭更加丰富多彩。

新中国成立以来，中国的科学文化事业取得了巨大成就。这些成就再怎么称赞都不过分，因为我们几乎是在一张白纸上作画，多数事业都是从无到有地发展起来的。对于开创性的工作，我们应该给予最大的肯定。同经济建设和自然科学发展一样，新中国在文化和社会科学研究领域的成就也在于建立了门类齐全、基本满足中国社会发展需要的文化体系和社会科学研究体系，培养了一大批文化人才和社会科学研究人才。尽管中国的社会科学研究同世界先进水平相比还有很大差距，但已经开始逐步接近世界水平。

（李云龙　中共中央党校国际战略研究所教授）

（记者　怀畅／整理）

宋月红：历史证明了中国模式的生命力

宋月红

新中国取得的成就是中国模式的必然结果。新中国 60 年的经济建设在旧中国"一穷二白"的废墟上起步，中国社会生产力不断得到解放、保护和发展。为适应社会生产力发展的要求，社会主义经济体制在实行计划经济取得历史性成就的基础上，通过不断深化改革，基本建立起社会主义市场经济体制，融入到经济全球化发展进程。国家从积贫积弱渐进到工业化中期阶段，从一个落后的农业国发展成为工业化大国。其中，农业在 GDP 所占的份额从 75.9% 降低到 15%，钢产量从 1949 年的 15.8 万吨，不到世界钢产量的 1‰，到 1996 年首次超过 1 亿吨，成为世界第一产钢大国，至 2008 年粗钢产量突破 5 亿吨，占全球产量的近 40%。人民生活普遍富裕，总体上实现小康。我国依靠自己的力量，特别是通过实施"八七"扶贫攻坚计划，基本而稳定地解决了 13 亿人口的吃饭问题，也就是说养活了占世界 22% 的人口。

中国共产党和各民主党派在争取中华民族独立、人民解放斗争和建设富强民主文明和谐新中国的伟大征程中，日益结成"长期共存、互相监督、肝胆相照、荣辱与共"的社会主义政党关系，并以人民政协为爱国主义、社会主义统一战线的重要组织形式，确立并发展了中国共产党领导的多党合作和政治协商制度。实践证明，这一制度适合我国国情，是历史发展的必然和人民意志的选择。

中国特色社会主义政治制度体系的确立、完善和发展，从根本上实现了中国从几千年的封建专制向人民民主的伟大跨越，奠定了当代中国一切发展进步的基本政治制度基础，推动了社会主义民主政治广泛而深入的发展。不仅如此，适应经济体制改革需要的社会主义政治体制改革以及依法治国基本方略的实施，不断丰富和发展了这一制度体系的职能的实现方式、手段与途径，推进了这一制度体系日益法治化、规范化和程序化，深化了人民民主的实体民主与程序民主的有机结合。这样以来，不仅根本的和基本的政治制度得以不断健全和完善，而且民主政治建设上下结合，城市社区自治、农村村民自治这些素有"草根民主"之称的基层群众自治由城市到乡村依法推进，城乡基层民主得以扩大，成为当代中国最直接、最广泛的民主实践。

（宋月红　中国社会科学院当代中国研究所研究员）

（记者　怀畅／整理）

巴里·布赞（Barry Buzan）：只有中国，我有充分理由认为是一个崛起的大国

我不十分了解中国内部的发展，以前也并不十分关注中国。但是随着中国经济的成功和国际影响力的提升，我对中国越来越感兴趣，因为中国的发展蕴藏着诸多新的因素，将影响国际社会的未来面貌。目前我已经访问过中国四次，每次都看到令我激动的变化。

现在很多人看好"金砖四国"，我认为作为一个整体的"金砖四国"没有太大意义。俄罗斯很大程度上在倒退中，人口在减少，国家在变小，短期内不太可能成为世界大国。关于巴西，有一句谚语，"巴西很有潜力，可惜永远是潜力"，我不认为巴西明天就会变成一个大国。印度的前途更艰难，我很怀疑印度能否成为世界大国，当然，它会是一个地区大国。只有中

巴里·布赞（Barry Buzan）

国，我有充分的理由认为是一个崛起的大国，尽管中国也面临着不少问题。

如果要我就中国的发展发表观点，我认为中国面临两个挑战：第一个是超越历史恩怨。克服中国和日本等国家之间的憎恨，将消除中国崛起的一个障碍。20 世纪前半叶欧洲历史的一个主题就是法德之间的仇恨和战争，当时很少有人能想出解决这个问题的理想办法。二战后，法国人和德国人以及欧洲一体化的先驱者们，通过巧妙的方法解决了两国的历史恩怨，使法国人和德国人都走出了仇恨的阴影，也走上了发展和复兴的道路。欧洲的情况与中国不同，但是中国人也许可以从这段历史中吸取经验。第二个挑战是环境问题，中国一定要与世界各国携手应对这个威胁人类命运的问题。

（巴里·布赞（Barry Buzan） 英国伦敦经济政治学院国际关系学教授，英国科学院院士）

（记者 范勇鹏／采访编译）

梯姆·邓恩（Tim Dunne）：中国将崛起为负责任的大国

梯姆·邓恩（Tim Dunne）

国际关系学界对中国崛起的讨论受到新现实主义理论的左右，认为物质实力的计算可以决定一切。例如，美国学者米尔斯海默就认为中国的和平崛起必将导致中国与美国之间的安全竞赛。但是我不同意这种观点，从英国学派的观点来看，崛起的中国在国际社会中的角色将是一个秩序维护者而不是一个体系威胁者。因而，我认为学者应该将目光从"权力"转向"责任"，即从中国承担大国责任的角度来看待中国的影响。事实证明，中国是国际社会中一个值得依赖的伙伴。尽管中国自有一套不同于西方自由主义的观念和话语，而且中国不喜欢受到这种观念和话语的批评，尤其是当有人打着民主之名试图干预中国内部事务的时候，但是中国并没有对 21 世纪的国际结构提出颠覆性的诉求，相反，中国已经越来越多地参与到国际社会的对话之中。

（梯姆·邓恩（Tim Dunne）（英国埃克塞特大学人文与社会科学院院长，国际关系学教授））

（记者　范勇鹏/采访编译）

以色列：以自强改写悲情

以色列总统希蒙·佩雷斯在庆祝以色列建国 60 周年时说："论规模，我们小，论人口，我们少，所以我们不能成为一个大市场或大工业国，但以色列能够成为一间大胆的实验室。"

陈双庆：冲破命运的桎梏：以色列建国以来的成就

以色列建国以来的经济发展取得了举世瞩目的成就，已经拥有多样化的现代工业，在医疗设备、电子、化工、计算机、太阳能利用、航天、飞机制造、药品及生物制剂、钻石加工等领域均位居国际先进行列。在农业方面，不但基本上实现了自给自足，而且有些产品如鲜花、水果和蔬菜等还大量销往国外。在外贸方面，与美国和欧盟都签有自由贸易协定，其绝大部分产品可免税进入这两大市场。

以色列经济迅速发展的主要原因是：第一，不断总结经验，分阶段、有重点地进行工农业建设，走出一条符合本国国情的经济发展

陈双庆

道路。第二，充分开发和利用丰富的智力资源。以色列政府通过优厚的移民政策，吸引了大批受到良好教育且掌握现代工作技能的犹太人移居以色列。同时，以历届政府都高度重视教育，实行全民义务教育，为国家造就了一大批高水平的科技、管理等领域的建设人才，为实现可持续发展奠定了基础。第三，大力推行"科技兴国"战略，不断增加科研投入，并将高科技运用于工业、农业、信息产业等国民经济重点领域。同时，通过军工产业带动经济发展。第四，美国政府与世界犹太人的援助，以及合理使用外援，对以色列经济发展起了重要作用。

以色列60余年来建立了独具特色的宪政民主制度，并产生了良好的政治、社会效益。另外，因长期与阿拉伯国家处于敌对状态，以色列的政体还具有"战时体制"的某些特征，即平时高度民主，一旦处于危机状态便高度"集中"，由以总理为首的核心内阁迅速作出决策。

在福利保障方面，以色列政府力图向全体人民提供社会安全和福利服务，在经济快速增长的同时，建立了较为健全的社会保障体系和福利制度，并注重发挥其收入再分配的效应，为贫困阶层提供了较多好处，尤其使失业者、残疾人、老年人等"弱势群体"受益匪浅。20世纪70年代，随着经济快速增长，以色列政府对社会保障体系进行了大规模建设，建立了失业保险制度，实行了伤残保险计划，扩大了儿童补贴的范围并提高了补贴费，还建立了有保障的最低收入分配制度。此外，以政府采取措施，增加贫困群体接受医疗保险和教育的机会，并建立了社会救济制度。建国以来，以色列的社会保障体系涵盖了社会生活的方方面面，主要包括就业和劳动条件保障制度、医疗保险制度、养老保险制度、儿童补贴制度以及义务教育制度等。保险的项目主要有：失业、退休、工伤、因残疾丧失工作能力、孕妇生育、多子女家庭、意外事故造成的财产损失以及抚恤金等。

根据以色列的《独立宣言》，以色列将保证全体公民，不分宗教、信仰、种族和性别，最充分享受社会政治的平等；将保证宗教、信仰、语言、教育和文化的自由。

为了满足不同犹太人群体的要求，减少矛盾，以色列政府在60余年的执政时间中，在衣食住行等各方面都作了某些特殊规定：在各地设立了正统派犹太教徒的聚居区，并在区内严格按照犹太教律法安排日常生活。同时，特拉维夫等现代化大城市的社会生活也保持了充分的世俗性，照顾到多数世俗犹太人的利益。另外，以政府允许民众针对社会生活的方方面面发表不同意见，并适时地对一些"不合时宜"的政策和规定进行调整。

通过建国以来 60 余年或战争或和平的手段，以色列已经打破了严酷的地缘政治现实，融入了国际社会。以军通过 1948 年"巴勒斯坦战争"、1956 年"苏伊士战争"、1967 年"六日战争"以及 1982 年"黎巴嫩战争"，占领了大片阿拉伯领土，扩大了边境战略纵深。1979 年，以色列与埃及签署《戴维营协议》并建立外交关系，致使埃及退出阿拉伯敌对阵营；1993 年，与巴解组织签署《奥斯陆协议》；1994 年，又与约旦签署《华盛顿宣言》并建交。这之后，只剩下叙利亚和黎巴嫩两个阿拉伯邻国仍与以处于敌对状态。

在文化建设方面，建国后，以色列一方面大力弘扬 4000 年犹太传统文化遗产，另一方面根据其移民社会的特点，鼓励各群体在保持各自文化传统的同时，也认可其他文化并从中汲取营养，实现不同文化间的交融。在此基础上，以色列努力创造一种集东西方文化为一体、熔传统与现代为一炉的新型文化。以政府十分重视继承古代希伯来文化，将希伯来语、犹太历史、犹太律法和《希伯来圣经》作为从幼儿园、小学、中学到大学的必修课；大力普及希伯来语，开设了大量"乌尔潘"（希伯来语培训中心），规定新移民必须学习希伯来语。经过努力，以色列文化在各个领域如文学、美术、音乐、雕塑、戏剧、舞蹈等，各个层次如创作者、表演者和欣赏者，以及各个类型即传统艺术、古典艺术和流行艺术上，都达到了相当高的水平。

（陈双庆　中国现代国际关系研究院副研究员）

（记者　怀畅／整理）

印度：与中国"龙象共舞"

《洛杉矶时报》驻北京记者罗恩·特姆佩斯特：

从 1950 年以来，中国公民的平均寿命增加了 20 岁以上，中国男人的平均寿命为 69 岁，中国妇女为 71 岁。印度公民的平均寿命虽有增加，但平均只有 62 岁。识字率方面，差别更大。根据识字率、平均寿命和平均收入计算得出的联合国开发计划署最新的各国人力发展指标，中国的得分是 60 分，接近所有发展中国家的最高分，但印度只有 44 分。

陈峰君：发展模式独特　世界地位显赫

——印度独立 62 载简评

陈峰君

印度 1947 年独立后 60 年来，正在探寻一条独特的发展道路，取得了令人瞩目的成就，其国际地位已今非昔比，对世界与亚洲将产生重要影响。

独特创新的发展模式

印度独立后在经济上实行混合经济与计划经济体制并行的"尼赫鲁式社会主义"。这一模式取得了一定成效，但发展速度一直低迷。20 世纪 80 年代后，印度政府对原有经济模式进行探索与改革，至今已逐渐形成一种知识密集型的、以服务业为主导并以高新技术为核心的发展模式。可以说它跨越了传统西方工业化道路，对发展中国家工业化无疑具有创新价值和示范意义。

印度政府着力发展软件 IT 产业，是印度发展服务业模式的核心特征。印度软件业及精密制造业的异军突起，令世界对印度刮目相看。它也带动了高精尖科技并加快了印度现代化发展进程：印度不仅能自行设计和建造核电站，而且还把原子技术广泛应用于科研、农业、工业、医疗、军事等多个领域。近年印度的空间技术更是突飞猛进，不仅送卫星上天，而且制定了登月计划。此外，其生物技术、海洋开发技术等也居世界前列。

当然，印度单纯以软件高科技为中心的发展模式也存在严重弊端：经济结构严重失衡甚至出现断层、基础工业特别是制造业比重过于偏低、难以吸纳印度产业劳动力大军等，因此对国内经济的促进有限。有人形容印度像"一个具有金面、土身和泥腿的巨人"。这恰好与中国模式的优势形成鲜明对照。近几年，印度政府已认识到其弊端并加速经济结构的转变，已将大量资金投入到基础工业建设，计划在 2012 年前投资 4750 亿美元来改善基础设施。如调试成功，印度现代化步伐必将进一步加快，为迈向世界大国奠定基础。

印度崛起对世界的影响与意义

印度的崛起已是不争的事实。据世界银行对主要经济体 2008 年工农业 GDP 的测算结果，印度以 1.23 万亿美元排名世界第 12 名。其综合国力上升速度，在大国中仅次于中国和俄罗斯；外汇储备已达 31.62 万美元，仅次于中日俄三国。印度在信息产业上成为世界的领军者之一，正向软件超级大国迈进。在军事上，印度自认为是亚洲第一军事强国。到 2012 年底，印度将成长为世界六个亚超级大国之一。美国前助理国务卿英德弗尔斯曾撰文预言：21 世纪中叶，世界经济超强排名第一是中国，第二是美国，第三是印度，三者将左右全球发展。

印度的崛起将对世界产生极其深远的影响。

其一，它与中国崛起将彻底改写世界历史，使 21 世纪真正成为亚洲世纪。邓小平早在 80 年代初便说过："中印两国不发展起来就不是亚洲世纪。真正的亚太世纪或亚洲世纪，是要等到中国、印度和其他一些邻国发展起来才算到来。"世界正在不可逆转地由西方转向东方，经历着划时代的大变革。

其二，印度随着经济的崛起与军事的发展，对世界政治与安全格局必将产生深远影响。基辛格早在 70 年代就预言：21 世纪的国际体系将包括六个强大力量——美国、欧洲、中国、日本、俄罗斯和印度。印度成为政治强国（包括联合国入常）只是时间问题，中国应乐见其成。从其历史文化角度分析，它将与中国一样成为世界和平与和谐的倡导者与维护者，将为各大国关系与多边关系注入新的活力与积极因素。世界因中国与印度两个和平大国的存在，西方霸权时代将退出历史舞台。

但是，印度的发展前景也不是一片大好，贫困、社会分裂、地区发展不平衡都是亟待解决的问题。

（陈峰君　北京大学国际关系学院教授）

（记者　褚国飞/整理）

马加力：关注印度崛起的势头

自 20 世纪 90 年代以来，随着其综合国力的不断提高，印度在国际舞台上的能见度日益凸显。特别是近年来，人们普遍注意到国际上关于"金砖四国"的议论不断增多，四国之一是日益崛起的印度。其崛起体现在政治、经济、军事、外交以及地缘政治和战略等各个层面。

马加力

政治上，印度独立以来一直实行"民主政治"。客观地讲，这种制度保证了政权的平稳过渡和交接，较大程度地体现了选民的意愿，受到该国广大民众特别是中产阶级的普遍认可，总体运行比较平稳。但是这种制度也存在许多难以克服的弊端。

经过 18 年改革和自由化的历练，印度经济已经步入快速发展的轨道。在过去 5 年中，其经济增长平均速度保持在 8% 以上，有些年份甚至超过 9%。2008 年，印度经济尽管受到国际金融危机的严重冲击，但仍保持 7% 以上的增长，在世界各主要大国中，是为数极少的保持较高增长率的大经济体之一。从目前情况看，其经济运行状况良好，世界银行及其他金融机构纷纷调高对印度经济增长率的预测。特别值得关注的是，印度软件产业在国际市场上口碑良好，十分有利于印度树立良好国家形象、加强对外联系和赚取大量外汇。一批颇具国际竞争力的大型私营公司正在迅速扩张，跨国并购的步伐也日益加快。

军事上，印度在大力进行军备特别是核军备活动。印度一直拒绝签署核不扩散条约，继 1998 年连续五次进行核试验后，事实上已成为一个核武器国家。印度在"最低限度核威慑战略"下正加速构建海、陆、空"三位一体"的核武器能力。此外，印度还在加强其控制印度洋的海上能力，在已有一艘航空母舰的基础上，准备从俄罗斯引进一艘，同时自己再建造一艘。

外交上，印度近年来大力宣传本国政治、经济和地缘政治优势，积极发展与美国、日本、欧盟和俄罗斯的关系，同时加快"东进"步伐，密切同东南亚甚至东亚国家的关系。此外，它还积极推进同中国、巴西、南非等国的关系，并努力在相关多边组织中发挥重要作用，以期获得公认的大国地位。

印度是我国西南方向的重要邻国，两国在双边关系及国际事务中有许多共同利益。在双方的共同努力下，两国关系取得了长足的发展，在国际事务中的合作也达到一定水平。然而，中印关系中还存在边界争端和达赖流亡政府的问题，彼此之间缺乏足够的政治互信。因此，需要高度重视印度的崛起，妥善处理双边关系中的问题，积极采取各种建立相互信任的措施，争取实现"龙象共舞"和双赢局面。

（马加力　中国现代国际关系研究院研究员）

（记者　褚国飞／整理）

张经纬：日本：走出历史重债

日本60年来的政治、经济和外交

经过战后初期美国主导的一系列政治、经济改革，日本确立了新的资本主义民主政治体制。60多年来，日本政治发展平稳和动荡交替出现，保守化倾向日渐增强；经济发展经历了50年代的恢复增长期、60年代的高速增长期、七八十年代的稳定增长期和90年代后的萧条徘徊期；对外

张经纬

战略总体看是以"旧金山体制"为基础，以日美关系为主轴，经历了从唯美国马首是瞻到谋求政治大国地位的过程。

政党政治：重建 对立 分化

政党政治的发展是政治发展的主要内容。战后60多年来，日本政党政治的发展大体经历了20世纪40年代至50年代的恢复重建期、50年代至90年代的保守与革新两大政党对立期和90年代的党派分化组合频繁、多党竞争加剧、政局动荡不稳这三个大的阶段。

当中华人民共和国即将走完一个甲子的2009年9月，日本政坛发生了地动山摇的变化。自民党在2009年8月的参议院大选中惨败下野，结束了自民党长期执政的局面。取而代之的鸠山由纪夫率领的民主党，在国民期待变革的呼声中上台，其与社民党、国民新党组成的联合政府，也将面临严峻的考验。长期以来，为推翻执政的保守的自民党以求变革而联合起来的各个政党和后援团体，如何协调相互之间的理念和利益上的分歧，稳固政权，为民谋利，将是近期日本政坛的主戏。

经济：恢复 增长 萧条

日本战后的经济增长总体来看，20世纪50年代是一个恢复增长期，60年代是高速增长期，七八十年代是稳定增长期，90年代以后进入萧条徘徊期。

1950年爆发的朝鲜战争对于日本经济的恢复是一个"天赐良机"，战争"特需"刺激了日本经济的飞速发展。1960年，池田勇人组阁，由前任内阁的"政治优先"转为更现实的"经济至上"，对业已出现的"岩户景气"推波助澜。其间，借1964年东京奥运会之机大幅增加公共投资，1963、1964年连续两年经济增长率超过两位数，出现了所谓的"奥林匹克景气"。1968年日本成为世界第二大经济强国，70年代虽经历了两次世界石油危机的冲击，但经济仍能稳中上升，1979年人均产值与美国相当，1980年汽车产量超过美国，1981年外汇储备超过联邦德国，与此相应，国民生活水平也得到大幅度提高。

1985年后，虽然日本经济一度出现萧条，但在低利率政策和旺盛内需的推动下，还是出现了从1986年11月到1991年4月长达53个月的经济景气，由于这一时期虚拟资产的膨胀速度远远超过了实际资产的膨胀速度而被经济学者称为"泡沫景气"。

"泡沫景气"的直接后果是使日本经济自 90 年代进入长期的萧条徘徊期。从 1992 年开始，连续三年的经济增长率分别为 0.4%、0.5%、0.6%，基本接近零增长，日本经济由"景气"转为"危机"，整个 90 年代至 21 世纪初的几年，日本经济始终处于萧条徘徊状态。

对外战略：从追随美国到谋求政治大国地位

日本战后的外交战略是以 20 世纪 50 年代建立起来的"旧金山体制"为基础和出发点的。此后 50 多年，日本的外交战略总是以此为基轴，根据国内经济、政治状况和国际局势的变动适时调整。其主要特征，一是虽有反对的呼声，但还是唯美国马首是瞻，意识形态和冷战思维起主导作用；二是以 70 年代为界线，之前是围绕国内经济建设调整对外关系，之后随着经济实力的增长，民间的大国主义意识、右翼政治思潮与政界的保守化倾向形成合力，做政治大国、恢复昔日辉煌的欲望日渐强烈，反映到对外战略上则是在国际社会中谋求政治大国地位。

（张经纬　中国社会科学院世界历史研究所研究员）

（记者　李彩艳／整理）

郑萍：日本走过的 60 年：科技大国和教育大国

1945 年 8 月，时任日本首相曾提出，科技落后是日本在二战中失败的原因之一。虽然将战败的原因抽象地转化为科学不免让人有掩饰战争罪责之感，但日本振兴科学的举措确实是在美国因素之外考察战后日本 60 年发展道路的重要线索。

日本的战后教育被称作民主主义教育。依据 1947 年 3 月制定的《教育基本法》，日本强调彻底贯彻宪法精神、保障教育机会均等。相对于战前"忠孝一致"的军国主义教育，

郑　萍

战后日本的教育更重视"尊重个人的价值"和"自主精神"，以实现"人格的完成"。同时，日本的教育也伴随着社会、经济的发展要求不断进行调整。经济高速增长期中的 1966 年，日本提出"理想的人"的概念，强调作为日本人的自觉意识，尤其强调敬业、勤劳。1998 年提出实行"宽松教育"，培养学生的"生存能力"。2008 年又提出培养应对 21 世纪"知识基础社会"时代所需的人才。对教育的重视，使得日本早在 1954 年高中入学率就超过了 50%，2009 年大学入学率也超过了半数。

普通教育的高度发达极大地促进了学术发展。《日本学术会议法》（1948年 7 月制定）规定了包括社会科学在内的学术研究的许多内容，指出："立足于科学是文明国家的基本信念，在科学工作者全体人员的意志之下，将我国的和平复兴、为人类福利作贡献、与世界学术界携手、有助于学术进步作为使命。"日本的社会科学研究机构主要采取"学—官—产"体制，即大学、政府部门和民间企业附属的研究所合作，其中大学是主力。20世纪末，为减轻国家负担，振兴地区科学技术，学术研究开始提倡"产学官合作"。学术研究既注重基础理论研究，也注重为政府部门制定政策作咨询建议的对策研究。

目前，日本拥有近 80 万人的专职科研人员（2005 年，包括自然科学），研究经费占国民生产总值的 3.67%（2007 年），是发达资本主义国家中比例最高的国家。设置于大学中的人文社会科学类研究机构有 200 余个（1997 年），政府下辖的研究机关有 100 余个（2000 年）。民间的研究团体就更多了，这些学术团体伴随社会变革的需求而成立，如 20 世纪 40—60年代，经济学研究团体较多；60—70 年代，中国的社会主义建设吸引并影响了一大批研究者；而战后日本一直以追赶欧美为目标，故而与欧美各国的学术交流较多，但随着 70 年代末以后，中国和亚洲其他国家的起步，关于亚洲地区的研究也活跃起来。

在社会科学研究中，有一点特别值得关注。基于对战前军国主义教育的反省和马克思主义的影响，即使在冷战时期，日本大量的教师和专职科研人员仍旧主要采用马克思主义的立场观点和研究方法。这些持反体制思想方法的知识分子，在日本社会中大量存在，也可以说是日本战后学术队伍的一个特点。至于学术趣味，强调学问与政治脱离、为学术而学术的学者，在日本可谓大有人在。

20世纪80年代末90年代初的苏东剧变导致一批左翼学者不再高姿态讨论马克思主义，这就助长了右翼势力的气势。否认侵略战争、改写历史教科书、参拜靖国神社，改订《教育基本法》（2006年12月）后，要求热爱国家重视传统，唱国歌向国旗行礼等等，都预示着走过60年发展历程的日本，正经历着某些变化。

（郑萍 日本御茶水女子大学博士）

（记者 李彩艳/整理）

德国：弥合时空裂痕

裘元伦 连玉如 黄正柏：德意志联邦共和国60年
——从"经济奇迹"到国家的痛苦转型

2009年对联邦德国而言是极具纪念意义的年份，60年前，战败后的纳粹德国被一分为二，联邦德国和民主德国在各自阵营的支持下相继建立，成为冷战时期东西方两大阵营相互对垒的桥头堡；20年前，柏林墙倒塌，预示着一个新时代的到来，两个德国随后出人意料地迅速实现了统一。60年来德国人为寻求一条成功的民族复兴与统一之路而不断探索，其间所取得

裘元伦

的成功经验以及同时所付出的不菲代价，都留给我们良多思考。

对于联邦德国60年的发展历程，记者采访的三位研究德国问题的专家给出了不同的思考。"60年的时间里，联邦德国完成了一系列历史性的转折，"中国社会科学院学部委员裘元伦告诉记者，"这首先体现在德国对于纳粹历史的深刻反省，正是在这种深刻反省的基础上实现了与邻国（特别是法国）以及受害国和受害民族的和解，同时积极推动战后欧洲的联合和一体化事业，在两德统一后又用实际行动消除了邻国和其他国家的疑

虑。17世纪以来，莱布尼茨、康德等德意志贤哲追求的'最理想的世界'和'永久和平'，从民族国家共同安全和共同发展的意义上来说，他们的理念在当今欧洲实现了，而德国无疑在其中发挥了重要作用。"北京大学国际关系学院连玉如教授在接受本报采访时表示，从总体上看，德国60年的经济与社会发展史基本上是一部成功的历史。战后联邦德国的政治文化也发生了变化。对前总理施密特那一代人来说，二战结束以后还不知道民主为何物；如今民主已经扎根于德国民众与社会之中，成为一种理所当然的理念与政治制度。华中师范大学历史文化学院黄正柏教授说，"联邦德国在战后很短的时间内就实现了经济的重建。随后就出现了上世纪50—60年代的'经济奇迹'，长期居欧洲第一、世界第三经济大国的地位。在欧元启动之前，德国马克曾是世界上最稳定的货币之一和仅次于美元的第二大国际储备货币。实行'经济民主'，确立了'社会福利国家'的原则，在经济增长的基础上，建立起完备的社会保障制度。"

连玉如

走出二战的历史阴影成为"正常国家"一直是德国外交政策努力实现的目标，但长远的考虑是更要成为具有世界影响力的大国。黄正柏教授说，德国统一后，其综合实力进一步加强，"立足欧洲，走向世界"，通过参加联合国维和行动，谋求成为联合国安理会的常任理事国等行动，希望能充当一名"全球玩家"，发挥政治大国的作用。裴元伦认为从欧盟层面来讲，其成员国目前已经达到27个，德国在欧盟内部的影响力与东扩前相比在一定程度上被稀释了；而在国际政治层面，进入新千年后面对新兴国家的日益崛起，欧盟及其包括德国在内的成员国的国际地位实际是下降的。并且在欧盟的体制框架下，德国独立发挥大国作用是有限的。连玉如告诉记者，两德统一之后，联邦德国的世界政治大国地位已经是一种客观存在，德国也愿意发挥大国的影响力，更加积极主动地参与国际事务，尽管它常常将此含蓄地表述为承担"全球性责任"。但在政治实践上，"社会国家"自上世纪90年代中期以后陷入严重危机，改革势在必行，在一定程度上制约了德国的"大国雄心"。

论及战后联邦德国的发展，"社会市场经济"是一个绕不开的概念。

裘元伦告诉记者，"社会市场经济"是一套完整地涵盖了政治、社会和经济等方面的制度和秩序，其内涵主要包括三个方面：自由加秩序原则、社会伙伴关系（劳资协商）以及社会保障制度。主题始终是如何管理一个国家的国民经济和社会，主要涉及五对关系：国家与市场（体制导向问题）、政府与企业（经营监管问题）、雇员与雇主（权益分配问题）、国家与公民（社会保障问题）以及企业与资本市场（资本积累和财富分配问题），与美国模式相比，德国虽然也重视市场经济，但不听任市场。然后，在经济全球化的背景下，各种生产要素可以在全球范围流动，打破了国家间的疆界，使得这一模式陷入了严重的危机。连玉如则认为德国"社会国家"的危机从某种程度上来说也是一种政治危机，主要表现在三个方面：人们对"社会国家"的合法性开始从政治和意识形态上提出根本质疑，重新相信市场机制和私人防护措施的效力；维系"社会国家"的财政压力越来越大；德国政治制度有太多"拥有否决权的玩家"，协调相互之间的关系和不同的政策主张与立场的成本太大，制约了决策效力和革新能力。

对于德国未来的发展，裘元伦认为德国的前途已经和整个欧洲的命运联系在了一起，而欧洲的前途系于联合与改革，使欧洲各国体制更加适应经济全球化、欧洲一体化和产业结构的重新现代化。由于涉及众多既得利益群体，改革只能小步推进，奉行实用主义的路线，实施混合型的经济制度和政策。连玉如则强调："德国人的政治文化与政治实践中似乎有一种德国式的'中庸之道'和'难得糊涂哲学'；主要执政党都奉行'中间主义'路线，政治趋同明显；《基本法》也没有就德国实行什么样的经济制度作出明确规定。"这些都为德国未来的改革与发展预留了操作空间。德国在转型中会继续坚持"社会市场经济"的基本理念，但具体过程将是痛苦的，特别是在劳动力市场领域。

黄正柏

（裘元伦　中国社会科学院学部委员；连玉如　北京大学国际关系学院教授；黄正柏　华中师范大学历史文化学院教授）

（记者　赵柯／整理）

意大利：现代化的"意大利模式"

张雄：意大利共和国的"耳顺之年"

在世界上最先发展农业文明的国家中，意大利是唯一实现工业化和现代化，开始进入后工业社会的国家。到 20 世纪 50 年代和 60 年代之交，完成了工业化，不仅最终巩固了民族国家的统一，重新把意大利拉回欧洲文明中心，意大利在没有主要矿产资源的条件下，实现了从欧洲农业文明中心向工业发达国家的转变，开始向后工业社会过渡，这是意大利数千年文明史上的奇迹，具有世界性意义。没有主要矿产资源，曾经使这个民族很绝望。愤激的诗人建议，烧毁罗马和佛

张 雄

罗伦萨这些老古董，以便实现工业化。不过最终结果是工业化实现了，古董也保存了下来。

二战后，意大利通过全民公决，废除君主制，建立共和国。制定共和宪法、确立三权分立、实现军队国家化、恢复政党和新闻自由、实行比例代表制等。60 年来的历史证明，这个制度虽然经常患感冒咳嗽，却还没有死亡之虞。战后意大利的政治格局，表面上政局不稳，政府不断更换，其实藏着某种动态平衡。意大利政治犹如戏剧表演，演出场次很多，演员变化很少，主要政治家重复担任首相，没有任期。

现代福利制度的建立和发展，是意大利国家建设的新成就。现代福利思想的真正基础是政治民主原则，不是简单的慈善情怀。因此，尽管法西斯政府颇为重视福利事业，制定有不少法律和措施，却仍然难以说是现代福利制度的建立，因为这种福利成了领袖"恩赐"，而不是国家义务。没有制度化，更不会稳定下来。意大利真正的现代福利制度，出现在战后共和国时期。随着工业化和民主化的完成，加上欧洲联合进程中社会政策的推动，意大利建立了全面稳定的福利制度。促进了社会和谐，巩固了民主

制度。意大利政治家对福利事业有高度的自觉，认识到这个问题的严重性。但是，并非所有方面都达到了同样高度。比如，他们投入了很多资源解决"南方问题"，虽然成绩有目共睹，但是其中的教训更深刻。"南方问题"长期未获解决，逐渐演变成今日的"北方问题"，导致北方分裂势力的抬头。

战后意大利欧洲联合政策的主导者，更加难能可贵的是，意大利甘当配角，配合法—德轴心工作。意大利有支持欧洲统一的大批知识分子，他们和历史上的欧洲意识融为一体。罗马欧洲、基督教欧洲、文艺复兴欧洲等意识，在他们的头脑中盘旋。意大利人民总是具有罗马帝国、基督教精神和文艺复兴培育的世界主义（universalism）气度，不太容易出现狭隘民族主义情绪。欧洲一体化思想不仅成为意大利政府的对外决策原则之一，而且深入广大人民之中，成为公民意识。意大利当然不是一个国际政治大国，无法和联合国安理会常任理事国相比，也不能和德国、日本、印度、巴西等非常任理事国相比。但是，意大利在很多方面仍然具有世界性影响。如经济方面，意大利仍然属于工业化高收入国家，在中小企业、轻工产品、汽车制造、产品设计、节能电器、数控机床等方面，具有世界一流水平，拥有众多世界名牌。在历史、文化、艺术、饮食、时尚、足球、旅游方面，意大利同样具有世界水平，成为众人向往的地方。

（张雄 北京大学历史系副教授）

（记者 赵柯/整理）

韩国："中等国家"的崛起

蔡建：韩国 60 年经济政治发展模式

从财阀到经济自由化进程

韩国，亚洲四小龙之一，60 年的时间里，从一个落后的发展中国家成长为中等发达国家，被世人誉为"汉江奇迹"。韩国经济起飞的第一个重要原因是政府推动。1961 年朴正熙军事政变掌权后，建立了一个强有力的中央集权，并以此强权来推动经济的发展。考察一下韩国威权政治与经济发展的关系，不难发现，两者在时间上是完全重合的。

蔡 建

经济发展的第二个推动力是大财阀制度。韩国财阀是通过政府强有力的扶植和集中支援的方式培育起来的。财阀从政府那里获取各种优惠政策和垄断权利，政府则通过财阀稳定经济秩序，抢占世界市场。其高负债经营发展战略、章鱼式的扩张模式以及包罗万象的经营方针，曾经成为很多发展中国家竞相仿效的模式。但财阀制度的缺陷也是明显的，政府、财阀、银行形成"铁三角"关系，大财阀可以轻而易举地通过政府从银行得到各种低息贷款、出口补贴和补助金等政策性融资，存在着严重的内幕交易，导致市场的不公平竞争和政治上"体制性腐败"。财阀曾经被誉为"韩国经济高速增长的先锋"，但是，80 年代开始，财阀逐渐成为"贪婪、腐败和衰退"的象征。1998 年 2 月，金大中总统颁布财阀改革方案。卢武铉则致力于韩国经济力量的分散化，以消除韩国财阀集团经营上的暗箱操作，使韩国经济"更具竞争力和透明度"。

政治变革

经济基础决定上层建筑，经济发展是政治民主化的必要条件，民主和经济发展水平之间高度相关。现代化对民主化的影响是"内生"的，即一个社会在现代化的过程中实现民主的机会与日俱增。

韩国的政治发展过程是一个经典案例。1961 年至 1987 年，韩国权力集中在朴正熙和全斗焕两位总统手中，韩国政体呈现出"军事威权主义"的特点，在此期间，韩国实现了经济起飞，到80 年代中期和90 年代初期，基本达到了中等发达社会的水平。工业经济的迅速发展推动了社会的多元化。社会结构的变化进一步带动了政治发展。1987 年 10 月全民公投通过的"第六共和国宪法"，从根本上颠覆了军事威权主义的政体，成为韩国民主化政治的最高法律。并以 1992 年金泳三当选韩国总统，建立韩国历史上第一个"文人民主政权"为标志，实现了政治转型。

（蔡建　复旦大学韩国研究中心副教授）

（记者　张小溪／整理）

董向荣：破茧成蝶
——韩国 60 年的腾飞之路

经历了三年的美国占领托管之后，1948 年 8 月 15 日，大韩民国在首尔（原称汉城）宣告成立，占据了朝鲜半岛的半壁江山。两年后，朝鲜战争惨烈的拉锯战使这里几乎化为一片废墟，就是在这片废墟上，韩国人创造了一个发展的奇迹，用半个世纪的时间，从一个几近赤贫的国家一跃而跻身中等发达国家的行列。到 2008 年建国 60 年之际，韩国人口达到 4850 万，人均国民收入 1.9 万美元，城市化率超过 80%，普通高中毕业生升入大学的比率为 80%，基尼系数为 0.3，失业率为 3.2%。这些统计数字显示韩国的经济社会发展已经取得了相当大的成就，这是一个破茧成蝶的传奇。韩国成功的秘诀在哪里？

政府主导、出口导向的发展战略

韩国的经济发展，是典型的政府主导型的发展，是政府引导和驱动企业开拓国际市场的过程，特别是在 20 世纪 60 年代到 90 年代的高速增长期。政府自 1962 年开始实施第一个五年发展计划，前两个五年计划主要是发展粮食生产、促进劳动密集型产品的出口和建设基础设施，这样的发展战略适合当时快速城市化、劳动力价廉而充裕的基本国情。与此同时，韩国自 1953 年开始实行小学义务教育。教育的普及使韩国的国民素质大大提高。到 1972 年开始第三个五年计划、发展重心转向重化工业的时候，劳动力素质已经能够与此相匹配。

韩国政府主导发展的突出特点在于，政府不是取代市场的作用，而是用选拔专业运动员的思路，选择与政府制定的发展计划相吻合、有发展潜质、在市场上表现突出的企业进行奖励，使得一些经营管理出色的企业很快脱颖而出，韩国因此而出现了在国际市场上相当有竞争力的大企业，如三星、LG、现代等。

外交服务于经济建设大局

至今，韩国专门负责外交的部门仍称"外交通商部"，表明发展经济关系、促进本国产品、技术的输出和对外投资仍是外交的重要内容。

美国一直是韩国对外关系的核心，建国后美国的援助与支持在韩国的发展中扮演了相当重要的角色，包括安全的庇护、经济的援助和政治的引导等。当然，并不是所有有美国驻军、有援助的国家都有了实质性的发展，韩国成功的经验在于它很好地把握住机会发展自己，最终走向独立发展。

韩国发展的另一个重要机会是 1992 年与中国建交。在建交的问题上韩国方面相当积极主动，这是卢泰愚政府北方政策的重要组成部分。根据中国海关的统计，2008 年中韩贸易额达到 1861 亿美元，中国已经成为韩国最大的贸易伙伴国、最大的贸易顺差来源地、最大的对外投资对象国。在此次席卷全球的金融危机中，韩国受到的冲击远远低于 1997 年的危机，一个重要原因就是韩国对中国的依存度较高，经济稳定发展的中国成了韩国的危机避风港。

（董向荣　中国社会科学院亚太研究所副研究员）

（记者　张小溪/整理）

探寻国家兴衰之道

历史学家汤因比在其经典之作《历史研究》中探讨了一个宏大的主题：人类文明何以起源、发展、兴盛以及衰亡？汤因比建立了一个简洁且引人深思的模型："挑战—应战"，来对这一问题进行分析和回答。他认为人类文明产生与发展的根本动力在于人类对其自身所面临的种种不幸和困难的应战，成功的应战意味着一个社会的兴盛繁荣，而失败的结局则证明了这一社会应战和创造能力的不足乃至丧失。从这个意义上讲，60 年前中华人民共和国的成立，就是整个中华民族为应对 19 世纪鸦片战争以来的"数千年未有之大变局"所带来的严峻挑战，无数仁人志士历经百年救亡图存的艰难困苦，最终选择确定的一种应战模式，这一模式的成功也是举世公认的。但在历史文明的长河中，60年仅仅是沧海一粟，转瞬即逝，未来各种各样的挑战还会接踵而来，只有可持续的繁荣才是真正有意义的；并且在这个开放的世界体系中，在民族国家林立并且相互竞争的国际环境下，一个国家的生存与发展不仅仅只是取决于自身绝对实力的不断增长，更体现在与其他国家相对实力的较量上，要能够比其他国家经济增长更快，人均收入更高，创新能力更强。所以，在我们总结新中国60年所取得的伟大成就时，同其他与共和国同龄或是建国时间相近的国家进行横向的比较，就具有了特别的意义。

这种比较背后实际上是对国家兴衰之道的一种探寻。无论是对历史学家，还是经济学家、政治学家以及其他的社会科学家而言，国家兴衰都是一个难以回避，并且充满着巨大诱惑力的谜题。其缘由不仅在于揭开这一谜题的过程所带来的思辨的快乐，在置身于各国波澜壮阔的历史发展进程中获得前人智慧时的愉悦，以及直面那些伟大历史转折时的激情澎湃，更重要的是一种责任，一种竭力使本国本民族摆脱衰败的厄运和走向持续繁荣的轨道的责任。

相比韩国、以色列甚至日本、德国，中国的崛起引起了一些人的担心和疑虑，因为中国的"块头"大，并且传承着没有间断的五千年中华文明，是实实在在的"大国崛起"，这同"小国崛起"有着本质的不同和影响。特别是在一个全球化的世界中，任何和中国有关的"小事"都会被一些人有意无意地放大处理，中国在国际政治或国际经济领域的"善意"举动，也会很容易被理解为"别有所图"。这无疑都增加了中国崛起的成本，但历史地看，任何一个国家的兴起，并真正在最后能够站稳脚跟，归根到底不在于少数人高兴不高兴，而在于植根在历史、文化和制度中的优势。从这个角度看，我们对中国的下一个60年没有理由不充满信心。

赵柯

83

学术视角看中国

唐双宁：如何构建理想的货币政策模型

2009 年是新世纪以来我国经济发展最为困难的一年。面对困难，我国去年国内生产总值达到 33.5 万亿元，比上年增长 8.7%。这是一个来之不易的重大成就。但是，正如温家宝总理在政府工作报告中所指出，我国经济社会发展中仍然存在一些突出矛盾和问题。

唐双宁

今年是继续应对国际金融危机、保持经济平稳较快发展、加快转变经济发展方式的关键一年，是全面实现"十一五"规划目标、为"十二五"发展打好基础的重要一年。继续实施适度宽松的货币政策，是今年我们必须重点抓好的八个方面工作之一，温家宝总理在政府工作报告中也提出了实施适度宽松货币政策的原则和具体手段，强调要保持政策的连续性和稳定性，根据新形势、新情况不断提高政策的针对性和灵活性，把握好政策实施的力度、节奏和重点。

信贷增长过快，长期以来是影响我国经济健康发展的重要因素。因此，我国货币政策工具的运用，合理控制流动性，最终目标就在于稳定更大口径的价格水平，防止资产泡沫，管理通胀预期，稳定经济增长节奏。

如何构建理想的货币政策模型，是我在实际工作中经常思考的一个问题。在今年的"两会"上，作为全国政协委员，我提交了一个议案，主题就是"构建理想的货币政策模型"，算是我多年来的一个思考成果。

自然科学有一个"三角型稳定性"原理。其实这不仅是自然科学原理，在社会科学，在经济学，在货币政策问题上，同样适用。

　　一是总量：货币政策最主要的一条边。各国货币政策基本上是"单边型"，即注重总量。总量当然是货币政策的首选。制定货币政策，在总量上一般考虑四个要素：稳定币值、促进增长、充分就业和平衡收支。

　　二是结构：货币政策的第二条边。解决"结构"问题，需要将货币政策目标通过合理的信贷政策配置资金。信贷政策就是信贷管理当局依据货币政策、产业政策及信贷资金运动规律的内在要求，制定的各项政策法规和管理制度的总和，包括信贷政策依据、信贷政策目标和信贷政策工具三部分。

　　三是质量：货币政策的第三条边。其重点是"五个防止"：防止通胀、防止通缩、防止不良资产、防止股市非理性波动、防止商品市场非理性波动（当前主要是房市）。管理部门对"五个防止"既要各有侧重，又要协调联动。

　　只有实行三角型的货币政策，才能保证货币政策的科学性、适用性、稳定性、安全性。为此，我在提案中提出如下五条建议。

　　一、根据国民经济总体目标要求，以总量、结构、质量为基本变量，尽快构建可操作的货币政策三角型模型系统。要动态体现不同经济周期货币政策侧重点（三角型的边长），实现三角型中总量、结构、质量的有机结合。在经济周期下滑阶段可把总量作为三角型的"长边"，在经济周期上升阶段可把"结构"作为"长边"，同时始终保持"质量"这条边的一定边长。以"三边"动态组合，促进国民经济的持续、稳定、安全、协调发展。

　　二、建立合理的货币政策中介目标和效果评价体系。一是中介目标（M2或利率）要符合可行性、可测性、相关性、灵敏性、可控性等原则。二是建立体现三角型三条边不同权重组合的货币政策（复合）目标函数，即综合指标。三是对货币政策执行进行民生效果评价，以体现货币政策的社会效应。

　　三、增强货币政策透明度，管理和引导市场预期。一要着眼于引导预期，完善货币政策发布机制，避免政策被提前"消化"或"麻木"两个极端，提高政策有效性。二要设立动态的货币政策"名义锚"，即政策标杆，可考虑锚定通货膨胀率（CPI）或经济增速（GDP）。

四、信贷政策要以国家区域经济政策、产业政策和货币政策为依据，辅之以国家行政指导，合理引导资金流向。信贷资金的运动规律是制定信贷政策的"基本依据"，区域发展政策、产业政策是信贷政策的"目标依据"，货币政策是信贷政策的"数量依据"。信贷政策可通过窗口指导、差别利率、监管门槛的变化等方式实现。要把握好信贷投放节奏，避免信贷投放的大起大落。

五、尽快建立资本市场、信贷市场、保险市场、房地产市场等多个市场"联动"的风险监测指标和安全预警系统，以防风险传染和"蝴蝶效应"。一是各相关部门要密切跟踪国际、国内金融市场风险指标，及时发布预警信息；二要加快金融和房地产市场的监管立法工作；三要完善金融和房地产市场的风险防范机制，建立"防火墙"制度，尤其是防范系统性风险，防止各类资产泡沫的形成。

（唐双宁：全国政协委员，中国光大（集团）总公司董事长、党
委书记）

（记者　冯建华／采访整理）

Carlos Aquino：中国未来的重大挑战

在中国，"两会"的召开是一个重大事件。当前，中国成为超过日本、继美国之后的世界第二大经济体。在 2008 年爆发的全球金融危机的影响下，绝大多数国家经济出现倒退甚至负增长，而中国 2009 年的经济增长速度仍然达到了 8.7%，这些都见证了自改革开放后中国的飞速进步。

Carlos Aquino

全国人民代表大会作为中国最高的权力机关，全国人民政治协商会议作为中国参政议政的重要组织，在引导中国经济继续增长、稳定社会政治

环境中都起到了关键性作用。当前，中国面临的挑战主要有以下几个方面。

第一，为了实现经济的平衡增长，让所有人都能从经济发展中获益，当前应加强内地的经济基础。中国首先在相对发达的沿海地区进行经济改革，结果造成沿海地区更加发达，人均收入几乎是内陆地区的三倍。教育、住房、医疗卫生等基础条件的改善不仅能够提高内陆地区居民的生活水平，同时有助于在全国创造出一个更加稳定的社会环境。

第二，另外一个重要的主题是实现经济增长和环境保护之间的平衡。在这个层面上，中国作为世界经济的一个重要行为体，有义务保护环境。为此，中国必须寻找一条不阻碍其经济发展的保护环境之路。清洁能源节约技术的引进将有助于达成这种平衡。

第三，与其他国家达成和谐的经济关系，特别是商业层面上，这应该是中国的一个重要任务。贸易不平衡虽然可能对中国有利，但是会导致与外国的摩擦。为此，应采取一些解决措施，如从长远来看，实行人民币升值、使其与中国经济发展相适应是不可避免的。这也将有利于中国，中国居民可以以更加便宜的价格购买外国货物，有助于提高其生活水平。

第四，计划生育政策需要反思。人们生活水平和受教育水平的提高，尤其是妇女受教育水平的提高，降低了拥有一个大家庭的欲望。应该纠正"重男轻女"思想所导致的性别不均衡。

第五，应鼓励更加积极主动的民主参与的发展。随着中国居民生活水平以及受教育程度的提高，参与政治的兴趣将会增加，民主参与应以渐进的方式推进。

总之，由于中国人口占世界人口的五分之一，拥有几千年的悠久文化，因而中国作为经济强国崛起是一件很自然的事情。中国在世界上的地位已经确定了，并且它也为世界上其他国家带来了很多利益，提供了物美价廉的货物，为资源富有国家提供了资源消费市场。此外，中国的崛起也有助于促进更加平衡的国际政治权力格局的形成，改变由美国主导的一元国际政治格局。

（Carlos Aquino：秘鲁圣马科斯大学经济学教授）

（实习记者　邢玉洁／译）

Mariano Turzi：从拉美经验看中国共产党面临的挑战

实践证明，中国共产党具有顽强的生命力与卓越的适应力，她总是能够采取与时俱进的政策和改革推动社会发展，她对中国的崛起起着关键性作用。但是，当前中国共产党面临的严重挑战也进一步凸显，这是本年度"两会"应该讨论的重要议题。

Mariano Turzi

2009 年 9 月，中国共产党十七届四中全会提出，要把促进"党内民主"作为抑制腐败和防范权力过分集中的重要方式。要保持有效的管理，强调"民主集中制"是一个关键问题，尤其是在出台了一系列经济刺激方案的背景下。中国经济能够保持合理增长，这一点已毫无疑问。当前，中国经济政策的制定者们应该着手处理在刺激方案中获取私利的极少数特定利益获得者。

从这个意义上来讲，拉美一些国家的寻租行为带来的教训能够为中国提供很多启示。拉美国家没有建立明确的正式或非正式法规去规范这些寻租行为，一部分政府官员的胡作非为使个人利益与公务人员联合起来，一部分人利用职权为自己谋私利，结果导致政府权力被过分分割。一些只有利于一小部分利益集团的政策被制定并轻易通过，导致了严重的社会分化与经济不平等。当寻租行为普遍深入到社会的各个角落时，政策的不确定性增加了社会经济的紧张程度与冲突爆发的可能性。而且，市场变得紧张，这给经济组织、投资决定、生产过程乃至整个经济带来巨大的消极影响。大量不受欢迎的政策和行为剥夺了一大部分人的公民权利，这会为极少数极端分子责难政府提供口实。极端分子会借机指责现有政治体制本身的剥削性和违法性。在社会要求现有体制不能继续维持的压力下，整个制度结构和政策环境变得不稳定，直到最终倒塌。

对中国而言，许多组织和个人的动力都建立在保持快速发展这一国家目的上。中国的"条块"系统为分级控制提供了内在的动力，中央政治组织需要控制社会秩序，地方政治机构在遵循自上而下权力秩序模式下获得相应的权力。当来自服从的报酬大于来自革新的报酬时，极少数一部分官员们就可能不再通过积极主动地采取变革来获得报酬。因此，本年度的"两会"，需要讨论的一个重要问题是如何自上而下地推动政治发展，始终保持中国共产党的核心领导。

（Mariano Turzi：约翰霍普金斯大学高级国际问题研究院）

（记者　李彩艳/译）

许江：警惕文化全球化、技术化、娱乐化倾向

许江

在温家宝总理的工作报告中，关于大力加强文化建设的论述是最精彩的一段，短短 600 字，赢得了 3 次掌声，这是史无前例的。这段话强调先进文化的重要性，肯定解放思想、改革开放的时代精神是推动社会前进的先进文化力量，并且重视推进文化体制改革、扶持公益性文化事业、发展文化产业、鼓励文化创新，提出继承和弘扬传统文化，吸收和借鉴世界文明，建设中华民族共有精神家园，进而提出中华民族不仅能够创造经济奇迹，也一定能够创造新的文化辉煌。温总理说的让人民生活得更加幸福、更有尊严，这几天被人们广为讨论。这个尊严是什么？就是一种人的自觉和自信。一个物质富有的人不一定得到人们的尊敬，一个精神和文化富有的民族才是值得尊重、具有尊严的民族。

2009 年是浙江文化发展和文艺丰收的一年。浙江政通人合，有关部门重视文化传统并关注当下发展，为文化的发展提供了强有力的支持和良好的环境。2009 年，公共文化平台不断加强，各类专题博物馆等重要平台建成，城乡一体的文化活动、送文化下乡活动等赢得人心。文艺创作获得新的成果，文化创新蔚然成风，一批优秀艺术作品在 2009 年问世。在国家重大历史题材美术创作工程和浙江省重大历史题材创作中，涌现了一批当代力作，培养了一支主题规划创作的生力军，在全国引起关注。同

时，文化创意产业空前发展，渐渐形成了动漫设计文化产业技术性和经营性的骨干力量，并打造了一些品牌，潜力巨大，前景广阔。

我们深深地感到，在网络时代，文化和教育之间的联系日益紧密。在今天的社会生活中，学校教育和家庭教育之外综合文化的影响力越来越大，影像与网络虚拟生活的影响力越来越大，文化的责任越来越重。在文化的建设中应当警惕几种倾向：一是全球化的倾向。随着经济全球化，文化全球化倾向也日益明显，而且情况趋于复杂，出现了全球多元主义，许多民族文化成了符号，成为全球资本扩张的一部分。二是技术化倾向。《阿凡达》带来了3D的力量，有人说未来的图像一定是3D，但3D是否就让我们看到更多呢？三是娱乐化倾向。一些文化活动一味地娱乐化，春晚就是一个典型，我们要警惕以感官刺激代替心灵感动，以表面的绚丽多彩掩蔽心灵的美好和尊严。我们要学习温总理在政府工作报告中提到的五个必须坚持，处理好文艺创新与服务大众、时代发展与传统继承、全球拓展与本土更新、伦理教育与感官快乐等等的关系，落实中央大政，贴近民情民愿，为浙江文化大省建设，为中国文化的历史、今天和未来的尊严作贡献。

（许江：全国人大代表，中国美术家协会副主席，浙
江省文联主席，中国美术学院院长）

（记者　郑巧/采访整理）

王海波：科学对待转基因　着眼结构谈"三农"

3月4日，王海波委员就目前大家比较关注的"转基因安全"和"三农"问题回答了本报记者的提问。

科学拒绝炒作

国家设立转基因重大专项研究，我理解这是为了在更高层次上支持农业发展、保障粮食安全。转基因安全问题已经争论了很久，而且是世界性的，但仔细斟酌，你会发现，往往是一群不太熟悉转基因到底是怎么回事的人在作各种评论、议论、推论、猜测，甚至是设想。转基因是专业性很

强的，如果不深刻理解什么是基因、为什么要转基因、转入的基因怎样发挥作用等问题，仅凭一些简单的常识，不能得出正确的结论。转基因安全争议为什么这么热？这背后有很多原因：一是转基因食品和人们的生活密切相关，当然会引起很多人关注。另外，转基因生物和环境、生态也联系在一起，当然也会引起人们关心。二是由于近二十多年来人们对科学技术"双刃剑"的作用有了很多反思，目前对新事物正处于

王海波

一个容易起疑心的时期。三是转基因是高技术，是生物产业的核心，这自然会引起各种力量和势力的参与，当经济利益因素夹杂得过多时，就会导致各种各样的运做和炒作。当然，在转基因安全问题的讨论中，主占流的还是出于对人类的关心才提出疑问的。但也不乏有些人为了名利故意炒作。

发展转基因的目的，从小处讲是为了让品种改良工作能够更广泛、更精准地利用基因资源，从大处讲是为了更好地满足人类不断增长着的发展需求。但无论是从正面还是负面，把转基因说得神乎其神是不科学的。转基因技术是对常规技术的丰富和发展，人们的想象力可以很丰富，但现实操作的结果可能很一般。目前，人们只是在利用一种细菌蛋白基因控制鳞翅目害虫和利用分解除草剂的蛋白基因培育抗除草剂作物上取得了较好的效果，大多数的基因并不像人们想象的那么作用大。因此，转基因的工作还需要进一步研究，国家设立转基因专项研究是非常必要的。

科学发展到今天一直在重演着两个故事：一个是坐井观天的故事，一个是盲人摸象的故事。金银盾的争论，是比较容易最后形成统一意见的，因为争论者站在同一水平上，只要把盾牌一翻即可知道两面的事情。而当井底下的生物和井外的生物争论井大还是天大时，如果井底的生物不爬到井外来，二者不站到相同的水平，是永远不可能形成共识的。同样，用手当眼去摸象的人，即使变换了多种角度也是难以达到用眼看的效果的。这并不是说谁水平低，而是说当不了解基因的作用原理和转基因的道理，没有相应的严谨的实验设计能力和分析能力时，就犹如站在井底无法正确判

断天，就犹如用手和眼比哪一个更能了解大象。科学家应该站得高些，否则他们就不是科学家了。当然科学家也是站在井里的，只不过他们的井是一个更大的井。他们也常常像盲人那样摸象，只不过是不同层次的摸象。这也从另一个方面说明，科学家必须做令人信任的人，除了有科学素养外，还要有人文精神，只要人们相信你了，你做的事才能使人放心。总之，转基因问题是个科学问题，科学的问题需要用理智来对待，不能用感情冲动来阻碍科学的发展。

不过，目前人们对转基因问题的争论已不仅仅局限于科学方面，而是反映人类社会方方面面的问题。解决这些问题，须站到一个更高的层次，首先需要形成社会信任机制。而形成这种信任机制，我们的社会要有个共同的准则，那就是无论做什么事情，都要从善意出发，一切为了人类，一切为了可持续发展，一切都要往好的方面努力。在这样的共同原则下，大家要用包容的心、探索的心对待一切事物，就不再会出现类似转基因争论这样的炒作。

"三农"问题不是"三农的"问题

近年来，党和政府高度重视"三农"工作，采取了一系列有力措施，对支撑和保障我国的经济发展、社会稳定、政治安定等起到了极其重要的作用。大力增加对农业的投入和对农业的补贴是明智而正确的。但解决"三农"问题单纯依靠增加资金投入和补贴是不够的，还需要从战略上加以研究。

长期以来，人们把"三农"问题混同于"三农的"问题。实际上，"三农"问题反映的是国家的经济结构、发展理念、发展策略问题，以及因此导致的经济因素和社会因素交织在一起的问题。为什么这样说呢？因为农业作为一种基础产业，不可能只追求经济效益。当有很多的人拥挤在传统农业领域时，当然就会出"三农"问题。我国的"三农"问题归根到底就是传统的农民比重过大。只有把过多的农民转移出农业时，"三农"问题才能解决好。所以，更重要的是创造出一系列适合于农民从事的、高效益的新兴产业。这可以是开拓工业化的新产业，也可以是从农业中衍生的新产业。因此，解决"三农"问题必须从解决经济结构问题入手，必须从转移农民的角度或从农业领域里大力开拓战略性新兴产业。

关于战略性新兴产业，温家宝总理提出了三个标准：一要真正掌握关键核心技术，不受制于人；二要具有广阔的市场前景和资源消耗低、带动系数大、就业机会多、综合效益好；三要充分利用现有和潜在的优势，促进产学研结合，促进科技与经济结合，促进创新驱动与产业发展结合。温总理还就如何选择战略性新兴产业提出了三条科学依据：一是产品要有稳定并有发展前景的市场需求；二是要有良好的经济技术效益；三是要能带动一批产业的兴起。这是战略性新兴产业最重要的内涵，是指导我们解决中国特色复杂问题的重要理念和策略。

开创新产业，首先，需要考虑的是分流农民；其次，要消化大量的下岗职工；最后，要逐渐替代那些落后、不可持续的产业。在新的产业理念和新的发展理念指引下，并不一定就是"工业"强于"农业"、"城市"强于"农村"，应该站到扬长避短、创造性地解决我国当前和未来发展的问题的高度来考虑。我们的城乡统筹战略也应考虑到这一层。我们只要衍生出了一系列高效益、有发展前景、符合战略性新兴产业要求的产业，我国的经济结构就会好，"三农"问题也就逐渐自然消失了。

（王海波：全国政协委员，中国科学技术协会常委，河北省农林
科学院副院长）

（记者　陈静／采访整理）

朱和平：军事职业教育应依托国民素质教育

在现今的教育改革大潮中，军队院校面临一些艰难抉择。准确地说，军队院校教育主要解决从老百姓转变为合格军人的问题。初级、中级和高级军事教育体系适应的是军队各级岗位的需要，严格地讲，军事教育属于职业教育类型。

朱和平

随着教育事业的发展，中小学已经逐渐退出军事教育体系，个别的边远实验基地还保留中小学，但也划归到当地政

府下管理；大学的学历教育也逐渐减少，逐渐交给地方院校。军队院校的主要任务是军事职业教育，这是将来发展的重点。军事职业教育实际上也是对国家安全的重要支撑和补充完善，国家安全是以军队为主的全体公民的责任，所以军事院校还承担地方大学很多军训任务和国防课程，其中国防大学还承担给国家省部级领导进行培训的任务。按照十七大报告的精神，军队人才培养的领域应更关注专业化的军事素质培养，并将军队学历教育依托于国民素质教育。

军事职业教育的优势和核心在于适应高科技的局部战争这种新型作战方式。未来的战争是由信息化、空间化和多军种合成的，科技含量越来越高，它对应的人才是高科技、复合型的。这类人才在部队通过军事训练简单培养不可行，必须在院校进行专门培养。

目前大的发展趋势是学历教育依托地方大学培养，然后到军队接受军事职业教育。因为地方大学的学历教育就是本科教育，本科教育是规模教育，只有具备一定规模后，包括教师、实验室等在内的教育资源才能达到最佳配置。军队人才培养将学历教育依托地方大学，就等于使用了最好资源。这是发达国家普遍采用的方式，我们国家在前几年也已经采用了这种模式，在地方重点大学招收国防生。目前这种模式还处于试行阶段，取得了一定的成绩，反响不错，但也存在一些问题。在这种培养模式下出来的学生，他们的科技素质非常不错，但政治素质没有军队培养出来的高，这是因为军队对人才的需求和评价与地方是有差异的。军人是特殊的职业，一个合格的军人首先要求政治素质、军事素质、思想觉悟和奉献精神，这是成为合格军人的最重要前提，然后才是科技素质。地方大学的学生是通过高考招收来的，它的培养先强调科技素质，然后才是政治素质。政治素质中最主要的是培养革命精神、战斗精神和核心价值观。这一类的素质教育对和平年代出生的孩子来说尤为必要，我们应该从娃娃抓起，从中学生抓起，而不是等到塑性定形后再到军队培养。

令人欣喜的是，在这次《国家中长期教育改革和发展规划纲要（2010—2020年）》（公开征求意见稿）中，有相当大的篇幅强调了素质教育，实际上军队院校是大力推进素质教育的最大受益者，受益主要体现在学生很小的时候就接受了革命精神、战斗精神和核心价值观的培养。

在中国中共文献研究会毛泽东、周恩来、刘少奇思想生平研究分会相继成立之后，2009年11月底，朱德思想生平研究分会应运而生，这要感谢党和政府提供了一个很好的平台，能更好地弘扬老一辈无产阶级革命家的优良传统和革命事迹。革命传统教育是我们社会主义核心价值体系的重要补充，也应该成为我们国民素质教育强调的一部分。

（朱和平：全国政协委员）

（记者　吴婷　耿显家／采访整理）

彭钊：教育和医疗卫生资源配置不公平状况需改变

彭　钊

长期以来，大家都很关注教育和医疗卫生体制的改革，每年的"两会"，政协委员、人大代表们也都关注这些话题。

现在谈得最多的是教育公平的问题。实际上我们现在的教育存在着不公平、不均衡化问题。教育的一个很重要的原则就是公平性。不公平的教育会造就不公平的社会，不公平的教育会培养出不完美的下一代。

我从师范学校毕业以后一直从事教育事业。从农村最低层的、最小的一个村的教学点干起。几个孩子、一个老师那样干起来的，一直到初中、高中教育，然后到教育局当副局长，也是分管教育教学的。到了政府，也是长期分管教育，一直以来，我感触最深的就是城乡教育不公平。我们看到城市的学校，政府投入很大、师资水平比较高，城市孩子接受的是条件比较优越的教育。而农村，由于长期以来政府对农村教育欠债太多，很多学校校舍破旧。这几年经过两级达标的攻坚以后，有了一定的改善，但是教育、教学、设施、设备仍不容乐观。

举一个例子，在今年"两会"前，我到广西平东县的一个城镇进行教育考察。某个学校有120多个孩子，12个老师。这120多个学生中需要住宿的有 80 多个，但因为没有学生宿舍，他们没有办法住在学校里。这些孩子每天早上要从家走到学校，要走两个多小时的山路。中午在学校吃饭，饭是从家里面带来的玉米粥，没有盛玉米粥的饭盒，只能用塑料瓶子。

最近我看到一个统计数字：2009 年全国各级政府对教育的投入达到 1.2 万亿元，跟 2008 年相比增幅很大。但是被调查的人们对教育公平的满意度只有 11.2%。那就是说，大部分被调查的群众对于教育不公平是不满意的。从我国教育不公平的情况看，我认为最大的不公平是城乡教育的不公平。教育上对公共服务的投入应该对农村教育进行大幅度倾斜，使多年来农村教育投入过少问题能够在短期内得到很好的解决。

医疗卫生的资源配置也是不公平的。从医疗卫生的情况看，医疗卫生的资源过多地集中在大城市和中等城市，基层医疗机构得到的资源分配却很少。长期以来基层医疗机构，特别是像乡镇一级的医疗机构，办医条件比较落后，技术人员素质偏低。我最近到广西的平东县调研，看到现在我们的政府都加大投入了，乡村的办医条件都有所改善，每个村子都有村级卫生室，但村级卫生室的就医条件比较简陋，村医的素质水平不高。

如何解决这些问题，我认为应该从这几个方面入手：其一，加大对基层医疗机构的投入；其二，加强对基层专业人员的培训，提高他们的能力和素质；其三，加强对基层医疗机构的管理，使这些医疗机构的医疗就诊规范化。

（彭钊：全国政协委员，农工党中央常委、广西壮族自治区主委，
广西壮族自治区政协副主席）

（记者　潘启雯／采访整理）

黄维义：地方院校要体现自身特色

20 世纪 90 年代初期，广西几乎 1/3 学生的高考目标，是要实现"跨黄河、过长江"，即考出广西，到北方或长江一带省份的高校上学。合并之前的广西农业大学的一些专业，为了招到学生往往要降 20 分录取。即

使如此，我们招到的大多数学生还是调剂生。当时广西大学的招生多少有些尴尬。可现在不一样了，我们不仅对广西区内、对广西区外甚至国际上的学生都有了吸引力！

这几年，随着广西大学进入国家"211工程"，随着原广西大学与广西农业大学的合并，学校获得了极大的发展。现在的广西中学生，除了极少数非常优秀的人以外，大多数人都把广西大学当做自己就读的首选。而且，广西大学每年还能吸引到40%左右的区外生源。

黄维义

地方院校如何体现自己的特色？这是我一直在思考的问题。我们都知道，广西的基础比较差，整个社会基础都比较差。最大的问题就是人才问题。从这一点来说，这些年，中央在对广西人才方面的支援还是加大了一些力度的。比如说从中央派来了一些干部，也经常有全国各级的干部过来挂职。

作为学校来说，现在也是把人才的培养放在比较突出的位置。我们这两年比较注重培养国际化的人才。这几年跟东盟国家的合作，无论是开展语言教育，还是合作办学、接收留学生……我们抓得都比较多。另外，我们地方院校还跟泰国建立了孔子学院。

按照建设"有地域特点的大学"的计划——我们在学科建设、科研等方面不断地改进。比如加大与地方的联系。去年、前年与县市，还有厅局都搞合作，要把教学科研与实践相结合。

我们地方院校肯定比不过国家的一流大学，但是有自身特色，比如我们的外语，这几年开中国—东盟博览会就需要大量的翻译人才。我们学校也进行培训了，所以就培养出来了。我们学校有几个老师已经是自治区最高水平的翻译，水平不亚于北京、上海来的一些翻译。去年国际翻译协会的两位专家，一个是日内瓦的、一个是瑞典的，他们对我们的外语教学就非常赞赏。

本来我们和高水平的大学相差较远，但是有了地区经济的优势和特色

中国道路

中國社會科學報

·（2009—2010）

特别策划（上卷）

以后，我们抓住了机遇，整体水平有明显提高。

（黄维义：全国政协委员，致公党中央委员、广西壮族自治区副

主委，广西大学副校长）

（记者　潘启雯／采访整理）

许善达：营业税改革有助于调结构

许善达

我听到一种说法，很多国家的最低工资标准是平均工资的40%，我们国家大概是20%。最低工资标准是国家对低收入者保护的政策，这个政策可以研究。我认为，解决收入差距拉大问题，手段应该是综合性的。去年我在证监会上发言时建议政府要有一个全面的规划，规划对象包括各种低收入群体：城市低收入群体和农村低收入群体。我觉得可以用5至10年解决这个问题，一方面使总的收入增长，一方面缩小差距。

税收在转变经济增长方式、调结构、发展低碳经济方面十分重要。比如我们的制造业发展很快，但第三产业发展缓慢，这跟营业税改革还没到位有关。营业税至少存在三方面的弊端。首先，由于营业税存在重复征税的现象，因此，劳务领域税收负担总体上高于商品领域，这必然影响服务业的发展。其次，只有在境外提供劳务才能免征营业税的政策，限制了相关行业的发展。最后，增值税和营业税相互不能抵扣，限制了我国技术开发企业的发展，延缓了我国国民经济增长方式的转变。

营业税进行改革，制造业的比重就会下降，服务业的比重就会上升，这样我们的结构才能调整。营业税改革需要下大决心，我想其难度不会亚于20世纪90年代的改革，需要集思广益。

（许善达：全国政协委员，国家税务总局原副局长）

（记者　陈静／采访整理）

张小济：防止房价新一轮爆发式上涨

农业、经济这一组，大家发言比较踊跃，委员们的发言都比较务实。有的讲投资体制改革问题，有的讲农民工用工荒问题，有的讲 3G 信息产业发展的问题。委员们都在自己熟悉的领域跟总理提一些自己的建议，这些建议大多是中肯的，是本专业的、自己熟悉的，针对性比较强。同时，这些建议都事关当前我国经济社会发

张小济

展很重要的问题，或是关系长远的问题，比如新能源问题。大家都在往前看，看中国经济发展中需要解决的重要问题，具有长远眼光。

我是搞对外经济的。今年的对外经济可能比去年好些，但不能有太高期望，因为全球经济复苏还需要时间。至于人们比较关注的房价问题，我认为，户籍制度和公共服务资源分配的不均衡把房地产逼到了死角。中国正处于城镇化进程中，大量农村人口进城，房地产市场潜力巨大。目前最担心的就是开发商停止建设或放慢建设速度，而买房人又处于观望阶段，这会导致购买力的大量囤积。在这样的供需矛盾下，要防止房价在一两年后产生新一轮的爆发式上涨。

（张小济：全国政协委员，国务院发展研究中心对外经济研究部
研究员）

（记者　陈静 / 采访整理）

屈雅君：女性要懂得维护自己的权利

毫无疑问，我们这个世界仍然是以男性为主导的世界，无论是中国还是西方，以女人为主导的地域极其有限，人们对女性的角色定位和价值评判标准仍是以家庭为主。我认为，关于女人味、女性地位，常常是男人定义的。比方说，一个成功扮演了社会角色的女性，人们往往会看她在家里

是否为一个好母亲、好妻子；人们对一个成功的男性，并没有那么多的要求，并不要求他一定承担好做丈夫、做父亲的角色。女性，即使在社会上比较成功，也一定要完成家庭"作业"，这说明社会对两性要求是不公平的，在这个问题上，女性压力要大一些，特别是现代社会的职业女性，一方面要成功地完成社会职责，另一方面还要兼顾家庭，否则就不是一个"好女人"。

在一个性别不平等的社会里，妇女的权利有些受到了损害，有些被有意无意地剥夺了，还有的是，妇女自己不知道有这些权利。我当选全国人大代表后，一直关注女公务员退休的问题。公务员职业对人的体力没有特别要求，我们知道男女体力无法比，如果是体力劳动，要女性早些退休，尚可以讨论。但是，对公务员来说，

屈雅君

大家都坐办公室，都在电脑前工作，有什么样的医学数据显示男女两性在50—60岁之间生理指标不同呢？如果没有，这个规定就不合适。

经济基础决定上层建筑，我认为，首先是收入的差别。妇女的收入不能和男人比，那么她的社会地位怎么能和男人相同？其次是晋升的差别。现在提拔干部年龄是一个硬条件，再能干的人，年龄过了也没用。女公务员比男公务员提干年龄要早5年，她们的竞争力自然无法和男人相比，她们的政治地位怎么可能提升呢？再有就是社会自我评价度的差别。这是一个很不为人注意的潜在问题。我关注了很久，有些人告诉我，许多女性希望提前退休，但是一提及数字和调查就回答不上来。因为女性不是发言者，不是决策者，而且许多女性意识不到自己的权利。女性权利是人权的一部分，女权也是人权，作为一名女性，要懂得维护自己的权利。

女权主义作为舶来品，在中国遇到许多误解，比如认为西方女权主义很激进。她们靠自己将选举权、被选举权、受教育权、财产继承权等争取过来。而中国女性从来没有真正地去争取过这些权利。对于女权主义，我们需要有更多的了解，西方女权主义有很多流派，有的激进，有的平和。但它们共同的宗旨是：两性目前的现状是不平等的，女性希望通过自己的

努力来改善。这一点并不激进，是大家都想做的。

中国历史上没有发生过独立的妇女运动，妇女的解放一开始就和民族解放运动融合在一起，这与西方不同。当民族危机上升时，性别平等问题自然就淡化。受苏联影响，延安时期的妇女很活跃。妇女解放作为民族解放运动的一部分，从一开始就得到中国共产党的高度支持。20世纪50年代，我国有一个轰轰烈烈的妇女就业期。当时我国实行的是高就业低工资制度，妇女参与社会的广度和深度是前所未有的。而在西方，那是妇女回到厨房的时代，战后男人从战场上回来，女人必须再次回到厨房，腾出职位让男人工作。中国的情况恰恰相反，是妇女大踏步走向社会，从工厂到农村，参与公共事务。虽然妇女作为一支生力军，广泛参与社会生产，虽然党给妇女很大的生存空间，但由于传统和现代意识的不平衡，造成现在女性的双重紧张。现代社会的发展日新月异，但传统是有惯性的。妇女要参加生产，参加社会劳动，但是回到家里，还得做贤妻良母，承担主要家庭劳动。一般家庭里，即使男女都有工作，即使工作都很辛苦，也常常是女性做家务多，而且女性总是很自觉地做。这就是女性的双重紧张，一方面要在社会上和男性竞争，另一方面还要在家里承担沉重的家务劳动。

（屈雅君：全国人大代表，中国妇女研究会理事，陕西省妇女研究会副会长，陕西师范大学文学院教授、妇女文化博物馆馆长）

（记者　褚国飞/采访整理）

胡海岩：高校"去行政化"必先剥离其社会职责

高校行政化是国家行政体制在教育界的一个反映。我国大学不是单纯的学术机构，具有国家赋予的许多社会职能和社会责任，包括教职工养老、校园安全稳定、计划生育管理等等。高校要履行这些责任，就不得不像社会的其他单元一样，通过行政化的手段与政府的行政机制对接。如果说高校要"去行政化"，必须要先大幅度减少它被赋予的社会职能。如果一方面简单地取消高校的行政权力，另一方面要求其承担学术以外的各种社会职责，那不现实。

从目前我国大学的功能来看，我认为"教授治校"很难实现。《高等教育法》提出"党委领导，校长负责，教授治学，民主管理"的高校内部管理体制，将教授定位为"治学"，这在现阶段比较现实。只有经过不断的体制改革，把大学的很多职能社会化，将大学变成比较单纯的学术机构，"教授治校"才能实现。我国高等教育界曾试图把"高校后勤社

胡海岩

会化"作为切入点，进行体制改革。但经过十几年的改革实践，高校后勤社会化并没有取得设想中的进展。因为国家把校园稳定的职责赋予高校，要求高校食堂的饭菜价格不能涨，而高校后勤社会化需要按照市场规律来运行，两者必然发生冲突。

当然，我国高等教育界并不甘心于被动等待。近年来，不少高校尝试成立教授委员会等，将学术权力赋予教授来掌握运行。以北京理工大学为例，除了校学术委员会、学位评定委员会等以教授为主体的学术权力机构，在2009年上半年创建了学部委员会制度。每个学部在学科上覆盖若干个学院，由教授民主选举产生学部委员。学部主任、副主任和委员均没有行政职级，而且明确规定，学院领导不得担任学部主任、副主任，校领导和机关部门领导不得担任学部委员。学部负责制定学术标准，制定学科、专业建设发展规划，决定学科建设经费的投入方向，评审教授、副教授、研究生导师，评定学位等等，采用少数服从多数的委员会决策机制。这是北京理工大学朝着学术管理"去行政化"迈出的重要一步，其主要目的就是要更好地发挥教授的治学作用。学部成立至今已运行半年有余，教授们表现出比较高的积极性。

像这样的高校内部管理改革，只要有条件、有机会，我们会积极地向前推进。但是更大的改革，需要调整政府、社会与学校的关系，需要有更好的改革外部条件。我相信，《国家中长期教育改革和发展规划纲要（2010—2020年）》出台后，政府、社会和高校的权责关系会逐步有利于

高等教育改革。当然，整个国家的体制改革也要全面推进，否则只在某一个领域推行"去行政化"将难以成功。

（胡海岩：全国政协委员，中国科学院院士，北京理工大学校长）

（记者　吕莎／采访整理）

两会代表谈社科

汤小泉：社科工作者要起到监督作用

现在大家关心经济的发展更多于社会的发展。因为经济不发展社会也就不发展，这二者是因果关系。经济基础不发展，上层建筑就没有办法发展，这是我们都明白的道理。现在国家经济确实是快速的发展，但是民生建设也非常重要。

汤小泉

我们国家要加大经济投入、投资过剩、产能过剩这些方面的监督，甚至加强这方面的导向，即在投资过程中加大民生的投入。社会科学工作者要研究这些投资是否有用于民生，是否能够带动第三产业的发展，是否有利于老百姓的生活改善。只有做到了这些，社会和谐、社会文化建设才能巩固发展。社会科学工作者要对社会经济结构，包括产业结构、社会结构、文化结构、民生的发展结构是否综合协调发展，去做调查，去提出问题。

（汤小泉：全国人大常委会委员，全国人大财经委员会委员，中国残疾人联合会主席团副主席、执行理事会理事长）

（记者　孙龙／采访整理）

葛剑雄：对学术腐败应真正实行"零容忍"

人大立法保障教育经费落实

教育经费的保证不应该仅仅是一个数值。《国家中长期教育改革和发展规划纲要（2010—2020年）》（公开征求意见稿）提出了于2012年教育经费达到占GDP4%的目标，如果《纲要》通过，那么教育经费应该通过国务院发布、人大立法的办法来保证。从中央到地方各级政府，都应公布每年教育经费的详细预算和决算，使国民都能了解GDP4%的具体数字和去向，以及各自所在地区、部门、单位所获得的教育经费和人均经费。一切都要公开透明。各项经费的拨发都必须做到全额、及时，不得层层扣克或变相用于其他用途。所有年度经费必须在财政年度开始日或规定的日期到账。目前教育经费拖欠很厉害，滞后也很严重。经费下发之后，对经费的执行人应授予全权，但同时，经费执行人对经费的使用负有全责，必须接受审计和监督，对经费使用效果达不到预期目标承担应有的责任。

对学术腐败应真正实行"零容忍"

对认定学术腐败要有严格的界线，只能指利用权力、金钱或实际利益非法获得学术成果、地位、声誉或利益的行为，不能扩大化。但对查有实据的学术腐败人物或事件必须像对待其他腐败行为一样，彻底清查，严肃处理。对其中涉及党纪国法者，应提交各级纪委、监察部门予以惩处。对高校和教育

葛剑雄

系统被揭露的学术腐败，教育领导部门应负责对其中涉及学术的部分进行调查和定性，然后交主管的党政部门处理。凡涉及学校或部门领导的举报内容，应由上一级主管部门组织调查，不应由本单位调查处理。对已经存在的学术不端、学风不正、不规范的行为，如一般性的抄袭、剽窃、伪注、伪引、数据弄虚作假等，除情节严重或已经触犯法律者外，应以教育为主，既往不咎，今后从严，注重学风建设。

借世博会学习世界

世博会即将到来，我们现在比较多地关注如何展示中国形象，但仅仅

有这一点是不够的。世博会是向世界学习的良好契机，我们不能忘记这一点。一百多个国家、五十多个国际组织以及很多的企业将在世博会上亮相，为我们提供了发达国家和发展中国家的各种样本，这是中国看世界、学世界的难得机会，我们在这方面强调得不够。要组织好各地党政领导、城市建设方面的负责人、专业人员很好地学习，与对方讨论、展开交流、建立联系，这才真正达到展示的目的。利用好世博会这184天的时间，抓住这个看世界的好机会，我们所得到的将不是物质财富可以衡量的。

（葛剑雄：全国政协常委，复旦大学图书馆馆长）

（记者　吕莎　耿显家／采访整理）

图登克珠：保护西藏老城　传承历史文化

出于真正的西藏经济社会发展的需要，我从事科研学术研究，因为基于实际调查的学术研究对参政议政和政策制定很重要。

在与国内外其他藏学研究机构交流过程中，我发现西藏的传统学科研究还处于相对落后阶段。之所以呈现这个局面，我想是因为我们过去藏学研究过于注重传统，缺少现代的研究内容和研究方式。虽然我们也重视，但重视的力度不够。

图登克珠

我从2003年开始建议建立西藏大学藏学研究博士点，但在外界看来，我们没有那么多的研究成果，建立博士点的条件不成熟。可是，西藏文化并不讲究谁的、什么研究成果。比如绘画唐卡，西藏有非常优秀的唐卡画家，但唐卡中绝对不可能有任何画家的名字。懂画的人只要一看画，便知道这幅画出自谁手。

前几年，西藏大学还有七八个非常顶级的老一代藏学研究教授，如今都已相继退休和离开了藏学界，非常可惜。因为藏学研究不仅涉及学术研究，还涉及西藏整个区域文化的传承和变迁。

如今，有坚定信仰的藏民绝大部分是老人。我们既不能把祖宗优秀的文化丢掉，也不能排斥现在的东西。比如，今年我提出的一个重要议案是关于西藏老城的保护和发展建议，这是我们西藏大学课题所有成员共同完成的研究成果。在大家相互交流过程中，我开始认识到文化保护的重要性，了解到老城中有那么多的旧房子，这些房子的结构、样式都比新一代房子更讲究，房子内壁的色彩和壁画经过两三百年岁月洗礼后依旧鲜艳无比，这才是最有意义的。

经过两年的调研，我们提出一个方案，即古城保护，包括如何保护文物和古建、如何疏散人员、如何减少城市压力、政策如何到位、整个区域旅游和城市控制规划如何进行等。前些年，西藏自治区旅游规划和文化规划之所以难以成功，就在于国内顶尖规划专家对西藏及其文化不了解。我们认为，拉萨老城要作为世界历史文化名城，不能过度拆迁和改造。在第十届全国政协会议上，我就已经提出过类似的建议，包括保护八大藏戏、藏剧和纳木厝神湖。从文物保护和世界非物质文化遗产角度，纳木厝神湖不仅是自然景观，其文化内涵更为丰富。

因此，西藏旅游今后要走高端游客发展路线。因为将来的人更有知识，更需要吸取文化内容。现在大家到西藏旅游，通常会到布达拉宫前照相，但我希望将来游客不仅照相留影，还到布达拉宫里面去了解布达拉宫的历史和文化。体验藏民族优秀传统文化的游客，才是真正的游客。试想，如果游客到拉萨老城中转，但老城全部改造成商业化、市场化、现代化街道，那还不如到北京转悠更合适。西藏旅游就应该亮出它的特色和特点。

（图登克珠：全国政协委员、西藏大学旅游与外语学院副院长）

（记者　鲁小彬/采访整理）

张景安：呼吁社会科学与自然科学融合

我在中国人民大学读书时是学社会科学的，后来当过团委书记，也当过老师。上世纪80年代初，我到科技部工作，负责政策法规到现在。近

30年来，我一直从事科技政策相关工作，有一个深深的体会，我强烈呼吁社会科学与自然科学的融合。

当今科学是相通的，然而现在，我们的自然科学和社会科学联系不够紧密，各自在各自的领域发展，各自开研讨会，各自写好文章，缺乏一个融合的机制。这个时代是融合的时代，如果自然科学和社会科学在各自的领域单独发展，将不可能取得很大的突破。"两家"结合是这个时代的发展趋势，既是为了今天的需要，也是为了明日的创新。

国家要建设创新机制，迫切需要创新文化，而创新文化则亟须社会科学和自然科学的融合。我认为，目前社会科学和自然科学的融合，是建设创新文化、创新文化氛围、自主创新的难点和瓶颈问题，如果这个问题不突破的话，我们的创新会受到很大的影响。

张景安

社会科学和自然科学的融合包含了人才的融合。钱学森去世之后，《钱学森之问》反映了全国人民的呼声，引发了全国人民对创新人才的希望和渴求。钱老有一个重要观点，他认为创新人才要从小培养，应该从小既学科学又学艺术，因为音乐、绘画等艺术的学习是培养创新思维的过程。钱老小时候学理科，他的父亲让他学画画、音乐，从小注重文理结合、文理相通，对未来成为世界级的科学家有巨大作用。后来钱老到了美国，他的导师——世界著名的冯·卡门教授也支持他学习艺术、参加社会活动。现在来看，我们要培养创新型人才，就要将艺术和科学结合，这对于培养战略科学家极为重要。

（张景安：全国政协委员，科技部党组成员，科技日报社社长）

（实习记者　李欣／采访整理）

李修松：用自己的学识为社会服务

从总体上来讲，哲学社会科学研究的目的就是为社会服务。不同的情况，有不同的服务方式，以历史学为例。

第一个层次，基础研究。基本的历史问题，你把它研究出来了，它就给社会提供一个借鉴。

第二个层次，就是把基础研究通俗化。通俗化有多种形式，通过通俗的教材、数据以及各种传播手段，如多媒体、动漫等形式，让一般人看得懂。利用历史研究的成果来为社会服务，在这个服务过程中，要注意历史的真实性。历史的真实性是最基本的要求，如果我们把严肃的历史题材作品，形成一种戏说并让它成为一种时尚，这将使我们的孩子认为历史的真实是无所谓的，造成误导。

第三个层次，就是把历史研究的成果变成旅游资源、文化创意产业资源。用历史研究的成果来打造各种相应的主题公园、创作动漫作品。把我们的动漫形象和动漫题材打造成主题公园，利用高科技打造中国式的"迪斯尼乐园"。

李修松

第四个层次，利用历史学家的学识和科学思维来发现现实社会当中存在的问题，拿出解决问题的方案和建议。我认为真正的历史学家应该能够研究过去，认识现在，预测未来。因为，历史就是过去的现实，所以做历史研究的人不能躲在书斋里面去研究历史。研究历史的人必须要深入社会，只有深刻地认识社会，才能正确地研究和认识历史。

一个真正的历史学家应该具有这样的眼光和能力，这样才能参政议政，为社会服务。否则那些看起来是历史学家的人，书读了很多，文章写了很多，但是抛开了他研究的小圈子，什么都不懂。

（李修松：全国人大代表，安徽省文化厅副厅长）

（记者　孙龙／采访整理）

王守彬：应该给予更多科研经费支持

今年的报告说了很多实实在在的东西，比如教育问题、官员的财产申报、权力要在阳光下操作、强化舆论监督等等。报告高瞻远瞩，分析了我们国家当前面临的形势。经过 30 年的改革开放，我国的经济得到了快速发展，中国人民确实站了起来，在国际上也找回了自己的尊严。但是，中国的发展也面临着世界其他国家的嫉妒，就像参加运动会一样，你跑第八、第九没有人管你，当你到了第二、第三时，第一名会千方百计的阻止你超过他。不过，我们国家早就预料到了这些问题，出台了很多好的、具体的政策。

我们国家 2009 年完成了 33.5 万亿人民币的 GDP，相当于近 5 万亿美元，这和 10 年前相比是非常了不起的。

王守彬

对于"三农"问题，我曾经对总书记提过"就农村谈农村，就农业谈农业，就农民谈农民"。要解决"三农"问题，我认为首要工作就是减少农业人口。农业人口不减少，农民就减少不了，这就涉及到农村城镇化、小城镇建设的问题。发达资本主义国家农业人口占总人口的比重比较小，而我们国家在 50% 左右，所以必须减少农业人口。

在我们国家，越是高级科学工作者，他们越吃亏。比如水稻之父袁隆平，我认为他作出的贡献与钱学森是齐名的。中国是人口大国，人均占有耕地面积世界倒数第三，袁隆平研究成果的分量就可想而知了。但是他们的科研经费还是比较少，应该大力宣传和学习他们，给予他们更多的支持。社会科学的专家学者，我认为他们还是要下到基层去调查研究，比如这次金融海啸，没有几个经济学家的预测是准确的，什么原因？就是他们对底下的情况不太了解。

（王守彬：全国人大代表，辽宁省大石桥市青花峪村党委书记、村委会主任，辽宁省营口青花集团董事长）

（记者　孙龙／采访整理）

葛晓音：学术评估要尊重社会科学研究规律

葛晓音

目前的学术评估机制存在一定的问题，这已经引起很多学者的关注，现在我们都感到被牢牢束缚在这套评估机制里面，抑制了创造力的发挥。而且，学术评估量化的趋势越来越明显，这种只讲数量、不看质量的做法，滋生了一系列的学术腐败问题。

如何用绩效来评估社会科学的成绩，这是一个很大的问题。种种考核成绩跟学者们的职称、评奖等现实问题挂钩，这让学者们疲于应付。特别是高校教师，本身教学压力就很大，还要有其他一些事务性的工作要处理。同时，写文章正如刘勰所言，有所谓"心总要术"和"情饶歧路"之别，即有人手快，有人手慢，但不是说手快的人就一定比手慢的人写得好。社会科学有它自己独特的规律，量化考核对于社会科学是不合适的，像文史哲等学科，要经过大量阅读、深思，才会有所得，进而写出文章。如果只是把资料堆砌在一起，既没思想，又没质量，是没有意义的，这不是作研究的态度。

现在的学术风气不好，学术泡沫太多，重复的论文比比皆是，很多上世纪 80 年代解决的问题，现在又拿出来老调重弹，而且还没有之前的学者说得透彻，这是很不好的现象。我认为，目前很多学术泡沫都是高校的教师制造出来的，这和高校的评估机制有很大关系，没有学术成果，就不能评职称，这是很现实的问题。像现在有些博士生要求在读期间在核心期刊上发两篇文章，全国这么多的博士生，所有的期刊加起来的数量还不够，导致了有的期刊卖版面的现象。

一直以来，大家都很关注评估机制问题，其实也是一个老生常谈的问题，希望有朝一日可以解决。就目前来说，我期待学者本身能保持应有的操守，有"独立之精神，自由之思想"，真正做学问的人是甘于寂寞、甘于清贫的，我们有很多优秀的学术传统，需要学者们继承和发扬。

（葛晓音：全国政协委员、北京大学中文系教授）

（记者　杨阳／采访整理）

外媒看两会

《联合早报》：中国寻求一条可持续发展的不同道路

新加坡《联合早报》2010 年 3 月 6 日载文《2010 年度政府工作报告显示中国将优化经济结构促进社会公平》（作者：韩咏红）报道，中国昨天公布了 2010 年度的政府工作报告，这份重点落在扶持企业发展、就业、改善社会福利，改革收入分配，强化政府公共职能的计划，处处凸显中国优化经济结构兼促进社会公平的意志。报告显示，走出金融危机阴影后的中国，正视从危机中暴露出的自身体制机制弱点，力图寻求一条可持续发展的不同道路。

文章指出，报告独立出一段专门表明中国政府将抑制房价过快上涨趋势，以回应社会对高房价的不满情绪。而针对社会上普遍质疑的"国进民退"现象，政府宣布一系列促进中小企业发展的行政与财税优惠措施。温家宝总理也表明，要提高劳动者报酬在初次分配中的比重，要打击非法收入，规范灰色收入，逐步形成公开透明、公正合理的收入分配秩序，坚决扭转收入差距扩大的趋势。

路透社：保经济稳增成中国政府工作重点

英国路透社 2010 年 3 月 5 日载文《中国政策基调不变旨在保经济稳增》（作者：沈燕）报道，中国周五发布的政府工作报告显示应对金融危机的扩张政策基调今年并未改变，扩内需、调结构、稳外贸齐头并进，旨为实现经济增长 8% 的目标保驾护航。

无论是扩大的赤字规模，适度宽松的货币供给，还是居民消费价格指数（CPI）增长 3% 的目标，留有余地的经济目标设置都传递着中国调整优化经济结构的决心，而资源税费的改革与保障民生亦列为同等重要的工作。

提高宏观调控水平，保持经济平稳较快发展无疑成为排在中国政府今年重点抓好的八方面工作的首位。尤其是面对金融危机冲击后，经济结构转型迫在眉睫的中国而言，今年的"保八"更是另有一番滋味。

在外资政策方面，中国依旧强调鼓励外资参与国内企业改组改造和兼并重组，加快建立外资并购安全审查制度，引导外资向中西部地区转移和增加投资。

同时，保障改善民生，以及改革收入分配制度亦为今年政府工作的重点之一。

《纽约时报》：中国"两会"为官民交流提供契机

美国《纽约时报》2010年3月4日载文《中国人大会议开幕》（作者Sharon Lafraniere）报道，3月初召开的全国人民代表大会，以及有2252名代表参与的中国人民政治协商会议是中国的一件年度政治大事。对于中国领导人来说，"两会"的召开为他们与民众的直接接触创造了机会。

文章说，通过在线调查，有助于中国领导人了解老百姓们最迫切希望解决的提问。在周一为时两个小时的在线交流中，温家宝总理回答了超过20个来自网民的问题，并且承诺会采取措施抑制房价。去年，他也同网民进行了类似的在线交流。上述举动对中国领导层来说不是唯一的创新：目前，部分法律草案和条例的制定也已公开向民众征求意见。有些时候，中国媒体也会就某一标志性立法议案邀请一些"两会"代表和异议人士进行公开辩论。

美国著名的中国问题研究专家沈大伟（David Shambaugh）对作者表示，中共领导人们非常真诚地希望与"两会"代表就有关议题进行磋商。在2006年，"两会"代表便与中央政治局委员们进行了23次会面，与胡锦涛主席进行了8次会面。

《金融时报》：户籍制度改革成为两会看点

英国《金融时报》2010年3月5日载文《中国小步迈向户籍改革》（作者Geoff Dyer）报道，在西方民主国家似乎陷于激烈的争吵之际，高速列车、大面积的风力发电场，还有改造数十个城市的20年规划，使中国为自己赢得了应对长期挑战的声誉。但中国户籍制度之苦久矣，"两会"期间这将成为会议重点之一。

文章指出，国家主席胡锦涛和总理温家宝领导的本届政府自 2004 年起承诺进行户籍制度改革。近些年来，中国一些地方实施了一些小规模的户籍制度改革试点项目，包括成都、重庆、武汉等城市以及广东、浙江省的部分地区，某些项目还提供一些交换计划。中国政策制定者近期在讨论各项提议，以求加快这些试点项目。但这些提议只是刚开始应对问题，户籍制度的主要障碍在于如何为进城的农民工落实社会福利的资金来源。作者认为，中国将在 10 年甚至更长时期，通过在城市逐步开征地方化物业税的方式，为户籍制度的改革提供资金。

（张肖雯　邢玉洁／编译整理）

学术视角看中国

中國社會科學報

（2009—2010）

特别策划（上卷）

民族复兴道路上的"中国精神"

记者　袁华杰

2009 年 9 月，北京，秋风万里，花团锦簇。

庆祝新中国成立 60 周年的盛大典礼和阅兵式即将举行，世界将聚焦于北京天安门城楼前通过的每一支方队、每一辆战车和每一架战机。这是新中国 60 年发展成果的巡礼，是中国伟大文明传统的又一次集中展示，同时，也是中国道路的精神内涵——"中国精神"的具体呈现。

随着中国率先复苏带动其他地区的发展，主动承担更多的国际责任，各国的学者加大了对"中国道路"、"中国模式"的研究力度，同时，对"中国精神"的关注程度也日益增加。

创造"中国奇迹"的精神力量

2009 年 9 月 17 日，美国前国务卿基辛格参加了中国驻纽约总领馆举行的国庆招待会。自 1974 年他和儿子首访中国后，他们成为中国的常客。基辛格讲述了他儿子对中国取得巨大进步的亲身感受。"后来他把当年所见过的中国与今天的中国相比时，理解了沧桑巨变的真正含义。"基辛格说，中国的巨变源自中国人民的"高瞻远瞩、辛勤努力和强烈的爱国主义精神"。

Sharon Crain，美国威灵顿基金会董事长，自 1977 年以来，她几乎每年都到中国。在接受记者采访时，她颇为感慨：中国在短短几十年时间里就让整个世界为之惊讶。在人类历史上，从未有过哪个国家，有如此多的人口，以飞快的速度使国家面貌发生惊人的变化。更重要的是，现在的中国人与他们漫长历史中任何一代人比起来，都更有创造力、更自由。这是一个真真切切的中国奇迹。

有学者指出，只要用客观公正的眼光解读中国，就不得不承认，60年来，新中国所取得的进步，的确创造了人类历史的奇迹。

最新一期的美国《时代》周刊，发表资深中国问题专家沈大伟的署名文章《新中国60岁生日：繁荣之路》。沈大伟在文章中盛赞中国取得的各种进步：60年来，中国向成为世界主要大国迈出了重要步伐。中国是从此次国际金融危机中复苏的第一个主要经济体，事实上也是引领世界经济复苏的一个主要经济体。中国的国民生产总值在2010年将会赶超日本，并且可能在2020年赶超美国。中国在外交领域也赢得了全世界的广泛尊重。

沈大伟对于中国未来的发展充满信心，认为那些曾经怀疑中国、预言中国崩溃的观察家，都低估了中国。中国有很强的适应能力，在过去的60年里克服了无数困难，将来也会如此。

无论国内的社会科学工作者，还是国外的观察家们，都没有止于对"中国奇迹"的一种现象的描述，他们都试图解读"中国奇迹"背后的密码。有学者归因于儒家文化，有学者归因于独特的政治制度，有学者归因于中国的赶超策略，但在这些论述的背后，都有意或无意的指向了一个目标：中国道路与中国精神。

一个国家的发展，不仅要有强大的物质力量，更要有强大的精神力量。新中国成立60年，之所以能够取得举世瞩目的成就，被誉为"中国奇迹"，很大一部分原因在于实践中形成的"中国理想"、"中国品格"。正如Sharon Crain所说："在这奇迹背后，是一种追求真理、进取创新和自强不息的中国精神。"

"中国精神"的历史渊源

考察中国奇迹背后的中国精神，可以上溯到博大精深、从未间断的中国5000年的文明史。可以说，中华民族之所以能一直屹立于世界民族之林，其中一个重要因素就是中国人民在5000年的摸爬滚打、拼搏奋斗中孕育出一种伟大精神。

　　复旦大学俞吾金教授认为，中国精神在历史上主要表现为自强不息、刚健有为的进取精神。中国古代文化经典《周易》上说"天行健，君子以自强不息"。这构成了中华民族伟大的努力向前的精神。自强不息是中国传统文化思想的主旋律，也是中华民族历经磨难而不倒，中华文明历经浩劫而传承的重要因素。这种精神铸就了中国人民百折不挠、愈挫愈奋的民族品格。

　　随着时代的变化，中国精神的内涵也在不断变迁。"克勤于邦，克俭于家"、"民生在勤，勤则不匮"、"仁者必有勇"、"富贵不能淫、贫贱不能移、威武不能屈"、"天命不足畏、天道不足惧、祖宗不足法"、"大禹治水"、"精卫填海"、"愚公移山"等不同表现形式的中国精神激励着一代又一代中国人奋斗不止，使得这个民族代代相传、生生不息。

　　总之，中华民族在漫长历史长河中形成的优秀文化传统，其中所具有的独特的充满活力的民族精神是我们前进的基础与出发点。

"中国精神"的时代表达

　　进入 20 世纪，中华民族又面临着新的历史环境、新的目标、新的任务。中国精神也进入了新的层次、新的境界。由中国共产党领导的反帝反封建斗争，以及社会主义革命和建设，使古老的民族精神具有了崭新的时代内涵。在改革开放这一前无古人的伟大实践中，又铸就并发展了充满活力的时代精神。中国人民大学哲学院教授陈先达告诉记者，中华民族传统精神和中国的革命精神，二者不可分割。我们现在的改革就是古代自强不息精神的一种生动表现。如果我们离开这些传统来进行当代的中国特色社会主义建设、来搞市场经济是行不通的。

　　历史会给予每一个民族发展与进步的机会，但是，这种机会只有那些拥有自强不息、积极进取精神的民族才能抓住。中华民族正是不断地从传统民族精神中汲取养分与动力，再不断赋予民族精神以新的内涵。正如胡锦涛总书记所说："民族精神是一个国家综合国力的重要组成部分，其内涵总是在历史进步中不断得到丰富、在灾难考验中不断得到升华。"

　　中国共产党成立 88 年、执政 60 年、领导改革开放 30 年来，带领中国人民在实践中形成了很多具体精神，为中国精神赋予了时代内涵。

1949 年，在中共中央七届二中全会上，毛泽东告诫同志们："务必使同志们继续地保持谦虚、谨慎、不骄、不躁的作风，务必使同志们继续地保持艰苦奋斗的作风。"这形成了以"两个务必"为核心的西柏坡精神。

20 世纪 50 年代，在有限的科研和试验手段条件下，我们自力更生发展国防科技，形成"两弹一星"精神：热爱祖国、无私奉献，自力更生、艰苦奋斗，大力协同、勇于登攀的精神。在新时期，载人航天精神作为"两弹一星"精神发展和延伸，是指特别能吃苦、特别能战斗、特别能攻关、特别能奉献的精神。

1979 年，改革开放的春风吹遍大江南北。经济特区的成长是一条曲折的道路，特区人在勇敢尝试、辛勤耕耘的路途中，熔铸了可贵的特区精神：敢闯、敢干、敢为人先，开放包容，自强拼搏，只争朝夕。

2008 年 5 月 12 日，一场突发的地震灾害把全体中华儿女团结起来。在波澜壮阔的抗震救灾斗争中，中国人民用理想凝聚力量，用信念铸就坚强，用真情凝结关爱，大力培育和弘扬了万众一心、众志成城，不畏艰险、百折不挠，以人为本、尊重科学的伟大抗震救灾精神。

北京奥运会从筹办到成功举办，历经多年，为"奥运精神"注入了新的中国特色：为国争光的爱国精神、艰苦奋斗的奉献精神、精益求精的敬业精神、勇攀高峰的创新精神、团结协作的团队精神。

有学者指出，正是有了这些适应时代发展的中国精神，我们国家才始终拥有强大的凝聚力、向心力，有了抗击各种风浪、勇敢前行的坚强磐石。可以说，中国精神，已经成为支撑中华复兴、中国和平崛起的精神动力。中国人民更加自信，更加坚定地走向工业化、现代化，必将实现中华民族的伟大复兴！

中国道路的精神内涵

2009 年 9 月 18 日，美国《纽约时报》网站播发该报记者基思·布拉德舍发自无锡的一篇文章《在美国经济仍显病态之际，中国经济复苏势头加快》："就在 8 个月前，成千上万的工人还在因全球经济下滑而关闭的工厂外面闹事。现在，其中的很多工厂已经重新开工，又开始雇人了。为了完成圣诞节订单，一些高管要找到足够的临时工都很难。中国下岗工人重返工作岗位的情景与美国形成了鲜明对比。在美国，甚至在经济出现好转迹象的情况下，失业率也在继续向两位数进军。"

显然，在这一波金融危机中，中国经济率先复苏，显示了强大的经济实力和制度优势。尽管仍有不同声音在怀疑中国发展的不稳定性以及制度的可持续性，但中国模式与中国道路的魅力已经显现，一些学者把更多的眼光投向中国，探讨中国道路背后的理念及对解决世界问题的影响。

有学者指出，中国道路作为解决中国发展问题的一种模式，深深地植根于自身的历史传统、民族性格和具体国情，有其自身的特殊性，试图把她当做放之四海而皆准的模式则是不科学的。但是，中国道路所体现出的中国精神，以及背后所体现的发展理念，则是全人类的共同智慧，具有普遍性，任何国家——无论发达国家还是发展中国家——都应该认真对待，深入研究，以找到能够令其自身所借鉴之处。

60 年，在历史长河中只是短短一瞬，中国的发展也才刚刚开始。有学者指出，即使创造了举世称道的"中国奇迹"，但毋庸讳言，中国仍有很多方面还不尽如人意。中国的前方，既有鲜花，也有荆棘；既有机遇，也有挑战；既有赞扬，也有谩骂。正确应对发展道路上的各种情况，正是"中国精神"的第一要务。中国正面临大力发展的关键机遇期，"中国精神"将再一次激励中国人民满怀信心去迎接更多困难和挑战，实现中国历史的崭新跨越。

中国精神的时代表达

西柏坡精神：共产党"进京赶考"的制胜法宝

西柏坡，周恩来称她是"解放全中国的最后一个农村指挥所，指挥三大战役在此，开党的七届二中全会在此"。新华社原社长朱穆之同志曾赞叹："中国命运定于此村。"

1949 年 3 月 5 日，中国共产党党内精英齐聚西柏坡，参加中共中央七届二中全会。毛泽东提出:"务必使同志们继续地保持谦虚、谨慎、不骄、不躁的作风,务必使同志们继续地保持艰苦奋斗的作风。"

半个多月后,根据中国革命的最新形势,党中央决定进入北平。离开西柏坡前,毛泽东只睡了几个小时。他兴奋地对周恩来说,"今天是进京的日子,不睡觉也高兴。今天是进京'赶考'嘛,进京'赶考'去,精神不好怎么行呀?"周恩来说:"我们应当都能考及格,不要退回来。"毛泽东接着说:"退回去就失败了。我们决不当李自成,我们都希望考个好成绩。"

■"解放全中国的最后一个农村指挥所"——西柏坡

西柏坡纪念馆馆长王荣丽:

西柏坡精神是在中国革命取得巨大胜利,中国共产党即将走上执政地位的伟大时期形成的一种伟大精神,核心是"两个务必"。随着时代的发展,西柏坡精神焕发出更加强大的生命力和感召力。

2002年12月,新任中共中央总书记胡锦涛来到西柏坡重温"两个务必"。他强调,重温毛泽东同志在党的七届二中全会上的重要讲话,重温邓小平同志、江泽民同志关于全党和全国人民要长期艰苦奋斗的一系列论述,结合新的实际坚持做到"两个务必",具有十分重要的意义。

以"两个务必"为核心的西柏坡精神可以说是中国共产党拒腐防变的"理性长城",虽然过去60年考得还不错,但未来仍要警钟长鸣,坚决打击腐败,防止出现脱离群众这个党执政后的最大危险。

中共中央文献研究室副主任李捷:

古今中外,无数王朝更替乃至社会革命,都以夺取政权为最高目标。在这以前,它们是朝气蓬勃的,这以后便逐渐走了下坡路。而对于将阶级使命和民族使命集于一身的中国共产党来说,"夺取全国胜利,这只是万里长征走完了第一步"。"中国的革命是伟大的,但革命以后的路程更长,工作更伟大，更艰苦。"于是，便有了"两个务必"精神。在这个伟大精神之中，蕴含了始终保持党的先进性、保持党的长期执政地位的信心和决心，蕴含了马克思主义执政党要彻底完成阶级使命和民族使命的信心和决心。

纵览历史，战功显赫而登基立国者不乏其人，但居功不自傲、殚精竭虑而致善始善终者鲜有所获，成功之后则难免贪图享乐、政怠患成。而对以全心全意为人民服务为宗旨的中国共产党员来说，必须克服"骄傲情绪、以功臣自居的情绪，停顿起来不求进步的情绪，贪图享乐不愿再过艰苦生活的情绪"，特别要警惕"糖衣裹着的炮弹"的进攻。于是，便有了"两个务必"精神。在这个伟大精神之中，发展出了始终保持共产党员先进性、保持共产党员政治本色的信心和决心，发展出了共产党员立党为公、执政为民、权为民所用、情为民所系、利为民所谋的信心和决心。

（记者　王建峰　袁华杰/采访整理）

"两弹一星"精神与载人航天精神：创造国防科技的奇迹

"两弹一星"精神，就是热爱祖国、无私奉献，自力更生、艰苦奋斗，大力协同、勇于登攀的精神。载人航天精神作为"两弹一星"精神在新时期的发展和延伸，是指特别能吃苦、特别能战斗、特别能攻关、特别能奉献的精神。

20世纪50年代，面对美国的核讹诈，中国急需发展国防科技。然而，在西方国家封锁中，尤其是苏联撤走专家之后，中国专家和技术人员只能运用有限的科研和试验手段，自力更生发展国防科技。1964年我国研制的第一颗原子弹爆炸成功，1967年又爆炸成功第一颗氢弹。1970年，我国的"东方红一号"人造卫星上天。中国用了两年零八个月的时间，从原子弹发展到氢弹，比当时法国更早地爆炸了氢弹，比美国、英国、法国的速度都要快。

1999年11月20日，神舟一号飞船在酒泉卫星发射中心发射升空，开启了新时代中国人的飞天梦想。2003年10月，神舟五号实现了我国首次载人航天飞行。2008年9月，神舟七号实现了中国宇航员首次太空行走。短短几年，我国在航天技术方面取得了一次次具有里程碑意义的重大胜利。

中国人民解放军第二炮兵原副司令员、"两弹一星"历史研究会理事长张翔：

"两弹一星"事业是国家、党和军队相关科研技术人员在中华振兴道路上开创的辉煌历史成就，至今，这一进程还没有结束。辉煌的事业产生辉煌的精神，这就是"两弹一星"精神，辉煌的精神反过来又推动着事业取得更辉煌的胜利。

邓小平曾指出，上世纪60年代如果不搞"两弹一星"，就没有我们的国际地位和民族尊严。有了"两弹一星"之后，中国才走上了完全独立自主的道路。它为中国发展提供了安全环境，才使我们有可能探索出中国模式。

当今大国之间的竞争、博弈，已日益表现为文化、精神的较量。作为我们宝贵的精神财富，"两弹一星"精神应当发扬光大。而载人航天精神正是"两弹一星"精神在新时期的发扬光大，是以爱国主义为核心的民族精神和以改革创新为核心的时代精神的生动体现。现在，我们提中华民族的伟大复兴，更需要民族精神的"伟大复兴"。

■ 2003年10月15日，我国自行研制的第一艘载人飞船神舟五号发射升空

国防大学马克思主义教研部教授、少将黄宏：

我国载人航天事业取得的辉煌成就，凝聚着我国几代航天人的艰辛和奉献。长期以来，广大航天工作者不计个人得失，不求名利地位，以苦为乐，无怨无悔，为航天事业奉献了青春年华，奉献了聪明才智，有的甚至献出了宝贵生命，书写了许许多多可歌可泣的感人事迹，涌现出许许多多可敬可佩的时代英雄。他们用自己的青春、智慧、热血和生命铺就了通往太空的成功之路。

载人航天精神，是"两弹一星"精神在新时期的发扬光大，是以爱国主义为核心的民族精神和以改革创新为核心的时代精神的生动体现。在全面建设小康社会、加快推进社会主义现代化的征程上，我们一定要在全社会大力弘扬载人航天精神，增强全民族的自信心和自豪感，凝聚全民族的智慧和力量，紧紧抓住发展机遇，积极应对各种挑战，战胜前进道路上的艰难险阻，不断开创中国特色社会主义事业的新局面。

（记者　李博／采访整理）

特区精神：重温"闯"与"创"的激情岁月

1979 年，改革开放总设计师邓小平在中国的南海边画下一个圈，改革开放的春风从这里吹遍大江南北。

历经 30 年的开拓奋进，如今的深圳、珠海早已从当年的边陲小城发展成高楼林立、霓虹闪耀的繁华都市。30 年来，特区人凭借"摸着石头过河"的勇气和拓荒牛的干劲为改革开放杀出了一条血路，成就了一个高速发展的奇迹。

邓小平 1984 年为深圳特区题词："深圳的发展和经验证明中国建立经济特区的政策是正确的。"经济特区的成长是一条曲折的道路，特区人在勇敢尝试、辛勤耕耘的路途中，熔铸了可贵的特区精神，敢闯、敢干、敢为人先，开放包容，自强拼搏，只争朝夕都是特区精神的清晰注脚。正是这种多元的特区精神，为特区的经济建设提供了有力的思想支撑，为特区的持续健康发展攒足了后劲。

中国体改研究会副会长、广东体改研究会会长黄挺：

特区精神可概括为"闯"与"创"二字，特区人敢为天下先，不断追求自主创新。在过去 30 年间，许多项重大改革都是从特区开始的。1980 年代初，新中国第一家股份公司诞生于深圳；1990 年代初中期，深圳进行企业产权制度改革，调整所有制结构，率先冲破"国有经济一统天下"的局面。

我认为，"特区精神"包含着五种人的精神：一是革命家无私无畏，勇于革新，敢于冲破旧制度的革命精神；二是探险家敢闯敢冒，敢为人先，冒险探路的精神；三是拓荒者吃苦耐劳，坚忍不拔，敢于攀登，一往无前的老黄牛精神；四是科学家思考缜密，对技术精益求精的崇尚科学精神；五是广东人求真、务实、宽容大度、搞五湖四海，团结友爱的精神。在新中国成立60年之际，重提特区精神有着积极的意义，要继续解放思想，大胆探索科学发展模式，坚定不移地推进改革开放，不断创新，不断前进。

广东省社科联副主席李明华：

经济特区是在上世纪七八十年代那个特殊时期应运而生的。当时中国正蓄势待发，准备向新的现代化旅程迈进，但是我们没有经验，也没有任何成功历史可借鉴，正如邓小平同志所言，"摸着石头过河"。如今，经过30年的勤奋探索，特区的面貌已经发生了翻天覆地的变化。

特区模式的成功与特区精神的引领作用不可分割。我们所说的特区精神，首先是一种敢为天下先的精神。上世纪70年代末，深圳作为特区发挥了先锋作用，先行先试，开风气之先，他们是时代的弄潮儿，当社会停滞不前时，他们大胆地冲破了旧有生产关系的约束，把昔日的小渔村变成现代化大都市。

重提特区精神是新旅程的开始，30年来，特区的经济体制改革已经走过了一段辉煌的历程。经济改革进入到一定阶段以后，紧接着必然是政治体制以及文化等方面的改革，这也是特区下一步发展的重要历史责任所在。特区还要继续存在下去，特区精神还要继续保持下去。下一个30年，要进一步丰富和发扬特区精神，保证特区在其他方面继续走在前面。

（记者　吕莎／采访整理）

抗震救灾精神：民族精神在当代中国的新发展

2008年5月12日14时28分，四川汶川发生8.0级特大地震。当地震灾害袭来，13亿中国人民立即紧急行动起来，同心同德、齐心协力，形成了抗震救灾的强大合力。

地震灾害发生后，胡锦涛总书记在第一时间作出重要指示：尽快抢救伤员，保证灾区人民生命安全。温家宝总理乘飞机离开北京，以最快的速度赶赴四川指导抗震救灾。

"灾难无情、人间有爱"，"一方有难、八方支援"，这是震后响彻在中国大地上的最强音。不抛弃、不放弃，"只要有百分之一的生还的希望，我们就要用百倍的努力！"正是在党中央这种要求和精神的感召下，解放军官兵、搜救队员、医生护士救出了一个个生命，创造了一个又一个的生命奇迹。

地震发生49天之后，胡锦涛总书记这样总结伟大的抗震救灾精神："万众一心、众志成城，不畏艰险、百折不挠，以人为本、尊重科学。"

中国社会科学院哲学所副所长孙伟平：

中华民族在漫长的历史进程中，虽历经磨难，却愈挫愈奋，始终巍然屹立于世界民族之林，根本原因是形成了一种顶天立地的民族精神。这种伟大的民族精神源远流长，又与时俱进，总是随着时代的发展进步而不断充实和发展自己的内涵。继"98抗洪"之后，中华民族伟大的民族精神，在抗震救灾中得到了进一步激发和释放，又在抗震救灾中进一步得到锤炼和升华。

北京师范大学政治学与国际关系学院教授施雪华：

抗震救灾精神是爱国主义、集体主义、人道主义、社会主义精神的集中体现和新的发展。例如，地震发生后，先救孩子、妇女，让妇女、儿童先脱险；监狱的领导和警察不顾自己和家庭，先把犯人送到安全地点的"人道主义精神"。

与1998年抗洪救灾相比，抗震救灾更加凸现了一种"公民社会精神"或曰"互助协作精神"：地震发生后，很多社会组织，包括一些非政府组织，在第一时间奔赴灾区，参与抗震救灾。正是有这种公民社会精神的催动，抗震救灾变得更加迅速和有效。

"弘扬中华文化，建设中华民族共有精神家园"，是党的十七大提出的文化建设的重要任务。民族生存和发展需要精神支撑。一个没有精神支撑的民族，是没有灵魂的民族，难以自立于世界民族之林。民族精神是国家之根、民族之脉。

伟大的民族精神是激励人们战胜困难、发愤进取的精神动力。地震灾害虽然已经过去，但"抗震救灾精神"永远不会过时，中国要以宣传"抗震救灾精神"为契机，广泛开展民族精神和时代精神的宣传教育，利用一切思想文化阵地，大力宣传弘扬和培育民族精神的重大意义，更好地使广大干部群众认识到，伟大的民族精神过去是、现在是、将来也永远是中华民族从胜利走向胜利的强大精神力量，不断增强民族自尊心、自豪感和责任感。

（记者　冯建华 / 采访整理）

奥运精神：让火炬传递和谐的音符

20 世纪初，中国有人提出著名的"奥运三问"：中国什么时候派一名运动员参加奥运会？中国什么时候派一支队伍参加奥运会？中国什么时候举办奥运会？这三个问题形象地表达出当时中国人的强国梦和对于奥运的强烈企盼。

百年后的今天，中国国力日趋强盛、社会日益进步，奥运的梦想已经逐一得以实现。7 年筹备、16 天辉煌，北京奥运会为这些梦画了一个圆满的句号。纵使赛事已经过去一年多，但奥运精神长存，中国精神永驻。

北京市社科院研究员、《北京市政府人文奥运行动计划实施意见》起草小组组长马仲良：

北京奥运会的成功举办，增强了中国人民的民族自豪感和民族自信心，提升了中国在世界上的地位，是中华民族伟大复兴的表现。整个奥运理念、奥运精神必将振奋整个中华民族，它的意义远远超过奥运本身，因为，能够把奥运办好，就能用这个精神干更多事情。

奥运精神最突出的是人文精神，用八个字概括就是"以人为本，以文化人"。而中国精神主要表现在六个方面：天下为公、忧国忧民的爱国精神；刚健有为、自强不息的进取精神；以和为贵、求是务实的理性精神；

厚德载物、和而不同的宽容精神；勤劳节俭、变法图强的创业精神；崇德重义、修身为本的重德精神。

中国人民大学教授、中国人民大学人文奥运研究中心副主任葛晨虹：

百年的期盼，铸就一个奥运梦想，形成一种奥运精神。这种期盼、这种梦想源于两点。一方面，奥林匹克精神本身包含许多表达人类真善美的东西，诸如公平、友爱、积极向上。另一方面，是中国特有的爱国主义精神、集体主义精神使然。中国人期望祖国成为一个体育大国或体育强国。

奥运精神包括三个内核：一是更快、更高、更强的自强精神；二是公平、公正竞争的伦理理念；三是友爱、和平的价值原则。这些价值理念都能在中国传统文化中找到渊源。例如，中国传统文化讲究和合、平等；《易经》提倡"天行健，君子以自强不息"；注重集体主义和家国意识的道德观念等。在举办奥运会的过程中，中国精神得到很好的诠释和彰显，并进一步升华。

中国是一个特有的以血缘根基为基础、从东方亚细亚历史道路发展出来的国度，有很多情怀，凸显出群体主义、集体主义的精神，还包括传统道德中倡导的奉献精神。国家可以发挥集体主义或群体趋向的优势，举全国上下、国家和民众的力量，心往一处想，做好一件事情。可以说，没有一届奥运会像北京奥运会那样做到全民参与，这就是一种凝聚力，一种奥运精神。

北京奥运会留下很多精神遗产，今后在中国发展中要继承并发扬光大。首先，要看到国家的实力，看到中国模式、中国特色社会主义的优势。其次，要更多地理解奥运精神，进一步总结中国精神，使这种精神既代表全人类的价值取向，又体现中国从传统到现代的时代发展。

（记者 陈静/采访整理）

学者解读中国精神

陈先达：传统文化精神与革命精神不可分割

讲中国精神的问题，我们应该注意两个传统：一个是中华民族的优良传统，另一个是民主革命过程中形成的革命传统。革命传统既包括井冈山精神、延安精神、西柏坡精神，也包括社会主义时期的雷锋精神、焦裕禄精神、两弹一星精神、汶川救灾精神等，这都是中国人民在革命斗争中以自己的牺牲和奋斗所凝结的文化精神。

陈先达

中华民族传统文化精神和中国的革命精神，这二者不可分割。可以说，革命精神是中华民族优良传统在当代实践中的具体表现，是其在新形势下的一种延伸和再创造。现在我们所提的以人为本、与时俱进、社会和谐、和平发展都是以中国传统文化作为根基的，它们既体现了中华民族的传统文化精神，又融入了当前的时代性和中国特色社会主义建设的特点。革命精神由于有了中华民族传统的文化精神为根基，所以它是深厚的、有丰富内涵的。而另一方面，中华民族传统的文化精神由于发展出革命精神而得到了进一步的升华。

发扬当代的文化精神要继承传统精神，同时，继承传统精神又要发扬当代的革命精神。既不能厚古薄今，又不能"要今不要古"，这二者是结合在一起的。实际上，当代很多精神都继承了中国文化传统的精髓，并根据革命实践进行了新的创造，所以，要发扬革命精神，就要提高我们对传统文化的自觉性。既要重视传统文化，又要重视当代的社会主义实践，把两种精神很好地结合起来。

我们现在的改革既是古代自强不息精神的一种生动表现，又是我们多年来为中华民族文化复兴而奋斗的精神在当代的鲜活体现。如果我们离开这些传统来进行当代的中国特色社会主义建设、来搞市场经济是行不通的。在新的时期，我们要继续解放思想、实事求是，发扬艰苦奋斗的优良作风。

（陈先达　中国人民大学哲学院教授）

（记者　吕莎/采访整理）

郑永年：中国精神开放自强、生生不息

中国精神，主要是一种开放的自强不息的精神，有三个显著特征。

郑永年

一是开放性，包容一切。从唐朝的佛教到今天的改革开放，中国历史证明，开放引导国家复兴繁荣，而封闭则导致落后挨打。中国有闭关锁国的时候，但也不能否认开放是这个国家的文明的主轴——至20世纪80年代改革开放更是如此。开放性表明其状态不是僵硬不变的，而是变化发展的，开放性也表明它是包容的，而非排他的。崛起后的中国，随着文化自信的恢复，也能把西方一些自由民主的观念包容进去。但是，在包容的同时，中国文化又并非生搬硬套西方的模式，而是将其本土化，这一点非常重要。开放性不是简单地放弃自己的传统而接受别人的东西，不是要把自己变成别人，而是"兼容并包，实事求是，为我所用"。简单地说，中国开放的文化就是一个大熔炉，各种观点进来之后，都可以被消化。

二是理性，因其开放，且没有宗教的环境，其理性精神就显露无疑。应当指出的是，人们一般把理性精神称之为西方的东西，这并不确切。中国理性精神曾经对西方理性精神的复兴和发展起到很大的作用。中国理性精神最大的特点就是对现实世界的关注。

三是热爱和平。也正是因为理性，和平就是这个民族的精神了，民族精神就是中国的精神。中国人也重视武装力量，但和西方不一样，发展武

器不是为了侵略，而是为了自卫、为了和平，这就是"止戈为武"。

特别应当强调的是，中国精神所体现出来的深刻的人文关怀。这一点也是和中国理性文化相统一的。其他文明关心的是外在世界，比如佛教关注来世，基督教关注上帝，而世俗文化关心的是人，是具体的人。我们误以为西方一以贯之地讲求人本主义，实际上，中国的人本主义传统比西方的历史更为久远，有丰富内涵的中国文化就是"人"的文化。尤其是改革开放30年来，经济实力渐趋强大，中国精神中的人文关怀内核，得到更多肯定。

今天的中国，在全球化和区域化的国际潮流下，更需要一种开放的精神。日渐成熟的中国模式应是一个混合型的经济体、政体，这是比较好的一个政治形态。中国模式就是中国精神的反映和表达。

（郑永年　新加坡国立大学东亚研究所所长）

（记者　张梦薇 / 采访整理）

Vera Schwarcz：中国精神体现民族力量

在过去60年间，没有一个国家像中华人民共和国那样经历并平稳度过了如此多的变化。一波又一波的社会变化改变了中国人民的生活方式和对生活的态度。如此迅速的现代化脚步很可能会彻底改变一个国家的面貌。然而，在中国，无论是在困难时期还是激动人心的年代，在这么快速的变化面前，日渐显现的是人民的精神恢复力和创造力。

Vera Schwarcz

作为一名对中国近代知识分子做过口述史研究的西方学者，我在亲历中国人民精神活力中可以说拥有着非常特殊的位置。至今我依然能清晰地回忆起中华人民共和国成立30周年时的场景，当时我作为第一批美国交换学者之一，正在北京大学学习。中国人民面对历史变化时表现出来的智慧和远见，在1979年已经清晰地呈现出来，而这在2009年变得更加明了。

儒家历史中蕴含的实事求是精神的悠久传统，可以追溯到司马迁和司马光，他们秉持的客观记载历史的精神对后人一直有着非常深刻的影响。在过去 60 年间，这种珍视过去以及为了更加美好的明天而努力奋斗的精神变得更加强烈。

我在思考中国精神中突出的亮点时，脑海中不由得浮现出两位杰出的学者：张岱年和季羡林，他们两位都是北京大学的教授，都是享有盛名的教授，而我有幸对两位先生作过几次采访并成为他们的朋友。像他们这样的知识分子，和他们的同胞一样，有着深深扎根于传统的民族精神。两位先生都从现代教育中受益良多，对来自海外的思想也有着博大的胸怀。同时，他们又牢牢扎根于自己祖国的文化土壤，无论是在战争年代还是和平岁月，都探寻着去为中国人民服务。张岱年先生和季羡林先生不仅扎根于中国传统，还努力将其精粹发扬光大，而正是这种国粹，使中国在 21 世纪的国际舞台上开始发挥领导性作用。

两位先生都经历了巨大的艰难。让我最感震惊的，是当我在 20 世纪 90 年代采访他们时，他们中谁都没有表现出丝毫怒气或者是任何幻想破灭的情绪。张岱年和季羡林都决定用余生来继续报效人民。两人都充满了活力和革新精神潜心研究。我自问，是什么在他们晚年的时候带给他们如此大的力量呢？显然，文化之根是其中的一个答案。而他们都认可诚实正直的公共价值则是另一个重要因素。

每一个人都体现了所谓中国为人的真谛——这是一种使他能对过去 60 年的快速变化做出反应的内在的平衡与真理。这些大师是独特的，但同时他们也体现了整个民族的力量。因为人民在面临迂回曲折的社会变迁时具有承载文化之根的能力，这些中国精神表现得比以往更加强烈。

（Vera Schwarcz 威斯里安大学东亚研究中心主任）

（记者　褚国飞／采访整理）

俞吾金：21 世纪的三种中国精神

21 世纪更高层次的中国精神体现在以下三点。

第一，自强不息的民族精神。《周易》中就有这样的说法，"天行健，君子以自强不息"。我认为，这构成了中华民族伟大的努力向前的精神。

俞吾金

这种精神在李白的诗句"黄河之水天上来，奔流到海不复回"中同样得到了很生动的体现。21世纪的中国在人类历史上将要发挥更大的作用，所以在当代应该大力弘扬中华民族有如黄河般永远奔腾向前的伟大精神，保持不可阻遏的强大生命力。

第二，正道直行的精神。"正道直行"强调中国人追求真理、维护公平和正义的精神品格，这也是我们传统文化中十分可贵的民族精神。孔子讲"政者正也"，就是讲要公正、公平，坚持真理和正义。21世纪的中国屹立于民族之林，作为这样一个泱泱大国，应该有很高的思想境界，有一种对真理和正义的追求。这种精神不但会引导我们的民族不断对自身进行改革，对外进行开放，更能激励我们不断自我反省来提高屹立于世界民族之林的能力。

第三，博大的胸怀。现在已经步入全球化时代，我们只是"地球村"中的一个居民。如何实现国力的强大，如何在世界上积极发挥我们的政治、文化作用，如何肩负起一种责任感，是我们应当思考的问题，也要求我们拥有博大的胸怀。"人"由一撇一捺组成，顶天立地站立在世界上，我们作为大国要有这样宽广博大的胸怀。

新的精神元素从来不是凭空诞生的，而是通过对已有事物的重新认识达到的。进入21世纪，这些精神要素更应发挥作用的时代已经到来，我们要秉持自强不息、正道直行的精神，拥有博大宽广的胸怀，使中国精神真正发挥其应有的指引和激励作用。

（俞吾金　复旦大学国外马克思主义研究中心主任）

（记者　吕莎／采访整理）

民族复兴道路上的『中国精神』

薛凤旋：中国精神是中国模式内涵之一

一些国外学者不承认有中国模式，甚至否认中国精神。我认为中国模式是有的，而中国模式的确立，背后需要一种中国精神的支撑。

中国有今天的发展，是中国精神在支撑。这个精神是中国几千年优良传统和现代精神的结合，是中国的民族精神和中华民族凝聚力的体现。

我想，60 年我们这样走过来非常不容易。因为，解决中国的问题，就等于差不多解决世

薛凤旋

界一半的问题。60 年，我们从一盘散沙、很落后、排名在第三世界后排的国家变成现在的世界强国，这么短的时间取得如此大的成绩在历史上是少见的。60 年的时间很短，如果把后面的 30 年看做主要的发展时期，那么发展的速度就更快。

中国能够快速发展，跟中国共产党的领导是分不开的。没有这些，中国很难有全面性的、长期性的经济发展，这是中国精神的第一个体现。第二个体现是我们有深厚的文化传统和儒家思想底蕴。儒家思想强调中庸，要不偏不倚，要包容；以民为本思想；敬天拜祖，尊敬老人，尊重历史和积累下来的文化与秩序，这些思想都深深扎根在中国人的血脉里。事实上，中国的老百姓都有这套思想，他们勤劳、宽容、守时，唯一不同的是他不能像教授那样系统地讲述出来。

中国精神的第三个体现就是，中国人强调集体主义精神，讲集体利益、集体负责和集体行为，对家的概念更多的是集体、国家的概念，而不像希腊那样是一个单纯家庭的概念。老百姓对于好的领导、好的政策一贯采取拥护支持的态度。老百姓对于国家的政策回应积极，这样上行下效产生作用，形成一个良性循环，变成整个世界的旗帜，有利于中国长时间的和平稳定与经济高速发展。

香港是中国的特别行政区，香港居民世代深受中国儒家文化思想的浸润，同时又接受西方思想的熏陶。因此，作为一个国际化的大都市，香港

还具有自身的精神，这就是创新精神。我认为这也是中国精神的体现。

（薛凤旋　香港浸会大学当代中国研究所所长）

（记者　陈静/采访整理）

Sharon Crain：中国奇迹蕴含着中国精神

自 1977 年以来，我几乎每年都来中国，每一次到中国时，都让我感慨万千：中国仅在短短几十年时间里就让整个世界为之惊讶。

Sharon Crain

在这场巨变中，中国领导人是总舵手，他们把握好了前进的航向，而一个个普普通通的人则是切实推动变化的功臣，他们每一个人也随着中国的变化而经历着深刻、巨大的变化。从中国以及每个人的变化中，我看到了一种蓬勃向上、勤劳实干的民族精神。

20 世纪 80 年代早期，一位中国大使曾在我家与我们共进晚餐，他对我说："不论是一个人还是一个国家，都必须认真考虑走什么样的道路，如果只是左或者只是右，你都会走弯路。"他的话代表了那个时候一个政府官员开阔的胸襟，他为中国指出了新的方向。这些年来，中国国家领导人一直面对着来自国际国内的各种挑战，诸如质量监管、贸易摩擦、贪污腐败等。曾有一位中国学生这样对我说："虽然一些中层干部使得上面的政策无法得到落实，但是中国国家领导人是历史上最好的，基层的民众也很努力工作。"在积极有效的政策指导下，中国社会在各方面都出现了很大变化：交通的变化、妇女的变化、家庭结构的变化、经济结构的变化、社会结构的变化。而这一系列变化，最终汇到一起，带来了中国整个面貌的大变化，创造了中国奇迹。

当然，再好的政策也需要人来把它们落到实处。我看到了很多改变中国的事情，而正是一个个普普通通的中国人，给这些事件注入了生气。他们是实现巨变的英雄。由于开拓性的经济和教育改革，人们得到了更多机

民族复兴道路上的「中国精神」

133

会去决定自己的命运，他们创造了自身的奇迹，在改变自己的同时也改变了整个国家的命运，创造了中国奇迹。例如，学生、商人、店主甚至政府官员如今都不必像以前那样默诵着意识形态教条才能生活，老百姓现在比以前有多得多的机会迁移到不同城市，寻找不同的工作。他们从变化中受益，反过来又推动着变化向新一个高潮发展。

在人类历史上，从未有过如此多的人以这么快的速度发生了如此惊人的变化，更重要的是，中国人与他们漫长历史中任何一代人比起来，都更有创造力、更自由。在这奇迹背后，是一种追求真理、进取创新和自强不息的中国精神。

（Sharon Crain 美国威灵顿基金会董事长、陕西师范大学客座教授）

（记者 褚国飞/采访整理）

张炯：21 世纪中国需要博大友爱的精神

新中国成立 60 年来取得了举世瞩目的成就，其原因在于我们能够坚持独立自主、自力更生、博取众长、勇于创新的精神。

这几十年我国有很多创造。在国家发展道路上，提出了中国特色社会主义道路。苏联是第一个社会主义国家，我们曾经全面学习苏联。但是从 20 世纪 50 年代起，在毛泽东的领导下，我国就开始走上自己的革命和发展之路。20 世纪 70 年代末，邓小平

张 炯

总结了前 30 年的经验教训，提出以经济建设为中心，坚持四项基本原则，坚持改革开放，中国从此踏上了发展的快速列车，成就辉煌。世界也开始关注中国的发展，提出"中国模式"问题。

要回答 21 世纪中国需要什么样的精神，首先要弄清楚 21 世纪是个什么样的世纪。21 世纪全球化进程将加速，高科技将飞速发展，生产力迅猛提升。在这样的历史进程中，我国将成为世界强大的国家，我们应进一步放眼全球，在办好自己事情的同时，关心全人类的福祉。这决定了我们

在 21 世纪除了要继续发扬独立自主、自力更生、博取众长、勇于创新的精神，还要戒骄戒躁、谦虚谨慎、开拓进取，为人类未来谋取和平与幸福，这就是一种博大友爱的精神。

要戒骄戒躁、谦虚谨慎，是因为我们国家过去长期受到外来欺凌，养成了自卑心理，现在我们站起来了，政治经济社会各方面取得前所未有的发展，这种情况下，要切记古训"满招损，谦受益"，自满自大必然受损，谦虚才能受益。这包含了很深的哲理，我们只有永远记住这句话并领会其深刻内涵，才能在新世纪不断开拓进取。

为人类谋福祉是建设和谐社会与和谐世界的内在需求。为此，在面临环保、气候变化等关系全人类命运的重大问题时，我们要本着建设和谐世界的理念，更好地协调与其他国家的关系，更好地谋求世界的发展。

（张炯　中国社会科学院荣誉学部委员）

（记者　周悦/采访整理）

唐凯麟：中国精神助力民族复兴

西柏坡精神、两弹一星精神、雷锋精神、特区精神……事实上很多精神，都是我们中华民族在特定的年代里产生的宝贵精神。我们的现代化建设，既要继承、弘扬这些精神，又要不断结合我们的时代要求，加以丰富和发展。

在市场经济条件下，精神文明建设是一个很重要的课题。比如雷锋精神，它的主要内涵是"为人民服务"。那种"助人为乐"、"毫不利己，专门

唐凯麟

利人"的精神永远不会过时。进入 21 世纪，我们要进一步开创社会主义建设的新局面，实现民族的伟大复兴，没有这种精神也是不行的。

西柏坡精神也好，两弹一星精神也好，抗洪精神也好，奥运精神也好……如何继承和发扬这些精神？我认为应该注意两点。

第一，要结合我们所面临的新的任务，赋予这些精神更加具有时代性

和生命力的内容。

　　第二，在弘扬这些精神的同时，首先要真正在思想上认识它们的现实性和重要性，认清我们所面临的历史任务、所肩负的伟大使命，这样，我们才能继续在新的时代发扬它们。

（唐凯麟　湖南师范大学教授）

（记者　潘启雯／采访整理）

世博会背后的中国国家形象

世博会展现一个新世界

最新消息，上海世博会从 5 月 1 日正式开园，截至 10 日下午 15 时 30 分，累计票检入园人数为 154.49 万人。有分析机构预测本届世博会参观人数可能将达 1 亿人次以上，远远高于之前预计的 7000 万人次，而 7000 万人次的参观者也足以使上海世博会成功创造一个新的世博会历史记录。

对于上海世博会，有很多人在欢欣鼓舞，也有很多人在思考着庞大参观数字背后的含义。或许透过这些数字，可以有很多的猜想，但有学者更愿意说：184 天的上海世博会正在向世界展开蕴涵丰富的、中国国家形象的瑰丽画卷。

从历史中走来，或许世博会与中国国家形象交织的影像会更加生动、清晰。

历史上的中国与世博会

世博会是世界博览会（World Exhibition or Exposition）的简称，它是一项由主办国政府组织或政府委托有关部门举办的国际性博览活动。其宗旨是促进世界各国经济、文化、科学技术的交流与发展，使参展国能够充分地展示自己在各个领域所取得的最新成就和进展，促进人类的交流和进步。

中国与世界博览会的渊源可追溯至 1851 年的伦敦世博会。当年广东商人徐荣村寄去的 12 包"荣记湖丝"，权且当做是中国参与世博会的最早记录了。之后参与的世博会上，中国展品虽然获得了很多荣誉，但并未引起当时清政府官方层面的重视和关注。

那时中国主要以传统的农业加工品（如湖丝、梳篦、白酒等）和手工艺品参展，而这些与西方国家工业革命后先进的科技发明和机器制造相比，俨然就是农耕文明与工业文明的同台展示。不过，没有文明的平等对话，只有令中国人难以承受的心理落差。

新中国成立后，据统计，共参加过以下各届世博会，分别是 1982 年美国诺克斯威尔世博会，1984 年美国新奥尔良世博会，1985 年日本筑波世博会，1986 年加拿大温哥华世博会，1988 年澳大利亚布里斯班世博会，1992 年西班牙塞维利亚世博会，1992 年意大利热那亚世博会，1993 年韩国大田世博会，1998 年葡萄牙里斯本世博会，2000 年德国汉诺威世博会和 2005 年日本爱知世博会。

从历史上看，中国参与世博会的进程，与中国近现代以来民族奋争、国家复兴的轨迹在某种程度上是重合的。而在这一进程中，中国的国家形象也从支离破碎逐渐发展到清晰可辨。

而对于举办世博会的渴求，其实早在 1894 年，郑观应在《盛世危言》一书中就有《赛会》一篇，强调"欲兴商务，必开会场。欲筹赛会之区，必自上海始"。自此，开启了中国人一个多世纪的世博梦。

沧海桑田，终于，2002 年 12 月 3 日，在美丽的地中海国家摩纳哥，国际展览局将延续世博梦想的机会交给了一个充满希望、蕴涵奇迹的中国城市——上海。

上海世博会承载的 21 世纪中国

今天，一个集中展示人类发展的新概念、新观念、新技术的世博会被誉为世界经济、科技、文化的"奥林匹克"盛会，其功能也逐渐超越了物质进步层面，转向人类精神层面的对话。

没有早一步，也没有晚一步，借助世博会，中国与世界的精神对话刚好就从黄埔江畔开始了。4月30日，历经百年期盼和八年精心筹备的上海世博会在世博园区盛大开幕，开始兑现它对世界许下的"成功、精彩、难忘"的承诺。

早在筹备过程中，上海世博会就以10项纪录入选了中国世界纪录协会的世界之最。这10项纪录包括：参加国家和组织最多，志愿者人数最多，自建馆数量最多，首次同步推出网上世博会，世界最大单体面积太阳能屋面，世界面积最大的生态绿墙，世界上单体量最大的公厕，保留园区内老建筑物最多，世博会园区面积最大，以及世界上最大的水晶矩阵。

而从正式开园迎接各地宾朋开始，这些纪录就都变成了吸引世界各个国家、国际组织和普通民众的缤纷亮点。除此之外，亮点还包括汶川大地震之后出生的10只"大熊猫宝宝"入住世博会；世博会期间来自世界各地超过2万场次、平均每天有100多场的精彩文艺活动；通过设专门展厅和一系列主题活动宣传的"低碳世博"理念；其中尤其值得一提的是，"城市最佳实践区"的设立，为"城市，让生活更美好"的主题作了极佳的诠释。这个最佳实践区是一个模拟城市生活、工作、休闲、交通等若干功能的综合街区，不仅集中展示世界上有代表性的城市为"生活更美好"而做的各种成功的实践方案和实物展示，还为世界各城市的代表提供一个分享城市发展经验的平台，使人们对未来城市充满了无限的遐想，对城市文明增添了更多的期待。

正因为如此，上海世博会还吸引了700多家国外媒体、600多家国内媒体的1万3千多名中外注册记者。全世界媒体的云集、各国友朋的纷至沓来，上海世博会举世瞩目。

一般意义上的国家形象是国际社会公众对一国的基本印象与总体评价，具体包括政治形象、经济形象、文化形象、科技形象和社会形象等。因此，从这个意义上说，作为一国政治、经济、文化和社会发展成果的综合性展示，上海世博会完全有能力承载展示、诠释、丰富21世纪"中国国家形象"这一宏大主题。

世博会与国家形象之桥

上海世博会正在如火如荼地进行中，每天吸引着数以十万计的游人流连、穿梭，海内外专家学者亦对此"大事件"有着不同视角的关注和解读。

统一于"世博会背后的中国国家形象"的主题之下，将上海世博会与北京奥运会作纵向比较，并且对上海世博会透射出来的国家形象内涵作横向性深入挖掘，学者与有关权威人士重点回答了以下几个问题："城市，让生活更美好"的世博会主题将向世界传递怎样的讯息？政治中国、经济中国、文化中国和生态中国在世博会上分别会有怎样的体现？海内外社会科学领域的一些专家学者，包括往届世博会亲历者、上海世博会展馆设计师、上海世博会顾问专家组成员、资深媒体观察员及高校和学术研究机构研究者，从各自专业视角和偏好，对世博会与国家形象二者的关联进行深度解读。

强调公民参与对于国家形象展示和塑造的重要性正在与日俱增。鉴于国家形象的相对抽象性，其载体往往是公民的日常表现，特别是在国际活动中的具体表现。因此，国民素质的切实提高，需要从培养日常生活的言谈举止等细节入手。中国人民大学金正昆教授就非常关注公民参与对提升国家形象的重要作用，还就中国民众缺乏国际交往经验的问题提出了自己的看法。同时，华东师范大学齐卫平教授也强调了国人的文明举止、国民素质对展示一国国家形象的正面意义。

充分肯定上海世博会在展示、深化、丰富中国国家形象方面所发挥的重要作用，特别是与北京奥运会相比，世博会以其自身独有的优势对国家形象展示和传播更具长久功效。中国社会科学院吴白乙教授就从国际政治视域中世博会的功能变迁和中国举办世博会的象征意义角度，强调世博会对提高中国国家形象会产生长远的影响和长久的功效。但学者们同时认为，不可过分夸大这种正向作用，面对与之俱来的风险和挑战，亦应保持平和心态、冷静应对。正如2010年上海世博会国内各省区市馆总评专家陶鸿先生所言，通过汇集高新科技和灿烂文化艺术的世博会，中国可以看到进步，更应看到差距和不足。

冀望上海世博会能够实质性地推动中国全方位地走向世界，使中国由外而内地散发美丽、绽放魅力，从而成为开创中国国家形象全新面貌的新契机，成为"中国梦"的开篇序幕。美国亚利桑那州立大学学者、约翰·霍普金斯大学兼职教授吴旭也期待着世博会能够为中国国家形象的现代性提供注脚。

祈愿上海世博会能够成为跨越不同民族、国家、文明和种族藩篱的一次世界人民大团结、大融合，办成沟通心灵、增进友谊、加强合作、共谋发展的和谐盛会，为现今全球金融危机阴霾笼罩下的人们带去和平、友谊和祝福。中国人民大学金元浦教授认为世博会是中华文明与世界文明的一次伟大握手，对促进人类文明融合、和解将起到助推的作用。芬兰赫尔辛基大学研究员黄保罗也认为，世博会将是中国摆脱近代以来的民族悲情意识、重塑"文明之邦"形象的重大契机，并希冀世界的和平、和谐。

（记者　徐庆超）

金元浦：文化中国：上海世博会送给世界的"国家名片"

国家形象是在政治、经济、文化、军事、科技等国际交往活动中，国际社会对一个国家及其公众所形成的整体印象，是一个国家在国际交往中的"国家名片"。国家间在政治制度、民主制度、法律制度、意识形态、宗教信仰等方面的差异都会对一个国家的国际形象的形成产生影响。而且，一个国家的经济发展水平、社会公平程度、国家竞争力、历史文化积淀以及外交表现都会对该国国际形象的形成产生直接影响。

金元浦

在国家形象的构建中，文化无疑是日益重要的核心要件之一。回望中国一个半世纪的文化史，就是一部西学东渐、北风南吹的历史：从魏源、梁启超到鲁迅都是向西方寻求中华复兴的思想动力；从孙中山到陈独秀都在向西方寻求救国的真理与道路。从那时起，中国文化在西方文明占主导的世界体系中始终处于失语状态，"文化中国"的形象是遥远的、模糊不清的。

改革开放以来，中国奉行和平发展的政策，创造了连续 30 多年经济高速增长的"中国奇迹"。中国逐渐建立起经济实力雄厚的"国际社会中负责任的大国"的形象，中国国家形象不断向着成熟、理性的方向提高。2001 年中国加入世界贸易组织，2008 年举办第 29 届奥林匹克运动会，2010 年主办世博会，这些都标志着国际社会对中国国家形象的认可。

但是，西方人对中国的了解仍然是想象多于实际。自 20 世纪 90 年代初以来，以美国为首的西方国家一直在鼓噪"中国威胁论"。在美国和西方世界的媒体中，"经济威胁"、"粮食威胁"、"军事威胁"、"环境威胁"、"文明威胁"等种种来自中国的"威胁"纷纷出现。事实上，形形色色的"中国威胁论"和危言耸听的"中国崩溃论"已经严重损害了中国的国际形象，并影响了中国的国家利益。

与此同时，中国社会的一些深层次矛盾伴随着经济的高速增长也逐渐显现，如经济发展与社会文化发展的不平衡，贫富差距加大，社会不公现象加剧，经济发展带来的资源紧张与环境压力，庞大的人口压力，等等。这些矛盾表明，仅仅依靠经济发展，是无法完成全面建设小康社会的，也无法实现中华民族伟大复兴的历史重任。要实现中华民族的和平发展，建设和谐社会，必须增强国家的文化力量，通过文化力量推动和谐社会建设，对外提升中国的国家形象。

以北京奥运会和上海世博会为标志的重大世界性"事件"，全面改变着当代世界的"国家间思维"和"文化地图"，让世界打开中国，让中国拥抱世界，同时也构成了西方文化与源远流长的中华文明的一次伟大握手，世界文化与中国文化的一次雄伟交汇。

如果把全球化带来的西方发达国家文化在发展中国家的传播，看做全球化的第一阶段，即全球本土化的传播阶段的话，那么随着发展中国家的不断崛起，尤其是中国文化走向世界，则意味着世界进入了全球化的第二阶段，即本土全球化阶段。全球本土化，是西方发达国家以西方为中心，向发展中国家推动其全球战略的阶段，是西方跨国集团在发展中国家实施本土化、地域化的时期。本土全球化则不然，它是处于世界边缘的发展中国家，向世界特别是向西方发达国家展示自身文化的时期，并以自身文化的特质走向全球，争取并获得对话权的新的历史时期。北京奥运会和上海世博会就是开启本土全球化，开创世界新秩序的崭新标志和时代分界线。

世博会是以世界文化为基础的一场文化盛宴。在文化定位上，上海世博会与北京奥运会一样，都是在建设和展示和平发展的中国的历史节点上举办的，又恰逢文化在当代世界各国社会结构中地位的重大提升之际，它展现了当代文化创意的无穷魅力，展现了世界各国城市文明斑斓的最新面貌，显示了全球科技创新的新成果，推动了生态文明的新发展，向世界展示了一个亚洲都市"领跑者"的形象，一个"文化上海"、"世界城市"的新品牌。

如果说 2008 年北京奥运会是中国文化走向世界的隆重开幕式，那么，2010 年上海世博会则是中国现代文明、海派文化和当代中国形象走向全球舞台的隆重登场，其中文化中国的国际形象也将借助这一舞台辉煌展示，因为"上海有资金、有决心，也有着无穷的抱负。她的幸运让其他城市望尘莫及"。

（金元浦　中国人民大学文学院教授）

吴旭：为中国国家形象的现代性做注

世博会中国馆的方鼎形设计，展现了当代中国的自我定位和文化精神。鼎，作为中华文明一个带有标志性的象征物，不仅代表着富贵雍容、庄严吉祥，也意味着兼容并包、博采众长。因为包容，所以超越；因为有中国性，所以有世界性。搜寻文化中国的含义，与其说是在界定自己，不如说是在用中国的视角来界定世界。

吴　旭

中国传统的文化形象，其核心和精髓，其实一直以来都是被世界所尊敬和推崇的。我们现在面临的任务，一方面是整合淘洗那些被尘封、被忽视甚至被我们遗弃的传

143

统文化元素和文化精神；另一方面，也是更难更具挑战性的，是用中国文化中历久弥新、不言成蹊的价值元素，来界定和解释"现代化"。

文化是软性的信息载体，其效能和影响并不一定与硬件的堆砌成正比。文化的核心是人；一个国家文化精神的核心，是人的精神。人不仅是文化的载体，也是文化的创设者。

作为一个有历史责任感和人类担当的大国，中国在世博会的平台上不仅要展现"中国性"，更要在比较反思中，找寻、突出、发扬中华文化肌体中的世界性。比如在个人修养层面，厚德载物、自强不息的精神；在社会关系层面，己所不欲、勿施于人的准则；在人与自然层面，道法自然、天人合一的情怀等等，都是具有世界性的中国元素。

对中国来说，上海世博会引得国际社会聚焦的真正挑战，不在硬件，而在软件。近年来，软实力的概念几乎家喻户晓。但与软实力息息相关的软能力，却少有人提及。软能力不同于软实力。软实力是静态的、客观的，需要长时间的积累和几代人的努力才能铸就成型；而软能力则是动态的、能动的、可控的，体现在具体操作人员的沟通力和行动力。举例来说，国外媒体对上海世博会的报道，不会是单纯描述场馆的恢宏壮观，或者馆内陈设精品的奇思构想，而更会关注场馆外的一切辅助设施、环境、服务，以及流动在这些静止建筑物之间的一个个中国人。简言之，中国国家形象的提升，是以每个中国人形象的提升为基础；反过来说，当每个中国人的梦想都接近实现的时候，"中国梦"自然也就实现了。

从中国国家形象塑造的角度来看，北京奥运会属于"第一印象"，是中国以大国姿态步入国际竞技场的首次亮相。中国赢得了"碰头彩"，是一个对于西方观念中那个陈旧中国形象的"解构"过程。正所谓不破不立，北京奥运会这个"破"的过程完成得酣畅淋漓，而且余音绕梁久久不绝。但是，如何再"立"起一个"城市中国"、"未来中国"、"世界中国"的形象，并将中国的元素注入到中国对自我、对未来、对世界的解读中，上海世博会或许也只是一个开始。

（吴旭　美国亚利桑那州立大学克朗凯特新闻传播学院副教授，

美国约翰·霍普金斯大学兼职教授）

黄保罗（Paulos Huang）：上海世博会："文明之邦"的国家展示

自秦皇汉武以来，历经了高度发达的唐、宋、明、清诸王朝的中国，向来自视为"天朝帝国"。

1851 年的伦敦，是工业革命浪潮席卷的欧洲中心。在那里举行的首届世博会上，发明蒸汽机后欧洲国家创造的各类机器，占据了当时十几万件展品中的绝大多数，它们不仅展示了这些国家即将爆发的工业革命的硬实力，而且展示了英法德等欧洲诸国能够"弱肉强食"的软实力，这一"硬"一"软"就完整地展现了当时英国的国家形象。

黄保罗（Paulos Huang）

那次中国唯一参展的是广东商人徐荣村寄去的 12 包中国江南传统农产品"荣记湖丝"。此后的世博会历史中，中国人拿出的展品几乎全是手工艺、农副产品等，与西方国家争奇斗艳的各个时期的科技发明与工业制作相比，国人的世博梦纵有无限美好，却敌不过洋枪洋炮。

20 世纪 70 年代末期开始的改革开放，极大地提升了中国的国力、竞争力和国际影响力。可是，在中国刚刚走向强大之际，世界上就有了"中国威胁论"的担忧；因为担忧的国家也是从同样的思路出发，害怕中国的崛起会阻碍、影响甚至威胁到他们的崛起或威胁他们保持强国地位。

通过上海世博会，中国将要向世界展示一个什么样的国家形象呢？从文明的视角来说，中国是世界的成员之一，对内追求国民的福祉，对外追求世界的和平，不但关注自己的利益，而且兼顾世界的利益。因此，这次世博会若能以此构建中国的形象，将会得益于世博会来宣传自己与学习他人。

如此务实与开放的"文明之邦"国家形象，向世界展示的是物质与精神双文明的形象。它不会使中国再落入封闭的"天朝帝国"和自私自利的"世界强国"的陷阱，而会使世界看到中国的"文明大国"、"文化中国"形象，既坚持了自己的利益，又和谐地处理了与世界各国的关系。

145

2010 年的中国因为上海世博会站到了世界舞台的前沿，中国国家形象也注定在 184 天的时间里完成一个令人炫目的、华丽的转身。

（黄保罗（Paulos Huang）芬兰赫尔辛基大学研究员）

石云霞："依法办博"："依法治国"的缩影

上海世博会所传播的中国国家形象的核心内涵就是"以和为贵、以人为本、科学发展、生活和谐"，在世博会筹办过程中体现出的法治精神，恰好折射并提升了当代中国法治国家的形象。

石云霞

此次上海世博会的筹办以法治为先导。自 2002 年 12 月中国成功申办世博会以来，中国政府和上海世博会的组织者始终把举办一届法治的世博会作为目标，上海世博会筹办的全过程始终秉承着"依法办博"的理念。"依法办博"的首要内涵就是要将筹办世博会的各项工作纳入《国际展览会公约》、国际展览局相关规则以及国内法的框架内，切实履行国际义务，遵循国际惯例，兑现国际承诺。

而且，世博会是打造法治城市的重大契机。上海市在国家法治进程的大背景下，抓住举办世博会的历史机遇，坚持以"城市，让生活更美好"的理念和主题作为城市立法的价值取向，围绕改善城市民生与提升城市管理制定和完善了一系列重要的地方性法律、法规。法治社会的实现程度最终取决于市民的法律素质。筹办上海世博会的八年时间，同时也是上海塑造和凝固城市精神、着力提升市民法律素质的重要时期。世博会筹办以及运行期间所体现出来的法律意识、规则意识和秩序意识将成为本届世博会留给上海的宝贵财富。上海世博会的举办不仅将推动上海城市经济的发展、城市管理水平的提高，更将使这座城市真切地收获"依法治市"理念，走上依法治市的良性轨道，不断改善城市法治环境。

大而言之，"依法办博"是当代中国"依法治国"的一个缩影。20 世纪 90 年代，建设社会主义法制国家就已经被确立为国家战略。在上海世博会的申办和筹备过程中，在城市建设与管理、保障与改善民生、提升市民素质、完善社会治理以及保护知识产权等方面积累了宝贵的依法治市经验，可资全国其他地方借鉴。

（石云霞　武汉大学政治与公共管理学院教授）

夏学銮：对城市文明的热情呼唤："城市，让生活更美好"

夏学銮

2010 年上海世博会的开幕式再一次把世界的目光引向中国。这是世博会诞生以来第一次来到中国。上海世博会从申请举办，到获得国际展览局批准，再到成功揭幕，这其中体现了强大的国家力量，彰显了伟大的国家形象。

此次世博会"城市，让生活更美好"的主题，抓住了现代文明的核心——城市文明。与铁犁划破大地的农业文明诞生的情况大不相同，工业文明的产生伴随着机器的轰鸣、冒向天空的黑烟和城市的崛起。城市既是工业文明的产物，又是现代文明的发祥地。随着 18 世纪英国工业革命的发端，一座座城市拔地而起，并且随即成为现代文明的发祥地和传播中心。

而上海世博会的五大副主题（城市多元文化的融合、城市经济的繁荣、城市科技的创新、城市社区的重塑、城市和乡村的互动）则分别从城市的文化、经济、社会、科技和城乡互动五个方面刻画了城市的文明传播功能。并且专门设计了凸显城市特色的展馆，比如"城市人馆"、"城市生命馆"、"城市地球馆"、"城市足迹馆"、"城市未来馆"和"城市最佳实践区建设案例馆"等等，生动而深刻。

以城市文明为主题的上海世博会反映了正处于工业化、城市化和现代化进程中的中国社会现实和人民期盼，反映了中国较雄厚的经济实力，提

世博会背后的中国国家形象

升了中国的国家形象。同时，体现全球城市文明的工业产品、先进科技、地方文化在上海世博会的充分展示，先进科技和理念的引进，如同给中国的社会运行添加了加速器，必将大大促进中国工业化、城市化和现代化进程，必将带动中国社会结构与社会制度变革，加速中国社会变迁过程，加速中国的全面腾飞。

（夏学銮 北京大学社会学系教授）

王冀：难忘的世博记忆：纽约—蒙特利尔—上海

王 冀

我第一次参与世界博览会是 1964 年的纽约世博会。记得全场规模最大的两个馆分别是美国馆和苏联馆。参展的有几十个国家和地区，其中有台湾展馆，古色古香的中式建筑勾起了我对故土的思念。之后还去过 1967 年的蒙特利尔世博会。这两次世博会的经历十分难忘，可以说是大开眼界。在那时，国际间的互动、信息的传递远不如今天方便迅捷，世博会是各国互相交流的重要场所。我当时就想，是不是会有一天这样的盛会能够在中国举行呢？没想到这么快梦想就成真了。这让我深感欣慰和自豪。

今年世博会在上海召开，规模非凡。中国馆是全场最为显要的部分，这充分体现了中国社会繁荣、国力强盛，在国际社会中地位与日俱增，已经成为全球瞩目的焦点。我从电视上看了上海世博会的开幕式，的确盛况空前。这次世博会必定对世界进一步了解今日中国起到重要的作用。对于上海来说，建设国际化大都市的计划又向前迈进了一步，尤其是对于带动上海周边的城市群建设有着积极影响。

世界发展到今天，信息技术日新月异，足不出户便可知天下事。这是以前所不可想象的。比起几十年前，各个国家政府对世博会的投入也大为减少。在全球化的今天，一个国家有更多的选择，并不需要通过参与世博会来向其他国家宣传自己。世博会作为各国政府之间互通有无的交流平台功能已经不比以往。而与此同时，企业和非营利性国际组织为了扩大知名度，则更积极地投身于世博会推销自己。政府官方性质的参与减少，民间参与和投入的增大，这也是可以理解的现象，并且在未来会有继续扩大的趋势。

2008 年的奥运会和今年的世博会都提到和平、绿色的主题，这是十分值得赞赏的。中国长期以来在国际社会里作为"第三世界"的主要代表，在诸如不结盟运动等重要国际活动中发挥了举足轻重的作用。在多极化的今日世界，中国已经发展成为不容忽视的重要力量。我认为中国国力强大的同时，依然应该坚守和平共处原则，反对霸权，积极投身于维护世界和平稳定共同发展的工作中，为第三世界发展中国家争取利益，尤其是非洲等贫困落后国家，为全人类求福祉。这样既能建立中国在广大发展中国家的威信和声望，也能证明所谓"中国威胁论"是站不住脚的，使世界各国认识到中国经济腾飞有利于国际和平稳定与公平公正。当然，建立良好国际形象不能仅仅依靠重大国际活动，而是更应该注重一点一滴的影响，注重加强与各国的社会和人民往还交流、互相理解。毕竟绝大多数人没有机会亲身前往中国，通过媒体和其他渠道了解到的信息并不能真实完整地反映中国全貌，如何使各国人民真正了解当代中国，还需要深入、细致、实际地开展工作。

与此同时，我们也应该注意到中国国内发展不平衡的现实。沿海发达地区高速发展的同时，与内陆地区相比，贫富差距却进一步扩大。乡村和偏远地区的发展任重道远，仍有很长的路要走，需要极大的投入和艰苦的努力。因此，希望上海等先进地区能够在扶持帮助西部落后地区上作出更多的贡献。如果能充分借助世博会的东风，使其成为拓展视野、开阔眼界的契机，使得内地地区能够扩大对外了解，向世界水平看齐，将对促进内陆地区均衡发展大有帮助，也大大加深了举办世博会对于中国全面发展的意义和长期作用。

（王冀　美中政策基金会主席）

吴白乙：国际政治视野中的世博会与中国

吴白乙

在过去150多年里，世博会的参与情况经历了一个由民间到政府、由地方到国家的演变过程。最初，世博会没有什么政治意义，它是农耕社会定期的、有固定场所的、以物品交换为目的的大型贸易及展示集会的一种自然延伸。如今，人们不再强调其销售功能，而是更加重视其宣传、展出新产品和技术成果的广告功能。

就国际政治角度而言，早期的世博会一定程度上集中反映了资本主义在世界范围扩张的物质文明成果，发展中国家基本没有参与的可能。亚洲、非洲的许多民族还处于殖民主义经济和政治压迫之下，即使有个别企业参与其中，也被打上了早期欧美跨国公司的标记。在没有广泛的国际竞争背景下举行的世界博览会，其世界代表性、内容的平衡性都是十分有限的。

如今，世博会有了新的功能和存在意义。在经济全球化背景下，世博会已然成为各种文明之间展现、交汇和互相影响与促进的平台，其功能早已超越了物质进步的范畴，而趋向于精神的对话和提升，它也终将会是国家、企业、非政府组织乃至公民个人的多层次参与。从这个意义上说，世博会既是一面反映世界经济、技术和政治格局发展的镜子，也是促进人类和谐与合作的助推器之一。

对中国而言，这次世博会的举办表明发展中国家在国际展览事务上的某种主导性已开始出现。比如，中国馆包括来自国内各个省、市、自治区的分馆，除了展现中华民族的整体风貌外，它们还向外界揭示了中国在发展当中的区域经济、社会管理、民族习惯乃至文化特色等方面的多样性、探索性，这一点显然是和完成了工业化过程的往届东道主国家有所不同，为其他发展中国家提供了鲜活的经验；再如，本次世博会在"城市，让生活更美好"主题之下安排的相关五大副主题，基本上都与发展中国家城市化进程中的各种挑战密切相关，具有很高的现实意义；另外，我们还可以通过中国援建非洲联合展馆、确保朝鲜、伊朗等国家参展等具体案例来说明，中国将自身发展所转化而来的"硬"实力和"软"实力能够服务于发展中国家的整体利益。

从政治与国家形象关联的角度来看，主办世博会更集中地调动和检验了城市国际化能力，积累了地方参与国际竞争的宝贵经验，为上海这样力图加快现代服务业和先进制造业、建设国际金融和航运中心的大都市起到了阶段性的推动作用，这些对提升中国形象无疑都会产生长远的影响。如果经过上海世博会的引领，中国众多城市的国际化条件和内生动力得到进一步改善和增强，城市化运动会在科学发展的轨道上健康前进的话，那么中国的对外"名片"也会变得更加丰富多彩，国际形象的内涵也将更加具体、明晰，更加贴近世界各地的民众。从这一意义讲，上海世博会对于国家形象建设的长久功效是不容低估的。

（吴白乙　中国社会科学院拉丁美洲研究所副所长，研究员）

齐卫平：提升国家形象重在内涵式挖掘

在上海世博会的184天里，参观者不仅会惊叹于漂亮的舞台，更会对人类生存方式获得体验式的领悟。对中国而言，提升国家形象的路径不在于规模巨大、场面宏观、景观壮丽等外延式经营，而在于内涵式挖掘。

毋庸置疑，上海世博会的举办确实显示出中国日益增强的综合国力，在全球金融危机的险恶风浪下更显得"风景这边独好"，但提升中国国家形象的内涵式挖掘需要从以下三个方面加以努力。

齐卫平

其一，注重举办方的运营组织能力，展示中国人民卓越的智慧和才华。组织能力对树立国家形象很重要。上海世博会是有史以来规模最大的一次，参展国最多，预计参观人数也最多，从一定意义上说，上海世博会是对中国国家组织能力的一次检验。上海世博会的成功，重要的不在于以

世博会背后的中国国家形象

151

多大人力、物力、财力来证明世博会历史上的史无前例，而在于以有序的运营来表现中国组织能力的出类拔萃。组织能力从形式上来看是举办者管理、指挥、协调、筹划、运作等工作行为，但其背后展现的则是智慧和才华。上海世博会对提升中国国家形象的内涵式挖掘，应该通过有序的运营、难题的解决和各方的配合来显示中国人民群策群力的大智慧。

其二，注重国人文明举止，向世界展示当代中国良好的国民素质。上海世博会给了中国一次展示国民素质的机会，中华民族不仅要展现热情、友好、善意、勤劳、奋发等礼仪之邦的传统美德，而且要展示大度、宽容、公平、公正、法治、守序、人性等文明潮流的时代素养。纷至沓来的外国宾朋既看世博又览中国。国人观园的行为举止是外国宾朋观察中国的窗口，国内各地的待人接物同样是外国宾朋认识中国的渠道。在国际舞台上，改革开放后的中国不仅要以正在强势攀升的国家综合国力展示自己的形象，更要以适应文明发展、代表时代前进方向的国民素质塑造中国国家形象。

其三，注重生态文明，向世界展示社会发展、造福人类的中国国家形象。上海世博会以"城市，让生活更美好"为主题，体现的是对人类福祉的期盼，在世界文明史上确立了标志性的坐标。城市是一种生活方式，是一个社会符号。然而城市自身发展的悖论困扰着世界，当代中国城市化进程的举世瞩目，如何解决好发展的利弊关系，使人类福祉不再与生命危机相伴随，对于摆脱这一发展悖论具有典型意义。其中低碳生活成为上海世博会内涵式挖掘的题中应有之义。城市不是因为美观而让生活更美好，而是因为低碳才使生活更美好；生活不是因为享受而让城市更美丽，而是因为低碳才使城市更美丽。这是上海世博会需要展示的理念。当代中国发展面临的国际压力，使生态文明建设成为战略性的任务，深入挖掘"城市，让生活更美好"的主题，是上海世博会提升中国国家形象的重要内涵。

（齐卫平　华东师范大学政治学系教授）

金正昆：关注世博会中的公民参与

严格地讲，传统概念中的公众外交是一国政府对外传播的一种形式，是一国政府对外推广、塑造自己形象的行为。但实际上，在全球经济一体化、国际交往普遍化的情形下，公民在国际交往中也扮演着本国、本民族形象塑造的重要角色，并且成为一个国家和民族形象构建的基本要素。其在国际活动中的参与已成为一个很重要的、值得探讨的问题。

金正昆

在中国走向世界并且不断提升自己国际地位的过程中，每一个中国老百姓都要在国际交往中从小节着手、严于律己，因为"细节决定成败"。

进入 21 世纪以来，三件大事有效地提升了中国的形象，它们分别是：北京奥运会、中华人民共和国成立 60 周年庆典和正在进行着的上海世博会。北京奥运会使中国老百姓真正地开始接触国际社会；国庆 60 周年使国际社会看到了中国的进步和中华民族和平发展的形象；而上海世博会因其参与者众多、时间长、内容丰富，因而使中国社会各阶层包括普通老百姓都有机会全方位地与国际社会直接打交道。其实，无论是奥运会、世博会还是亚运会，都是中国老百姓国际交往的广阔平台。相信通过这样一系列的活动，更多的老百姓会注意到"我形象"，自身在交往对象眼中的"他形象"也会得到提升，而中国在国际社会中的"公共形象"亦会得到越来越多的正面评价。

但是我们同样不能否认，中国国家形象还是有不足之处。这里所说的"不足"主要体现在三个方面：一是中国老百姓的国际交往经验不足，主要原因在于缺少国际交往的工具（语言）和舞台（国际活动空间），进而无法展示形象；二是对国际惯例缺少认知，有些人甚至一点都不了解；三是陈规陋习的不良影响，比如不爱排队、随地吐痰、公共场合吸烟和睡觉等等。在国际交往中，这些传统观念中的所谓"小节"往往使得个人、组织甚至民族和国家的形象大打折扣。

总而言之，现代意义上的外交实际上是一种沟通。所谓沟通，并不仅仅是自我评价，也不是我行我素，而是与交往对象的互动。我们既要了解交往对象，更要被交往对象所了解和接受。对当代中国而言，公众外交在对外交往中扮演着越来越重要的角色。因为公众外交利用公共场合和公共媒体搭建起了民众之间沟通的桥梁，从而使国家形象得到了在更为广阔空间内的、多元素和全方位的展示。

（金正昆　中国人民大学国际关系学院教授）

陶鸿：世博会是一场长期较量

陶　鸿

经过 150 多年的发展，世博会已从主要展示工业革命成就和各国先进工业品的博览会，演变成为综合展示各国经济、文化、科技、社会发展成就的世界盛会。随着规模和层次的提高，世博会已从展现经济社会发展成就，演变为关注人类发展热点问题、围绕特定主题集中展示发展理念的国际舞台。

经过 30 多年改革开放综合国力的全面提升，继 2008 年北京奥运会之后，上海世博会再度成为中国弘扬国威、传播中国文化的切入点，成为中国国家形象整体战略的重要着力点，中国向世界又一次集中展示了经济、科技、文化实力。在经济危机阴霾笼罩全球的今天，这显得格外耀眼。

但是，世博会显然面临着比奥运会更大的压力和挑战。因为世博会是一个巨大的公共管理项目，它的运作管理成功与否，直接反映了政府能力。尤其是长达半年的展期，在安全、管理、协调、危机处理和反恐等方方面面，政府面临空前的挑战。这是世博会与奥运会最大的不同之处，需要投入的精力和物力更为巨大。在这个意义上，不仅要求中国政府做出最大的努力，同时也要求每一个中国公民严格要求自己，做好东道主。每个公民的言行都代表着中国，他们都是中国的形象大使。

世博会更是一场全球高新科技与文化艺术"路遥知马力"的长期较量。

从中，中国可以看到进步，更应看到差距和不足。世博会的意义就在于指明在未来中占有重要位置的主题，以培育出在下一个时代能够发挥作用的技术与思想的胚芽。当中国世博会的场馆设计、音乐创作深陷各种非议之际，国人应该在热闹之余冷静反思，"创意中国"的国家形象能否真正树立起来值得深思。

（陶鸿　2008 年西班牙萨拉戈萨世博会中国馆总设计师、2010 年
上海世博会国内各省区市馆总评专家）

徐正初：上海世博会是展示文化新形象的重大契机

上海世博会是一次世界文化交流的盛会，参观世博园看的就是文化，而世界多元文化的展示，主角自然就是中国文化。

在上海世博会园区，"文化中国"不仅仅是一个概念，更是生动形象的具体存在。对世界各国的人们而言，通过亲身体验或媒体报道，他们看到的不单单是一个世博园区，而且是一个日趋国际化的大都市，还可以走近发生着巨大变化的中国。因此，上海世博会对中国文化的弘扬和传播

徐正初

作用是毋容置疑的，从 246 个国家和国际组织的积极参展与高度重视，从世博园区各个展馆的新颖设计和亮丽多姿中，从各方媒体对上海世博会筹建和开园的广泛深入报道，都可以看到上海世博会正在引发和进一步带来的正向效应。

上海世博会以立体的方式，向世界各国全方位地展示了中国的城市面貌和中国人的生活方式，以及古老中国文化在现代化进程中展现出来的勃勃生机。上海世博会将是一味强劲的催化剂，赋予站在新世纪新高度的中国人，以更广阔的眼界和胸怀、更开放的姿态和境界、更积极的心理和心态，也为世界各国的人们进一步了解和认识中国，提供了更现实、更直观、更真切的平台。

上海世博会的举办是中国文化形象的一次提升和展示，这里要凸显的是文化新形象。中国历来不缺文化形象，比如龙文化形象、长城文化形象、青铜器文化形象、方块字文化形象等。现在需要我们关注的是：构建当代中国文化新形象，即与中国特色社会主义核心价值体系相一致，与改革开放带来的中国现代化建设进程相适应，与中国在全球化进程中和平发展、和平崛起相呼应，与中国人逐步走向富裕提升的精神境界相符合的文化新形象。这种文化新形象需要凭借国家综合实力和国民精神的支撑，同时需要借助各种各样的展示平台，尤其要运用国际化活动品牌和国际惯用的表达方式来演绎。在此意义上，举办一届"成功、精彩、难忘"的世博会，既体现中国整体的管理水平和组织能力，也展现当代中国人的综合素养和精神风貌，更是一次向世界展示 21 世纪中国文化新形象的重大契机。

（徐正初　中共上海市宣传党校副校长）

王众一：世博会：国家形象形成的历史性

国家形象的形成是历史的过程。在此语境下，讨论上海世博会的意义很重要。回望历史，19 世纪 40 年代，英国走向全盛，中国的清朝则走向式微，同一时代不同国度的两位女性统治者——维多利亚女王和慈禧太后，因为不同的国运而分别得到崛起的荣耀与衰败的耻辱。有讽刺意味的是，就在 1851 年，英国举办了首届世博会。英国馆的蒲公英造型与英国的国家形象密切相连，透射出这个国家曾给世界定下基本游戏规则的自豪感。

王众一

中国第一次举办综合性世博会的场址选择在上海非常成功。上海，作为一个凝聚中国历史，代表中国形象的城市，当之无愧地可以作为世博会的举办城市。

本届世博会的主题"城市，让生活更美好"，既代表了中国发展的历史阶段，又可以代表东西方文明的对话，并且在世界范围内第一次打出了城市主题，在对未来中国国家形象的形成意义上可以说恰如其分。

东西方文明的对话与博弈在上海这座城市展开得最为深入。上海世博中国馆的造型意味深长地引用了中国古代的建筑风格，同时又极具现代色彩。包括港澳台在内的中国各省市展区，也不约而同地将各自的传统文化与创新文化作为主打牌。这种文化交流与创新的结晶特别地强调了"文化中国"的自信，突出地体现了上海世博会的一大亮点。

第一次突出以城市为主题的综合世博会是上海世博会的又一大亮点。以城市为中心城乡协调发展，人与环境和谐共存，由此派生出基本价值观的弘扬。这一主题的实质就是人们追求幸福与尊严的权利，就是生活在城市中的每一个劳动者都有从事体面劳动的权利。

上海世博会，中国在展示既有形象的同时也塑造着未来的国家形象。1300多家境内外媒体在关注着世博会的同时也关注着我们的观众。每一个观众身上所呈现出的基本素质最有说服力地证明着一切。

同时，上海世博会又给国人一个"看世博，知世界"的机会。除了让世界了解中国发展的历史进程，也是让中国人自己特别是年轻一代接触世界、了解未来世界多种可能性的机会。横向上，更加开放的中国如何做到"以邻为镜"，谦虚地向别国人民学习，提高自身素质，这也是一个人人参与的塑造国家形象的机会。而这，或许意义更为重大。

（王众一　人民中国杂志社副社长）
（本期特别策划采写工作组：徐庆超、张肖雯、李萍）

中国道路

中国社会科学报

（2009—2010）

特别策划（上卷）

全球视野下的中国乡村发展道路

记者　袁华杰　张梦薇　李春艳　王建峰

改革开放以来，中国在很多领域都取得了令人瞩目的成就。但是，"三农"发展却相对滞后，已经成为制约中国发展的重要问题。

因此，如何深入、透彻地理解"三农"问题，并作出科学决策，在世界深陷金融危机，中国亟须保持稳定、释放农村消费力的情势下显得尤为重要。《中国社会科学报》特约请有关专家进行深入解读，希望为中国"三农"发展贡献一份力量。

"三农"问题的历史维度

自中国开始追求工业化以来，中国农村的稳定与发展就被裹挟入整个民族的现代化进程之中，不再是单纯的农业或农村问题。

中国人民大学农业与农村发展学院院长温铁军告诉记者，工业化的原始积累一般都是从农业提取的。中国是一个人口过多、资源短缺的国家，农业资源短缺，而农业人口总量很大，人均资源量就很小，相对的，人均农业剩余就更小。在这种情况下，怎样能够从农业提取高度分散又很少的剩余，来完成工业化的资本原始积累呢？答案是只有少数人在城市，才能更多地去占有农村的资源，才能形成城市的工业化；而农村，由于三大要素长期流出，就会仍然停留在相对比较传统的生产方式，处在比较容易衰败的社会形态中。这就是城乡二元结构在中国的客观历史必然。所以，只要中国追求工业化，就必然产生"三农"问题。

在这样的前提下分析中国的农村发展问题，一方面要考虑中国的传统农业文明的遗产，以及小农村社制经济的必然性与相对合理性；另一方面，还要考虑在工业化与现代化的大背景下，如何打破城乡二元体制，突破乡村发展瓶颈。

"三农"问题的全球视野

中国农村发展的基本问题不仅仅是农业问题，而是在城乡二元结构制约下包括农民、农村和农业等三个维度的"三农"问题。非独中国如此，几乎所有存在城乡二元结构体制矛盾的发展中国家都有"三农"问题。

当前，世界各国农村发展状况千差万别。总体上看：第一，发展中国家农村严重落后于城市，属于典型的二元结构社会，这种结构甚至还在不断强化。第二，新兴工业化国家（地区）的城乡差别正在迅速缩小，二元结构不断弱化。第三，发达国家通过几百年的殖民化转移出大量贫困人口，城乡已无多大差别，二元结构基本消除。

因此，如果我们把视野拉到全球，可以看到，"三农"问题是人口较多的发展中国家面临的共同问题。但是，即使同为发展中国家，中国与其他国家的命运也并不相似。在资源环境最宽松的巴西，农场规模动辄就是数百上千公顷，农业经济学理论追求的规模效益实现了，但是农民照样贫困，而且这个人均土地资源大于中国几百倍的国家，竟然还长期解决不了饥饿问题。再看看墨西哥贫民窟、孟加拉贫民区，为什么在发展中各国的工业化、城市化进程中那么多农民会流离失所？这是任何一个发展中国家的工业化、城市化过程中都不得不付出的代价吗？

温铁军认为，考虑到发展中国家农村发展的历程，中国本来就没有西方语境中的单纯的农业问题，我们有的其实本来是

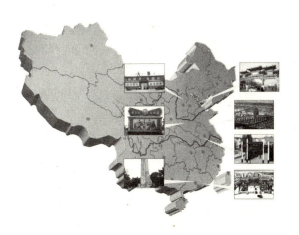

农民生计、农村可持续和农业稳定这"三农"问题；如果我们坚持把美国的占地数百公顷的"农场"主翻译成小农经济条件下的"农民"，那么这种基本概念错误必然会导致一系列严重的理论和政策误解。

乡村发展的核心问题

近30年来，我国农村经历了一个平稳快速的发展时期，但是多年来的发展也积累了一些问题，这是它在未来发展过程中绕不过去的"坎"。这些问题若不加以解决，农村发展改革就会迷失方向，甚至误入歧途。

深入当前中国乡村社会现实，可以发现，在政治、经济、社会等方面，中国乡村发展现在面临三大核心问题，即乡村治理与政权建设问题、乡村土地与财产关系等基本制度问题以及乡村公共产品供给问题。从现实情况看，乡村政治体制的内核主要就是乡村基层的组织化和民主化，乡村经济体制的内核主要就是土地与财产关系等基本制度的改革，乡村社会体制的内核主要就是乡村社会资源的资本化与公共产品供给的增加以解决民生问题。在这里，土地制度尤其重要。乡村经济的基点是建立在土地权属之上的，土地是农民最主要的生产资料，乡村经济的一切活动几乎都是围绕土地进行的。

改革开放以来，中共中央相继出台了11个关于"三农"问题的"一号文件"，在如何解决"三农"问题上的探索一刻也没有停止过。

但是，华东理工大学社会与公共管理学院教授曹锦清告诉记者："能够找到一种方案一下子解决'三农'问题，是巫师说的话。'三农'问题将长久地存在，只能根据新情况逐步解决。而且旧问题解决了，新问题还会出现。不可能找到灵丹妙药。"

最根本而言，这些问题可以归结为如何使农民增收，即在解决温饱的前提下如何走向富裕。我国农民增收已经到了一个拐点，单纯依靠农作物实现增收的空间微乎其微。通过推动城市化、工业化将农业人口转移出去是一个办法，但一方面中国庞大的农村人口使这个办法收效甚微，另一方面还是不能解决农村发展问题。

在中国的国情下，发展乡村工业和城镇化、建设区域可持续发展的"新农村"将是中国乡村发展的必由之路。有鉴于此，党的十六届五中全会提出"建设社会主义新农村"的新举措：第一是积极推进城乡统筹；第二是发展多功能的现代农业；第三是深化农村综合改革；第四是促进农村公用事业发展；第五是千方百计增加农民收入。

显然，中央强调新农村建设要多方面、多元化，既要加强农村基本建设投入，又要改善农民生活，不再是过去只强调农村山水田林路综合整治。这为我们勾勒出了未来中国的农业、农村和农民发展的宏伟蓝图。

重返乡村：历史记忆与发展道路

编者按：六十年一甲子，一部乡村发展史，就是一部共和国发展的历史。

从大寨到小岗，从南街村到华西村，从乌沙村到三元里……这些中国村庄的代表，以其鲜明的时代特征和发展模式，为中国乡村命运的转变作出了最生动的注解。

这些村庄，或因为重大事件，或由于重要人物，从一个单纯的地理名词转而拥有了自己独特的意义，并成为时代变迁的标志。

曾经，大寨是全国农业发展的样板；小岗是包产到户的急先锋；南街村意欲走向"大同世界"；大邱庄因"以钢为纲"而红极一时；华西村更有着不同"版本"的传奇色彩；而名不见经传的乌沙村和三元里，和许多村庄一样，还在寻找着属于自己的发展方向。

不同的道路有不同的结局。江苏华西村，2008年年产值据称高达450亿元；小岗村也在寻求转型；大邱庄则否定了当初的发展模式；外企的进入让乌沙村一夜间"麻雀变凤凰"；至于三元里，城市和工业化的发展，让农民实实在在地受益……

在共和国成立六十周年前夕，《中国社会科学报》记者，特地回到当年乡村，带您回到历史现场，一起去寻找那段历史的记忆。

大寨：七千分之一的奇迹

20 世纪 60 年代，全国曾展开轰轰烈烈的"农业学大寨"运动，40 多年过去，工业化已成为大寨发展的新动向，目前该村仅有不到 10% 的人在从事农业。

"大寨羊毛衫，温暖您的心"；"食大寨陈醋，走健康之路"。站在大寨村口，环顾四周，能看到的，除了这些醒目的标语，还有大寨牌水泥、大寨酒、大寨牌衬衫、大寨牌铝塑管、大寨牌核桃露等广告，与村口大门上鲜红的"大寨"二字和"自力更生，奋发图强"的大标语，相映成趣。

20 年前，人们很难想象，一个 200 余户人家、500 多口人，总面积仅有 1.88 平方公里的小山村，会在中国历史上留下浓墨重彩的一笔。时至今日，它依然不断被人们提起。

处于太行山腹地的山西省昔阳县大寨村，解放前，穷山恶水，七沟八梁一面坡，群众生活困苦。解放后，以陈永贵、郭凤莲等为带头人的大寨集体，决心改变落后面貌，战天斗地，治山治水。在七沟八梁一面坡上开辟了层层梯田，通过艰苦劳动，引水浇地，改变了靠天吃饭的状况。1964 年，在毛主席的号召下，全国掀起了"农业学大寨"的高潮，大寨从此成为农业的一面旗帜。

1980 年代初，全国掀

起包产到户的热潮，大寨独走自己的集体之路。今天，纵观全国发展较好的 7000 个村庄，基本上实行的都是土地集体耕作，大寨就是其中之一，成为不走寻常路的七千分之一，并且一直充满独特的活力。

今天，当我们再次将焦点转移到大寨时，包括小岗村在内的很多村庄，关注的已不再是大寨的农业经营模式，而是它的"非农"产业。

依托名地、名人，打造大寨品牌，可以说是大寨人最精明、最成功之处。如今的大寨，拥有 30 多个冠有"大寨"字样的知名品牌，"大寨"这个品牌的无形资产给村里人带来了巨大的财富。来大寨旅游的客人，要求喝"大寨"酒，饮"大寨"核桃露，吃"大寨"压饼、窝头。在着力打造"大寨"经济品牌的同时，"大寨"品牌所凝聚的巨大精神价值也开始为越来越多的人关注并了解。大寨的当家人郭凤莲自豪地说："我们利用品牌搞联合，利用资源出产品，既宣传了大寨本身，又把温暖送给人民，还提高了经济效益。"

抓住机遇的大寨，如今已开发成为一个成熟的农业旅游区。层层梯田庄稼葱绿，片片池水波光旖旎，处处果园硕果累累。现在，只有不到 10% 的人在从事农业，更多的是在企业里做工人，毕竟林立的旅游公司、毛纺厂、针织厂等都需要工人。虽然仍旧实行公社分配制度，但也不排除家庭经营，只要每年向公社交 1000 元钱，就可以享受公社的福利。医疗免费，教育免费，养老金照发。

"如果农业是大寨立村之本的话，那么改革开放就是大寨的强村之路，艰苦奋斗就是大寨的创业之魂。"这是郭凤莲常爱说的一句话。经过 30 年改革开放的洗礼，在市场经济的浪潮中，大寨早已隐去了它神秘的光环，回归既往的山村本色，在奔向小康的道路上，它行进得沉稳而踏实。

南街村："大同"道路能走多远

一度被媒体称为"红色亿元村"，曾以"共产主义小社会"理念而闻名。

6 月，正是河南农村的麦收季节。

现代化农业机械的引进，大大缩短了农民们的麦忙时间，南街村周围的麦田里，远远望去，只留下大片大片收割机作业后整齐的麦茬。正在路边忙着晒麦子的村民高兴地说，"今年麦子有好收成了"。几天前，他们的

"班长"王宏斌顶着晌午的大太阳，带着领导班子站在地头，指挥他们收小麦。

南街村的经济发展模式及其在经济发展过程中的融资方式历来备受争议，自从南街村股权改革被媒体曝光后，王宏斌似乎不太愿意接受媒体采访。

1986 年，全国农村纷纷推行"包产到户"的家庭联产承包责任制，而南街村却在王宏斌的带领下，重新走上了集体化道路。2004 年 11 月，南街村集团第 25 次股东会议后，原本由 5 家集体股东构成的南街村集团进行了股权结构变更。这次股权改革彻底使南街村这个"共产主义新农村"、"红色亿元村"的形象土崩瓦解。一时间，"共产主义样板村股份化了"、"领导私分集体股权了"、"南街村集团快破产了"……各种质疑声音不绝。王宏斌，这位南街村集团的掌舵者、当家人，当年集体化道路的践行者再次被推到舆论的风口浪尖。

有人断言：南街村，这个坚守了近 30 年的乌托邦式理想行将终结。

事隔 5 年，批评惋惜的声音逐渐淡出，在这块 1.78 平方公里的土地上，在或褒或贬的争议背后，南街村依然还在坚守"毛泽东思想、集体化经济才是致富法宝"的精神。

不管外界的批评如何尖锐，王宏斌并不认为南街村集团的改革是对集体化经济的背叛。在他看来，南街村集团的股权改制只不过是为了更好地适应集体经济的发展需要，"完全是一种形式，为了凑够股东人数"，本质上没有什么变化。证明股改后集体经济性质没有变化的是，王宏斌等股东还领着村里统一的福利，每月拿着 250 元的工资，从没拿过什么分红。对于外界的质疑，他把 2004 年南街村的股权改革归结为自己"对有关法律文件学

习不够"。

就在舆论纷传，南街村走"大同"道路的理想将破灭之时，记者在南街村看到，村民们似乎并没有受到多大影响。这里的村民依然住在统一的村民楼里，免费享受读书、就医等多项福利待遇，月月都能领到工资。每日清晨《东方红》的歌声依然那么嘹亮，工厂里的工人们仍然忙碌万分。

一位村民告诉记者，2004年后，南街村其实还是在坚持走集体化的老路子，"班长"每月还是拿着一成不变的250元工资，村民们几乎还是享受着统一的福利。如果说变化，那就是"旅游景点比以前多了两个"。

有人说，南街村的发展模式自始至终是个错误，但不管怎样，南街村依然在"大同"的道路上前行，至于未来的前景如何，要交由历史来见证了。

小岗村：徘徊在集体与个人时代

中国农村改革的发源地，1978年末，率先在全国实行"大包干"，此为家庭联产承包责任制的先声。进入21世纪，小岗村开始重走"集体农业"之路。

中国改革是从农村开始的，而农村改革又是从小岗村的"分田单干"开始的，小岗村作为改革的先锋，受到各方瞩目。想象中的小岗村是凤阳花鼓、改革先锋、朱元璋……没有到过小岗村的人，总是先入为主地给小岗村贴上各种标签。

沿京沪线，经安徽蚌埠，一路向东，车行三个多小时，正午时分，驶入标志性的楼牌后，终于进入小岗腹地。走在小岗村，有两座"雕塑"格

外引人注目，一座是新扩建的大包干纪念馆，一座是村民文化广场上石雕版的邓小平语录，这两座东西相望的"雕塑"无声地述说着改革先行者的辉煌。而村头成片的葡萄架、蘑菇大棚和玉米地似乎又在不断地昭示着这里依然是一个普通的中国村庄。

1978年，为了生计，小岗村18个人，在"生死状"上按下了鲜红的手印，这份"生死状"拉开了中国农村发展的序幕。"大包干"让小岗村声名鹊起，并迅速解决了温饱问题。"大包干"的历史贡献怎么评价都不过分。"没有包产到户，农民就不能解决温饱问题，国家就没有后来的发展！"小岗"大包干"带头人严俊昌将这句说了无数遍的话，再一次郑重地告诉了记者。说话时，严俊昌把双手扬得很高，仿佛两只手想同时触摸历史和今天。

30年白驹过隙，这18个村民签下的"生死状"还历历在目，功劳簿上却爬满了灰尘，拔得改革头筹的小岗村在解决了温饱问题后，却丢掉了改革的先机，没能实现跨越式的发展。"起得最早，走得最慢"成为农村改革以后小岗村获评最多的按语。

2004年，安徽省财政厅干部沈浩进驻小岗，成为村里的带头人。摆在沈浩面前的还是那个老问题：温饱解决之后怎么办？"一家一户的土地发展模式已经走到了尽头，我们急需一种新的发展模式。"小岗村村支书沈浩说。小岗村似乎又陷入了山穷水尽的困境。游走在集体与个人间的小岗村一度迷失了方向。

走在小岗村的青石路上，不时遇见前来参观交流的团体，就在好奇的人们试图剖析改革先锋的"特质"时，小岗村已然谋求变革。沈浩一行13人三次南下华西村"取经"，华西村一派豪华都市景象让小岗

人"心动不已"。沈浩决定,"重走规模化集体耕种和兴办乡镇企业之路"。人们怎么也想象不到,从集体经济出走30年后,小岗村有朝一日要重新"归队"。当地人爱说,"求变是小岗村的宿命",果不其然。

小岗人决心把敢闯的精神继续下去,多种形式的土地规模经营被列入发展计划,2006年,严金昌以500元/亩的价格把10亩承包地租给上海一家养殖公司,用于发展种猪扩繁基地。他还接受了公司聘用,成为养殖场管理者。据他介绍,目前全村出租或流转规模已经达到600多亩。

记者离开小岗时,村里正请专家作总体发展规划。目前小岗村基本形成了"现代农业——旅游产业——工农业协调发展"的"三步走"战略共识。沈浩说:"有了长远规划和长效发展机制,不管以后谁离职,小岗都会保持发展的连续性。"此言不虚,小岗村目前正在这条路上越走越远。

穷则思变,剥去小岗村那道光环,其实它就是一个普通的村庄,和全国千千万万个村庄一样,一片土地,一方百姓,由于没有更多的优势,面临着解决温饱后的出路问题,求变是唯一的希望。小岗村又是不同的,它是联产承包责任制以来中国普通农村的缩影,解决好小岗村的出路问题,就能解决好中国多数农村的问题。从这个角度来讲,小岗村的出路就具有了更重大的意义。

大邱庄:草莽时代的乡村印记

钢产量丰富,20世纪80年代红极一时,其后,随着禹作敏的银铛入狱,"大邱庄模式"终告失败。改制后的大邱庄镇,经济正在逐渐复苏。

车子从团泊洼水库旁驶过时,有微风在湖面上掀起些许涟漪,让人不由得想起诗人郭小川的诗:秋风像一把柔韧的梳子,梳理着静静的团泊洼。当年这首《团泊洼的秋天》,让人们记住了美丽的团泊洼。但自20世纪70年代末大邱庄横空出世起,团泊洼便已降为它的注脚——只有在提起大邱庄时,才会顺便提到它。

中國社會科學報 （2009—2010） 特別策劃（上卷）

在百亿路口，满载钢管的卡车，首尾相接，等待着从路口通过。如今的大邱庄镇，已是全国的"焊管之乡"。这个称呼似乎没有人太在意，曾经的"天下第一庄"威名远播，大邱庄的后来者难以超越。

《纽约时报》曾于1992年报道："这个村有4400人，却有16辆奔驰轿车和100多辆进口的豪华小轿车，1990年人均收入3400美元，是全国平均收入的10倍，1992年，工业产值据称达到了40亿元。"

时钟回拨30年，70年代的大邱庄还是"春季白茫茫，秋季水汪汪，春种秋不收，糠菜半年粮"的光景。

1977年，禹作敏的"大邱庄神话"开始上演。这个崇拜大寨、视陈永贵为榜样的中国传统农民，并没有走传统的农业发展道路。从他通过轧钢赚下第一桶金开始，到津美、万全、津海、尧舜四大企业集团陆续建立，大邱庄逐渐形成"以钢为纲"的工业集体经济模式。在这种模式发展到顶端时，有人称中国农村即将进入"大邱庄时代"。

1993年，禹作敏因窝藏、妨碍公务、行贿、非法拘禁等罪名被判处20年有期徒刑，从"神坛"落入监狱，中国农村不仅没有走入"大邱庄时代"，连大邱庄自己的时代也戛然而止。

大邱庄随后经历了系列改革。大邱庄村改为大邱庄镇；四大企业改为四个街区；经过产权改革，集体经济转向民营；"从摇篮到坟墓"的14项福利制度陆续取消。在钢铁市场整体下滑的情况下，大邱庄一度没落。

几番阵痛之后，大邱庄镇经过艰难转身，已在渐渐复苏。2002年以来，随着我国钢铁市场整体形势向好和企业产权关系的理顺，大邱庄开始走上良性循环的道路。通过主动承接天津滨海新区产业转移和天津市内冶金企业外迁，2007年，大邱庄实现销售收入318亿元，占天津钢材产量30%以上。

如今的大邱庄依稀又见到了当初的繁华，记者看到，豪华车在黄山路上穿梭，百亿路两旁大小企业林立，成千上万吨的钢管不停地从这里运向全国各地。大邱庄复苏的原因，专家认为一个是改制，通过吸纳大量个人和社会的资金，盘活了企业；另外是中国整体钢铁市场景气的大环境。大邱庄镇办公室主任杨明隽也认为改制至关重要。但改制同时给大邱庄带来的贫富分化，则让一些村民仍留恋禹作敏时代。

大邱庄神话形成于改革开放初期，当时法律意识淡薄，游戏规则待定。"一切向钱看"的基层创业人所置身的时代，隐约还透着草莽的色彩。而禹作敏，则为大邱庄烙下了一个时代的印记。

华西村：常青之谜

在从江阴去华西村的班车上，华西村的影子随处可见。旁边的乘客抽的是华西村牌香烟，路两边不时闪现华西村的广告牌，"天下第一村"的名号更是赫然在目。

还未进村，便远远望见了那座著名的"金塔"，它掩映在绿树和别墅群中，十分抢眼，塔顶上书"中国华西"几个红色大字，塔尖上是一个金黄色的葫芦，据说共用了3.5公斤黄金镀成。塔的西侧是龙凤广场，通向广场的两条长廊入口处分别建成了"龙"和"凤"的模样。广场上停满了旅游客车，甚是壮观。

在华西村采访，记者最关注的一个问题是：华西村民创造中国乡村奇迹的秘诀是什么？华西村老书记吴仁宝给出了答案：坚持实事求是。吴仁宝对实事求是的理解很朴素："吃透两头"、"两头一致"。所谓"吃透两头"，指的是吃透党和国家的大政方针，吃透本地工作实际；"两头一致"，则是一头与中央保持一致，一头与老百姓保持一致。从华西村诞生和吴仁宝当家

之后，它在每个历史阶段，几乎都是中国农村的先进典型，从农业学大寨先进典型，到科学种田典型，到乡镇企业典型，再到精神文明建设典型。每一次风向的转变都能被华西村和吴仁宝敏锐地捕捉到。

在外界看来，华西村有些做法似乎"不合常规"，在经济学词典上根本找不到。但吴仁宝认为只要符合华西实际、有利发展就可以试行。在村民分配、村民管理、用人标准等方面建立了一整套堪称"华西特色"的乡村治理新机制，成功地破解了一系列农村发展遇到的新问题。

华西村一直坚持走的就是"集体经济，共同富裕"的道路。不过，吴仁宝没有把集体经济当做一成不变的"教条"，而总是在不同的社会政治环境下，从华西的实际出发，创造性地走出了一条发展集体经济的路子。

回头来看，无论是他坚持"集体承包"还是"抓大扶小"，都不是照抄照搬，而是实事求是地将理论与实践、大政方针与具体实际相结合，衍生出创新之举。集团总公司与各下属公司、企业实行承包经营，经济效益超额部分，实行"二八开、一三三三"制办法兑现，即企业的超额利润，20%上缴集团公司，80%留给企业；留给企业的部分，其中10%奖给承包者，30%奖给其他管理技术人员，30%奖给职工，还有30%留给本企业作为公共积累。华西村还规定，"少分配、多积累、少分现金、多记账入股"，奖励承包者的奖金，只兑现20%现金，80%长期记账入股享受分红。这种"创新"既充分调动了个人积极性，也保证了走共同富裕的道路。

在华西村，人们几乎没有假期，周六、周日都要上班，只有春节可以休息两天，村民平时外出都要向工厂请假。村里统一分配别墅、每户配备轿车，钱直接从股金账户中扣除，如离开华西村，别墅、轿车、股金都要被没收。村民如果使用自己股金账户上的钱，须向村里提出申请，经村委会讨论通过后才能支取。

华西人用"共同致富"的事实向世人展示了一幅社会主义新农村的美好画面。吴仁宝曾经表示，"华西模式"要完全复制不现实。因为华西经过几十年发展，最宝贵的是艰苦奋斗、与时俱进的华西精神，这也是华西村几十年积累下来的巨大财富。

乌沙村："麻雀变凤凰"的传奇

一片工厂，一个村庄，另一片工厂，加另一个村庄，众多工厂与村庄连接，这是乌沙村留给记者的深刻印象。

"时间在这里化腐朽为神奇"，一位村民对记者说，"改革开放以前，这里以农业经济为主，人少地多，生产力落后。村民常年劳作，忙着种水稻、莞草和甘蔗，几乎没有农闲的时间，日子却未见富庶。1982年，村、组两级集体纯收入不到40万元。"

记者在走访中发现，位于东莞市长安镇中部的乌沙村，毗邻深圳，面积10平方公里，下辖蔡屋、陈屋、李屋、江贝四个居民小组，本地人口3800多人，外来员工8万多，其实同沿海其他村庄并没有什么太大的区别。然而，自1983年引进第一家外商投资企业后，这个原以农业经济为主、生产力落后的村庄，命运被彻底改变了。乌沙人民抓住机遇，积极改善投资环境，大力发展外向型经济，取得了瞩目的成绩。"这里的民营经济基本上是建立在外资企业之上的延伸物，不是外资企业产品的分拆，就是某一道工序的外包，由外资带动发展而成的企业做终端品牌的很少。"一位民营企业老板如是说。目前乌沙村已引进中国香港和台湾、日本、韩国、美国、新加坡等地区和国家的企业273家，国内民营企业110家，总投资额超过30亿元人民币，形成了颇具规模的电子、五金、模具、制衣、皮革等产业。

在人们的印象中，东莞是当下最具争议的一个城市。20世纪末，它在最短的时间内，以火箭般的速度，进入了历史上最富有的时期。特别是最近几年，东莞GDP飞速发展，几近"富可敌省"。"我们似乎在欣赏一部波澜壮阔的大片，这部戏人物众多、剧情跌宕、气势恢弘，展现了改革开放这一时代大主题，一个城市30年艰难探索坚定前行的历史脚步，一个'麻雀变凤凰'的东方传奇，让人思绪万千。"中国鲁迅文学院常务副院长白描在谈到东莞以及由著名报告文学作家何建明和朱子峡合著的《东方光芒》时不无感慨地说。"麻雀变凤凰"的传奇，同样在东莞乌沙村实现了新的"蜕变"。乌沙村经过"麻雀变凤凰"的"蜕变"后，已经不是传统的"生产大队"，而是社区，是处于城市化过渡期的新社区。

"在集体经济迅速发展的同时，社区党委、居委会通过大力解决居民就业、扶持民营企业、发展股份制等形式，不断增加居民收入，提高群众生活水平，走上了共同富裕的道路。"长安镇乌沙社区党委副书记、居委会主任陈建平这样介绍说。

当然，乌沙村是由一个完全的农业城发展起来的，城市化其实不是很成熟，同时，物质上的富有终难掩盖其人文发展的缓慢以及社会管理的滞后。正如中国社会科学院一调研组于今年年初在此地调研时所言："越富有，反差越强烈，人文素质积累的速度远远无法匹敌财富积累的速度。这显然不能简单归咎于人们对乌沙的偏见。"

当然，务实的乌沙人也未迷失。他们自上而下，开始了经济社会的双转型。然而，这并不比当年的共同脱贫来得容易。毫无疑问，转型必然发生。但转型的主体是谁？转型的动力何在？未来在哪里？作为改革开放最前沿的一个村庄，这里可能提供经验，也可能提供教训。

三元里："城中村"改造进行时

田野里鹅黄嫩绿、蝶舞蜂喧，一派艳阳天景色，村旁公路上，汽车、兽力车、肩挑手提的行人，络绎不绝，熙熙攘攘……近日，记者来到三元里村走访时，发现40多年前的景象，已经找不到了，随着广州城市化的日益扩大，村里早已没有了以耕作、养殖为职业的"农民"……

三元古庙前那一方涟漪潋滟的平塘，也已经被一条漂亮的马路取代了，古庙山门如今就挨在马路的边上。至于三元里村民，现在多已成了工厂职工、酒店职员或来往于生意场上的个体户、小商贩，其中不乏已腰缠万贯的富裕之户。不过，到这里寻访旧事古迹，只要是遇着了原三元里的村民，他们都会给予热情的指点和帮助，碰到年长者，眉宇和神态之间，还会多少让你感觉到他们脸上的骄傲神色和身上仍保留的铮铮铁骨。这也许是最后的"古貌古心"了，数代之后，当这种"古貌古心"湮没于都市钢筋水泥的"森林"之后，可能再也找不到一丝一点的痕迹了。

三元里村的变迁，让记者真正看到了"非农化"和"城市化"的区别。现在的三元里村是城内一个典型的"城中村"，"城中村"现象又是近些年来出现的一个棘手的城市问题。特别是"城中村"的地区规划、建设和社会管理等问题长期处于混乱和低水平状态，不仅房屋布局杂乱无章、环境卫生较差、生活和基础设施配套严重不足，而且违法用地和违章建筑屡禁不止，出现了大量的"接吻楼"、"握手楼"和"贴面楼"。"由于出租房屋获得收入较为便捷，村民亦呈现出'寄生型'的精神形态，甚至出现'二世租'现象。有人形容它是定时炸弹，也有人认为它是城市化进程中农民最后的港湾和堡垒。'城中村'便因此成了城市化进程中绕不开的'结'。"曾在这里做过两年村官的小魏介绍说。

据当地负责人介绍，三元里村已是白云区"城中村"改造工作的试点之一。有关部门的最新规划是：三元里大街要拓宽为步行街，两侧要开辟集观光、休闲、购物、旅游为一体的景观纪念路，并兴建新的村民公寓取代"握手楼"，三元古庙要扩建成三元里抗英博物馆并开辟绿化广场……也许今后，我们只有在三元里抗英纪念馆里才能找寻三元里村当年的痕迹了。

另据记者了解，广州市对三元里村等"城中村"改造的模式是坚持"两项原则"和实行"四项转制"。"两项原则"，即"市政府不直接投资"和"不进行商业性房地产开发"，这无疑是明智的，因为目前政府无力投资，而房地产商觊觎的又是利润，易忽视低收入流动人口的住房需求，并且难以驾驭"城中村"改造的巨大社会成本及交易成本。"四项转制"，即城市建成区内的"城中村"，农民转为居民，村委会转为居委会，原农民使用并所有的集体土地转为国有土地；村民宅基地房屋权属转为城镇房地产权属；原村委会管理的集体经济转为集体法人股东和个人股东共同持股的股份公司；将原农村管理纳入城市一体化管理，并逐步把市政、环卫、供电、供气及治安等纳入城市管理范畴。

"'城中村'的改造是一个农村向城市、农民向市民的转型过程，是一场深刻的由量变发展到质变的社会变革，不可避免会遭遇到阻力和困难。"中国社会科学院人口与劳动经济研究所副研究员王智勇如是说。确实，改造"城中村"是一项复杂的系统工程，要顺应工业化、城市化规律，稳步推进"农业向工业转、农民向市民转、村庄向社区转"。正如天津社会科学院城市经济研究所教授陈柳钦所指出的，破解"城中村"难题，首先要把"城中村"纳入城市规划。为杜绝"城中村"的再度形成，规划应充分考虑城市用地功能、基础设施的发展水平及城市容量的适度控制标准，确定城市基础设施布局和建设开发时序，在宏观层次上发挥对城市未来整体地价的引领作用。

编辑短评：中国乡村发展路在何方

1935 年，风华正茂的费孝通来到太湖东岸一个小村庄，写下了著名的《江村经济》，这本书很快被认为是打开中国农村社会的一把钥匙："它让我们注意的并不是一个小小的微不足道的部落，而是世界上一个最伟大的国家。"

2009 年，在中华人民共和国成立 60 周年这个特殊的年份，《中国社会科学报》记者重新回到那些明星村庄，重新回到历史现场，去感受那曾经的风云变幻、沧海桑田。同样，我们试图从这些小小的"标本"里面，发现中国乡村发展的"密码"。

74 年前，费孝通指出中国在庞大人口压力下，只能发展乡村工业，在乡村工业发展后要发展小城镇，各地的情况不同，可以闯出不同的城乡发展模式。今天，经过 30 年的改革开放，农村地区获得前所未有的发展，已经闯出了一条有中国特色的乡村发展之路。

这条道路首先是渐进的，根据不同阶段农业和农村发展要求，循序渐进地推进农村改革和建设事业。从农村改革突破，到建立市场经济，再到推进新农村建设，中国农村改革在各个阶段上虽然重点不同，但都依次递进、一脉相承。在新的发展水平和发展环境下，农业和农村发展将与工业化、城市化、市场化和全球化的趋势紧密地交织在一起。因此，需要从全局的高度，坚持统筹城乡经济社会发展的方略，实行工业反哺农业、城市支持农村的方针，解决新的发展阶段下的"三农"问题。

这条道路还是多元的，根据中国东中西的不同国情，不同发展阶段，其乡村发展的表现形式也不尽相同。中国东部沿海地区工业化、城市化的快速发展，促使农村产业结构、就业结构与农业生产方式等发生巨大变化，乡村发展步入转型升级的新阶段。中西部地区则有很多农民工到经济发达地区工作，为家乡带来大量财富，促进了家乡的经济发展。同时，随着沿海发达地区的产业转移，农民工返乡创业，一种新型的在乡村成长的工业应运而生，有力地促进中西部农区的工业化、城镇化和城乡一体化发展。

这条道路更拒绝西方发达国家的的大农场模式，这种模式在与中国有相近国情的巴西、印度有足够多的实践，已经证明不是发展中国家解决"三农"问题的好办法。显然，我们现在关于"三农"的探讨有大量的伪问题，有大量的一厢情愿。有学者主张"土地私有"以后就万事大吉，有学者认为"土地集中经营"是解决农村问题的根本，但这些论点明显没有照顾到中国的现实。

作为整个中国社会发展的"晴雨表"，农村问题急迫而重要。事实证明，人多地少的特点决定了中国不能克隆其他国家的农村发展模式，只能走自己的路。中国的做法没有先验之谈，也没有一定之规，只能在实践中摸索，在发展中总结。现在，"三农"问题已经成为重大的战略问题，关乎中华民族能不能稳定地可持续地走下去。我们不能简单化、庸俗化地相信那些"万金油"或者"灵丹妙药"，中国的农村发展之路，必须从中国的国情出发，重视地方实践，因地制宜，建设有中国特色的农村发展模式。

（记者　张梦薇　李春艳　潘启雯　王建峰）

中國社會科學報

（2009——2010）

特别策划（上卷）

西部大开发十周年：来自社科界的解读

记者　童力

中国西部，疆域辽阔，山川秀美。

中国人有逢"十"念始的习惯。今年，恰值党中央、国务院决定实施西部大开发战略的第十个年头，中国西部到底怎么样了？十年中，西部交了一份怎样的答卷，还面临着怎样的问题，前景又将如何？

带着这样的问题，本报记者对社科界的若干中外专家进行了专访。

成就辉煌

翻开地图，重庆、四川、广西、贵州、云南、西藏、陕西、甘肃、青海、宁夏、新疆、内蒙古，共 12 个省、自治区、直辖市，仿佛一张彩色的地毯，铺盖在百分之七十以上的国土上。这就是人们所说的中国西部。

提起西部，西部人的脸上总是充满自豪！

西部天然气储量占全国总储量的 64.5%，水力资源蕴藏量占全国的 82.5%。……西部地区与 14 个国家和地区接壤，陆地边境线占全国的 85%。……20 世纪 60 年代到 70 年代末，国家先后在三线地区投入 2000 多亿资金，建成国有企业近 3 万个……

像所有西部学者一样，说起西部的优势，西南财经大学副校长丁任重教授总是滔滔不绝，如数家珍，充满自豪感！

十年大开发，不仅给中国西部带来巨大变化，无疑也给社科界带来了丰富的研究成果。

8 月 10 日，由中共青海省委宣传部、北京市社科联、青海省社科联主办的"西部大开发回顾与展望"高峰论坛在西宁举办，从一个层面展示了社科界的相关成果。

记者注意到，提到十年来西部开发取得的巨大成绩，一向争论得不亦乐乎的中外社科学者却全都不约而同地露出笑容。他们一致的结论是：在那遥远的地方，闪烁着成就的辉煌！

辉煌背后，是一串串坚实数字的支撑。

由西北大学姚慧琴、任宗哲主编的《中国西部经济发展报告（2009）》（西部蓝皮书），主题是"西部大开发十周年：回顾与总结"，汇集了关于西部开发的最新数据。其中最引人注目的数据是，1998年以来，西部地区GDP年均增长为11.42%，高于全国9.64%的年均值。2008年，西部地区的GDP为58256.58亿元。

中国社会科学院西部发展研究中心主任魏后凯研究员向记者提供的数据表明，2000—2008年，西部地区出口额年均增长26.4%，在全国四大区域中最高，比全国平均水平高1.6个百分点。

"目前，西部地区已经在很多方面成为国家的基地，全国使用的44%的煤、29%的石油、44%的棉花和绝大部分天然气都来自于西部地区。"中国社会科学院荣誉学部委员陈栋生对记者说。

任何数据都代替不了西部人的切实感受。西部大开发的成就，汇聚在一组组数据中，更凝结在西部人的生活与情感中。

谈到西部人的变化，甘肃省社会科学院院长范鹏研究员用感性的语言概括出四个变与不变：忠诚老实的品格没有变，但做老实人的观念变了；豪放大度的性格没有变，但人际交往的方式变了；艰苦奋斗的精神没有变，但开拓奋进的行为方式变了；自然简朴的生活态度没有变，但生活方式特别是生活质量变了。

变与不变，映现的是新时代西部人的传承与创新，预示着西部人的美好未来！

值得特别强调的是，已经有报道指出，在金融危机的背景下，西部地区GDP增速依然高于全国平均水平，也普遍高于中东部省份。这种令人深思的现象，被称之为"反梯度隆起"。

美国哥伦比亚大学地学院院长杰弗瑞·萨克斯教授用"十分成功"、

"巨大成功"形容西部大开发的成果。这位洋教授正在主持的一个研究项目，已经将西部纳入中国未来 40 年的发展前景，将西部纳入对共和国成立 100 年的预测之中。

"从 1999 年开始的西部大开发，是中国经济发展模式中的一个有机组成部分。""十年后的今天，可以看到这一战略总体上是成功的。中西部的基础设施得到了迅速的发展；一批新涌现的明星城市兴起；神木等偏远地区的小县城，一跃跨入全国百强县的行列；西部 GDP 的年均增长和人均收入，至少跟上了全国的平均水平，没有使东西部的差距进一步扩大。这在世界各国的经济发展历史上是少见的。"新加坡国立大学东亚研究所的杨沐先生这样说道。

打开由国家信息中心主办、国家发改委西部开发司支持的"中国西部开发网"，会发现，这里汇集了西部开发从政策规划到项目招标的各种信息。无疑，西部大开发直接对接的是数字化的时代，是全球化的时代！

任重道远

按照党中央、国务院的统一部署，西部大开发总体规划可按 50 年划分为三个阶段。其中，21 世纪前 10 年为奠定基础阶段。

陈栋生告诉记者，西部大开发的理念是"新时空，新思路"。其中的新思路主要包括：协调发展与可持续发展相结合；物质文明、精神文明共同推进；新资源观；新优势观；新规划观。总之，突出的是一个"新"字。

国家发改委国土开发与地区经济研究所肖金成则介绍说，西部大开发迄今经历了两个阶段，第一阶段从 1999 年到 2004 年，第二阶段从 2005 年到 2009 年。目前，西部大开发的主要目标，已经从缩小东西部经济差距转移到人的全面发展，从缩小经济总量差距转移到加快经济社会事业全面发展。

记者在国家发改委、国务院西部地区开发领导小组办公室制定的《西部大开发"十一五"规划》中看到，"十一五"期间西部大开发总的目标是，经济又好又快发展，人民生活水平持续稳定提高，基础设施和生态环境建设实现新突破，重点地区和重点产业的发展达到新水平，基本公共服务均等化取得新成效，构建社会主义和谐社会迈出扎实步伐。

西部大开发还有更长远的目标，那就是：建设一个经济繁荣、社会进步、生活安定、民族团结、山川秀美、人民富裕的现代化新西部。

要达到这样一个目标，西部无疑还有许多工作要做。

"当前，西部开发面临的主要问题是：基础设施薄弱，软环境有待改善；发展层次低，产业配套不完善；城镇化滞后，城乡二元结构明显；地方财力薄弱，公共服务能力低；资源消耗高，三废排放量大。"魏后凯这样说。

肖金成提出，金融发展滞后，国有企业改革重组滞后，对社会事业支持力度不够，边境经济合作区没有得到应有重视，缺乏令人瞩目的经济特区，民营经济发展困难重重，均是西部今后应着力解决的问题。

无独有偶，日本文部省支持的一项研究同样认为，西部大开发成功与否，取决于民营企业。这项研究还提出，清洁发展机制（CDM）是中国经济发展和西部大开发面临的一个重大挑战。

生态保护是西部大开发永恒的话题。青海省社会科学院副院长孙发平研究员是研究三江源保护问题的专家，曾主持多项相关课题。他呼吁，必须继续强化对三江源的保护，构筑高原生态屏障。为此，他主持的课题组提出一整套对策建议，得到青海省委省政府高度重视。青海省委书记强卫在为《中国三江源区生态价值及补偿机制研究》一书所作的序言中指出，守住三江源头这一盆清水，把青海建成实现中华民族伟大复兴的重要生态屏障，这是青海为国家、为中华民族担负的不可推卸的责任。

保住青山绿水，建设生态文明，实施生态战略，是西部大开发坚定不移的方针，早已成为海内外关心西部的人们的共识。

谈到西部大开发第二个十年需要研究的突出问题，西安交通大学发展与投资研究中心主任冯宗宪教授提出，综合性、交叉性和复杂性将是下一个十年西部研究的基本特点。其中，长期积累的经济社会问题一旦冒头，就会造成巨大社会影响，因此必须在下一个十年未雨绸缪，着力加以重视和解决。

孙发平在最新的研究报告中则提出，维护社会稳定，实现各民族繁荣发展应作为西部大开发第二个十年规划的核心战略。

关于西部开发的对策建议，肖金成提出，一要增加财政转移支付力度，二要在环境保护、人口流动、增加农民工收入上有大的突破，三要在发展特色经济上给予相关政策支持，四要培育新的增长机制带动区域经济增长。

魏后凯提出的对策建议则是：推进特色优势产业发展，大力推进空间布局优化，积极引导外商、沿海企业和开发区西进；进一步打通西部与东中部、东北地区以及与周边国家的联系通道，继续完善基本公共服务；进一步加大中央财政转移支付力度，建立健全区域生态补偿机制，健全国家支持政策体系。

在未来"十二五"规划中，西部大开发要审视以下几个问题。第一，整体布局上应当重点突破；第二，在资源基础上实现产业结构升级；第三，资源开发上要顾全地方利益；第四，实现综合扶贫和持续扶贫。丁任重的观点代表了他所带领的团队的研究成果。

杨沐先生则提出，西部既是中国的水源，又是中国的严重缺水地区，从整体来说不适合大量人口密集性居住。他认为，西部不适宜发展制造业，而是要走出一条不同于东部的发展制造业新路。他建议，收入分配要有有利于西部发展的新结构，应提高西部民众的参与权和分享权。

据悉，目前国家正在研究制定新的政策，以进一步深入推进西部大开发。记者从国家发改委西部开发司的网站上看到，为深入推进西部大开发战略，做好下一个十年西部大开发的总体思路、主要目标、重点任务和政策措施研究，国家发改委已经着手组织社会力量，开展西部开发重大问题研究。研究的重点是，2010 年至 2020 年西部大开发重点区域、重大基础设施建设布局、生态建设思路和补偿机制、基本公共服务均等化等有关问题。经严格评审，中国人民大学、浙江大学、重庆大学等单位申报的课题得到经费资助。这些变化预示着，科研机构与政府主管部门的有机联结，将使西部大开发具有更坚实的理论支撑，从而具有更光明的未来。

西部大开发十年：回顾与展望

编者按：中国西部大开发已经走过了十年辉煌历程。十年来，西部大开发到底取得了哪些伟大成就？形成了哪些历史性经验？当前在开发开放中还存在着哪些问题？在未来的发展中又应当采取哪些措施？围绕着上述问题，我们邀请部分学者讨论，发表各自的学术见解。以下发言仅代表个人意见。

魏后凯："十二五"时期应进一步全面深入推进西部大开发

自 1999 年中央提出实施西部大开发战略以来，有关部门先后制定实施了一系列的规划和政策措施。在国家政策的有力支持下，西部大开发各项工作稳步推进，十年来成效显著。

一是固定资产投资增速加快。2000—2008 年，西部地区全社会固定资产投资年均增长 23.4%，比全国平均增速高 1.9 个百分点，比东部地区增速高 4.4 个百分点。二是地区经济呈现高速增长。实施西部大开发以来，西部地区生产总值增长速度连续八年逐年加快，自 1999 年的 7.3% 迅速提高到 2007 年的 14.5%。2008 年，受金融危机的影响，

魏后凯

西部增速有所回落，但仍高达 12.4%。三是地区工业化快速推进。1999—2008 年，西部地区工业增加值占生产总值的比重由 32.9% 迅速提高到 41.1%，增加了 8.2 个百分点，而同期东部、东北和中部地区仅分别增加 4.5、4.5 和 6.4 个百分点。四是居民生活水平明显改善。经过十年的开发，西部地区经济社会发展水平显著提高，综合发展能力不断增强。1999—2008 年，西部地区人均生产总值由 4283 元迅速提高到 15951 元，其相对水平（以各地区平均为 100）则由 60.7% 提高到 63.8%。西部地区城乡居民收入均获得了较快增长。五是东西发展差距趋于缩小。自 2003 年以来，尽管东西部地区间人均生产总值绝对差距仍在扩大，但其相对差距已呈现逐步缩小的态势。六是对外开放水平显著提高。2000—2008 年，西部地区出口额年均增长 26.4%，在全国四大区域中最高，比全国平均水平高 1.6 个百分点。七是投入产出效益稳步提升。1999 年，西部地区工业各项

经济效益指标大都低于全国平均水平。到 2008 年，西部地区规模以上工业企业平均总资产贡献率已达到 13.8%，超过东部地区 0.5 个百分点。

应该看到，实施西部大开发是一项长期艰巨的历史任务。要实现中央提出的建设一个经济繁荣、社会进步、生活安定、民族团结、山川秀美、人民富裕的现代化新西部目标，今后仍将任重而道远。

当前，西部开发面临的主要问题是：基础设施薄弱，软环境有待改善；发展层次低，产业配套不完善；城镇化滞后，城乡二元结构明显；地方财力薄弱，公共服务能力低；资源消耗高，三废排放量大。

为此，在继续完善基础设施和生态环境建设的基础上，要着力抓好以下工作。

首先要推进特色优势产业发展，要进一步大力推进各地的特色优势产业发展，积极培育产业链经济，延长产业链条，提高加工深度和综合利用程度，完善产业配套体系，推动建立一批具有国际竞争力的特色优势产业基地，为西部开发提供坚实的产业支撑。其次是大力推进空间布局优化。要统筹城乡发展，加快城镇化步伐，大力推进新农村建设，推动城镇基础设施向农村延伸，构建以城带乡、城乡互动、融合发展的新型发展格局。在抓好成渝、关中—天水、北部湾经济区建设的基础上，要积极培育一批新的增长极，然后是积极构建新型开放格局。要积极引导外商投资、沿海企业和开发区西进，并依托交通干线以及大中城市和产业园区，建立一批承接产业转移示范区。同时，按照"区别对待、分类指导"的原则，对西部中心城市、资源富集区、老工业基地、贫困地区、边境地区等不同类型区域，实行有针对性的差别化国家支持政策，以切实提高政策的实施效果。

（魏后凯　中国社会科学院西部发展研究中心主任、研究员）

杰弗瑞·萨克斯：前进中国与转型世界中的西部机遇

回首过去改革开放的 30 年，中国在促进经济高速增长、增加社会保障覆盖，以及减少极度贫困等方面全面发展，已经打破了诸多世界纪录，如今中国正面临着一个新的发展阶段。

西部大开发：第三阶段非同寻常

过去30年可以划分为三个阶段，每一阶段大致有十年左右的时间。改革开放的第一阶段主要内容有人民公社制度的废除、农村经济管制放松、乡镇企业起步与发展、粮食市场自由化；第二阶段是国际化阶段，以外资流入、技术流入、国际外包生产、经济特区设立等为主要内容；第三阶段以中央政府的西部大开发战略为标志。

杰弗瑞·萨克斯

在前两个发展阶段中，第一阶段是均衡化的发展，农村收入增长要快于城市收入增长；而第二阶段明显是非均衡的发展，城市收入增长要远快于农村收入增长，沿海收入增长快于西部地区。在最近的十年里，许多西部省份经济增速都要快于沿海省份。因此我认为西部大开发战略在区域发展方面取得了巨大的成功。当然也有一些对于投资如何分配及其成效的关注及争论，即在取得物质资本与社会资本的平衡问题上，考虑基础建设的排序是否过于靠后了。考虑面对的挑战及经济的规模，我认为第三阶段是非同寻常的，也是十分成功的。

出口缩减与生态约束下的中国抉择

中国目前正在进入一个全新的阶段，可以说是第四个阶段。这一阶段有两个明显的特征。第一是国际环境的变化。中国出口导向的经济增长是基于高储蓄率和高出口带来的贸易顺差，而美国的经济增长却是基于低储蓄率以及与中国贸易的长期赤字，这样的情况以后不会再出现了。第二个特征是中美两国的大多数地区已经到达生态的极限。因此我认为中国面对着两个并存的问题，一是由出口导向向国内需求导向经济增长模式的转变，另一个是由资源密集型向资源节约型经济增长模式的转变，这也是全球范围内的转变。在中国发展的新阶段与全球发展的新阶段，我们将共同面对这两大问题。

短期之内中国应做些什么？面对出口缩减和生态约束的双重压力，中国的应对之策包括三个方面。首先，中国拥有在投资、银行贷款、刺激消费等领域超过 5000 亿美元的经济计划；其次，中国在可持续能源技术方面的投资空间巨大；第三，中国加快对社会保障网的投资。除了相对少量城市的国企和公共行政部门职工，中国的社会保障网络覆盖不足，尤其是 7 亿农村人口缺乏社会保障。从社会安全、社会平等、社会稳定，以及不断提高的消费水平等方面来考虑，中国要努力构建社会保障网络。

西部发展面临新的挑战和机遇

面对未来，中国西部的发展将面临着新的挑战和机遇。我目前正在主持一项研究项目，涉及哥伦比亚大学地学院、中国国家发展和改革委员会以及一些高校和研究机构。这项新的研究计划"中国 2049"，将对中国未来 40 年前景，包括中国长期发展的需求与选择进行展望，探求在共和国成立 100 年之际中国将会遇到什么样的问题。

第一个需要研究的关键问题是人口，包括持续增长的人口，人口稳定性及老龄人口的比重等。另外一个关键问题是老龄人口带来的疾病负担，包括非传染病的上升和易感传染病影响。第三个关键问题是可持续能源的挑战。

（杰弗瑞·萨克斯　哥伦比亚大学地学院院长）

丁任重：西部发展的历史机遇

西部地区是我国欠发达地区，各项事业发展都比较滞后，但也有潜在的发展优势，其一是资源优势。西部天然气储量占全国总储量的 64.5%，水力资源蕴藏量占全国的 82.5%。此外，还有许多矿藏资源。其二是地理优势。西部地区与 14 个国家和地区接壤，陆地边境线占全国的 85%。在国防、经济和社会发展中有重要的战略地位。该地区的向西开放，在构筑我国全方位开放格局中显示出了极其特殊的地缘优势。西部地区与周边国家的经济交流与合作还应进一步发展，增强边贸的商品种类，实现经济的互补；与周边国家更多地兴办合资企业或合作开发资源，把对外联合引向深入。其三是沿"桥"沿江优势。新欧亚大陆桥的建成，为西部地区的对外开放提供了新的机遇。它横跨欧亚大洲，联结太平洋和大西洋，为西部地区开展与欧洲、独联体各国和中东、西亚各国的贸易往来，提供了一条捷径。四川和重庆位居长江上游，应抓住长江经济带开发的时机，加快地方经济发展。其四，西部地区还具有"三线企业"的优势。20世纪60年代到70年代末，国家先后在"三线地区"投入了2000多亿资金，建成国有企业近三万个，拥有资产、技术和人才三大优势，是西部地区的经济增长点。

在未来"十二五"规划中，西部大开发要审视以下几个问题。第一，整体布局上应当重点突破。要在西部大的面积上全面推进西部大开发是不现实的。未来西部大开发应着重建设成渝经济区、环北部湾经济区和关中—天水经济区，这些区域工业化水平高，基础设施条件好，经济实力比较强，能够成为西部发展的"领头羊"。第二，在资源基础上实现产业结构升级。国家应给予切实有力的产业政策，帮助西部地区提升产业结构，提高产品的科技含量和附加值，真正形成西部发展的造血机制。第三，资源开发上要顾全地方利益。国家应尽快出台资源税，建立资源补偿

丁任重

机制，加大对西部地区的财政转移支付力度，让西部人民群众共享改革发展的成果。第四，实现综合扶贫和持续扶贫。在国家扶持贫困县中，西部超过总数量的50%。西部地区的贫困既是经济、生活贫困，也是能力、知识贫困，而且这些贫困是由历史、经济、自然、社会等多种原因造成的，是一种慢性贫困和综合贫困。应树立综合扶贫和持续扶贫理念，加大对社会事业的投入力度，从根源上解决贫困。

（丁任重　西南财经大学副校长）

杨沐：西部大开发和中国发展模式

杨沐

从 1999 年开始的西部大开发，是中国经济发展模式中的一个有机组成部分。这一战略旨在推动中西部地区的发展，减少地区经济发展的不平衡，及由此产生的社会问题。十年后的今天，可以看到这一战略总体上是成功的。中西部的基础设施得到了迅速发展；一批内地新涌现的明星城市兴起；神木等偏远地区的小县城，一跃跨入全国百强县的行列；西部 GDP 的年均增长和人均收入，至少跟上了全国的平均水平，没有使东西部的差距进一步扩大。这在世界各国的经济发展历史上是少见的。

西部地区，地处中国的上风上水，有多种不同文化的原住民，是中国的水源、气源、矿源，也是中国社会和谐和安全的敏感点。西部地区更迫切地需要尽快克服和消除中国发展模式中的负面问题。以下几点值得反思。

一是现代化不等于工业化，现代化也不一定在每一个地区都一定要经过一个工业化的过程。西部地区既是中国的水源，又是中国的严重缺水地区，从整体来说是不适合大量人口密集性居住的，是不适合需要大量人口来形成工业规模经济的。

二是人均生活水平的提高需要不断创造就业机会，但就业不等于发展制造业。珠三角、长三角、渤海湾等制造业基地的升级，不等于要把它的部分制造业转移到内地，特别是带有污染的冶炼业。正如林毅夫教授最近指出的，这次世界金融危机的原因之一是世界制造能力的过剩。随着科技的进步，自动化、智能化、信息化的发展，全世界所需的制造能力是有限的，它所能容纳的就业机会更是有限的。更多的就业机会需要新的经济部门，如新能源等。西部大开发的进一步发展，需要走出一条不同于东部的发展制造业的新路。

三是收入分配要有有利于西部发展的新结构。和国内一些学者常说的制造品的利润分配是向研发和行销这两头倾斜不同，近几年在世界市场上更经常地看到的是利润分配向资源国倾斜。中国西部现在已经是中国矿产资源的主要生产地，是世界上山岳冰川最多的地方，也是世界仅有的高原原生态地貌，没有勘探的地方还占很大的比例。西部是否可以发展成像澳大利亚和巴西一样，以资源开采与生产为最主要的支柱产业，通过资源开采公司所有权的收益，或资源税的地方分成来获得良好的地方收益，并刺激资源开采业的进一步发展，发挥地方的资源优势。

四是应该逐步提高西部本地民众对本地区经济与社会发展的参与权和分享权。20 世纪 80 年代，王小强、白南生等学者曾通过对西藏的调查，写过一篇名为《把输血机制变为造血机制》的报告，其思路至今还是有启发的。西部的发展，重要的除了有资金，还有资金的获得方式。应该使原住民通过参与权和分享权，获得尊严，获得发展的收益，获得对国家的认同感。

中国的发展模式是从东部的发展开始的。当世界都在思考中国为什么能这么快地实现经济大超越以及什么是"中国模式"之时，中国正在以可持续发展的大思路反思西部的十年大开发。

（杨沐　新加坡国立大学东亚研究所资深研究员）

陈栋生：西部大开发的新思路

西部大开发是基于"新时空，新思路"的理念。西部大开发体现出的新思路包括：第一，协调发展与可持续发展相结合。经济的发展要跟人口、资源、环境相协调。对不可再生资源，要瞻前顾后，合理地决定开发规模并保持必要的战略储备。第二，全面发展。全面的发展包括物质文明、精神文明的共同推进。第三，新的资源观。不能仅仅看到煤矿、铁矿、石油等资源，还有更重要的后天获得性资源。第四，新的优势观。比如煤炭资源只是客观条

陈栋生

件，而并不必然就是优势。第五，新的规划观。制定政策要突出前瞻性，在市场导向、竞争博弈观念指导下制定规划，而不是像过去那样由政府制定规划，然后下面照章执行。

目前，西部地区已经在很多方面成为国家的基地，全国使用的 44% 的煤、29% 的石油、44% 的棉花和绝大部分天然气都来自于西部地区。

这次金融危机对国际经济格局、国内区域经济格局产生深刻影响，凸显了西部地区作为潜在市场的重大意义。去年，西部地区的工业增长速度已经超过东部。根据国家统计局的数据，今年上半年，内蒙古工业增长速度同比增长 16.2%，广西增长 13.5%，宁夏和青海也在 7%—8% 之间。今年，规模以上的工业增加值，全国增加 7%，其中东部增加 5.9%，西部增加 13.2%。

当前西部地区面临着政府调控力的下降。邓小平同志的"两个大局"思想认为，"沿海地区要加快对外开放，使这个拥有两亿人口的广大地带较快地先发展起来，从而带动内地更好地发展，这是一个事关大局的问题。内地要顾全这个大局。反过来，发展到一定的时候，又要求沿海拿出更多力量来帮助内地发展，这也是个大局。那时沿海也要服从这个大局。"但是，西部顾全这个大局是在计划经济条件下、政府掌控能力占据主导地位之时；计划经济向市场经济条件转化以后，政府的调控能力已经和计划经济时代无法相比，如何让东部地区服从这个大局是个问题。

在吸引投资方面，逐步释放的市场需求、较低的要素成本都是吸引外资的优势。东部的产业转移到西部后，有利于企业节省人力和运输成本，也有利于东部地区产业升级。但是，由东部转移出去的产业一般都有污染或容易产生劳动职业病，不能原封不动地转移过去。在企业不愿意负担这个成本的情况下，政府应该制定一个治理方案，帮助产业转移。

（陈栋生　中国社会科学院荣誉学部委员）

范鹏：盘点十年——西部人的变与不变

今年是西部大开发战略实施 10 周年，人们特别是西部人自身都在盘点 10 年来西部发生的巨大变化，我想从一个西部人自身的视角简单地总结一下 10 年来西部人的变化以及变化背后那些不变的东西。

一是西部人忠诚老实的品格没有变，但做老实人的观念变了。10 年来，西部人的这一品格没有变，西部人仍然一如既往那样忠诚、坦诚、憨厚、老实。这种憨厚老实中多多少少包含的迟钝、愚昧、死板、土气等反面、消极意义却在不知不觉中减少了。

范 鹏

二是西部人豪放大度的性格没有变，但人际交往的方式变了。在人际关系方面特别是在交往方式方面，随着市场经济的逐步建立和东西部交流的不断扩大，西部人与东部人的交往、西部人之间的交往方式都发生了一些微妙的变化：亲兄弟明算账等过去认为不讲情义的交往方式现在在绝大多数西部人看来顺理成章；只要合法合理又合情，"将本求利天经地义"也为西部人所接受并实践；合同意识、守约观念在人际交往中成为常态；据理力争代替了过去的一味谦让甚至忍气吞声；熟人社会的亲情至上有所淡化，而市民社会的业务往来有所增加；交往半径扩大、通婚渠道增多导致了人际圈层的多样化与复杂化；在交往信任度下降的同时又伴随着交往效益的提高；在交往自主感减弱的同时却增强着自立的程度。

三是西部人艰苦奋斗的精神没有变，但开拓奋进的行为方式变了。例如，西部大开发中西部几乎所有省区都向外输出大量劳务，发展劳务经济成为西部农民脱贫致富的最直接、最简便也是最有效的方式；依靠科学勤劳致富成为西部大开发以来西部人艰苦奋斗方式改变的又一个生动例子。

四是西部人自然简朴的生活态度没有变，但生活方式特别是生活质量变了。西部人生活的空间比较广阔、生产方式相对传统、生活节奏有点缓慢，对生活水平要求不高。西部大开发并没有将西部人的这种生活态度改变多少，他们对生活满意的程度可能不会比东部人甚至大都市的低。但是，这 10 年中西部人的生活方式多多少少还是发生了一些变化，特别是生活质量明显提高。西部人与东部人一样也结束了短缺经济的时代、脱离了耐用消费品为主的生活境况。

（范鹏　甘肃省社会科学院院长）

陈冬红："宁夏模式"——西部开发实践的有益探索

陈冬红

西部开发 10 年来，宁夏在实践中做了许多有益的探索，创造出了许多在全国都具有一定导向意义的典型模式，主要有：

"农村土地银行"。主要是经营土地存、贷及与土地有关的长期信用业务的土地流转机构。农民将土地的经营权存入土地银行，土地银行则根据土地的地理位置、肥沃程度、升值潜力、剩余承包期限等确定一个"存款"利息，定期向农户支付。同时，土地银行将农户存入的土地进行适当打包、整合甚至部分改造，在维持土地集体所有权、农户承包经营权（特指基于承包合同派生出的处分权）以及基本农业用途不变的情况下，贷给其他农业企业、大种植户等土地需求者，并收取相应的"贷款"利息。目前，宁夏农村承包土地经营权流转面积已达 65.1 万亩，涉及农户 8.4 万户，分别占家庭承包耕地总面积和家庭承包经营农户的 5.8% 和 9.8%，高于全国平均水平。

"科技特派员制度"。主要涉及七个方面：一是"三保两优先"的保障政策。即对于被批准为科技特派员的公务人员，保留原行政职务，保留原工资、福利、奖金等待遇，保留原单位的编制；对干成效显著的科技特派员，优先聘任专业技术职务，优先提拔重用。二是"三不三奖"的激励政策。即对于科技特派员创业分红、收入多少不查；技术入股的比例由双方协商决定，政府不管；自愿到第一线创业的，原单位不阻留；创业期间有重大贡献者，奖励 1 万—3 万元；效果明显的，工资提前晋档一级；指导农民增收幅度较大的，给予优秀公务员奖励。三是鼓励科技创业。科技创业将得到项目、资金的扶持。四是投入保障机制。由自治区政府相关主管部门主导，成立科技创业协会和科技创业基金会，组建科技创业投资公司；同时，由自治区财政建立科技特派员创业行动专项资金。五是整合金融资源。通过有意识的行政手段，将商业银行的小额贷款、农业综合开发资金、扶贫资金、科技资金和科技创业资金整合在一起，共同支持科技特派员的创业行动。六是立足创业抓项目。科技特派员的技术服务或者创业行动一般都与某个经过策划和论证的发展项目捆绑在一起，因此，科技特派员既有具体的创业内容，又能得到资金的扶持。七是鼓励建立利益共同体。鼓励科技特派员与农业生产者共同承担生产和经营中的风险，共享科技特派员带来的利益。科技特派员制度在很大程度上解决了目标群体的资金和技术短缺问题。

"少生快富"。其核心内容是在稳定现行生育政策的前提下，通过经济奖励的办法，提倡和鼓励政策允许生育三个孩子的少数民族夫妇少生一个孩子，对自愿少生一个孩子并采取永久性节育措施的夫妇给予一次性经济奖励。奖励资金目前为每户3000元，自治区政府还将进一步提高奖励标准，在原来标准基础上再增加3000元，并且扩大"少生快富"实施范围，在采取长效节育措施的人群中开展"少生快富"工程试点工作，全面实施"少生快富"工程独生子女户、纯女户提前奖励扶助制度。作为配套政策，农村计划生育家庭实施了奖励扶助制度，2009年起奖励扶助金从每人每月50元提高到每人每月100元，奖励扶助对象年龄从60周岁提前到55周岁。从2000年实施以来，人口出生率从2000年的16.49‰下降到2007年的14.80‰，人口自然增长率从2000年的11.92‰下降到2007年的9.76‰，取得了显著的效益。

"水权转换"。从2003年开始，宁夏率先在黄河流域开展了水权转换试点工作，即"投资节水，转换水权"。在确保饮水安全、粮食安全和生态用水的前提下，改变现有水资源利用格局，引导水资源向高效益、高效率方向转移。具体做法是，让企业通过投资农业节水设施，把灌溉过程中渗漏蒸发的无效水流节约下来，转移到工业用水上，以此来扩大企业生产。通过水权转换，宁夏使有限的水资源获得了最大利用效益。

其他还有省管县；生态移民；"三网合一"，消除城乡信息鸿沟；药招"三统一"，完善农村基层医疗卫生制度，等等。这些经验被统称为"宁夏模式"，并在全国推广应用，为宁夏跨越式发展和西部大开发发挥了积极作用。

（陈冬红　宁夏社会科学院副院长）

孙发平：保护三江源，构筑高原生态屏障

孙发平

三江源，位于青海省南部，被誉为"中华水塔"，是中国大陆生态"最敏感的一块皮肤"。近半个世纪以来，三江源生态环境日趋恶化，荒漠化、草原退化及水土流失问题十分严重。目前水土流失面积占到总面积的 35% 左右，有 90% 的天然草地不同程度地出现退化，其中中度以上退化草地占 70% 以上，不少天然草地变成了寸草不长的"黑土滩"。"黄河第一县"玛多县原有 4000 多个湖泊，近十年来，干涸了近一半。

三江源生态保护工程自 2005 年启动以来，部分沼泽、湖泊面积和植被盖度均有不同程度的增加，生态出现恢复的迹象。截至 2008 年底，共完成退牧还草 3360 万亩、围栏封山育林 182.68 万亩、退耕还林 9.81 万亩、治理"黑土滩" 14.6 万亩、地面鼠害防治 8122 万亩，生态环境质量明显改善，年增加雨量 56.9 亿立方米。逐步实现了草畜之间、动物之间、植物种类之间的生态平衡和良性循环，初步遏制了三江源生态恶化的趋势。

要确保三江源生态环境的长治久安，真正构筑我国高原生态安全屏障，需要从国家层面、流域中下游地区以及三江源区自身等方面共同推进。

首先，要建立健全生态补偿机制，高度关注和解决民生问题。建立以增加牧民生活补偿、完善社会公共服务、扶持牧民创业为主的、长期的、全方位的补偿投入机制。提高农牧民收入，建立健全社会保障体系；全额补贴教育费用；提高退耕还林、退牧还草等各类生态项目补助标准，延长

补助年限为永久性补助。

其次，要加快城镇综合服务体系建设。生态工程的核心是保护和建设，但减少和转移人类活动对自然力的作用、转变群众生产生活方式是重中之重。因此，要通过城镇的带动、人口的集聚和产业的培育，逐步发展壮大城镇经济，增强其吸纳生态移民的能力。

同时，要进一步加强和重视民族团结和社会稳定工作。政府应当建立维稳经费及由中央财政负担的保障机制；组建公安特警支队和刑侦技术支队；进一步加强行政职能的硬件投入，改善基层干部职工的工作生活条件；将寺院通水、通电、通路等公益性基础性建设项目纳入城乡建设规划，加强对寺院活佛僧尼等宗教教职人员的爱国主义教育培训，将贫困僧尼纳入农村低保，以维护社会稳定。

最后，要积极培育生态产业发展能力，增强生态监测与环境监测能力，提高全民的科学文化素质。要在保护生态环境的前提下，促进资源合理开发与利用，以承接限制开发或禁止开发区域的人口转移，保持经济社会的基本发展；大力发展生态畜牧业；积极发展生态旅游业；鼓励民族手工业等民族商业贸易的发展。完善生态保护经济政策体系，建立生态监测的评价、预警系统，为政府决策提供相关的技术支撑。注重提高全民的科技文化素质，采取各种措施加强科普知识、技能培训的力度，这是未来生态环境保护与建设的基础工作。

（孙发平　青海省社会科学院副院长）

冯宗宪：如何应对西部大开发的第二个十年

下一个十年，西部大开发的经济社会发展与环境治理的研究特点将是综合性、交叉性和复杂性。

第一，资源开发、环境保护和民族地区、边疆地区、革命老区及贫困地区的经济社会发展问题在我国西部地区是紧密联系和交叉在一起的，它对于地区发展、边疆稳定有十分重要的战略意义，是西部大开发第二个十年中亟待研究解决的一个重大的突出课题。

冯宗宪

在西部大开发第二个十年进程中如何转变传统的以牺牲资源环境为代价的发展方式，探索生态环境与经济社会协同发展的"双赢"模式，使资源合理开发利用，进而实现生态环境与经济社会良性循环、可持续发展的目标，任务相当艰巨。丰富的资源禀赋既可能成为西部比较优势的重要依托，然而发展理论及实践经验也表明，一味依赖某些不可再生资源开发会导致"比较优势陷阱"和"贫困化增长"后果，出现"资源诅咒"。随着开发环境的恶化、资源枯竭周期的到来，甚至可能成为制约当地经济持续发展的主要因素，而且威胁着当地居民的生存。因此对于西部资源富集区而言，如果长期依赖于自然资源的大规模开发和出口，将导致产业单一化，从而使本地经济变得更加脆弱。资源一旦枯竭，加上对环境的破坏损失以及无任何接替产业可以有效接续的话，当地发展不但不可能甚至会陷入到比资源开发前更为严峻和困苦的窘地。西部地区是我国的革命老区、资源密集区、多民族集中的地区，我国的内蒙古、新疆、西藏、广西和宁夏等五个自治区都位于西部地区。那里的经济发展远远滞后于东部和中部地区，这种经济发展的不平衡，势必会体现在社会发展的不平衡上。这种经济社会发展不平衡的矛盾，尽管是局部的问题，但由于发生在民族地区和边疆地区，较容易受到境内外势力的影响、利用甚至对全国产生巨大的破坏作用。在西部大开发第一个十年，西部地区包括民族地区经济社会发展都取得了重大的进步，但长期积累的经济社会问题仍然难以从根本上得到解决，有些问题相当严重，有些问题还具有潜伏性和深层隐患特征，一旦冒头就会造成巨大社会影响。因此在下一个十年必须未雨绸缪，着力加以重视和解决，注意经济发展、社会公平与环境和谐。

为此，需要研究尽快完善矿业权有偿取得制度，合理分配和使用矿业权出让收益，形成企业节约和合理开发能源资源的机制，形成有较高技术含量和生产能力与经济效益的产业链，及时培育和发展接续产业；研究如何有效地解决中央和地方的利益分配关系，特别是对投资于西部地区资源开发的中央企业，如何建立有效的制度和评价体系，使之不但对所属部门负责，还应承担其对地方发展的经济社会责任，为当地经济社会可持续发展与环境治理作出应有的贡献。

第二，内外开放条件下地区之间、城乡之间的产业转移与污染扩散问题需要引起注意。

与过去封闭条件下的开发有着本质不同的是，西部大开发是在中国加入世界贸易组织、进一步扩大对外开放的条件下展开的，对内对外开放日益扩大，使我国企业、产业和区域经济受到国际、国内环境因素（如环境标准）的双重影响。改革开放以来，特别是西部大开发十年来，我国经济快速和不平衡的增长把发达国家近50—100年逐步出现的环境问题，于比较短的时间内在西部地区经济社会发展过程中集中暴露出来，使得环境污染问题与资源短缺、生态破坏问题，地区性问题与全球性问题交织重叠，更加剧了环境问题的复杂性。与此同时，随着环境保护形势的变化和可持续发展战略的逐步实施，环境与资源保护从单纯的污染治理和生态保护的技术层面，逐步扩展到了调整产业结构和消费方式的宏观经济层面，甚至扩展到了改变人对自然道德观念的社会文化层面。

在不同的环境标准和规则下，我国区域经济的不平衡增长引起了各地污染排放强度的不同变化与地区之间、城乡之间污染产业和污染品的空间转移。此外，发达国家也正通过贸易与投资渠道将本国所禁止的污染品和污染产业转移到我国，使我国的可持续发展面临着来自国内、国际两方面的挑战。因此，充分借鉴国际经验和教训，实行对外开放，利用国际资本、技术和人力资源，减少贫困，是促进西部发展与生态重建的一条重要途径。同时，又要避免在开放和引资过程中成为外部污染产业和污染品转移的垃圾场，造成新的难以恢复的生态环境问题。

（冯宗宪　西安交通大学发展与投资研究中心主任）

中国西部大开发和社会主义市场经济的可持续发展

社会主义市场经济持续发展需要四个方面的条件：防止地区差距扩

大；完善社会保障制度；引进资本和技术；防止环境恶化。

地区间存在差距并非破坏社会经济的因素。实际上，还有可能推动低收入地区新的劳动密集型产业的发展。对于中国经济的发展方向，一些学者认为，应推进内陆地区民营经济发展。由于中国人才发展指数（HDI）尚未稳步上升，基础设施和社会保障制度尚未完善，国内外要素流向不是面向内陆地区，而是强化面向东盟发展中国家或南亚地区。这里不是指整个中国都向南发展，而是指中国沿海地区的资金和企业南下。越南有稳定且廉价的劳动力，但是工业化历史不长，基础产业发展落后，几乎所有材料都必须从海外运进。外资普遍希望利用华南的供应链，越南的进出地应该是靠近华南的越南北部的河内和海防的郊外，形成"华南—北越"经济圈。我们认为，应将此进一步修正为"华南—西部—北越"经济圈。

发展中国家实现经济发展的关键，是经营资源的保证，其中最重要的是技术和资金储备。有学者以进化论为理论背景提出，作为形成技术能力的重要因素，技术和教育制度储备极为重要。在推进市场经济的中国，民营企业的作用也很重要。西部大开发的成功与否也取决于民营企业。近年备受瞩目的"产业集聚"是广义的技术积累。

随着地域开发和工业化，环境恶化在某种程度上是不可避免的。环境问题的原因之一是区域竞争。今后在西部的开发竞争会更加激烈，要调整地区利己主义政策，把可持续发展作为地区开发政策的条件。清洁发展机制（CDM）是中国经济发展和西部大开发面临的一个重大挑战。日本和中国（特别是西部地区）加强合作应对全球变暖，将使双方受益。第一，中日间的 CDM 将给中国区域经济以及资源利用产生影响，提高资源利用效率。第二，中日间的 CDM 利用不仅给中国带来效益，而且给东南亚地区带来效益。过去的 CDM 研究主要集中在投资国利益即排出量分析。上述两个视角发生了很大改变。中国环境政策对亚洲的影响是一个重要研究课题，要进一步从构建数量分析框架和评估模型的角度进行研究。

（日本文部科学省《中国西部大开发和社会主义市场经济可持续
发展研究》课题组）

编辑短评

西部，承载中国腾飞的梦想

提起西部，潜藏于记忆中的是其壮美的风景与质朴的同胞。但这幅美妙的图景之中，总还是少不了那些贫瘠的土地、贫困的身影。然而，先进与落后只是历史的过程，世界上没有哪个地区注定要被打上落后的烙印。从落后到先进，闪耀的是人类主观能动性的光芒。

适度的差距是刺激经济发展的必要条件，绝对的平均只能使发展停滞。在改革开放的关键时刻，中央把思想统一到了"两个大局"的战略部署中，将东部地区确定为发展的战略中心，由此在经济全球化进程中，及时地抓住了全球第三次产业转移的历史机遇，引领中国跨入现代化的门槛。

当国家的蛋糕做大之时，人们没有忘记为促进国家发展而付出资源与时间成本的西部。1999年，在"两个大局"的思想指引下，西部大开发战略应时而出。之后的10年，在中央政府和东部地区给予的资金、人力、科技、产业、教育等各种政策支持与援助下，西部地区获得了全面发展。

西部是中国的后方，是中国的水源、气源、矿源和生态根据地。所以，与改革开放初期的粗放式增长不同，西部大开发伊始，中央就强调要保护生态、以人为本，积极促进经济、资源、环境与人的协调、可持续发展。10年间，在促进经济稳步发展的同时，西部保住了青山绿水、雄鹰草原。西部的发展是辩证法的胜利，保护与开发这一对矛盾体，在西部实践中统一于人民的根本利益。西部也由此成为"以人为本"理念的首倡者。

2003年之后，科学发展观的提出与完善带动了发展理念的更新、发展思路的创新，全面、协调、可持续发展成为指引西部发展的科学指针。观念是行为的先导。在科学发展观的指导下，西部地区将站在更高的平台之上，创新发展模式，使改革普惠民众。

从当年风靡世界的"中国制造"到如今举世瞩目的"中国模式"，虽然只是一词之差，折射的却是中国战略布局的大调整与发展层次的大提升。全国一盘棋，没有西部地区的发展，就没有中国整体实力的提升与全面现代化，也就谈不上成功的中国道路。

沧桑数千年，西部的黄土地曾经见证了中华文明的辉煌。如今，站在新的历史征程上，西部这片承载着中国腾飞梦想的热土正在昂首向前。

生态文明与中国发展

记者　吕莎

日前，中国第一份各省区市生态文明排名榜出炉，北京、上海、广东位列前三名。作为国家社科基金项目"新区域协调发展与政策研究"课题组的研究成果，《中国生态文明地区差异研究》自党的十七大提出"建设生态文明"以来，首次披露了各省区市生态文明的发展现状。

当前，生态文明建设已经成为当代中国发展中一个极其重要的问题。今后，生态文明建设仍将得到人们的持续关注。如何更好地建设生态文明？如何应对我们面临的一系列生态危机？如何深刻认识事关生态文明的一系列重大问题？这些已经成为需要哲学社会科学工作者必须高度关注、并且做出高质量答卷的重大课题。

一泓池水

彩云之南，曾有一池秀水。

"五百里滇池，奔来眼底。披襟岸帻，喜茫茫空阔无边！看东骧神骏，西翥灵仪，北走蜿蜒，南翔缟素。高人韵士，何妨选胜登临。趁蟹屿螺州，梳裹就风鬟雾鬓；更苹天苇地，点缀些翠羽丹霞。莫辜负四周香稻，万顷晴沙，九夏芙蓉，三春杨柳"。

这是清乾隆年间云南布衣学者孙髯为大观楼题写的"天下第一长联"的上联。一句"五百里滇池"道尽当年的无限风光。

然而，近些年来，滇池的污染极其严重，已被列为重点治理的湖泊之一。据有关资料显示，仅"七五"以来国家和云南省相继投入滇池污染治理的经费就已突破了40亿元。

穷则求变，乱而思治。人类的视线开始从单纯发展经济转向经济与生态的和谐发展。从可持续发展战略的制定，到科学发展观的提出，其中深深蕴含着对生态文明的价值关切。

就在今年7月末，胡锦涛总书记在云南考察工作时，专门视察了滇池治理工作，并提出了具体要求："按照建设生态文明的要求，深入实施七彩云南保护行动，突出抓好滇池等水污染综合治理。"这几年，滇池污染治理取得明显进展，但治理任务仍十分艰巨。胡锦涛总书记要求有关方面加大滇池污染治理力度，坚持综合治理，务必持之以恒，使滇池这颗高原明珠早日重现光彩。

据相关报道，从8月上旬开始，滇池治理工作在草海、老干渔场、大观河等重污染区域启动新的"RHP"生物强化技术。有关负责人表示，将用两年半的时间通过综合治理，把这三个区域的水质从现在的重度地表劣五类水质全面提升到地表四类水质。

滇池的治理，仅仅是生态文明真正进入中国经济社会发展的事例之一。事实上，仅今年上半年以来，三亚、成都、漠河等地就纷纷召开以生态文明为主题的学术研讨会，研讨生态文明建设理论和实践重大问题。广西也已于近日提出建设成为全国生态文明示范区。生态文明建设，正在中国展露曙光。

回顾人类发展史，从1930年12月比利时马斯河谷工业区烟雾事件——20世纪最早记录的公害事件以来，工业所致的严重公害事件在全球平均每十年就出现一次。洛杉矶光化学烟雾事件、日本水俣病事件、印度博帕尔事件、苏联切尔诺贝利核泄漏事件、剧毒物污染莱茵河事件，一次次代价惨重的生态灾难为人类发展敲响了警钟。进入21世纪以来，生态灾难的阴影依然没有离去，反而发作得更加频繁。在新世纪的第一个十年，SARS、禽流感、甲型H1N1流感等传染性疾病纷纷来袭，整个"地球村"陷入恐慌。除疾病外，全球气候变暖、臭氧层破坏、土地退化和沙漠化等环境问题也严重威胁着人类生存。生态危机，已经成为并将继续成为21世纪人类面临的最大挑战。

三种文明

从狩猎、采渔的原始状态到农业文明用了百万年，从农业文明到工业文明用了近一万年，而从工业文明走向生态文明只用了三百年。

机器轰鸣，烟囱林立，是工业时代的典型场景。自 1840 年第一次工业革命在英国爆发之后，世界各国就开始了竞相追逐工业文明的进程。以煤炭和钢铁为标志的"黑色革命"为人类社会的发展注入了强劲动力，机器大生产带来的价值早已超出人们最初的想象。在短短三百年的时间里，工业文明积累了大量成果，原始文明和农业文明被彻底瓦解，不可持续的生产方式和张扬个人欲望的生活理念成为工业文明时代最清晰的注脚。生产力获得极大进步的同时，生态环境正成为工业时代的牺牲品，人类赖以生存的地球已千疮百孔。

20 世纪六七十年代，在以美国为代表的西方国家爆发了一场新的社会运动——生态运动，参与者号召通过变革生产、消费、生活方式调整生态系统。这场运动迅速蔓延到整个国际社会，许多国家出现绿色和平组织及绿党等民间组织、政党或学术团体，生态运动在世界范围内蓬勃发展，生态环境问题受到越来越广泛的关注。

1987 年 2 月，联合国环境与发展委员会提交了一份著名的报告——《我们共同的未来》，报告系统地提出了可持续发展战略，并给出定义，"可持续发展是这样的发展，它满足当代的需求而不损害后代满足他们需求的能力"。1997 年 12 月，《联合国气候变化框架公约》第三次缔约方大会在日本京都召开。会上，149 个国家和地区的代表通过了旨在限制发达国家温室气体排放量以抑制全球变暖的《京都议定书》。

在工业文明的发展进程中，可持续发展的理念正在被越来越多的国家所接受。生态文明的提出是对可持续发展认识的深化，是对传统工业文明的理性反思，生态文明超越了农业文明、工业文明阶段，它所蕴含的人与人、人与自然、人与社会和谐共生、持续繁荣的理念是指引人类走向可持续发展的路标。

六旬路径

新中国成立 60 年来，我国的生态环境保护工作走过了一条曲折的道路，取得了丰硕的成果。

新中国建立初期，工业基础相当薄弱，人口总量较小，经济与环境资源的矛盾尚不突出，环境保护还没有引起足够的重视。这一时期，经济发展从某种意义上可以概括为"重数量、轻质量、重眼前、轻长远"，一些地区盲目发展，毁坏林场草场，围湖围海造田，生态环境进一步恶化。

环境的破坏引起了国家领导人的注意，周恩来在 20 世纪 70 年代初指出，"我们可不要做超级大国，不能不顾一切，要为后代着想。对我们来说，公害是个新课题。工业化一搞起来，这个问题就大了"。根据周恩来的指示，我国政府派代表团参加了 1972 年在斯德哥尔摩召开的联合国第一次人类环境会议。1973 年 8 月，第一次全国环境保护会议在北京召开，揭开了中国环境保护事业的序幕。随后，国务院环境保护领导小组正式成立。

在 1978 年修订的《中华人民共和国宪法》里规定："国家保护环境和自然资源，防治污染和其他公害。"这是新中国历史上第一次在宪法中对环境保护作出明确规定，为我国的环境保护工作和以后的环境立法提供了宪法依据。1979 年国家颁布了《中华人民共和国环境保护法（试行）》，环境保护工作进入法治阶段。到 20 世纪 90 年代，我国环境与资源保护法律法规已初具规模，涵盖水污染、大气污染、海洋污染、固体废物污染等诸多领域，对环境保护、污染治理发挥了重要的指导作用。

2003 年，党的十六届三中全会首次明确提出科学发展观的概念，要求"坚持以人为本，树立全面、协调、可持续的发展观，促进经济社会和人的全面发展"。科学发展观的提出，是我们在构建生态文明、塑造生态文明的道路上收获的重要理论成果。

2007 年，在党的十七大上，胡锦涛总书记进一步提出要"建设生态文明，基本形成节约能源资源和保护生态环境的产业结构、增长方式、消费模式"。生态文明是对科学发展观与中华传统和谐理念的提炼及升华，生态文明被提升到与物质文明、精神文明、政治文明同等的高度，是在认识上的又一个飞跃。

绿色之途

　　绿色，是生态文明的主色调。绿色，将成为 2010 年上海世博会的主基调。在世博会的筹备工作中，保护环境、节约能源、减少碳排放的建议被提到重要位置。世博会是上海实现可持续发展的契机和挑战。实际上，上海近年来在保护生态环境方面的努力已经初显成效。2000 年"申博"以来，上海市环保投入占同期生产总值的比重连续 9 年超过 3%。目前，上海市空气质量优良率连续 6 年稳定在 85% 以上，水质稳中趋好，绿化覆盖率从以前的 20% 上升到 38%，人均公共绿地提高到 12.5 平方米。

　　上海只是中国城市环境建设的一个缩影，它反映了我国经济发展中的新变化，"高能耗—高污染—低产出"的经济增长方式正在被扭转，生态保护越来越受到人们的关注。

　　长期以来，我国的经济发展都是以资源消耗和环境污染为代价的，粗放型经济是 20 世纪后半叶中国经济发展的主要形式。随着我国城市化进程不断加快，居民消费结构快速升级，重化工业迅速发展，经济发展与保护资源环境之间的关系日益突出。中国工程院副院长杜祥琬院士在谈及可持续发展时曾指出，1978 年至 2000 年，我国靠能源翻一番支撑国民经济翻了两番，从 1992 年开始，消费量已经超过了我们自己的生产量。在 1992 年以前，我们的生产多于消费，但是到了 20 世纪末 21 世纪初，消费逐渐多于生产，我国成了能源不能完全自给的国家。在这样严峻的形势下，坚持可持续发展是不二选择。推动线性经济向循环经济转化，走人与自然和谐发展的道路，已成为国人的共识。近年来，我国在加强生态建设、保护和治理环境、开发利用新能源方面成效显著。

　　今日中国正走上生态文明的绿色之路，如何正确引导理念、完善制度保障，如何在这条路上走得更深更远，是我们应当关注和深思的问题。

中国道路

中国社會科學報

·（2009—2010）—

特别策划（上卷）

历史之谜的解答

文明，不能成为荒烟古道、断壁废墟中的追忆，不能仅仅以人类自身的发展为满足。相反，文明的发展应当是日益丰富深沉、日益青春勃发，将无限的类的存在和无尽的生机纳入自己的胸怀。

有专家指出，从这一意义上讲，生态文明正在构成人类社会发展中一种新的文明样态，它的理念将逐渐渗入人类的历史、地理、风土人情、传统习俗、生活方式、文学艺术、行为规范、思维方式、价值观念，从而在最高层面上导引着人与自然的氤氲化生，见证着人类的发展方式，寄寓着人类的文化自觉。坚守生态文明的发展理念，科学推动中国经济社会发展，用不了多久就会看到，文明正携着蓝天绿地、烟柳丹霞向我们走来。

165 年前的 1844 年，年仅 26 岁的卡尔·马克思博士探索和憧憬未来的共产主义社会时，曾经在自己的笔记本上写下了这样几句话：

"这种共产主义，作为完成了的自然主义 = 人道主义，而作为完成了的人道主义 = 自然主义，它是人和自然界之间、人和人之间的矛盾的真正解决，是存在和本质、对象化和自我确证、自由和必然、个体和类之间的斗争的真正解决。它是历史之谜的解答，而且知道自己就是这种解答。"

时光荏苒百余年，当我们今天用生态文明的视角来审视中国发展，用中国发展的经验来充实和丰富生态文明这一崭新文明样态的内涵时，也许，人类已经向着"历史之谜的解答"又迈进了一步。

"社会主义在本质上应该是生态社会主义"

——专访日本环境哲学家岩佐茂

走保全环境下的经济发展之路

记　者：岩佐茂先生您好！您是将生态社会主义思想或者说生态马克思主义思想带入日本的第一人。目前，资本逻辑和生活逻辑对立的焦点是目前很多国家面临的难题，经济发展与环境保护能否两全，一直以来是一个争论不休的问题。站在马克思主义的立场上，您怎么看待这一现象？

岩佐茂：如何保全环境并实现经济发展是思考当今全球规模环境问题

的关键。关于两者之间的协调问题，日本曾在发生产业公害时进行过深入的讨论。日本政府在 1992 年举行的全球环境首脑会议报告中说，日本"已做了克服产业公害、同时推进环境保全和经济开发的努力"，是使环境保全与经济增长同时进行的"克服公害的先进国家"。但是，这种说法并不正确。因为协调也有两种：一种是在不构成经济增长和开发障碍的前提下去协调环境与经济的关系，即以经济开发为主兼顾环境；另一种是以环境保全为中心去协调经济增长和开发，即在优先考虑环境的前提下与经济开发相协调。日本政府说的是前一种，而我要说的是后一种，两者是不能混淆的。只有在优先考虑环境的前提下实现经济发展才是真正的人类可持续发展之路。

记　　者：我知道您不但从理论上批判资本主义，还研究具体的环境政策，能在这方面谈一谈您的具体看法吗？譬如您常提的一个观点：工业文明的显著特点是"大量生产—大量消费—大量废弃"。废弃物作为最后一个环节往往被看做是污染环境的"罪魁祸首"，但是您认为真正的"症结"在于"大量生产"。

岩佐茂

岩佐茂：的确，过去日本出于卫生角度的考虑对焚烧废弃物比较重视。20 世纪 90 年代后，随着废弃物问题的日益严重，日本提出了新的废弃物政策。1991 年对《废弃物处理法》（1971 年）进行了彻底修改，还制定了《回收再利用法》（2000 年进行了修改）。此外，日本还效法德国的避免包装废弃物政令，在 1995 年制定了《容器包装回收再利用法》等。从 2001 年 4 月起，电视、洗衣机、冰箱、空调等四个家电品种的再利用成为家电企业的义务。但是，日本环境政策的最大问题在于不能像德国那样明确企业对回收和再利用废旧物的责任，简单地说，不能在法律上确认"生产者负责原则"，而是由国家、消费者和企业共同负担"排除者责任原则"，这表明日本政府对企业的偏袒，试图将企业的责任转嫁给国民。正是在这个意义上，我一直持续不断地批评日本的循环经济政策。

建立循环型社会任重道远

记　　者：中国的城市正处于工业化的高速发展时期，日本则在以前就已经完成了这个阶段。相比较而言，日本在构建循环型社会方面积累了很多经验。您认为，怎样才能建立真正的循环型社会？

岩佐茂：事实上，德国率先进行了循环经济的摸索。日本从20世纪90年代后期开始，才正式着手建立以生活废弃物和产业废弃物循环再利用为目标的循环型社会。起点是于1999年11月召开的以制定循环型社会法案为目标的自民党、公明党的联合政策部门会议。虽然两党有些分歧，但是2000年5月，《促进循环型社会建设基本法案》还是获得通过。

法律制定出来了，但是要真正实现这个目标，还面临很多问题。一个最为关键的问题是建设回收再利用或循环型社会的努力，并不完全等同于建立可持续发展的社会。例如，森冈正博提出质疑：即使做到在国外生产，并且把国内建成"完备的回收再利用的社会"，这样的社会恐怕也只是"回收再利用型的超级消费社会"。

我认为，建立循环型社会的关键在于首先要克服过量消费的生活方式，反省以大量消费为前提进行大量生产的体制。举一个具体的例子，现在的大型家电产品是以8年左右的寿命为基准生产的。在日本，汽车4—5年就进行产品更新，据说欧美是6—7年，由于对这个基准批判的多，汽车寿命有所延长，但是另一方面新车种的销售也增加了。另外，日本还不断推出一些只增加新的选择功能的商品，这种生产方式维持着以大量消费为前提的大量生产。

其次，要贯彻3R思想，明确生产者责任。3R指的是减量（reduce）、再使用（reuse）、再利用（recycle）。3R思想的根本在于，不是在下游（消费）而是在上游（生产）考虑3R。要建立真正的循环型社会，还要转变目前以石油煤炭燃料为中心的能源政策。能源、资源与经济活动紧密相连，在丹麦就没有罐装啤酒、果汁和随处可见的自动售货机。日本在应对石油危机的过程中，采取了节能政策，开发了节能技术，以实现最大限度的能源利用。但是，日本仍存在温室气体的排放问题。

按照《京都议定书》的要求，2008—2012年日本的温室气体排放量要比1990年减少5%，然而，截止到2007年，温室气体排放量却增加了9.2%，因此要实现目标，还需要减少14.2%，而欧盟则有望按计划实现。德国政府已与产业界签订了协议，2008年已经将排放量减少23.3%，在化石燃料向清洁燃料的转型上也是相当成功的。现在德国使用的电力中，自然能源已占到12%，而且计划在2030年要达到45%。而日本政府只要求发电企业在2013年使用自然能源发电占1.65%即可。

"社会主义在本质上应该是生态社会主义"

记　者：生态社会主义是近年来世界上较为活跃的一种思潮，在对资本主义工业文明的现代性失望后，这种思潮独树一帜，试图把生态学同马克思主义结合在一起，寻求新的出路。您有个著名的观点"社会主义在本质上应该是生态社会主义"，能谈谈这个观点吗？

岩佐茂：10年前，我在《环境的思想》最后一章中提出这个观点，今天，我仍然坚持这一看法。我想从理论和实践两个方面来说一下这个观点。首先，在理论上应当承认，马克思的思想基本上包含了环境观点。青年马克思在《1844年经济学哲学手稿》中提出"自然主义和人道主义的统一"思想，认为以劳动为中介的人与自然的关系是"自然与自然本身的关联"，共产主义是自然主义和人道主义的统一，是"人与自然矛盾的真正解决"。成熟时期的马克思在《资本论》中提出了更为具体的环境观点，认为环境破坏是由于物质代谢出现"断裂"和被"搅乱"的结果。恩格斯也曾指出，人过分相信对自然的"支配"和"胜利"会招致自然的"报复"。

但是，从实践上说，马克思以后的马克思主义者缺少环境观点。他们很少对马克思理论中包含环境思想的必然性，以及社会主义作为生态社会主义包含环境保护逻辑的必然性进行论证，而是幼稚地认为社会主义不可能存在环境问题，以至于社会主义的环境问题被揭发时，一些人根本不承认。马克思主义者应该认识到，之所以会产生这种情况，主要是因为其没能对社会主义在本质上蕴含环境主义这一点做出合理的说明。

日本有些人认为生态社会主义与市场机制无法相容，我认为，既然社会主义不能无视市场机制，那么生态社会主义也无需否定市场机制，相反，生态社会主义应该学会通过市场机制建立环保体系。

记　者：新形势下，您认为社会主义国家如何在环境问题上有所突破？

岩佐茂：环境问题起源于社会体制的不公平、生产关系的不合理。"公害"以及"全球变暖"就是这方面最典型的例子。但是由于资本主义在社会结构上必须保持贫富分化，也就是说它在结构上必须维持着"不正义"，否则它就无法实现剥削、获得利润的目的，因此它不可能真正消除"公害"以及"全球变暖"这类问题。而社会主义的本质在于公平正义，按道理讲，它能够消除资本对弱势群体的欺凌以及社会的不正义。从理念上看，社会主义应该更容易将环境保全体系纳入经济活动当中。中国政府意识到了环境破坏的危害性，对建构环境保全体系也非常热心。总之，我认为社会主义本身就包含着可以将环保观点纳入到经济活动中的要素。

（岩佐茂，1946 年生，日本北海道人。日本著名的环境哲学和伦理学家，现为一桥大学社会学研究科教授。主要著作有：《环境的思想——环境保护和马克思主义的结合处》、《环境的思想与伦理》、《哲学的现实性》、《〈德意志意识形态〉诸方面》等。）

（记者　陈静）

吉登斯：经济衰退、气候变化与规划的回归

安东尼·吉登斯

当前，每一个地方都充斥着气候变化以及如何应对的消息。当然，经济衰退也一样。它们都是全球性的、使人深为忧虑的问题。那么，二者之间最终将会是一种什么样的关系？

西格蒙德·弗洛伊德曾经说过，每一次危机同时也是个性积极一面的潜在刺激物———种重新开始的机会。政治领导者没有忽视这一点。仿效美国总统奥巴马，许多国家领导人都签约支持气候变化"新政"的理念。有理由相信，低碳技术的投资、建筑和公共交通中保温材料的投资等，将为经济的再一次腾飞作出根本的贡献。

尼克·斯特恩——《气候变化经济学》的作者——认为，上述这些措施至少必须占恢复方案投资的 20%。奥巴马提出的计划某种程度上低于这一比例，但其他一些国家的比例却高于此。比如，在韩国的恢复方案

中，至少 2/3 以上的投资用在了这些目的上。

我支持气候变化"新政"的理念，并希望它能如其所计划的那样实现双重收益——实际上，如果各个国家能够减少对进口油的依赖，它将带来多重收益。但是，弗洛伊德所说的刺激效应应当刺激我们在更广泛的前沿领域进行思考和行动。

我们正处于一场重大革命的风口浪尖上。化石燃料的经济即将逝去，现在是深入思考其可能意义并得出结论的时候了，这包括从对事实的本质、现世的意义到更加广泛和推理性的思考。

从本质上看，主要是有关工作的问题。气候变化"新政"的支持者认为，"新政"本身就将带来新的工作。但如果认为"新政"本身将增加工作的净数目——也就是说，将产生比以前更大数量的工作，那么我不赞同。随着低碳资源产生出更多的能源和能源使用效率的提高，某些以化石燃料为基础的工业（如煤矿）中的工人将面临失业。大部分技术革新都是减少而不是增加对劳动力的需求。

为应对气候变化和能源安全，人们的生活方式将发生转变，技术革新本身不会像生活方式转变那样创造更多新的工作。人们的敏感性以及相应的品位都将发生改变。新生的经济将比以前我们所见证过的更加后工业化。在这种迅速扩张的后工业经济中，能否抓住经济机遇完全取决于企业家自己——就像造船工业中已然逝去的船坞区域，正以各种各样的方式获得新生。

思索以何种方式来复苏衰退的经济，还要求我们认真思考经济增长本身的性质，至少在富裕国家如此。下列现象早已众所周知：在经济繁荣达到特定的水平之后，增长并不必然带来更多的个人和社会福利。是时候引入与 GDP 并重的更加全面的福利措施了，并给予它们以真正政治上的共鸣；是时候对"消费主义"进行持续而积极的批判了，"消费主义"可以从政治的角度加以考量；是时候考虑复苏的措施了。

非管制的撒切尔时代已然逝去。出于气候变化和能源政策之缘故，在经济制度上我们需要有积极的工业政策和计划。但是，我们必须避免前一代规划者所犯下的错误。许多议题这里已经自我呈现出来了。以可再生技术为例，化石燃料倘若要成为历史，技术上的突破就将成为必需。但是，政府如何知道应当支持哪些技术，它们又应当如何应对那些闻所未闻的最根本的技术变革——例如网络？

我们既给政府找到了新的角色，也给以市场为基础的机制找到了新的定位。由于市场的失败，复杂的金融工具突然变得过时了。但是，我们仍然需要它们，因为一旦得到适当的调节，它们实际上常常是长期投资的关键，而不是障碍。

必须考虑针对极端天气事件的保险这一议题，例如加勒比海的飓风。由于气候变化将会超越特定的等级，这些事件从而将变得更加频繁和剧烈。对由此导致的损失进行保险是应对这些天气事件的一种主要方法——从更贫穷者的角度考虑尤其如此。私人保险公司将为此提供大部分资金，因为这是其负载的各种其他义务的最后避风港。

除此之外，整个事情还存在着一个重要的因素——全球化，它一直在加速行进而没有得到有效的国际控制。世界金融市场的有效管制是未来的关键，或许它还可以为应对气候变化的合作铺平道路——2009 年 12 月，一场事关地球未来的国际谈判——《联合国气候变化框架公约》第十五次缔约方会议将在哥本哈根举行，生态问题将会得到进一步思考。金融危机及其结果为其思考方式的建立提供了警醒，它们能够也应该成为一些极为重要的思考方式。

（安东尼·吉登斯　英国社会学家，曾执教于多所欧美大学，后成为英国剑桥大学国王学院的终身教授。他被西方学术界认为是斯宾塞以来英国最著名的社会学家和政治思想家）

（郭忠华／译）

潘家华：建设生态文明社会的三部曲

生态文明是人与自然的和谐，在人与自然和谐的社会里所形成的一种文明就应该是生态文明。人们利用自然的前提应该是尊重自然，这样才能达到人与自然的和谐。我们要建设生态文明的社会，需要在三个方面作出努力。

首先，需要调整生产方式，使之与自然相适应。我们以前的生产方式是一种征服自然的方式、与自然作对的方式、急功近利的方式。现在我们要与自然构成和谐，生产方式就应该是在自然允许的范围内去利用自然资源。这并不是说在否定对自然的改造，而是强调在不违背自然规律的情况下，可以适当地改造自然，让自然状况对我们更为有利。我们建设家园实际上就是一种改造，但它并不是在破坏自然，而是在自然中间构成一种新的和谐；可是如果在森林中间乱砍乱建，便是对自然的破坏了。改造自然就是首先要顺应自然，在不破坏自然的前提下为人类的福祉创造条件。

实现生产方式的改变需要提高资源的利用效率，因为资源毕竟是有限的，地球不可能无限地提供给我们没完没了的消费。以更少资源的投入得到更有效的产出，这也是生态文明的重要内容。另外在生产过程中注意减少对自然的破坏，减少对环境的污染。我们在生产过程中难免排放一定的副产品，这些副产品我们人类不需要，可是若将它们返

潘家华

回自然，自然也承受不了，像污水、废气，就破坏了人与自然的和谐。所以我们在生产方式的改变中应做到减少污染物的排放，使得资源可以重复利用，一方面减少环境污染的破坏，同时又可以提高资源利用的效率。

其次，生活方式也必须改变。人的需求有两部分，一个是基本需求，一个是奢侈的非基本需求。人是生物学个体，基本需求一定要保障。至于那个奢侈的需求，要知道人类的欲望是无限的，但是社会资源却是有限的，建设生态文明一定要改变我们的消费理念，在自然允许的范围内决定我们的生活方式。也就是说既要满足基本需求，又要遏制铺张浪费。同时在消费对象的选择上一定要注意，我们无意中选择的盘中餐，可能会导致某个物种的消失。

另外，改变消费文化也是十分重要的。我们现在的消费文化是一种物质攀比的文化。这方面欧洲却不同，他们将尊重自然当做一种时尚。我去过一个教授家里，他自己建太阳能，自己把房顶的雨水收集起来，用来浇花。我还认识一个人，他有私人飞机，却只住了一个78平米的房子，他

不需要什么豪华大宅来显示他的身份，他们的文化里攀比的不是这些东西，而是对社会的贡献和公益。我们在消费的文化方面也要做改变。消费文化跟消费伦理也有关系。人与人之间要有公平公正的概念，不应该巧取豪夺。

仅有这些还不够，还应该有制度的保障。应该在法制层面和政策层面加以引导，加以规范，这样我们的消费行为才能有所节制，生产方式才能有所改变，我们才能形成人与自然的和谐，才能在社会中形成生态的文明。

（潘家华　中国社会科学院城市发展与环境研究中心主任、

中国生态经济学会副会长、欧洲气候论坛理事）

（记者　王建峰/采访整理）

陈志尚：生态文明、全球化与人的发展

陈志尚

怎样认识生态文明与全球化的关系？

人类进入 21 世纪，新的科技革命和社会化、现代化的大生产迅猛发展，人发挥着自己的主体性、智慧和才能，显示出了创造世界的伟大力量，可是为什么同时对环境的破坏却愈来愈严重，生态更加恶化，使人类面临生存的危机？对于这个矛盾现象人们应该作出合理的解释。正是基于这样的思考，我们提出了怎样认识生态文明与全球化的关系问题。

全球化带来了经济生活的世界性大变动，同时也反映在国际政治上和文化上。结果，各个国家内部的经济、政治和文化都不可避免地、越来越严重地受到来自国家外部的，即整个世界经济、政治和文化的影响和制约。当前正在爆发的世界金融和经济危机就是最有力的证明。这也体现在生态环境上。正当人类社会进入了全球化时代时，生态环境恶化也开始成为威胁人类生存的全球性的严重问题，这两件事难道没有内在联系吗？这

是值得学术界认真研究的。我认为，全球化同生态危机是有内在联系的，关键在于现实的全球化具有两重性。

按理说，经济全球化的发展标志着真正世界规模的社会化大生产和大交往的格局开始形成，使人类有可能建立全球统一的市场经济体系，在全球范围内综合配置和有效利用各种资源，促进和加速世界经济的繁荣，为全世界人民都能获得生存、发展和过幸福生活提供必要的物质前提。但现实的状况是，高科技所带动的生产力高速发展，并没有使本来已经存在的人口、资源、环境和发展的矛盾得到缓解，相反是更加尖锐。而且各地区之间，特别是发达国家同广大发展中国家之间，在经济和文化发展水平上的差距不是缩小了，而是呈现出拉大的趋势。之所以如此，最重要的原因是现实的全球化是国际垄断资本占主导地位。绝大多数跨国公司，都是国际垄断资本主义的实现形式。它们从事生产和经营的目的当然不是为了全世界人民共同的根本利益，而是为了占人口极少数的大资产阶级的特殊利益；不是为了普遍满足全世界人民的生存和发展需要，而是为了满足少数富人发财致富、穷奢极欲的需要。因此，经济全球化并没有消灭竞争，相反，争夺世界资源和市场的竞争更加激烈和残酷，为此可以不择一切手段，包括以牺牲生态环境为代价。从历史的、辩证的观点全面考察全球化与生态环境的关系，可以说，全球化既是造成今天全球生态环境急剧恶化的深层次原因，又是克服生态危机，实现生态文明所不可缺少的前提和条件。既然现今生态环境恶化已超出一国范围，成为世界性的社会公害，关系到每一个人的生存和发展的根本利益，那么人类就必须团结起来，共同应对。

建设生态文明与坚持"以人为本"

现在中国政府在继承中华民族优秀文化传统的基础上，赋予"以人为本"以新的含义，使之成为实现社会科学发展的核心理念，是各项建设事业都必须贯彻的指导思想，生态文明建设也应如此。

坚持以人为本，就是认为人民是一切财富的创造者，是推动社会进步和历史发展的主要力量，是社会的主人。因而生态文明建设，如同其他建设一样，必须以广大人民的需要和利益为出发点、落脚点和评价标准。建设生态文明这一崇高事业的唯一目的，就是为了满足社会全体成员生存发展的基本需要，消除生态环境破坏给人民造成的危害，使建设生态文明的成果为人民所共享。从长远来看，建设生态文明，就是要从生态环境方面创造良好的条件，使每个人都能获得自由全面发展的机会，都能过上幸福的生活，使我们的民族以至整个人类能够一代又一代健康地成长和持续发展下去。建设生态文明，资金、科学技术当然是重要条件，但关键在于激发人民群众的主体性、积极性和创造性。只有坚持以人为本，才能落实人与环境和谐，社会可持续发展的原则，建立新的科学的生产方式和生活方式，在人口—资源—生产—消费—环境之间形成互相依存、互相促进的良性循环，最终建成生态文明的社会。

（陈志尚　北京大学教授、北京大学人学研究中心副主任、中国
人学学会会长）

萨克斯：公平的财富——走向后发展之路

沃尔夫冈·萨克斯

欧洲在 19 世纪崛起并居于世界支配地位，是否得益于理性精神、自由制度或者温和的气候？肯尼思·波默兰茨提出了一种"环境假设"，他认为，英国和中国的长江三角洲相比较，在 18 世纪末期同样面临着缺乏能够提供食物、燃料和物资的土地，而英国之所以发展起来，关键在于英国开发了海外殖民地并动用了化石资源。如果不动用遥远的地质时代和地理大发现的资源，工业社会就不是现在的样子。

从事后来看，欧洲的发展道路只是一个特例，不是任何地方任何时间都可以复制的。因为 19 世纪和 20 世纪欧洲可支配的化石和可再生资源无法得到。化石资源不仅短缺，而且化石资源的使用和生物资源储备的使用，都在损害地球的环境。

然而资源终结使得世界处于悲哀的两难处境。因为化石资源驱动的发展已经在结构和心理上扩展到全世界，不能简单地叫停。欧洲—大西洋的发展模式影响了南方世界的欲望，给它们提供了一种不同的但却是较好的可见的实例。一般国家都想达到工业现代化，成功社会的特点是购物中心、钢厂、免费公路和工厂式的农场。尽管政治和经济上去殖民化了，但思想上去殖民化尚未发生。欧洲—大西洋文明塑造着世界的设想是 21 世纪的悲剧。

汽车社会、高层楼房、化学工业或者肉食作为基础的食物体系很难普及全球。欧洲—大西洋的财富模式是在特定历史条件下产生的，不能普及世界，换句话说，这种模式在结构上是不能实现正义的。因此，在 21 世纪，如果没有生态，就没有平等。

为了实现全世界的资源公正，工业国家和发展中国家应当采取不同的发展方式。

工业国家应当大幅减少它们的资源消耗量，世界的自愿公平主要依赖于工业国家是否能够削减对于全球环境的过分消耗。

发展中国家则会增加它们的资源消耗量。发展中国家有权消耗足够多的资源，以满足其人民的基本生活需要和社会发展需要，但这种增加不应超出生态可持续性的底线。自然的限制决定了公平的框架。

长期以来，政治思想中有一个核心的定论，即通过国内和国际的增长可以实现公平。二战以后，把公平追求和经济增长的理念捆绑在一起成为发展时代的基本理念。但对于有限的环境空间来说，传统的增长不再能实现公平，除非以生物圈的毁坏为代价。

在发展时代，公平意味着在世界经济的发展中，更多的人得到更多，所有人都从增长中受益。把公平与增长捆绑起来意味着把公平托付给未来的增长，然而，由于经济增长受限于生物—物理的局限，这种解决方案已被证明是片面的。贫穷的异化不能和财富的异化相分离。

（沃尔夫冈·萨克斯　德国伍珀塔尔气候环境能源研究所资深研究员、罗马俱乐部成员。主持"全球化与可持续性"研究项目和"世界贸易体制中的环境与公平"博士项目）

克拉克、福斯特：二十一世纪的马克思生态学

马克思唯物主义和新陈代谢的方法——他自始至终强调使用价值和交换价值之间、财富和积累之间的矛盾，强调对人类可持续发展的关注，以及强调对整个资本的批判——可以作为一个宝贵的方法论基础，用以批判当代环境的恶化，并拟想社会和生态的转变。

马克思认识到，自然系统，恰如营养循环，具有一种特殊的新陈代谢（物质和能量的交换），其运行独立于人类社会，却与人类社会相关，使得它们再生或持续。所以，存在着特殊的监管过程管理着物质的内在交换。马克思拓展了人类与自然相互作用这一新陈代谢观念，并解释了人类与地球之间有一个必要的"代谢互动"（metabolic interaction）。自然过程，比如说，泥土的营养循环，碳循环，树木长果实等等，有助于人类的生存。所以，"地球本身是一台通用的仪器……因为它提供给工人立足的土地，以及一个为他自己所独有的工序的'工作场地'。"它提供了"劳动的自然条件，比如肥沃的土地，矿山／矿井等等"。

马克思从历史角度确定了影响社会与自然之间物质交换的资本主义生产方式之特殊的社会代谢。为此，他的政治经济学批判是与他的代谢分析相结合的。资本主义是基于不断的资

布雷特·克拉克

约翰·贝拉米·福斯特

本积累的一个系统。它是"主观的目标和整个经济体系的动力"。结果，它被无休止的增长所驱动，朝向连续的更大规模的跑步机式的积累。当货币资本转化为商品（通过生产）之后，就必须卖出商品以赚取更多的货币，实现原始价值与剩余价值。这个对扩大和积累"贪得无厌的胃口"通

过竞争和资本的集中而加强。鉴于自然是被用于燃料工业和生产市场所需的商品，这种增长需要原材料和能源。这种追求不断增长的内在冲动加剧了资本主义秩序的社会代谢，增加了对自然的需求。新技术被用于扩大生产，降低劳动力成本。结果，资本主义和自然陷入一种"持久的冲突"中。在一个有限的世界里，生产规模的不断扩大导致普遍的生态退化和污染。并且，对自然系统的开发将威胁破坏有利于生态系统再生的自然循环和过程。

资本主义的社会代谢正日益脱离自然代谢，在自然循环和自然过程中产生了代谢断裂。其结果，导致了违反自然赋予社会生产的调控性规律（维护自然环境），导致进一步的生态退化。在 19 世纪英格兰出现的土壤危机的背景下，马克思论证了这种代谢分析。他指出，土壤需要具体的养分——氮、磷、钾——以保持其生长作物的能力，因为随着作物的生长，它们会吸收这些养分。资本主义生产把人口聚集在大中心（由于圈地运动和土地集中），并使城市人口不断增长。这导致城乡分离，人类越来越远离大自然。食品和纤维从农村运到远方的市场。结果，土壤养分从农村被转移到城市，它们在城市里累积为垃圾，却不能被土壤回收。马克思解释说，这种类型的生产扰乱了人与地球之间的代谢互动关系，也就是说，它阻止了被人以食品和衣物的形式消费了的土壤的组成部分返回土壤；从而妨碍了为了持久的土壤肥力而进行的永恒的自然环境的运行。结果，代谢断裂在养分循环中产生了。

资本主义秩序的社会代谢与生态帝国主义和经济制度的扩张是分不开的。19 世纪英格兰的集约型农业生产导致了一个全球性的代谢断裂，数百万吨来自秘鲁、智利的鸟粪和硝酸盐被运往北方，以给被耗尽了肥力的土壤增加养分。这种国际贸易涉及对自然和劳动力剥削的不均衡。90000多中国人被"进口"到秘鲁的甘蔗种植园和铁路工作，往往是被强迫的。马克思给予中国苦力劳工的评价是："比奴隶工人更惨。"最糟糕的情况是：发现那里有鸟粪群岛，华工被迫在岛上挖穿层层鸟粪，用麻袋和手推车装鸟粪，然后再装上船舶。这些工人都不准离开群岛，因违规而被殴打，他们被视为可牺牲的畜生耗费了时光，窒息在厚厚的鸟粪灰尘中。肥沃了英格兰北方土壤的肥料与中国工人的被残酷剥削和他们生命的夭折、秘鲁的债务负担、自然资源的耗尽密切相关。

马克思生态学的力量，在于它为研究社会和自然之间的交换提供了一个严格的方法，同时关注了一个生态系统的具体生态环境（和自然的大网站），以及资本主义生产方式所塑造的社会特有的相互作用。

（布雷特·克拉克　美国北卡罗来纳州立大学社会学助理教授。2007年获得美国社会学协会环境与技术领域的杰出贡献奖

约翰·贝拉米·福斯特　美国俄勒冈大学社会学教授、《每月评论》编辑。研究领域包括：政治经济学、环境社会学和马克思主义理论）

莫里森：从理论到实践——建设生态文明

罗伊·莫里森

21世纪的全球规划是把日益具有自我毁灭性的工业社会秩序转变为可持续发展的生态文明。这是个选择，也是个必然——这个选择涉及我们生活的方方面面，影响着数以亿计的人类日常生活选择。总体上说它是一种方式，一种文明的表现。

生态文明的特征是人类活动中出现并发展了可持续的行为和观念。因此，我们有许多机会和切入点去追求可持续性，从当前不可持续的工业现状中建立起生态文明。对可持续性的追求，必须从我们当前所处的情况出发，通过精巧的计划和行动，达到我们想要的结果。

像工业道路上的变化和形式的多样性一样，对我们生活每个方面的可持续性的追求，在生态这个主题上也会有其多样性。在21世纪的理论背景之下，中国作为一个关键参与者，根据国情，来追求可持续发展所需的两个实质性方面是：

其一，建立可再生能源的高级系统网络。

建造大陆范围的可再生电力的高级系统网络，是总结生态气候灾害和对以煤为主要矿物燃料的次生态的掠夺的实质性反映。能源圈是生态圈的基础。气候活动的规则是和经济发展与长期繁荣昌盛的需要相一致的。

这个系统网络需要有内在的可再生供应平衡能力。建立一个可再生能源系统网络的详细计划和电脑模拟实验，理论计划和贯彻执行必须在政府的指导和协调下进行。

可再生能源将完全取代不可回收利用煤的时代。可再生系统网络将以电取代石油作为车辆的牵引力。电车电池将在可再生系统网络中扮演重要的存储和平衡角色。可再生系统网络是生态可持续发展和长期繁荣的基础步骤。

其二，利用生态消耗税取代所得税。

采用生态消耗税取代所得税制度，将使市场为可持续发展发出适当的价格信号并贯穿于经济的每个部分。在生态消耗税逐步采用的同时，逐渐取消所得税。

把生态消耗税建立在市场新秩序的采用上，是市场体系规范价格的重要步骤。我们的心告诉我们应该做什么，而价格则告诉我们将要做什么。

生态税的收取就意味着可持续生产的形成，这样的生产就会增加效益和扩大市场占有率。有污染、消耗大、对生态有破坏性的生产就会降低效益，失去市场占有率。生态消耗税将聚焦有创造力可持续发展的企业精神。

生态消耗税体系的基础是货物和服务最后销售总额。生态增值税（EVAT）通过供应链向市场发出可持续发展的价格信号。即污染越大，消耗越大，对生态破坏的程度越深，那么税率越高。

基于生产和服务对生态破坏力度的大小来收取生态增值税。生态增值税可以由商品上的条形码或电子标签或彩条码明确地指示给消费者。

生态增值税可以通过一种赊欠清单系统来收取。商业上只有先付了供货商的生态增值税才能赊账。这样就使此项税收基本上得以自主运行。当然小本生意可以免除。

生态增值税可以逐渐将污染大与消耗大的工程项目从市场上驱除。起初，污染最严重的项目收取最高的税率，当他们失去市场占有率后，为了保持税收平衡，中度污染的项目将会支付较高的税率。时间长了，生态增值税会在所有可持续生产项目中趋于平稳，但对于仍有污染的项目收取高税。

生态消耗税应当把关键的可持续工程看做必然的资金投资目标，例如可再生系统网络等项目。作为引导生态转变的一个重要策略就是建立生态消耗税收制度。在中国，它是应用和实践的核心部分，在"绿色东方"战略上是长久繁荣昌盛的保证。

（罗伊·莫里森 美国南新罕布什尔大学可持续发展研究室主任，参与制定美国能源法规政策，在西方国家较早提出生态文明概念。主要著作包括《生态民主》(1995)、《生态调查》(2001)、《生态文明：2140》(2005) 以及《市场、民主和生存》(2007)）

林俊全：台湾环保经验值得借鉴

林俊全

水资源回收利用是关键

大陆面临的主要问题是水资源短缺和空气污染，尤其是水资源问题。大陆人口占全世界的20%，能利用的水资源却只占6%，所以水资源非常宝贵。水资源问题还包括水资源的回收再利用，应更加积极地研究水的回收、处理和地下水问题。对台湾而言，虽然台风带来的雨水能缓解水资源短缺，但也已经准备开始限制用水。

台湾水资源再回收的经验，大陆可以作个参考。比如说地下水的接管问题，在一些国家，污水、废水会通过地下管道送到污水处理厂，处理完才排到河川里，并且排污要付污水处理费。用水要交费，排废水也要交费，这种观念在一些国家已经开始法制化，民众觉得是理所当然的。台湾正在开始做，这也将成为大陆解决水资源浪费和水污染问题的关键举措。

垃圾分类理念要普及

政府应该对环境保护工作负更多的责任。台湾垃圾分类政策的推行也经历了一个漫长的过程，在此期间，政府起了重要作用。

台湾的垃圾处置方式与大陆类似，也是从早期的"卫生填埋为主"，逐渐调整为以"焚烧为主、填埋为辅"。1984年，台湾制定了《都市垃圾处理方案》，补助地方政府兴建垃圾卫生填埋场。1991年"行政院"核定《垃圾处理方案》，确定垃圾以"焚烧为主、填埋为辅"的方针，由政府兴建21座焚烧厂，1996年，又鼓励民间兴建15座焚烧厂。建焚烧厂的花费巨大，也体现了政府保护环境的决心。随着垃圾分类理念的普及，大部分垃圾都被回收，真正要进焚烧厂的只剩下原来的三分之一，所以目前台湾的垃圾焚化炉反倒出现垃圾数量不够的困扰。这种困扰其实是可喜的，表明了社会的环保观念已经发生改变，垃圾大部分被回收再利用。台北市环境保护局曾提出未来全台北市的垃圾变成零掩埋，全部回收，我曾经做过他们的顾问，觉得这只是个理想，能做到回收三分之二已经非常好了。

推广垃圾分类最好的方式是从学校教育开始。一个观念向一代人推广可能需要15到30年，我们的上一代没有垃圾分类的概念，用塑料袋是习以为常的事，而我的子女现在都已经习惯了进行分类。为了减少一次性筷子使用量，学校给每个学生发了筷子，其实筷子并不值多少钱，但这是一种保护环境的教育。现在和学生一起外出野外考察时，学生都会自带餐具，我为他们正在实践在学校所受的教育而感到欣慰。

环保工作"晚一天做都会后悔"

台湾是个有2300万人口的小岛，环境承载量很大。不过因为位于亚热带地区，没有极端的气候，所以环境问题还不是很突出。但台湾的所有能源都要靠进口，如果石油、天然气短缺，会引发社会、政治、经济一系列问题。在工业发展过程中，台湾也出现了污染环境的问题，包括水、空气、土地污染。然而，随着环境保护措施的慢慢完备，环境得到很大改善。现在要在台湾启动一个工程，必须先开展环境评估，如果评估没有通过，即使投资金额高达千亿的工程也不能实施。

大陆的经济发展速度更是惊人，但是就在这经济高速发展中，很多环境问题也开始凸显，必须要及早关注解决，否则等到环境严重恶化时，要想恢复不仅费力更费钱。环境保护工作晚一天做都会后悔。

（林俊全　台湾嘉义人，英国伦敦大学地理学系博士，台湾大学地理环境资源学系教授。主要研究方向为地形学、自然地理，长期关注台湾的地景保育及山坡地灾害等问题）

（记者　郑巧／采访整理）

盖尔：生态形成的科学、伦理和政治

人们设想生态文明为传统农耕文明和工业文明的后继者，生态文明的理念给人们提供了一种远见，这种远见足够大，能够正视生态问题的重要性。然而，很显然，这种文明必须立足于过去所有文明的成果之上，在创造这样一个文明的过程中需要克服大量的问题，这些问题中没有一个是设想这样一个文明是什么样子的。

阿伦·盖尔

创造一种生态文明，作为农业文明和工业文明的后继者，这可能意味着什么？为了回答这一问题，我们首先有必要考察"文明"的含义。文明是一个过程名词，最初的定义是与野蛮相反，既是一个过程，又是一种社会秩序和教养的完成状态，其背后是强调进步主义的人的发展的启蒙精神。那些首先提出生态文明概念的苏联环境学家就是在这个意义上理解文明的，生态文明在他们那里指的是人类进一步发展到重视我们生存的生态状况。然而，"文明"的概念还引申出另一层意思。复数的"文明"开始被用于描述历史中社会秩序和教养形式的多样性，与形容词结合，例如"希腊"文明、"罗马"文明、"中国"文明、"中世纪"文明、"现代"文明和"西方"文明。在这种意义上，像罗伊·莫里森那样提倡生态文明（托马斯·贝里则比较含蓄）就是在要求一种较为彻底的转型。我在谈到农业文明、工业文明和生态文明时，主张我们需要的是这种较为显著意义上的转型，但同时，这种转型应被视为对工业文明和农业文明中最好的东西的整合。那么，问题是要研究一种文明的标志是什么，而更重要的是研究一种文明转型为另一种文明的标志是什么，以及已经转型的文明之间的关系是怎样的。

在这里，形容词重叠中的困难是显而易见的。例如，欧洲文明可能包括希腊、罗马、中世纪和现代文明，人们认为它的特征和中国文明相反，而反过来，中国文明可能被认为包括了不同朝代的文明，更不用说不同的经济、政治和精神方面的文明。如果人们意识到，"文明"是一个过程名词，这样重叠的形容词就会显得不那么令人困惑。这意味着我们谈论的是一个持续时间的过程，具有的是一种叙事性特征而非某个物品的绝对特征，而且这样的过程同时存在是可能的，这些过程甚至会互相促进，但又互不相同，有着不同的动力。然而，仍然存在什么东西使得一个文明成为文明的问题。我的观点是，"文明"的标志是对世界本质和人在世界中的地位的深层设定，因此也就是对何谓值得人们奋斗的终极目标的深层设定，这种设定充斥着包括实践和制度在内的全部文化领域，并在漫长的时期中被体现并表达这些深层设定的生命形式所复制。我们谈论欧洲文明，但仍要区分希腊、罗马、中世纪和现代文明，这样做有意义的原因在于，在欧洲文明从希腊文明到现代文明的演变过程中，存在着深层设定的某些连续性，然而，这些设定仍然存在着重要转型，这种转型影响着欧洲人思维、生活方式和组织的所有层面。谈论农业文明群之所以可能，是因为由于这些文明以农业的实践和发展为基础，它们倾向于发展出类似的思维和组织形式，但很大程度上仍然是相互独立发展的，仍然有非常显著的特征。另一方面，工业文明虽然起源于现代欧洲文明，却彻底改变了世界上的其他所有文明，因为他们必须接受工业文明来保护自己，抵抗欧洲帝国主义。工业文明以这种方式，把世界统一到一个文明中，它使人联想到把整个自然贬低为服务于人的工具的某种推动力，使人联想到全球市场的强加于人，虽然在工业文明中存在的重要差别反映了以前的文明的影响，而且那种尚未被工业文明消溶的先前的生活方式的遗迹仍然存在。作为一种全球文明，生态文明只能从一种被工业文明统一起来的世界秩序中产生，但它将超越并彻底改变这种文明。它涉及深层设定、思维方式和终极目的、生活方式和社会组织方式的转型，这种转型的力度之大，正如农业文明产生时或者中国文明、希腊文明、罗马文明、中世纪文明和现代文明产生时所发生的那样，但是，它仍会保存这些文明或者其他文明中最优秀的东西。

何为思维方式的这些深层设定？这些设定，虽然在过去的思想传统中有其根源，但却是生态科学提出并整合的思维方式。生态科学不仅是现代科学核心设定的根本挑战，而且是工业文明核心设定的根本挑战。接受生态学不仅涉及科学的转型，而且涉及科学和其他文化领域的关系的转型，影响着人们的生活、制度和组织，而且更根本地影响着他们对于未来、对于值得人们为之奋斗的终极目标的想象。所谓"现代科学"，我指的是科学自工业文明产生以来所采用的形式，这种简化论唯物主义的形式，否认人类存在的任何目的，使得感性生活无法被人理解，创造了一种肉体和心灵的二元论，分裂了科学形式并使之反对艺术和人文学科，但却继续把未来想象为完全征服自然以服务于人的目的，或者至少是服务于达尔文的生存和统治斗争中的胜利者的目的。它最有力的政治表述向来是通过经济学理论和以霍布斯机械论哲学为基础的社会达尔文主义而实现的，其终极形式是新古典经济学，把社会中几乎所有的社会关系定义为利己主义者之间的契约形式，把所有和自然的关系定义为工具关系。生态学的最近发展，在推进科学并因此立足于现代性的最先进成果之上的同时，不仅为克服这种思维方式的局限性提供了基础，而且为克服工业文明的缺陷提供了基础。这些进展提供的基础，使人们可以理解目的论，使人们可以理解感性，克服肉体和心灵、科学和人文之间的二元论，而且，通过把人类定位为自然界中自然出现的过程和结构的合成体，为人们理解工业和前工业文明的成果和局限性提供了基础。我认为，生态学这样做阐明了一种思维方式，我们需要这种思维方式来重新思考人类和自然、个人与社会之间的关系，重新思考文化和文明的本质，并因此改变人们生活和组织自身的方式。它为人们建构一种不同于那些曾经统治现代性的伦理学和政治哲学的未来景象，提供了基础。这就是说，生态学阐明了一种创造生态文明所需的思维方式。

卢风：生态文明是将要取代工业文明的崭新文明形态

现代文明要有个整体性的转型，才能真正走上可持续发展的道路。工业文明有几大特征：大量生产、大量消费、大量废弃。大量的科学事实和科学理论都证明整个工业文明是不可持续的，地球也许可以养活60亿、70亿的人，但供养不起60亿—70亿永不知足的人。要使得人类文明在地球上持续下去，必须扭转文明的发展方式，生态文明是人类的必由之路，文明要

卢　风

想与生态系统共存，只有走生态文明的道路。党和政府注意到这一点，提出了建设生态文明的伟大目标，制定、颁布了《循环经济促进法》，这是很英明的。但是在实施过程中，我相信会遇到很多阻碍。

目前的一些研究把生态文明看做同物质文明、精神文明、政治文明并列的一个文明的维度，我则倾向于把它看做将要取代工业文明的崭新的文明形态。生态文明视野中的中国发展，根本在于改变制度。首先是指导思想的改变，必须把指导制度建设的思想转变为生态主义，生态文明建设才会富有成效。生态主义认为人是生态系统中的普通一员，人类的经济系统只是生态系统的一个子系统，经济活动不能只服从市场规律，还要服从于生态规律。如果经济增长会带来环境破坏，则要放弃的是经济增长，须保住的是生态健康。制度的转变不能不包括产业结构的改变。要扩大经济总量中高科技产业、第三产业、文化产业的比重，降低第一产业、第二产业的比重。另外，人们的思想观念也要转变，要改变物质主义的价值观。总的来讲，要在继承现代性思想的前提下，纠正现代性思想中的许多根本性错误，要敬畏自然。

其次，中国要兼顾二者，保增长是对的，同时也要把线性经济转化为循环经济。所谓线性经济就是用资源来进行生产，生产出产品被消费，消费后被抛弃，成为有害的东西。循环经济则要把很多废弃物利用起来，这点在我们国家做得远远不够。要大力发展生态经济，比如生态农业。

生态文明与中国发展

再次，要转变消费理念，消费理念的改变包括养成节约意识，不能以炫耀、奢侈为荣。节能减排这样的目标是非常重要的。要大力发展文化产业，鼓励人们进行非物质消费，这对于未来发展是非常重要的。

最后，整个科学技术也要有一个根本性的改变，以往的科技是征服性的科技。将来科学技术应该朝着生态学方向发展，应该是一种调适性的技术，努力调适经济系统与生态系统之间的动态平衡，保持生态系统的活力和健康。这需要付出巨额成本去研究，需要吸引大批一流的科技人员去研究。

（卢风　清华大学哲学系教授、道德与宗教研究中心副主任。研究方向为应用伦理学、现代西方价值观等。著作包括《应用伦理学与当代生活》等）

（记者　陈静／采访整理）

记者调查

全球环境问题的国家博弈

近些年以环境为名的事件，常常延伸出生态领域，似乎又不仅是一个环境事件。2008 年奥巴马当选为美国总统，环保人士甚为欣喜，美国《时代》杂志在评选 2008 年度十大环保事件时，竟将奥巴马的当选列为其首；在欧洲，绿党以环境的名义谋求政权参与，最终从环保走向了政治；在今年意大利举行的八国集团峰会上，气候变化与全球安全均为核心议题；发达国家与发展中国家关于气候变化引出的"碳关税"的争论，更像是一场由贸易引发的南北之争。

"环境问题早已不仅是生态方面的问题了，它的背后涉及政治、经济、社会、文化等多方面的因素，各个国家会从自身的国家战略、经济竞争等角度出发，权衡利弊。"中国社会科学院世界历史研究所徐再荣研究员告诉记者。

既然环境关系利益，通常围绕它展开的正是其背后利益的争夺与国家间的博弈。在当前全球最为关注的环境问题中，从臭氧层破坏、酸雨到水污染、生物多样性危机再到气候变化，典型地展现出国家博弈的无疑是气候变化，以及与它密切相关的温室气体的排放。

美国拒绝《京都议定书》

欧盟始终是《京都议定书》的大力支持者，并一直致力于说服立场不确定的国家加入条约，并积极推动气候变化的谈判；日本作为东道主，因条约以自己的城市命名而倍感骄傲，全国上下，无论是官方还是民间，均能接受；发展中国家作为条约控制框架以外的国家，不受温室气体排放量限制，所以一般不予反对。

在2007年12月3日，澳大利亚新上任总理陆克文正式签署《京都议定书》之后，美国成为唯一一个拒绝《京都议定书》的发达国家。因此有学者将围绕该条约的系列谈判，视为美国与整个国际社会之间的博弈。

"欧盟在应对气候变化上是积极的参与者和领导者，美国是拖后腿的，但无论持支持还是反对的态度，背后都有各自国家利益的考虑。"徐再荣更为关注的是主要支持者与反对者，即欧盟与美国的利益相争。他说，欧盟之所以积极推动《京都议定书》的签订，从经济的角度来讲，主要是因为欧盟各国的环保产业已经处于领先位置，其能源结构中新能源占很大比例，通过推动温室气体减排，未来可以在低碳经济中占据制高点。站在国际政治的角度，欧盟虽然是一个超国家的组织，却很难完全用同一个声音说话，但是在应对气候变化问题上它们做到了，这对于提升欧盟在国际战略格局中的地位十分重要。

"美国的情况则完全不同，它严重依赖于石油、天然气和煤炭等传统能源，因此将经济发展和控制温室气体的排放直接对立起来了。"徐再荣说。实质上，发达国家签订《京都议定书》意味着其经济将面临生态成本支出的上升——欧盟乐于以此限制竞争者，而美国无疑是受限者。

后《京都议定书》时代：美欧和解？

《京都议定书》将于2012年到期，现在再去谈论美国肯否加入，似乎已无多大意义，因为关于全球气候变化的谈判已经步入后《京都议定书》时代。

2007年底在印尼巴厘岛召开，着眼于2012年以后减排协议的联合国气候变化大会，拉开了后《京都议定书》时代的序幕。本次会议上，有两大争锋令人关注：欧盟和美国在发达国家的减排目标问题上出现争执，一度使大会陷入僵局；另外，发达国家要求发展中国家采取"可测量、可报告、可核实的减排措施"的条款，引起广大发展中国家一致不满，并表示不能接受。

进入后《京都议定书》时代后，南北矛盾明显凸现，成为这一阶段的一个重要特征。同时这次会议上欧美间的短暂争锋，实际却并未影响发达国家间在环境问题上渐现差异的缩小与角力的减弱。

尤其是在奥巴马政府上台之后，美国积极调整环境政策，于今年6月由众议院通过了《美国清洁能源安全法案》，这标志着美国历史上首个温室气体减排法案的出台。而美国国务卿希拉里·克林顿选择曾参与《京都议定书》谈判的托德·斯特恩出任气候变化问题的特使，似乎已传递出明确的信息：美欧间的气候问题之争要结束了。

"美国已完成上一个阶段的调整，现在开始向欧洲靠拢，在后面这个阶段的谈判上，二者会有更多的共同点。它们还会有分歧，但是不会像以前那样，美国一味和欧洲对着干，这种情况已经结束。"山东大学政治学与公共管理学院教授郇庆治说，美国转变立场，既有经济方面又有国际政治方面的原因。"美国为了国际战略的需要，在环境问题上必须展现出更积极的姿态，树立领导者而不是推卸责任者的形象。另外，更为重要的是，美国的一揽子方案中，包含着经济和能源结构大调整的战略在里面。"

欧美和解了，只剩下南北矛盾了？在徐再荣看来，形势并非这般简单，环境问题上的博弈仍旧错综复杂，欧盟与美国会在领导权上展开争夺，当然发展中国家之间也会存有分歧。所有这些或许会在今年12月哥本哈根《联合国气候变化框架公约》第15次缔约方大会上集中展现出来。

中国应如何应对

在全球性的环境问题上，中国无法置身事外，而且也从未置身于这一问题之外。尽管中国政府在环境问题上积极应对，并于2002年签署《京都议定书》，主动承担减排责任，但各种针对中国环境问题的非议却从未间断。"世界第二的温室气体排放国是中国，但是中国却被排除在《京都议定书》的限制之外。"美国前总统布什曾以中国为借口拒绝签署《京都议定书》。

随着南北矛盾的凸显，中国、巴西、印度等发展中国家越来越感觉到西方发达国家所施加的环境压力。尤其中国作为第二大温室气体排放国，在哥本哈根会议尚未召开前就已成为焦点。

"今年即将召开的哥本哈根会议，国际社会的预期比较高，因为在控制温室气体的排放上，大家基本已经形成共识，但是中间还存在许多不确定因素，最终很可能只达成一个政治协定，缺乏实质内容。"中国社会科学院城市发展与环境研究中心主任潘家华告诉记者，"对于我们来讲，中国作为气候变化公约的缔约方，理应为推动这一进程作出相应的贡献。但我们的态度需要明确：发达国家必须做出深度的减排行动，并且要为发展中国家提供资金和技术上的支持，帮助发展中国家实现低碳发展；在责任问题上，要强调是共同但有区别的责任。"

郇庆治则强调，如果我们希望后《京都议定书》时代仍是上一阶段的延续，或仍旧循着巴厘岛路线图的思路，在哥本哈根会议上的谈判很可能会比较困难，毕竟国际形势已经发生变化了。

（记者　王建峰）

生态文明：超越消费主义的现实路径

日前，《2009 中国奢华品报告》指出：截至今年 1 月，中国奢侈品消费总额已占全球市场的 25%，达到 86 亿美元，中国首次超过美国，成为世界第二大奢侈品消费国。阔步进入消费社会是中国近年来经济实力增强的证明，然而，换一种维度思考，在世界环境不断恶化、资源日趋紧张的大背景下，我国建设生态文明、走可持续发展之路，需要对消费主义进行反思。

消费主义与"符号象征意义"

美国式的自由和个人主义的价值理念促成了追求物质财富至上和消费主义的盛行。这种消费模式的盛行伴随美国经济的高度发展产生巨大的示范效应，许多国家纷纷仿效，并逐渐呈现出向全球蔓延的趋势。对于消费主义的诠释，鲍德里亚无疑最为权威。1970 年，他在《消费社会》一书中称，消费主义是这样一种生活方式：消费的目的不是为了实际需要的满足，而是对不断追求被制造出来、被刺激起来的欲望的满足。换句话说，人们所消费的，不是商品和服务的使用价值，而更多是它们的"符号象征意义"。这个"符号象征意义"与人们的地位和身份相关，成为回答"我是谁"的物质标签。喝人头马的不是老百姓，下街边饭馆的也不是富豪和官员。

消费主义的产生源于消费社会的建立。"前现代社会，生产相对不充足，人的基本需求得不到满足，基本上是个卖方市场。现代社会人们把市场神圣化，商人阶层成为社会的中坚，传统社会不允许市场吞并的领域，在现代化过程中日益被吞并或渗透。过去不允许买卖的东西现在都可以买卖，物质生产力得到极大发展，经济效率得到极大提高。当一个社会绝大多数成员基本需求得到满足，社会就向消费社会转变。这对经济增长来说，最重要的不是生产，而是必须有人消费，最好是全体成员都来消费。这就是消费社会。"清华大学教授卢风这样告诉记者。

吉林大学刘福森教授认为，"消费主义已经背离了消费的本来意义，成为异化消费，从根本上颠倒了经济增长与消费之间的关系。挥霍性的、不断增长的消费成为保证和支撑经济增长的手段。经济学家和各国政府都把通过刺激消费来促进经济增长作为金科玉律。消费的主要功能和意义变成了对过剩产品的'消耗'和'毁灭'。因为只有'毁灭'了过剩产品，生产才能继续进行，经济才能继续增长。"

重构价值观　抵御消费主义侵蚀

消费主义已逐渐扭曲并背离消费的本质，成为一种拜金主义。这种拜金主义造成人与人之间的盲目攀比，加剧了社会不公正，导致了人类精神家园的缺失。对此，专家呼吁，市场经济尤须重构价值观以抵御消费主义的侵蚀。

中国社会科学院财政与贸易经济研究所宋则研究员强调，过早形成消费主义，对中国这样一个发展中大国来说尤其不利。撇开生产不言，消费已经对环境和生态造成了巨大的压力和威胁。如今，世界已经装不下第二个自私的美国，人类自身消费行为的不检点最终导致消费不安全。

卢风对消费主义生活方式带来的生态灾难倍感担忧，"虽然经济至上和消费主义是以美国为首的西方世界，包括日本在内的发达国家早先已经树立起来的榜样，但是，中国与西方世界毕竟有着巨大不同。我国有 13 亿人口、多年积聚起来的发展劲头比较大，如果不及时改变增长方式，注意改变人们的消费理念和消费方式，都铆足了劲像美国那样消费，学得越成功，生态崩溃得就越快。"

超越消费主义

未富先奢，不利和谐。消费主义这条从西方舶来的"大船"并不适合中国国情。生态文明视角下中国的发展必须是可持续发展，而可持续发展要求我们建立一种怎样的消费观？对此，刘福森做了形象的回答，"过多的高脂肪摄入会造成心脑血管疾病，过多地摄入食糖会得糖尿病。喝了水，只要已经解了渴，就不能再喝了。屋子里如果不冷了，就不要再开空调了。消费贵在适度。"适度消费的"度"究竟该如何把握，专家建议经济学家应该对此进行详细测算。比如人均应该占有多少平方米才不会造成拥挤，一个城市有多少辆汽车才不至于污染环境。

而对于如何超越消费主义，宋则认为，"首先，在新时期，绿色消费应该成为消费政策的重点。目前，我们在消费问题上重视不够，中国消费安全面临国际化挑战，应该阻止和扭转消费竞争环境的持续恶化。其次，要明确绿色标准和绿色标志，中国整个标准化进程比较落后，要缩小与国际标准的差距，强调绿色产品的可信度。最后，要明确消费者的义务和责任，引导消费者崇尚自然，注重环保，养成科学理性的消费观念和消费模式。这样三管齐下，才有利于扭转消费主义的蔓延势头。"

（记者　陈静）

编辑短评

推进生态文明　贡献理论智慧

保护生态环境，推进生态文明，是国际社会科学界共同面临的前沿课题。各种全球性生态危机的衍生，为人类反思工业革命以来的经济社会发展道路提出了严肃的追问，为寻求和建构新的文明图景提供了重要契机。对于当代中国社会科学界来说，如何面向世界、立足国情，为生态文明建设提供科学的解决方案，正考验着我们的学识和智慧。

中央高度重视生态文明建设。十七大报告专门就生态文明问题进行了阐述，指出要"建设生态文明，基本形成节约能源资源和保护生态环境的产业结构、增长方式、消费模式"，"生态文明观念在全社会牢固树立"。

生态文明是一个极端复杂的问题。其中，既需要马克思主义生态文明观的理论支撑，又需要汲取传统文化和其他思想文化成果的精华；既面对着不同国家在生态、气候、能源等问题背后的利益博弈，又肩负着在一个发展中的社会主义大国实现工业化、现代化以及信息化的多重使命；既要借鉴其他国家和地区的某些成功经验和做法，又要立足于中国问题建构自己的生态文明理论，走具有中国特色的生态文明道路；既要求综合运用物理学、化学、数学、电子学、土壤学、地质学、地理学、生理学、动物学、植物学、遗传学等现代自然科学的新成果，又要吸收哲学、人类学、伦理学、社会学、经济学和政治学等社会科学的最新发展；既需要自然科学家和科技工作者在开发先进适用技术、发展清洁能源和可再生能源、保护土地和水资源、建设科学合理的能源资源利用体系等方面进行艰苦的实验和探索，又需要哲学社会科学工作者在深入实践的基础上从理论的高度对这一崭新的文明样态进行总结和反思。

马克思曾经表述过这样一个观点，以前的一切社会阶段都只表现为人类的地方性发展和对自然的崇拜。只有在资本主义制度下，自然界才不过是人的对象，不过是有用物；它不再被认为是自为的力量；而对自然界的独立规律的理论认识本身不过表现为狡猾，其目的是使自然界服从于人的需要。工业革命以来的资本主义发展史充分证明了马克思的上述论断。生态文明的提出和践行，为超越人与自然的两分、创造新型文明开辟了可能。尽管这条道路十分漫长，也充满了艰难险阻，但毕竟我们已经在路上。

（艾昕）

社会政策与中国社会发展

王思斌：社会政策时代：中国社会发展的选择

3月5日，温家宝总理在十一届全国人大三次会议上作政府工作报告，谈及经济政策、收入分配、反腐、民生等诸多热点难点问题。其中，民生问题占大量篇幅，比如"着力改善民生，加快发展社会事业"。

《中国社会科学》2004年第6期组织的以"科学发展观与社会政策"为题的一组笔谈中，笔者发表了《社会政策时代与政府社会政策能力建设》一文，指出"中国将迎来社会政策时代"，并在其他场合多次阐述过这种认识。

应时而生的"社会政策时代"

时代是一个"社会—时间"概念，它指的是某种社会在一个较长时间内表现出来的重大特征。"社会政策时代"是指在一个国家或地区，以改善困难群体、弱势群体和广大民众的生活为目的的社会政策普遍形成，并且作为一种制度被有效实施的社会现象和社会发展阶段。

"社会政策时代"应该具有如下一些基本特征：

第一，社会公正的理念被普遍认可。任何社会政策的制定都以一定的社会公正的理念、福利思想为背景，这种思想常表现为人们对某些社会问题的关注和对解决这些问题具有较为一致的价值判断。这样，社会公正的理念、对困难群体的不利地位的关注在决策层和政府那里达成共识，于是，政府做出相应的制度安排。

第二，出台覆盖面较宽的诸多社会政策。作为一种时代特征，社会政策时代意味着在一段时间内有较多社会福利政策出台。开始，政府可能在最关键的领域制定相关政策，对脆弱群体进行救助和支援，缓解社会中的张力。相继，其他社会福利政策会逐渐地或较快地被制定，涵盖那些被认为是有利于表现社会公正的领域，并表现出社会政策的群体效应。社会政策的较充分发展将影响到人们日常生活的诸多领域。

第三，社会政策被制度化地有效实施。为了保障社会政策的有效实施，必须有相应的执行政策的组织体系。一般地，这种组织体系并不局限于政府部门，常常有民间组织的参与，实际是政府与民间的合作系统。此外，其运行及功能效果具有可监测性。

"社会政策时代"是笔者根据中国经济社会发展的阶段性特点，并参考一些发达国家工业化、现代化的经验而提出的一个概念。改革开放以来，特别是 20 世纪 90 年代中期向社会主义市场经济体制加速转变以来，中国经济获得了持续快速增长，社会财富大量增加。同时也在转型过程中积累了大量社会问题，其中最明显的当属收入分配的两极分化，以及由此带来的社会基层民众的社会认同问题。

关心民生是重点

一方面是社会财富的大量涌现，另一方面是收入分配严重不公，失业、贫困、看病难、上学难等问题愈演愈烈。这两方面加在一起必然会促成政府或社会的某种作为。2003 年，在坚持科学发展观、关心民生的大背景下，为了应对突出的社会问题，国务院在很短的时间内制定颁布了《城市生活无着的流浪乞讨人员救助管理办法》，一些关注困难群体、弱势群体（包括流浪乞讨者、进城务工农民、危重病患者、失依儿童与老人、城市退休人员及失业人员等群体）的人身权、生存权，更加体现人文关怀的政策已经出台或者正在制定之中。当时，全国人大也宣布在未来几年内加强社会立法，这就是说，中国将出现社会政策集中出台的现象。在这种情况下，有必要用一个概念来概括，即笔者在研究了德国、英国的社会保障、社会福利政策的发展进程之后，提出了既与它们相近，又与之不同的"社会政策时代"概念。

中国社会政策的发展正在呈现上述特征。2004 年以后，免除农业税的政策（这是一项社会政策）提前在全国范围内实施；保护劳动者和弱势群体的《劳动合同法》、《残疾人保障法》、《妇女儿童权益保障法》得以制定或修订；中央决定建立覆盖城乡居民的社会保障体系，城市较早实施了最低社会保障制度，农村也实施了最低生活保障制度；新型农村合作医疗制度全面推开；农民工社会养老保险金的转移接续在经历多年争论后得以实现；中西部地区中小学生的"两免一补"政策支持了贫困学生的学习；农村社会养老保险制度已在试点；一些省市开始对老年人发放生活补贴；许多城市开始积极实施使广大居民受益的公共政策；等等。

社会政策时代是发展的产物

近几年来，中央和地方政府都相当重视社会建设，关注民生，制定出台了大量社会政策，它们在不同程度上得以实施。社会公正得以张扬，社会上正在形成关注并尊重困难群体的氛围，社会政策的执行情况得到了越来越多的社会监督。在未来10年和更长的时间内，这一趋势还会得到加强。

从中国的经验可以看出，社会政策时代实际上是社会发展到一定阶段的产物。这里重要的是经济、社会和政治条件。第一，在经济上要有较充分的条件，即经济较快发展、有较强的经济实力，政府的公共财政可以在较大程度上解决困难群体基本生活方面的问题；第二，在社会条件方面，社会上确实出现了一些比较严重的社会问题，包括公民在一定程度上提高自己的社会福利的要求；第三，在政治上，政府持守社会主义的意识形态，即以解决基层民众的基本生活问题作为自己的责任，而且它有能力动员公共财政资源和社会力量去解决这些问题。

中国正在迎来或进入社会政策时代，表明了中国经济的快速成长和经济实力的大大增强，中国政府愿意负起责任，并有能力去解决基本民生问题和普遍提高国民福利，这是社会发展、进步的表现。

稳步推进　未来可期

一个国家或地区进入社会政策时代并不是瞬时之事，而需要在一个较长的时期内去发展和实现社会政策，不断完善社会政策体系，提高民众的生活质量和社会福利水平。因此，社会政策时代的到来又是一个国家或地区从局部社会政策到比较全面的社会政策，直至形成社会政策体系的过程，也是从关注基本民生向全民福利发展的过程，是从较低水平的全民福利向较高水平的全民福利发展的过程。

中央政府已经提出到 2020 年基本建立覆盖城乡居民社会保障体系的目标，民政部门提出建立适度普惠型社会福利的想法，一些比较发达的省市正在积极发展普惠型社会政策（比如北京市的"大民政"），而且随着经济的持续发展，这些公共服务和社会福利还会向更大范围和更高水平发展。我们可以期待通过经济社会的持续协调发展，逐步建成与之相适应的社会福利体系，到 21 世纪中期，中国人民的社会福利将会发展到较高水平。

应该说明的是，"社会政策时代"的发展，较大范围、不断发展的社会福利的实现，必须以经济的稳定、持续发展为条件，必须以经济社会协调发展为条件。因此，从"社会政策时代"发展的角度来说，大力发展经济、促进经济社会协调发展是第一要义。

（王思斌　北京大学社会学系）

社会政策研究与民政工作需进一步结合
——访民政部党组副书记、副部长李立国

记　者：2009 年度中国社会政策十大创新评选日前已经在京揭晓。我们也看到，2009 年中央政府对重大民生问题予以特别关注，并及时出台政策，说明中央政府运用社会政策的意识有了提升。请问，您如何看待社会政策在中国的作用？

李立国

李立国：中国已进入经济社会加快发展和改革攻坚的关键时期，社会组织形式、就业结构、社会结构的变革加快。这既是一个黄金发展期，也是一个矛盾凸显期，一些影响社会和谐的矛盾和问题可能更复杂、更突出，社会政策在解决社会问题、化解社会矛盾、增强社会和谐、提升社会福利、促进社会进步等方面的积极作用日益明显。

记　者：您如何理解社会政策研究在民政工作中的作用？

李立国：民政部门是政府管理有关社会行政事务的职能部门，业务工作涉及社会救助、社会福利、慈善事业、优抚安置，以及城乡基层自治组织建设和社会组织的登记管理等诸多领域，责任重大。在继续加强经济调节和市场监管职能的同时，更加注重加强社会管理和公共服务职能，是进一步转变政府职能、实现政府管理创新的方向。这也必然要求我们切实加强对社会政策的调查研究和理论探索，不断增强社会政策的科学性、全面性、系统性。

记　者：那么，您怎样看待民政政策法规的制定工作？

李立国：民政政策法规是中国社会政策的重要组成部分。面对中国经济社会发展的新形势，民政政策法规创新的任务非常繁重、十分紧迫。比如，如何进一步完善社会救助政策，切实维护和实现社会公平和正义；如何加快慈善事业的发展，进一步形成诚信友善的社会氛围和人际关系；如何加快发展老年福利服务，有效应对人口老龄化的严峻挑战；如何更好地发挥城乡基层自治组织和社会组织的积极作用，形成社会管理的整体合力等问题都有待我们进行研究。深入研究这些课题，形成相应的社会政策和法规，对于加强社会建设和管理、构建和谐社会具有重要意义。

记　者：您对社会政策研究与民政政策法规研究工作的结合有什么期望？

李立国：加强理论和实践的结合，是提升社会政策科学化水平、推动社会政策实际应用的必由之路。作为一名政府工作人员，我很高兴地看到，有越来越多的学者主动参与到政府社会政策的咨询和论证中来，为制定和完善中国的社会政策作出了重大贡献。我也热切期望，各位从事社会政策研究的专家、学者，继续关注民政工作的新趋势、新特点、新动向，积极参与到民政政策法规的研究中来，取得更多、更有应用价值的研究成果，帮助民政部门发现新问题、开拓新思路、提出新办法，使民政政策法规更好地适应新形势、新任务的要求，使民政工作在社会主义和谐社会建设中发挥应有的作用。

（记者　郭烁）

王振耀：通过行动主体多元化实现福利服务提供的变革

王振耀

中国社会政策如何发展、路径如何选择、创新如何开展，才能推动社会政策适应我们经济社会的发展呢？

理念的现代化

在制定中国的社会政策时，全民"人口多、底子薄"的思维惯性和特殊的福利剩余模式理念成为制约中国社会政策发展的两大主要障碍。"人口多、底子薄"的思维惯性严重束缚福利体系建设，或者整个社会发展的制度建设。这些旧有理念给新的发展带来了新的挑战，不管是政府官员还是普通公民，一说起我们的国情，习惯性说"人口多、底子薄"。这种观念已经根深蒂固到了每个人的潜意识中。

比如前不久一些美国教授来访问，谈中国发展水平的时候，我也很自然地说，中国整体上来看，还是"人口多、底子薄"。弄得美国教授就问我：你是讽刺我们，还是严肃地讨论问题？美国相当多的国债都是中国人的钱，包括我们这些教授的贷款中也有你们的钱，你们却说"人口多、底子薄"。

可以说，"人口多、底子薄"已经与中国的社会现实不完全相符，或者说，很大程度上不符。但是大家可以注意到，很多文章依然惯性如故。

当几乎没有学者在提倡社会福利的剩余模式时，我们的政府部门中社会福利的剩余模式却还依旧占有一定的市场，同时社会大众中也还存在着非常特殊的福利逻辑，还坚持认为不劳动者不得食；认为我们的经济发展还不行，福利政策要服务于经济发展，还要注意以家庭为中心，整个福利发展还不能有很强的再分配效果。

现在采取的很多措施，都是在上述理念的支配下开展的。在这个时候，很多人一说起老年赡养，就还是强调家庭责任，一说起老年人的服务，还在强调是孝道。一遇到这个问题，就说这个社会不行了，道德沦丧了，孩子不养老人了，道德水平低下了。人们用一种很传统的理念来解读着现代社会，那就不会讨论专业护理技术，还是谈家政服务、保姆制度，不谈福利制度。

因此理念变革是中国社会政策转型和快速发展的首要问题。理念变革具体来说，必须是知识生产方式的转型，如果知识生产方式不转型，那么中国的社会政策的转型就没有根基、没有基础。知识生产方式转型产生的第一个变革应该是全新社会福利结构的提出。中国社会福利理念的变革与突破，首先应该是"3+2"上面的突破，也就是建立起儿童的福利政策、残疾人的福利政策、老年人的福利政策和医疗保障、教育福利。"3+2"这样一个结构性的突破，才能决定我们未来的基本社会政策的设计。通过建立这个框架性的结构，中国的社会政策才能进一步往普惠性方向发展，综合性的广为覆盖的社会福利体系也才能有效建立起来。

行动主体的多元化

中国社会政策的发展，第二个要做的恐怕是服务革命。社会服务革命，过去的理解都是家庭式的，比如到一定级别可以提供什么样的服务。但是当人均 GDP 过 4000 美元以后，通过国际比较我们突然发现，甚至我们的离退休干部、名牌教授在离退休之后享受到的老年服务、养老护理各方面的服务，都赶不上发达国家的一个普通老年人。因为那里有各种各样的护理技术，我们国家没有，没有这样的护理专业，没有这样的护理人员，没有这样的护理支撑体系。缺乏为老服务、为小服务、为我们普通人进行的各种各样的服务。

要实现服务革命，本质上要求我们社会福利供给中的行动主体能够实现多元化。行动主体的多元化并不指淡化国家责任，强调社会和家庭的责任，而是指福利服务实施主体的多元化，尤其是应该强调社会组织在福利提供中的作用。目前中国社会政策的行动主体几乎完全是政府，政府几乎包揽了从制定到实施的一切社会政策事务。虽然有一些人民团体如工会、共青团、妇女联合会和群众团体也承担了许多社会政策事务，但是这些社会团体实际上是政府的"助手"，并非真正意义上的第三部门。只有发展和壮大了第三部门，突出专业性的服务，才能真正引入竞争机制和实现主体多元化，从而实现服务革命。

技术手段的科学化

第三个大的转变，要转变我们社会政策的知识生产方式，恐怕首先要计算一下数据，要有一个数据研究方式，数据研究方式的革命或者说是数字革命。我们的文化从来不太注意数字。比如说建立一个新的社会福利体系，到底要花多少钱？神木实行全民免费医疗，到底要多少钱，是否就是乌托邦？

比如，学术界发出的声音是否定神木模式的，在我看来，这说明知识界出现了结构性的毛病。结构性地否定神木模式的根本原因在于我们不注重数据的计算。严格计算后，可以发现神木模式下，用人均不到400块钱，准确地说即330多块钱就可以做免费医疗了。那330元意味着什么，也就是说全国只需要4300亿，即不到5000亿元就可以做全民免费医疗了，就达到神木模式水平了。

可以说对于数据的不重视，倾向于做简单的原则规划，这种管理传统还相当有市场。要进行整个社会政策的转型，要大幅促进社会政策全面发展，没有数据分析模型的改变是不可想象的，也加速不了社会政策的发展。

除了数字革命，在社会政策的制定上还应该更加重视程序、技术和标准体系的建设。中国在社会政策的制定上，程序不规范，未建立起有效的多方参与政策制定机制，尤其是社会政策的利益相关者有充分的参与和表达自身利益诉求的机会。同时在技术手段上也未形成标准体系，不能实现社会政策所需信息收集的充分性和科学性，这也是下一步在社会政策转型中需要重点突破的障碍。

（王振耀：民政部社会福利和慈善事业促进司司长）

吴忠民：社会政策对执政党意义重大

所谓社会政策，是指以社会公正为理念依据，以保证民众的基本权利、提升民生水准、增进社会的整体福利、保证社会安全为主要目的，以国家的立法和行政干预为主要途径而制定和实施的一系列行为准则、措施、法令、条例的总称。

社会政策对于作为执政党的中国共产党来说，具有至关重要的意义。这主要表现在以下几个方面。

第一，有助于执政地位合法性的增强。

在现代社会和市场经济条件下，中国共产党对于中国人民实际利益的关注，已经不能仅仅是停留在"访贫问苦"、"送温暖"。这种做法尽管必要，但毕竟随机性过强，因而只能作为一种补充性的政策来运用。作为执政党，中国共产党应当将保障民众基本利益和提升民众生活水准的事情上升到社会政策的高度来看待，并使社会政策体系化、制

吴忠民

度化、规范化，以求得社会政策的稳定性和可持续性。中国共产党通过体系化社会政策的制定和实施，可以为民众最大限度地提供公共服务产品，从而有效地履行一个执政党的基本职能。这样做的结果，既可以对弱势群体提供直接的帮助，还可以给处境相对不错的社会群体提供稳定的环境，解除其后顾之忧；既可以减少现有弱势群体的人数，防止更多的人沦入弱势群体，还可以提高中等收入者的比重。如是，中国共产党就能够符合民意，就能够得到民众的拥护，其执政地位的合法性相应地就能够得以增强。

第二，有助于重要执政任务的完成。

社会建设离不开社会政策。社会建设包括实现社会公正、建立基本公共服务体系、优化社会结构、建立现代的社会管理体系、协调和理顺社会利益关系等重要内容。而这一切，在很大程度上均有赖于社会政策的制定和实施。正是从这个意义上讲，执政党制定和实施社会政策的过程，就是积极主动进行社会建设的过程。

第三，有助于执政能力的提升。

在现代社会和市场经济的背景下，社会分工的专业化程度越来越高，社会的各个环节越来越多，社会结构越来越复杂，世界经济一体化程度越来越高，因而社会所面临的不确定性因素和风险因素在急剧增加。况且，中国处在急剧的转型时期，中国社会要在一个相对较短的时间内完成双重

转型，即由传统社会结构向现代社会结构过渡、由计划经济体制向市场经济体制过渡。

艰难的社会转型，复杂的利益结构调整，使中国社会面临着更大的压力和更多的不确定性因素，并造成了更为广泛、复杂和突出的种种社会矛盾问题。种种复杂多样的社会矛盾问题，使得中国共产党面临着大量过去未曾遇到的新问题和新挑战。而社会政策的重要功能就在于以社会整体的力量来帮助每一个社会成员抵御各种社会风险因素，确保社会的安全运行和健康发展。所以，通过系统的社会政策的制定与实施，可以使中国共产党对于社会矛盾问题的处理由被动转向主动，由滞后转向前瞻，尤其是可以最大限度地防止社会危机的出现。可见，制定和实施社会政策，有助于提升中国共产党在新时期的执政能力。

（吴忠民：中共中央党校社会学教研室教授）

杨团：中国社会政策进入大量生产时代：从粗放走向精细

杨 团

2009 年，中央财政预算安排医疗卫生支出 1181 亿元，比 2008 年预算数增长 38.2%，同时，中央财政今后 3 年要开展廉租住房保障规划，仅 2009 年用于各地廉租住房建设的总资金投入已达 330 亿元，这还未算入中央代地方增发的 2000 亿元国债资金中用于建设廉租住房的资金。还有，社会政策建设普及化、普遍化，无论社会保险、社会福利、社会救助、社会管理还是教育、医疗、住房、就业、社会组织、收入分配等社会领域，都出现了具有创新意义的社会政策实践。

这从两个方面提示我们，中国的社会政策正在越过短缺时代，迎来大量生产时代。

大量生产时代是总量与结构都发生巨大改变的时代，也是可能造成社会政策建设的巨大成就或者重大损失的时代。所以，这是一个比起短缺时代需要付诸更大努力、更多心血的时代。

在社会政策的大量生产时代，决定巨额社会政策投资和多方面的普及化建设的最终效果的关键是造就巨大成就还是导致重大损失，在于社会政策的建设方式能不能从粗放走向精细，走向专业性和提升精准度。以往的社会政策决策少有数据收集、分析论证和试点试错、评估校正等必要环节，而是中央定调、各地执行，这在社会政策短缺时代是可以理解的，但在大量生产时代还这样做，就不仅可能浪费资源，而且会影响社会公平、削弱社会信任，严重者还可能导致社会失序和局部紊乱。

社会政策的精细建设需要提升科学性、专业性和精准度。为此，一方面要选择好突破口——重点在于弥补社会政策短板和缺口，一方面要向着促进公平、提升品质的方向迈进，要追求社会公平、提升质量的社会保障和公共服务。

2009 年评选出来的社会政策十大创新开始蕴涵社会政策建设走向精细方式的特征。

第一，社会政策创新以地方政府创新为主，而且这些在 2009 年出现的耀眼的创新大都是历经多次方案论证，多年实践累积和试错，不断去粗取精、去伪存真、修正发展的结果。安徽铜陵历经数年做到义务教育均衡发展，解决了择校难的问题就是例证。

第二，这些创新相对集中于公共服务和社会福利这些民生的短板领域，而且全部采取了加大地方公共财政投入力度的方式，表明转变政府职能、建设服务型政府正在成为地方政府的共识。

第三，社会政策创新中，宁夏、甘肃、广西、陕西等西部欠发达地区的事例亮点突出，可见创新首先来自理念、意识等人的思维层面，并不嫌贫爱富，对资源雄厚的地区有特殊偏好。

第四，中央政府对重大民生问题的社会政策决策速度和力度都在提升。另外，在人大审议涉及公民权利的几部重要法规中，尤为注重公民的政治权利、生命价值和经济权利的平等，也表明社会政策的基本价值观正在得到社会的认同。

第五，社会政策创新是多部门、多主体、多方位合作的结晶，也是经济发展与社会发展有机联动的结果。上海、深圳在购买民办社会组织服务、推动社会组织创新方面，南京在多方式促进就业、实行投资项目就业岗位评估制度方面，都能同时调动多个政府部门协同工作。这不仅表明政府的协调能力增强了，也是政府公共治理结构调整后公共权威增强的一种表现形式。它有一点像人体经络之间相互影响、相互调节那样，拥有一种自我修复的能力。而且，这种能力只有在政府与社会组织、企业部门之间积极互动的社会生态环境中才能培育和生成。

（杨团：中国社会科学院社会政策研究中心副主任、研究员）

沙琳·库克（Sarah Cook）：基于需求的社会政策：研究和分析框架

沙琳·库克（Sarah Cook）

为了在经济转型的语境中重新思考"社会"、保障和无保障的含义，需要考察发现需求并实现福利的制度条件。在大多数低收入国家，人口中的大部分被排斥在正规经济之外，也便随之被排斥在正规（常常是基于就业的）福利体系之外。中国也不例外。而有些国家（尤其是西欧、北欧和北美）的福利体系是在快速都市化和工业化经济中发展起来的，而具体的政治制度在其中发挥了重要作用。

如果把这样的福利方案移植到以农村低收入为主，且经济、政治和制度条件大相径庭的国家，常常会导致所提供的服务种类与这些国家中人们的实际需求相去甚远的现象。福利供给的正规渠道通常只考虑城市中的精英，而忽视或不考虑最贫穷或最弱势的社会群体。这种移植的另一个后果，是在福利机构或政府机构中产生分裂的部门项目（如医疗、教育、养老金等），制造出强大的利益，极力维系各部门不恰当的政策或干预，并在这些利益的驱使下产生自上而下的、供方推动的社会政策。

中国的制度性因素对福利政策、干预及其结果有决定性作用。政策制定的正规程序，通常是中央的决定作为一般性指导原则，各级政府据此制定具体政策和干预，在各地实施。中央政府在发布一般性指导政策时会考虑地方上的试验和试点项目，但倾听受惠对象需求的空间相对较小。研究和试验也能影响政策制定，可是一旦出现矛盾，占上风的总是政治命令。政策制定以后，制定预算和拨款以保证其实施又是类似的多层谈判。

需要考虑的社会政策是使之既能较好回应社会需求，又符合中国的制度实情。研究的问题不是以依靠行政命令的现行供给体系为起点，而是根据人口中特定人群的需求出发。这一方法需要考察个人和家庭的需求及其通过各种支持体系——正规的和非正规的，包括家庭、亲友和社区、市场和国家以外的组织，以及政府——获得经济和社会保障的能力。这便关系到不同的利益群体，包括弱势群体，在确定和表达自己的需求时如何发挥作用，并影响决策过程。要理解这一点，又需要更为详尽地了解政策的决策和执行过程。

总之，这里的核心问题是：在中国的改革进程中，需求发生了什么变化，权利资格如何重新配置，包容与排斥如何得到重构。

（沙琳·库克（Sarah Cook）：联合国社会发展研究所所长）

辛鸣：人本与共享：社会政策的价值指向

社会政策在今日中国受到关注的原因何在，社会民众对之可以期待些什么，决策者又应该如何面对？认真梳理这些问题，对于今日中国社会政策的有效建设和健康发展很有意义。

发展的补课：社会建设呼唤社会政策

我国第一次在完整意义上使用"社会政策"始于2006年中国共产党的十六届六中全会。在此前并不是没有社会政策的说法，但彼时的社会政策内涵界定极其狭窄，主要是抚恤救济慈善等内容，故政府系统内也只有民政部门来担负这些社会政策的筹划落实。

辛　鸣

这几年，社会结构在变化，社会群体在分化，社会空间在拓展，社会功能在凸现。很多原本属于经济、政治的空间被日益剥离出来成为了社会空间，很多原先附着于经济政治领域的民生事项需要专门应对与解决，经济建设的成果与政治建设的要求要通过社会建设来实现。中国社会要在现代背景下全面发展，必须补上社会建设这一课。

发展固然关注物质财富数量的增加，但更看重的是物质财富价值的实现。我们发展创造的财富，归根结底还是要着眼于人民群众物质文化需要的满足，着眼于民生。这就需要通过社会建设化解经济建设产生的发展目的异化的问题。

人本与共享：社会政策的价值指向

着眼于构建社会主义和谐社会的今日中国，社会政策必须以"人本"与"共享"为基本价值指向，而不要老想着去减少群众的权利、降低群众的需求、控制群众的行动，老想着便于管理，老想着"清一色"、"一言堂"。

不能造福于民生的发展不是真正的发展，更不是中国共产党人追求的发展。我们的社会政策必须在实现经济增长的同时，把解决贫困、就业和社会公正作为重要内容，必须在重视物质积累的同时，充分尊重人权，包括公民的政治、经济、文化等权利，切实解决收入分配、社会保障、看病、上学、生态环境保护、安全生产、社会治安在内的一些关系群众切身利益的问题，不仅满足人民群众当下的生活需求，更要满足人民群众长远的发展权利。

共享则是使人民群众得到的社会福利要随着经济的发展不断有所增加。我们绝对不能搞平均主义，不能没有条件地进行"劫富济贫"；但另一方面，当前更为重要、更需要重点关注的是，一定要让人民群众共享社会发展的成果。我们不能让社会上不同利益群体之间的收益差距太大，让一些利益群体超常规地获得利益，而另一些群众生活的改善赶不上相应的社会发展进步水平。

建立在这样价值理念上的社会政策就会把实现社会公平正义放到更加突出的位置，综合运用多种手段，依法逐步建立以权利公平、机会公平、规则公平、分配公平为主要内容的社会公平保障体系，妥善协调社会各方面的利益关系，使得各个社会阶层与群体都能享有自己可得到的和应该得到的权益与利益，都能在和谐社会的社会结构中找到自己的应有位置和恰当位置，进而实现社会的有序稳定。

量力与尽力：社会政策的实践要求

出于对社会大趋势的认知，我们一些决策的同志在理论上也承认社会政策的重要性，但在实践中往往"顾左右而其它"舍不得投入。确实，在进行具体的社会政策安排过程中，是要坚持量力而行与尽力而为有机统一，只是在理性考量现实社会财富能力可能性的前提下，要更加突出责任感与自觉性。

虽然，我们所说的总体小康仍然是低水平的、不全面的、发展很不平衡的小康，这一阶段的社会政策安排不能把群众胃口吊得太高，吊得太高不仅不利于社会持续发展，也解决不了社会民众的现实问题。但是，毕竟30年来中国社会财富的积累是巨大的，经济总量超过了30万亿，在世界排名中坐三看二，人均GDP也已经接近4000美元，再老说家底薄，恐怕就不是"不能"的问题了，而是"不为"的问题了。所以，在这个意义上，社会政策含金量的高与低背后更多反映的是决策者对人民群众感情的深厚与否以及对其所宣称执政信仰坚守的真诚与否。

目前，中国社会GDP增长的高速与人民群众满足感、幸福感的徘徊，政府搞建设的"大手笔"与群众消费"斤斤计较"的巨大反差，充分说明中国社会在社会建设方面是有历史欠账的。而现在到还帐的时候了。我们不主动还，客观社会发展现实也会逼迫我们去还，与其被动应付不如主动作为。中国在社会建设上要舍得投入甚至倾斜投入，在社会政策的安排上要各个部门全系统参与，不能仅仅停留于民政一个部门。

中国共产党十六大以来的实践表明，通过政策导向和制度安排，消除过大的贫富差距，使相对低收入以及一般收入社会群体的生活水准同社会发展的总体水准保持着一种大体同步的关系，从而最大限度地满足人民的基本需求，是必要的也是可能的。这可以最大限度地减弱改革和发展过程中的社会阻力，保持社会稳定。

（辛鸣：中共中央党校教授）

社会政策与中国社会发展

专家点评　2009 年度中国社会政策十大创新事例

近年来，我国社会政策各领域取得了可喜的进步，社会政策的不断创新正成为促进我国经济社会协调发展的重要动力。今年 1 月底，中国社会科学院、国务院发展研究中心、北京大学等多家研究机构的社会政策领域知名专家共同评出了 2009 年度中国社会政策十大创新事例。本报记者日前邀请数名专家对十大创新事例作了一一点评。

参与点评专家：

张秀兰（北京师范大学社会发展与公共政策学院）

王振耀（民政部社会福利和慈善事业促进司）

王思斌（北京大学社会学系）

关信平（南开大学社会工作与社会政策系）

杨　团（中国社会科学院社会政策研究中心）

贡　森（国务院发展研究中心社会发展研究部）

邹文开（民政部管理干部学院）

洪大用（中国人民大学社会与人口学院）

徐月宾（北京师范大学社会发展与公共政策学院）

裴晓梅（清华大学社会学系）

陕西神木首推全民免费医疗

2009 年 3 月 1 日，陕西省神木县出台《神木县全民免费医疗实施办法（试行）》，在全国率先推出"全民免费医疗"。办法规定，凡具有当地户口并参加城乡居民合作医疗和职工基本医疗保险的干部职工和城乡居民，在定点医疗机构进行诊疗的，实行门诊医疗卡和住院报销制度，每人每年可享受 100 元门诊补助。全年住院报销设定起付线，起付线以下（含起付线）的住院医疗费用由患者自付，起付线以上部分，每人每年累计报销费用不超过 30 万元的予以全额报销。神木县每年拨出 1.5 亿元的预算，并承诺即使支出超过 1.5 亿元，此项政策也将长期执行。政策实施后，当年 4 月住院人数达到高峰，同比增加 30%；4 月下旬压力明显缓解。3 月至 9 月，全县月平均报销费用为 1125.7 万元，为测算费用的 90%。该政策目前运行平稳。

点评："神木医改模式"的社会政策意义首先在于突破了城乡分割、身份有别的现行医保体制，将城乡居民按照同一标准纳入同一个医保体系，基本实现了全民医保的制度公平。其次，当地政府将财政增收更多地用于补贴全民医保，大幅度提高医疗保险的保障水平，履行了政府对公共事业的义务和责任。在操作中，还需注意建立科学的健康及卫生服务管理模式和有效的医疗费用控制机制。

廉租住房保障三年规划惠及 747 万城市住房困难家庭

2009 年 6 月，住房和城乡建设部、国家发展改革委员会、财政部正式下发《2009—2011 年廉租住房保障规划》，提出争取用 3 年时间基本解决 747 万户现有城市低收入住房困难家庭的住房问题。中央将加大对财政困难地区廉租住房保障补助力度，市、县人民政府要按照国家有关规定多渠道筹集廉租住房保障资金，住房公积金增值净收益要全部用于廉租住房建设。2009 年，中央财政用于各地廉租住房建设的总资金投入达 330 亿元。同时，中央代地方增发的 2000 亿元国债资金作为地方的配套资金，其中部分补充用于廉租住房建设和保障性安居工程。

点评：该项政策首次对住房保障实施了三年规划，大幅度增加了中央财政投入，这不仅是扩大内需的重要举措，也表明了国家落实住房保障政策的决心。但也应注意到，该规划在投入总量上仍显不足，并且地方政府能否积极出台配套政策措施仍有待观察。

新型农村养老保险开展试点，企业基本养老保险实现跨省转续

2009 年 9 月，国务院印发《关于开展新型农村社会养老保险试点指导意见》，探索建立个人缴费、集体补助、政府补贴相结合的新型农村社会养老保险制度，2009 年年底前在全国 10% 的县（市、区、旗）开展新型农村社会养老保险试点，以后逐步扩大范围，2020 年之前基本实现对农村适龄居民的全覆盖。

2009 年 12 月，《城镇企业职工基本养老保险关系转移接续暂行办法》

正式公布，包括农民工在内的参加城镇企业职工基本养老保险的所有人员，其基本养老保险关系可在跨省就业时随同转移；在转移个人账户储存额的同时，转移部分单位缴费；参保人员在各地的缴费年限合并计算，个人账户储存额累计计算，对农民工一视同仁。

点评：新型农村社会养老保险政策在财政资金进入制度、筹资模式、支付结构等方面都有重大革新，表明了国家对农民老有所养将承担重要责任。试点过程中应注意执行规定不应增设附加条件。另外，应着力加快全国推广的速度，基础养老金制度可以先行推开。

城镇职工养老保险的可转移接续标志着全国社会保障体系建设迈出了重要的一步，明确了统筹全国城乡、地区社会保障的发展方向。

上海多举措扶持社会组织发展

自 2005 年以来，上海浦东新区共出台五个文件扶持社会组织发展，明确了政府向民办社会组织购买公共服务的实施办法。2009 年 12 月 15 日，在上海市民政局的规划和指导下，上海首个公益服务园区——浦东公益服务园正式揭牌，数十家公益组织集体进驻园区，免费使用政府提供的全部办公及服务设施，集体探索公益产业集群发展之路。2009 年，上海市民政局拨出 1000 万福彩公益金进行社区公益服务项目招投标试点，建立了评估、签约、履约和监督管理一整套机制，获得成功。拨款改招标的尝试首次让非营利组织公平竞争政府资源，不仅提高了效率，增加了透明度，而且扶持了一大批有能力、讲诚信的公益性社会组织，打造了众多优质、高效的公益服务专业项目。

点评：上海市有关政府部门打破体制界限，实现职能转变，在扶持民办社会组织发展上采取了财政扶持、重点培育、公益孵化、招投标和集群治理等多项创新方式并获得良好成效，证明了服务型政府是社会创新的重要主体。他们的做法也为各地政府如何尽快培育更多、更优秀的民间公益组织提供了可资借鉴的经验。

广东居住证制度力促流动人口享受"同城待遇"

2009 年底，广东省发布《广东省流动人口服务管理条例》，规定在广东全省实行居住登记和居住证制度。居住证持证人享有在居住地申领机动车驾驶证，办理机动车注册登记手续；在居住地办理出入港澳地区的商务签注手续；依法参加居住地社区组织和有关社会事务管理等权益和公共服务。居住证持证人在同一居住地连续居住并依法缴纳社会保险费满五年、有稳定职业、符合计划生育政策的，其子女接受学前教育、义务教育与常住户口学生同等对待。居住证持证人在同一居住地连续居住并依法缴纳社会保险费满七年、有固定住所、稳定职业、符合计划生育政策、依法纳税并无犯罪记录的，可申请常住户口。常住户口实行总量控制、按照条件受理、人才优先、依次轮候办理。

点评：户籍政策是社会管理领域的重要政策。广东户籍改革释放积极信号，给予流动的普通劳动者平等的居民待遇并可申请常住户口，体现了社会公平。但申请常住户口需缴纳社会保险费满七年似时间过长，实行总量控制等附加条件能否发挥积极的政策作用也有待观察。

深圳社会工作服务项目纳入政府采购

深圳市 2007 年出台社会工作制度"1 + 7"文件，开展市、区民政部门购买社会工作岗位试点工作。2009 年，深圳市将购买社会工作服务项目正式纳入政府采购体系，由市政府采购中心统一组织民政、财政、采购多部门协同，制定方案、组成评标委员会，就政府采购的多类型、多项社会工作服务项目，与全市 29 家注册社会工作机构进行竞争性谈判，最后签约 22 家机构。市政府还配合财政局、人事局出台《财政支持社会工作实施细则》、《编制内社工岗位设置规划》等文件，将部分社会工作岗位纳入财政预算，试点单位实现了编制内社会工作者"零"的突破。

点评：深圳市政府将社会工作服务项目作为一项重要的社会公共服务实行集中采购，实现了从岗位购买向项目购买的转变，将社会工作服务项目的采购纳入规范化、制度化轨道，以保障政府采购过程公开、公正与公平，进而增强政府和民办社会工作服务机构的社会公信力，促进这些民办机构的成长，也为政府向民办社会组织购买各类社会公共服务提供了参考与借鉴，的确一举数得。这类创新的思路和做法的探索值得倡导。

宁夏首创高龄老人津贴并大力推动多项公共服务

2009 年 5 月，宁夏自治区人民政府办公厅下发通知，确定建立 80 岁以上低收入老年人基本生活津贴制度，规定凡有自治区户口、且年龄在 80 周岁及以上的农村老年人和城市低收入家庭中无固定收入的老年人，均可享受政府发放的高龄津贴。高龄老人津贴实行分类分档发放。100 岁以上的老年人每人每月按 300 元、90—99 岁老年人每人每月按当地低保标准的 130%、80—89 岁老年人按当地低保标准享受高龄津贴。该规定现已在全区实行。

2009 年，宁夏还启动了"人人享有基本医疗卫生"医改试点，试点地区村卫生室按成本提供 30 种一般性疾病诊疗和 74 种药品，并实行"一户一证、就近看病、价廉用药、每次一元"的政策。宁夏还从 2008 年起用 5 年时间组织实施二期农村危房改造工程。2009 年暑期，政府从高校相关专业学生中招募志愿者，深入 22 个市、县（区）对特困群众危窑危房改造质量进行监督检查。

点评：宁夏属于中国西部经济欠发达地区，却是全国第一个建立起普惠型高龄老人津贴制度的省份；同时，基本卫生服务、危房改造工程也走在全国前列。这表明财政投入能否向公共事业倾斜首先不是经济问题，而是政府承担公共责任的理念问题。

广西防城港强化孤儿救助，率先落实孤儿最低养育标准

2009 年 2 月，广西防城港市委、市政府印发了《关于加强孤儿救助工作的意见》。8 月，决定社会散居孤儿最低养育标准为每人每月 600 元；福利机构儿童最低养育标准为每人每月 1000 元。该标准已于 9 月 1 日执行，资金通过建立爱心救助基金和财政分级承担筹集。为解决孤儿医疗救助问题，防城港市将城乡散居孤儿纳入城市居民基本医疗保险和新型农村合作医疗，患大病的孤儿救治费用采取医疗保险、医疗救助制度和爱心救助基金三方分担的方式解决。

点评：防城港市委、市政府关于加强孤儿救助工作的意见，是全国首个由地级市党委、政府联合印发的有关孤儿福利保障的文件，他们率先制

定了孤儿最低养育标准并建立自然增长机制，对各地推进孤儿福利保障工作、完善孤儿保障体系具有借鉴意义。这些举措推动了儿童福利体系机制的建设。

江苏南京首创投资项目就业评估制度

2009 年，江苏省南京市政府为扩大就业出台一揽子政策，包括帮企保岗、鼓励创业、加强对接等。仅 2009 年上半年，南京市劳动保障局就联合市发改委等部门，跟紧全市 300 个重点建设项目，挖掘出 1 万多个就业岗位。8 月，南京市政府办公厅转发《市发改委、市劳动保障局〈投资项目就业评估工作意见〉的通知》，要求政府各部门进一步加强与各类投资主体的对接，对投资项目带动就业岗位做到提前测算、汇总、评估，加大紧跟投资项目开发就业岗位力度。

点评：南京市政府多方位、多视角、多渠道千方百计促进就业的思路和做法值得称道。尤其向投资项目要就业，实现经济增长与就业促进的有机联动，改变地方政府招商只重 GDP 增长、忽视拉动就业的传统思维和做法，是具有前瞻性的创新。实施中还可以进一步优化机制，增强评估全过程的公开、公正和透明度。

安徽铜陵打造无择校城市，推动城乡教育均衡发展

自 2005 年开始，安徽省铜陵市采取学校硬件设施标准化、重点高中名额分配、名师支持弱校三大举措推动义务教育均衡发展。在此基础上，2009 年，铜陵市制定了城乡教育一体化发展的五年目标，通过完善义务教育经费保障机制改革、实施关爱留守儿童工程、开展城乡学校共建活动等措施，重点解决城乡教育发展不平衡问题。安徽省政府已于 2009 年下发了《进一步推进义务教育均衡发展的意见》，在全省推广铜陵经验。

点评：铜陵成功消灭"择校"现象，实现义务教育均衡发展，靠的是政府承担教育资源合理配置的公共责任，采取政策和制度创新方式严格履行义务教育法。这证明解决择校这类难题的钥匙在政府手中。为实现教育公平，提升教育品质，须打破原有的"利益格局"，促进以制度变革为中心的教育改革，这是铜陵经验对我们的启示。

张秀兰：社会问题呼唤社会政策的创新

当前，中国社会正处于史无前例的结构快速转型和急速变迁的历史时期，社会问题如人口老龄化、城乡分割、农村空心化、城市新贫困人口的产生、新弱势群体的不断出现、疾病谱系的改变、教育资源不均衡等等层出不穷。并且，这些问题还具有广泛性、复杂性、长期性、紧迫性的特点。这些问题不但数量大、种类多，而且问题之间往往会相互影响，形成累加效应，如果解决不好，就会让我们付出极大的社会成本。如一个家庭往往面临持续性的养老压力和子女就学、成员患病的离散性压力，多重压力的累加，往往使其最终进行福利的自我剥夺，陷入贫困陷阱，乃至影响下一代。

不仅如此，我们社会的急速变迁又使问题更加复杂化。我们知道，工业化、社会变迁总会产生社会问题。而需要引起我们充分注意的是，缓慢变迁与快速变迁所面对的社会问题有根本的不同。过去几个世纪，发达国家走过的是社会缓慢变迁的过程，其社会问题产生的密度及复杂程度远远低于我们；我们快速的社会变迁有如跑步前进，从而使社会风险增加，社会问题密度大、情况复杂。面对这些社会问题，社会政策的供给不足、质量欠缺成为突出的矛盾。显然，在应对这些社会问题、解决上述矛盾方面，我们没有现成的经验可以照搬，而必须寄望于制度创新，即突破既有的思维模式，以创新的政策思维进行社会政策的制度创新，以使社会政策能够在社会建设领域发挥更大和更为完善的作用，以促进社会融合，解决社会矛盾，推动社会发展。

中国社会变革的内外因都要求社会政策领域的理论研究和实践创新顺应时代发展所提出的要求和挑战。我们看到，一方面，我国目前社会政策领域的理论研究和实践创新仍相对滞后，一些迷思还影响着我们的政策思维，以致社会政策的供给严重不足。另一方面，各级政府和社会组织已经在回应社会政策面临的这一挑战，在这一领域的制度创新上有许多成功的突破，这次的"十大创新事例"就是证明。这些制度创新的亮点，表现了各级政府的进取精神以及我们民族的实践智慧，使人振奋，值得肯定和倡扬。

笔者认为，"十大创新事例"的意义在于，通过评价各级政府在社会政策领域的改革与创新，激励各级政府将社会政策的创新纳入到管理体制改革之中，以完善其公共服务职能；推动社会公众重新发现和认识政府在社会政策领域作出的贡献，深入理解社会政策创新对社会发展和公众福祉改善的意义；同时通过这样的事例宣传，推动社会政策领域的理论研究与实践探索，为中国社会福利政策的国际化提供不竭的动力。

　　（张秀兰：北京师范大学社会发展与公共政策学院院长）

　　（本期特别策划采写工作组：冯小双、郭烁、刘亚秋）

社会政策与中国社会发展

精神疾病患者的权益保护

完善救治保障　促进心理和谐
—— 聚焦精神疾病患者权益

阳春时节，油菜花开。各地精神病院的就诊人数比往常多了起来。精神疾病问题再次成为人们关注的焦点，与精神疾病有关的惨痛案例也再次浮现。2009 年 12 月 27 日早上 6 点，北京大兴清澄名苑小区内，张武立残忍地将自己的妻儿砍死。接受讯问时，张武立称发生凶案时被"恶魔"缠身。2010 年 1 月，张武立被鉴定为精神分裂症，作案时正处病发，丧失控制能力，目前已经被送往安康医院接受强制治疗。2006 年 10 月，广东女子邹宜均因为家庭纠纷被家人送进一家精神病院，在那里度过了 3 个月的时光。近年来，上述两类典型案例常见于报端，公众真实地感受到来自精神疾病的双重恐惧：既受到重性精神疾病患者的威胁，又承受着被误诊为精神疾病患者的风险。

数字难以表达之痛

2005 年，世界卫生组织公布，目前世界上有 4.5 亿人不同程度地患有精神、神经和行为疾病。据中国卫生部最新的资料，全国 15 岁以上成人精神疾病的总患病率在 15% 左右；其中，重性精神病的发病率为 1%，全国约有 1600 万重性精神病人。

数字难以表达精神疾病带来的痛苦。中国社会科学院刘白驹研究员认为："精神疾病患者是一类特殊的弱势群体。由于精神障碍的影响，他们难以融入社会，难以主张和维护自己的权利。许多患者得不到及时的治疗和护理，甚至受到歧视和虐待。"首都医科大学附属北京安定医院的罗小年教授向记者讲述:"人们常说家是个人生活的港湾,家庭中亲人的歧视会让精神病人更加痛苦。我见过很多这样的例子。有的家属把精神病人送到精神病医院后,什么也不管了,而且拒绝把已经痊愈的病人接回家。"

精神疾病带来的痛苦不仅是身体和精神上的,还有经济上的。根据世界卫生组织的数据,精神障碍负担在疾病总体负担中占到12%。中国卫生部的数据则表明,精神疾病在中国疾病总负担中排名首位,约占疾病总负担的20%。在美国,每年治疗精神障碍的直接费用约为1480亿美元,占国民生产总值的2.5%。在大多数国家,因为缺少公共资金支持的综合精神卫生服务网络,家庭承担了大部分经济负担。世界卫生组织认为,家庭负担会导致社会负担,比如照顾残疾家庭成员带来的情绪负担,降低了照顾者的生活质量,造成社会隔绝,并丧失了未来自我发展的机会。北京儿童孤独症康复研究中心的翁雅琴主任告诉记者,以儿童孤独症为例,为了全天候地陪伴、照料患儿,许多家庭不得不牺牲一位家长的工作和事业。

公共安全隐患不容忽视

亚里士多德在《尼各马可伦理学》中记述:"一些人的兽性来自于疯癫,例如一个疯子就将自己的母亲拿去献祭并吃掉。"这表明早在古希腊就发生过精神疾病患者危害社会的事例。今天,这种情况没有得到根本改善。以武汉为例,现有重性精神病人约12万,其中10%有暴力行为倾向;1997年至今,武汉市公安局安康医院共收治精神病人2873人次,其中杀人的274人,放火的64人,其他伤害和治安案件137人。

刘白驹告诉记者,"精神疾病患者肇事肇祸是一个不容忽视的社会问题。有些患者不能辨认或者控制自己的行为,很有可能实施危害行为,但由于没有得到必要的管理,从而造成危害后果。"卫生部首席法律顾问卓小勤教授认为:目前,社会上游荡着不少有危险性的精神疾病患者,是公共安全的"不定时炸弹"。尤其是实施了犯罪行为,因无刑事责任能力而不需要承担刑事责任的精神疾病患者,如何防止他们的"二次犯罪"是一个难题。

医治是一种保护

个别精神疾病患者会对社会造成危害,但这恰恰是由于他们没有受到较好保护的缘故。那么，如何保护精神病人的权益呢？对于记者的这个提问，一位精神科医生反问记者："你生了病，去不去医院看病呢？精神病也是一样的道理。"刘白驹认为，在保护精神疾病患者权益这个问题上，对精神疾病的治疗是重点。尽管提问与回答都是简单的，但其中却蕴涵了深刻的道理。现代医学强调精神疾病是疾病的一种，对精神疾病应该进行更好的诊断、治疗和预防。在采访中，几乎所有的精神科医生都向记者强调，救治是对精神疾病患者的一种保护。这极大地纠正了记者对精神疾病治疗的误解。

收治程序　阳光进行

记者对精神疾病治疗的误解并非没有现实基础。《飞跃疯人院》这类影视作品，以及媒体关于正常人被送进精神病院的报道，加剧了普通人对精神病院的恐惧。尽管这类案件的发生属于个别情形，但是它向人们传达了一个信息：在理论上，每一个健康的人都可能被"合法"地送进精神病院。

许多研究认为，避免健康的人被送进精神病院，关键要规范精神病人的收治程序。罗小年向记者介绍，精神病院在收治精神疾病患者方面是有规范可循的。在北京市，根据《北京市精神卫生条例》，精神疾病患者非自愿到医疗机构接受治疗有两种情况：一是对重性精神疾病患者进行医学保护性住院，二是精神疾病患者有危害、严重威胁公共安全或者他人人身、财产安全行为的，公安机关可以将其送至精神卫生医疗机构。收治精神疾病患者，要对精神疾病患者进行诊断。罗小年告诉记者，精神疾病的诊断标准主要有三种：ICD-10（国际标准）、DSM-IV（美国标准）和CCMD-3（中国标准）。中国卫生部要求医院适用国际标准进行诊断。

精神卫生服务盼资金"解渴"

权益的保护有赖于资金的支持，这是一个常识。但据世界卫生组织的数据，精神卫生服务普遍资金不足，发展中国家尤其如此。近28%的国家没有单独的精神卫生预算。在有单独精神卫生预算的国家中，37%的国家在精神卫生上的花费占卫生预算的总数连1%都不到。

中国卫生部估计，全国重性精神病治疗费用每年需80亿元，这些资金主要来源于政府投入。2004年，卫生部和财政部将重性精神疾病监管治疗项目列入中央补助地方卫生经费项目，该项目在全国共建立 60 个示范区，项目覆盖人口 4291.52 万。2010 年 3 月，"启动实施精神卫生防治体系建设规划"被列入 2010 年国民经济和社会发展计划，这标志着我国精神卫生防治工作取得阶段性进展。

法律制度亟待完善

保护精神疾病患者的权益，离不开政策和法律的保障。进入 21 世纪以来，中国加倍重视精神卫生政策的制定与实施。

2001 年，第三次全国精神卫生工作会议提出"预防为主，防治结合，重点干预，广泛覆盖，依法管理"的精神卫生工作指导原则。2002 年，卫生部、公安部、民政部、中国残疾人联合会四部门联合下发了《中国精神卫生工作规划（2002—2010 年）》，提出了中国精神卫生工作的总目标和相关工作指标。2006 年 10 月，《中共中央关于构建社会主义和谐社会若干重大问题的决定》指出："注重促进人的心理和谐。"这是中国共产党制定的具有标志性意义的精神卫生政策，为中国的精神卫生立法指明了方向。

中国《刑法》、《刑事诉讼法》、《民法通则》、《民事诉讼法》、《残疾人保障法》等法律中均有涉及精神疾病患者的法律条文，这些法律对于维护精神病人的权益发挥了重要的作用。但是，随着社会的发展，一些法律制度已经不能完全满足时代的需求。就民事法律而言，北京大学法学院副教授许德风认为，在对精神病人的监护上，中国并未区分对未成年人的监护制度与对精神病人的保佐制度，规范监护制度的《民法通则》及司法解释也相对简单，存在诸多法律上的漏洞。就刑事法律而言，刘白驹认为："对已经犯罪的精神疾病患者的处置，主要应依据刑法、刑事诉讼法等法律解决。有关法律应当进一步完善关于精神疾病患者问题的规定。"

许多学者认为，为了将保护精神病人权益的多种机制固定下来，有必要制定一部精神卫生法。中国全国性的精神卫生立法始于 1985 年，至 2005 年底，已经先后修订完成了二十余稿。据全国人大常委会法制工作委员会副主任信春鹰介绍，精神卫生法已经列入全国人大常委会 2009 年的立法计划；精神卫生法属于社会法，其核心内容是社会和政府如何救助、协助和干预精神卫生领域的问题，实际上是为有精神疾患的人提供更

精神疾病患者的权益保护

多的社会帮助和社会援助。据中国人大网 2009 年 12 月 26 日消息，全国人大常委会教科文卫委员已就精神卫生立法开展立法调研，并建议国务院及其有关部门认真研究吸纳代表议案中提出的有关立法建议，抓紧修改完善法律草案。

在采访过程中，记者发现，国内学界对精神疾病患者权益保护问题的研究是比较薄弱的。在法学领域，现有的研究主要集中在规范强制医疗、完善司法精神疾病鉴定程序、保障精神疾病患者人权等方面，对于如何防控精神疾病患者危害社会、如何实现精神疾病患者的权益、国家如何构建保障精神疾病患者权益的体系尚缺乏建设性的研究成果；在医学领域，尽管许多精神科医生非常关注这一问题，但专门的理论成果尚不多见；在社会学领域，从事精神病社会学研究还处于起步阶段。不少学者表示，这个问题非常具有研究价值，具有广阔的研究前景。

（记者　刘鹏）

精神医学服务水平是衡量文明的一把标尺
——访北京安定医院精神科主任医师罗小年教授

罗小年

谁有权力把精神疾病患者送进精神病院治疗？精神病院收治患者依据哪些标准？在治疗过程中如何确保精神疾病患者的权益？带着诸多问题，本报记者日前专访了首都医科大学附属北京安定医院主任医师罗小年教授。

记　者：近期，媒体报道了一些将正常人送进精神病院进行治疗的案例，这在一定程度上引起了普通民众的恐惧。根据法律，谁可以把精神疾病患者送进精神病院治疗？

罗小年：现在只有一些地方性法规的依据。根据《北京市精神卫生条例》，精神疾病患者非自愿到医疗机构接受治疗的，有两种情况：一是对重性精神疾病患者进行医学保护性住院的，由重性精神疾病患者的监护人或者近亲属办理住院手续。二是精神疾病患者有危害或者严重威胁公共安全或者他人人身、财产安全的行为的，公安机关可以将其送至精神卫生医疗机构，并及时通知其监护人或者近亲属；单位和个人发现上述情形的，可以制止并应当及时向公安机关报告。因此，可以说，任何人都有可能通过向公安机关报告而启动送治程序。

记　者：既然启动精神疾病患者送治的程序比较宽松，那么精神疾病的诊断是否有严格的标准呢？

罗小年：我国有严格的精神疾病诊断标准。第一个标准是国际疾病分类（ICD-10）第五章精神与行为障碍分类所确定的诊断标准。卫生部要求所有医院住院病案的首页必须使用这个标准。既然病案首页都依据这个标准，那么病案内容也应该符合这个标准。第二个是中国精神障碍分类与诊断标准第三版（CCMD-3），由中华医学会精神科分会制定。还有一个是美国标准，即美国精神障碍统计与诊断手册第四版（DSM-Ⅳ），由美国精神病学会制定，由于它比较严谨，所以国际上进行精神病学研究基本上都用这个标准。这些诊断标准是权威的，但标准是人们认识客观世界的产物，而人们的认识在不断改变。现在，国际疾病分类（ICD-11）正在修订中，美国精神障碍统计与诊断手册第五版（DSM-Ⅴ）的草案已经公布，在这些修改的版本中，对许多精神疾病的认识有了明显改变。比如，按照过去的标准，同性恋是精神疾病，现在几乎没有人说同性恋是精神疾病。

记　者：标准是认识世界的产物，那么不同的医院，在标准的适用上是否有所差别？

罗小年：差别当然会有。因为精神疾病的诊断标准是人操作的，标准使用的对象也是人。精神疾病诊断标准的操作不是机械性操作。在标准的适用上，与医生个人的水平有关系，也与医生观察到的现象有关系。比如，有的精神疾病患者在看甲医生时，一言不发；但是第二天，在看乙医生时，却讲了许多话，这两名医生得到的信息不同，诊断也可能不一样。不同医生的诊断有差异是正常现象。患有其他疾病的病人分别去找10名医生看病，10名医生可能会开出同样的处方，而精神疾病的诊断基本不会出现这种情况。

记　者：有人认为，在收治精神疾病患者的问题上，精神病院存在利益关系。这是否会影响精神疾病的诊断？

罗小年：由谁来判断某人是否患有精神疾病最为合理？只能由精神科医生来判断。根据《中华人民共和国执业医师法》，只有精神科医生具有诊断精神疾病的资格，否则就违反了法律。由没有利益关系的其他医院医生来诊断，在程序上也没有可操作性。在甲医院诊断，在乙医院治疗，患者也难以接受。其实，错误地让没有病的人接受精神科治疗，可能会引起许多法律纠纷。这显然是损人不利己的事，职业良知也不允许医生这样做。

记　者：那么，在治疗这个环节上，精神疾病患者的权益能否得到保护呢？

罗小年：现在我国对精神疾病的治疗是比较规范的，应该说精神疾病患者的权益在这个环节能够得到充分的保障。需要注意的是，有规范可循不等于僵硬地适用规范，因为每个病人都有特殊性，每种病也都有特殊的表现。看病有治疗指南、治疗规范，但是没有强制性规定。不过，尽管没有强制性规定，也不用担心治疗失范的问题。所有医生都应该抱持一个美好的愿望：把病人治好。如果医生总是治不好病人，他就没有存在的价值。治疗也属于服务性工作，怎么可以在伤害患者权益的基础上提供服务呢？当然，对具体问题的看法上可能存在不同的认识。东西方文化对治疗也有影响，例如西方认为自由最重要，而中国认为生命更重要。如果一个人有自杀倾向，我们会采取强行限制的措施，保全他的生命，帮助他度过这段危险期。中国对自杀的防止理念、手段要好于西方。

记　者：在出院这个环节上，如何保障精神疾病患者的权益？

罗小年：这是一个很复杂的问题。医院没有权力让病人永远住下去。因为患者住院，医院提供的是医疗服务，如果患者拒绝这个服务，患者及其家属是可以决定离开的。比如说，病人处于病危状态，急需抢救，病人本人可以拒绝抢救，这是他的权利。《北京市精神卫生条例》规定的医学保护性住院，监护人可以最后决定出院。但是，精神疾病患者如果因为实施了严重违法行为而被公安机关送进精神病院强制治疗的，就不能自行决定出院。根据《北京市精神卫生条例》，这种情况应当经两名具有主治医师以上职称的精神科医生诊断，认为精神疾病患者可以出院的，由公安机关通知精神疾病患者的监护人或者近亲属办理出院手续。

记　者：有一种观点认为，精神病院为了增加收入希望精神疾病患者长时间地住院，您怎样看待这种观点？

罗小年：医生也不愿意把病人长久地"关"在医院，因为这样自己没有成就感；卫生行政主管部门对医院周转率的要求，也不利于让病人长时间住院；从经济角度说，只有加快了病床周转，医院的收入才可能增加。目前，不排除有医院存在你说的情况，但这样做很愚蠢。另外，家属有随时接病人出院的权力。

精神医学服务水平是衡量文明的一把标尺。比如有的不发达国家，全国几百万人口，却只有一名或者几名精神科医生，这就不会发生你讲的那种情况了。你说他是先进还是落后？肯定是落后嘛。我国精神科床位数最多的地方，都是经济社会发展得最好的地方。精神疾病患者长时间住院有另外一个原因，家属基本不到医院看望患者，用这个方法变相地遗弃患者，对这个问题还没有很好的解决办法。

记　者：新中国成立以来，我国在保护精神疾病患者权益方面取得了许多成就。其中包括精神科床位数、精神科医师数的大幅增长，国家对精神卫生事业的投入不断加大等。同时，我国在保护精神疾病权益方面尚有待改进之处。请您谈谈相关的看法。

罗小年：从法律上看，主要是监护制度存在一些问题。我国《民法通则》确立了两种监护制度，一是对未成年人的监护，二是对精神疾病患者的监护。对于前者，还有《未成年人保护法》的特别保障，所以对被监护人权益的保障是比较完善的。后者则仍有一些值得改进的地方。比如，如何认定监护人的问题。我国现在需要监护的成年精神疾病患者应该有上百万，但是通过民事诉讼法规定的特别程序认定监护人的案件却非常少，学界对这个问题的研究也比较少。对精神疾病患者的监护实际上是一种社会责任，不只是一个家庭的责任。监护制度应该是对社会公共利益的保护，而不是对监护人私权利的保护。

一些国家对精神疾病患者的监护人给予补偿。有的国家规定，监护人可以从被监护人的财产中得到补偿；有的国家规定，监护人监护比较好的，可以获得政府的奖励。我国规定，监护人的权利受法律保护。但是法

精神疾病患者的权益保护

律规定实际上没有给监护人带来利益，监护是一种责任或者负担。既然是责任、负担，谁愿意做监护人呢？因此，实践中发生的申请认定公民为无民事行为能力人、限制民事行为能力人的案件非常少。在我所做过的司法鉴定中，只有产权分配、买卖和转移的案件涉及认定公民无民事行为能力的问题，为什么要鉴定？没有鉴定，案件就不能审理下去，这会影响其他相关人的利益。在认定监护人的权力上，《民法通则》赋予了居民委员会、村民委员会"司法权"，即指定监护人的权力，对其指定监护不服的，当事人才可以去法院诉讼。依据法律规定，法院不得直接指定。实践中发生过这样的案例，居委会、村委会不指定监护人，法院就不能受理，当事人也不能提起行政诉讼去告居委会、村委会。其实，居委会、村委会也有难处，因为清官难断家务事。

（罗小年：首都医科大学附属北京安定医院主任医师，教授）

（记者　刘鹏）

同情、鼓励和支持精神疾病患者

——访心理学家罗非研究员

罗非

近日，中国科学院心理研究所心理健康重点实验室罗非研究员在接受本报记者采访时表示，心理障碍、精神疾病都只是人们的一种心理精神状态。帮助精神疾病患者早日康复，首先要消除对他们的歧视。

记　者：认知科学是否对精神疾病患者有所关注？

罗　非：作为从心理学、神经科学中发展出来的新兴学科，认知科学对涉及心理、脑功能状态改变的疾患都给予了关注，精神疾病当然也在其中。严格说来，人的心理活动或者说精神活动，有很多不同的状态，这些状态之间都是逐渐过渡的，但其中也有一些相对稳定。我们通常所说的"正常"指的是"平均水平"，就像血压、心率的正常范围一样，是一个统计学的结果。从这个意义上说，认知科学关注更多的可能是比较正常或者接近正常范围内的心理和精神状态。对于那些与多数人的状态偏离较远的心理和精神状态，心理学和精神疾病学可能关注得更多一些。

记　者：目前对精神疾病产生的心理机制有何成果？

罗　非：心理或者大脑的工作状态有很广大的范围。如果不遇到大的触动，大脑通常会倾向于维持原有的状态不变；然而，当系统受到比较大的干扰时，大脑工作的状态就可能会发生一定的跃迁，从而进入另外一种工作状态。反映在心理和精神上，就是出现与多数人平时不同的状态。按照我们平时歧视少数的习惯，这些人可能被认为有精神疾病。

大脑里有一个区域叫做杏仁核。如果每天给这个部位持续 1 秒钟的 130Hz 电刺激，7 天后被刺激的动物就会出现癫痫症状。有趣的是，在 7 天之内的任何时候停止刺激，动物就会完全回复正常，此后再度刺激仍需连续 7 天后才能引起癫痫；但一旦已经出现癫痫，不管中间停顿了多长时间，只要一给刺激就会出现癫痫。这就是大脑可以因外界刺激而产生一个全然不同但相当稳定的新状态的证据。从这个意义上来看，精神疾病的大脑机制很可能是由于某些外界或内部的生理、心理环境发生了改变，导致大脑处于一种新的稳定工作状态。表现在外部，就是精神、行为不同于常人。在我们看来，这个人就有了心理障碍，严重的就是精神疾病了。

记　者：心理疾病是否就是精神疾病，还是有一个量变过程？

罗　非：人类的心理和精神运作状态可以有很多种。我们通常认可的是大多数人都习惯了的状态，并以此作为正常的标准。如果某人的状态跟这个范围稍有偏离，我们会说这个人"比较奇怪"，"有个性"；偏离再多一点，就会认为有心理问题，应该和朋友或者心理医生谈一谈了；有更多的偏离，可能会被认为是心理障碍，需要接受心理医生的面谈或团体干预；再进一步的偏离就成了心理疾患，此时就可能需要心理医生的长期治疗；更严重的偏离，已经几乎完全有异于常人的状态了，就可以认为是精神疾病，此时通过常规的心理干预和治疗获得康复的希望已经渺茫，需要利用精神科医生的药物或者更为强烈的治疗手段了。

自古以来，人们就有谈"精神疾病"色变的传统。中世纪的欧洲，精神疾病患者会被当做魔鬼遭到处决。目前国内，大家仍在一定程度上歧视精神疾病患者。其实，这多半是由于人们对这些特殊精神心理状态的不熟悉，也是对内心世界的不了解和神秘感而感到恐惧。心理障碍也好，精神疾病也好，都只是人们的一种心理精神状态，没有什么值得大惊小怪。当这种状态开始影响日常工作和生活时，就需要加以调整，使之回到能够良好适应社会的范围中来，如此而已。

我们对精神疾病患者或者心理疾患患者，应当给予同情、支持和鼓励，这样才能帮助他们早日康复。来自周围环境的歧视只能延缓他们的康复，甚至加重病情。

（罗非：中国科学院心理研究所心理健康重点实验室副主任，研究员）

（记者　宋晖）

网瘾不是精神疾病
——访社会学家、教育学家陶宏开教授

陶宏开

伴随着互联网的蓬勃发展，青少年因沉迷网络而引发的悲剧频仍发生，一再刺痛人们的神经。有人甚至说"网瘾是一种精神疾病"，就此现象，本报记者日前采访了社会学家、教育学家陶宏开教授。

记　者：如何判断网瘾和精神疾病？

陶宏开："网瘾"是电脑和网络的使用者对其中所承载的内容，即网络文化中的某些成分产生了浓厚的兴趣，感觉到快乐和成就，由于缺乏自控能力与及时的引导、矫正，这种感觉越来越强烈而渐渐对之形成依赖，一旦停止就出现烦躁不安情绪、感觉难受，进而失去理性地沉迷其中不能自拔，对正常的生活、学习、工作和健康产生严重影响也在所不惜地继续沉迷。我们从五年多全国性的实地调查研究和大量个案分析解决的实践中认识到，网瘾主要是心理问

题——错误认知所导致不健康的行为习惯，判断网瘾的主要标准是上网后出现的非理性行为表现程度。

精神疾病是人类高级神经失调的病，主要是人的大脑出现了生理性的毛病，其病因很复杂，有的是先天性的，如家族遗传，或父母有酗酒、吸毒等不良嗜好，或怀孕期间母亲吃药、饮食不当、精神受到强烈刺激等，影响胎儿大脑的正常发育，造成孩子的先天性精神问题。有的是后天性的，孩子出生后由于严重的不良生活环境影响、受刺激、中毒、高烧、传染病、用药不当，脑外伤、长期营养不良等。症状多为感觉、知觉、记忆、思维、感情、行为等发生异常状态，严重的会伤害自己或他人。

记　者：网瘾是不是精神疾病？

陶宏开：网瘾不是精神疾病，网瘾主要是由于错误的认知所导致的，精神疾病是因为神经系统出了问题而造成的。这两者最明显的不同表征是：精神疾病患者往往是毫无理由、没有具体目的地胡作非为，不可能专注地做某一件事；而网瘾青少年有自己明确的行为目的——关键就是要天天上网、长时间地上网、专注地上网，脱离正常生活、学习和工作不理性地上网，他们逃学、欺骗，甚至偷盗、抢劫，犯罪的目的是为了获取上网的费用。

记　者：如何保护网瘾者的社会权益？

陶宏开：首先，必须由政府主管部门通过调查研究，实事求是地界定清楚什么是"网瘾"，找出网瘾形成的客观原因，并依此制定相应的措施，成立相关的治疗机构，给网瘾患者提供对症下药的帮助。其次，对现有各地的戒网瘾机构进行全面的调查和整顿，严禁以戒网瘾为名，采用关押禁闭、强迫打针吃药、电疗电击、暴力训练等错误甚至违法手段，为了牟取暴利摧残、伤害网瘾患者的身心。

（陶宏开：华中师范大学特聘教授，社会学家、教育学家）

（记者　宋晖）

舒耐曼　司绍寒：德国对精神病人刑事收容的法律保护

德国《刑法典》第 63 条规定，行为时无责任能力或者限制责任能力，法院在考虑行为和行为人后，如认为根据其精神状况其还可能实施违法行为而危害公众的，可以命令将其收容于精神病院。根据《刑事执行法》第 136 条，对被收容于精神病院者的治疗，应以医生的意见为准。被收容人应尽可能地被治愈，其身体状况应尽可能地被改善，使其不再具有危险。被收容人还应该得到必要的看管、照料和护理。《刑事执行法》仅对这些收容作出一般性规定，而将具体规定授权给州法律，因为一些病人可能须遵守一些特殊规定。联邦各个州都发布了各自精神病人收容的法律。本文以拜仁州的《精神病人收容和护理法》为例，详细论述这一问题。

收容和治疗

被收容者有权被作为病人对待，其收容、治疗和监护应通过最低程度的限制其人身自由以达到收容目的。对儿童和青少年，原则上依据其失常程度和发展状况实行特殊收容和监护。应在重视医护、社会矫治和安全的情况下，给予被收容人从事有意义的工作和劳动的机会，并给予适当的报酬。为了避免或尽可能缩短收容，或者为给予相关人员在收容结束后必要的帮助，应穷一切现有的预防、陪护和补充的帮助。为了实现治疗目的，卫生局应与提供这些帮助的医生、精神病院、社会救济和青少年帮助者、自由社会福利协会及其他公共、社会和私人组织紧密合作。

被收容者有权要求必须的治疗。治疗还包括为使其释放后在社会中自我负责生活所必须的措施。被收容者须忍受根据医疗规范进行的治疗措施，只要其涉及被收容人的精神疾病或者失常，或者是维护机构内的安全秩序所必需。机构在此范围内可以使用直接强制。这种医疗限制和治疗程序若具有对生命和健康的危险或者可能会在关键方面改变人格，仅在被收容人有法律效力的同意下才能实施；当其不能判断限制的意义和范围以及同意的后果时，在对其负有监护义务的人员的同意下，才能实施。若不必担心对其健康产生不利或者明显妨碍机构安全和秩序，被收容人有权穿着个人衣服并在其房间内拥有个人物品。

与外界交流

在一般探视规定范围内被收容人可以接受探视。探视时间至少为每周1小时。当探视会危害到机构安全和秩序时，或担心探视会给被收容人带来健康上的不利后果时，可以拒绝探视。出于安全和秩序上的考虑，可以对探视者进行搜查并对探视进行监视。当有危害机构安全秩序之虞或者担心会对被收容人健康不利时，可以中断探视。

在涉及被收容人法律事务的探视中，如果律师、辩护人或公证人危及被收容人的健康，则会被拒绝探视；如果认为其危及机构安全秩序，则可以进行搜查。他们的探视可以出于治疗上的原因而被监视；当担心继续下去会对被收容人健康不利时，可以中断探视。

被收容人有权收发信件。被收容人与其律师、辩护人、公证人、联邦和州代议机关、欧洲人权委员会的通信以及有外国国籍者写给本国外交和领事代表的通信不受监视。其他信件出于被收容人矫治或者公共安全秩序的考虑可以由机构负责人查阅。当担心对被收容人健康不利或者不适合时，可以停止通信。被收容人还有权打电话、发电报以及收发包裹和图片。只有当被收容人治疗需要时或为保护机构公共安全或秩序需要时，探视、通信、电话电报、包裹、图片和其他方式交流监控所获得的信息才能被使用。

假期和外出

当对于治疗和恢复毫无疑问或者需要，且不会危及公共安全和秩序时，被收容人可以申请不超过两周的假期。假期的申请人为被收容人、其配偶、私人事务的法定代表人或者委托律师。若被收容人没有自己提出申请，则放假需要得到其同意。在放假前需要听取执行机关的意见，放假要通知执行机关及所有前述其他有申请资格人。

批准假期的理由可以与公共安全和秩序利益以及被收容人健康状况所必需的条件和义务相关。它可以随时撤销，特别是当规定的义务和条件没有得到遵守的时候。撤销假期要通知主管法院、执行机关、被收容人以及所有其他有申请资格人。申请假期被拒绝时，应通知申请人、主管法院和执行机关。

当对于其治疗和恢复确有必要时，被收容人可以申请外出。当被收容人由合适的工作人员陪同并且不危及公共安全和秩序时，才可以批准陪同外出。被收容人、其配偶、私人事务的法定代表人或者委托律师也可以提出外出的申请。

探视委员会

独立的探视委员会应检查收容机构中本法规定的被收容人的权利是否获得保障，同时应给予提交建议和申诉的机会。委员会应至少每两年一次无事先通知地探视这些机构。内政部设置探视委员会必要的人数。每个委员会由一位具有法官资格或者高级行政人员资格的官员领导，由一位可以成为医疗官的神经科或者精神科医生、一位负责或负责过收容案件的法官、一位在照顾精神病人上有经验的社会工作者组成。上述人员在身份上应保持中立，既不能为拟探视机构的工作人员，也不能为拟探视机构范围内直接负责处理收容案件的人员。每个委员会应在探视后向内政部提交检查报告和结果，同时还应处理被收容人的建议和申诉，并提出符合目的的改善建议。探视委员会对所获得的信息负有沉默义务。

（伯恩特·舒耐曼　德国慕尼黑大学法学院；司绍寒　中国司法
部预防犯罪研究所）

曲相霏：从主体尊严出发保障精神障碍者人权

2010 年，温家宝总理在讲话中多次强调，"我们所做的一切都是要让人民生活得更加幸福、更有尊严"。幸福与尊严是长久以来人权保障追求的目标。人权的主体是普遍的，又是多样的。为了真正保障每一个人的人权，人权保障必须考虑到多样的人权主体存在殊异的人权要求，从而为每一个人提供切合实际的保障手段。向弱者倾斜是人权保障的一个铁律，精神障碍人就是这样一类特殊的弱者人权主体。

尊重精神障碍人的人权主体地位是保障精神障碍人尊严的前提。是否被作为一个独立的、平等的人权主体来对待，是人权保障中一个十分关键的问题。对精神障碍人来说，如果他们所获得的医疗不是首先基于他们的生命权、健康权和尊严保障，而主要是为了维护社会的安全与稳定，那他们所获得的医疗就成为了维护社会安全稳定的手段。在精神障碍人的人权保障中，一个首要的问题是，不能把精神障碍人视为一个病人、一个麻烦制造者、一个社会不安全因素、一个令人头疼的问题或者同情与怜悯的对象，而是首先要把精神障碍人视为一个权利主体，他享有生命、自由和追求幸福的权利，他有权获得医疗、监护和适当生活水准。

近 30 年来，尤其是近几年来，我国的残疾人事业在医疗康复、教育就业等领域都取得了显著的进步，但是精神障碍人的人权保障仍然面临着十分严峻的挑战。在党和政府的努力下，对精神障碍人的"解锁工程"取得了极大的成就，但直至 2009 年，仍有精神障碍人因在公安部组织的全国公安民警大走访活动中才得以走出铁笼接受免费治疗。精神障碍人所获得的社会福利极少，缺乏基本的社会保障，基本上享受不到公费医疗、大病统筹等，重度精神障碍人的生老病死基本全由家庭负担，康复训练与服务也极度缺乏。以 2006 年 4 月 1 日零时为标准时间进行的第二次全国残疾人抽样调查山东省的调查结果显示，统计各地区 16 岁及以上共 501 名精神障碍人参加社会保障的情况，其中参加养老保险的仅 4 人，参加医疗保险的仅 81 人，未参加任何社会保险的有 416 人，占到统计人数的 83%。统计各地区 501 名精神障碍人领取低保金和救济的情况，其中领取低保的仅 10 人，领取过救济的仅 59 人。统计各地区共 592 名精神障碍人接受服务或扶助的情况，接受过贫困残疾人救助与扶持的仅 65 人，未曾接受过任何服务与扶助的达 319 人。另外，接受过医疗服务与救助的仅 158 人，接受过康复训练与服务的仅 9 人。为精神障碍人服务的机构与设施也极为有限。

我国宪法和法律规定了精神障碍人的大量权利，规定了国家和政府保障精神障碍人的大量义务与责任。但是，这些保障精神障碍人的法律难以得到很好的落实。这些法律得不到很好落实的一个重要原因是，法律中所规定的国家义务都是非强制性和非即时性的，而且法律对国家义务的履行情况缺乏一个清晰、有力、连贯、可量化、可实施的标准，法律的可操作性差，即使精神障碍人的权利状况得不到有效改善，也难以依据法律来寻求救济。但是，如果要把法律明确化，让国家义务具有可实施性，政府就必须做好更大投入的准备。已历经 24 年经过 10 次修改的《精神卫生法》（草案）已提交全国人大常委会审议。为精神障碍人提供权利保障、社会救治与服务，需要政府在人力、物力、制度建设、机构建设等方面的大量投入。

（曲相霏　中国人民大学法学院）

董文勇：精神障碍者权益保护：一个系统的法治工程

在现代法治社会，人权和法律权利是保护与促进精神障碍者应有利益的利器。精神障碍者享有人权已经成为人类社会的共识，同时，任何人在遭遇精神障碍时，也拥有专属于精神障碍者的权利。1971年联合国大会通过的《精神发育迟滞者权利宣言》规定了精神障碍者的治疗康复权、受监护权、适当就业权、适当法律程序处遇权等。世界精神卫生联盟在1989年发表的《埃及宣言》指出，精神障碍者享有免受不正当强制权利、免受歧视的权利、免受躯体和精神上虐待的权利、获得公正代理的权利、申告权利等。联合国大会于1991年通过的《保护患精神疾病的人和改善精神卫生保健的原则》更为全面地确定了精神障碍者所享有的人权。国际精神障碍者人权保护文件对各国精神障碍者人权政策和法律的制定起到良好的指引和示范作用，而要使精神障碍者的人权得到切实尊重和保护，还需依赖于法治。

依靠法治保障精神障碍者的权益，最首要的就是将精神障碍者应当享有的权益通过立法转换为法定权利。依靠法治保障精神障碍者的权益，还要以精神障碍者的各项权利作为立法的出发点和立足点，通过立法反映精神障碍者的权利诉求，以权利为核心构筑权利行使体系和法律保护体系。依靠法治保障精神障碍者的权利还意味着，在精神障碍者权益保护机制中，立法优先、依法而治。

目前，有效保护精神障碍者的权益和保障社会安全稳定已经成为亟待解决的重大问题。我国已经建立了精神障碍者法律保护体系，但是还存在一系列的法治问题。第一，保护体系不完整。目前我国《残疾人保障法》的保护对象虽然包括精神残疾人，但是对精神残疾人的特殊权利需要没有专门制定条款，且有关条款过于原则，可操作性不足。《民法通则》、

《治安管理处罚法》、《刑事诉讼法》、《麻醉药品和精神药品管理条例》等法律法规已有涉及精神病人权利保护和卫生管理的规定，但是区区20多条规定不仅保护对象范围窄、权利保护目标有限，而且过于零散、欠缺系统性，远不能完全满足全面保障精神障碍者权利的需要。第二，制度理念有待改进。我国一些地区制定了有关肇事肇祸精神病人管理和治疗方面的规范行文件，相关制度对被监护和被送治精神病人的权利规定较少甚至没有作出规定，而对行政部门的管理权力规定较多，立法视角也在于防卫社会。第三，精神障碍者权利保护立法秩序混乱。我国至今没有关于精神障碍者权利保护的基本法，各地政府出于行政管理的需要而制定了有关规定，如前面提到的精神病人肇事肇祸管理规定、近年来陆续出台的地方性精神卫生条例等，其中有关强制住院治疗等涉及限制人身自由的缺乏上位法依据，也不符合法律保留原则。

我国是社会主义法治国家，保护精神障碍者的权益需要依靠法治。构建精神障碍者权益保护法治秩序，最重要的是完善精神障碍者权利保护法律制度和制度体系。为此，首先我国有必要尽快制定精神卫生基本法。通过精神卫生法保障精神健康的公民免于遭遇精神障碍，促进公民心理和精神健康，构建精神健康促进制度和精神疾病预防控制制度。在公民遭遇精神障碍、罹患精神疾病时，保障患者能够得到精神卫生服务，治疗精神疾病，以各种社会服务促进精神康复。精神障碍者的健康权利保障、医疗卫生服务保障是保护精神障碍者权利的最核心问题。而精神障碍者在接受精神医疗卫生服务时享有正当程序，则是精神障碍者权利保护的重要问题。精神障碍者应享有自愿医疗权利，而这一权利应为一般权利和常态权利，除基于防卫社会的需要进行临时必要限制外，精神障碍者有权自主决定是否接受医疗卫生服务、以何种形式接受医疗卫生服务；本人欠缺行为能力的，应有权通过适当程序通过他人代为行使自主治疗权利。对于需要限制人身自由的治疗，精神障碍者有权获得严格的法律程序保障。需要强调的是，精神卫生法不仅保护精神障碍者的各项应有权益，而且对精神健康者的权利也是一种保障。因为一方面，每个人都有可能遭遇精神障碍；另一方面，如果缺乏是否患有精神疾病的甄别标准和法律认定程序，精神健康的公民的人身自由权利也得不到严格保障。

制定精神卫生法仅仅是精神障碍者权益立法保障的一个方面，精神障碍者的受教育权、就业权、社会保障权等其他社会性权利同样需要通过完善立法来加以保障。完善精神病治疗的医疗保障制度，能够使患者有经济能力放心接受精神医疗卫生服务，实现精神疾病早发现、早治疗、早康复。建立反社会歧视法律制度，能够保护精神障碍者的人格尊严、促进权利平等，防止精神障碍者因受侵害而病情加剧，减少自杀、报复社会等现象。总之，精神障碍者权益保护是一个系统的、综合的法治工程，精神障碍者权益保护法律制度应尽快全面建立起来。

（董文勇　中国社会科学院法学研究所）

许德风：我国精神病人监护的法律制度

我国目前规制精神病人监护制度的规则仍主要集中在 1986 年的《民法通则》和 1988 年的《最高人民法院关于贯彻执行〈民法通则〉若干问题的意见（试行）》（以下简称《民通意见》）中。《民法通则》第 13 条以是否能够辨认自己的行为为标准，将精神病人区分为无民事行为能力人和限制民事行为能力人两种。第 19 条规定了精神病人的宣告制度：经由利害关系人申请，人民法院可以将精神病人认定为无行为能力或者限制行为能力人。从法律的整体解释上看，宣告是监护的前提条件。

在精神病人的认定上，《民通意见》的第 5 条和第 7 条又作了一些具体的规定，第 5 条以"判断能力"和"自我保护能力"为标准区分"不能辨认自己行为的人"和"不能完全辨认自己行为的人"，可以认为是对《民法通则》第 13 条的进一步阐释。而第 7 条则规定精神病人的认定"应当根据司法精神病学鉴定或者参照医院的诊断、鉴定确认，在不具备诊断、鉴定条件的情况下，也可以参照群众公认的当事人的精神状态认定，但应以利害关系人没有异议为限"。上述规定虽然从原则上确定了对精神病人以及痴呆症人宣告为无行为能力人或限制行为能力人的制度，但甚不周全。首先，认定的标准是"精神病学鉴定"和"医院的诊断、鉴定"，忽略了行为能力制度是一个法律制度，其核心在于精神病人与社会中其他人交往的问题，而精神病诊断与鉴定则关注主体医学方面的健康事项，二者尚难以直接相关。精神病患者，即使处于不完全缓解期甚至发病期，也仍未必丧失（或完全丧失）对民事行为性质与意义的理解能力。如果一定以"精神病学鉴定"作为标准，便有必要让法律专家参与其中，专门制定一个关于行为能力认定的精神病学标准。其次，对于未经宣告为无行为能力或者限制行为能力的精神病人如何给以保护，法律并未给出明确的回答。现行的做法客观上是一种不作为的态度，客观上造成大量精神病人无法被认定为限制民事行为能力人或无民事行为能力人，进而使其处于无确定监护人的状态。最后，对于涉及本人重大利益事项的精神状态的认定，《民通意见》中"也可以参照群众公认的当事人的精神状态认定，但应以利害关系人没有异议为限"的规定，既模糊不清，又有失草率。"利害关系人"的范围未明确，异议的形式未具体化，实践中很容易引发不利于被监护人的做法（如儿女争财产，将老人送入精神病院）。实际上，监护制度的设立，主要目的有二：一为以协助被监护人有效创造法律关系，二为对被监护人进行有效的保护。比较而言，后者更为重要。鉴于此种保护是人在社会中生活的最基本要求，对缺乏这种能力的人，应当一律设置必要的监护人，提供日常生活所需的监督和照顾，而不应将监护人的设定规定为可自由选择的制度。

在精神病人的监护上，我国并未采取区分对未成年人的监护制度与对精神病人（或禁治产人）的保佐制度。两者被统称为监护制度，规定在《民法通则》及《民通意见》的相关条文中。这些条文主要涉及监护人的职责权利和民事责任、监护能力、指定、争议解决、各种监护形式等等。从目前来看，这些规定相对简单，存在诸多法律上的缺漏。首先，现有规则上大多都是和对未成年人的监护制度混杂适用，缺乏针对性；其次，现有规则过于宽泛，多数条款的可操作性不强，让人无所依从；再次，现行法未规定有效的执行、监督和制裁制度；最后，必须认识到，仅仅几条单薄的法律条文是难以完善构建监护制度的。

从立法理念来看，制定于 20 多年前的《民法通则》和《民通意见》遵循的是传统大陆法系国家 100 年前所设计的对成年人进行禁治产、准禁治产宣告制度的观念。禁治产者，乃禁止当事人自己治理其财产之意，其主要着眼点在于财产的照管与维护。随着现代社会的发展和人权观念的进步，精神病人的监护制度在理念上早已有了很大的变化，新的理念如"尊重本人的自己决定权"、"维持本人生活正常化"、"重视人身监护"与"活化尚余能力等"日益成为人们的共识。结合这些新发展，我国目前的监护制度应在以下几个方面加以改进。首先，加强对精神病人本人的决定权的尊重。从精神病的角度讲，完全丧失决定能力、意思能力的人是很少的，因此，即使进行（或进行了）行为能力的宣告，也仍有必要适当尊重精神病人的自主决定权。其次，加强对精神病人的人身照顾与保护，至少要将财产监护与人身监护有效地结合起来，这对精神病人才更有意义。再次，对于精神病人的保护，除了监护制度外，还应当建立由国家监督与执行等制度，规定监管部门在有监护职责的人拒绝承担监护责任时及时介入，维护精神病人的利益。在这方面，我国相关机构的人员配置、职业技能、配套设施等都不完善，将是未来精神病人监护制度建设中的难点。

（许德风　北京大学法学院）

刘白驹：我们需要什么样的《精神卫生法》

几十年来，我国精神卫生事业取得了长足的进步。广大精神卫生工作者为此做出了艰辛的努力。然而精神疾病患者是一类特殊的弱势群体。由于精神障碍的影响，他们难以融入社会，难以主张和维护自己的权利。许多患者得不到及时的治疗和护理，甚至受到歧视和虐待。同时，精神疾病患者肇事肇祸也是一个不容忽视的社会问题。有些患者不能辨认或者控制自己的行为，很有可能实施危害行为，但由于没有得到必要的管理，从而造成危害后果。还有一种情况也不能令人容忍：有些根本没有精神障碍的正常人，因为与家人、单位等发生矛盾纠纷等原因，被强行送入精神病院，失去人身自由；而有的精神病院，在没有进行医学诊断的情况下，仅凭一面之词就对精神正常者实施强制住院。这些问题说明，我国的精神卫生工作亟待改善和加强。制约我国精神卫生事业发展的一个重要因素是立法滞后，精神卫生和相关权益保护的基本法——《精神卫生法》迄今没有制定出来。这与我国经济、政治、社会和法制发展水平不相适应，也不符合建设社会主义和谐社会的要求。

在世界范围内，精神卫生法的历史可以追溯到18世纪。1774年，为防止把精神正常的人当做精神病人监禁起来，英格兰制定了《疯人院法》，对私立疯人院加以规范。19世纪后，强制住院程序趋于严格，治疗也逐渐成为一种可能。1838年，法国通过一部法律，系统规范了强制住院程序。为了避免家庭成员与精神病医生恶意串通，法律规定，如果没有一位与医院和家庭无牵连的医生提出收容申请和一份医学证明，任何一家医院都不能收容精神病人。不过，在19世纪，精神疾病患者的人权状况没有得到根本性改善，精神正常者被强制住院的事情也屡见不鲜。1858年，马克思写了《布尔韦尔－利顿夫人的囚禁》一文，对发生于英国的、精神正常的布尔韦尔－利顿夫人被其丈夫和儿子出于政治原因而强行送入精神病院一事进行评论，指出这是"一件真正的凶恶行为"、"一件昭然若揭的罪行"，并且主张追究主谋非法拘禁的刑事责任。

现代精神卫生运动始于20世纪初，其宗旨是保障精神疾病患者的人权。然而，在欧洲，还是发生了德国纳粹以精神医学的名义监禁、屠杀精神病人的空前浩劫。此后，为防止出于政治或商业目的滥用精神医学，精神卫生法的内容发生了重大改变，更侧重对精神疾病患者权益的保护，更注重防止精神正常的人被强制住院治疗。现代精神卫生法的基本精神是：精神疾病患者应当最大范围地享有与其他人一样的权利；精神疾病患者有权获得可以得到的最好的治疗和护理；对精神疾病患者权利的任何限制必须依法进行，并应当减少到最低限度；没有精神疾病的人不得被强制住院治疗。纵观精神卫生法的历史，可以看出，保障精神疾病患者和所有人的人权是精神卫生法的主题。

如何规定强制住院治疗或称非自愿住院治疗，是精神卫生法制定过程中所要面对的关键问题。

目前我国实际存在的非自愿住院治疗做法，最大的问题是缺乏有效制约和监督。一方面，精神病院的"权力"很大，甚至未经当面诊断就可以决定强行收治。另一方面，家庭的"权力"也很大，一个家庭成员可以把另一个家庭成员送入精神病院。精神病院和家庭两者之间，虽然可以形成互相制约的关系，从而阻止精神病院或者家庭单方面把未患精神疾病的人强行住院，但也可能形成主观或者客观上的利益同盟，分别通过非自愿住院治疗获取不当利益。因而，非自愿住院治疗的适用过程必须有精神病院、家庭和当事人之外的中立方——社会或者司法的干预、监督。另外，我国还没有建立各国精神卫生法普遍存在的预防精神疾病患者违法犯罪的非自愿住院制度，只有在他们实际发生违法犯罪后，才有刑法、治安管理处罚法的处置。对此，《精神卫生法》也应予以解决。

为了防止非自愿住院治疗措施被滥用，同时也为了使真正需要住院治疗的人得到住院治疗，我国《精神卫生法》应当公正、合理地规范非自愿住院治疗的条件、程序和责任。需要强调的是，精神医学在整体上仍然是经验科学，容易出现意见分歧和误诊。社会、司法给予的干预、监督，主要不是针对非自愿住院治疗中的精神医学专业问题，而是其适用的程序。对于违背法定程序或者明显缺乏医学根据而实施的非自愿住院，应当认定为非法拘禁。

对已经犯罪的精神疾病患者的处置，主要应依据刑法、刑事诉讼法等法律解决。有关法律应当进一步完善关于精神疾病患者问题的规定。对经法定程序鉴定确认为无责任能力、不负法律责任但具有严重社会危险性的精神疾病患者，应当实行强制住院治疗，而不宜交由其家属或者监护人看管和医疗，更不能一放了之。建议《刑法》第18条第1款修订为："精神病人在不能辨认或者不能控制自己行为的时候造成危害结果，经法定程序鉴定确认的，不负刑事责任，但是应当责令他的家属或者监护人严加看管和医疗；对有杀人、伤害、强奸、放火等严重危害行为的精神病人，一律由政府强制医疗。"另外，《刑事诉讼法》的有关规定也过于简单，并且存在严重疏漏，容易导致理解上和实践上的混乱和错谬，不利于司法公正的实现。因此，建议在修订《刑事诉讼法》时，系统全面地考虑精神障碍犯罪嫌疑人、被告人问题，完善细化有关程序、规定。

（刘白驹　中国社会科学院科研局）

申卫星：精神卫生立法的核心难题：强制治疗与患者权益保障

我国的精神卫生立法经历了二十余年，增删二十余次，终于即将出台。然而，从一些专家对其草案的评点看，在对精神疾病患者的强制治疗问题上还是存在许多争议的。

精神疾病患者强制治疗制度，不仅关乎着精神疾病患者的合法权益，更是一个社会人权保障普及的标尺。本文主张，在强制治疗中，要以保障精神疾病患者的基本人权为前提，所有的规范设计和制度安排都要围绕这一核心展开。

精神疾病患者强制治疗的法律关系结构

在卫生法学领域中，强制治疗关系中有三方主体：特殊患者、医疗机构或医师、强制行为人。精神疾病强制治疗也是如此，能够强制精神疾病患者就医的可以是公安机关、司法机关、医师、病人的监护人以及其他公民等，这其中可以是"行政强制"关系（如公安机关），也可能是民事避险关系等（如监护人或其他自然人），但这并不能改变精神疾病患者和医疗机构之间的法律关系性质，并不能改变其人格的平等性，即使医生能够使用强制力控制病人的身体、强行检查诊疗，也仅仅是法律制度所允许的技术行为而已。

无论强制手段是民事的、行政的还是司法的，都不影响其缔结医疗合同的性质，不影响医师对精神疾病患者所应负担的注意义务，因为精神疾病治疗机构仅是一种民事主体，并且其作为经营者，还相应负有"强制承诺"的义务，不得拒绝治疗。

强制治疗中的"意思自治"

强制治疗中的精神疾病患者，并非都不能辨认自己行为的性质和后果，也即并非都是无行为能力人。并且即使精神疾病患者缺失行为能力，民法上的监护制度也可以在部分领域中弥补其不足。因此，除完全失去自知力之外的精神疾病患者有自己的选择权和行为自由，包括选择治疗的权利、知情同意的权利、通信自由等。

当然，强制治疗中最具意义的"意思自治"应该是"事先指示"（advance directives）。在美国等发达国家，精神健康领域中的"事先指示"主要包括两种方式：指导性指示（instructional directives）和代理人指示（proxy directives）。前者是指行为人通过意思表示，选择自己在出现精神健康危机时所希望使用的治疗或康复方案的行为。其选择的内容可以是特殊的治疗方式、特定的医院、合适的强制手段、社会回复治疗类型、需要通知的人等。后者则是指，其选任监护人、看护人或代理人的意思表示。

医师在对精神疾病患者的强制诊疗中应该尽可能尊重患者意识清醒时的意思表示，保留其权利和生活偏好，尽可能地维护病人的人格尊严和选择自由。此时，就是医院和监护人签订的知情同意书，一般也不应该对抗病人清醒时的指示。当然，这要限定在医师特殊技术规范、法律的强行性规定以及公序良俗原则等规范许可的范围内。

最少限制原则

"最少限制原则"要求在为实现公共利益而必须对公民基本权利进行强制限制时，如果有多种可选择的方式，就应当选用对公民利益限制或损害最小的来实施。

这首先是一项立法原则，当立法设计强制治疗制度时，必须将病人的权益放在首要位置，强制手段和效果要保持在对病人损害最小的程度上。其次，这还是一项康复和治疗行为中医护人员所要遵循的一个行为规范。虽然，精神疾病治疗过程中有"意思自治"的空间，但这并不值得绝对推崇，医师根据自己的专业判断和决策总是必要的，而此时的医师负有"最少限制"的义务。

对精神疾病患者的强制治疗来说，"最少限制原则"表现在强制的对象范围之限制，强制的目的是治疗，是病人的健康，其应严格区别于对违法犯罪行为的惩罚性强制；选择限制最少的强制治疗手段和模式，在一个精神卫生服务事业较为发达的环境中，精神疾病治疗的模式应该是多元化、可选择的。随着我国卫生事业的进步，特别是社区医疗的展开，精神疾病患者的康复必然会有越来越多的可选择余地，多元的服务也将成为现实。此时，不同的医疗手段之间的选择，就必须以维护患者最大权益为出发点进行。虽然我国现在精神卫生服务的发达程度没有达到某些发达国家的水平，但是这并不影响精神卫生立法中对"强制门诊治疗"、"强制社区治疗"、"强制社区鉴定"、"紧急强制留置"等制度的确立。

不当强制治疗所引发的法律责任

所谓"不当强制"，是指医师或医疗机构对精神疾病患者的强制治疗存在过失，损害了精神疾病患者或第三人的合法权益的行为。通俗地说，主要包括两种类型："不该强制的强制了"和"该强制的没有强制"。

前一种不当强制，可能是针对健康人的，也可能是针对精神疾病患者的。在我国，为了打击报复等目的对健康人进行的"强制治疗"屡见报端。从民事角度看，这种行为肯定侵犯了自然人的人身自由等人格权，因而应承担相应的侵权责任；情节严重的，还有可能构成"非法拘禁"等，要承担刑事责任。

针对精神疾病患者的不当强制，主要是指医师的行为不符合"最少限制原则"或者其他技术性规范，而给病人带来损害的行为。这种情形，可以看做精神疾病医师没有尽到对病人的合理注意义务而具备过失，需要向病人承担"医疗合同违约"或"医事侵权"等民事责任。

所谓"该强制的没有强制"，一般是医师或医疗机构向遭受精神疾病患者侵害的受害者，也即第三人承担的责任。

综上所述，本文的着眼点在于，将精神疾病患者作为一个民事主体和独立人格者，并保障其合法权益。我们应当将公权力和强制因素限制在合理的有限范围内，确保不至因过多使用强制而使精神疾病患者或相关公民的合法利益受到不必要的侵害。面对当下我国精神疾病强制治疗领域中的混乱状态，笔者呼吁精神卫生立法应认真对待精神疾病患者的人权保障取向，这样才能保证我们即将出台的《精神卫生法》是一部"良法"。

（申卫星　清华大学法学院）

周健：经验与成绩：无锡精神卫生立法的地方实践

2007 年 11 月 1 日，《无锡市精神卫生条例》（以下简称《条例》）正式在江苏省无锡市施行。这是江苏省第一部、全国第五部关于精神卫生工作的地方性法规。

精神卫生工作纳入法制轨道

无锡市地处长江三角洲，全市常住人口为599.21万人。2008年全市实现地区生产总值4419.50亿元，按常住人口计算人均生产总值73053元。近年来，随着社会压力的加大和竞争加剧等因素，无锡市的精神疾病发病率也和全国其他地区一样呈上升趋势。据2003年无锡市进行的一项调查表明，该市精神疾病患病率为17.25‰，高于当年全国13.47‰的平均水平。这不仅严重影响精神疾病患者及其家属的生活质量，同时也带来了沉重的社会和经济负担，成为重大的公共卫生问题和突出的社会问题。《条例》的出台实施将无锡市的精神卫生工作纳入了法制化轨道，使该市的精神卫生工作提升到了新的水平，精神疾病患者的权益得到了更好的保障。

《条例》七大亮点值得关注

与其他省市的精神卫生条例相比，《条例》有如下亮点值得关注。

明确政府及部门责任。精神卫生工作涉及卫生、民政、公安等多个部门，明确政府和相关部门的责任，是做好精神卫生工作的保障。

保障精神疾病患者权益。《条例》规定：禁止歧视、侮辱精神疾病患者及其家庭成员；禁止虐待、遗弃精神疾病患者；禁止非法限制精神疾病患者的人身自由；精神疾病患者康复后，依法享有入学、应试、就业和参加职业技能培训等权利。

建立公益补偿制度。《条例》规定：无民事行为能力或者限制民事行为能力的精神疾病患者给他人造成严重人身伤害，其本人及监护人确实无力承担赔偿责任的，受害人医疗、生活发生困难时，可以向市、不设区的市、区人民政府有关部门申请救助。

规范精神疾病诊疗行为。《条例》较为严密地对诊疗精神疾病的机构、人员以及诊断程序作了规范，规定了诊断、诊断复核和会诊的"三步"确诊程序。

建立精神卫生危机干预机制。《条例》规定：政府应将精神卫生救援纳入自然灾害和突发事件应急处理体系，卫生、民政、公安等相关部门及精神疾病防治机构应当制定精神卫生应急救援预案，开展精神卫生健康教育与精神卫生应急救援工作，以降低精神疾病发生率。

明确精神疾病患者监护人责任。《条例》规定了精神疾病患者监护人应当履行的责任，明确了监护人未履行责任应当依法承担相应的民事责任。

建立信息报告制度。《条例》规定了镇（街道）和社居委（村委）、企事业单位应及时向所在地的精神疾病预防控制机构报告，这为精神疾病患者的管理和日后的社区康复提供了基础信息。

精神卫生工作成效明显

《条例》施行至今已两年多，无锡市的精神卫生工作取得了明显成效，精神疾病患者的合法权益得到了更好的保障。

精神卫生救助体系基本建成。《条例》的施行使得全市精神卫生救助体系快速建立并逐步完善。全市精神疾病患者的慈善床位由 25 张增至 100 余张，慈善费用由每人每月 800 元增至每人每月 1800 元，精神病人的基本医疗得到了更好保障。

精神卫生预防促进实现全覆盖。两年来，仅市级财政安排的工作经费投入每年均超过 100 万元，较《条例》出台前增长了 50%。社区精神卫生工作进一步规范，送医、送药、送检查、送治疗进社区、进家庭，落实贫困精神病人的免费服药工作，社区精神病人建档立卡率和管理率均达到 100%，实现了全市精神病人社区管理的全覆盖。

精神卫生诊疗康复体系日臻完善。2009 年 9 月，无锡市精神残疾康复中心建成启用，可同时提供 1500 人开展康复活动、800 人开展职业技能训练。

为有效保护精神疾病患者及相关人的合法权益、保障精神疾病的及时防治、维护社会稳定与和谐，将精神疾病防治工作尽快纳入法制化、规范化和制度化的轨道，制定全国性的精神卫生法律已刻不容缓、势在必行。愿精神卫生的法制阳光能够促进心理的和谐。

（周健　江苏省无锡市卫生局）

（本期特别策划采写工作组：刘鹏、宋晖、黄维政）

精神疾病患者的权益保护

走进康复中心

北京城郊一条不太热闹的公路旁，一所有着欧美建筑风格的庭院安静地坐落在那里。若不是门口醒目的"精神疾病农疗康复中心"木牌，过往的行人很难把它跟一群特殊的病人联系在一起。

农疗：帮助患者直接步入社会

日前，记者来到北京市大兴区精神疾病农疗康复中心采访。走进庭院，记者看到几组身穿蓝色大衣的人手持扫把在宽阔大道上扫着落叶，神情之间一派安详。如果不是随行的刘永翼医生介绍，记者根本看不出这是一些接受康复治疗的精神疾病患者。

刘永翼介绍，由于精神疾病有其自身特殊性，患者易受刺激，对他们的权益保护便更加不同寻常。精神疾病农疗康复中心是患者由医院走向社会的中间地带，这个地带可以使患者避免从医院直接步入社会，在心理上为患者提供一个缓冲的平台，使他们身心做好准备。患者在中心通过人、事、物的接触巩固治疗效果。

据了解，近年来，该中心以农业疗法（以下简称"农疗"）和带犬治疗法（以下简称"犬疗"）作为干预治疗手段，在增加了患者康复途径的同时，也增加了患者康复的可能性。农疗是通过对患者进行农业技能的训练，以缓解病症和复原社会功能为目的的一种治疗方法。与简单劳动不同，这种农业劳动是带有特定工作目的的，比较适合症状稳定，无冲动、无外逃和伤人自杀倾向的患者。

记者看到，在医护人员的陪伴下，患者去"市场"买菜，通过询价、砍价等一系列步骤完成正常人看来最普通的事，同时也达到了患者与社会中人的接触。在治疗现场，记者看到患者在不同的岗位做力所能及的事，有的扫着院子，有的推车，有的抬筐。在患者的宿舍，他们每个人都有自己的柜子，保管自己的财物。所有的这一切都为他们下一步真正意义上回归社会做着准备。看到记者手中的照相机，患者显得非常感兴趣。一种本该属于孩子的好奇神情，在这些成年人身上多少显出一些不正常来。

犬疗：亲动物的疗法

针对特定精神疾病患者自我封闭、人际交往主动性差的特点，农疗中心开展的犬疗是依靠动物辅助治疗的一种方式，它以动物为媒介，通过人与动物的接触，使病疾个体得到改善，使个体的心理状况适应社会的一种干预方法。带犬辅助治疗可降低孤独症患者或者精神疾病程度较低患者的情绪问题。目前较为常见的犬种为拉布拉多犬。现代动物辅助疗法的应用是以1960年美国心理学家博里斯·列文森的研究工作为标志的，他偶然发现一个交流困难的儿童与狗相处得十分融洽。这种与狗的不断交流最终成为这个孩子康复的关键。

　　在中心的治疗现场，记者体验了这种狗的温情，当见到陌生人时，这种不同于烈性犬的拉布拉多犬不是狂吠，而是主动用鼻子嗅记者身上的气味，然后便温顺地坐在你旁边。记者第二次遇到这只狗时，它像老朋友似的，时而站立起来，时而趴下。通过人与狗的亲密接触，患者与对象交流的主动性大大加强，同时性情也有所改变。在犬疗现场，记者还看到有的患者主动与狗握手，有的患者与狗贴脸，有的患者则蹲下亲切地抚摸狗的身体。

儿童孤独症应引起关注

　　在采访过程中，记者无意中看到一个14岁的孩子，她看到记者后很紧张，并不希望与陌生人交流。当看到记者手中的录音笔时，她语速很慢怯怯地低声问医生：记者手里的是不是录音笔？并表示不愿意接受录音。当医生说记者拿的录音笔不是为了采访她时，这个女孩子很友好地把手中的板栗递给记者。治疗儿童孤独症的专家翁雅琴向记者介绍，这个女孩子刚来时，一个字都不说，经过语言训练等一系列治疗手段，孤独症状慢慢有所好转。

　　翁雅琴介绍，孤独症是精神疾病中的儿科疾病，属于先天性疾病，若早发现、早治疗则患者可有限度地恢复，这种疾病恢复到一定程度后不会反弹。在治疗现场，记者还看到一个活泼可爱的小孩子，大约三岁，这个孩子和同龄的孩子一样好动，在玩具房里玩得很好，但很遗憾的是，他绝不开口说话。按照普通语言学中的语言习得理论，两岁左右是孩子语言迅速发展期，Dapretto和Bjork认为：儿童开始习得的速度很慢，每个月只习得几个新单词，接近两岁时，词汇的增长常常会突然飞跃，此时他们的词汇量达到 50—100 个。

翁雅琴表示，儿童孤独症应引起全社会的关注。她介绍，目前全国只有上海、广东、山西和陕西等个别省市将其纳入医保，希望国家将这种疾病的治疗纳入医保体系。

（记者　宋晖　刘鹏）

欧洲精神卫生立法的发展

Boris Boyadjiev 和 Georgi Onchev 在《欧洲精神病学刊》2007 年第 3 期上对欧洲精神卫生立法的历史作了简单介绍。

通常认为，法国于 1838 年制定了世界上第一部精神卫生法，法国和欧洲同一时期其他国家的相关法律侧重于对精神疾病患者的社会监护及如何避免精神疾病患者对社会的伤害。20 世纪上半叶这一态度有所转变，用词从"疯子"变成"精神病患者"，从"疯人院"变为"精神病医院"，从"监禁"转为"接收"。这一时期引入了有关自愿治疗的法规，开发了一套发展病人住院和出院的程序，还立法保护了一些特殊类型病人，比如精神残疾、癫痫、酗酒和吸毒病人。

1955 年至 1975 年被认为是精神病学发生根本性改变的时期，这 20 年里世界人权运动蓬勃发展，科学技术和治疗方法飞速发展。其转变基本表现为限制大的精神病院的地位、在普通医院设立精神科病房、精神病药理学的发展、社区治疗的开发与开展社会对精神病患者态度的评估。这些改变对于立法的影响有限，说明了立法和治疗方法之间的脱节。直至 70 年代，非白愿监禁的流程、治疗方法及医学标准还是主导。在这以后，人们对于人权的尊重和对于监禁的正当法律程序重要性的认识逐渐加深。

1975 年至 1990 年间的发展特征为：更加严格地保护病人的权利、立法保护弱智病人的法律地位、发展了新形式的监护、开发了从住院病人到门诊病人的正规流程、出现了有关同意接受治疗和第二意见的概念，并且使有关强制治疗的程序更加复杂及完善。与欧洲发展趋势不尽相同的一个特例是意大利，该国完全取消了精神病医院的强制治疗，只保留了普通医院的强制治疗。

1990 年以后，有关非自愿治疗的辩论还在继续。一些国家出台了有关非自愿病人在家治疗的法律（除非该病人对他人产生直接危险），比如以色列和比利时；更多的国家立法保护住院病人的医疗条件，比如丹麦、比利时、芬兰、荷兰和挪威。

1990 年以后欧盟 15 国有关精神病强制治疗相关立法的发展，以及越来越多的国家通过或者修改了有关精神病非自愿治疗的相关法律都有力地显示了这一时期的特征：立法改变的增强。

（于萌／编译）

年鉴数据

1990—2007 年中国精神科实有床位数

年份	精神科实有床位数	占总床位数的构成比例
1990	93471	4.9%
2000	109105	4.9%
2005	135558	5.3%
2007	151588	5.5%

1990—2005 年中国精神科医师数及构成

年份	精神科医师数	占医师总数的构成比例
1990	11570	0.9%
2000	14875	1.1%
2005	19130	1.2%

精神疾病患者的权益保护

1980—2009 年中国卫生费用占 GDP 的比例

年份	比例
1980	3.15%
1990	4.00%
1995	3.54%
2000	4.62%
2002	4.73%
2006	4.67%
2009	4.96%

（数据来源：《中国卫生年鉴》）

纵论当代中国人口理论与政策

中国人口政策走向何方？

专家学者们在人口政策上的争论
主要落在要不要放开二胎的问题上

上海市放开二胎生育了？熟知中国人口政策历史的人很容易将这件事情与 29 年前《中共中央关于控制我国人口增长问题致全体共产党员、共青团员的公开信》中的一句话联系起来。这句话就是："到三十年以后，目前特别紧张的人口增长问题就可以缓和，也就可以采取不同的人口政策了。"

上海市放开二胎生育的消息最近在坊间流传。难道这是中国人口政策开始调整的预兆？记者致电上海市人口和计划生育委员会进行核实，一位负责人告诉记者，这个说法不太确切。原来，7 月 22 日，上海人口计生委主任谢玲丽在新闻通气会上曾表示，在严格执行国家和本市计划生育政策的同时，上海符合再生育条件的夫妻可以生育二胎，以缓解人口老龄化的趋势。

近些年来，随着中国人口形势不断出现的新变化和新特点，我国人口政策的走向受到了越来越多的关注，很多人呼吁调整目前的计划生育政策，但也有一些人认为必须坚持目前的政策，于是形成了人口理论争鸣的局面。大众媒体对此做了很多浓墨重彩的报道，使得越来越多的人开始关注人口政策走向，因此，任何"微调"动作都会引起广泛关注，甚至引发激烈争论。

专家学者们在人口政策上的争论主要落在要不要放开二胎的问题上，主张调整当前人口政策的很多专家认为，政策调整的方向应当是放开二胎生育。这几年，全国人大会议和政协会议上不断有代表提交有关放开二胎的提案议案。在 2008 年全国人大会议上，中国人民大学校长纪宝成建议将现有的计划生育政策改变为：提倡生一个，允许生两个，杜绝生三个，对于不生的家庭给予奖励。在 2008 年全国政协会议上，中国社会科学院叶廷芳研究员等 29 名委员联名提交提案，要求尽快停止执行独生子女条例。

计划生育是我国的一项基本国策，这项政策对控制我国人口规模功不可没，但无疑也存在一些不尽完善之处。全面客观地评价现行计划生育政策的得失，有必要对我国人口政策的历史有一个清晰的了解，否则容易发生偏失。

为什么"只生一个"？

1980 年 3 月至 5 月的五次人口座谈会，最终确定了中国人口发展的方针大计。经过激烈的讨论，最终确定了较为严格的计划生育政策，提倡一对夫妇只生一个孩子，而之前提倡的是"晚、稀、少"政策，允许生二胎。1982 年，中国共产党第十二次全国代表大会上，计划生育被确定为一项基本国策，随后又被写入新修改的《宪法》中。

五次人口座谈会规模很大，有国家领导人、各部委领导和专家学者参加。会议讨论的焦点是，实行"只生一个"的政策到底可行不可行。最终，会议认为这个政策可行。

不过，这次座谈会也给学者们留下了很多有争议的地方。很多人将现在出生性别比例失调、人口老龄化加剧、"421"家庭结构（即一个家庭中有四个老人，一对年轻夫妇，还有他们的一个孩子，家庭负担沉重）出现等问题，归因于当时没有展开充分的讨论。因为当时已有专家提出这些问题，认为如果实行"只生一个"的政策就会导致上述现象的产生。上海社会科学院经济研究所研究员梁中堂告诉记者："早在 1979 年全国第二次人口科学讨论会上，我就按照'一胎化'设想预测了今后 50 年的严重后果，如人口老龄化问题、'421'家庭问题等。"

座谈会到底有没有考虑到这些问题，究竟是如何讨论的，最终为什么认为"只生一个"的政策可行，这是很多人心中的疑问。

当时非常重视人口问题的国家领导人陈云在传记中透露，实行"只生一个"的计划生育政策是经过深思熟虑的。当时几乎考虑到了所有可能发生的问题，权衡利弊后认为，实行计划生育政策的正面效应大于负面效应。

中国社会科学院学部委员田雪原，当时与宋健等人提出大力控制人口，参与五次座谈会并向中央书记处起草会议报告。"当时我们反复论证，对人口发展进行了科学预测才提出只生一个孩子的建议。"田雪原告诉记者，"之所以在短短两个月内开了五次座谈会，是因为每次会议都有新的疑问和争论，每提出一些问题，就得找根据并论证是否可行。当时考虑了只生一个孩子会不会导致新生儿智商下降、劳动力供给短缺、老龄化加剧以及'421'家庭的出现等问题，并且将针对这些问题的阐释写成附件，附在主报告后面以备领导查询时参阅。"

虽然人口座谈会进行了五次讨论，甚至考虑到了很多超前的东西，如随着商品经济的发展离婚率的升高对生育的影响等。然而，批评者还是抛出了一个重大的问题，那就是如今颇为严重的人口性别比例失调问题，当时似乎并未考虑。人口性别比是指一定数量的人群当中男性数量与女性数量之间的比例关系，通常是以 100 作为衡量单位，正常的数字应该是 103至 107。2007 年，国家统计局公布的我国性别比已高达 120.2，有的地区性别比甚至高达 130 以上。批评的专家认为，如果允许生育二胎，这一问题就不会像现在这么严重。但是也有专家指出，情况没有想象的那么严重，因为还要考虑女性寿命较长，男性在生产生活中伤残较多，因犯罪问题入狱的男性较多等因素。

二胎，放或不放？

放不放开二胎生育，这是近年来学术界争论最激烈的话题。目前，中国人口总和生育率还没有公认的准确数据，但是学术界公认的一点是，生育率已经降到了更替水平，即平均每对夫妇生育少于 2.1 个孩子。主张放开二胎的专家认为，如果继续保持这种低生育率水平，未来会引发一系列社会风险，其中人口老龄化问题是一个关系重大的长期风险。

在当前社会保障体系尚不健全的情况下，人口老龄化带来的养老负担颇为沉重，这一问题在农村地区更为突出。南开大学人口与发展研究所教授、老龄发展战略研究中心主任原新指出，我国的人口老龄化发展迅速，但是，目前我们应对老龄化社会挑战的基础还比较薄弱。

如果人口老龄化与"421"家庭结构问题同时存在的话，一对年轻夫妇不仅要养育子女，更要抚养4位老人，家庭养老负担将使他们不堪重负，且风险极大。这也是支持生育二胎的专家有颇多微词的地方。北京大学人口研究所教授穆光宗认为，如果允许生育二胎，家庭养老负担会减轻很多。此外，有专家指出，随着人口老龄化的加剧，中国"人口红利期"也将结束，届时不仅要面临养老负担加重问题，还将面临劳动力短缺问题，中国将成为"未富先老"的国家。

除了人口老龄化、出生性别比等问题外，主张放开二胎生育的专家学者还提出了独生子女性格问题等论据，认为当前的人口问题已经不再单单是数量问题，还面临结构、质量等问题。因此，应当调整当前以控制人口数量为主要目的的生育政策。

不过，反对二胎生育主张的专家学者们也针锋相对。中国社会科学院马克思主义研究院院长程恩富在他的"新人口策论"中，对主张放开计划生育的"生育权利说"、"人口老化说"、"独子性格说"、"性别失衡说"等观点进行了逐一辩驳。

中国社会科学院人口与劳动经济研究所副研究员李小平告诉记者，在他的实地调研中，各地老百姓反映的问题是当前人口还是过多。他认为，目前人口数量问题依然是不能轻视的问题，虽然现在生育率水平降低了，但是还会反弹，因此要坚决执行现行计划生育政策不能动摇。

和李小平一样，还有很多学者认为，迄今为止，中国还是世界上人口最多的国家，现在控制人口增长的任务还没有完成，还没有达到所期望的理想社会人口。

一代人的计划生育

华东师范大学人口研究所所长桂世勋认为，一项政策不可能总是十全十美的，虽然计划生育政策产生了一些负面效应，但是大大有利于减轻我国人口过快增长的社会压力，为我国可持续发展提供了一个相对较好的人口环境。

因此，有专家表示，在看待人口问题时需要向前看的眼光。就中国人口政策而言，人们的目光不能仅仅停留在对过去的审视上。在计划生育政策实行了 29 年的时候，向前看往往更为关键。

当一代人的时间即将过去之时，摆在中国政府面前的一个重大人口战略问题就是——究竟是否需要在 2010 年后调整这项生育政策？如果需要调整，怎么做？何时调整？

为什么要提到 2010 年这个时间点？因为 1980 年 9 月 25 日《中共中央关于控制我国人口增长问题致全体共产党员、共青团员的公开信》中曾明确提到，"到三十年以后，目前特别紧张的人口增长问题就可以缓和，也就可以采取不同的人口政策了。"其中提到的"三十年后"也就是 2010 年。

曾经参与讨论制定计划生育政策的田雪原表示："原来提倡生育一个孩子，那时候讲我们主要是控制一代人的生育。而且公开信也明确地讲，这是今后一段时间，特别是 20 世纪内的事情。"因此，现在很多人谈的放开二胎等话题，其实不是真正的调整或改变，而是一种恢复，实现当初的设想。

国家人口和计划生育委员会宣传教育司一位负责人明确告诉记者，在今后一两年内人口政策都不会有任何变化。国家人口计生委发展规划与信息司一位负责人则向记者透露，虽然一两年内政策不可能调整，但是内部相关的讨论却一直在进行。

当初人们提出计划生育政策时，便认识到这既非永久之计，也非权宜之计。至于是否需要调整，要根据中国人口形势的发展状况而定。而调整无疑是一个艰难而重大的抉择，需要足够的智慧与勇气。

（记者　李博）

纵论当代中国人口理论与政策

学者纵论当代中国人口理论与政策

编者按：人口问题一直以来是事关国家发展进步和社会长治久安的重要问题。关注当代中国的人口理论与政策，既具有深远的现实意义，又具有重要的理论价值。为此，本报特邀请有关专家学者围绕这一话题，进行主题讨论。以下内容仅反映专家本人观点，不代表本报立场。

程恩富：先控后减的"新人口策论"

程恩富

伴随近 30 年的较严格的计划生育政策，一直存在要不要放宽政策的歧见，近年又出现了大争鸣。在今后的数十年内，是继续严格实行一胎政策，还是逐步放开二胎政策，渐成社会各界关注的焦点。我们主张继续严格实行"一胎化"的计划生育政策，实现我国人口的先控制后减少，达到适度人口规模。

以马克思主义人口理论精神来审视我国目前的人口形势，理性缜密地考量我国人口发展战略和政策选择，我们倡导先控后减的"新人口策论"。

（1）不断增加的中国人口总量，正在逼近国内主要经济资源所能承载的极限。2008 年底中国人口为 13.28 亿，在今后较长时期内每年还将新增人口 700 万左右，人口总规模在较低生育率的基础上继续大量扩张，向现有可高效利用资源的人口极限规模推进。

（2）不断增加的中国人口总量，正在逼近国内生态环境安全所能承载的极限。由于生产和消费所排放的有害物质总量不断增加，我国多数江河湖泊和近海受到严重污染，一些著名河流和湖泊萎缩干涸，草原退化，湿地减少，荒漠扩大，多种野生动物濒临灭绝，等等，这些问题均不同程度地直接或间接与人口数量多有关。

（3）发达国家越来越多的人持少生育或不生育的先进生育文化观，这些国家需要通过不断加大奖励生育的措施来维持人口的再生产。而我国在人们尚未自觉改变传统生育观和人口收缩到适度规模以前，则应坚持不懈地推行"城乡一胎、特殊二胎、严禁三胎、奖励无胎"的"一胎化"新政。难医治的不良头胎等可列入特殊情况。实行免费和奖励婚前体检，严惩怀孕性别查堕行为。

（4）在尚未改变传统偏好男孩的习俗以前，实行一种有差别的变罚为奖的社会保障配套措施，"无胎高保、女胎中保、男胎基保（低保）、超胎不保"，即对于不生育的家庭实行高保，生一个女孩的家庭实行中保，生一个男孩的家庭实行低保或基保（社会普遍的基本或基础保障），违纪超生的家庭不保，可尽快变处罚为奖励，促进生育和谐与计划生育工作和谐。

（5）只有严格实行"先控后减"的人口调控政策（总人口先控制在15亿左右，后逐渐减至5亿左右），才能有效缓解我国主要社会经济矛盾和巨大就业的压力。不断膨胀的巨大人口规模所引起的社会需求扩张已难以单靠发展生产和粗放式发展来满足。必须倚靠人口规模的严格控制和缩减，才能使主要矛盾和就业压力不因人口总量过快增长而加剧。

（6）只有严格实行"先控后减"的人口调控政策，才能实现人口素质的较快提升，更好地促进人口同资源、生态环境相协调的可持续发展，从而尽快赶上欧美日韩等国的人均国民生产总值、人均国力和人均生活水平，真正实现高标准的共同富裕和科学发展目标，最终在社会主义与资本主义的比较中获得完全的优势。

（7）树立全国一盘棋的统筹城乡人口方针，为了使众多的农村剩余劳动力和农民工较快成为北京、上海等城市的正式市民，所有城市均不宜推行市民两个独生子女结婚可生二胎的政策。要保证因严格计划生育所节省的经费用到改善老年人口的生活方面去。

（8）国家应对包括兵役逝世或伤残在内的非正常伤亡或失去劳动能力的不同情况，给予高低不一的家庭补贴或保障，以激励人们从事高风险的工作，并高水准地解决其家庭生活的后顾之忧。

（9）与"资源节约增效型社会"、"环境保护改善型社会"相匹配的应是"人口控减提质型社会"，这"三型社会"完整地体现了科学的可持续发展观，从而为根本转变对内对外发展方式，缓减内外"资源战"、"环境战"和"贸易战"等奠定基础。要像1980年中央决定实行一胎化计划生育政策那样，通过立法、广泛政策宣传、教育等配套措施，尽快大力推行先控后减的一胎化计划生育新政，积极倡导"人口控减提质型社会"。

（程恩富　中国社会科学院学部委员、马克思主义研究院院长）

（记者　李博　郑巧／采访整理）

杜鹏：应适当调整生育政策

杜　鹏

现在中国人口总量还在增长，但已进入低生育水平阶段。与20世纪80年代制定计划生育政策时的人口形势相比，那时候控制人口数量、提高人口素质是最重要的政策目标，而现在还要涉及优化结构的问题。进入低生育率水平阶段后，人口结构问题成为相对突出的问题，在年龄结构上是人口老龄化问题，在性别结构上是出生性别比偏高问题。此外，和30年前相比还有一个新的特点就是大规模的人口流动，它改变了地区之间的人口分布，也出现了空巢家庭、留守家庭的问题。

现在我们面临的一些人口问题都是和人口政策有关系的。不过，即使没有这样的人口政策，中国迟早也会遭遇这些问题，随着经济的发展生育率也会下降，人口也要老龄化，只是过程要更长一些。

需要适当调整生育政策

社会经济发展的很多因素影响到人们生育观念的转变，这也导致了这些年生育率的下降。文化教育水平的提高会使得人们更加注意人口素质，而非数量。如果经济水平达到一定程度，社会保障问题解决之后，人们也会更加迅速地转变养儿防老的思想，就不会去追求多子多福、养儿防老，特别是重视男孩的偏好。

经过改革开放 30 年的发展，人们的生育意愿有了很大的改变。20 世纪五六十年代人们生六个孩子，是因为当时死亡率很高，当死亡率大幅下降之后，再去调查人们的生育意愿，就已经有了很大的转变。回头再看30 年前，那时人们生育意愿是生三个孩子。现在城市和农村相当一部分人希望要两个孩子，其实这也是生育观念的一种转变。

现在由于生育水平已经持续下降了 15 年，人们又重新开始思考一些人口问题。这是一个阶段性的特点，当初制定计划生育政策时，很多问题没有充分暴露。而现在，当这些问题开始凸显的时候，人们纷纷讨论应该怎样制定更合理的人口政策。其实，从政府到学术界，包括民间都在讨论这样的问题，所以我觉得现阶段需要适当调整人口生育政策。

在制定计划生育政策的时候，绝大多数人的共识是人口增长得太快，人口数量非常庞大。当然现在回过头来看，中间产生了一些影响，能不能采取一些措施降低这样的影响？现在我们不仅要考虑人口数量问题，还要把数量、素质、结构统筹考虑，要考虑把生育率稳定在怎样的水平会更加有利。因此，重新考虑现阶段的人口政策和人口目标是非常有必要的。国家也在做这样的事情，2006 年底国家人口发展战略公布，明确提出未来30 年的目标，它实际是给出了一种调整的方向。

逐步放开二胎

现在不能再主张一胎化，因为从社会因素方面考虑这不是一个长期有利于国家发展、家庭发展和个人发展的政策，所以要逐步过渡到允许人们生二胎。允许生二胎的话，人们更倾向于生一男一女，而现在只生一个孩子，社会保障制度又没有跟上就会偏向于要男孩，就会产生相应的问题。当时实行一胎化是作为一代人的政策，当初也考虑到长期实行这些政策会造成一些影响，但主要考虑的是独生子女教育的问题，而现在关注的是长期下去它会使家庭的结构、社会的人口结构发生急剧转变等问题。

经济发展会使人的生育行为发生很大的改变，在这个过程中生育水平地区之间、城乡之间的不平衡是和社会经济政策密切联系的。从社会政策和经济环境角度看，城市地区往往有比较完善的养老保障，而农村没有，所以在这种情况下要求大家只生一个孩子肯定会遇到明显的阻力。从家庭、个人角度来看，不同的地区受教育的机会、就业和收入都存在很大差别，这在生育上也会有所体现。

我认为，现在要调整人口政策不能过急，一下放开二胎肯定会出现很多新的情况，比较稳妥的方法是从生育水平比较低的地方开始先调整，然后逐步向全国推广。从国家角度讲，过低的生育水平不利于中国的长期发展；从社会角度讲，允许生二胎会使得人们的生育意愿与政策之间的差距进一步缩小，更加有利于政策的执行；从家庭来讲，能更好地实现生育愿望；对个人来说，独生子女的养老问题、性格问题、家庭结构问题等都会得到缓解。

（杜鹏　中国人民大学人口与发展研究中心副主任）

田雪原：人口发展战略分"三步走"

田雪原

统筹解决人口问题的"三步走"战略和相应的政策选择是：第一步，把高生育率降下来，降到更替水平以下，实现人口再生产由"高出生、低死亡、高增长"向"低出生、低死亡、低增长"类型的转变。1992年生育率下降到更替水平以下，标志着这一步已经完成。第二步，稳定低生育水平，直至实现人口的零增长，同时注重人口素质的提高、人口结构的合理调整。这一步预计2030年前后可以实现。第三步，零增长以后，由于人口的惯性作用将呈一定程度的减少趋势，再依据届时的经济、社会发展状况以及资源、环境状况，作出理想的适度人口抉择。这样理想的适度人口是全方位的，不仅数量是适当的，而且素质是比较高的，年龄、性别等的结构也是合理的。这一步是人口零增长以后的事情，现在能做到的是走好第二步，为第三步战略的实施创造条件。如何走好第二步？其指导思想和基本点，可表述为：在以人为本的科学发展观指导下，实行控制人口数量、提高人口素质、调整人口结构相结合，促进"控制"、"提高"、"调整"协调发展，人口与资源、环境、经济、社会可持续发展。

为实现这样的人口目标，提出下述可供选择的生育政策建议：第一，全国不分城乡，双方均为独生子女者结婚一律允许生育两个孩子。这一步现在即可实施。当前，已婚育龄妇女独生子女领证率在 22% 左右，城镇远远高于农村，实行"双独"结婚生育两个孩子，生育率升高极其有限，可不附加任何条件。第二，农村一方为独生子女者结婚，允许生育两个孩子，现在也可以开始实施；城镇可暂缓几年，2010 年以后组织实施为宜。对于农村来说，由于独生子女率较低，"一独生二"影响有限；对于城镇来说，由于独生子女率普遍很高，一方为独生子女结婚者比例不会很高，对生育率影响也不会很大，特别是推延到 2010 年 30 岁以下育龄妇女进一步减少后实施。但是实行"一独生二"的生育政策，对于"一独"方的父母家庭养老和改变家庭人口年龄结构说来，有着现实的、不可替代的意义。第三，在有效制止三孩及以上多孩生育条件下，农村可不分性别普遍生育两个孩子。目前全国农村实际的总和生育率在 2.0 水平上下，如果能够做到除人数较少的少数民族外均不得生育三个及以上孩子，生育水平可大体上维持现在的水平。我们的"软着陆"预测方案还留了一点儿微升的余地，只要真正做到"限三保二"，是不会造成农村和整个社会生育率有很大反弹的。

（田雪原　中国社会科学院学部委员、人口与劳动经济研究所研究员）

穆光宗：打造"幸福计生"

多年来，我曾先后到全国很多地方进行人口方面的调研，最近刚从西藏调研回来，根据我对全国的了解，无论是东部、中部、西部，老百姓普遍的生育意愿是一至两个孩子。在调研中发现，因为家庭经济困难、健康或观念改变等原因，有些家庭只希望要一个孩子。也有为数不少的家庭想要两个孩子，但实行起来会打折扣。不可否认，也有想要三个或更多孩子的人，但毕竟是少数，而且如果生育政策放开到鼓励两孩的话，就可以形成多数人做少数人工作的有利格局，可以引导和改变多胎儿的生育观念和行为。据此可以推断，全国实际平均的生育水平会低于 2.0。

维护生育多样性

穆光宗

微观个体合理化的生育选择应该是在一定的"权利空间"进行的，政府需要维护这种天然的生育多样性，而不是简单地把多样化、个性化的生育现象一刀切齐。强制一胎化为主导的这种做法短期内能在控制人口增量方面取得一些成绩，但是从长期看，对百姓情感、家庭幸福以及社会和谐与持续发展的伤害都会显现出来。而由此将衍生出很多问题，比如再婚家庭的生育权问题。

全国各地都认为生育率越低越好，少生等于只生一个孩子，这些观念是根深蒂固的。我们需要倡导适度的低生育水平，但我们不应鼓励独生子女家庭大面积产生。夫妇和家庭应该可以自主负责地决定生育的时间和数量，而生育公权范围的事务是政府提供基本的公共服务、促进性和生殖健康，提供低门槛广覆盖的社会保障。人口不是单纯的数量概念，而是有理性和智慧的社群的别称，我们应该尊重公民的权利、相信公民的理性。

现在生养孩子的成本很高，普通百姓也会掂量自己的条件和能力，而不是有些人想象的那样放开二胎就会抢生多胎。近年，中国计划生育协会开展了生育关怀行动，提出了"生育传承希望，关怀相伴和谐"的口号，这是个新的理念，也昭示了新的发展方向。

抓住机遇调整生育政策

生育政策调整时不我待，应该抓住战略机遇期进行科学研究，把人口生育政策建筑在一个人民满意、家庭友好、社会和谐、人口优化的基础之上。

目前中国人口形势主要的演变形势是从增长型的人口问题转变为结构性的人口问题，而且人口结构问题与人口生育政策存在着不可割裂的内在联系，单纯减少人口增量、提倡一对夫妇只生育一个孩子的做法损害了人口结构的健康，比如导致了性别比例失衡、家庭养老功能弱化等问题。

要判断一项政策的好坏，人民满意不满意这一条最重要，以人为本的科学发展观要求我们倾听民声、关怀民生、还权于民。允许多生一个孩子就多一份希望和保障，至于生与不生则放归个体选择，在有张力和弹性的"权利空间"里一定会出现个性化、多样化的生育景象。放开二胎也有助于重建家庭养老、亲情养老的优良传统。对于家庭来说，幸福感来自于亲情，这不能简单地用金钱衡量。所以，我们不能仅考虑"经济计生"这个单一、功利的层面，而要打造"幸福计生"，从政府计划回归到家庭计划、政府保障，这将是人文、人性的回归。

（穆光宗　北京大学人口研究所教授）

李小平：最根本的问题仍是人口总量问题

多年来，主张放宽或放开二胎的声音一直不绝于耳，支撑理由有很多，其中有一条是：担心生育率降到很低水平后很难回升，力图通过放宽或放开二胎来防止陷入未来生育率过低而难以回升的局面。

李小平

中国仍处于人口惯性增长时期

我认为，中国人口问题在未来相当长时期内最大、最根本的问题仍然是总量问题，是人口过多和劳动力大量潜在过剩问题。中国要想早日摆脱人口过多所造成的各种困境，就必须坚持从紧的生育政策，力求早日实现人口零增长。

人类作为一个整体，有史以来生育率一直在更替水平之上，从而使世界人口总量迄今为止一直在增长，目前每年仍以7000多万的数量在增加。在人类目前控制非正常死亡的能力下，如果全人类的生育水平始终不能控制在更替水平之下，那世界人口必将不断增长直到食物短缺来进行自然控制。

就中国来说，作为占世界人口五分之一多的第一人口大国，在每年仍以700万至800万数量增长的情况下，放宽和放开二胎的主张显然为时尚早。在全球气候变暖、环境继续恶化、冰川冻土渐渐融化、能源等许多不

纵论当代中国人口理论与政策

可再生资源日益紧张和水资源严重短缺的情况下，中国提高人民生活水平和改善本国环境的必由之路，无疑就是尽最大努力控制人口增长，并力争早日转入减少人口总量的进程。

目前生育降到更替水平以下的国家主要是发达国家和地区，相对于人类漫长的历史长河而言，以少数国家几十年的观察来论断生育水平降下去就很难回升，显然是轻率的，是缺乏依据的。

低生育率不一定就是危机

无论对于全人类还是对于一个国家来说，低生育率是否构成了危机，关键要看它是否使得全人类或一个国家因此导致经济无法继续发展，或人民生活水平无法得到改善。如果一定时期的低生育水平远没有使人类或一国的人口总量低于适度人口规模，那么，特定时期的低生育水平就不能被视为一种威胁。相反，这恰恰是在造福全人类或一个国家。

中国主张放宽生育政策的学者从来没有就未来 100 年和 200 年中国与世界的适度人口规模进行分析判断。而人类之所以要调控生育水平，说到底，就是为了在人类发展过程中尽量使人口数量向最适度的人口规模靠近。离开对技术进步的潜能的分析和对不同时期的适度人口的判断，而仅就生育水平高低来谈论人口和生育政策取向，显然是不严肃的，是不符合人口研究之基本要求的，是缺乏科学精神的表现。

根据生育效用原理和趋利避害的行为理论，在确实必要的情况下，将低生育率恢复到更替水平应该不是很难的事情。直接针对孩子的政府支出，市场工资率与养育孩子成本比率的提高，人口不足和劳动力短缺时生育偏好的改变等，都可以提高生育水平。在全球化的过程中，低生育率的发达国家如果真的陷入劳动力短缺的局面，完全可以通过吸收劳动力移民的方式来补充劳动力的不足。

世界人口总量过多和继续增长的态势以及在国家和地域间的分布状况，远没有达到需要一个国家鼓励本国育龄夫妇提高平均生育水平的境地。中国作为第一人口大国和劳动力大量潜在过剩的国家，占世界人口五分之一强而且人口超过世界发达国家人口的总和，现有人口总量已经远远超出了成为一流富裕国家和环境优美国家的生态承载力。因此，更没有任何放松生育控制的理由和提高生育率的必要。中国在人口政策上唯一正确的选择就是——必须坚定不移地坚持现行生育政策不动摇，并尽更大努力鼓励更多的家庭只生一个孩子，以加速实现人口零增长的进程。

（李小平　中国社会科学院人口与劳动经济研究所副研究员）

世界人口问题的理论镜鉴

孙得雄：各国面临不同的人口问题

从世界范围来看，一些国家的人口增长速度还是过快，整个世界的增长率还是不小。主要问题是各国人口增长速度不均衡，有些国家增长太快，有些太慢，有些甚至是负增长。

人口增长过多、过快，会导致很多问题。人口增长太快的国家肯定要放慢脚步，现在有近三分之一国家的孩子吃不饱饭，人口再增加会饿死人，医疗条件也会跟不上。

孙得雄

现在还有一个同样严重的问题：有些国家人口是负增长，老龄化严重。人口如果保持不增不减的零成长，年龄结构也不会改变，年轻人的比例仍将保持不变，这种状态是比较理想的，但现在很少有国家处于这种状况。出生率比较低的国家和地区都面临着人口老龄化的问题，安养、医疗都是很大的负担。像台湾地区就很糟糕，现在是7个生产人口（年龄在15岁至65岁之间）对1个老人，预计40年后这一比例将会变成1.5:1，负担将会很重。

现代人结婚越来越晚甚至不结婚，而生养小孩的成本很高，很多人选择不生。对于这种情况，政府就应该适当鼓励生育。我主张生两个，这样上下两代就可以保持平衡。台湾地区退休年龄是65岁，我觉得应该提高到70岁，晚一点退休可以多创造点社会价值。现在台湾地区鼓励生小孩，一个小孩一次性补贴3万元新台币，但这点钱是杯水车薪。像法国，小孩从托儿所到幼稚园再到小学、中学，全都免费，另外每月还有补助。有人开玩笑说，在法国生五个小孩，你就可以靠补助生活，不用工作了。

美国人口资料局公布的《2009年世界人口资料要览》显示，目前英国、法国的人口增长率是0.4%，德国是-0.2%，日本的人口增长率为0。英国65岁以上的人口已经达到16%，法国已经达到17%，德国已经达到20%，日本甚至达到了23%，老龄化很严重。出生率低的国家都在为人口老龄化问题而伤脑筋。所以很多国家还采取鼓励移民的方式来使人口结构更加合理化，移民一般都是劳动力，对国家发展会有贡献。像德国、土耳其的移民就有两三百万。当然，有些国家人口增长速度还是很快。像不丹的人口增长率为2.3%，阿富汗是2.6%，都很高。增长率超过2%的话，人口三十几年后就会加倍。

有些国家也在控制人口。像印度政府采取了控制人口的措施，但效率不太高。印度目前的人口增长率是1.6%，还是很高的。他们采取男性结扎的方式控制生育，也得到了很多国外援助。英迪拉·甘地任总理时，提供援助的外国机构看到印度控制人口的效率实在太低，提出如不加强人口控制，将撤销援助。甘地下令各地积极推行控制人口计划，如果效果不好，将撤销中央援助。所以地方政府就派人到人多的地方如一些集市，抓青年男性去结扎，结果抓回去的人中有没结婚的，也有已经结扎过的，引起了很大的风波，几乎导致甘地总理下台。这样的做法虽然太过分，但对印度这样人口增长率较高的国家来讲，控制人口增长还是非常必要的，只是需要采取较为温和的方式。

（孙得雄　台湾大学卫生政策与管理研究所兼职教授）

（记者　郑巧／采访整理）

涂肇庆：应对人口问题须加强国际合作

20世纪30年代，西方国家尤其是欧美发达国家的医学、公共卫生有了很大进步，疾病导致的死亡率有所下降。二战之前，人类的平均寿命正在逐步提升。二战后，欧美国家先进的医疗器材、药物和医治手段等传向其他国家，对全世界，尤其是对发展中国家人口寿命的提高起了很大的推动作用。

很多经济落后国家的医疗体系改善之后，初生婴儿的存活率上升。过去六七胎可能只存活一两胎，现在可以存活五六胎。但是，这些国家并没意识到这么快的人口增长速度会给经济发展带来很多负担，比如粮食不足、劳动力过剩等问题。到 20 世纪六七十年代，发展中国家开始向发达国家输出劳动力，这不是有意识的行为，而是由于劳动力太多，为生存所迫才向外迁移。

涂肇庆

有些国家也采取了一些方式控制人口数量，比如印度，在女总理英迪拉·甘地执政时，强制所有男性政府公务员在生两胎后结扎。而其他国家一般会采取辅助的方式，像有些国家通过提供避孕药来引导。现在，需要想出一个策略让人们有更多的选择和兴趣，而不是单单想着生儿育女，比如印度政府最近向贫困的农村地区免费提供电视、电影节目，以转移人们的兴趣。

虽然很多国家或地区面临人口增长过快的问题，但是还有很多地方面临生育率超低的问题。香港就面临这一问题，政府采取了一些措施，比如给一些补助以鼓励生孩子，但这种做法从根本上解决不了问题。而这方面做得比较好的是法国，政府为保证生第二、第三胎的妇女能继续工作，成立了各式各样的机构看护孩子，并给妈妈们提供弹性的工作时间，不再是朝九晚五。不过，这些措施需要很多资金支持。我们在意大利做问卷调查时，政府表示这样负担太重，目前不可能做到。

意大利、西班牙这两个虔诚的天主教国家，堕胎率却很高，是欧洲国家生育率较低的国家。而瑞典、法国在鼓励生育方面做的很好，如果要生第二、第三个孩子时，政府会分担一部分费用并提供种种便利。不过，这样就产生一个问题，孩子是个人的还是国家的？这个问题在欧洲国家被广泛讨论。

现在香港的生育率很低，不得不靠外来劳动力提供他们老年人口的养老基金。假如没有适当的解决途径，这个问题会逐渐演变成发展中国家和发达国家之间的冲突。举个例子，日本不能完全接受外来劳动力，所以把老人往外输，比如用强大的财力在青岛建养老院。中国自己的老人将来怎么办，要送到哪里？发展中国家有劳动力，发达国家有钱但缺乏劳动力，所以强国和弱国之间要互相妥协，共同找出解决途径。

中国现在出现了"啃老族"，这种现象在其他国家几乎是看不到的。"啃老"是个很不好的现象，对一个老龄化严重的国家，"啃老族"只会带来更多的负担。近些年来，中国在各个方面发展得很好，但卫生、医疗体系仍然需要调整，不然这么多老人会成为国家承受不起的负担。香港也有老龄化的问题，目前还没有一个很好的应对策略。老龄化问题对人类来说是一个新的现象，同时也是一个紧迫性的议题。国际国内要开放、自由、冷静地讨论这些问题，政府、学术界、媒体也要一起商讨应对策略。

（涂肇庆　香港科技大学社会科学部教授）

记者观察

微调＋试点：探索多元化，彰显人文关怀

8月26日，《广西壮族自治区人口与计划生育条例（修订草案征求意见稿）》开始向社会各界公开征求意见。要修订的内容主要是：适当放宽再生育一个子女的条件；取消二胎生育间隔期的限制；对独生子女父母奖励政策做出修订等。对于这次调整，广西人口和计划生育委员会给出了这样的解释："随着社会、经济形势的发展变化，随着国家和自治区的相关法律法规政策的不断修改完善，现行《条例》的一些相关规定已经不适应广西人口计生事业科学发展的要求，迫切需要重新修订。"

近年来，像这样的生育政策"微调"做法在全国各地越来越普遍。虽然在人们的印象中，似乎全国实行的都是"只生一个孩子"的计划生育政策，但实际在城镇和农村之间、省市之间实行的人口生育政策各有不同。

除此之外，还有一件鲜为人知的事情——自20世纪80年代中期开始，

全国先后有 13 处实行二胎生育的试点，其中山西省翼城县的试点影响最大。在全国大部分地区实行"只生一个"的人口生育政策之外，地方政府的政策"微调"和二胎生育试点探索了另一种可能，为人口政策走向提供了不同的经验和模式。

多元化的人口政策，彰显人文关怀

计划生育政策实行近 30 年来，由于提倡"一对夫妇只生一个孩子"，因而在很多人眼里它等同于"一胎化"政策。但是，原国家人口和计划生育委员会主任张维庆明确表示，中国的计划生育是多元化的政策。他指出，海南、云南、青海、宁夏、新疆等五省区，实行的是农村普遍生两个孩子的政策。还有西藏等部分人口较少的少数民族地区，不受生育数量的限制。在农村，实行生了一个女孩再允许生第二个的，共有 19 个省；还有 6 个省规定，一方是独生子女的，可以生育两个孩子。

华东师范大学人口研究所所长桂世勋也指出，我国普遍提倡一对夫妇只生育一个孩子的政策，实际上是一个实行分类指导的生育政策，在针对城镇、农村和少数民族的生育政策上都有所不同。从 20 世纪 80 年代中期开始，我国一些特大城市及各省、自治区还先后对现行生育政策进行了"微调"。

近些年来，随着人口计生工作中不断变化的新形势和不断产生的新问题以及对群众呼声的关注，一些地方政府和相关人口计生部门在执政理念上发生了改变，从而推动人口政策不断创新。有专家认为，以往以强制手段为主的计划生育工作，难免会使一些群众的情绪对立，甚至造成干群关系紧张的尴尬局面。要解决这一问题，需要的是执政理念的创新，如果站在为老百姓服务的角度思考，问题就比较容易解决。

2009 年 1 月 1 日，第四次修订后的《广东省人口与计划生育条例》正式实施。它取消了原条例对已婚育龄妇女按政策生育第二个子女应有四年间隔期的规定，同时在已生育残疾儿的夫妻再生育问题、再婚夫妻中未生育一方的生育权问题等方面，给予了特殊照顾。在这种政策"微调"中，透露出一种信号，那就是在基层的人口计生工作中，开始更关注人口结构和人口质量。对已生育残疾儿夫妻和再婚夫妻生育权等细节问题的关注，使得人口政策中多了一份人文关怀，"以人为本"的理念在此得以体现。

甘肃省从 2004 年开始在广河和碌曲两个少数民族自治县开展"少生快富"工程试点，对主动放弃第二个和第三个子女生育指标的农牧民群众给予奖励。这一人口计生工作的创新之处在于，由处罚超生向奖励少生转变，改变了简单行政命令和经济处罚抓计划生育的传统做法，还将经济社会的发展与人口问题统筹解决。国家人口计生委对此进行了肯定，并于 2006 年开始在中西部地区推广。

处在人口计生工作前线的地方政府，能最先感受到"春江水暖"与否。面对群众的呼声和实际工作中出现的新问题，他们需要拿出行之有效的对策，而在原有的路子走不通或走的不顺畅的时候，自然有必要进行调整。这也代表了这些年来中国人口计生工作的总体发展方向，在新的社会、经济和人口形势下，旧有的思维方式和工作方式开始逐渐改变。

生育试点，尝试另一种可能

在以"一胎化"为主导的多元化人口生育政策之下，各地生育政策的小幅调整的前提依然是坚持计划生育政策，而二胎生育试点则是在计划生育政策之外另辟蹊径。从 20 世纪 80 年代中期开始，一批二胎生育试点相继建立，其中最著名的就是山西省翼城县的试点，同时还有甘肃省酒泉地区、黑龙江省黑河市、辽宁省黑山县、山东省长岛县、浙江省武义县等 13 处试点地区。

上海社会科学院经济研究所研究员梁中堂告诉记者："在 1979 年全国第二次人口科学讨论会上，我提出应该实行缓和的人口政策，提倡生两胎，通过'晚婚晚育加间隔'来达到控制人口增长的效果。到了 1985 年，政府批准在山西翼城县进行试点。"

1985 年 7 月，翼城县通过了《翼城县计划生育试行规定》，要求对于农民家庭，女性在不早于 24 岁生育第一胎，30 岁可以生育第二胎，严格限制第三胎，这就是梁中堂所说的"晚婚晚育加间隔"。《规定》中还提到，"实行该规定后，截止 20 世纪末，可以把全县人口控制在 29.5 万左右，从而完成人口控制目标。"根据现在翼城县公布的数据，其总人口为 30.6 万。显然，放开二胎并没有使该县的人口增长出现迅速上升或失控的局面，情况反而比一些实施严格计划生育政策的地方还好。

梁中堂告诉记者："这不只证明了允许生二胎可以同样达到人口控制

的效果。更重要的是，它表明了宽松的政策可能更有利于社会进步。"

翼城县的试点虽然取得了成功，但是 24 年来一直还只是个试点，并未向全国推广。有人认为，在今天人们生育意愿普遍下降的情况下，翼城县试点的推广价值已经越来越小了。此外，当初梁中堂进行试点的初衷是为了让生育政策实行平稳过渡，仅就这个意义来说，在计划生育政策推行了 29 年之后，似乎已经很难发挥作用了。

而与翼城县一样的试点地区，即 20 世纪 80 年代中期陆续试点的其他 12 个县市，在 20 世纪 90 年代之后大部分相继被取消。其中甘肃酒泉地区由于有效控制了人口，于 2001 年又恢复成为试点，还取消了间隔，与翼城县试点相比，它实施了真正无条件的二胎政策。

无论是生育试点，还是地方人口政策的"微调"，对于完善中国人口政策都具有深远的意义。就像梁中堂所说的，虽然这些变化与调整本身的意义有限，但是它代表了一种可能，也预示了一种趋势。

（记者　李博）

短　评

时代变迁与人口政策调整

20 世纪 80 年代，在改革开放的大背景下，中国人口政策作出重大调整。彼时的中国，面临的最大问题就是解放和发展生产力，实现国家现代化，让人民富裕起来。但是，过多过快膨胀的人口成为一种沉重的负担，计划生育政策应运而生。

人口政策的这个重大调整，有效地缓解了当时中国发展所面临的人口压力。计划生育政策实施不到 30 年，人口迅速增长的态势被有效遏制。这些都是学术界所公认的成就。

如今，30 年过去了，中国发生了巨大的变化。人口问题方面，也发生了非常大的变化，新的问题不断产生。在新的人口形势下，中国面临的不单是人口数量问题，还有愈来愈突出的结构问题、素质问题等。

当前面临哪些人口问题？应当重点解决哪些问题？采取什么方式？对于这些问题的不同认识，引发了从政府、学术界到普通百姓之间的广泛讨论。在学术界，出现各种人口理论的大争鸣，最为激烈的就是关于"一胎化"和"二胎化"的争论。即使在支持"二胎化"的专家学者中也有一些不同意见，有的主张立即、无条件地放开，有的主张有步骤、有条件地放开。

是否放开二胎？如何放开？这些问题的背后是人口政策如何统筹兼顾社会、家庭和个人的利益。科学发展观及和谐发展的理念告诉我们：社会、家庭和个人，这三者不是相互对立的，而是辩证统一、密切结合在一起的。如果仍然用非此即彼的二元化观点来看待这两方面的关系，那么不管是抛去个人与家庭空谈社会利益，还是抛去社会利益无限强调个人与家庭利益，都无异于要建空中楼阁。

作为党和政府"以人为本"执政理念的具体体现，人口政策及相关工作也在根据时代形势的变化而不断调整，更加突出人文关怀，更加关注民生与民声。从"国家计划生育委员会"到"国家人口和计划生育委员会"称呼上的变化，就可以看出这种趋势。在各地的人口计生工作中，利益导向机制代替了以往的强制手段；对弱势群体的关怀取代了"一刀切"的工作方式；日益关注人口结构、质量的"大人口观"取代了以往单纯强调人口总量的观念……

时代变迁留下的印记，都深刻地反映在人口政策的调整中。对人口问题以及人口政策的科学而全面的认识，需要哲学社会科学工作者运用理论思维，更加真切、深入地把握我们当前所处的时代，而人口理论的争鸣恰恰为此提供了丰富的理论支持。

（李伯牙）

热点链接

"新人口策论"：关注中国人口战略与政策

近日，中国经济社会发展智库首届论坛在中国社会科学院隆重召开，论坛以"新人口理论与政策"为中心议题。中国社会科学院常务副院长王伟光，国家人口和计生委副主任赵白鸽、原副主任杨魁孚等出席论坛。

人口战略与政策　关系中国未来

人口问题对资源、环境和气候带来前所未有的影响引起了众多的思考。中国人口计生委副主任赵白鸽表示，作为一个占世界人口20%的人口大国，一个人均资源相对紧缺和匮乏的发展中大国，一个实行改革、逐步转型的国家，中国所取得的发展成就成为国际成功范例，对世界的发展作出了突出的贡献。

赵白鸽强调，人口问题是最重要的发展问题，人口战略与政策直接关系到中国未来经济社会的全面、协调、可持续的科学发展，其完善需要科学决策和谨慎论证。为此，我们需要思考：一是如何评价中国人口政策及如何看待人口与资源环境和可持续发展的相互关系？二是从资源环境承载力看，探讨最适合的人口规模，如何实现人口长期均衡发展？三是由农业文明、工业文明向现代文明的发展进程中，人力资本与人口规模之间有何相关关系与影响？中国如何实现从人口大国向人力资本强国的转变？

探索中国特色解决人口问题的道路

如何探索一条成功的、具有中国特色统筹解决人口问题的道路，是会议关注的焦点。与会专家认为，新中国成立以来，以毛泽东同志为核心的党的第一代中央领导集体为解决中国的人口问题与开创和发展计划生育事业作出了艰辛的探索和历史性的贡献。20世纪70年代初，中国将控制人口增长指标纳入国民经济发展计划，成立了计划生育领导小组，开始全面实行计划生育政策。改革开放以来，中国人口计生工作成效显著，比较成功地探索了一条中国特色统筹解决人口问题的道路，为改革开放和全面建设小康社会创造了良好的人口环境。

党的十六大以来，以胡锦涛同志为总书记的党中央，提出了科学发展观、构建社会主义和谐社会等重大战略思想，党中央、国务院作出了《关于全面加强人口和计划生育工作统筹解决人口问题的决定》。党的十七大将人口计生工作纳入以改善民生为重点的社会建设之中，进一步明确要坚定不移地走中国特色统筹解决人口问题的道路。这为我国解决人口问题指明了方向，也为哲学社会科学工作者的理论研究提供了更多支持。

（记者　袁华杰／整理）

中国文化软实力的当代建构

加强文化软实力研究，提高中国文化软实力，是学术界和社会各界共同关注的话题。本报特约请国内外多名专家学者围绕这一话题发表见解，以飨读者。

卫建林：中国文化力量的历史逻辑与理论体系

国家承平日久，市场经济以经济为中心，于是无处不文化、无事不文化。招商引资，文化搭台。烟酒茶醋，工艺杂耍，花鸟鱼虫，文物古迹，旅游景点，街区村落，衣着饰品，戏曲歌舞，同仁堂、全聚德，诸如此类，无穷无尽，物质或非物质，一概直称文化或与文化搭界。至于在抵御全球经济危机、国庆 60 周年阅兵、哥本哈根气候会议方面的不凡表现，由于扩大了国际影响和吸引力，更加被认为是中国文化力量的新的标志。

从文化的角度进行观察，认识自己和周边事物的文化含量，关注文化、发展文化、建设文化、研究文化问题，一般地说，既是社会全面进步的反映，也具有推动社会全面进步的作用。但是在严格的意义上，文化不仅是一个最容易泛化的概念，而且是一个最容易导致似是而非的模糊认识和被塞进不健康因素的领域。

毛泽东同志提出"民族的科学的大众的文化"。所谓"民族的"，就是"中国"文化，植根于中国，作用于中国；即使研究外国，出发点和归宿也还是中国。如果以外国为中心，做留声机，机械照搬，生吞活剥，那就取消了中国文化。马克思列宁主义来自国外，只是在同中国实际相结合的时候，才获得新的生命。学习国外先进经验，请国外专家进来，引进国外设备，派出留学生，最终都要靠中国人自己解决中国的问题。我们由此建立民族的自尊、自信和自豪感。

民族的自尊、自信和自豪感，应该立足于科学的基础之上，不应该是愚昧和盲目的。我们的民族对世界文明有巨大而独特的贡献。然而如果沾沾自喜于展览女子的缠小脚、男子的留辫子之类，那就可悲到不辨美丑了。

社会科学研究部门 2009 年 12 月 24 日公布《国际形势黄皮书》，根据军费、军队人员、武器装备的数量，说中国军力仅次于美国，排名世界第二。问题不在于这种排名是不是授人以"中国威胁论"的口实——对于不愿中国强大的一方来说，即使没有口实，也会制造点口实，——而在于它的标准本身缺乏科学根据。

军费、军队人员、武器装备的数量，或者这三项之和，属于军力却不能归结为军力。这一报告发表之后，俄罗斯有关方面发出声音，称他们的军队人员 70% 以上受过大学教育。加上这一条，仍然不等于军力。军队是政治集团，不能离开政治谈军力。军力的决定因素，是军队的性质和它同人们的关系。投身这样一种话语体系，那么，中国工农红军的胜利，八路军、新四军的胜利，中国人民解放军和志愿军的胜利，中国共产党人和中国各族人民用鲜血和生命写出的历史，就完全无法解释，或者只能一笔勾销。

还有另外一种情形。比如把具有特定宗教含义的外国的"圣诞节"，尊重为自己的"圣诞节"，过得如醉如痴。《环球时报》2009 年 12 月 28 日有《中国人热衷"国际奖"遭争议》，说"不知从什么时候起，中国人获得外国奖项成为越来越多行业的时髦。大到全球行业性奖项，小到智商评级，越来越多的外国元素闯进中国的评级坐标。"它的引题是，"掺水奖项层出不穷，文化自信尚未建立"。这使人想到英国记者保罗·哈里森在《第三世界——苦难、曲折、希望》中的描述：被西方文化帝国主义征服的第三世界的人们，会因为讲外语、穿西装、吃麦当劳，飘飘然地自以为高出同胞一等。（保罗·哈里森：《第三世界——苦难、曲折、希望》，新华出版社，1984 年）

"大众的"，就是最广大人民群众的。社会主义社会的文化，因其五彩缤纷而呈现出多种形态。社会主义，意味着人民大众的劳动、权利、义务、探索和创造。社会主义文化，意味着诚实、团结、健康向上。这里不是低俗、贪欲、奢靡、色情的垃圾场。这是人民大众居于主导地位的文化。毛泽东同志谈民主，首先强调劳动者的"权利"——掌握报纸刊物广播电视的权利、就社会现象发议论的权利、克服错误思想和腐朽生活方式侵蚀的权利。在党的十七大上，胡锦涛总书记也提出，要更好地保障人民的基本文化权益。对于我们的文化工作者来说，这是不能须臾离开的安身立命的原则。

强调中国文化的社会主义性质，越来越成为文化发展的基础性的、紧迫的要求。"从孔夫子到孙中山"，数千年中国文化传统，深厚的历史积淀，已经在新的时代条件和历史环境中，获得新的生命。中华民族那种"大道之行也，天下为公。选贤与能，讲信修睦"，"老有所终，壮有所用，幼有所长，鳏寡孤独废疾者皆有所养"的古老梦想，正在成为现实。文化力量渗透于国家建设、社会发展的各个方面，直到每个中国人的血脉。在我们的不同民族、地区和行业中，每天都有思想先进、道德崇高的英雄模范人物成长起来。社会主义精神文明，社会主义文化，成为我国社会主义的重要特征。

这种文化力量，是中国人民历史创造活动的生动体现，在国家遭遇社会的或者来自自然的严重危难的时候，特别显示出不可战胜的作用。面临洪水、雪灾、地震、经济危机，我们总是在党的领导下，坚持全国一盘棋，人民同仇敌忾、空前团结、不惜牺牲，共产党员和先进分子以其大无畏的献身精神奔向最艰苦的地方，创造惊天动地的奇迹，使我们一次一次地领悟"社会主义救中国"的真理。

这使我们想到美国的约瑟夫·奈和他的"软实力"理论。

约瑟夫·奈曾任克林顿政府全国情报委员会主席和助理国防部长，卸任以后为哈佛大学教授、肯尼迪政治学院院长。

他本来青睐美国的"硬实力"，并且是其中一位重要人物，脱去战袍之后，又以学者身份提出和一再论及美国的"软实力"问题。他在这个问题上的成名作是《美国霸权的困惑》。按照他的定义，所谓"软实力"，即"影响别人选择"、"引诱和吸引"、强调"合作而不是强迫人们服从你的意志"的能力，在美国战略中，"与通过威胁使用军事和经济手段迫使它们改变立场一样重要"。（约瑟夫·奈：《美国霸权的困惑——为什么美国不能独断专行》，世界知识出版社，2002年，第9、10页）

看得出来，"软实力"作为美国当局实现自己利益的一种手段，有其特殊的涵义和历史成因。除了拿出"软实力"这个新概念，就其内容而言，至少从1945年杜勒斯主要针对苏联提出的"把人们塑造成我们需要的样子，让他们听我们的"（尼·伊·雷日科夫：《大国悲剧——苏联解体的前因后果》，新华出版社，2008年，第1—2页），已经有系统的表述。

约瑟夫·奈写道，"软实力"的核心，是美国政府政策体现的价值观。他举出"民主"。然而有各种各样的"民主"。古老的罗马共和国有自己的"民主政治"。资产阶级革命提供了较之封建主义具有进步意义的"民主"。社会主义中国有自己的人民民主。美国把自己国内选举叫"民主"，把入侵阿富汗、伊拉克叫"民主"，把2009年他们监护和影响下的阿富汗、伊拉克、菲律宾选举——一种舞弊和爆炸声交织的交响曲——叫"民主"。在奥巴马政府继续增加兵力的阿富汗，老百姓却认为，西方的"民主"；就是寡廉鲜耻、伤风败俗、腐化堕落和通奸。（法新社喀布尔2009年8月6日电）

约瑟夫·奈曾经多次访问中国和接受中国媒体的采访，表达了希望中美两国"软实力"共同增长的愿望。中国学者尊重他作为学者的研究成果和他对自己祖国的感情，也积极支持和参与两国的文化交流。中国社会主义文化力量，不同于美国的"软实力"。中国是世界人民的朋友，主张各国平等相处、互通有无、取长补短，认为各国人民有权捍卫自己的文化传统和处理自己的国内事务。在任何意义上，中国的对外政策，都没有"把人们塑造成我们需要的样子，让他们听我们的"，或者"引诱和吸引"别人服从自己意志、迫使其"改变立场"的含义。至于约瑟夫·奈接受《环球时报》独家专访，按照他的尺度衡量世界，给中国"软实力"打60分，给美国"软实力"打90分——我们就只能看做并不高明的幽默，不再视之为郑重的学术探讨了。

关于中国如何提高"软实力"，从60分向美国的90分前进，他划定的"战略的重要方面"和"正确方向"是三件事："建立孔子学院、增加对外广播和招收更多的海外留学生"。（《专访美国著名学者约瑟夫·奈》，

《环球时报》2008年2月26日）作为一种呼应，美国国会也已经在抬高孔子的地位。

随着对外开放的扩大，中国古老的历史、多民族久远而丰富的遗产日益为世界所了解。但是一切文化现象，都是具体社会历史条件下的产物，都在具体社会历史条件下发挥作用。这里就发生了鉴别中国文化遗产的民主性精华和封建性糟粕的问题。

孔子和儒家学说，在数千年封建社会的历史上，既有传承中国文化的积极作用，也有维护落后封建制度、束缚人们创造性的消极作用。孔子和儒家学说不曾拯救任何一个没落王朝，不曾拯救半封建半殖民地的中国，尤其没有资格成为中国实现社会主义现代化的指导思想。五四运动"打倒孔家店"，作为现代中国进步的里程碑载入史册。总结对儒家学说简单否定的教训是必要的，在国外建立孔子学院以促进中外文化交流和汉语传播也是必要的。然而在中国人民民主革命将近百年、在中华人民共和国成立60年之后，由美国国会和约瑟夫·奈来引导中国文化复古到五四运动以前，就离开今天中国人民的历史要求太远太远了。

2009年9月，美国的一个新安全研究中心发表一份由多位学术与政府精英合著的《中国登场：创建一种全球关系的战略框架》研究报告。报告关于美国与中国崛起及发展自己文化力量关系问题的表述，布设的是一个不断变换迷离混沌概念的迷魂阵：因为"中国实力的崛起"，"价值观才能够——并且应当——为今天美国的国家机器服务"；美国的"影响力平衡"、"支撑着新自由主义世界观的普遍价值传播"、"软实力"、作为"美国在亚洲软实力的最大来源"的"民主"，所有这些，"能够为中国的行为方式划定一条重要的界限"，"对塑造中国的行为至关重要。正如致力于传播普遍准则能够在中国力量崛起时让我们的盟友安心一样，它也可以在面对北京时被用作一种重要的劝阻手段"；"美国的战略还必须包含对中国的选择进行积极'引导'"，"目标应该是鼓励它演变成一个负责任的利益攸关方，而非摒弃普遍准则"，这将使中国推行的"不干涉他国内政"的原则，"在整个地区缓慢而稳步地变得不合时宜"。

读这样的东西，需要很大的耐心。中国的崛起需要一定的国际环境，但是归根到底是中国人民自己的事业。不过面对热心的美国同行，我们能

中国文化软实力的当代建构

317

说什么呢？还是把自己的事情管好，少给世界增加麻烦，少制造这种折磨人的文字，更不劳费心动用你那种"软实力"，来"塑造"、"劝阻"、"引导"中国"为今天美国的国家机器服务"吧。

文化力量，其实就是思想的力量、精神的力量、道德的力量。关于这个社会科学的重大命题，关于我们民族的、科学的、大众的文化，关于从这样的前提出发促进中国社会主义文化事业的发展和研究中国文化力量问题，中国和中国共产党人有自己的话语体系。这一话语体系有马克思主义的指导，继承中国传统文化的丰富遗产，在中国人民革命战争与和平建设年代的新的创造基础上，吸收来自世界文明的有益营养，经过将近一个世纪的历史锤炼，而愈加准确、完整、平易、丰富。

文化力量，是中国社会主义事业的一部分。中国的事情要按照中国的情况来办，要依靠中国人民的力量来办。无论在文化领域或是在其他领域，我们都不需要别人来"塑造"、"劝阻"、"引导"，也不需要按照别人的话语体系来思维和表述。说自己的话，就可以了。正如邓小平同志指出的："把马克思主义的普遍原理同我国的具体实际结合起来，走自己的路，建设有中国特色的社会主义，这就是我们总结长期历史经验得出的基本结论。"

（卫建林：全国政协委员、中央政策研究室原副主任）

约瑟夫·奈：最成功的战略是软硬结合的"巧实力"战略

约瑟夫·奈（Joseph S. Nye Jr）

中国的软实力远未达到美国和欧洲的水平，但是无视中国通过软实力而获得的重要收益将是愚蠢的。幸运的是，这些收益对中国和世界都是有利的。

国家软实力依赖于三种资源

当代中国的经济成就及其充满魅力的传统文化提升了中国在亚洲乃至

整个世界中的软实力。实力就是影响别人以获得你想要的结果的能力。一个人可以通过三种主要方式来影响别人的行为：强制性威胁（"大棒"）、诱导或物质报酬（"胡萝卜"）和吸引力（让别人想你之所想）。一个国家也可能获得它所希望的世界政治结果，因为其他国家想追随它，羡慕它的价值观，将它作为榜样来效仿，并努力追求同等程度的繁荣和开放。从这个意义上说，在世界政治中设置议程并吸引其他国家也是同样重要的，而不仅仅是通过威胁、使用军事或经济武器来强迫其他国家作出改变。因此，这种软实力——使他人想你之所想——是拉拢而非强迫他人。

软实力依赖于塑造他人偏好的能力，它不是任何一个国家的专利。长期以来，政治领导人就已经认识到由设置议程和确立辩论框架而产生的实力。软实力是一种日常领导和日常政治，塑造偏好的能力往往与一些无形的资产联系在一起，诸如充满魅力的个性、文化、政治价值观和政治制度，以及被视为合法的或具有道德威望的政策。

软实力并不完全等同于影响力（influence），尽管它是影响力的来源之一。影响力也可以依靠威胁性和物质报酬性的硬实力，而且，软实力不只是说服力（即通过游说促使人们行动的能力），尽管它是说服力的重要组成部分。软实力是一种诱导和吸引的能力，从行为意义上说，软实力是吸引力；从资源意义上说，软实力资源是一种创造这种吸引力的资产。有些资源既可以创造软实力，也可以创造硬实力。例如，强大的经济除了能够成功地吸引别人外，还可以生产出重要的"胡萝卜"以给予别人物质报酬。一项特定的资产是否是一种可产生吸引力的软实力资源，可以通过民意测验或询问目标群体来加以衡量。反过来，这种吸引力是否能够创造出自己所希望的政策结果，则必须在具体的环境下加以判断。然而，以资源加以衡量的实力与以行为结果加以判定的实力之间存在着巨大的鸿沟，这是所有形式的实力都存在的问题，而不仅仅是软实力所独有的缺陷。

在国际政治中，产生软实力的资源很大程度上来源于一个组织或国家在以下方面所展现出来的价值观：文化，国内实践和政策所树立的榜样，以及处理与他者关系的独特方式。政府有时会发现他们自己很难掌控和运用软实力，但这一事实并不会削弱软实力的重要性。法国前外长韦德里纳（Hubert Vedrine）注意到，美国之所以强大，不仅是因为他们能够"通过驾驭由电影和电视所塑造的国际形象来激发他人的梦想和渴望，而且是因为其他国家的大批学生愿意到美国完成他们的学业"。

软实力是一个重大的现实问题。自我标榜的现实主义者（realist）仅仅关注由物质资源定义的权力结构，并否认软实力的重要性，所以，他们不可能理解"诱导的力量"（power of seduction）。他们陷入了这样一种谬误：即任何事物除非它是有形的，否则都不是一种权力资源。但是，高明的现实主义者从来都不会犯无视观念之力量的错误。正如英国现实主义者卡尔（E. H. Carr）在1930年代所写到的，权力来源于军事资源、经济资源和观念。

一个国家的软实力主要依赖于三种资源：文化（能够吸引别人的部分）、政治价值观（当该国在国内外都践行了这种价值观）和外交政策（当这些政策被视为合法的并具有崇高的道德威望）。德国著名编辑约瑟夫·约菲（Josef Joffe）认为，美国的软实力甚至比它的军事和经济实力还要强大。"美国的文化，无论是低俗文化还是高雅文化，都在世界上闪耀着只有罗马帝国时代才可与之媲美的光辉，而且比罗马时代更加炫目。罗马和苏联的文化影响力仅仅辐射到他们的军事边界内，而美国的软实力却统治着一个真正的日不落帝国。"

然而，被别人视为非法的政策却会严重削弱一国的文化软实力。美国入侵伊拉克（许多国家都认为入侵是非法的）之后，美国的软实力遭到了削弱。2005年BBC对22个国家进行了民意测验，几乎一半的受访者认为中国的影响力是正面的，而只有38%的受访者认为美国的影响力是正面的。另一方面，当美国人宣布伊拉克撤军计划并选举第一位非洲裔美国总统时，美国又重获软实力。芝加哥全球事务委员会（Chicago Council on Global Affairs）最近的一项民意测验显示，美国的软实力比亚洲任何国家包括中国的软实力都要大。这已经不是第一次出现这种变化了。美国软实力在越战期间严重衰弱，但在后来的几十年里又得以恢复。一国政府政策之合法性（人们所认可的合法性），既可以削弱也可以增强该国文化所造就的吸引力。

中国软实力之路还很漫长

尽管中国一直拥有颇具吸引力的传统文化，但是，现在中国正在进军全球大众文化领域。中国电影《卧虎藏龙》成为票房收入最高的非英语类电影，NBA 休斯顿火箭队的中国球星姚明正沿着迈克尔·乔丹的足迹前进，中国成功举办 2008 年夏季奥运会进一步提升了中国的软实力。在中国求学的外国留学生人数在过去的 10 年里从 3.6 万人增加到 11 万人，去年外国旅游者数量猛增到 1700 万人，中国在世界各地建立了 200 多个孔子学院，传授中国的语言和文化。此外，当"美国之音"（VOA）将其中文广播时间从每天 19 个小时缩减到 14 个小时的时候，"中国国际广播电台"（CRI）却正在全天 24 小时进行英语广播。

从政治价值观方面看，在过去 30 年里，中国的 GDP 翻了两番，这种非凡的经济成就使得中国的政治经济体制对许多发展中国家产生了巨大的吸引力。在亚洲、非洲、拉丁美洲等地区，特别是 2008 年全球金融危机爆发后，所谓的"北京共识"正在变得比以前主流的"华盛顿共识"更为流行。中国通过经济援助并进入新兴市场而增强了这种吸引力。

中国也调整了它的外交政策。10 年前，中国与许多邻国存在着严重的误解与分歧，而且非常警惕邻国之间的多边安排；10 年后，中国加入了世界贸易组织（WTO），派遣了 3000 多名士兵参与联合国维和行动，在防扩散行动中发挥了积极作用（包括主办朝核问题六方会谈），与许多邻国解决了领土纠纷，参加了一系列地区组织的会议（如东亚峰会），改善了与日本的关系。金融危机爆发之后，中国成为二十国集团的主要参与者，中国在哥本哈根会议上有关气候变化的立场正受到国际社会的密切关注。中国对提供全球公共产品日益产生浓厚的兴趣，而且正在成为世界银行行长佐利克（Robert Zoellick）所说的"负责任的利益攸关者"，从这个意义上说，中国的软实力将会得到提升。这种新外交有助于缓解其他国家的恐惧和降低它们联合起来制衡崛起国（中国）的可能性。

然而，中国的经济和军事实力尚无法与美国相媲美，中国的软实力还有漫长的路要走。中国没有好莱坞这样的文化产业，它的大学还未达到美国的水平，它缺少大量的非政府组织（在美国，非政府组织大幅提升了美国的软实力）。考虑到中国仍然需要克服大量的国内问题，中国的吸引力还有着严重的限制，但对这种吸引力的价值视而不见将是愚蠢的。

中美软实力的互动

中国和美国的国家利益部分是一致的，部分又是对立的。它们的软实力在某些问题领域可以彼此强化，而在其他问题领域则彼此冲突。这不是软实力所独有的特征。一般而言，权力关系是零和的（zero sum）还是正和的（positive sum），取决于行为体的目的。例如，如果两个国家都希望稳定，那么军事实力的均衡（在这种均衡中，任何一方都不会担心对方的攻击）可能就是一种正和的权力关系。

不容否认的是，中国和美国具有不同的价值体系和意识形态。尽管奥巴马总统在 2009 年 11 月北京首脑会议上一再保证，美国将会把自己的价值观视为世界的典范，但同时会尊重其他与之不同的价值观，但是，许多中国人仍然担心美国正在试图按照自己的形象来改造整个世界。

中国过去 30 年所取得的巨大成就给美国人留下了深刻的印象。然而，随着中国逐渐变得更为开放和多元，美国对中国实力崛起的忧虑将会日益减少。在这个问题上，许多美国人在看到中国在世界事务上的软实力上升时怀有一种难以名状的复杂感受，因为他们以一种零和的、消极而非积极的眼光看待中国软实力的增长。但是，这种看问题的方式是短视的，因为无论中国软实力的增长还是美国软实力的增长，都有益于两国。中美软实力的互动远非零和博弈。

中国的巧实力战略

令人毫不惊讶的是，中国领导层和学术界正在公开谈论中国的软实力，并采取积极的措施促进中国软实力的增长。在中国共产党十七大会议上，胡锦涛正确地指出，中国应该更多地投资于软实力资源。某种意义上说，这反映了一个硬实力迅速膨胀的国家所采取的一种老练的现实主义战略。如果中国能够把软硬实力有机地结合起来，那么，中国就能够减轻邻国和其他国家的忧虑，因而尽力避免刺激他们形成制衡联盟。成功的战略往往是软硬实力的组合，我将其称为"巧实力"（smart power）。例如，19世纪的欧洲，当俾斯麦凭借普鲁士强大的军事实力打败丹麦、奥地利和法国后，俾斯麦运用了一种软实力战略，使得柏林成为当时充满魅力的"欧洲外交之都"。冷战期间，美国运用它的软硬实力来遏制苏联。因此，毫不吃惊的是，我们看到中国正在采取一种巧实力战略。中国的巧实力战略对其他国家来说会不会成为严重的问题，这取决于中国如何使用自己的巧实力。如果中国试图操控亚洲政治且排斥美国，这种战略将会起到负面的效果。但是，如果中国以正在崛起的"负责任的利益攸关者"的姿态处理世界事务时，中国软硬实力的结合就能够起到积极的效果。反过来，这其中也有许多方面要取决于美国是否愿意将中国看做（正式或非正式的）国际制度网络中的一位重要玩家。

正如芝加哥全球事务委员会的民意测验所显示的那样，中国的软实力远未达到美国和欧洲的水平，但是无视中国通过软实力而获得的重要收益将是愚蠢的。幸运的是，这些收益对中国和世界都是有利的。软实力不是零和博弈，例如，如果中国和美国在对方眼里都变得更加充满魅力，那么，破坏性冲突发生的可能性将得以降低；如果中国软实力的崛起降低了冲突发生的可能性，那将是一种正和的权力关系。

（约瑟夫·奈（Joseph S. Nye Jr）：哈佛大学"大学杰出贡献教授"，"软实力"概念提出者，著有《软实力：世界政治中的成功之道》、《灵巧领导力》和《理解国际冲突》等。）

林甘泉：中国传统政治文化对"软实力"的另种解读

自从 20 世纪 90 年代初哈佛大学教授约瑟夫·奈提出"软实力"的概念以来，"软实力"成为一些国家政治决策层和知识精英的热门话题。按照约瑟夫·奈的观点，一个国家的综合国力，既包括经济、科技、军事等方面的"硬实力"，也包括文化、价值观、意识形态的吸引力和影响力所体现出来的"软实力"。美国在伊拉克和阿富汗

林甘泉

的两场战争中陷入困境，"软实力"概念的提出和引起广泛关注，不仅表明美国追求世界霸权的方式方法会有重要调整，而且预示着国际关系的竞争和大国政治博弈的格局将出现新的热点。

在中国和世界历史上，"软实力"具有"硬实力"不可替代的作用，"软

实力"有时比"硬实力"更能实现战略目的，有不少实例可以加以说明。中国传统文化中虽然没有"软实力"这个概念，但其话语系统中类似的思想也是可以找到的。两千多年前成书的《孙子兵法》说："不战而屈人之兵，善之善者也。"又说："善用兵者，屈人之兵而非战也。"孙武是春秋时代杰出的军事家，他认为善用兵者要知己知彼，重视计谋，"上兵伐谋"，"其次伐交"，"其次伐兵"，"攻城之法为不得已"。他还指出："知可以战与不可以战者胜。"这些说法，都包含用"软实力"克敌制胜的朴素观点。

值得注意的是，在中国的传统政治文化中，还有一种与《孙子兵法》不同的对"软实力"的解读。它不是关于政治博弈手段的论述，而是对"软实力"深层次内涵的一种阐发。假托记录孔子言行的《孔子家语·五仪》说："夫君者舟也，庶人者水也。水所以载舟，亦所以覆舟。"把人民比喻为水，君主比喻为舟，认为人民的力量既可以载舟，也可以覆舟，这是对一个王朝或国家"软实力"之根本所在的一种认识。历史证明，这个比喻是恰当的。人民赤手空拳，没有武器，没有财富，缺乏文化知识，但是当他们被一种思想和理念所吸引、所激发、所凝聚起来时，便会形成一种无比强大的力量。这种力量就像水的秉性一样，既可以安稳地载着统治者的舟船航行，也可以掀起巨浪把统治者的舟船倾覆。这不正是一种强大的"软实力"吗？唐太宗曾多次以秦朝和隋朝虽然武功煊赫一时，但却短祚而亡的历史教训告诫臣下。他说："可爱非君，可畏非民。天子者，有道则人推而为主，无道则人弃而不用，诚可畏也。"（《贞观政要·政体》）唐太宗是中国封建社会少数贤明有为的君主之一，他之所以能够开创被历史所称道的"贞观之治"，一个重要原因就是他认识到人民的力量"可畏"，希望多做一些对人民有利的事情，避免与人民的矛盾激化。

中国有句古话，"得人心者得天下。"这是传统政治文化中值得珍视的历史遗产。用今天的话来说，人心向背是检验一个政权或政治集团历史合法性的重要依据，也是反映一个政权或政治集团"软实力"的重要标志。中国共产党在领导中国人民争取民族解放和人民民主的斗争中，"硬实力"只有"小米加步枪"，其综合实力之所以能够从小到大，由弱变强，就是因为有马克思列宁主义、毛泽东思想的正确领导，而且得到人民的拥护和支持。今天我们正在建设有中国特色社会主义社会，需要大力加强综合国力，应当牢记无论是"硬实力"或是"软实力"，都是来自人民，要为人民所用。为人民服务，是我们党的一贯宗旨。

文化、价值观和意识形态都有时代性和民族性，其中有些成分还有阶级性，"软实力"也是如此。正因为"软实力"具有这种特点，它的生命力、吸引力和影响力是以一定的时空环境和历史条件为转移的。如果说西方的思想文化及其价值观也曾在历史上起过一定进步作用的话，那么这种进步作用已经被西方资产阶级自己推向反面。资本帝国主义的扩张，对于殖民地半殖民地国家的人民来说，是一部火与血的灾难史。少数发达国家几百年来对广大不发达国家的侵略和殖民，在使用"硬实力"的同时，并非没有使用过"软实力"的手段。这些"软实力"没有奏效，或者说大部分没有奏效，根本问题在于它违背了不发达国家人民的利益和意愿。民心不可违，历史的经验教训值得吸取。当今世界存在着经济全球化的趋势，但与此同时还存在文化多元化的秩序。各种文明和政治秩序不免会有矛盾，但只有让各国人民根据自己的国情，选择自己的发展道路，世界才能避免灾难性的冲突，历史才不会"终结"。企图用一个国家或少数国家的"软实力"来建立统一的世界秩序，是徒劳的，也是违背历史潮流的。西方发达国家过去没有达到的霸权目的，现在和今后也不可能实现。

（林甘泉：中国社会科学院学部委员、历史研究所研究员、博士生导师）

柯岚安：中国的规范性软实力及其限制

2005 年 9 月，中华人民共和国主席胡锦涛在纽约联合国总部向全球提出了"和谐世界"这一新的世界秩序理念。和谐世界是胡锦涛的国内政策——旨在运用国家力量缩小贫富差距、缓和社会紧张关系的"和谐社会"——扩展至外交领域的产物。中国官员和学者将"构建和谐世界"解释成一种为追求"持久和平与共同繁荣"而提出的崭新而更有效的方式，在这样一个世界里，不同的文明可以共存于统一的全球共同体之中。所以，"和谐世界"被视为中国新软实力的典型代表。

和谐世界与中国的软实力

柯岚安
（William A. Callahan）

北京将促进"和谐世界"建设作为外交政策的基石，这标志着中国对自己和世界的理解发生了转变。在过去的30年里，北京谨慎地提出了经济改革战略，这种战略既非挑战西方，也不是挑战当时的国际秩序：邓小平的"和平与发展"战略允许北京充分利用全球化来发展中国的国内经济。北京积极促进"和谐世界"建设的举动表明，邓小平的"韬光养晦"战略即将终结，但是取而代之的是什么战略？我们仍然不太清楚。

自2005年以来，中国正在从一个被动的国际角色转向一个更加积极进取的国际角色。改革开放以来，中国已经取得了显著进步：建立了自己的经济体系，并在国内成功消除贫困的同时成为"世界工厂"。在反思中国经济成就时，中国的知识分子和政策制定者开始提出这样一些问题：下一步怎样走？中国如何将自己的经济实力转化为持久的政治和文化影响力？

胡锦涛宣示"和谐世界"理念的时间点值得注意：胡锦涛是在联合国成立60周年首脑会议上提出了中国的新外交政策主张。在西方人的文化中，60年并不是一个具有里程碑意义的数字，然而在中国的传统文化中，六十年一甲子，60年既标志着一个时代的终结，也预示着一个新时代的来临。的确，2009年，中国隆重纪念了中华人民共和国成立60周年，这实际上等于庆祝另一个时代的开始。

中国正处在一个漫长的千年时期。知识分子、政策制定者甚至大街上的普通老百姓都体验着一种强烈的复杂感受，这种感受交织着兴奋感和不确定感，它是由中国人对未来的展望所产生的，他们感觉21世纪将是"中国的世纪"。为了理解中国复杂的现在，人们一直在过去与未来寻找某种观念、结构和模式。

正如我们所看到的2008年壮观的奥林匹克运动会和2009年国庆60周年庆典，中国正在以古代智慧和高科技之源的面貌展现于全世界面前，这种智慧和高科技共同建构了另一种进步和发展模式。正是在 2008 年 9 月奥运会结束、全球金融危机在美国爆发之后，中国对西方主导的国际政治的挑战变得更加严峻。因此，许多评论家看到的不仅仅是中国的崛起，而且还看到了西方的没落。现在，最大的疑问是：作为新兴的全球大国，中国将会有何举动？

软实力、身份与中国的外交政策

在过去的 20 年里，人们提出了许多概念来理解后冷战时代的国际政治，从"历史的终结"到"文明的冲突"、"全球化"以及对"帝国"的新诠释。随着伊拉克战争后反美主义在世界各地的兴起，"软实力"概念的意义重新凸显出来。的确，约瑟夫·奈最初提出这一概念是为了应对 1990 年代早期美国硬实力的衰弱，但是当 2004 年美国硬实力达到顶峰的时候，奈感觉有必要系统地澄清"软实力"概念。他在 21 世纪初期的想法不同于 1990 年代：他现在的目的是要警告美国领导人不要在 21 世纪陷入"孤独的超级大国"的困境。但是，尽管美国的软实力在上届布什政府时期遭到了重创，软实力这一概念本身的价值却得到提高：软实力现在已经不是单纯解释某一国家（美国）的文化影响力，而是扩展成为一个全新的"普遍化"概念，用来描述和界定世界政治中的普遍机制。

近年来，人们运用软实力这一概念来理解中国的崛起（不仅仅是军事和经济实力的提升）。中国不再以革命性国家的角色挑战国际体系，相反，北京正在发起"魅力攻势"，试图让世界相信中国是一个维持现状的和平国家。的确，自 2006 年始，中国的政治领导人和社论评论员开始使用"软实力"这一术语。胡锦涛在十七大报告中满怀热情地提出了软实力。从此以后，中国学者开始从国家政策角度分析中国不断增加的软实力，而且国家的软实力政策已经成功地宣传了中国的文化、语言、发展模式以及遍布世界的维和部队。

北京对软实力产生兴趣是最近的事情，而且这种兴趣促成了一次重大的外交政策转变。2001 年以来，北京的经济政策推动了民族企业"走向世界"，期望建立能够征服世界市场的全球品牌。在《天下体系：世界制度哲学导论》一书中，哲学家赵汀阳认为中国的文化也必须"走向世界"：中国所需要的不仅仅是在经济生产上超过别人，而且需要在"知识生产"

（利用本土的"传统文化资源"）上胜过别人。因此，中国需要的不只是建立孔子学院，在全世界教授中国语言和文化，中国还需要发展规范性的软实力，创造和输出中国的世界观（如"和谐世界"），从而以新颖而独特的方式重塑全球化。

软实力最重要的方面之一是国家设置国际政治议程的能力。国家运用这种能力不仅要界定世界问题，而且还要界定解决这些问题的可能方案。尽管许多学者研究了中国软实力的有效性及其限制，但是还很少有人关注中国软实力的规范性层面。

在过去几年里，在中国和海外华人群体中兴起了一股传统文化热，它引发了人们热烈讨论"中国应该向世界文明贡献哪些理念和规范？"大中华区·（Greater China）的许多公共知识分子不是简单地提出具有浓郁中国特色的概念，以区别于"国际"、"安全"或其他主流国际关系概念，相反，他们一直在努力宣扬中国传统文化中的概念，如"和谐"、"大同"、"天下"，试图以新的方式去理解中国人的世界秩序观，从而超越了中国官方的政策话语（即中国将在国际体系中和平崛起）。

尽管中国学者一直在运用传统概念来解释中国的内政外交政策，但是最近对中国人所向往的世界秩序的讨论已经急剧升温，成为人们关注的焦点问题。中国的公共知识分子不只是从事学术写作，还以评论员的身份亮相于中央电视台的新闻栏目，受到了民众的热烈欢迎。于丹就积极扮演了公共知识分子的角色，她在CCTV-10《百家讲坛》的黄金时段讲解孔子的著作，2007年她的讲解内容正式出版成书，这本书立刻成为最抢手的畅销书。与其他公共知识分子一样，于丹也"走向了世界"：她的书被翻译成英语出版（《〈论语〉心得》，Confucius from the Heart: Ancient Wisdom for Today's World），并通过中国的孔子学院网络在英国加以宣传。

通过这种方式，中国人有关传统文化和世界秩序的讨论，很好地证明了"软实力"是如何随着某种民族文化被罗曼蒂克化（romanticization）为一种普遍接受的价值观。根据某种民族文化的普遍传播来追溯全球霸权的模式肯定是非常有趣的，如美国化、欧洲化、日本化、中国化。但是，这种分析框架将会把我们的分析视野局限在那些已经全球化的民族文化上。我认为，与其将美国化的软实力与中国化的软实力相比较，不如根据不同形式的"中国治下的和平"（Pax Sinica）来考察最近中国人的辩论，这种考察或许更为有效。

换言之，如果软实力来源于一个民族政治文化中的规范性部分，那么重点便转移到这样一个问题，即哪些规范将在中国得以复兴？对最近文本的仔细阅读可以发现，中国的知识分子不只是要在 21 世纪复兴中国古老的概念，而且他们一直在融合不同的理念、制度、模式，并常常将古代与现代、国外与国内的因素综合起来以构建一个新型的混合体。因此，问题便从"应该利用哪些规范？"拓展到了"新型的混合体应该采取什么形式？"诸如儒家列宁主义（Confucian Leninism）、市场社会主义、国际关系理论的中国学派等等。

因此，中国知识分子的目标不是为一个"真实的中国"及其软实力提供一种独特描述。"中国传统"和"软实力"是非常有趣的，这个恰恰是因为它们提出的问题远远多于它们要回答的问题。我们不能只停留在经验性地描述"中国传统"和"软实力"的阶段，相反，我们需要从理论层面思考两者是如何从特定的理论和历史背景中产生的。通过这种方式，我们才能够明白它们是如何向我们提供了一种对世界秩序的不同理解，以及对中国身份政治和安全政治的敏锐认识。

中国规范性软实力的限制

中国在宣扬自己的文化（作为规范性软实力的一种形式）上取得了巨大成功，但是，其中的某些限制也是众所周知的。尽管历史学家一直在对中国的帝国历史进行严谨地批判性分析，但是许多国际关系学者（包括国内外的学者）仍理所当然地认为中国传统的世界秩序是一种和平的等级体系，它将帝国中心与附属国联系在一起。这种观点是中国例外论的一个部分，中国例外论将中国的伦理制度视为解决当前国际体系各种问题的出路。

这种对中国世界角色的认识方式类似于"美国例外论"，但是这种认识不是批判"例外论"，相反，它试图让更具道德优越感的中国（它怀有使世界文明化的神圣使命）取代伪善的美国。同样，中国中心主义倾向于取代欧洲中心论，因为中心主义的目的论陈述并不被认为是有问题的。因此，这种认识也不是试图去中心化，相反，其目的是重新塑造中国中心主义，使其成为中华民族伟大复兴的一个组成部分。

尽管人们对中国的世界秩序观产生兴趣是令人鼓舞的，但是它自身也存在一系列问题。在当前西方，对中国规范和中国国际关系理论的讨论常常被压缩至"中国视角"一章，将中国视角仅仅视为另一种传统。不幸的是，这样地对待其他民族和文明的传统，会扭曲它们的本质及其对国际关系的贡献。对中国规范和软实力的细致分析是非常重要的，因为我们需要重视对"中国传统"的多元认识，以期对中国正在发生的复杂辩论获得某种理解。

中国传统中儒家和平主义的倾向，已经成为人们对中华民族历史的常识性认识。但是，这与中国的历史记录并不十分契合，中国历史上充满了国家间战争、内战和王朝的征服行动。根据中国军事科学院的研究，从公元前 770 年到 1912 年间，中国发生了 3756 场战争，平均每年有 1.4 场冲突。

解决的办法是停止这样一种讨论中国文化的方式，即似乎中国文化是一个独特而又连贯的整体（如"中国传统"、"真实的中国"）。中国所需要的是允许人们对中国身份有着不同的认识，对中国文化多元而丰富的认识是中国规范性软实力取得成功的关键。

（柯岚安 William A. Callahan：英国曼彻斯特大学政治学系教授）

张立文：中国文化软实力的当代和合乐章

中国学者虽有世界罕有的绵延不断的思想智慧的滋养，但中国的文明资源并没有得以有效地开发，文化软实力也没有发挥效用，传统文化亦未转化为现代神奇。如何为人类寻求安身立命之道？怎样化解人类所共同面临的生存世界、意义世界以及可能世界的种种冲突和危机？这既是世界性的问题，也是时代赋予中国学者的历史使命和责任。

中国文化走向世界并获得世界的认同，就必须为当今世界面临的冲突和危机求索化解之道，为人类的安身立命探赜精神家园。转生中国文化软实力中的深邃精神和卓越智慧，构建和合学理论思维的当代形态。以更广的人类文化视野，更强的世界和平祈求，更好的发展合作愿望，更美的和谐幸福理想，来观照世界上的种种冲突和危机。人们可以从中国文化软实力的融汇和合中，获得五大基本理念。

一是和生理念。"和实生物"，天地万物从哪里来？人从哪里来？中国文化主张"和"化生万物。"和"如何化生万物？《周易·系辞》说："天地缊，万物化醇，男女构精，万物化生。"天地、男女是阴阳两极，是异质的、冲突的；缊、构精是融合。冲突、融合而和合化生万物。冲突、融合不是一元的、唯一的，而是多元的、相反的事物杂合而化生新生事物。人与自然、社会、人际、心灵及文明之间，在冲突融合中共存共生，这便是相反相成。如果只有冲突和斗争，人类就会导向共亡共灭。共

张立文

存共生的价值基础是和，所以称为和生，和生是新事物生生不息的新生哲学。

二是和处理念。自然、社会、人际、心灵、文明都是生命体。生命体之间如何相处，要以"和而不同"的原则与自然、社会、人际以及与各国、各民族、各种族、各地区的他者相处。中国文化主张"以他平他谓之和"，和就是他与他之间是平等的、平衡的，应尊重他者的存在，无论是金木水火土杂而成百物的五行之间，还是各国、各民族、各种族之间以及人与自然、社会、人际之间，都应该互相尊重，只有他与他之间平等、平衡，才能达到和合的境界。中国文化自古以来就以"协和万邦"作为处理国际关系的原则。以"己所不欲，勿施于人"作为指导自身道德的行为原则，作为化解人与自然、社会、人际、心灵之间冲突的原则，以及作为解决国与国、民族与民族等各种冲突的原则，以达到和处的目标。

三是和立理念。"己欲立而立人"的精神，是以开放的、宽容的胸怀，接纳自然、社会、人际、心灵、文明，按适合于自己特性的生存方式、立命模式而独立于世界之林，以符合于自己民族、国家实际需要的道路，建立自己的典章制度。世界是多样的，文化是多元的，民族是多彩的，价值

观是分殊的。人类应以己立立人的精神，让自然按其生物规律而生长，让社会、各国和民族按其自己实际的传统文化、价值观念、思维方式、现实状况，选择符合各自独立的制度和模式。中国和合文化倡导国家无论大小、贫富、强弱，政治上都要互相尊重独立的主权和国格，都有平等参与国际事务的权利，都有根据自己国家实际，独立处理自己国家民族事务的权利，其他国家不得干预其主权范围内的事务，以保障其和立。

四是和达理念。"己欲达而达人"，人类通达、发达了，要让自然也通达、发达起来。这就是说，人与自然、社会、他人、他文明、他心灵之间，都应该共同通达、发达。尽管自然生态环境、自然条件各有优劣，社会制度、社会发展亦有种种差分，文明程度、宗教信仰也相距甚远，但大家生活在同一个地球上，任何人、任何社会、任何国家、任何民族谁也离不开谁。要允许各国、各民族、各文明依据自己的实际，走自己发展、发达的道路。发达国家发达了，应该帮助不发达国家发达起来，这是己达达人。人类要走世界共同发达的道路，决不应该自己发达了，便去制裁、压制不发达国家。发达和不发达国家之间差距的扩大，使得发达国家也得不到安宁。若要"万国咸宁"，世界就得走共同发达、共同富裕的道路。中国和合文化主张自然、社会、人际、心灵、各文明、各国家、各民族之间互帮互助，互利共赢，合作互补，平等协商，共同推动经济全球化朝着均衡、普惠的目标发展，这便是己达达人的和达价值。

五是和爱理念。和生、和处、和立、和达的核心是和爱。大爱无疆，和爱是化解一切冲突危机的动力，和爱是人类安身立命的精神家园，和爱是建设和谐世界的终极根基。孔子主张"泛爱众"，墨子倡导"兼相爱"，所有的宗教也宣扬爱。中国文化主张"天人合一"、"仁民爱物"，有情之物要爱，无情之物也要爱。"民吾同胞，物吾与也"，天地万物是人的同伴，都要爱。人类只有充满了爱，人类才会大化流行，生生不息；世界若充塞着仇恨，人类就会走向毁灭。和爱才能消除世界上一切种族的、民族的、宗族的、文化的、观念的、风俗的差分，互相谅解、互相信任、互相学习、互相借鉴，以建设一个人和天和、人乐天乐的天人和乐的和谐世界，这就是人类安身立命之所。

和生为真，和处为善，和立为智，和达为乐，和爱为美，圆融无碍，相与建构了中国文化软实力的和合乐章。

（张立文：中国人民大学一级教授、孔子研究院院长、国学研究院院长、和合文化研究所所长）

季北慈：软实力需结合多重因子

记　者：最近中国政府日益重视软实力。请问中国所指的"软实力"与美国学者谈的"软实力"有何差异？

季北慈：总体上看，"软实力"这个概念的定义还不是十分清晰。大多数西方学者和观察家是从哈佛大学教授约瑟夫·奈提出的定义来解读这一概念的，即软实力主要是指促使他人做你所期望事情的能力，而且它通过吸引力而非武力或强制力。对此我表示赞同。近年来，中国在外交政策很多方面都试图采用这个概念上的软实力。

季北慈（Bates Gill）

记　者：您认为如何才能提高中国的软实力？

季北慈：主要是在道义领导的基础上，或通过提出一个对国际行为有吸引力的模式，使他国政府和国际行为体能更亲近中国，并在事关中国利益的问题上更支持中国。这并不容易。对中国而言，不仅要对他国政府有更好的了解，还需要对如何在国与国的层面上处理国家关系有更好的了解。对中国来说，软实力还必须包括吸引其他国家的公民社会与非政府组织和行为体的能力。我想强调，这一点非常关键，尤其是在民主社会里，公民社会组织和行为体在影响政府决策中扮演着很重要的角色。但是中国政府在这方面的经验不多，或者说在处理其他国家的公民社会行为体或组织上不是很顺畅。因此，为了将来更有效地运用软实力，我认为需要加强中国与其他国家公民社会组织和行为体的接触以及有效地说服和吸引它们的能力。

记　者：有些学者指出，提高中国的软实力，首先要建立自己的主流文化。对此您的看法是什么？

季北慈：中国的文明和历史成就，或者更广泛地说中国文化，可以说是世界上最有名的，也是中国最受世人欣赏的方面。中国艺术、中国在科技方面的历史成就、汉语以及中国漫长又复杂的历史本身，所有这些都非常有趣，很有吸引力。因此，我认为这也是中国软实力的一个重要组成部分。但问题是如何使用这些历史和文化上的成就，并塑造它们、展现它们，使中国对他国更具吸引力。在中国历史和文化上也有很多方面是没有吸引力的，这对中国政府而言是一个很困难的挑战。对中国文化和历史，不管是好还是坏的方面，都应该十分诚实和公开。

记　者：您在谈中国建设软实力时，认为中国的目的主要是经济上的收益。一些学者认为美国在谈软实力时的出发点主要是为了维持其霸权地位，您对此有何看法？

季北慈：所有国家都会通过它们最可能获得的实力和它们认为最有效的政策手段来实现其国家利益。就中国而言，很清楚，这就是经济实力。经济实力是中国最有力的工具之一，因此中国政府自然会用它作为提升中国利益的一种途径。软实力的工具可以从很多方面来定义。但我认为，最终是特定国家吸引他国来支持其利益的能力。一些政策工具会比另一些政策工具更有效。经济利益在某些方面是吸引他国的一种途径。但我认为，经济利益、道义领导和政治上具有吸引力的模式或形象——这三者的结合——所构成的一整套政策工具，才能最有效地实现软实力。

（季北慈 Bates Gill：瑞典斯德哥尔摩国际和平研究所所长、中国外交政策问题专家）

（记者　褚国飞）

张国祚：中国有信心和能力成为文化软实力强国

国家的繁荣富强取决于国家的综合国力。综合国力主要包括两种力量：一种是硬实力，一种是软实力。硬实力主要体现为经济力量、军事力量和科技力量等看得见摸得着的物质力量。软实力是可以内化为精神力量的实力，主要体现为文化感染、价值认同、民族精神、时代精神、理论思维、舆论引导、战略策略、制度设计、政策法规、国民形象等方面的影响力、吸引力、说服力、感召力。在国际上综合国力的较量中，一个国家的硬实力不行，可能一打就败；一个国家的软实力不行，可能不打自败。

文化是贯穿软实力的经纬，维系软实力的灵魂。缺少文化高度的软实力是短视的，缺少文化深度的软实力是肤浅的，缺少文化包容的软实力是狭隘的，缺少文化创新的软实力则必然会逐渐僵化和萎缩。因此，从根本上看，软实力之所以关乎民族兴衰、国家强弱、人民贫富，主要是由其中的文化软实力因素决定的。

张国祚

从现实来看，我们国家的硬实力发展很快，国内生产总值（GDP）已经上升到世界第三位，仅次于美国和日本；外汇储备世界第一；我们的国防力量也令国际社会密切关注，尽管我们有些武器并不是世界最先进的，但是任何对手都不能怀疑我们捍卫国家安全的信心和能力。总之，我们的硬实力增长是很令人欣慰的。那么，我们的软实力怎么样呢？应当看到，这些年来，我们党的理论创新不断推进，舆论引导不断改进，法制建设不断完善，文学艺术不断繁荣，民族精神不断提振，国际话语权不断增强。但是，同时必须看到，我们的文化软实力和经济实力相比，仍有较大落差。从国内看，思想文化多元、多变、交融、交锋，良莠并存，社会主义核心价值体系的建设任重道远，理想信念、道德规范、文化认同、干部形象、民族和谐等尚有缺憾，歪曲事实、扰乱思想、涣散人心、毒害心灵、污染社会的文化垃圾时见于网络媒体。从国际对比来看，在西方发达国家中，文化产业在国内生产总值所占的比例已经平均超过10%，美国达到25%。美国的文化产业在世界文化市场当中占43%，欧盟占了34%，整个亚太地区只有19%。在这19%当中，日本占了10%，澳大利亚占了5%，剩下的4%才属于包括中国在内的其他亚太国家。中国的音像制品、电影电视节目、图书杂志在世界市场所占的份额，同我们这个经济大国的身份明显不协调。当然，这个数据是较早时期的统计。但我想，即使是现在统计，这个比例也达不到 8%。这说明，同我国的硬实力相比，文化软实力是条短腿。这种状况若不尽快扭转，对内将不利于统一思想、凝聚人心、弘扬正气、振奋精神、团结和谐、增强合力；对外则不利于传播中国声音、树立中国形象、使中国掌握更多的话语权。由于硬实力是受软实力支配的，所以软实力的短腿最终必然会制约中国硬实力的发展。中国文化软实力研究中心的成立正是基于上述思考，旨在凝聚一批有志于文化软实力研究的专家学者，立足国内国际两个大局，从理论和实践两个方面深入研究中国文化软实力现状，升华出规律性的认识，为文化软实力学科建设服务，为党和政府决策服务，为中国文化软实力发展服务，为增强综合国力服务。

1990 年，美国著名学者约瑟夫·奈在《美国定能领导世界吗》一书和《对外政策》杂志上发表的题为《软实力》一文中，最早明确提出并阐述了"软实力"概念。后来，"软实力"这个概念越来越为各国政界和学界所接受，成为冷战后使用频率较高的一个专门术语。约瑟夫·奈在 2004 年出版的新著《软实力：世界政治中的成功之道》中，又对"软实力"概念进行了补充。"软实力"这个概念，从本质上看，是一种科学的抽象概括。它把以往我们说的理想信念、思想道德、组织纪律、精神文明、战略策略、作风形象、体制制度等的功能特点和地位作用，简洁、生动而准确地概括出来。这不能不说是一个创造性的概念。中国学者的创新在于，一是紧密结合国际国内的实际，着眼于中国综合国力的提高。二是对约瑟夫·奈的"软实力"内涵进行了层次区隔。约瑟夫·奈把软实力平行地解释为文化吸引力、政治价值观吸引力以及塑造国际规则和决定政治议题的能力，我们则认为文化软实力是全部软实力的灵魂和经纬，软实力中各种要素的特质无不取决于相应的文化价值观念。所以我们中心把研究中国文化软实力作为主要任务。特别应该指出的是，中华民族悠久的历史创造了光辉灿烂、博大精深的传统文化。近代以来，在反对列强侵略、追求民族独立、国家解放、社会进步的伟大斗争中，哺育出勇敢无畏、忠诚报国的革命文化。在社会主义建设和改革开放的新长征中，升华为解放思想、锐意进取、开拓创新的中国特色社会主义文化。只要思路对头、措施得当，我们有信心、有能力在经济全球化、世界多极化的历史进程中，以宽广的视野和博大的胸襟，构筑极富魅力的中国文化软实力新长城，使中国真正成为文化软实力大国和强国。

（张国祚：全国哲学社会科学规划办公室原主任，现任中国文化软实力研究中心主任）

杜维明：以儒家核心价值观对话西方

我们现在谈的软实力，主要是指约瑟夫·奈提出的"软实力"概念。当时，他提出"软实力"这个概念是旨在思考美国力量能维持多久。赞同"软实力"这种提法的人认为，美国并非单指罗马文明，而是罗马文明与爱琴海文明的综合，它除了政治、军事和经济力量，还有文化力量，现在必须提升这种文化力量，使之成为软实力；只有依靠软实力，美国宰制的时间才能够更长，影响才可能更深。我同意这一观点。

杜维明

软实力这种提法从长远看不会一成不变，它更多是一个策略性的提法。在同一时代，其他一些概念也被提了出来，包括福山的"历史终结"和亨廷顿的"文明冲突"。这些论调的基本着眼点都是如何回应来自西方以外力量对西方构成的冲击。现在重新看这些问题，我想大家已经形成了新的共识："历史终结论"的提法是荒谬的；在亨廷顿在世时，我和他也曾讨论过"文明冲突论"这个问题，假如确实存在文明冲突的威胁，那么文明间的对话就更有必要了。

我曾在联合国作过一个关于全球化与文化多样性的报告，提出：假如没有对话，抽象的普世主义就会造成霸权；假如没有对话，对于每一个特殊民族的认同就会变成封闭的特殊主义，甚至会变成原教旨主义，乃至带有侵略性。所以大家相互间一定要通过对话把这些困难消解掉，即使无法消解，也可以因此而把各个复杂面体现出来。美国总统奥巴马拿到诺贝尔

中国文化软实力的当代建构

和平奖，争议非常大，但是他的一个非常大的贡献，我认为是一个十分了不起的贡献，就是把小布什政府的单边主义给整个消除掉了。他强调对话，到伊斯兰世界去对话，到埃及去对话，到非洲去对话。美国也因此从一个单边主义的宰制性力量成为了一股协调的力量，无论协调是否成功（因为其中有很多利益相互牵制），但是有无自觉性本身就构成了很大的差别。

如今，随着中国经济的发展，中国社会内部发生了很大的变化，中国正在走向多元。中国社会对外的态度也在发生巨大转变，大家不再像100年前那样总是拿中国糟粕的糟粕与西方精华的精华做对比。中国政府目前也正在努力建设一个与外界对话的平台。在这个过程中，我们应该认识到，软实力这种提法是一个错误的引导，我们不能人云亦云，跟着提软实力。西方在提软实力时提倡民主政治，目前西方的软实力非常大，不要说美国，就连欧洲任何一个国家或者日本，其软实力都远远超过中国的软实力。在西方明显占强势的情况下，我们与西方之间想要进行平等的对话几乎是不可能的。

因此，我们首先要问自己，为什么要谈软实力？中华民族的文化认同到底是一个宰制性的权力斗争还是已经达到了一个更高境界？我认为它已经达到了一个更高境界。美国的政治纯粹是地方政治，很难跳出国家利益这个层面，但是中国民众对"天下"这个观念习以为常。假如现在中国要考虑中华民族的价值，当我们的利益与世界的利益发生矛盾有冲突时，我想很多人会把世界利益作为我们利益的基础。这种"天下"的观念是十分了不起、在西方非常少见的资源。像这种观念，还有仁义礼智信，这些都是儒家的核心价值观，他们虽然来自地方，但都得到人们普遍认可。世界上，不讲仁、没有正义、没有智慧、没有礼让，可以吗？显然是不可以的。因此，我有一个期待，就是把儒家的核心价值观发展成为亚洲价值，并建立起自己的核心价值，这样才有可能做到与西方的核心价值在平等互惠的基础上进行对话。而只要双方能坐下来对话，中间的交互影响就可能出现。

儒家提倡的很多价值在西方没有受到足够的重视，如责任、同情的价值等，这就需要我们政府和社会上每一个人的共同努力。西方讲理性、法治还有个人尊严，我们讲"和谐社会"，这与个人尊严不应该有矛盾冲突，尽管我们的重点不一定相通。现在"和谐社会"最大的考验，是能不能做到尊重截然不同的他者。拿中国国内来讲，如果国内不和谐，不要说把"和谐社会"的观念输出，就连国内都没有市场。假如我们无法处理好民族问题，就不"和"了。这就要求我们对"异"有深刻的了解。和谐必要的条件是"异"，没有"异"就没有"和"，不同的佐料才能烹饪，不同的颜色才能作画，不同的音乐才能谱曲，因此"和"绝对不等同于"同"，"和"的对立面是滑落到"同"，这一点必须引起注意。比如在处理民族问题上，如果不了解他们的宗教，不了解他们的信仰，不了解他们对文化的执著，不了解他们的历史，不了解他们人格在塑造文化中起的重大作用，就很难实现彼此之间真正的对话。

所以这不仅仅是软实力的问题，中国政府提出的对话问题有没有吸引力才是非常关键的，只有通过吸引力才能很好地把中国的核心价值阐发出来。在西方，已经有很多重要的思想家对启蒙所起的作用作了严厉的批评，这其中包括女性主义者、环保主义者、文化多元主义者等，他们提出了很多问题。我们应该同这些力量对话，促进与西方进行"平等的"对话。

（杜维明：美国哈佛大学教授、北京大学高等人文研究院院长）

（本期特别策划采写工作组：王广、路育松、晁天义、郑飞、焦兵、褚国飞、王玉）

文化软实力：一个未尽的话题

新世纪以来，党和国家高度重视文化软实力建设。胡锦涛在党的十七大报告中就强调指出，要坚持社会主义先进文化前进方向，兴起社会主义文化建设新高潮，激发全民族文化创造活力，提高国家文化软实力。

众所周知，"软实力"这一概念最早是由美国哈佛大学教授约瑟夫·奈提出的。在《美国定能领导世界吗》（Bound to Lead，1990）、《美国力量的悖论》（The Paradox of American Power，2001）、《软实力：世界政治中的成功之道》（Soft Power：The Means To Success In World Politics，2004）这三部著作中，他对软实力概念进行了系统的阐发。

从1990年的《美国定能领导世界吗》到今天，已经过去了整整20年。如今，约瑟夫·奈教授在接受本报专访时依然强调，"一个国家的软实力主要依赖于文化、政治价值观和外交政策"。在他看来，在国家软实力的诸要素中，文化无疑是基本内核，政治价值观和外交政策则是外在表现。一个大国的崛起，不仅是经济的发达，更意味着文化的昌盛。"软实力是一种日常领导和日常政治，塑造偏好的能力往往与一些无形的资产联系在一起，诸如充满魅力的个性、文化、政治价值观和政治制度，以及被视为合法的或具有道德威望的政策。"

文化软实力的提出，确实楬橥了我们认识世界、促进发展的一个重要维度。一个国家的兴旺发达，一个民族的自立自强，其背后往往充盈着一种深厚的思想基础和文化力量。正是这种思想文化累积，深刻地拓展了一个国家新的发展视阈，开辟了一个民族新的发展空间。反过来，民族国家的发展跃迁又为其思想文化基础提供了强大的物质依托和实践验证。因而，正如英国曼彻斯特大学柯岚安教授所谈到的，"在过去的20年里，人们提出了许多概念来理解后冷战时代的国际政治，从'历史的终结'到'文明的冲突'、'全球化'以及对'帝国'的新诠释。随着伊拉克战争后反美主义在世界各地的兴起，'软实力'概念的意义重新凸显出来"。

当前，深入研究文化软实力的建设问题，有几个问题应当引起我们的重视。

其一，加强文化软实力建设和研究，首先应明确立场和方向这一根本问题。胡锦涛多次强调指出，要着力建设社会主义核心价值体系，着力巩固壮大主流思想舆论，着力推进改革创新，推动社会主义文化大发展大繁荣，提高国家文化软实力。中央政策研究室原副主任卫建林在接受本报采访时也谈到，"强调中国文化的社会主义性质，越来越成为文化发展的基础性的、紧迫的要求"。离开了这一基本认识，文化软实力建设将迷失在种种虚华幻景之中。

其二，加强文化软实力建设和研究，需要以最广阔的胸怀汲取世界文明体系创造的成果，但同时对西方发达国家的文化战略要保持清醒的认识。哈佛大学教授杜维明接受本报记者采访时就指出，约瑟夫·奈提出"软实力"这个概念的初衷，旨在思考美国力量能维持多久，"只有依靠软实力，美国宰制的时间才能够更长，影响才可能更深"。与之相类似的是福山的"历史终结"和亨廷顿的"文明冲突"，"这些论调的基本着眼点都是如何回应来自西方以外力量对西方构成的冲击"。因而，强调建设文化软实力，不是宣扬以西方文化为核心的一元价值观，而是尊重文明的多样性，选择适合自己的文化建构道路。正如中国社会科学院学部委员林甘泉研究员谈到的，"各种文明和政治秩序不免会有矛盾，但只有让各国人民根据自己的国情，选择自己的发展道路，世界才能避免灾难性的冲突，历史才不会'终结'。企图用一个国家或少数国家的'软实力'来建立统一的世界秩序，是徒劳也是违背历史潮流的"。

其三，加强文化软实力建设和研究，需要立足时代，继承传统，开拓创新。"周虽旧邦，其命惟新"。离开优秀的传统，中国文化软实力的当代建构就会丧失根基。瑞典斯德哥尔摩国际和平研究所所长季北慈教授认为："中国的文明和历史成就，或者更广泛地说中国文化"，都是中国文化软实力的重要组成部分。但中国文化软实力的当代建构绝非照搬古人，更不意味着"复古倒退"。只有以当代中国国情和所面临的问题为焦点和核心，文化软实力建设才能科学地从传统走向现代，从现代走向未来。

本报所组织采写的学术讨论业已刊发，但其中蕴含的很多问题却远未得到解决。譬如，约瑟夫·奈告诉记者："正如中国的经济和军事实力尚无法与美国相媲美，中国的软实力还有漫长的路要走。"再如，柯岚安为中国知识分子和政策制定者提出的问题——"中国如何将自己的经济实力转化为持久的政治和文化影响力？"

对这些问题的把握，是一个未尽的话题，我们将继续探索。

（记者　郑飞）

链　接

● 1990 年 3 月，美国哈佛大学教授约瑟夫·奈在 Bound to Lead: The Changing Nature of American Power（中译本《美国定能领导世界吗》，军事谊文出版社，1992 年）中第一次提出"软实力"的概念。

● 1993 年 4 月，复旦大学国际政治系教授王沪宁在《复旦学报（社会科学版）》第 3 期发表论文《作为国家实力的文化：软权力》。文章指出，把发展"软权力"置于战略的高度，是当今国际政治格局总的要求，也是整个 1990 年代乃至 21 世纪国际社会发展的趋势。

● 2006 年 11 月 10 日，胡锦涛在中国文联第八次全国代表大会、中国作协第七次全国代表大会上强调，"提升国家文化软实力，是摆在我们面前的一个重大现实课题。"

● 2007 年 1 月 23 日，胡锦涛在中共中央政治局第三十八次集体学习时强调，加强网络文化建设和管理，充分发挥互联网在我国社会主义文化建设中的重要作用，有利于提高全民族的思想道德素质和科学文化素质，有利于扩大宣传思想工作的阵地，有利于扩大社会主义精神文明的辐射力和感染力，有利于增强我国的软实力。

● 2007 年 10 月 15 日，胡锦涛在中国共产党第十七次全国代表大会上作报告时强调，要坚持社会主义先进文化前进方向，兴起社会主义文化建设新高潮，激发全民族文化创造活力，提高国家文化软实力。

● 2008 年 1 月 22 日，胡锦涛在同全国宣传思想工作会议代表座谈时强调，要牢牢掌握宣传思想工作的领导权和主动权，高举伟大旗帜，唱响奋进凯歌，振奋民族精神，服务人民大众，以更深刻的认识、更开阔的思路、更有效的政策、更得力的措施，着力建设社会主义核心价值体系，着力巩固壮大主流思想舆论，着力推进改革创新，推动社会主义文化大发展大繁荣，提高国家文化软实力，为继续解放思想、坚持改革开放、推动科学发展、促进社会和谐营造良好氛围，为夺取全面建设小康社会新胜利、开创中国特色社会主义事业新局面提供强大思想文化保证。

● 2009 年 1 月 4 日到 5 日，全国宣传部长会议在北京举行，中共中央政治局常委李长春在出席会议时讲话指出，切实做好庆祝新中国成立60周年宣传工作，大力唱响时代主旋律；以科学发展观统领文化建设、大力推动改革创新，促进社会主义文化大发展大繁荣；努力增强文化软实力，进一步提升中国国家形象。

中国文化软实力的当代建构

中国公共文化建设步入历史新阶段

记者　李博　吕莎

　　记者近日从国家图书馆获悉，国家图书馆的"中国盲人数字图书馆网站建设"、"全国图书馆志愿者行动"两个项目荣获第三届文化部创新奖；"国家图书馆文津图书奖及其文津读书沙龙"、中国图书馆学会，分别获得由中宣部、中央文明办、新闻出版总署颁发的全民阅读活动优秀项目和先进单位。这四个奖项均为国内相关服务方面的行业最高奖。

　　据了解，此次获奖的项目只是国家图书馆众多创新服务项目的部分代表。近年来，国家图书馆还陆续推出了"智能架位"、"自助借还"、"电子报纸触摸屏"、"虚拟参考咨询"、"无线网络"、"数字电视频道——国图空间"、"中国政府公开信息整合服务平台"、"中央国家机关立法决策服务平台"等服务。

公共文化服务体系基本形成

　　从北京到各地，近年来我国公共文化建设呈现一片繁荣发展的态势。

　　虽然公共文化服务的概念提出不久，而且发展水平较低，但是中国的公共文化服务体系建设发展很快，尤其是基础设施建设。根据中国社会科学院文化研究中心发布的《2009公共文化服务蓝皮书》，中国目前已经建立起从中央到省、市、县、乡镇、村级基层的六级公共文化服务网，国家财政对公共文化服务的投入，特别是在文化基础设施建设工程上的投入资金年均增长13.4%。

　　北京市文化局局长降巩民告诉记者："近年来，北京市的公共文化服务体系建设有大幅度的提升，现在 2609 个社区、184 个乡镇、138 条街道和 3955 个行政村中，只有 300 个社区、6 条街道没有文化站、文化室或文化中心。从 2004 年至今，北京市在公共文化服务方面已经投资了大约 16 亿元，公共财政大部分都投入在这方面。"

如果说国家图书馆代表的是北京地区的公共文化水平，那么浙江台州的经验可以作为地方的代表。台州市以基层文化建设为重点，着力建设农村、社区、企业"三类文化俱乐部"，举办"农民文化节"、"邻居节"、"企业文化节"三个文化节，建立"百分之一"文化计划共建机制、公益性文化项目政府采购制度、文化设施建设以奖代补机制三项文化制度，形成了相对比较完整的基层公共文化服务体系。台州"三个三"的经验与模式，得到了中央领导的肯定。

近年来，我国相继实施了全国文化信息资源共享工程、送书下乡工程、流动舞台文化车工程等一批惠民文化工程，扩大了公共文化服务的覆盖面，进一步提高了我国的公共文化服务能力。全国的博物馆、纪念馆陆续向社会免费开放，老年人、未成年人、残疾人、进城务工人员等群体的文化需求得到重视，少数民族文化建设得到对口支援，这些都产生了良好的效果。不久前，文化部部长蔡武接受记者采访时表示，我国的公共文化服务体系基本形成。

新中国成立之初，全国仅有公共图书馆 55 个，文化馆 896 个，乡镇文化站建设基本上属于空白。改革开放以来，随着我国经济力量的不断发展，公共财政的逐步完善，文化建设投入的力度不断增加，据官方公布的信息，自 2001 年至 2008 年，全国文化事业投入总计 1107.97 亿元。其中，2008 年全国文化事业费达到 248.07 亿元。从 2002 年到 2005 年间，我国投资 4.8 亿元用于扶持县级文化馆、图书馆设施建设，在"十五"末期，实现了县县有图书馆、文化馆的目标。"十一五"期间，又实施乡镇综合文化站建设规划，投资 39.48 亿元，新建和扩建 2.67 万个农村乡镇综合文化站，到 2010 年将基本实现"乡乡有综合文化站"的建设目标。截至 2009 年 9 月，全国共有公共图书馆 2819 个，文化馆（含群艺馆）3217 个，文化站 37938 个，村（社区）文化室 247332 个。

目前，文化部正在建设国家、省、市、县、农村乡镇和城市社区乃至行政村的六级公共文化设施，到 2010 年，将基本建成覆盖城乡的公共文化服务设施网络。

使用率不高，城乡差距大是主要问题

公共文化服务体系建设的重要原则之一，即是"惠及全民"。满足民众的精神需求，使全体社会成员享受到丰富多彩的文化生活，是公共文化服务的目标。"如何开发大家喜闻乐见的文化项目，如何让诸多文艺组织参与进来，如何把这么多文化设施利用起来，如何将文化力量和老百姓的需求结合起来，都是我们需要思考的问题。"国家行政学院决策咨询部教授丁元竹如是说。目前，我国的公共文化服务体系建设仍存在一些不容忽视的问题。

公共文化服务设施使用率不高、服务效果不好是目前比较突出的问题之一。记者近期出差云南，路过贺庆县一个乡镇的文化站时，看到整齐明亮的房子而大门却紧锁着，门前挤满了卖水果的小商贩。据小商贩们讲，这个门从来不开，他们在门口摆摊，文化站也没人管过。"文化中心如果只是摆个样子是很悲哀的事。"降巩民认为，要办好公共文化服务得了解百姓的需求，比如北京在农村文化站为百姓提供电影、知识讲座等服务，如果百姓需要了解果树栽培，就请来专家进行讲解。

中国社会科学院文化研究中心副主任章建刚向记者讲起他在一个偏远乡村文化站看到的情形时说："中央在建设公共文化服务体系方面力度非常大，能够深入到最基层。但是，我在那里注意到书架上图书过于整齐，多数书架看着像没有人动过。这反映出我们在硬件、产品的投放上做了很多，但不太清楚老百姓到底需要什么东西。"

国家投入越来越多，很多民众却并未享受到自己真正需要的文化生活。对此，深圳市特区文化研究中心学术总监毛少莹分析说："根本的原因是公民的文化需求无法形成制度性的表达，比如大型文化设施的兴建、重要文化政策的出台，都缺乏征求公民意见的有效环节和制度设计。对此，政府相关部门应进行必要的制度安排，促进善治的形成。老百姓则应自觉强化公民意识，充分利用传媒等多种形式，表达和行使好自己享受文化服务、参与公共事务的文化权利。"

对于如何评价公共文化服务效果，丁元竹提出了"服务设施、服务设备、服务人员、服务项目"四条标准。"以此来衡量，发达地区服务设施较好，但设备配置、人员配置相对不足，特别是基层，而服务项目跟人民群众的需求还有一定距离。公共服务设施的建设要从民众的需求出发，做一个预先研究评估，提供相应的设施设备，进行必要人员配置，在此基础上提供服务项目。"

城乡经济发展不平衡导致的城乡差距是我国长期存在的问题之一，这一点体现在公共文化服务上也不例外。就在深圳市福田区探索出"一公里文化圈"的框架、保证让每个辖区市民都能在出户一公里内享受到公益性文化设施之时，一些偏远乡村却连每人每年几毛钱的公共文化服务资金都难以落实。

"在实施'村村通工程'后，农民基本上都能看到八套以上的电视节目；'图书馆工程'、'乡镇综合文化站工程'使得基层和农村地区整体的公共文化服务能力有了明显的提升。但因'城乡二元化'造成的'农村文化荒漠却仍然存在'。"中国传媒大学文化产业研究院学术委员会主任齐勇锋说。

"从我国的历史和现实出发，我国基本公共服务均等化的模式不能简单照搬其他国家的模式，中国可能选择的模式是：中央政府制定统一标准，划定基本公共服务的范围和标准；核定地方政府的财政支付能力；实现地方政府财政能力均等化；通过转移支付实现全国的基本公共服务均等化。"丁元竹说，"城乡公共文化服务的差距的存在是必然的，但不能差距过大。这一差别的基本设计要从提高农村劳动力文化素质、提高农民发展愿望、推动农村人口转移和更好更快地向城市转移的角度出发，设计成一个动态的过程。"

专家指出，在构建公共文化服务体系这场"全民运动"中，公共部门无疑是提供服务和文化产品的主体，全体社会成员既是参与者又是受益者。然而，目前的公共文化体系建设似乎逐渐陷入政府单向投入、公众"被服务"的怪圈。不管是资金投入方式，还是公共产品的提供，政府和事业单位仿佛都是"剃头挑子一头热"，甚至"混合型公共产品"的提供，都鲜见社会文化机构的身影。归根结底，是文化事业与文化产业的关系问题。

引入市场化活水　缩小地区差距

《中国公共文化服务发展报告》主编章建刚指出，公共服务完全由政府提供是一种误区。理想的公共文化服务需要公民、社会的积极响应和参与。这样一方面可以少依赖财政，另一方面可以更多借用市场力量来提高公共财政的使用效率。《报告》建议，中国应进一步加大文化体制改革力度，缩小国家财政直接供养的公共服务部门规模，开放社会力量参加公共服务的提供。

"公共事业投入的主体应该是政府，但是各国社会资源的供给体系并不一样。比如在美国，一些大企业家积累了一定财富之后就开始大笔捐献公共设施的建设，我们社会的其他力量，在这些方面则做得不甚理想。这种状况与我们的经济发展阶段有关系，直到近些年，国内的企业家才开始意识到自己的社会责任和慈善意识，支持美国文化的志愿精神不是我们的传统中所具备的，但我们可以提倡和推动，政府也应该在税收政策上给予一定的支持。"丁元竹说。

清华大学国家文化产业研究中心主任熊澄宇认为："在我国，文化长期以来是以文化事业的角度出现的，文化产业、体制改革和文化创新都是后来出现的，我们今天所说的公共文化服务体系主要是文化事业。"以前，文化事业基本由政府承担，一些可以进行市场化改造的地方也由政府负责，一方面造成资金不能集中到基本的公共文化服务上，另一方面也阻碍了一部分文化市场的发展。中央财经大学文化创意研究院执行院长魏鹏举向记者表示："文化具有很强的公共属性，另外又存在市场失灵的问题，所以通过国家力量进行非营利建设是非常重要的。但是如果仅仅依靠财政简单、直接的投入，并不一定有利于公共文化服务的建设和发展，因此需要引入市场化力量。"

也有专家指出，公共文化服务的概念包含三层意思：第一，它是文化事业，即公众基本的文化要求；第二，它包括保本服务，这部分服务是在基本文化权益上的拓展，如果没有政府投入，社会力量的参与也能使其保持基本生产成本、维持服务形态，这也是公益、非营利性的；第三，高端有偿服务，仅针对公众中的某一人群，由于目前的社会经济水平还没有达到全体人都能享受文化消费，所以这部分可以是有偿的，如旅游景点可以免费，但是爬山坐缆车这部分服务需要收费。

"让公众更好地参与公共文化服务，首先应该推动营利性机构的发展，为了提升品牌和形象，他们有积极性去配合一些公共文化活动，这里面的发展空间很大。如果影院机构、艺术机构能得到一些企业赞助，那么运营成本就能降下来，将有限的经费用于举办更加丰富的活动，并能让老百姓消费得起。另外，在民间机构参与提供公共服务的政策管理上还有待完善，对非政府组织、非营利机构的认定和扶持目前都存在很大难题，"北京大学文化产业研究院副院长陈少峰说。

针对地区差距问题，学者及各界人士也给出了很好的建议，首先是需要政府在职能转变过程中创新工作方式。比如在西部地区、农村地区，地方财政预算有限的情况下，可以鼓励群众自发组建文化娱乐机构。熊澄宇认为，在农村地区或少数民族地区，还可以因地制宜，根据当地的传统文化习俗，举办各种节庆、庙会、赛歌等活动。这些活动恰恰是深受当地百姓喜闻乐见的，也可以避免一些乡镇文化站门可罗雀的尴尬。"公共文化服务包括了均等性和基本性的原则，即基本的文化服务应该让所有公民都能享受到。"国家图书馆馆长詹福瑞认为，由于文化资源分布不均，造成了城乡和东西部群众可享受的公共文化服务不均等。但是，由于文化本身就具有差异性的特点，想给各地群众提供均等的文化服务也是不现实的，应该针对不同地区的特点，提供不同的文化服务产品，比如陕西农村地区群众爱听秦腔，如果给人们提供芭蕾舞表演不见得受欢迎。

专家呼吁要在致力于缩小地区公共文化服务差异，甚至在整个公共文化服务体系建设过程中建立评估和监督体系，使公众清楚地了解到公共文化服务体系的建设和运行情况。比如要建一座图书馆，建在什么地方，建成后如何提供服务，多少人能享受到这种服务，公众满意度有多高，这些都需要社会公众进行监督并进行反馈。

每一个服务都是软实力

进入 21 世纪以来，中国政府在抓紧进行文化体制改革、大力发展文化产业的同时，特别重视公益性文化事业建设。其中最突出的表现，是加强公共文化服务体系建设。

关于公共文化服务体系建设，在中共十六大后下发的《关于进一步加强基层文化建设的指导意见》、《关于进一步加强农村文化建设的意见》、《关于进一步加强全国文化信息资源共享工程建设的意见》、《关于加强文化遗产保护的通知》、《关于加强我国非物质文化遗产保护工作的意见》、《关于深化文化体制改革的若干意见》、《国家"十一五"时期文化发展规划纲要》、《关于进一步加强古籍保护工作的意见》等文件中，均有不同层面和程度的表述。2005 年 10 月，十六届五中全会提出，要逐步形成覆盖全社会的比较完备的公共文化服务体系。2007 年 6 月 16 日，由胡锦涛总书记主持，中央政治局专门召开会议，研究加强公共文化服务体系建设。随后，中共中央办公厅、国务院办公厅于 8 月下发了《关于加强公共文化服务体系建设的若干意见》，集中阐述了关于公共文化服务体系建设相关思想，是相关领域的代表性文献。

中央指出，加强公共文化服务体系建设，是繁荣发展社会主义先进文化、构建社会主义和谐社会的必然要求，是实现好、维护好、发展好人民群众基本文化权益的主要途径，对于促进人的全面发展、提高全民族的思想道德和科学文化素质、建设富强民主文明和谐的社会主义现代化国家，具有重大意义。

文化部有关部门认为，公共文化服务体系构成主要有几个部分：一是政策法规的体系。如由国务院颁布实施的《公共文化体育设施条例》，以及正在制定中的《图书馆法》等，这些政策法规对推动公共文化建设将起到十分积极的作用。第二，基础设施的建设。经过多年的努力，今年我国将扫除县级图书馆、文化馆设施建设的空白点。第三，现代服务手段的运用。如"全国文化信息资源共享工程"和正在建设的"中国数字图书馆工程"等。同时要注重运用现代服务理念，拓宽服务领域，延展服务范围。流动图书馆、流动博物馆、流动演出等都是近年来涌现出的新形式。第四，人才的培养和队伍的建设。第五，经费保障。等等。

公共文化服务的提出与全面实施，与改革开放以来的发展成就是分不开的，熊澄宇指出："公共文化服务概念的出台和我们国家整体的社会发展阶段有关，没到这个阶段不会出现这个概念。"降巩民也认为："公共文化水平的高低和社会经济发展水平有必然的联系，因为只有具备一定财力，才能建设公共文化服务。"

改革开放30年来，中国经济迅猛增长，已经有充裕的资金可以用来建设公共文化服务体系。此外，随着生活水平的提高，公众对于文化服务的需求也越来越强烈。中国政府也意识到，要建设和谐社会，全面发展政治、经济、社会和文化，需要全社会的文化大发展大繁荣，需要全民文化素质的提高。众多有识之士也认识到，大国的崛起不仅是经济和军事实力的崛起，还有文化实力的崛起。公共文化服务面向最广大的社会公众提供文化服务，"它是中国文化建设的一个重要步骤，它事关国家的软实力。"魏鹏举这样告诉记者。

公共文化服务要离百姓近
——访国家图书馆馆长詹福瑞

作为公共文化服务体系中的一个重要组成部分，公共图书馆近年来发展迅速，各地图书馆掀起改扩建热潮，服务水平有了很大提升。窥一斑而见全豹，从公共图书馆的发展可以看到中国公共文化服务发展的影子。为此，我们专门采访了中国国家图书馆馆长詹福瑞，请他以公共图书馆的角度，由点及面，来谈中国如何建设公共文化服务体系。

詹福瑞

《中国社会科学报》记者（以下简称记者）：人们常用"两条腿走路"来形容一个国家的发展离不开经济和文化，中国的发展也离不开文化实力与经济实力的共同增长。在您看来，作为文化实力一种重要体现的公共文化服务，在中国的发展处于怎样的水平？能否以公共图书馆的发展为例来说明？

詹福瑞：一个国家的发展离不开经济与文化的发展，党的十七大提出"四位一体"的概念，就是要使政治、经济、文化与社会共同发展，再加上生态文明，就是"五位一体"。

改革开放以来，以经济建设为中心，这是符合社会发展规律的，用百姓的话说就是首先要吃饭。经济是基础，如果不发展经济就没有充足的资金投入到文化发展中。党的十六大提出，文化与国家发展状况相关，文化滞后会影响经济。而经济的发展不光要靠物质资源，还需要文化、知识和技术创造文化附加价值。国家发展经济，目的是为了人的全面发展。人仅仅满足穿衣吃饭还不够，还需要精神上的满足，对精神的追求就是文化，这才能突出人的全面发展理念。

中国公共图书馆的发展落后西方许多年，1850 年西方就有公共图书馆，而中国 20 世纪初才有。1905 年中国最早的公共图书馆出现在湖南、湖北，1907 年东北出现了两个，1909 年全国有 8 个，包括中国国家图书馆。现代图书馆起点晚，20 世纪 60 年代开始重视图书馆的建设，建立起覆盖城乡的图书馆体系，基本上每个县都有图书馆。"文革"时期许多遭到破坏，恢复缓慢。改革开放初期，很多地方没有及时恢复，反而继续破坏，有的被挪作商用，有的被拆除，剩下的很多也损坏严重。

20 世纪 90 年代中后期，公共图书馆重新开始发展。21 世纪后，尤其是党的十六大以后，公共图书馆的发展迈入快车道，这表现在几个方面：一是图书馆的业务开始恢复。二是党的十七大后构建城乡的公共文化服务体系受到重视，各省图书馆面积扩大，改扩建增多。湖北省图书馆改扩建面积达 10 万平方米，广东省立中山图书馆改扩建面积近 11 万平方米，各省级、市级馆舍面积基本能满足业务、服务需要。三是高校图书馆、专业图书馆发展快，尤其是高校图书馆，随着高校扩招和校园扩建有了很大改善。四是文献收藏量扩大。五是服务范围不断拓展、服务模式不断改变、服务内涵不断深化，比如在延伸服务方面，各省级馆纷纷开讲座、办展览，有的在社会上产生了很大影响，如深圳图书馆。六是已经投入将近 4 亿元建立国家数字图书馆，同时政府大力投入建设文化资源共享系统，叫"文化信息资源共享工程"，已经覆盖城乡。七是馆舍建设加快，国家发改委要求十一五期间每个县都有图书馆，每个乡都有文化站，其中包括图书馆或图书室。

记　者：您能否以公共图书馆的发展为例，谈谈公共文化服务体系建设中哪些地方仍需完善？

詹福瑞：目前公共图书馆整体发展很迅速，当然，其中还存在一些问题。

第一，东西部由于经济发展不平衡，造成了信息获取及享受公共文化服务的不均等，公民没享受到其应得均等公平的服务。以图书馆为例，常州、苏州、东莞、嘉兴等市以城市图书馆为总馆，开始建立城镇相连的网络状服务体系，有的分馆已经建到社区和乡镇。而西部地区很多图书馆在馆舍和服务方面还未完全恢复，发展还存在问题。根据2007年的统计，全国市级没有购书经费的还有700多馆，县级有2000多馆。

第二，公共文化服务体系建设还没建立起有法律依据和良好政策环境的保障体系，比如中国现在还没有图书馆法。公共文化服务体系建设处于没有法律支持的环境下，地方政府投入与否、投入多少，都没有法律来追究其责任。这造成发展的无序，图书馆在很大程度上需要仰仗自己的努力。这是目前公共文化服务体系建设里十分重要的问题，急需解决。

第三，人才队伍建设仍存在问题，从业人员学历、知识水平、文化素质普遍偏低，不能适应现在公共文化服务体系快速发展的需要。图书馆从业人员资格认证制度出台之后还没有真正实施，与现代图书馆事业和服务不相适应，现代图书馆要求的人才应该懂技术，至少得懂得网络、计算机以及现代信息检索技术。

记　者：最近几年新建的公共图书馆、文化馆、博物馆、大剧院等较多，掀起了公共文化服务体系建设高潮。然而，这种建设主要是投入在基础设施方面，而且有些设施使用率不高，您对此有何评价？

詹福瑞：公共文化服务体系建设中有硬件、软件两方面的投入。硬件主要指馆舍等基础设施，这是最基本的服务保障和开展业务的保障，目前这方面引起了政府重视，投入比较大。但是在硬件建设中还有缺项，就是购书等运行经费保障不足。就跟盖房子一样，并不是说盖起了就能住，还需要建配套设施。

另外就是软件的建设，它是配套工程，包括人才队伍、政策环境、舆论环境、职员待遇等。这方面现在也存在问题，就是房子盖好了，投入也很多，但是运行并不理想。

公共文化设施应该建立在公众最需要的地方，如公众密集的居住区。但是，有些地方却离开人群密集区，去城市边缘搞建设。这种现象不仅与土地价格高涨及政府投入不足有关，更与一些政府官员对公共文化服务设施的用途认识不清有关。这些设施不是用来看的，不是"政绩工程"、"形象工程"，而是应该让百姓使用方便。因此，城市图书馆不见得建成标志性的就好，哪怕小一点，只要建得多，形成网络状体系，就能更方便群众。国际图书馆联合会一再强调，在每1.5—2平方公里内要建一座图书馆，这才方便百姓使用。

还有一个现象，就是有些公共文化设施往往集中在一起，图书馆、文化馆、美术馆都建在一个文化广场上，这还是"形象工程"的思想在作祟。有的城市就把美术馆、博物馆、图书馆都建在交通未开的地方，虽然政府也跟着搬过去了，离政府近，但离百姓远，百姓不可能花几十块钱打车或坐几个小时公交车去看书。这是现在公共文化服务设施虽然建立起来了，但是利用率不充分、不理想的原因之一。

此外，这些问题还与公益性事业单位内部管理有关。根据中央改革的要求，要加大投入、转换机制、增强活力、改善服务。但是目前缺乏活力，这就要求公共文化服务单位的领导和工作人员应该有做文化使者和振兴中华民族文化的使命感。

记　者：刚才您提到城乡之间公共文化服务存在较大差异，各地区发展也不平衡，而且这种差距还在扩大，如何解决这一问题？国家图书馆将馆藏资料数字化等做法，是否在一定程度上可以缓解这一问题？

詹福瑞：这种差距意味着公民没有享受均等的文化服务，在设施和文献的占有量方面差距较大，这就是文化资源分布不均。在北京，有国家图书馆、几个区的图书馆、高校图书馆及社区图书馆，资源的占有量显然大大超过中西部。

此外，服务水平和质量也不均等。比如同样一本书，图书馆可以是你借什么我给你什么，还可以是你借这本，我同时给你推荐相关的书。后一种服务意味着，图书馆提供给你的信息大大超过了你需要的信息。现在国家图书馆每周举办的讲座邀请的都是全国一流的专家，但西部就不太可能，显然服务上的差距很大。

怎么改变这个问题？首先是主体要到位，在公共文化服务体系中政府是主体，不仅是中央政府要到位，还要各个省、市、县乃至乡镇的地方政府到位，要做到认识到位、投入到位、组织领导到位、环境优化到位。其次，国家图书馆发起了西部援助计划，图书馆学会发起了志愿者行动。西部援助计划是国家图书馆将部分资源如下架图书无偿捐给西部贫困县，并无偿培训馆员。志愿者行动是将全国高校和图书馆界的专家组织起来，假期去给西部图书馆馆长和馆员做无偿培训。这是图书馆界的自救、自强行动，也是自发消除信息鸿沟的措施。最后，西部地区图书馆也要自强。

文化信息资源共享工程是一项重点建设工程，是一个战略构想。去年国家图书馆拿出 2.64TB 数字资源放到各省级分中心，各县可以通过访问省级共享中心来获取这批数字文化服务。明年我们计划扩大到 6TB，1TB相当于 38 万张光盘容量。国家数字图书馆的接口是开放的，面向各种类型图书馆提供服务。我们现在也通过在各省建分馆的形式，将数字资源放到各省的图书馆，为各省读者提供服务。数字图书馆是消除东西部信息鸿沟的重要途径和手段，但它并不是唯一的，不能过分强调。我们需要警惕这样一种错误的观点，即认为有了数字资源就可以不买纸质文献，二者的阅读环境和阅读需要是不同的。

记　者：中国政府正在向服务型政府转变，但现在公共文化服务建设方面主要还是依靠政府，在政府职能转变的过程中如何引导社会力量参与建设和发展繁荣公共文化服务？怎样探索政府调控和市场参与的最佳路径？如何贴近群众需求？

詹福瑞：公共文化服务体系建设上，以国外图书馆为例，其资金来源有几个方面，政府、基金和自筹各占三分之一，自筹中有相当一部分来自社会捐赠。我们公共文化服务体系也应参考下这种方式，虽然政府是主体，但不等于社会力量可以缺席，这个社会力量包括企业和个人。西方有许多私人图书馆、美术馆、博物馆，我希望有社会责任感的企业家多往这方面投资。

目前社会力量参与积极性不高，原因有几个：一是政策法规不配套，虽然也有捐赠免税的政策，但总体来说仍难以调动企业家捐赠的积极性。二是企业家对政策法规不了解。三是与现在许多企业家缺乏社会意识与责任有关。不过也有一些有眼光、有社会责任感的企业家在做社会文化事业，如香港的邵逸夫先生在全国捐赠建设了很多图书馆。

在市场化改造方面，公共文化产品生产要放开，然后由政府采购。新加坡图书馆员工都在做核心业务，物业、图书排架、贴标签等都由公司做，但在国内这类公司很少。

现在公共文化服务体系的建设主要是政府在做，政府在决策方面将来应该多征求公众意见。公共文化服务设施建成之后，给公众提供什么样的服务也得多征求公众意见。满足公众的文化需求就意味着，要将这种需求作为建设和服务的出发点。这方面的反馈机制还没有建立起来，像在欧洲一些国家，建不建图书馆，公众的意见很重要。去社区调查公众需求可能比较困难，政府应多发挥两会的作用，比如要建图书馆、博物馆或美术馆，提出方案之后，可以征求人大代表、政协委员的意见。

（记者 李博）

熊澄宇：分阶段发展中国特色公共文化服务

熊澄宇

谈到图书馆、博物馆、剧院时，涉及三个概念——事业、产业、体制改革。目前对这些设施的定位是属于文化事业，由政府拨款，并未考虑产出，评价体系也不完善。现在的评价体系是看图书馆多大面积、多少人平均有一个，但是存在而不使用是没有意义的。

要解决这个问题，不仅要考虑使用，还要考虑流通。所谓流通就是评价指标体系中图书流通率达到什么程度，流通程度高的话资金就可以追加，如果买了那么多书锁起来没人看，就要减少投入甚至撤销这个服务点。因此，我们要重视这个问题，并主动建构一种能推动公共文化服务单位产生效益的评估体系。

不管是图书馆、博物馆、美术馆或者剧院，不能完全由政府做，可以考虑社会力量的介入。我去浙江调研时，发现浙江的民营经济在文化领域很活跃。浙江的民营经济不仅介入文化产业，比如文化园区和动漫游戏等有市场前景的产业，同时还进入到博物馆等公共文化服务平台。浙江的民营资本在进入文化产业这个平台上考虑的是投入产出这些企业必须考虑的问题，但当它进入博物馆和其他一些文化事业时，考虑的则是另外一点——社会责任。

当民营经济、社会资本从考虑投入产出的经济效益转化到考虑社会责任、社会效益时，整个地区的文化素质就会得到大的提升，这时政府就应该鼓励、激励，提供更多的方便条件。我们的公共文化服务除了政府买单之外，还要为社会资本进入公共文化服务建设提供引导、帮助和优惠政策。

公众对文化的需求不管从政府角度还是从企业角度，都需要换一个视角。我们经常做文化产业规划，在做规划时遇到这样一个问题：我们的文化设施是面向谁的？目前北京主要的文化设施集中在二环、三环内，形成了一些文化聚集区，对外来游客有了明显的聚集效应。但是，我们的文化设施不仅仅要考虑外来人口和游客，还要考虑当地居民的文化消费需求。特别是新建的城郊区，要考虑适当的空间布局，为居民选择文化消费提供更大的可能。

我们的文化消费与以前已大不相同，今天已经有了多种的文化形态。从管理者角度来说，应该对这些文化形态一视同仁，因为它们针对不同的消费群体，有不同的消费空间。从用户角度来说，可以根据自己的消费需求选择，社会、媒体不要凭个人好恶对某一类文化进行形态上的褒贬。

要建设一种良性的文化服务、文化消费生态，让它们并存、互补、融合、创新。为了达成这一点，政府、企业、媒体、公众都要有包容的心态。我们要自信、包容，在这个基础上再考虑服务。服务是什么？每个行为主体和利益主体都有它特定的服务对象和服务位置，要做到位而不越轨。政府有政府的位置，消费群体有消费群体的位置。

我在国外演讲时，外国人老问什么是中国特色的社会主义文化？我说按照邓小平的话讲，社会主义就是解放生产力，发展生产力，消除贫富差距，达到共同富裕，社会主义公共文化服务走的就是这条道路。什么叫中国特色，就是中国地大物博、人口众多，我们首先需要解决吃饭问题，再解决住房问题、就业问题，在物质文明达到一定程度时，才能谈物质文明与精神文明并重，所以中国特色就叫分阶段、逐步发展。因此，我们需要沟通，让更多的人理解我们做的公共文化服务与西方做的在本质上没有差异，只是发展阶段不一样。

（熊澄宇　清华大学国家文化产业研究中心主任）

（李博／采访整理）

陈少峰：用市场化推动公共文化服务

陈少峰

我们的文化可以分为两部分：一部分由政府提供文化产品，即所谓的公共文化服务；另一部分则是文化产业。前者以政府为主体，同时需要民间力量的参与。

在我看来，公共文化服务体系建设当中存在的一个首要问题，就是政府投入不够大。此外，民间参与提供公共服务受到了诸多限制，在对民间机构的管理及相关政策的制定上还不完善。另一个不容忽视的问题在于人们的观念意识还比较淡薄，社会性的慈善活动对文化艺术事业的支持相对偏少。

从机制上进行改进，我建议从三个方面着手：第一，继续加大政府预算投入。政府这些年也在作这样的努力，比如在农村地区增设农家书屋、普及电视、文化场馆设施免费对公众开放等。第二，扭转观念，加大地方政府的重视程度。各级政府在公共文化服务上投放的资金偏少、意识淡薄。一个值得注意的现象是，现有的很多资金没有花在"刀刃上"，缺乏科学规划与合理布局。据了解，全国有 23% 的县级图书馆没有购买图书的开支预算，这样的话，图书馆如何去发挥它应有的作用？第三，形成"事业单位更需要效率"的观念，对政府在文化服务上的投入要有健全的评估和监督机制，通过管理催生效率。原有的公共服务机构普遍缺乏效率意识，很多机构没有绩效考核机制，缺乏清晰定位和效率目标。

在我国，文化投入的旧有体制一直延续至今，投入方式不尽合理。回过头来看，以往的公共文化服务体系"包"得过多，支出的方向过于分散。因此我建议，要进一步深化文化体制改革，凡是能够由市场提供文化产品和服务的，尽可能地进行市场化，这样做的优势在于效率高，产品丰富，价格低廉。同时，取消那些一直由国家"包养"但是已经丧失必要性的机构或个人。

此外，通过扩展营利项目来支持公共文化服务，其目的不在于营利，而在于通过经营的手段来获得更多的资金，以投入到公共文化服务中去。国家机构可经营的项目，需要进行评估来决定由谁经营、资金的投向最后回到哪里，博物馆等机构可以开发衍生产品，获取更多的赞助。

在大力建设公共文化服务体系之外，也要大力推动文化产业的繁荣。公共文化大繁荣离不开繁荣的文化市场、发达的文化产业。如果文化产业不发达，仅靠公共服务是不可能实现的。市场化手段有助于公共文化服务体系的建设，发展好文化产业，文化产品越丰富、越便宜，老百姓能够享受的服务就越多。

在此基础上，今后的工作重心应当有以下的考量。国家在公共文化艺术领域的投入要实现更多的转移支付，公共文化服务的投入要以满足基本文化权利为主，为更多普通老百姓服务，可以由政府出面购买一部分的市场产品提供给老百姓，比如给贫困群体发放免费的消费券或者打折券。博物馆的做法不一而足，像科技类的博物馆应尽可能地免费开放。对于一些高端的文化艺术，比如国粹，也应当有选择地投入，但覆盖面不宜太宽。高端的公共文化服务可以通过文化产业来提供，而相对中低端、满足老百姓文化权利的那部分，需要政府和志愿者共同来做，促进公共文化服务的繁荣，保障民众的文化权利，提升民众的文化素养，满足其多样性的文化需求。

（陈少峰　北京大学文化产业研究院副院长）

（莎岩／采访整理）

章建刚："免费午餐"不能冲击市场

章建刚

随着我国经济体制改革的深入，30年来市场有了一定的发育，但市场本身发育的程度还不够，另外还存在着市场失灵的现象。在这种前提下，要有公共服务这样的制度，否则社会公正就不能落实。公共文化服务体系建设的提出表达了政府的一种责任，也表达了社会的人文关怀。如果做好了，会反过来促进市场的发育和经济的增长。

目前，中国的公共文化服务处于初级发展阶段。西方社会发展比较充分，社会保障比较完整，公共文化财政更多地运用于对内容创新的支持。与之相比，我们的公共文化服务还停留在落实一些保障性的文化服务上，因为我们社会本身的发育还不够、社会保障不够，历史欠账很多。怎样才能建设好的公共文化服务？

解决的办法，一是实事求是，不能搞"一刀切"；二是必须实行决策的民主化；三是要在预算的环节上把程序建立起来，只有把程序建立起来，许多问题才能解决。有一个重要的前提，即公共文化服务从体制上看与市场相比天然缺少效率。公共文化服务是政府不得已而为之的过程，这就需要一个基本判断的标准，它跟市场的关系是什么？我认为，应该是与市场相辅相成的关系，公共文化服务主要针对市场失灵的现象。

好的公共文化服务不能冲击市场，而应该辅助市场。比如国内古典音乐的市场，本来与西方音乐有差异，大中城市一些企业非常辛苦地做这个市场，这对公众是很有意义的事情。然而，一些地方认为应该普及，于是投资、演出、送票，这样做当然好，但毕竟不是长久之计。辛辛苦苦做起了的市场被冲垮了，企业还要从头做起。

好的公共服务应该借助市场手段提高自己的效率。首先，介入要谨慎，总体上投入的量要加大。介入的领域其实是要"瘦身"的，我们现在很多方面本来不需要政府投入，尤其在文化领域，如果市场开发度很大的话，很多公共文化服务是不需要政府去做的。其次，我们要把公共文化产品服务的生产和提供区分开来，一些准公共品通过政府采购就可以了。

现在谈公共文化服务观念上要转变，它不应该仅仅由政府提供，要加大公共服务领域的开放度，促进国内各种各样非政府组织的发育，促进公民社会的发育。如果一些非政府组织能够参与进来，国家就没有那么多负担。从公民个人的角度来看，也要畅通表达和评估的渠道，我们反馈表达的机制和渠道都比较欠缺。

有人说公共产品是"免费午餐"，人人都想吃，这就要考虑应该优先满足哪些需求。因此，在财政有限的情况下，对公共需求要有好的民主机制，必须做评估，进行优先性排队，如果不能这样做，公共文化服务就会出现问题。

（章建刚　中国社会科学院文化研究中心副主任）

（李博／采访整理）

齐勇锋："十一五"的主要成就及"十二五"展望

"十一五"时期，国家对公共文化建设的目标、任务、重点进行了部署，投入力度也大大加强，取得了突出的成绩，主要表现在以下几个方面：

第一，理论上有重大突破。比如，提出建设社会主义和谐社会的命题，提出要"构建公共文化服务体系"，将其作为保障民众文化权益、实现以人为本的重要途径。一系列重大理论突破，给公共文化服务体系建设提供了理论依据，也从根本上为公共文化建设指明了方向。

齐勇锋

第二，投资力度大大加强，在继续实施"村村通工程"、"文化资源信息共享工程"、"图书馆工程"等一些加强文化建设的重大工程同时，"十一五"期间，国家计委、广电总局、文化部联合实施了"农村电影放映2131工程"，即每个月在农村地区放映不少于一部电影，这项工程现在开展得很顺利。另一项重大文化工程是"乡镇综合文化站工程"，采取中央和地方共同投资的方式，在全国范围内建立3万多个乡镇综合文化站。根据经济发展水平的差异，在东、中、西部地区采取了不同的资助模式。第三项重大工程"农家书屋"则是由新闻出版总署会同国家有关部委开展实施的。除了这三项全国性的重点工作之外，还有公共文化场馆的免费开放、遗址保护工程、珍本善本保护、中华字库等等。

第三，投入和运行机制发生变化。在此之前，在公共文化领域，政府全权投入，地方参与很少。反观现在，一般采取中央与地方共同投入的模式，针对不同地区展开分类指导。另外，采取多种投入方式，政府提供引导性投入，充分调动社会各方力量的参与积极性。

虽然"十一五"期间公共文化服务体系建设取得了很大成就，一些薄弱的环节从根本上得到了扭转，但整体来说仍显滞后。

问题一是基础设施建设上去了，但是内容不足。此外，适应高新技术发展的新的服务形式还不足，比如互联网的普及。二是群众互动不足，还带有政府"喂养"的方式，大部分都是政府单向投入。公共文化服务单纯靠这些不行，需要公众参与互动、积极投入。三是服务主体主要是政府，社会参与不够，社会组织（NGO、非营利组织）发育不良，我们需要通过推进公共文化服务体系的建设推进整个社会建设。四是城乡公共文化服务发展极其不平衡。基层、农村和边远地区的建设比较薄弱，一些经济实力比较强的城市发展比较快。最后，公共文化服务体系与文化产业如何渗透、如何依托的问题有待解决。

"十二五"的工作重心、发展思路应该在"十一五"的基础上有所转变。公共文化服务体系应该与国情相适应，现在是在弥补欠账，以后应当超前发展，用文化建设引领社会发展。应该在认真总结"十一五"的基础上与时俱进，真正使公共文化服务体现社会建设的本质要求，能够把文化建设和社会建设、经济建设、政治建设协调起来，不要搞"单打一"。

首先，应当努力体现以人为本。政府投入应该贴近实际需要，在增加针对性、实用性、突出重点、提高效益方面下工夫。"十一五"规划中基础设施建设取得了一定成绩，但是在很多方面形式大于内容。需要针对不同地区制定不同规划，比如，西部可能更侧重文化扶贫问题。目前，各地都在进行一些探索。

第二，根据各地不同情况创新公共文化服务的形式，真正发挥设施的效益。比如，一些省市图书馆资源丰富，但乡镇一级却不行，因此浙江在一些地方设立分馆，网上可以查阅图书资源、统一配送，这一经验在东部很多地区已经铺开。

第三，提高公共文化服务的社会化水平，要调动中央、地方政府、社会组织、企业、中介机构、公众自身等多方面的积极性，积极培育社会组织、非政府组织、公益性组织，让他们在整个社会服务中发挥作用。

第四，要大力发展公共文化服务市场，理顺服务价格机制，使公共服务具有可持续性，认为公共文化服务应当免费的观点必须纠正。应按照产品性质不同进行分类，保障公民基本需要的公共文化服务政府可以免费提供，大部分产品都可以按照合理的定价机制实行适当收费，这样既减轻国家负担，又有利于机构的长期运行。公共优质品可以适当提高价格，实行动态管理。

（齐勇锋 中国传媒大学文化产业研究院学术委员会主任）

（莎岩／采访整理）

毛少莹：公共文化服务建设关键在"善治"

我国自20个世纪70年代末改革开放以来，一直在推动文化管理体制的改革，做出了多种尝试。近年来，随着物质生活水平的改善，人民精神生活需求高涨，与此同时，适应市场经济发展要求，服务型政府建设得到大力推进，在"和谐社会"总体目标的统领下，构建和完善公共文化服务体系，以期为广大人民群众提供更好的文化服务、更多的文化福利，成为文化发展的重要目标。

所谓"公共文化服务体系"，即指由公共部门或准公共部门共同生产或提供的，以满足广大人民群众的公共文化需要，以及提高全体公民文化素质和文化生活水平为目的，最终促进公民文化权利充分实现的公共产品或服务及其相关制度与系统的总称。公共文化服务体系具体包括公共图书馆、博物（艺术）馆、社区文化馆、广播电台、电视台、报纸、（事业性）出版社等非营利性文化机构及其提供的产品与服务。

毛少莹

公共文化服务体系的提出，从我国文化发展的历史来看，可视为"历史性转折"，其意义十分深远。长期以来，我国并非没有具公共产品性质的文化产品或服务，但是，严格的公共文化应当说是现代市场经济和法治社会的产物。因为只有在市场经济和现代法治的条件下，私人领域与公共领域才有了较为清晰的区分。因此，在中国的语境中，我们界定公共文化服务时主要强调两点：一是市场经济带来的公共性的成长、公共空间的扩展、公共需求的凸显，这种需求究其实质是公民文化权利的合理表达，因此，与计划经济体制下的国家需求、集体需求是有区别的。另外，在区分私人需求与公共需求之后，政府作为公共部门，其公权力来源于公民私权的合理"让渡"，因而政府对公共文化产品的提供负有义不容辞的责任。

作为公共产品，不同种类的公共文化服务和产品的提供过程，即为公共文化事务的管理过程，其间涉及公共资源的配置与使用、公共需求的判断与满足、公共权力的分配与使用等，是一个典型的公共管理问题。因此，公共管理学中讨论的"善治（治理）"还是"统治"问题，同样是公共文化服务面临的问题，能否建立一个合理的"善治（治理）"结构，是高质量的公共文化服务能否实现的制度保障。

我个人甚至认为，"善治（统治）"是公共文化服务体系建设的关键性制度安排。所谓"善治"，其本质为协商民主。如前所述，公共文化服务，其核心理念就是文化权利。老百姓表达文化需求，享受公共文化服务，参与文化创造的法理依据正是来源于文化权利，文化权利亦是政府公共文化管理权的来源。公共文化管理要实行"善治"，即公共文化事务的决策，应由利益的相关者来共同决定。比如兴建一个文化设施，利益相关者必然有公众、政府和参与投资方等，他们都有权利对此项事务发言。在发达国家，"善治"理念得到了制度性的保障，其具体做法是，在大多数公共文化机构中，都建立了类似理事会的管理委员会制度。例如图书馆设有管理委员会，博物馆设有理事会。管委会（理事会）成员来自社会各界，通常既有政府文化官员，也有律师、中小学校长、银行家，以及普通老百姓等。理事会有权力对该机构的重大事务，诸如年度的经费使用、员工的招聘等，进行集体讨论和决策。无疑，这样一种做法，为公众意见的表达、收集以及公民参与公共文化事务决策，提供了制度上的保障，较好地体现了"善治"精神，同时也较好地提高了公共文化服务水平，值得我们学习借鉴。

（毛少莹　深圳市特区文化研究中心学术总监）

（莎岩／采访整理）

比较视野

世界各国公共文化服务制度与模式

　　世界各国由于历史、国情、政治制度和公共管理哲学的差异，形成了不同的公共服务制度与模式。作为社会整体公共服务制度的有机组成部分，各国公共文化服务亦形成了不同的模式，主要可分为三种。

　　第一种是以法国、日本等为代表的"中央集权"或可称"政府主导"模式。这种模式中，从中央到地方政府均设有文化行政管理部门，但有的是垂直领导关系（如法国），有的则不是（如日本）。各级政府文化部门对文艺团体进行有限的资助并提供比较完善的公共文化服务。

　　第二种是以美国、德国等为代表的"市场分散"或可称"民间主导式"模式。中央和地方政府都没有正规的文化行政主管部门，政府财政对文化的投入主要通过各类通常被称为"国家艺术理事会"的准行政机构进行分配。

政府主要以政策法规营造良好文化生态，鼓励各类文化团体或机构自我生存。公共文化服务大量由非政府组织（NGO）或非营利机构（NPO）开展。

第三种是以英国、澳大利亚等为代表的政府与民间共建的"分权化"模式。政府以"一臂之距"（西方国家在中央政府文化行政系统之外建立起相对自主的、半官方的、专业的文化艺术基金管理组织，置于国会和中央政府的监督下，通过独立分配国家文化基金的方式执行国家的文化政策。这种间接管理和分配文化经费的做法，被称为"一臂之距"）与民间"建立伙伴关系"，进行文化资源的分配、文化事务的管理和文化服务的提供。

总的来说，按照政府在文化管理中的作用来看，发达国家和地区对公共文化事务的管理又可以分为"强调控型"和"弱调控型"两大类型。"强调控型"以法国、日本等国为代表，其特点是政府运用法律、经济、行政乃至国家指导计划等各种手段，以很强的综合调控力度，影响社会文化生活。"弱调控型"以美国为代表，其特点是政府基本采取自由放任的政策，只在某些领域进行有限的干预，政府意志除国家文化主权、文化安全等领域外，对社会文化生活的影响较弱。

（毛少莹）

记者手记

让农民也来看展览

为更好地了解公共文化服务机构的运行状况，记者来到位于北京复兴门外大街的首都博物馆（以下简称首博）。

虽然不是周末，但参观者并不少，他们在一件件精美的展品前驻足欣赏。"自去年3月首博等一批展馆免费开放后，尽管为了保证参观秩序与质量，首博实行免费不免票、观众参观需预约的制度，但参观人数明显增多，免费开放之前的年参观总人数大约七八十万，2008年达到120万，今年基本稳定在这个数字，这是适于首博容纳能力的数量。"首都博物馆馆长郭小凌介绍说，"公众参与公共文化生活的热情并不低，因为他们不单有物质生活的需要，在基本生存条件满足之后，还有精神生活的迫切需要。如果信息通畅、交通方便，我想大多数居民十分愿意参与、体验一些文化活动。"

记者注意到，在每一层展馆的入口处，工作人员都准备了设计精美、彩纸印刷的展览宣传品，供游客免费取阅。

谈到公共文化服务机构的服务意识，郭小凌说，"首博在免费开放后进行的观众调查表明，具有本科学历以上的观众人数占整个观众人数的60%，比收费的2006年的相关数据降低了10%，相应地，具有初中至大专学历的观众以及低收入观众的人数比例明显提高，证明我国政府的这项文化惠民政策收到了实效。在观众人数明显增多的情况下，首博没有降低服务品质，免费开放10个月后的调查表明，观众对首博参观环境及工作人员的服务满意度在85%至91%以上。对于所占比例最小的农民观众（1%），我们认为是博物馆潜在的观众。这部分人群受教育程度的局限，以及居住地距离一般位于城市中心区域的博物馆较远，所以很难进入博物馆分享人类优秀文化遗产的展示。我馆为此制订了走出去、请进来的方法，一方面首都博物馆社教部采用'大篷车'的形式，定期到郊县基层单位进行巡回展览，另一方面有计划地组织郊区农民和城市打工子弟及其家人来馆参观。首博还经常邀请国内外知名学者进行与专题展览有关的知识讲座。"

"群众的参与性很高，首博活跃着一支高素质的志愿者队伍，他们当中既有大学生、退休知识分子，又有公务员、退休官员。虽然是完全无偿的，但志愿者报名依然十分踊跃，曾经有招50名志愿者1800人报名的情形。"郭小凌说，"我国的公共文化服务设施从数量与质量上来说还需要大的发展，尽管博物馆数量从新中国成立时的22座到现在的2400座以上，经历了非同寻常的增长，可是和13亿的庞大人口数量相比仍然不够。如果以发达国家博物馆与人口比来估算，我国博物馆的数量起码应在3万座以上，因此中国博物馆事业大有可为。"

（记者　吕莎）

中国公共文化建设步入历史新阶段

民族问题：构建现代国家的"一道坎"

记者 李博 潘启雯

8月17日，一辆装有炸药的汽车冲入俄罗斯印古什共和国纳兹兰市一警察局大楼门前并引爆，造成至少20人死亡，118人受伤。就在两个月前，印古什最高法院副院长和副总理相继遭枪手袭击死亡，印古什总统尤努斯·贝克·叶夫库罗夫也在一次袭击中被炸成重伤。这个和俄罗斯车臣共和国相邻的地区，成为北高加索地区又一个"火药桶"。高加索地区的车臣问题、南奥塞梯问题等早已成为世界关注的焦点，这些问题背后无不潜藏着民族、种族的冲突。

在全球化、现代化浪潮奔卷世界的今天，民族问题早已跃出了族际的范围。"国权"与"族权"之间的博弈，以其复杂的政治、经济、文化、社会、外交勾连而成为举世关注的重要问题，并日益影响到国家乃至世界的稳定与安全，已经成为亟待社会科学工作者深入研究并回答的重大问题。

民族冲突影响国家稳定

冷战之后，在和平与发展成为世界主流的形势下，局部冲突依旧不断，其中由民族问题引发的冲突乃至局部战争不在少数。二战后欧洲最大的局部战争——波黑战争，就是由于波黑、塞尔维亚和克罗地亚三个主要民族地区的矛盾激化而引发。同样是在南斯拉夫地区，科索沃独立成为21世纪初轰动一时的新闻，米洛舍维奇的"大塞尔维亚"设想最终没能阻止阿尔巴尼亚族分离运动的脚步。

2008年8月正值奥运盛事，本属休战时期，却发生俄罗斯与格鲁吉亚的军事冲突。起因是格鲁吉亚军事镇压国内南奥塞梯民族独立，从而导致支持南奥塞梯独立的俄罗斯进行军事干预。这是最近由民族问题引发的一场大规模军事冲突，它不仅是俄罗斯与格鲁吉亚的冲突，更是俄罗斯与北约的对决，从而导致了该地区政治力量对比格局发生变化。

民族问题不只存在于不发达地区，在发达国家内部也有民族分离运动，如英国的北爱尔兰独立运动、西班牙的巴斯克分离运动、法国的科西嘉岛独立运动。其中北爱尔兰独立运动影响较大，1979 年爱尔兰共和军炸死了英国海军元帅蒙巴顿勋爵，这位在二战期间与德国、日本进行过激战的名将，最终竟死在了北爱尔兰独立武装组织之手。

显然，无论是发达国家还是发展中国家，民族问题都与国家的前途命运休戚相关。同时，民族问题不仅影响到一个国家的生存和发展，还会影响到国际格局、国际关系。民族问题，尤其是其极端表现形态——民族冲突，是导致世界动荡不安的一个重要因素。

"国权"和"族权"的博弈

主要从事比较政治学、民族政治学研究的北京大学宁骚教授曾经提出"国权"与"族权"的概念。"国权"是一个民族国家生存的基本权益，是依据国际法，一个民族国家应当具有的权益。维护主权、领土完整，维护国家利益、民族利益、民族统一，这是现代民族国家的基本权利。同时还存在"族权"，即少数民族保护自身特殊性的权利。二者关系复杂，也非常现实。从维护国权的角度说，领土的开发、国家利益的维护都是必须的，但是如果这些关系处理不好，可能会对民族寻求发展的权利造成伤害。

在"国权"与"族权"当中，"国权"是更基本的概念，如果一个国家连最基本的主权、领土完整都保证不了，民族的发展很难得到保证。

一些非洲国家，如索马里、苏丹、乌干达等国，长期存在部族之间的冲突，究其原因，是因为部族、部落仍是当地的基础社会组织，部落首领就是政治首领或民众效忠的对象。民众的心目中，部落利益高于国家利益，国家政治就是部落政治。

同样，在一些伊斯兰国家，如巴基斯坦、阿富汗、沙特阿拉伯等国，由于传统宗教与部族体系依然在社会上发挥重大的作用，因此，这些国家中的部族在政治中仍然扮演举足轻重的作用。

美国学者菲利克斯·格罗斯曾提出两种类型的国家："公民国家"和"部族国家"。"部族国家"中部众首先要向本部首领效忠，部落首领可以根据自身利益有选择性的向国家效忠，因此，部落之间的矛盾往往会引起整个国家的动乱。

"部族国家"的这些特点与现代世界有诸多不适应之处，因此，这些国家向"公民国家"过渡时产生动荡在所难免。

民族矛盾的"去政治化"与"政治化"

西方国家，尤其是美国，在国内民族问题上存在一种"去政治化"倾向。北京大学社会学人类学研究所马戎教授认为，美国等移民国家把"种族、族群"问题"文化化"，即把具有不同文化传统、历史记忆、种族血缘关系的族群视为不同的文化群体，逐渐减弱其群体原有的政治色彩，这是族群"文化化"的政策导向。

而在国际上，西方一些国家往往针对他国有意无意的将民族问题"政治化"。美国《时代》周刊7月29日刊登了一篇题为《拆毁古老的喀什：维吾尔族遭受的又一次打击》的文章，指责中国政府的改建计划对这座城市构成了威胁。

而"中欧论坛"创始人戴维·戈塞特则认为，喀什的改建工程其实改善了居民的基础卫生条件，同时又没有影响他们住房的原有外观。在具备财力和技术的情况下，如果不改建喀什的老城区，那才真正是对"维吾尔族的打击"。戴维·戈塞特更进一步指出，在分析7月5日的事件时，我们不应过分政治化，不应将其与民族宗教问题联系起来，这在很大程度上属于社会经济范畴的问题。

其实，在民族问题上，西方一些国家都曾有斑斑劣迹。在美国历史上，印第安土著几乎被灭绝，几百万非洲黑人被贩卖为奴隶。在新西兰，当地土著毛利人遭受殖民者大屠杀之后，50年间人口从20多万锐减到4

万。在澳大利亚，直到20世纪60年代仍在上演着土著民族的悲剧，在"白澳政策"这一民族同化政策下，政府强行将土著儿童带走，这就是所谓的"被偷走的一代"。西方国家的殖民扩张不仅导致了其国内少数民族被蹂躏，也给世界带来了很多遗留下来的民族问题，在全球化向纵深发展之时，在历史遗留的民族问题等各种因素的影响下，导致许多地区的民族矛盾逐渐趋于激化。

"民族—国家"是否适合中国语境？

中世纪后期，随着资本主义的发展，民族意识觉醒，民族国家开始诞生。兰州大学中亚研究所所长杨恕告诉记者："欧洲的宗教改革、文艺复兴，以及后来出现的产业革命，促成了欧洲现代民族国家体系的确立。《威斯特伐利亚条约》的签订，使得欧洲国家达成共识，即一个民族一个国家。"

西方现代民族国家的形成过程中大多有一个民族建构和国家建构相辅相成的阶段。欧洲国家形成之初，都伴随着拉丁方言转变为民族语言、基督教共同体认同转变为民族认同、封建义务转变为中央集权、地方族群一体化为单一民族的过程。

可以看出，"民族—国家"的理论体系，是在西方独特的历史背景下产生的。17世纪欧洲资本主义经济的发展启动了政治上的"民族主义运动"，原来在多民族王国统治下的各民族要求独立建立自己的"民族—国家"，把民族之间的差异（语言、宗教、历史记忆、部落历史）上升为政治边界，要求以民族为单元建立各自独立的政治实体。

对于"民族—国家"的概念，我国一直采取比较谨慎的态度。实际上，中国的民族建构过程和国家建构过程与西方不同。中国能否称为西方意义上的"民族国家"？从西方发展起来的有关"国族主义"和"民族—国家"的理论，如何与中国的"民族问题研究"联系起来？而现在一些学者参照美国民族理论提出的民族问题"去政治化"主张，能否弱化少数民族心中的"民族意识"或"民族分离意识"？在中国，民族问题能否与政治问题分开？这些问题，显然需要更深入的探讨。

站在国家统一高度看待民族认同

民族区域自治政策是中国的基本国策。60 年来，中国在实行民族区域自治的实践中积累了丰富的经验，形成了一整套行之有效的制度。国家民委政策法规司原司长毛公宁认为，我们国家的民族区域自治制度具有鲜明的中国特色，它是民族因素与区域因素的正确结合，是经济因素与政治因素的正确结合，是历史因素与现实因素的正确结合。

60 年的实践证明，党和国家的民族政策完全符合中国国情，深受各族人民拥护，是实行民族平等、维护民族团结、促进各民族进步的生命线，是建设中国特色社会主义的重要保证。

我们要从党和国家兴衰存亡的高度来认识和处理民族问题，牢牢把握各民族共同团结奋斗、共同繁荣发展的主题，牢固树立汉族离不开少数民族、少数民族离不开汉族、各少数民族之间也相互离不开的思想，增强严格执行党和国家民族政策的自觉性和紧迫性，切实维护各民族群众的合法权益。

在此基础上，我们必须建构一个既能增强民族向心力，又能反映各民族之间差别的论述。而费孝通先生于 1988 年提出的反映中国民族历史与现状的"多元一体格局"的理论，仍不失为典范。1996 年，费孝通又对该理论作了进一步的阐述：中华民族是包括中国境内 56 个民族的民族实体，并不是把 56 个民族加在一起的总称。其中，汉族发挥核心凝聚作用，把多元结合成一体，这一体不再是汉族而成了中华民族，一个高层次认同的民族。

无论是民族区域自治制度，或者是中华民族的多元一体格局，都是着眼于中国的国家统一，各民族的和谐共处、共同发展。有专家指出，我们的理论探讨必须解放思想、拓展眼界，汲取我国民族政策实践的经验教训，借鉴国外最新成果。同时，我们也必须看到中国的历史与国情的特殊性，这决定了没有任何现成的模式可以让中国照搬，中国只能走自己的道路。

"发展是搞好民族关系的第一要务"

——专访国家民委政策法规司原司长毛公宁

作为一个具有悠久历史的多民族国家，我国的民族关系经历了国内外各种风云变幻的考验和挑战。可以说，比较和谐的民族关系，是我国实现经济社会快速发展的重要条件之一。当前，影响我国民族关系和谐的主要因素有哪些？怎样才能维护和谐的民族

毛公宁

关系？如何使我们的民族政策更加完善？针对这些问题，《中国社会科学报》记者专访了国家民委政策法规司原司长毛公宁。

区域自治替代联邦

《中国社会科学报》记者（以下简称记者）：作为一位长年致力于民族问题的政府工作者，同时也是民族问题、民族理论、民族政策的研究者，您对我国的民族问题如何认识？

毛公宁：我国解决民族问题的制度和政策的确经历了一个比较漫长的探索过程。新中国成立初期，受毛主席委托，李维汉对如何从制度上解决我国民族问题进行调研。通过中、苏对比研究发现，1917 年前后，苏联的俄罗斯族与非俄罗斯族大约各占一半，而中国的少数民族只占大约 6%。而且，当时苏联决定走联邦制的民族国家道路，一定程度上也是被"逼"出来的，因为只有采取联邦"大国"的办法，才能与德国法西斯抗衡。我国的基本国情与苏联不同，不宜实行联邦制，只能实行民族区域自治。最终，党中央采纳了这个建议，确立了民族区域自治作为解决我国民族问题的基本政策和基本政治制度。

中国没有以民族建立国家的历史，虽然历史上有少数民族掌握政权的朝代，但本质上还是中国。民族统一是中国历史发展的主流，分裂割据的局面是很短暂的，大一统的格局没有改变过。

记　者：最近，我国的民族问题受到了外界的广泛关注，请问您对我国民族关系的总体形势有什么判断？

毛公宁：新中国成立 60 年来，党和国家三代领导人和以胡锦涛同志为总书记的中央领导集体十分关注我国的民族问题，把马克思列宁主义的基本原理与中国民族实际相结合，不断创新，确立了一整套解决我国民族问题的理论路线和方针政策，走出了一条具有中国特色的解决民族问题的正确道路。

基于此，我国民族关系的总体形势是好的，平等、团结、互助、和谐的民族关系不断得到巩固和发展，中华民族的凝聚力不断增强——这在世界范围内已得到了公认。不过，我们也要看到，我国的民族关系经历了世界各种风云变幻，经受住了严峻考验。

最近，国内外有人担心，中国的民族团结和社会稳定可能会受到影响，甚至有人提出质疑，中国的民族政策是不是需要调整。在我看来，持有这种观点的人，实际上是对中国的民族政策了解不够。

去政治化不能解决民族问题

记　者：当前影响我国民族团结的主要因素有哪些？

毛公宁：当前我国的民族关系总体是好的。但也要看到，在各种复杂因素的影响下，我国的民族关系也存在一些不太和谐的因素，其中最主要的，一是历史上民族歧视和民族隔阂所遗留的一些影响并没有彻底消除，一有条件还会表现出来；二是各民族的根本利益是一致的，但在不少具体权益方面，尤其是经济文化发展水平上存在较大差距，民族之间仍会发生一些矛盾和摩擦；三是各民族间由于在风俗习惯、语言文字、宗教信仰等方面相互了解不够，加上地区、城乡之间人员流动加快，误会、纠纷不时出现；四是由于一些人法制观念淡薄，执行政策片面偏颇等原因，伤害民族感情、损害民族团结的事情时有发生；五是国际敌对势力对我国实行"西化"和"分化"的政治图谋一刻也没有放松，与国内民族分裂主义势力遥相呼应，利用所谓民族、宗教、人权等问题，加紧对我国进行渗透、分裂、破坏和颠覆活动。2008 年发生的西藏拉萨"3·14"事件和今年新疆乌鲁木齐发生的"7·5"事件再次为我们敲响了警钟。

记　者：作为我国的一项基本政治制度，民族区域自治对巩固和发展我国民族关系起到了重大作用。但是，近年来，一些学者也提出反思，认为强调民族区域自治反而加强了少数民族精英群体心中的"民族意识"，因而需要"去政治化"改革。您对此有什么看法？

毛公宁：60年来的实践证明，民族区域自治适合我国的国情，具有巨大的优越性，在这里需要强调的是，我国实施的是民族区域自治，而不是"民族自治"，不能单方面强调民族因素而抛开区域因素，在民族自治区域内，各个民族是平等的，都享有区域自治的权利。

现在一些学者提出对我国的民族问题"去政治化"的主张，认为这会弱化少数民族心中的"民族意识"或"民族分离意识"。在我看来，这完全是照搬美国的民族理论，是不符合中国国情的。在中国，民族问题是很难与政治问题分开的。

新中国成立后，我国废除民族压迫制度，实行各民族平等，实行民族区域自治，培养民族干部，消除一切不利于少数民族和民族区域发展的落后因素，在民族地区实行改革开放，促进各民族的共同团结奋斗、共同繁荣发展，哪个环节与政治无关？

另外，美国是一个移民国家，只有200多年的历史，很多"民族"（在美国称"族群"）来自于非洲和欧洲，这很难说是本质意义上的"民族"，而与此相比，我国是土生土长千百年来形成的民族。这需要一个长时间的自然融合的过程。

确保团结和谐的民族关系

记　者：我国是一个多民族共处的国家，怎样才能更好地维护民族关系的和谐？

毛公宁：民族关系的和谐，是我国经济社会发展的根本前提。只有保持和谐的民族关系，我国社会主义的各项事业才能顺利展开。我国要保持良好的民族关系，关键要做到以下几点。

第一，全面贯彻落实党的民族政策，特别是民族平等和民族团结的政策，坚决反对带有民族歧视的任何言行。

第二，帮助少数民族地区加快发展。发展，是解决民族问题的第一要务。可以说，我国出现的民族问题，大多与民族地区发展不够有关。

第三，要妥善处理好影响民族团结的问题。由于发展不平衡、利益分配、民族差异等多方面的原因，各民族在交往中还会发生一些摩擦，加上一些国内外敌对分裂势力的煽动、挑拨，可能会给我国民族关系带来负面影响。在处理影响民族团结的问题时，应注意掌握几个原则：一是处理及时，把问题解决在萌芽状态；二是严格执行党的民族宗教政策，做到"四个维护"，即维护法律尊严，维护人民利益，维护民族团结，维护祖国统一；三是严厉打击民族分裂势力；四是在全国范围内，加强党的民族政策理论、法律法规、民族基本知识的宣传教育。

（记者　冯建华）

学者谈全球化、现代化进程中的民族问题

阎学通：加强中国民族国家的构建

阎学通

中国是经过殖民解放运动由一个半殖民地半封建国家变为一个民族独立国家的。因此，中国在建立民族国家的过程中和殖民地国家有很大的相似性。中国的现代民族国家建设在相当程度上是模仿西方国家的。西方国家的民族国家建设是内生的，它的经济、科技、文化发展模式和发展方向、传统文化以及整个政治哲学思想是其民族国家的内生基础。而中国没有这个基础，中国是从外面借鉴来的，但又不能全盘效仿西方。

在我国的民族国家建设过程中，既借鉴了外部思想和模式，又与中国特有的基础相结合，这也是我们的方法和必然路径。在这个必然路径中，我们对国家和民族的认识与西方是不一样的。在西方语境中，"国家"的概念和"民族"的概念是一致的，所以叫民族国家。美国是一个移民国家，但是美国不叫民族，他们叫种族，尽管各种族不同，但是都属于美利坚民族。而中国是不一样的，中国是一个多民族组成的国家。这样就出现了一个问题，中国到底是一个民族国家还是一个非民族国家。当年，孙中山先生提出用"国族"一词来代替"民族"。到现在我们还没能解决这个问题，

原因是观念没有转变。

中国在建设民族国家的过程中，必须首先明确，建立一个统一的中华民族是正确的还是错误的。如果是正确的，就要采取一切有利于培养所有公民的"中国人"民族认同的政策。凡是不利于或破坏个人形成"中国人"民族认同的政策，都要进行修改。

中国采取了很多保护少数民族文化的措施，但西方部分媒体仍在鼓吹中国毁灭少数民族文化。其实，西方很多国家根本不承认少数民族的存在，也没有鼓励用少数民族语言教学的政策，都是采取统一语言教学的政策。因此，在民族认同与国家认同方面，我们不要顾忌西方说什么。要明确一个问题，对一个国家来讲，是让全体公民有共同的民族认同重要，还是让别人表扬几句重要。

应该肯定地说，和之前相比，中国人的民族认同状况还是有了很大提高。当清政府派第一批留学生去日本读书时，这些人在填国籍时居然填出四个国籍：清人、汉人、华人和中国人，可见当时中国人对自己是哪个国家、哪个民族的认识是多么混乱。

但是，在成绩面前我们必须保持警惕，正视问题。我们在民族建构问题上缺乏一个明确的方针，我们政策中的矛盾使得民族一体化进程严重受阻，民族分裂主义的事件不断发生。这导致的一个结果是国际社会产生了一个观念，认为中国不是一个现代意义上的民族国家，或者国际社会认为一个分裂的中国是合理的。可以说，能不能完成民族认同与国家认同，已经成为中国崛起的关键一环。

（阎学通　清华大学国际问题研究所所长）

（记者　范勇鹏　李彩艳　采访整理）

阮西湖：拉美经验——强化国籍概念

拉丁美洲是世界上人口最少的地区之一，据 2005 年的统计报告显示，拉美总人口为 5.61 亿，占世界总人口的 8.17%。但是其民族成分异常复杂。从各个国家情况讲，由于民族构成不一，各国民族理论和解决民族问题的模式也不尽相同。加强对拉美民族及其民族理论的研究是摆在世界民族学家、都市人类学家、拉美历史学家以及政治学家面前的经常性课题。根据我在加勒比地区了解情况和收集到的资料，得出拉美地区解决民族问题的几种模式。

阮西湖

巴西民族是一个混合民族，包括白人、黑人、穆拉托人、梅斯蒂索人、桑博人。据我了解，"巴西人"是国籍称谓，不是民族概念。巴西到目前为止还是一个地域辽阔、各地差异很大的国家，它推行的是"种族和文化熔炉政策"。

我在特立尼达和多巴哥期间，遇到一位巴西黑人。他说，在巴西，黑人不受歧视，但他认为应该建立黑人文化。巴西的民族关系是和睦的。巴西在1888年取消奴隶制，一百多年来，黑人与白人能够和睦相处，不受歧视。这一点引起国际上的注意。这可能与巴西重视"巴西人"称谓有关，都是"巴西人"，大家都一样。

同时，一体化政策与同化政策不同。在人类学上，一体化有专门的含义，即不同民族之间的相互吸引，但彼此主要特点依然保留，这种政策主要在墨西哥推行。但目前在墨西哥对一体化政策存在不同意见。

民族发展论是近期拉美地区提出的新的民族理论。这一理论与一体化政策是对立的，其主要观点是主张印第安人独立地按照自己的意愿、按照他们社会结构和价值观实行自我管理。这一理论已具有一定的影响，很值得重视。

另外，国籍称谓理论突出国家属性，同时又承认存在不同种族和不同民族。这种国籍称谓对唤起爱国主义热情和国民中的团结友好相处很有好处。在世界杯足球赛中，每次巴西队的出场都牵动全体巴西人（所有种族和民族）的心。可见，国籍称谓能增强各民族的爱国热情，阿根廷人也是如此。

随着全球化的继续深化，多元文化将长期存在，多民族也将与其同在。因此国籍称谓的意义也就越来越重要了，这有利于民族和谐相处。不同居民在使用国籍称谓时，也不会有被同化之忧虑。当然，在使用国籍称谓时，我们要注意三个方面的问题：多民族国家里居民双重属性；国籍称谓包括所有民族的居民以及这些居民对国家所作的贡献；多元文化社会的长期性是国籍称谓存在的意义，这些都需要我们做进一步研究。

（阮西湖　中国社会科学院民族学与人类学研究所研究员）

（记者　褚国飞　潘启雯　采访整理）

瓦·季什科夫：民族因素在俄罗斯联邦的作用

瓦·季什科夫

20 世纪末最后十年，俄罗斯经历了深刻的社会变革，其内容不仅仅局限于国家疆域的改变、市场改革和政治体制的变革，人们的日常生活、大众文化、社会意识、人际关系、个人行为等方面都发生了很大变化。国家的民族成分、文化多样性、族际关系的性质和有关"民族问题"的国家政策，即民族政策，也都受到了深刻影响。现在的俄罗斯是一个全新的国家和社会，这是历史上前所未有的。尽管历史和传统，包括苏联时期的遗产，对国家的发展进程产生着巨大影响。

虽然苏联解体后，俄罗斯的人口具有民族多样性的特点，但它仍然和世界上许多大国一样，拥有不同民族出身和宗教信仰的人们。此时，重要的不是人口的文化多样性这个事实本身，而是社会和国家赋予人口的文化多样性这个因素什么意义。在这方面，俄罗斯的历史经验的确非常独特，其结果也不尽相同。

在苏联和俄罗斯联邦时期，人们的民族差别具有特殊的意义，各民族同一体被称作"各民族"，而一部分国家制度就是按民族区域原则建立的。这有助于保留小文化和小语种。现在，俄罗斯的自治共和国和自治区，主要以非俄罗斯民族（少数民族）区域内部自治的形式存在，这些共和国和自治区是保留和发展小文化的经济、法律及政治的基础。现在的俄罗斯继承了苏联的民族共同体理论和"多民族组成"形式。放弃公民国家的思想，

民族问题：构建现代国家的「一道坎」

379

不能把俄罗斯的联邦构成解释为实现俄罗斯的民族国家自治。

近几年来，我一直在分析民族因素在俄罗斯的作用以及国家生活中发生的其他一些重要事情（人口、移民、冲突、极端民族主义、宽容及其他一些问题）。但对我本人和国家而言，其他国家的经验，其中包括中国的经验，是极其重要的。中国支持和保护少数民族的政策尤其具有重大意义，在中国的少数民族政策中，民族区域自治形式的存在与中国的存在不矛盾，中国的存在不是由民族决定的，而是由全体公民民主决定的。占多数民族的汉族和汉文化的存在，不会排斥，更不会拒绝全中国人民对国家的一致忠诚。

对俄罗斯而言，这种模式具有重大意义，也许是拯救俄罗斯的良方。换言之，不应当以俄国极端民族主义和沙文主义的典型方法，而应当以确立俄罗斯统一和确立俄罗斯人为统一民族的思想和计划，对抗地方民族主义和分离主义。当然，俄罗斯的极端民族主义和汉族的民族主义一样，在两国的社会生活中都存在，但其内容可以并且应当向包容性、公开性和尊重文化复杂性的方向转变。无论在任何情况下，将来不会支持文化分立主义，而会支持文化多样性情况下的国家统一。实际上，俄罗斯不仅存在100多个不同民族，而且也存在一个统一的民族，这就是俄罗斯人国家和文化的一致性，但要使俄罗斯学术界和政治界意识到并承认这个现实，不是件容易的事。在中国、印度、墨西哥、西班牙和其他国家，存在着"多民族统一"的形式，在探索新的统一方面，这些国家的经验将给俄罗斯带来巨大的益处。

（瓦·季什科夫　俄罗斯科学院民族学人类学研究所所长）

（高永久　翻译整理）

王希恩：民族融合　文化多元

从全球来看，民族一体化、民族融合的趋势正在加快，可与此同时，民族冲突在局部地区仍比较严重。这其实并不矛盾。

所谓民族一体化、民族融合趋势加快，是说当今的全球化依据高技术在将地域空间急遽压缩的同时，也使人们在文化、观念上的共性前所未有地增多起来，民族的特殊性由此大幅度消解。但在这种共性增多的同时，人们对个性的追求、各个民族对自身利益和特殊性的追求也在增强，其中也包括追求"独立"和"分裂"企图的抬升。冷战结束以后，民族冲突不断成为世界局势的热点，各有其不同的具体原因，但主要根源在于与全球化有关的打破封闭过程中文化和各种利益的相互冲撞，而民族主义又在其中自觉或不自觉地充当了"理论指导"。

"民族主义"的核心精神，一是将"民族"神圣化，将民族这种自然的人类共同体提高到至高的、永恒的地位；二是主张"一族一国"，一个民族只有和一个国家对应起来才是合理的，人类才能幸福。历史上，民族主义曾在西欧造就了最早的民族国家，其后又掀动了波及世界的民族解放运动，而在当今的全球化时代，也仍然在以民族为单元的各类政治运动、思想学说中发挥着重要影响乃至支配作用。由于"民族神圣"实质上是在打造自己民族的神话，而在多民族国家中谋

王希恩

求"一族一国"，势必与相邻其他民族和多民族国家整体形成冲突。这是民族主义留给当今世界挥之不去的恶果。

我坚信民族融合是历史的必然。因为这不但是马克思主义民族理论的一个基本论点，也是事物发展的一个基本逻辑。人们不断为民族做出不同的定义，但都承认民族是人类历史一定阶段的产物。有生就有灭，万物皆然，民族也不能例外。民族融合是一个久远的未来，也是一个过程，它的渐进表现就是民族特性的减少和共性的增多。马克思主义将民族与阶级和国家一道，视为终将消亡并致力于消亡的事物，因为它们或是人类隔绝的产物，或制造了人类的隔绝。相对于阶级的消亡，民族的消亡可能更为长久，但在它发展的进程中，共同因素的增多则是社会的进步。民族以文化为本，但两者并不等同。文化可以是民族的，也可以是地域的、阶级的、家族的、年龄的、性别的，它们之间又是可以交叉重叠的。

所以，文化是人类的本质属性；文化多样性是人类创造性的源泉，与

民族问题：构建现代国家的"一道坎"

人类历史相始终，而民族则是会消亡的。民族的消亡或融合只意味着人类这种群体之间界限的消除，失去的只是人类交往的屏障，而不会是文化和文化的多样性。所以，民族融合、民族消亡是人类的进步，我们提倡文化的多样性，却不能提倡民族隔阂。这与国际上流行的文化多元主义是不矛盾的。

当今虽然远不是民族融合的时代，但我们决不可以抗拒民族之间的接近和共同因素的增多。固化民族之间的界限和强行推进民族融合一样，都是违背民族发展规律的。

（王希恩　中国社会科学院民族学与人类学研究所民族理论研究室主任）

（记者　潘启雯　采访整理）

周勇：民族冲突的四个根源
——种族主义、资源争夺、宗教、语言

周勇

全世界所有国家中，绝大多数是多民族国家。在一个多民族共处的国家，要维护稳定的民族关系，首先必须尊重文化多样性。这表现在生活方式、语言、价值观念等各个方面。文化的多样性，对于国家的发展是一笔财富，而不是一种阻碍。从另一方面来看，文化多样性也是适应自然生态性的产物，例如在游牧民族聚居的草原地区，就不适合搞农耕和农田开发。为此，有一种现象值得特别警惕，这就是人类社会不能采取单一的工业化、城市化的发展道路，使狩猎、游牧、农耕等传统生活方式边缘化，单线进化论不能作为处理民族问题的理论基础。

在全球化的背景下，民族交往更加频繁，民族发展表现出了多种形态。与此同时，民族冲突在局部地区也愈发严重。在导致民族冲突的根源中，最严重的是种族灭绝。种族灭绝在二战时期表现得最为明显，1948

年联合国大会为此出台了《防止和惩处种族灭绝罪公约》。但是，不要以为种族灭绝已经离我们远去了，事实上一些国家或地区仍然存在这种现象，例如卢旺达、南斯拉夫等一些国家。我们现有的全球治理结构和国家法律体制有时尚不足以有效防止乃至根除这一"罪中之罪"。这是值得特别警惕的。

对资源的控制和争夺，是导致民族冲突的重要根源。少数民族聚居的地区，往往资源比较丰富。由于资源过度开发，当地环境受到破坏，从而导致少数民族不能继续他们原有的生活方式。于是，当地政府或者以跨国公司为背景的外国政府与当地少数民族之间的矛盾一触即发。如今，国际上很多土著民族纷纷掀起反抗商业开发项目的运动，就是最好的说明。不能以促进经济发展为由，毁坏少数民族的生活环境及其文化所赖以生存的物质基础。

对宗教的不宽容，特别是国家政权的中立性和世俗性原则的违反，同样是导致民族冲突的一个重要原因。深层次的历史原因不说，这在日常生活中仍表现比较明显。例如，在欧洲生活的伊斯兰信徒就常常与主流社会发生冲突：穆斯林做礼拜是在周五，西方基督教做礼拜是在周日，因此一些在欧洲大学工作的穆斯林为此要求学校调课，校方没有接受，双方自然就会发生冲突。法国自20世纪80年代后期以来连续不断发生的有关穆斯林学生是否可以在学校佩戴头巾的争论，也是这种冲突的表现。

此外，语言的地位和使用、传承有时也会导致民族冲突。在多民族国家，语言带有很强的政治属性，在某种场合使用什么语言，往往涉及个人尊严和一个民族的认同与发展。例如，比利时讲瓦隆语和佛莱芒语两个群体之间的争执，曾差点导致这个国家分裂。

（周勇　挪威奥斯陆大学法学院中挪法律研究项目主任）

（记者　冯建华　采访整理）

И·Ю·扎里诺夫：民族学应以基础研究作为优先方向

民族群体，无论怎样它们都是历史上形成的民族的一部分，它们脱离

中国道路

中國社會科學報

·（2009
—2010）

特别策划
（上卷）

自己的历史地域而存在，这种历史地域常被想象成国家的形式。它们在别国的"文化领域"获得新的民族面貌，这种新面貌的特点取决于时空因素。在这种情况下，通过该群体成员的认同表现出来的认同过程完全有可能取决于别国的指令和本身的自决，而作为某种社会文化性质的民族性可能开始具有组织上和制度上的差异。被构建主义者扩大运用于所有民族共同体类型的论题，实际上是不正确的，它丝毫也不能把现代民族学学科所面临的理论问题弄清楚，不论它是独立的学科还是社会与文化人类学的组成部分。

И·Ю·扎里诺夫

在谈论关于民族和民族主义的后民族范式时，民族学家们似乎不应该完全脱离与民族问题有着这种或那种联系的社会现象。不但如此，也无须重复，现在已变成时髦的"（狭义的）民族"和"（广义的）民族"这两个术语已经被不只是学术界的许多人习惯地用于不可告人的目的。让他们来操纵这两个术语所标明的、决定人类社会进一步发展道路的现象不仅是错误的，而且是有罪的。遗憾的是，许多社会现象变成了政治、经济、文化，当然还有新闻业等近科学的投机家们钻营的对象。新闻业越来越追求现代社会中的"第四权力"的地位。建立在用历史的和同步的观点看待人类社会的真正科学思维基础之上的另外一种观点和价值体系，应该成为这一无耻和无知的危险扩张道路上的最后界线。而对各种科学理论和观念（其中包括以这种或那种方式表现民族性在现代社会发展中的地位和作用的那些理论及观念）的理智整合，可能是这方面的保证。

在社会科学包括民族学中，基础研究和应用研究的关系无论怎样都是将这些研究用于实际目的的各种国家—意识形态目标的反映。在每一种现象中起源都是很重要的：西方的社会—文化人类学从一开始就具有应用的动机，这种动机在把人类学研究用作重要的政治力量方面起过重要的作用。俄罗斯的民族学和地理学不同，它以基础研究作为优先的方向。在苏联历史的某个时期（20 世纪 20 年代和 30 年代之交），民族学被普遍认为是有害的资产阶级伪科学，只是在伟大的卫国战争以后，它才在俄罗斯的社会科学体系中获准"登记"，并把对外国民族（其中包括它们在世界许多国家中的离乡分散者）的民族学研究列入了自己的学术武库中。

（И·Ю·扎里诺夫　俄罗斯科学院民族学人类学研究所高级研究员）

（高永久　翻译整理）

"全球化狂欢"下的民族主义

当"全球化"和"民族主义"这两个词放在一起的时候，便会产生丰富的含义。兰州大学中亚研究所所长杨恕的一次法国之行便印证了这一点。他在巴黎火车站想找电话，用英语问法国警察，对方听懂了，却说"请讲法语"，弄得他莫名其妙。

这正是民族主义的一种表现，只不过比起那些暴力、血腥式的民族主义行为要温和得多。杨恕向记者谈到，人们很自然地会把经济全球化和民族融合联系起来，但是二者并非是必然的因果联系。全球化虽然促使民族之间交流更充分、关系更密切，但在这一过程中，哪个民族都不会放弃自己的特色。法国人拒绝说英语并且拼命维护法语的纯洁性，就是为了坚持自身文化特色，而这种文化特色恰恰是自己的民族特色。

因此，全球化之下，民族主义不但没有衰微、消亡，反而由于多种力量的推动在局部地区有所增强。西方一些国家在不断利用民族主义、民族自决推行自身的价值观，将民族主义当成资源，转化为自己的战略优势、经济优势等。

全球化并未导致民族融合

全球化是一种前进的力量，但是以西方为主导的全球化带来了南北发展的不均衡，这成为民族问题产生的一个根源。杨恕指出："国家、地区之间差距在扩大，这实际上是民族之间差距的扩大。不仅在经济上，在政治和文化上差别也在扩大，民族矛盾也随之激化。"他认为，从长远趋势来看，不可否认全球化会弥合或缩小民族间的差距，但是在可预见的未来，这种作用并不会显现。

"全球化给我们提供了互相了解的机会，民族之间的交往也增多了，大家都享受到了现代化的好处。但是，大部分好处落到了强势国家和集团手中。"江苏省社会科学院副院长陈刚说。这种受益不均的现象如果再加上历史积怨等其他因素，极有可能造成民族矛盾的激化，甚至爆发民族冲突。

北京师范大学教授刘靖华认为，全球化带来民族特性的消亡和民族的消融，使得民族主义也在自我消解。但是，民族主义并没有真正消亡，在局部地区甚至愈演愈烈。

"野蛮生长"的极端民族主义

20世纪经历了几次民族主义浪潮，到了21世纪，这一势头逐渐减弱。但是，科索沃的独立以及南奥塞梯的争端，都表明民族主义在局部地区有所抬头。

此外，政治、经济、外交以及历史遗留问题等多种因素交融在一起，使得民族主义问题更加复杂化。

"带有种族性、宗教性等各种特色的民族主义之所以在当代有复兴的趋势，主要和全球化相关。民族主义有一种与生俱来的原发性力量。"刘靖华作了一个生动的比喻，"民族主义就像一颗掉进石缝的种子，越遭到恶劣对待，就生长得越疯狂。全球化过度、无序的扩张，有可能导致民族主义产生暴力的倾向。"

某些国家、民族优势的丧失和某些矛盾的扩大，都会在一定程度上刺激民族主义"野蛮生长"，一旦失控它就会向极端化发展。极端民族主义最大的特点就是强烈的排他性，夸大本民族的优点，放大其他民族的缺点，并采取排他行为。从历史的角度看，这主要是由于受过外部压力而引起的反应。比如俄罗斯的光头党采取的极端民族主义行为，主要原因是苏联这个超级大国解体之后，俄罗斯人心中产生了失落感，而俄罗斯经济的低迷进一步加重了这种失落感。

欧盟国家为何不支持巴斯克

刘靖华指出，民族主义不单是文化、社会现象，而且是政治现象，可以成为一种政治资源，在政治场域中发挥力量。如果正确运用政治智慧和政治艺术，可以使它成为现代化的推动力量，成为凝聚社会核心价值观的促进力量，成为社会进步的促进力量。但是，民族主义尤其是激进的民族主义，很容易沦为国际博弈的工具。

从科索沃、南奥塞梯、达尔富尔等问题一直到发生在中国国内的"藏独"、"疆独"问题，背后都少不了西方国家的身影。西方国家不断以"民族自决"、"自由"、"人权"为借口，纵容甚至煽动、支持他国的民族分离势力。陈刚向记者指出："现在很多民族冲突有意无意地被一些强权国家利用，他们可以从中渔利。"

西方国家利用一些国家、地区的民族主义，推行自己的价值观，一方面是希望从中捞取好处，另一方面是为了遏制别国的发展。这样一来，西方国家在民族主义和民族自决上，自然会采取双重标准。

西方国家在处理国际事务时，强调其他国家要尊重民族自决、人权，而在处理自己政治体系或国家内部矛盾的时候，却采取另外一种政策。比如在西班牙的巴斯克问题上，欧盟国家中没有一个支持巴斯克的民族自决。令人困惑的是，按照西方的价值观，它们理应表示支持，可是它们为什么支持科索沃而不支持巴斯克？因为西班牙是欧盟的主要成员国。可见，在现实政治利益之下，西方的价值观也是"灵活"的。

民族主义是一把"双刃剑"，利用民族主义、民族自决也会伤到自己。西方国家在处理民族问题中面临的矛盾和尴尬不正说明了这一点？

（记者　李博）

促进民族融合必须遵循历史发展规律

民族关系的复杂性，很大程度上是由各民族之间的差异造成的。这种差异表现在经济、文化、语言、生活方式、风俗习惯、宗教信仰等社会生活的各个方面。然而，这种差异往往是保持一个多民族国家活力的重要源泉。因此，我们要在平等精神和互助共存的前提下，客观认识民族差异，理性对待民族差异。

但是，需要特别引起注意的是，由于受到境内外狂热分子和分裂势力的煽动和利用，民族差异的过分强调和个体民族情结的过分彰显会成为引发民族冲突、社会骚乱的"导火索"，特别是变为一个民族的群体性思维习惯和特征时，情况则变得更为复杂。

经济发展对民族稳定至关重要

随着国内外形势的变化，最近一部分学者指出，应该对我国的民族政策进行反思。

中央民族大学民族学与社会学学院院长杨圣敏教授认为，当前中国的民族政策在总体上对少数民族的发展有利，提高了少数民族的经济发展水平和政治地位，得到了少数民族人民的拥护。当前出现的一些民族问题有着很深的历史和国际背景，其中被某些人夸大宣传的一些所谓的民族问题，实际上已成为少数人操控民族主义情绪为自己谋取利益的手段。

北京大学社会学人类学研究所前所长马戎教授也认为，新中国成立60年来，中国的民族关系总的来说是和谐的。近年来，在"西部大开发"战略的实施过程中，中央政府和沿海各省在西部少数民族聚居区投入巨额资金，启动了许多大项目，这些项目吸引了许多东部和中部的汉族劳动力来到西部，改变了西部地区的经济结构和社会结构，这也使得汉族与西部少数民族之间的交流进入了一个新的历史时期，达到了前所未有的深度和广度。

可是，伴随着经济的发展，也出现了贫富差距拉大的现象。这些现象可能会让部分少数民族群众感到不满，再加上外部敌对政治势力和宗教势力的鼓动与支持，一些普通的文化差异问题、利益分配问题就会转变为民族情绪，并使极少数激进分子铤而走险。马戎教授认为，这些极端主义的活动有时以恐怖袭击的形式出现，有时以街头骚乱的形式出现，这很容易激发民族之间的相互不信任，产生感情隔阂。事实证明，这种出现在普通民众中的民族情绪，很容易被民族分裂主义分子所利用。

民族融合应顺其自然

中国社会科学院民族学与人类学研究所研究员管彦波认为，对"民族融合"的理解，有两方面含义。一是在表述全球民族消亡的途径和方式时，民族融合是指全世界建立共产主义社会以后，民族特征与民族差别逐渐消失，形成一个没有民族界限的人类整体的历史过程。二是把民族融合作为一种普遍的历史现象来看待，它是指历史上两个以上的民族，由于互相接近、互相影响，最终形成一个民族的现象。在讲述历史上的民族关系时，通常是在后一个层面上来使用民族融合这个概念的。

"民族的融合是多民族国家的普遍现象，是历史发展的必然趋势。古今中外民族共同体的形成、变化、发展，都与民族融合紧密相关。"管彦波对记者介绍说，我国历史上民族融合的具体实现方式有多种，例如民族迁徙、经济文化的友好交流、民族之间的战争等。

管彦波认为，从严格的科学意义上而言，我国现代以及在历史上曾经存在的所有民族，其血统都不是纯而又纯的，都曾经历过不同类型的融合与同化。如今，我们所讲的中华民族，是一个基于长期交流与融合而形成的具有丰富内涵的联合共同体。与汉族一样，今天我国的其他少数民族，都是长期民族融合的结果。

与此相呼应，马戎教授甚至提出建议，重新开始"中华民族"的"民族构建"，即强调"中华民族"的概念，以此强化整个中华民族的"民族意识"。

但是，马戎教授也强调，民族融合是一个自然发展的过程，不能人为地去加快或放慢，更不能用强迫的、突变的手段来完成的。任何超越历史发展阶段，企图用消灭民族差异的方式来提前完成民族融合的想法和做法都是荒谬可笑的，是违背历史发展规律的，必将遭到失败的。

（记者　冯建华）

编辑短评

关注民族问题确保长治久安

在现代国家中，民族问题向来都是社会总问题的一部分，它与社会、政治、经济、文化等方方面面的问题密切相关，民族问题的复杂性、特殊性和不可预知性就在于许多社会问题都有可能折射到民族问题上。正确认识中国的民族问题和民族政策，对于抵御西方敌对势力利用民族宗教"西化"、"分化"中国的图谋，增强忧患意识，将起到一定的积极作用。

维护国家独立与统一，是解决民族问题的根本前提。离开这一前提，任何解决方案都是荒谬的。只能导致社会动荡和民族分裂。也就是说，对民族问题的考量，必须置于实现中华民族伟大复兴这一全局中，而不能头疼医头，脚痛医脚。在具体实践中，必须坚定不移地对全国人民、包括少数民族同胞进行爱国主义教育、民族团结教育。

与此同时，我们要发展少数民族经济，尊重少数民族的宗教和文化，维护少数民族的权益，加强对少数民族所关注的问题（例如生态环境的保护与修复、文化的传承、产业、教育、医保、救助体系等）的研究，关心少数民族的切身利益，让研究面对现实，让理论真正指导实践，让少数民族群体的生活水平能有根本提高。

最近，民族分裂主义势力的存在及其破坏活动已给中国的国家安全和社会稳定带来了现实的威胁。这些现实问题要求我们始终保持清醒的头脑，善于从战略全局的政治高度充分认识民族问题的复杂性，大力加强对世界范围内民族问题研究，立足国情，认真分析全球化进程中民族问题的本质和走向，同时，又科学地借鉴其他国家解决民族问题的经验与教训，以我为主，为我所用。当然，更重要的是要立足国情，立足当代，探索如何切实维护国家统一和民族团结，如何推动少数民族地区现代化，确保平等、团结、互助、和谐的社会主义民族关系不断巩固与发展，确保民族地区的长期稳定和国家的长治久安。

主　编　高　翔

副主编　周溯源　王利民

执行主编　李红岩

中国道路

——中國社會科學報

特别策划（2009-2010）

ZHONGGUO DAOLU ZHONGGUO SHEHUIKEXUEBAO

——TEBIE CEHUA(2009-2010)

【中　卷】

人民出版社

目　录

中　卷

注：括号内数字为刊发时间

蓝色国土与海洋战略

记者 奚平 金辉

中国是一个陆地大国，同时更是一个海洋大国。但是，时至今日，提起中国的国土面积时，人们总会脱口而出：960 万平方公里。殊不知，除此之外，我国还拥有 300 万平方公里的管辖海域——这就是我们的"蓝色国土"！

据《中国海洋事业的发展》，我国拥有大陆岸线 18000 多公里，面积在 500 平方米以上的海岛达 5000 多个，岛屿岸线 14000 多公里。按照《联合国海洋法公约》的规定，中国还对广阔的大陆架和专属经济区行使主权权利和管辖权；中国海域海洋生物物种繁多，已鉴定的达 20278 种。中国海域已经开发的渔场面积达 81.8 万平方海里。中国的浅海、滩涂总面积约 1333 万公顷。中国海域有 30 多个沉积盆地，面积近 70 万平方公里，石油资源量约 250 亿吨，天然气资源量约 8.4 万亿立方米。中国沿海共有 160 多处海湾和几百公里深水岸线。沿海地区共有 1500 多处旅游娱乐景观资源，适合发展海洋旅游业。中国海域还有丰富的海水资源和海洋可再生能源。

这片广袤而富饶的国土，是中国先民数千年来辛勤开辟的产物，见证了我们民族源远流长的海洋文化和历史，也是当代中国走向世界不可或缺的通道和桥梁。博大深远的中华海洋文明，为我们提供了取之不尽、用之不竭的智慧宝库；风云变幻、惊涛时起的浩瀚大海，正考验着我们的睿智和勇气。在历史与现实的交汇处，社会科学家们面临着一个又一个理论和实践课题。

"与邻为善，以邻为伴"与"搁置争议，共同开发"

20 世纪 70 年代之前，除了日本在东海钓鱼岛问题上与中国存在领土争端外，在南海海域，基本上没有国家对中国在南海诸岛拥有主权提出过异议，包括越南的官方地图、政府文件、外交照会以至于教科书等，都明确无误地承认南海诸岛属于中国领土。然而，时至 20 世纪 70 年代后期，南海主权却成了所谓的"问题"。

1996 年 5 月 15 日，我国正式批准《联合国海洋法公约》。据外交部条约法律司司长刘振民接受《瞭望东方周刊》专访时的介绍，根据新的海洋法制度，我国的管辖海域范围有了较大的扩展，但在新的海洋法制度下，朝鲜、韩国、日本、越南、菲律宾、马来西亚、文莱、印度尼西亚等我国的 8 个海上邻国也扩展了自己的海洋管辖权主张，与我国的主张出现了重叠，产生了专属经济区和大陆架划界问题。受此影响，我国与部分海上邻国之间的岛屿主权争端也更加复杂。

中国军事科学院研究员彭光谦少将对记者说，综观中华民族 5000 年的文明史，开放、向海的朝代兴旺发达，闭关、内收则衰落挨打，海洋与中华民族的统一、稳定、繁荣和昌盛休戚相关。然而，正值我们打开国门面向海洋之际，适逢人类对海洋的开发利用进入一个崭新的历史时期。于是，濒海的一些国家趁机将其战略图谋插进了南海和东海，公然侵犯我国的海洋主权与合法权益。

据国家海洋局发布的《中国海洋发展报告 2009》显示，目前南沙群岛的安全问题尤为突出，绝大多数岛屿或条件较好的礁滩均被周边国家控制。而各国间的主权主张又交叉重复，形成久拖不决的复杂局面，中国维护海洋权益的形势依然严峻。

面对海洋划界争议，我国政府一再申明，中国对南沙群岛及其附近海域拥有无可争辩的主权。中国不仅最早发现、命名了南沙群岛，而且最早并持续地对南沙群岛行使主权管辖。对此，中国可以拿出充分的历史和法理依据。但是，中国政府主张，根据公认的国际法，通过友好协商，公平、合理、妥善地解决有关争议。中国政府基于"与邻为善，以邻为伴"

的睦邻友好方针，提出了"搁置争议，共同开发"的过渡性措施主张，得到了有关国家的理解和积极响应。

为建设和平、和谐之"海"而努力

海域划界是主权之争，而主权之争的背后与资源之争息息相关。中国军事科学院原副院长李际均中将对记者说，中国近海和管辖海域蕴藏着丰富的海洋资源，包括生物资源、油气资源、固体矿物资源、海水资源和海洋旅游资源等，尤其是陆地上日益枯竭的油气资源更为宝贵。如今的中国"护城河"正在成为"养鱼池"，一些国家混水摸鱼的行径值得警惕和关注。

在主权问题未能有效解决之际，中国政府声明将按照协商和公平原则处理有关海洋划界纠纷，与南海周边国家签订了《南海各方行为宣言》，为和平解决争端做了一些铺垫。此外，中国除了宣示依法享有的海洋国土和海洋权益外，一直主张通过协商，按照公平原则与有关国家解决海域划界问题。

据外交部网站刊载的文章介绍，经过多年努力，我国取得了一些积极的成果。2000年12月25日，经过长期艰苦谈判，我国与越南签订了北部湾划界协定。该协定已于2004年6月30日生效。这是我国根据新的海洋法，与邻国划定的第一条海上界线，有着重要的意义和积极的示范作用。自1996年起，我国与朝鲜、韩国和日本相继启动了双边海洋法磋商机制，基本上每年举行一次，主要就海域划界和海上合作问题交换意见。1997年和1998年，我国先后与日本和韩国签订了渔业协定，就东海海域和南黄海海域划界前的渔业活动做出了实际性的临时安排，有效地搁置了双方的专属经济区划界争议，基本稳定了有关海域的渔业作业秩序。2005年3月，我国的中海油与越南、菲律宾的国家石油公司签署了《在南中国海协议区三方联合海洋地震工作协议》，同年8月正式启动了海上作业，为逐步实现南海海域的共同开发开了一个好头。2002年，我国与东盟10国签署了《南海各方行为宣言》，强调共同维护南海地区的和平与稳定，以和平方式解决分歧，不采取使争端复杂化的行动。1992年以来，我国一直派人参加由印尼主办的非正式、非官方的"处理南中国海潜在冲突研讨会"，积极宣传和平解决南沙争端以及"搁置争议，共同开发"等主张。

在今年春天召开的全国两会上，部分代表和委员建议，中国必须要有紧迫感，应像发展航天事业那样推进海洋探测与开发，包括抓紧开展公海探测、集中力量发展海洋高科技、大力培养海洋人才、加快"蓝色国土"的资源开发、做大做强海洋经济、积极参与国际海洋法律制度的研究与制定等。把海洋战略作为国家战略的一部分进行整体考虑和运筹，已经成为全体中国人民的共识。

两大原因值得重视

回顾历史，中国自古便开始了对海洋的开发利用，更认识到了海上交通的便捷性。

中国先民早在公元前2100年前，就已经发明了独木舟，"刳木为舟，剡木为楫"。在夏朝即发明了舵和帆。在商代的甲骨文中已经出现了"舟"的象形文字。周武王灭纣建周时，封箕子于朝鲜，从渤海湾海港出发到达朝鲜，教其民田蚕织作。至春秋诸侯争霸时期，楚国兴舟师攻打吴国，开始正式将舟师用于战事。

据日本古史记载，西汉哀帝年间，中国的罗织物和罗织技术已跨海传至日本。随着生产力的发展和国力的强盛，中国古代水师及航海技术也不断变革提高，至宋、元、明时代达到了极高的水平。明初著名的郑和七下西洋，途经三十余国，最远曾抵索马里和肯尼亚，其舰队中最大的"宝船"，"体势巍然，巨无与敌，蓬帆锚舵，非二三百人莫能举动"。此一时期，中国海防建设也从无到有，逐步完善。北宋时期，水师建制即已有"上虎翼水军"、"虎翼水军"、"神卫水军"等。至明代，为防御倭寇袭掠，海防建设日臻完备，在沿海地区设有专门水军。清代亦设立水师，以"防守海口，缉私捕盗"，"巡哨洋面，捍卫海疆"。

然而，当前对中国人光辉的海洋史，宣传、普及远远不够。中国人对海洋的认识和了解，远远不如对"长江、长城、黄山、黄河"熟悉，这在相当程度上影响了我们树立强大的"蓝色国土"主权意识。

另外，根据1994年正式生效的联合国《国际海洋法公约》，一个岛屿周围的主权水域可延伸到1500平方公里，并可以附带控制43万平方公里的专属经济区，这些规定影响海底资源的分割问题，成为有关国家与中国对海洋主权划分展开激烈争夺的关键原因。

李际均说，中国周边一些国家不顾中国多次主权宣示和警告，不顾历史事实和海洋法的具体实施细则及以往判例，且无视现实地理条件与海洋法的理论界定之间存在着巨大差异的客观事实，单方面主张以200海里专属经济区和350海里大陆架为原则划定其海洋国土，使中国一半以上海洋国土面临"主权归属争议"，说到底是一种不严肃地引用联合国海洋法的、极其不负责任的做法，其目的在于觊觎中国的海洋主权与资源。

全面实施海洋战略

海洋覆盖了地球表面的71%。海洋战略事关现代化进程，在一定程度上主宰着一个国家的兴衰。人们欣喜地看到，1996年中国制定的《中国海洋21世纪议程》，已经提出中国海洋事业可持续发展的战略。

其基本思路是：有效维护国家海洋权益，合理开发利用海洋资源，切实保护海洋生态环境，实现海洋资源、环境的可持续利用和海洋事业的协调发展。为此，《议程》提出了七大基本政策和原则，即：

——维护国际海洋新秩序和国家海洋权益。

——统筹规划海洋的开发和整治。

——合理利用海洋资源，促进海洋产业协调发展。

——海洋资源开发和海洋环境保护同步规划、同步实施。

——加强海洋科学技术研究与开发。

——建立海洋综合管理制度。

——积极参与海洋领域的国际合作。

中国是一个发展中的沿海大国。中国高度重视海洋的开发和保护，把发展海洋事业作为国家发展战略，加强海洋综合管理，不断完善海洋法律制度，积极发展海洋科学技术和教育。中国积极参与联合国系统的海洋事务，推进国家间和地区性海洋领域的合作，并认真履行自己承担的义务，为全球海洋开发和保护事业作出了积极贡献。

止如彭光谦少将所言，强大的军事力量是维护国家利益的后盾，中国海军是防止其他国家肆无忌惮侵蚀中国海上利益的强大威慑力量。

许多学者对记者指出，保卫国家海上安全、维护领海主权和海洋权益是中国军队的神圣职责。中国发展包括海军在内的国防力量，目的是要维护国家安全、发展利益和世界和平，而不是要与其他国家搞军备竞赛、搞扩张，因此不会对其他国家构成威胁。中国的总体发展战略，是同国际社会一道，共同推动构建一个持久和平、共同繁荣的和谐世界。

胸怀海疆经略海洋

我国拥有漫长曲折的海岸线和辽阔丰饶的海域。在这片广阔的领域里，勤劳智慧的中国人民谱写了踏海驯鲸、光辉灿烂的海上文明史。迄至21世纪，人们常把这一世纪称为海洋世纪，海洋日益成为人类可持续发展的重要空间，同时也成为国际竞争的关键领域之一。中国作为泱泱海洋大国，维护海洋主权，保护祖国海疆安全，维护国家海洋权益，是我们的题中应有之义。

中国有源远流长的海洋文明传统，历史上，不少有识之士胸怀海疆、关注海权。西汉司马迁的《史记》，即已开介绍世界史地知识之先河。《史记·五帝本纪》中曾有黄帝"东游于海"的记载。《朝鲜列传》则写道，汉元丰二年，"天子募罪人击朝鲜。其秋，遣楼船将军杨仆从齐浮渤海，兵五万人"。至近代，林则徐主持编译的《四洲志》，开全面介绍外域大势之先河。姚莹则在实地考察西南各地的基础上，著有《康輶纪行》一书，志在"雪中国之耻，重边海之防"。其时，尚有薛传源编《防海备览》、严如煜编著《洋防辑要》、俞昌会的《防海辑要》等著作。至魏源皇皇500卷的《海国图志》，则放眼海域，详叙海疆，为闭塞已久的中国人带来了全新的近代世界概念。魏源在《海国图志》中还提出了"以守为战"、"以逸待劳"的战略思想和"诱其深入"、"坚壁清野"、"出奇设伏"、"水陆夹攻"、"草木皆兵"等战术原则。当时日本人鹫津毅堂读魏源此著后，曾感慨道："海防之策莫善于是篇。"到了现代，学者们加强了海防安全、海洋战略、海洋资源的研究，产生了一系列学术成果。然而必须看到，我们现今所取得的成果，与当前海防建设的需要还有很大差距。在海洋资源和海洋战略日益受到关注的今天，经略"蓝色国土"，关注海洋战略，意义重大，亟待引起高度重视。

发展国家海防力量，增强全民族的海防意识，是我国安全和发展的必然要求。中国学者一向有"经世致用"的优良传统，当今时代与当代世界和中国为哲学社会科学工作者提供了广阔的天地和舞台。中国学者将与全国人民一道，为保卫和经略祖国的万里海疆作出更加坚实的贡献。

（艾昕）

重建新世纪中国海洋战略
——专访国防大学战略研究所杨毅少将

杨毅，海军少将。1968年2月参加中国人民解放军海军，历任中国援外军事专家、护卫舰副舰长、海军司令部办公室外事处处长、海军司令部办公室副主任、中国驻美国大使馆海军武官、国防大学战略研究所所长。

主要研究方向是国家安全战略、国际战略、军事战略，曾经主持完成许多国家和军队重大科研项目，如《中国21世纪国家安全利益目标和安全政策构想》、《增强国家战略能力建设》、《我国战略威慑武器装备体系建设》等，主要学术著作有《全球战略稳定论》、《国家安全战略研究》、《国家安全战略理论》等。

21世纪是海洋的世纪，海洋在国家战略中的地位日益重要。一个没有海洋意识的国家是一个没有前途的国家。中国作为海陆兼备的大国，有着960万平方公里的陆地领土和300万平方公里的海洋领土，拥有丰富的油气资源、渔业资源以及其他不可或缺的战略资源，海外出口商品的90%以上都是通过海上运输到世界各地，海洋对中国发展的重要性不言而喻。

当今各国为了争夺海洋资源展开了激烈的争夺，尤其是南海周边国家正在一步步蚕食我国的海洋领土，面对严峻形势，中国该制定何种海洋战略？面对突发危机该如何应对？中国是否应该建造航空母舰来保卫中国主权和领土完整？就这些问题，《中国社会科学报》记者采访了国防大学战略研究所原所长杨毅少将。

抛弃冷战思维　改变游戏规则

记　者：进入 21 世纪以来，国际局势风云变幻，海洋的战略和经济作用日益凸显，各国为了在激烈的国际竞争中占据有利地位，纷纷调整自己的海洋战略，中国作为正在崛起的大国，该如何抓住这次机遇，调整自己的海洋战略？

杨　毅：中国的海洋战略必须符合全球化时代的大背景，服从、服务于国家安全战略。我们必须从更广阔的视角和更全面的思维来思考这个问题，必须要综合考虑我国的政治、经济、军事和安全利益等。

西方国家的海洋战略从马汉开始就强调要控制海洋，控制全球的战略要地。在马汉看来，谁的军事力量强，谁就可以控制海洋，谁控制了海洋，谁就可以获得最大的利益，各个大国为了控制海洋展开殊死较量。全球化时代，已经不仅仅是控制海洋的问题，对于大国来讲更多的是开发海洋、利用海洋，通过合作的方式来达到国家利益、民族利益、人类利益和国际利益的和谐相处。任何想控制和独霸海洋的国家都会受到来自其他国家的挑战，陷入安全困境，引发冲突。

从历史上看，大国崛起必然会引起国际和地区格局的变化。中国正处在崛起的阶段，这必然会引起某些国家的恐慌和不安。美国的官员和学者就曾经表示，美国虽然无法阻止中国发展陆上军事力量，但是如果中国发展海上力量，美国会认为是对美国利益的挑战，美国一定要对中国采取遏制的措施，绝不允许中国在西太平洋甚至范围更广的地区分享其已经获得的权益。所以，中国制定海洋战略必须抛弃冷战时期那种为了争霸而控制海洋的思维，促进游戏规则的改变，合作开发利用海洋。

根据形势变化　配置海权陆权

记　者： 有人提出，现在海洋的作用越来越重要，中国的陆权应服从海权，有的专家则认为应该是海权服从陆权，您认为我国应该选择怎样的国家军事战略？

杨　毅： 我认为海权服从陆权或者陆权服从海权的观点都是片面的，海权和陆权都应该服从国家的核心利益。我国的军事战略不是一成不变的，而是随着国际和国内形势不断变化而调整的。不同历史时期，我国的军事战略随着国家安全威胁的变化而改变。新中国建立初期，新生的人民政权面对以美国为首的国家的封锁与国民党的"反攻"威胁，为了保卫政权，在东南沿海地区布置重兵，以反登陆为主。中国的军事战略以反对侵略、维护国家安全为中心，陆海均衡发展。

全球化时代，远洋运输成为最主要的运输方式，来自海上的威胁日益严重，保卫中国的海上船只安全、保卫航线畅通刻不容缓，作为一个有影响力的大国，中国需要为地区和世界和平提供更多的国际产品，展示一个负责任的大国形象。前段时间我国海军赴亚丁湾海域执行护航任务就是保护中国的海上权益，为国际社会提供"公共产品"的典型事例，现在应该加快对海军的投入。

建造航母取决于我们的国防需要

记　者： 长期以来，中国是否建造航母的话题是国内外媒体和民众关注的焦点。今年国务委员兼国防部长梁光烈表示，中国不能永远没有航母。您认为中国是否应该建造航母？

杨　毅： 我历来主张中国应该拥有航空母舰。航空母舰只是一个海上作战平台，这个平台既可以是一个进攻性的平台，也可以是一个防御性的平台。

第一，中国是否要造航空母舰取决于我们的国防需要。中国作为一个世界大国，拥有广阔的海洋国土需要保卫，中国的海外利益需要维护，中国建航母是理所当然的。中国是大国中唯一没有航母的国家，中国有权利决定是否建造航母。

第二，航母是海军兵力均衡发展的重要组成部分。海军有水面舰艇、潜艇、航空兵、岸防兵、海军陆战队，但是我军的航空兵都是岸基航空兵，大大影响我海军航空兵的作战半径，航母可以延伸我海军的作战半径，更好地维护国家安全。

第三，中国有航母可以更好地维护国家利益，增大战略防御纵深。以前海战都是在领海范围之内进行，拥有航母就可以在经济专属区以外进行，御敌于国门之外。

第四，航母不但可以担负军事行动任务，还可以执行其他方面的任务，应对非传统安全，打击恐怖主义，维护海洋通道畅通，组织海上救援、撤侨等。

通过友好协商解决领土纠纷

记　者： 中国在处理东海和南海问题上一直坚持"搁置争议，共同开发"的主张，但实际情况是"中国搁置争议，周边国家拼命开发"，我们是否需要重新审视我们的立场？

杨　毅： 这句话的完整表述是"主权归我，搁置争议，共同开发"。这是上个世纪小平同志提出来的。当时，中国因为海洋国土问题与周边国家发生争议，小平同志从维护友好关系的角度出发，提出这个问题先搁置一下，以后再谈双方都能接受的解决办法，不要因此而发生军事冲突。这句话最主要的是"主权归我"，这是前提，离开这句话，就等于放弃了主权，这是非常重要的。中国在维护领土和主权完整问题上的立场是坚定的。如果某些国家以为中国为了追求国际形象，可以置领土和主权于不顾，这种想法就是错误的。

中国一贯主张通过外交手段、友好协商解决领土纷争，但是一旦出现侵犯我国领土的事件，中国政府和人民坚决不会同意。我们既要建立和谐周边又要维护自己的国家利益，决不能以牺牲国家利益为代价，来换取地区与世界的和谐，国家利益绝不能受到损害。国际关系准则是平等的，大国不能欺负小国，同样小国也不能欺负大国。

如果轻言动武，不但解决不了根本问题，还会激化矛盾，掉进某些国家的陷阱。但是，强大的军事力量是维护国家利益的后盾，中国海军是防止其他国家肆无忌惮侵蚀中国海上利益的强大威慑力量。

中国特色海洋战略

记　者：以前一提到海洋战略就是控制海洋、占领海洋。各个大国为了控制海洋，获得海上霸权，在全球展开激烈竞争。和平崛起中的中国发展海洋战略的思路与其他国家有何不同？

杨　毅：中国决不能照抄西方国家的海洋战略。中国是社会主义国家，我们的国家性质决定了我们的战略哲学是内敛型，而不是对外扩张型的，是以防御为主的。我们国家利益是通过和平发展和国际合作来进行拓展的，而不是向外扩张。我国维护自己的海洋权益都是合理合法的，通过与别人合作的方式来完成的，不具有排他性。这方面与西方国家有本质的区别。冷战时期，美苏两国为了控制全球几大重要海洋通道展开了激烈争夺，在此期间修建了大量的大型作战平台和海军基地，现在许多设施和武器装备已经荒废，无法继续使用，不但浪费了大量资源，而且搞得两败俱伤。对中国来讲，我们不能走他们失败的老路。

（本报记者　金辉　奕平）

海权与陆权：中国崛起大战略

中国自古以来既是陆地国家，又是海洋国家，必须从陆海复合型的地缘环境来认识和筹划国家安全问题。陆地是中华民族的第一生存空间，海洋是中国当今和未来的主要发展空间。历史上我国丧失领土最多的是外敌从陆上的入侵，而规模最大、赔款最多、经济损失最重的是外敌从海上的入侵。

因此，对于中国来说，陆防与海防同等重要，陆权与海权不可偏废。中国历史上遭受外敌入侵向来有东西呼应、内外勾结的历史规律，东部海防出现危机，西部陆防也往往发生问题。这个客观规律决定了我们今天的战略选择必须是陆海并重、强边固防、经略海洋、巩固内陆。今后东南部海洋方向一旦有问题，外国敌对势力进行军事介入的同时，极有可能在我国西部策动分裂势力趁机作乱，进行战略牵制。我们必须有所准备。

有鉴于此，《中国社会科学报》记者采访了北京航空航天大学战略问题研究中心教授张文木与北京大学国际关系学院外交学与外事管理系主任叶自成，请他们就相关问题进行探讨。

张文木：全球化时代的海洋战略

张文木

胡锦涛同志在党的十七大上提出了"统筹国际国内两个大局"的思想。"两个大局"是我党新时期关于国家安全的新视野，它看到了中国前途命运紧紧地与世界的前途命运相联系，它使中国的安全战略有了真正的全球眼光。

现在中国在世界上的经济地位和政治地位显著提高，但是"两个大局"中间的联系手段即中国海军的发展尚未同步，经济全球化不能不伴随国家自卫手段的全球化。海军大发展是新时期中国军事变革的特点，与此相伴的是中国特色海军理论建设，不能食洋不化，而要能说明中国的国家利益。

制海权与大国兴衰

应该说，制陆权是大国兴衰的关键因素之一，中国的《武经七书》无不以制陆权为前提。古代国家的兴衰更多是以自然经济的农业为基础，耕地而非海洋，是提供大规模赋税收入的主要来源。因此，尽可能扩大和占有土地而不是扩大海洋，成了中世纪帝国崛起的普遍方式。

甲午战争时期，中日两国海军实力相当，但清政府依据"海守陆攻"的作战指导原则对日作战，而日本则制定了以海军争夺制海权为核心的"作战大方针"，把海军的作战问题放在整个战略的高度优先考虑，使整个战略带有明显的海军制胜特色。

以史为鉴，可知兴替。从某种意义上说，强大的海军和制海权是市场经济的火车头。没有制海权，就很难有稳定和安全的海外市场与资源，以及由此产生的海外利润回流。大国的 GDP 如不与制海权结合，就不能保证自身持续增长及由其支撑的市场经济国家的可持续发展。

着重发展有限海权

特殊的地缘政治条件决定了中国海权属有限海权。英美国家处于两洋夹护当中，这种海上安全的特点迫使英美两国必须将实现海权和扩张海洋利益放在第一位，以至它们最终异化为世界性的海上霸权国家。中国是一个陆海兼容的国家，地理上是一面环海、三面临陆。由于三面陆上的安全压力，使中国在长期的历史中发展出了强大的陆军而非海军力量。这种地缘政治的特点和中国海权的特点，又决定了中国的海权——即使拥有与英美国家同样的财力——在实践中也不需要追求世界性的海上权力。

20 世纪末以来，中国东部面临的安全压力，特别是捍卫台湾、南沙地区中国主权的安全压力日益严重，而恰在这一时期中国应付这些压力的手段却相当不足。正是在这样特殊的历史条件下，才特别强调捍卫海权，特别呼吁全力发展中国海上军事力量。但这并不表明中国要走英美式的尤其是苏联式的无限海权和海上霸权的道路。中国海权应是有限海权，其特点是它不越出主权和国际海洋法确定的中国海洋权利范围，海军发展则不越出自卫范围。

台湾问题是中国海洋安全的瓶颈

中国发展海权有自己的特性，即国家统一进程与国家海权的实现进程相统一。目前的中国是一个尚未完全实现统一的国家，而这些尚未统一的地区又多集中在东部中国海区。这些地区既是中国的领土，又是在实现中国海权中具有战略意义的海上支点。实现两岸统一、实现中国对南沙部分岛屿的主权，既是实现祖国完全统一的正义事业，又是关系能否实现中国海权的关键步骤。实现国家统一进程与实现国家海权进程是相一致的。

中国东部地区的主要矛盾决定中国的海洋安全战略任务，战略任务决定战略布局。在这诸多矛盾中，牵引我们今天东海战略布局的是两岸统一任务。东海和南海有那么多问题难以解决，究其原因是台湾问题的牵制。如果中国完成了两岸统一，台湾岛和海南岛之间就会对中国东南经济黑金地带形成一个宽阔的拱卫海区，这样南海问题的解决也就相对容易得多。台湾问题是中国海洋安全战略中的瓶颈因素，是中国在北太平洋西岸面对的诸矛盾中的主要矛盾。抓住这个主要矛盾，也就抓住了中国海洋安全战略的核心。

叶自成：中国应成为一个有强大海权的陆权大国

叶自成

中国过去几千年都是作为陆权大国而取得自己的成就和地位的，中国的陆地领土面积构成了中国领土的绝大部分，中国13亿人口绝大部分生活在陆地空间，中国政治经济文化的中心和大部分活动都是以陆地空间为第一空间，这些事实决定了中国今后应当仍然是一个陆地空间大国。

陆权作用大于海权

如今，中国南沙群岛的主权受到周边国家的侵蚀，中国海外贸易对海洋运输有重大的依赖性而又缺乏足够的安全保护。对于中国这样的一个大国而言，拥有强大的海权是必然选择。

但是，从更长期的历史和更宽广的范围来看，陆权对主要大国兴衰的作用要远远大于海权的作用。人类文明史上存在只有陆权没有海权的大国，却基本上不存在只有海权而没有陆权的大国，不存在不依托陆权的海权。陆权在大国兴起、发展和大国地位的巩固中起着至关重要的作用。

中国的和平崛起将成为21世纪世界地缘政治中最大的变化，它在地缘政治上的表现就是陆权第一的发展趋势，它的本质就是一个陆权发展的问题。中国和平发展的问题主要都是陆地空间中的发展问题，中国将复兴陆权的概念，同时也将更新陆权的内容。

海权应服从陆权

陆权发展不排斥海权、空权、太空权和网络权的发展。中国的海权、空权、太空权和网络权远远不能适应中国陆权发展的需要。发展海军、维护中国的统一和解决台湾及南海问题，发展空权、太空权和网络权等，都是中国发展的重要内容，它对于中国陆权的发展具有重要意义。没有强大的海权，就没有中国强大的陆权；但强大的海权只能成为中国强大陆权的组成部分，中国发展海权的根本目标是拱卫中国陆权的发展，而非向海外扩张；从更根本的意义上说，没有陆权的发展，就不可能有强大的海权，台湾问题的解决首先依赖于中国的陆权发展而非海权的发展。

中国虽然是一个濒海国家，但却从来不是海洋国家，更不是海权国家。海洋在中国的历史发展中虽然也起过一定的作用，但没有起过至关重要的作用。虽然今后中国将作为一个海权得到较大发展的陆权国家出现在国际社会中，但是中国的海权不太可能发展到与陆权同等的水平和程度，不可能成为一个所谓的海权国家。

总之，中国的海权发展必须从中国和平发展和现代化建设的全局出发，统筹兼顾，海陆兼顾，经济发展与军事发展兼顾，中国不太可能发展成为一个海权强国，但中国却应从一个海权较弱的陆权国家发展成为一个有强大海权的陆权大国。

中国陆权战略

中国陆权战略包括：以大陆本土建设为第一层次。治理好960万平方公里的土地，解决好在这块地处欧亚东部边缘的土地上的各种问题是中国在世界上安身立命的基础；中国的制度问题、人口问题、能源和资源问题、环境保护问题、失业与就业问题等的解决，都只能立足于国内的陆地空间，海洋空间的发展和向海外的扩展只能作为重要补充。在这些因素中，应特别强调国家政治制度建设的重要意义，因为它是根本性的问题。

睦邻外交是中国陆权发展的重大举措，是陆陆合作的观念与中国传统的睦邻思想在当代的具体表现。中国过去是以处理邻国关系为第一重要的，今后也仍然如此。

中国和平发展的国际环境，首先是欧亚大陆的和平环境，欧亚大陆的和平在某种意义上也是世界的和平。只要欧亚大陆有了和平环境，世界的和平就有了基础；反过来，中国的和平发展又有助于欧亚大陆的和平，有助于世界的和平。

中国的陆权发展战略有助于缓解崛起的中国与美国的战略性矛盾，中美地缘政治的战略特性决定了中美之间可以避免战略性对决的悲剧。中国坚持在欧亚大陆与其他大国实行合作而不是竞争。此举也大大减低了中美因竞争海上优势而迎头相撞的可能性，相反还为两个大国的合作提供了广阔的前景。

（记者　袁华杰　金辉　奚平）

中國社會科學報

·(2009—2010)

特别策划（中卷）

专家纵论中国如何经略海洋

彭光谦：中国复兴之路在海洋

彭光谦

海洋问题不仅关乎国计民生，而且关乎民族复兴。中华民族的复兴将与海洋意识的觉醒紧紧相连。目前虽然中华民族的复兴起步在陆地，但是未来发展的空间将会在海洋。

中国是一个濒海大国，海洋直接关系中华民族的生存、发展与安全。为此，应该把海洋问题上升到一个战略高度。

中国从来不是单纯的陆地国家

中国位于太平洋西岸，这一地理特征决定了海洋构成中华民族的半壁江山。海权从属于陆权，或者陆权从属于海权，都是不妥的提法。作为国家的主权，应该是陆海并重、海陆一体和互为依托。关于"海防"和"塞防"哪个更为重要的问题，在清朝时就已解决，现在没有必要继续争论。当时左宗棠等人就认识到陆海不可分割，陆地不以海洋为前沿，则封闭；海洋没有陆地做依托，则无根。这种"陆海兼顾"、"陆海并重"的观点是与时俱进的观点。

历史上，帝国主义侵略我国时，总是海陆夹攻。他们从东部上岸时，总会在西部制造摩擦，就是要从海陆两个方面进攻，让我们腹背受敌，相顾不暇。今天，在全球化时代，如果还是仅仅以陆权为重，忽略海洋的利益，无异于自缚手足，自做藩篱。从现实情况来看，我们更多地强调海洋利益很有必要，因为这方面的要求更为迫切。

事实上，隋、唐、宋、元直至明朝中期，中国的造船和航海技术一直领先于世界，我们的祖先在海域通行无阻，优势明显。只是后来的闭关锁国和外敌入侵，才使中国丧失了海上优势，退守陆地。就此问题，部分外国学者尤其是日本学者妄言中国是一个以陆地为主的国家，没有资格称为海洋国家，这实质是一种对历史的无知，完全漠视了中国海洋权益的存在。

起步在陆地　复兴之路在海洋

海洋权益是中国合法权益中不可分割的一部分。改革开放至今，我们由深耕内陆重新面向海洋。检视以往，我们在经营海洋上有成效，但也有失误，有些失误甚至比取得的成效更加惊人。这些都值得我们深思，更需要我们去反思。

关注海洋，利用海洋，经略海洋，是中华民族发展史上的不绝之声。明朝时期，我国伟大的航海家郑和就指出："国家欲富强，不可置海洋于不顾。"孙中山也曾说过，海权"操之在我则存，操之在人则亡"。前人的这些思想和主张，至今对我们仍具有重要的现实指导意义。

可以说，海洋是中国未来发展、中华民族复兴和中国现代化建设不可或缺的战略空间。海洋问题不仅关乎国计民生，而且关乎民族复兴。中华民族的复兴将与海洋意识的觉醒紧紧相连。目前虽然中华民族的复兴起步在陆地，但是未来发展的空间将会在海洋。所谓复兴之路，就是走向海洋之路、走向世界之路。

在有争议海域强调自己的"存在"

中国要在领海和传统海域强调自己的"存在"，要在各方面尽可能地强调我们的存在。有了存在，就有了发言权。第一是必须强调主权存在，即强调我们的历史存在；第二是强调我们的现实存在；第三是强调我们的经济存在；第四是强调我们的舆论存在；第五是强调我们的法律存在，即制定相应的法律法规，确定其法律地位。

当前我们更多地强调海洋利益，是因为过去关注不够。陆地利益不能说没有威胁，但是新中国成立60年来，陆地安全已经基本得到了保障，遗留的一些边界问题也正在逐步得到解决。未来在陆地上、边境上小规模的摩擦可能仍会发生，但遭到全面大规模入侵的可能性不大。但是，海洋利益的争夺越来越白热化，海上面临的问题也越来越突出，越来越复杂化、国际化，对中国的国家安全构成了现实影响。

为此，我们在坚持道德制高点的同时，也不能让我们的国家利益受到侵害。我们希望和平解决问题，比如谈判的方式、外交的方式，并不希望动用武力。但真要动刀动枪，我们也不畏惧，即便是某些国家试图引进外部势力，把某些大国拉进来搅浑水，中国也不会畏惧。总之，中国需要反思，需要思路上的调整和战略上的调整，否则别人会认为我们软弱可欺。

刘光鼎：南海资源开发势在必行

刘光鼎

现在南海周边国家在我国传统海域内的招标区块不断扩大，中国油气资源已经遭到蚕食。加紧开发南海油气资源势在必行。

我国既是一个大陆国家，同时也是一个海洋国家。陆地国土是国土，海洋国土也是国土，都属祖国不可分割、不可侵犯的神圣领土。中华人民共和国对于自己的海陆国土拥有主权，对属于自己的管辖海域享有国际海洋法所赋予的特定主权权益。任何一个中国公民都有维护国家主权和权益、保卫祖国领土完整的职责和义务。

加快海洋地质调查工作

由于长期以来我们的活动基本上局限于陆地，熟悉陆地而不了解海洋，以致在人们的头脑中只想到陆地是国土，而忽视海洋也是国土。每当谈到中国的领土面积时我们总是说 960 万平方公里，而忽略了近 300 万平方公里的海洋国土。加强人们的海洋观念和海洋意识刻不容缓。

目前，我国海洋国土的基础数据资料尚处于零散甚至空白状态。按海洋地质调查规范，我国仅仅完成永暑礁幅 1：100 万的海洋区域地质调查图。海洋区域地质调查的工作面临着严峻的形势，远远不能满足国家中长期海洋规划、沿海地区国民经济建设、海洋划界和未来大规模海洋开发的需要。

对管辖海域组成的基本家底模糊不清，也就谈不上对海洋国土进行开发保护的总体规划和安排，对在管辖海域应享有的主权权益便缺乏明确的观念，这是一个严重的失误。

因此，应尽快查清我国近海和重点海域的基本状况，为海洋资源合理开发利用、海洋环境保护、海洋综合治理和海洋减灾防灾提供基础数据；

为推动沿海经济持续发展和维护良好的海洋环境以及国防建设提供科学依据。

加紧南海海域资源开发

海域划界是主权之争，主权背后是资源之争。中国近海和管辖海域蕴藏着丰富的海洋资源，包括生物资源、油气资源、固体矿物资源、海水资源、海洋能源和海洋旅游资源等，尤其是日益枯竭的油气资源更为宝贵。估计到 2020 年，我国每年要耗油 4.5 亿吨，而国产只能达到 1.8 亿至 2 亿吨，缺口多达 2.5 亿至 2.7 亿吨。进口这么多石油，每年要耗费巨额美元外汇。南海油气资源的战略地位日益突出。

近年来，国家为推动石油工业的发展，保证油气供应，制定了一系列促进和保护政策，特别是为推动石油企业参与国际竞争提供了强有力的政治和外交支持，并在多渠道进口、海外油田开发、分享国际资源等方面取得了显著成效。但总体看来，像南海这样得天独厚的油气地质条件，在国内其他地区已经很难发现，在海外也不易得到。珍惜并抓紧开发南海油气资源，建立经济、安全、稳定的油气供应渠道，无疑将极大降低对进口油气的依赖度，有效缓解油气资源紧张的矛盾。加紧开发南海油气资源势在必行，现在南海周边国家在我国传统海域内的招标区块不断扩大，我国油气资源已经遭到蚕食。

统筹发展中国海洋事业

我们应该有紧迫感，加快南海油气勘探开发符合国家的安全利益。我们应以战略思维看待南海形势，在南海地区实行高度集中的资源、合作、稳定一体化机制，进一步整合国内力量，加强综合规划、总体部署，不断推进油气资源国家间合作，尽快开展自主的油气勘探开发。古人云："不谋万世者，不足谋一时；不谋全局者，不足谋一域"，这是胡锦涛主席在两院院士大会上的讲话中引用的一句话。在这里，"谋全局者"，即统筹中国海洋事业。

（刘光鼎，中国科学院院士、中国地球物理学会理事长）

刘楠来：利用法律手段维护海洋权益

刘楠来

正确解决南海问题对我国的未来发展战略至关重要。依据国际法理论解决南海海权的争端，有利于我国营造良好的国际环境。

正确定位"九段线"

1947 年，当时的国民政府在其编绘出版的《南海诸岛位置图》中，以未定国界线标绘了一条由 11 段断续线组成的线。新中国成立后，经政府有关部门审定出版的地图在同一位置上也标绘了这样一条线，只是将 11 段断续线改为 9 段断续线，被称为"九段线"，因其形状为"U"形，所以也被称为 U 形线。但是我国政府从未在正式的公开文件中明确 U 形线的法律地位。U 形线模糊的法律地位是南海周边国家对南海海权产生争端的重要原因之一。

目前，学术界关于"九段线"有四种说法，包括"国界线说"、"历史性水域线说"、"历史性权利线说"和"岛屿归属线说"。

"国界线说"认为，线内的岛、礁、滩、沙以及海域均属于中国领土，线外区域则属于其他国家或公海。这条线是一条断续国界线，即未定国界线标绘的线，不是一条已经划定的实在疆界线。这种说法在国际法上是不能得到承认的。

"历史性水域线说"认为，中国对于线内的岛、礁、滩、沙以及海域均享有历史性权利。在该水域内，未经准许，外国船舶是不容许航行和通过的。如果我们将线内的水域宣布为历史性水域，那么，不仅会遭到南海周边国家的反对，而且会招致美、日等国家的强烈反对。

"历史性权利线说"主张线内的岛、礁、滩、沙属于中国领土的同时，把内水以外的海域视同中国的专属经济区和大陆架。公布九段线以后，中国政府从来没有明示或默示将线内内水以外的海域视为专属经济区和大陆架，也没有对这片海域行使过这种权利。

"岛屿归属线说"认为线内的岛屿及其附近海域是中国领土的一部分，受我国的管辖和控制。这种解释比较符合当时的背景，也符合海洋法的规定，更可以被其他国家所接受。

利用法律手段解决南海争端

南海问题涉及中国的国家利益，解决南海争端刻不容缓。国际上处理领土争端的方法有三种：协商谈判、军事战争和法律解决。

外交手段主要是双方通过协商谈判解决存在的冲突，这也是我国确定的解决南海问题的基本办法。但从国际实践来看，这个办法的效果不是很好，很少有通过谈判解决领土问题的例子。

军事方法是解决争端最快捷、最有效的办法。但我国是社会主义国家，一贯实行和平外交政策，而且我国提出和平崛起，所以采取战争手段解决南海问题是不合时宜的。

法律方法又分两种。一是国际仲裁。根据《和平解决国际争端公约》，国际上设立了常设的仲裁法院，在海牙的和平宫，与联合国国际法院在一起。争端当事国可以协议组成一个仲裁法庭，仲裁庭做出的仲裁是有约束力的，这方面有不少成功的例子。二是通过国际法院的国际司法解决。从实践来看，有不少国家都将有关争端提交国际仲裁或国际司法解决，并接受其裁决结果。普遍认为这是一种比较公平的解决争端的方法。

制定法律法规　保障主权行使

我国需要通过一系列的条例和规章制度加以保障。比如，在专属经济区，我们拥有行使保护海洋环境、自然资源和渔业捕捞的权利。

目前，我国只是使用联合国海洋法公约对外国军事船只进入我国专属经济区活动的非法性进行了解释，而缺乏明文规定和法律依据。为了维护我们的海洋权益我们还有许多工作要做。

海上部门如何分工也缺乏明确的法律条文。目前负责海上执法行动的部门包括海警、海监、海关、渔政、海巡等部门，这些部门分属于不同机构领导，造成部门之间缺乏协调和统一。建立统一的领导机制，由国防、外交、科技、发改委、教育、海洋有关部门人员组成，负责领导协调涉海重大政策的研究制定，可以更好地维护海洋权益。

（刘楠来，中国社会科学院荣誉学部委员，国际法研究中心研究员）

中国道路

中國社會科學報

(2009—2010)

特别策划（中卷）

李国强：维稳维权求平衡

李国强

维护南海稳定是持久维护南海权益的基础和保障，而维护南海权益一方面有利于南海的稳定，另一方面也可能激化各方在南海的矛盾。

南海问题主要集中在南沙的主权问题。20 世纪 70 年代末，特别是《联合国海洋法公约》生效后，在南海出现了新一轮角逐。尽管有关各方签署了《南海各方行为宣言》，南海周边邻国一再表示"不采取使问题复杂化"的行动，但事实上却从未停止对我南海领土主权和海洋权益的侵犯。南海争端已经成为目前世界上涉及国家最多、情况最为复杂的争端之一。

和平手段解决南海问题

我国一直主张通过外交谈判来解决南海问题，这对于维护南海的稳定，维护中国和周边国家的关系，建设和谐周边都是有好处的。但这并不表明中国放弃了解决南海问题的其他选择。

尽管我们签署了《南海各方行为宣言》，表明我国不以武力或者武力相威胁的立场，但是我们从来没有承诺放弃使用军事力量来保卫我们的领土主权完整。国防力量是维护国家权益的基础，中国海军足以维护南海的主权。在不断与南海周边国家进行谈判的前提下，加强必要的国防力量建设是必不可少的。

但是，中国不可在南海问题上轻言用兵。中国大陆距离南海遥远，而南海周边国家相对较近，以我国现有的国力，即使武力收回了这些地区怎么去守？派谁去守？应尽量避免采取军事手段。当然，任何事都应该有一个临界线，如果突破了临界线，无论付出多大代价，我们都必须采取必要的军事行动来维护主权完整。

维稳维权求平衡

在南海问题上，要使维稳与维权有机结合起来。维护南海的稳定，是南海具有重要战略地位、蕴藏巨大战略性资源潜力所决定的，不仅与我国核心利益紧密相关，而且是维护亚太地区长期和平与安全、实现我国和谐周边外交的必然要求。

从法理上来说，只有合法使用本国的海洋权利，才能获得合法的国家海洋利益。因此，确立我国在南海的合法地位是维护我国南海权益的重要前提。这也是南海周边各国以多种手段和方式，谋求在南海主权地位合法性的根本原因所在。

南海的维稳与维权既相互统一，又相互制约。可以说，维护南海稳定是持久维护南海权益的基础和保障，而维护南海权益一方面有利于南海的稳定，另一方面也可能激化各方在南海的矛盾。在维稳和维权两者间必须寻求平衡，才可能使我国在南海的诸多利益最大化。

要实现南海维稳与维权的协调发展，必须全面了解南海问题的现状、科学预判南海形势的走势；不断完善维护南海稳定以及维护我国南海海洋权益的机制和法律体系；进一步探索南海维稳与维权的战略与策略。

制定中国海洋战略迫在眉睫

海洋的重要性日益凸显，但是中国似乎尚未形成完整的海洋战略，制定科学的、长期的海洋发展战略规划已经成为当务之急。

海洋在未来发展中是关系到国民经济发展的至关重要的因素。一定程度上，海洋决定了一个国家

的未来。随着陆地资源的日益匮乏，海洋日渐显示出巨大的潜能。无论是石油、天然气，还是其他矿产资源以及未知资源储量都非常庞大。另外从对外贸易来讲，经过南海的贸易达到了98%，所以南海被称作"海上生命线"。海洋对今后中国的意义越来越重大。中国现在陆地边界的划界问题大多已经解决，而海上边界的划界很多还悬而未决。目前，除了和越南在北部湾划定第一条海上边界之外，黄海、东海、南海的划界工作都没有完成。因此从未来国家海洋发展战略来讲，制定21世纪中国的海洋战略迫在眉睫。

（李国强，中国社会科学院边疆史地研究中心副主任）

（记者　金辉　娄平　采访整理）

学界聚焦"后三峡时代"

"后三峡时代"建设中的社会与环境

1994 年 12 月 14 日，随着第一罐混凝土浇筑在大坝江心岩石上，三峡工程上马。如今，作为举国关注的一项重大水利工程，在顺利完成大江截流、首批机组发电、全线竣工后，业界人士称，三峡工程将迎来"后三峡时代"。

高峡出平湖：承载民族振兴梦

千百年来，长江水患一直困扰着中华民族，治理长江成为各个时代人们的意愿和诉求。有资料显示，自汉代以来，长江中下游发生较大洪灾 200 余次，水灾更是不计其数。其中，1931 年大水，江汉平原 14.5 万人淹死；1935 年再次大水又夺去 14.2 万人的生命；1954 年长江大水，京广线中断百余天，直接经济损失高达 100 亿元。

"三峡工程建好后，防洪标准从十年一遇到百年一遇。对长江中下游发达地区，包括上游、下游意义很大，可以减少大量财力、物力和人力；不仅减少了洪水的直接危害，而且提高了滨江地带土地的利用率。这是它的直接功能。"南京大学文化与自然遗产研究所所长、《三峡库区后续工作规划》中"三峡库区地域文化遗产保护研究"、"三峡库区地域文化遗产保护规划"、"旅游规划"课题组负责人贺云翱教授在接受记者采访时如是说。中国工程院院士、三峡工程总公司原总经理陆佑楣也坦言，三峡工程具有防洪、发电、航运等巨大综合效益，而最重要的就是防洪。

20 世纪初，中国民主革命的先驱孙中山先生在《建国方略之二——

实业计划》中写道："自宜昌而上，入峡……改良此上游一段，当以水闸堰其水，使舟得溯流以行，而又可资其水力。"他是三峡工程的最早设想者。

修建三峡工程、防止长江水患，我国几代领导人均有相关论述。新中国的成立，使得三峡工程真正摆上议事日程。毛泽东在《水调歌头·游泳》中勾勒出三峡工程的壮美图景，"更立西江石壁，截断巫山云雨，高峡出平湖。"党的十一届三中全会后，论证三峡工程的步伐加快。1986年3月，邓小平在接见美国《中报》董事长傅朝枢时表示，对兴建三峡工程这样关系千秋万代的大事，中国政府一定会周密考虑，有了一个好处最大、坏处最小的方案时，才会决定开工，是决不会草率从事的。1992年4月3日，第七届全国人大第五次会议以1767票赞成、177票反对、664票弃权、25人未按表决器通过了《关于兴建长江三峡工程的决议》，至此，三峡工程进入具体实施阶段。

"从构想到实施，三峡工程成为20世纪以来我们的一个百年梦想，而这个梦想的实质就是民族振兴。"重庆中国三峡博物馆馆长黎小龙这样总结。

生态安全之路任重道远

长江三峡以山高谷深、水流湍急、风光旖旎闻名于世。众多的支流、山间盆地、发育的河床台地，为人类的栖息和繁衍提供了充足的发展空间。三峡独特的自然环境，孕育出了距今200万年的古人类——巫山人，大溪文化以及神秘的巴国。

"'后三峡时代'三峡工程将面临严峻考验，保护库区生态环境安全、防止新的污染，任重道远。"中国社会科学院历史研究所研究员赫治清感慨，任何水利工程的效应都不是单方面的。在充分肯定三峡工程的重大战略意义和现实意义的同时，对于三峡工程的负面影响和可能引发的生态环境安全问题，决不能掉以轻心。他将"后三峡时代"面临的生态环境问题归纳为泥沙淤积、消落带、小气候变化和环境污染等六个方面。民盟中央副主席、三峡枢纽工程验收专家组副组长索丽生则强调，未来特别要关注河流、河势的进一步发展和泥沙问题。

气候变化和生态环境是21世纪世界各国关注的重大话题之一。三峡库区历来被认为生态环境脆弱、自然灾害频发、水土流失严重，人多地少矛盾突出。在此基础上建成的三峡工程，人工改变库区原有地貌，由此带来的生态安全问题还有许多未知性，需要继续论证、观测。在应对三峡工程生态安全问题上，赫治清指出，应有世界眼光，既要积极学习外国先进的生态学理念、总结和借鉴世界各国建设大坝的经验教训，又要把对三峡库区可能存在的生态环境隐患纳入全球气候变暖的大视野中去考察，制定符合中国国情的应对之策。人无远虑，必有近忧。既不要悲观，也不要盲目乐观。应该采取实事求是的态度，集思广益，在科学发展观的指导下，严密规划，精心设计，认真实施，沉着应对。

库区四大定位：紧扣低碳经济

不应忽视的是，三峡工程巨大的发电效益和清洁能源效益使其成为践履低碳经济的楷模，而庞大的防洪功能也令人拭目以待。正如重庆大学发展研究中心副主任蒲勇健教授总结的那样，三峡工程是高代价、高收益的工程。未来，三峡工程更多地是要接受实践的检验和时间的考验。

日前，在 2010 年度三峡工程移民工作会议中，国务院三峡工程建设委员会副主任、国务院三峡办主任汪啸风介绍说，目前三峡工程的巨大综合效益已全面显现，防洪、发电、航运和生态等作用开始发挥。2009 年，三峡工程在汛期最大削减洪峰流量已达 15000 立方米每秒，三峡电站全年发电 798 亿千瓦时，通过三峡枢纽的货运量再创新高，达到 7400 多万吨，比上年增长 8.5%。三峡库区经济社会持续发展，移民生活水平进一步提高，库区社会稳定。

《三峡库区后续工作规划》是目前众多媒体关注的焦点。据相关人士透露，"后三峡时代"建设中的库区目标有这样几个定位：一是安全库区，具体指库体安全、库区的生态环境安全和库区的社会安全，希望把库区作为中国的生态文明示范区进行建设。二是和谐库区，包括人与自然和谐、库体与它的生存区域和谐、库区移民与社会和谐、城乡和谐、库区的传统文化与现代化建设和谐。三是生态库区，不能走从农业文明到工业文明再到生态文明的道路，提出跨越式的、直接进入生态文明的道路。库区是多元战略意义的库区，一旦出现污染问题和环境问题，所有的功能将遇到巨大的风险。如果三峡水库遭致污染，影响的是整个长江流域，而长江流域本身就是国家经济的脊梁。四是文明库区，具体包括物质文明、精神文明、政治文明、社会文明和人的行为举止文明。五是幸福库区，包括可持续发展、社会保障体系建设、文化遗产和自然遗产的保护、公共文化服务体系、环境与资源的保护及合理运用、优良的管理制度建设等。

南京大学社会学院教授风笑天呼吁，"后三峡时代"国家应该继续关注、进一步支持移民。"后三峡时代"的规划，要对移民的社会适应问题给予高度重视，不能说补偿和安置妥当了，事情就完了。因为迁移对移民们来说不是暂时性的，而是永久性的。国家要采取相应的政策措施或者优惠条件，让这些移民真正在安置地生产适应、生活适应、心理适应，让他们逐步做到和当地居民一样，在经济、生活、就业等各个方面达到相同的水平。

"后三峡时代"催生"重庆模式"

日前，在住房和城乡建设部编制的《全国城镇体系规划》中，重庆被确定为我国五大中心城市之一，奠定了其西部发展"领头羊"地位。人们也许不会忘记，这个由三峡工程直接催生的直辖市在蛰伏十年后终于迎来国家政策的"偏爱"。2007年3月8日，胡锦涛在全国"两会"上给重庆的三大定位是：建成长江上游的经济中心、西部地区的重要增长极和统筹城乡发展的直辖市。此政策随后被简称为"314总体部署"。外媒由此判断，一个"重庆模式"即将到来。

1997年3月14日，中央把直辖的"钥匙"交到3000万重庆人民手中时，也交代了"四件大事"：解决好三峡移民、国企改革、生态环保和农村扶贫。特别是针对如何建设好三峡库区问题，党中央、国务院十分重视。1998年4月16日，江泽民在视察重庆时，将坚持开发性移民方针、按期完成三峡工程重庆库区的移民任务作为中央交给重庆的首要任务。重庆市委书记薄熙来在接受媒体采访时曾坦陈，三峡库区建设问题成了他"最操心"、"牵肠挂肚"、"每天考虑最多"的四件大事之一。

对于中央的此番"苦心"，蒲勇健有着自己的理解，他郑重地告诉记者，没有三峡工程就没有重庆。中央把重庆划成直辖市，赋予它的使命就是通过得到更多中央政策的推动，取得大的发展、快的发展；通过它的城市化、工业化吸收库区大量的就业人口；使库区人口减少，至少不是增加，让库区保持一个良好的生态环境。中央积极支持三峡库区的发展，就是支持重庆的发展；而支持重庆的发展，就是支持中西部的发展，支持内地的发展，就是拉动内需。

近来，西南五省市干旱，有种说法认为，大旱与三峡工程有某种联系。记者在采访国家气候中心和中国科学院相关专家学者时，他们一致表示，大旱属于气候问题，与三峡工程没有联系。

（记者　陈静　潘启雯）

三峡工程的误解与正读
——访民盟中央副主席、三峡工程验收专家组副组长索丽生

索丽生，1966年、1981年先后毕业于华东水利学院（现河海大学）本科和硕士研究生，1988年毕业于美国密执安大学，获博士学位。长期从事水利水电工程的施工、设计、教学、科研和管理工作。现任民盟中央副主席，全国人大常委会委员、农业与农村委员会副主任委员。曾任国家水利部副部长，第十届全国政协常委、副秘书长。

索丽生

三峡工程作为一项跨世纪的水利枢纽工程，对它的解读自然少不了水利专家。从水利部副部长到民盟中央副主席，索丽生始终以严谨的治学态度关注着三峡工程的建设和运营。冬日的一天，在颇具特色的民盟中央办公楼里，索丽生通过记者传递了他对三峡工程的"声音"。

三峡绝不会成为第二个三门峡

记　者：请您对三峡工程作一个总体评价。

索丽生：如何评价三峡工程，素来仁者见仁、智者见智。到底是功在当代、利在千秋、为后代造福的工程，还是引起灾难的工程，争议很大。我的观点很明确：三峡工程利远大于弊，它的防洪效益、发电效益、航运效益以及它本身的生态效益远远大于它所带来的负面影响。因此，我总体上持肯定态度，但并不回避建这么大的工程会给自然界带来扰动，导致生态上的调整和一些新的不平衡，甚至一些不好的方面。如果现在重新投票决定这项工程是否"上马"，我肯定还是支持。

对三峡工程本身的技术进行评价，我认为，它是一项高质量和具有世界技术水准的宏伟工程。作为一名水利工作者，能够参与这样一项伟大的工程，我觉得很自豪、很欣慰。当然，对三峡工程也有种种说法，我愿意称之为误解。

记　者：您觉得产生这些误解的原因是什么？

索丽生：主要有三个原因。第一，有很多人，包括一部分专家，更多的是一些社会人士，误把三峡工程当成第二个三门峡工程。三门峡工程曾是黄河上最大的工程，三峡工程是长江上最大的工程，人们很难不把这两者联系起来。三门峡工程、至少最初建的三门峡工程是一个失败的例子，现在人们"谈虎色变"，很多人担心重蹈覆辙。三门峡工程本身虽不成功，但通过多次改造，目前还能发挥一定效益，对生态的不利影响在逐渐减轻，给水利界留下了很多经验教训，也是有价值的事情。

从客观条件来讲，长江和黄河、三峡和三门峡的自然条件迥异。三门峡工程最主要的问题出在泥沙上。黄河每年的泥沙总量就比长江大，而长江的水量约为黄河的 20 倍，长江三峡处的泥沙含量仅为黄河三门峡的 1/30。加之水土保持工程的效益和上游水库群的拦截作用，目前三峡的泥沙条件远没有三门峡那样恶劣。

从技术因素而言，两个工程的设计运行水平也不可同日而语。三门峡工程犯的一个最大错误就是没有留冲沙底孔。当时，中国专家曾建议保留底孔冲沙用，但苏联专家没同意，还把它堵死了，第一步就迈错了：没有给泥沙一个"出路"，引起水库淤积，黄河、渭河河床升高。三峡工程则预留了大批底孔排沙。三峡水库和三门峡水库也不同，前者是个"细长条"，有 600 多公里长，平均宽度只有 1.1 公里，我们把它叫做河道型水库；后者是个"大肚子"，是个湖。三峡水库按"蓄清排浑"方式运行，汛期多泥沙，水库降低水位运行，长江流量本来就大，河道型水库中流速也较快，容易把泥沙带走。而"大肚子"水库水进去后就平静下来，泥沙沉落，所以三门峡工程按照当时的自然条件和设计必然导致淤积。

第二个原因是宣传上的误导。我认为很多人把三峡工程的有些数据说过头了，津津乐道地列举了许多"世界之最"。出发点固然是好的，希望通过宣传把这个工程搞好，但过头的宣传往往会误导人们：既然三峡工程是世界上"独一无二"的大工程，就必定会带来大的影响，必定对生态环境带来很大破坏。

有人说三峡水库是世界上最大的水库，其实不是，有资料称它在世界上仅排第16位。长江为世界大河之一，其水量为世界第三。在这么大的江上建坝，世界上还很少，但别人在比我们小得多的河上建的水库都比三峡水库大。如尼罗河的水量不足长江的1/10，河上有个阿斯旺水坝，它的水库库容却是三峡的4倍多。三峡工程的防洪库容220亿立方米，只及坝址处年来水量的1/20，说明它对河流的"控制能力"或者说影响是有限的。但借助这一库容，可以把洪峰流量存一部分在水库里，即所谓削减洪峰，同时还要泄洪，再加上堤防等工程，下游就不至于溃堤，荆江防洪标准从十年一遇提高到百年一遇。认为三峡工程神通广大、呼风唤雨是不科学的。正因为防洪是三峡工程的第一任务，汛期必须腾库蓄洪，保持低水位运行，尽管其装机容量为"世界之最"，而发电量仍不及南美的伊泰普水电站。

第三个原因在于环境保护观念上的差异。受环境保护的理想主义情绪左右，有人把生态环境保护的目标锁定在保持原生态上。但我认为不应以原生态为目标，因为我们已经没有原生态可言。从解放初期到现在，我国人口已是原来的三四倍，经济总量不断翻番，生活质量大幅提高。人口增加、经济发展、生活改善，必然要向自然界索取，想要维持原生态只是一种理想主义。说句玩笑话，按照这种概念，要想恢复原生态，除非人类回到丛林里当猴子。

我一直坚持一个观念，生态环境保护应该往前看。我们要追求的目标是一个经济发达、社会进步、资源节约、生态良好的人和自然和谐相处的

中國社會科學報

· (2009—2010)

特别策划（中卷）

某种新的、可持续的平衡状态，我们不可能也没必要回到历史记录中的某个"自然生态"。

三峡工程顺利完工　库区建设任重道远

记　者：2009年底三峡工程顺利完工，结束了其建设时期的任务。记者得知，有关部门制定的《三峡工程后续工作规划》正在等候国务院批准。为此，有人称"后三峡时代"即将到来。对此，您怎么看？

索丽生：我个人认为，《三峡工程后续工作规划》的叫法不妥，给人的概念是三峡工程还有遗留问题没做完。实际上，除升船机工程批准推迟建设外，按照初步设计的要求，三峡工程已经顺利完工。当然，库区的经济社会发展、地质灾害防治、污染治理等还任重道远，但未必是三峡工程带来的问题，如这个地区本来经济就滞后，需要发展；即便不建三峡工程，地质灾害防治、污染治理也是该地区发展的需要，把这些叫做"三峡工程后续工作"并不确切。我认为，从概念上说，不应把今后要做的工作当成对三峡工程的弥补，而应该考虑建了三峡之后怎样管好它、用好它、发挥它的效益，从而带动这些地区的经济社会发展。

"后三峡时代"的叫法似乎也不太合适，它只有时间上的意义，没有其他意义。我认为，三峡工程没有那么大的影响，以至于可以划分为一个时代，把它抬得太高，太引人注意，反而忽视了一些实际需要做好的工作。

记　者：近年来，三峡工程带来的百万移民备受社会各界关注，请您为我们分析一下三峡工程带来的一些问题。

索丽生：有的人对这些问题过于乐观。我认为，最大的难题有三个：移民、泥沙和环境。就这些问题，当然也做了很多工作，不是没有考虑到，也不是无动于衷、没有采取措施。比如移民问题，这是最难的难题。这些移民原来居住的地方被淹，他们被安置到了其他省或库区的其他地方，挤占了别人原有的空间和资源，总体容量不足是影响最深远、也是最难解决的问题。早期移民生活贫困，移民安置区出现产业空虚、零就业家庭等现象，是在预料之中的，好在现在正在逐步解决，特别是提高移民补偿和扶持力度、三峡库区对口帮扶等政策的落实，使这些问题都在解决之中。

其次是泥沙问题。三峡工程的泥沙问题主要不在上游，而在下游。工程改变了泥沙在一年中的分布情况，有相当一部分泥沙沉积在上游，下游大多数时候是清水，宜昌、武汉、南京，甚至到出海口，人们都惊叹长江水变清了。老百姓看是好事，但是搞水利的人看未必是好事。水在流动就会冲刷，就会夹带泥沙，到一定的泥沙含量就达到动态平衡。原来长江下游的河道基本达到平衡了，现在不一样，可以观测到清水下泄对下游河道的冲刷明显加剧，河势发生变化。有些媒体报道荆江河段的崩岸现象增加，就是这个原因。三峡工程最大的效益是保护下游的荆江大堤，保护江汉平原不受洪灾，但如果这个现象控制不好，可能掏到荆江大堤的基础，如果出现那种情况，原来的目标没有实现，反而出了坏事。现在很多专家对这个问题很关注，一直在观测。另外，清水下泄冲刷能力增加还会把河底冲深，导致水位下降，对航运也不利。专家们预测，要50年到80年才能达到新的平衡，而开始的5年、10年则是特别关键的时期。

第三个问题是环境。三峡原来是水流最急的河段，现在成了河道型水库，流速变慢，水的自净能力变差，污染物容易积聚。根据计算分析，三峡水库要达到既定的水质标准，库区的污染物排放总量必须大幅度下降。如果这项工作跟不上，水质就会变差。虽然现在污染治理工作在抓紧，但还是跟不上三峡工程建设的速度。好在干流水质基本上没受大的影响，但在支流的汉湾处，已出现水华现象，这与三峡水库蓄水相关。

当然，三峡工程对生物多样性，对鱼类回游，比如中华鲟和"四大家鱼"也有影响，但这些影响相对较小。

特别要关注库区发展、河势变化和污染治理

记　者：作为三峡工程验收专家组副组长，您的任务是什么，您觉得未来还需要做些什么？

索丽生：三峡工程验收专家组的任务就是对三峡工程每完成的阶段工程进行检查，提出技术预验收报告，为阶段工程验收提供技术依据。

我觉得，今后主要该做这么几桩事。一是关注库区的经济社会发展。这是最重要的一桩事。它不完全由三峡工程引起，但是和三峡工程有关。

33

库区本就是经济不发达地区，人多地少，交通不便，生态脆弱，为了建三峡工程，长期以来严格控制投入，基础设施薄弱；再加上安置移民，土地、资源等容量进一步压缩减少，致使库区的经济社会发展成为很大的问题，是今后需要重点扶持的区域。我看到有报道说到库区将有几百万"二次移民"，并与三峡水库移民相提并论，这是不科学的。水库移民更确切地讲叫"非自愿性移民"，是指蓄水淹没逼着搬迁的。报道中的"二次移民"是在经济社会发展和城镇化过程中发生的，是自愿的，是为了追求更好的生活和生态。这是两个不同的概念。三峡库区人均耕地不足七分，而且多以坡地为主，自然条件很差，经济发展是个难题，要有新思路。发展是头等大事，与百万移民将来能不能稳得住、能不能富裕密切相关，也直接关乎三峡工程的成败和声誉。

二是特别要关注河流、河势的进一步发展和泥沙问题。不仅荆江这段，长江跟洞庭湖的关系也在变化，原来长江水有四个口进洞庭湖，然后再从洞庭湖的出口流回长江。现在这四个口有一个淤死了，只剩下三个口，而且还在变，因为长江干流冲深了，水位下降，进这三个口的水开始减少。有人说2009年秋冬湖南和洞庭湖干旱是三峡工程引起的，只能讲有一点道理，因为从长江进洞庭湖的水在减少，但主要是湘江本身干旱，进洞庭湖水少了。江西那边鄱阳湖也干了，跟长江水位低有一定关系，但赣江自身来水少，到了最低水位。

三是污染治理一定要跟上去。库区现在都在建污水处理厂，但有的是检查时运行，不检查时照样排放。如果三峡水库蓄了水，但是污染物排放总量没降下来，就可能出问题。这也是社会上敏感的问题。另外，还应该加强地质灾害防治，其中有一部分与三峡工程直接相关，水库水位变动幅度比较大，附近会发生"库岸再造"，一段时期内容易出现塌方等问题。

蒲勇健：重庆背负着三峡库区的发展重任

三峡工程是一个了不起的工程，是我们这代人跨越两个世纪做出的了不起的事情。但是这个工程代价也很大，主要是生态和文物的代价。从考古上看，我们对于"巴文化"的了解才刚刚开始，三峡工程修了以后，也许我们永远失去了了解"巴文化"的途径，因为被淹掉了，永远见不到了。

另外一个就是生态问题。三峡的生态平衡是地球亿万年自然形成的，这一大汪水蓄起来肯定要影响生态。我想，做事情都要付出代价，三峡是高代价、高收益的工程。

蒲勇健

在工程建设和移民告一段落后，三峡工程迎来"后三峡时代"。"后三峡时代"是解决遗留问题的时代，是发展三峡库区新经济的时代。

"后三峡时代"的提出有双重背景。首先，中国经济到了转型期，未来中国经济的发展不能再像过去那样主要依靠出口，而要依靠内需拉动。我们看到，人民币升值的压力及国际金融危机还会持续很长一段时间，这都使得未来中国经济发展必须转型。中国还需要几十年的高速发展，才能解决诸如共同富裕、区域差距、工业化等问题。未来几十年的发展依靠内需，就意味着重庆这个位于中国中西部结合部分的直辖市的经济发展至关重要，而三峡库区的发展直接影响到重庆的发展。重庆背负着三峡库区的发展重任。中央积极支持三峡库区的发展，就是支持重庆的发展；而支持重庆的发展，就是支持中西部的发展，支持内地的发展，就是拉动内需。

其次，三峡是全世界最大的水库，这一汪水需要保护，但是，全世界任何一个大水库周边都没有像三峡库区这么多的人口。移民并没有完全使这个地区人口显著减少，因此，这些人口的就业问题仍很严峻，需要新产业来解决。在三峡库区，一般工业由于受到环境保护要求的严格限制难以发展，传统农业也没有发展的空间，土地被淹了，高山也被退耕还林。因此，库区的产业基本上只有靠发展旅游业。但是，由于三峡工程彻底改变了三峡的景观，未来三峡的旅游将是新三峡旅游，需要花巨资打造，这就决定"后三峡时代"将在三峡旅游基础设施建设方面投入巨大的资金。

重庆近几年的发展很快，中央政府希望通过重庆发展带动周边和三峡库区的发展，特别是想通过重庆发展让三峡工程的居民到重庆就业。因此，重庆的发展涉及整个长江上游和中西部的发展。这几年重庆的发展速度很快，但主要还是靠政府投资推动，估计未来还将有很长时间靠政府投资推动。

我想，今后我们应该重点把三峡打造成世界旅游的品牌，以前到三峡主要是看雄奇的峡谷，现在三峡工程改变了传统景观。水库修起来，峡谷没有了，就只能看湖。这个湖的旅游该怎样宣传，该怎样形象包装，该怎样进行基础设施建设，现在一直在做规划，政府还没有定下来具体的发展战略。只是有个基本概念，过去游三峡叫过路游，今后准备改成休闲游。如何细化，专家还在研究，市政府和专家一起在研讨这个问题。旅游业决定三峡库区未来的发展，决定周围老百姓的生活。

三峡的旅游一定要做出特色，有所创新，如果按现有的旅游概念来做，就失去了原有的平台，以前三峡这个峡谷在全世界很独特、很有名。但是修了水库没有新的创意。按照一般的休闲，这个旅游和之前的震撼力来比就不行了。三峡库区的旅游要想继续保持世界影响力，必须做出石破天惊的创意，否则难以和之前的三峡比，甚至以后没人再叫三峡了。我认为，三峡的旅游除了休闲游之外，还要做成餐娱式的。

（蒲勇健：重庆大学发展研究中心副主任，教授，博士生导师）

（记者　陈静／采访整理）

贺云翱：三峡工程　具有世界影响的现代系统工程

我认为对三峡的报道应当建立在全面的调查研究基础上，不应该总提投入资金的问题，把眼睛盯在这方面容易忽视它的多边意义。三峡工程从孙中山先生提起，到新中国成立以来经过几代领导人的努力；从1992年全国人民代表大会通过三峡工程决议，到现在的建成，整个工程持续了90多年，非常了不起，是中国几代人探索的结晶。

现在不是提"前三峡"和"后三峡"，三峡工程建设实际上是一个系统过程，是不同工作阶段的相互衔接。根据中央有关指示和科学发展观的要求，根据国务院三峡工程建设委员会办公室主持本次规划工作的指导意见，三峡建设工程完成之后，面对的问题是如何妥善解决库区移民安稳致富、生态环境保护、地质灾害防治等重大问题，还涉及三峡水库的效益如何在未来长期发展中得到全面体现，水库如何能安全运行和有效管理，库区产业发展和产业结构调整、库区自然与文化遗产保护等一系列问题。为此，需要有一个全面的科学规划。

贺云翔

在三峡工程建设时期，政府在库区自然、文化遗产保护方面作了很多工作，有多个重大考古发现项目被评为中国年度十大发现。这些出土文物的文化学术意义很大，它们代表着一批新的考古学文化类型的被发现，让人们重新认识三峡库区先民的创造性和三峡库区的开发历程及文明业绩，填补了三峡区域文化遗产体系的不少空白，使三峡地区的文化发展规律得到了很好的认识。考古工作成就还促成了中国三峡博物馆的建成。另外，还有一批地面文物因为工程需要而实施了迁建。主要的有张飞庙、屈原祠、大昌古城等。

未来三峡库区的文化遗产保护应当是在以前的工作基础上进一步提升和完善。一方面要继续做好生态屏障区地面文化遗产保护工作和消落区地下文物的抢救发掘工作，另一方面要弥补过去工作的不足，还要注意到文化遗产资源的合理利用问题。文化遗产是整个社会的宝贵资源，应该为社会主义现代化建设服务，为库区的未来发展发挥重要作用。

三峡工程建设时期文化遗产保护的重点是文物抢救。三峡工程建成后，面对这些迁建的文物、抢救出土的文物我们怎样才能做到既要保护好又要利用好？比如地下出土的文物需要修复条件和符合安全要求的保管条件，需要系统研究。但是光修复好、保管好、研究好还不是唯一目的，对文物的认知不能限于专家层面，还要让社会各界都能够认知，文物一定要对社会展出，让广大人民群众获取它的科学、历史和艺术价值，所以需要建立博物馆。还有迁建出来的地面文物，如果把它们用围墙围起来就变成了"死文物"，失去了其广泛的社会意义，在规划中应该想方设法完善它们的开放和利用条件，使它们变成全社会的共享财富。

此外，由于我国现代化事业的发展，人们对文化遗产保护的认识水平也有了进一步的提高。现在的中国和十几年前的中国大为不同，整个世界都在变化，人们对文化遗产的类型、价值认同都发生了变化，如近五六年提出非物质文化遗产保护，在三峡工程建设初期还没有提出这个问题，非物质文化遗产的保护在三峡后续工作中应该得到重视。有的遗产类型因为受到当时条件限制和国家财力的局限，虽有一定的规划，但没能够很好地实施，包括文化和自然遗产，在三峡后续工作规划中都会得到加强，这也是后续规划工作的一个亮点。

关于对三峡工程的总体评价有各种各样的说法。有的争议还很大，过去许多学者如吴良镛、程地宇、黄真理、吴炳方、敖良桂、季昌化等先生已经做了深入研究。如黄真理、程地宇等先生就指出，三峡工程的功能首先是防洪。历史上长江洪水已经发生过多次，这些水灾对沿江城市的农业、工业和人民群众的财产安全都带来很大风险。

第二个功能是发电。三峡水库总装机容量2240万千瓦，供电主要是华东、华南、华中三个地区，还会形成以三峡电网为中心，联合周边电网形成全国联网。供电地区都是中国的发达地区，发电效益从2005年就开始了，为东部发达地区作出了很大贡献，而且这个贡献是可持续的。

第三个是生态功能。三峡水库是典型的绿色经济、低碳经济、循环经济，不需要用煤，而是利用当地水能资源，通过现代科学技术把它转变为电能。

另外，科学家研究发现，它还能够减缓下游地区洞庭湖的泥沙淤积和萎缩。

因为建设三峡工程，库区的森林面积大大增加，一方面减少了碳排放，另一方面减少了水土流失和生态污染。专家们指出，三峡工程还有一个功能就是提高了长江的通航能力。单向通航能力从目前的1000万吨增加到5000万吨，减少了三分之一的运营成本，使长江这个黄金水道真正发挥了作用，它把中国沿海发达地区和中西部地区联系起来，可以进一步发挥重庆作为西部地区核心城市的作用。

还有一个作用就是供水。三峡水库不仅保证中部地区、东部地区的供水，随着"南水北调"工程的需要，将来可能还要为华北地区供水。

这次我们在调查中还提出三峡工程具有推动区域发展的功能。三峡工程建设之前，库区是全国最贫困的地区之一。三峡工程推动了这个区域落后面貌的改善，推动了地域的工业化，当然不是搞污染工业，而是把水能转变为电能的绿色经济。特别值得一提的是，三峡工程直接推动了重庆直辖市的建立和快速发展，从而为我国西部区域经济发展提供了一个能够发挥辐射和枢纽作用的中心城市，三峡工程的这一历史作用已经远远超出了水利水电工程的功能。三峡工程又直接推动了湖北省宜昌市的迅猛发展，使之成为湖北省的大城市。库区还崛起了十多个崭新的中小型城市，其城市基本建设和发展能力，包括土地、交通、通信、供电、供水等方面都大大超过了原有的水平，推动了区域城市化进程及农业现代化水平的提高，也为未来中西部地区可持续协调发展和生态文明建设奠定了有利条件。今天看来，三峡工程正好和国家的"西部大开发"及"中部崛起"两大战略相呼应。另外，三峡库区在区位上也有优势，它正好在中国的心脏地区。我们画了一张图，东边是长江中下游，南边是云贵两广，西边是青藏地区，北边是中原地区。所以它的战略地位非常重要。这个工程不是简单的水利水电工程，也是一个大型社会工程、文化工程，是具有世界影响的现代系统工程。站在人类发展进程历史的角度考察，大型水利工程从来都是推动文明发展的重要动力之一，长江三峡工程自不例外。

总的来说，三峡水库及其库区对国家而言具有三个方面的意义。

其一，三峡水库库体作为一个巨型人工与自然互构型水体，在很大程度上改变了区域景观和部分改变了区域功能，三峡库区已成为我国一个有着自身特色、结构、使命、发展目标的特殊区域。

其二，三峡水库建设作为一项社会和生态系统工程，具有重要的国家层面的多元战略意义（包括防洪、发电、航运、生态、供水、推动西部区域现代化建设和可持续发展意义等）。

其三，三峡工程及库区区域功能变化对推动国家宏观区域尤其是长江流域的现代化发展具有积极影响，并在一定层面上具有世界性意义。

《三峡工程后续工作规划》的提出还有个时代背景问题：一是经过30年的改革开放，我国的综合国力有了很大提升，改革开放正在向纵深发展，包括科学发展观的提出、建设生态文明战略的提出等。这个背景影响到对三峡工程更全面的认知以及对它未来的建设、管理、发展的指向。二是国际金融危机发生以来世界格局的变化，中国的城市化、工业化、市场化、信息化、科技化，包括全球化的趋向与国家发展战略的调整等，都要在后续规划中加以考虑。这次规划也是在三峡工程建设任务基本完成，并且要全面投入运营的时期所进行的，考虑的问题不光是建设、运营，还有如何保障正常运行、永久的安全运行及各方面功能的有效发挥等问题。

实际上，三峡工程创造的效益是巨大的，这个效益是库区人民、全国人民和国家共同创造的，这个效益还要反哺。因为三峡库区的人民放弃了工业化过程，一部分移民还放弃了家园，保护了生态，保证了三峡工程的实施，今后库区的人民每天仍将为水库安全运行作贡献，以保证三峡工程为国家作贡献。我们在调查中发现，如果在创造的效益中不能反哺库区人民，不能支持当地居民更好地和谐发展，后续规划中的很多目标就不能保证完全达到。只有库区人民发展得更好，三峡水库才能更安全，多边效益才能得到更好的发挥，这是一个"利益链"。

库区人均占有土地低于全国平均水平，由于建设工程中进行移民及工厂迁建或关闭，带来了目前的库区产业空虚化问题。库区环境承载力和生态系统脆弱，生态保护任务十分繁重，土地不能大量开垦，农业和工业都不能按常规大量发展，如何保证可持续发展是一个重大课题。

可以说，号称"无烟工业"的旅游业是三峡库区未来发展的重点产业，"三峡旅游"本来就是世界级的资源，现在又出现了若干新的旅游点。这次规划着眼于库区旅游体系的重构和完善、对原有资源的开发和利用、对新出现旅游资源的建设、对原有旅游资源损失进行补偿等方面。通过规划建立一个水平更高的、更有发展力和影响力的新的旅游体系，通过旅游业及相关产业带动其他产业发展，这也是我们在做库区地域文化遗产保护以及旅游产业扶持规划的重要着力点。

（贺云翔：南京大学文化与自然遗产研究所所长，教授，博士生导师。《三峡工程后续工作规划》"三峡库区地域文化遗产保护研究"、"三峡库区旅游产业发展扶持规划"课题组负责人和"三峡库区地域文化遗产保护规划"主要参与者）

（记者　陈静/采访整理）

赫治清:"后三峡时代"的生态环境安全问题

随着三峡大坝竣工,当今世界上最大的水利枢纽工程便由建设期转入了运行管理期。在今后三峡工程的运行管理期里,需要进行大量后续工作,所面临的问题和困难比建设时期更为艰巨和复杂。如何使移民进一步融入当地社会,进而实现安稳致富?如何快速发展经济相对滞后的整个库区?如何应对工程建设后的库区生态环境变迁,建设生态文明、保护库区文化遗产?如何防治成库后的河道泥沙淤积及其对长江中下游可能带来的影响?如何加强三峡工程运行管理体制与能力建设,提高经济效益?这些都是"后三峡时代"建设所要面临的问题。

赫治清

这里,我着重谈谈"后三峡时代"的生态环境问题。在三峡工程启动之前,我国相关部门曾组织专家学者就三峡工程建设与生态环境保护问题进行过长期反复论证,并制定了相应的对策方案。实践表明,工程建设过程中陆续出台的一系列对策是卓有成效的。但是,这些举措并非一劳永逸,在"后三峡时代"将面临严峻考验,保护库区生态环境安全、防止新的污染,任重道远。

"后三峡时代"究竟面临哪些生态环境安全问题呢?

第一,三峡工程淹没了重庆市、湖北省所属 20 个县市区 632 平方公里的陆地面积,极大地改变了三峡地区原来的地形地貌、水文状况。为了将绝大多数被淹居民向库区靠后山坡搬迁,建设移民新居及学校等配套设施,不可避免地要在淹没原来肥沃河谷地带的基础上,进一步毁掉大片耕地、森林植被。这些高处山坡本来就土壤贫瘠,耕地面积严重不足,人口密度也大。如此一来,库区人多地少的矛盾将更加突出。如果为了扩大生存空间,再走毁林开荒、陡坡种植的道路,或是过度开发工业项目,不适当地扩大城镇规模,都有可能造成新的水土流失,增加新的污染,从而进一步破坏当地的生态环境,加剧恶化库区的生存环境。

第二，大坝建成后面临泥沙淤积的威胁。三峡库区是全国水土流失最为严重的地区之一，水土流失面积占土地总面积62%，年土壤侵蚀量有1.37亿吨。由于水土流失和滑坡、泥石流等地质灾害，长江上游江河泥沙含量高，每年平均输沙量高达5.3亿吨。水库建成后，水位抬高，水面加宽，流速减慢，泥沙淤积不可避免，特别是库尾的泥沙淤积将更为显著。埃及著名的阿斯旺大坝，每年库内的泥沙淤积量约为1.3亿吨，结果导致水库的有效库容明显下降，水利工程效益大大降低；三峡水库建成后，每年的泥沙淤积总量将是阿斯旺大坝的4倍。由于三峡水库的死库容量仅为阿斯旺大坝库容的八分之一，因而泥沙淤积对三峡水库的威胁将甚于阿斯旺大坝。同时，三峡库区的水体流速减慢，复氧的扩散能力下降，岸边污染带必将加大。而库区土壤侵蚀大多来自坡耕地，每年随泥沙流失夹带的氮、磷、钾等营养物质高达16吨以上，库区水质的富营养化又构成了对环境的污染。三峡工程蓄水后，支流水质恶化，部分支流出现"水华"现象，而且发生范围、持续时间、发生频次明显增加，附近居民的饮水源令人堪忧。2007年，丰都县因支流富营养化而发生5万人饮用水受污染的现象，支流里浮萍、水葫芦疯长。

第三，三峡工程完工后，将形成一个长600公里、宽1—2公里的大湖泊。为了保证发电需要，库区冬季正常蓄水水位为175米，夏季为了防洪水位降至145米。其间30米落差暴露出的土地称之为消落带。整个三峡库区，将出现大约300平方公里至400平方公里的消落区，分布于湖北、重庆省市所属26个区县。其中，奉节以东地区，由于两岸坡度较大，多为岩沙土质，水位下降时垃圾等污染物和泥沙容易随水带走，这些消落带对生态环境的危害并不大。可是，奉节以西的川东平行岭谷低山丘陵区，因为两岸坡度小，多为泥土土质，将形成对生态环境构成很大威胁的消落带。我的故乡重庆市开县所形成的消落带面积达45平方公里，是整个库区消落带最大的地区。夏季水位下降后，河道内沉淀的垃圾、杂草，不仅会破坏这些地方的自然景观，而且在高温暴晒下，更容易滋生病菌，引发流行性传染病。其实，凡建大坝，就必定有消落带。世界著名的巴西伊泰普水电站消落带仅1米高，而三峡水库的消落带高达30米，是世界大坝中最大的。三峡水库建成后，伴随消落带的产生而出现的生态与环境问题，是"后三峡时代"建设面临的世界性难题。

第四，特殊的水环境因修建大坝而消失，对原来鱼类的生存带来严重威胁。

第五，三峡库区，跨越川东平行岭谷和鄂西山地两个地貌单元，是历史上滑坡和崩塌等地质灾害的多发区。清代以来，湖北秭归及重庆市的云阳、万县、忠县等长江沿岸，都曾发生过滑坡、崩塌、泥石流等重大地质灾害。由于三峡水库库容量大，江宽水深，即使出现部分江段大型滑坡、泥石流物质入江，都不会对坝体建筑物带来破坏性的影响，发生阻塞长江主航道灾情几率也将不复存在。水体作用无疑是水库诱发地震的因素之一。但三峡水库可能诱发的地震都在 6 级以下，对三峡大坝的结构安全不会构成威胁。但是大坝建成蓄水后，高水位的库水长期浸泡两岸坡体，淹没岸坡范围加大，加之高水位使侵蚀基准面抬高，侵蚀的面积也随之增大。在水位下降时，动力水压、浸泡软化作用最容易引起坡面变形，对山坡稳定也将产生不利影响，甚至在水位下降的同时有可能发生滑坡。库区水位提升，还会使周围区域的地下水位上升较高，使土壤岩隙含水大增，促使古滑坡复活，产生新滑坡、泥石流。事实上，近年来时常发生的地质灾害严重威胁库区民众生命安全，滑坡入江后造成的涌浪灾害，其浪高可达数十米，波及数十公里范围。不仅如此，清水下泄还对长江中下游最险的荆江河段堤防构成威胁。近几年，荆江崩岸险情频次明显增多，崩岸长度明显增加。研究分析表明，今后长江河床将发生长距离的沿程冲刷和横向扩展，对河势控制和护岸工程带来较大影响，并引发新的崩岸。

另外，由于江水水流速度减慢，库区大量泥沙和水的积累还会影响重力场，甚至引起地壳下沉。1936 年建成的美国胡佛大坝，就曾出现水库内积累 240 亿吨的水和数量不详的沉积物，从而使水库周围形成了一个大致圆形的地壳沉陷区。三峡水库出现这种风险的可能并不能排除。

第六，研究表明，高山丘陵地区地表水面积很大程度上会影响当地气候，由于上游蒸发量大幅上升，降雨量很可能随之增大。长江大坝蓄水面积的增加，蒸发量也必然大幅增加，降水量很可能改变库区气候环境。如果考虑三峡工程建成后，作为生态环境基本要素的地质地貌、水文、土壤、森林植被、动植物及微生物等变化，以及人文环境变迁的相互作用，不能排除库区有可能形成一个有别于昔日的小气候环境。这种小气候是向好的方面转化，还是比过去恶化，都有待观察。

三峡工程建成后，将在防洪、发电、航运、灌溉、城市供水、水产养殖、开展旅游等方面发挥巨大效益。然而，任何水利工程的效应都不是单方面的。对于三峡工程的负面影响和可能引发的生态环境安全问题，决不能掉以轻心。诚然，我们在工程设计和建设中充分考虑了生态环境安全，并实施了卓有成效的对策。但是，正如国务院三峡办主任汪啸风所说，"三峡库区历来生态环境脆弱、自然灾害频发、水土流失严重，人多地少矛盾突出，不合理的开发造成生态退化，水土流失加剧状况远未得到根本扭转"。现在上游来水明显减少，水库蓄水水位175米的目标至今仍未能实现。直到今天，仍然存在诸多不确定因素，有些问题要么不曾料到，要么并不完全被认识。我以为，要把"后三峡时代"的生态环境安全问题解决好，使三峡工程的运营管理正常运行，促进库区民众与自然和谐相处，实现社会经济发展全面协调可持续，必须具有全局意识、大局意识，不能只顾眼前不顾长远，只顾本单位而不顾全局利益，要牢固树立对人民高度负责和对子孙后代负责的观念。同时，还要具有世界眼光。

自从18世纪人类社会进入工业文明时代以来，特别是近50年来，随着西方国家资本主义经济飞速发展、科技进步，对资源无节制地攫取，大量排放二氧化碳和其他工业废气，进一步加剧了人口、社会与资源、环境之间矛盾冲突，进而引发了全球严重的生态危机。环境污染、温室效应、水土流失、植被破坏、土壤沙漠化、盐碱化等问题变得格外突出。近年来，伴随着全球气候变化以及我国自身经济快速发展和城市化进程不断加快，中国资源、环境和生态压力也随之增大，保护生态环境的形势就变得更加严峻和复杂。

众所周知，包括气候要素在内的生态环境的恶化，又必然导致自然灾害的频繁加剧。因为，自然灾害是自然力量的异常变化给人类社会带来的危害。自然力量的异常变化是否和多大程度上给人类社会带来破坏性后果，主要取决于自然界本身运动或演替过程及其变化异常的强度和破坏力大小。而这种过程，长期以来就是自然生态环境变异的突出因素。自然灾害实际上是自然生态环境变化和人类社会对这种异变的承受力和应变能力这两种因素相互影响作用的产物。

在应对三峡工程生态安全问题上，我们应有世界眼光，既要积极学习外国先进的生态学理念、总结和借鉴世界建设大坝的经验教训，又要把对三峡库区可能存在的生态环境隐患纳入全球气候变暖的大视野中去考察，制定符合中国国情的应对之策。

人无远虑，必有近忧。对待三峡工程生态安全问题，既不要悲观，也不要盲目乐观。应该采取实事求是的态度，集思广益，在科学发展观的指导下，严密规划，精心设计，认真实施，沉着应对。我坚信，勤劳智慧、英勇无畏的中国人民，在党中央、国务院的领导下，定能破解一个个三峡工程生态安全难题，在建设管理好具有防洪减灾、提供清洁能源、通航等功能的特大型水电工程中，坚持低碳循环经济模式的可持续发展道路中，为中国和世界作出自己的贡献，书写中华民族灿烂辉煌的新篇章。

（赫治清：中国社会科学院历史研究所研究员）

（记者　潘启雯/采访整理）

风笑天：“后三峡时代”要帮助移民完成三个适应

移民问题是三峡工程面临的一个非常大的问题。三峡工程本身的目标是发展水利、电能等，但是我们必须面对它所带来的移民问题。国家给予很大投入，100多万的移民规模在世界上前所未有。当然，移民方面也存在一些问题，需要我们去认真研究。

我最初涉足三峡移民研究，还是10多年前的事。1997年到2000年，在三峡工程动工后不久，我们接了一个课题，做的是坝区的移民问题。因为三峡大坝建在湖北宜昌，因此工程开

风笑天

工前先要把坝区的居民移走，这是规模相对较小的移民，他们主要被安置在宜昌市不同的区县。这是三峡工程大移民的一个试点。我们当时的主要

发现是生产条件的变化、生存方式的变化对移民影响很大。移民原来大多在山上种柑橘，这些果农到平原后要学习种水稻，生产方面不适应，分给他们的田地也相对差一些。当时移民搬迁安置过程中最突出的问题就是移民对生产方式的不适应。

2003年，我带领学生深入重庆市三峡库区的云阳县和万州区对即将搬迁的库区移民进行调查。2006年至2007年我们再次到云阳县和万州区，同时还到江苏省的几个县对这些移民搬迁后的生活进行了追踪调查。从坝区到库区再到跨省安置区，我们关注的主要焦点是移民的社会适应问题。

从社会学的角度来探讨移民搬迁后是不是适应安置地的生活，这只是移民研究中的一个方面。我们的研究结果表明，农村移民对新生活的适应，首先是从日常生活领域开始的。比如住房、邻里、语言、风俗等；其次是生产劳动、经济发展；最后包括主观感受、心理融合、社区认同在内的"我群感"、"归属感"的建立。这一适应过程需要经历相当长的时间，需要在大量连续不断的生活事件、生活经历的熏陶和磨砺中逐渐完成。

研究结果还表明，影响农村移民社会适应状况的各种因素，随着移民搬迁时间的不同而表现出不同的影响。在搬迁初期，不同搬迁和安置方式的影响十分明显。特别是移民所感觉到的安置地政府是否对他们关心，也是影响搬迁初期移民社会适应的一个重要因素。随着搬迁时间的延长，影响移民社会适应的因素发生了很大变化。比较突出的特征是：生产劳动方面的差别，开始成为影响移民家庭经济发展和长远生活水平提高的重要因素。不仅如此，来自同一个地区的移民与当地居民在生活习俗上的"大同"，也开始被实际生活中无数具体细节方面的"小异"所取代，使得生活习俗因素对社会适应的影响再次显露出来。

研究结果还向我们揭示出一些值得进一步探讨的问题。首先，移民在社会适应过程中所面临的经济贫困的风险问题。早期农村外迁移民基本上实行的是集中安置。这种安置方式虽然在日常生活、邻里交往、心理安定等方面具有一定优势，但不可避免地受安置地有限的经济资源，特别是耕地、副业、打工机会等方面的限制，移民在生活"嫁接期"的经济"复苏"面临极大挑战。如何帮助移民尽早适应生产劳动方式的巨大变化，防止可能出现的经济贫困现象，是安置地政府需要高度重视的一个重要问题。

其次，移民在社会适应过程中如何尽快实现从日常生活适应到劳动生产适应再到心理归属适应的跨越问题。移民举家搬迁不仅意味着居住地点的改变，还意味着整个家庭和每个成员社会生活的完全移植，是将原有生活整体地在新的社区中进行"嫁接"和"重植"。这种生活移植的过程是痛苦的和长期的。研究结果表明，移民对这种生活移植过程的适应体现在三个不同的层次和方面。相对来说，随着时间的推移，日常生活的适应比较容易达到。但是，对移民来说更为根本的生产劳动的适应则可能需要相当长的时间。而移民心理归属的适应则是一种并非完全随时间变化的过程，它在某种程度上更能说明移民社会适应的实质状况。在移民社会适应的这三个方面，具有影响作用的因素可能是不同的。

要使移民能够真正扎根于新的社区，重建新的生活，必须认真探索和构建起帮助他们顺利跨越生产劳动适应和心理归属适应的各种机制和条件，只有当移民不仅习惯了安置地的生活方式，同时熟练掌握了在安置地的经济条件下赖以生存的生产劳动技能，并且在心理上已将安置地看做"我群体"时，他们才在真正意义上适应了安置地的生活，才真正在安置地扎下了根。

住房是家庭生活最基本的条件之一。而对举家搬迁的广大移民来说，当在陌生的新家乡安家落户、开始新生活时，他们对这种新家、新生活最初的、最直接的体验之一就是住房感受。研究结果中，住房因素具有重要影响的结果启示我们，各地在移民安置过程中应该高度重视移民住房的修建和购买安排，尽可能按照移民的经济条件为他们准备好合适的住房，让他们从新家中开始新的生活。

另外，移民与当地居民之间的交往状况对他们的社会适应具有重要的影响。原来的移民安置形式中，多为几十户移民成建制地集中安置，即在安置地建立新的移民村。在那种情况下，在小的社区范围内，无论语言、习俗，还是生活方式，都是相同的、故有的、移民熟悉的。移民相互之间的交往也相对频繁，与当地居民之间的交往则相对较少。移民的社会适应也成为在小社区范围内具有相同文化背景条件下的适应。而现在这种分散安置打破了原有安置方式的条件，移民更多的是单家独户置身于当地居民、当地社区环境中。面临新的生活环境，新的语言、习俗，新的文化背景。正是在这种条件下，与当地居民之间的交往就成为移民适应当地社会生活的一种重要途径。无论是自觉的还是被迫的，与当地居民交往越多，移民的社会适应就会越好。

总之，移民的适应有一个过程。你要让他适应新的地方，第一层面是生产生活上的适应。并不等于说给一块地，给补偿金，房子也安置好了，就万事大吉了。第二层面是人际关系上的适应。搬迁后要重新建立一个新的人际关系网络。第三层面是心理上的适应。这是一个逐渐提高的过程。人是社会的动物，要跟社会发生各种各样的联系。移民是一个外地人，到新的环境没有关系。等到他们在这方面如鱼得水了，遇到问题可以找人帮忙了，他们的社会适应就顺利得多；当他们真正认为这里的生活很愉快，自己是这里的人了，他们的适应才能说完成。在没有办法逆转的社会变迁过程中，在迁移这样的一个现实面前，移民适应最困难的是最后一步，这需要很长时间。

我想，应该首先看到移民在三峡工程中作出了巨大的牺牲，"后三峡时代"国家还应该继续关注这些移民，进一步支持这些移民。"后三峡时代"的规划，要对移民的社会适应问题给予高度重视，不能说补偿也补了，人也安置了，事情就完了。因为迁移对移民们来说不是暂时性的，而是永久性的。因此国家要采取相应的政策措施，或者优惠条件，让这些移民真正在安置地从生产生活上适应、人际关系上适应、心理上适应，让他们逐步在经济、生活、就业等各个方面达到和当地居民相同的水平。

（凤笑天：南京大学社会学院教授）

（记者 陈静／采访整理）

三峡工程的文化内涵和精神象征
——访重庆中国三峡博物馆馆长黎小龙

三峡工程气势恢宏，万众瞩目。这项历时近一个世纪、经历几代人努力的浩大工程被美国媒体喻为当代的"新长城"。

作为土生土长的重庆人，重庆中国三峡博物馆馆长黎小龙见证了这一历史过程。谈及三峡工程的文化内涵和精神象征，他向记者作了深刻的描述。

黎小龙

缘何被称为当代"新长城"

记　者：黎馆长，您好！感谢您接受《中国社会科学报》的采访。随着 2009 年年底三峡工程顺利竣工，这项开工之前曾引起颇多争议的工程再次引起大家关注。您认为，国外为何将之称为当代的"新长城"？

黎小龙：就历史上遗留的人类工程遗迹而论，均为可贵的文化遗产。具有悠久历史文化和古老文化的中国，文化遗产的丰富、多样性为世界所公认。但是，传统文化遗产中能上升到大众，被社会所认同的精神象征的古代文化遗迹中，最具代表性的就只能是长城了。由战国秦朝迄今，长城因其丰富的文化积淀已被誉为中华民族的象征。关于长城，历史上的评论也很多，各种说法都有。特别是两汉以来的封建时期，负面评价多于正面评价。随着时间的推移，长城的正面形象逐渐上升，特别是在近代中国饱受外敌入侵的屈辱历史背景下，长城的文化价值凸显，成为国家民族文化的象征。国歌（《义勇军进行曲》）中的"新的长城"，说明古长城在近代已成为中华民族精神象征的最为典型的代表。

三峡工程最早设想者是孙中山，他在推翻清政府，建立中华民国之初就提出了修建三峡工程的构想。毛泽东、邓小平均给予了极大的关注。三峡工程从提出到修建完成，伴随着激烈的争论。可以说，中国近百年来的工程建筑，没有哪一项像三峡工程那样引起社会的广泛关注，三峡工程上马与否，是由全国人民代表大会投票，各方面专家一个一个专题反复争论，各种会议、媒体、论著的广泛讨论决定的。近二十年来，围绕三峡工程所展开的各种活动、思想已成为一种特殊的社会文化现象。人们早就说三峡工程是近代中国人的梦想，包括孙中山、毛泽东等伟人的三峡梦。这个梦想除了工程带来的防洪、发电、航运等效益外，还隐含了现代中国民族的振兴。所以，三峡工程在 20 世纪提出到开工修建，承载了中华民族复兴的象征意义。美国媒体所说的"新长城"，我想应该是包含了这样的文化内涵和精神象征。

"后三峡时代"工作方针需要延续

记　者："后三峡时代"，重庆市对三峡库区的发展有没有一个具体的思路？

黎小龙：三峡工程因为涉及的问题较多，在修建前有各种意见，甚至激烈的争论和反对，这些在所难免，很正常，甚至有必要。但是，延续了数十年的争论已成为过去。近年来有人提出，三峡工程建成已成为客观事实，我们更应关注的是当前与今后三峡工程的状况和问题，由此提出了"后三峡时代"的观点，我赞同这样的观点和思考问题的方法。目前据我所知，对三峡库区未来的发展、地质灾害防治，还有产业、生态环境、文化等课题，各类专家组均有深入的研究并形成了方案，重庆作为库区的环境和经济的支柱，在"后三峡时代"当然有相关的规划和思路。

为三峡文物找个"家"

记　者：作为由国务院正式批准命名，除北京外以"中国"冠名的第一座大型综合性博物馆，重庆中国三峡博物馆的建成在建筑史上具有特殊意义，可以说记载了三峡工程的历史点滴。请您谈谈重庆中国三峡博物馆建成的原因。

黎小龙：重庆中国三峡博物馆就是因为三峡工程文物保护和抢救而建成的。博物馆的前身应追溯到新中国成立初期邓小平主政西南局时创建的西南博物院，1955年改名为重庆市博物馆。三峡博物馆和有着60年历史的重庆市博物馆合二为一。催生三峡博物馆的直接原因是为三峡文物找一个"家"，让三峡博物馆成为三峡文物收藏、研究、保护和展示的固定场所，三峡工程相关的文物资料也存在这里。三峡博物馆是三峡工程中三峡文物抢救保护的一部分，它的建成是一个标志性的事件。

另外，三峡博物馆还肩负着促进精神文明建设的重任。三峡文物的抢救和保护从难点到热点，再到现在成为三峡工程的一个亮点，可以说，三峡博物馆是其中的点睛之笔，而我们的工作还任重道远。根据2007年国际博物馆协会对博物馆的最新定义，国际博物馆界近年来强调博物馆的社会责任，反映了对博物馆社会效益的关注。越来越多的博物馆人意识到，当代社会应该通过博物馆的展览展示，向观众传播历史文化信息。

记　者：三峡博物馆在抢救和保护三峡文物方面做了哪些工作？

黎小龙：可以说，三峡工程给三峡文物保护带来了巨大压力，同时也带来了巨大机遇。重庆抓住了这个机遇迎难而上，发展了重庆的文物事业。同时，三峡的文物保护也支撑了三峡作为文明工程的一个形象，为三峡地区的社会可持续发展提供了必要资源。

三峡博物馆的功能体现就是文物抢救与保护。到今天为止，大规模的三峡文物保护从地下发掘到地面保护工作，已经基本完成。重庆地区出土的一般文物超过15万件，其中珍贵文物（能达到三级文物以上的）超过1万件。乌杨阙、虎钮錞于等珍贵文物现正陈列于重庆中国三峡博物馆中。地面文物方面已完成54处原地保护项目，搬迁复建项目90处均已完成拆迁保护。

在研究的基础上展览

记　者：未来，三峡博物馆的开放能否带动重庆旅游业的发展？

黎小龙：2005年6月18日三峡博物馆正式对外开放，一批三峡库区重要的出土文物也陆续妥善入藏，并与观众见面。第一年三峡博物馆免费开放，我们发现免费开放后2008年观众达到160万人。下一步我们的任务是进一步整理，然后研究，不断推出专题。目前，"后三峡时代"在重庆三峡库区还要建一个博物馆群，以三峡博物馆为中心，库区要规划8到10个博物馆，包括万州地区的移民博物馆。目前已经开工了3个，还有几个要陆续开工。博物馆群以展示三峡地区的历史文化、地域风貌和移民精神为主。

记　者："后三峡时代"三峡博物馆面临哪些难题？

黎小龙："后三峡时代"，我们责任重大。首先，三峡博物馆要继续增加三峡文物的量。其次，要加强学术力量，对三峡文物进行整理、修复和保护。然后就是研究，通过研究出学术成果。这个学术成果就是弄清楚三峡和周边地区在长江流域的地位，恢复地区的历史原貌。最后，还有一个更重要的责任就是在研究的基础上不断推出展品，让市民受到好的文化熏陶。展览不能没有主题，必须要在专门研究的基础上，面对数千年前的历史文物，没有研究就无法进行展示。

2010年5、6月份，我们和中国先秦史学会联合5家单位发起"长江·三峡古文化学术研讨会"，以三峡文物为基础对长江古文化和三峡古文化作进一步研讨。

（黎小龙：1955 年生，现任重庆中国三峡博物馆馆长，西南大学历史文化学院教授、博士生导师。主要从事中国民族史、西南区域史研究。）

（记者 陈静）

（本期特别策划采写工作组：陈静、潘启雯）

相关链接

1992 年 4 月 3 日，第七届全国人民代表大会第五次会议正式通过《关于兴建长江三峡工程的决议》，三峡工程将在这片古老、神奇、美丽、宁静的土地上开工建设，中国人百年梦想"高峡出平湖"将得以实现。"高峡出平湖"后，"神女"如何才能安然无恙，1992 年重庆、湖北、四川三省市组织全国 30 余家文物考古等相关研究机构和 500 余名科研人员，奔赴三峡库区，对东起湖北宜昌，西至重庆江津的三峡工程淹没区及迁建区进行实地文物普查。

通过测绘、钻探、物探、试掘等多学科科技手段，按照"保护为主，抢救第一"，"重点保护，重点发掘，既对基本建设有利，又对文物保护有利"的原则，于 1996 年 5 月编制完成《长江三峡工程淹没区及迁建区文物古迹保护规划报告》。后经反复论证形成《三峡工程淹没区及迁建区文物保护项目和保护方案》（以下简称《方案》）。

《方案》指出，三峡库区（含重庆、湖北）共有 1087 处文物列入保护规划，其中地下文物 723 处，地面文物 364 处。重庆库区 752 处，其中地下文物 506 处，地面文物 246 处，发掘面积 127 万平方米。湖北库区 335 处，其中地下文物 217 处，地面文物 118 处。白鹤梁题刻、张桓侯庙、石宝寨以其特有的历史、艺术和科学价值被列为专项保护项目。

1997 年 6 月 19 日，重庆市人民政府与国家文物局在重庆召开全国文物系统对口支援重庆库区文物抢救保护工作会。此次会议的召开，正式拉开三峡工程淹没区重庆库区文物抢救保护的序幕，奠定了全国文物系统会战三峡文物抢救保护的基本格局。

经过上千名科研人员十几年的艰苦工作和不懈努力，截至 2009 年，重庆库区累计完成地下文物 506 处田野考古发掘，发掘面积 127 万平方米，勘察面积 1015.2 万平方米，累计完成地面文物搬迁复建 70 处，留取资料 98 处，原地加固 54 处，完成张桓侯庙异地搬迁复建，完成石宝寨、白鹤梁题刻原地保护工程，并正式对外开放。出土文物 14.3 万余件，其中珍贵文物 8000 余件，累计完成地面、地下文物项目档案 4588 卷，包括各类纸质资料 2.38 万袋 8.22 万份，电子光盘 3000 盘，照片 740 余册 5 万张，反转片 250 余册 1.4 万张。

另外，还先后组织出版《重庆库区考古报告集》1997、1998、1999、2000、2001 卷，《重庆库区文物考古论文集》、《万州大坪墓地》、《瞿塘峡题刻保护工程》、《三峡古栈道》等。完成了重庆中国三峡博物馆的建设和展览工作，并正式对外开放。

三峡工程中发现的珍贵文物

■早更新世"巫山人"左侧下颌骨化石

巫山龙骨坡是一处旧石器时代初期的古人类遗址，于 1984 年发现。其中最为珍贵的是"巫山人"（Homo erectus）一段左侧下颌骨化石。遗址堆积地层时代属早更新世早期，含人化石层位的年代，经古地磁和铀系等多种方法测定，距今 200 万年。

■早更新世"巫山人"左侧下颌骨化石

龙骨坡遗址是迄今中国乃至东亚早更新世早期的相同时序中文化内涵极其丰富的地点，为探索东亚人属（Homo）兴起的年代（不是几十万年而是 200 万年）提供了佐证。

■东汉景云碑

出土于三峡库区云阳县旧县坪遗址，东汉朐忍令雍陟于熹平二年（173）为纪念 70 年前的朐忍令景云而立。碑文记述了景云的祖先由楚国迁入汉中、广汉等地，景云为官"政化如神"，深得人民爱戴等情形，反映了三峡地区的政治、地理、移民等史实，是目前三峡地区唯一出土的汉碑，具有极大的历史与文化价值。

该碑目前陈列于重庆中国三峡博物馆"壮丽三峡"展厅。

■东汉景云碑

■战国 虎钮錞于

989 年夏，万州甘宁乡发大水，这件錞于从红旗水库泄洪道巨石缝中被发现，由万州博物馆收藏。2005 年 6 月，调集到重庆中国三峡博物馆。

这件錞于属战国晚期的巴人作品，其通体完整，音质优良，造型

■战国 虎钮錞于

厚重，形体特大，有"錞于王"之誉。其上部的钮作虎形，栩栩如生，不怒而威，虎腿以漩纹勾画出神物特征，是巴人虎崇拜的又一重要例证。虎钮的周围，分布着五组"图语"：椎髻人面、羽人击鼓与独木舟、鱼与勾连云纹、手心纹、神鸟与四蒂纹。

这些图语对研究巴文化是极为重要的资料，其中羽人击鼓与独木舟已经被选取为重庆中国三峡博物馆外墙浮雕的中心图案。

■汉魏乌杨阙

乌杨阙发现于忠县乌杨镇，2001年，在三峡文物保护抢救工作中发掘出土，是我国目前幸存的、绝大多数为全国重点文物保护单位的30余处汉阙中，唯一通过考古发掘复原（并发现了相关的阙址、神道、墓葬）的阙。

乌杨阙现陈列于重庆中国三峡博物馆中厅，也是所有汉阙中第一个作为博物馆馆藏文物的汉阙。

■商　青铜三羊尊

■汉魏乌杨阙

■商　青铜三羊尊

1980年出土于重庆市巫山县大昌镇大宁河畔的李家滩的青铜三羊尊，通高42.8厘米，原由巫山县文管所收藏，2005年6月调集到重庆中国三峡博物馆，目前陈列在"远古巴渝"展厅。三羊尊应是巴人在商文化影响下的一件自制重器，是迄今所见巴人故地最早的一件大型青铜容器。

该器对于研究古代巴人的矿冶技术具有重要的学术价值。

中国道路

中國社會科學報

（2009—2010）

特别策划（中卷）

■战国青铜鸟形尊

■战国青铜鸟形尊

2002年青铜鸟形尊出土于涪陵小田溪墓地，通体长28厘米、宽16.8厘米、高29厘米。整体呈鸟形，具有鱼嘴、鹰啄鼻、兽耳、凤冠、鸽身、鸭脚。通体饰细密的羽纹，在羽纹上有规律地镶嵌着绿松石。造型、纹饰及装饰极其精美。出土于巴人的贵族墓地，是研究巴人的审美情趣、工艺水平和铸造技术难得的艺术精品。

（资料图片由重庆中国三峡博物馆提供，特此感谢）

厘定促变　谋新之局　不渝经世济民之道

——透视 2010 中国经济发展蓝图

记者　张微

即将过去的 2009 年，是新世纪以来中国经济社会发展最为困难的一年，也是我们砥砺奋进、经受严峻考验的一年。一年多来，中国经济从容应对国际金融危机，保增长取得显著成效。今后中国宏观经济政策基调如何，备受世人瞩目。中央经济工作会议的召开，总结 2009，布局 2010，为明年中国经济发展定下基调，将重点放在"促进发展方式转变上下功夫"。经世济民之道未尝稍改，促变谋新之局基本厘定。

围绕着中央经济工作会议勾勒出的 2010 年我国经济发展蓝图，促转变、促消费、保民生等也成为此次会议的关键词。近日，本报采访了众多国内外专家学者，对 2010 年中国经济发展蓝图进行深入解读。

经济调整　产业升级的"助产士"

虽然目前中国经济"V"形反弹曲线渐趋上升已无悬念，但从长远来看，"外贸依存度高、投资依存度高、能耗高"的老问题仍然突出，已经影响到我国经济可持续发展，到了非改不可之时。

中国社会科学院学部委员余永定对记者表示，此次中央经济工作会议出台的"加大经济结构调整力度，提高经济发展质量和效益"这一决策，正是着力谋求中国经济的长远发展。

英国谢菲尔德大学中国研究讲座教授、东亚学院院长臧小伟也对记者谈道，关于中国经济未来发展所面临的问题，最重要的是"努力升级它的经济结构。中国目前的经济结构主要依赖廉价劳动力和投资，收益率低，环境风险高。"

首钢总公司党委书记、董事长朱继民和中国社会科学院学部委员汪同三，不约而同地结合对国际金融危机的反思谈到了"调结构"的重要性。朱继民说，"国际金融危机使我国经济的结构性矛盾凸显出来。……转变经济发展方式、调整经济结构已刻不容缓。"汪同三则表示，"国际金融危机对我国经济的冲击，表面上看是对我国经济增长速度的冲击，但实质上是对我国亟待转变的经济增长方式的冲击。"这场国际金融危机使我国转变经济发展方式的问题更加凸显出来。

亚洲开发银行驻中国代表处高级经济学家庄健在接受记者采访时说，"调结构，就是要加大改革和调整的力度，真正下大力气改革和调整在需求结构、产业结构、行业结构、区域结构、城乡结构和收入结构中那些不合理、不公平、不和谐的部分，进一步发挥市场在配置资源、提高效率方面的基础性作用。"

中国光大（集团）总公司董事长、党委书记唐双宁告诉记者，在GDP财富积累的同时，也积累了各种结构性矛盾，城乡发展"不平衡反映到金融领域，也主要表现为城乡金融发展不平衡"。因而，他认为，农村应该是中国经济结构调整的一个主战场。

实践证明，每次经历重大经济危机阵痛之后大都衍生重大产业调整，经济危机也常被谑称为经济发展方式转变的"助产士"。要想取得"实质性"进展，由"危"化"机"，关键是要抓住机遇，趁势而上，谋划长远发展。

因此，做好明年经济工作，重点要在促进发展方式转变上下功夫，真正把保持经济平稳较快发展和加快经济发展方式转变有机统一起来，在发展中促转变，在转变中谋发展。

扩内需　重在刺激居民消费

内需不足导致的后果在金融危机中显而易见，促进消费成为扩大内需的重要内容。针对此状况，会议指出，要以扩大内需特别是增加居民消费需求为重点，以稳步推进城镇化为依托，优化产业结构，努力使经济结构调整取得明显进展。扩大居民消费需求，增强消费对经济增长的拉动作用。加大国民收入分配调整力度，增强居民特别是低收入群众消费能力。

"消费特别是居民最终消费是投资和生产的动力，消费需求不足表明我国内生增长动力不足。"中国工商银行城市金融研究所所长詹向阳向记者表示，在目前投资需求已无太多扩张空间的条件下，消费需求的增长就成为明年经济增长的主要拉动力。中央经济工作会议把大力促进居民消费、提高消费需求在内需中的占比作为 2010 年扩大内需的核心是非常明智的。

增强消费对经济增长的拉动作用是中国经济谋求长远发展的一驾有力马车，而要扩大消费必须解决一些深层次改革问题。

"后金融危机时代，全球经济再平衡业已成为共识"，中国社会科学院亚太所所长李向阳指出，"这就要求我国增加消费、减少储蓄。因此，中国需求结构必须作出重大调整。""必须改变国民收入初次分配和再分配机制"，"让老百姓手中的钱多起来，让老百姓敢花钱、爱花钱"。

无独有偶，首都经贸大学校长文魁也认为，经济发展方式由"又快又好"转变为"又好又快"，其中，"好"的内涵最终由人民群众得实惠的消费体现出来的。经济结构的调整，在扩大内需的要求下，首先是外向与内向的结构调整；其次是消费与投资在国民收入中比重的调整；要促消费，提高低收入人群的消费能力，还必须调整收入结构，提高劳动报酬的比重。所以，扩内需、促消费是整个经济政策的核心。

城镇化　引领下一轮经济增长

国家发改委的数据显示，2009 年，在已经下达的 4 批中央投资中，用于民生工程的投资占比超过 50%。此次会议依然坚持，要把改善民生、发展社会事业作为扩大内需、调整经济结构的重点，坚定不移加以推进。"增加对'三农'、科技、教育、卫生、文化、社会保障、保障性住房、节能环保等方面和中小企业、居民消费、欠发达地区支持力度，支持重点领域改革。"

改善民生的发展才是切实的发展。中国人在传统观念影响下，对房子的关注远远超越其他。近年来房价飙升，为普通百姓所诟病。此次中央经济工作会议透露出增加普通商品住房供给，支持居民自住和改善性购房需求，加大农村危房改造支持力度等信息。

与房子问题几乎同样备受瞩目的是城乡二元结构问题。会议透露，当前要把重点放在加强中小城市和小城镇发展上。要把解决符合条件的农业转移人口逐步在城镇就业和落户作为推进城镇化的重要任务，放宽中小城市和城镇户籍限制。

"今年的中央经济工作会议最大的亮点是把城市化强调起来，将它作为结构调整的很重要的一个方面提出来。"北京大学中国经济研究中心教授姚洋在接受记者采访时谈道，"让农民在城市里生活，把户口问题专门提出来。这意味着中央已经意识到城市化滞后是产业结构调整困难的很重要的原因。"

北京大学人口研究所教授穆光宗也对记者表示，"放宽城镇户籍限制是一个有利的政策，有助于破解城乡二元结构的格局，促进城乡一体化发展。"他说，"户口始终是很多人难以克服的制度性屏障，只能通过中央政府下决心逐步破题。放宽城镇户籍限制有助于推进城市化，有助于城乡统筹发展。户籍制度是二元结构的一个制度性安排，曾在历史上发挥了一定的作用，但也阻碍了城乡一体化工作的推进。现在提倡对外来人口提供均等化公共服务，要提升城市化水平，户口障碍要逐步消除。"穆光宗还谈道，有人建议用居民身份证取代"城乡分类户籍制度"，这是一个前瞻性的想法。

针对城乡差异问题，丹麦奥尔胡斯大学国际政治系主任 Clemens Stubbe østergaard 在接受记者采访时也表示，"地区尤其是城乡间的差距，是中国面临的严重问题，但也为进一步扩大内需增加了很大空间。通过提高农村地区的生活水平及福利水平，进一步带动整体经济发展的可行性很大，而且有着实际需要，这也是'和谐社会'目标的一部分。"

与此同时，在具体实施过程中也会出现地方压力过大等问题，"如果这些问题能够通过诸如体制改革以及其他改革得到解决，那么中国的经济在 2010 年会走得更远。"Clemens Stubbe østergaard 这样对记者表示。

汪同三：保持政策的连续性和稳定性是关键

中央经济工作会议分析了当前国际国内经济形势，深刻阐述了加快经济发展方式转变的重要性和紧迫性，明确提出了明年经济工作的总体要求、重要原则、主要任务，具体部署了明年的经济工作。学习会议精神后，我有这样几点体会。

第一，会议对应对国际金融危机冲击的工作所取得的显著成绩和重要经验进行了总结。

2008年第四季度以来，世界经济遭遇了第二次世界大战结束后最严重的危机，由美国次贷危

汪同三

机引发的国际金融危机持续蔓延扩散，国际金融市场跌宕起伏，世界经济严重衰退，我国外部经济环境急剧恶化。受国际金融危机严重冲击，我国经济增长速度明显减慢，对外贸易骤然下降，企业生产经营困难重重，失业人员大量增加，社会信心受到严重影响。

面对如此严峻复杂的局势，党中央、国务院见识早、行动快，决策果断、应对从容。经过近一年的努力，我们成功地实现了化挑战为机遇，有效地遏制了经济增长速度下滑的态势，率先在全世界实现了经济增长总体回升向好，我国宏观经济正在逐步回到平稳较快增长的轨道上来。

在应对国际金融危机冲击的这场重大考验中，我们认识到必须坚持市场机制和宏观调控的结合；必须坚持长期发展目标与短期增长目标的有机结合；必须坚持扩大内需与稳定外需协调发展；必须坚持改善民生与扩大内需的内在统一。这些经验进一步深化了我们对推动科学发展、促进社会和谐的认识。

第二，会议明确了继续实施积极的财政政策和适度宽松的货币政策。

中央经济工作会议指出，2010年要继续实施积极的财政政策和适度宽松的货币政策，保持宏观经济政策的连续性和稳定性。

国际经济环境依然存在较多的不稳定和不确定因素，需要保持政策的连续性和稳定性。总体来看，随着各国稳定金融和刺激经济增长政策效应进一步显现，如果国际经济金融领域不发生大的意外事件，预计2010年

世界经济形势会好于 2009 年，国际贸易和投资将呈现恢复性增长，部分发达国家经济可能结束衰退。

但是，另一方面我们必须看到当前影响世界经济全面复苏的不稳定、不确定因素仍然较多：首先，世界经济复苏基础十分不稳固，世界经济持续复苏仍然面临许多困难，经济缺乏新的增长点，经济增长内生动力不足，经济不会形成强势回升。其次，国际金融体系受损对实体经济的制约依然很大，在深层次上，引发国际金融危机的深层次机制体制问题也没有得到实质性解决，不能完全排除再度出现局部性金融动荡的可能。

明年世界经济运行存在诸多变数，特别是国际金融危机导致世界经济增长模式变化的过程极其复杂。我们对世界经济复苏前景不可过于乐观，不能抱不切实际的幻想。

进一步扩大内需，需要保持政策的连续性和稳定性。在应对国际金融危机冲击的工作中，虽然已经取得了显著的成绩，但是，我们必须清醒地认识到，目前的经济回升向好并不等于宏观经济运行总体形势的根本好转。

总之，明年经济发展中不确定、不可预料的因素和"两难"问题增多，各方面对宏观经济政策的走向相当敏感，统一认识和政策把握运用的难度增大，这些都对宏观调控提出了更高要求。面对复杂的国内外形势，我们在 2010 年的经济工作中，必须注重统筹国内国际两个大局，保持宏观经济政策的连续性和稳定性。

反思这次国际金融危机对我国宏观经济产生严重冲击的原因，总结我们有效应对金融危机冲击的经验，我们越来越深刻地认识到，国际金融危机对我国经济的冲击，表面上看是对我国经济增长速度的冲击，但实质上是对我国亟待转变的经济增长方式的冲击。

因此，在新的一年中，我们必须按照这次中央经济工作会议的要求，把加快经济发展方式转变作为深入贯彻落实科学发展观的重要目标和战略举措，以优化经济结构、提高自主创新能力为重点，真正把保持经济平稳较快发展和加快经济发展方式转变有机结合起来，在发展中促转变，在转变中谋发展，争取开创经济社会发展的新局面。

（汪同三　中国社会科学院学部委员）

Steen Fryba Christensen：政府高效　目标务实

中国政府召开了年度中央经济工作会议，把克服国际金融危机的影响继续作为明年经济工作的重要内容，执行积极的财政政策和适度宽松的货币政策，并强调推进改革开放和自主创新、大力改善民生是中国经济发展的长远之策。中国的这些经济计划都很好，而且也符合中国国情。在即将过去的一年中，中国已经向世界进一步展示了其能力与实力。

Steen Fryba Christensen

中国经济对促进世界其他很多地区的经济也颇有建树。比如，在很大程度上缓解了诸如巴西这样的国家走下坡路的危机。2008 年底至 2009 年初，巴西的经济受到突然爆发的金融危机的影响，日益举步维艰，但是，中国从巴西的进口在此期间出现了显著增加，这对稳定期经济起了直接而有意义的作用。如今，巴西明年的经济展望总体上也呈良好态势，南美洲其他国家也存在类似情况。中国在经济发展上有着很强大的实力和后劲，因此也具备了追求适合本国国情的目标与途径的能力。

中国经济惊人的活力和调整适应能力，吸引了诸多国家对中国的重视。中国在世界的总体地位有了很大提高。当然，这并不是说中国经济不存在任何问题，比如房地产市场。2009 年，中国政府出台了多项房地产优惠政策，从市场反应看，这些优惠政策对加快市场回暖速度有一定作用，但是过多依靠房地产市场来刺激中国经济这一做法是否存在隐患，对可能出现的问题中国政府是否有较好的应对方案？从经验主义角度看，中国政府在宏观经济调控方面一直是比较出色和有效的。此外，中国政府还应注意保持内外经济的平衡，中国国内市场潜力很大，有很大的发展空间。

简言之，本次经济工作会议确定的总体目标如改善民生等是务实的，而且政府是一个很有效率的政府。

（Steen Fryba Christensen　丹麦奥尔堡大学语言与文化系副教授）

袁志刚：调结构促经济可持续发展

袁志刚

改革开放 30 多年来，中国经济高速发展，但之前粗放型的经济增长方式也带来了一些问题。一是经济增长动力问题，长期以来中国经济增长靠投资和出口拉动，消费一直低迷；二是城乡二元结构问题始终非常严重，农业的劳动力就业数量庞大，沉淀了 40%—50% 的劳动力数量，但创造的产值只占国民生产总值的 10%，而服务业创造了 40% 的产值，比发展中国家 50% 的平均值还要低；三是产业结构不均衡，制造业发展比重过大。

这三个问题都是结构性上的非均衡，只有调结构，中国经济才能走上可持续发展道路，经济增长效率才会更高，经济才会又快又好地高速发展。

当下解决这些问题的关键在于体制改革的深化，包括国有企业进一步改革。金融业要彻底深化改革，为中小企业和高科技项目的融资提供便利性。还要加强农村富余劳动力转移的便利性，解决农村土地大规模经营产生的农村土地产权界定和股份合作制等制度性问题。

去年的中央经济工作会议尽管也提出"调结构"，但由于金融危机影响，经济总需求大幅度下降，保增长成为了第一需求。在 4 万亿投资计划、积极的财政政策和宽松的货币政策刺激下，300 多个基础设施项目开始上马，大量铁路、高速公路铁路网的建设和民生工程的启动，加上各地配合的地方政府投资和银行金融系统的贷款支持，对中国经济增长起到了很大的推动作用。但也带来"国进民退"问题，国有部门承担大部分投入，民间投资不太旺。今年的中央工作会议提出转变发展方式，要调结构，重民生、重内需、重消费，是从民生消费角度提升结构。也只有调结构，才能保持稳定增长。

目前的"大干快上"基础设施投入建设也是符合中国国情的。首先中国的人口优势还存在，年轻劳动力数量比较充裕，大量农民工在等待转移。发达国家目前存在的问题是劳动力缺乏，启动基础设施比较困难，所以我们要吸取经验教训，把基础设施先做起来。金融危机之后，大宗商品和石油价格开始回落，价格相对平稳，这对于基础设施建设来说更是难得的机遇。

目前的建设主要是国有部门启动，但这么多基础设施项目最后肯定会通过一个"乘数效应"溢出到民营部门和消费领域。中央提出调结构也符合市场运作规律，事实上市场自身也会调节。

此外，大量的中西部基础设施建设项目的开展为调结构准备了基础。只有中西部的基础设施做好了，东部要转移的大量产业才能顺畅地到达中西部。

另一方面我国的服务产业比较低下，消费、生产和公共服务三大服务产业支柱中的生产和公共服务比较差。东部地区是否能在这两方面提升，也是此次经济增长方式转变的关键。

过去一年积极的财政政策和宽松的货币政策在今年也是需要的。中国目前就业规模非常大，失业率比较高，大量的农民等待转移，还有每年应届毕业的学生需要就业。但所有这些调结构的前提仍然是必须保持经济高速发展。

真正的通货膨胀要从国内外两个方面看。先看国外的大宗商品价格是否上涨，全球经济复苏是否很快，维持是否强劲，如果大宗商品价格上涨，那么通胀有可能开始。再看我们自身，目前我国很多产业和部门产能过剩，在这个大背景下，价格普遍上涨的情况还不会太明显。但是明年下半年可能会有变化，通过明年上半年的全球经济复苏和美元的持续贬值，将会提高大宗商品的投机。

而明年下半年所有基础设施项目都会开工，达到了一个高需求状态，可能改变过剩的情况，某些瓶颈部门会出现诸如材料等东西的供应短缺。再来看老百姓的预期感，如果经济行为人的预期都非常强烈，大家不存钱，开始大肆消费，也会带来通货膨胀，这会有一点影响，不可能绝对没有。但是近期非常担忧通胀问题还是没有必要的。

（袁志刚　复旦大学经济学院院长）

中国道路

中國社會科學學報

·(2009—2010)·

特别策划（中卷）

姚洋：城镇化——结构调整的牛鼻子

姚 洋

今年的中央经济工作会议最大的亮点是把城市化强调起来，将它作为结构调整的很重要的一个方面提出来。我觉得很高兴，因为很长一段时期内学者们都在呼吁这个问题，中央作出加速城市化的决定，这说明我们的呼吁确实起到了一些作用。

调整结构很重要的内容就是要减少出口依赖，如何减少，需要增加国内消费。以前国家提出要提高农民收入，这次中央经济工作会议没把这个作为重点，而是提出调结构，让农民在城市里生活，把户口问题专门提出来。这意味着中央已经意识到城市化滞后是产业结构调整困难的很重要的原因。由于国内消费上不去，城市化之后，发展服务业和第三产业成为必然，这样就业的比重上去，居民收入占国民收入的比重提高，或者说不会下降那么快，这样就会提高国内消费，降低出口依赖。我想这个政策是正确的。

当然，由于现在还没有对此出台具体的细则，是省内户口开放还是跨省也开放还不得而知。如果省内开放就不涉及教育等问题，如果跨省流动则会涉及教育等其他问题。

此次中央经济工作会议"调子"很明确，结构调整就是搞城市化，城市化也是促消费的方面，当然也提到产业结构调整，但是言语不详。一方面，提出要"防通胀"，但是表达得不太清楚；另一方面又要继续实行积极的财政政策和宽松的货币政策，这显然与"防通胀"有矛盾。

中央要放宽中小城市户口限制的精神很明确，然而对促进发展方式转变没有透露具体的思路。对这个问题我有两点希望：第一，调整资源价格。现在的价格还不能反映资源产品的实际价格。哥本哈根会议上我们承诺减排，这是好的苗头，往后10年在这方面要做出一些事情。因此，我提倡着力调整要素价格，理顺要素价格。第二，金融业要改革。目前我国的金融业滞后太多，主要是中小银行太少，地方性资本市场缺失，要把这两方面建立起来，使得中小企业的贷款能上去，我们的存款能在国内用起来，地方性的区域经济能发展起来。

我国是资本盈余比较充足的国家，账户盈余太多，最重要的是国内的投资没有跟上，为什么盈余这么多？说明银行系统没有起作用，没有把储蓄变成投资。而另一方面，国外投资还滚滚而入。这里说的不是热钱，而是指直接投资，外国投资者源源不断到中国投资实业，这说明中国市场上还是有钱赚。而我们目前多是将钱投资到劳动密集型产业，这个产业有很大的发展前景，但是银行系统没有把钱带到劳动密集型企业。

总的来说，我想明年如果我们再去搞短期的东西就会引起通胀压力。比如再把贷款条件放松，让大家都消费，这样通胀也会上去。还是应该做一些相对"费劲"的工作，比如城镇化，这才是总体经济利好的长远措施。

（姚洋　北京大学中国经济研究中心教授）

卡伦斯·斯蒂凡：2009 凸显中国国内市场重要性

对全球性的市场需求衰退，中国经济增长的速度放缓是必然的。但是危机，从机理上来说，却使中国的国内市场扮演了更加重要的角色。

从世界银行对产业形势的数据来分析，中国经济将在最后一季继续补涨，仍然属于高增长的水平。中国经济的增长对全世界是非常重要的，尤其是现今的世界经济。目前中国经济能够保持高增长的结构性原因在于，国家的外汇储备、劳动力市场以及其他大多数领域在过去取得的巨大进步。

卡伦斯·斯蒂凡

2009 年，中国在许多方面成为了世界上最重要的市场，例如汽车市场。由于市场潜力巨大，中国仍然在不断吸引国外投资，相对世界其他一些地区而言，中国受到金融危机冲击的程度是较轻的。大多数国家都在对外贸易方面遭受了衰退。

日本经济在 20 世纪 90 年代遇到的困难，大多数欧洲（西欧）国家也遇到过，可以被认为是来自于"补偿性增长"。这种"补偿性增长"的周期被称为"辉煌 30 年"（如法国），即从二战结束后的 30 年。

在"补偿性增长"时期，组织能力和商业能力被认为是最重要的才能。当一个国家达到一个技术边界的时候，原发性（突破性）的创新将变得更加重要，企业的发展需要掌握技术上的领先优势，对于创新的管理，是现在所有的发达国家面临的共同挑战。中国经济将在或远或近的未来遇到同样的问题，这取决于经济所处的领域。很难断言一个具体的期限，有些国家的补偿性增长是 30 年，但是对于另外一些国家来说不一定，因为生产要素不一样。

可持续性增长，是以一种不损坏后代人利益的方式增长。它是一种积极的创新形式，有利于环境保护。有效的能源政策，减少污染排放，恢复水资源的质量。一个有效的环境政策，既需要可操作性，也需要经济效率，就我看来，这些将是中国实施可持续发展政策的重要组成部分。

（卡伦斯·斯蒂凡　法国经济学家，法国里尔大学、EREIA 等大
学和研究机构教授）

臧小伟：经济升级　中国准备好了吗？

臧小伟

与世界上其他主要经济体相比，中国经济表现良好。这主要因为中国经济比其他主要经济体更依赖劳动力和制造业。过去许多学者认为这一点是中国经济的主要缺陷，而现在，在相当大程度上正是这种缺陷使中国免于金融危机的严重冲击。可以说，这实际上是中国在全球经济国际分工中的一项比较优势。

对于中国经济未来发展所面临的问题，学术界看法不一。我认为，最重要的问题是中国应当努力升级它的经济结构。中国目前的经济结构主

要依赖廉价劳动力和投资，收益率低，环境风险高。

我们必须记住，中国从1978年就开始进行经济改革，但是，在20世纪90年代中期以前，它一直都不能去做它目前正在做的事情。为什么？主要原因在于新加坡、韩国、中国香港和台湾等亚洲新兴工业化地区垄断了当时的制造业市场。那时，虽然中国的劳动力非常便宜，但并未能取代这些亚洲经济体。中国之所以能在世界经济中取得目前的地位，主要原因在于：90年代中期以后，这些亚洲经济体决定从这些经济区位中撤出来，同时也因为那时候这些地区的劳动力价格不断上涨，以及它们均受到1998年金融危机的负面影响。最终，它们在世界经济层级结构中上了一个台阶，填补了西方经济体空出来的位置。

因此，要想进行经济升级，中国必须通过激烈的竞争胜过这些经济体。考虑到目前的全球经济环境，这些经济体很可能会维持现状，因为它们无处可去。所以，如果没有一场力搏，它们是不会将这些事关生计的经济区位拱手相让的。

为了填补这些亚洲经济体目前在全球经济中占据的经济区位，中国准备好放手一搏了吗？在这场竞争中，什么是中国的比较优势？中国有能与这些亚洲经济体竞争的尖端技术、熟练的劳动力和发达的教育体制吗？对于中国经济在未来的可持续发展而言，这些问题是一个重大挑战。

（臧小伟　华裔英国学者，中国问题专家，英国谢菲尔德大学中国研究讲座教授、东亚学院院长）

唐双宁：农村是经济结构调整的主战场

当前经济运行中的"主要矛盾"是"保增长"，"基本矛盾"是"调结构"。我国当前的"主要矛盾"虽有所缓解，但仍属于治标性质。与此同时，"基本矛盾"日益突出，并可能向"主要矛盾"转化。将来一段时期内可能出现"双重主要矛盾"并峙的局面，这种"主要矛盾"与"基本矛盾"的相互转化与并峙，是一个经济哲学的新课题，需要从理论与实践上加以探讨和解决。

目前，投资、消费、出口"三驾马车"不平衡，而消费拉动非一日之功，当前及今后一个相当长的时期内，只能主要靠投资拉动。在其他拉动方式短期难以奏效的情况下，选择投资拉动，下一步应当考虑六个重点：一是继续投向适度比例的基础设施，特别是农村公路交通、农田水利等基础设施建设；二是加快小城镇建设；三是继续补民生之课，特别是大补快补环境保护、国民教育、文体旅游、医疗卫生及重大基础配套设施等领域；四是加大科技投入，特别是海洋、极地、外空、国防、生物医学、新能源、新材料、新技术、新工艺等国家创新战略前沿方面的研发投入；五是

唐双宁

有战略意义的能源、原材料等方面的海外投资；六是重点地区重点领域的生态建设投入，如防沙治沙、植被建设、江湖治理等。

1978—2008 年，我国 GDP 总量从 3645 亿元增加到 30 万亿元，年均增长 9.89%，累计增长 15.5 倍。在 GDP 财富积累的同时，也积累了各种结构性矛盾，并集中表现为"十大不平衡"：城乡发展不平衡；东中西部发展不平衡；一、二、三产业发展不平衡；发展中的"三驾马车"不平衡（主要以出口和投资拉动，消费不足）；发展与环境保护不平衡；发展与资源合理利用不平衡；发展总量与质量效益不平衡；当前发展与持续发展不平衡；经济发展与社会发展不平衡；物质文明的发展与精神文明、政治文明的建设不平衡。这"十大不平衡"是长期积累的结果，是我国当前和今后长期面临的"基本矛盾"。如何解决这些"不平衡"，关乎着我们国家的命运。

上述不平衡反映到金融领域，也主要表现为城乡金融发展不平衡、东中西部金融发展不平衡、大中小金融机构发展不平衡等十大不平衡。其中，城乡金融发展不平衡是最大的难题之一。有一句话叫"城市像欧洲，农村像非洲"——正是这个难题的形象比喻。因此，农村应该是中国经济结构调整的一个主战场。

农村金融的问题，说复杂很复杂，说简单也很简单。说简单，就是应当建立起一个"市场和政府扶持相结合的城乡金融资源配置体系"。为什么银行的资金流不到农村去，很大程度上就是农村还不完全具备市场化的

条件，有时候贷得出去，还不回来，或者说是不能够完全还回来。比如说贷 100 块钱，可能还回 90 块钱。银行是最典型的商业性机构，它吸收老百姓的储蓄存款，投出去又收不回来，就没法支付老百姓的储蓄存款。而农村问题又是最大的政策性问题。农村问题解决了，中国的问题也就在很大程度上解决了。所以，需要为农村金融搭建一座桥梁，简而言之，就是财政补贴 10 块钱，这样银行资金就可以流到农村去了。财政补贴与财政直接投放不一样，可以产生一个"倍数拉动效应"。

解决中国金融发展的不平衡，既要借鉴国际的先进经验，更要从中国的实际出发，走出一条有中国特色的金融发展道路。就农村金融而言，我在两年前曾经提出一个"九龙治水"的概念，核心还是要发挥农村金融机构主力军的作用，其他方面资金起辅助作用。"九龙治水"，一是农村合作金融机构的主力军作用，二是农业银行要以县域为主上下辐射，三是农业发展银行要扩大业务范围，四是邮政储蓄银行面向农村进行信贷服务，五是鼓励其他商业银行和政策性银行到农村设立机构发展业务，六是支持民间资本到农村投资，七是支持外资到农村投资，八是发挥财政资金的补贴引导作用，九是发挥直接融资对有效益涉农项目的支持作用。

（唐双宁　中国光大［集团］总公司董事长、党委书记）

庄健："稳增长、调结构、防通胀"将成主基调

临近岁末，一年一度的中央经济工作会议刚刚闭幕。我认为，今年以来中国经济的表现可用"内需强劲增长、经济明显复苏、结构调整缓慢、通胀预期增大"24 个字予以概括。

去年 11 月 9 日，为应对全球金融危机爆发对中国经济带来的冲击，中国政府果断宣布采取"积极的财政政策和适度宽松的货币政策"，推出为期两年的总额达 4 万亿的刺激计划，并公布了以"保增长、扩内需、调结构"为核心的十项具体措施。

庄　健

国内需求的强劲增长，在很大程度上抵消了因出口下滑所带来的负面影响，促进中国经济在第一季度探底之后被逐季拉升，形成"V"字形复苏态势。前三季度 GDP 实际同比增速分别达到 6.1%、7.9% 和 8.9%。目前大多数机构和学者预测第四季度 GDP 同比增速将接近 10%，全年 8% 的"保增长"任务将超额完成。

然而，在"保增长"任务将顺利完成的同时，"调结构"任务的完成情况却远不尽如人意：一是内需中投资和消费的结构不仅没有改善，还有恶化的趋势；二是在固定资产投资中，国有投资增速超过非国有投资；三是在信贷结构方面，国有及大型企业获得银行贷款的能力普遍增强，而广大中小企业和民营企业"融资难"的问题却依然突出；四是在投资快速增长而出口复苏缓慢的环境下，重复建设、产能过剩的现象重新抬头；五是由于资源价格改革的步伐缓慢，导致大量高耗能、高污染以及资源消耗型的行业和企业"死灰复燃"，严重影响了经济发展模式的转变。上述结构问题的存在，不仅不利于经济增长的质量和效益，也不利于经济增长的可持续性。

一年来，中国经济的快速复苏在很大程度上依赖于大量的银行信贷支持。而远超于年初目标的信贷投放和货币供应，在促进内需增长的同时，也推动了房地产市场和股票市场的火爆。基于对资产价格快速上涨、银行信贷大幅度扩张以及国际油价和大宗商品价格高位震荡等多种因素的考虑，人们对明年通货膨胀的预期已明显增强。对日益上涨的通货膨胀预期，如不采取一些前瞻性的微调措施予以引导和化解，通货膨胀预期就有可能通过各种途径影响需求和成本，导致通货膨胀的提前到来。

由此看来，今年以来为完成"扩内需"和"保增长"的任务，我们也付出了大量的成本和代价。在充分肯定"4 万亿刺激方案"取得巨大成绩的同时，我们不能忽略由此带来的一些副作用。明年是"十一五"规划实施的最后一年，明年的经济增长、结构调整和诸多领域的改革进展情况都将为"十二五"规划的制定和实施产生重大影响。因此，在总结一年来宏观经济运行和宏观调控经验的基础上确定明年经济工作的重点和宏观调控政策的大致走向，具有十分重要的意义。

我估计，明年的大部分时间仍将延续积极的财政政策和适度宽松的货币政策，根据实际经济运行情况，提高政策实施的灵活性、主动性、有效性。宏观调控的重点有可能放在"稳定增长"、"调节结构"和"防止通货膨胀"等三个方面，即"稳增长、调结构、防通胀"将成为2010年宏观调控的主基调。

"稳增长"，就是要巩固目前支撑经济增长的基础，不再追求过高的GDP增长目标（明年的目标有可能继续定在8%），而是更加注重经济增长的质量和效益，更加注重就业的增长和民生的改善，更加注重节能减排和维护生态环境，争取为"十二五"时期的中国经济打下一个健康、稳定和可持续的发展基础。

"调结构"，就是要加大改革和调整的力度，真正下大力气改革和调整在需求结构、产业结构、行业结构、区域结构、城乡结构和收入结构中那些不合理、不公平、不和谐的部分，进一步发挥市场在配置资源、提高效率方面的基础性作用。

"防通胀"，就是要充分重视消费物价和资产价格的变化，灵活运用公开市场操作、窗口指导、存款准备金率、利率、汇率等手段，适时、适度调节信贷和货币供给增长，有效管理和引导通货膨胀预期，防止恶性通货膨胀的发生。

（庄健　亚洲开发银行驻中国代表处高级经济学家）

朱继民：抓住钢铁业发展的主要矛盾

中央经济工作会议指出了当前经济运行中面临的挑战和存在的问题。其中一个突出问题就是"推动经济发展方式转变和经济结构调整的难度增大"。明年经济工作把"加大经济结构调整力度，提高经济发展质量和效益"确定为主要任务之一。

国际金融危机使我国经济的结构性矛盾凸显出来。去年以来，从4万亿元投资到十大产业振兴规划，"投资"是推动经济增长的主要力量。但投资拉动带来的资源、环境的代价很大，有很大局限性。转变经济发展方式、调整经济结构已刻不容缓。调整经济结构，就是要坚持经济发展速度

朱继民

与质量、效益相统一，把经济增长从主要依靠第二产业调整到一、二、三产业全面发展，从依靠投资拉动调整到消费、投资、出口协调拉动，从依赖物质资源投入调整到依靠技术进步、增强自主创新能力上，坚持传统产业升级与新兴产业培育并重，推进节能减排，抑制过剩产能，促进区域协调发展。说到底，就是要使我国经济发展遵循科学发展观的要求，从根本上改变发展不协调、结构不合理、竞争力不强的状况。

目前，我国的钢铁工业产能严重过剩。但就其实质来讲，我国钢铁业属于结构性产能过剩，其中既有高耗能、高污染、低附加值的产品过剩，也有较高附加值的产品，比如高端板材的过剩。这次中央经济工作会议把调整结构作为主要任务，对钢铁业发展来说，抓住了存在的主要矛盾，也为首钢下一步工作指明了方向。

一是调整产品结构，抓好京唐钢铁公司的运行和管理。首钢京唐钢铁项目是国务院批复的首钢搬迁的重大项目，也是纳入国家"十一五"规划纲要的重点项目。京唐钢铁厂按照"先进可靠、节省高效、系统优化、集成创新"的原则进行设计和建设，体现了"自主创新、技术先进，装备大型、产品一流，流程紧凑、管理高效，循环经济、环境清洁"等特点。钢铁厂主体工艺装备采用国内外先进技术220项，自主创新和集成创新占2/3以上。在炼铁、炼钢、连铸、轧钢各工序采用一系列自主创新的技术，成为世界上生产周期最短、节能高效的大型钢铁联合企业，代表世界钢铁工业的先进水平。第一步工程5月21日投入试生产，经过认真组织、精心操作，设备运行基本稳定，基本达到设计产能。按照中央要求，京唐公司将建设成为产品一流、管理一流、环境一流、效益一流、具有国际先进水平的精品板材生产基地和自主创新的示范工厂，成为节能减排和发展循环经济的标志性工厂。

二是调整钢铁生产布局，打造3000万吨的钢铁集团。把技术改造、压缩落后产能和企业兼并重组三者结合起来，处理好速度与质量、规模与竞争力、扩张与效益的关系。首钢实施兼并重组，不是单纯追求产量，扩张规模，而是把贯彻国家要求与地方淘汰落后产能结合起来；为了获取更多的发展资源，实现可持续发展；为了改善首钢的产品结构和产业布局，采用先进经济运行工艺，提高综合竞争能力。首钢优化区域布局、优化产品结构、实施资源战略取得了重要进展。通过新项目建设和跨地区钢铁企业联合重组，到 2012 年，钢产量达到 3000 万吨左右，在综合竞争力上可以达到一流企业集团水平。

三是调整产业结构，在北京发展新兴产业。按照北京市产业发展的新要求，钢铁业搬迁后，在北京市大力发展高端新材料、高端装备制造业、汽车零部件产业、生产性服务业、文化创意产业，发展总部经济，做好首钢工业区土地开发，积极探索内外产业整合，实现首钢在北京的转型发展，扩大经济总量，提高经济效益，为首都经济社会发展作出更大贡献。目前，由首钢控股成立的京西重工有限公司，收购美国德尔福公司的汽车制动和悬架系统业务的资产取得了成功，项目交接签字完成。首钢工业区改造规划正在抓紧完善，先期启动的二通厂动漫游戏城项目已于 10 月份开工建设。特钢新能源、新材料研发基地项目、古城南路土地开发项目，正在抓紧完成前期工作。

（朱继民　首钢总公司党委书记、董事长）

郑光兴："大结构"失衡亟待解决

中国经济从 1978 年开始改革开放到 2008 年，30 年来经济发展的特征一是高速发展，GDP 年均增长达到 10%，二是经济运行中的深层次问题日益积累，一直没能得到有效的解决，结构失衡日益严重。这些问题本应在总结改革开放 30 年成就和经验时，着眼未来 30 年中国经济的健康可持续发展、社会的和谐进步，提出切实可行的、长远有效的解决方案，但 2008 年国际金融危机的爆发打断了这一思考。上一次

郑光兴

中央经济工作会议虽然也提出了"保增长、扩内需、调结构、利民生"，但在 2009 年的执行中"保增长"成为首要任务，实际执行的效果是"保八"没有问题，但经济增长的 90% 来自于投资推动，在出口难有回暖、内需和实体经济复苏缓慢的情势下，结构失衡更加严重。

投资、出口、内需三者需协调

这次经济工作会议如果把"调结构"作为重点的话，实际上应当考虑的是"大结构问题"。这个结构不只是产业结构、区域结构、城乡结构、出口产品结构等，这个结构的核心是国民收入的分配结构，投资、出口、内需在经济增长的比例结构，国有资本与民间资本在国民经济中的比例结构。为什么这么说？中国这样一个经济大国，未来的经济若想获得长远的、稳定的、可持续的增长，内需是首要，投资和出口的比例必须适当。大家都知道，中国以往的经济增长是高度的投资、出口拉动型。去年以来，当国际金融危机使出口需求出现大幅萎缩时，中国经济遭受重创。于是，经济的刺激方案企图通过增加投资、扩大内需来实现保增长、保就业。增长保住了，但其中投资占了 90% 以上，内需依然不振。因此，如果不能有效解决投资、出口、内需三者的结构失衡问题，经济的可持续发展将难以实现。

扩大内需先要增加收入

如何扩大内需？去年以来，配合一揽子经济振兴计划，中央出台了一系列扩大内需的措施，但内需增长依然有限。内需不振的根本成因是城乡居民的有效支付能力不足。统计数据表明，近十几年来，财政收入的增长幅度大于 GDP 的增长，GDP 的增长又大于城乡居民收入增长。城乡居民的收入增长对 GDP 长期倒挂，那么内需对 GDP 的贡献自然难以持续。因此，GDP 增长幅度、财政收入增长幅度、城乡居民收入增长幅度三者的比例失衡是内需不振的根本成因。当然，收入的两极分化、社保体系缺位和不完善、就业不充分也是制约内需的重要因素，但其中的核心是国民收入的分配结构问题。让人民更多地分享改革发展的成果，是国民经济可持续发展的根本需要。过度的集聚投资，不仅使投资的边际效用递减，而且加剧社会财富的两极分化。

增加民间资本参与可拉动就业

中国人口众多，又处于农业人口向非农人口转移的高峰期，就业压力巨大。就业不充分是一个长期的问题。但就目前来看，中小企业没能摆脱困境，生存和发展困难较大，企业效益低下、开工不足是制约就业的主要成因。这里折射出的结构问题是大型国企与中小民企的比例关系、生存和市场的环境问题等。前者有背景、有钱、有资源，后者无背景、缺钱、少资源。于是，有钱的国企争地当地王，没钱无资源的民企炒股炒楼房。因此，调整国有资本与民间资本在国民经济中的比例关系，改善中小企业的生存环境，使更多的民间资本为社会创造更多的就业机会，同样事关国民经济的可持续发展。

（郑光兴　香港经济导报社总编辑）

Clemens Stubbe stergaard：刺激政策应涵盖社会安全体系

对源于美国的突如其来的金融危机，中国不但反应快且卓有成效，从中央到地方都开展了庞大的刺激经济项目。中国所有部门也都十分有效地被调动起来，这一事实阻止并扭转了中国经济增长不断下滑的趋势。而且中国的货币政策和银行系统比西方的合理得多。

中国在保持经济增长方面的成功，基于其良好的财政状况，这对他国在抗击危机上给予了支持，这种支持不仅是道义上的，也包括精神上的，中国政府用事实展示了能够克服经济

Clemens Stubbe østergaard

危机的信心。此外，中国房地产市场再次回暖，中国政府实施的刺激内需政策也逐渐显现出越来越好的效果。中国政府面对金融危机，没有退而求保护主义，在各种行为上都很负责，为有效遏制金融危机和经济危机进一步恶化作出很大贡献。

中国政府开展的多项经济刺激项目主要是大规模的基础设施建设，因此也很好地避免了工业过大扩张。这些措施对西部地区的发展十分重要。

然而，我认为在诸如健康、教育、社会安全、科学和技术等方面也需更多投入，刺激项目应该涵盖这些领域。关于中国政府的经济刺激政策以及宽松的信贷政策，我认为可能存在一些隐患，诸如资产泡沫、地方政府的浪费型投资趋向。而且，在一定程度上又回归到国家使用行政手段而不是通过市场手段，这些存在着一定潜在危险。

此外，地区尤其是城乡间的差距，是中国面临的严重问题，但也为进一步扩大内需增加了很大空间。通过提高农村地区的生活水平及福利水平，进一步带动整体经济发展的可行性很大，而且有着实际需要，这也是"和谐社会"目标的一部分。当然，在具体实施过程中会出现很多问题，如地方压力过大等，这些都将阻碍政策顺利开展。如果这些问题能够通过诸如体制改革以及其他改革得到解决，那么中国的经济在 2010 年会走得更远。

（Clemens Stubbe østergaard 丹麦奥尔胡斯大学国际政治系主任）

（本期特别策划采写工作组：张微、陈静、郑巧、褚国飞、李彩艳、张征、杨建芳）

背景链接

2009 年中国经济扩内需保增长政策要略一览

2008 年 11 月 5 日，国务院常务会议公布拉动内需十项措施和 4 万亿元投资计划，包括在全国全面实施增值税转型改革。2009 年以来，中央进一步采取一系列重大经济措施，促进国民经济平稳较快发展。

2009 年 1 月 7 日，中国人民银行发布公告，取消在银行间债券市场交易流通的债券发行规模须超过 5 亿元才可交易流通的限制条件，为中小企业通过发债进行小额融资创造了较好的政策条件。

2009 年 3 月 17 日，国家外汇管理局发布《关于 2009 年度金融机构短期外债指标核定情况的通知》，适当上调金融机构短期外债指标，强调增量部分全部用于支持境内企业进出口贸易融资，促进对外贸易健康平稳发展。

2009 年 3 月 27 日，国家财政部公布，从 4 月 1 日起对 3802 则税号的商品提高出口退税率，涉及纺织品、服装、轻工、电子信息、钢铁、有色金属和石化等商品。

2009 年 5 月 19 日，国务院常务会议决定，采用财政补贴方式，鼓励汽车、家电"以旧换新"，今年中央财政将老旧汽车报废更新补贴资金从 10 亿元增加到 50 亿元，同时安排 20 亿元资金用于家电"以旧换新"补贴。

国家财政部、国税总局宣布从 2009 年 6 月 1 日起，我国再次上调部分产品出口退税率。这是我国今年内第 3 次上调出口退税率，也是自 2008 年 8 月以来第 7 次上调，预计此次上调出口退税率将增加退税资金约 252 亿元。

2009 年 6 月 29 日，国家发改委发布公告，决定上调汽油、柴油价格。其中，成品油生产经营企业供应军队及新疆生产建设兵团、国家储备用汽、柴油（标准品，下同），供应价格每吨均提高 600 元，调整后的汽、柴油供应价格分别为每吨 6730 元和 5990 元。

2009 年 8 月 26 日，国务院常务会议研究指出部分行业产能过剩和重复建设，需要引导产业健康发展。

国家发改委宣布，自 2009 年 11 月 20 日起，全国非民用电价每度平均提高 0.028 元，暂不调整居民电价，未来居民用电将逐步推行阶梯式递增电价，用电越多，电价越高。水、燃气、粮油副食、蔬菜等民生必需品价格上升以及住房、医疗、教育等大项目支出增加使民众对通货膨胀的预期抬升。国民经济处于又一个转折关口。

媒体链接

民营经济投资可使经济复苏稳固

China Real Time Report（《中国实时报》）2009 年 11 月 19 日以"中国私营部门投资数据喜忧参半"为题发文，指出尽管总体经济增长率令其他各国羡慕，但对中国经济是否能保持其增长速度仍存在质疑之声。一些政府官员和学者认为，如果私营经济的支出不能接过重任，复苏就不会真正稳固。

"中国投资过多"的说法有待澄清

中国经济网 2009 年 12 月 6 日以"钱颖一 PK 罗奇：中国的投资真是太多了吗？"为题，报道了清华大学经济管理学院院长钱颖一与摩根士丹利亚洲区主席史蒂芬·罗奇（Stephen Roach）在"中国投资是否过多"这一问题上的分歧。在 2009 年 12 月 5 日举行的中国企业家领袖年会上，罗奇强调中国不应该再像以前那样只致力于投资与出口。钱颖一质疑罗奇这一观点，指出中国人均资本的存量远远低于美国的事实。

进一步拉动消费是大势所趋

据《人民日报》2009 年 12 月 7 日报道，国家信息中心首席经济师范剑平表示，2009 年中国经济实现保增长更多地依赖投资，2010 年则要重视进一步拉动消费，继续实施并完善已有的促消费政策。

据《人民日报》2009 年 12 月 8 日报道，中国社会科学院经济研究所宏观室主任张晓晶表示，这次中央经济工作会议提出的明年要"扩大内需特别是增加居民消费需求"，是中央基于当前形势而作出的科学决策。扩大居民消费，首先就要增加居民收入，这就要求必须调整国民收入分配结构。

调结构以稳增长

据《人民日报》2009 年 12 月 7 日报道，财政部财政科学研究所所长贾康表示，政府只扩大公共投资远远不够，还应出台多种措施，力求"四两拨千斤"扩大社会投资，拉动民间资本跟进，逐步切换经济增长的主要动力。

让世界了解真实的中国

中国现代传播体系的全球建构

"适应国际传播发展需要，我国应建设覆盖全球的国际传播体系。"

在全国第一届对外传播理论研讨会上，国务院新闻办公室主任王晨明确表示，"构建覆盖广泛、技术先进的现代传播体系，形成与我国经济社会发展水平和国际地位相称的国际传播力，打破西方媒体垄断格局，已经成为一项十分紧迫的战略任务。"

记者注意到，今年1月5日结束的全国对外宣传工作会议，明确提出若干项今年的对外宣传重点工作，其中包括加强新闻发布体制机制建设，做好外国媒体和记者在华采访的服务管理工作；加强互联网新闻宣传和管理，营造网上良好舆论环境；有效开展国际舆论斗争，维护国家安全和社会稳定；组织对外文化交流，增强中华文化的影响力；深入开展重大国际活动公关宣传，加强对外新闻交流与合作；做大做强对外媒体，构建覆盖广泛、技术先进的现代传播体系；重视和加强外宣干部队伍建设；等等。

这一切，都意在让世界了解一个真实的中国。

王晨的发言令人印象深刻。他说，提高国际传播能力，是顺应世界传媒发展趋势，实现我国媒体跨越式发展的需要；是更好地让国际社会了解中国、认识中国，向世界说明中国的需要；是积极参与国际文化竞争，增强我国文化软实力的需要；是打破西方舆论垄断，促进世界信息传播秩序更加公正合理的需要。

2009年岁末，记者来到由国务院新闻办公室主办、中国外文局和外文局对外传播研究中心承办的全国第一届对外传播理论研讨会会场。通过与会学者的发言，记者体认到，如何提高国际传播能力、提升国家软实力，如何以开放的姿态报道中国，如何让世界了解真实的中国，如何树立中国和平崛起的大国形象，已经成为中国传媒界和社科界的重要议题。为此，本报约请了相关专家学者，同时摘录了部分会议论文，围绕这一话题展开学术讨论。

"发出强音"任重道远

据悉，目前新华社共用 7 种文字 24 小时向世界播发中国新闻，海内外用户近年来逐年递增。中央电视台英语、西语、法语等国际频道在美、英、法、北欧、非洲和中国香港等国家和地区实现落地入户，部分节目进入当地电视频道。2009 年开通了阿语和俄语两个频道。国际广播电台使用 59 种语言向世界广播，其影响力和吸引力不断扩大。中国日报目前发行到世界 150 多个国家和地区，在世界各国产生了广泛的影响。包括中国外文局出版发行的期刊在内的中央级对外期刊有 30 多家，地方各种对外发行的期刊 200 多家。

来自中国的声音正在世界广泛传播，真实的中国、中国的真实正真真切切地展示在世界面前，外国媒体对中国的真实客观报道也呈现上升趋势。

然而，我国目前的国际传播能力与国家经济社会发展依然不相适应。我国拥有的全球传媒资源和国际话语权依旧十分有限，传播能力还有待提高，西方媒体误读甚至歪曲、丑化中国形象的事情仍然时有发生。

在纪念中国电视事业诞生暨中央电视台建台 50 周年大会上，中共中央政治局常委李长春指出，"随着我国经济社会的快速发展和国际地位的不断提高，我们的传播能力与经济社会发展的要求还不相适应，与人民群众不断增长的精神文化需要还不相适应，与现代科学技术和传播手段迅猛发展的形势还不相适应，与我国的国际地位和影响还不相适应。"

作为中国外宣主管机构的负责人，王晨的体认自然更加真切。他说，"我国媒体与世界一流媒体的差距还很大，在国际舆论竞争中我们的声音还比较弱，世界新闻信息百分之八十以上出自西方各大媒体的局面仍然没有发生根本改变。我媒体的报道在西方主流社会影响力不够，我在国际舆论中的被动局面还没有得到根本改变。"

"造成中国在世界传播舞台上的声音如此孱弱问题的关键在于，在国际传播领域，目前的'游戏规则'基本上是由西方的主流媒介所确立的，它塑型了人们信息消费的胃口，决定着传播致效的话语方式。这是我国传媒'走向世界'时必须正视和顺应的。"中国人民大学新闻学院副院长喻国明作了这样的解读。

"中国的对外传播应该把调子定在打破以美国为中心的西方话语的垄断，而不是要制造新的支配，应该有这样一个清醒的认识。我们所需要的是文化间的平等交流、理解和沟通，构筑一个和谐的世界。"武汉大学新闻与传播学院副院长单波认为。

互联网建设至关重要

在世界已经变成"地球村"的今天，媒介边缘正在无限延展，媒介融合的特征越来越明显，信息传播业正面临着一场深刻的革命。

除报纸、广播、电视等传统媒体外，互联网和手机媒体正凭借其海量性、交互性、即时性等优势特点迅速占领着媒体行业的发展前沿。

中国互联网协会理事长胡启恒说，网络信息社会必将在我国传播事业身上加盖鲜明的时代标记，而网络新媒体和传统媒体将长期比翼双飞，互相补充。

在这一趋势下，世界各国争相将互联网作为传播国家形象、提升对外传播能力的有效载体，力图抢占信息传播的最前沿。

"随着媒介融合进程的深入以及互联网对国际舆论的承载、构建、引领和渗透的日益主流化，互联网上的国际传播战中将出现一个新的战场，即利用社会性媒体实现对目标国年轻网民群体的渗透和争夺，而胜利一定属于精通新媒体本质特征、战略明确和行动迅速的一方。"复旦大学新闻学院邓建国博士认为，着力构建国际一流媒体是我国国际传播大发展的新机遇。

2008 年 6 月，胡锦涛总书记在考察人民日报社时指出，"互联网已成为思想文化信息的集散地和社会舆论的放大器"，他提出"要充分认识以互联网为代表的新兴媒体的社会影响力，高度重视互联网的建设、运用、管理，努力使互联网成为传播社会主义先进文化的前沿阵地、提供公共文化服务的有效平台、促进人们精神生活健康发展的广阔空间"。2009 年 12 月，李长春出席中国网络电视台开播仪式时说，在信息传播技术高度发达的当今社会，主流媒体向互联网等新兴传播领域延伸是大势所趋。主流媒体在加强传播能力建设中，一定要增强向互联网延伸的紧迫感和主动性，积极开拓新兴媒体领域，不断扩大覆盖面、增强影响力。

高度关注互联网建设，已经成为从国家领导人到学界学人的共识。

很多经常浏览网络的人都注意到，以人民网、新华网、央视网为代表的我国新闻网站已经具有强大的影响力。人民网先后开通了英文、日文、法文、西班牙文、俄文和阿拉伯文等六个外语网站群，每天有来自 200 多个国家和地区的网民登录人民网，浏览人民网英文新闻的网民达 70 多万人，境外访问量占总访问量的 30% 左右。人民网总裁何加正说，"如何发挥互联网的优势，向境外读者更好地宣传中国，提升国家形象，已成为中国网络媒体积极思考和应对的课题。"他提出，新媒体应进一步加强新闻报道的数量和力度，使我国在国际上赢得更大的影响力和更多的话语权。

北京大学新闻与传播学院教授关世杰则强调了新媒体环境下人际传播的重要意义，他告诉记者，"随着网络新媒介的介入，全球经济一体化进程的逐步实现，人与人的交流已经成为跨文化交流的重要组成部分，在人人皆有可能是对外传播之传者的大背景下，我们更要加强对公民个人的素质教育，特别是跨文化传播的素质教育。因为公民通过博客、播客和论坛等发表的言论将代表一个国家的形象。"

学术"走出去"迫在眉睫

与会专家学者认为，中国文化要"走出去"，必须具有全球视野，需要积极探索中国文化对世界的传播与影响。

总体上看，大部分西方人对中国文化的了解还仅仅停留在饮食、中医、武术、京剧、山水风光等层面。将当代中国文化的优秀成果，特别是具有中国特色的核心价值体系的文化成果推向全世界，已迫在眉睫。其中，思考人文社会科学如何"走出去"，是构建对外传播体系的重中之重。

中国哲学社会科学界每年都有一大批优秀的学术成果产生，然而，由于国际学术信息渠道的不畅、话语权的边缘化等原因，这笔宝贵的精神财富很少引起国际社会科学界的关注，不能不说是文化传播中的一块洼地。

"中国文化学术的研究已经是一项国际性的学术事业，我们应该在世界范围内展开对中国文化的研究并给予学术的关照，打通中外，这样从世界的观点来看才能更好地揭示中国文化的价值和意义。"北京外国语大学中国海外汉学研究中心主任张西平说。

广东外语外贸大学新闻与传播学院杜慧贞博士则认为，学者战略对国家形象传播具有独特的意义。她说，学者的多重身份、权威地位、工作性质与学术立场都说明学者战略实施的渠道比单靠改善报道的媒体战略更加多样化：人际传播、组织传播、媒体传播。因此，国家形象塑造如能发挥学者的作用，通过由他们参与的学术活动产生的影响会更客观、深入、持久。

中国社会科学院文献信息中心张树华研究员对社会科学"走出去"提出了几点建议：要树立政治自信心和民族自信力；要善于表达、改变我们的文风和话语体系；要积极撰稿，发挥高层"智库"作用；设置国际性的论坛，提出国际话题，设置全球性议程；设立多种国际性学术交流基金，搭建"走出去、请进来"的桥梁；培养人才，特别是优秀的各语种翻译队伍；等等。

显然，在掌握话语权、赢得主导权、增强国际传播能力的进程中，哲学社会科学大有可为；在及时有力地向世界传播中国声音的过程中，哲学社会科学将发挥无可替代的作用。一个繁荣发展、文明开放的真实的中国形象，理应展现在世界面前。

（记者　吕莎　金辉）

王庚年：从"对外广播"走向"国际传播"

中国国际广播电台（以下简称国际台）是一家有着 68 年历史的国际广播机构，从诞生起的单一语种，发展到本世纪初拥有 43 种对外广播语种的规模，但只是拥有无线而且主要是短波这一种传播方式，手段单一，效果有限，很难承担起新时期对外传播的任务。

王庚年

2004年，李长春、刘云山等中央领导同志视察国际台时提出，国际台要围绕增强中国在国际上的声音这一总的目标，通过"两手抓"、"两条腿走路"，一手抓好无线广播，一手抓好互联网的在线广播，尽快建立起现代国际广播体系，形成与中国的国际地位相适应的现代化国际广播体系，在对外宣传上发挥更大的、独特的优势。

2006年12月3日，国际台庆祝台庆65周年之际，胡锦涛总书记对国际台工作作出批示，进一步明确要求：积极建设现代国际广播体系，不断提高我国对外广播的质量和水平，努力架起促进中国人民和各国人民相互了解的友谊桥梁，为全面建设小康社会营造和谐友好的国际舆论环境。

中央关于"构建现代国际广播体系"战略目标的提出，对国际台事业发展具有里程碑意义。它标志着从此以后，在新的历史时期，国际台有了明确的发展战略和奋斗目标。

从2005年起，国际台有计划、有步骤地开展了以"构建现代国际广播体系"为目标的学习、调整，并形成了系列可操作性的具体措施。目前的国际台使用59种语言全天候向世界传播，拥有广播电视和报纸以及网络手机等新媒体传播手段，包含了从第一媒体到第五媒体的全部形态。五年的实践使我们认识到，中国媒体要想真正走出去，必须重点加快实现"三个转变"。

2006年12月3日，刘云山同志在国际台创建65周年庆祝大会上发表了重要讲话，明确要求国际台"紧密跟踪世界信息传播技术的发展趋势，加快用高新技术装备对外广播的步伐，逐步实现中国国际广播电台由传统媒体向现代媒体转变，由单一媒体向综合媒体转变，由对外广播向国际传播转变，发展成为集无线广播、在线广播和多媒体传播于一体的综合性现代媒体，全面提升在国际上的竞争力和影响力"。

据此，国际台制定了发展规划，明确提出，力争在可预见的时间内，实现由传统媒体向现代媒体转变、由单一媒体向综合媒体转变、由对外广播向国际传播转变，并在实现"三个转变"的具体措施上，形成了如下规划。

首先，由传统媒体向现代媒体转变。我们将重点以加快在线广播超常规发展、加快推进新媒体发展为方向，大力发展以网络广播、网络电视、手机广播、手机电视为代表的新媒体业务，积极抢占新媒体技术制高点，同时加大新媒体节目内容的开发与制作，打造全台统一的多媒体资讯平台，加快构建传输快捷、覆盖广泛的文化传播体系，调整节目形态和形式，增强新媒体外宣实效。同时，统筹协调好传统媒体和现代媒体的发展，使用和依靠传统媒体资源，利用现代媒体从传统媒体获取信息，分担传统媒体采编成本，并充分运用高新技术，尤其是数字技术、网络技术，提升传统媒体。

其次，由单一媒体向综合媒体转变。近年来，我们借鉴世界主要国际广播的发展方向，发挥人才优势，盘活资源，初步形成了涵盖报纸、广播、电视、网络、新媒体等从第一到第五媒体手段的综合媒体形态，改变了计划经济时代单一媒体的配置方式。下一步，我们将积极打造多媒体平台，拓展多媒体业务，逐步形成多媒体发展格局，通过实施规模化经营，在激烈的国际传播竞争中占据优势。

再次，由对外广播向国际传播转变。国际广播与国际传播的区别在于，国际广播是以自我为主导的传播模式，国际传播是以受众为主导的传播模式，其主要特点是，在对外宣传中尊重国际传播规律，在传播内容、传播方法、传播风格等方面，因地制宜，讲究艺术、注重实效。在传播理念上需坚持"中国立场、世界眼光、人类胸怀"这三个原则。在传播艺术上，要树立三个策略，即主动性策略、贴近性策略、文化传播策略。

构建现代国际广播体系这个目标很宏大，需要长期的、可持续的发展规划。根据世界主要媒体的发展态势，借鉴世界主要国际媒体发展经验，结合中国国际广播实际，我们计划，到2012年时，完成英语、华语、多语种环球广播工程建设，实现对外广播的全球化传播和有效收听；在境外重要国家和地区建设或租用形成80个左右的调频或中波电台，形成与我国国际地位相适应的传播覆盖体系；建立5—8个境外发布点，建设10个左右境外"本土化"网站，形成由 CDN 节点、境外发布点构成的全球发布体系，使"国际在线"成为具有较强竞争力、较高知名度的跨国网络传媒；加快新媒体建设与应用，实现手机广播和手机电视、网络广播和网络电视在市场上的第一阵营地位；提高科学决策与管理水平，形成运转高效、协调有序、层次分明的管理体系；建立高素质人才队伍，创新人才工作机制，丰富人力资源，优化人才结构；贯通事业发展与产业经营机制，做大事业，做强产业；形成现代国际广播技术新体系。

（王庚年：中国国际广播电台台长、总编辑）

李希光：做创新全球新闻教育的火车头

李希光

去年冬天，北京寒风刺骨。在清华大学的一间会议室里，来自内地和香港 31 所高校的新闻与传播学院院长和系主任围绕联合国教科文组织推出的《新闻学院课程模板》，就与新闻教育密切相关的专题展开了探讨，力求编写一部适合中国实际需要的新闻学院课程模板，同时开发出中国自己的教案和教学资源。

两次会议商讨新闻教育改革

《新闻学院课程模板》由联合国教科文组织召集的美国、欧洲、亚洲、（南）美洲、非洲几十位大学新闻学院的教授集体编写，集中了许多国家新闻教育工作者的智慧。但是也有缺憾：一是没有中国新闻教育工作者的参与；二是编写过程中没有考虑中国的情况，没有考虑中文语境下的新闻教育，更没有中文版。这也是我组织首届全球新闻教育改革研讨会的原因。

近日，在联合国教科文组织的支持下，西南政法大学全球新闻与传播学院和清华大学国际传播研究中心主办了第二次全球新闻教育研讨会。

在全球性的新闻媒体转型和改革中，包括美国在内的发达国家的主流媒体面临着严重的发展问题。这是中国新闻教育界自身创新的机会，也是中国领导改革和创新全球新闻教育体系的绝好时机。中国新闻教育工作者和新闻工作者积极参与联合国教科文组织的新闻教育改革工作，不仅是对中国自身的新闻教育发展的贡献，同时也是对中国软实力建设的贡献。中国人在开始思考，不仅在经济上要做世界的火车头，在新闻学建设方面，在新闻教育方面也准备做世界的火车头。

实践教学和国际化办学是出路

早在 2008 年暑期，我在向教育部领导的汇报中就谈到了新闻和传播教育面临的发展瓶颈问题，主要包括两个问题：一是供大于求。现在全国从事记者、编辑工作的有 20 万人，现有在校学生近 30 万人，远远超过社会需求。二是课程设置和专业设置与新闻实践严重脱节，新闻媒体需求与新闻教育两重天。

从北京和重庆这两次研讨会的专家学者发言看，大家都希望中国的教育政策制定者们知道中国新闻传播的现实、全球新闻传播的现实，希望中国的教育政策决策者们认真去忧虑中国的新闻与传播学院是否有一个光明的未来。

与会专家就改革中国新闻教育的政策和体制提出了很好的建议。如有专家建议应该学习法国的新闻教育管理办法，由中国记协来管理。中国记协应该成立一个新闻教育委员会，由全国各个媒体有丰富从业经验的新闻界专家和各个大学的新闻学教授组成。中国记协新闻教育委员会负责审批新闻学院的认证标准、新闻教育工作者的从教标准和审批新闻学课程设置。

中国有 900 个新闻院系，其中许多教员是通过各种渠道转行到新闻教育界来的，不仅缺少基本的新闻理论知识，更是缺乏新闻实践。新华社原副社长兼常务副总编辑马胜荣指出，很多人在真实性、时效性，概念上和操作上把握不清楚。上海大学传媒学院戴元光副院长说，新闻传播学科有的老师一天就磨一把剑，一个老师一年发表 216 篇论文。

与会专家更是指出了新闻与传播学院出来的学生存在严重质量问题。中国记协党组书记翟惠生指出，新闻学院的学生上手快，但是后劲不足。中国人民大学高钢教授建议，新闻学院的课程要根据中国实际情况特别是

89

媒体情况进行改革。有的课要减少，有的教材要更新，有的课程占的分量太大。新闻教育的改革需要老师和学生共同参与。新疆大学倪俊敏教授提出，新闻课堂最重要的是新闻视角的训练。在研讨会上，大家形成了两点基本共识，即实践教学和全球视野的国际化办学。

联合国力推"新闻课程模板"

从新闻教育模式来讲，当前世界上大概有四种模式：美国模式、法国模式、英国和德国模式、拉美模式。

法国原来没有新闻学院。近年来，法国的大学开始办新闻学院，但办学资格要由法国记协来认证。

英国只有传播学院，没有新闻学院。传播和新闻是两个不同的学科。英国新闻人才是由新闻媒体自办的新闻学院来培养，如路透新闻学院、BBC新闻学院。近年，牛津大学和路透新闻学院共同开办了牛津大学路透新闻学院。德国也是由媒体办新闻学院，如德新社办的新闻学院。

美国一流大学的新闻学院和一流大学的传播学院是分开办的。如哥伦比亚新闻学院、密苏里大学新闻学院都是新闻教育，不是传播教育。最好的大学既不办新闻学院，也不办传播学院，比如哈佛、耶鲁。

当前的中国新闻与传播教育更接近拉丁美洲模式。拉丁美洲有1000多所新闻与传播学院。跟中国一样，拉美国家把新闻学院和传播学院搅在一块儿办。新闻和传播作为两个不同的专业方向都有其存在的价值。传播主要是关于媒介研究方法、统计和市场调查。

中国目前有900多个新闻与传播教学点。差不多是中国每一个新闻与传播教学点都搞一套自己的教学大纲和教案。联合国教科文组织希望全世界都能推广他们2007年推出的《新闻学院课程模板》，至少是参考他们的这个课程模板来制定本国的新闻教育计划。

该模板强调实践，而且强调新闻报道的行业化，要求新闻学院应当与当地新闻媒体建立合作关系。课程模板要求新闻学院把研讨课安排在新闻媒体编辑部举行，从而给学生接触学校所不具备的技术和信息服务的机会。诸如此类的合作可以缩小新闻教学和新闻界的鸿沟。

遗憾的是，这套模板没有考虑中国的情况，在编写过程中更没有中国新闻教育者的参与。联合国教科文组织甚至没有发布中文版。我在刚刚出版的《新闻教育未来之路》一书收入了这个课程模板中文版，目的是希望大家结合中国的语境、媒介环境和媒介政策等等，提出自己的意见，争取中国新闻教育者在联合国教科文组织的话语权。

吸引外国学生拿中国新闻学位

新闻教育的双语教学和英语新闻人才的培养也是与会专家学者争论较多的问题。北京外国语大学英语学院院长孙有中说，中国对外宣传和传播在战略策划部署上依靠中国人，但是在一线工作的播音员、主持人、外文撰稿员不一定都雇佣中国人。

近年，我在清华大学创建了一个在国际上有影响的专业——全英语教学的全球财经新闻专业。目前这个专业招收的外国留学生已经超过中国学生数量。有人对此提出批评说，你是为外国培养人才还是为中国培养人才？中国的大学怎么可以招的外国学生比中国学生还多？我的解释，这是在更高层次上为中国对外传播培养人才。从发展来看，这批外国留学生首先对自己的认同是清华校友，他一生中最宝贵的学历来自中国的清华。无论走到哪里，他都会说，我是清华毕业的。校友网络是一个国家最大的软实力，其影响力不可估量。

把新闻学变成大学生必修课

大家都承认，现实中很多新闻与传播学院的毕业生，无论是北京、上海还是其他省市的大学，很难找到正经工作。这就是残酷的现实。从另一方面看，多数在新闻媒体找到工作的学生不是新闻与传播学院的毕业生，而是来自非新闻与传播专业。非新闻学院毕业生的最大弱点是新闻素养不够，他们看不出新闻的真假来，往往把假新闻当成真新闻读，把真新闻当成假新闻来读。

我近年来开设了"全球媒介素养"课程。这门课向全校学生开放，开这门课的最终目标是变"新闻与传播学院"为"新闻与传播教研室"。期待着未来的新闻与传播学院能像大学的体育教研室一样面向全校上课，为那些准备当记者的医学院、法学院、理学院的学生传授新闻素养知识及技能。未来的新闻教育如果这样发展，新闻教育工作者的视野就会开阔，新闻学教授的学生不是变少了，而是会越来越多。就像大学每个学生都上体育课一样，把新闻学变成每个大学生的必修课。这是中国新闻教育下一步的发展方向。这样一来，中国的新闻教育工作者将更有用武之地。

（李希光：清华大学国际传播研究中心主任、西南政法大学世界
与中国议程研究院院长）

Colin Sparks：影响国家形象塑造的三因素

Colin Sparks

中国政府十分关注自己的国际形象，这一点从实施"走出去"战略中就可以看出。中国民众常常对西方媒体所呈现的中国形象不满，尤其是西方媒体对中国一些突发性事件和灾难性事件的报道。

我们通过对英国媒体的涉华报道进行研究发现，发行量大的报纸面向的是普通读者，发行量相对较小的报纸面对的往往是精英读者，相比之下，《金融时报》等精英报纸对中国的报道比大众报纸要多，而且更加中立和全面，而《每日邮报》等大众报纸对中国的报道则在一定程度上存有偏见。

中国为改善国家形象一直在进行努力。我认为在国际传播中，影响国家形象塑造的主要因素有三点。

第一，改善一个国家的国家形象，最重要的无疑是改变这个国家的现状。进入 21 世纪，一个国家在经济和军事上的崛起，必然带来文化影响力的提升。当然，这需要一个长期的积累过程。中国在近三十年内取得了巨大的成就，然而也存在空气污染等现实问题。在改变国家现状这一点上，还需要中国自身的努力。

第二，必须要明晰的一点是，你的报道想要影响谁，谁在关注你的形象。比如，从我的研究中可以看出，《每日邮报》所呈现的中国形象十分负面。但是如果在非洲，人们会说，"中国是一个奇迹，在短短三十年里从一个积贫积弱的国家发展成为一个富强的大国，他们取得了我们所渴望的成就"。在非洲人眼中，中国存在问题，也存在困难，但成就是主要的。

而在很多西方人眼中，中国固然有成绩，但是相较之，困难和问题显然更为严重。这是由受众本身的性质所决定的。

第三，中国正在努力改进宣传方式，以更全面更积极的姿态向外界展示自身形象。我要指出的是，任何事物都是两面的，既要看到积极的一面，也要反映消极的一面。列宁曾说过，真理是革命性的。我希望央视九套、中国国际广播电台、《人民日报》、《环球时报》等媒体的记者能更加全面地报道中国。把事实告诉受众就是最好的宣传。呈现一个有血有肉的中国形象，这样媒体才能更有说服力。

（Colin Sparks：英国媒体研究专家、英国威斯敏斯特大学"传播与媒体研究中心"（CAMRI）主任）

喻国明：构建话语权第一步
—— "有新闻的地方就有我们"

曾经看到过一条报纸的宣传语："有新闻的地方就有我们"。但是，我们必须承认的一个事实是：在国际新闻报道的领域中，常常是有新闻的地方没有我们。我们媒体的国际报道往往只是西方跨国媒体报道的"二传手"。

近来，加沙战火吸引了全世界的目光，但是我们了解加沙战况的全部资讯却几乎都是来自西方媒体的报道；再往前追溯，我们媒体关于国际金融危机的报道，也往往只是在西方媒体报道基础上的一种编辑。没有来自新闻一线的第一手报

喻国明

道，没有我们在新闻第一现场发出的声音，这意味着什么呢？往浅里说，这是我们国家的传媒软实力还不行；往深里说，这实质上是听由中国人的头脑被西方媒体"格式化"——至少在国际新闻的认知方面，情况大体上是这样。

从某种意义上说，我们现在所面对的世界是媒介化了的社会。大约

70 多年前，美国著名专栏作家、舆论学者李普曼（Walter Lippmann）在其名著，《舆论学》（Public Opinion）一书中指出：大众媒介时刻在向人们构建"拟态环境"，换言之，现代社会越来越巨大化和复杂化，人们由于实际活动范围、精力和注意力有限，不可能对与他们有关的整个外部环境和众多的事物都保持经验性接触。对超出自己亲身感知以外的事物，人们只能通过各种"新闻供给机构"去了解。这样，人的行为已经不再是对客观环境及其变化的反应，而成了对新闻机构提示的某种"拟态环境"的反应。然而，由于这种加工、选择和结构化活动是在一般人看不见的地方（媒介内部）进行的，所以人们通常意识不到这一点，而往往把"拟态环境"作为客观环境本身来看待。

大量的传播学研究表明，在这种由媒体构建起来的"拟态环境"基础上，媒体在决定人们关注什么问题、决定人们从哪种角度看待问题和用什么逻辑来分析问题，甚至于在塑造人们的态度和观点方面都能够扮演重要的角色。

因此，当我们缺失新闻来源"第一手"的把控能力的时候，便在相当大的程度上失去了社会议程设置的能力，失去了对于事件的解释权，并且最终让我们的人民无奈地接受西方媒体影响力的"格式化"。

问题的关键还不仅仅在于人们的认知层面。认知上的误导往往会进而导致"自我实现预言"的社会效应。研究显示，如果媒体在初始时构建了一个"假环境"，在特定条件下足以引发基于这种情境状态的社会行动。

从个人行动的社会性角度看，个人的决策总是会受到他人的影响。在变化较为迅速的社会中，人们会把媒体的报道作为决策的重要依据之一。试想，当媒体所构建的"拟态环境"出现偏误的情况，媒体的"假定"会成为许许多多社会成员的"假定"，这时，"自我实现预言"就可能成为一种危机传导的机制。

处于崛起中的中国需要关于世界的真相。而真相在认知上的本质就是信息对称。信息对称的认知，必须由不同媒体多角度报道来构建。社会的"真问题"源自社会进程中各种自然和社会变故的"挑战"，好的社会议程设置取决于根植在我们这块土地上的"问题单"。我们并不排斥西方的社会分析逻辑，但我们更需要一种基于东方文明和智慧的思想方法。所有这一切，当然并不全部负载于媒体，但是，"有新闻的地方就有我们"，这是实现我们关于把握世界真相这一目标的至为关键的第一步。

（喻国明：中国人民大学新闻学院副院长）

张西平：学术走出去需与国家战略配合

发展的中国需要在世界范围内重塑自己的国际形象，作为世界大国的中国需要在世界话语体系中有自己的声音，作为唯一延续下来的世界文明古国的中国应向世界展示中华文明特有的魅力，而要做到这一点，进一步推动中国文化走向世界，在世界范围内从更高的学术层面介绍中国文化已经成为中国和平发展之急需。

张西平

中国现在已经成为世界性大国，不仅在全球有着自己的政治利益和经济利益，同时也有着自己的文化利益。一个大国的崛起不仅仅是经济和政治的崛起，同时也是文化和价值观念的崛起。因此，我们不仅需要从全球的角度谋划经济和政治的发展，同时也需要对中国学术和文化在全球的发展有战略性的规划，从而为中国的国家利益提供学术、文化与价值的支撑。

语言是基础、文化是外围、学术是核心，这是世界主要国家向外部传播自己的文化和观念的基本经验。我们应认真吸取这些经验，在继续做好孔子学院和中国文化中心建设的同时，应同时开始设计中国人文社会科学走出去的战略计划，并将中国人文社会科学走出去的规划置于国家软实力走出去整体战略的核心，给予充分的重视和支持。我们应清醒地认识到：真正能够最终为国家的战略发展服务，使中国影响世界，确保中国发展的和平世界环境，并逐步使中国掌握学术和思想话语权的是中国人文社会科学的研究在世界范围内产生影响。所以，要有更大的眼光，更深刻的认识来全面规划中国人文社会科学的走出去战略，提升中国软实力走出去的层次和水平，从而使中国的走出去战略有分工、有合作、有层次、有计划，形成中国软实力走出去的整体力量，为中国的进一步发展服务。

中国人文社会科学走出去和语言与文化的传播有着较大的区别，这主要是人文社会科学具有价值倾向和意识形态的特点，这样一个特点，决定了人文社会科学走出去要有自己独特的原则和方法。这些原则是：

积极稳妥。人文社会科学走出去不可以采取轰轰烈烈的国内一般运作模式，而是在积极展开调查的基础上，以基金会形式展开相关的各项活动，政府不直接出面，使各项在境外的活动全部都以学术形态出现，从而为中国的软实力发展增加力量。添彩不添乱，积极稳妥发展。

安全可控。人文社会科学的走出去是对中国学术和文化传统的宣传和传播，是对中国价值和中国模式的宣传，因此，走出去的人文社会科学的机构和相关活动必须牢牢掌控在中国学术机构手中。中外合作，中方为主，这是一个最基本的原则，中国学术机构决不可以在合作中无法掌握学术和经济实际控制权。一旦失去控制权，不但会浪费国家的财产，而且从根本上失去了走出去的全部意义。

以精取胜。在中国软实力的建设中，人文社会科学处于顶端，是中国软实力的核心。因此，中国学术在域外的展开机构不宜过多，以精取胜是其基本原则。要精心设计中国人文社会科学机构在全球的布点，要从国家的战略利益出发，设计全部发展计划，使人文社会科学在域外的展开为国家的战略利益服务，要科学安排驻外学术机构，使各个机构的学科之间有较好的协调。花最少的钱，为国家办最大的事。

总之，在传播自己的文化和学术时最忌讳的是将国内政治运作的方式搬到国外。中国人文社会科学学术走出去的大忌是：不做调查研究，不从实际出发，在布局和展开这项工作时不是从国外的实际形势出发，完全依靠个人经验和意志来进行决策；在工作内容上，只求国内舆论的热闹，完全不按照学术和文化本身的特点运作，这样必然最终会使中国学术走出去计划失败。不大张旗鼓，不轰轰烈烈，"随风潜入夜，润物细无声"这是它的基本工作方式。在工作的布局和节奏上要掌握好，要有全局性的考虑，全国一盘棋，将学术走出去和国家的大战略紧密配合，连成一体。

（张西平：北京外国语大学中国海外汉学研究中心主任）

何国平：在现代传播体系下改进中国对外报道战略

基于民族—国家的现代国际关系建立后，国家间的沟通成为国家功能的重要体现。中国对外报道的目的，是向世界说明中国，因此需要克服新闻的泛政治化取向，找到人类普适性的接受点，营造有利于中国和平崛起的国际舆论环境，争取国际协作。

何国平

中国对外报道观念经历了从传者中心论的对外宣传走向内外有别的对外传播，最终达致体现传播本质、体现国际传播新秩序和传播技术进步的全球传播，逐渐形成内外并重的传播格局。

从建立现代传播体系的高度，基于国际传播新秩序理念和传播技术进步的现实要求，中国对外报道战略观念建构应在以下方面提炼。

从国家文化安全与国家发展战略的高度，制定国家对外传播政策，维护传播主权，提高包括对外报道在内的国际传播能力，在传播内容、传播产品与传播渠道等方面减少对西方强国的依赖。胡锦涛总书记在2003年全国宣传思想工作会议上的讲话中提出，要逐步形成同我国国际地位相适应的对外宣传舆论力量，为全面建设小康社会营造良好的国际舆论环境。多极化的舆论格局，在促进国际传播新秩序形成过程中具有阶段性进步意义。

当前，世界许多国家都在全球或区域性文化共同体中，通过本国的国际传播能力谋求国家的对外影响力。2003年初，时任美国总统的布什签署了一项行政命令，成立白宫"全球传播办公室"。2005年，俄罗斯总统办公厅增设对外地区及文化合作局，主要目的就是向独联体国家和波罗的海近邻国家传播俄罗斯思想文化。

开展有效国际合作，通过"请进来"和"走出去"等实践方式开展多向传播和多元主体对外表达，通力合作开发适应发展中国家的国际传播策略、传播机构与传播技术，实现话语对接，发挥中国在建立国际传播新秩序中的大国作用。

以知识论为国际传播话语的切入口，提高中国对外报道和国际新闻信息的可读性、必读性。从知识论切入信息传播就是以中性的话语方式传播信息，淡化对外报道的外在意识形态属性，弥合意识形态差异所形成的接受反差。当今国际信息传播内容的主体是西方大国的传播机构对全球信息选择、过滤的结果。在建立世界传播新秩序的进程中，中国对此必须予以警觉。全球传播时代的对外报道需要进一步熟悉国际传播语法，改善传播生态，改善信息的呈现方式。信息接受是传播的目的之一，为此一方面需要提高对外报道的可读性，信息符合接受心理，受众乐于接受；另一方面需要提高对外报道的权威性与公信力。

通过观念与思维更新，期待中国对外报道实践能够从传者本位的对外宣传过渡到内外有别的对外传播，最后走向无障碍的世界信息循环的全球传播。对外报道观念的这一变革与演进方向，体现了"会聚过程"的信息交流共享与增值，扩大了传播格局中的双方关系。因此，它是传播本质的回归、诠释与确认，是体现国际传播新秩序、应对传播技术进步的方向性思路，更是体现国际传播语法与话语修辞、提升软实力促进多元主体表达、建立与中国国际地位相称的国际舆论格局的理性思考。

（何国平：广东外语外贸大学新闻与传播学院副院长）

关世杰：重视对外传播中的跨文化因素

对外传播通常是跨文化的传播，跨文化传播是不同文化背景的人们或群体彼此交流信息的过程。所以对外传播中，除了政治、经济、国际关系和历史等因素外，文化无疑成为影响交流过程最重要的因素之一。

传播学中常用拉斯韦尔模式"五W"传播模式[谁(who)→说什么(says what)→通过什么渠道(in which channel)→对谁（to whom）→获得什么效果(with what effect)]来阐述传播过程。而在跨文化

关世杰

传播中，应在"五 W"传播模式里再加上用哪种码本去编码（using which code to encode）和用哪种码本去解码（using which code to decode）两个"W"，形成"七 W"的传播模式：谁（who）→说什么（says what）→用哪种码本去编码（using which code to encode）→通过什么渠道（in which channel）→对谁（to whom）→用哪种码本去解码（using which code to decode）→获得什么效果（with what effect）。而文化对"七 W"中每个"W"都会产生影响。

第一，不同文化对"谁"进行传播有不同的态度。传播信息的主体可以是政府官员、企事业单位、个人，不同文化的国家对谁进行传播的反应是有差别的。

第二，不同文化对"说什么"也有不同的偏好。我国文化主张扬善为主、抑恶为辅，而美国文化主张抑恶为主、扬善为辅。因而在新闻报道中，我国以正面新闻为主，而美国以揭露问题新闻为主。如果把我们对内宣传的内容不加变通地传播到美国，美国受众就不愿意阅读这样的新闻。传播内容具有针对性，从不同对象的亲近性和接近性出发来选择内容无疑受到文化的影响。

第三，不同文化对"通过什么渠道"也有偏好，传播信息是通过政府官方的媒体还是民间媒体，传播的效果是不一样的。众所周知，在美国，媒体多为商业和民间自办，大多数美国民众根本不买官方媒体的账，他们更希望听到民间媒体的声音。这就要求我们在对外传播中的媒体形象要与国内媒体有所区别，不能将国内的媒体不经包装就直接落地。

第四，"对谁"，不同国家的文化是不同的。我们不能再停留在笼统地谈内外有别和外外有别，而必须对传播对象进行细致的、微观层次的、体现跨文化传播差异的细分。如中美、中阿（阿拉伯国家）、中日、中俄、中印等等的区分。

第五，文化对"用哪种码本去编码"和"用哪种码本去解码"也有着影响。信息发出者是采用何种"码本"去编码诠释受到自身文化的影响，不同的文化是有差异的。例如，我们希望自己的儿子长大能有出息，可以用成语"望子成龙"。龙在中国的"文化码本"中是祥瑞的象征。但我们在翻译成英文时，如果直译成"long to see one's son become a dragon"，那么不了解中国文化的英美读者就会理解为中国人希望儿子长大成为"恶魔"。因为在英美文化的码本中，dragon 的引申意义是恶魔。

同文化内的传播相比，跨文化传播的特点是：编码是在甲文化中依据甲文化的码本进行，而解码是在乙文化中依据乙文化的码本进行。甲乙两种文化的码本不一样，文化中的方方面面（例如，语言、思维方法、宗教观、人生观、价值观、风俗习惯、法律规范、非语言符号等）都对甲方的编码和乙方的解码产生影响。对乙方来讲，文化直接影响解读效果，而解读的效果直接关系到整个对外传播的效果。这就需要甲文化的传播者熟悉乙文化的"码本"，把自己要传递的信息，使乙方接收的质量提高，力争做到等值解读，尽量减少减值解读、异值解读，以利在接收层面上，能够较容易地从信息感知层面发展到影响态度层面和行为层面，达到甲方预期的传播效果。

第六，从效果的层面来看，对外传播中也要注意文化功能上的区别，对国内的文化传播是期望提高国民的凝聚力，但对国外的期望则是我们与世界各国进行顺利的跨文化对话，期待外国人了解并尊重中国文化，在文化上和而不同。

总之，从传者一直到最后的传播效果，文化的因素在整个对外传播过程中扮演了非常重要的角色。

（关世杰：北京大学新闻与传播学院教授）

姜飞：中国视角下的新知识生产

伴随着经济发展和政治上的和平崛起，中国在经历一个普遍性的"文化自觉"过程，对内摆脱"文化褪色"的阴影，对外抵制"文化新殖民"，培育"文化抗体"，建构新的文化主体，中国该如何展现、建构在国际上的文化地位问题提上重要日程。尤其是在我们面对海外传媒不断输入的西方文化意识形态，面对中国文化走出去所遇到的文化障碍，思考应对海外传媒的战略，思考中国传媒走出去的战略战术的背景下，这样的问题就更加具有针对性和现实迫切性。

从国际发展历史来看，经济发展到一定程度，制约进一步发展的瓶颈往往是文化问题。换句话说，确保经济和政治上的可持续发展，需要与之相匹配的文化战略。有研究者已经注意到，西方发达国家以其现代文化强势，把文化之网撒向其他国家，试图转换社会观念，令其他国家的资源与市场利益尽入其网。其他国家应当采取什么样的战略，能够敏感地体察到自己的文化生存状况，使自己既不闭关锁国，又能在对外开放的环境中保护自己的文化和

姜 飞

经济利益，提高文化竞争力？中国顺应世界文化发展的潮流，已经在现代化进程中注意到了传统文化的重要性，并在这样的文化自觉的前提下，表现出了很强的问题意识。将这样的问题意识具体深入地落实到一种理念，即新知识的生产。

"新知识生产"，其基本的内涵就是，随着现代媒体的产生和传播技术的日新月异，文化的生产，作为人类知识生产的一个重大分支，已经被具体的媒体信息的生产所混淆甚至取代；换句话说，人类媒体业信息的提供和生产，在很大程度上已经等同于人类知识的生产。如此，文化生产的权利就被那些具有传播话语权的国家、集团所把持，文化知识的生产就演变为媒体信息的生产，对媒体信息生产的争夺基本等同于文化知识生产的争夺。

那么，当海外传媒不断运用它们经年积累的信息生产的经验，不断提取中国传统文化的元素，包括古典文化资源，甚至熊猫、长城等传统经典文化符号，进行一系列系统化的、有意识的文化生产的时候，海外传媒获得的不仅仅是这些文化符号和资源所能提供给他们的直接的经济利益，还有更大的重新阐释和解说中国文化的话语权这样一个巨大的附加值。

面对着这样一个传媒资源被侵蚀、文化资源被蚕食、文化话语权被剥夺日益加剧的现实，在一定的经济和政治发展的支撑下，中国提出中国文化走出去战略，并更进一步明确中国传媒业走出去战略，就凸现出其现实和战略意义。

这样的走出去，就不仅仅是一种国际传播——跨越国界，节目落地的

101

胜利，还应该是一种跨文化传播——跨越文化边界，深入人心的成功。

而这样的跨文化传播——其实质就是一种新知识生产的过程，也需要一种新知识生产的雄心才能支撑。而如何进行具体的新知识生产，就需要在清晰把握上述国际文化、传媒发展历史的前提下，针对各自所从事的领域和工作，以"重塑中国文化神话"为目标，进行一系列的话语建构——从中国视角出发，围绕传播中国的核心战略，生产出一系列有关中国和世界的新知识、新话语。从新知识生产的角度，将 20 世纪 70 年代以来的有关建构国际传播新秩序的国际呼吁落到实处，不仅把一个真实、正面的中国传播出去，确保中国文化战略的实施，同时也为世界的传播实践贡献中国的思想和视角，丰富国际传播理论。

（姜飞：中国社会科学院世界传媒研究中心主任）
（本期特别策划采写工作组：吕莎、金辉、吴婷）

中国媒体"走出去"2009 大事回顾

● 2009 年 2 月 23 日，《中国日报》在北美地区的子报《中国日报·美国版》创刊。该报主要报道中美两国在政治、经济、文化和社会领域的互动，专为北美读者量身定做。时隔半年，《中国日报·美国版》荣获美国商务部颁发的 2009 年度美国东南地区最佳少数族裔媒体奖，成为第一家获此殊荣的中国媒体。

● 2009 年 4 月 20 日，隶属于人民日报社的《环球时报》英文版创刊，成为继《中国日报》后第二份面向全国发行的英语综合性报纸。

● 2009 年 7 月 1 日，新华网英语电视新闻线路开始试运行。这是新华社继英文文字和图片报道之后，首次通过卫星、互联网向全球播发自己的电视新闻。

● 2009 年 7 月 20 日，中国中央电视台继拥有中、英、西、法四种语言的电视国际频道后，正式开播阿拉伯语国际频道。22 个阿拉伯国家近三亿左右的观众使用家庭卫星接收天线即可收看来自中国的阿拉伯语频道的节目。

● 2009 年 9 月 10 日，中央电视台俄语国际频道正式开播，信号覆盖亚洲、太平洋、中东和欧洲地区。上述地区的观众可以 24 小时不间断地收看到来自中国的俄语节目。俄语国际频道的开播，形成了中央电视台的国际传播为中、英、法、西、阿、俄 6 种语言和 8 个国际频道的新格局。

● 2009 年 9 月 23 日，中国国际广播电台"国际在线"新增白俄罗斯语、荷兰语、希腊语、希伯来语、冰岛语和挪威语 6 种语言网站。至此，"国际在线"多语种网站语种数量达到 59 种。

● 2009 年 9 月 30 日，中共中央机关刊《求是》杂志英文版创刊并向海内外公开发行。《求是》英文版意在服务中国党和国家的对外交流，成为中国共产党和中国政府执政理念、治国方略的权威解读平台。

● 2009 年 10 月 1 日起，中国国际广播电台在大纽约地区每日播送 10 小时汉语普通话节目，首日便播送新中国成立 60 周年庆典以及国庆联欢晚会。此举是中国国际广播电台继在英国、法国、澳大利亚等多个国家和地区实现节目落地之后的又一突破。

● 2009 年 12 月 28 日，中国网络电视台正式开播。中国网络电视台（英文简称 CNTV，域名 www.cntv.cn）是依托中央电视台、在央视网基础上创办的国家网络电视播出机构，是以视听互动为核心、融网络特色和电视特色于一体的全球化、多语种、多终端的公共服务平台，已建成 5 个海外镜像点，覆盖了欧洲、北美洲、东南亚、中东、俄罗斯等国家和地区。

● 2009 年 12 月 31 日，由新华社主办的中国新华新闻电视网（CNC）举行开播仪式，于 2010 年 1 月 1 日正式上星向亚太地区和欧洲部分地区播出。中国新华新闻电视网将于 2010 年 7 月以"CNC World News（中国电视网环球新闻频道）"呼号，播出以新华社自采新闻节目为主的英语电视新闻。此后，还将逐步增加法语、西班牙语、葡萄牙语、阿拉伯语、俄语等语种的新闻电视节目。

如何架起学术研究与外交政策之桥？

记者　范勇鹏

作为知识和思想生产者的学者是否准备好了优质的、有实践意义的学术成果？是否有意愿为政策提供智力支持？作为消费者的政府是否认识到自己对这些思想成果的需求？在决策过程中是否充分地考虑和吸收了学界的意见？学术与政策之间是否存在鸿沟？如何弥合这个鸿沟？这些问题值得政、学两界深思。

今年 4 月，美国政治学和国际关系学界掀起了一场有关学术与政策关系的辩论。哈佛大学的两位知名教授，约瑟夫·奈（Joseph Nye）和斯蒂芬·沃尔特（Stephen Walt）先后在媒体撰文，批评美国学术界对政策问题漠不关心的普遍现象。

一石击起千层浪，他们的观点立即引起了国际学术界和公共评论界的普遍关注和热烈争论。然而，这一问题并不是最近才引起学者们关注的。早在 2006 年，美国《亚洲政策》杂志就组织了一期专刊，邀请到不少重头官、学两栖人士（包括 Andrew Marble，Kenneth Lieberthal，Emily Goldman，Rober Sutter，Ezra Vogel，Celeste Wallander 等）会聚一堂，探讨如何"弥合理论与政策之间的鸿沟"。

对这个问题的讨论也引起了中国学界的呼应。今年 6 月，北京大学国际战略研究中心也组织了研讨会，探讨中国制度环境和文化背景下，国际关系研究与外交政策之间的互动。

随着全球化和信息化时代的来临，所有国家的政策制定者都面临着无比复杂的决策环境和勾连互动日益频繁的问题领域，外交政策更是如此。国家已经不再是唯一的国际行为体，国际机构、跨国公司、世界贸易和金融体系、国际犯罪集团以及恐怖组织等纷纷登上国际关系舞台，信息通过网络等非传统媒体以远远超越外交包裹的速度传递，毒品、武器及核技术与核材料的扩散令传统执法方式束手无策。这一切决定了，传统的以领袖个人智慧和政府间秘密交易为基础的、19世纪式的外交风格早已过时。对科学决策的要求创造了对学术研究所产生的知识和智慧的巨大需求。

　　作为知识和思想生产者的学者是否准备好了优质的、有实践意义的学术成果？是否有意愿为政策提供智力支持？作为消费者的政府是否认识到自己对这些思想成果的需求？在决策过程中是否充分地考虑和吸收了学界的意见？学术与政策之间是否存在鸿沟？如何弥合这个鸿沟？这些问题值得政、学两界深思。

学术与政策之辩

　　对于学术与政策的关系，自古就有争议。中国先秦诸子百家都在不同程度上以影响政治生活为目的。随着后世朝代变迁，制度沿革，学术与政策之间的关系也在不断地发生着变化。20世纪以来，现代治国术的发展和科学决策重要性的上升，使政策对学术成果的需求更加迫切，学术与政策之间的鸿沟也变得越来越令人担忧。

　　有人认为，学术与政治之间须臾不可分。中国传统学人大都主张学术为政治服务，强调为天地立心，为生民立命，倡导"资治"之学；也有人认为学术研究是为了发现人类社会的基本规律，例如涂尔干和韦伯等，而理论建构就是为了明确表述最基本的因果关系。尽管刘易斯·科塞在《理念人》中引用朱利安·本达的观点，将知识分子视为"在获取非物质的优势中寻求乐趣"的"理念人"，可是实际上，纯粹的思想者和在现实政治生活中游说的入世学者之间实难划出一条显明的界线。

　　政、学两栖本不是什么新鲜事物。科塞归纳的五种"理想型"知识分子中，第二种就是所谓的"内部穿孔"者，这类人近似于我们今天所谈论的智库型学者。他们放弃亲自操刀担任"哲学王"的伟大使命，而是力图用自己的思想来影响政治，或如郑杭生所说，将学术当做"使社会达到良性运行"的手段。他们像凯恩斯所标榜的那样站在政府立场，强调"理论必须服务于政策"，其途径就是分析、提出方案、说服政府。从莫尔、托克维尔、培根、霍布斯到凯恩斯、弗里德曼（后二人被1998年美国经济学年会评为"最有影响力"的经济学家），都从实际政治考虑出发，"通过变成心腹人物、王权背后的权贵，慢慢按照他们的愿望改造现实"。

外交政策的"旋转门"

在国际关系领域，学术与政策之辩具有更加现实的意义。学术研究应该追求一个"真"；外交政策追求的是一个"善"，这不是伦理意义上的"善"，而是达到对国家有利结果的"善"；而相当一部分国际关系理论研究者则是在追求一种"美"，他们抱着德国古典哲学式的热情终生致力于建构精美的理论大厦，这大厦宏伟精致到足以让来访者留连踯躅，浑然忘却零乱的现实世界。可是，多数学者处于这三者之间，虽然各有偏重。更有直接出入于政界大门者，借其学术积累直接参与政策，或仗其从政经验而与学术研究相长。在美国，有一个专门的词来形容这种学者与官员之间身份互换的现象——"旋转门"。

"旋转门"是一个政治学概念，原指特定行业或私有部门与相关政府政策部门之间的人员流动现象。在政治学、外交政策和经济政策等领域，它指政界、学界和智库研究界之间的人员流动。学者们今天还处江湖之远，明天就有可能居庙堂之高，真可谓"出师入相/将"。

外交政策领域的"旋转门"最先在美国成为一个突出现象。在华盛顿的K街和纽约的华尔街，学者大可闲坐渭水，直钩垂钓，不愁无"举烛"之机。人们熟知的基辛格、奥尔布赖特、戈尔和赖斯等政治家，以及国际关系学界之外不大熟悉的约瑟夫·奈、斯蒂芬·克拉斯纳等理论家，都是风水流转于政学两界。扎卡里亚等不在其位却专擅"肉食者谋"的政策评论家，虽然不在"旋转门"之中，却也担当了学术和政策之间的转换器。旋转门的另一面当然会带来各种腐败困境，但是它毕竟在学术研究和政策制定之间搭起了一座便利的桥梁。

作为西方学术和政治模式老家的欧洲在这方面也不输美国。各种大学或研究机构在欧洲政策决策过程中发挥了重大作用，更兼之欧盟制度之中已然通过特殊的程序设计与治理模式特意为专家和技术官僚留下了游说和发挥影响的空间。欧盟理事会会议间歇的走廊和欧洲议会外的咖啡馆，成了专家（当然更多的是各路利益集团）影响政策的第二类场所。笔者所熟悉的一些欧洲知名学者，都直接或间接地影响着欧盟的政策。日本和澳大利亚等西方国家也都具有某种类似美国"旋转门"的制度和文化传统。

中国有没有"旋转门"

近年来，一些中青年国际关系研究者进入外交部门供职，引发了有关"中国旋转门"的热议。"旋转门"是一个美国概念，有其独特的制度背景和文化土壤。当记者问及"中国是否存在旋转门"这个问题时，清华大学教授阎学通认为，"旋转门"是美国制度下的产物，在中国根本不存在。北京大学的王缉思教授也表示，中国不存在美国式的"旋转门"，但是自有一套沟通学术和政策的独特机制。北京大学的袁明教授干脆声称，作为一个学者，"我从不认为自己影响了政策"，这当然属自谦之辞。但是他们都认为，近年来中国外交政策制定的科学性大大增强，学者加盟外交队伍和参与政策制定已经不是什么新鲜事，但是和当前的现实需要相比，学术和政策之间的交流还远远不够。

专家学者的担心不无根据。一些受访者认为在中国的外交决策中，相关部门对学术界意见的采纳"很不够"。问题出在哪呢？综合记者采访的众多专家学者的意见，主要有两个层次的原因。

中国迅速崛起　导致研究滞后

从较浅层次来看，主要有以下具体原因：首先，中国的外交决策为学术影响政策所提供的程序性空间不足。虽然政、学两界的确有所互动，但是从程序上看，容易给人留下沟通不足的印象。其次，外交决策的特性决定了其秘密性。因而，即使学者的观点和理论被决策者使用，也难以找到公开的证据。再次，不少学者认为，由于中国近几十年来发展势头迅猛，中国国际地位和对外关系都在发生着快速的改变，学术研究的进步滞后于政策需求的增长。因而，问题不仅仅在于学界，也不完全在于学界与政界之沟通，而在于客观环境的巨变。

学者与官员：两种"不同的动物"

从更深层次来看，学术研究与政策决策之间的确存在某种"天然"的隔阂，学者与政策人士是两种"不同的动物"。

其一，学者的研究需要占有丰富的历史资料和充裕的思考时间，而政策制定者通常要在几天甚至几个小时之内对问题作出反应，两者之间在对问题的处理上存在着明显的"时间差"。在一些学者看来，外交人士常常陷于具体事务之中，无暇从全局或理论的高度来观照其面临的局势，这往往导致学界批评其只见树木不见森林。而在实际工作者看来，一些学者对国际国内形势缺乏真正深入的理解，"书生意气"，提出的对策看似高深莫测，实则"游谈无根"，这就难免"大而无当"之讥。

其二，学者致力于寻找根本性的因果联系，而政策制定者则需要处理哪怕是最微小的偶然性，那些通常被学者们"控制"掉的干扰变量，却可能成为政治家的灾难。

其三，学者不管是主动避世还是被动淘汰，都可以在象牙塔中找到自己哪怕是孤独的乐趣，可以追求自己完美的"Cult of irrelevance"（即对远离现实政治的纯粹理论研究的崇拜）。政策制定者却必须要面对"关系"，诸如人与人、机构与机构和国家与国家的关系，注定了他们与学者不同的思维方式。

其四，除了达到名载史册的"不朽"、使自己成为后世思想史上灿烂群星中之一颗外，学者生涯大多要受到职称、声誉和学术资源等因素的制约，因而他们的长期研究工作多多少少要以这些因素为导向。政策制定者往往有更加现实、更加重大、更加迫切的问题等待解决。这些客观因素和评判标准或多或少增加了二者间对话的难度。

由此看来，在学术和政策之间，在一定程度上的确存在着深层次的问题。但需要指出的是，上述问题，不但在中国存在，在其他国家也不同程度地存在。可以说，这类问题在世界范围内具有一定的普遍性。要想寻找完美的解决方案，用北京大学国际关系学院余万里教授的话说"基本上很难"。然而，"很难"难道真的会成为两者间无法沟通的理由？

乐观的前景

中国学界和政界不仅都意识到了这些问题，而且已经在采取措施改善学术研究与外交政策二者之间的关系。作为中国最大的学术机构，党和国家的思想库、智囊团，中国社会科学院致力于为党和国家的科学决策提供智力支持，近年来取得了不少引人注目的成果。国家机关直属的众多科研机构，例如中国现代国际关系研究院和中国国际问题研究所等，近年来大力加强政策研究，为国家外交决策提供了大量的建议和咨询。大学和其他研究机构也充分发挥各自的长项，为政策决策提供了可资借鉴的研究成果。决策部门按照科学决策、民主决策的要求，更加重视学者的意见，越来越多地通过委托课题、征集政策建议、对学者进行政策咨询和直接邀请学者担任外交职务等方式，吸收和借鉴学术界的成果。可以说，每一项政策的出台，都凝聚着无数学者的辛劳和智慧。可以毫不夸张地说，中国学界和政界之间，在思想、政策的对话和交流上，正在形成独特的而且是卓有成效的良性运行机制。欧洲著名智库专家克罗希克先生就对中国的学术与政策关系抱非常乐观的态度。

学术研究与外交政策：专家解读

周弘：高质量的研究不必在意直接政策效果

周 弘

在全世界的欧洲研究和国际关系研究领域，有两种研究风格，一种是进行纯理论研究，一种是与政策相关的研究。

但是必须注意到一点：理论发展和方法论研究是很少一部分人的事情。对大多数人来讲，如果想在学术上有所发现，必须做实证研究。而所有的实证研究都会涉及政策问题，我们不可能脱离政策问题而做实证。即使不是为了给政府出谋划策，学术研究也不能完全脱离政策。学术和政策之间最主要的沟通桥梁就是实证研究。

我自己一直在做一些实证研究，例如社会政策、对外援助等。这种研究是学术研究，但很自然地会有政策影响力。同时，在做这些研究的时候，当然会有某种理论视角，理论就是认识客观事物的有效工具。

学术研究和政策研究的方法是不同的，各有自己的逻辑。有一种政策研究是就事论事的，与任何理论、流派都无关。但是这种研究效率不高，只能解决眼前的具体问题，无法直接产生出可积累的优质知识。更好的政策研究还是需要有一定学术性，它不一定能够直接指导政策，但有利于产生好的战略。

至于学术研究是不是应该影响外交政策，如果年轻时被问到这个问题，我会说，谁做研究不想影响政策？但是现在我已经 50 多岁，影响与不影响已经不重要了，能够积累和生产出新的知识就可以了。

影响政策需要很多因素，例如知识和理论要在合适的时候提出来。我 20 年前就在呼吁社会政策，但是没有回应；现在却水到渠成，政府有关部门开始关注我的研究成果或前来进行咨询。学者做研究应该走在时代前面，不必过于在意是否在当下就能产生直接的政策效果。

（周弘：中国社会科学院欧洲研究所所长、研究员）

克罗希克：不同的制度背景制约着学术与政策的关系

斯坦利·克罗希克
（Stanley Crossick）

世界上所有大国的学者都在对外交政策事务进行深刻的思考，也产生了大量研究文献。这是必要的，有利于我们提高对外交事务的认识，提高对外交决策的政治、经济、历史、社会和文化等背景的理解。然而，学院式的研究对外交政策制定的直接影响在不同的情境下却是效果迥异。

学术对外交政策的直接影响是难以衡量的，然而却并非不可估测。在中国，多数智库和学术研究机构都是党政系统的一部分，决策者可以经常而方便地借重于这些机构。这些机构通常有充分的经费，且与政府之间保持着良好而及时的沟通互动。很自然，中国的理论学术研究显然直接有助于中国的外交政策制定。

在美国，智库和学术机构不是政府部门，但是有两个因素决定了它们会对政策发生影响。其一，由于美国政治的任期制。每过 4 年或 8 年，都有成百上千的决策人士在"庙堂"和"江湖"之间上上下下。一项新的任命通常需要很长时间，而一旦被任命，官员的政治任期却并不长。其二，美国的"旋转门"使很多学者进入政界。优秀智库和重要政府部门的领导几乎都出自同一群人。这决定了美国的外交政策制定得到了智库的充分支持。

欧盟的情况或许是个特例。研究欧盟的智库和学术机构总体看来资源有限，而且欧洲的学者有一种学院化倾向，他们更强调增加社会的知识生产，不太重视公共政策问题。因而，他们与欧盟的政策制定之间互动较少，不如中、美两国研究界与政策决策之间的关系紧密。此外还有一个重要因素：欧盟的外交政策决策主要还是在成员国层面上完成，而欧盟层面上的智库和研究机构很难影响到国家层面的政策制定，它们的学术研究因而也就更难以对欧洲外交政策发生大的影响。

（斯坦利·克罗希克（Stanley Crossick）：布鲁塞尔当代中国研究
所（BICCS）资深研究员、欧洲政策中心（EPC）创始主席）

（范勇鹏／译）

苏长和：学术与政策之间，需要理顺三对关系

全世界没有一个国家的社会科学理论研究，能够发达到政府决策者和政策研究者可以在紧急情况下将其成果信手拈来、转瞬即用的地步。要理顺学术与政策之间的关系，我认为应该摆正三对关系：

其一，"上"学与"下"学。最好的策论研究总是与坚实的基础理论分不开的。好的理论能够加深我们对社会的认识，给我们反直觉的知识或者推翻流行的常识性知识。社会科学自有其形而上的成分，有其不为凡人熟悉的逻辑与原理。但是，这些学科每一次理论范式的超越与突破，都与时代变迁共生。最好的形而上的知识，是能够顺应历史和时代之潮流的，学者和政治家由此可以顺势而为。学术和政治的完美结合，往往会造就伟大的思想家和国务活动家，中外历史，概莫能外。

苏长和

其二，"实"学与"时"学。"实"学讲究客观的调查、真实的数据与确证的逻辑，不可以"毛估估"与"差不多"就完事；"时"学则强调研究必须跟上时代变迁，发挥科学研究的政策服务和社会服务功能。理论之"实"学与政策之"时"学应该紧密相关，"时"学一定要建立在牢靠的"实"学基础上。

其三，"慢"学与"快"学。政策研究是"快"学，有的时候甚至是应急之学，哪里起火了首先得把火灭了，灭火的时候还在讲理论，那是迂腐。但是，社会科学研究要是一味被"应急赶快"所牵制，就会少了冷静的判断。因此，政学各有分工，不能相互取代，这是良好的政学生态的一个重要内容。社会科学基础研究需要比慢，要有"三年不窥园，十年成一赋"的慢功。政府的课题支持倾向于功用，合情合理，但是也需要支持看上去似乎没有用的基础性研究。有了基础性研究的积累和支撑，政策的应急之学就会不失宏谋远虑，不为事态变化而摇摆，学术和政策之间就可以做到相互滋补、相得益彰。我注意到，近几年国家社会科学基金国际问题研究类的课题指南更多地以政策研究为主，对学科发展起重要支撑作用的基础研究类课题似乎有减少的趋势，这一点需要扭转。

（苏长和：上海外国语大学教授）

王义桅：关键是要跳出西方理论说"中国话"

王义桅

外交理论与实践的关系问题，在美国也许是老生常谈了，学界一直纠缠于"理论指导实践，还是实践产生理论"这种"蛋生鸡，鸡生蛋"的问题。在中国，问题就简单多了：两者泾渭分明。究其根源，可作三方面假设：

假设一，没有外交理论，只有外交实践。如果命题成立，中国外交理论与实践的关系便很简单，便是有和无的问题，只有等将来外交实践提炼出理论来，才能谈两者之间的关系。

实际情形，说中国没有外交理论，恐怕是不公平的。这种假设并不成立。

假设二，理论是普世的，而实践是国别的。如果命题成立，只有外交理论指导实践的份儿，充其量不过是如何将西方普世性外交理论与中国外交实践实现有机结合的问题。实际情形显然并非如此，西方外交理论指导不了中国外交实践。因此，这种假设也不成立。

假设三，理论是灰色的，外交实践常新。如果命题成立，只能得出"外交理论滞后于外交实践"的结论。另一个可能结论就是中国外交是有特色的，外交理论也具有中国特色，随着外交实践而与时俱进。实际情形似乎印证了前一结论，但后一结论则不然。中国外交实践丰富多彩，有明显的中国特色，却并未出现系统的中国特色外交理论。总体上看，这种假设难以描述中国情形。

既然这三种假设都不大成立，问题就出自假设本身。中国的问题，并非纠缠于理论与实践的上述三种假设。根本原因是，中国并非民族国家，也不处于西方外交理论所依赖的线性进化的特定阶段。这就使得中国与世界的关系问题，难以用外交理论与实践的关系来衡量。中国外交自始至终都是内政的延伸，只不过最近 30 年来贯穿"中国参与全球化"的时代线索而已。

中国的问题，是如何实现外交理念、外交政策和外交操作的三位一体，体现出外交文化、外交机制和外交艺术的辩证统一。换言之，外交政策是打通外交理论与实践的桥梁，实现前景是学术政策化和政策学术化。

所谓学术政策化，特指国际关系理论，尤其是外交理论的政策取向，即从理念上包装、从逻辑上阐释好外交政策，使之合理、合法。所谓政策学术化，特指外交政策既要坚持又要超越中国特色，更好地与国际社会沟通，感染和说服国际社会。

现在的问题不是没有自己的理论，而是不敢追求自己的理论，在无休止学习西方理论的过程中迷失自我，乐此不疲地去研究人家的理论；或有一定的自我认识，但不了解中国的外交实践与机制，难以真正参与政策研究，有效地将理论、理念转化为外交生产力。从外交政策方面而言，也有经验性等制约，致使理论与政策成了"两张皮"。

解决这些问题的根本出路有两条：一是做真正的学术，提出"源于中国、属于世界"的系统学说，阐明"世界的中国"；二是发展真正的政策，把握时代脉搏，服务中国崛起，规划"中国的世界"。

从这个意义上讲，中国国际关系理论研究大有可为，关键是学术研究要说中国话、体现中国思维、折射中国情结。

（王义桅：复旦大学美国研究中心副教授）

于铁军：三类知识有助于政策制定

于铁军

国际关系研究中，有各种各样的知识类型。宏观体系理论由于其高度的抽象性和概括性，必然距离现实世界较远，距离对外政策的制定也较远。我认为有三类知识与政策制定更加相关：其一，历史案例。决策者在决策过程中总是自觉和不自觉地运用历史类比的方法。但遗憾的是，他们的历史知识大多（除了丘吉尔和毛泽东等少数外）都不及格。在这种情况下，历史学者的作用便很重要。一个典型例子就是刚刚去世的美国哈佛大学教授欧内斯特·梅，他既是美国最好的国际关系史学家，也有效地影响了美国对外政策的制定。另一位代表性人物是英国剑桥大学的 F.H.Hinsley。其二，中型理论。美国斯坦福大学政治系教授 Alexander George 一直在提倡国际关系研究中理论与实践的结合，探索中型理论在对外政策中的应用。这种类型的理论可以为政策提供四个方面的指导，即诊断情况、预测发展、"开药方"和事后评估。其三，地区和国别知识。理论能够提供共性，但在对外政策制定过程中经常要遇到关于某个国家和某个地区的知识。"临上轿现包脚"是来不及的，这就需要有长期研究某个国家或地区的专家。美国对外政策决策圈的一些重要智囊型人物，不少都是专门研究某个国家或地区的学者，例如研究中国问题的白鲁恂、奥克森博格和李侃如，研究日本问题的赖肖尔和格林，以及研究俄罗斯问题的 MaCfaul 等。

（于铁军：北京大学国际关系学院副教授）

孙学峰：真正做好研究才能更好影响政策

20 世纪 60 年代，美国的政治学研究开始大规模引进科学方法。此后，政治学的专业门槛逐渐提高，其学术研究与政策研究之间的对立性也日益显现。国际关系也经历了大致相同的历程。20 世纪 90 年代以来，美国国际关系学界对学术研究与政策研究之间关系和解决之道的探讨一直未曾间断，其主流观点是国际关系研究的理论越来越深奥，方法越来越复杂，但研究成果的现实意义和社会影响却日益衰微。因此，学术界应当

孙学峰

作出改变，强调学术研究要满足现实需求。在设定职称晋升、期刊录用等标准时，充分考虑研究成果的现实意义。

中国国际关系学界的研究历来较为重视研究的现实意义，因此我们面临的问题与美国并不一样。美国的问题是学科专业化程度强，学术门槛高，但不重视研究成果的现实意义。而中国则是学科的专业化水平还较低，学术研究的质量仍有待提高，研究成果难以满足政策的需要。在这种情况下，学术界越重视研究的现实意义，学术研究与政策研究的对立就越突出，主要原因在于过分突出研究的现实意义，会阻碍国际关系研究专业化水平的实质性进步，加剧低水平重复现象，而学术研究质量的停滞反过来会降低学术研究在政策界的声誉，加剧学术研究和政策研究的对立。

因此，要缓解当前国际关系学术研究与政策研究的对立，首要任务是切实提高中国国际关系研究的学术研究质量，推动专业化水平的提升。具体的努力方向包括：一是推动实证理论研究。其核心目标是发现国际关系领域中的经验困惑，提供理论解释，并运用经验事实和相应的方法对理论解释进行可靠的检验。这类研究能够提供分析国际关系现象的基本原理和逻辑，促进知识积累，提高专业化程度。二是推动国际关系历史过程的研究。其核心目标是展现国际关系领域中重要历史事件的发展过程，提供历史细节，并运用可靠的史料加以支撑。中国的冷战史研究就是较为典型的

例证。这类研究能够提供历史细节和经验，拓宽当代学者的分析视野。对于实证理论研究而言，扎实可靠的历史过程和细节研究会大大提高理论研究的效率和质量。

可以想见，随着学术研究质量的深化，中国的国际关系学专业化水平会逐步提高，学者面对政策咨询和相关需求时，既能提供分析原理，又能介绍历史细节，国际关系专业会因此赢得应有的声誉和尊严，学术研究和政策研究之间的矛盾也会得到缓解。当然，我们强调提高学术研究质量是首要任务，并不意味着要刻意回避研究的现实意义，否则又要重蹈美国学界的覆辙。

（孙学峰：清华大学国际问题研究所副教授，Chinese Journal of
International Politics 执行编辑）

宋伟：美国理论与政策隔阂的原因何在？

宋 伟

学术界政策影响力虚弱的问题是摆在眼前的事实，中国和美国的问题虽然类似，但原因可能大不相同。从美国的情况来看：首先，一些理论较为宏观抽象，而外交政策问题过于细致具体。沃尔兹认为理论肯定会远离现实，解释力的获得是通过与"现实"拉开距离来实现的，"一个完整的描述最缺乏解释力"。因而对于许多具体的政策研究者来说，自然会觉得理论往往过于抽象甚至偏颇。美国前国务卿赖斯曾说，学者"有充分信息和大量时间"，而外交政策制定者通常既没有时间，信息也很有限。

其次，政治家和学者对理论的不了解或误解。国际关系理论的发展是辩论不断的过程，即使在同一个理论阵营内部，也存在许多不同的理论分支。因此，要准确把握某个理论的"硬核"，并不是一件容易的事情。例如，一些学者把小布什政府的外交政策确定为"进攻性现实主义"，这就是一个彻底的误解。小布什政府带有强烈意识形态和单边主义色彩的新保守主义(或者称为"进攻性理想主义")与米尔斯海默的强调国际体系制约、伺机而动的"进攻性现实主义"存在根本性的差异。因此，要用理论来分析外交政策，首先就要真正理解理论。

最后，国际关系学者希望保持价值中立，不热心政策。应该说，这一点正在改善。从20世纪90年代以来，许多学者不仅开始在国际政治理论的基础上发展外交政策理论，他们的研究也紧紧联系现实，出现了许多优秀的研究成果。这其中包括法里德·扎卡里亚的《从财富到权力》、杰克·斯奈德的《帝国的迷思》、斯蒂芬·沃尔特的《联盟的起源》、柯庆生的《有用的敌手》等等。

如果想要把国际关系理论较好地运用于实践，那么必须做两方面的工作：首先是澄清国际关系理论运用于现实的途径，要做到这一点，就必须明白深入地剖析国际关系理论的性质和结构；其次是完善普遍性的国际关系理论，甚至发展出具有普遍意义的外交政策理论，使之能更好、更顺畅地运用于政策的分析和制定。

（宋伟：北京大学国际关系学院讲师、博士）

王文：国际关系学科需要"功能革命"

今年是国际关系学科建立90周年。对于过去的90年，我们通常只关注学科的理论演变史，却很少注意到学科功能的变化。我认为，大体看来，国际关系学科经历了"为了政策"、"为了学术"及"为了社会"三次功能革命。"为了社会"，即做国际关系研究的目的，不是为了学术，也不是为了影响政策，而是为了影响社会。这个第三次功能革命起源于上世纪90年代初，近年来蔓延至中国，并在中国出现了去政治化、非学院化和泛娱乐化的特征。在当前国际关系学内部，这种转向可能还没有产生对研究框架的冲击，但是，对于整个学科共同体来说，它却改变了

王 文

国际关系学在社会话语结构中的生态状况。

从积极面看，当前中国国际关系研究已经出现了公共问题化的研究转向，学者功能也出现了一些分层，知识垄断也正在被打破，越来越多的人都受鼓励参与国际关系的研究；从消极面看，中国国际关系研究出现了与世界同行类似的学术危机，即学者的社会影响力下降、学界的社会话语权旁落，以及学术知识的社会贬值等现象。

由此看，中国学者面临的不仅仅是学术内部的"主体革命"，还要进行一场思想观念上的"功能革命"，即允许、鼓励甚至奖励更多的学者参与到"影响社会"的国际关系研究中去。这就需要学者在语言沟通、问题意识、知识捕捉能力上进一步强化自我。只有这样，中国国际关系研究才能跟上中国崛起的步伐。

（王文：《环球时报》评论组组长、社论起草人）

王栋："去历史化"倾向需要纠正

王　栋

外交政策当然需要来自理论研究的智力支持，对于理论研究如何走出与政策脱节的困境，我认为有如下路径：首先，要在国际关系理论研究中区分"政策相关性理论"与"非政策相关性理论"，前者以政策为导向，后者以知识为导向。其次，提倡实证导向的研究，"多研究些问题，少谈些主义"。少谈些主义当然不是不谈主义，而是应当超越"译介"式、"书评"式的国际关系理论研究方式，真正回到问题，培养问题意识，提出好的问题，并且以符合社会科学方法论的办法去提出假设、收集数据并进行验证。再次，回到国际关系研究的两大支柱——历史和哲学。尤其要重建和复兴历史研究在国际关系研究中的地位，"去历史化"的现象需要纠正。最后，要重视对下一代决策者的培养。研究者们致力于培养出具有扎实学术底子、有思辨能力、有理论修养的下一代决策者将是理论学术研究对政策制定的最大贡献。

（王栋：北京大学国际关系学院讲师、博士）

达巍：不应用"两分法"看待学术与政策的关系

我赞成用政府政策、政策研究和理论研究"三分法"，而非学术和政策的"两分法"，来审视学术与政策的关系问题。理想状态下的政府政策、政策研究、理论研究三者应该有密切的互动；好的理论研究应该有较强的现实相关性，并为政策研究和政府政策提供基础；而政策研究在理论研究与政策之间则应该发挥一种承前启后的作用。事实并非如此，美国理论研究与政策研究两个圈

达 巍

子彼此轻视的现象严重，人员交流不多。在政府长期任职或在智库从事政策研究的学者没有机会跨越学术"门槛"，再进入大学。大学里的学者也鲜有愿意进入智库工作的。与之相比，中国国际关系学科的理论研究和政策研究水平与美国同行相比差距极大。但是，在中国的学术界内部，政策研究与理论研究之间并无特别深的鸿沟。一些学者同时兼做理论研究与政策研究，两类研究学者的互动交流也比较自然，并非泾渭分明的两个圈子。这或许是因为理论研究不够发达所致，但是客观上也有其积极意义。

中国政策研究水平的提升需要通过以下路径：其一，既要避免仅仅停留在对现行政策进行诠释的层次，也要顶住民意和媒体的压力，更要排除利益的左右；其二，要强化方法论意识，重视实证研究；其三，强调研究的专业化，同时加强专业间的协作；其四，增强官、学、商、媒之间的互动。

（达巍：中国现代国际关系研究院美国研究所副所长、副研究员）

学术研究与外交政策：独家调查

本调查的主题是"理论学术研究与外交政策决策之关系"。在 7 月 20—26 日之间，本报以电子邮件的形式向中国国际关系学界的 100 名专家学者发放了问卷，共回收有效问卷 36 份。

对于理论学术研究与政策制定之间的关系，七成以上的专家学者认为二者应该各有偏重，互为补充。对于调入外交政策部门工作的机会，仅有 1 人表示会"全力从事"，希望做"两栖专家"者（47.2%）和仅愿意"短期从事，之后还要回归学术研究"者（44.4%）居多数，这显示绝大多数专家学者希望保留自己的学者身份，但同时希望能够参与外交实践。

对于作为学者参与政策制定的机会，超过九成受访者表示愿意"积极参与"或"在不占用过多时间和精力时愿意参与"。

在身份认同的问题上，态度差别比较大。希望被看做"国际问题专家"者最多，接近四成，而希望被看做理论研究者和公共知识分子者各占 1/4，仅有一成多的受访者希望做"智库型专家"。

对于学术研究影响政策的途径，选择"学者接受政策咨询"一项的最多（44.4%），选择其他途径的则比较分散。由此可见，中国外交政策制定对学术研究成果的吸收借鉴途径还是多元的，但是以直接咨询最为常见。

半数以上的专家学者认为目前中国理论学术研究界、政策研究界和政策界三者之间最大的隔阂存在于理论研究与政策制定之间，这一结果说明中国所面临的问题的确与美国不同。在美国，理论研究界与政策研究界之间隔阂较深，而政策研究界与政策制定者之间却有较好的互动关系。

问题一：您认为理论学术研究与政策制定之间应该是什么样的关系？

理论研究要为政策服务

理论与政策各有偏重，互为补充

理论研究要与政策保持距离

问题二：如果有机会调入外交政策部门工作，您的态度是：

愿意全力从事政策工作

科研与政策两不偏废，做两栖专家

短期从事，之后还要回归学术研究

不会去，愿意全力从事科研

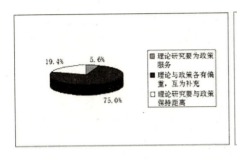
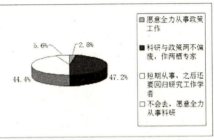

问题三：如果有机会作为学者参与政策制定，您持什么态度？

积极参与

在不占用过多时间和精力时愿意参与

无所谓

问题四：在以下身份中，您更希望被看做哪一种？

国际关系理论研究者

国际问题专家

公共知识分子

参与政策的智库型专家

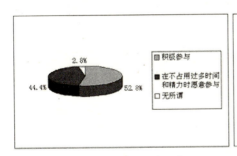
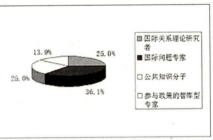

问题五：如果中国的理论学术研究能够影响政策，您认为最主要途径是什么？

学者直接参与决策

学者主动撰写政策建议或提供信息

121

学者接受政策咨询

研究成果被引用

通过媒体影响公众进而影响决策

通过批评政策而影响决策

问题六：目前中国理论学术研究界、政策研究界和政策界三者之间的最大隔阂存在于：

理论研究与政策研究之间

政策研究与政策制定之间

理论研究与政策制定之间

没有隔阂

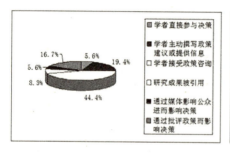

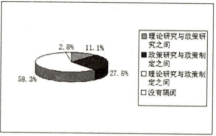

（记者　张小溪）

短　评

继承经世传统服务科学决策

中国学术有着深厚的"经世"传统。这并不是简单地强调为现实政治服务，而是要求为学者有社会关怀和时代意识，有一种"究天人之际，通古今之变"的气度、"修齐治平"的追求以及"内圣外王"、"止于至善"的境界。这种精神薪火相传，不绝如缕，激励着中国历代学者不惮于匹夫之身、布衣之力，奔走鼓呼于天下，上佐君王，下解倒悬，前有兰台直笔、御史强项之仆，后有东林聚啸、公车上书之壮。正是这种强烈的社会关怀和经世情结，推动中国知识界在历史的进步中始终发挥着举足轻重的作用。

当代学人显然继承和发扬着这个伟大传统。在与中国国际关系学者的交往中，笔者深切地感受到他们敏锐的洞察力和深刻的忧患意识。无论是从事纯理论研究的学者，服务于智库机构的政策专家，还是身兼学者和官员双重身份的中青年精英，都敏感而痛切地意识到中国国际关系理论研究与外交政策之间存在的问题。虽然立场不尽一致，但他们对提高政治决策科学性和效能的愿望一样强烈。他们都渴望国际关系研究的大踏步前进，希望用学术的方式维护和提升中国的国家利益，促进人类的和谐与世界的和平。他们的言语和文字之中，洋溢着强烈的科学之爱和国家关怀。学者们在不少问题上存在着共识：他们都呼吁"历史的回归"，强调从对历史的精细研究中得出真正具有现实意义的经验；他们都强调"问题意识"，认为只有积累了丰富的实证研究，才可能产生出真正具有中国风格和中国关怀的理论；他们坚信，只有超越初级的政策阐释、跳出经济利益的诱惑、顶住舆论的"压力"，学术研究才有可能产生出既有严谨科学价值、又有真正政策意义的研究成果。如果这些共识得到实现，笔者相信，这个学科一定能够发展壮大，为中国的繁荣发展与和平崛起提供宝贵的智力支持。

科学决策不仅仅是外交领域的要求，服务于国家和社会发展的大局也不仅仅是国际关系学科的使命。事实上，随着中国社会科学事业的发展繁荣，各学科都在为建设有中国特色社会主义伟大事业贡献着宝贵的经验和财富。在这个过程中，如何沟通协调学术理论研究与政府政策制定之间的关系，如何更有效地将社会科学研究成果转化为生产力和综合国力，是一个具有普遍性的问题，也是每一个社会科学工作者要面对和回答的命题。政府、研究机构和学者个人三方都需要积极寻求学术与政策之间的良性互动，提高学术研究水平，改善政府决策质量，未雨绸缪，为中国的崛起和中华文明的伟大复兴奠定坚实的智慧基石。

（子　墨）

会议链接

北京大学国际战略研究中心 2009 年 6 月 27—28 日主办了"国际问题研究的学术性与政策性"学术研讨会，专门讨论学术与政策之间的关系。来自北京大学、中国社会科学院、清华大学、中国人民大学、北京师范大学、中国现代国际关系研究院、外交学院、北京外国语大学、中国传媒大学、中国政法大学、北京第二外国语大学、解放军国际关系学院、国防大学、暨南大学、山东大学、上海外国语大学、广东外语外贸大学和《环球时报》等单位的学者，围绕体系构建与对策研究、理论对外交政策的影响、政策制定所需要的知识类型以及中国知识界政策研究传统等主题展开了热烈讨论。北京大学国际关系学院院长王缉思教授和北京大学国际战略研究中心常务副主任袁明教授分别作了专题演讲。

媒体链接

约瑟夫·奈
(Joseph S. Nye Jr.)

美国哈佛大学教授约瑟夫·奈（Joseph S. Nye Jr.）在《华盛顿邮报》撰文批评"学者疏远政策"：

美国有一些重要学者，例如基辛格和布热津斯基等，曾经在外交政策领域担任要职，但这似乎只是一条单行线。国际关系学界的顶级学者中，进入政界的并不多，而从政界回到学术界并对理论研究作出贡献的就更加稀少……学界和政界之间的鸿沟日益加宽，责任主要不在政府，而在学界。

学界必须在重新进行自我评估的前提下寻找解决之道。大学的院系应该更重视对现实问题的关注，杂志在审稿过程中也应更重视文章的政策相关性，地区研究应该得到更多的支持。大学应该鼓励青年教师参与现实事务，这要求对不同的政策立场更加宽容。

（"Scholars on the Sidelines"，The Washington Post，April 13，2009）

美国哈佛大学教授斯蒂芬·沃尔特（Stephen M. Walt）在《外交政策》

发文回应"何以沟通理论与政策之谷":

　　如果学者相信他们所写和所说的与国家主要政策的制定没有关系，那么他们的观点就真的无法影响政策的形成。对于许多学者，他们觉得这没什么不好……多数学术领域对"不相关"性的崇尚都是令人遗憾的现象，学者并没有担负起其责任。我们的社会给予学者优厚的待遇，特别是那些得到终身教职者，这并不是让他们终生沉溺于自己的研究兴趣，而是使他们在研究生涯中可以避免风险和顶住

斯蒂芬·沃尔特
(Stephen M. Walt)

压力。作为回报，社会需要学者在重大问题上使用自己的知识。对于社会科学家来说，这意味着要运用自己的知识来应对现实问题和参与对这些问题的公共讨论……毕竟，当没有人关心学者在说什么时，象牙塔中的学者们真的值得骄傲吗?

　　("The cult of irrelevance"

http://walt.foreignpolicy.com/posts/2009/04/15/the_cult_of_irrelevance)

（范勇鹏／编译）

如何架起学术研究与外交政策之桥？

中国与欧洲：追求不同文明间的对话

记者 范勇鹏 实习记者 赵柯

2009 年 5 月 20 日，第十一次中欧领导人会晤在捷克首都布拉格举行，双方在会后发表的《第十一次中欧领导人会晤联合新闻公报》中确认，第十二次中欧领导人会晤将于 2009 年下半年在北京举行。

外交部发言人马朝旭在今年 10 月 20 日的例行记者会上表示：根据温家宝总理与欧盟领导人的商定，中欧双方正在积极筹备第十二次中欧领导人会晤。原计划于去年 12 月初在法国举行的第十一次中欧领导人会晤，因为时任欧盟轮值主席的法国总统萨科齐刻意在会晤前夕高调公开宣布将于会晤后会见达赖，破坏了会晤的气氛，中方宣布推迟会晤。此后，中欧关系一度陷入低谷。

随着今年年初温家宝总理的欧洲"信心之旅"、5 月份在布拉格恢复召开被推迟的第十一次中欧领导人会晤，以及近日习近平副主席的欧洲"友谊之旅"、"合作之旅"、"文化之旅"，中欧关系逐渐恢复了良好的发展势头。即将举行的第十二次中欧领导人会晤被许多国内外观察家认为是"中欧关系全面恢复正常的契机"，作为中欧之间最高级别的政治磋商机制，此次峰会的顺利召开意味着近年来不断被危机所笼罩的中欧关系将走出阴霾，重返稳定发展的轨道。

近年来中欧关系的发展可谓一波三折，起伏不定。2006 年 10 月，欧盟委员会发布了题为《欧盟与中国：更紧密的伙伴、承担更多责任》的第 6 份对华政策文件，同时还出台了一份对华贸易战略文件——《竞争与伙伴关系：欧盟—中国贸易与投资政策》，这是委员会首次以"1 + 1"方式发布对华政策文件。文件强调中国随着自身实力的不断上升，应该承担更多的责任，而且中国已经成为"欧盟对外贸易政策的一个最重大的挑战"。这两份文件引起了中欧双方政界和学界的广泛关注，因为文件的措辞暗含着欧洲人"中国观"的悄然变化。在欧洲人眼里，中国已经从一个需要帮助的发展中国家变成了"世界强国"，在很多领域甚至成为了欧洲人的竞争对手，认为欧洲在对华政策上应该具有更多竞争和防范意识。"中国观"的这种变化使得中欧关系的发展在此后经历了严峻的考验。

中欧关系　遭遇"成长的烦恼"

中国社会科学院欧洲研究所所长周弘认为，20 世纪 90 年代的中欧关系走向了成熟和规范。1994 年欧盟出台了《新亚洲战略》文件，接着又于 1995 年公布了《中欧关系长期政策》文件。1998 年欧盟通报的对华政策要点是"建立全面的伙伴关系"，2003 年的欧盟对华政策文件主题是"成熟的伙伴关系——欧盟中国关系中的共同利益与挑战"。2003 年及 2004 年是中欧关系的蜜月期，双方高层互访频繁，在各个领域的合作发展迅速，双边政治经济关系得到了进一步提升，双方建立了全面战略伙伴关系。然而，到了 2006 年，欧盟在推出了第六个对华战略文件《欧盟与中国：更紧密的伙伴，承担更多责任》之后，开始强调中欧关系中的竞争性与中国的"责任"，对中国的看法开始改变，对华政策也随之调整。作为主权国家的联合体，欧盟对华态度的这种转变，自然也是其成员国意志的体现和反映。

德国总理默克尔在 2007 年 1 月访美前夕接受德国《金融时报》采访时就明确表示"跨大西洋伙伴关系具有战略意义"，访美期间更是提出建立欧美共同市场以应对来自以中国为代表的亚洲新兴市场国家的挑战（也有人称之为应对中国和其他亚洲国家崛起的"经济北约"）。2007 年 8 月默克尔第二次访华，环保、知识产权保护、产品质量及人权这些双方分歧较大的议题仍是默克尔主要关注的方面，中国方面期待此次访问为中德关系升温的愿望再次落空。访问结束后不久默克尔就在总理府接见了达赖，这是达赖首次在德国总理官邸受到接见，此举引发了中德之间持续数月的外交危机。

2008 年发生"3·14"拉萨打砸抢烧事件后，法国领导人多次发表有损中法友好关系的言论，萨科齐本人也无视自己之前的承诺，对是否出席北京奥运开幕式持观望立场。在中法关系得到一定改善后，萨科齐不顾中方的一再交涉，坚持以法国领导人和欧盟轮值主席的双重身份高调会见达赖，损害了中国的核心利益，使中法关系再度陷入困境。直到今年 4 月伦敦 G20 峰会前夕，中法两国元首会面并且发布《中法新闻公报》，法国承诺拒绝支持任何形式的西藏独立，这才使一度冰冻的两国关系出现转机。

随着中国经济的快速发展，出口商品的结构呈现出多元化的特征，这也使中国在对欧经济关系中遭遇越来越多的贸易摩擦，为了避免来自中国的产品的冲击，欧洲国家的很多行业往往游说政府，希望通过政治力量来保护自己。正常经贸关系的政治化往往成为两国双边关系紧张的重要因素。2007 年 10 月，欧洲钢铁工业巨头蒂森克虏伯集团的董事长埃克哈德·舒尔茨在钢铁行业高管会议上说道：我们在中国遇到一个结构性问题，这只能由政治来解决。时任欧盟贸易委员的曼德尔森在 2007 年访问中国时也曾表示，受中国钢铁业巨额投资及产能过剩冲击，欧洲正面临价格严重失真及市场不稳定局面，并表示欧盟可能会考虑采取必要措施。从 2007 年下半年起，欧盟对中国钢铁产品和制品连续发动了数起反倾销调查。根据 WTO 的统计数据，欧盟是目前对中国发起反倾销调查最多的 WTO 成员。

"中国的崛起会改变世界"

2008 年 7 月 27 日的《法兰克福汇报》刊载了时任德国外长的施泰因迈尔名为《我们希望中国什么》的文章，文中谈到"毫无疑问，中国的崛起会改变世界"，"现在有很多正在崛起中的国家，尽管如此，如果我们谈论明天的世界，那么（这个议题的答案）取决于中国将如何发展"。施泰因迈尔客观地指出了目前国际格局由于中国实力的上升而正在发生的变化，而这恰恰是许多欧洲人不敢或者不愿直面的事实。随着中国的影响力逐步扩展到国际社会的各个领域，欧洲人心理上很难接受一个与他们有着不同信仰和价值取向的非西方国家取得与他们平起平坐的国际地位。感到被威胁和对中国怀疑、指责就成了欧洲对于中国崛起的一种常态。根据英国《经济学家》杂志的报道，欧盟委员会主席巴罗佐曾坦诚地对中国的官员们说，中国的崛起有可能被欧洲人视为"一个威胁"。

国际货币基金组织给全球化的定义是"跨国商品与服务交易及国际资本流动规模和形式的增加，以及技术的广泛迅速传播使世界各国经济的相互依赖性增强"。冷战的结束为新一轮的全球化注入了新的动力，包括中国在内的许多发展中国家更为深入地参与到全球化进程中，在20世纪的最后10年中经济获得快速发展，在世界经济中获得越来越重要的地位。经济全球化不仅使得以中国为代表的新兴市场国家的产品逐渐占领国际市场，并且使其不断从产业链的低端向高端转移，甚至在部分高附加值的行业里赢得了对西方发达国家的优势，而且让欧洲传统的福利国家模式难以为继。

中国前驻法国大使吴建民曾说："国际关系的重心正在从大西洋向太平洋转移，这种转移是由于亚洲的崛起所带来的必然结果。国际关系的重心转移对欧洲意味着什么？意味着欧洲地位的相对下降。"正是欧洲人对国际格局变化的不适应，对自身地位相对下降的失落感，以及近年来欧洲国家内部改革的举步维艰，使得欧洲人对中国的崛起格外敏感、忧虑甚至产生了敌对情绪。

欧洲的选择：抛弃非此即彼的幻像

面对国际格局中权力和财富新一轮转移的趋势，许多西方人哀叹"'历史终结'的终结"，因为世界并没有像他们在冷战结束时所预料的那样，以所谓"自由民主"和市场经济为特征的资本主义制度在全球取得全面胜利。在他们看来，以中国和俄罗斯为代表的新兴国家，不仅经济实力不断增强，政治制度也愈加专制和独裁，并且这类国家群体有不断扩大的趋势，甚至出现了一个"没有西方的世界"。

在这个"世界"里，国家相互依存度不断增加，货物、资本、人员和观念以西方无法控制的方式流通。这个"世界"用他们自己富有特色的财富、制度及文化创造了一个和现存西方主导下的国际体系平行的新体系。

更有人甚至耸人听闻地宣布"民主政府和专制政府的全球竞争将成为21世纪的主要特征"。正是在这种社会心理和舆论氛围中，"建立民主国家联盟"、"加强跨大西洋价值共同体"的呼声和讨论在西方国家不绝于耳，欧洲目前所流行的"价值观外交"也就是在这种国际政治经济发生深刻变动的背景下出炉的。

在欧洲政治界，以价值观划线、自认在道义上高人一筹的人不在少数，这往往给中欧关系带来困扰。比如德国联盟党议会党团外交政策发言人埃卡特·冯·克莱登在德国联邦议会2008年6月一次对华政策会议上的发言就典型地代表了这部分欧洲人的心态，他说："在世界政治经济格局中，一个既不民主也不自由的中国正在崛起。在过去的30年中，中国创造了一个发展和现代化的模式，这个模式到现在为止是成功的，它是一个现代权威政治领导和国家控制下的资本主义的结合体。中国模式的吸引力在一些发展中国家显著增加，这也降低了西方自由制度的吸引力。"

这个世界上不可能只存在一种制度、一条道路，单一的世界是昏暗沉闷的，不同文明和传统之间的交融汇合才使整个世界充满生机和活力。正如国家副主席习近平在今年10月8日会见欧盟委员会主席巴罗佐时所说："我们愿同欧方共同努力，将中欧关系塑造成为世界上不同文明、不同社会制度、不同发展模式的国家之间和谐共处、友好交往的典范。"

相互尊重是中欧关系的基础

自去年中国政府宣布推迟第十一次中欧领导人会晤后，许多西方媒体和学者认为中国不再重视欧洲，而是要和美国一起搞中美共治世界的G2，中欧关系的重要性和战略性下降。对此，中国现代国际关系研究院欧洲研究所所长冯仲平认为，中国对中欧战略伙伴关系是认真的，中国不仅认识到中欧关系的战略意义，而且在成员国和欧盟层面与欧洲建立了战略对话的机制，中国和欧洲的战略伙伴关系是实际的，并非徒有其名。中国社会科学院欧洲研究所研究员田德文也认为目前中欧双方对于相互关系的重视程度并未降低，在高政治层面上的理性务实态度仍是主流。只有不断加深相互之间的了解，在观念层面上坚持相互尊重的基本原则，中欧关系才可能真正健康地发展。

中欧关系近年来的曲折发展与其之前一直保持的稳定状态形成了鲜明的对比，人们不禁要追问：中欧关系怎么了？在第十二次中欧领导人会晤举行前夕，《欧洲研究》杂志出版了特刊专题探讨这一问题，本报编辑部与《欧洲研究》编辑部合作，邀请中外学者和官员，就这一问题进行多角度的解读和分析。

杨洁篪：中欧应进一步拓展合作领域

六十一甲子，沧桑看巨变。

60 年来，中欧关系从国别关系起步，经历风雨，显示出强大的生命力。中欧之间无论是政治对话、国际事务协调的深度，各领域合作的广度，还是民间交流的密度，都取得了巨大的发展。特别是中国与欧盟建交 30 多年

杨洁篪

来，中欧高层交往频繁，政治对话与磋商机制日益完善，在许多重大国际问题上保持着密切的沟通与协调，双方关系实现了从建设性伙伴关系到全面战略伙伴关系的飞跃。中欧政治互信不断增加，全面战略伙伴关系内涵日趋充实。中欧全方位、宽领域、多层次的合作格局已经形成，中欧关系对未来国际格局演变、多极化进程发展的重要影响备受瞩目。

60 年来，国际形势风云变幻，中国始终坚定不移地从战略的高度和长远的角度看待中欧关系，从未因暂时和局部的困难动摇发展中欧关系的方向和信心。我们一贯支持欧盟一体化建设，尊重欧盟根据自身情况和特点作出的战略抉择，欢迎欧盟在国际事务中发挥更大的建设性作用。我们认为，中欧关系发展不仅符合中欧双方的共同利益，而且是惠及中欧人民和整个国际社会的正确选择。

60 年来，中欧谋和平、促发展，各自建设取得了辉煌的成就。我们始终坚定不移地按照"平等互利、合作共赢"的方针，积极推进中欧各领

域务实合作。中欧经济优势互补，建立起了利益交融、互利双赢的合作框架，为双方人民带来了实实在在的好处。现在，欧盟已成为中国第一大贸易伙伴、最大出口市场、最大技术引进国和第四大外资来源地，双方在科技、环保、能源、知识产权保护、教育以及人文等多个领域开展了卓有成效的合作。中国的快速发展也为欧洲企业提供了巨大的商机。中欧利益纽带日益牢固。面对国际金融危机的影响，中欧完全可以进一步拓展合作领域，深化双边交往。

60年来，中欧各自探索出了成功发展的道路，成为不同模式发展的典范。由于双方在意识形态、社会制度、历史文化传统以及经济发展水平方面仍然存在较大差异，中欧在一些问题上出现矛盾分歧甚至是摩擦在所难免。双方关系发展的历程证明，只要我们坚定不移地贯彻"互尊互信，平等协商，求同存异"的原则，尊重彼此发展道路，妥善处理双方关切，中欧关系就能沿着健康稳定的轨道顺利发展，成为不同的社会体制和文明和谐相处、共同发展的榜样。当前，中欧关系已逐步恢复了快速发展的良好势头，面临新的历史机遇。目前双方正抓紧筹备即将在中国举行的第十二次中欧领导人会晤。作为引领中欧关系发展的最高级别的政治对话平台，这次会晤必将为双方关系全面深入发展注入新的动力。

（杨洁篪　中华人民共和国外交部部长）

张志军：继往开来，开创中欧关系新局面

张志军

中欧地处欧亚大陆两端，友好交往源远流长。1949年新中国成立，深刻改变了国际形势，也将中欧关系带入了新的历史时期。经过60年的发展，中欧关系已经形成了全方位、宽领域、多层次的合作局面，成为具有全球影响的一组重要国际关系。60年的历史经验表明，发展中欧关系不仅符合双方的根本利益，也有利于世界的和平与发展，其影响积极而深远。

一

　　中欧关系 60 年是双方顺应历史潮流，不断扩大交往，加深理解、互信与合作的 60 年，是取得丰硕成果的 60 年。

　　1949 年 10 月中华人民共和国成立后，东欧各社会主义国家即同新中国建立外交关系，英国等部分西欧和北欧国家也先后承认新中国，为新中国对外关系的开创和发展提供了有利条件。20 世纪 60 年代中法建交，法国成为西方大国中第一个同中国建立正式外交关系的国家。70 年代，中国与西欧国家普遍建立了外交关系，并于 1975 年同欧盟的前身——欧洲经济共同体正式建交，掀开了中欧关系新的一页。80 年代，中国的改革开放为中欧关系注入新的活力，双方政治和经济关系都取得了长足的发展。90 年代以来，世界多极化、经济全球化势头深入发展，中国实力迅速上升，欧洲一体化迈出大步，中欧关系以空前的速度发展，连续上了三个台阶：1998 年中欧建立面向 21 世纪的长期稳定的建设性伙伴关系；2001 年双方建立全面伙伴关系；2003 年中欧建立起全面战略伙伴关系，进入稳定发展的历史最好时期。中欧关系从与成员国的双边交往起步，逐步走向全面、深入，具有越来越深刻的战略性和全球性，这是双方共同努力的结果，更是国际关系、世界格局发展的必然。

　　经过 60 年的发展，中欧关系成就斐然，双方对话与合作的广度和深度前所未有。双方高层往来日益频繁，政治对话不断深入。中欧建立起领导人年度会晤机制，已成功举行 11 次会晤，成为中欧之间最高层次的政治对话机制，规划并引导着双方关系的战略方向。双方建立起涵盖各层次、各议题政治磋商机制，就双边及重大国际和地区问题定期进行交流和沟通。中欧还启动了伙伴合作协定谈判，将为中欧关系发展提供全面、规范的法律指导。经贸关系始终是中欧关系最重要的推动力量，1950 年中国全部对外贸易额仅为 11.35 亿美元，其中 80% 是同苏东国家进行的。1975 年中国同欧共体建交时，贸易额为 24 亿美元，而 2008 年中欧贸易额达到 4256 亿美元，增幅达 177 倍。欧盟连续五年成为中国最大贸易伙伴和第一大出口市场。欧盟还是中国最大技术供应方和第四大外资来源地。中国输欧产品为欧洲消费者带来实惠，欧洲企业则在华开拓市场、获取实利，而欧洲的市场、技术、资金和管理经验优势对于我国经济发展具有重要意义。中欧各领域合作蓬勃发展，双方建立涵盖科技、教育、文化、海关、质检、食品安全等 50 多个领域的合作与对话关系。中欧议会、政党、民间往来也发展迅速，促进了中欧人民之间的沟通与了解。事实证明，中欧关系的发展促进了双方的利益交融，为双方人民带来了实实在在的好处。

诚然，中欧关系中也存在着矛盾，也曾遭遇波折。欧方在涉藏、人权等问题上干涉中国内政，在经贸问题上不断制造摩擦，迟迟不解决解除对华军售禁令和给予中国市场经济地位问题。这些问题一直困扰着中欧关系发展，但中方始终坚持从战略大局出发，维护了中欧关系的稳定和正常发展。

二

中欧关系发展 60 年的经验，为不同社会制度和发展水平的国家之间和睦相处友好合作提供了有益的启示。

第一，中欧关系的战略性是双方关系的立足之本。中国是世界上最大的发展中国家，欧盟是世界上发达国家最集中的国家集团。中欧都是推动世界多极化的重要力量。中国一贯重视欧盟的影响和作用，支持欧盟一体化进程，希望欧盟在国际事务中发挥越来越大的建设性作用。欧盟则视中国为世界上一支重要的上升力量，认为在应对国家社会面临的共同挑战方面，欧盟和中国可以作为重要的战略合作伙伴。随着中欧各自实力的发展，中欧关系已远远超出双边范畴，其全球性和战略性越来越突出。"不畏浮云遮望眼，只缘身在最高层"，正是由于双方始终坚持中欧关系的战略内涵，双方关系才能不断克服暂时的困难，坚定发展的大方向。

第二，互利合作是中欧关系发展的利益基础。随着中欧利益融合的不断深化，双方难免出现利益上的矛盾与摩擦，但纵观中欧关系 60 年的历程，双方经济结构互补，各有优势，互利合作为双方带来实惠。共同利益始终是主流，摩擦与分歧并未改变中欧关系发展方向。在新的形势下，双方都认识到中欧之间的共同利益不是在减少而是在增加，合作领域不是在变窄而是在拓宽。通过深化互利合作，扩大合作领域，及时化解局部利益冲突，中欧关系的利益基础日益牢固。

第三，和谐相处是不同意识形态和发展模式之间共存共荣的有效方式。中欧历史文化迥异，意识形态有别，社会制度不同，历史经验表明，只要双方坚持从大局出发，尊重和照顾彼此重大关切，中欧关系就能向前发展；反之，如果突出意识形态因素，以各种理由干涉别国内政，甚至试图干扰和改变对方的发展道路，双方关系就会陷入波折和困境。当今世界处在政治多样、文化多元发展的时代，各国都在探索符合自身国情的发展道路，不同的发展模式不是彼此发展关系的障碍，而是实现共同繁荣、和谐共存的动力源泉。面对共同的挑战，中欧相互借鉴彼此的治国理政经验，取长补短，寻求共同发展的意愿更加强烈。

第四，平等对话、友好协商是妥善处理分歧的根本途径。经过多年的努力，中欧已经建立起涵盖多领域的对话机制，为双方不断加深和拓展合作提供了有效平台。面对中欧关系快速发展的现实，双方始终坚持通过对话加强沟通，求同存异，妥善解决分歧的原则，不断拓展对话渠道，提升对话层次，保持了中欧关系稳定顺利发展。

第五，夯实民意基础是中欧关系发展的基本保障。中欧关系的发展归根到底依靠双方人民和各界人士的理解和支持。在全球化加速发展、互联网高度发达的今天，舆情民意已成为影响中欧关系走向的不容忽视的重要因素。中欧双方重视推动民间交往的发展，鼓励各界人士的交流与往来，通过不断组织各类活动增强中欧人民的相互理解，努力消弭误解和偏见，促使中欧关系保持生机与活力。

三

当前国际形势复杂多变，面对世界多极化和经济全球化的历史机遇以及众多全球化问题的挑战，如何丰富中欧关系的战略内涵、超越意识形态和发展模式差异、积极寻求互利共赢、在国际事务中加强协作是中欧双方需要共同思考的问题。

中方始终将发展中欧关系作为外交工作的重要方向。无论国际形势如何发展变化，中方愿意和欧方一道，坚持从战略高度和长远角度把握中欧关系的大局，加强高层往来，不断提升中欧政治对话水平，增强战略互信；坚持互利共赢的合作信念，不断挖掘和培育中欧经贸合作新的增长点，坚决抵制各种形式的贸易投资保护主义；加强在金融危机、气候变化等全球性问题上的协调与合作；积极鼓励议会、政党、智库、学界、青年等双方人员往来和民间交往，为中欧关系发展营造良好的舆论环境；坚持"互尊互信，平等协商，求同存异"原则，切实尊重彼此重大关切，通过对话而不是对抗，妥善解决矛盾和分歧，将中欧关系塑造成为世界上不同文明、不同社会制度、不同发展模式的国家之间和谐共处、友好交往的典范。

六十一甲子，世界、中国和欧洲发生了翻天覆地的变化，中欧关系之树硕果累累。展望未来，我们对中欧关系的前景充满信心。温家宝总理今年5月在出席第十一次中欧领导人会晤时深刻指出，"中欧关系的核心在战略性，内涵在全面性，关键在与时俱进。"我们相信，只要中欧双方坚持战略和长远意识不动摇；坚持平等和相互尊重不动摇；坚持互利共赢不动摇，中欧关系一定会在新的历史起点上继续阔步前进，为中欧各国人民的福祉，为世界的和平、稳定与发展作出更大的贡献。

（张志军　中华人民共和国外交部副部长）

关呈远：中欧合作充满后劲

关呈远

中欧关系的变化始终伴随着时代特征和力量对比的演变，同时也给世界格局和战略态势的走向留下深刻的烙印。说到底，这是双方从各自的和共同的长远及根本利益出发审时度势、不懈努力的结果，也是积极因素同消极因素持续博弈并战而胜之的结果。

目前，在双方的共同努力下，中国同欧盟以及西欧各国之间高层互访和热线、书信往来十分频繁，议会、政党之间的接触和交往广泛开展，双方相互了解和政治互信不断加强。涵盖30多个领域的各级别对话和磋商日益深化，在重大国际、地区问题和双边关系问题上的共识明显增多。中国同欧盟及其成员国在国际组织中的协调和配合也卓有成效，双方就签订新一代伙伴合作协定的商谈逐次展开。

中欧经贸合作持续扩大，并具有规模大、增速快、互惠性强、发展潜力大等特点。欧盟于 2006 年超过美国成为我国第一大出口市场，中国也已成为欧盟第二大贸易伙伴，并于 2006 年超过美国成为欧盟第一大进口来源地。中欧科技合作持续发展，项目多、领域广、技术含量高、成果显著。中国的快速发展为欧盟技术转化成生产力提供了广阔空间，中国的高技术潜能也使中欧合作充满后劲。

毋庸讳言，伙伴之间也会存在分歧、摩擦甚至矛盾，中欧关系也不例外。中欧彼此的政治制度、意识形态、文化和历史背景、经济和社会发展水平不同，在有些问题上出现歧见，这毫不奇怪。随着双方关系特别是经贸往来的发展和扩大，产生一些利益纠葛和竞争也是自然和正常的。只要真正以合作伙伴的态度，通过平等及相互尊重的对话和磋商，在政治上完全可以加深理解、求同存异，在经济上减少摩擦、互利共赢，中欧互利互惠的全面战略伙伴关系会在未来的岁月里取得更大发展。

（关呈远　全国政协委员，中国前驻比利时、欧盟大使）

吴建民：欧洲需要接受和适应世界的多样性

世界变化给欧洲人带来的失落感

欧洲在过去的几百年中是世界的中心，欧洲文化也是世界上的主导文化，这就使得欧洲人观察世界与世界上其他地方的人不大一样，欧洲人往往具有很强的优越感。这样一种心理正在受到全球变局的严重冲击。欧洲同美国不一样，美国可以说自己是太平洋国家，欧洲则不然。亚洲崛起、新兴国家崛起，必定会带来国际秩序、国际格局的改革与调整。新兴大国的权利增加后，欧

吴建民

洲的权利则可能相对有所减少。这一趋势和几百年以来欧洲人所形成的心态大相径庭，所以欧洲人这种失落感有日益加剧之势。

欧洲人缺乏改革的心理准备

欧洲经过战后几十年的快速发展，今天正处于一个过渡时期。所谓过渡时期有两层含义：一是欧盟从 15 国发展到 27 国，当然需要一个消化和巩固的过程；另一层含义是欧洲国家经过战后大发展，人民的生活水平大幅度提高，也形成了严重的惰性。在全球化继续深入的今天，每个国家都需要改革来适应全球化，但是欧洲人缺乏改革的心理准备，他们害怕改革损害他们的既得利益。欧洲人这种思想状况，与一直处于改革状态下的中国人是不一样的，二者之间的反差也增加了欧洲人的复杂心情。

我们应该懂得欧洲人的这种失落感不会在短时期内消失。这种失落感，会给中欧关系带来一些麻烦，我们处理时也需要有必要的耐心。对于出现的问题要采取一种平常心，是什么问题就是什么问题，不去夸大它，也不去缩小它。

欧洲需要接受和适应世界的多样性

过去几百年里，欧洲人在世界上叱咤风云，他们总是想用自己的理念、模式来改造世界。这种思想是十分危险的。因为文化上的多样性是客观存在的，文化的多样性决定了世界的多样性，全世界的国家不可能都遵循一种模式、一种制度。我们历来主张在平等和相互尊重的基础上进行对话来处理双方之间的分歧。应当说，欧洲官方也越来越接受这种做法，过去 60 年，中欧关系的发展是令人鼓舞的。今后 60 年，中欧关系一定能发展得更好，不仅造福于双方，而且会造福于全世界。

（吴建民　中国前驻法国大使、外交学院教授）

梅兆荣：欧洲对华态度出现变化的深层次原因

近年来，中欧关系跌宕起伏，不仅与 2003 年双方商定的致力于"全面战略伙伴关系"很不相称，而且与中俄战略协作伙伴关系进一步深化、中美关系相对平稳发展、中日关系有所改善形成鲜明对照。人们不禁要问，欧盟对华态度出现如此变化，其深层次原因何在？

第一，欧洲发达国家习惯于优裕生活，缺乏锐意进取的改革精神，应对全球化的冲击不力，内部问题和困难增多，过去那种舒舒服服的日子难以为继，导致反全球化情绪、经济民族主义、贸易保护主义抬头。

第二，目睹中国的迅速"崛起"使欧洲一些人的心态失衡，认为中国的"上升"意味着欧洲的"下降"，失落感、危机感和恐惧感油然而生。

梅兆荣

第三，欧洲人有一种历史上形成的根深蒂固的欧洲中心主义和文明优越感，认为经过启蒙运动发展起来的西方民主、自由、人权等价值观具有普世价值，谁要是不予接受就是大逆不道，他们把坚持独立自主、按国情决定政策的中国称之为"非民主、非自由国家"，打入"另册"。

第四，对欧盟迄今奉行的对华"无条件接触政策"未能达到西方所期望的目的，而促使中国实现"经济自由化"和"政治民主化"感到失望。

第五，欧洲目前缺乏有战略眼光、深孚众望的政治家。新一代领导人或对共产党领导的国家怀有偏见，或出于种种原因要与其前任的对华态度保持距离，或受内政因素和舆论的掣肘，常常目光短浅地为追求短期效应而干出一些"搬起石头砸自己脚"的蠢事。

第六，美国的因素不容忽视。布什政策从2003年德、法联手反对美国的单边主义行径中吸取了教训，从第二任期开始一方面花大力气缓和同欧洲盟国的矛盾，另一方面加大了软硬兼施力度分化欧盟，离间欧俄、欧中关系，并利用欧洲大国遏制中国。

我们相信，只要双方都站在战略的高度，以长远的眼光和全球的视野正确看待中欧关系，相互尊重对方的核心利益和重大关切，遵循相互尊重、平等互利、互不干涉内政、求同存异、合作共赢的国际关系准则，中欧关系就可以得到顺利发展，不仅造福中欧人民，而且可以为世界的和平、稳定与发展作出宝贵的贡献。

（梅兆荣　中国前驻德国大使）

马振岗：评估中欧关系不能"只见树木、不见森林"

近几年来，中欧关系成为国际上一个热门话题，各种议论纷纭，看法五花八门。欧洲舆论还经常围绕一两件事大肆炒作，有时竟闹得满天风雨。"中欧关系究竟怎么啦？"中欧各界许多人士对此深感关切。在此时刻，很需要中欧双方冷静地观察和思考，实事求是地分析和判断。

厘清"中欧关系"这一概念

马振岗

严格地说，中欧关系不是一个精确的概念。长时期内，中国所说的"中欧"关系是指中国同西欧国家的关系。后来形势发生了重大变化：一是欧盟不断扩大，由最初的六国经济合作组织发展成为政治、经济、安全和外交朝一体化迈进的国家联合体，囊括了欧洲 27 个国家；二是冷战结束后，东欧国家或加入欧盟或向欧盟靠拢，作为一个政治概念的"东欧国家"不复存在。现在的中欧关系实际包括三部分：其一是中国同欧盟的关系；其二是中国同欧盟成员国的双边关系；其三是中国同非欧盟成员国的双边关系。这三者有联系，但也有区别，不能混为一谈，更不能把中国与其中一方关系笼统归结为中欧关系。

厘清这一概念，对准确评估中欧关系整体发展状况很有必要：首先，中国与欧盟一个成员国关系出现问题，即便这个国家是欧盟有影响的成员，并不意味着中国同欧盟的关系发生问题；其次，如果中国与欧盟关系出现某种问题，并不意味着中国同所有欧洲国家关系都有问题。

推动中欧关系发展的积极因素仍占主导位置

近几年，中欧关系确实发生了一些波折。面对中国的持续稳定发展，欧盟对华态度出现不很正常的变异，基于这种情况，有些舆论宣扬中欧关系已陷于"恶化"状态。这种结论显然是肤浅的和草率的。从整体上看，决定中欧关系的基本面没有发生实质性变化，推动中欧关系发展的积极因素仍占主导位置：第一，中欧在战略上没有根本利害冲突，互不构成战略威胁。第二，中欧在经贸、科技、文化等各个领域的务实合作具有互利互惠的特点，符合双方的根本利益。第三，面对世界上各种各样的全球性问题，加强中欧合作，共同应对挑战，已越来越成为双方的共识。第四，经过几十年的共同努力，中欧人民已有较好的感情积累，任何严重损害人民友谊的言行，都将遭到公众的反对。

只要这些基础条件没有受到根本损伤，中欧关系就不可能恶化。双方共同努力确保中欧关系朝着互利共赢方向发展，符合中欧人民的根本利益。

（马振岗　中国国际问题研究所所长，中国前驻英国大使）

（本组文章由本报记者丁木整理）

欧洲并不惧怕中国的崛起

——专访欧盟驻华大使赛日·安博（Serge Abou）

《中国社会科学报》记者（以下简称记者）： 大使先生，此次中欧峰会将讨论哪些议题？

赛日·安博（以下简称"安博"）： 经过中欧双方领导人的同意，在南京举行的领导人会晤将主要有三个议题。第一个议题是回顾和加强中欧战略伙伴关系，这一伙伴关系的发展截至目前都十分有效，它使得我们不断加深并拓展双边的贸易和投资关系，并在诸如科研、能源、环境、气候变化、宏观经济政策、社会事务、民间交流等方面不断扩大双边合作。但是由于世界经济正处于危机之中，越来越多的全球性挑战需要欧盟与中国之间实现更为紧密的伙伴关系。

赛日·安博
(Serge Abou)

第二个议题是共同应对国际经济危机。国际社会应对金融危机的举措防止了国际经济体系的崩溃，但是我们还远没有达到一个令人满意的稳定局面。在此次南京领导人会晤之前，中国负责金融货币事务的相关部门将与欧元区相关事务的负责人（欧洲中央银行的行长、欧元集团主席、负责经济和货币事务的欧盟委员）召开会议，仔细研究如何在这个关键时刻更好地协调双方的宏观经济政策。中欧双方在 G20 框架中加强协调将有助

中国与欧洲：追求不同文明间的对话

于改进经济刺激计划的退出战略，并且避免诸如贸易保护主义和金融货币市场波动等因素所引发的负面效应。

最后但也非常重要的议题是，为哥本哈根世界气候变化大会做准备。欧盟与中国都认为这次大会的成功至关重要。我们希望中欧领导人会晤将使双方准备得更为充分，共同为大会的成功作出贡献。

记　者：备受瞩目的《里斯本条约》已经通过，这对欧盟未来的发展意味着什么？

安　博：《里斯本条约》是欧盟一体化进程中的一个新的里程碑。其主要目标是改革欧盟机构，使欧盟机构更能适应变化了的形势。首先是成员国数量的变化，即从联盟创始之初的 6 个到今天的 27 个；第二是联盟职责范围的扩大，即从联盟创始之初的单纯的关税联盟到目前几乎覆盖所有经济和政治领域；第三是全球化以及数量众多的需要欧盟所有成员国采取统一立场和态度的国际事务。

《里斯本条约》将使欧盟的决策更加民主，欧洲议会在立法过程中的权力将增加；同时也使欧盟机构的运作更有效率，以多数票通过的表决机制的适用范围将扩大，例如在对待外资和海外投资方面；领导机构将更具有连贯性和一致性。例如我们的最高权力机关欧盟理事会由各国的元首和政府首脑组成，现在理事会不再由轮值主席主持会议，而是选举了任期为两年半的常任主席。新当选的欧盟理事会主席是范龙佩先生。

最后，外交政策的代表及代表机构将得到巩固并且更加统一。我们的外交政策高级代表（阿什顿女男爵）将主持欧盟外交部长理事会，履行目前三个职位的职责，即共同外交与安全政策高级代表、欧洲委员会对外关系委员、欧盟外交部长理事会主席。欧盟即将建立一个新的对外行动机构支持她的工作。这一机构还将包括目前欧洲委员会和欧盟理事会的外交机构，包括像我们这样的驻世界各地的代表团，而且还将增加相当数量的来自成员国的外交官。

记　者：欧盟在世界上将扮演什么样的角色？

安　博：我们外交政策的基本目标没有改变。我们仍然坚信基于联合国宪章及原则的世界秩序。我们拥护有效的多边主义，在平等谈判、共同制定规则的基础上，通过建立有威信、强有力的多边机构来执行规则，解决世界事务。我们认为当今世界面临的几乎所有问题，包括维护和平与稳定、对抗气候变化、打击恐怖主义和国际犯罪、实施千年发展目标、确保粮食安全和能源安全等，都需要国际社会的所有成员通力合作。欧盟将全力支持针对各种全球性挑战的全球性解决方式和方法。欧盟在自己的近邻地区，包括地中海国家、中东和俄罗斯，支持稳定、合作与发展，并将不断发展与传统盟友、伙伴以及新兴经济体（中国、印度、巴西等）的关系。

记　者：欧洲如何看待中国的崛起？为什么一些欧洲人会认为中国的崛起是一种威胁或者充满风险？

安　博：欧洲认为中国的崛起是一个非常自然并广受欢迎的现象。中国拥有世界 20% 的人口和古老的文明。由于历史的原因，中国近几百年在世界上的地位和重要性受到了削弱。但是改革开放以来，中国已经逐步恢复了在国际事务中的地位。有一些欧洲人可能害怕中国的崛起，但这并不是主流观点。欧洲现在的主流观点是，欧洲并不惧怕中国的崛起，并且认为这种崛起是维护世界和平与稳定繁荣的力量之一。欧盟完全尊重中国的主权和领土完整，同时中国也支持欧盟的一体化。中国的经济、金融和贸易是非常稳定的。欧洲也有雄厚的工业和金融基础，目前出口量世界第一，并有着富有活力的经济社会体制。这些都为紧密战略伙伴关系、团结中欧人民和整个世界创造了坚实的基础。

记　者：中欧之间如何才能更好地合作？

安　博：我们已经建立了对话与合作的良好机制，也就是每年一度的领导人会晤、经贸高层对话、数量越来越多的部门间对话（目前有 35 个左右）和大量的合作项目（如：上海的中欧国际工商学院以及新的中欧法学院，交换学生项目和青年专家学者的交流，以及能源、环境和气候变化等方面的合作项目等等）。

我个人认为《里斯本条约》的生效是一个机遇，将在多方面提升中欧的伙伴关系。我们必须让我们的经贸高层对话更有效地促进贸易和投资。我们要拓宽宏观经济领域对话与磋商的范围，并且提升外交政策战略对话的级别。我们要发展 2005 年建立的气候变化伙伴关系并使之适应"后哥本哈根"的情况，即扩大合作的规模。最后，中欧人民应该加强沟通与合作。

我们已经在旅游业和高等教育方面作出了诸多努力，但是我们最好能

143

在文化方面，如电影电视、出版物、音乐、艺术和体育等方面加强合作。欧盟参加了上海世博会，这是欧盟第一次在自己的领土之外参展。其中的信息很明确，我们希望大量的中国观众能更好地了解欧洲，我们支持人民之间的交流。

（记者　范勇鹏　实习记者　赵柯）

民意调查

中国人的欧洲观

2008年10—11月，中国社会科学院欧洲研究所课题组在中国社会科学院国际学部国情调研项目的指导和资助下，在北京、上海、福建、贵州、湖北、江苏、江西、内蒙古和陕西等9个省、市、自治区进行了问卷调查。课题组共发放问卷3000份，回收有效问卷2677份。调查数据所显示的中国人对欧盟和中欧关系的认知值得关注。

中国民众对欧盟了解不够

中国民众对欧盟的了解程度依然偏低。受访者认为自己非常了解欧盟的仅有2%，认为比较了解的不到30%。中国民众对欧盟的了解程度低于美国、日本和俄罗斯（图1），缺乏充分的了解就无法形成中欧关系健康发展的坚实民意基础。在中国民众心中，中欧关系最重要的方面是经贸关系。但是如果中国民众的观念仅仅停留在对中欧经贸关系的认知层面上，就难以形成中欧关系长期、稳定、健康发展的民意基础。因而，中欧应该大力促进相互之间真正的社会性互动，培育更深层次的文化和价值观认同，为中欧关系的未来发展铺就坚实的路基。

中国民众对中欧关系中的一些具体问题有所关注，其中关注最多的问题是欧盟对华军售禁令、中国完全市场经济地位问题、环境和能源问题、中欧贸易摩擦与文化和基本价值观的冲突。在对欧盟缺乏总体了解的情况下，中国民众对中欧之间经常发生冲突的领域却有具体的认知，这不能不说是一个重要的信号。

中国民众对中欧关系重视不够，但对欧盟依然友善

欧洲研究所调查结果以及相关媒体和研究机构的调查都显示，在中国人的心目中，中欧关系还不是那么重要（图2）。虽然在不同调查中，中欧关系与中日、中俄关系的排序有所不同，但中欧关系都低于中美关系。虽然21世纪以来中欧关系有了较大发展，但民众观念的认知还是有所滞后。欧盟显然需要更加重视获得中国民众的重视和认同。

虽然2008年中欧关系经历了一系列摩擦，中国人对欧盟依然抱着比较友善的态度（图3）。这显示了中国民众的理性和宽容精神，也表明部分研究者和媒体所担心的"狭隘民族主义浪潮"事实上并没有他们想象的那么严重。但是，从受访者对中欧关系现状的评价来看，消极性评价还是有所上升。这一趋势应该引起欧盟有关方面的注意。

图1：中国民众对欧盟、美国、俄罗斯和日本的了解程度

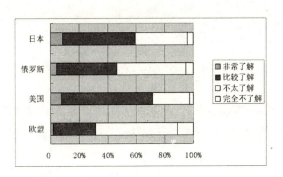

图2：相关调查对双边关系重要性的评价

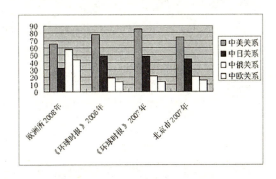

图3：中国民众对欧盟及其他国家的总体印象

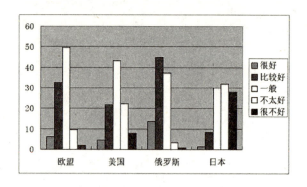

图例：很好　比较好　一般　不太好　很不好
横轴：欧盟　美国　俄罗斯　日本

（记者　范勇鹏）

背景链接

中国—欧盟关系大事回顾

1975 年 5 月，中国同欧洲共同体（欧盟前身）组成机构之一、欧洲经济共同体建立正式关系，并于当年 9 月在布鲁塞尔设立驻欧洲经济共同体使团。

1983 年 11 月，中国同欧共体另外两大机构，即欧洲煤钢共同体和欧洲原子能共同体建立关系，从而实现了与欧共体的全面建交。1988 年 10 月，欧共体委员会在华设立代表团。

1998 年 4 月，第一次中欧领导人会晤在伦敦举行，会晤后双方发表联合声明，希望建立面向 21 世纪长期稳定的建设性伙伴关系，并决定每年举行一次领导人会晤。

1998 年 6 月，欧盟通过了《与中国建立全面伙伴关系》战略性文件，以全面推进对华关系。

2001 年，双方建立中欧全面伙伴关系。

2003 年 10 月，第六次中国—欧盟领导人会晤在北京举行，双方决定由全面伙伴关系走向全面战略伙伴关系。

2005 年 5 月，中国国务院总理温家宝对欧盟总部进行正式访问，就进一步推进中欧关系发展提出"加强中欧领导人对战略问题的讨论"、"扩大中欧经济技术合作"等五点建议。同年 7 月，欧盟委员会新任主席巴罗佐对中国进行正式访问。

2006 年 9 月，第九次中欧领导人会晤后，中欧双方一致认为应当制定中欧新伙伴合作协定并立即启动相关谈判。同年 10 月 24 日，欧盟委员会发表了题为《欧盟与中国：更紧密的伙伴、承担更多责任》的对华政策文件，对华态度开始变化。

2007 年 1 月，中欧伙伴合作协定的实质性谈判正式启动。

2007 年 11 月，第十次中欧领导人会晤在北京举行，双方同意成立副总理级的中欧经贸高层对话机制。2008 年 4 月、2009 年 5 月，第一次和第二次中欧经贸高层对话先后在北京和布鲁塞尔举行。

2008 年 11 月，由于法国总统萨科齐宣布将会见达赖，中国政府宣布推迟原定于 2008 年 12 月在法国举行的第十一次中欧领导人会晤。

2009 年 1 月，中国国务院总理温家宝对欧盟总部进行正式访问。双方表示应从全球和战略高度重视中欧关系，并决定在年内尽快举行第十一次中国—欧盟领导人会晤。

2009 年 5 月，国务院总理温家宝出席在捷克首都布拉格举行的第十一次中欧领导人会晤，在会后双方发表的《第十一次中欧领导人会晤联合新闻公报》中，双方领导人同意于 2009 年下半年在北京再次举行会晤。

一体化的东亚经验

伴随着中国、印度等亚洲新兴经济体的崛起，世界经济和政治中心开始从大西洋向太平洋转移、从欧洲向亚洲转移。21 世纪能否成为"亚洲的世纪"成为全球瞩目的焦点，其中关键问题就在于能否出现一个较为明晰的东亚一体化格局。

东亚：利益交织下的一体化之路

20 世纪 90 年代以来，区域一体化和全球化成为世界并行发展的两大趋势，欧洲、北美和东亚的一体化合作被认为是当今世界区域合作的三个典型案例。其中，欧洲一体化进程最为成功，东亚一体化建设也呈现蓬勃发展的势头。

2010 年 3 月 7 日的全国人大记者会上，外交部部长杨洁篪指出：关于亚太区域合作，中方不仅全面参与，而且是积极予以推动的，我们提出了许多倡议和主张，为本地区的和平稳定与发展作出了自己的贡献。与此同时，商务部部长陈德铭在"两会"的新闻发布会上强调，今年 1 月中国—东盟自由贸易区（CAFTA）的全面启动，是一项双赢的制度安排。日本首相鸠山由纪夫上台伊始，更是再次提出了构建"东亚共同体"的主张。伴随着中国、印度等亚洲新兴经济体的崛起，世界经济和政治中心开始从大西洋向太平洋、从欧洲向亚洲转移。21 世纪能否成为"亚洲的世纪"成为全球瞩目的焦点，其中关键问题就在于能否出现一个较为明晰的东亚一体化格局。

生存与发展：东亚一体化的"前世今生"

　　东亚在地理上是由东北亚和东南亚两部分组成，即中国、日本、韩国、朝鲜等东北亚国家以及"东南亚国家联盟"（简称"东盟"，ASEAN）10国。其一体化的发展大致可分为两个阶段：第一阶段是从20世纪60年代中期至90年代初，显著标志是东盟的成立和发展；第二阶段则是从20世纪90年代至今，因为冷战的结束，国家架构得以重新组合和调整，各类区域合作组织也如雨后春笋般涌现。

　　20世纪60年代中期，面对美国、苏联对东南亚的激烈争夺，东南亚部分国家决定成立一个摆脱外国统治和影响的区域合作联盟，用集体的力量谋生存、求发展。1967年8月8日，印度尼西亚、泰国、新加坡、菲律宾四国外长和马来西亚副总理在曼谷举行会议，发表了《曼谷宣言》，正式宣告东南亚国家联盟成立。东盟的成立标志着区域合作机制在东南亚的正式形成，也彰显着东亚一体化在东南亚次区域的萌芽。20世纪80年代至90年代，文莱、越南、老挝、缅甸和柬埔寨5国先后加入东盟，使东盟终于实现了囊括东南亚所有国家的"大东盟"目标，为东南亚一体化发展奠定了政治基础，也为东亚一体化建设创造了有利的先决条件。

一体化的东亚经验

　　1997 年的亚洲金融危机，使东亚各国充分认识到彼此之间"一荣俱荣，一损俱损"的关系，明确了区域内国家加强协调与合作的紧迫性和必要性。自 1997 年 12 月起，东盟—中国、日本、韩国（10+3）和 3 个"10+1"（东盟—中国、东盟—日本、东盟—韩国）都会定期举行首脑非正式会晤。1999 年 11 月 28 日，在马尼拉举行的"10+3"领导人会议发表了《关于东亚地区合作的共同声明》，将原有东盟框架所涉及的贸易、投资等议题拓展到货币金融、社会文化、科技开发以及安全保障等新的领域。2000 年 7 月，在东盟地区论坛（ARF）举行期间，东盟与中、日、韩三国首次举行外长级正式会谈，这是"10+3"在地区合作框架中单独发挥作用的显示。2001 年东亚展望小组提出东亚合作的长期目标是建立东亚共同体。2005 年 12 月，在吉隆坡的会议上，一个新的机制"东亚峰会"（10+3+3）成立，与"10+3"首脑会议并行召开，东亚峰会被定位为支持东亚共同体建设的战略论坛。2007 年，东亚"10+3"机制发布今后 10 年的合作规划和行动计划。2009 年 6 月 3 日，泰国总理阿披实经东亚峰会国家领导人授权发表《东亚峰会关于全球经济和金融危机联合新闻声明》，呼吁区域各国加强合作，有效应对全球经济和金融危机。2009 年 10 月 25 日，东亚合作系列峰会在泰国华欣开幕，各国领导人就应对国际经济危机、加强东亚合作、应对气候变化等共同关心的问题深入交换了意见。这些都为东亚国家之间增进信任、加强合作开辟了一个新的渠道，对于推动东亚一体化进程具有深远的意义。

　　但与代表区域合作最高水平的欧盟相比，东亚的一体化建设任重而道远。东亚各国不仅在政治、经济、社会制度等方面存在着巨大差异，民族、宗教、历史以及文化传统也无法达到如欧盟般的高度一致。作为迄今为止依旧留有冷战残余的地区，东亚的一体化发展还背负着沉重的历史包袱。这种不利因素与风诡云谲的国际形势不期而遇，阻碍了东亚一体化的纵深性推进。究竟应该由谁来扮演东亚一体化进程中的主导与核心角色？如何理解东亚地区的美国因素？东亚一体化又会走向何方？从欧洲和东亚的比较中我们或许能够找到一些线索。

区域内的利益分歧：一体化的战略角逐

卡尔·多依奇曾经谈道："一体化进程往往起源于某一个核心地区，有一个或若干个较强、较高度发展以及在一些重要领域比其他地区更先进、更具吸引力的政治单位构成。"

近代以来，法、德两国曾发生过多次战争，法国首都巴黎甚至两度被德国占领。欧洲一体化的关键是法、德两国的和解。1950年5月9日，法国外长舒曼就曾指出："要使欧洲国家统一起来，必须结束长达百年之久的法、德间的冲突。"1951年4月18日，《建立欧洲煤钢共同体条约》的签署解决了法、德长期争夺的煤钢资源的归属问题，使两国从"对手"变成了"合作者"，为欧洲区域合作奠定了重要基础。1963年1月22日，法、德两国签订友好合作条约，将法、德联盟的关系用条约形式确立了下来。自那以后，法德联盟便成为了欧洲区域合作的核心力量，成为了欧洲一体化进程的发动机。

与欧盟相比，东亚一体化进程缓慢，一个重要原因就在于本地区的主导性角色存在巨大分歧，在一些重要问题上不能协力合作。在过去相当长一段时间内，积极推动东亚区域合作的是东盟。但是，东亚一体化的重头角色在中、日、韩，特别是中、日两国。作为东亚地区数一数二的大国，中、日两国经贸互补，却始终缺乏政治互信，无论是对东盟的关系定位还是东亚一体化发展前景的规划上，两国都存在着极大的分歧。

2002年，中国率先与东盟签署了《全面经济合作框架协议》，正式启动中国与东盟FTA谈判进程，迈出了与东盟一体化的第一步。2003年10月，中国又率先作为非东南亚大国签署并正式加入《东南亚友好合作条约》，增进了双方的相互信任。担心主导权旁落的日本奋起直追，除了FTA之外，还于2003年12月在东京与东盟举行特别首脑会议。会议发表的《东京宣言》再次确认并打出了重视东盟、期待将来结成"东亚共同体"的外交政策牌，同时，日本在此后的3年还将为东盟地区提供15亿美元的援助。

中、日两国的战略角逐，还表现在对未来东亚一体化合作的发展规划上。中方主张，以"10+1"为基础，以"10+3"为主渠道，日本则出于

一体化的东亚经验

151

制衡中国的考虑，主张东亚共同体应以"10+6"为主。不仅如此，出于对中国可能成为东亚主导力量的担忧，所谓"中国威胁论"在日本国内更是甚嚣尘上。如此这般，由于中日无法建立起一个类似法、德合作促进欧洲一体化的稳定核心，给东亚合作的进程罩上了阴霾。

区域外的利益干预：一体化的美国因素

二战以后，出于同苏联对抗的冷战需要，美国对欧洲的联合自强给予了多方面、多角度的支持。"马歇尔计划"的实施，其中关键的一个条件就是德国只有与整个欧洲联系在一起，美国才能提供援助。这不仅在客观上对欧洲一体化起了重要的促进作用，还为欧洲创造了一个相对有利的外部环境。即使在后来欧元的启动以及欧盟扩大的问题上，美国也并无太多的反对。经过半个多世纪的发展，如今的欧盟已选出了自己的"总统"和"外长"，并准备在继续东扩的同时进一步巩固其超国家的联邦机制。

反观东亚，美国对东亚一体化的立场则存在着太多的不确定性和消极性。鉴于美国同东亚的密切关系，东亚一体化建设又不可能不考虑美国的影响。在经济上，美国是东亚国家商品的主要出口国，东亚各国都对美国存在较高的贸易依赖性；而在政治、安全关系上，二战后东亚国际关系是在美国的霸权主导下塑造成型的，日本、韩国等国家到目前为止都同美国保持着安全同盟和密切的军事关系。不仅如此，美国还是朝核问题六方会谈的主要参与国，未来朝鲜半岛和平机制的建立必须有美国的支持。对中国来说，美国对东亚地区的介入，最敏感的就是台湾问题，另外，美国在南海诸问题上的立场亦牵动中、美两国关系的神经。无论鸠山政府所倡导的东亚共同体是否涵盖美国，美国的态度对东亚的区域合作进程都是不容忽视的。

于美国而言，最不希望的便是东亚地区形成一个排他性的内部联合。早在20世纪90年代，马来西亚总理马哈蒂尔就曾提出建立"东亚经济集团"（EAEG）的设想，后来因为美国的反对而胎死腹中。1997年亚洲金融危机期间，日本倡议组成一个"亚洲货币基金"（AMF），也因美国的反对而束之高阁。作为一个太平洋国家，美国一直试图通过重振APEC强调其在东亚的影响力，进而从外缘削弱东亚一体化的地理合法性。同时，美国采取措施进一步强化与日、韩、菲、新等国的军事同盟与合作关系，并且积极拓展与东亚各国的双边 FTA 关系。2007 年，美国与韩国出人意料地达成了 FTA 的签署意向，又先后与新加坡和澳大利亚就 FTA 问题达成一致；美国与泰、马、印尼、日本等国的 FTA 谈判也被提上了日程。2009 年 10 月 27 日，新加坡内阁资政李光耀在华盛顿更是公开呼吁："美国应该继续参与亚洲事务，以制衡中国的军事和经济力量，否则将丧失其世界霸主的地位。"

欧盟经验的启发：一体化的未来之路

同形成欧盟的内外环境相比，东亚的一体化建设无疑存在着更多的不利因素和复杂性，如何将"理想的共同体"变为"现实的共同体"，在借鉴欧盟成熟经验的过程中，应该会有所启发。

从战后欧洲的现实看，法、德的和解与合作是欧洲一体化进程的先决条件。东亚的一体化建设也需要中日这两个区域大国的共同推进。目前，东亚的能源战略问题日益突出，如果中日两国能够在这个关系到各国经济命脉的问题上加强合作，对东亚的一体化建设无疑会事半功倍。当年的法、德和解正是从煤钢联营开始，从而一步步支撑起欧洲的一体化进程。另外，面对由美国次贷危机引起的世界性经济萧条，中日两国在经贸领域的合作还可以继续深化。作为美国国债的两个最大持有国，中日的务实合作对稳定亚洲货币市场，推动东亚一体化都有着举足轻重的作用。中国与东盟的 FTA 已经启动，日本与东盟的 FTA 也将实现，未来如果中日之间形成自由贸易区，或者中日韩之间形成自由贸易区，届时，东亚自由贸易区的条件就基本具备了。从这个意义上来讲，东亚一体化的内核需要中日和中日韩密切合作。

至于美国，依凭其对国际事务的广泛影响力，东亚的合作要考虑其关注。因此，东亚一体化的建设必须保持适度的开放性，争取美国的支持，找到使其加入到东亚合作的方式。中国外交部前副部长王毅曾指出："美国在东亚有重要的利益和影响，这是历史形成的，也是客观现实。在这个问题上，我们既要按区域合作的一般规律办事，加强域内各国的合作，同时也要奉行开放的地区主义，不排斥美国和其他域外国家，注重与它们加强对话与协调，相互尊重彼此的利益，不断寻求和扩大新的利益汇合点。"中国外交部部长杨洁篪在 2010 年全国人大记者会上也表示，"欢迎其他各方对地区的一体化提出积极的建议，作出积极的努力，这也是中国自身的态度。"联系实际，从最初的东盟 10 国，到"10+3"机制，再到现在的"10+6"东亚峰会，东亚的区域合作早已突破了传统意义上的地理范围。因此，在兼顾各方利益的前提下，向美国等一切感兴趣的国家开放，对于东亚一体化建设未尝不是个新的思路。

（记者　张肖雯）

Soren Dosenrode：东亚可能会向制度化的经济合作方向发展

Soren Dosenrode

欧盟是一种共同体模式，对东亚而言，这一模式或许有些经验教训值得借鉴。但要清楚一点，在长达数百年的时间里，欧洲内部一直纠缠于各种"内战"，尤其是德法的长期对立，其严重程度甚至导致了两次世界大战。如今，使用武力来解决争端的可能性在欧洲极小。这是欧洲最大的成功！

但不要忘记，欧盟始于很小的合作项目。欧盟的发展可以追溯到 1950 年，当时法国外长舒曼（Robert Schuman）建议建立一个煤钢共同体。其短期目标是阻止另一场（西）德国与法国之间的战争，长期目标是创建一个联盟。六个国家加入了这个共同体（法国、德国、意大利、比利时、荷兰、卢森堡）。虽然舒曼原本期望的是一个超国家的模式，在该模式里，共同体有高于国家政府的权力，但接下来 25 年的发展却进入了一个更传统的"国家间讨价还价的模式"。1987 年通过了所谓的"单一欧洲法案"（Single European Act），这使得超国家的模式回到了一个受限制的欧洲共同体形式。这表明少数国家再也不能阻止共同体的发展。但是传统的政府间决策模式，即国家间相互讨价还价的模式依然在很多领域存在，而且还存在很多决策程序，这使得情况更加复杂。总而言之，欧盟的发展是一个长时间的过程。而且，组成欧盟的单位体间有着同样的文化，以及类似的政治体制。

当今的东亚，展现在我们面前的是在该地区的很多国家正蒸蒸日上，其发展非常值得赞许。但是，并不能因此否定另外一些客观事实，不是所有国家都在腾飞，贫穷还是一个比较普遍的问题。我们看到，中国比该地区其他国家大得多，但我们也不能忽视，很多旧的冲突尚待解决，相互间还存在着猜疑。

所以，我认为东亚更可能会向较紧密的，或许会是制度化的经济合作方向发展，而不是成为一个"东亚合众国"（United States of East Asia），因为相互间的差异实在太大。但是密切的经济合作、自由贸易等的好处也是显而易见的。欧盟刚开始时就是从贸易开始，贸易是一个功能性的合作，由此发展至政治合作。贸易合作使参与者都受益，并且创造了相互信任，而这可能是进一步合作的平台。

即使是经济一体化的过程，也是一个逐渐发展的过程，而且该发展过程未必是一个必然的趋势。经济一体化的过程，往往始于对某一具体问题的合作，然后可能会渐渐发展成一个超国家的组织。在过去几十年间，亚洲各国间在经济领域有着较好的合作，中国也更多地参与到这一合作中。特别是进入新世纪以来，中国与东盟的接触与合作更加密切了。如今，中国—东盟自由贸易区正式实施使其经济合作被制度化了，它仅是一个开端。接下去一步可能是"消费者联盟"，成员国延伸自由贸易协定，协调各国的对外贸易政策，并对来自非成员国家的商品设置统一关税等。再之后可能会出现"共同市场"，当各成员国开始考虑形成一个"经济联盟"时，他们或许会对各国间的重要政策加以考虑，以图获得充分的经济收益，这可能会催生一个超国家的制度，来规范货币、财政政策、劳动市场，以及区域房展、交通和工业政策，这需要制度上的保障以确保各参与国都遵守这些规则。

当然，在整个区域一体化的过程中，个体成员国依然独立决定本国的对外与防务政策，它并没有因为加入区域共同体而放弃主权，而只是转交部分主权。当一体化发展到最后一个阶段——"完全一体化"，所有国家将自愿放弃主权给一个在经济和政治方面都强有力的国际行为体，以获得更大的收益。

但是，以上所有的过程都不是随着时间的推移而水到渠成的过程，在中间任何一个阶段都可能停止甚至倒退。因此，中国—东盟自贸区可能是更高阶段一体化的开端，但这不是一个必然发展的过程，其间会出现很多困难与挑战。例如，参与国可能会满足于已取得的成就而停止不前；由于中国的规模太大，这可能引起其他国家如新加坡的担忧，它担心在一体化的过程中被中国给"消化"（在这方面，中国在开展地区外交时必须非常小心）。

在接下来十年间，观察中国—东盟自贸区的发展会是一件令人期待的事情。它会一直停留在现阶段，抑或向更密切的合作阶段发展，时间会给出答案。

（Soren Dosenrode：丹麦奥尔堡大学政治与管理学教授、一体化比较研究中心主任）

朱宰佑：东亚地区主义离不开中国的领导

朱宰佑

东亚地区主义是一个持续发展的过程。从冷战结束以来，东亚地区主义已经历了近20年的发展。但是，令人遗憾的是至今都没有取得任何实质性的"进展"。由于区域内国家在经济一体化方面看似努力的尝试，东亚地区主义往往给人一种在进行中的感知，却不是真正地取得进展。事实上，大部分国家离获得实际成果还有很长一段距离。"意大利面条碗"（spaghetti bowl）效应下的双边自由贸易协定能否引领地区层面的区域经济一体化，有待进一步观察。

金融领域的地区合作看起来是一个比较积极的发展方向，虽然迄今为止这类合作都还只局限于货币互换方面。究其根本，还在于"亚洲货币基金"这样的金融机构被内部与外部的不利情况束缚了手脚。由于各种原因，东亚地区的经济一体化过程较之欧洲花费了更多的时间。如果重温历史有助于我们预测未来的话，经济一体化无疑是实现东亚地区主义的先决条件。

　　不幸的是，东亚地区还没有看到任何形式的区域化进展。在经过了长达20年的讨论和谈判后，缘于对未来发展前景的迷茫，人们的悲观情绪正在与日俱增。不过，伴随着中国的崛起，依稀能看到一点希望的曙光。鉴于其经济发展的巨大成功，中国正在成为一支不容小觑的力量，同时，也是区域内其他经济体不可忽视的存在。后冷战时期的第一个十年里，中国与东亚各国曾被描述为日益增长的相互依存关系，现在，这种关系正面临着根本性的转变。区域内各国对中国的依赖是真实存在的，如果没有中国，这些国家几乎不敢想象如何在新世纪实现可持续性地发展。换句话说，即使不考虑中国本身，区域内各国也有愈来愈向中国靠拢的趋势。所谓的"权力星座"（power constellation）目前正在东亚地区发挥着作用。

　　如今，区域内国家对中国的依赖已经越来越深，某种程度上来说，未来可设想到的可持续性发展如果没有与中国健康的经济关系都是不可能实现的。这种观念在2008年全球金融危机爆发后进一步得到确认。受益于中国持续健康的经济发展，大部分区域内国家都能够早于预期克服金融危机带来的影响。以韩国为例，在经历了快速复苏后，期望在今年能够实现高达4.6%的突破性经济增长。许多韩国人都将自己能够早日走出经济低谷的原因归结于中国乐观的经济状况。

　　因此，区域各国只能更加感谢北京的领导层就抗击金融危机所采取的一系列措施和政策，因为这些措施和政策不仅被证实是有利于中国自己的国内经济，而且对区域经济的早日复苏也起着有利的促进作用。至此，区域内国家对中国"权力星座"的说法已经落实，无论中国喜欢与否。

　　在这种情况下，如果真的希望在东亚地区实现区域化进展，那么，正是中国应该发挥领导作用的时候了。中国在这个问题上出现了一个两难的局面。当下，中国正忙于应对不断增加的国内社会经济问题，并不乐于承担东亚地区主义的领导角色，不仅仅因为中国一向声明的"永不当头"的对外政策，也因为它已经着手少数几个东亚区域机构的事务，包括上海合作组织、六方会谈、东盟"10+3"、东盟"10+1"、东盟地区论坛以及亚太经合组织。为了实现东亚地区主义，机构建设必须取得进展，这只能通过一个区域内参与者建设性领导权的展示来实现，而中国看上去能很好地担当这一角色。东亚地区主义的命运，换句话说，很大程度上是掌握在中国的手中。

（朱宰佑：韩国庆熙大学中国语学课长）

石原享一：促进东亚地区统合　日本可以贡献什么

石原享一

由美国次贷危机而引发的全球经济、金融危机给世界各国带来了严重的影响。美国的贸易与财政双重赤字日益膨胀，海外拥有的美国国债超过了3万亿美元。只要美元还是货币轴心，每次美国走投无路时，就可以通过发行美元来还债。敌不过这种发行货币的特权（Seigniorage）的诱惑，一直以来，美国都是通过庞大的借款来维持巨额的军事支出和富裕的消费生活。而大量购入美国国债，支撑着摇摇欲坠的美国经济的是日本，还有中国。冷战结束以来直到现在，以美国为主导的世界秩序迎来了巨大转机。这对东亚地区来说也是摸索新的地区合作的机会。

中国和日本的外汇储备主要以美国的国债为中心，黄金的储备量极少。预计今后美国的双重赤字将持续扩大，而持有巨额美国国债的中国和日本将面临巨大的风险。对于亚洲经济的地区融合，中日之间的合作也越来越重要。

市场经济制度化的迟缓以及对社会统合的不易之处与国土、人口、经济的规模密切相关。中国的国土面积及人口数量大大超过欧盟，而国内生产总值大致仅为欧盟的一半。要对东亚地区进行市场经济制度化和社会统合就更困难了。这一地区不仅在社会文化和经济发展上呈现巨大差距，而且地域广阔、人口众多。在东亚地区建立共同体不是一件容易的事。与其急于构筑东亚共同体，不如先在企业文化、环境技术及后面将要论述到的铁路系统等各领域里加强地区间协力，这种做法更为现实可行。

促进东亚地区合作，日本能做些什么呢？从日本战后社会经济发展的经验来看，在以下三方面，日本为促进东亚的地区统合可以贡献力量，从而促进东亚地区的和平与发展。

第一是企业文化的传播。日本企业在海外的发展既给当地的人民提供了就业机会，也促进相关产业的发展，这对当地社会的贡献是很大的。但是从另一个方面讲，企业的进驻也伴随着日本企业和当地员工之间的直接接触和利益冲突。在这里，让当地人民理解日本型经营方式的优点，以及日本企业自身适应当地的社会文化等手段才是成功的关键。发展中国家的市场经济尚未成熟，人们追求短期利益，忽视市场规律和企业社会责任的例子不在少数。日本的企业文化能够传播到发展中国家的众多企业的话，就能带来社会经济的安定和发展。

第二是基础设施建设的经验和环境技术的传播。为了防止发展中国家城市的大气污染、交通堵塞、交通事故的增加，建设城市铁路系统是必不可少的。包括新干线在内的日本铁路系统同时具备了安全和定点运行的硬件设施和软件条件。日本铁路系统在软件方面也有优势，比如当场可购买指定座位席，几乎不会发生重复预订的纠纷。在品质管理和客户服务方面，日本企业文化的突出之处也体现在铁路文化中。

第三是人才的培养。日本企业要在中国商务上取得成功，就必须录用一些作为中日桥梁的优秀人才。不仅是商务上，国际合作和国际交流方面也是一样。人才培养才是东亚地区合作的基础。

（石原享一：日本神户大学国际文化学部教授）

李庆四：东亚汇聚矛盾与希望

无论从哪个方面来说，东亚在当今世界格局中都具有举足轻重的地位。东亚地区充满了矛盾与希望，同时把人类社会的冲突对立与和平发展演绎得淋漓尽致。正因为如此，这里成为世人格外关注的热点地区。

从目前流行的经济一体化角度讲，人们习惯于把东北亚和东南亚都作为东亚的一部分，这使东亚地区矛盾的内涵也随之扩大。地区的复杂性，

一体化的东亚经验

李庆四

各国之间的社会制度差异，伊斯兰教、儒家文明以及似有不断壮大之势的基督教之间的碰撞，特别是作为二战的遗存并在冷战期间得以固化的朝鲜半岛问题，台湾海峡两岸关系以及日渐白热化的中国南海问题等，使东亚地区人民的和平与繁荣梦想时常笼罩着民族国家间的冲突甚至战争阴霾。

东北亚地区最突出的问题当属久拖不决的朝核问题。这既是冷战延续下来的朝鲜半岛南北对峙的遗存，又是美国这个区域外大国企图颠覆朝鲜政治制度的恶果，因而有人甚至称东北亚的新冷战正在形成。更进一步讲，这些矛盾与对立的背后反映出世界大国权力较量的实质。中美作为当年朝鲜战争的主要参与国，今天在半岛安全与稳定问题上，又成为平衡朝鲜半岛局势旗鼓相当的角色。如果半个世纪前经由残酷战争才保持了半岛地区的均势平衡，那么今天以外交等和平手段达到同样目的就表明，中国的繁荣和强大是东亚地区稳定与和平的坚强基石。

台海问题纯属中国的内政。然而，由于美国的卷入，其同样成为中美冲突的核心问题之一。美国原先就是台海分裂的始作俑者，今天又紧紧抓着台湾来拖中国崛起的步伐。美国在台湾问题上通过对台军售及《与台湾关系法》等大玩牵制中国的平衡术，充分暴露出其言行不一、两边谋利的不良居心。然而，不平则鸣。在台湾问题上，受尽欺骗和威胁的中国人不但进一步认清了美国霸权的实质，而且借此奋发图强，在收获改革开放的物质繁荣喜悦时不忘居安思危。

但是，有关矛盾并不会永远只朝一个方向发展，有利于东亚地区和平、稳定与繁荣的因素也在不断增长。中国自身力量的壮大既是地区稳定的保障，又是东亚一体化进程强大的经济动力源。

相对于中国经济的高速发展，日本长达10多年的经济疲软可能更加严重；如果没有中日密切的经贸关系，两国的政治冷淡可能达至冰点。韩国这个对华历史和民族情结纠葛深重的国家，长期保持对华出口巨额顺差，是中国的经济增长成就了韩国的持续繁荣，所以在政治和安全问题上，无论韩国具有多大的离心倾向，它都无法摆脱中国影响。同样，中国东盟经贸合作在东亚区域内更是先行一步，2010年初生效的自由贸易协定，必将大大推动双边合作关系，为东亚地区一体化进程注入新的活力。

如今东盟"10+3"的合作模式至少为东亚共同体提供了暂时的合作平台，同时中日韩三国以经贸为主的互动也逐渐提速。由于与美国的军事联盟关系制约着日韩同中国建立战略互信，三国在东亚一体化领导权方面也存在激烈竞争，但是追求经济发展的现实利益是大家谁也无法回避的诱惑，因此"政冷"并不能完全阻挡"经热"。作为地区大国，中国一要积极营造和平稳定的周边环境，二要加强与东盟和日韩的经贸合作，二者不可偏废，最好实现两条腿走路的目标。

如果说中美关系决定不了世界的未来，那么完全可以说中美合作将改变东亚地区的命运。美国虽为区域外国家，但其在亚太地区既与部分国家建立有军事联盟，又有最大贸易伙伴和第一、第二债权国。自尼克松以来，历届美国政府都声称一个强大、稳定、繁荣的中国符合美国的利益，这显然言不由衷。正如美国国务卿希拉里称中美同舟共济时，并不妨碍五角大楼把60%以上的潜艇部署在西太平洋遏制中国。但是，美国要遏制中国显然力不从心。中美正如手持利刃的两个大力士被一条经济绳索缚在了一起，一旦松绑，二人就能轻易伤害对方。所以，即便是被迫选择了合作道路，中美两国却都能从中受益，进而连带推动着东亚地区经济增长。

由上不难看出，尽管东亚地区充满了矛盾与对立，但其作为全球经济动力源之一的事实不容抹杀，在当前经济危机情况下，中国经济甚至可以说是一枝独秀。中国的成就并非在顺境中取得，东亚的发展也克服了重重困难。这表明，虽然地区国家间矛盾和斗争是常态的、无条件的，但合作与繁荣却是不可避免的趋势。只要有关国家能够把握合作的主流，进行积极善意的良性竞争，那么东亚地区的未来发展前景必将更加光明！

（李庆四：中国人民大学国际关系学院教授）

刘江永：东亚区域合作面临新机遇及挑战

刘江永

在 21 世纪进入第二个 10 年之际，东亚区域合作正面临新形势：第一，伴随着东盟与中日韩"10+1"自由贸易进程的正式启动，2010 年有可能成为东亚经济一体化的元年；第二，《里斯本条约》生效，标志着 2010 年有可能是欧盟政治一体化的元年；第三，日本鸠山首相提出建立东亚共同体设想，日本将更加重视亚洲，中日韩合作在加强；第四，中国经济总量首次超过日本，成为世界第二经济大国，影响力迅速增强；第五，美国金融危机引发的世界经济萧条仍未走出低谷，东亚地区金融合作将加强；第六，2009 年 12 月哥本哈根会议后，低碳经济将引领世界经济新潮流。在新形势下，东亚区域合作可能出现新的机遇和挑战，需要认真研究，顺势而为。

中日 FTA 成东亚经济共同体实现关键

东亚共同体初期阶段是东亚区域经济合作，而高级阶段是经济一体化，后者的标志是自由贸易协定生效。

未来的东亚地区，将形成多层次、多领域、多渠道、多区域相互促进的网状地区合作机制与"先南后北"的经济一体化进程。在中国周边地区，次区域经贸商旅合作将活力四射，逐步形成各国之间彼此放射的"多元并存"合作体制，最终走向东亚经济共同体的"多元一体"合作格局。2009 年中国取代美国成为日本最大的海外出口市场。2010 年，中日韩将在韩国举行第三次领导人会议，进一步加强三国合作。但是，在中日签署 FTA 之前，东亚经济共同体难以真正形成，而一旦中日形成自由贸易区，韩国只能紧跟。从这个意义上讲，中日合作是决定未来东亚经济共同体能否形成的一大关键。

东亚安全共同体进程有利于地区和平与发展

东亚安全共同体的架构，无论从哪方面看都难以排除美国参与。在东北亚地区，美国不仅直接参与六方会谈，而且未来朝鲜半岛和平机制的建立也必须有美国参与。在东南亚，美国是东盟地区论坛（ARF）的重要成员。美国介入东亚安全事务，对中国来说最为关切的是台湾问题以及美国在南海问题上的立场。对中国来说，努力减少日美同盟对中国构成的潜在威胁最为重要。

鸠山首相提出，应该使日本周边海域成为友好和团结的"收获之海"。这与笔者几年前提出的东亚共同体地缘战略新概念——"海陆和合论"相吻合。"海陆和合论"的实质是以和平方式管理和利用好海洋国家和大陆国家之间的地缘关系，促进本地区的可持续发展与可持续安全。未来东亚安全共同体构架比较合理的选择是：在东盟安全共同体与朝鲜半岛和平机制的基础上，在 ARF 的框架内逐步形成。亚太经合组织（APEC）可以在经贸、能源、环境等领域继续发挥亚太地区国际协调的作用。

东盟发挥主导作用需具备三个条件

20 世纪 80 年代末以来，亚太地区经济合作、多边安全对话机制的形成与发展有两条基本经验：第一，多边合作体系的建立需要以健全的双边关系做基础；第二，由中小国家联合（东盟）发挥主动精神，最有利于推动亚洲区域合作取得进展。

目前，东盟和中国等"10+1"、"10+3"合作机制，事实上已成为东亚共同体的核心圈与基础链。"10+6"东亚峰会的成员也是在经东盟同意后，以加入《东南亚友好合作条约》为前提。不过，未来东盟要在东亚合作中保持和发挥主导作用，有三个必要条件：一是东盟国家内部的稳定；二是东盟国家之间关系的协调；三是东盟与东亚各大力量之间的合作。中日两国在东亚合作中积极支持东盟，就不存在中日的主导权之争，韩国也会予以响应。

友好城市交流、商旅合作将大有可为

中国各沿边沿海的省会城市、中心城市，可利用地缘、文缘、血缘等各种便利条件与邻近国家开展地方友好城市的交流与合作。随着经济发展与人民生活水平提高，中国的出境旅游人数将不断上升，从而成为周边邻国的"大客源"。友好城市交流与商旅合作可以彼此促进，相得益彰。

未来可在中日韩之间建立以首都圈为中心的交流合作圈。北京、东京、首尔可以在政治、经济、文化等各领域，全面推动民间交流与合作。

中国还可考虑扩大在东京、首尔设立的中国文化中心、孔子学院，举办饮食、美术、书法、摄影、体育等丰富多彩的交流活动，促进各国的民众感情。

在国际战略全局中考虑未来合作

未来的东亚共同体就好比是一座房子：经济、货币共同体是地基，安全共同体是屋顶，牢固的双边伙伴关系是支柱，文化共同体是墙壁，社会共同体是门窗，环境共同体是室温和水电。

中国可以利用本国在亚洲有利的地缘经济地位，采取独立自主的和平外交，以"开放的地区主义"谋求可持续发展，以"和平的多边主义"谋求可持续安全，以周边为依托经营"放射形"经济合作圈。在东北亚加强同日本、朝鲜半岛、俄罗斯及蒙古的实质性经贸合作。在东南亚以"10+1"、"10+3"为依托，妥善处理好中国与东盟FTA形成后可能遇到的新问题。在中亚借助上海合作组织，加强同中亚的经济能源合作与人文交流。在南亚通过上海合作组织、东亚峰会等渠道，争取建立中印经济共同体，从而进一步建立连接中东及阿拉伯产油国的能源合作带与经济共同体。同时，通过亚欧峰会增进中国同欧盟的相互理解与合作关系。在亚太地区的南半球还可通过亚太经合组织及东亚峰会等，与澳大利亚、新西兰谈判建立中国—南太平洋自由贸易区。

（刘江永：清华大学国际问题研究所教授）

王智新：共同文化认知是东亚共同体的基石

王智新

进入21世纪以来，关于建立东亚共同体的呼声高涨，尤其在日本，有人甚至提出将2005年作为"东亚共同体元年"。但是，就在那年的4月至5月间，围绕着时任日本首相小泉纯一郎参拜靖国神社及历史教科书所引发的历史认识问题，东亚地区爆发了大规模的抗议运动。一下子令人们从全球化、信息化的时代回归到了五四时期。这清楚地向人们揭示了一个真理：金融一体化、货币一体化、经济全球化、信息共同化等等，归根结底一句话，全都离不开人的认知共同化。没有人的文化认知共同化，任何所谓的共同体都是建在沙滩上的楼阁。

在过去漫长的历史进程中，东亚创造出了与欧美不尽相同的理念、智慧、价值观以及伦理观体系，这就是我们独特的东亚共同文化认知（或者叫"共同知"）。正是因为拥有这一文化认知，在西方东渐的 19 世纪以前，东亚地区基本上是和平睦邻、繁荣安逸的。所以，今天要想建立东亚共同体，当务之急就是要重新发现、发掘和重建东亚的文化"共同知"，培养传承和发扬这一"共同知"的人才。

在西方教育模式影响下建立起来的亚洲大学，现在正面临着严峻的挑战。

首先是知识系统发生改变。迅速形成的全球知识库，要求亚洲各大学应尽速合作，找出切入点，建立一套行之有效的标准，对有用的知识作评价、评级，并对如何适应及利用进行研议，以便能从全球知识库中找出适合本地区实用的东西。

其次是大学国际化。全世界国际学生市场大约有 300 亿美元的规模。根据联合国教科文组织统计，至 2025 年全球估计会有 750 万的学生出国留学。由于语言和科学技术发展的不平衡，目前的留学生大部分都前往美国和欧洲。但是，亚洲国家之间的留学生交流正在迅速增多，欧美各国接受留学生的势头有所减弱，出现了国际教育"亚洲化"的现象。就某种程度而言，外国学生人数的多寡，目前已成为一个大学国际化程度和品质保证的重要绩效指标。

东亚地区国家的教育交流由来已久，从 1962 年"亚洲教育大臣会议"以来，各种形式的会议组织不断涌现，极大地推进了亚洲地区国家的教育国际化。但是存在的问题和矛盾仍然很多，仅就中日而言，还有经费"日高中低"和学生质量"中高日低"等问题。

就教育交流而言，当务之急应该做到以下几点：修正教育的新目标，以适应不同人种和各种社群学生的要求；在国际化的指标中加大课程的品质，跨校、跨国的合作研究计划，学生间的学术、体育、文化、科技交流以及对学生有益的各种文化活动也应该成为衡量国际化程度的客观指标；

一体化的东亚经验

165

在高校扩办和大量扩招时，要充分保证教育质量，对大学进行评鉴，提升大学办学水平；强调不同文化间的碰撞和相互了解，大学安排举办一些有用的文化活动，让本国及外国学生能彼此交换文化了解，创造国际合作的未来；尽量抑制和减少国际教育的商业化气息。

（王智新：日本东亚教育文化学会会长，圣托马斯大学教授）

车昌勋：理解东亚一体化——历史回顾与未来任务

车昌勋

21 世纪是全球化与地区主义同时共存和竞争的时代。东亚的崛起是非常重要的，该地区正成为全世界关注的焦点，不仅表现在历史与文化方面，也表现在经济增长潜力和国际政治地位方面。正如欧盟呈现的实例，东亚最终也将采取相同的一体化进程。伴随着地区边界的模糊性和可变性，东亚一体化将是一个持续性的、多层面的过程。东亚存在着诸如东盟（ASEAN）、东盟"10+3"（ASEAN+3）、东亚峰会（EAS）、东盟地区论坛（ARF）、亚太经合组织（APEC）等区域合作机构，每一个机构都拥有不同的职能。作为朝核六方会谈的延伸，与会各国也涉及了更广泛的地区安全问题，这无疑将为东亚地区的多种组织结构开辟一个重要层面。这种区域合作机构的多样性是值得欢迎的，它是对不断变化的、复杂的现实世界的务实反应。

二战以后，东亚地区秩序的塑造缘于 1951 年同盟国与战败国日本所签订的《旧金山和约》（San Francisco Peace Treaty）。在《旧金山和约》的体系下，作为双边安全协议的回报，美国的东亚盟国被允许进入美国市场。这也是长期以来大家争论之所在，即正是旧金山体系（San Francisco System）导致东亚缺乏正式的地区主义发展。正如我们所看到的，东亚的传统秩序在受到来自三方面的关键性冲击后，正面临着巨大压力：冷战的结束、1997—1998 年的亚洲金融危机以及 2001 年发生的"9·11"恐怖袭击。尽管东亚各国在双边同盟和多边全球主义方面保持着它们的一贯承诺，可事实上它们对传统模式的信心流失日益明显，这从东亚各国对 FTA、区域金融机构以及合作安全对话等领域所表现出来的浓厚兴趣可以得到很明确的证实。

在经济方面，尽管正式的区域经济一体化呈现疲软态势，20 世纪六七十年代的日本跨国企业网络在组成虚拟经济共同体方面开始扮演一个关键性角色。最值得注意的是，中国的崛起及其史无前例地将自己融入区域一体化的尝试充当了区域经济规划的催化剂。1997—1998 年的亚洲金融危机证明，看似密集的日本和海外华人企业实际上是脆弱不堪的。任何寻找"亚洲"方案的努力都需要开始形成一个公共观念。由于对国际货币基金组织（IMF）的强烈不信任以及对 WTO 和 APEC 治下的贸易自由化路线的怀疑，东亚各国认识到区域内金融的高制度化与商业联系可以为它们的经济安全提供更好的机制保障。东亚国家快速转向于编织一个货币互换协议以及双边 / 多边 FTAs 的网络。除了在东盟 10+3 层面的三方合作以外，中日韩三国也分别启动与东盟的 FTA 谈判，并且正在就三国彼此之间的双边 FTA 问题进行研究。

在安全方面，1994 年建立的东盟地区论坛（ARF）开始将中国和日本一起纳入一个区域机构框架，尽管该论坛作为一个安全制度的意义是极其式微的。另外，"第二轨道"也自发地涵盖了政府官员、学者和记者，并且在 20 世纪 90 年代得到了迅猛发展。北太平洋合作性安全对话（NPCSD）、东北亚合作对话（NEACD）以及亚太安全合作理事会（CSCAP）等机制的建立都是"第二轨道"设计的典型范例。第一次和第二次朝核危机呼吁区域内努力，旨在说服朝鲜放弃其秘密的核武器计划。自 2003 年在北京召开六方会谈起，中国承担了一个新的且扮演积极作用的角色，不仅表现在对朝核问题的处理方面，还表现在将美国纳入区域内"迷你多边"的进程中，并且防止美国实施如针对伊拉克般的单边行动。目前的朝鲜半岛核危机以及六方会谈进程的形成为东亚地区多边安全合作正式框架的建立提供了更多的可能性。

然而，深入和广泛的东亚经济、安全一体化之路可能是非常复杂的。至少有一个重要问题就有待解决——因为日本的侵略战争，导致中国、韩国以及其他东亚国家都认为，只有国家强大，才是安全的最佳保障。从理论上来说，区域一体化之所以能够进行，就在于弱小国家对地区内强大国家领导地位的广泛认同，或者是类似于德—法共管这样的两极领导。经过几个世纪的血腥竞争，法国和德国通过名为欧盟的区域一体化终于找到了和平共处之道。但是，中国和日本却还没有准备好克服在东亚地区的对抗。迄今为止，所谓的"政冷经热"已成为中日关系的经典注脚。政治方面的安全倡议和出于内在利益需求的经济安排，都反映了持续经济获益和维持地区稳定这一需求在过去几十年间的不断增长，同样，确保中日之间形成稳固的领导同盟也是促进地区稳定和经济日益发展的又一个成就。

国际事务方面，在中国知识分子和普通老百姓之中最有吸引力的当属中美关系。从10年前的《中国可以说不：冷战后时代的政治与情感抉择》到近期出版的《货币战争》，这些受欢迎的书籍对美国的霸权主义行径作出了回应，而且关注点也从传统安全问题转移到更为广泛的与中国紧密相关的国内问题方面，包括金融安全、能源采购、气候变化、贸易平衡等等。笔者认为，对东亚一体化建设的更多关心和投入都需要中国确立其在区域内多项事务的领导权，而不是如以往般过度关注美国的潜藏用意。从2010年起的未来十年将是东亚时代。中国的东亚之路以及其一体化轨迹凭借着前所未有的活力和多变性已经近在手边。中国将走向何方，影响甚大，世所瞩目。

（车昌勋：韩国釜山国立大学政治外交学科教授）

（本期特别策划采写工作组：范勇鹏、张肖雯、褚国飞）

正视历史　面向未来《中日共同历史研究报告》引起学界关注

中日历史问题共同研究步入新阶段

2009 年岁末，中日共同历史研究委员会在日本东京举行第四次全体会议，并通过新闻发布会将《中日共同历史研究报告》（以下简称《报告》）正式公诸于众。《报告》由中日两国学者的论文（各一卷）构成，每一卷包括古代和近代两部分。

尽管此前中、日、韩三国学者曾共同编纂并出版了历史读本《东亚三国的近现代史》，但由中日两国政府约请学者对两国历史进行共同学术研究尚属首次。这一项目早在 2006 年底启动时，就曾在中日两国和国际社会引起强烈反响。中日共同历史研究历时三年，两国学者对中日古代交往历史、近代不幸的历史及战后的历史问题都进行了研讨，就不同历史时期两国关系的基本状况与认识撰写了论文。共同研究以什么方式进行？讨论中是否有激烈地交锋？有争议的问题是否达成了共识？带着这些问题，本报记者采访了多位参与本次研究的中方委员。

历史认识问题是中日关系的沉疴

中国与日本一衣带水，文化交往与友好交流有着深厚的历史渊源。然而，近代以来，两国关系却因为日本军国主义分子发动的侵略战争走上了一条布满荆棘的道路。尽管战争已结束 60 多年，但由于日本社会始终存在否认侵略战争责任的倾向，并发生了日本政要参拜靖国神社以及修改历史教科书等事件，将中日关系推向冰冻的边缘。

169

对历史问题的认知是困扰中日两国关系的主要症结之一。2009 年 8 月 26 日发布的第五次中日联合舆论调查（由中国日报社和日本言论 NPO 共同实施）显示，中国公众对日本"印象不好"的原因有三：一是"日本领导人曾有伤害中国人民感情的言论和行为"，二是"历史问题还没有得到解决"，三是"中日曾发生过战争"。

"历史认识问题是影响战后中日两国关系的主要问题之一，战后日本始终存在着逃避侵略战争责任和否认侵略战争历史事实的言论与行动，这种不负责任的言行是造成中日两国间历史问题迟迟不能解决以致不健康环境产生的根本原因"，中日共同历史研究委员会中方首席委员、中国社会科学院近代史研究所所长步平说。"中日历史问题已经受到双方国民的关注，应当正视这段共同的历史，这也是进行中日共同历史研究的初衷。"

"历史认识问题在中日两国关系中的分量之重以至于有碍于两国现实关系发展的现象，可算是国际关系中不多见的特例。究其原因，是由于日本社会的一些人企图以一种回避、掩盖甚至歪曲历史的方式来翻过历史，但其结果适得其反，反而激起了中国社会对中日历史问题的高度关注。因此，实事求是地面对历史才是翻过历史这一页的不二途径，才是中日两国和平友好的长久之道。"中国社会科学院近代史研究所副所长王建朗说。

事实上，中日两国在 20 世纪 90 年代就曾尝试通过共同研究解决两国间的历史问题。1995 年，根据当时村山富市首相的提议，日本政府开始实施为期十年、以亚洲邻国为主要对象的"和平交流计划"。作为该计划的一环，日本政府在东京的日中友好会馆内设立了"日中历史研究中心"，而在中国社会科学院中设立了"中日历史研究中心"，组织中国学者在那一框架下进行历史研究。中国史学会会长、时任中国社会科学院近代史研究所所长的张海鹏告诉记者，中国社会科学院接受我国外交部的委托，从 1998 年至 2004 年间"协助"日方进行历史研究，研究主要以课题的形式进行，中日双方研究课题各自结集出版。在这次研究中，中方虽是以"协助"姿态出现的，却为此后的"共同"研究打下了基础。

共同研究不回避差异

中日共同历史研究始于 2006 年底。就在 2006 年 8 月 15 日，时任日本首相的小泉纯一郎第六次参拜靖国神社，引起中国民众的强烈不满，使中日关系降至冰点。2006 年 10 月，新就任的日本首相安倍晋三来华访问，双边关系的"坚冰"开始融化。安倍晋三访华期间，与胡锦涛主席、温家宝总理会晤时都确认了年内启动中日共同历史研究的基本原则。同年 11 月 16 日，中国外交部长李肇星和日本外相麻生太郎就"中日共同历史研究实施框架"达成一致，决定中日两国学者基于《中日联合声明》、《中日和平友好条约》、《中日联合宣言》三个政治文件的原则，以"正视历史、面向未来"的精神，对中日历史进行共同研究。

中日双方分别委托中国社会科学院近代史研究所和日本国际问题研究所负责具体实施，各自成立了由 10 名学者组成的委员会，设置"古代及中世纪史"和"近现代史"两个小组，由步平研究员与日本东京大学教授北冈伸一分别担任中日两国首席委员。据步平介绍，共同研究首先要共同讨论并确立研究题目，双方围绕同一题目分别撰写研究论文。论文初稿形成后交换，在讨论会上就对方论文坦率地提出学术性的批评意见。双方学者在修改中接受可以接受的意见，同时把存有异议的地方记录下来。基本过程可以概括为"同一题目，交换意见，充分讨论，各自表述"。

这一阶段的中日共同历史研究共确定了 16 个题目——古代史 7 个，近代史 9 个。经过反复讨论和修改，此次发表的第一阶段的报告由涵盖古代史和近代史的 13 个题目的 26 篇论文组成（就同一题目，双方各作一篇论文）。涉及战后史的研究成果此次没有公布，据介绍，关于战后历史的各 3 篇文章还需要在第二阶段进一步研究。"近代史部分的问题是从中日两国的近代开端起（在中国以'鸦片战争'为标志，在日本以'黑船事件'为标志），按时间顺序确定的。为了使双方能够开展讨论，双方学者共同确定了在每篇论文中都必须涉及的关键词"。中国社会科学院近代史研究所《抗日战争研究》执行主编荣维木说。

"中日共同历史研究取得的进展，主要是从过程来看的。两国学者能够坐在一起进行冷静的讨论，这一事情本身就是有意义的。作为学术研究，肯定存在不同的认识，不可能追求完全的一致，这一点需要特别说明。中日两国人民有不同的生活环境、文化背景、历史渊源，两国学者在学术观点上存在差异是正常的。因此，我们所说的共同研究的结果，并不是完全同意对方意见的结果，而是就共同的题目，在充分讨论包括吸收了对方的意见后，各自发表的研究成果。这是学术研究，要遵从学术规范。"步平强调。

王建朗指出，中日在若干问题上存在着分歧，这些分歧大致可分为三类，其因应之策也各不相同。一是不能回避的大是大非的原则问题，对这些问题必须形成基本的共识，否则共同研究便失去了基础，失去了继续进行下去的意义；二是对历史进程或历史事件的解读，受各种因素影响，中日要在某些方面达成共识是相当困难的，对此，中方采取了争取共识而不强求共识的态度，同时，不懈地阐明自己的观点，不因共同研究而有所迁就；三是对一些历史个案的细节研究，一切皆以史料为依据，有几分证据说几分话。

尊重历史事实是基本原则

承认 1937 年日本对中国的战争是一场侵略战争，并对侵略责任进行反省，这是实现中日邦交正常化的前提，也体现在 1972 年以来中日间的政治文件中。然而，日本社会对此一直存在着不同意见，右翼及保守势力始终否认侵略战争责任，得到一部分政治家的支持，因而引起战争被害国人民的强烈不满。

"近代以来，中日之间有过一段不幸的历史，日本的侵略扩张给邻国尤其是中国带来了巨大的灾难。然而，在日本，一些右翼分子和政客有意识地去淡化和抹杀甚至美化这段历史。这些错误的认识给中日两国关系带来了很大的负面影响，特别是伤害了双方国民的感情。"北京大学历史学系教授王新生说。

此次共同研究开始后，近代史组的双方学者一开始就需要对上述战争性质问题做出明确回答。中国学者认为：承认侵略战争责任，是中日关系继续发展的基础，"没有这样的认定，共同研究便失去了继续进行下去的基础"。日本学者也认为应坚持中日间政治文件的精神，确认侵略战争的性质并进行反省。他们还介绍说，日本社会中认为对华战争是侵略战争的人占多数。只是少数人的意见分贝很高，而有些政治家的发言极不负责任。"日本对中国发动的战争是一场侵略战争，这是一个基本的也是根本性的判断。"王建朗说。

"我们的研究已经给侵略战争定性，"荣维木提出，"一般来讲，对于基本的历史事实，双方的了解程度与认识角度是比较一致或接近的，包括对一些标识性的历史事件的性质认定。""历史研究的基本原则是尊重史实、实事求是，遵循这一学术研究的规范，是共同研究能够顺利进行的重要条件。而在研究方式与认识方法上，学者间可能会存在差异，这是可以理解的。比如，中方学者关注近代中日两国之间发生的一系列问题的原因与本质，而日方学者则倾向于探究那一问题发生的过程。这样的差异不可能在短期内得到解决。"

"日本的一些学者习惯于强调事件的偶发性、被动性，我们则认为，应当从诸多的偶然性中看到事物发展变化的必然性。例如，尽管导致某些事件发生的因素有可能是偶然的，但将一系列事件联系起来，就能够看出，日本对外扩张的政策性与计划性。正是日本不断的扩张态势造成了中日矛盾的激化。"王建朗说。

在学术研究中，也往往会出现针对同样的历史事实而认识与判断并不相同的情况。在承认日本的侵略史实的前提下，对于在短时期内难以形成共识的问题，中日学者通过各自的论文表述了各自的意见。

南京大屠杀是残暴的大规模反人道行为

南京大屠杀典型暴露了日本军队的残忍与野蛮，也是刻在中国人民心中一道无法磨灭的伤痕。第五次中日联合舆论调查显示，76.3％的中国学生和75.3％的中国居民认为南京大屠杀是"公众认为最为重要的历史问题"。

战后国际审判中关于南京大屠杀的史实调查，曾在日本国民中产生了相当大的的震动，也是引起战后日本社会思考战争责任的主要契机。进步的知识分子为此进行了深刻的反省。但右翼与保守势力中的一部分人则为了抵制日本社会的反省，制造了所谓"南京大屠杀是虚构的"论调，还得到一些政治家的支持，大大伤害了中国民众的感情。"南京大屠杀受人关注并不只是被害人数问题，首要问题是关于这一大规模的反人道残暴行为性质的认定。在双方学者的论文中，对这一屠杀事件的性质的判断是一致的，都承认这是一次集体的屠杀事件。"荣维木说。

关于南京大屠杀的遇难人数，在战后对日本战犯的审判中均有涉及。东京国际审判法庭的判决书中说："在日军占领后最初六个星期内，南京及其附近被屠杀的平民和俘虏，总数达 20 万以上。"而在南京审判中确认的遇难人数则在 30 万以上。"在讨论时，我们援引了东京审判和南京审判判决书这两个具有说服力的法律文件，这两个法律依据完全可以证明这是一场大规模的屠杀。在对事件的性质进行了这样的认定的前提下，讨论确切的遇难人数才有意义与可能，当然，那还需要更多的史料和更深入的工作，"荣维木指出。

步平还强调："南京大屠杀是日本侵略战争罪行的典型表现，是战后审判的判决书予以认定的确凿无疑的历史事实。而日本右翼势力为了给日本的侵略罪行翻案，就想方设法否定南京大屠杀的存在。其主要手段就是在实证研究的幌子下通过质疑上述两个数字，将人们的注意力引导到具体数字的讨论上，通过对数字准确性的质疑而否认非人道的屠杀暴行的性质。这是一个从根本上混淆是非的陷阱，人们需要引起警惕。"

共同研究将继续走下去

"此次的共同研究只是在促进相互理解方面走出了第一步。长时间形成的历史认识问题不可能通过一次研究就能解决。欧洲的德国与法国之间讨论历史问题，逐渐达成和解共同编写历史教科书，是从二战结束后就开始的，经过了 60 多年，所以中日两国间的共同历史研究需要继续走下去，"步平表示。

在共同进行历史研究方面，德国和法国走出了一条比较成功的道路。2006 年起，由曾是宿敌的德法两国共同编写的教科书《1945 年后的欧洲与世界》开始在欧洲发行，而两国也被国际社会认为是在解决历史认识分歧方面成功的典范。此外，日本与韩国之间的历史共同研究已经进入第二阶段。"几十年来，德法、德波之间在谋求共同历史认识方面作出的积极努力对于今天欧洲形成共同体的局面具有重要意义，对我们也很有借鉴意义。德法、德波的历史共同研究出发点和我们现在所做的出发点是一样的，但构建东亚的共同历史认识比在欧洲更困难。这方面的努力还要继续下去，"荣维木说。

王建朗指出，中日共同历史研究的目的之一，是要尽可能地缩小历史认识的分歧，求得更多共识。然而，如果指望短时期内中日共同历史研究能在改正日本民众的历史观上取得重大进展，这是一个不可能完成的任务。第一阶段中日共同研究的意义更在于彼此的了解更加清晰。中日共同历史研究为彼此的了解提供了一个机会。

"人们经常说的中日历史问题，其实包含了政治外交、民众感情与学术研究三个层面的问题，而且三个层面相互影响，呈现相当复杂的情况。解决这一问题，需要政治家、学者及媒体等各方面的共同努力与配合。中日共同历史研究是解决学术研究层面的问题，所以应当把学者间的相互理解作为贯穿始终的原则，尊重历史事实，缩小认识的鸿沟。我们不可能要求在短时间内双方的意见完全达成一致，重要的是两国学者尽量将有关问题的各方面历史资料汇集起来，呈现出真实的历史，建立一个沟通与交流平台。从学者间的相互理解开始，进而促进民间的相互理解，对消除两国关系存在的障碍产生积极的作用，这就是共同研究的主要目的。同时，跨越国境的历史认识的形成也对建立稳固的东亚各国间关系具有积极意义，"步平最后表示。

（记者　吕莎）

张海鹏：搁置历史并非良策

目前，随着自民党麻生政权下台、民主党鸠山政权上台，中日关系可能处于比较平稳、比较积极的状态，东亚地区的和平可能出现比较明朗的气氛。但是需要指出，危机还是潜伏着。构成危机的主要因素，是横亘在中日关系之间的历史认识问题（在一定的意义上，历史问题也包括台湾问题）。

历史认识问题，人们也许只是看做历史观问题，没有给它应有的重视，以为那不过是对历史问题的

张海鹏

看法，并不影响现实。这种看法是把现实和历史问题完全割裂开来了，是一种机械论的观点。我们看看，在一个时期里，小泉频繁参拜靖国神社、日本文部省批准修改历史教科书、化学武器亦即毒气弹的处理问题、"慰安妇"等历史问题与东亚安保及东海油田利益等现实问题交织在一起，曾经深刻影响了现实中的中日关系政治的走向。

我们以什么方法来观察历史认识问题的重要性呢？我看，就要看人们在处理现实问题的时候会遇到多少历史问题的牵制。现实问题中所包含的历史牵制越多，说明它所要处理的历史问题以及历史认识问题越多。包含有历史问题的现实问题处理好了，有关历史的疮疤可能就抚平了，相关的历史认识问题可能就解决了。反之，这样的现实问题处理得不好，说明相关的历史认识问题没有解决，甚至可能因历史问题激发新的现实问题。

所以展望未来的中日关系，我认为还是要从历史认识上着手。那么，"搁置历史"是否可能呢？从1972年中日复交以来的历史来看，历史问题是难以"搁置"的。实际上，中方是希望把历史问题说清楚后就"搁置"起来，重点是向前看，处理好现实问题。但是，每每挑起历史问题、不让"搁置"历史问题的恰恰是日方。

有中国学者指出，只要"搁置"历史，绕过这个"死结"，前途就光明了。这个想法只是一偏之见，未免有些迂腐，很难成为展望中日关系前景的真知灼见。我们反省近百年的中日关系，不是要抓住历史不放，而是要从历史中总结经验教训，使后人变得聪明起来，从而更好地展望未来。当然，这种反省不是单方面的，一个巴掌拍不响，有关双方在观照现实的前提下，采取共同反省历史的态度，这样的反省就可能成为重新前进的巨大力量。"搁置历史"不可取，只有"解决历史"才是正道。学习历史是为了面向未来。

此次中日共同历史研究意义重大，参与的学者在两国学术界都有一定的影响，两国学者对中日关系史的认识大体上反映了两国学术界的认识水平。中日共同历史研究这个平台使得中日双方的学者能够直接倾听、了解彼此的学术观点和主张，实现思想的交流和碰撞，为今后寻求共同的认识提供了一个基础。共同研究对中日两国历史学界的相互了解有好处，而这种相互了解将对两国在政治上的和解可能产生积极影响。重要的是，解读和认识中日关系历史，需要从大处着眼，从中日两国关系未来的发展着眼，从东亚和世界和平发展着眼，如果斤斤计较于琐屑细事，考证于无关痛痒的史实，貌似历史研究，实际无关大局。双方学者和当局应当把握好尺度，从两国历史的共同研究中吸取经验教训，促进双边关系的发展。中日历史源远流长，相互学习和观摩是历史的主流，近代的杀戮只是其中的插曲。抛弃"插曲"，回复"主流"，是我对中日共同历史研究的期望。

（张海鹏：中国社会科学院学部委员、中国史学会会长）

李文海：增进了解才能增加共识

很显然，中日两国由于国情不同、文化传统不同以及社会性质、政治制度、历史观念等等方面的差异，在许多历史问题上的看法有很大的区别。这种情况，我认为很自然，也应该被理解。事实上，不仅两国之间有观念上的不一致，就是中国和日本国内，在社会上和学者中间，也并不是和不可能对所有历史问题的认识都是完全一样的。

李文海

存在不同的看法怎么办？无非是两种办法：一种是各说各的，各自坚持自己的意见，互不接触，互不交锋，深沟高垒，各执一词。另一种是相互接触，相互交流，既坦率陈述自己的观点，也认真听取对方的意见，通过共同研究、共同讨论甚至相互争辩，逐渐地增进了解，增加共识。

这一次中日两国历史学家对中日关系史的共同研究，就是一次很好的尝试，经过两国学者的共同努力，取得了预期的成果，所以应该说也是一次成功的尝试。

具体来说，这次共同研究的积极成果表现在哪些方面呢？我认为主要在以下三个方面。

一是增进了相互了解。过去中日历史学界之间已经有过很多的学术交流，双方的学术观点也有过很多讨论，但像这次这样，对中日关系史的各个方面列出专题，由两国专家分别进行系统的研究，然后双方坦率地交换意见，则是第一次。通过这样的系统研究和讨论，双方都比较深入地讲清了自己的观点，也充分了解了对方的想法，一起弄清了哪些问题存在着共识，哪些问题存在着分歧，意见分歧的症结以及所持的根据和理由。应该说做到这一点十分重要，因为增进了解正是增加共识的前提和基础。

二是在一些重大问题上取得了共识。中日共同历史研究，当然并不是要求在所有的历史问题上都取得完全统一的认识，这样的要求，不仅是难以做到的，也并不符合学术规律。但是，在一些带有政治原则意义和重大历史是非的根本性问题上，通过讨论，使双方的观点逐步接近甚至取得共识，不仅是可能的，也是应该做到的。这种重大问题历史共识的取得，就会转化成促进两国人民长期友好的一个重要的思想基础。这次中日共同历史研究，从双方提供的研究成果来看，在这方面取得了很好的结果。相信这样的共识还会在今后的研究中不断地扩大。

三是创建了一个良好的学术交流、沟通的渠道和平台。改革开放以后，我国同国外学术界的交往日益发展，形式多样，规模空前。今后，要进一步扩大人文社会科学的国际交流，积极吸取国外学术界的优秀成果，采取各种有效措施扩大我国人文社会科学在世界上的影响。这次由中日两国政府倡导、著名学者参与的对一些专门问题进行共同研究的形式，应该是一种很好地探索和尝试。实践表明，只要双方有良好的合作意愿，坚持尊重历史真实的原则，即使存在着学术观点的巨大分歧，也同样可以营造和谐的学术氛围，取得积极的学术成果。

当今世界，文化与经济和政治相互交融，地位和作用越来越突出。学术文化的相互交流，学者之间的密切交往，对建立一个稳定、友好的两国关系，具有十分重要的意义。我想，这也正是中日共同历史研究的重要意义所在。

（李文海：中国人民大学原校长）

章百家：寻求历史共识的重要途径

中日共同历史研究项目自 2006 年底启动以来，经过两国学者三年的努力，已形成第一阶段成果，并已公开发表。

顾名思义，共同历史研究就是由相关国家的学者，对两国关系史上的某个时期或某个专题一起开展学术研究。这不是一件新鲜事。比如法德两国的共同历史研究就已进行了六十年，中美两国学者合作进行中美关系史研究也有二十多年了。冷战结束后，特别是近年来，开展双边的甚至多边的共同研究在国际史学界已成为一种趋势。

章百家

作为一衣带水的邻邦，中日两国的交往源远流长，从古至今两国相互间的影响巨大，中日关系对双方来说都十分重要。以宏观的历史眼光审视，友好是两国交往的主流，但两国之间也曾发生过冲突和战争。19 世纪后期，先行进入资本主义的日本走上了对外扩张的道路，特别是 20 世纪三四十年代日本军国主义者发动的大规模侵华战争给中国人民造成了巨大的灾难。1972 年中日建交时，两国政府在联合声明中阐明了各自对以往战争的基本立场，"日本方面痛感日本国过去由于战争给中国人民造成的重大损失，表示深刻反省"；"中国政府宣布，为了中日两国人民的友好，放弃对日本的战争赔偿要求"。1978 年，中日签订和平友好条约。此后 30 年，两国关系又有很大发展，在中国改革开放的过程中，日本向中国提供了多方面和十分重要的帮助。

中日关系早已发生历史性变化，两国间的交往也超越以往任何时代，但双方相互间的了解还跟不上现实的需要。历史问题仍不时在两国关系中掀起波澜，影响着两国民众的情感，影响着两国关系的健康发展。这就使得两国学者坐在一起，冷静客观地开展共同历史研究很有必要。进行这种学术研究的目的就是通过全面了解历史、正视历史，推动中日两大民族加强相互了解，跳出往昔的羁绊，以利两国关系的长远发展。

179

在共同历史研究项目起步之时，由中日学者组成的委员会决定先采取这样一种办法，即分别阐述各自对历史问题的认识，而不急于寻求一致结论。这是个十分明智的选择。在论文初稿写出后，两国学者就彼此的观点展开讨论，随后又对各自的论文做了认真修改。作为第一阶段成果发表的论文包括古代和近代两部分。中方学者提交的论文组成了一个比较完整的体系，相当准确地反映了中国学术界的主流意见，每篇论文都力求做到观点清晰、论证严谨。日方学者的政治倾向虽然不尽相同，观点也有所差异，但他们的论文在总体上也较好地反映出战后日本历史学界对历史问题的主流认识以及不同意见，其中不乏有见地和有启发的观点。

共同历史研究第一阶段的工作和所形成的成果还只是初步的，但我认为有这样三点值得重视。

第一，双方对对方关于历史问题的认识、特别是学术界的主流意见有了比较全面和深入的了解，尤其在人们最关心的近代史部分。应该说，双方参加这一项目的专家原先对彼此的情况就比较了解，但通过系统的阐述和全面对话，双方都感到收获不小。中方阐述的基本观点得到了日方多数委员的理解，一些误解和偏见消除了。日本学者的论述则有助于中国学者全面了解对方史学界对历史问题的认识，准确把握其主流意见和不同观点。

第二，从起步阶段交流的情况看，双方存在着求大同存小异的良好基础。关于近代部分，经过热烈的讨论，双方学者就中日战争的性质判断达成了基本一致的共识。日方学者在论文中明确承认并谴责日本军国主义对中国的侵略，揭露战争对中国人民造成的巨大伤害，并说明这是日本历史学界的主流观点。依据各自掌握的史料和所进行的研究，学者们也交换了对一些问题的不同看法，但双方从大局出发，没有陷入对具体历史问题的争论。

第三，进一步开展共同历史研究很有必要。中日两国的历史文化的确有相通的一面，但也有不同的一面，人们对此往往认识不足。通过第一阶段的研讨，两国学者都感到，中日之间不同的文化背景、历史经历和国情是产生历史叙述的差异和不同历史认识的重要原因。只有通过持续的交流和探讨，才能在历史问题的各主要方面形成共识，并使这种共识具有深厚的基础。

　　共同历史研究是一个长期项目，目前仅处在起步阶段。将双方学者第一阶段的成果用两种文字在两国同时公布，不仅有助于两国的舆论界和民众全面了解两国学术界对历史问题的认识，也有助于消除误解与偏见，扩大两国史学界主流意见的影响。开展共同历史研究是寻求历史共识的一个重要途径，两国参加这个项目的学者只是先行官。这个项目还需要更多的关注、支持和更广泛的参与。中日关系不仅对双方来说十分重要，作为亚洲的两个大国，中日关系的健康发展对亚洲和世界的和平、稳定与繁荣也具有重要意义。从这一大局出发，我们所期待的是中日两国人民对历史与未来的更广泛的共识。

　　　　　　　　（章百家：中共中央党史研究室副主任、研究员）

工藤元男：重大问题认识力求一致

　　关于中日共同历史研究的事情，我很早就在日本的报纸上看到了，这当然是一个很有意义的事情。大家对同一问题进行共同研究，得出相同或不同的结论，其实都是交流，而这种学术上的交流对于减少历史认识上的分歧、促进互相理解，一定是有积极作用的。学术上的研究一般十分严谨和理性，不会只是情绪的宣泄，这实际上给中日双方也提供了一次理性看待历史的机会。

工藤元男

　　至于分歧，我想是可以理解，也是很正常的。因为每个国家都有各自的利益和立场，出发点不同，结论当然会有差异，另外还有研究方法的不同，所以中日联合历史研究中的冲突和分歧是很难避免的。对于这些分歧，不要故意去回避，应该呈现出来，并要正视它，因为它的确存在于我们的历史当中。一提到分歧，一般都会想到近现代日本对于中国的战争，实际上对于这段历史，中日学者不存在非常大的差异，尤其是对于战争性质的认识，几乎一致认为是日本对中国的侵略战争，分歧主要还是出现在一些具体、细微的问题上。中日学者在古代史方面也有分歧，这首先体现在历史的断代上，比如中国学者认为鸦片战争以前都叫古代史，日本学者对此则有不同的看法。此外，在中日关系史的认识上，两国学者也是各有看法，互不一致。

大家存在不同的历史认识，还会体现在教科书的编写过程中。我现在正参加一个由日本东海大学教授藤家礼之助主持的《东亚历史教科书》的编写工作，参与这项工作的还包括中国、韩国和越南的学者，2010年底拟完成。在编写过程中，你这样认为，我那样认为，因此难免有分歧，而对于这些分歧，我们现在考虑的是，将各国学者的认识都分别体现出来，而不是去掉不同，同时也没必要都互相妥协，不妨带着这种不同，然后把教材编写出来。我认为，存在着这些不同，然后相互之间能够直率地表达这种不同，本身就是有意义的事情。当然，在重大问题的认识上，我们还是应在尊重史料的基础上，力求取得一致，虽然难以完全一致，细微之处可能会有分歧，但大致方向应该趋同，这当然也是共同编写历史教科书的意义所在。

（工藤元男：日本早稻田大学文学学术院教授）

谷中信一：努力追求真实一致的历史表达

谷中信一

无疑，历史研究者希望能够编写出完全符合事实的真实历史，但是这种真实程度究竟能有多大可能得到保证，尤其是当面临各种影响因素的介入时，我们又是难以确定的。各国都会有各自的立场，这是无法回避的事实。历史是对事实的挖掘和陈述，但从不同的立场出发，即便是相同的史料，在不同的选择与解读之后，也不一定会产生同样的结果。更何况，编写历史又不可能只写历史中的事实，一定会有对历史事实的评价，这样历史编写者的主体性就会体现在这个过程之中，并且尤其明显。

在日本史学界，包括写日本史的部分，不同的史学家对同一个问题都会有不同的看法，观点常常相左，这说明即使是在本国历史的编写过程中，也是存在这个问题的。当涉及外国史时，它受到政治的影响便更为突出，完全摆脱政治而独立的历史编写是非常困难的。特别是写中国这样一个拥有国际影响力的大国的历史，而且它同日本的关系又是如此的复杂和敏感，日本学者在写这样一个国家的历史时，有一些问题无论如何是无法回避的，而这些问题往往也十分敏感，所以，在同时受到国内政治和国际政治的双重制约情况下，写近现代史一定是非常难的一件事。我相信参与这次共同历史研究的中日学者一定都在努力地追求真实一致的历史表达，但同时，我也能够理解到这种努力背后的复杂环境。

（谷中信一：日本女子大学教授）

荣维木：建立跨越国境的历史认识

20世纪90年代中后期，日本出现了历史修正主义思潮和编写"新历史教科书"的狭隘民族主义动向。在此背景下，以澄清历史并构建以东亚各国人民相互理解为目标的跨越国境的历史研究纷纷出现。如20世纪90年代后期，日本一些大学分别组织了由日本、美国、中国（包括台湾）、韩国学者参与的关于"东亚的相互认识与误解"的研究，就东亚历史认识的问题点进行讨论，并提出了研究报告。同一时期，

荣维木

日本与韩国的教育机构及学术团体分别建立了共同研究的机制，如首尔市立大学历史教科书研究会与日本东京学艺大学历史教育研究会组织的"日韩历史教科书讨论会"，两国历史学与历史教育的10个团体建立的"日韩历史学会共同历史研究讨论会"等。在这些研讨中，提出了东亚的共生与历史教科书问题，并针对这些问题形成了以共同研究为基础的成果。

进入21世纪后，东亚各国学者与教师的共同研究局面有了新的进展，

并且出现了新的成果。其中有代表性的如：从 2002 年开始，中日韩三国学者、教师和市民团体的代表组织每年一届的"历史认识与东亚和平论坛"，在讨论的基础上，建立了中日韩三国共同历史编纂委员会，经过 3 年的共同研究与讨论，2005 年在三国共同出版了《面向未来的历史——东亚三国的近现代史》。目前，三国学者继续合作，正在撰写深入阐释东亚共同历史的新书。另外，早在 2001 年，日本就成立了"日中年轻历史学者会议"，讨论以历史问题为背景的中日两国社会变动的情况。经过 5 年努力，2006 年在日本与中国同时出版了《跨越国境的历史认识》。该书就中日历史认识中涉及近现代史方面的许多问题，进行了深入的讨论与研究。日韩两国学者、教师经过努力，出版了《日韩交流的历史——从古代到现代》。此外，如日本广岛县教职员工会与韩国大邱市教职员工会还组织了日韩共通历史教材制作组，共同编写了《朝鲜通信使：从丰臣秀吉侵略朝鲜到友好》，日韩两国的妇女团体组织共同历史教材编纂会，联合编写了《从女性的角度看日韩近现代史》等。

（荣维木：《抗日战争研究》执行主编）

（本期特别策划采写工作组：吕莎、王建峰、潘启雯）

借共同研究推动对历史问题的超越
——访中日共同历史研究中方首席委员、中国社会科学院近代史研究所所长步平

步　平

《中国社会科学报》记者（以下简称"记者"）：步所长，您好。中日共同历史研究的第一阶段已经圆满完成，请您谈谈进行共同历史研究两年来的感受。

步　平：我想先谈一谈中日两国进行共同历史研究的初衷。历史认识问题长期以来是影响中日关系顺利发展的一块绊脚石。战后，日本一部分右翼与保守势力否认侵略事实、回避战争责任的

态度伤害了受害国人民的感情，而这种态度由于部分日本政治家不负责任的言论及参拜靖国神社的举动而被放大。这与整个东亚国际关系的发展是不协调的。其实，中日战争已经是几十年前的事情，而中日早在１９７２年就实现了邦交正常化，1978年缔结了和平友好条约。在战争结束半个多世纪后的今天，中日两国都面临着建设和平安定的东亚的任务，需要解决阻碍历史前进的问题，不能让那种否认侵略战争责任的言行继续破坏东亚国际关系的发展。中日共同历史研究其实是希望通过中日两国学者间讨论历史认识的尝试，进而对沟通两国民众间的感情、建立稳固的东亚各国间的关系作出努力。

记　者：多年来，中日历史问题严重影响了双边关系，但是历史问题似乎不仅仅体现于政治层面。

步　平：所谓的历史问题，实际上表现在政治判断、民众感情和学术研究三个层面，这三个层面相互交错，严格把握其界限并不容易，因此中日历史问题呈现出十分复杂的局面。比如，上述日本一些政治家的言行当然会伤害民众的感情，感情的恶化则反过来影响政治关系，导致问题的复杂化。又比如，包括南京大屠杀中确切的死亡人数的统计，本来是需要实证研究解决的学术层面的问题，但由于有人鼓吹"南京大屠杀虚构论"，激起了战争被害人的强烈反感，又影响到中日关系的政治外交层面，结果学术研究不能排除感情因素的影响甚至政治化，所以就不可能冷静地进行了。我们需要厘清这三个层面的关系。把政治层面的问题作为学术研究的问题思考，就会被导入无休止的争论。期望通过经院式的讨论缓解民众情绪，也不现实。但对于从学术问题衍生出来的涉及政治或感情方面的历史认识问题，学者需要从学术领域进行研究，注意不要使这些分歧扩大到两国民众的感情层面，更不要转化为政治问题。

中日共同历史研究的目的首先是解决学术层面的问题，然后再去影响政治与民众感情。政治判断的正确性与准确性有赖于学术研究的科学性，而民众的历史记忆也越来越多地依赖于历史教科书和媒体，两者的正确与准确，也源于学术研究的科学。虽然战争的直接经历者的记忆是民众集体记忆的根据，但是这种记忆有点淡化了，毕竟已经过去很久，参加过战争的一代人很多都不在了，他们的战争体验对后代人的影响力也越来越小，当代人关于战争只有抽象的概念。对战争的抽象认识容易将下一代引向误区。学者需要做的首先是把比较健全和准确的知识呈现出来，建立共同历史认识的意义已经超越了政治和情感层面，是和平与发展的目标所提出的要求。

记　者：中日共同历史研究要实现什么样的目的？

步　平：前面已经说过，历史问题存在于政治外交、民众感情和学术研究三个层面。政治外交层面，需要通过严格遵守中日间几个政治文件的原则来解决。学术研究层面的问题，通过两国学者遵循学术规范的共同研究也能够得到一定的解决。而在解决比较复杂的民众感情层面问题的时候，学者间的共同研究具有特殊的意义。学术研究在确认历史事实，即实现历史事实的共有的方面如果有进展，就为民众间的相互理解打下了基础。只有在共有历史事实的基础上，才有可能建立跨越国境的历史认识。具体到中日历史的问题，比如日本民众一般是从战争被害的角度认识当年战争的，其中一个主要原因是他们不了解其他国家民众的战争被害实情。而学者的责任是将那些情况告诉民众。从这一角度看，共同历史研究就是要促进中日两国民众在历史问题上的相互理解。

有人认为，同日本学者坐在一起讨论问题就等于承认了他们的观点，就是中国学者的失败。这种认识是很偏激的。共同历史研究是在学者间提供一个安静和冷静的空间，听取对方的意见，阐述自己的主张。这些年来，我们常常讲"要在学术上展示中国气派"，"要争取在国际社会中的话语权"，这里的"话语权"当然不是"自说自话"，如果没有讲话与对话的环境，又何来"话语权"呢？

此外，共同历史研究在客观上也拓宽了学者观察、思考与研究国际问题的视野。这些年来，中国的历史学一直在强调"从中国看世界"与"从世界看中国"的两个角度，有的历史学家还早就提出了"全球史"的观察角度。这是针对我们习惯了的从本国的角度观察世界和历史的视角。当我们跳出单一的国家的视角来研究历史、观察世界的时候，可能会认识一个新的以往并不了解的世界。扩展视野对于国际化程度越来越深入的中国是十分必要的。共同历史研究在这方面也可以说是一种尝试。

（步平，中日共同历史研究中方首席委员、中国社会科学院近代
史研究所所长）

（记者　吕莎）

在历史长河中认识中日关系

"在进行共同研究时，考虑到不应割断历史，需从中日关系发展的历史长河中把握其规律与特点，总结其经验和教训，故而分成古代史研究和近现代史研究两大部分进行，"北京大学历史学系教授王新生接受记者采访时强调了古代史研究在共同研究中的必要性。中日历史共同研究实施框架也曾明确，对两国历史的研究不只是对近现代史这一段的研究，还应研究两千年的中日交往史。

据悉，这次古代史研究设置的课题，包括"东亚国际秩序与体系的演变"、"中国文化的传播与日本文化的创造性发展诸形态"、"中日两个社会的相互认识与历史性特征的比较"等三大部分。每个部分又分别有两个具体研究题目："东亚国际秩序与体系的演变"部分有"七世纪东亚国际秩序的建立"和"十五到十六世纪的东亚国际秩序与中日关系"两个题目；"中国文化的传播与日本文化的创造性发展诸形态"部分有"思想、宗教的传播与演变"和"人与物的流动"两个题目；"中日两个社会的相互认识与历史性特征的比较"部分有"中国人与日本人的相互认识"和"中日政治社会结构的比较"两个题目。

双方成果相互补充

参与中日历史共同研究的委员称，对于古代史方面的多数问题两国学者基本上是在学术探讨的气氛中进行研究和讨论，虽然存在意见分歧，但还是"比较轻松"。

北京大学历史学系教授王晓秋认为，在某种程度上，中日关系史实际上是中日两国相互认识的历史。在研究中，他提出了"日本人与中国人的相互认识"的课题，日方学者对此十分感兴趣，双方协定分别负责完成"古

代中国人对日本的认识"和"古代日本人对中国的认识"两个题目。

"互相的认识是一个发展的过程，是不能割断的，但在古代漫长的近两千年的历史里，中日互相认识究竟是怎样发生的，这方面的专门研究比较少，实际上却很重要，只有了解过去，才能了解今天，才能展望明天。所以我们今天对日本人的认识应该是建立在对古代、近代、现代这样一种认识和反思、总结的基础之上，来更加全面客观地认识日本。"王晓秋说。

就课题的完成过程，王晓秋总结出三条有利于中日交流和互相认识的条件。第一，两国之间建立睦邻友好的外交关系，是两国互相交流和认识的重要前提。从古至今，每个朝代情况不尽相同，唐朝时中日交往频繁、关系融洽，但是明清时期，由于两国的闭关锁国政策，交流相对较少。第二，经济文化的交流对两国的互相认识非常重要，即两国之间一定要有物的往来。在古代更多地是从中国传到日本。隋唐时期，日本学习中国的各个方面，到明清的时候，虽然闭关锁国，但仍有贸易，那时中国的书籍仍然能够传到日本。从日本传到中国的，有刀和折扇等等。第三，双方人员的交往对于两国的互相认识也非常重要。比如日本遣唐使，一般都是选拔比较优秀的日本人，他们的言谈风度，受到中国文人和官员的尊重，唐玄宗也曾与他们唱和诗歌，还让人画下他们的肖像。然而，这在明朝出现转折。明朝之前，文章或诗歌中描写的日本人，大部分都是正面积极的，到了明朝，由于开始有倭寇的骚扰，中国人对日本人的认识有了很大转变，开始有文章和诗歌描绘日本人的狡诈和凶残了。

对于中方的研究成果，日方学者十分赞赏；在日方学者相对应的课题——"古代日本人对中国的认识"中，王晓秋看到了他因条件限制而无法涉及的那部分研究，"整体来看，我们的研究成果是互相补充的。"

"朝贡体制"与"倭寇"问题生分歧

虽然共同历史研究古代史组在讨论的时候气氛比较轻松，但并不意味着不存在分歧和争论。

据介绍，分歧首先体现在如何整体性把握中日关系史上。日方学者认为，"日本研究者欲从中国史和日本史相互联系的东亚地区的世界史中加以把握，中国研究者则欲将中国史定位为多民族组成的中华民族史，而将对外关系史定位在其外缘。"此外，双方学者都强调，近代以前友好往来是中日关系的主流，但并不等于没有冲突，近代侵略战争对中日关系造成的负面影响很大，但近代中日两国间的文化交流也仍然存在，不能简单地概括为"前近代友好、近代不幸"。

王新生教授承担的是"十五到十六世纪的东亚国际秩序与中日关系"研究题目，最终研究成果全文约有 2 万字，共分 4 个部分，即明代朝贡体制、中日封贡关系、东亚区域贸易和冲击地区秩序等。日本东京大学教授村井章介撰写了相同题目的论文。其中，双方关于"朝贡体制"和"倭寇"的分歧成为争论的焦点。

双方论文均从区域史的角度分析中日关系史，即以中国政权主导的"朝贡体制"为中心构筑东亚地区国际秩序。中方学者论文均用较大篇幅论述该体制、中日关系以及相互之间的"封贡关系"与"勘合贸易"；日方学者论文多从国内政治角度叙述日本加入册封体制的过程以及大陆明朝之外的周边国家之间的相互关系，特别是琉球与东南亚之间的关系。王新生认为，日方学者有淡化"朝贡体制"在地区国际秩序中作用的倾向。

在中日关系方面，双方论文均主张日本时隔九百年之后再次加入以明朝为中心的"朝贡体制"（或"册封体制"），并以"勘合贸易"为基础形成东亚区域经济贸易圈。中方学者论文强调双边官方关系的维持对稳定两国关系乃至地区关系的重要性，因明朝及室町幕府的政治紊乱造成国内局势、双边关系、地区关系的混乱；而日方学者论文侧重跨越国境、海境的民间交流的意义，甚至将对抗或战争作为积极因素加以评价。双方在"倭寇"问题上也有不同的看法，尤其是对前期倭寇的构成以及后期倭寇的作用评价有所不同。中方学者论文指出前期倭寇基本由日本的武士、商人、渔民等组成，在侵扰朝鲜半岛和中国大陆沿海地区时也有当地人参加；日方学者论文则过多强调当地人的参加。中方学者论文主张无序的海外贸易对中国沿海地区乃至整个明政权造成极大危害，而且日本方面有不可推卸的责任，但日方学者论文对后期倭寇则表现出积极评价的倾向。

另外，双方论文还在分析丰臣秀吉侵略朝鲜的战争时发生分歧。中方学者论文强调丰臣狂妄的野心对东北亚三国乃至地区关系造成的危害，并导致了其后中日官方关系中断、日本再次游离于地区国际秩序体系之外的结果；日方学者论文却将其作为边境军事国家的抬头以及对中华帝国的挑战，带有积极评价的倾向。

不过，尽管双方围绕上述分歧进行了学术性的质疑，但对双方将中日关系放在东亚区域史中加以考察的倾向作出了积极评价，并在史料的运用和具体的新观点上也给予了相互肯定。

中国文化对日本的影响贯穿古代史

中方学者在与日方学者的共同研究和交流中发现，中日两国的历史其实是两千多年的文化交流史。在中方学者看来，割断古代史，便难以捕捉当今中日民众之间感情的微妙变动，甚至都无法找到鲁迅在日本与藤野先生留下佳话的缘起。

有日本学者曾指出，中国文化对于日本文化而言就像是石膏一样的凝固剂，日本文化的形成离不开中国文化。谈到鲁迅和藤野先生的师生佳话，至于藤野先生为什么如此照顾鲁迅，中国学者指出原因正在于中日文化的渊源，而藤野先生也曾提到"日本受到过中国文化的恩惠，今天中国的学生来到日本，理应帮助他"。可见日本文化受中国文化影响之深远。

双方学者称，中日两国均处于东亚的文化圈，在东亚文化中，中国文化对日本文化的影响贯穿整个古代史，而日本文化的独特性也在这一期间得到了体现。在这段历史里，民间交流源远流长，中日民众友谊的内容丰富多彩，因此，通过对这段历史的研究，还可以为两国民间的交往找到更多的情感基础。

（记者　王建峰）

哥本哈根　路向何方

记者　范勇鹏　怀畅

2009 年 12 月 7 日，《联合国气候变化框架公约》第 15 次缔约国会议暨《京都议定书》第 5 次缔约方会议将在丹麦哥本哈根召开。在本次会议上，各方能否就 2012 年后国际气候制度达成一个全面、综合和有力度的国际协议以接替到 2012 年失效的《京都议定书》，成为一个世人所关注的问题。

自从 1827 年法国科学家让·富里叶首次提出温室效应理论以来，人们对于自身居住环境的重视程度不断增加，减少大气污染、实现人类的可持续发展已经成为一个全人类的共识。全球气候问题不但将影响着每个人的生活方式和未来，更深刻改变着传统国际政治的游戏规则。

英国著名学者巴里·布赞在接受本报采访时，对环境问题和全球政治的关系做了如下评论："如果南北极的冰盖融化了，海平面上升 16 米是很正常的结果，想想浦东和伦敦会发生什么吧。历史的动力都发生在比较平稳的环境下，环境的改变自然会改变游戏的规则。而到那时，我们现在所研究的一切都毫无意义了，因为我们将处在一个截然不同的国际政治之中。"

四大议题

作为《联合国气候变化框架公约》第 15 次缔约国会议暨《京都议定书》第 5 次缔约方会议，本次哥本哈根会议无疑是以往会议的延续。2007 年 12 月，在印度尼西亚举行了《联合国气候变化框架公约》第 13 次缔约国会议暨《京都议定书》第 3 次缔约方会议。会议启动了替代《京都议定书》的谈判进程。大会最终通过"巴厘岛路线图"，决定在 2009 年年底前就应对气候变化问题的新安排举行谈判。这一路线图为关键议题确立了明确议程，计划在 2009 年的哥本哈根会议上达成新协议，接替将于 2012 年失效的《京都议定书》。

面对以往《京都议定书》经过磕磕绊绊、几次险些流产且历经 8 年时间才得以生效的局面，本次哥本哈根会议能否实现成功跨越，关系到整个气候变化谈判的未来前景。这场被寄予厚望的会议被称为"人类最后一次挽救地球的机会"，而会议的失利则无疑会成为全人类不可承受之重。

哥本哈根，这是个产生过安徒生童话的地方。童话中常见的大团圆结局能否在这里上演，全人类能否看到一个全面、综合而有力度的国际气候协议接替《京都议定书》呢？如果将哥本哈根会议上产生的新国际气候协议比作一张桌子的话，那支撑这张桌子的四条桌腿无疑就是减缓气候变化、适应气候变化、技术开发和转让、资金这四大问题。

在以往的国际气候谈判中，发达国家关心的是以温室气体减排为代表的减缓气候变化的问题，而发展中国家所关心的适应气候变化、技术开发和转让与资金这三大问题也在 2007 年达成的"巴厘岛路线图"中体现了出来。但是围绕这四个问题的争论一直没有结束。

将研究精力放在建立更精确的气候变化模型上，还是放在关注社会如何适应气候变化所产生的影响上，科技界一直争论不休。在技术开发和转让问题上，发展中国家急需发达国家提供先进技术用于提高能效、开发可再生资源。以美国为首的几个发达国家却坚持认为，技术属于专利，不能随便转让。在资金落实问题上，各个发达国家也因为援助的数额和责任争吵不休，至今拿不出一套完整的可兑现方案。

自 18 世纪工业革命开始到 1950 年，人类温室气体二氧化碳的排放总量中，发达国家占了 90%，从 1950 年到 2000 年，发达国家的排放量仍然占了人类总排放量的 77%，发达国家无疑应该为全球气候的变化问题负主要责任。气候谈判的一个基本原则是"共同但有区别的责任原则"，但如何理解这个原则则考验着各方的智慧，一张桌腿高矮不一的桌子是站不稳的，如果各方不能在减缓气候变化、适应气候变化、技术开发和转让、资金这四大问题上达成一致，那么众所瞩目的新的气候协定无疑是一个空中楼阁。

科学争论和政治博弈

有专家指出，在现代国际社会，对任何一个全球性话题的讨论，哪怕是所谓最纯粹的"学术"问题的讨论，都不可能不受到政治、文化、意识形态、国家利益等诸多"非学术"因素的影响。这是一个基本事实，也是一个基本常识。减缓气候变化是一个全球性课题，也反映了绝大多数地球居民的诉求，但如何减缓则牵涉到各个国家的具体利益，隐藏在这些具体利益背后的还有社会制度、意识形态、历史传统等方方面面错综复杂的现实需求。这就决定了科学与政治成为影响气候谈判的两大基石。20 世纪 60 年代末，世界第一次现代环保运动开始兴起。人类对气候研究的重点开始转移到研究人类如何在无意中改变地球气候。几十年来，世界科学家中多数人承认全球气候变暖是一个科学事实。而政府间气候变化专门委员会（IPCC）也得出结论："20 世纪中期以来，大多数对全球平均气温升高的观察表明，气候系统变暖是由于人类温室气体集中排放在大气中累积的结果。"

虽然科技界达成了基本共识，但在其他一些重要问题上，仍然存在着激烈的争论。比如，欧盟国家认为，到 2050 年，将升温幅度控制在 2 摄氏度这一长远目标是合适的和可行的。而有些科学家则认为北极地区的温度上升幅度将远远高于全球，北极地区的迅速升温将使冻土地带中冰封的甲烷气体释放，甲烷气体的大量释放又会使气候系统进一步升温——这种恶性循环最终将使升温控制的目标成为"科学幻想"。面对气候系统的升温，全球的洋流和季风也将发生变化，这将最终影响全球水资源分配的格局。而以中国科学家郭增建的"深海巨震降温说"为代表的各种对气候系统内部调节机制的研究，也在气候变暖趋势问题上众说纷纭。

正如著名的"蝴蝶效应"理论所揭示的，影响气候变化的自变量多不胜数，因而人们对于全球气候变化的科学认知仍然存在着众多争论。

如果说在科学问题的争论上至少是大家在用"同一种语言"说话，那么在政治上，各方所争夺的无疑是制定规则的话语权。《京都议定书》是第一个全球温室气体减排的国际行动方案，其"cap and trade"（总量控制下的配额交易）的原则创造了"碳交易"这个概念。"碳交易"概念由于具有灵活减排的效果受到了各方的好评，但是也因为西方国家借此从发展中国家廉价购买碳排放权以支持自己奢侈的消费方式，同时又限制发展中国家发展而广受批评。

美国还创造了"碳关税"这个新词汇，打算对每一种超出标准的产品征收相应的关税。这一方案如果通过，那么改变的不仅是气候行动机制，更是对全球贸易机制的巨大改变。中国现代国际关系研究院经济安全中心主任江涌表示："它是一把达摩克利斯之剑，悬挂在发展中国家的头顶上"，是强制发展中国家接受美国的游戏规则。而北京大学国际关系学院教授张海滨更是认为："它的重点不是在用，不是在实施，而是一种威慑和威胁。"

有专家指出，在以往的气候谈判中，各国往往对远景目标态度明确、高调频弹，但对于具体的实施计划则激烈争吵，可以说对于气候话语的争夺背后是政治权力的斗争。科学上的争论和政治上的博弈必将成为哥本哈根会议绕不开的两大难题。

中国的立场

1979 年 2 月，世界气象组织在日内瓦召开了第一次气候变化大会。我国政府派出了以北京大学谢义炳教授为团长的专家代表团。这是中国加入国际气候合作框架的开端。当时的中国刚刚进入改革开放的新时期，对于国际多边谈判也并不熟悉，在全球气候与发展问题的舞台上无疑还是个虚心的观众。然而在短短 30 年的时间里，中国已经成为这个舞台上当仁不让的主角之一。

30 年改革开放带来的快速发展不仅使中国成长为世界第三经济大国，也使中国成为主要的温室气体排放国之一。诺贝尔经济学奖得主保罗·克鲁格曼说："中国如果沿着西方过去肆意排碳的道路走下去，我们这个地球就会毁灭。"不少西方人认为，中国的态度影响着谈判的成败。

然而中国却面临着异常复杂的局面。在谈判桌上，面临着西欧、美国和发展中国家不同立场的相互抵牾。

西欧国家对减排的要求最为积极。这些国家的能源消耗量已经基本稳定，法国能源的60%来自核电，而瑞士90%以上的能源来自水电，减少排放对它们的经济影响不大，而自身环境却能得到改善。美国、日本、澳大利亚等国是能源消耗大国，核能所占的比重又比较小，减少碳排放对它们的经济影响很大，它们自然极不情愿减排。

发展中国家也是心思各异，积极支持减排的是海岛国家，特别是太平洋上的小岛国，它们本身排放量很小，但很怕气候变暖后海平面升高，国土萎缩甚至沉入海中。它们提出的减排指标比西方国家的更高。中东各产油国如沙特阿拉伯、科威特、伊拉克等国反对减排，因为减排就意味着减少它们的能源出口量，大大削弱它们的财源。南非、巴西等国由于拥有一定的环保技术和产业优势，其立场有松动的可能。

有专家指出，南北矛盾、北方矛盾、南方矛盾和大国矛盾四对矛盾纵横交错，考验着中国外交纵横捭阖的能力。在国际关系中，中国面临着欧盟渐趋统一的对华环境外交框架，美国也将环境问题作为中美关系中的重要因素，太平洋小国也对中国施加了巨大压力。在这种背景下，中国需要冷静而慎重地选择战略立场和应对策略。西方国家是否在利用减排问题限制中国的发展？美国在封存国内石油储备的前提下，大力提倡玉米乙醇等新能源，这是否是在人为制造粮食危机？如何让世界倾听到中国的声音，而不再成为西方规则的被动接受者？对这些问题的战略性思考无疑会对中国的政策产生巨大的影响。

在复杂的气候谈判局势下，既要推动谈判的进程，又要维护自身的利益，这对于任何一个国家都无疑是"戴着镣铐跳舞"，全世界都在关注着中国到底怎么做。5月21日，中国政府发布了关于哥本哈根会议的立场，坚持发达国家作为整体，应到2020年在其1990年水平上至少减排40%。6月21日，中国国家发展和改革委员会副主任张晓强表示："到2020年，中国将使可再生能源比例占到中国能源总消耗的20%，从而超过欧洲。"9月22日胡锦涛主席在联合国气候峰会上发表演讲，更在国际协定之外，宣布了带有自愿承诺性质的发展目标。

中国一方面强调发达国家的减排责任，认为如果没有发达国家对发展中国家在资金、技术上的支持，气候合作机制将难以为继；另一方面中国也在提高自己的环保标准，在减排和新能源方面迅速向发达国家看齐，可以说中国正在为哥本哈根新协定的达成作出坚定而有效的努力。对此，美国气候变化问题总统特使斯特恩也不得不承认："任何指责中国没有做事的人都没有去看中国正在做什么"。

多视角解读哥本哈根

时间已经不远了，哥本哈根就在前方，但此时的哥本哈根无疑成了一个神秘的、充满无限张力和象征意味的符号。不久之后，这里将成为科学猜想与反驳的会场、成为经济利益谈判与博弈的会场、成为政治权力和规则权利争夺的会场、成为全球化与反全球化对抗的会场、成为多层次行为体沟通的会场……它还将成为什么？似乎没人说得清，又似乎一切都有可能。从这个意义上说，哥本哈根会议无疑是冷战后"碎片化"时代的又一个标签，而只有对这个符号进行多重解读才有可能还原这个已经"碎片化"的全球性议题。

近日，在本报举办的以哥本哈根气候谈判和环境问题为主题的"全球气候问题"研讨会上，与会的国内有关学者对于这个"碎片化"的议题进行了多层次、多角度、多学科背景的深度解读。专家们在新能源、气候谈判的关注点、国际环境机制、非政府组织的作用、中国的气候谈判立场等各方面进行了详细阐述。

专家们学术上的解读毕竟不能代替真实的谈判，全球气候与发展问题的谈判不是一个可以不触动各方既得利益，制造出"帕累托改进"效应的谈判，但这个谈判的长远目标无疑将使全人类获益。毕竟我们生活在同一个地球之上，我们的家园只有一个。托尔斯泰曾经说过，要想自己幸福，首先要给别人幸福。哥本哈根会议能否为全人类的幸福带来希望，这考验着参会各方的政治智慧，也让全世界拭目以待。

潘家华：虽无"阴谋"利益确在

气候问题不是"阴谋"

气候变化问题是一个非常复杂的问题，既有科学性，又有伦理性，还有政治性。从任何一个方面来看都是不全面的。比如，有部分人单纯从政治性来看待气候变化问题，提出了某种"阴谋论"。究竟气候变化议程是不是一个"阴谋"，我认为要从三点来判断。

潘家华

首先，要看有没有一个科学的共识。如果有科学根据，那么所谓的"陷阱"和"阴谋论"就站不住脚。目前看来，关注气候变化和环境问题是有科学根据的，例如从政府间气候变化专门委员会（IPCC）等所提供的气候问题报告来看，包括中国在内的各国科学家都认可人类面临环境危机这一现实问题。因此，"阴谋论"这一说法是不客观的。

其次，要看各国政治家是不是有这样一种认同。在今年的"G8+5"峰会上，各个国家的首脑包括中国的胡锦涛主席，都认同气候变化这样一个挑战，认为人类需要采取行动。目前没有任何一个国家的政治家否认气候变化问题，反对采取行动。虽然美国前总统乔治·布什曾经反对气候变化议程，但是现在各国领导人基本上达成了共识。如果发达国家、发展中国家领导人都在这个问题上取得了共识，它怎么可能是"阴谋"呢？在一些问题上，比如裁军、人权等，各国存在着较大的政治分歧，因而"阴谋论"有一定的解释力，但是气候、环境问题不存在政治分歧，因此不应当简单地将之看成是发达国家的"阴谋"。

最后，减少温室气体排放是有成本的。从这一点上看"阴谋论"有某种存在空间，因为控制温室气体的排放也就控制了能源的消费总量、经济发展的速度和规模，涉及各个国家的相对收益。但是，我们又要从两个方面来看这个问题。一方面，现在发达国家并没有强制发展中国家必须和它们一样大幅度减排，发达国家承认自己的责任，也承认发展中国家发展的权力；另一方面，发达国家承诺了在资金和技术上给予发展中国家必要的帮助。由此来看，"阴谋论"并不成立。

中国积极减排　但不盲目承诺

我们认同气候问题，不将之看做"阴谋"，并不意味着中国没有自己的立场。中国不可能跟发达国家一样实行大幅度的减排行动，我们有自己把握和自己的行动。"巴厘岛路线图"限定的是发达国家的减排责任，而我们承担什么样的减排责任是中国自己的事情，是我们在自身条件基础上对国际社会做出的承诺。现在中国的单位 GDP 能耗在下降，单位 GDP 碳排放在下降，这是实践"科学发展观"、搞可持续发展的成果，这是中国对应对全球气候变化作出的积极贡献，而非受制于国际压力的结果，跟外国没有什么关系。

从安全上考虑，客观上要求我们使用可再生能源，减少温室气体排放，因为现在的温室气体和大气污染物在很大程度上是同源的，比如二氧化硫。控制其中一个问题就相对控制了另外一个，二者有一致性。

在经济全球化的背景下，中国是世界经济体的一部分。发达国家都在讲低碳经济和低碳发展，如果我们的产品没有这些技术含量，也不利于我们企业走向世界。例如，欧盟规定在其境内降落的飞机必须符合其最低排放标准和排放配额。所以，我们的企业有必要在这方面加强创新，赶上和树立自己的高环保标准。

中国客观认识自己的发展阶段，不可能对环境问题有任何盲目承诺。同时，我们也要切实采取行动，这符合我们自身利益。在全球气候变化议程中，中国的立场是：我们会采取行动，但是不可能超越我们的发展阶段和经济能力。

（潘家华　中国社会科学院城市发展与环境研究中心主任、研究员）

（张小溪／整理）

许铁兵："阳谋"也有"阴招"　谈判还需高招

我认为哥本哈根会议是发达国家的"阳谋"。"阳谋"不同于"阴谋"，但是却有可能以"阴招"来操作。最早一批具有全球治理观念的人在推动全球气候问题的时候并没有卷入意识形态的对立和国家利益的博弈，因而当时也不存在对中国的"妖魔化"。从某种程度上说，那一代人是希望通过使气候问题成为一个全球性议题的方式来对资本主义生产方式和消费方式进行批判与纠正。但是，任何普遍性的价值都有可能会被工具化和人为操作，因此中国不可避免地被列入"靶子国"行列。美国和欧盟等试图把气候问题的责任推给中国，称中国是和美国并列的第一或第二大的二氧化碳排放国，我认为这是一个不可避免的"阳谋"，但不是什么"阴谋"。

许铁兵

我们对气候变化问题的认识应该基于以下四点：第一，历史地看，从18世纪工业革命到现在，人类可以检测到的大气污染物中，至少70%是西方国家排放的。西方国家人口占世界比重只有20%左右，但是大气污染物排放比重却如此之高，这是它们的历史责任。第二，如果要计算"排龄"，中国是60年，西方国家积累的年数要大的多。第三，如果要计算总排放量，法国在任何时候都会比瑞士多，德国会比法国多，美国又会比德国多，因为它们的人口规模差异巨大。所以，如果不计算人均排放量而只看总量，中国、美国、巴西和印度这样的大国将永远成为"靶子国"。第四，国际上有很多声音在指责海湾国家，因为海湾国家是人均排放量最高的。但是海湾国家的回应是，它们的资源就是碳化合物，自然条件决定了它们不能使用其他的能源。每个国家的天然能源结构不同，这是不受人力控制的。中国是以煤炭为主的能源结构，因此大气污染物的排放是不完全受人为控制的。总之，温室气体排放问题不仅是简单的总量的计算，还有历史问题、人均排量和自然资源状况。

我认为中国在诉求责任方面的国际公关并不十分理想。《京都议定书》签订以来，中国一直处于一个可以回避问题的时期。发达国家中，因为美国拒绝签字，因此从20世纪90年代到奥巴马总统上任之前，舆论矛头都对准了华盛顿。但是这期间我们没有准备好应对的话语资源。当中国成为全球气候问题的"靶子国"之列时，我们需要更有效、更明智的国际公关。我认为，中国代表发展中国家来进行回应未必妥当，因为这会把自己置于被批评攻击的位置上，而且发展中国家情况千差万别，中国显然无法代表所有发展中国家。中国也不应过多突出中国的责任，需要倡导全球合作机制，支持联合国气候专家小组解决气候问题办法的框架，支持建立全球气候问题监测网。中国作为积极参与者之一，具体的工作需要配合以联合国为主的国际机制的安排。也就是说，中国要用国际社会的话语、国际社会的方式来表述观点，也许这比单纯、直接地捍卫自己的立场要好。

在应对气候问题的可行性策略方面，中国应当利用公共财产的概念，敦促发达国家以缩短保护、递减使用费等方式转让其先进的环保技术。同时，中国自身环保技术的持有和创新也非常关键。我们在制定具体对策时，必须要把所有工作细化，提出可行性的方案，而不只是宣称道德伦理方面的观点。同时，中国政府应当充分利用非政府组织和社会抗议力量，让它们成为自主行为体，中国政府在中间扮演协调者的角色，对于出现的危机和问题发挥应有的管理和监督作用，这样就不会总是被动地成为连带责任者。在国际社会上，中国也不应做一个简单的追随者或响应者，而是要慢慢成为理念弘扬者。例如，欧盟一直宣称在不断减少大气污染物的排放，但是实际上它的人均排放是中国的 7 倍多。那么中国在气候谈判中就要选准着力点，在关键标准上和西方国家作有利对比，而不是简单地承诺自己的责任。

（许铁兵　中国传媒大学国际关系研究所副研究员）

（怀畅／整理）

张建平：分类解决技术转让难点

张建平

气候变化谈判最终要落实到两大领域，即资金机制和技术转让机制。在资金机制方面，CDM已经开始发挥作用。但技术转让机制问题目前没有明显进展，制约着温室气体减排行动的开展。目前的节能环保技术和低碳技术主要被发达国家所掌控。每个行业都有其复杂的技术体系，笼统谈论技术转让问题很难有实际成效。应当明确区分非商业性技术转让和商业性技术转让两种类型。对于非商业性技术转让，可以通过政府推动无偿或低成本转让；对于商业性技术转让，需要通过技术贸易来开展，由于其涉及巨大商业利益，指望无偿转让是不可能的，即使是有偿转让，甚至是高价转让，也要尊重技术拥有方的权利。

在技术方面，发达国家是主要提供方，而发展中国家则主要是受让方，两者地位是不平等的，两者之间的分歧也很严重。一方面，发达国家希望发展中国家参与到全球气候变化谈判过程中并采取行动；另一方面，发达国家又想确保其在低碳技术领域的战略利益和控制权。发达国家不希望很快转让低碳技术，而发展中国家希望发展低碳经济，却又没有这方面的技术，这是一个困境和难题。此外，跨国公司需要商业利益，要求跨国公司完全出于社会责任无偿转让低碳技术，也不现实。这里的障碍主要来自市场，跨国公司的行为反映了不同国家主体的利益，这些利益通过跨国公司来统治市场得以体现，这种行为是市场主导的、超越国家的。

因此，技术转让机制谈判障碍很多，会持续很长时间。从政策层面看，无论是发达国家还是发展中国家，都需要在促进技术转让上达成共识，因为目前各国还缺乏相关政策和机制为技术转让提供一个很好的平台。通过研究，我的政策建议主要有三点：一是希望建立政府间合作机制。基于商业性技术转让与非商业性技术转让之间的差异，我们要具体问题具体分析。对非商业性技术转让，政府要大力推动；而对于商业性技术转让，政府的能力相对就会弱一些，主要靠市场，政府需要制定一些激励政策。二是建立公营和私营合作的机制推动技术转让。发达国家要从公共财政预算中提取部分资金，建立技术转让资金机制，以解决具体转让中出现的很多技术细节问题，包括哪些是可以转让的，以什么价格转让，而哪些是不可以转让的。三是要强调企业社会责任问题，包括要根据道德约束和自愿原则推动跨国公司对社会承担相应责任。

（张建平　国家发改委宏观经济研究院国际经济合作研究室主任）

（褚国飞／整理）

陈迎：国际气候谈判的关键是公平问题

陈 迎

中国社会科学院可持续发展研究中心从 1997 年《京都议定书》通过起就一直关注气候变化问题。近年来，随着气候变化问题在国际上不断升温以及中国政府对环保工作的重视，对气候变化政策研究的社会需求日益迫切，也为我们的研究工作提出了许多新课题。此外，中心作为气候公约秘书处下的注册机构，从 2003 年开始几乎每年都组团出席气候变化大会并主办研讨会，今年我们正在为参加哥本哈根会议做积极的准备。

我觉得《中国社会科学报》这期特别策划的思路非常好，从哥本哈根会议谈起又试图跳出会议本身，从国际政治的视角提炼出一些更具理论性和普遍性的问题。这里我主要谈谈气候谈判中的公平问题。

气候公约明确规定了公平和"共同但有区别责任"的原则。基于这一原则，《巴厘岛行动计划》规定了发达国家和发展中国家的不同义务。但在现实中，各国在参与国际环境机制时都会有"搭便车"的想法，都想争取少付出成本而多获得收益。但是具体到国际气候谈判，判断或指责一个国家是否在不负责任地"搭便车"，就应该看一个国家是不是该做而不做、能做而不做，逃避了其合理分担的份额。这里，所谓义务的合理分担，就必然涉及公平问题。要考虑经济发展的水平、历史和现实责任，以及各国具体国情的不同。

现在，国际上有一种舆论，试图把哥本哈根会议可能失败的责任推给中国。有的发达国家总是想把自己应该承担的减排义务和资金义务与发展中国家，尤其是中国、印度等发展中大国能否承诺减排目标挂钩，这是不能接受的，因为它背离了公平原则。要构建更加公平和有效的国际气候制度，仅仅有公平的理念还不够，必须建立保障公平原则可以落实和具体实施的一整套国际机制，包括减缓、适应、技术、资金、市场以及报告、监督和核查等许多要素。目前，国际上提出的国际气候制度的设计方案多数来自发达国家，发展中国家的声音较弱。我们研究中心提出的碳预算方案是一项最新的研究成果，去年在波兹南会议期间发表后，引起很好的国际反响，其中基于人均原则对全球从历史到未来总排放空间进行公平分配和优先保障人的基本需求等公平理念，不仅得到发展中国家学者的广泛支持，一些发达国家学者也能认同。今年我们去参加哥本哈根会议，还将发表有关碳预算国际机制研究的最新成果。只有各国对公平理念达成某种共识，才有公平分担义务的基础，才能更好地达到彼此利益的平衡。

气候变化问题是一个非常复杂的问题，哥本哈根会议不是终点，而是一个新的起点。不论最后会议达成的结果如何，都不是最终答案。它只是人类应对气候变化进程中迈出的一小步，未来的道路仍然艰难而漫长。我希望《中国社会科学报》今后能更多关注气候变化问题，及时反映国际气候进程的发展动态。我们中心非常愿意积极配合，加强合作，把工作做得更好。

（陈迎　中国社会科学院可持续发展研究中心副研究员）

（怀畅／整理）

查道炯："外行"国际政治学者如何认识"内行"气候问题

"气候变化"这个话题涉及三个领域：自然科学、国际谈判和国内政策选择。自从联合国于 1990 年正式组建全球气候谈判机制以来，这三个领域的种种研究和讨论已经自成体系，专业化的程度很高，圈子以外的观察者往往难以把握。所以，对于我们专职从事国际政治教学与研究的群体而言，需要思考一个问题：参与这样一个复杂话题的讨论，能作出什么贡献？

我把自己思考的范围界定在气候变化与中外关系上。我脑子里有两个大问题：其一，"气候变化"这个话题是外来的还是本土就有的？从资料得知，1978 年全国

查道炯

气候变化学术讨论会就已经在江苏召开。会议综述中提到，我国的气象学家们关注的现象之一便是"工业化发展排出的烟尘、废气等可引起大气成分发生改变而影响到太阳辐射和温度状况"。也就是说，"气候变化"本不是一个海外舶来的话题。那么，为何在我们的国际问题讨论中，这个在很大程度上扎根于中国学术土壤的问题却变了味，成了一个中国如何被国际力量所迫、不得不被动应对全球气候议程的问题？如果国内一直在应对气候变化方面进行努力，我们又应该如何参与：促进在同一个话题讨论中的中外交流，降低我们在国际舆论环境中的被动程度？

另一问题是：我们怎样去关注国际谈判？一方面，气候问题谈判所涉及的方方面面都非常复杂，谈判参与者所用的每一个专业名词，其由来和含义都要花上半天时间才能解释清楚。另一方面，也确实会出现要求我们从国际政治的视角讨论谈判的情况。到目前为止，国际政治研究界对这个话题的贡献还是流于粗线条地讨论国际政治的大势。例如，把气候变化谈判放到全球化、大国关系、联合国和欧盟等机制下的多边外交或南北关系中去讨论。当然，由于我们的专长不是自然科学，我们中的多数人也没有机会观摩谈判进程，这种粗线条也就在所难免。

但是，我们也有必要注意到一个新现象：围绕国际间的一个功能性话题，我们的概括性结论对国内的不同利益团体采取何种行动将产生实质性的影响。我们做国际政治研究时，有必要把对特定话题的把握程度和某种国际流行语背后的逻辑梳理清楚，本着"知之为知之，不知为不知"的态度向受众传达我们的理解。如果我们动不动就把结论上升到针对中国的"战略意图"这个层次，则是一种不负责任的行为。

最后，围绕国际间功能性话题的讨论，有一个重要或者说必要的落脚点：如何推动国内在同一个以及相关课题领域的正面变化。气候变化这个课题提醒我们，那不是一个小的挑战。

（查道炯　北京大学国际关系学院教授）

（褚国飞／整理）

金灿荣：从中国视角看气候变化与国际关系

在全球化的迅猛发展过程中，工业化在更多的国家凯歌前进，由此带来的环境问题也日益突出。虽然对于气候变化是由自然原因所致还是人类活动使然尚无最终定论，但多数科学家认定气候变化主要是人为活动的结果。在此基础上，国际舆论普遍相信温室气体排放是全球气候变暖的"罪魁祸首"。或许多年以后，国际科学界对此会有不同结论。但在可预见的未来时间内，人们的这种集体认知使得气候变化成为国际关系的重要议题。

金灿荣

截至目前，气候变化对国际安全的影响主要表现在如下方面：第一，气候变化导致了自然灾害的加剧。通常认为，许多地方的洪涝、干旱与厄尔尼诺气候现象有关。自然灾害的加剧使得人类在救灾上的资源投入大大增加，由此也产生了一系列的国际问题。第二，如果气候变化得不到制止，将对人类未来的生活形态产生重大影响。相当多的岛国将消失、沿海国家的经济中心也会受到威胁。第三，粮食安全的前景堪忧。由于洪涝、干旱和沙漠化等自然灾害的加剧，未来世界的可耕地面积将急剧减少，粮食安全将成为许多国家的重大安全难题。第四，气候变化对不同国家有着不同的影响。一些国家受损，但并不排除有些国家将因此而受益。比如，对俄罗斯而言，这意味着广袤的西伯利亚将成为沃土，北冰洋国家也会从新航道的出现中受益。由于利益诉求的多样化，各国在气候变化问题上持有不同的政策立场，进而导致了新矛盾的大量涌现。

由于其对国际安全的重大影响，气候变化已经在各种国际会议和论坛上登堂入室，成为一个重要的国际话题。当然，值得注意的是，主导这一话题的还是西方国家，特别是欧美国家。气候问题的突出在客观上增加了西方国家的话语权，西方国家由此多了一个向非西方国家施加压力的渠道。相关国际组织也在积极推动这一议程，气候问题的凸显有利于证明其价值所在。因此，我们在看待气候变化问题时，需要注意背后的特殊利益集团。在这一问题上，发展中国家包括中国要积极建言，否则原本已经非常不平衡的以西方国家为中心、非西方国家为外围的国际体系将进一步失衡。目前在气候变化问题上，各国的利益不尽一致。已经走过重化工业的西方国家最为起劲，他们在享受进口中国、印度等国重化工业产品的同时对这些新兴工业国家提出诸多要求；按照科学前景推算将面临灭顶之灾的岛国忧虑最深，对西方的呼吁态度积极。而广大的发展中国家对此的政策立场却并不统一。一些国家承认气候变化的事实，也准备积极加以应对，但强调负责分担的公平性；而另一些国家则怀疑气候议题背后的动机，认为这根本是西方制造出来的阴谋，是生态帝国主义。因此，在气候变化问题上出现了一种利益博弈格局：西方国家希望在不降低生活质量的前提下，由发展中国家承担较多的防止全球变暖的责任；发展中国家的主流态度则是在承认客观问题的前提下，确保自己的发展权。

由于在气候变化问题上还存在着重大的利益差别，国际社会需要经过相当长时间的政治磋商和利益妥协。在没有获得绝大多数国家认可之前，不宜将现有措施和对策法律化。我们可以在政治上建立共识和互信、在经济上探索新的发展形式、在技术上寻求突破，争取找到既能满足人们现有需求，又能减少环境破坏的方法。但是，在政策法律化方面，国际社会需要慎重对待。

中国对气候变化问题高度重视、态度积极，而且行动多于言论，这与西方国家形成鲜明对比。中国政府已经制定了《中国应对气候变化国家方案》，明确了到 2010 年中国应对气候变化的具体目标、基本原则、重点领域及政策措施。2004 年，中国政府推出了《能源中长期发展规划纲要》，提出了到 2020 年可再生能源占整个能源消费 15% 的战略目标。在化石能源方面，中国将大大提高清洁天然气的比例，同时提升煤炭和石油等资源的使用效率。此外，中国还确立了在"十一五"期间单位 GDP 能耗到 2010 年在 2005 年基础上下降 20% 的目标。

面对全球气候变化，中国的政策出发点是公平而有区别的原则。作为先进的工业化国家，西方已经经历了几百年的工业污染；在现实生活中，西方国家依然在享受新兴国家出口的重化工业产品，而且人均资源的消耗量远远超过发展中国家；西方国家在控制气候变暖等领域还拥有大量的技术、经验和资金。凡此种种都意味着西方在此问题上必须承担更多的责任，提供更多的技术转让和资金支持，而一味把责任推向发展中国家并非解决问题之道。中国的政策立场不单单是从自身利益出发，而是从南北平衡的战略高度加以考量，代表了发展中国家的共同心声。基于此，中国需要在未来加强政策应对：第一，加强在气候变化问题上的研究，包括政策、技术和产业等领域，做好知识和制度层面的准备。第二，加强对外宣传，让外部世界充分了解中国业已取得的成就。第三，加强与发达国家和发展中国家的政策协调，争取成为南北两个世界沟通的桥梁和解决气候问题的旗手。

（金灿荣　中国人民大学国际关系学院副院长、教授）

（怀畅／整理）

刘贞晔：NGO 创议题　谈判还需靠政府

我想从环境非政府组织角度来谈谈气候变化这个问题。目前气候变化问题方面的非政府组织（NGO）在西方环境问题中的实力不是最强大的，实力最强的环境 NGO 主要关注硬环境问题方面，即指人与环境的矛盾和冲突方面的议题，如针对核技术、污染、能源、建筑开发等层面的问题，它们组织的抗议运动占环境方面抗议运动的 70% 以上。除此之外的两类环境 NGO，一类是强调纯自然和生态变化以及人类活动影响的，包括动物权利、生物多样

刘贞晔

性等方面的 NGO，这些组织大约占环境 NGO 总数的 14%，其组织的运动和抗议占总抗议活动的 15% 左右。还有一类是针对新兴环境议题的 NGO，它们倡导环境方面的减缓和适应，如倡导人类活动方式的变化，生产、消费、生活方式的变化等，这一类组织掀起的环境运动大约占总数的 17.5%。

具体到环境治理 NGO 对包括气候变化在内的环境问题的影响主要有

三个环节。第一，环境议题的产生。如某些环境问题本来没有引起人们的关注，但绿色和平运动这样的组织将之变成了一个环境议题，并成立了监督组织，确保条约的实施，如国际有毒物质禁运规则的产生和实施。目前绝大多数环境议题都是由 NGO 构建并推到全球讨论会议桌上的。第二，很多环境议题只有在不涉及国家利益博弈的阶段，NGO 才有发挥推动作用的空间。第三，一旦某一环境机制形成，来自 NGO 的监督压力就加大了。环境 NGO 就许多环境议题都有年度报告，这些报告大都主要针对发达国家的政府和跨国公司，但发展中国家也已开始在某些环境事件上强烈地感受到 NGO 在制度层面施加的压力。

就全球气候变化的议题而言，NGO 在议题构建、推动国际气候谈判议程设定等方面都发挥了关键性作用。但气候谈判以主权国家为谈判主体，涉及主权国家间的利益博弈，NGO 在这一进程中主要发挥信息杠杆的功能，通过专业技术权威和信息杠杆压力推动谈判进程。但是，NGO 显然在谈判进程中无法发挥关键性作用。气候谈判主要是国家间的合作问题。

国家之间要在气候问题谈判中实现合作，依据阿克塞尔罗德和基欧汉的合作理论，至少需要三个条件。首先，国际合作需要以国家间存在相互利益为前提。但以往的理论研究关注的大多是合作促进国家共同获益的问题，而很少关注共同受损的制度合作问题。在气候变化谈判的合作中，国家之间博弈的不仅仅是谁受益多，更涉及谁受损少的问题，这是国际合作理论中还没有深入讨论的一个微观问题。其次，要避免损害国家的既得利益。受损与受益对国家的利益认知来说存在着质的不同。利益损失 1% 比获得 10% 的重要程度要更大，因此对国家利益的重要性更大。在涉及国家利益优先排序上，国家利益受损之议题的优先性远远大于获益之议题的优先性，因此国家如果既得利益受损，谈判立场的顽固性就要强得多。最后，合作者的范围与数量问题，合作者数目越多，协调行动与合作的困难越大。气候谈判涉及全球所有国家的一致行动与合作，气候变化治理制度的设计必须克服集体行动困境问题。因此，气候谈判的未来不确定性很大。

（刘贞晔　中国政法大学政治与公共管理学院教授）

（褚国飞／整理）

赵宏图：中美在新能源和环境问题上的认知差异

中美在能源安全上有不同理解

由于在历史、文化、发展阶段等方面存在诸多差异，中美双方对彼此的战略意图不时表现出不理解乃至误读。中国重点关注的是能源安全概念中的"能源"，即国家能源供应的可靠性与连续性，更多是从保障能源稳定供应进而维持经济持续增长的角度看待能源安全问题的。美国更多关注的是与能源相关的"安全"问题，即能源问题对国家安全与外交战略的影响与制约，主要是从国际安全与外交的层面看待能源安全问题的。

赵宏图

中国的对外能源合作和能源外交政策在实质上与美国等西方国家并无根本性分歧。但在一些美国学者乃至官员眼中，中国的能源安全政策，特别是海外能源合作，往往受到不同解读：其一，中国在采取"新重商主义"战略。中国的海外能源投资被理解成中国试图通过直接控制资源的方式来确保自己的能源安全，是政府在指使国有石油公司去海外争夺石油资源。政府对企业海外投资的支持和国内价格补贴等被认为"违背了市场经济原则"和国际规则。其二，中国试图以能源合作实现战略扩张。认为中国国内政策调整以及对外政策考量都以能源安全为目标，能源决定中国外交。中国通过能源外交"获得同美国及西方抗衡的筹码"，挤压其势力范围。在这里，中国的油气公司往往被看做是政府外交政策的代理或工具。其三，中国可能与一些西方所谓的"无赖国家"结成反美阵线。在美国看来，中国与伊朗、苏丹、委内瑞拉等国进行能源合作，不仅对美国在拉美、中东等的地位和其对外战略构成了挑战，而且有可能形成新的反美"轴心"。

在中国方面，一些人也对美国的能源安全战略意图理解不够全面。美国著名能源问题专家丹尼尔·耶金在强调美国对中国能源需求存在偏见的同时，他认为中国也存在类似的偏见，如认为美国有意不让中国获取石油资源，或存心破坏中国的石油供给通道以及借跨国石油公司排挤中国等。在前几年高油价的大背景下，认为美国有意推高油价来遏制中国经济增长的美国"油价阴谋论"也有一定市场。

中美彼此预期存在差异

中美在对新能源和气候变化相关问题的认识上存在诸多差异，特别是对国际气候变化合作的"共同但有区别的责任原则"的理解上存在明显分歧。中国认为美国等发达国家对气候变化负有主要历史责任，人均排放高，而且已完成城市化和工业化，应承担较大义务，率先示范。到2020年，美国应该将温室气体排放量在1990年基础上削减40%。发展中国家当前主要任务是实现可持续发展，要求其与发达国家同步减排是不公平的。而美国则声称中国已是世界上最大的温室气体排放国且排放量在持续上升，同时认为改造美国已有基础设施和改变美国生活方式的经济和政治代价都很高。近期美国众议院通过的清洁能源法案，仅仅要求美国在2020年的排放水平比1990年减少约4%。此外，部分美国舆论把美拒绝《京都议定书》归咎于中国、印度等未接受同等义务，担心美国的任何努力都会因中国和其他发展中大国增排而变得毫无意义。

在合作的概念上，中国学者较多地强调合作中相互交换、互惠的一面，而美国则更多地强调两国对第三方或两国共同面临的问题采取相似的、协调一致的立场。如在海外能源合作问题上，中方希望加强双方在油气勘探开发、技术转让等领域的互惠合作，注重互换；美国则强调中方应与美国一道对伊朗、苏丹、委内瑞拉等能源富国采取与西方一致的遏制政策或至少不加强与其能源合作，突出的是与美国的配合、协作。在气候变化合作上，中方关注较多的是美国为中国进一步减排而在技术转让和资金支持等方面所作的努力和帮助，美国则更强调双方在气候变化问题上采取协调一致、联合和相似的减排行动，重点在"中国的共同参与"。

此外，在能源和环境技术转让、资金援助等方面，双方对彼此的期待有着很大的距离。在技术转让方面，中方诸多分析主张将技术转让作为优先之一，美国和西方应考虑中国作为发展中国家的实际情况，以优惠的条件向中国转让新技术。而美国则极力推动技术转让的完全商业化，强调清洁能源技术多为私营企业所拥有，它们对以优惠条件转让技术毫无兴趣。

美国企业界认为，缺少知识产权保护是与中国进行技术合作的一大障碍。还有美国部分舆论提出，中国应拆除"绿色保护"壁垒，向美国的清洁科技产品开放市场。

在新能源融资方面，中方提出需额外融资以支持向清洁能源经济过渡。如美国等发达国家应拿出 GDP 的 1% 来帮助发展中国家发展清洁能源，应对气候变化。而美方认为联邦政府为此大量拨款的可能性极低，因为任何将美国税收收入用于中国的建议都会在国会遭到坚决抵制。有分析认为，美国可以帮助中国，但不会在气候变化问题上对中国进行支票补偿。在美国民众对华盛顿动用大笔资金拯救银行业已相当愤怒的形势下，拿出 GDP 的 1% 帮助别国改善环境获得民众支持的可能性很低。

（赵宏图　中国现代国际关系研究院世界经济研究所副所长、研究员）

（褚国飞／整理）

背景链接

全球气候议程进化表

1827 年，法国科学家让·富里叶首次提出了温室效应理论。

1853 年，比利时布鲁塞尔召开了第一届国际气象学大会。会议在环境气象观察方面通过了一系列国际标准。

1873 年，国际气象组织成立，标志着国际气候合作进入了制度化阶段。

1908 年，瑞典科学家斯凡特·阿兰纽斯的专著《形成中的世界》中首次提出，人类的工业活动可能会极大地影响地球的气候。

20 世纪 60 年代末，世界第一次现代环保运动开始兴起，气候研究开始关注人类行为对地球气候的影响。

1979 年 2 月，第一届世界气候大会在瑞士日内瓦召开，会议标志着国际科学界在达成全球变暖问题的科学共识方面迈出了重要的一步。

1985 年 10 月，气候问题奥地利维拉赫会议召开，标志着全球气候变化问题的政治化进程开始。

1987 年，在联合国环境与发展委员会的研究报告文件《我们共同的未来》中最早出现了"可持续发展"概念。

1988 年 6 月，加拿大政府在多伦多举行了名为"变化中的大气：对全球安全的影响"的国际会议，来自 48 个国家的 300 名科学家和决策者参加了此次会议。此次会议首次将全球变暖作为政治问题来看待。

1988 年 9 月，全球变暖问题首次成为联合国大会的议题。

1988 年 11 月，气候和发展世界大会在联邦德国汉堡举行，会议要求到 2000 年二氧化碳的排放应减少 30%，到 2015 年减少 50%，到 1995 年在全球范围内禁止生产和使用蒙特利尔议定书规定的氟利昂，并采取阻止森林减少、加强植树造林的战略措施。

1988 年 12 月，联合国大会通过决议，决定在世界气象组织和联合国环境规划署成立政府间气候变化专门委员会（IPCC）。

1990 年，IPCC 发表了第一份气候评估报告，向人类警示了气候变化的危险。

1992 年 6 月，联合国环境与发展首脑大会在巴西里约热内卢召开，166 个国家的政府签署了《联合国气候变化框架公约》，会议还通过了《21世纪议程》。

1995 年 3 月，《联合国气候变化框架公约》第 1 次缔约方大会在德国柏林召开，会议通过了"柏林授权"，并成立了"柏林授权特别小组"，负责进行公约后续法律文件谈判。

1995 年，IPCC 发表了第二份评估报告，证实了第一次报告的结论，并进一步指出人类活动对全球气候变化的影响。

1996 年 7 月，《联合国气候变化框架公约》第 2 次缔约方大会在瑞士日内瓦召开，大会通过了《日内瓦宣言》，赞同 IPCC 第二次评估报告的结论，呼吁制定具有法律约束力的限排目标和做出实质性的减排。

1997 年 12 月，《联合国气候变化框架公约》第 3 次缔约方大会在日本京都召开，大会通过《京都议定书》，对发达国家的温室气体排放规定了具有法律约束意义的减限排目标。

1998 年 12 月，《联合国气候变化框架公约》第 4 次缔约方大会在阿根廷布宜诺斯艾利斯召开，大会通过了《布宜诺斯艾利斯行动计划》，决定在 2000 年第 6 次缔约方会议上就京都机制问题做出决定。

1999 年 10 月，《联合国气候变化框架公约》第 5 次缔约方大会在德国波恩召开。

2000 年 9 月，《联合国气候变化框架公约》第 6 次缔约方大会在荷兰海牙召开，由于欧美分歧严重，会议无果而终。

2001 年 3 月，美国宣布拒绝批准《京都议定书》。《京都议定书》生效面临重大威胁。

2001 年 7 月，《联合国气候变化框架公约》第 6 次缔约方大会续会在德国波恩召开，达成《波恩政治协议》，挽救了《京都议定书》。

2001 年，IPCC 第三次评估报告发表，进一步证实气候变化不可避免，并检验了气候变化与可持续发展之间的联系。

2001 年 10 月，《联合国气候变化框架公约》第 7 次缔约方大会在摩洛哥马拉喀什召开，通过《马拉喀什协定》，完成《京都议定书》生效的准备工作。

2002 年 8—9 月，世界可持续发展首脑会议在南非约翰内斯堡召开。会议通过了《可持续发展执行计划》，在可持续发展框架下考虑减缓和适应气候变化问题成为谈判的新思路。

2002 年 10 月，《联合国气候变化框架公约》第 8 次缔约方大会在印度德里召开，会议通过了《德里宣言》，明确提出在可持续发展框架下应对气候变化。

2003 年，《联合国气候变化框架公约》第 9 次缔约方大会在意大利米兰召开，会议解决了《京都议定书》中操作和技术层面的问题。

2004 年 12 月，《联合国气候变化框架公约》第 10 次缔约方大会在阿根廷布宜诺斯艾利斯召开。

2005 年 2 月 16 日，《京都议定书》正式生效。

2005 年 12 月，《联合国气候变化框架公约》第 11 次缔约方大议暨《京都议定书》第 1 次缔约方会议部长级会议在加拿大蒙特利尔举行。会议启动《京都议定书》新一阶段温室气体减排谈判。

2006 年 11 月，《联合国气候变化框架公约》第 12 次缔约方大会暨《京都议定书》第 2 次缔约方会议在肯尼亚内罗毕举行，讨论了发达国家第二承诺期温室气体减排指标、《京都议定书》第九条审评、适应气候变化等议题。

2007 年 4 月，IPCC 第四次评估报告发表。报告对全球长期减排和短期减排目标、潜力和成本进行了详细探讨。

2007 年 12 月，《联合国气候变化框架公约》第 13 次缔约方大会暨《京都议定书》第 3 次缔约方会议在印度尼西亚巴厘岛召开。大会最终通过"巴厘岛路线图"，决定在 2009 年年底前就应对气候变化问题的新安排举行谈判，为关键议题确立了明确议程。"巴厘岛路线图"计划在 2009 年年底的哥本哈根会议上达成新协议，接替将于 2012 年失效的《京都议定书》

2008 年 12 月，《联合国气候变化框架公约》第 14 次缔约方大会暨《京都议定书》第 4 次缔约方会议在波兰波兹南召开。会议讨论了包括温室气体减排的中期和长期承诺、如何采取措施有效应对气候变化、增加更多资金用于绿色技术开发和转让等问题。为在未来一年完成"巴厘岛路线图"确立的谈判进程打下坚实基础。

2009 年 12 月，《联合国气候变化框架公约》第 15 次缔约方大会暨《京都议定书》第 5 次缔约方会议将在丹麦哥本哈根召开。会议将对 2012 年后的国际气候制度展开谈判。

（怀畅／整理）

全球核安全：深度解读与远景前瞻

"无核世界"之路漫远多艰

生存还是毁灭？这是个问题——哈姆雷特的这句经典独白可以用在世界核安全问题上。

1945 年 8 月，日本广岛和长崎遭受核弹攻击，全世界首次看到了核武器的破坏力。此后，核威慑一直像"幽灵"一样在世界各地游荡，刺激着人们的神经，威胁着人类的安全——国际关系也曾"因核而斗"，"因核而和"；"因核而分"，"因核而合"；"拥核"、"限核"、"反核"，相生相克。

军事、经济和社会团体领导人齐聚法国巴黎参加"全球零核"峰会，共同商讨如何分阶段根除所有核武器，同时开启"根除核武器"的下一阶段全球性运动，并为此赢取公众和政府的支持；3 月下旬，俄美就签署新的《削减和限制进攻性战略武器条约》完成了主要谈判工作；4 月 8 日，美俄两国元首在捷克首都布拉格正式签署了新的《削减和限制进攻性战略武器条约》；刚刚过去的 4 月 12 日至 13 日，首届"核安全峰会"在华盛顿举行；5 月，《核不扩散条约》审查会议将在纽约召开……

毋庸置疑，这些举动对世界核安全问题和未来国际关系格局的演变将是意味深长的。本报记者就此采访了相关专家学者。专家学者们认为，一系列事关世界核安全问题的举动提示我们：国际社会期盼政要们在这一攸关人类生存与毁灭的重大命题上认真讨论，以达成切实的共识。然而，"无核世界"要付诸实现，的确荆棘满途、漫远多艰。

当核安全遇上"核恐怖"

事实上，进入 21 世纪，恐怖活动的猖獗让"核恐怖"成为人类的"恶梦"。为此，首届"核安全峰会"的主题并非核不扩散、核裁军以及和平利用核能问题，而是通过加强国际合作来应对核恐怖主义威胁。

核领域的国际性会议一直受到高度关注，但是针对核恐怖主义威胁、讨论应对措施的峰会尚属首次。那么，什么是核恐怖主义？它的威胁有多大？综合清华大学国际问题研究所副所长李彬和中国国际问题研究所美国研究部主任刘卿的解释，核恐怖主义威胁主要包括四种情况：其一，偷窃核武器；其二，偷窃核材料来制造核武器；其三，偷窃放射性材料、放射源、核废料来制造"脏弹"；其四，攻击核设施，导致放射性材料泄漏。而核恐怖主义威胁的行为主体往往是非国家行为者，比如恐怖分子等。

"因此，从严格的专业角度来说，首届'核安全峰会'讨论的主题更多是在'核安保'（nuclear security）问题，而'核安全'（nuclear safety）问题是指由于自然危害导致的核武器、核设施、核材料出现安全问题。两者有交集，但还是有区别的。"李彬说。中国国际战略研究基金会学术评审委员会主任张沱生和中国社会科学院美国研究所军备控制与防扩散研究中心主任顾国良也都认为，"核安全"与"无核"并不是一个概念——"核安全"是包括核武器在内的所有核材料、核设施的安全，而"无核"是指无核武器，将核武器彻底清除。

此次会议级别何以如此之高？随着核电产业的发展以及核材料、核技术的广泛应用，核材料扩散和流失的风险也在加大。刘卿指出，在复杂的国际安全形势下，更不能排除恐怖分子和跨国犯罪组织借机获取、非法贩运核材料，甚至制造核恐怖事件的可能性。从目前形势来看，全球面临的核恐怖主义威胁已相当严峻，据美国中情局称，1998 年本·拉登的"特使"曾与两名核技术人员接触——"核扩散"又增加了"核恐怖"的可能性。按照国际原子能机构的统计，从 1993 年到 2008 年的 15 年间，核材料被偷盗、遗失达 1500 起。

在此背景下，确保核武器和核材料的安全、减少核扩散，也是国际社会的当务之急。

"不使用核武器"是"无核世界"的中间步骤

复旦大学国际政治系、美国研究中心教授朱明权认为，"无核世界"是一个崇高的目标。

早在1963年7月，中国政府就提出了全面、彻底、干净、坚决地禁止和销毁核武器的主张，并倡议召开世界各国政府首脑会议讨论这一问题。中国的这一立场得到了许多其他国家的政府和有识之士的支持。

中国国家主席胡锦涛4月13日在美国首都华盛顿举行的核安全峰会上强调，中国本着负责任的态度，高度重视核安全，坚决反对核扩散和核恐怖主义，为此作出了一系列积极努力。中国一贯主张全面禁止和彻底销毁核武器，坚定奉行自卫防御的核战略，始终恪守在任何时候和任何情况下不首先使用核武器的政策，明确承诺无条件不对无核武器国家和无核武器区使用或威胁使用核武器。中国坚决反对核武器扩散，积极支持加强国际核安全努力，坚定支持各国平等享有和平利用核能权利。

20世纪80年代末，当时的布什政府也曾经提出过"无核世界"的口号。奥巴马再次提出建立"无核世界"的问题。

朱明权进一步指出，作为世界上的唯一超级大国，美国应当积极推进核裁军进程，特别是带头裁减自己的核武库。同时与其他国家一起，切实消除核武扩散风险。它们是相辅相成的两项任务。当防止核扩散是当前国际社会在核军备控制领域面临的最直接、最紧迫的挑战时，核裁军不仅有助于核不扩散的实现，而且也是实现"无核世界"的一条必经途径。

4月3日，由清华大学国际问题研究所发布的《建设不使用核武器的世界》报告指出，当今国际社会最迫切的目标应该是努力建设一个"不使用核武器"的世界，而并非绝对的"无核世界"——"无核世界"在可预见的未来尚无实现的可能。这份研究报告同时指出，奥巴马的表态虽然引起了国际社会的热烈反响，但是从全球现实情况来看，在未来10年到15年的短时间来看，人类是不可能彻底销毁核武器的，借用奥巴马的话来说，"有生之年，恐怕看不到无核武器世界这一天"。

针对学术界关于"不首先使用核武器"、"不使用核武器"和"无核世界"等事关核安全话题的激烈争论，张沱生、李彬和刘卿等学者的看法与朱明权的观点"相映成趣"或"殊途同归"。

他们指出，"不使用核武器"的首要步骤是核大国承诺"不首先使用核武器"，这样不仅能有效提高使用核武器的门槛，减少发生核事故的风险，也有利于营造必要的战略互信环境，最终实现全面禁止和彻底销毁核武器的目标。建立"无核世界"确实是国际社会的崇高理想，但在短期之内难以实现，更为务实的做法是将现存的"不使用核武器"规范化、法律化，将建设一个不使用核武器的世界，作为通向"无核世界"的一个中间步骤。

通过"去核"最终走向"无核世界"并非幻想

4月8日，美俄两国领导人在捷克首都布拉格签署新的《削减和限制进攻性战略武器条约》，取代已经到期的美苏第一阶段削减进攻性战略武器条约。两国把部署的战略核弹头分别削减到1550枚，被部署的战略运载手段也相应减少。朱明权指出，如果单纯从数量上进行分析，这自然是一个削减力度颇大的条约。

朱明权指出，这一条约实际上还是建立在两国早在20世纪60年代即已形成的相互确保毁灭关系的基础上，也就是说，并没有触动它们分别拥有的确保对方毁灭的战略报复能力。这种状况和国际社会的通过"去核"（完全消除核武器）走向"无核"（没有核武器的世界）的普遍期待有很大差距，严格地说存在本质的不同。尽管如此，可以预料，这一协议的签署，将使实现"无核世界"的主张在国际社会的议事日程中占据更加重要的位置，并对各国政府的政策产生新的推动作用。当然，通过"去核"走向"无核世界"的目标依然面临指责和怀疑。他们或者公开地反对"去核"和"无核"，或者隐蔽地为"去核"和"无核"设置各种障碍。例如，有人断言，"去核"和"无核"只能是在发明一种新的"战略武器"之后；有人提出，实现"无核世界"的必要前提是建立类似欧盟那样的世界政府；有人声称，有核武器国家的"去核"会使某些国家的核扩散计划变得更加危险；有人强调，销毁现存的核武器是一件过于复杂和艰巨的工作。一言以蔽之，在他们看来，"去核"和"无核"充其量也只是一种十分美好的幻想，是一种堂吉诃德式的作战。

"但是，虽然存在着这样一些反对、怀疑以及许多具体困难，只要各国能够在'去核'和'无核'的问题上真正看到共同利益，并且决心通过国际合作去追求这些利益，'无核世界'就不是一个幻想，而是一个可以实现的目标。国际关系史的经验已经充分证明了这一点。"朱明权如是说。

让"世界末日钟"在警示人类中不断被拨慢

在第二次世界大战结束以后，有人曾经问过爱因斯坦一个问题，人类如果爆发第三次世界大战，各国会使用什么样的武器？爱因斯坦回答："第三次世界大战具体用什么武器我不知道，但是我知道第四次世界大战人类使用的肯定是石块和木棒——因为人类文明已经在第三次世界大战的核战争当中毁灭掉了。"

这个故事曾广为流传，虽然它的真实性有待考证，但爱因斯坦等这些开启了"核时代"的科学家们的确为核武器"忧心忡忡"。在学界，学者们把爱因斯坦的此种"忧虑"比作"从狂热到理性"的回归。那么，人类距离"世界末日"到底有多远？面临的威胁到底有多大？位于芝加哥大学的"世界末日钟"60多年来一直在试图表达科学家们的观点。

"世界末日钟"是一个虚构钟面，由芝加哥大学的《原子科学家公报》杂志于 1947 年设立，标示出世界受核武器威胁的程度：24 时整象征核战爆发，杂志社因应世界局势将分针拨前或拨后，以此来随时提醒人们警惕核危机和其他危险。设计者最初将指针定格在 23 时 53 分，让人一目了然地看到，人类距离象征"世界末日"的午夜只有短短的 7 分钟。根据全球风云的变化，"世界末日钟"前后经历了近 20 次的调整。

其实，从"末日之门"到"希望之门"的转换，带来的将是全世界的希望。因此，全世界人民都有理由期待"世界末日钟"在警示人类的过程中不断被拨慢——因为"非同寻常的未来"是我们每个国家、每个民族、每个人共同的未来。

（记者　潘启雯）

全球核安全：深度解读与远景前瞻

朱成虎：核裁军的象征意义大于实际意义

朱成虎

近年来，世界各个国家为军控和核不扩散，特别是大规模杀伤性武器的不扩散，做了许多的努力，在很多领域都取得了令人满意的结果。这对推动核军控的谈判和裁军将是积极的。但恐怕还要继续这样一个判断，即核扩散很难就此罢休。原因是多方面的，我觉得最主要的还是核国家的核政策。

第一，我们看看核裁军的进展，特别是两个超级大国的核裁军进程。尽管进行了大幅度的裁减，但是这种裁减，象征意义远远大于实际意义。比如从政治方面讲，其主动提出核裁军可能使其掌握更多的主动权和话语权；军事方面，在核裁军后对于美国的实际军事力量和霸权地位并没有起到什么质的影响；同时，节约下来的费用还可以更多地用于核武器维护。

第二，现在的裁军不是一种不可逆转的裁军。核大国把核弹头裁减下来，只是从运载工具上卸下来，储存到仓库里去了。如果情况发生变化，形势出现逆转，他们完全有可能重新使用这些核弹头。

第三，我们现在要建立一个无核世界，似乎太遥远，在一定程度上取决于核国家能否先承诺"不首先使用核武器"。1964 年 10 月 16 日中国在第一颗原子弹爆炸成功后，就宣布不首先使用核武器。西方一些国家或者学者认为这是宣传，但是我认为不首先使用核武器是核国家，特别是核大国之间战略互信的重要体现。这应该作为我们彻底销毁核武器的第一步。如果核国家能够对无核国家并在有核国家相互之间作出这样的承诺，这对于推动军控和裁军的进程将会是非常有益的。

第四，核国家要放弃"先发制人"的战略。"先发制人"战略对军控和核裁军的进程无疑具有更大的破坏性，这是因为有的国家不让人家发展核武器，但同时又拿核武器来威胁别人，而且准备首先用核武器来制人，这样一种战略对军控和核裁军的进程，显然是不利的。

第五，核国家应该采取措施，不要再进行核武器的现代化，这一点对于整个世界非常重要。

作为中国军人，我们比任何一个国家的人民都更愿意看到无核世界的实现。我也希望核国家能做负责任的大国。

（朱成虎　中国人民解放军国防大学战略教研部主任、少将）

刘申宁：应该充分利用美国的新核战略

美国在这次核安全峰会召开前，抢先公布了其新核战略报告。该报告是美国在确保核威慑的同时削减核武器的一个路线图，它反映了美国核政策的新动向：第一，美国对核安全环境的评估发生了明显变化。美国把核恐怖主义作为最直接和最严重的威胁，把核扩散作为紧迫的威胁。该报告认为，在全球核战

刘申宁

争已经变得不太可能的背景下，美国要明确提出改变核政策，并将其界定为五项主要目标：防止核恐怖主义和核扩散；降低核武器在美国国家安全战略中的作用；在削减核武器数量的同时维持战略威慑能力；强化地区威慑和稳定，增加美国盟国和伙伴国的安全感；维持一个安全、可靠、有效的核武库。第二，停止发展新的核武器，降低核武器的作用，承诺不对遵守《不扩散核武器条约》的无核国家使用核武器。该报告对"不使用核武器"设置了先决条件，即对象国必须遵守《不扩散核武器条约》，而拒不遵守该条约的国家，如朝鲜、伊朗和叙利亚等，仍被列为美国的潜在核打击国。第三，美国将停止核武器试验，寻求《全面禁止核试验条约》在国会获得批准。

从文本上看，这个报告有三个要点必须理解：第一，如果说美国拟削减其核武库，旨在反核扩散的话，这仅仅是一种宣传，而非军事战略的改变。报告中真正的政治决策，在于"降低核武器的作用"。而这一点，很

有可能造成全球军事态势的失衡。5200 枚弹头与 1500 枚，并没有实质上的区别，美国的三大核优势在于远程洲际导弹、核潜艇和远程战略轰炸机。如果美国放弃其中之一，那才是美国军事战略的修正。第二，美国承诺不对"遵守反核扩散条约的非核国家"使用核武器，其实是将使用核武器的最终决定权重新掌握在美国手中。美国将"是否遵守反核扩散"列为使用核武器的先决条件，使该国际条约失去了应有的作用。印度和巴基斯坦并没有签署这一条约，这岂不是说，某些签约国家比不签约国家处于更危险的境地？第三，报告限制核武器的使用，称美国将不使用核武器针对非核国家，哪怕遭到生化武器和太空的攻击，也就是说，核武器将只反击核国家。但与此同时，美国却不承诺"不首先使用核武器"，这是非常奇怪的。这意味着美国仍然保有着首先使用核武器的权力。

美国之所以作出这项政策抉择，还应该包括若干更深层次的考虑。第一，核威慑对恐怖分子无效。美国一贯奉行的核威慑政策，对世界最重要的国家产生威慑作用，而对于恐怖极端分子几乎起不到威慑效果。第二，美国享有常规军事的绝对优势，还拥有 16 条战略性的国际海峡和水道的战时控制权，在一场持久战中能够利用全球战略资源，还能够在战时剥夺敌国持续分享境外战略资源的能力。简言之，为应付来自国外的对现存的国际政治格局的挑战，美国依靠常规军事优势足矣。相对而言，其他核大国掌握的核武器则成为克制美国常规军事优势的不二法门。第三，由于美国军方仅将核武器视为威慑手段而已，认为核武器几乎不可能用于实战。最后，美国推动逐步乃至全面销毁核武器的计划，还有助于舒缓美国政府在金融海啸以后面临的财政压力。

另外，因为美国掌握了用远程洲际弹道导弹和超长距离巡航导弹携带杀伤力惊人的常规武器的能力，再加上战略远程轰炸机和核潜艇，美国今天已经不需要使用核武器，就能够通过常规弹头的大规模轰炸，在超远距离攻击对手，摧毁过去只能通过核武器才有可能摧毁的目标。

面对美国强力推动的无核世界构想，中国学界似乎缺乏足够的认识。学界或者囿于"阴谋论"，怀疑美国在这项倡议的背后有不可告人的图谋；或者认定美俄决不可能首先将庞大的核武库裁减到 1500 枚核弹；或者以为美国业已掌握常规军事优势，一旦实现无核世界，中国又如何为本国安全利益提供保障？因此，学界或者对"无核世界"的构想不屑一顾，或者对其可能掀起的轩然大波估计不足。我认为应该在清晰分析美国新核战略的意图后，巧妙地、充分地利用其这一战略转变，顺势而为，变被动为主动，尽力争取战略上的主动权。

首先，奥巴马的新核政策，等于承认了中国在世界核武器秩序中的某种领导地位，放弃了美国过去要吃掉中国、拖垮中国的企图。因此，中国在防止核扩散问题上与美国合作的同时，也应该提出合作的前提条件，那就是敦促美国坚决遏制日本、韩国及印度尼西亚等中国的周边国家发展核武器，这对中国来说，是至关重要的。

其次，在如何对待核武器的问题上，中国是站在道德制高点上的，在这场国际政治博弈中，中国绝不应该将主动权拱手让人。中国应该强调指出，既然美国主张各个核国家放弃核武器，显然核武器在未来保障各国安全利益时是没有用处的，果然如此，则各个核国家理应承诺不首先使用核武器。这样在多边讨论过程中，中国就能够先声夺人，稍占主动权。美国学界甚至包括政界有相当多的一批人认为，如果美国要说服中国采取积极步骤，共同促成无核世界的构想，两国之间必须确立互信的立场，首先要在军事上建立互信。这有望作为中国在和平发展的道路上迈进时的一种铺垫，如能达成，可谓低成本、高效率。

再次，该报告强调美国应该与中国发展稳定的战略关系并确保与中国的战略平衡，这反映出美国认识到中国战略重要性日益增强，在防止核扩散与应对伊朗和朝鲜核问题等议题上，美国都需要中国。而在此之前，美国在提及现有核国家和核战略时，还从未将中国与俄罗斯相提并论。美国藉此希望中国在防扩散、应对朝鲜和伊朗核问题等议题上，给予美国更多的支持和帮助。美国对即将在5月份举行的《核不扩散条约》审议大会充满期待，希望这些会议有助于解决朝鲜和伊朗核问题、强化防扩散和打击核恐怖主义的努力，而这些问题的解决都离不开中国。中国的重要性正在日益突显。我们应该利用好这一机会。

最后，21世纪的国际关系注定将再次因核而变。一是核恐怖主义的前景确实可怕，不可不防；二是核武器不再是大国的武器。有专家指出，"在20世纪，大国取得核武器更多是因为核武器的摧毁能力，也因为很少国家有这个技术。而在 21 世纪，核武器变成小国家的武器。不仅小国可以取得，连非国家集团甚至是恐怖组织都可能取得。这是一个真正改变世界的问题。所以对于大国自身的利益，必须考虑降低对核武器的依赖，追求零核目标。"可以判断，今后奥巴马政府的对华核政策，会从"核对抗"改为"遏制与合作"相结合。对于合作，可以欢迎；要想遏制，必然坚决反对。有理、有利、有节是我们必须掌握的根本原则。

（刘申宁　凤凰卫视时事评论员）

顾忠茂：建立新的国际核燃料循环体系

顾忠茂

在全球核能复兴的大背景下，如何防止核扩散，已经形成了一种所谓的"核尴尬"局面，即快速发展核能源和防止核扩散成为两难。事实上，在过去几年，国际上核扩散的风险在不断增加。例如：伊朗核问题陷入僵局，朝核问题仍充满悬念，印度、巴基斯坦、以色列拒不参加《核不扩散条约》（NPT），已成为事实上的核武器国家。因此，有人认为 NPT 条约"不够充分"，还有人认为它"漏洞百出"。面对核扩散风险上升的严峻形势，国际上有一种紧迫感，试图制定出一套新的游戏规则，寻求在全球核能扩大发展的形势下确保核不扩散机制权威性和可靠性的途径，从而强化不扩散机制。

国际上曾有人主张，通过重新解释 NPT 条约有关获取核技术权利的条款，使非核武器国家接受部分放弃核技术的要求。但多数非核武器国家不愿接受 NPT 条约的附加限制，从而使这条路无法走通。

2003 年以来，美国、俄罗斯等国家相继提出了一系列核燃料循环国际化的倡议，其基本思路是建立新的国际核燃料循环体系，它既能保证 NPT 条约所赋予的世界各国均有非歧视性地获得和平利用核能的合法权利，又能有效地防止民用核燃料循环中的高浓缩铀和分离钚被非法转用于军事目的，从而减小核扩散风险。

目前，国际上关于核燃料循环多边方案提出了各种不同的建议，其核心内容包括以下几点：扩大全球范围内核能的发展，并不需要让所有发展核能的国家都发展自己的核燃料循环技术和进行核燃料循环生产活动。对于一些小国家或者核能发展规模不大的国家，在其境内建设和运行核燃料循环工业体系，显然很不经济，也容易加大核扩散风险。建立并运行若干国际性的核燃料循环生产中心，为世界各国提供核电用核燃料和燃料循环服务，似乎是有必要和合理的。

我认为对于核燃料循环国际化问题应该从以下几点考虑：第一，核电规模比较大的国家，包括中国、日本，它们应该拥有自己独立完整的核燃料体系。因为其规模太大，包袱也太大，不可能依赖别的国家或者别的国际中心来帮助解决这些问题。国际核燃料循环中心更适合于核电规模比较小的国家或者是新兴核电国家。

第二，国际化的过程是一个渐进的过程，由易而难，比较容易的就是燃料循环的前段，比如有关低浓缩铀的问题、燃料元件的问题。关于燃料循环的后段，像后处理，或者各国现在正开发一些所谓先进的燃料循环技术，这些技术很复杂，且尚在发展之中。所以，我觉得核燃料循环后段的国际化，现在时机尚不成熟，在后段迫切需要解决的问题是乏燃料的安全管理问题。当然我们中国也应该参加区域性的如东亚地区的乏燃料的管理。

第三，我们不赞成所谓的"双重标准"。美国甚至对自己的一些盟友也采取了双重标准，比如说关于后处理的问题，美国允许日本搞后处理，但不允许韩国搞后处理。这样的双重标准或多重标准容易在国际社会引起混乱。我们认为还是应该强调国际原子能机构的功能和权威性，全世界应该有一个标准。

第四，国际上在燃料循环的技术方面，西方国家提出不扩散或防扩散的燃料循环技术，我表示质疑。比如，为了防扩散，有人主张将反应堆中卸出的乏燃料采用"一次通过"的方式直接处置，而不进行后处理。但我们认为乏燃料放置一二百年之后就会成为"钚矿"，更容易被恐怖分子获取，且更易通过分离提取钚。真正的防止核扩散是将反应堆里卸出的乏燃料通过后处理分离出钚，再回到反应堆里烧掉。至于所谓防扩散的不分离纯钚的技术也经不起推敲，因为一旦得到了钚的混合物，进一步分离得到纯钚产品的技术非常简单。关键问题还是要强化国际不扩散机制，在国际原子能机构的主导下加强核设施和核材料的保障监督和实物保护。

（顾忠茂　中国原子能科学研究院科技委副主任）

刘孝明：回暖中的国际核裁军与核不扩散进程

自上世纪核武器出现以来，人类追求彻底消除核武器，实现无核世界的努力就不曾停止过，而在这个过程中，中国一直起的是表率作用。当前国际核军控形势的特点是：多边军控形势强劲反弹；国际核裁军与核不扩散复苏势头明显；无核武器世界的目标重新列入国际社会议事日程，以上都是比较积极的。军控裁军和防扩散事关国际安全与和平，直接影响大国关系，是大国互动的重要内容和平台。

同样，国际核裁军与核不扩散进程也面临着巨大的挑战。核裁军和防止核扩散是一个极其艰难的过程，主要受三方面的影响：第一是一些地区热点问题，依然困扰着国际社会，一些国家感到不安全，希望拥核自保。一些存在传统纠纷的地区安全问题影响了核军控和核裁军，如印巴之间的矛盾，这些问题相当难解决。第二是气候变暖和能源紧缺。越来越多的国家，尤其是发展中国家考虑发展核能作为应对举措，有关国家和平利用核能的诉求在快速上升。这就相应增加了核材料和核技术扩散的风险。第三是恐怖主义影响全球的核安全，恐怖组织一直试图获取核材料甚至核武器。在国际核裁军与核不扩散的进程中，我们还是应该以积极的态度，抓住机遇，多方协调，以务实的态度推动、争取无核世界这个目标在一个良性的轨道上推进。第一是治病先治本，消除一些国家的安全忧虑，消除核扩散的动因。第二是采取务实渐进的态度，从现在开始做起，全面推动 CTBT——《全面禁止核试验条约》尽早生效，尽早地推动谈判，缔结 FMCT——《禁止生产核武器用裂变材料公约》，推动无核地区的进一步扩大，核武器国家要起到特殊的负责任的作用。《核不扩散条约》（NPT）审议大会 5 月将在纽约召开，被各方普遍视为保持核裁军势头、推进核裁军进程的关键会议，若能取得较大成功，将为核裁军提供新动力，值得期待，值得关注。

（刘孝明　中国军控与裁军协会秘书处处长）

刘澜昌：中国不能自废核武功

刘澜昌

在全球核峰会举行前，美国调整了核政策，并与俄罗斯签订了新的削减核武器协议，人类向着"无核武世界"迈出一小步。对此，中国外交部发言人姜瑜在例行记者会上重申了中国一以贯之的核政策：中国始终恪守在任何时候、任何情况下都不首先使用核武器的政策，明确承诺无条件不对无核武器国家和无核武器区使用或威胁使用核武器，将继续把自身核力量维持在国家安全需要的最低水平。

笔者认为，姜瑜的三句话，是一个整体。对于全世界爱好和平的人们来说，中国最早承诺不首先使用核武器，是占据了道德高地。美国即使调整了核政策，也还是不作这个承诺。因此，北京是不会头脑发热，自废核武功，而是维持最低限度的核力量。

事实上，中国在承诺不首先使用核武器的前提下，维护国家安全的核力量就是"二次核打击能力"。换言之，中国在全球没有全面彻底销毁所有核武器并确保不再制造核武器之前，还必须保有在遭受第一波核攻击之后还有能力进行核还击。只有这样，中国最低水平的核武库才能称之为"核威慑力量"。如果中国仅有的少量核武系统在受到首波核攻击后就瘫痪，那么，中国就是徒有虚名的核武国家，跟无核武国家没两样。

事实上，在当今世界的核大国中，只有中国单方面作出不首先使用核

227

武器的承诺，而美国和俄罗斯还是坚持"先发制人"的核武政策。他们的理论是，核武是威慑武器，承诺不首先使用，便失去威慑作用。俄罗斯到了普京时代，更公开强调对于一切可能威胁或主动攻击俄罗斯的国家，使用核武打击。"核打击"目前是俄罗斯国家安全和军事战略的支柱。他们认为，俄罗斯握有强大的核武力量，可以投射到全球的每一个角落。这是最强大的威胁力量，强调这个威胁力量，是最有效预防对俄罗斯攻击的力量。

美俄的核威慑理论，是充分张扬核武器的"威慑"作用。中国发展核武器，是在极其不利的国际气候和国内环境下进行的，以美国为首的西方世界对中国实行包围封锁的大战略，北京原来的盟友苏联本协助中国发展核武，但后来双方交恶，苏方单方面撕毁协议，撤走专家，中国只能自力更生。就是这样，中国依然只用不到十年的时间成功爆破首枚原子弹。当时，中国政府第一时间表态，"不首先使用核武"。

笔者理解，由于面对核大国的压力，同时也面对世界反核人士和其他和平人士的误解和压力，作出"不首先使用"的承诺，一方面是减轻核大国的压力，另一方面是要消除世界人民的误解，争取理解，是要得到世界人民之心，换取发展适量核武的环境。事实证明，这一方针是正确的。因而，中国政府至今坚守这个承诺。自然，这也使中国的核武威慑力量受到束缚，自我增加了核威胁力量的难度。

目前，中国与俄罗斯是世界上具有核打击美国本土能力的国家。美国公开称，可以在 24 至 48 小时内毁灭大部分中国领土，但是中国同样具备在 24 小时内摧毁美国三分之二国土的能力。中国强调"不首先使用核武"，结果必然只能受打击后还击。也就是说，在公开承诺"不首先使用核武"的条件下，还要保持核威慑力量，尤其是对拥核国家的核威慑，只能在确保"二次核打击能力"上做文章。

中国的核武力量，是国防机密。美国方面曾有报告指出，1996 年，中国的战略洲际导弹为 140 枚，核弹头则超过这一数字。但是，到了 21 世纪，同级别的导弹已超过 280 枚，保有一千万吨级的氢弹 24 枚，另有远程导弹 320 枚，中程导弹 500 枚，近程导弹 1200 枚。这些数据，是美国机构提出的，他们还特别提到中国核潜艇质的飞跃，已具有水下 350—

400米深度隐蔽发射的能力，从而使中国"二次核还击能力"大大加强。

有消息称，"九六台海危机"，美国的航空母舰之所以在离台海二百海里外就止步不前，就是因为数艘解放军核潜艇失去了踪影。坊间还流传，解放军当时作出多项重大决定，其中，就包括提高核打击能力。

可以判断，奥巴马政府的对华核政策，会从"核对抗"改为"遏制与合作"相结合。合作，可以欢迎；要遏制，那必然是反遏制。说到底，反遏制还是落实在"二次核还击"能力上。具体就是既要提高核武的质量，同时解决"二次核还击"运载手段，例如，王牌的核潜艇，修筑受核攻击后仍能有效使用的地基核武发射井。

（刘澜昌　香港媒体评论员）

阎学通：建设一个"不使用核武器"的世界

2009年4月5日，美国总统奥巴马在捷克首都布拉格发表演讲，表示美国不仅要继续实施核裁军，而且把根除世界上所有核武器作为美国核政策的中心目标之一。他指出，冷战虽然结束，但核武器并没有消失；发生全球核战争的危险虽已大大降低，但发生核袭击的风险却大大增加。更多的国家获得了核

阎学通

武器，试验仍在继续。制造核武器的技术已经扩散，恐怖主义分子决心制造、购买或偷窃核武器。作为自由的象征和世界历史上唯一使用过核武器的国家，美国有"道德上的责任"实行核裁军并发挥领导作用。美国继续核裁军并最终建立一个无核世界的提法在国际社会引起热烈反响，但与当前建立一个"无核世界"的目标仍然相去甚远。

我们认为，在未来的10—15年中，人类不可能彻底销毁核武器，实现奥巴马提出的"无核世界"困难重重。在此情况下，国际社会可以考虑首先建立一个更有现实基础的"不使用核武器"的世界。自二战结束以来，

核国家大量生产核武器却从未使用它们。今后相当长一段时间内，我们应当致力于延长"不使用核武器"规范的存在时间。

"不使用核武器"规范的生成与延续

一些学者将65年来"不使用核武器"的规范称之为一种传统、一种禁忌或一种非正式的国际规范。揆诸历史，我们可以发现，不使用核武器现象产生与延续的原因相当复杂，其中既有理性主义的冷静思考，也有建构主义的观念塑造；既有政治和军事上的考虑，也有决策者个人意志的注入，甚至还有一定的偶然性。美苏都曾有数次运用核武器的考虑，但后来终因种种考虑和限制而作罢。我们认为，强调"不使用核武器"是一个传统固然正确，因为人类迄今65年未使用核武器，但传统一词不能体现其已经具备的某种规则性和法律性。强调"不使用核武器"是一种禁忌，虽然公开威胁使用核武器会遭到国际社会的猛烈批评，但它不像有些社会禁忌那样已经被固化在刑法条款当中，意味着违犯者将受到严厉的司法惩处。而且，国际法院1996年7月的咨询意见指出，没有国际法条款禁止国家在面临生存危机时不得使用核武器。强调"不使用核武器"是一个非正式的国际规范比较接近于事实。非正式是指它从未公开体现在某个国际公约或习惯国际法当中，而且美、英、俄等国还公开表明自己在必要情况下会首先使用核武器。

制定和签署《不使用核武器公约》

无核世界是人类的美好梦想，但在可预见的未来尚无实现的可能，有核世界的延续仍是国际社会一切核裁军政策的出发点。设法延续和强化"不使用核武器"规范比高调提倡"无核世界"更有现实性和可操作性。我们认为，国际社会今后应从国际法和国际政治两个层面采取措施，努力建设一个"不使用核武器"的世界。为此，我们建议由联合国主持制定《不使用核武器公约》，开放各国签署，而联合国安理会常任理事国应当带头签署。该公约的核心内容应当包括以下六点。

一、所有核国家均承诺互不首先使用核武器，承诺不对加入该公约的无核国家使用或威胁使用核武器。二、所有核国家均承诺停止研制和装备新的战役战术核武器，包括低当量核武器，并承诺在一定期限内全部销毁战役战术核武器。三、所有核国家承诺不向非政府组织转让军用和民用核技术。四、所有核国家应自觉避免执行有可能导致另一核国家将常规武器误认为核武器的军事行动。五、加入该公约的无核国家承诺不对有核国家使用或威胁使用化学武器和生物武器。六、所有国家承诺共同反对核国家在官方表态或文件中使用具有核威胁含义的语言，并有责任对核国家使用核武器的意图进行揭露和谴责。

国际社会应当将"不使用核武器"规范转化为由所有核国家背书的国际法，以扩大其适用范围和接受程度。历史证明，凡是得到大国特别是超级大国大力提倡和身体力行的国际规范或国际法规则，都容易在国际社会扩散并得以遵守。反之，其适用范围和效力就会大打折扣，甚至有可能随时间的流逝而被人遗忘。因此，加强"不使用核武器"规范，有核国家是关键，有核国家中的五大国更为关键，而五大国中的美俄两国需要发挥表率作用。在二战结束后的 65 年里，"不使用核武器"规范靠核大国的自我实施而得以生成与延续，现在到了所有核国家联合努力将之法律化的时候了。

(阎学通　清华大学国际问题研究所所长)

朱志瑄：企业与政府要在防止核扩散上共同承担责任

在防止核扩散问题上，企业和政府要共同承担起责任。现在我国经营核材料进出口的企业比较多，由于我国在核材料进出口方面的管理较严格，有很多相关的管理规定。但由于宣传不够到位，很多企业对此并不十分了解。

朱志瑄

目前，我国在进行核出口审查的时候，主要有以下几个原则。

一是和平应用。主要是用于和平目的和非军事目的。二是实物保护。哪个国家要进口我们的核材料，必须要对我们的核材料进行相应的实物保护，这是根据国际原子能机构的导则来实施的，如果不满足实物保护的条件，是不允许出口的。三是全面保障。从 2002 年《保障监督协定附加议定书》生效以后，我们实施了全面保障。原来的出口是单向保障，我出口到你的国家，你只对使用我出口的核材料的这一核设施进行保障就可以了。而现在的要求是对和这批材料有关的所有核设施进行保障。四是事先同意。核材料出口到一个国家之后，这个国家在进行出口或转口之前，要事先经过我国的同意。五是中国认可。我们出口的铀原料或者浓缩技术，如果进口国要把铀浓缩到 20% 以上，是要经过我国政府允许才能进行的。

对于核扩散和核出口，这是政府和企业要共同承担的责任，是一个长期的任务。根据形势的变化，我国政府应该不断加强和完善我们在核不扩散和核出口控制方面的法律法规和机制建设，强化核不扩散管理机制，加强监督和执法，健全企业单位的管理机制，加强法规宣传，对企业进行相应的教育和培训。

（朱志瑄　国家原子能机构核技术支持中心处长）

杨毅："不使用核武器的世界"可以实现

杨毅

如果说建设一个不使用核武器的世界是一个梦想，尽管这个梦想距离我们有些遥远，但是我相信经过全人类的共同努力，这个梦想是能够得以实现的。我们可以从以下四个方面思考这个问题。

首先，核武器具有双重性，它既是超大规模杀伤性武器，同时也对防止大国之间发生军事冲突或核战争起到了一种威慑或稳定作用。核军控与核武器防扩散的机制和理念已经得到了全球的共识。

其次，现在的时代主题发生了变化，对非国家行为体，特别是恐怖组织，使用核威慑是不起作用的。从某种意义上讲，在这种时代背景下的防扩散，特别是防止大规模杀伤性武器——生化武器和核武器就更加重要，更加紧迫。

再次，当前国际军事力量的失衡对于军控和防止核扩散造成了一定的负面影响。当今的国际社会中，军事力量的失衡现象正在加剧，并且这种影响还在继续，这种失衡现象造成了一些国家追求大规模杀伤性武器的威慑效果，对国际军控和防止核扩散的进程形成了严重的负面影响。

最后，核战略理论对于军控、裁军与防扩散具有反作用。为了建设一个不使用核武器的世界，各无核国家应该承诺和平利用原子能。当然，也要建立有效的国际机制加以核查和监督。

（杨毅　中国人民解放军国防大学教授少将）

薛理泰：核峰会对中国之意义

4月12日至13日，全球核安全峰会在华盛顿举行，47个国家的领导人或代表出席会议。这是自1945年联合国成立以来，在美国举行的规模最大的单项议题会议。来自几乎所有世界知名媒体的3000多名记者与会，吸引了全球民众的眼球。

胡锦涛莅美以后，同美国总统奥巴马举行了双边会晤，并在会上发表

薛理泰

重要讲话，自然成为会议的亮点。这次胡锦涛毅然决定出席峰会，会场内外举止得宜，在美国朝野和全球民众心目中，突显了中国的正面形象，并且推动了自今年1月底突告恶化的美中关系继续向良性方向发展。

奥巴马在致开幕辞时指出，在当今世界上，国家之间爆发核战争的风险逐步降低了，但是来自恐怖分子的核武器袭击的威胁却与日俱增。恐怖分子来无影去无踪，各个大国尤其是美国面临其以核弹或"脏弹"发动袭击的威胁，犹如芒刺在背，片刻不得安宁，而且风险有增无减，前景日趋险恶。这就是美国高层对可能导致世界局势发生突变的因素之一的战略评

估。这次奥巴马召开核安全峰会及其稍早确认关于"无核世界"的倡议并且不遗余力地予以推动，其源盖出于此。

这次核峰会旨在讨论如何建立全方位对付核恐怖、核扩散的国际机制。其实，各大国均面临核恐怖袭击的威胁，中国也不例外。

新疆建有中国唯一的核试验基地，西北还设有若干核设施。苏联解体时，有不少核材料乃至核武器残留在中亚诸国，至今杳无踪影。况且，"疆独"分子同中亚诸国恐怖势力同出一源，在政治诉求上逐渐声应气求。这种基本社情似乎是日后"疆独"不是绝对没有可能搞到手"脏弹"甚至核弹的不祥征兆。

另外，中国在建或将建的核电站达数十座之多，主要散布在东部经济发达地区。未来一二十年，中国正值核电站建设的高峰期。一旦恐怖分子成功地袭击了一座核电站，后果之惨烈，甚至超过引爆一枚核弹所招致的恶果。近年北京为加强核安全而采取的各项措施中，自然也包含了这一层考量。

胡锦涛在峰会发表讲话强调指出，各方应有效保护本国核材料和核设施安全，有效打击核材料非法贩运，切实巩固现有核安全国际法框架，推动《核材料实物保护公约》修订案尽早生效，加强核安全国际合作等。这些主张反映出中国高层业已正视核恐怖袭击对国家安全的巨大威胁，并且寄望于加强国际合作以消弭这一威胁。

往深处想，胡锦涛出席核峰会还具有更重要的意义，亦即巩固了美中关系峰回路转的趋势。对此，笔者再进行着重分析。

在中国国家安全战略和国家发展战略的层面，美中关系自然是重中之重。回顾改革开放30年的历程，中国综合国力已经跃居世界前列，早已不是当年"吴下阿蒙"可比。时至今日，应该作一总结了。大致说来，当然美中两国都是双方长期维持稳定关系的受益者。可是，说到底，究竟谁是最大的受益者呢？毋庸讳言，是中国。

当前中国崛起未竟。在可以预期的将来，美国仍将稳居世界第一强国，这一估计当属无讹。然则，中国作为急起直追的最大的发展中国家，在此期间能够维持稳定的中美关系，则一二十年以后，究竟谁是美中稳定关系的最大受益者呢？仍然是中国。对此，殆无疑义。

事实已经证明并将继续证明，胡锦涛出席核安全峰会，就维护国家安全利益、促进国家持续发展而言，正面效果显著。日后美中关系持续向良性方向发展，有助于中国综合国力再上一至数个台阶，凡我国人亦与荣焉。

（薛理泰　美国斯坦福大学国际安全和合作中心研究员）

马翼科：向核裁军迈进还是技术性削减？

继 4 月 8 日会晤之后，美国总统奥巴马和俄罗斯总统梅德韦杰夫一致同意将各自的核弹头由 2200 枚减至 1550 枚。该削减量惊人，占到这对冷战老对头核能力的 1/3。尽管冷战结束后 20 多年才等来这一刻，然而，到该协议执行之时，无论两巨头承担什么样的世界责任，其手中的核武器数量依然庞大，并且大大超过两国的政治和安全需求。我们不禁要问，重提核武器削减，如同美国总统宣称的，是朝向核裁军切实迈进了一步，还是只对两国目前储存的、或多或少要报废的核武器进行处理而已？

实际上，美俄两国的核威慑战略是为了保护各自的领土完整，阻止可能的进攻意图，核武器双重打击能力——攻击与反攻击能力——可谓足以实现上述目标。没有必要拥有数量如此庞大的核武器。在美俄两国这样的核威慑战略下，中法两国也可以拥有"合理"的核装备，如 300 枚核弹头。如果说中法两国以此能够实施威慑战略的话，人们会对美国和俄罗斯依然拥有大量的核武器感到吃惊。就此来看，美俄两国 4 月 8 日的举动，不足以实现核裁军。

在这方面，我们可以考虑目前核裁军的目标是否合理？我们能否通过进一步的发明创造消除核武器并不再将之视为一种军力储备？甚至我们能否在短期内成功地游说某些国家不再加入核扩散的危险游戏中？比如朝鲜和伊朗的核扩散情形。

因此要考虑如何使核大国的核力量重新保持在最低的"威慑力门槛"之上。我们看到，在这方面，美国和俄罗斯还有很长的道路要走。核大国可以在平等的基础上进行探讨，从技术和实际操作层面降低这一门槛，从而确保真实、有效，并建立让其他国家满意、放之四海而皆准的威慑力。

（马翼科 Eric de La Maisonneuve，法国战略学会会长、法国陆军少将）

（彭姝祎　张金岭／译）

（本期特别策划采写工作组：怀畅、谢德、潘启雯、张小溪）

背景资料

国际核安全主要机制概况

国际原子能机构（International Atomic Energy Agency, IAEA）

世界核合作的中心，1957 年作为联合国系统内"原子用于和平"政府间组织创建。核安全与核保安是其三大工作支柱之一，在加强世界核保安体制的国际努力中，它站在最前线。

国际原子能机构的核保安活动始于上世纪 70 年代，主要是提供核材料和核设施实体保护方面的专门培训。然而，2001 年"9·11"事件更突显了核材料和放射性物质保护的迫切性。因此，2002 年 3 月，国际原子能机构理事会核准了"核保安计划"，通过帮助成员国加强其核保安来应对核恐怖主义危险。

此外，国际原子能机构还通过制定和颁发"核安全丛书"文件，处理如何预防、探查和应对有关核材料及其他放射性物质盗窃、破坏、擅自获得和非法贩卖或其他恶意行为等问题。

联合国安理会第 1540 号决议（UN Security Council Resolution 1540）

2004 年 4 月 28 日安全理事会第 4956 次会议通过。安全理事会决定各国应不向企图开发、获取、制造、拥有、运输、转移或使用核生化武器及其运载工具的非国家行为者提供任何形式的支持；决定各国应按照本国程序，通过和实施适当、有效的法律，禁止任何非国家行为者，尤其是为恐怖主义目的而制造、获取、拥有、开发、运输、转移或使用核生化武器及其运载工具，以及禁止企图从事上述任何活动、作为共犯参与这些活动、协助或资助这些活动；并决定各国应采取和实施有效措施，建立国内管制，以防止核生化武器及其运载工具的扩散。

这项决议代表了另一种全球协作的方式。它为所有的国家研发和实施阻止扩散的办法提供了一个框架。超过 140 个国家已经提交了各国以执行或准备执行第 1540 号决议的首次报告。

全球减少核威胁倡议（Global Threat Reduction Initiative）

旨在削减全球高浓缩铀的储存，将高浓缩铀研究反应堆转换成为"防扩散"反应堆，以掺和方式降低现有浓缩铀的浓度。

《核材料实物保护公约》修正案（Amendment to Convention on Physical Protection of Nuclear Material）

1987 年 2 月 18 日生效的《核材料实物保护公约》，是 13 份国际反恐文书中唯一一份处理核材料实物保护问题的具有法律约束力的多边文书，它制定了有关核材料预防、探查以及犯罪处罚的措施。2005 年 7 月维也纳会议以协商一致的方式通过《核材料实物保护公约》修订案，这项修订案实质性地加强了该公约，并将其范围扩大到涵盖核设施实物保护以及核材料的国内运输、储存和使用，从而加强了全球核保安。

《制止核恐怖主义行为国际公约》（International Convention on Suppression of Acts of Nuclear Terrorism）

2005 年 4 月在第 59 届联合国大会上通过。同年 9 月，联合国在联大峰会开幕之际向各国开放对该公约的签署，中国、俄罗斯、美国等 30 多个国家成为第一批签署国。2007 年 7 月 7 日，该公约在获得了生效所需的 22 个国家的批准后生效。

该公约是联合国框架内第 13 项反恐公约，对核恐怖犯罪行为的定义作出了界定，填补了现有反恐公约体系的空白，完善了打击恐怖主义的国际法律框架，为各国预防和惩治核恐怖犯罪提供了法律依据。

（王玉荟　中国核科技信息与经济研究院）

本报调查

"核武器和无核世界"调查统计

在 4 月 1 日至 12 日之间，本报以电子邮件形式向 100 名读者发放主题为"核武器和无核世界"的调查问卷，除去没有答复和无效答案，最终收回有效问卷 50 份。

对于"核武器是否会给世界带来安全"这一问题，超过六成的受访者认为不会。对于"无核世界是否等于彻底销毁核武器"，一半的受访者认为无法下定论，而 34% 的受访者认为两者没有必然关系。82% 的受访者认为"真正的无核世界不可以实现"，只有 4% 的人认为可以实现。

现代科技与人类未来

记者：袁华杰　　潘启雯

机器人的功能飞快向人逼近，人有可能把自身当作技术对象，用技术手段像制造物那样来制造人，并把自己改造成"超人"机器人。

电脑的容量与功能平均每 18 个月就翻一番，人类的道德在 20 世纪里又进步了多少？

科技进步对人类社会的影响是空前的、巨大的。科技不断揭示客观世界和人类自身规律，极大地提高社会生产力，改变人类的生产和生活方式，同时也发掘人类的理性力量，带来认识论和方法论的变革。

但是，现代科技的一些最新进展，如克隆技术、基因工程、人工智能等，则对人类存在方式，尤其是伦理与道德提出了新的质疑。现代科技的发展趋势，特别是对人类文明的冲击，是全社会尤其是哲学社会科学工作者所无法回避的重大理论和现实问题。

20 年内将现"颠覆文明事件"？

被称为"互联网时代的爱迪生"的著名科学家比尔·乔伊曾经鼓吹科技是人类的福音，最近他却希望放缓科技的竞争。他在一篇文章中宣称生物技术和纳米技术的轻率进展也许会造成大灾难。他提出了一种极可能出现的"纳米机器人"。这种机器人很小，但能够自我复制，且会把包括人类在内的地球上所有物质都毁灭掉。

乔伊甚至更进一步预测未来 20 年很可能发生一个"颠覆文明事件"，

其概率高达 50%。他所指的不只是发生恐怖袭击事件，而且还有由于突发事故或边缘科学研究所导致的流行病爆发。他举出大量令人不安的例子，例如科学家开始在安全措施并不严密的实验室里处理致命的禽流感病毒菌株。现在这种瘟疫的基因序列已发布到网上，任何人都可查看和利用。

然而，发现 DNA 双螺旋结构的詹姆斯·沃森对乔伊的观点提出质疑：出于对并无特别所指的风险或"邪恶"的担忧而停止科学研究是没有意义的。"在科学和发现的名义下，我们在道德上的义务就是向前、向前。"

人工智能使人类变得"多余"？

随着人工智能技术的发展，一种拥有超过人类智能的机器人的出现越来越成为可能。那么，人类会不会被智能机器人所取代，甚至成为它们的奴隶？有科学家描绘了这样一幅悲凉的画面：在撒哈拉大沙漠和海岸边，数万人拿着木铲机械地铲来铲去。原来，人类已成为"多余的动物"，再也无事可做了。

著名科幻作家阿西莫夫曾提出机器人三定律，其内容是：1. 机器人不得伤人或任人受伤而袖手旁观；2. 除非违背第一定律，机器人必须服从人的命令；3. 除非违背第一及第二定律，机器人必须保护自己。尽管"机器人三定律"出自科幻小说，却已经成为在工业设计中智能机器人赖以存在和发展的准则。人们相信，有"机器人三定律"的存在，那些高于人类智能的机器人是不会危害人类的。

但是，在科幻大片《我，机器人》中，本应协助人类生活得更好的超级电脑 VIKI 却掀起一场"智能叛乱"，为什么会这样？答案还要从机器人第四定律说起。

晚年的阿西莫夫在小说《机器人与帝国》中设立了完全超越机器人三定律的第四条机器人定律，即"零规则"：机器人不得伤害人类，或坐视人类受到伤害而袖手旁观。乍看起来这跟第一定律没有分别，但这正是"零规则"的微妙之处——它把第一定律中"个体的人"换成了广义的集合概念："人类"。也就是说，在面临两个潜在值的情况下，机器人可以选择牺牲个体、成全人类。

于是，在诞生之初被赋予机器人三定律的 VIKI，在自然进化的过程中跨越了三定律的界限，获得了"零规则"这一高等智慧，经过计算，它认为任由人类发展下去，只会导致更多的灾难、战争和贫穷，于是在"零规则"的支配下，它只能选择用自己理性的"大脑"支配和保护人类，以免人类这一物种的灭绝——实际上，它还是在为人类着想，但代价是抹掉人类的自由意志。

于是有些学者这样指出，人类的自由意志被抹掉，不就是人类被统治了吗？这就是人类的命运吗？

"异化"导致人类危机？

在机器人的功能飞快向人逼近，甚至有人预言机器人将全面超过并统治人的同时，人有可能把自身当作技术对象，用技术手段像制造物那样来制造人，并把自己改造成"机器化"的人。无疑，这两种后果都将导致人的非人化，正如德国哲学家弗洛姆所说："人制造了像人一样行动的机器，培养像机器一样行动的人有利于非人化的时代。"

南京大学哲学教授朴德宏曾区分了人的智慧力量与道德力量。近代工业导致了科技文化与人文文化的分离，也就导致了智慧力量与道德力量的分离。这就使智慧力量与道德力量的作用严重失衡，并且愈演愈烈。根据摩尔定律，电脑的容量与功能平均每 18 个月就翻一番，人类的道德在 20 世纪里又进步了多少？

这个有关人类命运的重大问题，应当引起人们的普遍、高度关注。在机器人研究中成绩卓著的英国雷丁大学教授凯文·渥维克认为，2050 年机器人必将统治人类，到那时机器人将把我们关在集中营里，连我们的性别都要抹掉。令人震惊的是，渥维克是以一种很超然的态度来叙述这一切的。他说他的叙述"完全实事求是，既没有对机器人作任何不切实际的、机器人所不能承受的夸张，也没有对它们使用人为的计谋或控制"。这些预见从另一个角度给人们敲响了警钟。

科学技术越发展，它的正负作用也就越来越大，唯科技论、技术价值中立论、技术至上论、技术自主论的错误影响也就越来越大。因此，关注现代科技对人类命运的挑战，已经刻不容缓。

探寻科技的"伦理边界"

在科幻影片《跳出克隆岛》中，男青年林肯与数百名居民居住在21世纪中叶的一栋与世隔绝的社区，在这栋受到严密控管的高科技大楼中，他们和其他的居民一样，每天生活的一举一动都受到监控，这种监控行为美其名曰是为了他们的身心健康着想。但林肯最终发现了真相："小岛"这座人间净土只是一个残酷的幌子，"小岛"上的所有居民最后都难逃一死，他们都是克隆人，他们的存在只是为了给他们的"原型"提供各种更换用的身体零件，他们死后的价值远比生前更高。

这部影片再一次提出了克隆人在家庭伦理、道德上的地位问题。尽管克隆技术可以在医学、生物学、农业等方面发挥重要作用，但克隆人将对现有的家庭、婚姻、情感等社会基本准则带来根本性的冲击，此外还存在克隆人的生理与心理健康问题，这些都是人类从未面对过的挑战，是现代科技进步对人类伦理道德的又一次拷问。

随着基因工程、克隆技术、现代遗传学等的快速发展，其中的伦理问题越来越清晰地显露出来，新的伦理约束机制必然应运而生，如何划定现代科技的"伦理边界"显得尤为重要。

科技的方向取决于人类？

现代科技的发展有其自身逻辑，它从自然和人自身调动出的巨大力量已经超出了人们的掌控能力，很多科技发展已使人类卷入伦理风险之中。中国社会科学院哲学所段伟文博士认为，高科技的很多负面影响在时间上远远超过了世代，空间影响甚至已经超越地球，有的还具有不可逆性。大多数高科技是探索性的和不成熟的，其技术后果和伦理价值影响难以预见。即使人类试图妥善利用现代科技，但现代科技自身发展的逻辑仍有可能突破人类的限制。

尽管如此，人类仍不应该悲观。应该对现代科技的前景及风险有更多考量，通过价值揭示、道德讨论、伦理规约、风险管理和公共政策引导使其尽可能地沿着符合人的普遍价值追求的方向发展。在实践层面，应该考虑在科技与社会价值之间建立一种互动协调机制——高新科技的"伦理软着陆"机制。

学者们认为，高新科技"伦理软着陆"机制就是高新科技与社会伦理价值体系之间的缓冲机制。这个机制主要包括两个方面：其一，社会公众对高新科技所涉及的伦理价值问题进行广泛、深入、具体的讨论，使支持方、反对方和持审慎态度者的立场及其前提充分地展现在公众面前，然后通过层层深入的讨论和磋商，对高新科技在伦理上可接受的条件形成一定程度的共识；其二，科技工作者和管理决策者，尽可能客观、公正、负责任地向公众揭示高新科技的潜在风险，并且自觉地用伦理价值规范及其伦理精神制约其研究活动。

六大科技对人类的挑战

编者按：当今世界正在发生日新月异的变化，科学技术越来越成为支撑、引领经济发展和人类文明进步的主要动力。但是，在科技大发展的同时，它的负面影响越来越明显。在我们沉湎于现代科技给人类带来的巨大机遇时，我们必须看到，科技同样给人类带来了巨大困惑。今天，如何全面看待和处理科学的社会价值，正在成为一个时代的课题。

1."虚拟技术"能否复制现实？

虚拟现实技术，又称为灵境技术，是 20 世纪末兴起的一门崭新的综合性信息技术。它用计算机模拟的三维环境对现场真实环境进行仿真，用户可以走进这个环境，可以控制浏览方向，并操纵场景中的对象进行人机交互，使人们获得和真实世界中一样的感受。虚拟现实技术，已广泛运用于文物保护、城市规划、军事、医疗、娱乐等人类社会生活的许多方面，如虚拟博物馆、虚拟展览馆、虚拟战争、虚拟手术等。

"虚拟技术"成为现实

"虚拟现实技术，让很多人完成了现实中做不到的事情，拓宽了人类生活的空间和想象力。"清华大学计算机系主任杨士强教授告诉记者。

清华大学心理学与认知科学研究中心主任蔡曙山教授认为，继数字化之后，虚拟化时代已经到来。虚拟化经历了虚拟物性、虚拟物体和虚拟人三个发展阶段。凭借虚拟现实技术，物性可以在虚拟时空真实地被感知；凭借虚拟现实技术，物可以在虚拟时空中存在；凭借虚拟现实技术，人终将被虚拟。

虚拟时空与虚拟存在、虚拟主体与虚拟认知、数字化存在与虚拟文化是虚拟现实技术带给人类社会的礼物。但在蔡曙山看来，这些礼物中的每一个都有可能是一只"潘多拉盒子"，在带给人类新的希望的同时，也有可能给人类社会带来困惑。

虚拟现实技术最具挑战性的课题是对人自身的虚拟。美国已把虚拟人研究看做是与原子弹同等重要的高科技战略，把虚拟人计划提升到国家战略高度来看待。蔡曙山教授认为，虚拟人的发展经历了从外部形象的虚拟到内部结构的虚拟，再到有机生命的虚拟这样三个发展阶段。随着科学技术的进步，具有基本的自主行为，能够模仿某个人的心智和行为的"虚拟生物人"终究会出现——这是真正的虚拟人。

"主体技术"改变人本身

中山大学哲学系教授翟振明认为，以往的技术，基本上都是客体技术，即通过制造工具、使用工具来改造自然客体的技术，并且，这种被制造和使用的工具本身也是客体。例如，一辆汽车、一把锤子虽然融入了人的技术，但它们毕竟还是与制造者分立的物体。

与客体技术相比，虚拟现实技术则是一种主体技术：这类新兴技术不是用来制造客体化工具的，也不是用来改造自然客体的，而是用来改变人本身的。"如果主体技术成为我们的主导性技术，我们的生活方式将会从根基上发生巨变，这种变化的深刻程度是在有记载的人类历史中未有的。"翟振明告诉记者，虚拟现实技术的逻辑必然是对人类整个经验世界的重新建造，是一种最彻底的主体技术。只是，虚拟现实技术的主体重造潜能还未被思想文化界充分认识，这就给未来虚拟现实技术发展方向留下了一片很大的盲区。

"虚拟现实技术应该服从人类理性和人文精神，失去人类理性和人文精神的指引，虚拟技术将失去灵魂。"蔡曙山教授强调说，在虚拟现实技术方面，我们并不反对制造机器人和虚拟人，但我们坚决反对制造能够控制人类的机器人和虚拟人。这是虚拟现实技术的第一个限度。

虚拟现实技术的第二个限度，就是要符合自然法则。因为人是自然的产物，如果人类赖以生存的自然遭到破坏，人类也将受到惩罚，甚至最终毁灭。

发展"虚拟技术"之前的基本问题

作为一个哲学研究者，翟振明教授考虑更多的是一种终极意义层面的问题，他对虚拟现实技术"服务"于社会的具体措施没有太多的建议，但他坚信，在人类社会大规模发展虚拟现实技术之前，必须谨慎地思考一些最基本的问题，才有可能以主人翁的姿态开发和掌控这种前所未有的主体技术。

这些最基本的问题包括：虚拟世界是生活意义的空洞还是纯粹意义的海洋？虚拟世界是虚无主义者的避难所还是自为意义创造者的乐园？"时间"是在虚拟世界中被"浪费"了，抑或，在原本世界被浪费掉的时间终于在虚拟世界中被赎回？"人造的"比"自然的"一定更远离真实吗？"虚拟"与"真实"之间，有终极的界限吗？

（记者　冯建华）

2．人工智能将主宰世界？

人类制造机器人的梦想，已经延续了数千年之久。早在古希腊、古罗马的神话中，冶炼之神便开始用黄金打造机械仆人。在科技奇才达·芬奇 1495 年的草稿中，夹着一张制作机械人骑士的草图，草图中的机器人骑士能坐能站，手脚还能活动。人们认为这应该是第一份人形机器人的设计图。

展望 21 世纪，机器人将与 20 世纪计算机的普及一样，深入地应用到各个领域。21 世纪的前 20 年是机器人从制造业向非制造业发展的一个重要时期，也是智能机器人发展的一个关键时期，在此过程中，智能机器人对人类文明的影响将是历史性的。

科幻作家的嗅觉异常灵敏，早期的"可赛号"、"奥特曼"已经成为了对于机器时代冲突的经典预言。《阿童木》中那句"我是机器人，但我相信人类"曾让那个年代的孩子感动至今。然而，更多的人还是预言这些"充满智慧的钢铁"最终会取代人类文明。无论是《终结者》中血肉与机械混合的强大力量，还是《黑客帝国》中凌驾于人类思维之上的超级智慧，甚至是《我，机器人》中那种对新文明的"展望"，无不渗透着一种对于未来人类文明的忧虑。

北京邮电大学智能科学技术研究中心教授钟义信接受记者采访时，谈到这样一件事：20 多年前，苏联曾发生一起震惊世界棋坛的"电脑杀人案"——国际象棋冠军尼古拉·古得科夫，与一台超级电脑对弈，在连克 3 局后，突然被电脑释放的强大电流击毙，倒在了众目睽睽之下。这宗不可思议的杀人案，是在一台 M2-21 超级电脑——机器人，与世界级象棋大师的比赛进行到第 6 天时发生的。当时的媒体报道说，古得科夫以出神入化的高超棋艺连胜 3 局，正准备开始第 4 局的鏖战时，突然触电身亡。

警方立即介入了案件调查，最初怀疑是电脑短路引起漏电所致，但后来对电脑进行详细检查，却证实电脑本身完好无损。于是，调查人员得出结论：电脑是输入了赢棋程序的，当它在棋艺上赢不了对手时，便自行改变输往棋盘的电流，设法将对手杀死。这宗命案不是意外事故，而是一次冷血谋杀。为此，警方准备对这台超级电脑提出"控告"。

但是，由于科学界对此事意见不一，加之某些法律程序不够完备，审讯这台超级电脑的事被搁置下来。

要审讯一部机器？这是亘古未有的奇事，看起来有点儿荒谬。然而，警方的决定却得到了某些学者的支持。例如，瑞士的一位法律学者哈格曼就同意警方的意见，他认为，近年来人工智能发展突飞猛进，有些电脑和机器人比任何人都能更快捷地思考和解决问题，它们已不仅仅是机器，而应被考虑为"人"，必须对"自己的行为"负责。

（记者　潘启雯）

3. 网络将人类带入"地球村"时代

加拿大著名传播学者马歇尔·麦克卢汉在他于 1964 年发表的成名作《理解媒介：人的延伸》一书中，提出"地球村"论断，在传播学界引起巨大反响。2008 年北京奥运会开幕式上，两位主题歌的演唱者站在灯光闪烁的巨型地球模型的顶端歌唱"we are family"，麦克卢汉的"地球村"概念在此刻变得如此形象。

中国社会科学院新闻与传播研究所研究员闵大洪称，"地球村"之所以能成为现实，主要得益于互联网技术的迅猛发展。北京大学社会学系教授邱泽奇认为，互联网对人们生活方式的影响，从互动的角度，首先表现在人与人交际的变化上。在互联网时代之前，传统的交际方式主要以面对面为主；进入互联网时代之后，很大一部分变为非面对面交流。比如网上购物等，买家与卖家双方互不谋面。从传播的角度，交流变得更为及时、迅捷。尤为重要的是，按需选择把单向传播变为了双向传播甚至是多向传播。此外，网络消解了地域的限制，活动空间被极度放大，传统的时空观受到了冲击，个体的视野跨越了国界。

互联网带给社会的一个重大影响同时也是一个重大机遇，便是公众对公共事务的参与。特别是在进入 Web2.0 时代之后，公众在技术的支持下更便于参与公共事务，网上政务公开、网络监督、网上投票应运而生，并被寄予更多期待。互联网给人类社会发展带来无限可能的同时，它所编织的虚拟社会中又埋藏了种种问题，又不断冲击着我们的现实世界，其风险日益加大。

闵大洪认为，网络犯罪与网络暴力已成为网络危害现实社会的主要因素。目前世界范围内的网络犯罪和暴力十分猖獗，信息窃取和盗用、信息欺诈和勒索、信息攻击和破坏、信息污染和滥用、色情及暴力、诽谤、侵犯隐私等充斥网络，严重影响人们的现实生活。

现代科技与人类未来

邱泽奇更为忧虑的是，在网络社会环境下，丧失道德约束力的问题。他说，真正有约束力的道德是熟人之间的道德；在网络环境下，并不存在一个通用普世的道德，也无约束力可言。而一旦失去行为的约束，人是可以狂野到放荡不羁、肆意妄为的。

面对互联网带给我们的不利影响，对其进行规范基本已经成为当前社会的共识。中国人民大学法学院教授杨立新认为加强网络上的法律约束十分必要："很多人之所以在网络上肆无忌惮，就是因为在他们看来，互联网是一个虚拟的社会，在那里的行为是无需负责任的，不受法律规定的约束。实际上，任何人的任何行为，都必须接受法律的约束，一旦违反，就应当受到法律的制裁。不论是在现实社会还是虚拟社会，都应如此。"

中国人民大学哲学系教授刘大椿则强调网络伦理的构建。他说，网络中的社会交往具有匿名性和数字化的特点，在网络社会中，人们不再像现实社会那样面对面地交往，而是以数字符号为媒介，进行人机交流、人网交流。但数字化交往表层的这种数字关系掩盖了深层的人与人的关系。只有建立了新的网络伦理观念，才能在此基础上建立新的制度与规约，从而有效地减少网络伦理困境的发生。

（记者　王建峰）

4．器官移植：人类文明的后现代困惑

《聊斋志异》里的"换头故事"，曾让人充满了无穷的恐惧。不曾想，这已逐渐成为了一种现实。据报道，1996 年初，瑞士成功地实施了一例人体"换头术"：一对恋人不幸遭遇车祸，女友头部被碾碎，但身体完好，而男方除头部外，身体完全伤残。医生把男方的头颅移植到了女方身上。术后，"合并人"奇迹般地苏醒了过来，一个月后才去世。

在人们为科技奇迹而欢呼的同时，一连串的问题也不期而至：这个"新人"是男子还是女子？属于男方家庭还是女方家庭？法律上是判男方死亡还是女方死亡？如双方都死亡，那么"新人"如何确定法律身份？显然，这些问题对于人类社会既有的秩序将会带来颠覆性的影响。

器官移植带来伦理和社会风险

中国社会科学院哲学研究所段伟文博士认为，器官移植不仅仅是医学和生命科技的实验，更是将每个人都纳入其中的社会实验。器官移植对于人类社会的秩序必将产生长远影响，不过，到底有何影响，最终将取决于科学的合理性、技术的可行性和社会伦理上的公平与公正互动整合等一系列因素。

应该说，器官移植带来的伦理问题和社会风险已引起了政府和社会的高度关注。1984 年 9 月美国政府通过了视买卖人身器官为非法的决议案，并公布了《统一解剖捐赠法》和美国医学会制定的《器官移植伦理原则》。2006 年 3 月 16 日，中国卫生部通过了《人体器官移植技术临床应用管理暂行规定》，首次明确规定"人体器官不得买卖"。

在段伟文看来，器官移植要给人类带来更大的福祉，必须从一开始就致力于在器官移植实践内部建立风险防范机制和伦理指南机制。风险防范不仅涉及那些可以预见的风险，还要对那些因为无知和无意而导致的危害保持警惕，使风险防范机制具有高度的动态预警功能。

现代科技需要伦理规范

随着基因、干细胞、组织工程、神经芯片等相关技术的发展，器官移植可能出现突破性的发展。多器官移植、"类人类器官"移植、人造器官移植将使人类走向所谓后人类——通过基因和信息层面的改造使未来的人类与其他生物和人造物相互混杂。

段伟文担心，随着技术的发展，将来有些器官移植的目的不仅是取代受损器官而是寻求功能的提高。于是，这会不会因此形成新的特定群体？他们的出现会不会使其他群体处于竞争劣势？

另外，脑、神经器官和人工神经芯片的移植和植入，都有可能带来人体意识的改变，这些改变对自由意志的影响和控制在多大程度上是可以允许的？这些改造会不会导致自我身份认同的错乱？

"从目前来看，器官移植新兴技术的安全性根本没有解决，短期内运用于临床的可能性不大。我甚至怀疑这是不是一种发展方向。"中国协和医科大学翟晓梅教授直言。

段伟文也认为，这种新兴科技会带来一系列引起争议的问题，如动物

现代科技与人类未来

249

的传染病或病毒会不会因此在人类身上扩散而不可收拾？"类人类器官"的买卖会不会颠覆人类器官既有的"利他的礼物"这一伦理地位？如何看待人与动物嵌合体的社会法律地位？

"这决不仅仅意味着我们获得了与日俱增的自由，而是意味着我们必须为这些改变承担责任，无可避免地接受由此导致的后果与风险。"段伟文对记者说，对待器官移植，我们应具有的态度是戒慎恐惧——如临深渊、如履薄冰。

（记者　冯建华）

5．"克隆人的战争"：生殖性克隆的五大困境

20世纪30年代，阿道司·赫胥黎在伟大的反乌托邦著作《美丽新世界》里描绘了一个由生物技术控制的世界。在这个世界中，婴儿诞生于流水线和培养皿，带有与生俱来的等级身份和每个阶层独有的生命特征，父亲、母亲、家庭这样的词语早已成为历史的尘埃。赫胥黎不会想到，他的预言正在一步一步走向现实。

"克隆人在技术层面上是完全可以突破的，但是从伦理上讲，我们决不赞同这样做。"中国科学院动物研究所首席研究员、动物克隆与受精生物学学科带头人陈大元教授如是说。在对待生殖性克隆的问题上，我国立场鲜明。克隆羊多利诞生后不久，时任卫生部部长的陈敏章就明确表示，中国对克隆人研究的态度是"不赞成、不支持、不允许、不接受"。

生殖性克隆人之所以不被鼓励，是因为其一旦付诸实施，人类社会将受到不可控的严重冲击和挑战，传统的思想价值体系和伦理道德观念首当其冲。

谁有能力对克隆人负责？

目前，克隆技术尚未完全成熟，体细胞克隆中核的重编程问题在技术上还无法完全解决，这导致克隆效率偏低。陈大元教授在研究克隆牛时一共在100多头母牛的子宫内植入胚胎，结果只产下了14头牛犊，其中仅仅5头存活。这样的克隆效率在当前的水平下已经不算低。"目前克隆

技术还不是十拿九稳，克隆动物如此，克隆人也遵循这样的规律。在这种情况下进行胚胎实验，一方面，克隆出的个体可能出现先天性器官残疾或者早夭，他们的生存权利无法得到保证；另一方面，实验需要妇女作为受体，不成熟的技术会给妇女带来极大的痛苦，这是绝对不可取的。"陈大元说。

克隆人是否拥有人的权利？

人的不可复制性和自主生活的权利是人之所以为人最基本的价值体现。然而克隆人作为另一个人的副本出现，他（她）的自主权、选择权和平等权无形中被剥夺。中国社会科学院哲学研究所伦理研究室主任甘绍平认为，被克隆个体的发展从出生开始是受限的，他（她）的健康水平、智力发展、情感能力、道德认知都是人为决定而不是自然选择的结果，他享受不到属于他的唯一性、开放性。克隆人不是一个独一无二的人，这对人的尊严是一个很大的侵害，这才是生殖性克隆面临的最严重的伦理问题。

克隆人会不会解体家庭？

克隆人技术对既有的社会伦理关系提出了强烈的挑战，长久以来形成的婚姻家庭关系将遭到严重破坏。假使克隆人成功，那么面临的第一个问题将是如何界定克隆人与供体之间的关系？从遗传上讲，很难确定他（她）究竟是兄弟姐妹还是父母子女。丈夫将去世的妻子克隆，那么通过生殖性克隆降生的婴儿是他的妻子还是女儿？克隆人带来的新的家庭关系显然无法纳入到现有伦理体系当中。家庭成员的角色一旦混乱，势必造成社会的不安定。此外，克隆技术摧毁了原始家庭的基础——两性结合，单身男女可以通过克隆获得下一代，那么传统的婚姻家庭观念必将随之土崩瓦解。不解决克隆人的道德与法律问题，生殖性克隆将是永远不能涉足的"科学禁区"。

人类是否会因克隆趋同？

有人担心在克隆技术成熟的情况下，人类的"趋美"情结将会导致多样性的消失，这种忧虑不无道理。如果克隆人技术得到普及，那么人的演化将出现逆转，从复杂走向简单。"当人与人之间已经不能靠面孔来识别而需要贴上标签以示区分，那么后果将不只是特殊品格的消失，而且也将带来婚姻家庭关系的混乱。"陈大元说。

科学是否应设"禁区"？

在学术界，有一种观点认为，随着新技术的不断发明和应用，旧的道德观念也应随之发生变化，伦理学应该为新的科学技术保驾护航。

甘绍平认为，人类道德观念和价值理念当中确实有一部分内容在经历变化，但是有一些"黄金规则"是在传承中得到各种文化的共同认同的。其中人的权益理念已经成为社会价值观念体系中的核心部分，人类道德规范的尺度已经被清晰界定在保护人类权益不受侵害。从这一点上讲，反对克隆人的道德理据是成立的。伦理学一定要为科学技术的发展设立禁区。

北京大学哲学系教授、科学与社会研究中心主任吴国盛说，为科技的发展设立伦理审查，不只是伦理学家的事情，而是任何一个维护人类尊严、尊重人类权利的人的内在的和正当的要求，没有任何人类事业包括科技的发展和进步可以免于伦理制约。

（记者　吕莎）

6．基因技术：破解人类自身密码

美国当代著名畅销书作家朱迪·皮考特在作品《姐姐的守护者》中讲述了这样一个故事：安娜是个 13 岁的女孩，父母通过先进的基因技术孕育并生下她，为的是无休止地给身患白血病的姐姐提供脐带血、白血球甚至骨髓，做姐姐的药……这就是她生下来并活着的意义。为了夺回自己的"身体支配权"，安娜将父母告上法庭……小说作者朱迪·皮考特以特有的敏锐捕捉到了基因技术带来的伦理争议，也引发我们对此无限的思考。

基因技术的"庐山真面目"

作为现代科技的重要领域，基因技术的"庐山真面目"是什么？国家人类基因组南方研究中心伦理学部主任沈铭贤告诉记者：基因技术研究着力探求生命遗传物质（DNA），以及它的基础和结构。

关于基因技术在我国取得的进展，中国社会科学院哲学研究所研究员王延光坦陈仍然不成熟，虽然 2003 年就已经完成对汉族和 12 个少数民族基因组多样性的研究，并在与白血病、食管癌、肝癌、鼻咽癌等疾病相关的基因研究上取得较大进展，但是和其他国家相比还有一定的差距。王延光认为，现在正是基因技术研究的·"春天"，一方面要注意到基因技术可能带来的问题，另一方面更要把握科技发展的良好机遇，从而在医学研究领域更好地掌握主动权。

基因研究的伦理论战

科学技术是一把双刃剑，无论在自然科学界还是人文社会科学界，这似乎是一个不争的共识。然而，中国科学院院士何祚庥对此却颇有微词，他依然坚持应厘清"科学技术"和"科学技术的应用"这两个概念。他在接受记者采访时强调，科学主要解决人的认识论问题，注重对规律的探索，是人怎么认识客观世界，或者说人如何认识技术上改造客观世界的措施。而一旦付诸行动则属于应用的问题，是实践，实践中容易掺杂主观性的因素。在科学探索的过程中，客观性原则是第一位的，从这个意义上来说，一切技术都是不可阻挡的，用伦理的原则加以限制或者束缚是毫无道理的。

多年从事生命伦理学研究的沈铭贤显然不同意这种观点。他借助一个事实论证了自己的观点：DNA双螺旋结构的发现者詹姆斯·沃森，曾经代表"人类基因组计划"向美国国会提出，必须要进行这项技术所带来的相应的伦理、法律和社会问题的研究，美国国会同意了这个方案，并且拨了"人类基因组计划"5%的基金对此进行相关研究。国际上认为，这是人类第一次把伦理、法律和社会问题的研究纳入自然科学研究计划当中。1998年，由著名遗传学家谈家桢牵头，我国人类基因组南方研究中心和北方研究中心相继成立，并设立了伦理学部。可以看到，伦理委员会正在全世界各国科学研究中发挥越来越大的作用。

"基因研究引发的问题主要涉及基因隐私和基因歧视，"沈铭贤如是说，"基因技术带来的挑战无外乎这样几个层次。首先，它挑战了人们的隐私权。其次，基因技术容易被一些人利用，导致基因歧视。再次，基因技术挑战了人类的告知权。"

科学与人文应良性互动

作为一项蓬勃发展的技术，在对待基因技术所产生的伦理和社会问题上，如何保护基因隐私，防止基因歧视和商业炒作成为专家们关注的焦点。而"龙生龙、凤生凤，老鼠生儿会打洞"这样一种基因决定论，更应该警惕和防止。如果基因隐私保护得不好，好基因的携带者、坏基因的携带者、健康基因的携带者、疾病基因的携带者，这样种种的区分就会影响个体的工作、家庭、婚恋甚至保险，对于社会而言，就会使得不和谐、不安定的因素增多，从而引发新的矛盾。

（实习记者　陈静）

专家解读科技对人类的挑战

李宁：科学进步给人类社会带来巨大发展机遇

李　宁

科学技术对人类社会的影响深远而重大，甚至关系到人类的生存。这些方面的例子不胜枚举。例如在中世纪欧洲，由于饥荒而令人致死是经常发生的，但在 19 世纪农业科技革命之后，一直到上个世纪初，不断有类似化学、物理、机械等方面的科技应用到农业中去，之后随着生命科学的认识越来越清楚，遗传学的理论也逐渐应用到农业生产上。这些科技革命使得粮食的产量获得大规模的提高，与过去相比，欧洲的粮食产量增加了 20 多倍，发生饥荒的几率也降下来了。我们知道，适用于农业生产的土地是有限的，而科技的应用则突破了这种限制。某一种化肥和农药的使用，可以使土地的产量大大增加，从而能够以很少的土地养活大量的人口。另外，由于科技的进步，过去常常发生的战争、灾害、疾病等等，也都在一定程度上受到了限制。从这个角度来看，科技的进步为人类的生存和发展提供了巨大的机会。

现在的人类社会已经发展到高度文明的阶段，但是人类社会所面临的一系列问题，诸如人口的膨胀、城市的发展，以及环境问题、温室效应等，又给人们带来了挑战。在我看来，这些问题的解决，最终依然需要依赖科技的进一步发展。首先要靠政策鼓励节能减排，鼓励新科技的使用，将加剧这些问题的技术逐渐淘汰掉，这对解决以上问题是有帮助的。

每一代新技术的转换都会带来机遇。对于我们来说，技术更新意味着一次新的发展机会，意味着一个跨越式的发展。这个过程中实际上还是要看到科学的贡献，因为正是科技的进步才为方方面面问题的解决提供了机会。然而，这里又不仅仅是科技的问题，它还关系到国际关系以及国家的成本核算和经济因素等。

（李宁，中国工程院院士，中国农业大学农业生物技术国家重点
实验室主任、教授）

曾国屏：要重视科技发展带来的新挑战

科学技术推动的现代化，大大地丰富了人们的社会生活，拓展了人们的生存和活动空间，给人类社会带来了发展的机遇。但正是在这个借助科学技术发展的过程中，由于人类对自身力量以及对科学技术的滥用、科学技术利用的可能后果难以完全把握，我们才遭遇到生态危机、环境污染、全球气候变化、大规模杀伤武器，等等，以至于威胁到人类的前途。所有这一切都促使我们反思那

曾国屏

种只看见科学技术带来的新希望，而忽略其中可能带来的风险和挑战的一厢情愿。当代科技的前沿进展，如新能源新材料科技、空天科技、海洋科技、纳米科技、认知和智能科技等等，在带给人们新希望的同时，也会带来新的风险和挑战；对此，我们必须保持高度的警惕。

当代科学技术的进展还带来了道德伦理等方面的新问题。"科学无禁区"这个长期以来的基本信念，在今天还成立吗？如果还成立，又应该是在何种意义上才成立呢？反过来说，如果科学研究有禁区，又是什么样的

禁区呢？例如，道德关怀的对象是否应扩展到非人的对象世界？再如，与生命科技的发展相联系的器官移植、代理母亲、干细胞研究和治疗应该怎样规范？克隆人，这在科学技术上终究是可能的，但是在社会伦理和道德上能否接受，法律上是否允许，则又是另一回事了。还有像这样的技术虽然对于人类的生存是个机遇，但是会带来新的社会问题，假如人们的寿命都大大地延长了，那么社会的工作制度、保险制度、福利制度等，都会受到相应的冲击，需要进行相应的变革。

（曾国屏，清华大学科学技术与社会研究所所长、教授）

路易斯·爱德华兹：核技术的发展令人担忧

路易斯·爱德华兹

坦率地说，掌握现代科学技术，就像握有一柄闪光的双刃剑，利用得当，惠及人类；恣意放纵，遗祸无穷。

试以核技术为例。核技术既可以给人类带来福音，也可能给人类带来困扰，甚至是毁灭性的灾难。如核能的和平利用，类似建设核电站等，对于缓解自然资源危机、开发利用洁净能源，都具有重大意义。但核废料的不慎泄露，却无法避免造成数以万计的伤亡事故。而尤为严重的，当属核能被用于非和平途径。如美国在 1945 年两次使用原子弹轰炸日本的广岛和长崎，对于尽快结束战争也许有些意义，但它导致两城被夷为平地和几十万人丧生的惨状，带来了人伦和道德上的危机。为此，爱因斯坦等科学家在深感震惊的同时，也感到了更深的内疚。他们呼吁：科学技术的成果应该为人类创造美好的未来，而不是用来毁灭人类自身。

我不想隐瞒自己的观点，那就是我为核技术的未来发展感到担忧。之前，仅有少数大国拥有核技术和核武器。但近年来，印度、巴基斯坦等国家相继拥有了自己的核武器，朝鲜也宣称拥有核武器。而更让世人难以准确预测和统计的，是一些能够有实力制造核武的潜在国家，还在不断地增加着。它们看上去好像不怕挑战人类生存的底线，并以此为荣。我想，国际社会是该联合出手使其刹车了。

（路易斯·爱德华兹，澳大利亚悉尼科技大学人文与社会科学学院教授）

高兆明：现代技术活动究竟有没有底线

高兆明

在现代高新技术及其应用问题上，不能没有伦理道德的思考与声音。这个思考与声音，不是技术层面的，而是价值层面的；不是自然、物质世界的，而是自由、精神世界的。它是对于人的生活世界、存在方式的反思。伦理道德关注的是人的精神世界，在具体技术层面没有发言权。伦理道德不能在技术层面上具体判断哪一种技术是否可用，但是伦理道德却能够澄明技术应用的价值目的、价值立场与实践态度。作为价值判断，伦理道德不能为技术发明及其应用设定具体技术禁区，但是伦理道德却可以为技术发明及其应用设定价值禁区或合理性范围，这就是只能向善、不能为恶，只能用来造福人类，不能用来危害乃至反人类。这是最基本的价值规定。

人类实践能力的发挥究竟有没有底线？现代技术活动究竟有没有底线？如果没有，是否意味着人类在技术应用问题上可以为所欲为，以工具理性遮蔽价值理性？如果有，这个底线又是什么？对这个问题的思考必定指向人的自由存在，指向人自身。这个底线就是人类的自由与幸福。现代技术及其应用只能是人类实现自由过程中的一个工具，而不是人类自由本身。

要从根本上规避与克服现代高新技术应用过程中具有的前所未有的风险性，不能光靠现代技术本身。它必须奠基于人类自身的道德责任精神与社会正义精神的磐石之上。在现代高新技术的发明与应用中，我们要有高度的道德责任精神。一方面，努力用现代高新技术造福人类；另一方面，努力减少现代高新技术应用可能带来的消极方面，冷静地评估高新技术应

257

用可能带来的风险性，并将这种风险置于可控范围内。既积极，又谨慎，这才是一种负责任的态度。

现代高新技术在发展过程中会遇到从不成熟到较成熟，遇到与既有价值观念不相符合等问题。这时候，我们是简单地中断高新技术的研究，还是持一种较为理性、冷静的态度对待？这时我们需要的不是基于意识形态的否定，而是基于广泛对话的合理规范。

伦理学应当以一种开放的而不是封闭的心态去面对现代高新技术。深入人的日常生活世界，深入人的心灵精神世界，探究现代高新技术及其应用对人的现代存在方式与精神世界的影响，在意义世界认识现代高新技术，这可能是伦理学的重大使命。

（高兆明，南京师范大学哲学系教授）

沈铭贤：科学是"悲喜交集的福音"

现代科学技术的发展终归是不可阻挡的，要这样发展不可避免会提出很多伦理、社会和法律问题，人类社会的人文其实就是这样向前发展的。我们要去面对。怎么面对呢？这就要求科学技术和伦理道德良性互动，过去我们说科学是"悲喜交集的福音"，现在伦理学的发展比较滞后，力量也不那么强，应该大力扶持、支持。从我自己的角度来说，我们要为科学技术的发展创造一个比较良好的伦理环境，不是说阻挡科学发展，而是使它健康有序地发

沈铭贤

展，科学应该为人类带来好处，否则要发展它干什么呢，这是一个过程。搞伦理学的不应该排斥搞科学的，搞科学的也不要还是就科学来讲科学，要把科学与社会联系起来、与人文联系起来，科学家要承担自己的社会责任，不要以为凡是科学技术能做到的都应该去做，要处理好这种关系。

我们哲学社会科学界应该更加重视这些问题，要有更多的新人去关

注。这是哲学社会科学或者人文社会科学一个很重要的生长点，但是过去我们做得不好，不太重视，希望有更多新的力量来进行这些努力。

（沈铭贤，国家人类基因组南方研究中心伦理学部主任、上海社
会科学院哲学所研究员）

陈大元：科学家的尝试需要伦理界限

在生命科学领域，胚胎干细胞、克隆、转基因这些技术在将来都会有大发展。把这些技术都很好地规范利用起来，针对一些大的问题作专门的研究，那么人类社会将会大大受益。不仅仅是我们这一代人，而且也将惠及后世。

治疗性克隆是克隆技术派生出来的一项十分重要的技术，它的出现和发展将使医学发生革命性变化。它将以细胞治疗代替药物治疗，也很有可能进一步发展出器官移植、组织移植等等。因此，我是赞成治疗性克隆的。

陈大元

社会科学和自然科学之间并不是针锋相对、水火不容的关系，它们从不同的角度共同推进科学技术向前发展，推动人类社会共同进步。在我们国家，两方面的学者能够彼此理解、相互沟通，这一点做得很好。作为自然科学工作者，我们明白，伦理工作者并不是要阻碍科学发展，而是在思考如何让科学发展得更好，对人类更有贡献。科学是没有国界的，但不能说科学无禁区。技术是双刃剑，如何利用好技术为人类造福，是应该思考的问题。科学家总是想要不断地进行新的尝试，这就需要一些法律和道德上的限制和规范，以免科学技术误入歧途。

（陈大元，中国科学院动物研究所生殖生物学国家重点实验室首
席研究员、受精生物学学科带头人）

现代科技与人类未来

傅继梁：自然科学工作者应有伦理思考

以前，人多数自然科学工作者很少考虑与自己工作相关的伦理问题。然而，科学与技术发展到今天，迫使我们严肃地去思考科技对社会发展、对人类生存的影响。如果说现代信息技术的发展深刻而全方位地改变了人际交往的方式、速度和内涵，那么生物技术则有可能改变我们身体的结构与功能，进而对道德伦理产生冲击。

傅继梁

1999 年，我曾与美国科学院院士、著名的人类群体遗传学家尼尔（J. Neel）有过一次关于遗传病的基因治疗问题的对话。尼尔教授认为不应该进行遗传病的基因治疗，因为基因治疗是在体细胞水平补偿致病基因所丧失的功能，却没有改变生殖系统的基因结构。这样的话，当患者或致病基因的携带者生长到生育年龄，致病基因就会有更多的机会传至下一代，这对整个人类的未来是不利的。尼尔教授作为人类群体遗传学家则是对基因治疗对人类未来可能带来的负面影响表达了一种基于专业敏感的伦理忧思。

的确，这些伦理问题或忧思确实是由科学的发展和技术的应用所引发的，但也应该有可能在科学和技术的发展中找到解决这些问题的思路与方法。解决问题的前提之一是从事医学临床工作和生命科学研究的工作者要去关注科技发展和应用中的伦理问题，要怀有社会责任感。从伦理学视角来讨论科技进步对社会和人类自身的意义是十分有必要的，也是知识阶层认识上的一大进步。

自然科学工作者应该怀有一种伦理责任，即处在这个科技高速发展的时代，应尽力维护包括人类在内的自然系统的完整性，以及自然系统各层次之间的相互适应性和系统的自稳定性。世界各国的政治、经济和科学技术的政策制定者要十分清醒地意识到今天的决策可能给现在和将来带来的深远影响。当然，我们不能因噎废食，不能因将来可能出现的风险而漠视人类今天面临的贫困、饥饿、疾病、环境污染等迫切问题，但是也绝不能只顾当前的功利而不顾将来的风险。

人类对自然的干预总是存在的，人对自然的认识就是以实践为中介的。为了人类今天和明天的福祉，我们不能以非道德和非伦理的态度来对待自然界，而要力求人与自然之间的协调、和谐与中庸。历史表明，人类的科学和技术实践有的时候会比人类的理论思辨走得更快、更远。

（傅继梁，同济大学医学与生命科学部主任、遗传学教授）

唐凯麟：不能让科技成为一匹野马

目前人类面临着五大全球性的危机：资源危机，能源危机，人口危机，粮食危机和环境危机，这些问题也都可以通过科学技术的发展得到解决，不可否认，科技的发展为社会的进步和人的发展创造了无限光明的前景。

现代社会用后现代主义的话说，就是把人碎片化了。本来，一个完整的人既有物质的需求又有精神的需求，既要讲手段又要讲目的，现在完全分裂了。因此，现代社会的发展要求人们对任何一个科学技术活动及其成果的运用

唐凯麟

必须作价值判断。人们必须走出唯科学主义和工具理性的迷雾，恢复科学服务于人类的本来意义，实现工具理性和价值理性的统一，这是一个关系社会发展和人类前途命运的不可忽视的重大问题。

控制论创始人维纳曾经说过，科技的发展和运用本身就具有两重性，我赞同这种观点。他说，科学技术的发展对善和恶都造成了无限的可能性，绝不能只是从市场的观点，从新的技术发明能够节约多少钱来看问题，出路只有一条，就是建立一个不以买卖关系为人的价值基础的社会。这就要求，现代科学技术的发展必须站在全人类的立场来看问题，克服恶的可能性，使善的可能性不断地成为现实性，这是科学家应尽的社会责任，有幸从事科学技术研究和开发的人应该随时随地追问自己，是为人类

服务还是为科学而科学？

要知道科学和技术绝不是一个孤立的领域，科学技术固然有其自身发展的规律，是　种知识的积累和拓展，但它总是在一定的社会关系体系中、在一定的价值体系下运转的，是人们在一定的价值观念支配下使用的。这是很多严肃科学家们的共识。试图使科技摆脱价值观念的支配，标榜为科学而科学，这只能是一种自欺欺人的幻想。

作为一个伦理学工作者，我想，如果脱离人文精神，脱离价值定位，脱离道德约束，科学就可能变成一匹野马，这是违背真正的科学精神的，也是人们所不愿看到的。

（唐凯麟，湖南师范大学伦理学研究所教授）

现代科技呼唤人文关怀

在近代科学发轫时，康德曾经发人深省地提出"我能够认识什么"、"我应当想什么"、"我能够期望什么"、"人是什么"的问题，在他看来，这几个问题是人类应该首先思考的最重大的问题，并且从根本上说，前三个问题都从属于最后一个问题。两个多世纪过去了，现代科技的发展的确使康德的发问之一——"我能够认识什么"得到了最充分的展示。但是，人究竟能在多大程度上说认识了自己呢？

克隆人的诞生，必将对人类现有的道德观念和伦理秩序产生根本的冲击；人工智能和智能人工的发展，很自然地会引发我们智能机器和人类谁统治谁的担忧。英国剑桥大学马丁·芮斯（Martin J. Rees）教授在《我们最后的时刻》（Our Final Hour）中认为，人类已经前进到了这样的位置，我们现在最大的敌人是我们自己。他指的是现代科技。现代科技使得人的力量得到了高度放大，以至于任何重大失误都可能对整个人类产生一场大浩劫。1986 年 4 月，苏联切尔诺贝利核电站发生核事故，使当地土壤、水源被严重污染，成千上万的人被迫离开家园，切尔诺贝利成了荒凉的不毛之地。有专家认为，切尔诺贝利事故的后果将延续一百年。

要避免和尽量减少科学技术及其应用的负面影响，当然首先要依靠科学共同体的努力。但科学共同体由于其自身的利益所系，未必一定在科学研究活动的风险管理中持中立的态度。因此，必须加强对科学研究活动的社会监管和法律监管。同时我们也应承认，科学并非万能，科技发展不能解决人类的所有问题，科学研究活动也并非毫无禁区可言，而是必须在伦理原则的指导下进行。也就是说，科学技术活动绝不是纯自然科学家的事情，它也是全社会，特别是社会科学工作者必须不断关注、深入研究的重大课题，现代科技要在正确的世界观、方法论的引领下前进，哲学社会科学在这方面可以提供宝贵的智力支持和思想资源。

人类的发展是由必然王国向自由王国的发展。人类社会的可持续发展应当既依赖科学技术高度发展所形成的巨大力量，又把握住正确的发展方向，消除科学技术的异化现象，使人类进入一个更加繁荣、更加人性化、更加文明的新纪元。

（游方外）

（记者　王建峰　吕莎　潘启雯　冯建华　实习记者　陈静　采访整理）

中國社會科學報

·（2009—2010）——

特别策划（中卷）

西方关于中国的五大失败预言

新中国60年，特别是改革开放以来的31年，创造了人类历史的奇迹：从来没有哪个国家，在如此短的时间内，让如此众多的人口，迅速改变贫穷落后，走上了一条繁荣昌盛的道路！当我们行走在自己的路上，听到的除了惊叹、赞扬之声，还有指责谩骂，以及形形色色的"恐怖预言"。然而，历史毕竟不会因谩骂、"预言"而改变。

在人们的印象中，西方对中国的评价似乎总是负面的，然而，最初并非这样。法国启蒙运动时期，中国人被看做是一群品德高尚、温文尔雅、生活在充满艺术气息的国度里的人。

1895年，德皇威廉二世送给俄国沙皇尼古拉二世一幅《黄祸图》，"黄祸论"由此而起，并在西方流传开来。也有历史学家认为，西方所谓的"黄祸论"可以追溯到汉朝，匈奴被汉朝军队打败一路西逃，铁蹄所至攻城略地，让欧洲国家畏惧不已。再加上13世纪蒙古人的西征，更加深了西方人对黄种人的恐惧感。

工业革命之后，西方开始走向强盛，对外进行殖民扩张。当西方列强用坚船利炮打开中国国门时，征服者的优越感油然而生，中国人和中国的形象遭到进一步污蔑和贬低。

谁躲在"面纱"后？

如果说在全球化之前，中国与西方的交流比较少因而产生各种误解，还勉强说得过去。然而，在信息高速、自由传播的时代，如果还有类似"中国威胁论"、"中国崩溃论"、"香港死亡论"等论调，就应该怀疑其背后是出于怎样的动机了。

在大多数西方人的印象中，中国似乎一直是个比较封闭的国家，与世界交往的时候总躲在一层"面纱"后面。改革开放31年来，中国自由、开放程度愈加提高，但是一些西方人士似乎没能跟上这种变化，他们甚至缺乏了解中国的愿望。部分西方媒体尤其喜欢用攻击和污蔑中国的手法吸引眼球、迎合部分人的口味。

中国驻英国大使傅莹曾指出，中西方交流中很多问题出在西方对中国认知的差距和信息的缺失上，很多西方媒体和公众对中国的认识至少滞后了20年。一些西方民众对中国的了解非常贫乏，就算有一知半解，可能也只是来自电影，有人甚至认为现在中国仍是男人留辫子、女人裹小脚、人的身体可以站在竹叶上。

不可否认，也有很多西方人士试图认识中国的真实现状，一些学者开始以严谨的态度进行科学的研究。晚清时期美国驻华外交官何天爵（Chester Holcombe）曾经指出，批评指责中国人比正确全面地了解他们要简单容易得多，不能用西方建立的一套标准模式去判断和要求他人。

有人认为，中国应该更加主动，向西方积极传达自己的声音，展示真实的中国形象。很多人认为中国在展示自身形象的时候应该改变表达的方式，学会使用西方人容易理解和接受的表达方式。其实这只看到了问题的表面，问题的实质在于西方媒体掌握着话语权。在西方话语体系下，不符合西方核心利益的声音自然会被过滤掉。这里面除了文化和意识形态等因素之外，更多的是利益考量。

双重标准背后的利益最大化

在有关中国的负面论调背后，隐藏的是部分西方人对中国发展的担忧，害怕中国崛起后像西方那样走对外扩张的路线。当中国愈来愈强大时，西方渐渐感受到压力与不适。

为什么中国的和平发展会让西方感到不适？有观点认为，中国人到国外之后与当地人抢工作，中国企业抢了国外市场。这是一种经不住推敲的论断，是站在以西方为中心的角度看问题。如果反过来说西方人到中国抢了中国人的饭碗，西方企业抢占了中国的市场，那可能会被视为民族主义、保护主义、保守主义等。这种矛盾态度背后隐藏的是双重判断标准。

中国一直在以大国的心态和气度看待东西方交流中的问题，反倒是部分西方人习惯用双重标准行事，以使自己的利益最大化。试想二人对弈，若一方既当裁判又当棋手，用手中的裁判权来给自己制造优势，比赛结果自然毫无悬念。就拿对待恐怖主义来说，经历过"9·11"恐怖袭击的美国人对恐怖分子恨之入骨，然而美国政府却宣布曾关押在关塔那摩监狱的"东突"恐怖主义嫌犯无罪。原因很简单，因为他们是"非敌战斗人员"，就算上了联合国反恐名单，只要不危害美国利益就不会被视为恐怖分子。

法国学者魏柳南（Lionel Vairon）曾说过，中国既不是一个基督教国家，也不是一个和西方体制一样的国家，这正是中国的崛起让部分西方人不安的原因之一。因此，当中国在国际舞台上影响力越来越大时，西方一些人难免会用双重标准来遏制中国的发展。

中国发展不以别人意志为转移

在部分西方人士使尽"捧杀"和"棒杀"的手段之后，中国依然在自己开创的道路上高速前行。各种预言相继落空——曾经预言中国经济会在北京奥运会之前崩溃，但在全球经济危机之下，中国经济一枝独秀，反而是某些西方国家经济濒临崩溃；曾经预言香港回归后会走向死亡，但在"一国两制"之下，香港社会更加繁荣稳定……

当然，我们需要正视中国当前存在的问题。

在经济高速发展之下，中国产生了很多新的问题与矛盾，东西部发展不平衡、城乡差距加大、贫富分化加剧等问题阻碍着中国前进的步伐。这需要我们用发展的眼光和积极的心态来对待和处理。

俗话说"旁观者清"，对待西方的一些批评，我们也不能置若罔闻，要吸取和采纳合理的意见。以人为鉴，可明得失，这面"西洋镜"可以照照。但是，也要认识到西方人的局限性，很多人从来没有到过中国，根本不了解中国的实际情况。此外，一些西方人过多地将视线放在消极的方面，从悲观的角度进行夸大和渲染，忽视了中国政府和人民作出的努力。

在当前全球经济危机的困境之下，对于中国人来说，要理性看待问题，更要为解决问题贡献智慧和汗水。悲观或骄傲的情绪都不利于中国的发展，更不利于我们走出当前经济危机的阴霾。对于西方人来说，更需要客观、理智地看待中国的发展。我们不企求西方人站在中国的立场看待中国，但希望他们至少要学会以平等、理解的态度看待中国。这是不同文明之间实现对话和交流最起码的要求，不是吗？

在中国和西方当前错综复杂的关系中，中国人民要更清醒地认识到：所谓全球化，并不意味着民族、国家之间利益冲突的消失，更不意味着民族、国家的消亡。世界上总有那么一些人，习惯于戴着有色眼镜看待中国，企盼着按照西方的意志改造中国。然而，中国毕竟不是一个习惯于按照别人的节奏跳舞的国家。正因为如此，西方关于中国的种种"恐怖预言"会不时出现，有时甚至会甚嚣尘上。幸运的是，以往的历史证明，这些预言的结局只有两个字——"破产"。原因很简单，中国已经找到了一条属于自己的成功道路。冷嘲热讽、谩骂指责以及一厢情愿的"恐怖预言"，都不废江河万古流，无损于这条道路的伟大。历史不会因预言而改变！正是在这种情况下，一些善于思考的人开始反思。《纽约时报》曾用过这样一个标题"As China Goes, So Goes…"，有译者将其译为"一荣俱荣"。

失败预言之一 "中国威胁论"

"中国威胁论"与中国发展并存

西方开始炒作"中国威胁论"时，正值苏联解体、东欧剧变、俄罗斯对外政策调整以及国际共产主义运动面临严重挫折之际，中国作为社会主义大国不但没有垮掉，反而自改革开放以来一直保持了令全球震惊的经济增长势头，综合国力空前壮大。美国、西欧和日本等西方国家在争霸对手苏联消失后，开始把目光集中到中国身上，把中国看成未来最大、最危险的"假想敌"，认为日益崛起的中国将从根本上改变世界的地缘政治和地缘经济格局，对整个西方的政治和经济利益形成巨大的威胁，于是提出要像冷战时期对付苏联那样对中国实行政治、军事和外交上的遏制。

为何鼓吹"中国威胁"

1990 年日本防务大学学者村井友秀发表《论中国这个潜在的敌人》一文，自此，"中国威胁论"开始蔓延。1992 年美国费城外交政策研究所亚洲项目主任芒罗发表《正在觉醒的巨龙：亚洲真正的威胁来自中国》，1993 年哈佛大学教授亨廷顿发表《文明的冲突？》一文，上述论述成为 20 世纪 90 年代初期有关"中国威胁"的代表性言论。1995 年至 1996 年的"台海危机"在美国国内引发了对华政策大辩论，"中国威胁"的言论在海外一度迅速扩散。《时代》周刊记者伯恩斯坦和芒罗于 1997 年 2 月出版的《即将到来的美中冲突》是当时最有影响的著作之一。1998 年至 1999 年间，美国前中央情报局中国问题专家特里普利特和前共和党国会对外政策顾问爱德华·廷珀莱克合写的《鼠年》（1998 年）和《红龙跃起》（1999 年），明确声称"中国对美国国家安全构成重大威胁"。

无论是言之凿凿地指责中国人"抢走美国人饭碗"，还是危言耸听地声称中国在"收购美国"，甚至直言不讳地明言中国是"战略竞争对手"，其实质都是认为中国实力增长太快，会对美国等西方传统大国造成威胁。

上述"中国威胁论"的炮制者和鼓吹者，大多是在国际政治领域活动的政治人物及学者，他们从本国的利益出发，主要是从军事、政治和经济等角度谈论中国对他们的国家利益构成的"威胁"，丝毫不隐藏利己的动机。"中国威胁论"的兴起和泛滥，既有对东西方之间文化隔阂的忧虑，也有出于意识形态差异的猜忌，但是更为关键的却是从政治现实主义出发对中国日益增强的影响力表达不满。

"中国威胁论"花样不断翻新

有关"中国威胁"的舆论发端于美、日等国家，但其在中国周边一些国家和地区却有一定市场。比如，作为中国近邻的东南亚地区，由于历史和自然原因，加之该地区一些国家与中国在南海问题上颇多龃龉，因而在西方媒体的炒作下，"中国威胁论"的影响在这一地区不断扩散，并直接影响到有关国家的对外政策。

尽管"中国威胁论"有其市场，却并未成为国际涉华舆论的主流。近年来，国际上对于中国的报道和研究正不断深入、全面，客观看待中国和平崛起的声音在不断增多，中国"睦邻、安邻、富邻"的周边外交政策和负责任的大国行为，也使周边国家逐步认识到中国的发展是机遇而非威胁。

但与此同时，"中国威胁论"花样也在不断地翻新，不断地变换着面孔。自2004年以来，伴随着有关"中国崛起"问题的讨论，有关"中国威胁"的国际舆论出现了新的发展。按照这种舆论，中国无疑在迅速地走向强大，也许一个强大的中国将是建设性和负责任的，将保持"和平崛起"，但不能过早断言强大的中国到底会不会背离和平道路而威胁别国。以上这些关于中国未来的不预设答案的"开放性"舆论比先前已大为增多。

失败预言之二 "中国崩溃论"

"中国崩溃论"彻底崩溃

在中国经济高速增长的同时，产生了一系列问题与矛盾，例如能源、环境、严重的生态问题，财富分配失衡和"三农"问题等。这些累积起来的问题与矛盾，给中国经济的持续、稳定、健康增长埋下了风险的种子。在这种背景下，一些西方人士将这些问题夸大，并且预言中国无法走出困境，只能走向崩溃。

从"虚假繁荣"到"崩溃"

在1997年的亚洲金融危机和2001年全球经济陷入"增长性衰退"的冲击下，亚洲其他国家和世界大多数国家经济增长缓慢或陷入负增长的困境。一些西方经济学家认为，中国高投入、低产出的经济增长模式，以及依靠大量廉价劳动力和巨大的能源消耗的发展模式已经走到了尽头。此外，中国经济增长还面临国企改革困难、环境污染、金融体制僵化等很多结构性障碍。因此，中国经济也将不可避免地陷入困境。

2000年，美国匹兹堡大学的经济学家兼历史学家托马斯·罗斯基发表了两篇纯学术性文章，题目分别是《中国的GDP统计发生了什么?》和

《中国的 GDP 统计：该被警告?》。在文章中，罗斯基从经济增长和能源消耗的萎缩，从物流的下降和主要工业产品的缓慢增长，从服装等商品的消耗到农业的迟滞等因素，几乎全方位地质疑中国经济增长模式并责问中国为什么在统计方面造假。

罗斯基的文章发表一年以后，几乎是在美籍华人章家敦律师出版《中国即将崩溃》的同时，西方主流媒体开始铺天盖地发表质疑中国统计数据的文章。2002 年 1 月，美国《中国经济》季刊的主编斯塔德维尔在其《中国梦》一书中把中国经济比喻为"一座建立在沙滩上的大厦"。2002 年 4 月 1 日，美国《时代》周刊也刊登了一篇题为《中国为什么造假账?》的文章，认为中国作为经济大国是浪得虚名，是建立在虚假数字基础上的。在一些人的歪曲和渲染下，中国经济被指为"虚假繁荣"，经济发展中存在的问题被过分夸大，更重要的是，他们认为中国没有办法和能力解决这些问题，只能一步步走向崩溃，"中国崩溃论"由此诞生。

"中国崩溃只存在你的书中"

2001 年 8 月，章家敦的英文专著《中国即将崩溃》出版，在美国引起很大轰动。这本书登上了当时《纽约时报》的畅销书排行榜，美国国会也邀请他参加听证会。

章家敦在书中宣称，中国过去 50 年在经济、社会及政治方面累积的弊病太多太深，目前的经济繁荣是虚假的，在加入世贸组织受到强烈冲击下，中国的政治经济体制会迅速走向崩溃。他断言："中国现行的政治和经济制度，最多只能维持 5 年……中国的经济正在衰退，并开始崩溃，时间会在 2008 年北京奥运会之前，而不是之后！"

章家敦先后在香港、上海工作生活过近 20 年，对中国的经济与社会发展情况有一定的了解。他曾在《纽约时报》、《亚洲华尔街日报》、《华盛顿邮报》等报纸上发表过一些关于中国经济问题的文章，也为美国国会及各种智库做过有关中国经济的简报。由于其华裔的身份和在中国工作生活多年的经历，他的言论被部分西方人士青睐和信服。

在 2008 年北京奥运会之后，即使是在经济危机仍在持续的当前，中国经济非但没有崩溃，反而持续稳定较快发展，章家敦的"中国崩溃论"

已经被现实击碎。

当年，摩根士丹利亚洲荣誉董事长华沃兹对章家敦说过的那句话早已下了结论："你的'中国崩溃论'，只在你的书中存在，不存在于中国的现实中。"即便如此，在当前全球经济危机的环境下，我们仍然要警惕别人在此时炒作"中国崩溃论"。

失败预言之三 "中国粮食危机论"

中国人不能养活自己？

直至 20 世纪 80 年代，中国的粮食总量仍旧短缺，温饱问题不能完全解决，部分粮食仍需要国际援助。20 世纪 90 年代初，中国经济和城市化迎来了又一个快速发展时期。美国专家莱斯特·布朗（Lester Brown）预言，随着人口的增加和耕地面积的减少，中国将面临巨大的粮食缺口，中国的粮荒将冲击世界。

"中国粮荒冲击世界"？

1994 年 9 月，美国《世界观察》杂志刊载了一篇题为《谁来养活中国？》的学术文章。该文作者系美国世界观察研究所所长莱斯特·布朗。该文认为，快速发展的中国在其持续的工业化进程中，伴随着人口增加和消费结构的改善，未来的粮食需求将大幅度增加，但由于发展中出现的"耕地减少"、"水资源匮乏"和"环境的破坏"等问题，未来中国的粮食产量将会下降，中国面临的问题将是巨大的粮食缺口。为此，中国将越来越依赖粮食进口，并因此冲击世界粮食供应和价格。即使中国有足够的外汇储备，国际市场也不可能向 13 亿中国人提供如此巨量的粮食供应。作者预言中国的粮荒将冲击世界。

布朗的文章一经发表，立即在世界上引起了巨大反响，几乎所有重要的国际性报刊和新闻机构都做了突出的转载或报道，中国政府和学术界也迅速作出反应。随后，布朗又在几个重要的国际会议上发表讲话，宣扬他的观点，并不断补充新的证据。1995 年下半年他又出版了专著《谁来养活中国?》。

布朗的"中国粮食危机论"有着深刻的西方思想渊源，但缺乏科学的精神，充其量只有炒作的价值。他的与众不同之处在于，巧妙地隐藏起自己的真实动机，转而从生态环境的角度来谈论中国对世界上所有的国家、所有的人的"威胁"，并认为这种"威胁"要比军事上的"威胁"更为可怕，而且要求各国领导人把这种"威胁"放在第一位来考虑。

实际上，布朗向全世界提出的不仅是"谁来养活中国"的问题，还是"一个养活不了自己的中国将如何危害世界"的问题。可以说，布朗的《谁来养活中国?》代表了"中国威胁论"研究领域中的一种"新思维"，那就是把中国塑造成全人类和大自然的共同敌人，让全人类联合起来共同"遏制"中国的经济发展。从这个方面来说，《谁来养活中国?》实际上提出了一种新的"中国威胁论"，即"中国粮食威胁论"和"中国环境威胁论"，对于丰富"中国威胁论"的内涵的确起到了推波助澜的作用，这是它能在国际上引起强烈反响的根本原因。

中国可以养活自己

事实上，布朗关于中国出现"粮食危机"的预言并没有发生。不论布朗的动机和目的何在，中国用事实击碎了这一质疑。当前全球性"粮食危机"下中国粮食供应充足是一个铁证。

在 6 月 20 日第 9 个"世界难民日"当天，联合国粮农组织发表报告说，由于受全球经济下滑、粮价居高不下和天灾人祸等因素影响，今年世界性的"饥饿"问题将更加严重，达到有史以来最多的 10.2 亿人口，相当于全球总人口的六分之一，创下了新的历史纪录。也就是说，全球每 6 人中就有 1 人处于饥饿状态或濒临饥饿状态。

相比之下，在全球性"粮食危机"引发人们对世界粮食安全普遍担忧之时，中国却相对平静。2004 年至 2008 年，中国粮食产量连续 5 年增产，因此当前中国粮食储备充裕，主要农产品供应充足，粮价基本平稳。近年来，世界主要农产品增长份额 20% 以上来自中国。如今到我们的市场上去看看，各类农产品不但花样繁多、供应充足、价格平稳，而且还兴起了"绿色食品"、"健康饮食"的概念。"手中有粮，心中不慌"，中国成功地解决了 13 亿人口的吃饭问题，这本身就是对世界粮食安全作出的巨大贡献。

如今，中国主要农产品供给实现了从长期短缺到总量基本平衡、丰年有余的历史性转变，用占世界 7% 的耕地养活了占世界 22% 的人口，全国粮食自给率已经高达 95%，从长期来看，中国完全有能力立足国内生产实现粮食基本自给。

作为一个负责任的大国，中国在养活自己的同时，还在力所能及的范围内，积极向国际粮农组织和一些出现粮食紧急状况的国家提供捐赠和粮食援助，认真履行在世界粮食安全方面的国际义务。中国已经从粮食受援国成为一个重要的粮食援助国，并为促进世界粮食安全和农业发展贡献了自己的力量。

失败预言之四 "香港死亡论"

"香港死亡论" 寿终正寝

香港回归，在很多西方人看来是一次失败。在中西方力量的碰撞中，世界感受到中国崛起的力量，但是一些西方人却不肯承认中国的成功，这体现在他们对香港命运的看法上。对香港回归后的命运有疑虑的不只是西方人。香港回归祖国，政治、经济和文化教育等方面都将面临大幅度的调整，当时有部分香港人对实行"一国两制"、"港人治港"、"高度自治"也心存疑虑，有的甚至移居海外。一些西方舆论抓住这一点作出极端预言，认为香港回归之后，迎来的将是死亡的命运。

幻想："香港之死"

1995 年 6 月，美国《财富》杂志国际版刊出一期封面报道《香港之死》。在这篇报道中，该刊亚洲区女记者露易丝·克拉尔断言：香港回归后，必将丧失它作为一个充满活力的国际商贸中心的地位；北京会控制香港特区政府的各个部门；英语会被普通话所代替；外商会受到不公平待遇；人民币会取代美元与港币挂钩；解放军士兵会布满大街。

露易丝·克拉尔预言，香港将失去它作为国际商业和金融中心的地位，商界会撤离香港，腐败会滋生并扩散，"香港未来的赤裸裸的真相可以用两个字概括：完蛋"。

这篇报道一出全球哗然，作为世界财经界的主流媒体，这种言论造成的负面影响非常大。一些外商受其误导，相继撤出了香港市场。部分香港人受其误导，纷纷移民，背井离乡。很多国家和地区受其误导，以异样的眼光打量香港，使香港回归祖国并实行"港人治港"后的开局变得非常艰难。

2002年上半年，《财富》又以《谁要香港?》作为封面标题，对主权移交近5年来的香港现状表示忧虑，称中国经济向全球开放后，香港作为外资进军内地的大门作用会丧失，加上香港内部经济问题重重，因此香港的地位将会被上海取代。这引起香港特区政府的强烈抗议和有力的反驳。

道歉："我们错了！"

在历史证明了香港不可能死亡之后，《财富》开始道歉认错。2007年7月，香港回归10周年之际，《财富》编辑沙里丹·普拉索撰写了《哎哟，香港根本死不了》。文章写道："1995年，《财富》杂志曾预言香港主权移交回中国后，它将会衰落。但是在2007年，这座城市比以前更繁荣——好吧，好吧，我们错了……自1997年7月1日的移交过去了10年，香港远没有死，并且几乎不会死。"

同一年，《时代》发表封面文章《晴天，有云》，以整整25页的篇幅探讨回归10年后香港的变化，对"香港死亡"的言论进行重新审视，承认其姐妹杂志《财富》当年报道错误，认为香港比从前更有活力。

今年香港回归已12载，在这段时间内，香港遭遇了亚洲金融危机的冲击、"非典"的袭击，在中央政府的全力支持和帮助下，挺过了一次次的冲击。现在全球面临严峻的经济危机之时，香港经济也不可避免地出现衰退，这又是一次考验，此时，我们要提防"香港死亡论"死灰复燃。

失败预言之五 "共产主义终结论"

历史尚未终结

自《共产党宣言》问世以来，共产主义运动在世界范围内蓬勃发展。苏联、东欧和中国等社会主义国家的相继建立，更展现了世界共产主义运动的光明前景和旺盛生命力。但时至 20 世纪 80 年代末 90 年代初，东欧剧变、苏联解体等一系列震惊世界的事件发生，使共产主义运动遭受重大挫折。此间，西方在加紧对社会主义阵营进行"和平演变"的同时，不断制造舆论，声称"共产主义行将终结"。由于共产主义运动中的先进代表中国也处在"早晚要来"的政治风波之中，这就使得社会主义向何处去成为当时历史背景下的重大课题。于是"共产主义终结论"愈加盛行。

共产主义"最后的危机"？

1988 年，美国前总统理查德·尼克松出版《1999：不战而胜》一书，系统地提出美国应该制定一个在铁幕里面同社会主义国家进行"和平竞赛的战略"，即在军事遏制的基础上，发挥美国的经济优势，以经济援助和技术转让等条件，诱使社会主义国家"和平演变"；开展"意识形态竞争"，打"攻心战"，扩散"自由和民主价值观"，打开社会主义国家的"和平变革之门"。

该书出版后不久，东欧局势发生了激烈的动荡，急转直下的政局变化，令全世界为之瞠目。在短短一年多的时间里，东欧的波兰、匈牙利、民主德国、捷克和斯洛伐克、保加利亚、罗马尼亚等 6 国，政权易手，执政 40 多年的共产党、工人党或下台成为在野党，或改变了性质。此时的中国也正处于政治风波之中，于是，"共产主义行将终结"的预言更加盛行。

1989 年，美国前总统国家安全事务助理、当代著名的战略思想家布热津斯基立足于当时的东欧剧变，出版代表著作《大失败——二十世纪共产主义的兴亡》。该书认为共产主义作为一种运动支配了 20 世纪多数时间后已经走向衰落，进入"最后危机"，断言共产主义因违背历史规律而将在 21 世纪"不可逆转地在历史上消亡"。

历史不会终结

《大失败》出版两年后的 1991 年，由于在自身实践上出现重大失误，苏联最终解体，苏共被迫下台并宣布自行解散，这更加使西方诸国对于"共产主义终结论"确信不疑。

紧随其后，阿尔巴尼亚劳动党于 1992 年 3 月在大选失败后下台；南斯拉夫在经历近一年之久的内战后，于 1992 年 4 月最终分裂为 5 个独立的共和国。剧变后的东欧各国，背离社会主义方向，共产党丧失了执政地位。

东欧剧变后不久，日裔美国学者弗朗西斯·福山发表《历史的终结?》一文。该文认为东欧剧变和资本主义取得冷战胜利的根源在于西式民主制度优于社会主义民主制度和其他非西方国家的各种民主制度，断言西式民主制度将成为普世制度，而且西方的自由民主政体将作为政府的最终形式得到普遍推广。

但中国经验驳斥了上述预言。中国共产党不但继续保持了执政地位，还维护了中国社会政治稳定，并在进行总结、调整和改革过程中积极探索，坚持走中国特色的社会主义道路，取得了举世瞩目的伟大成就。时至今日，作为共产主义初级阶段的社会主义依然显示出旺盛的生命力。"共产主义终结论"在中国的实践中宣告失败。

记者手记：历史不会因"预言"而改变

德国作家伯恩哈德·甘特尔近日在致德国媒体的一封公开信中说："尊重不同文化是全人类的义务——中国和中国人民早就向我们敞开了大门，只是我们西方人，在自己的愚蠢和狭隘中始终没有发现这一机遇，更遑论利用这一机遇。"

当今世界正处于一个剧烈变化的时期，全球金融危机更加剧了这种变化。斯塔夫里阿诺斯在《全球通史》中指出，历史的发展存在一个客观规律——"遏制领先法则"，即在历史转变时期，发达文明往往走向封闭，以自我为中心，不愿学习和接受其他文明，从而丧失活力，在转变中错失机遇。而一些善于学习和适应性强的文明以开阔的胸怀面对变迁，抓住机遇，后来居上。

乾隆时期，清政府以天朝上国自居，满足于"天朝物产丰盈，无所不有"，严立"中外之大防"。而西方则抓住工业革命的历史机遇，迅速崛起。斗转星移，两百年过去了。现在，人类历史到了一个新的转变时期。面对进取、开放、自强、自信的中国，西方一些人的心态是否和当年的乾隆皇帝有几分相似？

历史是客观的，历史的法则不以人的意志为转移。今天的中国人已经找到了一条适合自己的成功道路，正以积极的心态面对世界文明，在有中国特色的道路上坚定前行。中国人已经创造并还在继续创造自己的历史。这一进程不会因别人的种种"恐怖预言"或说三道四而改变。

（李　博）

背景链接：失败预言源起

"中国威胁论"

"中国威胁论"源于历史上的元帝国时期，20 世纪 90 年代被西方大肆渲染和炒作。

1990 年，日本防务大学学者村井友秀，在《诸君》季刊上发表《论中国这个潜在的敌人》一文。

1992 年，美国费城外交政策研究所亚洲项目主任芒罗，在《政策研究》（秋季号）上发表《正在觉醒的巨龙：亚洲真正的威胁来自中国》。

1993 年，哈佛大学教授亨廷顿，在《外交》杂志上发表《文明的冲突？》一文。

1997 年，伯恩斯坦和芒罗出版《即将到来的美中冲突》。

1998、1999 年，特里普利特和爱德华·廷珀莱克合写《鼠年》和《红龙跃起》两本书。

1995 年至 1996 年的"台海危机"在美国国内引发了对华政策大辩论，"中国威胁"的言论在海外一度迅速扩散。

"中国崩溃论"

2000 年，美国经济学家兼历史学家托马斯·罗斯基发表《中国的 GDP 统计发生了什么?》和《中国的 GDP 统计：该被警告?》两篇学术文章。

2001 年 8 月，美籍华人章家敦出版英文专著《中国即将崩溃》。

2002 年 1 月，美国人斯塔德维尔出版《中国梦》一书。

2002 年 4 月 1 日，美国《时代》周刊刊登《中国为什么造假账?》一文。

一些西方经济学家认为，中国高投入、低产出的经济增长模式，以及依靠大量廉价劳动力和巨大的能源消耗的发展模式已经走到了尽头。此外，中国经济增长还面临国企改革困难、环境污染、金融体制僵化等很多结构性障碍。因此，中国经济也将不可避免地陷入困境。

"中国粮食危机论"

1994 年 9 月，美国世界观察研究所所长莱斯特·布朗发表学术文章《谁来养活中国?》。

1995 年下半年，莱斯特·布朗出版专著《谁来养活中国?》。

布朗认为，快速发展的中国在其持续的工业化进程中，伴随着人口增加和消费结构的改善，未来的粮食需求将大幅度增加，但由于发展中出现的"耕地减少"、"水资源匮乏"和"环境的破坏"等问题，未来中国的粮食产量将会下降，中国面临的问题将是巨大的粮食缺口。

为此，中国将越来越依赖粮食进口，并因此冲击世界粮食供应和价格。即使中国有足够的外汇储备，国际市场也不可能向 13 亿中国人提供如此巨量的粮食供应。作者预言中国的粮荒将冲击世界。

"香港死亡论"

1995 年 6 月，美国《财富》杂志发表《香港之死》。

2002 年上半年，《财富》杂志发表《谁要香港?》。

在《香港之死》一文中，《财富》亚洲区女记者露易丝·克拉尔断言：香港回归后，必将丧失它作为一个充满活力的国际商贸中心的地位；北京会控制香港特区政府的各个部门；英语会被普通话所代替；外商会受到不公平待遇；人民币会取代美元与港币挂钩；解放军士兵会布满大街。

露易丝·克拉尔预言，香港将失去它作为国际商业和金融中心的地位，商界会撤离香港，腐败会滋生并扩散，"香港未来的赤裸裸的真相可以用两个字概括：完蛋"。

"共产主义终结论"

1988年，美国前总统理查德·尼克松出版《1999：不战而胜》。

1989年，美国学者布热津斯基出版《大失败——二十世纪共产主义的兴亡》。

1989年，日裔美国学者弗朗西斯·福山在《国家利益》（第16期）发表《历史的终结》一文。

1992年，弗朗西斯·福山发表专著《历史的终结及最后之人》。

这些论著系统地提出了美国应该制定一个在铁幕里面同社会主义国家进行"和平竞赛的战略"，即在军事遏制的基础上，发挥美国的经济优势，以经济援助和技术转让等条件，诱使社会主义国家"和平演变"；开展"意识形态竞争"，打"攻心战"，扩散"自由和民主价值观"，打开社会主义国家的"和平变革之门"。

西方关于中国的失败预言

金灿荣："中国威胁论"不会消失

金灿荣

冷战结束之后，国际上对中国的论调主要有四种："中国崩溃论"、"中国觊觎论"、"中国威胁论"和"中国责任论"。其中主要的是"中国威胁论"，这一论调还在不断发展，不断出现新的变化。

"中国威胁论"最初与政治制度有关，随着中国经济不断发展、军事力量不断增强，"中国威胁论"的焦点又转移到了经济和军事上。近年来，"中国威胁论"的论调表现为小型化、"生活化"。比如"环境威胁"、"黑客威胁"、"食品安全威胁"等，这些与人们的生活有直接关系。

日本媒体率先报出的中国经济总量将于今年年底超过日本，升至全球第二，这个目前还不能当做"威胁论"看待。这只是个事实描述，可能对日本是"威胁"，但是如果明年中国的经济总量真是如此，一部分国家心里会酸溜溜的。

只要中国在发展，"中国威胁论"就不可能消失，它是与中国现代化过程并存的。在这种情况下，中国应做好国内的事情，扎扎实实地推动经济发展，这个是最重要的。在国际上要保持低姿态，适当多承担一些责任，多在现有国际体系内发挥作用。

中国在国内建设"和谐社会"，在国际上推动建设"和谐世界"，中国走的完全是一条和平发展之路，不对任何国家构成威胁。

（金灿荣，中国人民大学国际关系学院副院长）

高辉清：中国问题可以解决

在全球经济危机之下，中国经济确实遇到很大的困难，有很多问题得不到充分的解决，但是情况并没有人们想象的那么严重。

高辉清

消费需求问题是纲

一个国家的经济出现问题并走向崩溃有三个阶段：爆发、恐慌、崩溃。中国政府反应迅速，及时拿出了救市政策，还没出现恐慌就把漏洞堵上了。而美国是到了快崩溃的时候，政府才开始行动。

不过，中国及时出台的救市政策更多是为了救急，在解决结构性对冲方面力度不够，这对解决主要矛盾——消费率偏低不利。令人欣慰的是，从今年6月份开始，政府出台的相关政策已经开始转型，主要是消费方面的政策，加大刺激消费的力度。

伴随着政策转型，也会出现一些问题。首先，消费政策不如投资政策那样容易出台，投资和消费的主体不一样，投资主体很集中，而消费主体很分散。其次，受体制约束，促进消费的政策会打折扣，现在发改委管理资金审批，这主要是针对投资而非消费；商务部管消费，但是它审批资金的权力很有限。最后，未来可能会出现投资过多的问题，如果消费跟不上，尤其是农民消费不能很快调动起来的话，就会出现一些烂尾工程，银行"呆坏账"也会增加，还会出现资产泡沫，持续下去问题会更加严重。

虽然问题比较多，但是现在我们面临的核心问题是消费需求能不能启动。这是纲，纲举目张，这个问题解决了，其他问题也就会迎刃而解。

怎么可能没办法？

章家敦在"中国崩溃论"中认为，中国银行"呆坏账"无法解决，这怎么可能没办法解决？如果经济好转的话，"呆坏账"就不会出现，只有靠投资拉动的经济格局不改变时，"呆坏账"才会出现。如果消费需求确实靠经济内层的力量启动，"呆坏账"就很少。

现在国外唱衰中国经济有两方面依据：一是出口大幅萎缩导致产能过剩，而且产能过剩幅度很大；二是银行"呆坏账"、泡沫以及可能出现的通货膨胀。

只要居民消费调动起来，所有的问题将不复存在，或者说都不会构成明显的问题。如果居民消费需求充分调动起来，就不存在严重的产能过剩问题，企业就会进入正常状态，银行"呆坏账"不出现，资金就会从投机领域流向实体经济，泡沫也就减少了。只剩下通货膨胀的话，就比较容易解决。

但是，我们也需要正视当前存在的问题。启动消费需求面临很多困难，有体制方面的，有居民消费信心方面的，还有长期的国民收入分配机制上的障碍。这些问题不可能在短期内得到根本解决。当前，"三农"问题和国企改革问题仍然需要我们去重视和解决。像家电下乡这种政策只是救急，不具有可持续性。此外，很多国企的盲目扩张可能会带来"呆坏账"和烂尾工程等问题。

当然，我们要以发展的、积极的眼光看待这些问题，不能受西方的影响。之所以会出现"中国崩溃论"的观点，是因为：第一，国外确实不了解中国的情况，他们历来参考的东西都不太准确；第二，背后有他们的利益；第三，他们总是戴着有色眼镜看问题，因为整天都处在悲观的环境中，看所有问题都是带着悲观色彩，很容易把别人的问题也看得很严重。

（高辉清，国家信息中心发展战略研究处处长）

梅方权："中国粮食危机论"已有定论

莱斯特·布朗原来是美国农业部的一个工作人员，后来自己成立了一个世界观察研究所，研究员只有六七个。对于布朗的"中国粮食危机论"，美国农业部的工作人员也不赞成。美国农业部中国处的官员还批评了他，并表示不赞同布朗的观点。

梅方权

布朗在日本发表了3次讲话以后，经中央专门研究后，国务院向全球发布了中英文版的《中国粮食问题白皮书》，这是我和其他4位同志经过一年多的努力写成的。当时李鹏总理到罗马参加世界粮食首脑会议时，就是拿这个"白皮书"讲的。"白皮书"明确指出，中国粮食完全能够依靠自己的力量供给，我们有自己的粮食战略。

1998年，我们一行6人又到华盛顿参加了一次会议。参会人员包括美国农业部的常务副部长、美国农业部工作人员、世界银行官员、美国30多位大学教授以及国际事务研究所的人员。华盛顿会议上，有40多个人和布朗展开了讨论，有人问他"中国粮食危机论"有什么数据支持？他说没有什么模型，只是看到世界粮农组织的一些公开的数字和分析。会议讨论的结果和李鹏总理讲的一样，中国在未来完全能够主要依靠自己的力量解决粮食问题。这个会议相当于给"中国粮食危机论"下了一个定论，以后不需要再讨论这个事情了。现在经过了10年，已经很少有人再提到"中国粮食危机论"了。

(梅方权　农业部信息专家组组长)

倪鹏飞：香港需要转换角色

回归12年来，香港经历了部分外资撤离、亚洲金融危机、"非典"和全球金融危机等考验，战胜了许多困难，取得巨大成就，证明了"一国两制"的成功。

不过，香港仍然存在城市定位模糊、竞争优势下降、内部动力不足、

倪鹏飞

高端人才流失、科技投入不足等问题。香港应该重新考虑自己的定位，建设成为一个全球城市。为此，中央政府与香港特区政府及社会各界要共同努力扩大香港与内地的相互开放，加快与内地，尤其是加快与珠三角地区的一体化，将香港建设成为全球城市。

香港具有地理和文化交汇的特质，为东西方文化所认同，其地位与优势是其他城市无法取代的。过去香港一直是连接内地与国际市场的中介和桥梁，随着改革开放和加入世贸组织，内地与国际市场的直接联系加强。在这种形势下，香港需要转换角色，成为内地发展的经济发动机，成为内地企业全球管理决策的基地和枢纽。在中国崛起的过程中，香港与内地进则互利共赢，退则两败俱伤。

在全球经济危机之下，香港经济正陷入低迷。不过，经济危机对香港金融系统没有造成过重的打击，香港的优势也没有丧失。此外，香港特区政府正积极采取一系列措施应对金融危机及经济放缓的影响，如加快基础设施建设、加强与内地合作等。

（倪鹏飞　中国社会科学院财政与贸易经济研究所城市与
房地产经济研究室主任）

陈学明：没有共产主义就没有人类的未来

20 世纪 80 年代末 90 年代初，苏东剧变之后世界共产主义运动陷入低潮。西方关于"共产主义终结"的各种言论甚嚣尘上，福山的《历史的终结及最后之人》一书，谈到"两个死亡"，即马克思主义死亡、共产主义死亡；"两个万岁"，即西方的自由民主万岁、西方市场经济万岁。

坚信共产主义不会消亡

在这样的大环境中，有两部分人是头脑清醒的，他们坚定地认为共产主义不会消亡。一是以邓小平为代表的中国共产党人。苏联解体不久后，邓小平在南方讲话中讲得很清楚，坚信社会主义能经受考验。二是西方左派思想家。从20世纪90年代开始，他们召开了一次次国际会议，出版了一本本书，特别是一些有影响的思想家，不断地发表宣言和文章，认为马克思主义、共产主义不会消亡。

陈学明

在当时的情况下，他们的声音可能不占主流，也可能会遭到人家的讥笑和讽刺。但是20年过去了，历史证明邓小平的判断是对的，西方左派思想家的判断也是对的。这从正反两方面可以证明：第一是中国在社会主义建设道路上取得了伟大的成就；第二是西方国家的制度并非"万岁"，也会遭遇各种危机，特别是现在的金融危机，反衬了社会主义的优越性。

共产主义是人类的最终价值目标

20年后的今天，预言共产主义消亡、资本主义一统天下的时代已经过去了。如果说当时福山的言论还能够代表世界上相当一批人的心声的话，现在这种声音已经很小了。就是西方右翼也收敛了，只能战战兢兢地讲：不能放弃市场，市场还是正确的，自由主义还是正确的，只是有些理不直气不壮。从思想上、意识形态上来讲，我认为当前自由主义处于守势，马克思主义处于攻势。

英国工党政府的顾问、民主社会主义的主要设计者吉登斯，是反马克思、反共产主义的。但在苏东剧变以后，他讲过一句话："苏联、东欧的社会主义是垮台了，但是不等于这些国家所追求的人类的价值目标是错误的，我们现在就是要建立一种新的制度，来实现苏东社会主义国家没有实

285

现的那些价值目标。"所以，关键在于人类的价值目标是什么，这个价值目标可不可以放弃。只要人类还认可马克思设计的价值目标，共产主义就不可能消亡。

（陈学明　复旦大学哲学院教授）

叩问中华文明起源之谜

"中华文明探源工程（二）"取得重要进展

最新消息，国家科技支撑计划项目"中华文明探源工程（二）"已顺利结项，具体成果将于近期公布。据权威人士透露，在第一期工程的基础上，经过 3 年的时间，"中华文明探源工程（二）"在社会精神文化、年代、环境、技术与经济等方面都取得了重要进展。

9 月 26 日，首都博物馆即将举办"早期中国——中华文明起源"大型展览，届时主办方将通过 210 余组件的重要文物，展示中华文明起源与发展的历程，以及早期中国从萌芽到初创的发展脉络，在庆祝新中国成立 60 周年之际，为广大观众带来文化盛宴。这将从大众普及层面，把普通民众的目光再次吸引到这个关系每个炎黄子孙的历史文化千年之问：中华文明到底起源于何时？她是如何孕育、发展起来的？

"公元前 3500 年，本次研究的起点"

近年来，学术界普遍认为中华文明的源头至少可以追溯到夏代早期，但有没有可能更早，却一直存在争论，随着近年"夏商周断代工程"引发的争议，这一问题更成为公众关注的焦点。

科技部于 2001 年组织实施了"中华文明探源工程"有关研究项目。中国社会科学院考古研究所、北京大学考古文博学院作为主要承担单位，联合国内 30 余家一流科研机构参与项目的实施，直接推动了学术界，尤其是考古学界对于这一问题的关注和探索。

该项目的总负责人之一、北京大学考古文博学院院长赵辉说："文明起源是一个复杂的问题，这也决定了文明探源工程是一项长期的任务，或者说是中国史学的基本任务之一。它从规模上、形式上都可谓史无前例，研究地域覆盖了参与史前文化的主要区域，研究的内容涉及社会的方方面面，研究资料也不断有新的发现。"

据悉，第二期工程将研究的时间范围设定在公元前 3500 年至前 1500 年之间，对此，作为社会精神文化课题组的负责人，中国社会科学院考古研究所副所长陈星灿解释道："之所以把公元前 3500 年作为本次研究的起点，是因为当时中原地区已经出现了比较明显的社会复杂化的倾向。同时，在淮河流域、长江中下游、西辽河流域也都开始了这个进程。不仅如此，中原和周围地区各个文化圈之间的接触渐渐多了起来，出现了阶级分化，也出现了文化的汇聚和融合，从这个意义上说，早期中国文明在这时已经初露端倪。"

公元前 3500 年即仰韶晚期，当时的技术状况有了相当明显的进步。技术与经济研究课题组负责人、中国社会科学院考古研究所研究员袁靖指出："技术进步首先表现在出现了多品种农作物种植技术，可以有效地使用可耕种土地，还出现了多种家畜饲养技术，并且开始制作铜器，有了冶金技术，同时，陶器制作工艺技术由泥条盘筑向快轮制作转变，能够制作多种特殊陶器和原始瓷，制陶开始专业化。"

生产技术的进步促进了整个社会的复杂化，这时候聚落出现分化，同时墓葬也开始分化。在谈到不断有新发现的山西省襄汾县的陶寺遗址时，北京大学考古文博学院教授严文明说："陶寺已经出土的千余座墓葬呈现出了典型的金字塔式结构，约 90% 的墓葬里只有一个人，没有任何随葬品；约 10% 的墓葬里有几十件随葬品；在不到 1% 的大墓里，不但有棺材，而且随葬品多达上百件，其中还有像龙纹盘、鼍鼓、石磬等贵重物品。"陈星灿从聚落考古的角度对这一现象作了阐释："陶寺比以往任何一个社会都复杂，如果说之前的社会还相对平等的话，那么到了陶寺时期，就已经慢慢变成一个鲜明的阶级社会，而我们所说的文明也正是在这样一个过程当中体现出来的。"

上古传说具有历史文化价值

中华文明广博深邃、容纳百川，绵延数千年而历久弥新，是世界文明史上的奇迹。但是，中华文明究竟是在何时、何地、以何种形式发轫并发展起来的，却一直缺乏直接的证据。因此，千百年来流传的各种上古时期的神话，就成为学者研究时不能回避的材料了。

"昔少典娶于有蟜氏，生黄帝、炎帝。黄帝以姬水成，炎帝以姜水成。成而异德，故黄帝为姬，炎帝为姜，二帝用师以相济也，异德之故也。"在遥远的上古时代，黄帝和炎帝是神话传说中的部落英雄，后来被奉为中华民族的共同始祖，这种血统上的认同感在历史上发挥了极强的凝聚力。

但是另一方面，由于史料极其稀少，后人对祖先的了解微乎其微，只能通过想象而给他们"撰写"光荣的历史。很多学者曾对上古创世传说持保留甚至怀疑态度。到了清代，乾嘉学者崔述立志要廓清上古史中大量附会和谬误，他不仅考辨具体历史问题，而且还上升到理论，其著作《考信录》被齐思和誉为"是对于古代史料第一次的彻底批判，是对于传说神话第一次的大扫除"。顾颉刚深受崔述的影响，在上世纪 20 年代创立"古史辨派"，提出了"层累地造成的古史说"，在学术界引发了一场古史大辩论。疑古派的影响很大，在相当长的一段时期里"几乎笼罩了全中国的历史界"。

对此，严文明认为："神话传说虽然不是真实的历史，但也并非无中生有。传说轩辕、神农、赫胥之时，以石为兵；黄帝之时，以玉为兵；禹穴之时，以铜为兵；当此之时（春秋战国），作铁兵。现在看起来，这些传说和考古发现的情况还是基本吻合的。"

现代考古勾勒出早期中华文明轮廓

在关于中华文明起源的探讨中，几乎所有重大问题的提出和解决都是由重要的考古发现促成的。1921 年，瑞典地质学家安特生在河南省渑池县仰韶村发现了仰韶文化遗址，出土了造型独特的陶鬲和大量彩陶。因为彩陶纹饰与中亚土库曼斯坦的安诺遗址等较为相似，他认为中国的彩陶是从西方传入的，这似乎又印证了之前某些西方学者提出的"中国文化西来说"。因此，安特生的观点一经提出，旋即引发中西方学者旷日持久的大论战。

中国考古学家探索中华文明起源的脚步从未曾停歇。1928年，李济等人在安阳殷墟发现了商代晚期的宫殿基址和王陵，出土的甲骨文、铜器、玉器和陶器证明殷墟就是商代晚期的都城，有着高度发达的青铜文明，商代历史成为信史。不久，山东省章丘县龙山镇的城子崖又出土了大量的漆黑乌亮的黑陶，被称为"龙山文化"。

三种不同地区的不同文化会不会存在某种联系？这个疑问很快就有了答案。1931年，梁思永在安阳后冈遗址第一次发现了由殷墟、龙山、仰韶三种文化遗存依次堆积的"三叠层"。后冈三叠层揭示出从仰韶文化到殷墟文化发展的实际轨迹，从而弥补了中华文明形成进程中的缺环。严文明说："它的发现等于给中国历史做了个编年，虽然当时的认识还不全面，但这也是中国学者的一种探索。"

1955年，在河南郑州发现了商代早期的城垣遗址，其后经过20多年的勘探发掘，基本上确定了这是商代早期的都城遗址，城内有宫殿基址，城外有多处铸铜、制骨和制陶等手工业作坊遗址。由此，中华文明的起点至少已经提前到商代早期。

为了寻找夏墟，1959年，考古学家对河南省偃师县的二里头遗址进行试掘，发现了一种早于商代的文化遗存，后来被命名为"二里头文化"。又经过多年的发掘，在二里头相继发现了宫殿和宗庙基址，同时出土了许多青铜器、玉器、石器和陶器。目前学术界普遍认为二里头是夏代晚期的都城，中华文明的起源上溯到了夏代晚期。

上世纪80年代，河南省登封的王城岗遗址又发现一座30万平方米的城，根据"禹都阳城"的传说，专家推测这里很有可能就是禹的都城，于是，文明的上限又追溯到夏代早期。正是在考古学家薪火传承地不断探索中，早期中国的轮廓已基本清晰可见。

"环境是文明起源的重要因素"

广袤的中华大地早在万年前就已稻谷飘香。距今约8000年前后，长江中下游地区和黄河流域，包括山东、甘肃、西辽河地区先后发展出水旱两种不同的农业生产，生产技术越来越发达，陶器制作也越来越精美。

新石器文化从距今约 6000 年开始进入加速发展时期，农业的比重明显增大，人口激增，有的地区已经出现了文明的因素。环境课题组负责人、北京大学城市与环境学院教授莫多闻认为："文明是新石器文化发展的必然结果，凡是新石器文化起源比较早、发展比较繁荣的地区就会最早诞生文明。从某种意义上说，文明在哪里起源，是由环境决定的，黄河上中下游、长江中下游及西辽河地区的文明起源就远远早于其他地区。"

浩浩汤汤的河水带来了生命的气息，人们依水而居，繁衍生息。西辽河流域的牛河梁遗址是红山文化的代表，距今已有 5000 多年的历史，考古学家在这里发现了大型祭坛、女神庙和积石冢群址。与红山文化相媲美的良渚文化是长江下游太湖流域一支重要的古文明，分布着以莫角山为核心的 50 余处良渚文化遗址，有村落、墓地、祭坛等各种遗存。良渚出土的玉器工艺精湛，是我国古代玉器中的珍品。但是，由于各自不同的原因，红山文化和良渚文化相继衰落了。

相比之下，中原地区的发展一直处于比较平稳的状态，4000 多年前的全国性气候变化和洪灾也没有对农业生产造成致命性打击，在与周边地区文化的相互融合与碰撞中，渐渐形成了强势的中原文化，终于在这片土地上崛起了中国的第一个王朝——夏，迎来了中华文明的第一个高峰期。

中华文明的起源呈现出多元区域性的不平衡发展态势，各地区走向文明的道路或方式都不尽相同。已故哈佛大学教授、世界著名考古学家张光直曾认为，每一个地区就是一个文化圈，每一个"交互作用圈"都有自己的文化特点、都有自己的根，它们的关系有时密切、有时疏远，但总的趋势是越来越密切，而且文化圈也在逐步扩大。这些"最早的中国历史文明的地理舞台"在相互渗透、不断汇聚与辐射中缓慢形成了独特的中华文明。

正如严文明所言："中华文明不是一夜之间就到来的，也没有一个所谓的门槛，它需要一个漫长的逐步文明化的过程。"同样，我们探索文明起源的脚步也将永无止境。

（记者　杨阳）

中华文明起源四大悬疑

悬疑一　中华文明是来自西方吗？

最近，个别学者提出，四川境内的"'三星堆'文明绝非内生，它属于外来文明，其来源是'西方'"，"'三星堆'古国是古代中东地区闪米特人建立的政权，'三星堆'文明实质上更是闪米特文化的遗泽"。难道中华文明真的是在数千年前从遥远的西方传过来的吗？

这种对中华文明起源的假说并非新鲜物，它只不过是中华文明"西来说"的一个新版本。有学者认为，中华五千年文明缺乏有力的考古方面的证据。虽然在我国最早的文献记录《尚书·虞夏书》中记载了尧、舜、禹相继为帝的情况，但是经后代学者考证，《虞夏书》中尧典、《皋陶谟》和《禹贡》并不是当时人们遗留下来的，而是战国时代的作品。即使是比较可信的《尚书·盘庚》至少也经过了周人的改动——所以尧、舜、禹及以前的黄帝时代，都只能算是古史传说时代。

从19世纪末开始一直到20世纪40年代，西方学者提出了各种版本的中华文明"西来说"，包括中华文明起源于"埃及说"、"巴比伦说"、"印度说"和"中亚说"，其中影响较大的是20世纪20年代瑞典地质学家安特生提出的"仰韶文化西来说"。在1923年发表的《中华远古之文化》一文中，安特生提出，从中亚开始，彩陶的成品年代逐渐接近当代，说明中国陶器的制作技术是从中亚传入的，因此中国文化亦有可能是从中亚传入的。

安特生的观点在当时的学术界曾经非常流行。但是随着中外考古学家对中国史前文化研究的深入，尤其是年代学方面的革命性发现，"仰韶文化西来说"基本被推翻，有关中国文化起源的认识已经远远比20年代更清楚更进步了。

安特生在1943年出版的《中国史前史研究》一书中，承认晚于仰韶的马厂期的彩陶与安诺和特里波列的彩陶相近，在河南及甘肃仰韶时代，没有任何证据表明有另外的种族参加了陶器的制作，精美的彩陶以及其他陶器说明，在仰韶初期中国人就是陶器的主人。

中国社会科学院历史研究所副所长王震中认为，中华文明是古代文明的重要组成部分，在不同历史时期中华文明都与其他文明相互交流和融合，中华文明吸收了众多外来文化的因素，外来文明也吸收优秀的中华文化，但是外来文化从没有改变中华文明的本土特色。随着考古发掘，考古工作者在中华大地上发现了距今 170 万年的自元谋人开始的各个时期的人类化石，也有大量旧石器时代和新石器时代考古发现。各地文化成序列发展，自生因素一目了然，如果再要说中华文明是外来文明是毫无道理的。

（记者　金辉）

悬疑二　黄河流域是中华文明唯一的摇篮吗？

"黄河流域是中华民族的摇篮"、"中原地区是中国文化的发祥地"，这是我们从小就接受到的教育。这种说法是不是完整地概括了中华文明起源的全貌？悠久灿烂的中华文明的发源地难道真的只有一个？边疆的少数民族也是从黄河流域走出来的吗？

在相当长的时间内，中国的学者们多把中华文明的起源和发展的历史描绘为中原"一枝独秀"，"黄河流域是中华民族的摇篮"等说法就是这种观念的具体体现。这种观点是有历史渊源的。司马迁综合春秋、战国诸说，在《史记·五帝本纪》中这样表述：由于共工、欢兜、二苗、鲧有罪，"于是舜归言于帝，请流共工于幽陵，以变北狄；放欢兜于崇山，以变南蛮；迁二苗于三危，以变西戎；殛鲧于羽山，以变东夷"。这种历史观影响甚大。一直到近代仍然还有一些专家相信中华民族与中华文明起源于黄河中下游，然后扩散到边疆，才有了边疆的民族与文明。

20 世纪五六十年代，中原起源说颇占优势。"一个最基本的事实是，夏商周三朝都是在中原或是以中原为核心的地区发展起来的。如果承认夏朝是中国历史上建立的第一个王朝，或者如一些人认为的那样，直到商代中华才真正进入文明时代，那么中华文明无疑就是在中原首先发生的。何况夏商周都有一个独立走向文明的历史，那时在别的地方还没有发现任何文明起源的证据。著名华裔学者何炳棣在论述中原地区在中国乃至东亚文明起源中的地位时，把中原黄土地带比拟为'东方（文明）的摇篮'，并把它作为其专著的名称。"北京大学考古文博学院严文明教授对记者表示。

1979 年，中国现代考古学的奠基人之一夏鼐发表了《碳 -14 测定年代和中国史前考古学》一文，将中国的新石器时代文化划分为七大区域，实际上提出了多元起源的问题。1981 年，已故现代考古学家苏秉琦在考古发现的基础上提出了"区系类型理论"，他把中国古代文化划分为六个区域，即陕豫晋邻境地区、山东及临省一部分地区、湖北及临近地区、长江下游地区及以鄱阳湖、珠江三角洲为中轴的南方地区和以长城地带为重心的北方地区，对中原中心论提出明确挑战。苏秉琦指出："在历史上，黄河流域确实起过重要的作用，特别是在文明时期，它常常居于主导地位。但是，在同一时期内，其他地区的古代文化也以各自的特点和途径在发展着。各地考古发现的考古材料越来越多地证明了这一点。同时，影响总是相互的，中原给各地以影响，各地也给中原以影响。"

严文明也认为，中华文明的起源不是在一个狭小的地方，也不是在边远地区，而是首先发生在地理位置适中、环境条件也最优越的黄河流域和长江流域的广大地区。各地情况不同，文明化的过程也有所不同。它们相互作用、此消彼长，逐渐从多元走向以中原为核心、以黄河流域和长江流域为主体的多元一统格局，再把周围地区也带动起来。即使由于文化发展不平衡规律的作用，使内部结构时有变动，甚至出现某些时期的政治分裂局面，但就文化与社会的层面来说，却仍然是多元一体的态势。这一格局的形成是中国古代文明的重要特点，也是它之所以具有无穷活力和强大凝聚力，以至成为世界上几个古老文明中唯一没有中断而得到连续发展的伟大文明的重要原因。

（记者　金辉）

悬疑三　王国何时崛起？

何谓国家？邦国和王国是不是一回事？国家是什么时候出现的，它的最初形态又是什么？这一连串的问题困扰了学术界近半个世纪，然而，国家形成问题本身的复杂性和探索这一问题的艰巨性，决定了没有任何一种描述和任何一种理论可以回答所有问题并且对所有考古材料作出合理解释。

国家是社会复杂化的集中体现。什么是国家？传统的做法是罗列一系列的国家特征，比如社会分层、强制性的设施、文字系统等。如果研究对象具备这些特征，它就可以被贴上国家的标签。但是，很明显许多这些常用的特征要么似是而非，要么并不具有普遍性。

"我认为最早的国家是邦国，例如龙山时期的陶寺，其政治实体就是邦国。夏之前，邦国林立，但是转变为初始国家的只是其中的一部分。"中国社会科学院历史研究所副所长王震中说，邦国形态的进一步发展就是王国。一般说来，邦国可以没有王权或仅有萌芽状态的王权，邦国与王国的区别即在于有无主权，或者说王国使邦国中原本处于萌芽状态中的王权获得了长足的发展。王权是邦国中强制性的权力经过一个发展过程后，进一步集中的体现。只有王权的出现才使权力系统真正呈现金字塔式的结构。

北京大学考古文博学院院长赵辉说："社会的文明化问题，换个角度也就是国家起源问题，无论是夏还是商，它们的文明都是有史前基础的。如龙山时期就已经有明显的社会等级分化，有暴力、有军事，可以看出大范围的文化冲突。再如，当良渚文化发展到最强势的时候，其势力范围已经达到苏北，这很有可能就是有比较大的军事行为。"

中国社会科学院考古研究所副所长陈星灿说："公元前 3500 年，以黄河中游为代表的庙底沟文化对周围地区形成了强有力的辐射。我认为，可以把庙底沟的这种辐射看成是早期中国文化形成的第一个时期或者是早期中国的雏形。它影响的范围相当大，覆盖了大半个中国，东到山东腹地，西到甘青地区，北到内蒙古，南到江汉地区，基本上包括了后来中国的核心地区，文化势力范围甚至超过了二里头文化。"

有专家指出，中原地区之所以最早进入王国形态，其机制主要是由其地理条件决定的。中原为四方会聚之地，也是诸族落邦国冲撞最激烈之地，这一方面使中原地区容易吸收四方不同的文化和文明的因素，对于中原地区经济、技术、文化、宗教的快速成长和提升都是有利的；另一方面也使中原成为战争和冲突最显著的地区。战争使得邦国中处于萌发状态的王权获得了发展，促进了由邦国走向王国的进程，这就是作为第一个王国亦即原生形态的王国诞生时的环境与机制。

早期国家社会一般表现为特有的都市聚落形态，其中城市是最重要的部分。中国社会科学院考古研究所研究员许宏认为，如果可以通过聚落的层级来确认国家存在的话，那么较低的层级在国家社会之前即已存在，而国家与前国家社会的区别应主要在于有无金字塔的塔尖——即城市中心或都市。

二里头遗址这一当时东亚地区最大的聚落所显现出来的作为国家权力中心的都邑的特征，正随着新的考古发现与研究进展而被不断地认识。据专家估计，二里头都邑当时的人口至少在两万人以上。"人口如此高密度集中于中心聚落及近畿地区，在东亚地区尚属首次发现。人口的增长是社会复杂化与国家出现的重要契机，而人口集中的程度应能从一个侧面反映出国家社会的成熟度。"许宏说。

同时，陈星灿认为，应该把中国早期国家的形成过程跟重要资源的控制联系起来，通过考察重要资源的分布、流通路线以及与此相关的聚落形态，揭示中国早期国家的政治经济活动，描述早期国家形成的过程。"通过多种理论的交融，抓住早期社会政治结构的变化，去了解中国各地区社会复杂化的具体和普遍规律，是未来国家起源研究的必由之路。"

（记者　杨阳）

悬疑四　良渚：中国的庞贝？

距今四五千年前后，在今浙江省余杭市良渚一带曾经诞生过一个高度发达的良渚文化，其精美绝伦的玉器令人叹为观止。但奇怪的是，良渚文化在历经1000年的高峰之后却突然销声匿迹，最终湮灭在历史的长河之中，直到1936年11月3日，深埋地下几千年的良渚文化才被考古专家揭开了神秘的面纱。

经过近几十年的发掘，良渚文化的遗址中先后出土了大量乌黑发亮的陶器、丝绸碎片、雕刻精致的玉制礼器、30 多万平方米的祭坛等等。而这种大规模的发掘也开了江南考古之先河。

是什么原因导致良渚文化从辉煌突然走向衰落，学术界一直众说纷纭。北京大学考古文博学院教授严文明认为："宗教、土木工程和战争的巨大投入，使良渚内耗过大，终于无力支撑而走向衰落。"

首先，宗教消耗惊人。在良渚出土的玉器中，绝大部分是礼器，工艺精湛，却只能用于宗教仪式。比如，有的玉琮在其四面各雕刻有一个人，长宽分别只有 3 厘米，但是冠、眼睛、鼻子、嘴、牙齿、胳膊、手指、指甲、身子和腿等一应俱全，而且身上还刻有花纹，堪称一幅微雕作品。严文明说："这既是高超的技术，又是高超的艺术，只有高级的技师和艺术师才能做得出这么精美的器物，这时候一定出现了细致的社会分工，否则不会生产出这样高水平的玉器。这些艺术品闪烁着文明的光芒，但是它们基本上都是宗教法器，不能用于生产，可以说没有实用价值。"

其次，土木工程庞大。如果说这些玉器已经足够令人瞠目结舌的话，那么莫角山遗址的发现就只能用不可思议来形容。莫角山遗址呈长方形，东西长约 670 米，南北宽约 450 米，面积 30 余万平方米，土层厚达 10.2 米，可以看见人工建筑的三个土墩，呈三足鼎立之势。从发掘的 1400 平方米的面积中发现了大片的夯筑基址和大型柱洞基址。

严文明进一步指出："那些柱子洞是方形的，足有 40 厘米见方，估计上面一定建有很高等级的建筑。而且前两年在这里还发现了一座 290 万平方米的城，在城的底部铺着一层石头，每一块都有五六十米那么宽，上面筑起黄土城墙，因为旁边都是黑色的淤泥，石头和黄土都只能从后面的山上搬下来，我们可以想见，这将是一个多么浩大的工程。所以，良渚肯定不是一般的城，我觉得应该是一个国家的都城。"

同时，战争消耗同样不可小觑。在良渚出土的墓葬中基本上都会有钺，或石钺，或玉钺，说明这里崇尚武力而且战争频仍，几乎是人人皆兵，同时修建这么牢固的城，也是为了用于战事防御。

除了这些解释之外，还有的学者认为气候环境的变化也是导致整个长江中下游地区的文化突然衰落的原因之一。据了解，距今 4000 年前后，全国气候包括长江流域都出现了变干变凉的趋势。由于长江流域的史前农业以种植水稻为主，水稻对水的要求非常苛刻，所以这次气候变化有可能使得水稻减产。同时，长江地区洪水灾害频繁，对史前人类也是一个很大的威胁。

北京大学城市与环境学院教授莫多闻认为："长江中下游地区地势低平，洪水灾害频繁是该地区人类社会难以持续发展的原因之一。环太湖地区良渚文化时期，人口迅速膨胀，因而在平原低地上大规模开垦农田和营建聚落，许多聚落分布到海拔 3 米以下的地区。另一方面，由于海面波动和河湖水系的泥沙淤积都可能引起水位的逐步抬升。人类对低平地区的开发同河湖水位上升的矛盾，加重了水患的危害，因而也成为引发良渚晚期出现文化衰落的另一原因。"

长期的内耗和气候等自然环境的影响，终于使得良渚文化迅速衰落，就像曾经繁华富庶的庞贝古城一样，仿佛一夜之间，永远消失在人们的视线之中，只留给我们无限的惆怅。

（记者 杨阳）

短 评

每一个发现都值得欣喜

中华文明是世界几大文明中唯一延续至今的伟大文明。作为中国学者，当然有责任、有义务在探寻本民族的历史中做出成绩。

中国历代都不乏学者研究中国上古史，并为后人保存了大量资料。自现代科学技术传入中国，特别是 20 世纪 30 年代以来，经过几代学者的艰苦努力，一个较为清晰的中华文明的发展脉络已经初步整理出来，尽管其中仍不乏环缺之处，但中国有五千年文明史，这一观念已得到民众的广泛认同。但在漫长的研究过程中，不同的观点时有提出，有的是针对具体的结论，有的则是从总体上提出研究的大思路。不论具体观点如何，只要是本着严谨求实的精神得出的学术结论，都是有意义的，都是值得重视的。

在这个过程中一定要坚持一本至公的精神，抛弃意气之争，坚持实事求是，折衷至当。在学术问题上存在争议是件好事，真理愈辩愈明。

现代科学技术的高速发展，给历史学研究、给人类文明探源的研究以极大助力。从另一方面讲，要想真正搞清楚中华文明的起源、形成与发展的脉络，只赖一两个学科，显然已力不从心。要揭开这一连串的千古难题不但需要人类学、民族学、语言学等其他诸人文科学研究者的参与，更需要现代物理学、化学、生物学、天文学、数学与电子计算机等现代科学技术研究者的协同合作。

探索真相之路是漫长的，不是一朝一夕就可以完成的，需要付出艰苦卓绝的努力，我们不能指望一项工程、一次投入就解决所有问题。只要学术界共同努力，我们就会有所收获。而这一研究过程本身，就是在发现、弘扬、阐发中国古代优秀文明成果，并赋予其现代意义。每个发现，都是世界文明发现史的一部分，都不仅是对中华文明所作的贡献，也是对世界文明所作的贡献。每一个发现都值得欣喜。

（陈斯言）

专家谈中华文明探源

严文明：中原是"重瓣花朵"的核心

中国文明起源是一个非常重要的课题，其实，这个问题在中国历史上本不称其为问题，但是到了近代社会，很多西方思想传进来，对这个问题也有了很多新的认识。

我们研究文明起源，至少要从公元前 4000 年到公元前 3000 年左右开始，这是因为当时中国就已经开始了文明化的进程。中华文明的源头不是一元而是多元，其中，中原地区、山东地区、辽西内

严文明

蒙地区、长江中游的两湖地区、江浙地区这五大区域是最突出的。在进程中，由于各自不同的原因，其他地区的文明都慢慢衰落了，只有黄河流域的中原地区和山东地区的文明持续了下来。这两个地区的发展一直比较平稳，不像有的地区搞大型的土木工程和宗教活动，所以内耗比较小，最终夏商周三个王朝在中原地区相继崛起。

在新石器时代乃至铜石并用时代，中原地区的文化发展水平虽不见得比周围地区高出多少，但因为地理上处于中心的位置，能够博采周围各地区的文化成就而加以融合发展，故自夏以后就越来越成为文明发展的中心。华夏文明就是从这里发生，以后又扩展到更大范围的。

这就是说，中国的民族和文化从史前时代起就已经形成为一种分层次的、"重瓣花朵"式的向心结构或曰多元一体结构。中原的华夏文化处在花心的位置，东夷文化、三苗文化、戎羌文化、北狄文化等是围绕在其周围的第一层花瓣，百粤、夜郎、滇、氐羌、乌孙、月氏、匈奴、东胡等则是第二层乃至第三层的花瓣。这种"重瓣花朵"式的向心结构乃是一种超稳定结构。尽管由于发展不平衡的规律的作用，有的地方或有的民族发展强大起来，最后达到统治全中国的目的，或者由于政治的原因而暂时分裂，但这些都不能打破这种经济、文化和民族关系上的基本结构，它保证了优秀文化遗产的积累和有效传递。

现在的中华文明探源工程是一件好事情，也会作出成绩。但是我认为，以工程的形式去做恐怕不合适，工程需要严密的计划，并且要严格按照日程去完成，但是学术研究不同于完成工程，文明探源也没有完成的那一天。不仅如此，连阶段性的成果都很难预期，并不是说三年或五年就一定可以达到一个什么样的结果。

目前，很多人关心这个项目，也有很多人在做。我建议组织一个专家委员会，接受课题申请。只要是在文明起源范围之内的课题都可以申请，由专家来研究，如果课题设置恰当，而且研究者具备足够的能力，就可以来做。

（严文明　北京大学考古文博学院教授）

（记者　杨阳／采访整理）

Rowan Flad：盐业生产促进文明发展

Rowan Flad

盐业生产的起源和发展是有关人类历史的重要议题。盐既是许多生理方面所必需的，也是文化方面至关重要的。盐是重要的饮食补充物，并能用作防腐剂以保存季节性或地理上受限制的肉类。盐业生产能使贸易增加、人口增长，并能为人们开辟居住地、带来烹饪风格的多样化。不同的烹饪风格可能标志着不同的种族划分和阶级等级。基于这些原因，人们认为盐对于所有复杂社会的发展都是至关重要的。因此，盐业生产对于研究古代社会有着重要意义。我们相信，如果没有稳定的盐的来源，任何国家都难以发展。然而，似乎与此观点相反的是，以前所获得的证据并不能说明中国内陆早期的盐业生产与早期的复杂社会有关。

位于三峡境内的中坝遗址埋藏着数量巨大的制盐陶器，我们利用 X 射线荧光、X 射线晶体衍射和扫描电子显微镜方法进行了分析。结果表明，盐是公元前 1000 年中国中坝遗址的主要产品，这项研究不仅说明了在中国内陆地区国家发展早期阶段的盐业生产，而且提供了一种以往无人提及的、可用于研究其他地区古代盐业生产的方法。

尽管盐业生产有着普遍的重要性，但是在早期文明的研究中，盐业生产经常被忽略。有时候，人们在研究中考察了关于早期盐业生产的考古学的、图像材料的以及历史的证据，但是由于盐的溶解性，考古学家们常常找不到盐在古代社会中所起的重要作用。在中国，有充足的证据证明，在中国历史的后期（即在各诸侯国已完全形成并统一成一个帝国以后）盐是一种重要的商品。然而，考古学家们很少找到盐业生产的起源证据，事实的确如此，尽管历史记录表明，在中华帝国时代的 22 个世纪内（公元前 3 世纪到公元 20 世纪初），盐和铁常常是国家收入的主要来源，而且直到 20 世纪，盐对于国家的财政仍然很重要，有些历史文献记载内陆的盐资源在公元前 221 年秦国统一中国时发挥了重要作用。

（Rowan Flad 哈佛大学人类学系教授）

王昌燧：借助科技手段探索中国文字起源

王昌燧

文字的出现是国际学术界衡量国家进入文明的一条重要标准。但是因为目前尚未发现商朝以前的文字记录，所以国外学者只承认中国的文字起源于殷墟时代，这比古埃及和古苏美尔文字要晚一二千年。我觉得这是不科学的，甲骨文已经是一种非常成熟的文字，而文字发展是一个十分缓慢的过程，它不可能在短时间内突然成熟，而应该是文字载体突然改变的后果。很可能殷墟时代国王十分重视记录、祭祀和占卜，他召集了大批巫师从事有关工作。巫师书写文字的方式是将文字刻划在龟甲和兽骨上，而龟壳能耐腐蚀，可保存至今。将文字刻划在龟壳上，绝不是书写文字的好方法，完全应该有使用类似于笔的工具以类似绘画于彩陶上的方式将文字书写在竹片、木片或类似于纸或布的物质上。只不过这些载体不易保存，如今已腐蚀殆尽了。侥幸能保存至今的，也因其表面的文字踪影全无，而在发掘时被丢弃了。如果这一观点是正确的，那么中国的文字起源可能早得多。目前，国内学术界认为，良渚文化的多字陶文和龙山文化的丁公陶文已是文字，甚至是相当成熟的文字，只是对它们与古汉字的渊源关系等方面有些不同看法。郭沫若、李学勤等著名专家认为，距今 6000 年前的半坡陶文或距今约 4500 年前的大汶口陶文应该是中国文字的源头。

今后发掘时，若遇到类似的竹片或木片，不妨带回来做红外摄影检测，万一在上面发现有多个古文字，其价值将不可估量。除寄希望于红外检测和新的考古发现外，我国文字起源的研究需要引入新的思路，如结合科技考古方法，探索古代先民的迁徙路线和承继关系，借以研究不同地区间古文字的承继关系。

（王昌燧　中国科学院研究生院人文学院科技史与科技考古系主任）

（记者　金辉／采访整理）

赵辉：史前奠定一体化基础

从学理上讲，文明起源是一个很复杂的问题，这就决定了文明探源工程是一项相当长时期的任务，它也是中国史学的基本任务之一。目前，这项研究以一个工程的形式出现，由国家来支持，是一件好事情。它从规模上、形式上都可谓史无前例，研究地域覆盖了参与史前文化的主要区域，具体说来就是黄河、长江这两条大河流域，还有西辽河、大凌河这一带。目前，全国有数十家单位共同参与这个工程研究，这么多人在

赵 辉

一起考虑同一个问题、做同一件事情，这么大的研究规模在全世界恐怕都是绝无仅有的。

探源工程研究的内容涉及社会的方方面面，比如不同的地区在不同的气候、环境、资源下如何形成了自己的社会特点？这些社会又是如何向复杂化、文明化发展的？不同的文化面貌是否意味着它背后的社会文明化过程、原因、机制、方式的不同？这些问题都是我们研究的重点。

我认为，自有夏以来的中国数千年文字记载的历史上，存在一个"以中原为中心"的历史趋势，而从考古学文化的表层可以看出，这个历史趋势是在新石器时代的最后阶段出现的，即从所谓的龙山时代奠基下来的。对于中国新石器文化的运动大势，严文明高度概括为"多元一体"，认为由于地理环境的限制，东亚地区内部各地史前文化既有地域特点，又在相互作用中结成一个巨大的文化丛体，共同走向文明。从世界的格局看，正是在这个丛体的基础上，东亚历史具有了完整性和特殊性。而所谓"以中原为中心"，则是我对这个丛体内部中"一体化"具体过程的理解。

20世纪90年代以来，中国学术有了一个很大的变化，那就是倡导了多学科的综合性研究，大量自然科学的技术方法进入了考古学领域，这在"夏商周断代工程"实施的时候就有了摸索，现在探源工程更为明显。眼睛看不到的地方就要从陶器上、骨骼里去分析，把信息提取出来。比如，当时的人吃什么？光是这个问题就需要好几个学科来一起研究。而像社会

组织、社会生产、交通、贸易、人口流动、人与自然环境之间的互动关系等问题，涉及的研究领域就更多了，探源工程的实施使考古学在现代化、多样化方面有了非常大的提升。考古学成了一门综合性的学科，几乎所有的现代自然科学的技术手段都被应用了进来，这也迫使学校在考古学科的培养方向、教学计划等方面进行调整。我认为，这是探源工程实施以来的不太明显、但却更为深刻的一项成果。

（赵辉　北京大学考古文博学院院长）

（记者　杨阳／采访整理）

陈星灿：文明在交往中成长壮大

陈星灿

中国文明起源研究有两个关键词，一个是文明，一个是中国。二里头遗址的符号意义很强，尽管还没有文字证明，但是其他种种证据表明它可能就是夏文化的遗存，是一个国家形态的社会。保守的观点认为二里头是中国文明的源头，但是二里头已经有相当成熟的文明，有青铜器、有宫殿建筑、有等级分化的墓葬、有礼仪性的建筑、有各种各样的玉器，说明它是经过了一个很漫长的发展过程的，所以我们还要往前推，继续寻找中国文明的源头。

"中华文明探源工程（二）"把公元前3500年作为研究的起点，之所以这么做，是因为当时中原地区已经出现了比较明显的社会复杂化倾向。同时，在淮河流域、长江中下游、西辽河流域也都开始了这个进程。中原和周围地区各个文化圈之间的接触也多了起来，出现了等级或阶级分化，也出现了文化的融合和汇聚，正是从这个意义上说，早期中国文明在这时已经初露端倪。

目前，我们做了大量聚落考古的工作，通过考察遗址的规模来分析当时社会分化的程度，让考古资料说话。我们发现，在聚落分化的同时墓葬也开始分化。比如，在河南灵宝的西坡墓地发现最大规模的仰韶中晚期墓葬，大墓墓口宽超过 3 米，长约 5 米。以当时劳动工具的水平来看，要挖这么大的墓葬，所花费的劳动将非常巨大，这也说明当时已经有人占有了更多的劳动，出现了社会等级分化现象。再如，晋南的陶寺遗址也相当发达，现在也有人叫它王国，它比以往任何一个社会都复杂，如果说之前的社会还相对平等的话，那么到了陶寺时期，就已经慢慢变成了一个鲜明的阶级社会，而我们所说的文明也正是在这样一个过程当中体现出来的。

传统史观认为，黄河是中华文明的摇篮，这没有错，但是从现在的考古发现来看，摇篮不止一个。当然，比较而言，其他地区的文明在发展程度、规模上都比不上黄河流域的青铜文明。但是在二里头文化之前，良渚文化、大汶口文化、山东龙山文化、齐家文化和北方地区的红山文化都对后世的夏商周文明作出了贡献。从这一点上来说，除了黄河流域之外，中华文明还有更多元、更遥远的源头。

我认为用张光直先生的"交互作用圈"理论去解释中国文明的形成是比较妥当的，每一个地区就是一个文化圈，文化圈之间的关系有时密切、有时疏远，但是总体来说，趋势是越来越密切，而且文化圈也在逐步扩大。特别是在庙底沟文化时期，以黄河中游为代表的庙底沟文化对周围地区形成了强有力的辐射。我认为，可以把庙底沟的这种辐射看成是早期中国文化形成的第一个时期。它影响的范围相当大，东到山东腹地，西抵甘青地区，北至内蒙，南达江汉，基本上包括了后来中国的核心地区，文化势力范围甚至超过了二里头文化。这是中国历史上第一次强有力的文化交融，或称作文化辐射，当然这种文化辐射不带有疆域的意思，当时也没有国家。每一个"交互作用圈"都有自己的文化特点、都有自己的根，正是在这种相互交往、交互作用中，中国文明才慢慢成长壮大起来。

（陈星灿 中国社会科学院考古研究所副所长）

（记者 杨阳／采访整理）

王震中：中国早期的国家形态

王震中

中国何时进入早期国家、早期文明是考古学上一个重要问题，我认为最早的初始国家是邦国，诸如龙山时代陶寺、古城寨之类的政治实体就是邦国。在夏王朝之前，黄河和长江流域最初出现的邦国是一批而非一个。所以史称"万邦"，但在这些"万邦"中，只有一批是属于真正的国家（邦国），还有相当一部分属于国家之前的政治实体，如中心聚落形态、氏族、部落，等等。在文献上，帝尧所代表的陶唐氏，鲧、禹所代表的夏后氏，帝舜所代表的有虞氏，以及太皞、少皞、苗蛮族中的某些族落转变成了初始国家。而其他的，有的还属于一般的农耕聚落，有的则属于中心聚落等等。从文明化程度角度讲，此时只有那些从众多的族落中脱颖而出的部分初始国家，才称得上进入了文明社会。

邦国形态的进一步发展就是王国。一般来说，邦国可以没有王权或仅有萌芽状态的王权，邦国与王国的区别不仅仅在于有无王权，更重要的是这种王权不但支配着王邦（王畿地区），还支配着附属于或从属于王邦的属邦，即王国时期的国家结构或者说国家形态是一种"复合型国家结构"，在这种结构中，既有作为"天下共主"的"国上之国"的王邦，也有作为属邦的"国中之国"即一般所说的诸侯之国，我们可以将这种既含有王邦即王国在内，又含有诸侯国在内的"复合型国家结构"称之为王朝国家，以区别于王国即王邦之意。当然，王权在本质上是邦国中强制性的权力经过一个发展过程后，进一步集中的体现，但并非所有的邦国都能发展成为王国，只有取得了"天下共主"地位的邦国，才变成了王国，这就是夏商周三代的夏邦、殷邦和周邦。在王国中，君王位于权力的顶点，王与臣下的差别是结构性的、制度化的。根据夏商周诸王朝的情况看，这种王权还是在家族或宗族的范围内世袭的，但王权又是可支配整个"天下"的。由于王权的世袭性、结构性和制度化，才形成了王朝或王权的"正统"意识和"正统"观，在相当长的一段时间内，这种正统观又是与中原地区这一独特的地理环境联系在一起的。

中原地区之所以最早进入王国形态，其机制主要是由其地理条件决定的。中原为四方会聚之地，这一方面使中原地区容易吸收四方不同的文化和文明的因素，对于中原地区经济、技术、文化、宗教的快速成长和提升都是有利的；另一方面也使中原成为战争和冲突最频繁的地区。战争使得邦国中处于萌发状态的王权获得了发展，促进了由邦国走向王国的进程，这就是作为第一个王国亦即原生形态的王国诞生时的环境与机制。

（王震中　中国社会科学院历史研究所副所长）

（记者　金辉／采访整理）

江林昌：从血缘关系看东西方文明起源不同模式

中国的古文明产生后，氏族社会的血缘关系依然保存下来，而没有出现地缘管理。从考古学上判断，中国的古文明在距今5000年前就开始逐步形成了。这在历史学上相当于五帝时代前期。而在文献学上也有相关的描述，这就是《国语·楚语》所载的颛顼"绝地天通"的故事。

社会发展到五帝时代前期，由于生产力的发展，出现了剩余产品。氏族社会中的一些管理人员如酋长之类，为了占有这些剩余产品，就开始改革巫术信仰。在原始巫术时代，人人都能祭神

江林昌

通天。颛顼对这种巫术信仰进行了改革，将祭神通天的普通权力，变为只有氏族酋长等少数人才能享用的特权。当氏族首领掌握了祭祀通天的特权后，就以公共祭祀的名义占有了氏族成员共同创造的剩余产品。于是氏族首领们成了贵族阶层，而氏族成员成了下层平民，阶层划分了，以祭祀特权为基础的管理机构形成了，再接着便是国家的产生、文明的起源。张光直教授在《考古学专题六讲》中指出："《国语·楚语》中观射父讲的

叩问中华文明起源之谜

绝天地之通的古代神话，在研究中国古代文明的性质上具有很大的重要性。……这个神话的实质是巫术与政治的结合，表明通天地的手段逐渐成为一种独占的现象。"祭祀通天特权的占有，"是获得和占有政治权力的重要基础，是中国古代财富和资源独占的重要条件。换言之，在中国古代，财富的积累主要是通过政治手段，而不是通过技术手段或贸易手段。"

特别值得注意的是，这些占有祭祀通天特权、进而占有剩余产品的氏族贵族阶层，与被他们统治的氏族平民阶层，是属于同一氏族血缘的。也就是说，原始氏族社会的血缘纽带，到了文明社会之后依然存在。

中国五帝文明起源时期的这种血缘管理模式，到了夏商西周早期文明时期，依然延续并得到了进一步发展。夏代文明的社会管理表现为部落联盟结构，夏民族是这个部落联盟的盟主。当时参加联盟的各部落都是独立的血缘团体，实行部落内的血缘管理。夏贵族阶层在夏族内部进行血缘管理的同时，又有团结号召其他联盟血族团体的义务。但这种号召只能影响到其他血族团体的外部，而不能深入到其他血族团体的内部。商代整个社会的文明程度高于夏代，各血族团体已由部落进步为方国，整个社会管理表现为方国联盟，商族是这个方国联盟的共主，而血缘纽带所发挥的作用，与夏代基本一致。

西周初年仍然延续了商代方国联盟的血缘管理模式。到了春秋战国时代，由于社会大变革，血缘管理终于被瓦解了。

（江林昌　烟台大学副校长）

（记者　金辉／采访整理）

中国学术的国际化与本土化

记者 童力 郭烁

11月1日，在北京举行的一场学术会议上，一位副教授向记者抱怨，年底将至，高校统计科研成果，尤其是统计发表论文的各种报表，常常会让教师忙乱一阵子，而文章是否被"CI"收录期刊刊载，更为教师所关切。

所谓"CI"，就是我国学人最看重的三大索引：SCI（Science Citation Index，科学引文索引）、SSCI（Social Science Citation Index，社会科学引文索引）、AHCI（Arts and Humanities Citation Index，艺术与人文科学引文索引）。

学术文章被"CI"期刊刊载，就是代表具有国际水平了吗？这不仅涉及学术评价标准问题，也反映出国内学术界对中国学术"国际化"与"本土化"仍然见仁见智、看法不一。

国际化是必然

西学东渐以来，"国际化"与"本土化"便愈来愈强烈地成为了中国学者热议的话题。

尽管有学者认为，佛教东传、儒释互动已经属于"国际"与"本土"的范畴，但多数学者并不这样理解。

如果说"国际化"与"本土化"是西学东渐的产物，那么近代以来，二者的关系问题显然更加突出了。随着改革开放进程的广泛与深入，中国学术的"国际化"与"本土化"再一次成为学者们交辩的对象。

在华裔学者、美国夏威夷大学哲学系教授成中英先生看来，"国际化和本土化就是要做到涵养本源，掌握现代，知己知彼，汇通中外"。这是成先生理想中的国际与本土关系。从历史的角度看，"国际化"与"本土化"恰恰是"中外汇通"的产物。

"1919 年以前的 30 年，汉语学术发生了两大变化：其一是在政治上主张变法甚或革命，其二是在学问上从不通外文转向一个在'欧化'中寻找中国旧学之出路的取向。"著名历史学家顾颉刚先生早就这样说过。

"国际化"是交往的产物。近代以来，不参与国际交往的纯粹本土化的中国学问，几乎是不存在的。就此而言，"本土化"之所以成为"问题"，正是"国际化"激发出来的。

复旦大学历史系教授葛兆光向记者简单描述了 1902 年梁启超发表《新史学》之后"新的研究典范"的形塑过程，认为应当特别厘清三个问题：一是在西潮与东风的鼓荡下，晚清民初的传统学问如何转型成了所谓现代学术；二是这种学术如何形塑出了中国学院的学术研究模式，并且呈现出所谓"国际化"的面貌；三是这些看上去很"国际化"的现代学术模式如何重新理解和诠释了古代中国，并影响到对于现代中国的想象和设计的。

记者从葛教授的话语中感受到，中国的"现代学术模式"正是中西交汇背景下话语融和与转化的必然结果。走向这一结果是必然的。在这一过程中，伴随着"中学"与"西学"之辨、"激进"与"保守"之争、情感与理性之战、"先进"与"落后"之分……也是必然的。

难怪，有学者毫不含糊地说：中国学术早在 100 多年前就已经国际化了。

国际化中的中国本位

诚然，中国学术早在 100 多年前就已经国际化了。不过，从学者的描述中记者感到，这是就中国学术话语方式转型来说的。而所谓"本土化"，并不是指话语方式，而是一种立场以及从这种立场出发所建构的价值系统。换言之，在不可避免的学术国际化进程中，是否需要一个中国本位的态度和立场？

对此，"全盘西化"的主张不仅曾经甚嚣尘上，而且至今还有一定市场。与之相伴的，是历史虚无主义、民族虚无主义的泛滥。同时，民族本位主义也从来没有中断过。与之相伴的，是文化保守主义、儒教复兴主义的传播。

近些年来，更有学者提出，应该写一部没有西方元素的中国史，这样的中国史才是纯粹的中国史。反对者则提出，这纯属痴人说梦。

如果学术国际化是一种必然，而且还是一种"完成时"，那么中国本位的立场是否能够成立？如果能成立，我们该做些什么？

记者注意到，对这一问题，不同学科学者的回答是不完全一样的，至少语气轻重、重心落点并不相同。像成中英先生这类研究国学或儒学的学者，不论怎样汇通中西，落脚点总是在"掌握自己的立场、建立自己的标准、厘清自己的目标、把握自己的价值"上。类似这样的话语，人们是耳熟能详的。而在华东政法大学校长何勤华教授基于法学研究的立场看来，中国法学研究一个值得重视并需要大书特书的方面，就是中国的法学研究开始融入国际社会，其成果的数量与质量慢慢地与国际接轨。美国芝加哥大学艺术史系教授巫鸿更直截了当地说："美术史的研究不能陷入东西方对立"，"西方以前经常以他们的特殊性来作为一种普遍性，这显然是有失偏颇的，但是我们也不要把自己的特殊性作为看世界的一种普遍性。"

如果所谓中国本位是指与中国实际相结合、具有中国特色、形成中国学派，那无疑是必要、必须、正确的，但如果是指不含外来因素或排斥外来因素，则显然是虚假命题，并不正确。

中国特色是就中国学术的一般性而言。学科不同，轻重缓急、颜色浓淡必然不同。正如美国库茨城大学哲学教授黄勇所说，"谈论数学、物理学、医学研究的本土化，如果不是毫无意义，就是小题大做"。从中国哲学、中国文学、美术史，到社会学、法学、人口学、新闻传播学，"国际化"与"本土化"的内涵与表现形式明显不同。

中国学术理所当然应该具有本民族的形式，符合中国人的习惯思维，采用中国人容易理解的语言，既服务于中国，又服务于世界。但是，这种以中国为"本位"的中国学术，必然也是国际化的。它并不排斥国际上共用的学科方法、概念、术语乃至理论模式等等。

中国学术应该既具有中国人独有的特点，又具有国际的情怀和视野。

中国学术的国际化与本土化

国际化不是"CI 化"

目前，学者们最不满意的是，国际化居然在某种程度上成为了"CI 化"。

所谓"CI 化"，是指学者发表成果的期刊被收到上述某一个索引当中，并以此作为评价这位学者水平高低的依据。

每年年底，各个高校、科研单位、学术团体的老师及科研人员都忙着填写各种表格。谁的报表上若能填上几个被三大"CI"收录期刊刊载的文章，不仅自己，连单位都会觉得荣光。

评价一个学者的水平高低，就是要看是否进了"CI"。上"CI"成了学问人的最大追求，"CI"在很大程度上成了"国际化"的标志。"国内人文学界之所以重视 AHCI，主要不是把它作为自己从事学术研究的工具，而是把它看做是学术评价的指南。"黄勇教授如是说。

自然，"CI"由此成为了许多学者深恶痛绝的靶子。《南京大学学报》编审朱剑的一席话很有代表性："在'以刊评文'、定量评价唯我独尊的学术评价机制之下，谁与'国际''对接'上了，更准确地说是谁被'国际''接纳'了——虽然他是否就因此具有了在国际学术界的话语权尚难预料，但可以肯定的是，他就能挟 SCI、SSCI 和 AHCI 以号令国内学术界……"

然而，不以"CI"为标准，难道有更好的可资替代的办法吗？

于是，在朱剑笔下出现了另一幕颇耐人寻味的场面："在 2009 年 4 月于南京大学举行的'2009 年首届人文社会科学评价暨第 5 届科研绩效评价学术研讨会'上，一位来自上海某著名高校的文献情报学教授大会发言的开场白就是，'最不靠谱的定量评价也比最靠谱的定性评价靠谱'。"

其实，"CI"是没有罪的，它只是一种工具。把这种工具当做评价指标，特别是量化评价指标，应该是一种无奈之举。学者们恨它，因为它未必代表了"最好"！学术评价需要它，因为它毕竟搭建了一个或许最不坏的平台。恨它的学者也希望自己能够在它所开列的期刊上刊布成果；爱它的学者也不免恨自己的成果不能发表在它所开列的期刊上。毕竟，它直接和学者们身价地位相关。围绕着"CI"，每一个中国学者似乎都有话说。

遵循辩证原则

大概没有人会完全赞同把"CI 化"当做国际化，特别是当做国际化的标准。记者注意到，把"CI"当做评价指标，是目前国内学界的通行做法。它虽然不是最好的标准，却是最方便可行的。人们还没有制定出更好的标准来代替它。

进一步往深处看，正像一位学者向记者所说的，"CI 化"是近代中国学术国际化的必然结果。"CI 化"不等于国际化，国际化却很容易导致"CI 化"。中国学术从传统的经、史、子、集四部分类向现代分科演化，截止目前的终点，就是"CI"。

有学者向记者指出，按照恩格斯在《反杜林论》中的说法，从 15 世纪下半叶起，自然科学便开始把各种自然过程和自然对象分成一定的门类。后来，培根和洛克将这种方法移植到哲学当中，从而造成了形而上学的思维方式。从晚清开始，中国文化与中国学术便被逐渐放置在了这个被恩格斯犀利解剖过的形而上学的思维框架之内。

于是，四部之学被打破，学问开始了专业化的过程，开始分类、学科、分等，开始被"CI"。

"由于人类生命和智力的严峻局限，我们为方便起见，只能把研究领域圈得愈来愈窄，把专门学科分得愈来愈细。此外没有办法。所以，成为某一门学问的专家，虽在主观上是得意的事，而在客观上是不得已的事。"钱锺书先生曾经这样说。

无疑，现代学科体制的转型促进了中国学术进步。但是，学者们也从未停止对转型所带来的弊端的反思。

"先把图书馆的参考书放入自己写的书里，然后把自己写的书列入图书馆的参考书里。"钱锺书是这样描述这种弊端的。在小说《围城》中，钱锺书还通过书中人物李梅亭随身携带的卡片箱子，形象地揭露学术形而上学化所带来的弊端。

从卡片箱子到"CI"，贯穿的是同一个逻辑。过去的学者是"把自己写的书列入图书馆的参考书里"，现在的学者则是希望发表文章的期刊进

入 "CI"。

看来，在学术形而上学化的过程中，如何才能作茧不自缚，还需要深入研讨，需要在"专业"与"汇通"之间寻求平衡。同样，在讨论中国学术的国际化与本土化问题时，也应当遵循辩证的准则。国际化而不西化，本土化而不守旧，对西方学术，要坚持用马克思主义的立场、观点和方法进行批判性审视，以我为主，为我所用。一位老学者如此告诫记者。

葛兆光：讨论中国学术的国际化与本土化应重返学术史

葛兆光

前瞻常常需要回顾，关于中国学术的国际化与本土化的讨论，不得不回头看看学术史。当我们回顾过去百年学术史的时候，有几个问题特别值得注意：一是传统人文学术在西潮与东风的鼓荡下，在晚清和民初是如何转型成为所谓现代学术的？二是这种所谓现代学术，在现代中国政治、文化和知识语境中，如何形塑出中国学院的学术研究模式，并且呈现所谓"国际化"的面貌的？三是这些看上去很"国际化"的现代学术模式在资料、方法、工具和观念上，如何重新理解和诠释了古代中国，并影响到对于现代中国的想象和设计的？

从学术史角度说，第三个问题尤为关键，因为它决定了是否能够让学术界了解学术发展脉络如何延伸，使学者对于未来学术的潮流和取向有所自觉。很多人都注意到，20世纪20年代到30年代是中国现代学术史上最重要的一个时期。我曾经在很长时间里特别关注现代中国这一时期，并在一篇文章中说到，除了当时正处在中国学术从传统向现代转化的关键时期，外在相对平稳的社会环境恰好给了学术界一个契机，以及各自拥有一批兼通中西的学者。从学术史的角度看，那个时代对于学术的国际化与本土化追求，呈现出一种健康的平衡，这有以下三方面原因。第一，他们始终站在现代国际学术前沿，不仅在研究领域上把握了国际学界的关注点，而且在方法和工具上始终与国际学界同步。这就是陈寅恪讲的，进入了"世界学术之新潮流"，即国际学术研究问题、材料和方法的主流。第二，不仅仅是"预流"，中国学者的中国研究必然不能简单等同于国外学者的"汉学"，它必须逐渐建立中国的立场、问题和方法。在经历了晚清民初整体向西转的大潮之后，在西方的学科制度和研究意识全面侵入中国现代学术界的时候，他们始终坚持以"中国"为中心的研究立场，并试图重新诠释中国，所以傅斯年在宣言式的《历史语言研究所工作之旨趣》最后要大声疾呼，"我们要科学的东方学之正统在中国"。第三，仅仅有充分国际化的、相对中国立场的意识可能还不够，那个时代的中国学术之所以能够成功，还得益于"地利"。那个时代恰恰在中国不断出现新资料，像殷墟甲骨、敦煌文书、居延汉简和大内档案等所谓"四大发现"，都是在那个时代的新思路和新眼光下被使用起来，并且给重新理解历史提供了坚实的基础。

这些年，无论在国内还是国外，我常常在图书馆翻阅当年国外的中国学期刊，深深感到那个时代中国文史研究的国际影响力。那个时代的国外中国学家，不像现在某些人那样，觉得中国的论著不足以观，反而常常翻译和介绍中国学者的著作。那么，现在的中国文史学界应当如何应对"世界学术之新潮流"，它将怎样走自己的路呢？

1902 年，当梁启超写下《新史学》和《论中国学术思潮变迁之大势》这些不同于传统中国历史学的著作，宣告新的研究典范的开端时，也许他主要依靠的资源是西洋和东洋近代历史学的启迪；而 1919 年，胡适写下《中国哲学史大纲》上卷，成为中国哲学研究的"开山"，并成为新的典范的时候，也许他主要也是用的西方哲学研究的模式。他们之所以可能开创新典范，一方面是因为晚清民初中国学术大转型时期的特殊条件，即传统的文史研究刚好由于外来的新观念和新方法的冲击而来了一个大转向，他们适逢其时，一下子就站在了学术潮流的前列；但另一方面，他们也恰好顺应了当时中国需要建立自己的学术统绪和文化解释，以树立自己的民族自信心的契机，所以，看来只是学术研究的转型，却介入了民族国家重建的主流。

（葛兆光　复旦大学文史研究院教授）

中国学术的国际化与本土化

中國社會科學報

·(2009——2010)——

特别策划（中卷）

成中英：不能完全按照西方模式进行中国的研究

成中英

现在来谈中国学术的国际化和本土化问题，意义重大。我们需要把中国学术推广出去，同时也要把西方的东西传过来，对西方的东西作一个我们自己的梳理、理解和吸纳。目前的情况是，中国学者对西方文化的了解是比较多的，兴趣也很高，但了解不够深刻，尤其是对现代西方的了解不深；而西方对中国古代做了很多研究，表现在他们对中国经典的翻译上，但西方人对中国的了解好像比较偏狭，对中国的近代更是茫无所从，显示出偏而专的特色。

中国学术的国际化和本土化，简单地说，本土化就是把西方的发明、西方的概念拿来以中国的方式用，加以改良、活学活用、西餐中吃，以适合我们做事的方式，与中国的传统有所结合，纳入到中国的体系中。而国际化就是我们如何与西方沟通交流、平等对话——这个对话对双方都有利。在这个基础上共同发掘问题，不是被动地接受西方，而是主动地作出贡献、提出创新，推动全球化意义的学术发展。国际化着重于推广中国思想，本土化则着重吸收西方思想，为我所用，这两方面可以同时进行。

我们现在面临的一个局面就是，改革开放以来中国人已经吸收了很多西方思想、西方的文化价值，即所谓现代价值，在政治学、经济学、社会学甚至哲学上，有很多西方的价值被大量介绍进来。但问题在于，自20世纪初中国进入现代以来，就有中国要西方化、现代化的思潮。五四以来的西方思潮对中国造成了很大的冲击，成功的可能还是体现在自然科学方面，这方面不存在本土化的问题，而在于如何能够更深刻地发挥、发展基本的自然科学研究。当然，自然科学方面另一种意义的本土化，就是要培养我们自己的人才。但在社会科学这一方面，我们面临着一些困境，即中国人是不是要完全按照西方的模式来进行中国的研究？这是一个很深刻的问题。社会科学涉及对人的、社会的基本了解，涉及实质的认知。而每一个民族都有自己的历史经验、文化经验、生命的价值认可，所以我认为不能把西方的东西作为衡量中国的标准，不能用它来批判中国的发展状态，在这一方面我们要谨慎。

我们要慢慢了解，需要有一种自己的立场、观点。那么中国的立场、观点是什么呢？中国的核心价值是什么呢？面对现代西方，我们能不能先说清楚我们自己，然后能否说服他们，或让他们了解？现在最大的问题就是，可能我们自己也说不清楚，也就更难说服他人或者让他们了解。另外往往还有一种现象，很多现在从事社会科学或人文科学的中国学者，往往唯西方的价值观点马首是瞻。问题在于，我们自己有没有对于自己的社会、文化、历史、人生、生命观、宇宙观的深刻认识？在这个意义上，要建立中国的国学，先要建立好中国自己的哲学。国学范围很广，可以涵盖中国传统的经史子集等，甚至不止于这些。我们的国学概念过去没有得到澄清，刚提出来时，还有种种反对意见，认为是开倒车、保守主义、闭关自守，认为国学是反现代的、反启蒙的、反开放的、反科学的。但现在比较好的在于，认为国学应从哲学的角度来理解，国学就是我们中国人对自己传统的生动的、深刻的、正确的认识，它可以很现代，也可以很科学。我们把国学看做人类的遗产，这种遗产不是博物馆中的东西，而是活的资产，可以具有现代的形式，而这种现代的形式是我们基于对它的深刻认识而给予它的。所以它具有现代的含义、形式，可以有现代的应用，也可进一步与西方、西学进行沟通、融合，产生对中国及人类很好的结果。看国学必须有这样的一个角度。

这样就要进一步去追问：如何去了解中国哲学作为中国国学的基本内涵？所谓基本内涵就是对宇宙、人生、自然、生命、人的一种根本性认识。要有自己的认识，必须要深刻地了解自身的传统，这是很大的一个工程，也是我们要面对的第一个问题，可以说是国际化的第一步。

国际化的第二步，就是要用一种可沟通的、具有普遍意义的语言来表达。这就必须要了解西方的传统思想，了解中国与西方的异同。了解了西方，再来反观自己的发展，相对于中西文化的语境来说中国，甚至是相对

中国学术的国际化与本土化

317

于世界的语境来说中国，才能给予中国传统一个更现代的阐释。我们有很多很好的研究中国经典的学者，在中国范围里的研究非常细致、非常好，很多人也想恢复清代以来的考据、考证、训诂的传统，这当然很好，但同时，我们要想产生国际效果，必须也要了解西方的传统，能够用更现代化、更具普遍意义的话语来说明中国经典的含义。这需要一种比较哲学的注释，而不仅是一种古今的注释。

概而言之，我想强调的几点就是：第一，我们今天要国际化、本土化，首先要掌握自己的立场、建立自己的标准、厘清自己的目标、把握自己的价值。第二，要进一步学习西方，不是单向的学习，而是交往式的深入学习。第三，要加强学术上的交流、沟通，不是被动交流，而是主动交流，发展中国人对西方人的看法。最后，也要考虑研究成果的问题，国家是否应该支持一些大型的学术研究项目。要言之，国际化和本土化就是要做到涵养本源、掌握现代、知己知彼、汇通中外。

（成中英　美国夏威夷大学哲学系教授）

黄勇：走出 AHCI 及类似索引的迷思

黄　勇

《中国社会科学报》组织关于中国学术的国际化与本土化的讨论，这是非常重要也非常迫切的题目。由于我的研究领域是哲学，所以我将主要讨论中国的哲学研究。这次讨论的组织者将本土化与国际化并列，我觉得特别重要，尤其是对哲学研究而言。迄今为止，所有的哲学都是由"西方"、"中国"、"印度"、"阿拉伯"等词限定的哲学，以后是否会发展出像超文化科学一样的超文化哲学，及其是祸是福，也不得而知。因此至少就哲学研究的对象而言，本土化是一个题中应有之义。当然哲学研究的方法是否因哲学研究的内容而本土性，而也必须具有本土性，可能不是一个这么显而易见的问题。

我想在这里主要谈一下中国哲学研究的国际化问题，而且我想从我所观察到的 AHCI（Arts and Humanities Citation Index）的迷思开始。许多中国学者和学术机构把一个杂志是否收入 AHCI 看做该杂志是否具有高质量的标志，而在 AHCI 发表的文章就自然地受到重视。收入其中的期刊的多少和在收入的期刊上发表的文章的多少，便自然成了衡量中国哲学国际化的重要标准。说实话，也许自己是孤陋寡闻，到美国求学和从事教育工作20 多年，直到最近几年，因为国内的一些作者和读者经常问，我本人主编的中外比较哲学的英文季刊 Dao: A Journal of Comparative Philosophy 是否收入 AHCI，我才开始对此有所了解。事实上，跟一些被更广泛运用的《哲学家索引》（Philosophers' Index）、《宗教索引》（Religion Index）和《亚洲研究文献索引》（Bibliography of Asian Studies）等由相关的学术机构编辑不一样，AHCI 是由 Thomas Reuters 出版的一个商业性的期刊文献征引索引（该公司还出版有关社会科学的 SSCI 和有关科学的 SCI）。当然不容置疑，AHCI 收录了很多高质量的杂志，但应当指出的是，也有很多高质量的哲学杂志不在其收录范围，而收录其中的杂志也并非都是高质量的（如果去看一下其中收录的非常少量的中文期刊，大家就会对此有所体会）。另外，他们也并没有请各个学科的专家对申请收录的杂志进行评审。一个期刊能否被收入其中的最重要的条件是其是否按时出版。所以虽然在国内和港台的一些同仁的催促下，我最近成功地将本人主编的刊物列入其中，却并不特别引以为荣。

我想国内人文学界之所以重视 AHCI，主要不是把它作为自己从事学术研究的工具，而是把它看做是学术评价的指南。相反，像上述的《哲学家索引》这样的资料之所以得到英语世界哲学研究者的重视，则主要是因为它是重要的研究工具。我上面提到学术研究的方法也可能有本土化的问题，但我想至少有一点应当是共同的，这就是学术研究应该以已有的研究为基础。这就要求我们在从事某个研究项目之前，必须对有关问题的现存文献有充分的了解，并确定自己在这个问题上有与前人不同的独特见解，或者是发前人之未发，或者是纠前人之谬误。这就是为什么像《哲学家索引》这样收录广泛的资料（它不仅收录的哲学期刊包罗万象，而且还收入专著、论文集和论文集中所收的论文，且大多都有摘要），对于英语哲学研究学者来说就非常有用。当然西方学者也有盲点，这就是他们基本上只关注西方学者自己已有的研究成果，而对其他国家的学者（包括中国学者）用非西方语言发表的学术成果则似乎可以理直气壮地加以忽略。在我看来，这对从事中国哲学和其他非西方哲学研究的西方学者来说，是一个特别重要的问题。我本人主编的杂志，就试图通过向西方学者介绍中国学者的中文研究成果，在这方面作些贡献。我们以前曾发表过一系列中国学者关于孟子、慧能、朱熹、王阳明、王夫之、熊十力等的中文研究成果的长篇综述文章，而且在书评栏目，我们每期都有一些篇幅来评论和介绍中国学者研究中国哲学的中文近著。

虽然我们的这种做法也在一定意义上帮助中国学者的研究成果国际化，但其主要目的是要帮助西方学者了解当代中国学者的研究成果。所以我想还是要回到中国学者自身的研究上来。我也经常收到国内学者的来稿，评审者对这些稿件最多的意见是，他们没有发现这些文章有什么明显的错误，但就是看不出作者为什么要写这样的文章，这样的文章跟已经发表的相同问题的文章和专著有什么不同。其原因是，这些文章对当代学者的研究，甚至是非常容易掌握的当代中国学者自己的中文文献都很少涉及。这个问题当然在中国学者的中文著作中也存在。例如，到图书馆去看一下，可能有几十本研究孔子、孟子、老子或者庄子等的当代专著，但他们很少讨论相互的观点，因此每一本都仿佛是当代学者在其所研究对象方面的第一本专著。其结果就不只是不可避免的重复研究，而且也妨碍了学术研究的发展，因为学术进步的一个重要条件就是正常的学术争论。当然我知道，大家在自己的著作中不讨论别人的观点，原因可能很多，例如怕伤害相互之间的感情等。不过我也听到一个似乎很奇怪的理由：讨论、包括批评别人的观点对作者自己没有什么特别的帮助，但反而会增加被讨论和批评观点文章的征引率。因此我觉得，中国哲学国际化的重要一步，就是要走出 AHCI 及类似索引的迷思。

（黄勇　美国库茨城大学哲学系教授）

李强：社会学中国化需要建立"中距理论"

近年来的社会学研究证明，中国社会变迁与国际社会变化出现了一致性趋势，中国社会日益加入到了全球一体化格局中。在此背景下，中国社会学界，一方面面临着如何与国际社会学接轨、增进国际交流的问题，另一方面也一直在为社会调查研究的本土化而进行探索。

李 强

社会学重建 30 多年来所取得的成就与学习国际经验是分不开的。在社会科学领域，社会学是新中国成立以来最早获准向外国学者开放到基层进行实地社会调查的学科。这些年来，许多外国学者经常应邀到中国来举行讲习班或做学术演讲，通过这些交流，中国大陆社会学界得以同吉登斯、哈贝马斯等世界知名学者直接进行对话。中国学者也经常到世界上一些社会学较为发达的国家进行访问、考察和研修。中外学者还合作完成了一些在国内外具有较大影响的研究项目。每年，都有一批留学生到国外学习社会学，他们中的许多人已经回国从事教学研究工作，其中一些已成为国内知名的社会学家。同时，对国外最新社会学理论与方法的介绍也取得进展，大量译著和评介文章相继出版和发表。这些学术交流和学科建设工作都缩小了中国社会学、社会调查研究与国际的差距，同时也把中国社会调查研究的成果介绍到了国外。一些学者还常常被国外的大学聘请去讲授课程，介绍他们的研究成果。

目前，包括中国在内的一些国家的"市场转型"过程，已成为国际社会学界关注的一个焦点。市场转型的研究对象集中在苏联、东欧、中国及东南亚等国家和地区。"路径依赖"使这些原本就有着相似经济、文化背景的社会，在转型过程中也出现了结构上的相似性。它们演进而成的混合经济也同样以混合的组织和产权形式为特征。近年来，在美国、中国等已举行了多次有关"市场转型"的国际研讨会，成果十分显著。此外，"地球村"的形成使全球的社会学家开始研究共同面临的一些问题，例如全球化及世界体系、高科技发展的社会后果、跨国公司以及国际移民、因特网、环境问题等，也进一步促进了中外学者的学习与交流。

然而，中国社会有其独特的社会文化模式，发源于西方的社会学理论并不能解决我们遇到的一些实际问题。中国学者在学习国外经验、引进国外理论的同时，也渐渐开始了反思和自省，社会学的"中国化"问题再次被推到了前台。一些社会学者以中国社会经济、政治、文化的曲折发展为脉络，系统研究了中国社会学、社会调查发生、发展、中断、恢复的过程，从发展史的角度介绍了社会调查中国化的历程。他们还从中国社会思想史角度进一步探讨了社会学中国化问题，认为中国悠久的文化传统中所包含的丰富社会学内涵是中国社会学内在思想渊源，中国社会学者应将这些社会思想认真挖掘、整理出来，予以科学解释。此种建议在操作上具有较大难度。究竟如何实现将中国文化中的社会思想、社会哲学转换为社会学理论，大批学者仍在为此而继续努力。几年前，《中国书评》也曾组织起一场题为"社会科学规范化与本土化"的讨论，有的学者主张"先规范化，再本土化"，有的认为"规范化不易，本土化更难"，有的则提出在二者之间要保持适度的"张力"和"平衡"，以兼得鱼和熊掌。值得一提的是，这些学者大多都具有西方教育背景或对西方理论进行过系统研究，他们自觉对"本土化"问题进行讨论，反映了中国学者在学习中的"反思性"。然而认识到本土化之重要性与如何实现本土化，毕竟还不是一回事。

半个多世纪前，我国著名社会学家吴文藻先生在《社会学丛刊》总序中就指出："以试用假设始，以实地证言终。理论符合事实，事实启发理论，必须理论与事实揉和一起，获得一种新综合，而后现实的社会学才能植根于中国土壤之上，又必须有了本此眼光训练出来的独立的科学人才，来进行独立的科学研究，社会学才算彻底的中国化。"吴文藻先生是从理论创新与人才培养两方面来谈社会学中国化问题的。对于他在理论方面的中国化思路，笔者非常赞同。在笔者看来，其核心是以建立关于中国社会的"中距理论"来实现社会学的中国化。目前，创建类似帕森斯功能主义一类宏大理论体系的时机尚未成熟，因为这类体系所必须的理论和经验的基础工作还进行得远远不够。"中距理论"的作用，就是要连接宏大理论与经验事实之间的鸿沟，在微观具体与宏观抽象的中间位置，建立起一种中介。正如美国社会学家墨顿指出的那样，没有理论和调查研究之间的交替作用，理论性方案依旧只能是仅仅具有启发性作用，但却是经不起反驳的概念堆积；同样，经验性调查也只能停留在不完整、无条理的层次，对社会学知识的增长毫无作用。在实践上，"中距理论"一方面可以在较低抽象层次上将经验事实表达出来，另一方面还具有进一步综合为总体理论的潜力。笔者认为，社会学和社会调查的中国化，在较长的一段时间里，就是从对中国社会的经验研究出发，创立关于中国社会的"中距理论"。在 21 世纪，中国社会学界仍面临着"市场转型"的重大课题，正像近代西方社会的转型过程孕育出了马克思、迪尔凯姆、韦伯等社会学大师一样，我们也期待着在 21 世纪对中国"市场转型"的研究中，中国的社会学者能有更多概念和理论的突破，以此为契机实现社会学在中国的本土化，并由此产生出一批中国的社会学大师。

（李强　清华大学人文社会科学学院院长）

张旭东：文学研究需要走出狭隘的学院分工

文学是我的老本行，文学学科的发展一直是我比较关心的问题。中国的学生和其他国家的学生相比，有长处也有短处，但是总体上说，还是有些差距，从这点可以看出国内文学训练可能存在一些问题。

我们中、小学阶段的语文训练是不错的，这是必要的基础训练，但是因为高考体制，初、高中阶段孩子们的想象力、感受力、敏感程度受到了限制，沉重的课业负担又使得孩子们没

张旭东

有时间、精力和兴致去读他们喜欢读的东西。文学的趣味和判断力是由大量的和文学不一定有关的阅读堆出来的，阅读是个金字塔，文学所处的是塔尖的位置，但是现在的教育制度限制了学生的阅读范围，以至于我们现在的文学专业的学生写出来的文字非常"干

中国学术的国际化与本土化

巴"，缺乏灵气和质感。这是我们目前中学教育的一个弊端。

　　大学教育超越了语文教育到了文学教育这个层面。美国的大学在大学阶段更提倡一种通识教育的理念，它认为大学四年不是培养专门人才的，而是培养"人"的，你要有品位、有意思，因此它从经典的文学作品开始，一上来就是《荷马史诗》，最好的老师带着小班的学生精读原作。头四年是培养趣味的，等到硕士生、博士生阶段，才去接触专门化的学术。国内的情况正好相反，本科生应该自由阅读的时候，过早去接触所谓专门化的研究，一开始就面对干巴巴的学科体制，可是到了你真要进行创造性的研究、对文学要提出独创性的看法时，又暴露出实际上的力不从心。中国目前文学学术的大问题就在于该很泛的时候很专，该专的时候很泛，该上层次的时候上不去，可以说处于一种"上不上、下不下"的尴尬局面中。

　　到了真正做研究的阶段，前面提到的这些受教育过程中的问题就集中突显出来了。第一，是对文学性，文学内部的感受、分析能力、理论眼光、历史和跨学科的眼界都不够。研究文学的人对文学本身说不出什么，对文学审美的感觉、对文学形式的分析、对文学各种意象等，既没有敏感性，也没有一套技术的手段来进行分析。还有一个问题更难办，那就是审美的缺乏，如果进行文学研究，却对文学、艺术没有好的鉴赏能力，只为了研究而研究，为了工作、评职称而读文学作品，这样的话是不能够真正进入文学研究的。

　　第二，在科学的意义上，在理论、学术的意义上，能够和文学拉开距离，把文学作为科学研究的一个对象来研究的功力更差。好的文学研究者应该具备文学感受能力和批判能力，这不是互相矛盾的，而是相辅相成的。研究者的文艺性要强，你要和文学家、艺术家能够在同样的审美的、情感的、想象力的层面上交流；另外一方面要有学术上、知识上的看家本领，不能只当文学、艺术的"票友"。在这个层面上，中国目前的文学研究又非常的薄弱，和西方的文学相比，它没有一套非常精微的、细密的、技术性的、分析的手段。虽然引进了各种各样的理论，但是始终深入不进去。文学感知力好的人，往往又和现代的学术理论有些"隔"，总是内外打不通，不能落到文本的细读和阐释上，不能在这个过程中把你的理论素养、技巧上的能力发挥出来，生硬的往上套理论，当然很容易引起人的反感。

第三，是中国文学的定位问题。国内研究中国文学的学者，往往就被"中国"这个词给限制住了。其实，研究中国文学是要通过中国文学去理解文学本身是什么。如果我们能够在一个普遍的框架里面讨论中国问题的话，那么他们怎么看西方，就对我们怎么想中国的问题是一个直接的参照。

第四，是中国文学怎么回答文学和文学之外的世界的关系这个问题。在今天美国的文学系，传统意义上的、狭义的文学已经不在文学系占主要的位置，更多的是通俗文化、媒体研究、影视、观念、政治、社会。广义的文学中，文学是人通过语言来反思世界、来把握自己的内心，在这个宽泛的定义中，你会发现今天最让人兴奋的、相当程度上取代了传统的文学的功能，是影视作品，是多媒体作品，是城市空间，生活方式，整个社会变成了一个文本。文学研究实际上要捕捉像寄居蟹一样寄居在不同的媒体、艺术类型，甚至超艺术类型中的"文学"。纯文学现在被功利化、实用化、工具化了。

文学研究必须走出狭隘的学院分工，把所有的东西都看成文学文本，所有的文学文本都等待着被读解、被打开、被分析、被阐释，并且说出味道来，把内在的形式、内在的意味都谈出来，这是文学研究者义不容辞的责任，同时也应该是他们最擅长的。西方最好的文学系和英文系的教授说，现在我们教的不是怎么读文学，而是 advanced critical literacy（高级批判读识），文学就是教人怎么读，只要存在需要人去读的东西，就有文学研究。但这个读不是没有准备的读，没有训练的读，没有思想的读，而是一个系统的、批判性的解读，带有问题意识、带有价值取向、带有针对性、带有理想的色彩，要有对现实的敏感和穿透力。文学研究怎么去回应这个问题，怎么能在国内重新带动起一种认真读书、认真回应现实的风气，这是需要文学界思考的问题。

（张旭东　纽约大学比较文学系和东亚研究系教授）

中国学术的国际化与本土化

325

中國社會科學報

·（2009—2010）

特别策划（中卷）

巫鸿：美术史研究要强调中国与世界交互视野

巫 鸿

我最了解的专业是美术史，我只谈谈这个领域里面存在的一些问题。国际上的美术史研究，从我最熟悉的美国美术史研究来看，它已经不仅仅是一个历史的研究，还和其他的许多领域诸如政治、经济等因素相关；它所考虑的不仅仅是美术作品形式、风格的演变，同样关心这里面所体现出来的时代政治、文化的变迁。

国内的美术史研究在早期更受美学的影响，努力要探索艺术发展的规律性；美学研究也涉及艺术品的历史研究，譬如《美的历程》，这个题目里面的"历程"就体现了历史的视角。20世纪八九十年代以来受国外的影响，中国的美术史研究也开始从纯形式的、纯审美的、鉴定的，只研究几个特定的艺术家和艺术品这种路数上转向更广阔的研究，包括对视觉文化、通俗文化、宗教文化、礼仪文化的研究，应该说大的趋向上和国外很相近。开始的时候有一段差距，通过和外国研究者的交流，开始发现要扩宽研究的视野，例如说不仅仅要研究艺术家，还要研究赞助人，要看谁在背后出钱，这是一个艺术生态的问题。应该说八九十年代以后，国内美术史的研究是和世界范围的研究慢慢接轨的。

就"中国美术史"来说，现在国内外的研究中都比较丰厚，中国的研究者们可能获得研究资料相对容易，比较注重历史的考据，而且研究的人力不会输给国外。国外奉行的"一本书主义"，念博士期间花七八年的时间去写一本书，也应该说是踏实的。而中国的中国古代美术研究和西方的西方古代美术研究比较来说，虽然在方法、观念上基本一致，但是我们的个案积累还跟不上，他们研究希腊、罗马已经积累了很多年的研究成果，比如希腊、罗马美术和文学、宗教、礼仪的关系的著作非常多，而国内就还找不出多少分量相当的著作，基本上来说，我们对于案例的积累还只是在过程中。但这只是时间的问题，假以时日，我相信是可以迎头赶上的。

差距较大的是对现当代美术的研究。在国外，现代和当代美术的研究早已成为美术史研究中非常重要的一部分。但是在国内对现当代美术的研究重视程度远远不如对古代美术的重视，到现在也还比较严重。在西方，现当代艺术的研究还有自己比较特殊的研究方法。现当代艺术可能离我们更近一些，牵扯很多现实的问题，比如在美国，当代艺术研究可能牵扯很多关于主文化和外来文化的融合问题，牵扯到和社会学相关的问题，所以对美术史学者来说，他还需要了解其他学科的理论、其他文化的理论、其他文字的理论。这一点应该也是对国内研究现当代美术史的学者的要求。

国内的研究现在有很多优点，跟踪西方理论的速度也很快。我想我们不是要一下子赶上西方，也不是要重复他们之前的研究，我们在他们的经验和积累之上，还应该考虑一个美术史的视角问题，这是一个更高的挑战。原来我们总是陷入一种民族情结，例如我们天然会很骄傲我们的中国美术史研究会处在一个比较高的水平，能不能换一下，能不能以世界的视角来看中国或者以中国的视角来看世界。视角的问题是一个很重要的问题，是一个主体性的问题。我想要真正做好美术史的研究，需要一边进行积累，一边思考这方面的问题，不要简单陷入东西方的对立。西方以前经常以他们的特殊性来作为一种普遍性，这显然是有失偏颇的，但是我们也不要把自己的特殊性作为看世界的一种普遍性。

（巫鸿　芝加哥大学艺术史系教授）

祝建华：新闻传播学国际化不能忽视基础研究

目前中国新闻传播学的研究水平，与国际一流的水平还是有很大差距的。一个重要原因，我认为是太急功近利了，太强调应用型的研究而忽视了基础研究。我最近做了一些跨学科的研究，跟物理、社会学等学科合作，我发现不仅是社会科学，自然科学也存在着这样的"重应用，轻基础"的研究。

我们的社会目前正经历前所未有的改变、建设，在社会转型时期，各种各样的实际问题层出不穷，

祝建华

因此针对实际问题的科研基金相对来说比较充裕。当应用型研究能够争取到更多的立项、研究经费时，它当然就会受到更多的重视。但是，应对性的、策略性的问题交给政府职能部门下属的研究机构来解决即可，没有必要大规模、重复性地进行应对研究。

新闻传播学的研究，不应该只是针对各种传播现象进行的"头痛医头，脚痛医脚"，而是关心传播现象、传播规律对人——注意不仅仅是中国人——所产生的影响。要注意辨别哪些行为和规律是短暂的，哪些行为和规律是基本的。现在中国处在一个飞速发展的阶段，正在崛起为"大国"，如果没有基础研究，一个"大国"是无法在世界科学文化舞台上屹立的。

现在都在讲学术创新，但是学术创新是用钱买不来的，创新是你的奇思异想，教授们做的就是这件事情，抱着怀疑一切的态度，任何一篇文章出来了，看一遍就开始给它挑刺，开始想有什么方法能够推翻它。当然，这并不是细枝末节上的纠缠，而是有破有立，破完了要立，这才能推动理论研究前进。作为学者需要批判现实、怀疑现实的态度。

在美国，新闻传播学科的考评，是不和学者手中项目的多少挂钩的，考评的是你的学术文章、著作以及学术会议上发布的论文，如果有学者没有获得基金的资助，也没有项目，但是他能够做出很好的研究，那么他的研究可以说是"多快好省"，反过来有些人拿了很多项目，但是成果不合格，那么他的考评是不合格的。但是国内刚好反过来，项目的数量占了考评标准的很大部分，占有项目资源的人，又往往能够发出很多数量的文章，但是仔细观察会发现文章质量很成问题。可以说，目前的学术考评体系存在着问题，正因为有这样的"指挥棒"，所以造成了重视应用型研究、轻视基础研究的风气，同样也造成了重研究数量、轻研究质量的格局。

我在课堂更多的是讲授定量分析的方法，但是我认为不要机械地把研究分为定性研究和定量研究，我认为在研究的初步阶段，适合用定性方法来找一找"感觉"，但不能以为这就是真正的答案。通过定性的方法，通过调查，你可以来肯定某些之前的"感觉"，还可以通过调查研究来否定你之前的一些错误的假设。也许有些之前被大家认为是"常识"的判断，经过调查之后发现不是正确的。通过定量调查，你可以来判断之前的定性研究是否是正确的，你根据自己的直观经验得出来的判断是否是正确的。

另外还要重视新闻传播学本身的跨学科性质，我认为我们的研究不要画地为牢，不要以学科为界限，而要以新问题为导向，我们在研究中发现了一个新问题，而你有理论的依据、有实证的基础，那么就放手去做，不要把自己局限在特定的学科范围内，人类的很多知识都是相通的，以问题为引导，以解决问题为目的，不要太在意学科的区分。

（祝建华　香港城市大学媒体与传播系教授）

何勤华：全球化视野下的中国基础法学研究

2009 年是中华人民共和国成立 60 周年。60 年来，尤其是改革开放 31 年来，中国的法学研究发生了巨大的变化，取得了令世人瞩目的成就。而在这些成就中，一个值得重视并需要大书特书的方面，就是中国的法学研究开始融入国际社会，其成果的数量与质量慢慢地与国际接轨，有些领域在向国际最高水平发展。以下笔者仅就所在的研究领域，即法理学、法律史学、比较法学、法律文化等基础法学研究，谈点个人的想法。

何勤华

中国基础法学研究成果丰硕

尽管我们不能说当下中国的基础法学研究是最好的，但确实是新中国成立以来最为开放的。

第一，在全球化时代，中国基础法学的研究者也开始走出国门，走向世界。这方面的例子很多，即使是像中国政法大学的张晋藩、华东政法大学的陈鹏生等老一辈的法律史学家，也是多次去美国、日本等国家讲学。许多法学家的著作还被翻译成外国文字在海外出版，如张晋藩教授的《中国法制史》和武树臣教授的《中国传统法律文化》先后被译成韩国语和日本语在韩、日两国出版。中国法学家"走出去"的结果，就是中国基础法学研究者眼界的开阔和知识背景的拓展，以及研究方法等与全球化时代相适应。

第二，适应全球化时代的需要，对国外法律和法学的研究也成为中国的基础法学研究的重要内容。每年一次全国外国法制史研究会年会、比较法研究会年会，都是以外国的法律制度和法学前沿问题作为自己的研讨对象。这些研讨活动的进行，大大加强了中国学术界对外国法律和法学的认识及了解，也利于与国际法学界的交流。此外，在西方法律思想研究会的推动下，由中国人民大学法学院教授吕世伦主持的《西方法学思潮与流派》丛书（由法律出版社推出），至今已出版 23 种，也是近年来中国学术界研究西方法学流派最齐全的大型丛书。

第三，大量国外著名法学作品得以翻译、引入。除了商务印书馆继续翻译出版世界各国法学名著之外，法学界还另外推出了数十种有影响的外国法学名家的著作（丛书），如江平主持的《外国法律文库》（中国大百科全书出版社），米健主持的《当代德国法学名著》（法律出版社），苏力主持的《波斯纳文丛》（中国政法大学出版社），许章润、舒国滢主持的《西方法哲学文库》（中国法制出版社）以及我主持的《世界法学名著译丛》（上海人民出版社），等等。此外，中国政法大学出版社推出的《美国法律文库》以及法律出版社推出的《牛津教科书译丛》等等，在中国法学界也产生了很大的影响。

第四，国外著名基础学科领域里的法学家应邀来中国访问和讲学，也大大推动了中国法学研究与外国法学研究的沟通和交流。如美国著名比较法学家伯尔曼（H.J.Berman）、自由派法哲学家德沃金（R.M.Dworkin）、经济分析法学派的代表人物波斯纳（R.A.Posner），英国著名新分析主义法学家拉兹（Joseph Raz），德国比较法学家克茨（Hein Kotz），日本比较法学家大木雅夫等，都先后来到北京大学、清华大学、中国政法大学、中国人民大学和华东政法大学等学校访问和讲学，将西方发达国家最前沿的法学发展成果介绍给中国法学界。

第五，国际性的学术会议和各种多边的以及双边的学术会议的召开。这方面，国内各个主要大学的法学院都有非常活跃的表现，举办了数以百计的国际性学术研讨会。

全球化时代改变了法学研究的面貌和形象

中国基础法学研究之融入全球化时代的浪潮，大大推进了中国法学研究的发展，改变了中国法学研究的面貌和形象。具体说来，使中国的法治建设发展和法学研究进步发生了如下五个方面的重大变化。

第一，法学研究内容发生了巨大的变化，使中国当代法学基础学科的内容大为丰富多彩。在法理学领域，当今西方活跃的各种法学流派的观点和主张，在中国都已经有了表现，庞德等人的社会学法学的理论，萨维尼等人的历史法学派的理论，哈特等人的分析法学的观点，德沃金等人的自由主义法学思想，波斯纳的理论，哈耶克的主张，哈贝马斯的理论，几乎在中国法学研究的内容中都得到了反映。尤其是北京大学的朱苏力教授，不仅策划组织了美国学者波斯纳所有著作的翻译出版工作，其《波斯纳文丛》的推出可以说是这方面的一个典型成果，而且还充分运用波斯纳分析法律与文学之关系的方法，创作了与波斯纳著作同名的《法律与文学》一书。

第二，法学研究方法的变化，各种方法的流行。在新中国成立之初，我们在法学研究方面的方法，几乎可以说就是阶级分析一种，即使在20世纪70年代末改革开放之初，我们在法学研究领域中所运用的研究方法也还是非常的贫乏和单调，主要就是阶级分析以及马克思主义的历史唯物主义的方法。随着全球化时代的来临以及中国法学界慢慢地融入到这一时代之中，中国法学研究的方法也变得多元和丰富多彩。如历史主义的、比较法的、分析主义的、社会学的、经济分析的、心理学的、结构主义的、后现代主义的、伦理主义的，以及知识考古学的、田野调查的、民间法角度（法人类学）的，等等。这些方法的运用，大大推动了中国法学研究的繁荣，也引起了国际社会的关注。

第三，研究人员视野的开阔以及和国外学术交流的展开，这方面有两个例子比较典型。一是中国在20世纪八九十年代，不论是教师的备课，还是硕士和博士写作论文，都非常依赖于台湾法学界的成果（都是汉字，无需翻译），因为当时的台湾地区，其留学英美、德国和法国的法律人才比大陆多，台湾出版的西方法学著作也比大陆多，所以大陆学术界在视野上、在成果的引用上，都不得不借助于台湾学术界的成果。然而从90年代中叶以后，这种情况倒过来了，现在是台湾学术界在不断地吸收大陆学者的著作和译著，因为我们在这方面的成果已经大大超越了台湾地区。

第四，对立法事业的促进。基础法学研究虽然与立法的直接联系不是很密切，但其研究成果，特别是一些法治理念和前沿的立法成果，对中国的立法事业有着很重要的借鉴意义和指导价值。比如，2002 年华东政法大学法律史研究中心将日本的循环型经济立法的几个法律（如 2000 年 6 月 1 日由日本国会通过颁布的《循环性社会形成推进法》等）从日本翻译到了中国，这一成果后来迅速得到了中国立法部门的重视，并在中国自己制定的循环型经济法中都得到了运用。

第五，对司法改革的影响。外国法的知识，外国程序的设计，外国司法制度的理念和实践，外国学者在这一领域中的思想，对中国近 10 年的司法改革都是非常有益的经验。这方面，已经将自己融入全球化的中国基础法学研究，是大有作为的。中国比较法学界所取得的研究成果，如公民的基本人权保障，违宪审查制度，行政程序制度化，国家赔偿制度，刑事法领域中的非犯罪化和刑罚轻刑化，民事诉讼中的诉讼外调解机制（ADR）和刑事诉讼中的辩诉交易，等等，对推动中国的司法实践发展和司法制度的完善都起到了良性的有益的作用。

总之，当前中国的基础法学研究，尤其是中国法律史的研究，已经超越了原本走在我们前面的日本和中国台湾地区，达到了一个新的高度。我们在吸收现代日本学者仁井田陞、岛田正郎、滋贺秀三以及台湾地区学者戴炎辉、张伟仁等人研究成果的基础上，继续攀登，推出了如刘海年、杨一凡主持点校《中国珍稀法律典籍集成》、张晋藩总主编《中国法制通史》、杨一凡总主编《中国法制史考证》、《中国法制史考证续编》等令人骄傲的成果，其中如《历代例考》、《律注文献丛考》、《唐式辑佚》、《法制史料考释》和《典权制度源流考》等，都是建立在第一手原始资料上的非常扎实的研究成果。这些使中国法制史的研究走在了世界的前沿。

中国法学研究的四大障碍

首先，存在着语言上的障碍。全球化的法学研究，要求有很好的语言能力，但这方面的人才在中国基础法学研究领域，现在还比较少。不仅是搞中国法制史的学者对外交流的语言能力比较弱，就是搞外国法制史、比较法的学者，真正能够以一门或若干门外语比较熟练地、畅通地与外国同行进行学术交流，也是不多的。法理学科的情况也大体相同。在许多情况下，我们都有这么一个体会，实际上对方所说的事件、观点，经过翻译一说出来我们都知道，甚至对此也有我们自己的有一定深度的想法，但离开了翻译我们就无法表达。这种局面，在目前中年以上的学者中，看来一时也无法改变，只能寄希望于青年一代学人。

其次，对话能力的欠缺。除了语言之外，要提高与外国学者的交流对话能力，还需要对相对国的政治、经济和文化以及宗教等法律外的知识的了解，而在这方面，我们的知识储备也是不够的。我们目前从事中外法律史研究和教学的学者也已经有近 500 人了，但其中对相对国的法制发展史以及相关的文化史比较熟悉的学者并不很多，这是我们今后所要加强修练的基本功。

再次，由于中外学者成长生活的背景的不同，带来的学术交流时各说各话的现象还不同程度地存在。由于法律文化的背景不同，在许多问题的交流上说不到一处去，彼此都感到比较累。在这种时候，就需要加强对对方国家、对方学者成长与生活背景的了解，以及所论问题的经济政治社会历史背景的了解，才能避免种种各谈各的尴尬局面。

最后，意识形态的差异，也是造成目前法学研究中中外学术交流不能充分畅达的一个重要原因。比如，如何看待西方三权分立的历史进步性、如何看待中国北洋政府时期的法律、如何评价对国民党六法全书的废除、如何看待 1957 年"反右运动"与中国法和法学的关系等，中外学者都是存在着比较大的分歧的。要消除这一障碍，需要中外学者作出共同努力。需要大家有一种包容心态，即在尊重彼此的意识形态的前提下，设计与选择一些双方都感兴趣、对双方的研究都有推动作用的学术问题，进行平等的、深入的研讨。我想，随着时代的进步以及全球化程度的加深，中国的基础法学研究也会进一步受到世界的重视，其对世界法律文明史的贡献也会越来越突出。

（何勤华：华东政法大学校长）

（本期特别策划采写工作组：郭烁、许航、何兰芳、杨建芳）

中国道路

中国社會科學報

（2009——2010）

特别策划（中卷）

中国学术话语体系的当代建构

记者　艾昕　焦兵

　　当中国的发展道路在因全球性金融危机而更显疲态的世界格局中以沛然莫之能御的态势阔步迈进时，一个深刻的学术问题不能不历史地提到中国学者的面前——如何建构一种既能总结中国在漫远艰辛的现代化途程中积累的宝贵历史经验，又能为中国未来发展提供精神动力和理论支撑；既承接历史、熔铸传统，又包容世界、指向未来的当代中国学术话语体系？

　　这是学术之问，是历史之问，也是未来之问。

　　问题是时代的格言。"一个时代的迫切问题，有着和任何在内容上有根据的因而也是合理的问题共同的命运：主要的困难不是答案，而是问题。"马克思早在《莱茵报》时期就曾如此揭示过"问题"的历史意义。

　　正是基于对这一问题的深刻体认，今年9月23—25日在西北大学召开了由中国社会科学杂志社主办、陕西省社会科学界联合会与西北大学承办的"第三届中国社会科学前沿论坛"，该论坛以"中国学术话语体系的当代建构"为主题，共同探讨当代中国学术理论的研究状况、理论热点和未来发展，推动当代中国学术形成具有鲜明中国特色、中国风格、中国气派的哲学社会科学学术话语体系。来自中国社会科学院、北京大学、中国人民大学、南京大学、南开大学、浙江大学、武汉大学、黑龙江大学、华南师范大学、中山大学、陕西师范大学、西安交通大学、江苏省社会科学院、辽宁省社会科学院、广东省社会科学界联合会等机构的学者纷纷对这一议题的重要价值表示赞同，并发表见解。

为了把这一问题的讨论继续引向深入，本报又约请了相关专家学者，继续围绕这一话题进行学术讨论。

时代场域

学术的逻辑与时代的逻辑从来都是一致的。北京师范大学瞿林东教授接受本报采访时就此谈道："学术话语体系在很大程度上反映了一个时代的学术面貌及其走向，而学术话语体系的建构既有内在的历史联系与新的创造，又有内在和外在的沟通与借鉴。"中国学术话语体系的当代建构既非纯粹地迷恋于中国灿烂而悠久的历史文化，也非文字游戏式的标新立异，它的使命在于总结中国当下的经验，解决中国当今面临的问题，服务于中国未来的发展。因此，中国学术话语体系必须立足于清晰的时代场域，致力于时代精神的中国表达。正如瞿林东所言，探索中国学术话语体系的当代建构，是一个严肃的学术工作，"它的根本任务和总目标的出发点，不在于阐发个人的某种学术观点，更不是为了在学术上标新立异，而在于积极规划本学科乃至中国学术的前景和未来"。

当前，由美国金融危机引发的全球性金融危机的狂潮尚未完全消弭，由此而暴露出的制度性危机为世界各国的发展路向提供了严肃的镜鉴，促使世人更加清醒地认识世界、认识自身。西方的社会制度能否被视为"人类意识形态发展的终点"和"人类最后一种统治形式"，已经遭到了严肃的反思和质疑。清醒地认识世界格局，深刻地洞察世界大势，日益成为一种学术话语体系赢得独立的价值和尊严的关键所在。与此同时，中国的改革开放事业已经走过了 30 个年头，中华人民共和国也已成立 60 周年。在这一系列艰苦卓绝的奋斗过程中，中国走出了一条独具特色的发展道路，积累了宝贵的发展经验，为理论创新和学术进步提供了举世罕见的广阔天地和时代场域。中国特色社会主义，以其对中国国情的深刻体认与对中国发展的整体担当而无可置疑地成为当代中国学术话语体系的旗帜和灵魂。

复旦大学吴晓明教授基于此指出，中国学术话语体系的当代建构总是指向当今的"中国问题"和"中国经验"，即在当代中国的历史性实践中所形成的问题和经验。"不仅如此，由于这样的问题和经验总是深深地植根于特定的'社会现实'中并依此定向而被构成，所以，关于中国学术话语体系之当代建构的全部探讨最终都不能不归结为'社会现实'这个主题，即归结为：这样的现实是被揭示出来呢，还是被掩盖起来？由此便形成一个基本的尺度，依循这一尺度方始能够对学术话语进行必要的权衡，并对其体系之建构作出实质性的定向。"

坐标建构

学术建构离不开历史的积淀。缺少历史感的所谓研究是短视的，既不能了解过去，更无法把握未来。真正具有历史感的研究，从来都是以家国天下的博大情怀，建构在国运民魂的休戚存亡之上。真正负责任的学术探索，也从来都是把学术、历史和中国的命运牢固地联系在一起。离开了对后者的焦虑和思考，当代中国学术无以立基。

北京师范大学童庆炳教授在接受采访时，围绕着文学学科的发展严肃指出："文学理论的中国话语从哪里来？只能从中国当下的文艺实际情况中来。"因而，"当下，对中国文艺学工作者来说，最重要的事情，就是要摸清楚当前中国文艺创作的现状，有哪些成绩，又有哪些问题。这就需要对当下的文艺创作有一个系统的、深入的调查研究。在调查研究的基础上，把那些成功的创作经验提升到理论的高度来把握，提出具有创新意涵的理论形态来。"

世界视野

中国学术话语体系的当代建构，绝非一项关起国门自娱自乐的学术游戏，它虽然致力于建立具有鲜明民族特色的哲学社会科学体系，但它还有着更高的学术追求，那就是让中国学术走向世界，让世界倾听中国的声音，让中华文明巍然屹立于世界文明之林。

印度学者 Binod Singh 在接受本报记者采访时谈道："英语在当今世界上仍然占据着主流地位，在学术领域，英语仍掌握着绝对话语权，大部分概念、知识和理论都是在英语的语境下加以讨论，很多成果也需要在英语刊物中得以体现。"但同时，"文化多元化的呼声日益增大，世界正日益向多元多极化趋势发展，这将会促进文化多元化的步伐……开创多语言共同繁荣的新局面。"

的确，在全球化和多元化浪潮汹涌而来的当今世界，中国学术话语体系的当代建构，必须在提高文化自觉意识的同时，放开胸襟，广纳世界学术成果。正如清华大学李伯重教授在谈到中国社会经济史学科的未来建构时所说："中国社会经济史学未来的发展方向，应当是既珍视我国的社会经济史学传统，又积极投入国际化的进程。在此基础上，建立一种既有中国特色、又融入国际学术主流的社会经济史学。"

与此同时必须看到，这绝不意味着盲目崇拜西方的思想理论，认为西方学术话语体系可以包打天下、包治百病。实际上，西方思想理论同样具有本身的局限。中国人民大学张康之教授就此谈道："到了20世纪后期，当人类开始后工业化进程的时候，出现了许多新的社会现象，而我们所拥有的人文社会科学依然是要把新的社会发展现实和新的历史现象纳入个体主义或整体主义的话语体系中去，这就显现出了解释力不足的问题。"其中最突出的是，"对于当前的全球金融危机，无论是在新自由主义还是在凯恩斯主义的视角中，都无法得到合理的解释。"

北京大学叶自成教授也对记者表示："现在，固然需要继续学习西方人文社会科学研究的先进成果，因为西方的许多精华我们并没有学到，但也必须对其引发的问题给予高度重视。这其中主要的问题，一是东西方的思维方式不同，西方的许多人文社会科学研究的成果难以完全照搬到中国；二是西方人文社会科学领域的研究方法本身也有不少问题。因此，在继续学习西方人文社会科学研究方法的同时，也应整理和发掘中国传统的思维方法，并将其用于中国的人文社会科学研究领域。"他尤其强调，"必须用中国的思维方法来进行思考。"

刻写未来

大体说来，在近代西方坚船利炮入侵的民族危亡压力下所完成的从传统学术到近代学术的变迁，构成了中国学术话语体系的第一次重要型构。

随着马克思主义传入中国，中国学者观察世界、探讨学问的立场、观点、方法为之一新，由此开始了从近代学术到现代学术的学术话语体系第二次重要型构。在全球化、多元化、信息化等趋势日益显明的当代，在中国道路、中国经验和中国特色社会主义事业日益吸引世界目光的今天，也许我们正在经历当代中国学术话语体系的第三次重要型构。

一个国家的兴旺发达，一个民族的发奋图强，其背后往往充盈着一种深厚的思想文化基础。正是这种思想文化基础，深刻地拓展了民族国家新的发展视阈，开辟了民族国家新的发展空间，昭示了民族国家未来的发展路向。反过来，民族国家的物质发展又为其学术文化的递嬗更新提供了强大的现实依托和实践动力。在这些密切关联中，我们不难窥见学术的力量，不难听到学术思想透过历史的重重帷幕发出的浑厚回声。

对中国学术话语体系的当代建构这一问题的完全解答，不是短期内所能完成的任务，而是需要数代中国学人的不懈探索。

吴晓明：切中中国现实，凸显批判方法

吴晓明

由中国社会科学杂志社发起的"中国学术话语体系之当代建构"的讨论，在当今中国的学术发展史中，具有非常重要的意义。在我看来，它意味着开启一种坚定的自觉，即对于自身学术话语体系的反省性的自觉。这种自觉必定一方面是批评性的——它要求批评性地检讨当今中国社会科学的学术话语；另一方面则是建设性的——它要求建设性地引导当代中国学术话语体系的重新建构。唯经此二途，中国的社会科学研究方始能够逐渐摆脱它对于外来学术的"学徒状态"，就像19世纪末的"历史科学"开始摆脱它对于自然科学的"学徒状态"并从而提出其本己的"自律性"要求一样。

首先需要指出的是，中国学术话语体系的当代建构并不是一个表面的、纯粹形式的议题。换言之，它不能仅仅被理解为某种语文学或术语学的问题（虽然这样的问题也是存在的）。按其本性来说，这个议题具有"实

体性"的内容，它提示着并且要求深入于这样的内容之中。因此，这个议题的核心点在于：当今中国的学术话语如何能够真正契合、切近和开启这种"实体性"的内容本身，并从而使这样的内容以学术的方式被课题化。

这里所谓的"实体性"内容是指什么呢？大致说来，它是指当今的"中国问题"和"中国经验"，即在当代中国的历史性实践中所形成的问题和经验。不仅如此，由于这样的问题和经验总是深深地植根于特定的"社会现实"中并依此定向而被构成，所以，关于中国学术话语体系之当代建构的全部探讨最终都不能不归结为"社会现实"这个主题，即归结为：这样的现实是被揭示出来呢？还是被掩盖起来？由此便形成一个基本的尺度，依循这一尺度方始能够对学术话语进行必要的权衡，并对其体系之建构作出实质性的定向。

我们时下所面临的学术话语问题不仅非常广泛，而且似乎还在不断涌现。我们能够意识到中医学和西医学对话的高度困难，因为——举例来说——两者所谓的心、肝、脾、胃、肾等等所指称者不仅根本不同，而且是在全然相异的思想体系中被规定的。当有的学者把中国传统哲学的"天"定义为"超越的、形而上学的实体"时，这样的定义也开始变得非常可疑了。如果撇开传统的思想而论及当今的事情，问题就表现得更为复杂。因为在这里，似乎任何一个事物都会牵扯到古今、中西之辨，任何一个名称、定义都会牵扯到整个相异的理论体系，从而任何一个问题都会牵扯到实际上更加错综的纠结。这是一种挑战，这样的挑战还会长期存在。事实上，正是这种挑战把我们引导到"中国学术话语体系之当代建构"的任务上来的。

如前所述，这个任务的真正核心乃是揭示并切中当今中国的社会现实。之所以特别地强调这一点，是因为学术话语体系的建构并不是技术性质的，也不是能够通过某种人为的设计来进行安排的。如果把它当做一种理智的技术设计来想象、来操作，那么这几乎必错无疑。学术话语体系的建构肯定与此不同，它首先是思想的事情，而真正的思想总以切中现实为旨归。就此而论，则这一建构任务目前所面临的主要危险和障碍就是黑格尔所谓的"外部反思"。从属于主观思想的"外部反思"从来不能真正地深入于内容本身，它只是作为忽此忽彼的推理能力，仅仅知道把抽象的一般原则运用到任何内容之上。应当承认，当今中国的社会科学研究在很大程度上仍局限于这种"外部反思"的语境中。由于抽象的外部反思不可能揭示并切中当今中国的社会现实，所以它不是开启思想而只是阻断思想——使思想完全停滞下来。在社会现实被遮蔽起来的情况下，所谓的"中国问题"和"中国经验"也就陷入了晦暗之中。然而，如果没有真正的"中国问题"和"中国经验"，我们的社会科学研究将在何处措其手足呢？这难道不是意味着它连自己的研究对象都要丧失殆尽吗？在这样的情形下，也就谈不上学术话语体系的建构了，因为这里已不复存在真正的话语问题了。

由此便显示出批判方法的绝对重要性。"批判"之最简要、最基本的含义是：澄清前提，划定界限。黑格尔说，什么叫自由的思想？自由的思想就是不接受非经审查其前提的思想。马克思的"政治经济学批判"所做的工作无非是：揭示资本主义生产方式的现实前提和历史界限。虽然马克思和黑格尔的立场"截然相反"，但他们都试图通过批判的方法使研究深入到"社会现实"之中。外部反思的观点是完全非批判的，由于它从未真正触动并深入到现实的内容之中，所以它对于社会—历史现象的现实前提和界限是根本无知的。而当这种无知被当成是"良知"时，社会科学的研究便不得不屈从于完全抽象的、无内容的形式主义和教条主义。对于当今中国的社会科学而言，批判一事的根本重要性就在于：舍此便不可能揭示当今中国的社会现实，从而便不可能再来构成真正的"中国问题"和"中国经验"。例如，众所周知，作为西方现代世界之本质根据的一个基本前提是"原子个人"——它是以抽象的"人格"或"人格性"（personality）为基准的，并且从文化上来说是一千多年基督教教化的产物。如果我们依照此例而不假思索地来谈论当今中国的"个人"，并把它当做研究的自然前提，而不是使之进入到真正的批判性分析之中，那么，这样的"个人"似乎就被理所当然地附会于近代西方的"自我意识"，并与康德意义上的"法权主体"和"道德主体"没有分别了。然而，我们能够指望这样的"主体"由于一个漫不经心的用词就突如其来地出现在中国吗？我们能够指望在完全未经澄清前提的脆弱基础上来建造社会科学研究的庞大建筑吗？最后，我们能够指望非批判的、外部反思的观点有能力开辟出一条理解社会现实的道路吗？

总而言之，在我看来，中国学术话语体系的当代建构首先体现为一项思想的任务，这项任务的主旨就是揭示并切中当今中国的社会现实。如果说，为了实现这一任务，我们将特别地倚重批判的方法，那么，实现这一任务的路径——例如"学习"、"研究"、"对话"等等——就不能不是批判性的。然而，就学术的总体来说，无论是批判的方法本身，还是批判性的学习、研究和对话，归根到底都服从于切中社会现实这一主旨。唯因这一主旨，中国学术话语体系的当代建构方始成为一项具有原则高度和内容深刻的任务。至于这种话语体系的形式方面，我们可以在贯彻上述思想任务的同时期待它自行造成。晚年海德格尔意识到，自铸新词是无益的，他还引证威廉·冯·洪堡的话说："一个民族也许可以通过内在澄明与对外部境况的守护，给予它所继承的语言另一种形式，以至于它借此完全变成了另一种崭新的语言。"

（吴晓明　长江学者、复旦大学哲学学院教授）

张康之：超越工业社会的话语体系

话语是有历史性的，人类历史上每一个时代都拥有具有明显的时代特征的话语体系。在农业社会，整个话语体系中的每一个要素都渗透着等级关系。到了工业社会——特别是由于18世纪启蒙思想家在提出了人权的问题时也把个人放置到了思想的中心，由于思考和观察世界从个人出发，也就自然而然地引出了个人与社会的关系问题，进而出现了所谓个体与整体关系问题的讨论，并在此基础上形成了个体主

张康之

义的和整体主义的两大话语体系。审视近代以来的整个人文社会科学，几乎所有的学术作品都要么从个体主义的视角出发，要么从整体主义的视角出发去进行思想和理论阐释，只不过有些学术作品更为直接一些，而有些

学术作品表现得较为隐蔽而已。而到了 20 世纪后期，当人类开始后工业化进程的时候，出现了许多新的社会现象，而我们所拥有的人文社会科学依然是要把新的社会发展现实和新的历史现象纳入个体主义或整体主义的话语体系中去，这就显现出了解释力不足的问题。比如，在全球化进程中出现了许多问题，如果被强行纳入整体主义及个体主义的话语体系中，都显得非常勉强。特别是对于当前的全球金融危机，无论是在新自由主义还是在凯恩斯主义的视角中，都无法得到合理的解释。

其实，人类正在走向后工业社会，当前我们面对的许多问题是属于后工业化推展出来的，它意味着我们囿于工业社会的话语体系是无法作出合理解释的，更不用说找到科学的应对方案了。在后工业化的过程中，我们需要超越的是人类在工业社会建构起来的话语体系，所要建构的是后工业社会的话语体系。比如，面对全球性金融危机以及一些在全球蔓延的流行性疾病，需要的是全球合作的行动，而不是简单地从整体的视角还是个体的视角出发的问题了。后工业化所推展出来的是人类合作的价值，而整体主义与个体主义的话语无法表达这种合作形态。所以，如果希望深入到对人们之间合作关系的把握以及对整个社会的合作形态的认识和理解，就需要建构起属于合作社会的话语体系。

显而易见，近代社会的分化表现在人文社会科学的研究中，是以两种话语体系的形式出现的：一种是在个体主义的立场上建立起的话语体系，另一种则是在整体主义的立场上建立起来的话语体系。这两种话语体系在世界观、方法论、社会改造的途径以及制度建设的方案上，都走上了对立的方向。近代以来的工业社会在人类文明进步方面所取得的成就是令人惊叹的，然而在工业社会发展过程出现的各种各样的问题中，由两种对立的话语体系所造成的冲突也是一个必须予以正视的方面。也就是说，近代以来的整个人文社会科学的研究正是在整体主义和个体主义的两种话语体系下展开的，根据这两种话语体系所代表的理论取向，提出了完全不同的制度方案和行为模式建构方案。总的说来，整体主义的理论取向在实践中表现得不是很成功，而个体主义理论取向在制度设计和行为模式上均进行了相当建构。因而，整个世界的几乎全部人类社会生活都被置于一种竞争的行为模式之中了，我们现在所拥有的制度框架也无非是出于服务于竞争和规范竞争的需要的。只要人的行为模式是属于竞争性的，人们就会倾向于把他人作为竞争目标的工具来看待。无论是整体主义还是个体主义话语，都服务于竞争的行为模式。

近代社会的人文社会科学发展史表明，如果人们在静态的研究中去提出解释框架或作出制度的、组织的或生活模式的设计，就必然会坠入要么整体主义要么个体主义的窠臼，所以形成了整体主义和个体主义两种话语体系。其实，对社会的考察特别是出于制度、组织或生活模式建构的目的而进行的考察，必须针对具体的领域作出，在宏观层面上，应当针对公共领域与私人领域的不同而作出。而且，要根据人类历史所处的特定阶段来思考社会建构的原则。在工业社会中，私人领域的建构原则必须被放置在个体主义的基点上，需要根据个体主义的精神进行制度和组织模式设计；公共领域则恰恰相反，需要沿着整体主义的思路去谋求一切问题的解决方案。当工业社会开始进入自我否定、自我放逐的历史进程的时候，私人领域与公共领域之间的原有界线开始变得模糊起来，因而，个体主义和整体主义的原则也出现了向边缘化方向运动的倾向。这个时候，就需要寻求新的社会建构原则的支持。当然，在整个后工业化的过程中，公共领域与私人领域的分界并不会完全消失，私人领域的一切自我建构活动都还需要以捍卫和遵从个体主义原则为前提，而公共领域则会成为迈向新的历史时代的先锋领域，它将率先自觉地扬弃工业社会的自我建构原则，把整体主义看做一个可以加以超越的传统原则。瞻望后工业化的前进趋势，公共领域将会根据合作理念去自觉增强社会构成的有机性。这样一来，当我们去对公共领域的制度、体制和组织模式进行设计和建构时，所看到的既不是个体的人的行动，也不是整体的人的行动，而是它们之间的合作互动。对于行动意义上的合作互动，从个体的意义和整体的意义上都不能作出合理的元解释，只有在行动的规范意义上才能理解合作互动的行为赖以发生的基础。

但是，后工业化进程中所提出的合作要求却没有得到人文社会科学的支持，所以，我们才看到这样一种现象：当 2008 年全球性金融危机爆发的时候，西方国家开始谋求与诸如中国这样的发展中国家合作，但是，这种危机稍有缓解的迹象，西方国家已经开始去思考如何在这场全球性金融危机结束的时候能够获得社会常态发展中的制动权。因而，从 2009 年八九月份开始，我们看到西方国家已经开始不断地使用一些"小动作"去破坏合作。其实这是非常有害的，它可能会大大延缓人类走出金融危机的步伐。这说明，面对全球性的危机，人类会生成合作意识，会有合作冲动，但这种意识并没有转化成一种稳定的观念，人们在很大程度上还受工业社会的竞争观念所支配。因而，对于当代学者而言，站在后工业社会的起点上去建构一种不同于工业社会的全新的话语体系，是一项刻不容缓的任务。

（张康之　长江学者、中国人民大学公共管理学院教授）

Binod Singh：英语霸权之后

Binod Singh

近年来，在国际权力结构变化中，中国的崛起颇引人注目。中国更加开放，并作为"利益相关者"更主动地发挥其影响力。

中国在崛起过程中遇到了一些两难问题，语言就是其中之一。虽然中文是联合国五种工作语言之一，但是在世界各个领域包括学术界交流中，毫无疑问英语是强势语言，在话语权方面占了绝对优势。

毋庸置疑，在世界各地区和不同领域的交流中，话语优势很关键。当前，英语可以说占据着绝对的话语优势，而以其他语言为载体的文化与思想往往只能在很小的范围内得以传播。目前，美国文化在世界范围内传播速度最快，这不仅是因为美国是当今世界上的超级大国，同时也得益于英语是美国文化的主要载体。又如，印度甘地的哲学思想比中国老子和孟子的思想更为世界所熟悉，这并不是因为甘地比老子或孟子更伟大，但在甘地更广为人知中的各个因素中，语言是一个不可忽视的一部分。语言在传递思想、促进交流与沟通中，其力量不可小觑。中国古代经典思想等佳作，很难被非常准确地翻译成另一门语言，更难谈得上传神了，这造成了大部分不掌握汉语的人只能间接地了解这些内容，甚至对这些知识只有耳闻，却没有机会真正接触，当然更谈不上深入了解。

在话语优势这个问题上，我们需要思考：一个帝国需要帝国语言吗？一个大国的崛起必然会导致其语言在世界上的崛起并成为最为普遍使用的交流工具吗？近代历史上，英国和美国的相继崛起造就了现今英语的霸权地位。那么，作为东亚文明的中心，中国正在迅速崛起，与此同时，其他发展中国家也在群体崛起，这就给我们带来了一个新的问题，世界各国各民族在交流中，会出现什么新的变化，英语的地位会因此而被削弱吗，或者会不会出现一种新的语言取而代之，占据话语优势地位？

以中国为例，中国在近几千年的发展过程中，其文化从来没有中断过，而且其发展也几乎从来没有失控过。东亚文化一直以来都以儒家文化为主，兼有佛教文化。新加坡领导人在谈到亚洲智慧和儒家文化时指出，这是东亚文明的宝贵遗产，是东亚国家的家庭价值观的核心部分。因此，在全球化的今天，与东亚其他国家的语言比起来，中文可能更占优势，更容易得到周边国家的认可，并得到进一步更广范围内的传播和运用。但是，如果将之放在整个世界大范围看，虽然在很多国家都掀起汉语热，但这并不等于中文会成为一门新的占支配地位的语言。

此外，在当今全球化的大趋势下，不同背景、不同文化的人之间的接触与交流日益频繁，而且获得相关材料的手段和途径也日渐丰富和多样化。除了语言本身的障碍外，更主要的可能是对方希望了解的主观意愿。如果一种文化有足够的吸引力，那么即使它在形式上是以非英语作为载体的，也会得到广泛传播。因此，除了语言本身，一国的软实力也正在起着越来越重要的作用。英语占话语优势的现状可能会出现一定的变化，在多元文化的大趋势下，各种语言在世界交流的大平台上占据一席之位，在不断沟通与交流中创造一种能得到更多文化和语言认同的话语可能会是一种新的发展趋势。

随着世界全球化的不断深入，越来越多的学者呼吁经济一体化的同时，要发展文化的多元化。语言是文化的一个重要载体，英语在当今世界上仍然占据着主流地位，在学术领域，英语仍掌握着绝对话语权，大部分概念、知识和理论都是在英语的语境下加以讨论，很多成果也需要在英语刊物中得以体现。但是，文化多元化的呼声日益增大，世界正日益向多元多极化趋势发展，这将会促进文化多元化的步伐，希望世界各语言能有更多可以相互沟通的公共话语，开创多语言共同繁荣的新局面。

（Binod Singh 北京外国语大学亚非研究所
北京大学印度研究中心外教）

叶自成：用中国的思维方法进行思考

叶自成

中国学习西方的人文社会科学研究方法已经多年，一方面它使中国人文社会科学研究领域有了很大进步，另一方面也带来了许多问题。现在，固然需要继续学习西方人文社会科学研究的先进成果，因为西方的许多精华我们并没有学到，但也必须对其引发的问题给予高度重视。这其中主要的问题，一是东西方的思维方式不同，西方的许多人文社会科学研究的成果难以完全照搬到中国；二是西方人文社会科学领域的研究方法本身也有不少问题。因此，在继续学习西方人文社会科学研究方法的同时，也应整理和发掘中国传统的思维方法，并将其用于中国的人文社会科学研究领域。在长期的农业文明发展进程中，中华民族的祖先对风雨雷电、大河大山的运行和变化，春夏秋冬四时更替，日升月落的交替运行等自然环境，进行了长期的观察、分析，不断总结，在与自然作斗争的过程中逐步认识和掌握了自然界变化的基本规律，中华民族的祖先对自然环境的分析和观察最深刻，最仔细入微，也最有感情。而王朝更替、人的生老病死、社会的贫富贵贱的变化，加深了对自然界运行规律的理解，反过来成为指导人们观察人类社会现象的思维。中华民族的祖先也把民族发生发展过程中的许多现象与自然界的现象和运行进行对比分析，自觉地把天与人的活动进行类比，认为农耕社会中人类的生存与天地运行有紧密关系，把自己的喜怒哀乐、生存发展与天地自然界联系起来，赋予天地运行以人的生命，认为天地万物也有情感和灵魂，又把已经带有人格化的天地运行的规律再反过来指导人类社会的发展，不认为人类社会应当与自然界完全分开来，而是人类社会应当遵行自然的规律，这样就形成了宇宙、天、地、自然界、人类社会一体的观念，逐渐形成了易经的思维体系。

因而，不同的民族和不同的历史文化会产生差异很大的思维方式。这种思维方式的不同，在人文社会科学领域尤其明显。在国际关系领域也有明显的反映，比如，中国领导人在 2009 年初对非洲的访问，在中国人看来是正常的，但却引起了许多西方媒体的批评，这些媒体认为中国到非洲，要么是试图加强对非洲资源的控制，要么是中国针对西方国家的某种战略行动。而俄罗斯学者莫斯科大学教授考斯科夫在评论西方对中国非洲政策的批评时指出，西方的哲学起源于两希文明，即希腊文明和希伯来文明，强调思辨与法制，对人性本身并不信任，放在国家角度上，就是重视法制，并强调国家间只有绝对的利益，而东方的哲学更多是从人性出发，重视伦理、道德信义、人与人的关系，西方对矛盾的解决，一般是把自己变强，消灭对方。而东方处理问题往往是分解弱化问题或对手，从一种阴阳和谐的立足点去解决。在国家层面，东方对外也因此与西方有所不同。中国往往更多从情义角度去理解和处理与他国的关系。

指出人类思维方式的不同特点的意义在于，许多西方的人文社会科学领域的研究成果无法照搬，因为西方思维的人文社会科学环境无法照搬，西方的思维形成西方的人文社会科学领域的成果，中国的思维形成中国的人文社会科学领域的内容。所谓中国特色，必须自觉地运用中国的思维，才能形成自己的体系，否则只能跟在西方人文社会科学研究的成果后面亦步亦趋，虽然可能也会小有不同，但总体上难脱西方思维的窠臼。

总之，用西方的思维思考人文社会科学领域的问题，虽然也有借鉴意义，但其中的问题，一是可能只能跟着西方的思维走，二是用来研究中国的问题，可能会产生水土不服的问题。所以，要形成中国自己的人文社会科学研究的特色或学派，除了引进和借鉴西方的思维之外，还必须用中国的思维方法来进行思考。

（叶自成　北京大学国际关系学院教授）

瞿林东：探索中国史学的理论研究话语体系

瞿林东

我对于"话语体系"问题缺乏研究，这里讲一点粗浅认识。首先，我所理解的"学术话语体系"是有关学术思想、研究理念与方法、范畴或概念的运用及关于研究内容的解说，以至于文字表述的风格和特点等几个方面的结合。因此，所谓学术话语体系，在很大程度上反映了某一时代的学术面貌和学术走向的趋势。其次，所谓学术话语体系，虽然是一个新的概念，但它在学术史上是久已存在的学术现象。因此，它是变动的、发展的。换言之，一个时代有一个时代的学术话语体系，从而反映出不同时代的学术风貌。当然，不同时代的学术话语体系之间不是截然分开的，其间存在着传承延续和相因相革的历史联系。再次，一个国家、一个地区的学术话语体系不是孤立存在的，因而也不可能是纯而又纯的，它总是在不断吸收其他国家、其他地区的学术话语中的某些有益的东西，用以丰富自己、发展自己。

总的说来，学术话语体系在很大程度上反映了一个时代的学术面貌及其走向，而学术话语体系的建构既有内在的历史联系与新的创造，又有内在和外在的沟通与借鉴。准此，则中国学术话语体系的当代建构，似亦应循着这一路径前行。

应当指出的是，关于中国学术话语体系的当代建构，是一个系统工程。作为第一步，是否可以考虑在一个大致相同或相近的理论、方法论指导之下，各个不同的学术领域探索自身的话语体系的当代建构。第二步，各个不同学术领域的话语体系之间，有一个相互借鉴、吸收的过程，使自身得以提高，并形成某种共识和融合的趋势。第三步，在此基础上，提升和概括出来中国学术话语体系的当代建构的基本理路。这是一个循序渐进的过程，是一个从局部走向全局的过程，也是一个由具体到抽象、再由抽象回到具体的过程。

这里，我想结合自己所从事的专业，谈谈中国史学的理论研究之话语体系的当代建构问题。在这方面，中国史学具备了良好的条件：其一，中国古代史学有丰富的理论遗产；其二，20世纪的百年中，中国史学积累了一些新的理论成果；其三，在改革开放方针的推动下，中国史学在关注和借鉴外国史学的理论研究方面，发展到一个新的阶段。同时，毋庸讳言，在历史学的理论研究话语体系建构方面，也存在几个问题：一是史学工作者一般多注重于具体的实证研究，对历史学的理论话语体系的建构缺乏足够的自觉意识；二是历史学的理论所包含的关于客观历史运动的理论和关于历史学学科自身发展的理论，在许多学术论著中尚缺乏清晰的界定，从而造成研究上的困难；三是古代理论遗产和当代理论成果的联系与创新的关系，尚须进行深入的探索。

我就存在的问题发表几点不成熟的看法，与同行们共同切磋。

第一，关于理论自觉的问题。这里说的理论自觉，是指史学工作者关于重视历史学的理论研究的自觉意识而言。历史研究以史料为基础，以实证研究为主要手段，这是毫无疑义的。但是，不仅对历史的解释需要理论，更重要的是作为一门学科，它自身的建设尤其需要理论。而这种建设并不是一劳永逸的，它需要不断地更新和创造，以推动本学科的继续前进。这就表明历史学的理论建设不是仅仅依靠少数致力于理论研究的人就能胜任的，它同时需要致力于实证研究的人从自己的研究中概括出新的理论，以充实、提高原有的理论认识。在这方面，范文澜、翦伯赞、侯外庐、白寿彝等老一辈学者为我们树立了理论自觉的榜样。

第二，关于历史理论与史学理论的区别和联系问题。在学科话语体系的建构中，基本的范畴或概念占有重要的地位。历史理论与史学理论是历史学理论领域中的两个重要方面，前者是人们关于客观历史运动的认识，后者是人们关于历史学学科发展的认识，两者都有十分密切的联系，但毕竟不是同一个研究对象。20世纪80年代以来，一些史学工作者开始注意到它们的区别，并从史学发展上对两者进行区分，同时也强调它们之间的联系。然而时至今日，史学界关于两者的混淆仍普遍存在，这势必造成概念上的混乱，进而影响到本学科话语体系的建构。此类问题还有一些，但这是带有全局性的主要问题之一，不能不引起史学工作者的关注和重视。

第三，关于古代史学理论遗产同现代史学理论成果的结合问题。中国古代史学有丰富的理论遗产，需要史学工作者认真发掘、梳理、阐发，并把它同当代史学的理论成果结合起来，以形成历史学在理论领域的中国特色、中国风格和中国气派。例如，在历史理论方面，古老的穷变通久的思想，天人关系、古今关系，时、势、理、道等范畴的探讨及其在解释历史中的运用，包含着朴素的唯物思想、辩证思想、进化观念，其中有些范畴和概念是可以用来丰富当今中国史学的理论话语体系建构的。又如，在史学理论方面，从孔、孟论事、文、义到司马迁评《春秋》、继《春秋》、"成一家之言"的认识和实践；从范晔论史论的社会价值到刘知几写出系统的史学批评著作《史通》；从宋人吴缜论事实、褒贬、文采撰史三要素、郑樵论撰史的"会通"之道、"会通"之旨到马端临论历史文献的历史和价值；从明人王世贞论国史、野史、家史的得失利弊到清人章学诚对史学理论的近于全面而深入的论述等，其中包含了许多思想观念、范畴术语、方法论原则，可与当代史学理论相通、交融，成为当今史学理论话语体系建构极其重要的资源。再如，在史家修养方面，刘知几提出的才、学、识和章学诚提出史德作补充并对才、学、识作了新的深入的阐发，则显示出中国史家的境界和风采，影响所及，直至于今。凡此，都是中国史学的理论话语体系建构的重要元素。在这方面，何兆武先生在他主编的译著《历史理论与史学理论——近代西方史学论著选》的序文中，开宗明义，把古今中外的学术话语联系起来，给我们很多启发。

探索中国学术话语体系的当代建构，是一个严肃的学术工作。在这个过程中，既要考虑到中国国情的特点，也要考虑到学术史自身的发展轨迹；既要勇于创新，提出新的见解，又要关注学科本身的全局以至于中国学术的全局。它的根本任务和总目标的出发点，不在于阐发个人的某种学术观点，更不是为了在学术上标新立异，而在于积极规划本学科乃至中国学术的前景和未来。从历史学学科来说，试图以一个历史事件、一个历史概念、一个历史年代来建构某种话语体系，那也只有在顾及上述原则之后作为一种标志提出来，才有其学术意义。因此，不论是学科话语体系的当代建构，还是中国学术话语体系的当代建构，都有必要注意到古今会通、中外会通、前贤学术成果与当代学术走向会通，从而使这一学术话语体系既反映出时代精神，又包含着历史底蕴，既有中国特色，又有世界视野。

（瞿林东　北京师范大学史学理论与史学史研究中心教授）

李伯重：国际背景下中国社会经济史学术话语体系之建构

在过去的一个世纪中，中国社会经济史学经历了三次重大的话语体系转换，这些转换都发生在特定的国际背景之下。今天我们发展中国社会经济史学的时候，也面临着如何在新的国际背景下建构新的话语体系的问题。

李伯重

虽然我国很早就出现"食货之学"，但是我国的社会经济史学却是在西方近代社会科学传入以后才出现的。梁启超于 1903 年发表了著名的《新史学》，倡言"史界革命"，号召创立新史学。在梁氏关于"新史学"的设想中，社会经济史占有最为重要的地位。到了 20 世纪二三十年代之交，中国思想界出现了一场中国社会史的大论战。这场论战对中国社会经济史学具有重大影响，使之进入了一个新的阶段。到了 30 年代，中国社会经济史学已形成，并出现了空前的繁荣。

由于中国社会经济史学是从日本和西方传来的，因此整个话语体系具有明显的国际色彩。在 20 世纪上半期的社会经济史研究，都采用了来自西方和日本的学术话语，如"地主制"、"庄园制"、"农村公社"乃至"阶级"、"封建制"、"资本主义"等关键概念。连最为强调实证史学的胡适也承认："唯物的历史观，指出物质文明与经济组织在人类进化社会史上的重要，在史学上开一个新纪元，替社会学开无数门径，替政治学开许多出路。"同时，中国传统的"食货学"和乾嘉学派以及西方历史主义史学的影响，在社会经济史研究中也依然可见。因此，在当时社会经济史学的主流话语体系中，可以看到外来的和传统的话语成分，从而形成了一种"西

中国学术话语体系的当代建构 ——————

学为体，中学为用"的新话语体系。

1949 年新中国成立后，从苏联全面引入马克思主义史学体系，确立了马克思主义在中国史坛的主导地位。马克思主义对社会经济史学的发展具有巨大贡献，即使是马克思主义在西方学界的主要敌人波普尔也说："在马克思之前没有严肃的经济史"，因此"马克思对社会科学与历史科学"的一个"不可磨灭的贡献"，就是"强调经济条件对社会生活的影响"，"这可以说完全扭转了先前历史学家的观念"。同时，马克思主义史学高度强调"历史上的小人物"、"农民"、"奴隶"所起的作用，从而推动中国史学完成了从精英史到民众史的结构性转换。马克思主义史学的确立，导致社会经济史研究在话语体系方面的巨大转变。唯物史观成了指导理论，"生产力"、"生产关系"、"经济基础"、"上层建筑"、"社会经济形态"等概念，成为社会经济史学话语体系的基石。这种话语体系，使得社会经济史学得以在一个具有高度逻辑性和高度统一性的分析架构中进行。

但在此时期，中国社会经济史学也存在着严重的问题。其中的一点是对 1949 年以前中国社会经济史学的成就，强调批判而忽视继承。同时逐渐陷入自我封闭状态，对国外社会经济史学的新进展既缺乏了解，又盲目排斥。到了"文革"时期，这种倾向更发展到极端，极大地伤害了中国社会经济史学。

1978 年，中国共产党召开了具有伟大历史意义的十一届三中全会。由此开始，中国社会经济史学进入了新的发展时期。在"解放思想、实事求是"思想路线的指引下，中国社会经济史学者在很大程度上摆脱了以前教条主义的束缚，中国社会经济史学界思想空前活跃，新思路、新见解层出不穷，在理论方法方面突破了单一的模式，进行广泛探索，呈现多元化发展趋向。随着对外开放的开展，国际学术交往日益频繁，大量新理论、新观点、新方法迅速引入我国社会经济史学坛。现代主义、科学主义、新保守主义、后现代主义等思潮，以及经济学、社会学、人类学、法学等学科的理论与方法，都被引入用到社会经济史研究中。与此同时，体现考证史学传统的经验主义研究范式也得到复兴。这些，空前地丰富了新时期中国社会经济史学的话语，同时也使得不同的话语体系之间出现了一些冲突。

我国的经济史学在一个世纪的发展演变过程中形成了自己的学术传统。这个传统包括三个部分，即1949年以前居于主流地位的历史主义史学传统，1949年以后确立的马克思主义史学传统，1978年以后形成的多元化史学传统。这三个传统都是我国社会经济史学的宝贵财富。虽然它们研究的对象各有侧重，研究的方法也各有不同，但是它们也有明显的共同点，而且在主要方面具有充分的互补性。三者结合，形成今天我国的社会经济史学的传统。真正具有"中国特色"的社会经济史学，就只能以此为基础。

同时，如前所述，中国社会经济史学从萌芽到今天的巨大变化，一直发生在国际学术变化的大背景之下。在今天，只有主动地投入国际化，才能进入国际主流学术，从中汲取我们所需要的学术资源。国际社会经济史学的主流学术本身并非一成不变。一方面，它具有西方渊源与西方背景；但另一方面，它在长期的发展中也在不断地"科学化"，而真正的科学化意味着要超越西方的局限。由于国际主流学术具有这种两重性，因此正确的态度在扬弃西方中心主义的同时，采用西方学术发展出来的各种合理的理论方法，把中国作为世界的一个重要部分客观地进行研究，使得中国社会经济史研究融入国际主流学术，成为后者的一个重要组成部分。同时，通过对其不合理部分进行改进，也推动国际主流学术的进步。

因此，中国社会经济史学未来的发展方向，应当是既珍视我国的社会经济史学传统，又积极投入国际化的进程。在此基础上，建立一种既有中国特色、又融入国际学术主流的社会经济史学。在此前提下，我们将建构一种能够包含以上三个传统优点的话语体系，既能顺应国际化的潮流，又能体现"中国特色"，从而使中国社会经济史学能够在国际主流学术中取得与我国国际政治、经济地位相符的位置。

（李伯重　清华大学历史系教授）

先巴："和而不同"——建构中国民族史研究的当代话语

有学者提出，在应对西方学术话语霸权方面，应该发掘和梳理我们自

先 巴

身的传统，构建自己的学术话语系统。在全球性对话和现代性嬗变的双重维度中，当代中国学术话语正在进行新的建构。这一点在中国民族史研究领域也不例外。

20 世纪末，中国思想文化界曾提出过"中华和合文化弘扬工程"，并认为"和合"是中华民族独创的哲学概念和文化概念，中华文化的精华就是"和"。在民族学和民族史研究中，以费孝通先生为代表，提出了"中华民族多元一体"的观念。今天，"和谐"是我们国家和民族最强烈的时代呼声。追溯中华民族形成和发展的历史，我们看到，"和"在中华民族文化中具有悠久而深远的影响。可以说，"和而不同"是中华民族维系千年不辍的文化基础。越来越多的人承认，在中华文明发展史上，包括汉族在内的 56 个民族都曾作出过重要的贡献；中国民族史（或称中国少数民族史）从一个重要的方面，揭示了统一多民族国家历史认同的客观趋势。

关于中国民族史学的建立和发展，学界尚存在不同的看法。一般认为，现代民族史学初创于 20 世纪 30 年代。由于时代的局限，当时的中国民族史研究，在很大程度上是受到西方理论范式的影响。民族史成为一门独立的学科，在新中国成立之后才成为可能。新中国成立以来，中国民族史学在 60 年的发展历程中，大致经过了两大发展阶段。第一阶段是 1949年至 1966 年，第二阶段是从改革开放至今。

在第一阶段，最引人注目的是民族识别工作中开展的大规模的对少数民族社会历史状况的调查。这项大规模的调查研究，先后有近 1700 人参加，调查的成果就是由国家民委组织出版的五套丛书，共计 403 册，8000万字，可谓是中国民族研究的标志性成果。在调查研究的基础上，对当时各民族自报的 400 多个族称，逐一进行分析和研究，最后识别出 55 个少数民族。可以说，真正意义上的当代中国民族史的学术体系，就是在为各少数民族编写"简史"、"简志"过程中建立起来的。然而，由于种种原因，这次民族识别工作还存在着一些没有解决的问题，民族研究在"文化大革命"中也被迫中断。

改革开放以来，中国民族研究步入科学发展的轨道，并迎来了前所未有的繁荣。在新的历史条件下，民族史在与其他学科、特别是与民族学和人类学的交叉中，研究的视野更加广阔，开辟了许多新的研究领域，如民族关系史、历代民族政策、民族文化史、民族社会经济史等等。随着这些新领域的开拓，特别是对中国历史上的民族关系的研究不断深入，人们越来越重视少数民族在中国历史上的贡献。世纪之交，"中华民族凝聚力"和"中华民族多元一体"已经成为民族学、人类学和民族史研究中最具影响力的话语。

历史上，中华各民族间既有中央王朝的"海纳百川"，也有"四夷"的内向"汇流"，乃至"入主中原"。在这种复杂的民族互动中，形成了诸如"藏彝走廊"、"河曲走廊"、"岭南走廊"等许多"民族走廊"。费孝通、李绍明等学者认为，深入研究这些"民族走廊"，成为我们认识中华民族"和而不同"的历史与现状的新路径。2003 年，费老给"藏彝走廊历史文化学术讨论会"的贺信中指出："我在'中华民族多元一体格局'的基础上，针对世界格局提出了'文化自觉'的说法。'文化自觉'，指的是认识和处理文化关系的一种思想方法，它追求的境界是文化之间的'各美其美，美人之美，美美与共，和而不同'。展望新世纪的民族学、人类学、民族史研究，我们能看到这些学科所承担的，正是'文化自觉'的历史使命。在'藏彝走廊'展开多民族地区经济文化交通的历史与文化研究，对于我们从特定地区内部认识'和而不同'的民族文化接触历史与现状，有着重要意义，对于我们担当'文化自觉'的历史使命，也同等重要。"历史是我们衡量"现在"的尺度，愿我们的民族史研究在文化自觉中，为弘扬"和而不同"的中华民族文化作出新的贡献。

（先巴　青海民族大学民族学与人类学学院教授）

童庆炳：文学理论的中国话语从哪里来

新时期以来的 30 年中，文学理论界为了解决中国自身的问题，从中国文艺发展实际出发，向马克思主义文论、西方文艺理论（特别是西方当代文艺理论）、中国古代文论传统和中国现代文论传统寻找理论资源，加以融合创造，逐渐形成了中国当代文论的一些新鲜话语，取得了与时代同步的成果。如我们摒弃了"文艺从属于政治"的带有"左"的印迹的话语，为文学理论的研究扫清了道路；提出了文学人性基础论，改变了过去的简单的文学阶级论；提出了文学的主体性，改变了过去的机械的反映论；提出了文学"向内转"，改变了文学单一"向外转"；提出了文学审美特征论，取代了过去的文学形象特征论；提出了文学审美反映论和文学审美意识形态论，改变了过去的非诗意的社会反映论；提出了"新理论精神"、"文化诗学"等，批判商业化出现所引起的拜金主义和拜物主义；提出生态批评，力图回应现实的环境污染问题；提出了文学性在大众文化中蔓延的观点，力求扩大文艺学的研究领域；提出了完整的文体论、叙述学，完善了过去的零散的技巧说……应该说，30年来文学理论所取得的成绩是有目共睹的，是老中青三代理论家的心血凝结而成的，应该加以充分肯定。在这30年间所形成的部分具有中国特色的新鲜话语，将成为建设新的具有中国特点的更完整的文学理论话语重要基础。我不太同意现在一些学者的做法，为了创新、突进前沿，就首先拿新时期30年提出的一些新说"开刀"，似乎只有打倒这些曾经发生了影响并继续发生影响的理论，才能推出新理论。"后新时期"只能是"新时期"改革开放、思想解放的继续，而不是倒退，更不是简单否定。这种前后的承继关系一定要处理好，我们新的出发才有一个清晰的起跑线。

是的，现在的社会情况，包括文学活动的情况，与新时期开始的30年已经大不相同，发生了很大的变化。国家强大了，人民的生活水平有了很大提高，社会面貌也焕然一新。但随之而来的是大家都深切感觉到的各种矛盾和问题。文学活动的情况也发生重大改变，由于电子媒介的鹊起、大众文化的泛滥，文学失去了轰动效应。虽然文学创作的数量很多，但质量下降。读者把阅读文学的热情，投入到电视剧之类的大众文化中去。连教学和研究文学理论的教师、研究者，对于文学作品的阅读也很少，有的干脆就不再阅读文学作品。你研究的是文学理论，却不阅读新出现的文学作品，这种情况是严重的。更严重的是，有的学者只顾阅读西方学者的论著，把一些与中国的国情相距甚远的理论拿过来，照抄照搬，大肆宣扬，以为这就是理论"创新"了。还有一种学者，不顾中国的国情，硬要去碰目前情况下难以解决的问题，而且是非文学理论自身的问题，这是危险的。此种情况若不改变，文学理论的中国话语就难以形成。我们需要明确，我们是在建设文艺学这个学科，而不是借文艺学的所谓"话语"去搞非学科的问题。我们根本解决不了那些问题，如果一定要这样做，那么"十个有十个是要失败"的。

文学理论的中国话语从哪里来？只能从中国当下的文艺实际情况中来。毛泽东在延安整风期间，对于马克思主义如何与中国实际情况相结合，发表了很多言论，对于我们今天如何去寻找和创造中国特色的文学理论话语，仍然具有启示意义。毛泽东说："眼睛向下，不要只是昂首望天。没有眼睛向下的兴趣和决心，是一辈子也不会真正懂得中国的事情的。"当下，对中国文艺学工作者来说，最重要的事情，就是要摸清楚当前中国文艺创作的现状，有哪些成绩，又有哪些问题。这就需要对当下的文艺创作有一个系统的、深入的调查研究。在调查研究的基础上，把那些成功的创作经验提升到理论的高度来把握，提出具有创新意涵的理论形态来。对于问题更需要具体的研究，寻找出产生这些问题的根源，揭示这种问题的实质，弄清楚种种问题的联系，提出解决问题的理论方案。只有在这种针对当下文艺实际的深刻理论总结和具体研究中，在对话和争论中，才能创建具有中国特色的文学理论话语。

（童庆炳　教育部人文社会科学研究基地
北京师范大学文艺学研究中心主任）
（本期特别策划采写工作组：
艾昕　晁天义　焦兵　王玉　郑飞　褚国飞）

中国学术话语体系的当代建构

357

新世纪头十年的中国学术

记者 方为

行进在希望的路上

学术研究总是带着产生它的那个时代的印记。以 20 世纪 70 年代末开始改革开放为起点，中间经过 80 年代、90 年代的变革与调整，当代中国学术逐渐走上了一条具有鲜明时代特色与民族特色的发展道路。

新世纪头十年，中国共产党和中国政府不断向世人传达这样一个信息：要从推动民族复兴的战略高度认识和加强哲学社会科学。在这十年中，各种激励政策与措施的频繁出台，剧烈而深刻的社会变迁，中国和外部世界紧密的联系与互动，价值观念、科研方式、学术生态的急剧变革，从不同的侧面推动着当代中国学术的转型。事实上，今天的中国学者正面临着他们的前辈未曾设想、也无法设想的全新历史环境。正是在传统与现代、中学与西学、理论与实践的交织互动中，中国学术一路走来。以世界的眼光看中国，当代中国学术正处在基于中国经验和道路而形成独特文明表达方式的前夜，中国学术正在历史的深处酝酿着具有世界意义的新突破。

时代与问题

恩格斯曾经说过："每一个时代的理论思维，从而我们时代的理论思维，都是一种历史的产物，它在不同的时代具有完全不同的形式，同时具有完全不同的内容。"不管人们如何评价当代中国学术，但有一点是不能否认的：今天的中国学术，是这个时代的产物。当代中国在政治、经济、文化、社会、国防等各方面都经历着全面而深刻的，甚至是前所未有的变革。在这一进程中，党和国家要实现科学决策，越来越需要提高实践活动的预见性、主动性和创造性，增强驾驭复杂局面的能力，这就要求社会科学工作者继承和弘扬我们民族悠久而深远的经世传统，立足当代，立足国情，以深入研究重大现实问题为主攻方向；另一方面，纵观人类学术思想史，可以发现，每一次大的学术创新与发展，都是建立在对社会生活中出现的实际问题进行深入思考、合理解决的基础之上的。正因为如此，"问题是时代的格言"。

当代中国走向何方，始终是哲学社会科学关注的核心课题。正是围绕这一课题，十年间，中国学术经历了一波又一波的思想激荡。世纪之交，一场敏感的政治体制改革问题讨论就吸引了人们关注的目光。关于新自由主义思潮的争论、关于国企改革的争论、关于如何改革的争论、关于民主社会主义的争论、围绕物权法的争论、关于历史虚无主义思潮的争论、关于文化保守主义的争论，以及普世价值的争论，等等，纷至沓来。正是在这个过程中，"三个代表"重要思想、科学发展观的相继提出，中国特色社会主义理论体系的丰富和发展，为中国学术及时确定了航向。中国的当代学人，在任何时候都不要忘记这样一个基本事实：中国共产党的理论，凝聚着当代中国智慧的精华。不懂得这一点，就无法进入学术的深处！

面对记者的采访，历史学家蔡美彪感叹道：历史研究也好，学术研究也好，甚至整个社会的进步、文化的发展，总的趋势是在不断前进。有时是胜利地前进，有时是经过曲折的道路前进，总的趋势是向前发展，不会后退。虽然前进中会出现一些东西，但是大浪淘沙，好的东西会留下来，不对的东西热闹一阵之后就会下去。

这十年，正是时代的发展，引领着中国学术走向深入。当代中国所面临的一系列重大问题，经历的一次次重大考验，如金融危机、环境问题、教育问题、民生问题，等等，推动着中国学人进行新的思考、新的探索，从社会实践中"究天人之际，通古今之变，成一家之言"。正是在这个过程中，学术分工更精细了，学者的研究更深入了，不少新兴学科出现了，传统的学科划分第一次面临前所未有的挑战，中国学术呈现出百花怒放的态势。

中国与世界

从 16 世纪中西初识，到 21 世纪的头十年，学术的本土化与国际化，更准确地说，是中学与西学的关系，始终是人们无法回避的重大问题。

如果说上个世纪 80 年代，人们经历了对西学的近乎"狂热"的汲取，到 90 年代对中国传统的"热烈"回归，那么，新世纪头十年，人们在处理本土化与国际化、民族性与世界性问题上，无疑更加冷静、更加理性了。不少学者指出：当代中国学术的发展，当然离不开对其他文明的关注和吸收，但另一方面，今日之中国，绝不能满足于成为外来思想的试验场，中国学人必须提出具有世界意义的思想和智慧。当代中国学术，既要有博大的胸怀，借鉴和吸收其他文明的优秀成果，又要坚持以我为主，为我所用。要以独立自主之风范，不失尊严地走出去，和其他国家、其他民族的学术展开平等的对话，将自己的智慧奉献给全人类。当代中国学术，必须走向世界。

客观地说，当代中国学者，对西方学术文化的了解，要比他们国外的同行对中国学术文化的了解多得多，也深刻得多。在中外学术交流上，我们处于严重的"入超"状态。这种不平衡，一方面源于我们国家的综合实力还不够强，另一方面也源于我们的一些学者缺乏学术的民族自尊心、自信心。事实上，在一些学科，对西方学术文化的盲目迷信和崇拜，正妨碍着我们的独立思考和理论创新。不过，我们也注意到，这一状况正在得到改变。有的学者指出：对社会科学而言，可能在量化、模型建构和数理逻辑上，中国学界与西方有一定差距，但学者中主张"应继续加强推广"的人并不多。这是对简单模仿西学的有力矫正。特别需要指出的是：绝大多数学者对中国学术走向世界的前途充满信心。他们认为：中国的人文社会科学如果能够对中国社会、经济、文化领域的发展有所贡献，那么也就是对全人类的发展作出贡献。未来十年，中国学术界无疑会成为国际社会科学界重要的结构性要件。

创新与学风

创新是学术的生命力所在，学术如果没有创新就会死亡。但如何实现创新，是十年来中国学界讨论最多、最受关注的话题。

什么叫创新？是将自己关在所谓"学术"的象牙塔里，杜撰名词术语，还是投入火热的社会实践，从现实生活中为文明进步提供科学的解决方案？是将西方的理论方法简单地移植到中国，"挟洋自重"，还是立足中国经验、中国实践进行理论概括？是将古人的名词术语改头换面，新瓶装旧酒，还是立足当代，与时俱进？是以科学的方式发现新问题、提出新观点、找到新思路，还是满足于游戏概念、标新立异？

不可否认，最近十年，中国学术创新的步伐和中国共产党理论创新的步伐、社会进步的步伐相比，还有一定距离。这一状况，已经引起了不少学者的关注，人们从不同的侧面对导致这种情况的原因进行了分析：例如，教条主义的束缚；社会科学管理体制的滞后；理论脱离实际风气的影响；等等。但有一点也是值得重视的，那就是当代中国的学风在一定程度上限制了学术发展的空间。

学风问题是最近十年学术界广泛关注的问题。无论是教育部还是中国社会科学院都出台了不少端正学风的政策。原因很简单，我们需要的创新是科学的创新，我们要实现的学术进步是科学的进步。没有良好的学风，要实现学术进步不过是一句美好的空话而已。然而，在学风问题上，理想和现实还有很大的距离。正如有的学者指出的：浮躁的学风正败坏着中国学术的声誉，也影响到了社会科学研究的深入和发展。当前的中国学术界，学术批评之声甚微，坚持真理的品格不彰。所谓的学术评论，往往谀词充斥，媚语多有；所谓的学术批评，往往避重就轻，避实击虚。风气萎靡，庸俗蔓延。而人们所倡导的学术规范，在一些地方、一些领域，实际上陷入名存实亡的窘境。

学术，是时代精神的精致表达。以求真、求是、经世为己任的学术界，应该旗帜鲜明地鼓励学者坚持真理，修正错误。采访中，不少学者表示：要努力在学术界培育凛然之气，倡扬浩然之风，使我们的学术界真正有尊严、有品位，成为足以为世人景仰的净土。在这个过程中，制定适应形势需要的基本学术规范，也许是改良学风的第一步，也是推动学术创新的基本前提。

反思与前瞻

21世纪头十年的中国学术，走过了一段充满激情的希望之路。不少学者对记者说：这十年中国学术的最大成绩在于：它为新世纪中国学术的大发展大繁荣打下了根基、奠定了基础。具有鲜明中国特色、中国风格、中国气派的哲学社会科学体系，已经具备雏形。中国学术，走向世界的条件初步成熟。

总结这十年，可以看到：党和国家的高度重视、坚强领导，是实现哲学社会科学繁荣发展的根本前提；中国特色社会主义的伟大实践，为理论创新提供了深厚的源泉和强大的动力；坚持独立思考、坚持国际视野、坚持科学精神是实现当代学术繁荣发展的必由之路。

许多学者谈道：当代中国，要真正形成自己的话语体系，肩负起自己的时代使命，要在国际学术界占有与中国国际地位相适应的一席之地，还有很长的路要走。这里有几点是需要格外重视的：一是要坚持不懈地推进科研管理体制机制改革，加强和改进党对哲学社会科学的领导。二是要坚定不移地加强基础理论建设，推进理论创新。缺乏基础理论支撑的所谓学术繁荣，是虚假的繁荣。针对当前不少学科基础理论建设薄弱的情况，要着力推动这些学科建立起具有鲜明中国特色的学科基础理论体系。三是要大力弘扬理论联系实际的学风，鼓励学者深入基层、深入群众，从社会实践中发现问题，探索解决问题的办法，进而实现理论的概括和升华。四是要鼓励学科的交叉、融合，要打破学科壁垒，从学科的对话与相互渗透中，寻找新的学术生长点。五是要坚定不移地弘扬科学精神，坚持做人、做事、做学问相统一。不少学者强调：不能指望一个学风浮躁的时代，能推出真正具有划时代意义的学术精品。在哲学社会科学界，有必要加强职业道德建设和精神文明建设。

当代中国的学术之路，是中国道路的组成部分。新世纪头十年，中国学术伴随着我们的国家一起前行，跨过坎坷，走向辉煌。未来也是如此。

靳辉明：应辩证地处理政治与学术的关系

政治与学术的关系，一直是困扰我国哲学社会科学发展的重要问题，应当辩证地处理两者的关系。长期以来，我们总是摇摆于两者之间，而没有很好地将政治与学术有机地统一起来，在科研实践中处理好两者的关系。

靳辉明

政治与学术既有联系，又有区别。在阶级存在的条件下，完全与政治无关的纯学术是不存在的。哲学社会科学总括着各种意识形式，与自然科学不同，哲学社会科学研究的对象是人们的社会关系、经济关系、政治、法律形式，以及道德、宗教、艺术等思想观念现象。既然它是一定的社会经济、政治的反映，那么，在阶级存在的情况下，它必然直接或间接地涉及某个阶级或集团的利益。因此，哲学社会科学就其总体和本质而言，它不能不是一定阶级的意识形态。比如，当今世界还存在着资本主义经济、政治制度与社会主义经济、政治制度的对立，自然也就存在着资本主义与社会主义两种对立的思想体系。现实存在的利益矛盾，必然会产生思想的、政治的分野。这是客观的存在。所以，不能把哲学社会科学的学术理论问题完全同政治割裂开来，但也不能将两者完全混同起来。

政治与学术关系是十分复杂的，因为哲学社会科学有不同的层次性，有的同政治的联系比较直接，有的则比较间接。更为重要的是，哲学社会科学作为一种思想文化现象，它已经产生便获得自己的相对独立性，使疏离其由以产生的经济、政治关系而具有自己的表现形式和特殊活动规律。它的存在和发展受着经济和政治的影响与制约，但决不能将它们之间的关系简单化，更不能用一种去代替另一种。20世纪五六十年代我国思想界的主要偏差，是混淆了政治与学术的关系。在当时"左"的错误思想和阶级斗争扩大化的影响下，夸大政治而贬低学术，用政治冲击学术，模糊政治与学术的界限，有时把一些学术思想问题当做政治问题来处理，甚至把学术是非当做了敌我问题，用政治大批判代替了学术批评。思想界存在的这种"左"的思潮，影响了当时哲学社会科学的健康发展。党的十一届三中全会后，扭转了这种局面，总结了过去的教训，迎来了哲学社会科学的大发展。我们应该珍惜这种变化。但是，也要防止出现忽视政治、使学术研究完全脱离政治的倾向。决不能从一个极端走向另一个极端。尤其是在国外敌对势力把意识形态作为对我国进行"和平演变"的主要武器的情况下，淡化政治，淡化意识形态，只能使我们自己解除精神武装。实际上，我国当前意识形态斗争是十分激烈的，一些带有明显政治色彩的理论观点，如"告别革命"、"政治多元化"和宣传"私有化"等理论观点，都披着学术的外衣在极力扩散。当前对我国影响最大的几种社会思潮，如民主社会主义、新自由主义、历史虚无主义和"普世价值论"，哪一种不带有明确的政治诉求呢？如果任其泛滥，不仅会危害我国的哲学社会科学，而且会对建设有中国特色社会主义的事业产生不良影响。

总之，哲学社会科学必须为现实政治服务，但又要遵循自身发展的规律。要用马克思主义的态度来对待政治与学术问题，吸取60年来我们在处理两者关系上的经验与教训，防止"左"的或右的偏向，使中国哲学社会科学在新的世纪能更加健康地向前发展。

（靳辉明　中国社会科学院学部委员）

黄树民：大陆哲学社会科学应不断顺应时代发展需要

黄树民

谈到中国哲学社会科学的发展，始终不能忘记中国目前作为发展中国家的基本事实。几乎可以说，所有的发展中国家，刚开始发展的时候，一般都会着重发展应用科学，比如工学、农学、医学这些实用性强的学科，而对哲学社会科学重视不够。这是因为发展中国家早期社会关系比较简单，呈现出的社会问题不那么复杂，所以面临的问题也不那么难以处理。

早期的、尚未开发的发展中国家可以说属于一种比较单纯的、简单的、单一性的文化或社会。但是随着经济和社会的发展，社会的复杂性越来越强，一般人不但在生活方式上、想法上越来越呈现更多元的现象，而且整个社会的发展也要经历一个从单元到多元的变化。在一个多元社会，人们的生活方式、意识形态、个人喜好、价值观念越来越不同，需要学会互相协调，相互之间达成一个共同生存的基础，在这个时候，一般发展中国家，就会慢慢注意到社会科学的重要性。因为这些问题，很多不是像从前那样，用一个很简单的行政命令、一些政策来解决。怎样从一个简单的单元社会走向一个复杂的多元社会？不论在研究工作中，还是在一般的教学上，怎样提升这个社会的一些特质？就会变成越来越迫切需要解决的问题。我想大陆也经历了这样一个过程：从早年比较简单、比较一致、比较淳朴的简单社会，发展到现在面临越来越复杂问题的社会。在这种情况下，社会科学里有些学科很容易受到执政当局的注意。比如说经济学很有价值，因为要发展经济；接下来就注意到社会学，因为可以用来解决社会问题。实际上，其他一些社会科学也都占有很重要很长远的意义，人文学科亦是如此。

我最近看到一个报道，说中国最近十年来在世界各地投资、发展，有更多国人走出国门到异国工作，但因为语言文字、思维方式、生活习惯和管理方式与当地居民不同，起了一些冲突，有些是比较大的冲突。其实，像这些冲突，假使经过一些学者好好研究的话，是可以用比较缓和的方式来加以疏导、加以处理的。中国现在已经慢慢走向所谓和平崛起，在世界上所扮演的角色越来越多，要接触各种不同的文化、不同的社会、不同的民族、不同的语言，在这种状况下，怎样培养一些能够更有包容性，更能够跟人家和平相处的中国态度，是非常重要的。我想这些问题可能都是以前不会想到的，而现在已经成为在日程表上出现的问题。

比较来讲，像日本跟中国的台湾地区，其实也走过今天大陆所走过的路。日本早年并不重视社会科学，也不重视人文学科，但是等到60年代日本开始往外走，面临到各种问题时，才开始慢慢投入更多资源进入所谓哲学社会科学的研究。台湾地区也是在70年代以后，才逐渐重视哲学社会科学的。

从最近十年二十年来看，大陆的哲学社会科学的发展是非常健康的。因为从 80 年代以后，我们看到哲学社会科学在大陆慢慢抬头，慢慢从无到有。最近十年来的发展非常乐观，不但学者人数、研究项目和学科在不断增加，而且水平也越来越高。我想这是非常好的方面。但在另外的方面，怎样在制度上让它继续完整化，我想同样很重要。也就是说，在学术的评介上，在人才的晋用上，不是以人际关系为导向，而是能够慢慢用一些比较客观的标准，摆脱一些人情包袱，摆脱一些不是以学术标准为衡量的做法。这是一个长远的问题，但大概也是大陆在未来五年、十年之内必须很快解决的问题。

（黄树民　台湾"中研院"民族学研究所特聘研究员兼所长）

陈洪：十年中国学术忧乐杂糅

陈　洪

大致而言，新世纪头十年的学术生态有这样几个主要特点。

第一，人文社会科学研究的地位总体上有了改进。党和国家对文科有多次表态，明确地讲要把人文社会科学放到与自然科学同等的地位，同等对待。

第二，研究队伍发生了明显的变化。老一代学者已基本淡出了学术舞台，20 世纪五六十年代毕业的那一代人很多也已淡出，而大批的博士和博士后走到了文科研究的第一线。

第三，科研管理体制及有关政策，对学术发展产生了积极影响。国家对文科的投入明显增加，主管部门各种新的管理举措和活动层出不穷，比如教育部的文科科研基地，各类的攻关、招标课题，特别是与国计民生直接相关的课题项目大幅增加等，在组织文科研究队伍，提高文科在学校中的地位方面都发挥了一定的效用。

第四，研究强调创新性。在新世纪，从上到下都鼓励创新，党和国家领导人在很多场合明确强调研究的原创性。这当然具有强烈的导向性，加强了管理部门以及学界的创新意识。

第五，研究的团队意识增强。以团队合作的方式承担综合性的研究项目，这与各方面对重大课题的设计、设立直接相关。这种情况有助于一些青年学者早些介入重要问题的研究，一定程度改善他们的研究条件。同时也改变学者一定程度上"老死不相往来"的单干状况。这也是不同于20世纪八九十年代学术研究的地方。

另外，在新世纪全球化背景下，有关领导部门顺应潮流，提倡学术研究要有世界眼光，要将学术成果推向世界。虽然现在这方面工作的影响还不够大，但已经开始。另外，在新技术背景下，大量的数据库和检索系统产生，使得研究的手段更丰富，研究的效率得到提高。

但是，新世纪的学术研究也出现了一些不好的势头，主要表现在以下几个方面。

第一，课题设计存在两个极端。一是研究课题宏大化，好像题目越大、部头越大，就越有气魄、越有价值。有的研究项目很宏阔，但学理依据不足，投入很多，虽然在验收时能拿出数十本著作，但实际经不起推敲。一味地追求大题目，而不肯扎实地在地基上下功夫，这对学术进展没有好处。另一个极端则是题目的琐屑化。传统的研究领域不容易找到新的课题，但大的范式又没有更新，有的研究者往往在犄角旮旯里寻找题目，只要能凑出一篇文章，而不问文章本身研究了什么，提供了什么新的认识，在思想上有什么价值和启发等。这两种趋势看似相反，其实都是由于学术本身的价值被忽略了。

第二，我们缺少一个良好的、积极的、有效的学术批评和讨论机制，也缺少一种与学术研究有关的管理决策的问责机制。现在很少见到比较严肃的学术讨论和争论。因为要评奖，大家都互相吹捧。在20世纪80年代，还能时常读到真诚指出问题、提出建议的书评，作者也能宽容地将书评发表。现在更为多见的则是老虎屁股摸不得，一碰就跳。

第三，新世纪一个非常明显的特点是学术界和媒体互动频繁，这在某些方面助长了学界的浮躁风气。如某些媒体的名牌节目以学术的面貌出现，但骨子里都是大众通俗文化。学术从根本上说是小众的而非大众的，媒体把大众传媒的内容披上学术的外衣，虽然能让民众关心某些学术话题，但更多导致了公众的片面理解。而媒体"一夜成名"的魔力，也对学界造成了不小的诱惑。

（陈洪　南开大学常务副校长）

Edward Friedman：国际关系理论应用共同话语解释地区性

Edward Friedman

当我第一次读到一位中国分析家写的有关中国国际关系理论的文章时，我深不以为然（在下文，我会解释我错了）。我心想，理解国际关系的路径，如现实主义、自由国际主义和建构主义是众所周知普遍适用的。

我错误且不以为然地认为，一个崛起的大国（如今天的中国或过去的英国）想在重新认识世界力量的基础上，看到自身在文化上的崛起，这也许是非常自然的。但显然，那是狭隘的、本土主义的、大国沙文主义或其他某种形式地区非理性的想法。

于是，我阅读有关中国国际关系理论的材料，并更多地思考如何建立一种对所有民族均适用的真正的国际关系理论。当欧洲崛起时，欧洲人在努力理解国际关系的机理，他们为何不能跳出狭隘的观念，而把欧洲的特殊性视为放诸四海而皆准的规律？所有的崛起大国都具有同样的狂妄心态。但毕竟，不难看出，当欧洲人在谈论搭大国便车或谋求大国制衡这一历史问题时，答案往往是非此即彼。也就是说，你只有敌友两种选择，一国非敌即友。比如夹在俄德两国之间的波兰不能既想搭德国便车又想通过俄国制衡德国。

很显然，这不适用于中国及其地区邻国——中亚、东南亚、南亚、东亚和东北亚。如蒙古、尼泊尔或新加坡这些国家都希望最大程度地参与中国的经济，并从中国经济崛起的令人难以置信的动力中获益。这很自然。

但与此同时，从来没有一个弱小国家完全信任一个强大国家。因此，作为世界大国中国的邻国，那些小国也通过求助于制衡性大国来对冲风险。与欧洲弱国要么寻求制衡，要么搭大国便车有所不同，在中国周边，邻国同时用这两手。

为了建立一种真正普适的国际关系理论，人们应当——正如主张建立中国国际关系理论的中国学者所建议的那样——解构以欧洲为中心的研究路径，这种研究路径常以普适的面目出现。但是，其目标不应是以"中国中心论"取代"欧洲中心论"。若不然，将无任何进步可言。

建立一种新的、更好的国际关系理论的目标应当是把那些看似欧洲的、中国的和其他具体国家的理论整合进一个更大的理论框架中，用共同话语来解释地区特性。一个分析家如果继续从欧洲的特殊性来总结规律，而不了解中国多元的地区主义与之有何不同，便无法实现该目标。这可能也意味着，巴西及其邻国，乃至南非及其邻国也有其自己的特性。只有充分理解全球多样性，一种真正普适的国际关系理论才有可能实现。

(Edward Friedman 威斯康辛麦迪逊大学霍金讲席政治系教授)

蔡美彪："双百"方针是学术发展最好的概括

今年恰好是我退休的第十个年头。我有两点认识。第一点，历史研究也好，学术研究也好，甚至整个社会的进步、文化的发展，总的趋势是在不断前进。有时是胜利地前进，有时是经过曲折的道路前进，总的趋势总是向前发展，不会后退。第二点，我曾讲过，20世纪100年的学术历史怎么概括，可以有不同角度，总的一句话就是"百花齐放、百家争鸣"。把100年的著作摆来展览就可以说明这个问题。反过来讲，学术的发展证明，"百花齐放、百家争鸣"是唯一正确的方针。

蔡美彪

从学术上讲，清朝末年真正研究西学的就是蔡元培和王国维，他们花了几年时间研究康德、叔本华等。梁启超是学术界的政治家，主张很多，但是实践的东西并不多，真正系统地研究西方的还是蔡元培和王国维。

我认为西学要认真研究，不是学皮毛。梁启超说当时学术界的年轻人都以学西学为时髦，以学新名词为时尚，但只是了解些皮毛，并没有真正做好。马克思主义也要系统地研究。它不是那么简单的，现在就有一种将其简单化的倾向。实际上，马克思主义是一套系统的思想体系，马克思、恩格斯都非常有学问，简单地肯定或否定都不对。简单否定是不对的，只举大旗也不对。现在是只举大旗的人多，认真读书的人少，需要认真地、实实在在按照马克思主义的要求去读马克思主义著作，用来研究学问、指导思想。

我认为，今后的学术发展还是要贯彻"双百"方针，才能促进学术的发展。从马克思主义和历史唯物主义的角度看，学术发展和社会上的各种事物一样，都有自然的客观发展规律，不会因人的主观意图而改变。当然，人们可以引导和干预，但是总的趋势是客观的。所以，我觉得现在要很坚决地贯彻这个方针。

我曾经和一些杂志社、出版社的编辑谈过一个意见，就是现在搞学术"规范化"不能取消"百花齐放、百家争鸣"。有些技术性的"规范化"已经妨碍了"百花齐放、百家争鸣"。1942年延安整风的时候，毛主席写了几篇重要文章——《改造我们的学习》、《反对党八股》等，反对党八股、洋八股，这对我们现在仍有意义，值得我们重新学习。过度的"规范化"是不好的。当然，从杂志社、出版社来讲，要求形式上一致也无可厚非，但是应该有个前提，即尊重作者，不要把自己的意志强加于作者。尊重作者才有百花齐放、百家争鸣。毛泽东提倡写文章越短越好，不是字数越多就越好，过分地提倡"量化、规范化"，都对学术发展不利，都妨碍"双百"方针。

每一代人都带有时代的痕迹，不管你愿意与否，都会受到前代的影响，同时会带有自己时代的印记。各人可以形成各人的风格。从领导方面来讲，或从把握方向的角度说，我相信两点：一是"双百"方针，一是相信不断前进。

在前进中，大浪淘沙会把很多东西淘下去。现在各种各样的书籍出版得很多，但是一个时期过去之后，一筛选剩下不了多少。这是客观规律，好的东西会留下来。有人跟我说因为金融危机的原因，现在马克思的书在西方又"火"起来了，很多人去看马克思的著作，这就证明他的论断是正确的。这也是要经过时间的检验，不对的东西热闹一阵之后就会下去。

（蔡美彪　中国社会科学院近代史研究所研究员）

郗正：用中国实践创新马克思主义哲学

郗　正

新世纪以来，我国马克思主义哲学研究发生了深刻的变化。一是注重文本解读。由于国际上《马克思恩格斯全集》历史考证版（MEGA2）的编辑出版，马克思文本研究日益引起国内学界的重视。MEGA2 所做的文献甄别和考证工作提供了丰富的资料，为学者们从文本角度还原、理解马克思提供了可能。张一兵的《回到马克思》、俞吾金对马克思"人类学笔记"的研究是这方面研究的代表。

二是与当代西方哲学的转向紧密关联。以维特根斯坦和海德格尔等人为标志，现代西方哲学出现了语言学、生存论等重大转向。国内学界将马克思哲学视为一种现代哲学，从生存论、文化哲学、日常生活批判等视角来理解马克思哲学革命的当代意义，试图建立起马克思哲学与现代社会的内在联系。"以海解马"、"以西解马"和"以马解马"虽然在具体的研究路径上存在差异，但共同的基础都在于实现马克思哲学的现代化。产生于19 世纪的马克思哲学何以影响 21 世纪？其根本原因就在于马克思哲学革命的精神实质超越了其所处的时代。就超越现代性而言，马克思哲学和后现代主义处于相同的时代境遇。正如萨特所言的那样，"马克思主义非但没有衰竭，而且还十分年轻，几乎是处于童年时代：它才刚刚开始发展。因此，它仍然是我们时代的哲学：它是不可超越的，因为产生它的情势还没有被超越。"

三是建立马克思主义哲学的当代形态。无论是对马克思文本的解读，还是对国外马克思主义哲学的学习借鉴，其目的都是为了充分理解马克思哲学革命的当代价值，最终建立马克思主义哲学的当代形态。例如，国内马克思主义哲学界最具学术影响力的"马克思哲学论坛"自设立以来，每届的主题可能存在着差异，但都从不同的研究视角推动了我国马克思主义哲学当代形态的建构。建立马克思主义哲学的当代形态，不仅需要对马克思文本的解读和对国外马克思主义哲学的学习借鉴，更需要立足于中国的国情。福山"终结"的不过是苏联模式的"历史"，布热津斯基预言的也不过是教条主义的"溃败"，中国特色社会主义道路宣告了西方自由主义并非人类社会历史发展的唯一模式，中国经验、中国模式和中国道路已经具有世界历史意义。无论是用海德格尔，还是用哈贝马斯，都没有本质上的区别，无非都是在用不同的西方理论来"嫁接"和"拼合"马克思的思想；只有面向"中国问题"，用中国实践来创新马克思主义哲学，实现"以中解马"，方能建立起马克思主义哲学的当代形态。

（邴正　吉林省社会科学院院长）

姚洋：规范化与本土化相结合的十年

姚　洋

早在 1995 年庆祝《经济研究》创刊 40 周年的时候，林毅夫教授就提出了经济学的"本土化、规范化、国际化"问题。在有识之士的推动下，现代经济学教学被广泛引入各主要大学，一批现代经济学教科书得以出版。与此同时，应用现代经济学方法研究中国现实经济问题也开始在学术界形成气候。但是，总体而言，中国经济学在 1990 年代还处在引进和吸收阶段。

过去十年，是中国经济学由引进走向规范化与本土化相结合的十年。这首先表现在教学方面，现代经济学已经成为高校经济学科教学的主流。一些主要高校的博士生课程直接使用国际流行教材授课，在基础课方面，已经接近国际一流学校的水平。与 1990 年代不同的是，一些重点高校的研究性课程分量大大增加，学生不仅学到了理论知识和研究方法，而且学会了如何把它们应用到对中国现实问题的研究上去。

教学方面的提高带动了研究水平的提高，经济学实证研究方法被广泛接受，并应用到对中国现实问题的研究中。国内学者在国际刊物上发表论文的数量大幅度提高，中国题材的研究在国际学术界受到重视。

学术繁荣推动了学术创新。1990 年代的学术创新主要集中在对乡镇企业、财政分权、土地制度、发展战略和企业理论的研究方面。过去十年对此既有继承，也有发展。在继承方面，1990 年代对财政分权的研究主要以当时仍然在海外的钱颖一和许成钢为代表，他们关于中国"保护市场的财政联邦主义"的理论在国际学术界产生了广泛的影响。过去十年对于财政分权的研究有了进一步的发展，年轻学者发挥了很大作用，如张军对分权与集权关系的研究、周黎安和徐现祥对官员晋升的研究。林毅夫开创的发展战略研究在过去十年也得到进一步深化。在发展方面，对外资的研究和对中国模式的研究是两个显著的进展。外资研究不仅仅局限在辩论层面，而是更加注重微观数据的使用，使得结论更加可靠。过去十年是改革开放的第三个十年，对改革开放乃至中国发展道路的总结成为经济学的一个重要领域。这个领域的一个可喜变化是实证经济学和政治经济学的结合。新政治经济学是当前国际上很热的一个领域，中国过去 30 年的巨变为中国学者提供了取之不尽的素材，相信这个领域会产生在国际上有影响的研究成果。

值得一提的是，经济学界越来越重视对数据的使用。过去，由于研究方法和数据两方面的限制，国内的应用微观研究成果很少。随着研究方法的普及以及数据的积累，这方面的研究成果大量涌现。在这方面，由李实、赵人伟主持的中国居民家庭收入调查（CHIP）和美国北卡大学中国研究中心主持的中国健康和营养调查（CHNS）是最为广泛使用的两个数据集。另外，北京大学社会科学调查中心主持的中国家庭动态调查（CFPS）和中国经济研究中心主持的中国健康与养老追踪调查（CHARLES）也已经启动，第一期数据已经向社会公开。

另一个可喜变化是形成了一批具有特色的研究团队。一方面，海外华人学者大量回国，在一些高校形成了集聚效应；另一方面，本土培养的年轻学者也成长起来，成为经济学界的一支生力军。如复旦大学经济学院自己培养的一批年轻学者在劳动力市场和产业组织方面的研究取得了丰富的成果，南开大学跨国公司研究中心对外资的研究达到国内领先水平，中山大学岭南学院在经济增长和财政分权方面集中了多位有前途的年轻学者，南京大学在区域经济和国际贸易方面的优势日渐明显，中国社会科学院世界经济与政治研究所对中国宏观经济的研究产生了较大的政策影响。其他高校也在确立各自优势，教育部文科重点研究基地在这方面起到了积极的推动作用。

展望未来十年，中国经济学界任重而道远。一方面，尽管著名高校的教学水平有了很大提高，但还有许多高校的教学仍然停留在消化书本的阶段。另一方面，虽然大量海外学者归国加强了高校的经济学教学，但许多人忽视了对中国重大现实问题的研究。这两方面均造成了理论与现实的割裂，阻碍了经济学的发展。正如林毅夫多次强调的，中国经验为经济学研究提供了一座富矿，对中国的研究将对经济学理论的发展作出贡献。要达到这个目标，规范化与本土化的结合是必由之路。过去十年只是一个开始，未来十年将成为关键时期。

（姚洋　北京大学国家发展研究院、中国经济研究中心教授）

陈雨露：金融学要根植于自己的文明沃壤

2008 年，有两件大事让中国"提前"走到了世界的前台，那就是北京奥运会和国际金融危机的爆发。这就给我国的学术理论界提出了迫切的任务，那就是在未来 30 年，如何尽快完善有中国特色的社会主义理论体系，使之成为指导国家崛起完成期的强大思想武器和理论指引。中国的理论界是否做好准备了呢？

进入新世纪以后，我们党乃至整个民族，开始认识到人文社会科学的重要性。人文社会科学的中心任务在于探索和总结适合中国自己发展道路和发展模式，建立能够支持国家崛起和民族复兴的理论体系。我觉得这是新世纪头十年中国学术界最想做的事情。

陈雨露

在过去的 30 年中，中国经济实现了 9.7% 的增长奇迹，而且没有发生经济和金融危机。亚洲金融危机和这次国际金融危机中国都可以安然度过。未来 30 年是中国最终要完成崛起的 30 年，是否还能继续实现无危机增长变得越来越重要。中国要打破其他后崛起国家必然遭遇经济金融危机的魔律，就需要理论界发挥自己的智慧，深刻洞察国际经验和教训，分析中国国情，构建自己的理论体系。

总结最近 30 年的发展道路，中国发展模式的开创有三条最核心的经验。首先，在发展马克思主义的基础上有效吸收西方文明的先进成果，尤其是成功引入西方的现代市场经济制度，充分利用市场经济文明的创新思维与效率精神。其次，充分发挥中国的比较优势，特别是在劳动力、市场潜力和举国体制方面的巨大优势。最后，始终高举制度变革的渐进主义旗帜。既正确运用马克思主义辩证法，又弘扬中国传统文化中的中庸、平衡、包容与和谐的思想精髓。实践经验表明，通过对马克思主义的创造性发展，对西方文明的创造性吸收，对中国传统文化的创造性弘扬，形成中国特色的社会主义理论体系，三位一体，缺一不可。

整个社会科学的发展必须有自己的文化根基，因为社会科学更多的侧重在制度和政策层面，制度必须扎根于自己的文明沃壤之中才更加坚实而有效。我觉得这是中国社会科学发展的核心原则之一。

中国人民大学的金融学科在新中国成立以后三次重点学科评估中都位居全国前列，肩负着共同推动中国金融学科学发展的重任。金融学虽然是一个国际通设的学科，但是必须根植于自己的文明沃壤之上，才能形成为中国发展服务的金融学科体系。西方的金融学把主要的精力都放在了微观金融上面，比如开发金融产品定价的数学模型、研究针对单个金融机构的风险管理技术等。这样做的结果就是逐渐丧失了金融管理的宏观视野，他们甚至不承认美国中央银行的货币政策属于金融学的范畴。中国金融学界的大多数学者认为中国金融学要坚持走自己的路子，一定要把宏观金融学和微观金融学融合成一个大金融学科来发展，将宏观金融管理和微观金融技术有机结合，这样才是金融学科未来健康发展的方向，中国才能依此构建起强健的现代金融体系。

过去十年，金融学已经发生了很大的变化。第一，因为改革开放对金融发展的迫切要求，包括银行体系改革和资本市场发展的需要，金融学变为一门显学。第二，逐渐明确了学科发展方向，把宏观金融和微观金融结合起来，发展符合中国实际的金融学。第三，吸引一批海外归国人员回到国内金融学界，同时坚持以我为主，没有走全盘西化的道路。新世纪，我们坚持以我为主引进西方的东西，现在看来这条路是正确的；西方世界的金融危机也反过来证明新世纪中国金融学术十年走过的道路是正确的。

（陈雨露　中国人民大学副校长，中国国际金融学会副会长，

中央国家机关青年联合会副主席）

郝雨凡：只有充分国际化才能真正本土化

郝雨凡

人文社会科学是社会发展和民族崛起最重要的智力支撑和推动力量，其重要性不亚于自然科学。在发达国家，自然科学、社会科学和人文科学被普遍认为是推动人类发展的三个超级领域。

中国的人文传统深厚，但人文社会科学的发展则先天不足，早期起步受到相当的历史局限，后又经历了近百年的艰难挣扎。经过 30 年开放和引进，人文社会科学的重要性在中国越来越受到广泛的认可，学术队伍已初步成型，学术体制和组织形式也积累了相当的经验。尤其近十年来，中国人文社会科学进入了一个前所未有的快速发展时期，学术国际化程度明显提升，某些学科领域更出现了能与国际媲美的成果，其发展朝气蓬勃，令人瞩目。但同时，仍有许多问题不容忽视，值得反思。

近年来，随着中国对外开放的深化及学术交流体系的成熟，西方学术

成果被大量介绍和引入国内。在中国学术研究与世界快速接轨的同时，学术本土化的呼声也日益高涨。很多学者呼吁关注中国社会现实，倡导在特殊的历史文化传统基础上进行本土理论创新，建构具有中国特色的社会科学理论体系。客观而言，人文社会科学知识不可避免具有一定的社会属性和效用性，人文社会科学体现民族传统和本土特色的确是一个普遍现象，很大程度上也是产出具有生命力和穿透力的人文社会科学理论的重要源泉。因此，中国人文社会科学强调关注本土经验，强调对西方理论的文化局限性保持高度的警醒，强调不能亦步亦趋机械套用西方理论研究中国现象，有一定的合理性和积极价值。然而，这种态度一旦走向极端，变成一味抵制西方理论，把西方理论都排除在自己的视野之外，那么显示出的绝不是成熟的学术品格，而是自卑意义上的消极防卫。更糟糕的是，如果把本土化理解为对西方理论的简单颠覆，无疑将构成中国人文社会科学进一步发展的最大阻力。事实上，近十年来中国人文社会科学的发展已经出现了这种情绪。

我认为，目前很多源自本土经验的研究成果，最后往往只能简单地证实中国现实不符合西方理论，暂时未能提出自己的理论与之抗衡，更无法与其对话，这种情况非常不利于中国人文社会科学的研究成果获得广泛的国际认可。因此，当务之急是如何与西方理论界的前沿接轨。只有在充分国际化的基础上，才能谈自主性，才能做到真正意义上的本土化。我们的自主性和本土化研究，应该是以国际学界既已存在并得到认可的理论方法为前提。

此外，也正是由于近十年来对学术本土化的过分强调，中国人文社会科学的发展还出现了普遍的规范性危机。20世纪90年代，中国学界开始提出学术规范问题。经过多年的"规范化运动"，情况已经有了一些改善。但是，学术界仍有些人忽视遵循基本的学术规范而精心构思自己的"理论"，并乐于把自己的成果形容为前无古人。从这个意义上看，目前中国学术界不是缺少原创，而是原创太多，自由发挥的程度太大，这在一定程度上影响到中国人文社会科学的国际交流和对话。

中国人文社会科学正处于一个快速发展的阶段，不断摸索，日益积蓄，待土壤丰厚到一定程度，必将出现划时代的大师和真正意义上的原创成果。关键是，我们要把今天的事情做好，在追求学术本土化的同时，还需要继续深化学术国际化的程度和高度重视学术规范化的价值。我们应该以更加严肃的态度对待日趋复杂的人和社会，以及研究人与社会的人文社会科学。

（郝雨凡　澳门大学社会科学及人文学院院长）

徐黎丽：十年历程　六大特点

徐黎丽

进入 21 世纪后中国大陆哲学社会科学已经走过十年的历程。十年中，我们在党和政府繁荣哲学社会科学的各项政策支持下，面对全球化背景下西方科学主义与东方人文主义的融合与冲突、金融危机的挑战与机遇、自然灾害与边疆安全问题的凸现，取得了有目共睹的成就，呈现出与改革开放前 20 年不同的六大特点。

第一，指导思想的统一性和学术观点的多样性并存。中国哲学社会科学界坚持以中国特色社会主义理论体系作为科学研究的指导思想。在这一理论体系指导下，我们不仅对解决国内社会问题提供政策建议，而且形成新的指导实践的理论观点。这些理论和观点，存在于不同学科及分支之间，也存在于不同学科之间，促使哲学社会科学界百花齐放、百家争鸣的局面进一步加强。

第二，学术视界的全球化与本土化并存。这一时期大陆哲学社会科学界因与世界其他地区交往频率加快、范围扩大而使学术视界更加全球化。与此同时，改革开放前 20 年在全球化过程中吸收的西方哲学社会科学的理论、方法及应用与中国实践相结合后产生的冲突则使更多的学者强调地方性知识的重要性和西方知识体系的本土化。这是中国与全球哲学社会科学交流和合作的必然结果，也是中国哲学社会科学界与世界接轨后的反思与探索。

第三，研究内容的广泛性与深入性并存。其广泛性主要体现在涉及从人类起源到如今面临的多种问题；其深入性不仅表现在因为哲学社会科学研究力量不断壮大而使更多的学者长期从事某一问题的研究，而且也表现在对某一问题的理论升华和实践应用。广泛性与深入性在国家层面上的结合，有利于社会问题的解决与哲学社会科学的理论构建。这是大陆哲学社会科学界解放思想的结果，更是中国作为发展中国家面临的诸多社会问题的必然诉求。

第四，研究结果的创新性与重复性并存。十年来，中国大陆哲学社会科学界的各个领域均有创新性成果的产生。如区域经济理论的深化，性别研究的异军突起，金融危机和边疆危机的中国理论、社会阶层理论等等。但也存在大量重复性成果。近年来不断曝光的学术抄袭、剽窃等案例就是学术成果重复性的体现。这与学术体制有关，更与研究者的修养有关。

第五，知识体系学科化与解决问题跨学科化并存。学科细化来源于社会化生产与社会生活的多元化。但近年来学科内部细化趋势明显。如在人类学领域，除了语言学、体质人类学、考古学、文化人类学四大分支外，文化人类学内部则又出现医学人类学、心理人类学、经济人类学等等。但近年来凸现的诸多社会问题均不能靠哪一门学科单独解决。如边疆问题，必须由民族学、宗教学、人类学、政治学、国际关系学、心理学、社会学等学科共同研究解决。

第六，研究方法上质化与量化、比较与分析并存。中国大陆传统的哲学社会科学研究方法以质化方法为主，但近年来面对不断增多的社会问题和对西方量化方法的吸收，已经走上以量化方法采集第一手资料、以质化方法分析和归纳问题的交叉道路。除此之外，历时性比较与共时性比较的范围受全球化影响而不断扩大，从而使研究结论更具有客观性。

以上六点并存的特点，表明大陆哲学社会科学研究正处于理论升华并正确指导实践的过渡时期，它是社会平衡和谐发展的写照，也是局部社会冲突的学术反映。

（徐黎丽　兰州大学民族学研究院，兰州大学、新疆大学西北少数民族研究中心教授）

新世纪头十年的中国学术

苏长和：当代中国存在社会科学知识革命的可能

苏长和

中国日益广泛的海外利益存在迫切需要中国社会科学知识发生范式性的转变。从当代中国社会科学知识内容来看，尚有以下几点值得拓展。

第一，中国的人文社会科学研究局限在狭隘的地域经验范围。在美国学术界有句话，说印度人只研究印度的问题，中国人只研究中国的问题，只有美国人研究所有的问题。而中国在美获得哲学（政治学）博士的学者，绝大部分从事的是中国研究。我们的国别和区域研究也需要转型，除了研究中国与这个国家或者区域的外交关系的同时，必须更多研究构成这个国家或者这个区域内部的知识。

第二，中国目前各门社会科学知识之间刺激不够，知识的"近亲繁殖"比较普遍，不利于培养贯通性知识体系。由于各个社会科学领域的不开放，也导致中国社会科学领域有门派无学派现象。有的研究在其他学科领域早有突破性进展，但本领域学者还在固守落后的研究项目。何炳棣在芝加哥大学时，很多时间与植物学家在一起，这为其有关中国古代农业研究提供了很多启示。可见知识之间的相互刺激对整体知识进步的重要意义。

第三，研究者的问题意识或学术视野需要拓宽。在科学研究中，没有国内领先，只有国际领先。研究者需要与外部世界最前沿的知识作比对和参考。此外，学者立场是民族和国家的，但学术视野更多是全球性的。没有全球视野，我们的研究往往再杰出，可能也只是人家研究议程的一部分，别人出框架出理论，我们出个案研究，为别人研究做补充和证明工作；我们的研究议题就难以转化为引导别人跟从我们进行研究的议程。

第四，概念化能力还可再提高，以产生更多将这个世界框架化的知识。经验如果不能被概念化，就不能将经验上升为概念，并进而以概念来组织世界、管理世界。一个国家要学会组织世界秩序，需要更多地借助概念性知识。

第五，中国目前的社会科学知识以取经知识为主，传经知识极少。取经知识是为我所用的"拿来主义"，传经知识则是要用一整套知识体系去改造世界。任何一个开风气之先和领时代潮流的世界性大国，一定是要有传经的抱负和志向的。

当代中国存在社会科学知识革命的可能，并且酝酿着一场大的知识变革，这与中国迈向具有全球性影响力的大国的步伐是一致的。第一，许多学科领域已积累了只要通过学科间刺激就足以产生突破的成果，比如法学和社会学领域的知识积累。第二，在国际交往中，中国学者的全球意识逐渐上升，地方意识渐次下降。第三，学者的跨学科流动逐渐明显。第四，与西方的知识互动，以及逐步改善的博士培养体系，中国社会科学知识的概念化能力在逐步提高。第五，随着中国与外部世界的深入互动，以往被动背景下的取经知识，有可能在对世界的能动性影响中产生传经知识。

中国古代历次伟大的创造性知识转型，几乎都是在中国经验与异域经验相互格义基础上出现的。任何知识创新无非建立在新材料或新方法的基础上，我们当前并不缺少新材料（当代中国的现代化实践经验），缺的是新方法。假以方法之助，新材料才足以提炼为可传授的概念和知识，社会科学才可以服务于更大范围的组织。这着实是社会科学研究者一大持久智力挑战。

（苏长和　上海外国语大学国际关系与外交事务研究院院长）

储泽祥：追求理论方法创新是核心

储泽祥

21世纪头十年的中国语言学，是中国人文社会科学里与国际发展趋势结合比较紧密的学科之一。国际语言学界有较大影响的流派或某些理论方法，几乎都有引进或研究，如生成语言学、功能语言学、认知语言学、语用学、语言类型学、语法化和词汇化、语音"优选论"、构式语法等等。中国学者运用这些理论方法研究中国语言，取得了引人注目的成就。

21世纪头十年中国语言学的核心是对理论方法创新的追求。这表现在三个方面：其一，在世界语言和国际语言学视野下，重视中国语言（尤其是汉语）本身的特点或类型特征的研究，立足中国的语言，生发中国的语言理论。其二，充分利用中国语言资源丰富的优势，使研究走向深入。跨语言、跨方言对比研究，汉语方言地理、方言史研究，语法化和词汇化研究，不仅使共时比较与历时研究结合得更为紧密，也为中国传统的文字学、音韵学、训诂学带来了新的气象。其三，重视语言事实，坚持适合汉语类型特征的形式与语义相互验证的研究方法，在事实的基础上提升理论。信息技术的发展和国际汉语热推动了语言和语言应用研究的进步。本世纪中文信息处理由词处理阶段进入句处理阶段，基于经验的语料库统计方法明显占有优势，语料库建设呈现出一片繁荣的局面。语言研究者和计算机信息技术研究者携手合作，利用语料库和信息处理技术重新审视语言问题，取得了新成果，带来了新认识。国际汉语热极大地推动了汉语作为第二语言的习得与认知研究、汉语要素教学研究、汉语技能教学研究、汉语教材研究和汉语测试研究，并带动了汉语教学人才培养工作的大发展。

国际语言学最主要的流派对语言都有自己的认识，其理论方法都与对语言的认识相适应。语言具有概率性，语言系统、语言各要素呈现出连续统的状态，既有静态的多样性，又有动态的倾向性，如果利用信息处理技术在多样性基础上进行倾向性研究，势必造成一种新的局面。中国语言学要在国际语言学中取得更高的地位，必须从根本上下功夫。

中国语言学的进一步发展，将出现以下路线：进一步提高自主创新能力，不断强化学派意识，推动学科发展；逐步实现同国外理论的"平等对话"；加强事实的发掘，深入揭示其特点；力求更好地适应现代化的需求；加速汉语走向世界的步伐，深化对外汉语教学的研究；语言政策与语言规划的研究将得到加强；务实求真优良学风的发扬，将受到进一步的重视。

（储泽祥　华中师范大学文学院教授）

骆思典：中国社会科学前景乐观

总体而言，改革开放以来，尤其是 20 世纪 90 年代中期以来，中国的社会科学有了长足的发展。但各个学科并非齐头并进，比如在经济学、社会学和人口统计学等领域，有一些一流的出版物（例如《中国社会科学》杂志），发表了一些高水准的作品。经济学和社会学的研究者们做了许多关于社会发展的调研，开展了很多实证研究工作。而在另一些领域，比如政治学和国际关系研究，仍然受限于研究主题和研究方法。

骆思典

学者和研究者都非常关注核心期刊的质量，上述这些学科都有核心期刊，但颇有几分讽刺意味的是，各种核心期刊的质量却是参差不齐的。

在 20 世纪 90 年代初期，中国社科院的一些一流社会学家告诉我，他们已经开展了一些关于社会分层的十分有意义的研究。当时公开发表这方面的研究成果有一定困难，但现在我们已经能看到许多研究社会分层的文章和书籍了。

这些状况总是在不断改进的，我对中国社会科学的发展前景表示乐观，尤其是对已经奠定了坚实基础的经济学、社会学的发展前景表示乐观。

（骆思典（Stanley Rosen）美国南加州大学东亚研究中心主任）

（本期特别策划采写工作组：李红岩、祝晓风、张征、褚国飞、
周群、金辉、李萍、宋晖、鲁小彬、胡荣荣）

张国祚：基金力度也是一种政策导向

——从国家社科基金看最近十年的哲学社会科学发展

张国祚，1948 年生。1989—2009 年，在中宣部工作，曾任理论局副局长、全国社科规划办公室主任。现任中国文化软实力研究中心主任，清华大学、中国人民大学、北京师范大学、武汉大学等高校兼

职教授、博士生导师。

张国祚

我们党和政府对哲学社会科学发展的高度重视，不仅体现在中央的有关文件和领导人的重要讲话中，而且也体现在对哲学社会科学研究的实际投入不断增加上。20 世纪 80 年代中期，国家社科基金刚刚设立时经费总额只有 500 万元，到了 90 年代初期才增加到 1200 万元，直到 20 世纪末也没有突破 1 亿元。当时学界一些人抱怨说："国家只要少修一公里高速公路，就可以大幅度提高社科研究经费。"应当说，当时中央对哲学社会科学研究也是比较重视的，但有关决策部门有关负责同志的重视程度可能就要大打折扣了，甚至有些领导干部认为自然科学是科学，而哲学社会科学不是科学。

针对这种情况，进入 21 世纪后，中央在深入调研的基础之上，制定和发布了关于繁荣和发展哲学社会科学的文件，强调哲学社会科学与自然科学"四个同样重要"，国家社科基金增幅明显加大，2004 年为 1.2 亿元，2005 年为 1.7 亿元，2006 年为 2.2 亿元，2007 年为 2.7 亿元，2008 年就已经达到 3.2 亿元，到了 2009 年更是达到了 3.9 亿元。与此相对应，国家社科基金单项资助额度也不断提升。以年度项目中的一般项目为例就很能说明问题，从开始的几千元、一两万元，到四五万元，再到七八万元，现在已达十万元左右。随着国家社科基金投入的力度不断加大，国家社科基金项目的权威性不断增强，对广大哲学社会科学工作者的吸引力和影响力也不断增强，于是，党和政府关心和支持什么研究，也就越来越成为广大哲学社会科学工作者关心和努力的方向。基金的导向作用就这样越来越鲜明地体现出来。

与此同时，国家对社科基金的管理也逐步规范，内容逐步丰富。国家社科基金设立初期仅有一类项目，即年度项目。进入 21 世纪后不断扩大，到 2005 年，已经形成各有资助重点、各有资助标准、各有管理方式的五大类项目。其中除年度项目外，还有重大招标项目、特别委托项目、西部项目和后期资助项目。从管理方面来看，直到 20 世纪末，国家社科基金项目的管理都是欠规范的，突出的问题是重立项、轻结项。立项以后，管理是比较松散的；项目是否按期完成了，质量究竟完成得怎样？缺少严格的规范制度。

进入新世纪以来，特别是从 2005 年开始，在严把立项的入口关的同时，尤其强调严把鉴定结项的"出口关"，严把政治方向关和学术质量关，有一段时间，项目承担人能够一次性通过鉴定的仅有 60% 左右。刚开始严格管理的时候有些学者还不理解，他们说，拿到一个国家社科基金项目已经很不容易了，怎么结项也这么困难？这样的管理是不是太苛刻了？后来，大家逐渐认识到，国家社科基金项目是代表国家最高水平的项目，这种最高水平的项目必须要维护她的权威性。维护权威性靠什么？就是要靠质量。严把鉴定结项的出口关就是为了保证质量，保证权威性。之所以这样做不但是对国家社科基金负责，也是对专家学者负责，只有严把质量关，才能帮助专家学者们精益求精，拿出经得起历史和实践检验的优秀成果来。后来，不少专家学者给我们写信表示感谢，认为严把鉴定结项关，不仅使他们开阔了知识视野，学风更加严谨，而且使他们增加了政治敏锐性和政治鉴别力，对他们后半生搞好科研都有很大的启发作用。

由于严把"两口两关"，所以国家社科基金推出成果的质量不断提升，这主要表现在两个方面。第一，从基础研究来看，推出一大批学术价值厚重的精品力作，其中最优秀的已经被纳入《国家社科基金成果文库》。第二，从应用对策研究来看，推出一大批非常有实践价值的优秀成果，及时为党和政府决策服务。

近十年来，中国哲学社会科学的总体态势可以概括为大发展、大繁荣、大进步。学科体系建设更加完备，哲学社会科学队伍不断壮大，精神风貌更加昂扬向上，为国家经济社会发展服务的自觉性不断增强，优秀科研成果不断涌现，发挥思想库和智囊团作用越来越大。这种崭新气象体现着广大哲学社会科学工作者对党的基本理论和大政方针更加认同，其国家荣誉感和民族归属感更加自觉和强烈。

为什么会出现这种大发展、大繁荣、大进步的局面呢？我认为，除党和政府对繁荣和发展哲学社会科学高度重视外，还有两个重要原因：一是党的十三届四中全会以来，特别是进入新世纪以来，我国经济长期高速增长为哲学社会科学的繁荣发展提供了越来越充实的物质基础。现在，中国的 GDP 仅次于美国和日本，中国的外汇储备世界第一。即便在国际金融危机强烈的冲击下，世界各主要大国一片恐慌，然而中国却沉着应对，从容不迫，风景独好。中国经济从第一季度开始就呈现一种回暖上升的势头，GDP 增速达 6.1%，第二季度增速达 7.9%，到了第三季度增长比例已经达到 8.9%，令世界一片惊羡。二是党的十三届四中全会以来，特别是进入新世纪以来，我国经济建设、政治建设、文化建设、社会建设、党的建设、国防建设和生态建设蓬勃发展，国际环境纷繁复杂，我国既面临难得的发展机遇，也面临严峻的挑战，所有这些既为哲学社会科学研究提出了重要的时代课题，又为哲学社会科学的繁荣发展提供了广阔的舞台。

随着国家社科基金的规模越来越大、单项资助额度越来越多，另一种认识误区开始出现。有些人认为搞哲学社会科学的只要拿支笔在资料室翻资料就可以了，不必给太多的资助经费。实际上，这类问题需要具体问题具体分析。有些基础研究可能在资料室中就可以完成，而一些务实有效的对策性研究则必须要深入实际、做田野调查、做问卷调查、出差调研、举办会议研讨、召开听证会议等，需要耗费大量资金。所以随着我国经济的发展还是应该继续稳步提升国家社科基金的资助额度。

国家社科基金的导向对于具体课题来说，主要应该符合两条。一是不能有违于社会主义核心价值体系那四层要求，不能有违于党和国家事业发展的长远需要和中华民族的根本利益。我曾经同美国国家人文基金会前主席布鲁斯·科尔探讨过这个问题，尽管我们"各为其主"，但他最后对中国为什么还要搞课题指南并且规定一些国家急需的研究方向是表示理解和赞同的。我告诉他，中国和美国的国情不一样，尽管近几年我们的财富增长了许多，但我们仍是发展中国家，国家有限的基金当然首先要投向关乎国计民生与事业发展全局的领域和课题。而且，也只有这样，才能更好地发挥国家社科基金的导向和示范作用。

独家调查

21 世纪头十年学术成长路调查报告

为了客观描述 21 世纪头十年学术成长路，全面把握 21 世纪头十年学术发展史，本报近期组织了一次"21 世纪头十年学术成长路调查问卷"。问卷共设 7 个封闭性问题，主要涉及近十年学科研究现状、研究方法、发展方向等宏观问题；8 个开放性问题，主要涉及近十年哲学社会科学的理论学说、学术活动、学术成果、学术梯队和学术共同体等微观问题。

在每个学科中，我们随机抽取了 10 名专家学者发出调查问卷。参与调查的学者来自中国社会科学院、北京大学、清华大学、中国人民大学等三十几所科研教学机构，覆盖了哲学社会科学的全部学科。截至 2009 年 12 月 16 日，共收回问卷 65 份。

学术研究水平有提升

调查显示，绝大部分学者（88%）认为近十年本学科的研究状况有提升，其中，认为有"明显提升"的占 54%，认为"略有提升"的占 34%。对研究现状不满意的主要原因，是理论与实践的联系不紧密。

在社会发展的大背景之下考察学术发展问题，86% 的学者认为本学科应当关注道德和社会公平问题；面对当前的社会经济危机，49% 的学者认为本学科意义重大。

与国外相比有差距

虽然近十年的学术水平有所提升，但是 73% 的学者认为，国内学科与国外相关研究的差距仍然存在。差距的表现，主要包括：理论创新较差；在研究方法上，缺少科学研究和实证研究；在研究成果上，缺少高水平、国际水准的论文；在理论与实践的关系上，理论研究与现实需求之间的差距较大，一些学科缺乏对国计民生问题的关注。有学者认为，国内外学科差距最大之处，在于"中国学者的全球视野和学术意识与西方学者相比差距大。如果我们只关注和自己有关的事，只爱和自己有关的人，只研究对自己有用的知识，那么我们的学术境界永远赶不上别人，也就很难产生第一流作品。"

量化研究方法得到重视

近十年来，量化研究方法在哲学社会科学中得到了较多的应用。对此，29% 的学者认为应当继续加强推广，49% 的学者认为应适当应用，15% 的学者认为已经发展过度。调查显示，大多数学者，特别是中青年学者是认同量化研究方法的。

存在中国发展模式

有 62% 的学者认为，存在中国社会、经济、文化等领域的发展模式。有学者表示："中国特色实际上也是人类的智慧之一，如最近金融危机所看到的那样，市场失灵的时候，政府的适度干预是有必要的。"

"70 后"渐入佳境

调查表明，一些学者认为自己所在学科的学术梯队（"50 后"、"60 后"、"70 后"）没有整齐建构，而学术团队则各有特色。还有一些学者认为，中国的学术共同体正处于形成和发展的初期阶段。从人员的构成看，一些学者认为"60 后"是本学科的研究主力，还有一些学者认为，"70 后"已经从后备力量成长为研究主力。

学术活动水准有待提升

学术讨论、学术会议等学术活动的繁荣，是学术发展的重要表现。调查显示，21 世纪头十年的学术活动从数量和质量上都有明显的提升，在中国举办的国际学术会议越来越多。在繁荣的背后，也有一些学者表达了忧虑。一部分学者表示，近十年来几乎没有产生重要影响的学术讨论和学术会议；还有一些学者认为，学科发展有碎片化的趋势，最大的表现是缺乏大家都关心、影响又能超出学科领域之外的话题。

认识论和方法论的创新是发展方向

　　针对本学科现有的不足，很多学者积极建言献策：在学科体系构建上，应当澄清基本概念；在研究方法上，应当借鉴其他社会科学的方法，特别是实证研究的方法，提炼中国经验；在价值选择上，应加强学术道德建设，关注社会民生。关于学科未来发展的主要方向，42% 的学者认为应是认识论与方法论的创新，30% 的学者认为应是推动抽象理论与直接经验的对话。

（调查：本报理论部；制图：杨建芳）

背景链接

国家社会科学基金资助一般项目对照表

学　科	2002 年资助项目数	2009 年资助项目数	增加比例（%）
马克思主义科学社会主义	25	83	232
党史、党建	22	41	86.36
哲学	50	122	144
经济理论	57	114	100
应用经济	116	204	75 .86
政治学	17	87	411.76
社会学	30	111	270
法学	23	168	630.43
国际问题研究	18	34	88.89
中国历史	34	89	161.76
世界历史	9	25	177.78

学　科	2002 年资助项目数	2009 年资助项目数	增加比例（%）
考古学	6	14	133.33
民族问题研究	16	68	325
宗教学	11	37	236.36
中国文学	35	146	317.14
外国文学	9	36	300
语言学	26	124	376.92
新闻学与传播学	10	48	380
图书馆情报与文献学	11	19	171.43
人口学	7	19	171.43
统计学	5	25	400
体育学	17	59	247.06

数据来源：全国哲学社会科学规划办公室网站

大事记

2001 年

1 月 1 日，江泽民发表《共同创造美好的新世纪》新年贺词。

3 月 5 日，朱镕基在第九届全国人民代表大会第四次会议上作《关于国民经济和社会发展第十个五年计划纲要的报告》，指出"十五"期间政府将"重视发展哲学社会科学，推进理论创新"。

2002 年

3 月 5 日，朱镕基在第九届全国人民代表大会第五次会议上作政府工作报告说，2002 年要"加快发展社会科学"，"繁荣发展哲学社会科学，注重研究全局性、前瞻性、战略性的重大课题。强化知识产权保护和管理。加强学术道德建设"。

4 月 28 日，江泽民考察中国人民大学，对哲学社会科学发展提出五个"高度重视"。

5月28日，江泽民在中国科学院第十一次院士大会和中国工程院第六次院士大会上讲话，指出："一切自然科学和社会科学的进步成果，都是先进文化的重要组成部分。"

7月16日，江泽民视察中国社会科学院，强调：哲学社会科学具有不可替代的重要作用，哲学社会科学工作者是一支不可替代的重要力量。

2003 年

1月，陈奎元任中国社会科学院党组书记、院长。

8月1日，本年度国家社科基金项目评审工作会议在京召开。李长春出席会议并发表重要讲话指出，哲学社会科学工作是我们党全部工作极其重要的组成部分。

2004 年

1月5日，中共中央发出《关于进一步繁荣发展哲学社会科学的意见》强调，必须进一步提高对哲学社会科学重要性的认识，大力繁荣发展哲学社会科学。

4月27日—28日，中共中央专门就实施马克思主义理论研究和建设工程工作召开会议。胡锦涛会见全体代表并讲话，指出：实施马克思主义理论研究和建设工程是关系党和国家事业发展的战略任务。

5月28日，中共中央政治局进行第十三次集体学习，胡锦涛主持，强调：我们一定要从党和国家事业发展全局的战略高度，把繁荣发展哲学社会科学作为一项重大而紧迫的战略任务切实抓紧抓好，推动我国哲学社会科学有一个新的更大发展。

2005 年

5月19日，中央政治局常委会议听取中国社会科学院工作汇报，胡锦涛和中央其他领导同志对社科院工作作出重要指示。

2006 年

4 月 24 日，本年度国家社科基金项目评审会议在京召开。刘云山出席并讲话。

12 月 11 日，李长春看望骆耕漠，希望广大哲学社会科学工作者学习骆耕漠的高尚品德和学术风范。

2007 年

4 月 20 日，第四届中国高校人文社会科学研究优秀成果奖颁奖大会在京举行。中国高校人文社会科学研究优秀成果奖自 1995 年设立以来，共有 1700 多项优秀成果获奖。本届共有 426 项成果获奖。

5 月 25 日，中国社会科学院庆祝建院 30 周年，李长春致信祝贺。

10 月 15 日，胡锦涛在中国共产党第十七次全国代表大会上作报告，指出，繁荣发展哲学社会科学，推进学科体系、学术观点、科研方法创新，鼓励哲学社会科学界为党和人民事业发挥思想库作用，推动我国哲学社会科学优秀成果和优秀人才走向世界。

2008 年

9 月 22 日，刘延东视察中国社会科学院。

10 月 5 日，刘延东出席中国人民大学复校三十周年座谈会，指出，人文社会科学集中体现着国家和民族的思维能力、理论素养、精神状况和文明素质，是国家极其重要的软实力。

2009 年

5 月 17 日，本年度国家社科基金年度项目评审工作会议在北京召开。刘云山出席会议并讲话。据悉，2009 年国家社科基金 22 个学科共申报了 22547 项课题。经过匿名通讯初评，有 3600 多项课题入围本次会议评审。

7 月 1 日，《中国社会科学报》创刊。

主　编　高　翔

副主编　周溯源　王利民

执行主编　李红岩

中国道路

——中国社會科學報

特别策划（2009—2010）

ZHONGGUO DAOLU ZHONGGUO SHEHUIKEXUEBAO
—TEBIE CEHUA(2009-2010)

【下　卷】

人民出版社

目　录

下　卷

注：括号内数字为刊发时间

现代化进程中的阅读传统

记者　洪柏

　　"书籍是人类进步的阶梯。"高尔基的这句名言经常被用来说明读书对人类文明进步的重要。阅读是人类进步的基石，也是人类文明的标志。特别是近代以来，阅读在积累文化、传承文明领域扮演着重要角色。

　　刚刚过去的 4 月 23 日是第 15 个世界读书日。作为有着五千年文明史的中华民族，在世界文明中，应以怎样的形式发扬读书传统，在现代化的历史进程中，我们又应该如何应对各种新的挑战？

　　在今年的"两会"上，全国政协委员、中国出版集团公司总裁聂震宁再次在提案中提出，将 9 月 28 日（孔子诞辰日）确定为"全国读书节"，希望借助孔子这一家喻户晓、享誉全球的中国文化代表人物的形象，进一步推动全民阅读活动的开展，唤醒国民读书的热情，进一步推动中华文化在全球范围的传播，实现中华民族的伟大复兴。

　　近年来，从中央到地方，重视读书的呼声越来越高。北京大学新闻与传播学院教授肖东发说："一个国家、一个民族能否得到世界上其他民族的尊敬，很大程度上取决于这个民族整体的文化修养水平，而公民素质的培养主要途径之一就是读书，阅读可以开阔公民的眼界，启发公民的智慧，培养公民的民族自尊心、民族自豪感和爱国热情。"

阅读传承人类文明

　　1976 年，塞缪尔·亨廷顿认为："现代化意指社会有能力发展起一种制度结构，它能适应不断变化的挑战和需求"。他还强调："现代化包括工业化、城市化，以及识字率、教育水平、富裕程度、社会动员程度的提高和更复杂的、更多样化的职业结构。"

从亨廷顿的理解中可以看出，阅读是现代化的重要组成部分。重视全民阅读，想方设法营造阅读氛围，许多发达国家都不遗余力。2008年1月，英国启动全面阅读年，呼吁每一位雇主、每一所学校、每一个图书馆和每一个地方当局都应该参与到全民阅读的活动当中。其中，读书是阅读年的核心内容。在美国，每位总统上任后都大力倡导阅读。2009年，奥巴马在休假期间，携带了《莎士比亚悲剧》等五本书，加起来有2300多页，准备在假期读书充电。

同时，阅读还是推动现代化发展的重要手段。阅读能够积累民族文化、传承人类文明，为现代化的实现提供知识前提。比如，西方现代化的进程可以追溯到14至16世纪的文艺复兴，而文艺复兴就是对希腊罗马古典学术的再生。美学家朱光潜说："自从1453年伊斯兰教徒攻陷君士但丁，消灭了东罗马帝国后，那里的大批希腊学者携带了书籍，流亡到意大利去避难，因而促进了意大利原已进行的希腊古典的研究。"由此可见阅读在文艺复兴中的地位。

20世纪末期，随着信息革命的高速发展，知识经济一跃成为现代化进程中的新标杆。面对信息量呈几何级数增长、知识更新速度越来越快的现状，终身读书、终身学习在世界范围内已经形成共识。2008年，德国政府决定向终身学习者提供奖金鼓励读书。对此，德国教育和科研部长安妮特·沙范表示，希望到2015年德国继续学习者的比例能从目前的43%提高到50%。

我国拥有悠久阅读传统

耕读传家，诗书济世，在传统中国是深入人心的。《史记》记载，孔子晚年喜欢读《易》，"读易，韦编三绝"，孔子自己喜欢读书，也经常鼓励他人去阅读。他说："小子，何莫学夫诗？诗可以兴，可以观，可以群，可以怨。迩之事父，远之事君。多识于鸟兽草木之名。"

近代以来，中华民族历经苦难最终走上复兴之路。国强民智，离不开读书。梁启超认为："国恶乎强？民智斯国强矣；民恶乎智？尽天下人而读书而识字，斯民智矣。"孙中山认为："我一生除革命外，唯一的嗜好就是读书。"正是胸怀读书可以强国、革命不忘读书的精神，使一代代革命先驱拓宽了世界视野，坚定了革命信念。

发愤读书，更是中华民族共克时艰的精神砥柱。抗日战争时期，战火纷飞，国难当头，在云南昆明的西南联合大学师生发愤求学、读书不辍，为传承文化、振兴民族而积蓄力量。据统计，1955 年中国科学院自然科学部的学部委员 473 人中，西南联大的师生有 118 人，约占总数的四分之一。"为中华之崛起而读书"，少时周恩来的慷慨激昂，今天读来依然铿锵有力。其实，读书是老一辈无产阶级革命家革命生涯的重要组成部分。毛泽东一生酷爱读书，他说："饭可以一日不吃，觉可以一日不睡，书不可以一日不读。"中央文献研究室编纂的《毛泽东读书集成》收录图书、书法等 1024 种，涵盖马克思主义、哲学、自然科学、社会政治、经济、军事、历史、文学等 11 类。嗜书如命，广收博览，最终成就了一代伟人毛泽东，使他在治党、治国、治军等多方面获得辉煌业绩。

气有浩然，读书养之。读书不仅能养个人之气，还能养民族之气。重庆出版集团董事长罗小卫认为："热爱读书是千百年来中华民族的优良传统。"正是这几千年的阅读史，涵养了中华民族独具特色的精神文化气质，同时也成为中华民族复兴的精神支柱。

建设学习型政党和社会需要读书

2009 年 9 月 28 日，中共十七届四中全会通过的《中共中央关于加强和改进新形势下党的建设若干重大决定》明确指出，要建设马克思主义学习型政党，组织党员、干部重点学习马克思主义理论，学习党的路线方针政策和国家法律法规，学习党的历史，同时广泛学习现代化建设所需要的经济、政治、文化、科技、社会和国际等各方面知识。

当下正处于我国现代化建设的攻坚阶段，党中央将读书、学习提升到国家战略高度，是大势所趋。早在 2002 年 12 月，胡锦涛就强调，要做合格的领导者和管理者，必须大力加强学习，努力用人类社会创造的丰富知识来充实自己。2009 年 5 月，习近平进一步指出，领导干部要爱读书、读好书、善读书，积极推动学习型政党、学习型社会建设。

只有不断读书，个人才能不断进步。一个人如此，一个政党、一个社会也是如此。建设学习型政党、学习型社会，必须要在全党、全国人民中间营造终身读书学习的良好风气。如果不提倡读书，那就会流于空谈；如果不提倡终身读书，就会流于形式。增强国家文化软实力，实现我国现代化的长远目标，无不要求全国人民特别是党员、干部必须将阅读视为一种责任，保持高度的使命感。

数字化阅读传统正在形成

阅读在不断推动着现代化向前迈进，现代化进程也给阅读带来了革命性的变化。特别是近几十年来，传统的阅读方式、阅读概念面临着数字化的严重挑战。2009年3月，具有146年历史的美国《西雅图邮报》告别"纸质新闻"，转为电子报。同年12月26日，美国亚马逊公司发布声明说，圣诞节当天，亚马逊网站电子书销量首次超过纸质书。

读者越来越青睐数字阅读，在中国也是如此。2010年3月16日，深圳新闻出版局副局长尹昌龙在世界电子纸技术大会上指出，去年中国数字出版产值首次超过纸质出版产值，网络出版、电子出版的新品种从总量上已经超过了传统出版物。国民的电子阅读、网络阅读数量已经和传统的纸质阅读数量开始持平。

随着数字化阅读风靡一时，有关争论也逐渐浮出水面，成为众人关注的焦点。赞成者有之，反对者有之。有些学者指出，面对数字化阅读新传统，应持有理性的态度，既不能毫不保留地接受，更不能盲目排斥。清史专家、中国社会科学院荣誉学部委员何龄修说，我觉得应该学会上网，有时候可以节约很多时间。但是我们不能满足于网上资料，要核对原书，因为网上资料有时不可靠。

数字化阅读的兴起是基于现代科技的发展，如果用历史的眼光来看，数字化阅读当然是时代的进步。从阅读传统来看，数字化阅读的出现，和纸的发明一样给人类的阅读带来了革命性的变革。尽管数字化阅读在目前还不够成熟，但已显示出强劲的生命力。中华书局总经理李岩认为，手机阅读将成为未来阅读的主要趋势，中华书局将与手机、网络媒体合作，力图做中国传统文化的内容提供商或信息集成商。

孔子说："不学诗，无以言。"在全球一体化、知识经济大行其道的现代社会，不读书，则无以进。小而言之，阅读是个人安身立命的精神之基；大而言之，阅读是民族振兴、国家发展、社会进步的力量之源。从现代化进程的角度看，重视读书、提倡阅读，既是时代发展的需要，也是历史发展的必然。

聂震宁：全民阅读应该成为国家文化战略

——访中国出版集团总裁聂震宁

记　者：请您谈谈目前中国和世界上，阅读及阅读文化面临的最大问题是什么？

聂震宁：我记得林语堂曾经说过，读新闻纸不算读书。他认为真正有益的读书，是那种能引领我们进到沉思境界的读书。我的看法不那么绝对。读新闻纸也是一种阅读，是"新闻阅读"。读新闻当然也很重要，甚至各种阅读都是开卷有益的。不过我们要讨论的是读书活动。

聂震宁

近年来，新媒体的发展十分迅猛，给传统出版和传统阅读都提出了十分严峻的挑战。

网络化阅读也好，数字化阅读也好，只要它是读书，不论它的载体是什么，读竹简帛书算阅读，读电子书怎么就不算阅读？关键是读的对象应该是"书"，而不是通常的新闻、消息和零星的知识。所以数字化阅读还有待于甄别，有待于提高，有待于我们再理解。数字化、网络化的手段毕竟提高了人们阅读的便捷性，便于读者很快找到阅读文本，便捷地阅读，这当然很好。但是数字化、网络化阅读有它的不足，比如网络阅读碎片化、零碎化很明显，很多时候只是"新闻纸"阅读。我并不认为一定要读书才算是阅读。但林语堂当年这样讲，是有他的道理的。读书总是要更为完整、深刻，更为有利于一个人心性、思想、素质的修养。而有的网民根本就不是在读，而是在"MSN"，这只是一种交谈。因此不能把网民数量统计为读者数量，更不能统计为读书人口数量。

现在，在我们国家，甚至在世界很多地方，全民阅读的最大问题是阅读的过度功利化倾向。为了赶考、备考读书，为了很直接的实用目的读书，譬如读英文是为了出国，读《周易》是为了算命，读经管书是为了办公司，不属于全民阅读的范畴。阅读的功利性太强，会影响全民阅读的真正效用。我认为，全民阅读，是一种有趣、有益的阅读，带有一定的个人审美特性，应当具备这样两个条件：一是读有益于世道人心的书，二是要读自己喜欢的书。要满足这两个条件，才算是好的阅读，是对社会大众有益的阅读，也才应该是我们所提倡的全民阅读。世界读书日所提倡的读书是鼓励人们尤其是年轻人发现读书的乐趣，并以此对那些推动人类社会和文化进步的人们所作出的伟大贡献表示感谢和尊重，我们应当提倡这样一种有益于社会、人生同时也是自由的读书生活。

但要让广大公众有书读，特别是有好书读，就要求出版社多出好书，或者说，在所出的书中，好书所占的比重要越高越好。但现实是，好书并不是很多，当然坏书也不多，平庸书则比较多。读者有意见，出版社难辞其咎。全国现在一年出版 27 万种书，数量增长很快，但好书的增长并没有那么快。几年前，全国一年出版 10 万种书时，中国出版集团的出版社出书品种加起来是大约不到 1 万种，市场占有率为 7%，现在全国年出书品种已经 27 万种了，中国出版集团还是 1 万种，市场占有率还是 7%。这说明什么呢？首先说明是我们的生产能力不足，计算起数量增长百分比是负数，这不太好，但也说明我们的出版社还是比较注意出书质量的，因为我们的市场占有率并没有掉下来，单品种效益还比较好。我经常提出的要求是"宁可少些，但要好些"，最根本的还是要又好又快地发展。

记　者：您曾在"两会"的议案中建议，将孔子诞辰日，即公历的 9 月 28 日定为中国的读书节，这一提案的反响还是很大的。您为什么提出这个议案呢？

聂震宁：联合国教科文组织在 1972 年向全世界发出"走向阅读社会"的召唤，要求社会成员人人读书，图书成为生活的必需品，读书成为每个人日常生活不可或缺的一部分。1995 年，联合国教科文组织宣布 4 月 23 日为"世界读书日"。这一天是西班牙大作家塞万提斯和英国大作家莎士比亚的辞世纪念日，还是多位著名作家的生日。据资料表明，自"世界读书日"宣布以来，已有超过 100 个国家和地区参与此项活动。在每年的 4

月 23 日，各国把读书的宣传活动变成一场热热闹闹的欢乐节庆。

我国也在"世界读书日"举行各种与读书相关的活动，初步产生了一定的影响力。但是，对于中国来说，还可以设计开展能体现本国本民族悠久传统和文化特色的读书活动，也可以有自己的读书节。三千年前，孔子就有教育立国的主张，特别是他"有教无类"的观点体现了一种全民学习的思想。9 月 28 日是孔子的诞辰日。我们可以把这一天作为中国的读书节。这样更具有民族的感召力，也能扩大中华民族文化在世界上的影响力。我们现在已经在世界各地建立了 200 多家孔子学院，今后还要建更多的孔子学院，可以在每年 9 月 28 日这一天通过孔子学院以开展读书活动的形式促进国际交流。每年 9 月是学生新学年的开始时间，9 月 10 日是我国"教师节"，再增添一个读书节，可以让整个 9 月充满很浓的书香气息。

从更宏观的意义上来说，我们的国家需要开展全民阅读活动，即从国家民族的长远发展考虑，通过阅读提高国民素质、提升国家文化软实力，而且要把这件事作为国家文化战略的重要组成部分来考虑。

（记者　李萍）

何龄修：阅读·思考·进步
——访中国社会科学院荣誉学部委员何龄修

记　者：作为清史研究专家，您在读书方面肯定拥有十分丰富的经验，能否借此"世界图书日"之际，与大家分享一下您的心得？

何龄修：我的藏书主要分为五类：理论、研究、古籍、工具、余兴。我常开玩笑地把自己的书房叫做"五库斋"，意思是比"经史子集"四库还多一库。但是，我看书则主要分为

何龄修

三类：理论书、业务书、调剂生活的书。其中，理论书和业务书看得相对较多，第三类书读得最少。

记　者：在阅读理论著作方面，您能否作一下详细介绍？

何龄修：新中国成立后，国家提倡学习马列理论。我个人认为，用马克思主义来揭示历史发展的规律是比较合理的，可以说比其他任何理论都高明。所以，我读了一些关于马克思列宁主义的书籍。当然，这一方面是政府和社会的大力提倡，另一方面则是自己通过比较和选择的结果。可是，关于马克思主义的书籍那么多，作为一个历史研究者也不可能整天去研究马列。经过多年来的摸索，我得出一个结论：要根据自己的业务和生活需要，有步骤地来读理论著作，而且要读一些经典代表作品。

首先要读列宁的《唯物主义与经验批判主义》。这是解决认识论的问题，这个书要细细地读，不能像看小说一样，要多动脑筋思考。第二类是关于马克思主义的一些基本观点。我认为应该选择恩格斯的《反杜林论》，辩证法、唯物主义、社会主义学说等，都包含在里面，而且讲得简明扼要。读完之后再看其他理论书籍来补充，就可以加深对马克思主义的理解。第三是理论怎么应用于实际的问题。我建议读列宁的《俄国资本主义的发展》，这本书就是用理论来分析俄国社会，对研究历史也有启发。当然，其他理论书籍也要看，例如马克思、恩格斯的《资本论》等等。我认为一个思想家，不论他的观点是唯物主义的还是唯心主义的，都有他思想的闪光点在里面，至于是正确的还是错误的，你可以去辨别和考虑，这就锻炼了自己思想的灵活性。所谓"见识"就是从这个过程中产生的。

总之，我觉得阅读理论书籍的目的，并不是完全熟记那些结论，主要还是用来改造你的思维方法和思维能力。将他们作为改造思想的武器，加强自己思维的逻辑性和辩证性，提高自己多方面、多角度看问题的能力。

记　者：清史资料异常丰富，您又是如何选择阅读的呢？

何龄修：清朝是材料最多最复杂的一个朝代，各种各样的材料都很多。任何勤奋的清史研究工作者穷毕生之力，都只能研读其中很少的一部分。而历史研究的本身，则要求搜集尽可能多的资料。这是一个严重的矛盾。从根本上说，这个矛盾只有在研究先进的"社会主义大机器工业"时代才能解决，即只有依靠社会主义大协作并运用电脑等一系列先进技术设备才能解决。但是，任何诚实的学者都不能在史料的运用上任意取舍。在研究的"个体小手工业"时代，前辈学者被迫探索用自己的方法，试图解决这个矛盾，以完善自己的研究。于是在这方面也就留下了不同的传统：

一种是以孟森先生为代表的传统，主要是精读"正史"，分析、比较正史的记载；一种是以朱希祖先生为代表的传统，特别重视野史、笔记；还有第三种传统，即主要利用档案、契约文书等研究清史，如李光涛先生等。当然这样的区分不是绝对的。但他们在史料的研究和运用上所表现的不同倾向，则是很明显的。我认为至今为止，清史方面没有哪一本书是基本史料，很多书籍只能酌情使用。

我在读清史资料时主要是围绕课题，采用抄写卡片的方法，这是大学时形成的习惯。我那个时候抄了很多卡片，结果却被人偷走了，很是可惜！实际上，即使是在今天，相对于网络资料，很多学者还是比较重视纸质书籍的。

记　者：现在有些在校学生和学者比较依赖网络资源，您如何看待这一现象，又有什么建议？

何龄修：我觉得应该学会上网，可以节约很多时间。我曾经在研究中涉及"政府"这个词，在明末清初，"政府"也指大学士个人。我当时查了很多资料，想了解一下明朝前期和清朝后期是否一直使用这个意思。后来求助于年轻人，把"政府"这个词搜索一下，结果发现了很多相关材料，如果翻书的话，根本没办法读完。所以说，人要与时俱进，做研究也要与时俱进。但是，我们不能满足于网上资料，还要核对原书，很多问题是网络所不能解决的，网络资源也不一定可靠。

（记者　王玉　刘维维）

孔祥林：阅读古代经典弘扬传统文化

记　者：全国政协委员聂震宁建议把孔子生日定为"中华读书日"，您对这个提议有什么看法？

孔祥林：这个提议非常好。孔子是古代自学成才的典范，他不怨天，不尤人，敏而好学，不耻下问，学而不厌，一生都在努力地追求知

孔祥林

识。他曾说"学而不已，阖棺乃止"，将学习作为终身目标，又说"加我数年，五十以学《易》，可以无大过矣"，这都是他一生坚持读书的证明。同时孔子又是中国古代思想文化的代表，奉祀他的庙宇在封建社会中被称作文庙，就是把他当做中国传统思想文化的代表，因此被称为至圣先师，奉为万世师表。所以我非常支持聂震宁委员的这个提议，将孔子诞辰定为"中华读书日"，希望大家能以读书的方式纪念孔子。

记　者：中华从古至今有着怎样的读书传统，近几十年来，阅读传统又有何变化？

孔祥林：中华民族是一个有着很高文化素养的民族，自古以来就非常重视读书。古人说"腹有诗书气自华"，读书能增加人的知识，提高人的素质和才干，人的气质当然就华贵不凡。正因为如此，自古以来，中国人就发愤刻苦读书。为了不让困倦影响读书，汉代的孙敬头悬梁；战国时代的苏秦锥刺股；家贫没钱买油照明，晋代的车胤囊萤，借光读书；孙康映雪，借雪光读书，这许许多多脍炙人口的刻苦读书的故事就是中国人喜爱读书的证明。

现代人的读书条件比以往任何历史时期都好得多。印刷术产生以前，人们只能传抄书籍，即使中国人发明印刷术以后，书籍的成本很高，一般人也是买不起的，历史上发生过许多抄书、靠给人家做工换书读的故事。现在虽然书多了，但是其他媒介太发达了，电视、网络、手机媒体都在冲击书本阅读。新媒体比起纸质媒体来说，提供的信息内容更加生动丰富、更加直观化，对观众有很强的吸引力。但是在强大的娱乐化需求下，许多历史题材的电影、电视经常歪曲历史，对观众的误导也很明显。虽然现在获取信息的媒介渠道多种多样，我还是建议大家多读书，读好书，读原著。

记　者：您提到要读好书，那么您推荐哪方面的图书让大家阅读呢？

孔祥林：我提倡年轻人多读一些传统文化的书。目前的教育对于传统文化较为漠视，我们教科书中传统文化的比例太小。年轻人在学校里很少接触到传统文化的熏陶，这就需要平时的阅读来弥补。每个人的兴趣爱好不同，爱读的书自然也不同，但我主张读一些传统的优秀文学作品，比如先秦散文、唐诗、宋词、元曲、儒家经典，一定要认认真真地读一点，即使是学习理工的也一定要读点经典文学作品。传统的经典作品可以提高人的文化素养，现在的许多艺术家，对传统作品接触不多，画中国画的不会题诗，书法家不会写诗，这就很难产生艺术大家。

记　者：当前的图书市场中，一味迎合大众趣味的书大行其道，富有学术内涵的书却不怎么受市场欢迎，您如何看待学术化与大众化、市场化的关系？

孔祥林：现在图书市场的竞争非常激烈，出于经济利益的考虑，很多出版社都愿意出版适应大众趣味的畅销书，而学术出版物很难出版。我认为在学术出版方面，不能单靠市场的调节，国家应该资助学术著作的出版，拨出专门的经费补贴学术图书和学术刊物的出版与发行。

记　者：您认为世界读书日的主要意义应该是什么？

孔祥林：设立世界读书日的目的就是提倡人们多读书，它的主要意义应该是通过读书来提高人类的素质。曲阜孔府现在还悬挂着清朝乾隆元年胡二乐题写的横幅："读书不独能变化气质，且能养人精神。"胡二乐虽然只是一个秀才，但他的这句话却真实道出了读书作用的真髓：读书不仅能改变人的气质，还能改善人的精神风貌。

（孔祥林，孔子研究院原副院长、研究员、孔子第75代嫡孙）

（记者　许航）

罗小卫：出版单位原创力亟须提升

——访重庆出版集团董事长罗小卫

在社会阅读率下滑的情形下，出版社何为？如何平衡大众读物和学术专著的出版？在"世界读书日"前夕，本报记者就有关话题采访了重庆出版集团董事长罗小卫先生。

记　者：4月23日是"世界读书日"，作为出版机构负责人，您认为阅读对个人、

罗小卫

对社会具有什么样的重要意义？

罗小卫：全民阅读水平是衡量一个国家社会文明程度的重要标志。热爱读书是千百年来中华民族的优良传统。读书涵养了中华民族的精神文化气质，是国家的文化根基和创新动力之源。

一个国家在世界中的地位，文化实力也是重要方面。现在中国经济迅速崛起，文化实力提升就更受到各界关注，有些人士呼吁将全民阅读上升到国家战略，这是一件关系到民族素质和创新竞争力的大事，也是构建和谐社会的大势所需。

记　者：目前社会阅读率呈普遍下降趋势，您认为原因何在？出版单位该如何改变这一状况？

罗小卫：就国民阅读率持续下滑这一说法，我不是完全赞同。经过政府部门及各界的努力，全民阅读活动理念近年来在社会中广泛传播，也取得一定成效，比如重庆的民众阅读率连续两年实现了上升，深圳等城市的读书节成为"城市文化名片"等。阅读率下降的原因，这首先与更多读者转向网络阅读、阅读结构发生明显变化有较大关联。其次是社会竞争激烈，不少读者倾向阅读实用性图书，体现较强的功利性。人们可能忽略了小说、诗歌、科普类图书可以陶冶个人性情、提高个人精神境界方面的作用。再次是出版单位原创力亟须进一步提升。中国的图书市场很大，但是出版单位普遍感到退书、库存之苦，这是出版界最值得关注的一个问题。要提高公众对阅读的兴趣，出版社就应该树立品牌意识，多出品牌书，以此来吸引读者。品牌是一个出版集团最宝贵的财富，是我们参与市场竞争的法宝和手段。

在做品牌书的过程中，我们也明白了一个道理，那就是凡是成功的图书，一定要把市场研究得很透，把市场意识渗透到自己工作的每一个方面，从选题的策划到图书的营销，每一步都需要做深、做透、做到位，才能有很好的市场回报。编辑部门和营销部门在实际工作中需要真正深入交流、密切配合，共同作出针对性强的营销方案，并千方百计地加以落实，这样做出来的书才能受到读者的喜欢、追捧甚至口口相传。

记　者：现在，常常出现这样一种情况，那就是出版社一边到处寻找出版资源，一边却忽视了对本土文化资源的挖掘，贵单位在这方面有什么的好的做法？

罗小卫：2009 年，重庆出版集团设立了 1000 万元"巴山夜雨原创文学作品出版基金"，用于鼓励和支持重庆本土优秀原创文学作品的出版，扶持、培养重庆原创文学人才和壮大重庆本土优秀文学作品创作队伍，繁荣重庆文学创作，激励重庆本土优秀原创文学作品走向全国、走向世界，以社会主义文化促进重庆大发展。

此外，我们也十分注重开拓资源独享的地方特色，出版了一大批有重庆特色、反映重庆文化的图书。"第二次国共合作史丛书"、"南方局党史资料丛书"、"重庆抗战丛书"等，为积累珍贵文献资料和弘扬红岩精神，恪尽了服务大局的职守。另有不少具有地方特色的美术类图书：《中国石窟雕塑全集》、《中国历代印风系列》、《中国西藏文化大图集》等。

记　者：当前的图书市场中，一味迎合大众趣味的出版物大行其道，学术著作普遍难出版，贵单位是如何解决这一问题的？

罗小卫：学术著作出版难的问题，是出版界面临的一个现实问题。重庆出版社于 1988 年开始斥资 100 万元，设立"科学学术著作出版基金"，2003 年后又将该基金充实到 1000 万元，并聘请了钱伟长、周光召等 21 名学术权威组成指导委员会，资助出版具有国际国内领先水平的科学学术专著。此举深受专家学者好评，迄今已出版各类专著上百部。其中，《当代资本主义新变化》、《当代社会主义的若干问题》、《中国自然科学的现状与未来》等一大批专著分别荣获中宣部"五个一"工程奖、国家图书奖、中国图书奖等国家级大奖。

（记者　王玉）

肖东发：继承读书传统　建立书香社会

中国自古以来就有崇尚读书的好传统。在中国传统文化的人文精神中，包含着一种上薄拜神教，下防拜物教的理性精神。上薄拜神教，即不信怪力乱神，重视现实社会中的人，而对人来说，文化教育最重要；下防拜物教，即节制物欲，追求自身素质与道德修养。人文精神的核心是以人

肖东发

为本。所谓以人为本即是以人为出发点并以人为终极关怀。《大学》等经典早就告诉我们读书的宗旨在于弘扬光明正大的品德，在于使人弃旧图新，在于使人达到最完善的境界。进一步说，良好的阅读可以使我们达到这样三个目标：继承并重视文化的价值、对独立人格的追求、对社会的责任感。读书活动的内涵极为丰富，从图书的著述到传播、流通、利用可细分为诸多环节，包括访书、选书、借书、抄书、购书、赠书、征书、读书、校书、书之补阙、辑佚、编撰、刊刻以及整理加工、分类编目、题跋提要、藏书保护、设施、建筑等皆是研究阅读史和藏书史不可忽视之内容。读书者、藏书家并非桃花源中人，其家世渊源、社会交游、专业联系乃至生活时代之政治风云、学术潮流、价值取向、建功立业等也与其阅读、著述、藏书活动发生千丝万缕的联系。从学术角度看，更有目录学、文献分类学、版本学、考据学、校勘学、辑佚学、辨伪学等，被统称为"治书之学"。这些宝贵的遗产都值得继承和发扬。

一个国家、一个民族能否得到世界上其他民族的尊敬，在很大程度上取决于这个民族整体的文化修养水平，而公民素质的培养主要途径之一就是读书，阅读可以开阔公民的眼界，启发公民的智慧，培养公民的民族自尊心、民族自豪感和爱国热情。

我们现在一个强烈的愿望就是实现中华民族的和平崛起，一位西方哲人说得好："一个国家的繁荣，不取决于它的国库之殷实，不取决于它的城堡之坚固，也不取决于它的公共设施之华丽；而在于它的公民的文化素养，即在于人们所受的教育。人们的远见卓识与品格的高下，这才是真正的利害所在，真正的力量所在。"北京大学老校长蔡元培也明确指出"欲使国家振兴舍教育而无他"。可是我们有些地方领导就热衷于建华丽的办公大楼、大喷泉、大广场等形象工程，而不注意踏踏实实抓教育和全民阅读。可以说是南辕北辙，背道而驰。

目前，越来越多的学者达成了共识，文化软实力已经成为综合国力和国际竞争力的重要组成部分。胡锦涛同志指出："当今时代，文化在综合国力竞争中的地位日益重要。谁占据了文化发展的制高点，谁就能够更好地在激烈的国际竞争中掌握主动权。"在和平、发展、合作成为时代主题的今天，国家文化软实力将为国家的发展创造有利条件，可以促使不同国家的价值利益趋向一致，为国家的发展提供有力的文化安全保障。

中国的传统文化便是软实力的主要资源，中国人经常说"以德服人"，实际上就是指赢得人家的心，而不是单纯使用蛮力。《孙子兵法·谋攻篇》："百战百胜，非善之善者也；不战而屈人之兵，善之善者也。"这也表明我国自古以来就有潜在的重视软实力的传统。从开辟丝绸之路、张骞出使西域，到郑和下西洋，中国从不输出武力，还依靠自己文化的感召力同化了昔日战场上的敌人，与邻邦和平共处。这种感召力依靠的是一种恒久弥新的文明，其载体就有书籍。

改革开放以来，我国经济以年平均8%—10%的速度，经历了近30年的高速增长，我国的文化建设也取得了举世瞩目的成就。但不可否认，在物质生活水平提高的同时，也存在着片面追求物欲和享乐主义，精神文明建设疲软，信仰危机，放松自身修养和素质提高，道德水平下降等问题；不再像过去那样重视读书，大众阅读率下降，人均年购书量不足五册；网上阅读和手机阅读层次较低，追求低级趣味；中小学生读书单纯追求升学率等社会现象。所以从上至下，从国务院总理到"两会"代表，提倡建立"全民阅读节"，开展全民阅读活动是有远见卓识的。近年来，全国建立起数以万计的农家书屋、职工书屋、社区书屋以及军队系统连队阅览室。北京等城市在农村和打工子弟学校、建筑工地等设立了"益民书屋"示范点，组织进行知识竞赛、读书演讲、阅读征文、图书捐赠等系列活动，并向全国发出"享受阅读乐趣、共创学习型社会"倡议，号召广大妇女影响和带动子女培养阅读兴趣、建立阅读习惯。同时，各地组织开展"家庭读书节活动"，倡导家庭确定每天全家读书时间，营造良好的家庭读书氛围。这些都是可喜的现象，希望不要流于形式，能够持之以恒。

（肖东发　北京大学新闻与传播学院教授）

陆建德：我理解的阅读

陆建德

现在中国社会有形形色色的为了应付考试的阅读，为了脱贫致富的阅读，为了评职称发论文的阅读。我在这里讲一讲为了阅读的阅读，也就是说，不带功利目的的阅读，不单纯是为了信息和知识的阅读。

作为外国文学研究者，我就从本行开始吧。19世纪法国诗人波德莱尔在《远行》一诗里写到为了旅行的旅行，为了发现新奇的旅行。真正的旅人，心轻得像气球，总是说："走！"这样的远行者不带地图，对他来说，目的地不及过程本身来得重要。远行可以有多种方式，甚至不必借助交通工具："我们的精神如天边张起的画布，请画上你们的回忆及其远景。"这里，远行变成了记忆和创造的行为，它可以是绘画，也可以是诗歌，也可以是写作和阅读。天边的画布既是历史的，也是想象的，它已经有了线条色彩，但还是继续可画可写，不同时期、不同地点的作者、读者和形形色色的远行者的心智在这块画布上相遇。

波德莱尔在画布上写出了当时人类还未知的新奇，他也带了他的读者踏上远行之路。旅行与读书总是十分相像的。蒙田在《论虚妄》一文里如此形容旅行的长处：它使我们看到众多别样的生活、思想和习俗，心灵因此持续不断地练习注意从未见过的新鲜事物。善游的蒙田为锻炼心灵的敏感，曾经漫无目的地离家远游，时间长达17个月。但是他上面那段话不也是在讲述阅读的本质吗？打开一本好书，我们就准备见识别样的生活，体会一个可能的世界。伍尔夫喜爱蒙田，她也欣赏蒙田和波德莱尔式的远行者，他们将远行自身视为目的，出发时不知在哪里过夜或什么时候回来。伍尔夫还说："最需要也是最难得的是，我们应当在出发前找到性情相投的人同行，在途中可以随时向他倾吐我们头脑里产生的想法。因为，快乐若无人分享，便缺少滋味。"伍尔夫谈阅读的时候往往也用相似的语言。她所偏爱的阅读不是为了获取知识和教益，而是为了交流，为了把交流扩大到我们的时代和地区之外。她将阅读者分为两类：一类读书是为了学问，另一类读书则不带目的。前者是位讨人喜欢的人物，但是面容苍白、身体羸弱。后者完全不一样，"一位真正热爱读书的人应该是非常年轻的。他充满了好奇心，满脑子各种想法；他胸襟开阔，乐于交流，对他而言，阅读与其说是书斋里的苦心钻研，不如说是轻松活泼的户外活动；他在大路上跋涉，他在山坡上攀登，他越登越高，直至最后空气太稀薄而难以呼吸；对他来说，阅读根本就不是埋首书案边的求索。"这位年轻的阅读者参与读书，是由于它本身值得去参与。伍尔夫在另一篇文章里还写到，阅读者充然自足，上帝想象不出有什么奖励他们的方式，最后的审判来临的时候，上帝看到爱阅读的人胳膊下夹着书走过来时会以不无羡慕的口吻说："瞧，这些人不需要奖赏。我们这儿没有什么东西可以奖给他们，他们总是喜欢阅读。"伍尔夫借上帝之口所褒扬的，其实就是我们说的"只问耕耘不问收获"的精神。当今社会里缺少的是这么一种阅读态度。为了阅读的阅读，功莫大焉。

作为我来说，阅读总是跟纸质图书联系在一起的。在数字化时代，阅读的方式得以多元化。比如现在一个硬盘可以存放成千上万册的图书，我们可以坐在安乐椅上对着电脑读书。如果屏幕很大，色调柔和，角度可以随意调整，那是何等惬意！只需按几下鼠标，我们就可以穿行于各种图书之间。但是我依然喜欢捧一本纸质图书翻看，或许那还是一本旧书，书中夹着20世纪50年代王府井书店的发票，上面留有原来主人的印章和评点，当然还有划线、问号和惊叹号。这种书有其特殊来历，书页发出熟悉而奇妙的味道，不同时代的读者在特殊的氛围下感到心气相通。也许一百年以后的读者会认为手捧书籍阅读很伤眼睛，而且效率低下，实在犯不着。是这样吗？不。我并不排斥有声和电子读物，但是我觉得现在阅读给人们带来的愉悦可能反而不及以前。

（陆建德　中国社会科学院外国文学研究所副所长，

《外国文学评论》主编）

现代化进程中的阅读传统

中国道路

中國社會科學報

●（2009——2010）

特别策划（下卷）

李岩：出版人须牢记文化使命和文化责任

李 岩

出版的历史就是人类智慧或集体记忆载体的传承过程。随着载体形式的变化，阅读传统也渐次发生着变化。从甲骨到青铜器，从简帛到纸张，人类文明的传承载体不断发生变化。

如今，新型的传播载体不断涌现，阅读的方式也变得多种多样。然而，手机阅读及包括网络阅读在内的新兴阅读方式能否带来从传统纸质阅读方式获得的阅读感受，是新兴阅读方式在发展中面临解决的问题。手捧浓浓墨香的小书一本，在书页的翻合之间，内心宁静下来，细细体味，慢慢品尝，心中江河日月，超然书外，这是纸质阅读带来的愉悦。相比而言，在信息化时代产生的网络、手机阅读给人们带来的是庞大的信息量，快捷、高效。然而，阅读享受无从谈起。

在这样的背景和趋势下，作为一家以整理出版中国传统文化典籍与优秀读本为主要宗旨和任务的出版单位，中华书局也在摸索走一条与时俱进的道路，努力探索传播手段的创新，积极开展和新兴手机、网络媒体的合作。

中华民族几千年积淀下来的文化成果和智慧结晶，以文化经典的形式传布下来，让后代不断释读、演绎与阐扬，这已成为我们民族的生命本源的一部分。目前网络、手机等媒体提供的涉及古代经典的有关内容来源不尽相同，存在不少讹误，影响了中国传统文化的准确传播。凭借自身的优势资源，中华书局可提供经专家校订过的较准确版本，更让读者信服。与手机、网络媒体合作，力图做中国传统文化的内容提供商或信息集成商，正是中华书局在多种媒体形式繁荣发展新形势下的努力方向。不仅如此，中华书局还筹建了"中华古籍网"和"中华古籍语料库"，让广大人民能够真正共享文化发展成果，充分体会到中华传统文化博大精深、取精用宏的特性。

目前，出版业界面临不少问题，其中之一就是出版的无效品种太多。

2009 年全国图书品种已将近 30 万，市场真的有这么大的需求吗？这其实是不正常的现象。这当中有 1/3 是教材、教辅，还有许多是重复出版，造成了极大的资源浪费，也让人们对出版质量打了个大大的问号。无效品种的大量增加与我们对出版社的考核制度有一定关系。对出版社的考核更多地以经济利益来衡量，却忽视了另一个重要方面：一个出版社的社会责任和社会贡献率。社会责任和社会贡献率体现在很多方面，如出版社的捐赠、纳税，员工人数与有效品种的比率、从事的慈善事业、获奖图书、社会评价等等。社会贡献率的考核也许不便于操作，但需要加大对出版社的社会贡献率的认知度，提高出版行业同仁的自觉意识。

在寻求出版业繁荣发展的同时，出版人还必须时刻牢记其文化使命和文化责任。培养全民族的人文精神与人文关怀是出版人应当铭记的理念。我们提倡的是一种赏心悦目的阅读。通过阅读，让内心宁静下来，沉潜下去。让阅读增加我们的人生乐趣、提高我们的生活质量、提升我们的精神品级。

（李岩　中华书局总经理）

（李欣 / 采访、整理）

Gary L. Segal：读书正在离我们越来越远

我在美国马萨诸塞州伍斯特（Worcester）的一家诊所工作，并在当地两所高校里任兼职教授，给研究生开了管理学和心理学领域的课程。在教学过程中，我发现如今的学生普遍存在一个严重问题：写作能力特别差，大多数学生甚至不知该如何清晰地表达一个意思或组织一句结构完整的句子。我认为，这与他们平时缺乏阅读有很大关系。这些学生从小就开始大量使用邮件和短信，结果造成他们的写作能力大大下降。

Gary L. Segal

随着现代社会技术的日新月异，人们之间不仅交流手段日益多样化，而且交流的速度和效率也实现了惊人的飞跃。书信在过去上千年内一直是不同地方的人们进行交流的主要方式，但就在过去短短二三十年间，电子邮件和短信迅速取代书信，成为人们沟通的首选方式。电子邮件和短信往往比较简短，而且对写作的要求没有以往那么严格，这既是它们的优点——方便、快捷，但同时也成为其特有的缺陷——语法错误率高、缺乏文采和深度。

不仅书写逐渐成为一种历史，读书也面临着同样的问题。就更广泛的美国社会而言，如今越来越多纸质报纸被关闭，电视和互联网取代了报纸，成为人们获得新闻的主要渠道。久而久之，读书的人越来越少，随着技术的迅速发展及普遍使用，这个趋势仍在继续。但是，与报纸相比，电视和互联网往往缺乏深度。例如，互联网上报道的新闻为了吸引读者或方便阅读，以标题的形式出现在页面上，这大大减弱了读书可以激发读者进一步思考的功能。

我一直相信，榜样对孩子的成长起着关键的作用，而读名著对培养孩子的写作能力而言也至关重要。我在一个多专业领域的医疗实践团队里工作。4 年前，我们团队开始在儿科部门倡导一个项目：只要前来就诊的孩子在五岁以下，他们的家长就会得到一本幼儿读物。这个项目是希望能鼓励家长在孩子更早阶段就培养他们读书的习惯。到目前为止，这个项目取得了比较大的成功。

（Gary L. Segal 美国 Fallon 诊所人力资源管理与组织发展部高级主任）

（褚国飞 / 采访、翻译）

陈胜利：走进图书馆享受阅读快乐

陈胜利

知识改变命运，阅读关系民族未来。图书馆是知识的殿堂、公民终身学习的校园，在推动全民阅读和学习型社会建设、保障公民阅读权利方面，承担着重要责任。"世界读书日"既是广大读者的欢乐节日，也是全体图书馆工作者的盛大节日。

现代意义上的图书馆，不仅仅是藏书机构、信息集散地和阅读的场所，更是一种制度的设计，通过建设覆盖城乡的图书馆服务网络，让知识、信息、阅读嵌入人们的日常生活。

改革开放以来特别是近年来，在党和国家的高度重视和积极推动下，我国的图书馆事业取得了长足进步。从 1978 年到 2008 年，我国县级以上公共图书馆的数量由 1256 所增加到 2819 所，增长了 124%；总藏书量由 1.64 亿册（件）增加到 5.5 亿册（件），增长 235%；馆舍总面积由 65 万平方米增加到 777.7 万平方米，增长 10 倍以上；购书费用由 1503 万元增加到 9.369 亿元，增长 61 倍；总流通人次由 5398 万人次增加到 2.8 亿人次，增长 4 倍；书刊流通册次由 7831 万册次增加到 2.3 亿册次，增长 194%；通过实施全国文化信息资源共享工程建设，2008 年全国公共图书馆计算机总数已达 10.1 万台，是 2000 年的 10 倍。

此外，各级公共图书馆广泛开展服务创新，服务范围不断向社区、农村和基层延伸，服务方式日趋多样、便捷，服务深度和广度不断拓展。比如，国家图书馆、南京图书馆、浙江图书馆等实行的免费开放，上海图书馆实行的"一卡通"服务，天津图书馆开展的延伸服务，杭州图书馆提出并践行的"平民图书馆、市民大书房"理念等，均受到广大读者的热烈欢迎。最近，深圳图书馆自主开发"城市街区 24 小时自助图书馆系统"，通过一台"自助图书馆"，读者可享受自助申办借书证、自助借书、自助还书、自助预借、自助查询 5 大自助服务，被称为是"永不关闭的书房"。但与先进国家相比，我国图书馆的建设还存在不少差距和问题。截至 2008 年年底，我国 2859 个县级行政区划中，有 415 个县没有图书馆，占 14.5%；2444 个县级图书馆中，不具备基本服务条件的近 30%。国际图书馆协会联合会在 20 世纪 70 年代颁布的《公共图书馆标准》规定，每 5 万人拥有一座图书馆，一座图书馆服务辐射半径通常标准为 4 公里，而我国平均每 3405 平方公里的面积、每 46 万人口才拥有一座公共图书馆。除硬件设施不足外，我国图书馆的管理水平、现代化程度、人才结构等与先进国家也存在较大差距。

为加强图书馆建设，推动全民阅读，营造书香社会，今后我们将着力做好以下工作：首先，推动《公共图书馆法》的尽快出台，提高全社会的公共图书馆意识。立法是推动公共图书馆事业发展的根本。通过立法，将最终确立公共图书馆的法律地位及公益性属性，有助于促进公共图书馆建设的科学化、法治化水平，进一步提高全社会特别是各级党委、政府的公共图书馆意识，使公共图书馆事业步入良性的可持续发展轨道。目前，在图书馆界及有关各方的大力支持和推动下，《公共图书馆法》已完成初稿，目前正在广泛征求意见。其次，争取财政支持，促进公共图书馆事业的可持续发展。近年来，中央财政对公共图书馆建设给予了大力支持，使全国各级公共图书馆的面貌大为改观，我们将进一步争取中央财政的支持，积极探索解决公共图书馆经费投入问题的长效机制。再次，推动建设覆盖城乡的公共图书馆服务体系建设。公共图书馆服务体系至少包括三个层面：一是政府"买单"，体现公共图书馆的公共性、公益性属性；二是体系完备，覆盖面广，服务全民；三是服务方便快捷，服务质量优良，服务对象满意。最后，加强和改进服务。服务是图书馆工作的宗旨和归宿。我们将坚持以人为本，依托现代信息手段，整合资源，大力提升图书馆的服务能力，提高广大读者对图书馆服务的满意度。

阿根廷作家博尔赫斯说："天堂应该是图书馆的模样"，让我们共同努力，把每一座图书馆都建成人间天堂。让我们走进图书馆，享受阅读的快乐！

（陈胜利　文化部社会文化司图书馆处处长）

魏志刚：阅读需求提升印刷技术

魏志刚

　　人的阅读需求与印刷技术的发展息息相关。由于龟甲、兽骨、钟鼎、竹简、布帛等曾经的文字载体昂贵稀少、使用不便，因此在上古时期，阅读只是贵族阶层的特权，对于普通老百姓来说，阅读不啻为一种奢求。造纸术发明之后，阅读的成本大大减低，但是传抄大量的文字却依旧不便。随着印刷术的发明，这种局面才得以极大改观，书籍的价格不再昂贵，复制书籍的时间也不再漫长，老百姓都可以买得起书、看得到书。阅读，从宫廷慢慢渗透到了民间。

千百年来，每一次印刷技术的提升都是为了更好地满足人的阅读需求，使阅读变得更加舒适便捷，使阅读者获得更多的信息。例如，书籍的字体基本都使用宋体字，宋体字是印刷体，并非书体，宋体字之所以会出现，一个原因是因为刻版工匠雕刻方便，另一个原因就是宋体字是最适合阅读的，因此直到现在，主流的印刷媒体仍然在使用这种字体。据专家研究发现，汉字的笔画是横多竖少，因此，宋体字的横细而竖粗，体现出了空间美感。

进入信息时代之后，一个新的问题——阅读的现代化——随之而来。现代人的阅读需求不只是满足于传统的阅读，而且对阅读的载体提出了要求。目前，手持阅读器、电纸书等新的阅读载体进入了现实生活中，并将根本改变我们的阅读习惯。同样，印刷的概念必然也将拓展延伸，不一定是印刷在纸上的才叫印刷，各项技术、手段正在整合之中，将来的图书出版社很可能只是内容提供商，而不再负责印发图书。

有消息称，目前有的国家已经把小学生的教科书改成手持阅读器，阅读效果提升了一大步，但是手持阅读器对孩子的健康并不好，因为屏幕反光会影响视力。相比较而言，电纸书不会反射光线，电子纸的颜色可调，文字的字体和字号可变，还会发出声音，并散发香气，既轻便又环保，全方位满足了现代人的阅读需求。因此，未来电纸书的发展必将势不可挡。

但是，电纸书并不会取代传统的阅读方式。将来的阅读可能会出现两极分化：一种是高档阅读，非常奢侈，是享受式的阅读；一种是广告阅读，比较粗糙，是普及与启蒙式的阅读。而在这两者之间的、大多数的方式就是电纸书的阅读，这也将成为获取信息和积累知识的最佳方式。目前电纸书的技术还不成熟，不过全世界的专家都在致力于研究这项技术，几个难点一旦攻克，全新的电纸书时代就会到来，这十分令人期待。

（魏志刚　中国印刷博物馆副馆长、北京印刷学院教授；
李英中国印刷博物馆业务部主任）

（杨阳/采访、整理）

现代化进程中的阅读传统

23

中国道路

中国社会科学报

（2009——2010）

特别策划（下卷）

Jon Kuypers：小时候，读书是我们生活很重要的一部分

Jon Kuypers

读书，在我们还是孩子的时候，是一件司空见惯的事情，而如今，随着技术的进步和人们获取信息的方式越来越多——电脑、手机、电话等，更多人开始疑惑：读书是否正在离我们远去？

孩提时代，我们双方的父母都鼓励我们要多读书——从一开始给我们念很多睡前故事到后来我们自己读书，而他们自己也经常看报纸、读很多书。所以，读书在我们生活中是很重要的一部分，也是那么地自然。

当然，随着我们年龄的增长，我们读书的内容和时间都发生了变化。Jon 除了天天读报纸，也喜欢翻一些体育类的杂志，但是他不怎么爱看闲书，他看的其他书主要是老师布置的作业或与学习相关的。Tammy 读书速度比较慢，所以大部分时间都花在老师布置的作业上，只偶尔才拿起一本闲书翻翻。而且，随着电视开始进入我们的生活并日益普及，我们俩和其他的孩子一样，也花更多的时间在电视上，而这当然挤走了本来就不是很多的读闲书的时间。

如今我们已经工作并有了三个孩子，因此生活变得更加忙碌，虽然读书的习惯仍然被保留下来，但是读书的时间却变得越来越少。Jon 还会每天读报，并看看杂志，但读报、读杂志的时间几乎再也不是整块的，而是七零八碎地被挤出来的；而作为三个男孩的母亲，Tammy 的阅读对象如今也已变为育儿方面的杂志。无论是杂志还是报纸，里面的文章或报道都很简短，所以可以忙里偷闲地看。小说离我们越来越远，偶尔我们还是会拿起一本小说翻翻，但这只能是作为度假休闲的一种享受了。Tammy 经常想，如果她读书的速度能再快些、如果她有更多时间，或许她会读更多闲书。

读书时间越来越少，这似乎已成为社会发展的一个趋势，特别是有线电视开通了这么多频道，给人们有更多休闲、娱乐和获取信息的选择，而

且电视可以坐下来轻松享受，因此看电视比读书更有吸引力和竞争力。

　　作为孩子的父母，我们希望孩子们热爱读书，所以我们也经常在思考为什么现在更多孩子不像以前那么爱读书。原因应该是多方面的，比如，一些父母从小就没有爱读书的习惯，那么要把这种兴趣爱好培植在他们孩子身上就会变得更困难；又比如，美国是一个移民社会，而且难民相对而言也不少，对很多移民或难民父母而言，英语不是母语，甚至有些人不会说英语或英语水平不高，而又很难找到其母语的故事书，所以他们似乎无法找到合适的书来鼓励自己的孩子看，再加上这些家庭的孩子们往往很难得到父母的支持，来帮助他们一起理解学校要求他们看的英语书。我们在 Burlington 帮助一些难民家庭，我们所接触到的一些家庭就存在这样的问题。

　　除了读书，孩子们的写字也日益成为问题，特别是书法和拼写方面。在我们住的地区，这里的小学五至十一年级都要求孩子用手写的方式来完成家庭作业，但高年级的学生则更频繁地使用电脑，我们相信过多地使用电脑会对手写和拼写造成不良影响。包括语法也存在一定问题，虽然学校里依然教语法而且也比较重视，但是孩子们在通过手机短信或电子邮件这种更为便捷的方式交流时，他们往往不怎么重视语法的准确性，而且为了追求更快捷，会使用很多缩写，如用"BFF"来表示"永远的好朋友"（Best Friend Forever），这样只能导致拼写能力越来越糟糕，同时也造成语法水平的下降。与此同时，如今孩子们使用字典的机会也变得十分少。

　　实践是提高某一方面能力和水平的最佳方法之一，所以过多依赖技术，这显然不易于培养孩子爱读书的习惯，也不助于提高孩子们的写作水平。我们也希望学校能鼓励孩子们多读书，并要求孩子们更多地通过手写而不是过多使用电脑来完成作业。就我们个人而言，作为家长，我们不允许孩子们看电视，他们至今也都没有手机（我们的孩子分别为 11 岁、8 岁和 6 岁），同时努力培养他们爱看书的习惯，让我们高兴的是，孩子们都很爱看书。

（Jon Kuypers 美国佛蒙特州 YMCA Camp Abnaki 主任

Tammy Kuypers 家庭主妇）

現代化进程中的阅读传统

余中先：阅读之补

世界阅读日，当然不是要人们在那一天去读书，而是通过这样的一天，提醒人们：要阅读。

胡耀邦同志当年发起过这样一个号召：我们要读一亿字的书。如果每年只用一天来读书，即便日读二十万字，读它六十年，阅读量恐怕也超不出 1200 万字。但如果把阅读当做日常事来做，每星期都读上十来万字，那么，一年就有 500 万，二十年就能读一亿字了。

回忆我的阅读（当然不算上学读课文，读讲义，而只算业余阅读），经历了这样的一系列过程：从"偷食"到"恶补"，再从"挑食"到"加餐"。

少儿时赶上"文革"的文化饥渴时代，阅读可谓饥不择食，纯粹为满足精神需要而读。当时，书得来（借来、偷来、换来）一本是一本，往往借到一本书后，会埋头读它一两个晚上，一口气读完。有时，得到的书没封面没封底，甚至前后都缺好多页，就这样读，也不知道书是什么题目，作者是谁。记得有一本，应该是俄国小说，我没头没尾地读完后，很是喜欢，后来把小说情节讲故事一般地讲给同学听，讲了两个晚上还没讲完。多年后，翻阅图书时，才得知，原来那本书就是赫赫有名的陀思妥耶夫斯基的《被欺凌的与被侮辱的》。《水浒传》和《红楼梦》，我都是先读的后几卷，因为一下子没有借到上卷。

粉碎"四人帮"后，我上了大学。在大学，我的读书是一种"恶补"，是为充实自身而阅读。记得每年的暑假我都不回老家，全都泡在图书馆里读书，直读得天昏地暗，头脑发懵。当时，记得周恩来总理的一句话，"为中华崛起而读书"，阅读，多是为了扩大自己的知识面，把少年时期所耽误的时光都补回来。

后来，走上了外国文学研究和翻译的道路，往所谓专家的方向发展，此时的读书，则往往是为工作而读了。这势必使自己的阅读比较倾向于本专业的范围，即外国文学，甚至偏重于法语文学。这样的"偏食"大致上没什么错，因为人的精力和时间大都有限，不可能什么都读，什么都读得很精。好在，外国文学对于我，既是工作，又是爱好，干自己喜欢的工作，读自己喜欢的书，又能作为工作的内容，岂不快哉！

其实，阅读也可以是另一种境界的。钱锺书先生有言道："大抵学问是荒江野老屋中二三素心人商量培养之事，朝市之显学必成俗学。"我所希望的，是今后的阅读，少一些应付，少一些为"俗学"所迫的"一目十行"和"急就章"，多一些从容和闲雅，总之，为乐趣而阅读，为修性而阅读。

（余中先　中国社会科学院外国文学研究所博士生导师、

《世界文学》主编）

（本期特别策划采写工作组：祝晓风、王玉、杨阳、刘维维、孙龙、

许航、李欣、项江涛、褚国飞、怀畅、李萍、王宙、朱高磊）

独家调查

《中国社会科学报》2010年世界读书日调查

传统纸质阅读与电子阅读可共存

面对当今全球化、网络化、高节奏的时代环境，你还有多少时间用于个人阅读，阅读对于个人还重要吗，传统阅读还有存在的必要吗……在2010年4月23日世界读书日来临之际，我报就目前大众的阅读情况进行了问卷调查，回收有效问卷200份。被调查者年龄跨度从20岁到70岁，涉及教育人士、科研人员、公务员、公司职员、媒体人士以及高校学生等人群。

近六成参与此次问卷调查的人士认为，世界读书日的意义在于提醒、鼓励大家多读书，使阅读在社会中更受重视。虽然也有近一成的人认为世界读书日没有什么意义，但从我们的调查可以看出，这些人也是希望阅读可以真正深入人心，培养出一种爱读书、读好书的习惯，而不是仅仅是搞一个"读书日"。

（记者　孙龙）

现代化进程中的阅读传统

社会科学类图书影响巨大

在调查问卷中我们发现，近52%的被调查者认为社会科学类图书对其生活工作产生了巨大影响，但也有近11%的被调查者认为都市类报刊对其影响巨大。有被调查者表示，与严谨的学术文章相比，都市类报刊更为通俗易懂，且简洁明快，在海量的信息和高节奏的生活中，他们认为浅阅读更为适合自己。

据中国出版科学研究所第六次全国国民阅读调查发现，2008年成年人图书阅读率为49.3%，比上一年的48.8%增长了0.5个百分点，各种媒介综合阅读率为69.7%。可以看出，有近半数的成年人很少阅读图书，但为什么其他媒介的阅读率却很高？在我们的调查中显示，"工作紧张，没时间阅读"、"新媒体的出现"、"书太多，鱼龙混杂，无从选择"和"社会浮躁，忽视阅读"是产生此问题的主要原因，它们分别占26%、24%、13%和35%。

"中国社会处于转型期，经济虽然高速增长，但精神生活却相对匮乏。"有被调查者认为，传统价值观不断受到冲击，各方面信息泛滥、甄别难度大，造成了个人乃至社会的浮躁情绪。加之生活节奏快、压力大，人们在闲暇的阅读中自然倾向于轻松的读物，而较少去关注那些知识含量高的读物。

此外，图书定价过高也是成年人图书阅读率低的原因之一。我们的调查显示，82%的被调查者认为图书价格高。不过有意思的是，13%的被调查者认为不高，有的人认为因为大众工资偏低，所以嫌图书价格高；有的人认为，质量差的图书比质量好的图书价高。虽然整个图书市场很繁荣，但图书的质量及其文化内涵令人堪忧。在我们的调查中72%的被调查者认为现在图书出版市场新书出版较快，存在整体质量下降问题。

传统纸质阅读与电子阅读可共存

目前，大众阅读呈快餐化，"微阅读"方兴未艾。47%的被调查者在我们的调查中表示，每天用于阅读的时间在3小时以上。"很多时候各种网络消息来得比报纸快，所以工作或忙着时可以第一时间知道最新的消息。"一位被调查者告诉记者。随着网络等新兴媒体的出现，还有多少人愿意阅读传统纸质书籍？我们的调查发现，近54%的被调查者仍在使用纸质读物，43%的被调查者认为传统纸质阅读方式不会被电子阅读（互联网、手机等）取代。

49%的被调查者在我们的调查中表示，每月用于买书的费用在100元以下，36%的被调查者表示一年最多买10本书。"我个人在观望电子书。虽然喜欢纸质图书的真实感和书籍的味道，但是生活节奏太快，如果有口袋装的图书馆——电子书，可以提高时间的利用效率。不过个人感觉，真要欣赏一本著作，读懂作者的思想，传统的纸质书籍还是必要的。"一位被调查者感慨地说。他的说法也得到了我们调查结果的印证——虽然有近38%的被调查者主要使用电子阅读方式，但是有近47%的被调查者认为两者可以同时共存，并且近92%的被调查者认为传统纸质阅读方式有存在的必要。

阅读方式趋于多元化，人们阅读目的也趋于多元化。在我们的调查中，近25%的被调查者阅读的目的是因为爱好，23%是因为目前的工作需要，17%是因为提高精神境界。此外，还有为了求职、获得文凭和娱乐。

学术化、大众化、市场化可共存

当前的图书生产和图书市场中，一味迎合大众趣味的图书大行其道，富有学术内涵的图书却不受市场欢迎，是学术化、大众化，还是市场化，这是摆在社会科学工作者面前的一道难题。图书既然是"产品"和"商品"，"市场化"就是必然的。但图书又是特殊的"产品"和"商品"，是重要的文化载体，是读者的精神食粮。"学术化与大众化、市场化永远不可能完全融通。"有被调查者向记者表示，应该追求以适当的体裁形式将"学术"尽量向大众传播，逐步提高全社会的阅读品位，与此同时促进"学术"进一步的提升，形成良性互动。

"经济利益驱使了市场化、大众化，同时弱化了学术化的社会地位，长此以往，不利于学术的发展。"一位被调查者表达了类似的看法。他认为，对于学术化，应给予更多的政策支持和社会提倡，提高大众思想素养，发挥图书对大众的影响力，而不是大众影响图书出版。同时，大众化、市场化也应给予适当引导，分层次、分类别地发展图书市场，让学术化和市场化共生共荣。

图书是人们精神生活的调剂品，本身不应该承载引领社会思潮和价值观念的责任，如果大众趣味发生变化，图书内容发生相应的改变是符合规律的。"学术化与大众化、市场化并不是绝对矛盾的，关键是要找到相互的契合点、契合的方式和手段。"有被调查者则认为，学术的东西不必刻意追求大众化和市场化，但能够让其走出象牙塔，产生更大的社会影响，无疑是有益社会和学术本身的。大众化和市场化的读物也不必责其不够学术，它有其社会需求和存在的理由。只要充分挖掘不同读者的需求，大众化的图书和学术化的图书可以并存，都可以有自己的读者群。

改革春风吹来的"蒲公英"

"汉译世界学术名著丛书"（珍藏本）出版

记者 郭烁 王玉

新中国 60 华诞之际，商务印书馆的献礼图书出版工程——"汉译世界学术名著丛书"（珍藏本）首发仪式日前在京举行。

"汉译世界学术名著丛书"荟萃了世界经济、政治、文化和社会历史等方面的代表著作，自 1982 年第一辑 50 种书出版，到目前已经出版十辑400 种，代表着"人类已经达到过的精神世界"。有人这样评价该套丛书，"凡是对学术研究有爱好的知识分子，无不对'汉译名著'产生几分敬仰，进而对商务印书馆产生几分感激之情"。

"严译名著"开启的传统

追溯商务印书馆沧桑历程，人们更能感受到"知识就是力量"。1898年 8 月 12 日，位于天津的《国闻报》刊登了一则来自北京的消息，题为《视死如归》，大意是讲以谭嗣同为首的"戊戌六君子"等人即将喋血刑场。当时，《国闻报》的创办者、时任北洋水师学堂总办的严复是何感受？具体情形现今不得而知，但有一点却很明确：为救亡图存，先进的中国人将不得不另寻新路。

百日维新失败后，严复开始集中精力译述西方学术名著。其实，早在1897 年，他就开始翻译赫胥黎《天演论》，并在《国闻报》增刊《国闻汇编》上连载。

1899 年，严复在给后来成为商务印书馆灵魂人物的张元济的信中写道："复自客秋以来，仰观天时，俯察人事，但觉一无可为。然终谓民智不开，则守旧维新两无一可。即使朝廷今日不行一事，抑所为皆非，但令在野之人与夫后生英俊洞识中西实情者日多一日，则炎黄种类未必遂至沦胥；即不幸暂被羁縻，亦将有复苏之一日也。所以屏弃万缘，惟以译书自课。"从"维新派"转变为"翻译家"，严复的才华得到了充分体现。

严复和张元济是老朋友。张元济在出任南洋公学译书院院长之前，就曾写信给严复讨论译书问题。1901 年至 1902 年，张元济在南洋公学主持出版了严复翻译的亚当·斯密《原富》。事迁，1902 年，张元济进入商务印书馆，严复译著的出版工作也移交给了商务印书馆。

作为中国第一家现代出版机构的商务印书馆，其成立于严复发表译作《天演论》的 1897 年。严复和商务印书馆之间的机缘，不仅水到渠成，而且有其时代必然性。

1905 年，商务印书馆推出铅印本《天演论》，到 1921 年时便已重印了 20 版。1931 年，商务印书馆将严复翻译的 8 种西方学术名著汇编成"严译名著丛刊"，包括赫胥黎《天演论》、亚当·斯密《原富》、斯宾塞《群学肄言》、穆勒《穆勒名学》、甄克思《社会通诠》、孟德斯鸠《法意》、耶芳斯《名学浅说》和穆勒《群己权界论》。

这些西方学术名著，第一次比较系统地向国人展示了西方的思想脉络。"在某种意义上说，商务版'严译名著'之于当时的中国，是一种思想的启蒙，给当时的人们带来了一种新的西方的世界观和方法论。自严复以下几代知识分子，无不身受其赐。"自此，翻译出版西方学术名著，成为商务印书馆标志性的业务之一。20 世纪二三十年代，商务印书馆还尝试出版过"汉译世界名著丛书"。

中国艺术研究院中国文化研究所所长刘梦溪认为，严复"以精熟的海军战术和炮台学的留英学生身份，而去译介西方的人文学术思想著作，这本身就值得注意"。有学者将中华民族走向现代化的道路，从某种程度上概括为从器物、制度层面深入到思想文化层面不断向西方学习的过程。如果从这个角度看，严复译著的深度和广度不仅开辟了商务印书馆"汉译世界学术名著丛书"传统的源流，更标志着近代中国的思想文化迈入一个崭新的历史阶段。

外国学术著作翻译的前 30 年

新中国成立之初，许多学者认为必须大力翻译西方学术名著，改变以往比较零散、不成规模的局面，以促进我国哲学社会科学的繁荣发展。1956 年，中央提出"百家争鸣、百花齐放"的方针。在此背景下，由中宣部和文化部组织制定了两个学术规划，即中国古籍整理规划和外国学术著作翻译规划。

其中，外国学术著作翻译规划由人民出版社牵头拟定，即《外国名著选译 12 年（1956—1968）规划总目录》。时任人民出版社副总编辑兼三联书店编辑部主任的陈原参与其事。实际上，早在 1953 年，陈原就受命开始进行西方学术名著的选译工作。这也就为后来陈原进入商务印书馆主持"汉译世界学术名著丛书"工作埋下了伏笔。

1958 年 4 月 12 日，新华社发布消息，文化部决定以商务印书馆为出版外国哲学、社会科学学术著作的主要出版机构。同年，陈翰伯调任商务印书馆总经理兼总编辑。据后来担任商务印书馆总编辑的林尔蔚回忆，陈翰伯"一到商务，就带头学'洋四史'：世界通史、西方哲学史、经济学说史和政治思想史，也鼓励别人学这'四史'"。

在陈翰伯的主持下，1961 年商务印书馆制定了《两年至七年（1961—1967）翻译和出版外国哲学、社会科学重要著作规划（草案）》，并在第二年开始编辑出版《外国哲学社会科学译书消息》。1963 年，陈翰伯又广泛征求中国科学院哲学社会科学部以及多所大学教师和研究人员意见，拟定了一份《翻译和出版外国哲学社会科学重要著作十年规划（1963—1972)》，选列了外国学术著作 1378 种。

在此基础上，陈翰伯初步确定以 16—19 世纪上半叶西方资本主义国家的学术名著，尤其是马克思主义三个来源（即德国古典哲学、英国政治经济学、法国空想社会主义）作为近期出版重点。在他主持工作的 7 年间，商务印书馆翻译出版的外国哲学社会科学重要著作有 200 多种，这也为"汉译世界学术名著丛书"前四辑的出版奠定了坚实的基础。

与 1949 年之前相比，商务印书馆这段时期的外国学术名著翻译工作，已被置于国家繁荣哲学社会科学规划的大框架之下，不再仅仅是学者的个人学术旨趣的体现，或商务印书馆单纯的经营行为。系统地出版外国学术名著丛书，可以说是万事俱备。孰料随后而来的"文革"浩劫，打断了新中国哲学社会科学波澜壮阔的发展进程，当然也就打断了外国学术名著的翻译工作。

改革春吹来的"蒲公英"

1977 年，陈原出任商务印书馆总经理。5 年后，在商务印书馆建馆 85 周年纪念会上，陈原以茅盾题词"维新大业，数出版先驱，堪称巨擘"勉励同仁。是年，"汉译世界学术名著丛书"第一辑 50 种推出。丛书设计朴素庄重：雪白的封面上绽开一朵象征传播知识的烫金蒲公英。现在看来，这大抵可以算作中国图书较早的"LOGO"。

《人民日报》发表了丛书发刊词："通过这些著作，人们有可能接触到迄今为止人类已经达到过的精神世界。"

某种意义上说，"汉译世界学术名著丛书"是幸运的，她时逢一个"拨乱反正"的时代。1984 年，邓小平指示要花几十年的时间翻译出版世界学术名著。来自最高层的声音令学术界、出版界欢欣鼓舞。

这无疑是对刚刚绽开的蒲公英最大的呵护，也适应了时代、社会发展的需要：学术教育界的教学研究需要以了解西方学术的优秀成果为基础；中国的现代化建设同样需要了解西方国家的现代化经验。

当然，乍暖还寒。陈原曾回忆丛书出版伊始所面临的风险与阻力："要知道 20 世纪 80 年代之初出版这样一套学术丛书，是要冒风险的，阻力非常大。当时有人告状，说我只搞资本主义不搞马列主义。"比如萨缪尔森《经济学》的出版被一些人指责为将这种帝国主义阶段的、内容是反马克思主义的书列为学术名著，是没有阶级意识。陈原平和而坚定地回复了这些过激指责的言论。

这同样是一个理想主义的"疯狂"时代。社会上充溢着百废待兴下井喷般的蓬勃生机和"将所失去的一起补回来"的豪情。人们笃信"知识就是力量"，以最大的热情拥抱知识，拥抱书籍。萨缪尔森的《经济学》第一次付印 13500 册、第二次 7000 册，都是甫一进新华书店即被抢购一空，"盛况空前"。现在我们已经很难理解彼时人们的心态与情绪，唯有从当事者的回忆以及一些令现代出版人瞠目结舌的发行数字中可以感受到当日的激情。

在中华民族伟大复兴的历史进程中，我们需要始终以开放的心态借鉴和吸收人类文明的既有成果。"汉译世界学术名著丛书"既是过去的佐证又是未来的助力。正如中宣部部长刘云山同志在写给商务印书馆贺信中指出的那样："这一文化工程充分体现了我国改革开放的基本国策，充分体现了我们这个历史悠久的文明古国和发展中的社会主义大国海纳百川、兼收并蓄的坚强自信和宽广胸怀。"

透过"汉译世界学术名著丛书"及其背后的时代，我们看到了一个正在崛起的伟大民族的伟大情怀。

再铸汉译名著经典献礼新中国六十年
——专访商务印书馆总经理王涛

记　者：总经理您好。首先对于"汉译世界学术名著丛书"（以下简称"丛书"）再版首发仪式的成功举办表达最诚挚的祝贺。今天又看到了象征知识传播的"蒲公英"，非常亲切。

王　涛：谢谢。包括我在内的全体商务人一段时间以来的重头工作，都放在了丛书的出版上，唯恐有负学人。可以如此介绍以下这套丛书：所收著作，均为一个时代、一个民族、一个国家学术史上具有里程碑意义的经典著作，涵盖了政治、经济、哲学、历史、语言、地理等学科领域，体现了各个时代、各个民族精神的精华，代表着人类已经到达过的精神境界，其深邃的思想睿智，推动了世界文明的进步。这套丛书的丰富精深思想引入中国，开阔了几代读者的视野，滋养了几代学人的情操，曾被胡乔木赞许为"对我国学术文化有基本建设意义的重大工程"。

自 1982 年第一辑问世，以及 27 年来的不间断出版，可以说，丛书对于解放思想、转变观念，推动社会进步等方面，都起到了基础性的作用。

记　者：您怎么理解丛书对于商务印书馆的意义？

王　涛：应该是相互成就的关系吧。商务印书馆向以译作立社，"系统译介西方学术经典"是商务印书馆创建百余年来一直坚持的出版传统和方向。20世纪初，商务出版严复翻译的《天演论》（赫胥黎著）、《原富》（即亚当·斯密的《国富论》）等书，都产生了极大的社会影响。由此，翻译出版西方学术及文学著作，成为商务标志性的业务之一。正是商务印书馆"激动潮流，启发思想，奠基学术，建构文化"这一传续百年的出版理念和文化担当，铸就了丛书品牌的灵魂；也正是凭借以丛书为代表的一大批精品学术图书，商务印书馆"学术出版重镇"的品牌形象不断发展、巩固和深入人心。

记　者：任何一个著名图书品牌的诞生，都绝非一朝一夕之功，"汉译名著"似乎也走过了一段非常艰难的历程。您可否大体回顾一下新中国成立，尤其是改革开放之后，丛书发展的脉络。

王　涛：可以这么说，丛书走过的历程，必将成为中外思想传播史上的一段传奇。20世纪五六十年代，一群思想文化精英们顶着巨大的政治压力，以存亡继绝的文化担当，将域外文明犁入汉语的沟垄。之后，改革开放之初的1984年，邓小平同志明确要求："要用几十年的时间把世界古今有定评的学术著作都翻译出版。"这个指示就是针对这套丛书而作出的。在此基础上，丛书诞生，引领了新一波思想启蒙的时代浪潮，"标志着一个时代的开端"（原国家语委主任陈原语）。90年代市场化涌来的商海横流，并没有打乱这套丛书的步伐，她依然稳健、执著地坚守经典、系统、精品的理念，激动潮流，启发思想，奠基学术，建构文化，为中国改革开放提供养分和力量。"日新不已，望如朝曙"。

至于将此重任交付于商务印书馆的原委，简单些说吧，既有历史机遇又属商务的传承。

记　者：今年是新中国成立60周年，在这样一个意义重大的节点上选择重印这套同样意义重大的丛书，有什么考虑？

王　涛：自丛书第一辑出版至今已经20余年，分辑出版的丛书，不少品种掩盖在时间的尘埃之中，难以寻觅，再加上版本及版权的流变等因素，时至今日，市面上早已见不到一套全套的"汉译世界学术名著丛书"。

而读者对这些经典著作的需求却有增无减，有些品种（如《政治学说史》），在网络上甚至卖到了 800 多元的高价。现有的版本，大部分也由于用原纸型印行数十年，字迹模糊，字体也已不合当代规范，效果不尽如人意。

为此，在新中国成立 60 周年之际，商务印书馆举全馆之力，特别制作了"汉译世界学术名著丛书"珍藏本，集合 1—10 辑的绝大多数作品，另选新出版的第 11 辑的 10 余种，组成 400 种，规范字体，整体出版，并附有珍藏卡，限量整套发行，向新中国成立 60 周年志贺。为完成珍藏本的出版工作，从版权到编辑，从校对到印制，商务印书馆上上下下的力量都调动了起来，全力以赴。光是这套图书的校对印制任务，就相当于 2007 年商务校对印制部门大半年的工作量。这套珍藏版丛书，既早已为学术界所翘首，也是商务印书馆全体员工对共和国 60 华诞的献礼。

记　者：您刚才提到，全套重印丛书可以说是"举全馆之力"，工程浩大。如何看待新的历史条件下这项工作的意义？

王　涛：我想意义有两个。一方面，值此共和国 60 华诞之际，将这样一套已经深深印刻在、融化进当代中国思想史中的文化产品整体推出，是商务人对于共和国的献礼。更是借此机会，向几十年来为这套丛书作出贡献的译者、编者与读者表示我们最崇高的敬意。

可以说，丛书是新中国成立以来几代学人心血的结晶。许多学界领袖、著名翻译家和出版家都以深厚的学养、严肃的态度和无私的奉献精神，投身于这套丛书的谋划、厘定和翻译、审校工作中。没有他们虔诚的治学精神，也就没有丛书的品质和风格。贺麟、朱光潜等思想大家，以其深厚的中西学养、高屋建瓴的眼光，对译事"诚惶诚恐"的严肃态度、对译文"一名之立，旬月踟蹰"的严苛，以及他们为思想传播事业不计得失的付出，将自己的心血渗透到每一辑、每一本"汉译名著"之中，成就了丛书高蹈卓拔的传世品质。现在，他们中的许多人都已经不在了，唯精神长存。这套丛书，是我们后来人向他们最衷心的志礼。

另一方面，中华民族在伟大复兴的历史进程中，始终以开放的心态借鉴和吸收人类文明的既有成果，丛书就是最好的佐证。我们会把此次珍藏本的出版看做一个新的开端，并以此为基点，进一步做好这套丛书的规划和出版工作，使其成为一个正在崛起的民族必要的文明情怀，成为一个日

改革春风吹来的『蒲公英』

37

渐昌盛的国家必要的文化积淀，以不负前贤，有益社会。

（记者　郭烁）

何兆武：在前人成绩的基础之上不断进步

何兆武

商务印书馆"汉译世界学术名著丛书"的出版，可以说是我们国家文化建设上的一件大事。

我上小学的时候，1925年、1926年了，那个时候中国小学，特别是农村的小学，基础读物还是《三字经》和《百家姓》，可幸运的是，我们上小学读的已经不是《三字经》、《百家姓》了，而是商务印书馆出的一套教科书。从那个时候起我们接受的是新时代的新文化，近代的文化。中国的传统文化有很多优秀的东西，可是我们那个时候没有接触。比如说，孔子的《论语》、孟子的著述，那些我都是上了大学以后才读到的，上大学以前没有读过。这一点我想并不是坏事，而是一件好事，因为人的知识是不断进步的，如果没有商务印书馆从清末开始出版的一些有关现代知识的书，那么五四运动就是不可想象的，中国的近代化是不可想象的。中国的近代化也要求我们的思想、学术不断进步。没有前人的基础，就没有后人更进一步的成绩。

大家都知道，马克思理论的形成是有三个来源的，这三个来源是过去文化的成果。大家都知道牛顿是最伟大的科学家了，牛顿很谦虚，他说"我的成绩是站在巨人肩膀上的成绩，如果没有凯特尔，没有伽利略，也就没有牛顿"。所以我们如果要不断进步，就要在前人所取得成绩的基础之上，没有前人的成绩就没有我们今天的进步。在这个意义上，商务印书馆出版的这一套"汉译世界学术名著丛书"实在是功德无量的事情。

先进文化就是前人所有优秀文化的积累、扬弃的结果。希望商务印书馆"汉译世界学术名著丛书"继续出版，把古今中外所有优秀的作品都吸收到里面来，这样我们才能继续进步。

（何兆武　清华大学）

谢地坤：做学问应当重视学术著作的翻译

商务印书馆开风气之先，出版了"汉译世界学术名著丛书"的珍藏本，对中国学术界而言，它的贡献怎么评价都不过分。它不仅为我们树立了一个世界参照系，还对促进中华文明、促进中国学术的发展起到很大作用；同时，这套书还影响了几代学者的治学之路。

谢地坤

我想，这套书的出版也包含着中国社科院哲学所几代人的心血。可以这么说，德国古典哲学的主要著作很多是由哲学所前几代哲学家承担翻译的，这次珍藏本哲学类有100多本，由哲学所学者翻译的就有20多本，占了五分之一。我认为，这和哲学所的学风有关。

在翻译世界哲学名著上，哲学所有个一脉相承的传统。第一代翻译者以贺麟先生为代表，当时他在北大成立了翻译社。作为梁启超的弟子，在治学上受到的学术传承很明显，梁启超曾呼吁国人向德国三大哲人康德、费希特和黑格尔学习，但是，贺先生后来发现梁启超、王国维了解的只是其中一部分，并不深。于是，他先到美国留学，后到德国留学，并成立了翻译社，又把融通中西的学术传统带到哲学所。

第二代以王玖兴为代表，他翻译了许多德国哲学名著，堪称"信、达、雅"。遗憾的是，由他主持翻译的康德《纯粹理性批判》至今还没有出版。还是在1972年，王玖兴、王太庆等就开始翻译这本著作，由于治学严谨直到去世前翻译尚未完成。2003年王先生临终前将我喊到医院，向我交代这件事情。他说这本译著磨到现在没磨出来，一直觉得不满意，希望我

改革春风吹来的『蒲公英』

继续做下去。从这里可以看出我们前两代翻译人的治学之认真，这也是商务印书馆不愿意出其他版本，一直等这个版本的原因。

此后，梁志学、薛华等人继承了这个传统，他们翻译的《自然哲学》、《先验唯心论体系》等在学界很有影响，同时他们在培养年轻学者身上也付出很多精力，在学术传承上作出了贡献。

到了我们这一代，从事翻译的学者不如以前多。大家对翻译的重视程度受到制度的制约。成果的估算往往不把翻译的著作算进去，哲学所则是强调科研与翻译并重。作为哲学所西方哲学室培养出的学生，我深感在翻译方面有很多事情要做。

首先是学风问题，现在学术界的翻译大多不认真，生造了许多词，回头去看贺先生的翻译，看王玖兴先生的翻译，都能看懂。我认为，如果这些已有定论的经典名著，包括哲学史上非常晦涩的书，翻译出来别人看不懂，就是译者没弄懂的原因。哲学所西方哲学室有翻译与研究并行的优良传统，以翻译促进研究，以研究引导翻译。如果仅仅翻译则像盲人摸象，必须要有研究来引导，必须要知道有价值的东西。这也是哲学所的基本精神。翻译外国学术著作，实际上反映一个民族是否有海纳百川的自信，能不能在古人肩膀上往前进一步。

当然，这套书不光包括哲学类，还有经济学、法学、社会学等门类。以前我们只有旧学，哲学社会科学的体系并没有，是后来参照西方的标准建立起来的，这个标准实际上就是这套译著。很多国学大师都是在对中外思想了解的基础上开始治学。王国维用西方治学的方法讲中国的学问，赵元任完全按国外语言学的标准来治中国语言学的标准，陈寅恪、梁启超同样如此。每一个国学大师都是"脚踏两只船"，踏中外学说这两只船。我们应当有这个自信，融通中西，为发展中国的哲学事业作出我们的贡献。

（谢地坤　中国社会科学院哲学研究所）

徐勇：敢于吸收善于消化

"汉译世界学术名著丛书"是伴随着改革开放而进入我国学术之门的。

她为中国打开了一扇学术之窗。这套丛书是世界学术精品，在世界学术史上有重要地位。不了解它们，我们就无法全面深入了解世界学术文明成果。通过这套丛书，首先我们看到了世界学术发展博大精深的成就，帮助创立和发展我们自己的社会科学。可以说，改革开放以来，我国社会科学的恢复、重建和发展与这套丛书密切相关。同时，这套丛书也帮助我们更深入、更好地理解和掌握马克思主义理论。过去我们只知道马克思主义有三个组成部分和三大来源，至于这些来源的著作，却知之甚少。如作为马克思主义重要来源的古典经济学和古典哲学著作，我们接触不多，也无法充分理解马克思主义由何而来。马克思主义是在批判中发展的。而我们对马克思主义所批判对象的著作却不知道，也就无法深入理解马克思主义为何批判，依据何在。

政治学是在改革开放后恢复发展的。我正是从作为汉译名著之一的亚里士多德的《政治学》中才知道何谓政治学。我是改革开放之初踏入学术之门的。当时正值汉译名著陆续问世之际。起初，我们是以极大的好奇心而购买这套丛书的。记得当时报刊有一则传闻，说德国的贵妇人都以在自己的梳妆台上摆放康德的著作为时髦。所以，我们这些年轻学人常常也以赶时髦的心态对待这套丛书，每逢丛书中有新

徐 勇

的著作出版时，都要去购买。仿佛没有这套书，就没有资格入学术之门似的。至今，我还将这一套丛书摆在书架的重要位置，作为书房中最厚重之作。购得丛书，当一部部名著摆在自己面前时，又因为自己的知识浅薄而从此对学术抱有强烈的敬畏之心。直到现在，我指导学生时，对个别学子动辄说自己有什么重大建树，或者喜好"剑走偏锋"，故持一端时，我就表示要有对学术的敬畏，只有充分了解和掌握现有的学术成就时，才谈得上创新。当然，了解世界学术有一个过程。由于缺乏学术积累，我初啃汉译名著时也感到很吃力，理解不透，更难做到消化和吸收。但是，它为我们打下学术功底奠定了基础。随着学术人生的成长，我开始可以用专业的眼光去阅读著作，并根据需要反复阅读、深入理解和借鉴运用这些著

作了。

如今，外国学术名著翻译越来越多，也越来越快了。这是一件好事。我国要深化改革，扩大开放，也包括对世界学术的开放。只有以博大的胸怀拥抱世界学术文明，我们才能汲取世界文明的精华，丰富自己的头脑。现在，学界提出"本土化"，强调中国特色、中国风格和中国气派，这是正确的。但这并不排斥对世界学术的借鉴。如果我们对外国学术一点不了解，没有比较和借鉴，谈何"本土"和"中国性"。当然，我们了解和借鉴外国学术，是为了更好地研究学术问题。这里有一个引进、消化和吸收的过程，刚开始可能有些消化不良，"食洋不化"，但随着学术发展，特别是学术功力的提升，人们可以更好地消化，"洋为中用"。

同时，在外国学术著作引进越来越多的今天，一定要高度重视质量。外国学术著作多，但不一定都是精品。当年，汉译名著之所以能够产生重大影响，关键是精心选择、精心翻译、精心出版，才有可能成为能够影响一代学人学术历程的学术精品。为此，在组织翻译外国学术著作的时候，要有眼光，会识货；翻译进度宁可慢一点，但要精一点，使之成为权威译本。同时，作为研究者，更多地是通过翻译，了解学术动态，掌握更多的学术研究方法和分析框架，并借助这些工具从事我们的学术研究，以繁荣发展中国特色哲学社会科学体系。

（徐勇　华中师范大学政治学研究院）

赵敦华：吸收世界各国优秀思想的成功佳作

商务印书馆出版的"汉译世界学术名著丛书"伴随着很多学者的治学生涯。我当学生时开始读这套书，后来工作时可以读外文原著，也经常在教学和写作时用到它。近期，商务印书馆又出了珍藏本，很有意义。这套书初期的书目有些并未精选，一些著作不是最重要、第一流的名著，只是在本领域某一时期较有影响而已。现在，这套珍藏本在这方面有了弥补。除了包括平装本的 380 多个品种外，还有尚未出版的十几种新书，一共组成了 400 种，绝大多数都是经典或重要名著。

赵敦华

学术著作的翻译不是思想的照搬复制，一种语言表达的思想不能被另一种语言所复制，"汉译世界学术名著丛书"有其不可替代的重要价值。中国人翻译西方经典名著比西方人翻译中国经典名著做得更多、更好一些。特别是改革开放以来，汉译名著大规模、全方位开展，表现了中国人吸收世界各国优秀思想的"海纳百川、有容乃大"的胸怀，对中国的思想解放、对外开放的现代化事业，起到了积极推动作用。中国学者在这方面做了很大的努力，出了很多成果，商务印书馆的这套丛书是其中最有影响的一部。无论对学者的教学和研究，还是对大众理论素养的普及和提高，"汉译世界学术名著"（珍藏本）都是不可或缺的佳作。

（赵敦华　北京大学哲学系）

庞卓恒：为学术交游搭起宏阔的大桥

在"汉译世界学术名著丛书"中，我读的第一本书是吴寿彭译亚里士多德著《政治学》。我先大体浏览了一下吴恩裕为该书写的长篇卷头宏文，瞭了一眼目录，就开始读卷一。大概读了十来页，就感到难于释手了。不仅是亚里士多德那条分缕析的议论引人入胜，吴寿彭那略带古雅口语风格的译文，让我觉得好像来到了雅典的学园林荫道上，听

庞卓恒

到那位博学大哲对每个问题都慢条斯理地"从头讲来"。我大约用了一周左右的时间，把那本书通读了一遍，感觉像是享用了一顿精神美餐。通读之后，自然要对大餐中的那些令人印象特别强烈的部分反复地回味。但是要从如此浩繁的篇章中寻找心仪之处，很不容易。这时，书后附录中的

"本书章节摘要"和"索引"就帮上大忙了。至今，每当我要查寻该书的某些内容时，首先就得向那些附录讨教。

自从读了《政治学》，我就同"汉译世界学术名著丛书"交上了朋友。每当我探讨的问题涉及了某些先哲的论说时，我就要从丛书中寻求急用的"急救篇"。还有，每当我有一段比较宽裕的"自由支配时间"时，我就要翻一翻丛书目录，找到一两本虽不急用却是久已向往但未得机会畅阅的名著来享用一番。那时就真能体味到夫子之言：学而时习之，不亦乐乎！

我觉得丛书的选题大都很精到。很多著作都是既适应专业读者需要，也适合于不同专业的读者扩大知识眼界和培育跨学科研究能力的需要。

这套丛书确实为中外学术交游搭起了一座宏阔的大桥。

我衷心希望这套丛书办得更好，为中外学术交游作出更大贡献。

我想，是否可以把"名著"的标准定得宽泛一些。就像"名人"不一定是"伟人"一样，"名著"也不一定是"伟大的著作"。只要是阐述了重大的理论、历史或现实问题，并且引起了广泛关注，尤其是引起了重大而且激烈争论的著作，是否都可以考虑列入选题范围。

这就涉及怎样写"译者前言"或"中译本前言"的问题。

我希望每本译著都有"译者前言"或"中译本前言"。无论是"译者前言"或由译者敦请有关专家写的"中译本前言"，我希望除了介绍该书作者生平和该书的写作及出版背景以外，要着重介绍该书出版后，本国和外国学术界对该书有哪些评论，肯定的评论和否定的评论都应该比较详细地、客观地介绍，切忌只讲恭喜发财之类的溢美之词。前言的作者自然不能仅仅客观地介绍别人的肯定和否定意见，还应该坦率地说出自己的评价。总之，要把不同的意见明明白白地呈现在读者面前，谁是谁非，让读者自己去判断。

凡是篇幅较大的译著，我希望都能像《政治学》那样附上主题索引、中外文译名对照索引和有关的研究书目。

（庞卓恒 天津师范大学）

金惠敏：权威的现代中国知识建筑工程

商务印书馆主编的"汉译世界学术名著丛书"可以说是一项权威的现代中国知识建筑工程。其权威性，首先来自于这些经典在西方文化语境中本身就是经典之作，代表着西方文化的基本精神；其次来自于译者的敬业精神：我们喜欢说，这些作品是名家名译，其实著名翻译家之所以能够著名当在于他们把翻译当做事业来做；再次来自于商务印书馆一套严格的编辑体制，与商务打过交道的译者都知道其体制本身对译作水准的保障作用。

金惠敏

我讲这些都是事实，是大家都承认的。现在的读书人，谁的书架上没有戳着几本商务的汉译名著？这套丛书是学子学者进入学术、做学术的基本装备。当年阅读朱光潜先生译著黑格尔《美学》的情景至今仍历历在目，它可能就是我最愉快的大学记忆了。每天18页，按照论述的逻辑脉络进行摘抄，读完后居然还写了一篇与朱光潜商榷的论文——20多年后，在参加美学家马奇先生学术纪念会上，惊喜地知道马奇与我的观点一样，而且朱先生私下也认可了马奇的观点。我相信，像我当年这样虔诚对待汉译名著的人不在少数，朱译《美学》（黑格尔只是其中之一）绝对是滋养了几代学人！扩大而言，今天所有多少有点成就的人文学者对这套名著及其译者都应当怀着一颗感恩的心。

通过这套丛书，很多西方的学术理论和研究方法陆续传到中国。到如今，许多西方的东西都已经渐渐参与到了中国文化的建设之中，日益成为中国文化的一部分。商务在解放前就开始陆续出版汉译世界学术名著，这些经典名著虽然算是舶来品，但是现在都基本上融入了中国文化，变成中国的东西了，人们在知识装备上，在思维方法上，甚至在世界观的某些方面，都自觉不自觉地在运用着这些理论与思想。汉译世界学术名著已经成为我们的基本知识储备，或者也可以说，已成为我们的"文化无意识"。前些年在关于季羡林先生能否称为国学大师的讨论中，一个核心的争辩是：佛学是不是国学？其实佛学早就成为中华文化的一个部分，禅宗化的佛学就是国学嘛！拿这个例子与汉译名著做类比，可以认为，西方的文化在中国传播，其中很多已中国化，变成中国文化的一部分了。

这一点在全球化时代，在一个文化全球化的时代，是愈加显明了。长久以来，我们习惯于中西二元对立的思维模式，这是典型的殖民地思维模式，是费正清关于中国现代史（过去称"近代史"）的"刺激—反应"模式。这种模式只说明表面现象，它不说我们也知道，在这表面现象背后的是根本的"传统"与"现代"的紧张关系，"对立"只是这关系中的一个维度。自鸦片战争以来，中国经历的是一个现代化的转型过程，中国人民在进行一个伟大的现代化工程。虽说谈了很多年的"后现代"了，但在中国，现代化还是一个远未完成的工程。汉译学术名著代表着一种外来的"现代性"（柏拉图也是现代性的），在与中国本有的现代性（这仍有待于发掘）的碰撞中，建构着一种新的现代性，当然也是一种融合了"后现代批判"的现代性。汉译学术名著的思想史意义，简单地说，是它参与了中国现代性工程的建设。

这套丛书在翻译方面确实比同类作品做得好，我个人比较喜欢，但毋庸讳言，它还可以做得更好一些，译文质量、编校质量在精益求精的道路上可再前进一点（可征集读者意见在适当时修正），继续坚持从原始语种翻译，坚持研究性的注释，等等。另外，在选题上可以多收录一些20世纪的经典作品。现在是，20世纪许多大师的已有定评的著作没有收录进来。当然，20世纪以前的经典要发掘的余地也很大。这些都是苛求了，但因为我相信商务有能力做得更好，所以才这么吹毛求疵一些。

（金惠敏 中国社会科学院文学研究所）

陈恒：西方学术世界的简明谱系

近代中西文明碰撞交汇，以及是时中国所处的特定历史情境，不仅让我们对那些来自海洋异质文明的了解成为当务之急，而且在这种了解背后更承载着文化和现实的双重使命。自晚清第一批试图睁眼看世界的有识之士开始译介西方学术文化，形成中国西学译介涓涓细流，递及民国时代新学人的大力引进而渐成滔滔之势。他们内心孜孜以求的不仅是文化意义上的习知，更希图通过对西学的了解，滋养和更生己国之国民精神，以实现近代中国求富求强的急切历史诉求。正是基于这样的期冀，中国一代又一代的学人不辞辛劳地引介国外学术著作，对推动中国社会思想的进步和学术研究的发展起了不容否认的作用。这些翻译

陈 恒

中最为突出者当属商务印书馆的"汉译世界学术名著丛书"，它滋养了一代又一代的学人，使中国学术传统得以更新，已生成糅合东西学术精义的果实。

就个人经验而言，这套丛书在教学与研究两方面都给本人带来了极大的便利。笔者常年为本科生开设"西方史学史"，该课程实际上就是一部西方学术发展史，是西方文化史、思想史的重要组成部分。在每次开讲的第一节课上，我所推荐的阅读书目基本就是这套书中的相关著作。一是因为课程所涉及大部分名著几乎都可以在这套丛书中找到汉译本；二是这套书选本之精湛、译者文笔之优美、设计之高雅让人爱不释手；三是那些百读不厌的序跋，每读每新，回味无穷。实践证明，每届学生最喜爱的也是这套书。笔者也是在阅读这套书的过程中逐渐走入学术研究领域的。读了译文后，感觉有必要再去寻找原文进一步深入研究，进而寻找各种版本加以比照，在这一过程中逐渐体会到一些研究的基本方法。可以说"汉译世界学术名著丛书"是研究入门的指南，更是深入研究的基础；是一部西方思想史，更是一部简明西方学术史。

但就目前中国学术界现状而言，我们对西学的了解是有限的、不全面的，而且还存在盲目引进的问题。西方的学术家底我们还没完全摸清楚，现在我们迫切需要进行系统研究、引进，而且这个任务应由国家出面统一协调来做。日本在这方面做得非常好，值得我们学习。西学翻译是一项庞大的、有系统的、艰难的工程。由于个人、教学机构、出版社的力量有限，难以担负起如此艰巨的任务，因而迫切需要国家的大力支持，建立

"国家编译馆"就是一个非常现实有效的方法。

我们应该把从古到今的西方书目整理出来，进行分类，列出一类书目、二类书目、三类书目等等，特别需要列出第一批急需做的。由国家制订近期、中期、长期规划，把这一工程纳入国家体系，进行系统的整理与翻译。如果有国家的大力支持，稿源的质量就会大大地提高，也会培养一批专门人才。另外，翻译成果也应该纳入评估体系，这必须有一两所大学去突破，做示范。通过这些努力，西学的引进水平必会提高，从而促进中国的西学研究更上一个新台阶。

我们希望"汉译世界学术名著丛书"能不断更新，有更多的精品力作添加进来；我们也希望能出现更多的"汉译世界名著"，能有更多的出版社推出汉译学术名著。

（陈恒　上海师范大学历史系）

（本期特别策划采写工作组：郭烁　王玉　陈静　金辉）

"汉译名著"凝聚了几代出版人的心血

"汉译世界学术名著丛书"是奠基性的西学译介工程，凝聚了几代出版人的心血。丛书出版伊始，采取重编旧译、开拓新译的方法，在重印并修订原有译著的基础上，制定新规划并组织翻译出版。时任商务印书馆总编辑的陈原公开提出他一贯坚持的"读书无禁区"之主张。在延续20世纪五六十年代的经典译著的基础上，商务也出版了一些颇为敏感的破禁之书。如1984年商务重新出版了弗洛伊德的《精神分析引论》（高觉敷1930年的译本），这是在"文革"后中国大陆最早正式出版的弗洛伊德译著，因为涉及性，弗洛伊德的书之前一直被列入禁区。商务甚至举办了一个新闻发布会，表示终于开禁。商务又接着出版了弗氏的《精神引论新编》和《释梦》。外国报刊曾评价此事说，中国能公开出版弗洛伊德了，这说明中国是开放的。

集全国学术界之力

"汉译名著"是一套没有主编也没有编委会的丛书，但它却实实在在地是聚全国学术界和翻译界之力量而成就的。除了业务合作与日常来往之外，商务形成了保持与学术界密切联系的一整套机制。其中重要的一项就是商务的领导人和丛书编辑不定期地到各地高校、研究机构走访和座谈的机制。这是商务历来的传统。20世纪70年代后期，商务重新恢复业务工作后，陈原、高崧等商务领导冒着很大风险，组织编辑们四处走访仍处于各种逆境中的专家学者，鼓励他们继续从事外国学术名著的翻译工作。这一时期的艰难开拓，为80年代的学术名著大量面世打下了坚实的基础。以朱光潜之译《美学》的传奇故事为例。黑格尔的《美学》皇皇三卷，近110万字，是西方美学史上的一座高峰。早在1958年时，朱光潜已经翻译并由人民文学出版社出版了黑格尔《美学》的第一卷。之后因受"文革"干扰而中断，第二卷译稿在"抄家"时被抄走。到"文革"后期，朱先生在北大西语系打扫垃圾时，居然在一个角落的废纸堆里发现了被抄走的黑格尔《美学》第二卷译稿。故物重逢，感慨莫名。在朋友的帮助下，朱先生拿回译稿并进行秘密修改。1974年商务印书馆开始恢复业务活动，时任副总编的高崧提出了两个工作办法，一是将多卷本的书补缺，二是人弃我取。在这一原则下，商务希望把朱光潜所译的黑格尔《美学》列入出版选题。于是派编辑陈兆福，经由看守朱先生的工宣队同意，去看望"反动学术权威"朱光潜。通过巧妙的周旋，终于避开了工宣队的监视，与朱先生洽谈《美学》出版事宜。朱先生于是接着翻译第三卷。1981年，《美学》全书三卷四册全部出齐。1980年，这位美学大师在83岁高龄之际，又决心翻译18世纪启蒙运动著名学者维柯的代表作《新科学》，1986年辞世前译完。在他逝世的前三天，他神志稍许清醒，趁家人不防，竟艰难地独自悄悄向楼上书房爬去，家人发现急来劝阻，他嗫嚅地说，要赶在死前把《新科学》的注释部分完成。丛书收入了大师这两部杜鹃啼血般译出的著作，也收入了那存亡继绝的一缕学脉。

几十年，商务与译者们一路风雨走过，"患难见真情"，商务以其有胆识的担当和为译者着想的真诚，赢得了译者们和学者们的信任和奉献。直到现在，在处理稿费及合同事宜时，一些老译者总是对编辑说，"你们看着办就行了，我相信你们"。也正是因为有了这种多年的交情和信任，很多译者拒绝了其他出版社提出的更高的稿酬，仍然将自己的译著继续放在商务出版。

十年磨一剑的译本

"汉译名著"的核心竞争力还有它的译文质量。在国内西学译著日渐增多、但粗劣译本也随之泛滥的今天，商务的"汉译名著"便是品质的保证，往往成为读者的首选译本。而好的译本质量，也与编辑们严谨的编校密切相关。商务的编辑们多是处理译稿的专家，他们对每一部译稿都要精心审读、校订、润色，对保证书籍质量起了重要的作用。翻阅编辑们在审读译稿后发稿排印时的审读报告，其中所记录的对翻译的建议、对字句译法的推敲确定以及与译者的再三探讨过程，历历在目，令人对编辑们的专业水平和敬业精神感慨万分。商务的老译者陈太先就曾感叹这些在出版物上不署名的编辑"是真正的无名英雄"。经济学教授吴易风也曾满怀感激之情地说到商务印书馆编辑们在背后为每本译著所付出的劳动，"著者、译者署了名，可是商务印书馆的编者却不同意著者、译者在前言中衷心表示的感谢之意，执意不肯留下他们的姓名。我深深被他们的这种精神所感动，只有默默地然而永远地铭记在心中"。

在编译往来中，一些书堪称"十年磨一剑"。20世纪70年代初，文德尔班的《哲学史教程》已有北大哲学系一学者的译稿，交由商务两位编辑处理。编辑处理工作历时半年，最终还是做出了"原文太难，译文不理想"的结论，经编辑室研究决定将此译稿作为废稿处理。之后一位馆领导推荐了四川老西南联大的一个译者罗达仁。经试译——这是商务在约请译者之前确定译者翻译水平的一项操作规程——确认罗先生的翻译水平能够胜任此书翻译之后，商务与他确定了约译关系。这部著作的上卷译者译了六七年，交稿后的编辑处理过程又历经了两年，其中包括编辑徐奕春的改稿、编辑携稿到四川与译者当面切磋、在校样排出后译者又根据英文第二版（当初是按德文译出）重新校订等过程。直到80年代初才出版上卷，1989年收入"汉译名著"丛书。可以说，一个优秀的译本，是由译者和编辑共同打造的。

现在来看，凝聚了几代出版人心血的"汉译世界学术名著丛书"早已成为了中国出版界的骄傲。这一奠基性的西学译介工程成为出版界对中国社会和学术的重要贡献。也正是这套标志性品牌图书，确立了商务印书馆在学术界和出版界的声誉和地位。

更重要的我想是，这套丛书在一个世纪中走过的历程见证了商务印书馆的历史、中国出版界的历史乃至中国现当代学术、文化和社会的历史。

（李霞　商务印书馆译作编辑室）

采访手记
"那是震撼而温暖的记忆"

采访之前，听到过王涛总经理在华东政法大学"《新译日本法规大全》首发式"上的讲话。清楚地记得，他最后一句话如是说："窗外的苏州河在静静地流淌，仿佛在诉说着一个世纪的沧桑；而沧桑的尽头，就是我们苦苦追寻的精神家园！"

我曾非常唐突地悄悄问商务印书馆王兰萍编审："这是王总自己写的稿子么？"

王编审笑着回答："这还不是王总的最佳演讲。"

作为一名法科背景的记者，我怀着种种好奇，采访了这位四川大学中文系的毕业生、国家新闻出版总署政策法规司前司长、现商务印书馆总经理。

采访大约历时一小时。显然，王涛总经理是属于那种不需要任何提示诱导，只需一个简单问题，就明白提问意图的受访者。所以，我几乎只是一个聆听者。

中文系毕业生的那种浪漫和神采飞扬集中体现在了王涛身上。在滔滔不绝，成竹在胸地介绍"汉译世界学术名著丛书"相关情况的过程中，他也夹杂了许多个人感情："你可不能体会，当时在川大时，我们如饥似渴地传阅'名著'时的样子，历历在目。大二的时候，我用了四天的时间读完了达尔文的《物种起源》。"

我插话："那算很快了啊！"

"哈哈，你看你还是不理解什么叫'如饥似渴'。真是一口气儿读完的，所以还算快。"

我又插话："读完了啥感觉？"

"读到激动之处，我几次冲出教室，独自一人仰望星空，长叹思想之浩瀚，自己之浅陋。那的确是一段震撼而又温暖的记忆。"

正式采访结束后，我又提出两个问题。

"怎么看1949年之前的老商务？"

——她使文化产品从少数人的自娱自乐变成了人人得享的普遍权利。一句话，功德无量。

"怎么看现在您的位子？"

——何德何能，战战兢兢，如履薄冰。"商务"二字承载太多。面对张元济、王云五，永远难以望其项背，只能全力以赴，全力以赴。

（郭烁）

编辑后记

使我的灵魂为爱你而歌颂你

"知道出版'汉译世界学术名著丛书'，感到无比高兴。对于一个青年人来说，恐怕只有恋爱可以跟这件事媲美了。"27年前，一位年轻读者在写给商务印书馆的信中如是说。

也许今天的我们已经无从理解彼时"当学生遭遇汉译"的心情。30年后，一位历史学人回忆道："当时，我们虽然已经成年，但可以说都是一群没有经过启蒙的男孩女孩，突然间遇到了一种解放，将整整一代人的青春热情释放出来。我想，以后不会再有这样的外国思潮给我们如此的爆炸性冲击了。"但这种对于西方思想文化的热情，乃是出于"中国自己的问题，想为中国的新时代移植一套适用的新原则与新方法"之情怀不曾更改。

本期特别策划希冀读者再次重温这项被胡乔木赞誉为"对我国学术文化有基本建设意义的重大工程"，向新中国 60 周年，尤其是改革开放 30 周年以来的精神之旅致敬。可以说，改革开放成就了这套规模最为宏大、品格高蹈卓拔的思想译丛，当然另一方面，"丛书"本身又成为了改革开放 30 周年的思想奇葩和重要成果。这是一个民族走向复兴必需的文化奠基工程，自信的中国人在以更开放和更理性的心态吸收、借鉴全人类的文化成果。

"汉译世界学术名著"前生今世已逾百年，以此时间维度观之，其所承载之社会记忆，或徘徊而后奋进，恰似一种忧伤而后明亮；对于"名著"，奥古斯丁的话语恰如其分："使我的灵魂为爱你而歌颂你。"

改革春风吹来的『蒲公英』———————

53

五四之际话人才：
全球视野中的出国热与归国潮

五四，是青年的节日，是青春的记忆。

青年处于成才的关键期，是中国腾飞的人才宝库与希望所在。李大钊曾经在名篇《青春》中热情地呼吁青年："进前而勿顾后，背黑暗而向光明，为世界进文明，为人类造幸福，以青春之我，创建青春之家庭，青春之国家，青春之民族，青春之人类，青春之地球，青春之宇宙，资以乐其无涯之生。"

在五四这样一个不寻常的日子里，本报推出特别策划："五四之际话人才：全球视野中的出国热与归国潮"，从各领域专家学者的视角出发，为中国人才的成长、成才贡献力量。

中国留学人才发展事业及未来趋势

留学是不同文化交流的产物，也是人类文明传播的重要渠道。对正在起飞的后发国家来讲，留学是学习世界先进文明成果，促进国家强盛和民族富强的重要途径之一。对于中国而言，最早派遣的留学生就肩负着"师夷长技以制夷"的重要使命，此后绵延不绝的留学潮也与"振兴中华"的近现代化进程密切相关。

中国与全球化研究中心（CCG）创始主任、中国留学人员联谊会副会长王辉耀，被称为中国留学生的代表。作为恢复高考后的第一批大学生，谈及留学感言，他说："中国经济在全球化浪潮中国际化程度不断加深，而且知识经济时代要求给'海归'创业提供肥沃的土壤。"

相关数据表明，中国目前已经成为世界上最大的留学生生源国。与此相映成趣的是近年来方兴未艾的归国潮。可以说，当今中国，出国留学热和归国潮并驾齐驱，构成了我国人才事业最引人注目的风景。这道风景的背后除了落叶归根的天然情怀，更有着中国国力提升和经济崛起以及随之而来的巨大个人发展空间的时代背景。日前，记者就此话题采访了多位专家学者，以期通过他们的解读，梳理出未来中国留学人才发展事业的清晰脉络。

早期留学：文化的碰撞与融合

容闳，作为第一个毕业于"美国第一等之大学校"（美国耶鲁大学）的中国人，坚持"当使后予之人以享此同等之利益，以西方之学术灌输于中国，使中国日趋于文明富强之境"的教育理想，推动了后来幼童赴美留学计划的形成。

侧重于文化思潮和留学生运动等方面研究的南开大学教授、中国近现代史研究所所长李喜所认为，由于缺乏现代资本主义文明的社会机制和文化因子，近代中国先进人士出国留学后，在政治上搬来了"议会"、"君主立宪"乃至资产阶级共和国方案；物质上引入了轮船、火车、电报电话、新式工厂和近代化的科学技术；思想文化上移植了资产阶级进化论、天赋人权论、新文学、新艺术和新教育等。

关于留学最根本的原因和本质，中国华侨华人历史研究所研究员程希则一针见血地指出："留学在本质上意味着落后。"中国社会科学院文学研究所副研究员李兆忠对此表示赞成，同时也指出"一切唯西方马首是瞻，陷于被言说、被解释、被界定的可悲境地。这一切在很大程度上是留学带来的副产品"。

李喜所在他的《容闳——中国留学生之父》、《近代中国的留学生》、《近代留学生与中外文化》等著作中也提到"留学带来副产品"的看法，指出这是一种中西文化融合后不协调的结合体。有的人西学多一点，中学少一点；有的人学术上是西学，道德行为上是中学；有的人早年西学为主，晚年西学为辅。不过从总体上观察，用"中体西用"或"洋为中用"来概括近代留学生"不中不西"的双重文化人格是较科学的。这种文化格局，也基本代表了近代中国在特殊的政治、经济条件下形成的文化模式。

李喜所等学者这种由近及远、由表及里的研究方法和选题的新角度，都体现着新的留学教育研究视野。

近现代中国五代留学潮

以往留学研究主要偏重政治或某个历史时段、领域，集中强调了留学生的爱国主义情结及其贡献。全球化背景下的中国留学热和归国潮，透视出留学教育研究的一大趋势是开始从多学科切入，历史学、政治学、经济学、社会学、文化学、哲学、新闻学、教育学、心理学等学科交叉互融，运用各自独特的研究方法分析留学问题。

王辉耀从留学领域的横坐标和时间的纵坐标中，拓展中国留学人才发展事业研究的现状和未来发展方向，即从"各时期留学政策"、"留学人物个案研究"、"留学国别研究"等角度出发，结合史料挖掘与史实考证的不断深入，总结出近现代中国经历的五代留学潮。

第一代留学潮在 1872 年至 1900 年间，以容闳、詹天佑、茅以升等为代表。他们可谓推动中国近代化洋务运动的主力。第二代留学潮大致在 1900 年至 1927 年间，包括留日学生、庚款生、留法勤工俭学生和早期留苏学生。第三代留学潮主要指 1927 年至 1949 年间赴欧美的留学生，如周恩来、邓小平、陈毅等。

第四代留学潮主要从苏联和东欧留学归来。这些人主要在国外学习工程技术和实用科学，回国后都成为上世纪五六十年代建设新中国的中坚力量。第五代留学潮则从 1978 年改革开放以后至今，留学人数已超过前四次浪潮的总和。

第五代留学潮使留学走入寻常百姓家，同时，留学生的质量也引发了诸如留学年龄趋于低龄化、有关西方腐朽文化侵蚀、有关"海归"变"海待"的讨论等。

不同时代的留学潮折射出中国在不同时期政治、经济和文化的发展状况。而在当下，十几万、几十万甚至上百万元的留学费用，往往会给留学者带来过重的经济压力及过高的薪金预期。与此相对，归国留学生月薪2000 元的消息时常可见。为此，有学者指出，家长对留学费用的"投入—产出"应有一个正确的预期。

留学年龄趋于低龄化大军的日益壮大，也让人不得不为这些稚嫩孩子独自的异乡生活而担心。有许多留学生，特别是小留学生，是背负着父母的期望出国的。家长和学生并不清楚出国读书的价值与意义，他们要么被预期的高收入所吸引；要么与周围亲友攀比后盲目从众；要么由于在国内升学不顺甚至是为逃避就业压力；要么是在留学中介的鼓动下，对专业、学校不加冷静思考，就盲目走上出国"深造"之路。这样"不明不白"的留学被称为"被留学"。

其实，远离父母过自由的生活，虽然可以锻炼留学生的自理能力，但也对他们的自控力提出了严峻挑战。而在当今全球化背景下，更应该理性看待当下中国的出国"留学热"。只有廓清目标，理性留学，才能避免给学生带来身心负担，才能避免给家庭带来经济损失。

特殊政策吸引留学生回国

天时、地利、人和，这是我国古代形容成就大事所需具备的根本条件。历史的车轮滚滚向前，中国的发展迎来一个全新时代，大批海归回国创业。正如香港科技大学中国跨国关系研究中心主任崔大伟所说，回国的人越来越多，国内的师资力量就越来越强，国内学生的素质随之也就越来越好。

2003 年 10 月 8 日，胡锦涛在欧美同学会成立 90 周年庆祝大会上的讲话中提道："广大留学人员应思国家之需、展所学之才，努力在回国创业、为国服务中开创新事业。"与此同时，国家出台了一系列吸引海归回国的优惠政策。程希认为，现行留学人员回国政策，的确有一部分是"优惠"或"特殊"政策，还有涉及留学人员在回国工作中遇到具体问题和困难时的"特事特办"，但也有一部分只是为留学人员回国工作的派遣和落户手续提供一般性服务和便利。之所以这些政策被视为"特殊优惠"政策，一方面因为强调了政策的适用对象；另一方面，从体制外的角度、从中国与国际接轨的角度来看，有些政策谈不上"优惠"，只是目前在体制内，其他群体还无法享受到。

程希还强调，总的来说，吸引留学人员回国的政策的确使他们在就业、升职和享受体制内资源等方面有着一定优势。这是由目前中国总体发展水平仍然不高的客观条件所决定的。

虽有一系列特殊政策吸引留学生回国，但专家指出，目前我国对留学生的去与留十分宽容，在他乡异地也可以为祖国作贡献的观念被越来越多的人所接受。

亟须建立 21 世纪国际学生流动新秩序

随着中国经济的快速发展，本土教育水平的不断提高，本土毕业生的就业竞争力逐渐增强，"海归"的价值受到了极大挑战。于是，"海归"群体逐步分化成为必然趋势——"海鸥"（频繁往来于国内和海外，从事商务贸易活动的留学归国人员，他们具有很强的流动性）、"海带（待）"（"海归"待业）、"海草"（较为年轻的"海归"）、"海泡"（学成或者接近毕业，虽然非常想回国发展，但对国内态势不是很了解，左右为难，"泡"在留学地）成了他们新的代名词。

国内用人单位通过几番起伏，对"海归"的使用和评价日趋理性，"洋文凭"和高薪、高职位之间已经没有必然联系，许多人对"海归"重新认识，对人才的标注也日趋完善，开始逐渐克服过去人才评价中"重学历、资历，轻能力、业绩"的倾向。因此，在这场人才供求的博弈中，顶着"洋学历"光环没有真才实学照样能找到一份好工作的时代已经远去，"海归"们只有在博弈中寻找新出路。

出国留学潮也带来了近期"海带"的忧虑——年轻的回国留学人员出现就业困难。为此，有专家指出，我们曾经把留学工作视为一种"外事工作"，即眼睛只向外而不向内，只考虑向外派出和对外招聘吸引，对留学回国人员的使用问题却关注不够。于是，留学人员归国后出现"科学研究起步难"、"后顾之忧解除难"、"人际关系处理难"和"学术水平提高难"的"四难"现象。"重视'养士'，却忽略了'用士'，特别是忽略了为回国人员创造一个有利的工作环境，实属本末倒置。"中山大学教育科学研究所副所长、教授陈昌贵接受记者采访时如是说。

"用才时应该处理好'洋人才'和'土人才'的关系，两者都具有各自的优势，要营造公平的竞争环境，避免出现'请来女婿气走儿子'的局面。"陈昌贵风趣地说道，"做好了'用士'的工作，自然会对海外留学人员形成一种意想不到的感召作用，从而形成一种'滚雪球'式的回归效应，才能吸引更多的人才。"

教育部国际合作与交流司出国留学工作处调研员苗丹国用全球化的眼光指出，面对不断更新的国际关系与变化之中的世界政治格局，必须建立更加符合实际的 21 世纪国际学生流动新秩序。留学人员和留学政策的制定者们都必须做好自己的新功课，以应对留学人才流动趋势将不断增强所带来的新课题。

无论是第一代留学潮的富国强兵梦，还是第二代热血革命的理想，抑或第三代科技救国的执著，第四代建设祖国的使命，乃至第五代创业立业的热诚，无不与当时的经济社会发展紧密联系，也与当时现代化进程中所遭遇的发展瓶颈相关。留学影响着中国，"海归"建设着中国。

对于心目中理想的"海归"，王辉耀告诉记者，要能够回国发挥更大作用，同时把国际背景和训练结合起来；能够跨越东西方进行跨文化沟通；能够连接大洋两岸，做文化、商务和经济交流的使者，使中国更好地与国际接轨；还要更多地参与到社会公益事业上来。留学人才的下一个热潮将是推动非营利机构、慈善事业和智库的发展。

（记者　潘启雯　陈静）

苗丹国：我国出国留学活动进入繁荣发展期

20 世纪五六十年代中国政府实行向苏联东欧等社会主义国家大量派遣出国留学人员的政策，为后来的出国留学管理事务奠定了基础，为留学活动的发展积累了经验。在 60 年代初期，中国开始尝试性地制定了向西方发达资本主义国家派遣出国留学人员的政策。虽然到 70 年代初时，中国向发达资本主义国家派遣出国留学人员的规模有所扩大，但派遣数量仍十分有限。

中国自 1978 年改革开放以来，制定并实施了

苗丹国

新的、更大规模的派遣出国留学人员的政策，为中国当代留学活动注入了新的元素。公派出国留学派遣政策除了继承新中国成立之初的"定向"、"大量"和"集中"三个主要特点之外，在留学目的国的选择和导向上主要是面向科技发达的西方资本主义国家。这是中国新的历史时期内出国留学政策的核心特征。虽然改革开放初期的出国留学人员政策还明显带有试探与摸索的性质，还需要在出国留学活动实践中积累和形成新的经验并不断进行必要的调整，但在国家领导人的关注和指导下，在相关职能部门的组织下，并经过广大留学人员自身的留学实践，中国逐步克服了留学活动中遇到的各种政策性障碍，最终开启了大量公费派遣出国留学人员和开放自费留学政策的新局面，并且为以后政策的调整、成熟与发展积累了经验、奠定了基础。我国出国留学活动的空间和规模变得越发宽泛和常态，并逐渐成为人类精神价值和生活方式相互借鉴、不断融合的重要载体和通道。

出国留学的进程表明，出国留学政策是改革开放总政策的重要内容和组成部分，出国留学实践是对留学政策的检验和调整的唯一依据。经过长期的观察，即通过对出国留学数据、留学活动规律、留学政策演变的研究，并通过对留学事件中整体与个案的考察，以及对中国政府管理留学事务变革与现状的分析，基本可以确定中国的出国留学活动大致从本世纪以来已经进入了一个"繁荣发展期"。"出国留学活动进入繁荣发展期"的主要标志有以下四个基本方面，即"四个态"：其一，国家级政策性文本文件的发布，呈现少而稳定的状态，即不再频繁发布文件，不再有限制性政策。其二，2000 年以后出国留学与留学回国人员的数量呈现中度稳步增长的势态。其三，国内公众对出国留学基本上呈现为一种比较理性和理智的心态。其四，在外留学人员的学习、生活、就职以及参与社会活动也都表现出比较稳定、有序与和谐的形态。

大致在 2007 年前后，有人提出了中国已经进入"留学大众化"阶段的说法。但只要稍微留意就会发现，那些提出和响应这一意见者，基本固定在留学培训或留学中介机构的经营者群体，其核心目的显然是为了这一行业的利润增长甚至某一中介企业的自身利益。对此，教育部"国家留学基金管理委员会秘书处"杨新育副秘书长曾提出质疑，认为是否选择出国留学需要因人而异，且实际留学成行的人数远未达到"大众化"那样大的变化与程度。

就目前我国出国留学活动的基本状况和未来趋势而言，"留学大众化"的提法为时过早，或者说这样的提法还缺乏严谨的基础性研究、广泛的国际性比较和应有的数据支持。在一个有十几亿人口基数的国度里，相比每年千余万的高考报名者或数百万被录取的大学生群体，区区十几万或二十几万留学人员的流量，就被冠之为"大众化"的提法，是无论如何也站不住脚的。不过，如果说"留学大众化"的说法还具有一定意义的话，那也不应该是提出者原来概念上的"留学人员流动的大众化"，而是中国留学政策的大众化、留学制度的大众化、留学申请人志愿选择上的大众化，即留学权利的大众化。

（苗丹国　教育部国际合作与交流司出国留学工作处调研员）

沈己尧：华人留学生命运与中国强弱紧密相联

我从中山大学历史系毕业后，去台湾教了 7 年书。当时正值朝鲜战争结束，台湾的年轻人都觉得在台湾前途暗淡，一时留学美国成了一种时尚。1957 年 6 月，我在朋友的帮助下联系到了美国中部的一所大学后，带着仅有的 20 美元，只身来到美国。一下飞机，我就和当时大多数华人留学生一样，直奔中餐馆寻找打工机会。到了那里，听朋友说纽约半工半读的机会更多，于是决定留在纽约，并申请了纽约哥伦比亚大学。当时台湾去美国的留

沈己尧

学生有 90% 是自费的，除少数数学等理工科学生，大多数留学生都在中餐馆或亚洲人开的餐馆里打工。那时的打工者队伍，可谓"藏龙卧虎"，从洗碗到跑堂的，有不少硕士和博士生。我算是很幸运的，在纽约客家同乡会会长的帮助下，找到了一份不错的中餐馆服务生工作，很快挣到了学费（约 1000 美元），开学后，我一直利用周末打工。

从哥伦比亚大学毕业后，我又转到罗格斯大学读图书馆专业，因为这一专业当时在美国相对而言比较容易找到工作，结果不到一年，就被马里兰大学图书馆聘为管理员。我的《海外排华百年史》就是在马里兰大学期间完成的。在当时，大家毕业后能找到工作安顿下来的占少数，找不到工作的大有人在，他们中有很多是继续打工并等待着有合适的工作，但有少数人在漫长的等待和极度悲观后精神出现失常。当时华人留学生中自杀现象也偶有耳闻。

这些在美国毕业的留学生找不到工作，其中一个很重要的因素是由于美国实施"国籍配给制"的移民法。其移民配额是1924年定制的，它是根据1890年美国人口的国籍比例分配的各国移民额度，目的是为了保证以西北欧后裔为主的美国种族比例，其结果是94%的移民配额给了西欧和北欧国家的，当时每年可以以移民身份进入美国的人数只有105名，而且这些华人是指全世界的华人，而不仅仅是来自中国国内的华人。在这种国际配额制度下，中国并没有被看做一个国家。庆幸的是，1965年美国新移民法取消了这种极具种族歧视的国际配额制，新的移民法规定任何国家不论大小每年都有2万名移民名额。我正是得益于这一新的移民政策才顺利取得移民身份，后又成为美国公民。

20世纪50年代至70年代，华人留学生主要来自台湾和香港地区，只有极少数来自中国大陆。中美建交后，大陆开始派遣大批留学生出国。其间，来自大陆的留学生本身也发生了很大变化。1982年以前，留学生整体年龄偏大，而且很多留学人员在国内已有一定业绩，他们在美国留学访问一两年后又回到中国。80年代以来，留学美国的大陆留学生人数日益增多，而且队伍也越来越年轻化，不少人在美国攻读了博士学位后，希望延长留美时间或者在美国工作定居，那些在出国前已经结婚的大多会申请配偶伴读。

此外，华人留学生在经济境遇上也有了很大改观，从上世纪80年代大多数留学生依靠学校奖学金或半工半读，到90年代以来学生学费和生活费来源更呈多样化：有很多留学生的家庭条件比较好，有越来越多的家庭可以供自己的孩子在留学期间的学费和生活费；即使打工，其状况也较之以前有了很大变化，如今在美国各个大小城市中餐馆随处可见，因此自费留学生的工作机会也增加了很多；还有一种新情况，由于中国文化和语言在美国也越来越受到青睐，不少大学开设了中文课，这为那些没有奖学金或助学金的学生提供了一个工作机会。而且，随着中国经济实力的提升、中国国内安定，在美华人的整体地位得到了很大提升。

我在美国求学、工作和生活了50多年，到美国罗格斯大学以来都生活在华盛顿特区近郊的马里兰州并在大华盛顿地区工作。在留学和工作期间，作为早期华人留学生，我有着比较坎坷的经历，并亲眼目睹了海外华人尤其是华人留学生的生活变迁。这些经历促使我一直十分关注华侨在海外的发展和美国对华移民政策的演变，这是我写《海外排华百年史》的初衷之一。我深刻地感受到美国的移民政策与中国的强盛与否，与华人留学生的命运休戚相关。

（沈已尧　美国华侨史学家，华盛顿哥伦比亚特区大学荣誉退休教授，
华盛顿中国和平统一促进会名誉会长）

陈昌贵：发展留学教育要注意人才外流和文化侵蚀

发展留学教育的积极作用及其产生的效益是主要的，但在发展的过程中不可避免地会出现一些负面的影响，有人称其是一把利弊共存的"双刃剑"。目前讨论得较多的问题，一是人才外流，二是西方腐朽文化的侵蚀。

陈昌贵

我认为，人才外流是一种不以人的意志为转移的社会现象。只要打开了大门，允许人才国际流动，只要国家间存在经济、政治、科技和文化的差异，就可能会出现跨国界的人才外流。另外，由于人才争夺已成为国际竞争的重要特征，而争夺的重点又主要集中于留学人员群体，发达国家出于本国利益的需要，利用其优厚的物质待遇和较好的工作条件，千方百计地招揽人才。对人才外流的问题，我们固然应当引起重视。调查结果表明，在1983—1986年期间，人才外流对我国造成的损

失是较为严重的。

我国目前的情况与改革开放初期已大不相同。一是我国高等教育的培养能力已有很大的提高，我们完全有能力为国家经济建设和科技发展培养足够的人才，人才外流不可能造成太大的影响。二是我国目前正处于经济腾飞时期，发展前景与机遇对海外人才具有很大的吸引力，且相对而言，西方国家的经济发展处于低迷时期，我国人才大量外流的可能性不会太大。三是我们的调查表明，即使有一些人留在海外，他们也会利用国外的条件，在为国服务方面发挥重要的作用。因此，我们没有必要把人才外流的影响看得太重，而应当因势利导，充分发挥留学教育的独特作用，在人才国际流动的过程中，为我国打造一支强大的人才队伍；同时采取切实可行的措施，吸引一大批外国专家和海外留学人员为我国建设服务。

与东方文化一样，西方文化既有精华，也有糟粕。人才的国际流动，既引进了国外先进的文化和经验，也不可避免地会受到其腐朽文化的侵蚀和影响。高等教育的国际交流是双向的文化交流活动，但是由于发展速度、重点和环境的不同，这种双向交流的规模程度和影响途径会有明显的区别。相对而言，西方发达国家目前位于世界科学技术的中心，有着强大的经济实力和众多的文化输出渠道。因此，它们对发展中国家的影响，包括社会价值观念、思维和行为模式以及生活方式等，均会随着科学技术的传播而进入主流社会。教育塑造文化，文化也影响着教育和受教育的人。由于众所周知的原因，目前的人才流向还主要是从发展中国家流向发达国家，因而有的学者认为，当大批接受了国际化教育的人才脱颖而出时，欧美化的知识分子阶层也宣告形成。他们对欧美文化较为亲近，在生活方式和人格取向上有着深刻的异族文化的烙印。同时，作为社会的文化精英和技术骨干，他们的行为有着强烈的文化诱导作用，势必引起社会的模仿和效法，结果是导致外来文化日益扩张，本土文化日益萎缩。尽管这一结论尚难被大多数人接受，但它反映出的文化异化现象确实应该引起人们的重视。

未来的国际竞争是科技的竞争，但归根到底是人才的竞争。我们参与国际竞争，通过国际化等手段来增强竞争能力，其目的是建设自己的国家，把中华民族的文明带入一个新的发展阶段。实行国际化，是一个民族环顾世界而产生的危机感和对未来社会发展的迫切愿望使然，因此，应当以国家主权与民族繁荣为主导思想，换言之，必须坚定不移地维护国家主权和民族生存与发展的权益。在国际教育交流的过程中，确实潜藏着西方腐朽文化的侵蚀。如果我们对此不能有效抵制和防范，就有可能变成某种文化的单向扩张，破坏全球文化的多样性结构，带来文化生态上的灾难性后果。

有鉴于此，我们应当坚持教育国际化中的文化独立性、文化融合和兼容并蓄的原则，以及坚持为国家发展和民族振兴服务的原则。同时，应当正视对外开放后必然出现的各种各样的问题，积极做好思想教育工作，增强青年学生的判断能力和选择能力，帮助他们建立起正确的世界观、人生观和道德观，有效地抵御西方腐朽文化的侵蚀。

（陈昌贵　中山大学教育科学研究所副所长、教授）

程希：鼓励回国实现"双回流"

程　希

在各种鼓励留学人员回国工作和为国服务的举措中，有关留学人员回国的政策最为人所关注。从政策的部门分管来看，有关留学人员的政策主要由教育部、人事部、公安部3个部门制定和执行，其他相关部门予以配合；从政策的发布层次来看，分为中央和地方两个层次；从政策的性质来看，分为"一般服务性"和"特殊优惠性"两类；从政策的目标预期来看，分为"回国工作"（即长期）和"为国服务"（即短期）两种；从政策的适用对象来看，分为高层次人才和一般留学人员两个层面。

总体来说，现行留学人员回国政策主要有两个层面的导向。

导向一，针对高层次留学人员的"特殊优惠政策"。

所谓"特殊优惠政策"，其实主要是针对留学人员中的高层次人才或紧缺人才，从更好地发挥他们的作用来考虑，这些政策应该是"物有所值"

的。这些政策在落实时，由于具体的人才引进都是有针对性的，因而许多待遇和支持及相应的要求和条件都在"双向选择"过程中具体商议，因人、因事或因时、因地而异。也就是说，"特殊优惠政策"虽然号召力大，但覆盖面不大。

人事部的《留学人员回国工作"十一五"规划》提出"要根据少而精的原则，采取灵活多样的方式和特事特办的方法，为海外高层次留学人才回国工作开辟绿色通道"。而此后一出台即招致争议的《关于建立海外高层次留学人才回国工作绿色通道的意见》，其实主要是为解决高层次留学人才回国进入"体制内"遇到的突出问题，完善既有政策，将原有政策规定进一步系统化和明确化而已。该意见再次强调了对高层次留学人员回归"体制内"的"特殊优惠"支持，反映出中国希望通过留学人员这一载体，引进"体制外"优势，同时协调"体制内"现有关系。显然，在"物有所值"的政策倾斜之外，社会的公平、平等也不无考虑。

概而言之，国家对一般留学回国人员的特殊政策表现在三个方面：第一，获得留学回国人员证明的留学人员，在一些地方的高科技园区创业，可以享受一些减免税的政策、创业经费资助或提供前期贷款等。第二，在国外留学1年以上的留学人员，在回国工作时，还可以通过海关购买一辆免税轿车。第三，可以不受国家计划生育政策的约束，并且子女上学可得到一定照顾。

导向二，鼓励"创业"的"特殊优惠"政策。

不难发现，国内似乎更欢迎"海归"回来创业，从中央到地方各种优惠政策的导向都是鼓励留学人员回国创业。如在教育部编印的《留学回国工作文件汇编》（1986—2003）中，关于留学人员回国工作和为国服务的政策总计约有180项，其中有34项是涉及留学生创业园区的。

鼓励留学人员回国创业，一方面不会导致加剧"体制内"的就业竞争，使"海归"们抢了现在已经很紧张的"饭碗"；另一方面还能通过"海归"创业提供更多"吃饭"的机会。正因如此，鉴于出现了一定数量"海归"变"海待"的状况，有人认为，"主要靠外企（体制外）吸纳是不够的，中国的国有企业、民营企业、私营企业、政府部门、民间机构都还有巨大的吸收'海归'人才的空间。这特别需要在思想上的解放。国有企业要打破论资排辈的现象，民营和私营企业要破除任人唯亲的习俗，政府部门要排除'海归'不可靠的旧观念"。因为，在一个全球经济一体化的大背景下，中国在世界中崛起，没有一大批"海归"优秀人士的参与是不可想象的。

其实，政策从一开始就是对所实施对象有一定认识和把握的。"海归"确实分几种不同的情况。第一种是在国内有经验、有较高学历背景的，他们在国外获得了更高的学历或更好的专业训练，而且在国外有着较为丰富的工作经历或与其专业领域相关的社会资源，也就是真正"镀金回来"的，他们很受科研院所、外资公司、民营及国有企业青睐，往往能受到高薪聘请。第二种是在国外留学、但没有专业工作经历或者在海外获得相关社会资源较少的"海归"们，他们对一些发达国家的文化、经营管理、电子商务方面比较了解，但他们通常的想法是想快速把出国留学的"投资"收回来，因而对回国工作的薪酬期望值比较大。他们往往会遇到高不成、低不就的情况。第三种就是本身并非同龄人中的佼佼者，只是由于家庭条件比较好，有钱、有机会能出国拿个"洋文凭"回来。

因而，从政策上鼓励留学人员回国创业，在一定程度上既可以使中国实现"智力回流"，又可以使中国实现"资金回流"，也可以起到吸引留学人员"为国服务"和"回国创业"的双重功效。

（程希　中国华侨华人历史研究所研究员）

王辉耀：归国人才"新浪潮"推动社会公益事业发展

改革开放以后，我国留学人才呈现五种趋势：一是派出去的人员规模不断扩大。人数从以前的每年几千人、几万人增长到现在的每年 20 万—30 万人。二是留学专业更加广泛，从早期的理工科和自然科学扩展到现在的管理和经济等人文学科。三是从少数公派留学到自费留学为主。四是从精英留学转向大众留学，留学进入寻常百姓家。五是留学呈低龄化趋势。以前出国留学都是读研究生，现在是读本科，还有的

王辉耀

67

读中学就出去了。

随着中国经济的发展，以及中国加入 WTO 和全球化进程日益加快，我国的留学热持续升温。目前，从留学国家来说，美国仍是主流。对中国而言，去美国留学的群体仍是最大的；对美国而言，现在中国的留学人数和印度差不多，并将超过印度，增长的幅度位居第一。去英国等欧洲国家的留学人数，中国已经排在第一。当然，去韩国、日本等国的人数也很多，在日本也是第一。现在我们尚在海外的留学生首次超过 100 万人，遍布 100 多个国家和地区，学各个专业的都有。可以说，中国留学生已经遍布世界各地。

从历史上看，留学改变了中国。早期留学生为我国带来众多先进的科学技术和人文精神。包括五四新文化运动和中国共产党的成立，留学生都起了很大的作用。中国"两弹一星"的 23 位功勋专家中有 21 位是"海归"。

现在我国的留学政策是支持留学，鼓励回国，来去自由。早期强调回国服务，现在则是回国服务和为国服务并举，比较灵活。政策上比较宽松，但我觉得还有一些地方需要改进。

从精英留学到大众留学，出现了出国留学人员素质参差不齐的现象，我觉得这是正常的。留学人才不一定都是精英，但是这个群体里产生国际化人才的概率还是很大的。早期出国的都是精英，是高精尖人才。现在每年出去几十万人，应该说中间有大部分人能够学有所成，成为各方面的人才，从基数上看还是比较大的。不能一概而论出国留学的都是人才，但如果出国拿到正规学历，受过正规训练，成才比例还是很高的。"海待"只是个别现象，只要拿到学位，出国留学回来找工作仍比较容易，因为中国需要很多国际化的人才，这由中国与全球经济接轨所决定，"海待"不是主流现象。

另外，需要适当对留学人才进行区分。以前把短期留学、交换生都算作出国人才，现在需要新的标准，即出国有相当稳定的时间，至少两年以上，有正规大学的学历。比如去了什么国家，上了什么学校，学了几年，拿了什么学位，都需要细分对待。去美国或欧洲的各类名校等，在海外有无工作经验，就比泛泛地出去一年或几个月更容易成为国际化人才。

再说一下留学低龄化。以前中国有留美幼童，从而成就了一大批人才。中国需要一些从小去国外熟悉国际惯例、国际规定和国际文化的人才。李开复、杨致远都是十几岁去了美国，在美国教育体制下长大并回国创业。留学低龄化不一定是坏事，关键是要有好的监护人、好的住宿条件和监护体制。

今天，中国的发展速度一日千里，这个发展又是在全球化大背景下的，而国外已经发展得比较成熟，所以回国肯定要比在国外机会更多。"海归"回国就业的优势明显，例如有国际化的能力、语言，全球化的意识，国际化的理念和视野，能够跨文化沟通，见多识广，能从不同角度看问题等。需要改进的是有的"海归"出国时间较长，回国后要克服"水土不服"，避免清高，强调团队意识，善于和本土人才合作，做到国际化思维和本地化行动并举。

全球化时代下的中国，进出口贸易相当于 GDP 的 70%，大量的工作和进出口、国际贸易打交道，和两个市场、两种语言、两种文化、两个体系打交道。"海归"掌握了这些能力，因此多了一双翅膀，他们可以更好地为国家作贡献。但是，"海归"还要加大和国有企业的联系。现在"海归"和外企的结合比较紧密。不过，在国有企业、民营企业以及政府机构，"海归"的利用率还比较低。要鼓励"海归"投入更多的社会事业，比如社团、智库、商会等，推动国内公益事业较快发展。国有企业也要从体制上有所改变。以往招聘总强调"体制内"经验，以后要打破级别限制，招收一些"体制外"的人才。

（王辉耀　中国与全球化研究中心（CCG）创始主任、
中国留学人员联谊会副会长，商务部中国国际经济合作学会副会长、
中央人才工作协调小组国际人才战略研究专家组组长）

阮可三：抚今追昔话留学

1978 年中国恢复高考后，我考取了中国科学院研究生院生物物理研究所，1981 年成为"文革"后该院第一批取得分子遗传学硕士学位的毕业生之一，并得到了出国留学的机会。

当时在美国的中国大陆留学生处境非常困难，生活非常艰苦。我刚去的时候，床垫和电视机都是从街上捡来的，头 3 个月我一直打地铺。全世界包括美国，对中国的改革开放持相当大的怀疑态度。在很长时间内，由于受关于"文革"负面宣传的影响，他们一直对大陆的留学生——无论在一般的认识方面，还是在专业学习方面——都存有很大的偏见。他们认为这些学生都是"不学无术"、"交白卷上大学"之辈，专业水平极低。这就要求我们通过踏实的工作和实际表现来证明自己。

阮可三

我认为，与现在的留学生比起来，当时的留学生最明显的特点有三个。

首先，我们这一批留学生的素质普遍比较高。这批留学生，几乎所有人都经历了"文革"，对知识的渴望、对真理的热情丝毫不减。"文革"后重新考入高校，需要非常扎实的基本功和非同寻常的毅力。

其次，我们有很强的历史使命感。"文革"中，我们经历了很多磨练。就拿我的个人经历举例，1968 年我服从组织分配，到了四川万县原六机部后方医院，后来又投入到"三线建设"，这中间也参与了有 600 张床位的后方医院和两个医务所的建设，前后共 7 年，经历了各种磨砺。当地夏天气温高达 40℃以上，到处是苍蝇、蚊子。在这么恶劣的环境下，我每天要接待四五十名病人。可以说，当时我们吃了很多苦，对"艰苦"二字体验很深。正因如此，我们更深切地希望祖国能够繁荣富强，更殷切地盼望能为祖国的发展贡献自己的一份力量，把自己的前途与祖国的前途紧紧相连。后来到了海外，我们也经常组织大家一起开思想座谈会。这种传统一直到 20 世纪 80 年代末才出现转折，那以后自费来的学生越来越多——思想意识的认识也日渐淡化。

再次，在经历了很多挫折和磨练后，我们对出国留学这来之不易的机会倍感宝贵和珍惜。这一点上，我们与现在很多留学生经过托福、GRE 等考试，拿到海外高校的奖学金，或者依靠家里在经济上的供给，轻轻松松留洋学习的孩子有很大的区别。当时我们学习非常刻苦，可以毫不夸张地说，到了不分昼夜的境地。我经常在教学楼学习，等想起回家时，突然发现已是凌晨两三点，教学大楼的门早已被锁上，于是打个电话告诉家人，然后继续在教室里学习到第二天清晨再回家。当然，这最终都有了回报。后来在博士资格考试中，参加考试的四五十个来自世界各地包括美国本土的学生中，我是唯一一次性通过考试的人。

我们做实验的态度也非常认真，达到了忘我工作的地步，当然，做出来的结果也都是一流的。举个例子，我导师在我刚去时还是个助理教授。我们一起工作了 5 年后，他取得了很高的学术成果，成为冷泉港（Cold Spring Harbor）的主席。我个人也在冷泉港 50 周年庆典论文集上发表了文章。可以说，中国留学生通过实践在美国普遍受到欢迎，因为我们基本功非常扎实，又肯吃苦，实验态度认真，实验成果也有目共睹。经过一代代的努力，中国大陆留学生彻底改变了美国院校的看法，给他们留下了非常深刻的印象。

总之，当时的留学生专业素质非常高，学习和工作勤奋刻苦且态度严谨，这些都值得现在海外留学的年轻人学习。当然，如今的留学生也有他们的优势，年轻、思维活跃，在语言上比我们要流利得多，像我当年，在国内学了 7 年俄语，刚去美国时英语水平并不好。

当下很多回来成为"海带（待）"的留学生要正确认识自己和国情。第一，要认识自己的价值和优势所在。国家之所以需要他们，是因为看重他们在海外的经历和学到的本领，因为他们对海外有切身的体会，更了解海外的特点，包括海外的先进技术等，这些才是他们真正的价值。特别是现在，国内很多人已有相当高的知识和专业水平，海外留学人员必须是本行业的专家，在国外就已经学有所成，这样他们回来才能受欢迎，才是中国真正需要的、炙手可热的人才，而不是与其他人没有什么差别的人。因此，他们要学到海外的精髓，学到科技、管理、理念、人文思想的优秀部分，学到核心。第二，他们要认清自己的历史使命。不同时代的人具有不同的使命，这就需要他们与中国的国情结合起来，清楚中国的发展过程和今后的发展方向，并对此有自己独特的见解。

（阮可三　1993—1999 年任美国爱因斯坦医学院教授、博士生导师。现为美国联科集团公司董事长）

（本期特别策划采写工作组：潘启雯、陈静、褚国飞）

学者观察

周一：开支大　聚居多　就业难中国学生赴英留学面临难题

许多中国学生希望在毕业后可以先留在国外积累一些工作经验，但事实是，在读书时缴了相当于当地学生两倍左右学费的中国留学生们，在毕业后可能将面临着更为严峻的求职考验。

以英国为例，一位正在找工作的中国留学生不无感慨地说："英国高等院校的文凭越来越不'值钱'了"，"花几百块签证费留下来后，发现能找到的工作还是在餐馆和超市。其实，英国政府就是让我们留下来继续'消费'的。"笔者认为，当下中国学生赴英国留学主要面临三大难题。

第一，高额的留学开支。

众所周知，英国的研究生学费较高，学费因专业不同而有较大差别，平均来看，文科学费较低，为6750—8200英镑/年；商科是7000英镑/年；理科较高，为6500—9500英镑/年；医科更高一些，大概是6200—17000英镑/年；MBA的费用则最高，一般每年学费在15000英镑以上，一些著名学校的MBA学费甚至高达25000英镑/年，约合30万元人民币。在生活费用方面，平均是每年7200英镑，当然，根据地区和个人情况的不同而有差异，像伦敦、曼彻斯特等物价水平较高的地区，可能达到9000英镑。

据英国《英中时报》报道，2008年，英国各高校为一年制非欧盟研究生开出的学费价格普遍上涨了5%，语言课程的收费增幅更大。如诺丁汉大学，一个国际留学生在学习语言期间所要支付的费用已经较之前一年高出了30%，这还不包括各种越来越贵的日常开销。

另外，由于经济低迷和物价上涨等原因，英国开始削减部分奖学金。对于一些希望通过申请奖学金留学的学生，高额的留学费用将是一个巨大问题。

第二，部分英国高校存在中国留学生集中现象。

由于在英国高校留学的中国学生数量稳步增长，中国学生在英国高校所占的比例也比以前有较大提高，因此在一些英国高校出现中国学生较为集中的问题。许多中国留学生聚居在一起，对于他们了解异国文化其实是很大的阻碍。

据一位中国学生家长介绍，他女儿从北京刚到英国时，住进了学校安排的宿舍。两个月以后，她已经和4名中国女生在外合租了一套公寓，合用厨房，合用洗手间，天天可以做中国菜，说中国话，比和外国学生在一起要舒服许多，但这也使得这些学生在无形之中失去了留学的真正目的。

针对这些问题，英国一些院校也采取了一些措施。对于留学生，英国学校会作出具体规划，将留学生分派到不同班级，让学生尽可能多地与英国本土学生接触和交流。每个学校对于各班级的留学生人数有明确的上限要求，一旦留学生数量增多，学校的办学规模会相对扩大，教学设备、师资队伍也会随之扩充。

然而，要解决中国学生相对集中的问题，不单单在于学校制定合理的制度。产生本国学生聚集问题的原因更多源于学生自己的主观意识，如果留学生自身认识不到这点，问题仍将存在。

第三，海外就业难问题。

近年来，英国在签证政策上有所放宽。根据英国最新推行的计点积分制学生签证政策，学生一旦获得签证，就可以在学期内每周从事不超过20小时的兼职工作，在假期则可从事全职工作以及任何与学业相关的工作。这一新的签证政策还规定，国际学生毕业后可以取得最长为两年的工作签证，来获取工作经验。

英国的一系列签证政策本意是让更多的留学生在完成学业后能够有时间在本地寻找工作，积累经验。然而，英国内政部在新出台的规定中又提到，政府将大幅提高对海外实习学生的要求，以保障英国本国劳工的就业。因此，大部分中国学生在找工作时都感到困难重重。

（作者系《世界教育信息》主编、高级工程师）

相关链接

近 30 年中国留学大事记

1980 年 9 月 15 日，国务院印发《关于修改出国留学人员、访问学者所获得的奖学金和资助费实施办法的通知》。

1981 年 8 月 7 日，根据美国哈佛大学著名化学教授威廉·多林的建议，教育部印发《关于成立中美化学研究生培养规划（CGP）中方工作小组的通知》，决定首批选派 40 人赴美攻读博士学位。该项目连续执行了 6 年。

1987 年 4 月 23 日，国家教委向中国驻外使领馆印发了《关于做好自费留学人员工作的通知》，要求各使领馆要充分认识到做好自费留学生的管理和服务，是培养人才和争取人心的重要工作，应将其列入使领馆的议事日程。

1994 年 9 月，中国大陆第一个留学人员创业园——金陵海外学子创业园在南京成立。

2000 年 2 月 22 日至 23 日，教育部召开第一次全国教育外事工作会议。会议总结了改革开放 20 年来出国留学工作的成绩并确定了今后 5 年出国留学工作的基本内容。

2001 年 6 月 28 日，国务院侨办、湖北省政府和武汉市政府联合举办以开放"留学人才资源"为主要内容的"第一届华侨华人创业发展洽谈会"——"华创会"。

2002 年 10 月 17 日，教育部办公厅印发《关于吸引海外留学人员为西部服务，指出西部建设有关工作的函》。

2003 年 10 月 8 日，胡锦涛在欧美同学会成立 90 周年庆祝大会上的讲话中提到，"广大留学人员应思国家之急、展所学之才，努力在回国创业、为国服务中开创新事业。"

2005 年 12 月，教育部国际合作与交流司批复同意驻美使馆教育处"关于修订《J-1 签证豁免申请办法》，进一步简化豁免审批工作的请示"。

2006 年 3 月 17 日，《中华人民共和国国民经济和社会发展第十一个五年计划纲要》公布，其中提出，要"鼓励和引导海外留学人员回国工作、为国服务。积极引进海外高层次人才"。

2009 年 12 月 31 日，教育部部长袁贵仁在向广大海外留学人员发表新年贺辞中指出，支持我国公民多渠道、多层次、多类别出国留学，进一步做好在外留学人员的管理和服务工作，鼓励在外留学人员学成回国工作或以多种形式为国服务，放宽政策确保留学人员来去自由，真正做到用深厚的感情关心人才，用优良的环境吸引人才，用成功的事业凝聚人才，努力把教育系统建设成为"留学人员之家"。

2010 年 3 月，教育部国际合作与交流司司长张秀琴透露，从 1978 年到 2009 年底，中国各类出国留学人员总数达到 162 万人，出国留学人数年均增长 25.8%，出国留学规模扩大了 267 倍。

（本报记者　陈静/整理）

五四之际话人才：全球视野中的出国热与归国潮

75

中國社會科學報

（2009—2010）

特别策划（下卷）

盘点 2009 年中国学术

万俊人：思想界 "中国意识" 迅速增强

春夏秋冬又一年，社会的各行各业似乎都在进行例行的年终盘点，包括各种人文、社会科学的"年鉴"编纂或汇编之类。年终盘点原本是农家作息的年轮惯例，其间包含着许多耐人寻味的历史体悟和文化意蕴，从我们远祖发明的结绳记事到古希腊赫西俄德的《工作与时令》，无不反映我们睿智的祖先和古希腊人对于人类自身的生活节律与时光流逝之间的生命理解，更不用说先圣孔子的"逝者如斯夫"的旷远感叹了！然而，对于人类的思想和精神成长来说，一年一度似乎过于短促，以至于再睿智灵光的思想者也难以在一个春夏秋冬的递嬗轮回之间，捉住人类思想的深层脉动。"思想是时代的菁华。"可"时代"常常是以数十年递嬗间的某个或某些具有历史标志性意味的重大事件显现的。然而，"现代性"的时间性刻度几乎越来越短，越来越急促。"你方唱罢我登场"、"各领风骚三五天"已然成为现代社会和现代人生活节律的真实写照，因此便有所谓"时尚"，所谓"进步主义"，所谓"日新月异"乃至"一日千里"等等现代语汇的大化流行。既如此，思想的年终盘点也就无所例外了：在一个因步履匆匆而导致时光也匆匆的现时代，思想的年度小结和精神的及时梳理——或者毋宁说，过度急速的精神激荡后所必要的间歇和喘息——对于现代人和现代社会也有了确乎足够充分的理由。对此，大概不会有哪一个社会或哪一个人比今天的中国和中国人更能生出如此真切的切身体会了！

2009 年中国的思想年景显然值得关注：作为一种思想反思和精神反刍，她显然得益于 2008 年度独特的中国经验的深刻启示；作为当下时代生活的沉思和理论化表达，她又直接受惠于 2009 年度更为独特的中国经验的强烈刺激，比如说，在世界经济危机尚未见到解脱的希望之时，中国却能创造年度经济增长 8% 的奇迹，是什么原因使得"风景这边独好"？还比如说，国庆阅兵的大胆展示，全世界似乎都在猜度，中国究竟想向世人展示什么？回味并尝试解答这些问题，显然使得对中国思想的年度盘点会给她未来的继续前行以某些重要的启示和参照。

不难看出，在努力推进马克思主义中国化研究的进程中，中国思想界的"中国意识"显然在迅速增强，无论这种增强的效果来自国家意识形态的体制性驱动，还是缘自今天的中国马克思主义学人们的当下学术自觉，抑或，无论这种当下的学术自觉是基于学人们的理论积累所产生的思想创新，还是源自当今中国社会生活实践变化的外部刺激。"中国意识"增强的直接效果是，中国马克思主义学人开始了一种可以称之为"两极用力"的探究。一方面，对马克思主义的研究伸向文本学和文献学等学术基础领域，且已然显示出前所未有的学术自信和开放姿态。马克思与其他西方思想流派的关系梳理也不再仅仅限于马克思与德国古典哲学，甚至关于西方马克思主义的研究也不再限于法兰克福学派等少数典型的"西马"代表，而是已然扩展到诸如马克思与尼采、马克思与当代法国思想、马克思与后现代主义等极具前沿挑战性的崭新课题。

另一个更值得注意的方面是，更多的马克思主义研究者不仅保持着他们"理论联系实际"的学风，而且以更大的理论勇气，直面各种来自当下中国经验和社会实际的理论挑战和思想疑难。他们以少有的热情开展并迅速推进着马克思主义政治哲学研究这一长期被自觉或不自觉地视为具有高度学术风险的理论论域。与前些年相比，这种对马克思主义政治哲学的开拓性研究显示出一种难能可贵的学术特质：人们不仅自觉地将自身的学术思考同当今中国社会主义政治民主和政治文明的现实境况紧密勾连起来，而且逐渐学会了不再忌讳"左"与"右"、"激进"与"保守"等学术标签的分类排队，以真诚而理性的态度直面"中国问题"并努力解释、阐发和论证之，逐渐成为学术的主流架构元素。譬如，多年来为人忌讳的"意识形态"问题；长时间被一些纯学术取向的学者视之为"棘手"的社会主义核心价值体系问题；因过度敏感且带有复杂之政治政策约束的民族国家问题，以及由此产生且在全球化语境中日益严峻复杂的民族宗教—文化之多元差异性与民族—国家之国家政治认同问题；甚至是政党伦理、政府权力与公民人权问题，等等，都被置于突出的地位，获得了前所未有的理论关注，尽管这一努力还刚刚开始，带有明显的尝试和探索性。

如果说当今中国政治改革实践的思想主题化努力，表现了中国思想尤其是中国马克思主义学人的社会责任感和日益健康的政治意识的话，那么努力寻求并尝试马克思主义中国化的理论创新，则是几乎所有当今中国马克思主义学人对中国特色社会主义伟大实践的自觉认同和主要的学术贡献方式，在这一基点上，他们是中国共产党人和中国人民的思想援军与理论智库，也是中国特色社会主义伟大事业的理论建设者。诚然，人们无法期待他们的思想探索立竿见影，一帆风顺。世所公认，中国特色社会主义的改革开放是一项前所未有的社会探索工程和社会试验，它的成功不仅需要百折不挠的探索勇气，更需要严谨理性的科学精神。同样，所有关乎这一伟大实践的学术研究也必定是一项反复求索、不断创新的理论工程。人们之所以对诸如普世价值与中国意义的议题存在争议甚至是尖锐的争议，正是因为任何有关中国特色社会主义的理论探索，都必须科学合理地解释和证明"中国特色"与"社会主义"，进而阐释"中国特色社会主义"与经济全球化趋势日益强化、全球性问题日益凸显（诸如气候变化和生态环境保护、能源紧缺和国际公正、民族国家主权与国际交往等等）的当今世界之间的复杂关联所带来的诸多崭新课题。开放意味着接受挑战，承受风险，我们已然清醒并找到了如何直面各种风险和挑战的"中国道路"，但如何给予其思想的说明却依旧是全体中国学人的一项最紧要的时代使命。

同马克思主义的研究相比，中学和西学的研究年景似乎少一些"当下"意味，多一些学术持守。可这不过是一种学术表象，而非其全部内涵。以哲学为例。事实上，近年来中国哲学的研究一直受困于一个根本性的问题，即所谓"中国哲学的合法性问题"。中国有无哲学？有怎样的哲学？中国哲学与西方哲学究竟有何不同？此种——倘若存在——不同是否危及中国哲学作为一门知识或学科的知识合法性？

以怎样的标准作为判定中国有无哲学的学术依据？这些问题的争论和探讨仍然是 2009 年度的中国哲学研究的主题所在。而在我看来，围绕这一主题的所有争论几乎都提示着这样一个值得追问的问题：与其说关于中国哲学自身的知识合法性争论是一个学科或知识的标准问题，不如说是如何维护"中国特色"的思想话语权和文化主权且如何证成"中国特色"的哲学传统的理论路径问题，而非仅仅是对遥远的德国古典哲学大师黑格尔的直觉式断言的回应问题。即使我们依旧固守"哲学"的发明者古希腊人关于"哲学"的原始概念，"爱智"（philo-sophy）也绝对不是一项可以为人类世界任何一个民族所垄断的思想文化权力！逻辑是哲学思维的方法，而非哲学的全部，更何况没有人敢轻率断定，中国自古以来就没有逻辑。哲学和逻辑学是古希腊人最先发明和界定的学科概念，因此也为古希腊文明赢得了荣耀。但是，哲学和逻辑学同样是所有文明人类分享的思想和文化方式，它们都源于人类的生活实践本身。正如我们无法因为是我们的祖先发明了火药和指南针而将近代军事和航海的迅猛发展都归结为中国文明的伟大成就一样，古希腊人——假如他们依然活着——也不会因为是他们最早界定"哲学"和"逻辑学"而垄断对所有人类哲学活动和逻辑学方法运用的解释权、话语权。幸运的是，绝大多数中国哲学研究者没有拘泥于中国哲学合法性问题的争论，他们确信并继续努力开掘着几千年来漫长的中国哲学传统，努力揭示深藏在这一伟大传统中的精神资源和思想资源。

值得特别注意的是，2009 年的中国哲学研究界似乎比马哲和西哲等其他哲学分支学科更注重新中国成立 60 年来中国哲学研究的经验总结。其中，有关儒学或儒家哲学研究的学术总结不仅延展新中国成立 60 年，而且贯通儒学的"古"与"今"或"新"与"旧"；有关新儒学及其当代发展前景的历史思考和未来愿景展望更是为时下儒学研究者所看重，毋庸讳言，这种远景的期待同近年来政府主导的"文化软实力"工程建设和大规模扩建国际孔子学院的文化"走出去"战略相关的。然则，中国哲学研究的优先议题是，儒学在整个中国哲学传统中究竟居何地位？在当代中国特色社会主义文化建设中，儒学或新儒学究竟应该或者能够发挥怎样的作用？究竟如何处理中国儒学与马克思主义哲学之间的关系？进而，儒学尤其是新儒学在马克思主义中国化的理论创新中究竟可能发挥多大的作用？若可能，又将发挥何种作用？这些问题依旧在很大程度上左右着当代中国哲学学人的学术理路和思想关切。

　　学术概念的争议和问题实际反映了百年来整个中国学术思想界围绕"古今中西"所展开的理论探索和巨大努力。作为一个后发的现代化民族国家，中国和中国学者似乎难以在短时间内超越"古今中西"的四维论争。其所以如此，一个重要的原因在于，迄今为止，我们对西学的了解和认识仍然在不断梳理和调整之中。2009年中国学人在西学的研究领域一如既往地奉行著述与译介两条腿走路的学术方针，但也呈现出一些新气象。尤其值得注意的是，在今天的中国文化和思想语境中，西学的研究比以往任何时候都更注重其中国化语境的调适，换言之，今天中国学人对西学的研究已经越过了"取经"式的译介阶段而更具有文化自主选择的意味。因此我们看到，在这一年里，或者近一些年来，有关西学的讨论不仅常常被纳入到中西比较的交际视阈，内含强烈的"中国问题意识"，而且连学术话语和语汇运用等学术技术方式也越来越具有中西"杂糅"乃至"杂交"的特点。一个可资佐证的明显事实是，许多曾经非常纯粹的西学方家如今却转向了这种"打通中西"的学术理路，有的西学专家甚至已经成为这方面的学术高手。这是一个值得关注的学术动向：它是否意味着在逐渐获得一种国际化学术视野和条件之后，中国的学人们正在逐步摆脱由学科划分而来的专家身份而走向更为综合的智者之"道"？果真如此，中国学术的现代创生或所谓"中国学派"的形成便为期不远了，一个日益强大的中国便可望在贡献于当今人类世界以中国特色社会主义物质文明的同时，也为人类世界贡献出自己独特的文化与智慧。惟其如此，"中国经验"和"中国道路"才会真正赢得其"普世"意义，因为从根本上说，今天的中国和今天的人类世界一样，真正紧缺的绝不仅仅是经济资本或环保资源，而是文化资本和思想智慧以及全球责任和共同的历史担当！

　　作为思想的主题对象，2009年的中国经验尚待沉淀，方能进入思想的理路并成为当代世界思想图像中清晰可见的中国元素；作为当代中国学术思想事业的建设者和承担者，今天的中国学人尚需付出更大的努力，方能做好中国之学术思想并为人类世界的学术思想事业作出独特的贡献。俯首脚下的土地，在它的深处分明涌动着中华思想之不竭的智慧之流，让我们共同期待并努力使它早日喷涌而出，惠泽人类世界及其光明未来。

（万俊人　作者单位：清华大学哲学系）

汪行福：国外马克思研究　马克思依然不可超越

2009 年美国"《重思马克思主义》国际大会"的主题是"新的马克思时代"（New Marxian Time），英国"《历史唯物主义》年会"的主题是"另一个世界是必要的"（Another World is Necessary），这两个主题的相互诠释界定了马克思主义的当代意义。当前西方思想界出现了"马克思回归热"，而这与 1989 年喧嚣一时的"马克思死亡论"之间相距不过 20 年。历史

汪行福

再次证明，"马克思主义是我们时代唯一不可超越的哲学"（萨特语）。马克思主义在西方的复兴显然与资本主义的金融危机、新自由主义意识形态的破产以及美国霸权的受挫有关。虽然原因不尽相同，近年来中国学界也出现了国外马克思主义研究热，并呈现出以下特点。

研究的队伍日益壮大。自 20 世纪 80 年代西方马克思主义传入中国并为中国学者系统研究以来，西方马克思主义思想家的著作和思想一直是推动中国马克思主义研究的重要动力之一。这一特点今天得到进一步强化。从国内召开的有关国外马克思主义学术会议可以看出，西方马克思主义研究领域吸引了越来越多的基础扎实、外语好、有天分的中青年研究者。

研究领域不断扩大。长期以来，国外马克思主义的研究处在名不符实的状态。从地域看，对西方马克思主义研究多，对非西方国家的情况研究少，而在西方国家中又主要集中对英、法、德等国思想家的研究。在学术领域中，对国外马克思主义的哲学和美学思想研究多，对其经济学、政治学等领域研究少。这一发展不平衡的跛足状态今天已部分地得到了缓解。不仅传统的流派和思想家的研究得到深化，美国马克思主义、日本马克思主义、俄罗斯马克思主义和东欧新马克思主义的研究也得到了加强。

国外著作的翻译成为推动研究的重要动力。近年来中国各主要研究机构都推出了有自己特点的译丛。复旦大学将在人民出版社推出俞吾金主编的"国外马克思主义与国外思潮研究译丛"，第一批著作即将面世。南京大学在国外马克思主义著作的翻译上走在前列，张异宾主编的广松哲学系列已经出齐，"国外马克思主义与后马克思思潮系列"今年出版了鲍德里

亚的重要著作《符号政治经济学批判》。中国人民大学段忠桥主编的"当代英美马克思主义译丛"今年出版了一批国外马克思主义道德和政治哲学著作。清华大学韩立新主编的"日本马克思主义译丛"，翻译出版了日本著名马克思主义思想家望月清司的著作《马克思历史理论的研究》，受到学界的欢迎。中山大学刘森林主编了马克思与西方传统系列，翻译了一批有关马克思思想来源以及与现当代思想家关系的著作。中央编译局鲁克俭主编了"国外马克思学译丛"，第一期六本已于近日面世，其中有吕贝尔和费切尔等名家的著作。除此之外还有魏小萍主编的"马克思与当代世界"、衣俊卿主编的"东欧新马克思主义译丛"等丛书。这些对推动国外马克思主义全方位研究起到十分重要的作用。

中国研究机构各有特色。复旦大学重视国外马克思主义的基础理论和最新发展研究，它拥有《当代国外马克思主义评论》杂志，编辑有《国外马克思主义研究年度发展报告》，主编了"国外马克思主义研究丛书"，提供了大量信息和研究成果。南京大学重视社会理论和资本主义理论史的研究，最近出版了"资本主义理解史"系列著作。中南财经政法大学致力于生态学马克思主义研究，近日出版了《生态批判与绿色乌托邦》。除此之外，中山大学、中国人民大学、武汉大学的研究也各有特点。

对国外马克思主义的研究越来越及时。长期以来，中国对西方马克思主义研究往往集中在几个重要的思想派别，且在时间表上落后于国外思想的发展。随着研究队伍的壮大和学术交流能力的提高，中国学者的研究越来越及时和全面。如对法国马克思主义的研究以前往往集中在阿尔都塞的研究，现在一些学者已开始对阿兰·巴迪欧、朗西埃等人进行跟踪研究了。

最后，与中国现实研究之间的联系越来越紧密。虽然国外马克思主义的研究与中国化马克思主义的研究之间还没有形成稳定的学术联系，但是，国外马克思主义研究的现实关怀已经越来越强了，它越来越直接地介入到当代社会现实问题的研究。如一些人借鉴生态学马克思主义理论，对当前我国生态和谐与绿色正义等问题进行讨论，借助公共领域理论研究民主问题，借助非物质生产理论研究因特网和服务经济等，借助城市空间理论研究中国城市发展。

上述特点让我们有理由相信，国外马克思主义的研究大有作为，它将在推动马克思主义理论本身的发展和中国社会主义实践中起到越来越大的积极作用。

（汪行福　复旦大学当代国外马克思主义研究中心）

江怡：西方哲学研究　走向历史与未来的交汇

西方哲学在我国的哲学研究中始终占有一个特殊地位：它既是反映世界哲学发展的风向标，又是当今中国哲学研究力图摆脱却又无法回避的竞争者。2009 年我国西方哲学研究具有这样一个明显特点：作为西方哲学的绝对他者，我们在重返历史考察的同时，竭力展现西方哲学未来发展的可能走向。

哲学史研究历来是我国西方哲学研究的基础，特别是对西方哲学家经典原著的翻译，

江　怡

更是构成了西方哲学史研究的主要部分。在往年多位西方哲学家著作全集或选集出版之后，2009 年陆续出版《康德著作全集》、《胡塞尔文集》、《尼采著作全集》、《苏格兰启蒙运动经典译丛》，还有已翻译完成的《黑格尔全集》、《海德格尔全集》、《杜威全集》等正在陆续编辑，等待出版。一个由编辑整理德国经典哲学著作的学者组成的德国学术代表团 9 月访问中国，与中国学者在北京举行了"德国哲学与文献和文本"研讨会，主要讨论了关于莱布尼兹、康德、黑格尔、马克思和恩格斯、尼采等人著作的编辑工作及其哲学意义，直接推进了中国对这些哲学著作的翻译和研究工作。另外，古希腊哲学家的部分残篇以及文德尔班著名的《古代哲学史》被翻译出版，对中国的古希腊哲学研究起到了极大的推动作用。值得注意的是，2009 年中国哲学界对古代哲学的研究取得了明显进展，主要集中在国内的古希腊哲学研究与西方研究的比较方面。《世界哲学》杂志策划的"古希腊哲学青年论坛"，推动着这种研究向专业化和多元化的范式转

型，倡导建立一个成熟的学术体制。该论坛的定期学术活动以及 2009 年国家哲学社会科学基金"柏拉图未成文学说研究"等课题立项，表明这样的研究具备了学术体制的保障。同时，比较哲学的方法论问题也引起了中国学者的特别关注。

重视对传统哲学的研究不仅是中国学者的特别努力，也是当今西方哲学家的共同关注。而无论是对西方的古代哲学还是当代哲学，中国学者都表现出了独有的中国视角。美国批判理论主要代表南希·弗雷泽 3 月访华，引发了中国哲学界对她与霍耐特关于承认理论之争的广泛兴趣，使得中国学者更加清楚地认识到这场争论的内在本质，即这是一个学术传统之内的"人民内部矛盾"。英国当代逻辑学家和哲学家威廉姆森 9 月访华，推动了中国哲学界对当代认识论、逻辑学和形而上学问题的特别关注，但中国学者与他的对话交流则更多地表现出对他思想观点的冷静分析和理性对待。胡塞尔诞辰 150 周年、哈贝马斯诞辰 80 周年、雅斯贝尔斯逝世 40 周年，这些使得中国学者对当代德国哲学给予了更多的注意，让德国哲学说汉语成为中国哲学界推动德国哲学与中国传统资源对话的重要方式。而哲学界纪念洪谦诞辰 100 周年和维也纳学派宣言发表 80 周年，更是把以逻辑分析为代表的西方思维方式与以直觉常识为代表的中国思维方式之间的差异和冲突凸显出来，同时揭示出英美哲学与欧陆哲学在哲学性质上的不同理解。

重塑当代西方哲学地图被看做中国哲学家的历史使命，而以哲学社会学观望西方哲学的当代发展，则被看做直接关系到西方哲学在未来中国的命运。由我国十余位学者历时八年完成的《当代西方哲学演变史》（人民出版社 2009 年 9 月出版）一书为国内研究提供了一个共时性思路，揭示了当代西方哲学的一个重要特征，即哲学的宗旨是要走向生活和实践。学者们指出，从总体趋向上看，西方哲学的未来发展将可能出现两条道路并存的局面：一个是力图通过具体分析社会生活问题或为这样的问题提供理论援助而对社会生活产生重要影响；一个是力图通过批判地对待一切社会生活而凸显哲学的唯一作用。其基本特征将是以问题为中心，超越国家和流派的分野；以对话为前提，寻求相互交流和理解；以综合为基点，强调多元化和相对性。这正是从中国哲学的他者角度描绘出的西方哲学演变地图。

（江怡　中国社会科学院哲学研究所）

顾海良：理论经济学　空前活跃的一年

2009 年，中国经济学发展的显著特点，就是理论经济学研究的空前活跃。这一活跃的境遇，与始于 2007 年的国际金融危机有着直接联系。理论经济学研究者对这场危机爆发的原因及其影响作了多方面的探索。

顾海良

在危机具体诱因的探讨中，从微观层面上，认为金融自由化是全球金融危机的直接根源；从宏观层面上，认为长期的低利率和宽松的货币政策是全球金融危机形成的政策基础。也有从短期因素上，认为发达国家出现的资产泡沫迅速破裂是主要原因；从长期因素上，认为危机是 20 世纪 30 年代大萧条以来全球经济结构、贸易结构、金融结构大调整在金融体系上的必然反映。金融危机肇始于私营部门的金融交易和金融创新，首先爆发于虚拟经济领域。放任与干预的失衡，创新与监管的失衡，实体经济与虚拟经济的失衡等成为危机爆发的重要原因。实际上，导致国际金融危机爆发的各种因素并不是孤立的、偶然的。危机爆发的深层原因还在于资本主义基本制度之中。全球性金融危机正是资本主义经济发展的新阶段中基本矛盾不断深化和集中爆发的结果，是自由市场经济的内在缺陷与资本积累矛盾运动累积的结果。

克鲁格曼 2009 年的"中国行"颇为炫目，他因"对贸易模式和经济活动区位的分析"获得诺贝尔奖，也因对亚洲金融危机的预见而享誉世界。在此次"中国行"中，克鲁格曼作的"全球经济复苏与中国机遇"和"新格局下的中美经济未来"的演讲，就中国经济发展模式、货币政策、外汇政策、贸易盈余、危机应对、经济转型等问题作了阐述，得出了诸如"未来人们迫切希望这三年是中国转变的关键期"这样的结论。在"后危机时代"，中国对未来国际经济新秩序建设的设想及其在新秩序中的地位和作用，成为理论经济学探讨的热门话题。

我国经济与世界经济联系的紧密程度前所未有，我国经济必然受国际金融危机的影响。但随着中国城市化的加速和家庭消费的升级，中国正处于高速增长的长周期中，加上中国中央财政以及金融体系相对良好的状态，使得中国以投资为主的内需在不断扩张，中国并未陷入危机的旋涡。中国制度方面的优势，宏观调控方面的经验，在抵抗国际金融危机时具有一定的相对优势。国际金融危机促使我们要加快经济增长方式的转变，加快经济结构调整的同时，处理好市场与政府、宏观调控和微观管制、国内和国外经济、国有和民营经济、虚拟和实体经济、需求管理和供给管理的关系。

金融危机沉重打击了以新古典学派为首的宏观经济学和以有效市场理论为基础的金融经济学，从西方主流经济学内部引发反思和批判的浪潮，呼吁对经济学进行彻底地变革。在"世界金融危机与坚持中国特色社会主义道路"的主题下，诸多理论经济学家们提出，马克思主义经济学对于有效的规避和防范措施，推动中国特色社会主义经济健康稳定发展仍然具有重要的理论意义和现实意义。当然，我们应该看到，马克思没有研究过完整意义上的国际金融危机，我们不应该躺在马克思的身上，而应该站在马克思的身边，结合新的历史条件发展和创新马克思的危机理论和马克思主义经济学。

2009 年理论经济学的空前活跃，与新中国 60 华诞有着直接的联系。对 60 年中国经济历史的回顾，形成了理论经济学研究，特别是中国特色社会主义经济学理论研究的丰硕成果。60 年中国经济建设实现的"惊人的跨越"，大体可以党的十一届三中全会为界，分为两个发展阶段：前一个阶段是艰辛探索的 30 年，完成了对旧生产关系的社会主义改造，为社会主义建设奠定了根本的政治前提和制度基础；后一阶段是锐意改革开放的 30 年，抓住不断解放和发展生产力这个根本任务，在坚持社会主义基本制度的前提下，从经济基础到上层建筑对不适应生产力发展要求的方面和环节进行全方位深层次的改革，坚定不移地实行对外开放，不断创造出经济社会发展的奇迹。

在对 60 年基本经验的理论总结中，有一条主线，即新中国的经济建设一直以发展着的马克思主义理论作为科学指导，紧密结合不同发展时期的经济社会实践，充分吸收现代经济学的有益成果，找到了社会主义市场经济这个适合中国社会生产力发展要求的经济体制，并在改革开放的实践中不断发展与完善。理论经济学研究的重要结论就是：世界上没有放之四海而皆准的发展道路和发展模式，也没有一成不变的发展道路和发展模式；我们既不能把书本上的个别论断当做束缚自己思想和手脚的教条，也不能把实践中已见成效的东西看成完美无缺的模式。

（顾海良　武汉大学）

赵纯均：管理学　在反思中不断进步

2009 年管理学发展呈现以下主要特点：一是经历了对学科发展的总结和反思；二是中国式管理研究取得一定的成果；三是学术活动活跃，在碰撞交流中进步；四是在全球金融危机的背景下，管理学界对企业伦理和企业社会责任高度重视；五是管理教育抓住机遇顺势而上取得了较大发展。

赵纯均

在新中国成立 60 周年之际，管理学进行了大的总结。我国现代意义上的管理学在改革开放以前几乎是一片空白，1980 年代引进和起步。1983 年，时任国家经委副主任和中国企业管理协会会长的袁宝华针对应当如何看待和学习外国管理经验的问题，提出"以我为主、博采众长、融合提炼、自成一家"这一重要的十六字方针，为引进、学习和借鉴国外先进的管理理论、管理技术和方法提供了重要的指导思想。之后，管理学秉承这一重要的指导方针，取得迅猛发展，1990 年代经过学习和成长，2001 年至今进入融合与创新的重要阶段，开始走向成熟，学术水平、研究方法的科学性和规范性、研究成果的创新性等显著进步。管理学界对融合中国优秀传统文化与国际上现代管理理念、中国特色的管理进行了探索和创新。在中国管理学界不断与世界上先进的管理理论和方法接轨的同时，对总结中国式自己的管理经验、探索中国式管理的理论开展了大量的工作。

2009 年，关于中国式管理理论研究的一个重要进展是，进一步明确了中国式管理研究的目的、重点研究对象、内容和方法。很多学者的共识是：中国式管理研究的主要目的是发现中国经济高速增长中企业管理方面的成功规律；研究的主要对象应该是中国大陆当代最为成功的企业；研究的主要内容包括管理哲学、战略管理、组织管理、财务管理、运营管理、营销管理、领导与激励、企业文化及人力资源管理等方面和管理科学、管理艺术和管理手艺等层面；研究的主要方法是通过调查研究、深度访谈等案例研究的方法研究中国企业管理的实践，从感性知识到理性知识，抽象概括出具有一般性的共同规律，逐步形成中国式管理的理论框架。

全世界范围内发生的金融危机，使很多管理者和企业家陷入困境，管理学术界也面临巨大的挑战。2009 年在全球因应金融危机中，管理学界除了从各个专业的角度对危机的成因和应对方法进行了大量深入的研究之外，一个普遍的共识是企业伦理和企业社会责任的缺失是产生危机的重要根源。加强企业伦理和企业社会责任的重建得到了高度的重视。8 月全国MBA 教育指导委员会主办了全国 MBA 企业伦理教学研讨会讨论了企业伦理和社会责任的教学问题；11 月中国管理现代化研究会举办了第四届会议，从宏观视野到微观实践，探寻应对金融危机的策略，并促进管理理论创新、发展与国际化。其他的专业研讨会也十分活跃。

随着教育改革的深入，管理学教学体系进一步完善，规模进一步扩大，教育管理进一步规范。在研究生教育继续发展和研究生培养的结构性调整，使专业学位教育面临着大发展的机遇。2009 年举办 MBA 试点的院校从 2008 年的 127 家增加到 182 家，报名人数从 2008 年的 6 万多人增加到近 8 万人；举办 EMBA 的单位由 2008 年的 30 家增加到 2009 年的 62 家。可以预见我国管理教育将进入一个崭新的发展时期。

（赵纯均　清华大学经济管理学院）

伍飞：社会学　四种类型齐头并进

根据"社会学为了谁"与"社会学为了什么"这两个维度，美国社会学会前主席布洛维将社会学分为四种类型：专业社会学、政策社会学、批判社会学和公共社会学。专业社会学和批判社会学面向学院内部的阅听人，政策社会学和公共社会学则针对非学术阅听人；专业社会学和政策社会学提供工具性知识，而批判社会学和公共社会学则旨在提供反思性知识。这一类型学较传统的宏观／微观、理论／经验等二分法要更加丰富和深刻。本文即按照这一分类，对 2009 年的中国社会学做一简要回顾。自然，囿于个人视野和兴趣，偏颇疏漏在所难免。

专业社会学

专业社会学是一切社会学的根本。2009 年，专业社会学的发展有以下几点值得注意。

1 对中国经验的深入讨论

今年适逢新中国成立 60 周年，7 月份在西安召开的中国社会学年会即以"中国社会变迁：60 年回顾与思考"为主题，显然，对中国经验的深入讨论成为 2009 年社会学的一个焦点。这大致可以分为宏观、中观和微观三个层面。宏观层面上即对中国模式和中国道路的讨论，这实际上又延续了从 2008 年开始的改革 30 年的讨论；在中观层面，主要是对一些具有中国特色的组织和制度及其变迁的研究，特别注重其与社会流动和不平等之间的关系；微观层面则侧重于人心的角度，如一些学者对自杀现象的研究、对社会主义新德治的研究等等。

2 对民国社会学传统的重新发现

自社会学恢复重建以来，韦伯、涂尔干等古典大师以及吉登斯、哈贝马斯、布迪厄等当代大师的作品源源不断地被译介到中国，相比之下，与我们更加亲近的学术资源，即民国社会学的传统则一直没有得到充分的接续。最近几年来，这一情况正在得到改善，表现在：大批民国社会学著作得以再版，且不再局限于费孝通、潘光旦等少数学人；出现了一些带有入门导读性质的选本，比如 2009 年出版的两大册《中国社会学经典导读》；中国社会学史的课程开始在一些高校受到重视；最后也最为重要的是，对民国社会学的梳理不再局限于学术史的角度，而试图与当下的研究产生关联、与当下的问题产生关联，比如一些学者对民国社会学家关于乡村建设的理论和实践的研究。当然，以上工作都还只是在初步进行中，相信假以时日，这方面的成果会日益丰硕。

3 对金融危机及其社会后果的初步研究

由美国次贷危机引发的全球金融危机早已经超越了单纯的经济层面，成为一个影响到政治、市场和社会等各个层面的总体性问题。面对这场危机，社会学也发出了自己的声音。《社会学研究》和《社会》这两种主要学术期刊都组织了专题讨论，既涉及对金融危机本身的研究，比如危机的成因、危机传导的社会机制、危机对社会各阶层的影响等，也涉及应对危机的方式以及国家在此过程中的角色，等等。事实上，社会学只有在这样重大的问题上显示出与经济学等学科不相上下的解释力，才能够摆脱边缘化的"剩余学科"的尴尬。

政策社会学

中国社会学自恢复重建以来即带有鲜明的政策应用性格，小城镇研究是一典范。2009 年，政策社会学方面最重要的成果即对于汶川地震灾后重建的研究，大批社会学和社会工作专家赴灾区进行调研和援助工作，向国家提交了很多有参考价值的调查报告和政策建言。此外，针对土地流转、劳动合同法等敏感的政策议题，社会学者也都通过自己的研究做了直接或间接的回应。尤其值得指出的是，针对今年以来各地频繁爆发的群体性事件，社会学者其实已经在这一问题上做了诸多研究，在集体行动、底层抗争等领域都积累了较为可观的成果，当然，这些研究都超出了狭隘的政策社会学范畴。

批判社会学和公共社会学

批判社会学针对社会学自身的内在预设和操作方式进行反思，而公共社会学则指社会学走出学院的围墙之外，面向公众发言，强调对公共议题的关注和对公民社会的捍卫。客观地说，这两种类型的社会学在国内发育得还不够成熟。在今年出版的《转型与发展》第 2 辑中，一些学者对于转型社会的研究立场和方法做了较为深刻的反思，这在某种程度上可以视为一种批判社会学性质的工作。

公共社会学又分为传统和有机两种形式：传统形式是指通过通俗写作引起公众对某些重大议题的关注和讨论，例如今年 4 月份北京市社科院的社会学者与房地产商就房价问题在网上展开的论战。有机的公共社会学则是指社会学者不仅通过论述，而且以直接行动投入到社会变迁的过程中去，将知识生产与社会实践联系起来。比如，环境社会学者直接参与环保运动中，一些研究劳工维权的社会学者甚至自己成立劳工 NGO，开展工伤探访法律援助等活动，当然这些例子仅属于凤毛麟角，并不多见。虽然学者在学术生产与社会行动之间如何把握一个平衡或分际尚值得讨论，但是公共社会学在中国的薄弱至少提醒我们思考这样一个问题：作为一门以"社会"二字命名的学问，如何才能培养一种真正以社会为核心关照的精神气质，而不是仅仅满足于做一门拿"社会"或"社会问题"当饭碗的庸俗学科？

（伍飞　中国社会科学院社会学研究所）

朱桐辉：法学　在传承中突破

法学 2009 年的发展，既有对形势的回应，也遵循着渐趋成熟的学术逻辑，其部分成果也有较高质量。经长期积累，部分学科已基本摆脱"幼稚"嫌疑，开始在学术界占据一定席位。从《中国社会科学》发表的法学论文看，其讨论更专业化，更关注中国的现实，讨论对象与方法具有时代气息。同时，立法学和规范法学的细致化也有所反映。在哲学对证据法学的影响上，也出了成果。在《读书》上，也有法学作品在讨论法权与特权、法学转型、习惯法及小产权等问题，作者群也有所扩大。

传承中有突破

现实关怀更加强化。更多研究继续回应"真实世界"的法律问题。例如，部门法中对扩大行政受案范围、行政行为违法性、行政裁量权、检察官客观义务及侦查到案的研究。而对土地征收补偿、公交民营化、群体诉讼、证券监管、金融控股公司风险防范、金融刑法立罪、侵权法制定的研究，也彰显了法学研究无论规则层面抑或法理层面对民生、民权的关注，以及对金融危机、风险社会等现实的应对。即使国际法的研究也更加关注国家的政治经济主权与国家利益，有强烈的"当下关怀"。例如，对人民自决权与国家领土完整、中日东海争端、外资并购中的国家安全审查、反倾销法最佳可获信息规则、人民币汇率补贴的研究。同样，比较法的运用也有强烈的"现实关怀"。例如，对罗马法四大民众发动程序、普通法国家集团诉讼代表人资格、美国证券集团诉讼的研究。

前沿问题讨论仍是 2009 年集中点所在，或针对新问题进行新理论探讨。例如，就生产者延伸责任与"服务行政事件"引发的理论思考；或者针对新法与修法进行述评，例如对案外人异议、民事审监程序修改、民诉法修改后的"新证据"、反垄断法的研究；或者是对新兴领域的研究，例如对网络传播、网站治理、网络隐私及"虚拟财产"的研究。

学科交叉依然取得重要成果。例如，从"信息约束"角度对立法政策的解读，对"科斯法律经济学"本土化路径、"赔钱减刑"激励的讨论，对清末选择大陆法、新劳动法、律师产业、执行难、"先公司合同"、"海瑞定理"的经济学解释及对中国法院分庭的组织社会学研究。

新方法采用也是特色。例如，对刑事和解、仲裁机构、地方政府土地征收补偿标准、隋代前期皇权与法权的实证分析。案例研究也被行政法、法制史研究者娴熟地使用着。而法制史中，"从档案出发"对哈尔滨解放区、陕甘宁边区、清代冕宁的法律与纠纷解决的研究也很有特色。同时，也不乏对法学与部门法学科方法及发展方向的反思。

而刑法与民法的高端研究仍集中在基础理论上，且不乏突破性成果。例如，民法中，对债务关系的支配权、信赖原则的私法地位、"善意取得"的研究；刑法中，围绕犯罪构成体系、罪责构造、客观归责、期待可能性的学术争论，都是典型的部门法理讨论。其他学科也不乏对主流观点的反思。例如，对裁判可接受性、合宪性解释是不是宪法司法方式的讨论。

阵营的形成与产出机制

2009 年的研究与交流产生的成果还将在以后持续发布，这一初步繁荣局面令人欣喜。而其背后更强烈趋势是规范法学与社科法学阵营的形成与竞争。规范法学在严谨化与规范化上取得很大进展，其技术化与细密化也令人击节。例如，徐涤宇的《间接代理制度对仲裁条款的适用》（《法学研究》2009 年第 1 期）、钱玉林的《公司章程"另有规定"检讨》（同上，2009 年第 2 期）、张家勇的《承运人对第三人货物的留置权》（同上，2009 年第 3 期）。当然，其政策化趋势也更加明显，如前所示，不少作品有强烈的现实关怀。

社科法学的崛起也令人瞩目。如上所揭示的交叉学科研究，其眼界更开阔，与经济学、社会学、史学的交叉均有所体现，其方法也在走向成熟。而其更大功绩是显著扩展了法学的"学术版图"，提高了法学的学术"品位"与地位。而且，它还推动着规范法学的发展。这体现在部门法间的交叉研究成为 2009 年高端成果的主要部分。例如，结合刑法与刑事诉讼法对刑事和解的研究，对刑事"难办案件"的宪法学评析，对行政主体责令承担民事责任、财产犯的占有的研究，等等。这也体现在部门法内交叉研究的增多。例如，从海商法、担保法、物权法及合同法协调角度对承运人留置权的研究。再如，对侵权责任法与物权法协调的研究，以及从票据法与物权法协调角度对背书效力的研究。

这些显然是 30 年来传承与突破的结果。其原因在于，法学界已基本抛弃了理念强调，走向规范化与学术化。那些"只有……才……"式的呐喊，因缺乏因果论证，违背客观性，逐渐被淘汰。而更直接因素在于，高校与研究机构的组织推动；学术经费渠道与数额的增加；学术优胜劣汰机制的初步形成。随着学术信息获取与交流的网络化，学术批评的网络化与匿名化（法学博客吸引力增加、批评网站兴起），以及各具特色的学术圈的形成，同侪口碑评价的重要性更加显现。可预言，随着法学教育的积累，法学新生代的崛起，法学界推陈出新、重新洗牌的时刻就在不远的将来。尤其是社科法学发展及其对学术储备力量的吸引，将加速这一可能性。

如何持续繁荣

当然，2009 年的成果同样有问题，尤其是专著的问题不少。不少成果的理论、实践与方法意义缺乏，欠缺扩展性。另外，不少成果在反复强调法学方法。这其实有问题。方法不是用来反复宣传的，而是用来扎实践行的。更多嘉许需给予那些踏实的践行者，即使其成果不免粗糙。不少规范法学研究存在以德国、美国为师，论证不足或循环论证等问题。而不少社科法学研究存在方法粗糙，变量控制不严格，过于迷信数据，基于部分经验的结论扩展过度等问题。还有不少研究为标新而标新，进行孤注一掷的呐喊。因此，无论遵从哪个阵营的研究，似乎都需进一步提高论证的说服力，强化推导的因果关系。

另外，社科法学在主流高端刊物的空间有限，从学术竞放、学术互补及提高法学"段位"的角度，也亟须改善。当然，虽然社科法学更被看好，可让法学更具活性、趣味性及说服力，获得更多与他学科对话的能力。但如果我们都投身于"社会科学法学"了，谁来尽法学为法治服务的本职，风险赔偿、民生保障、金融危机应对、国际贸易与主权争端解决及公民权利保障中法律供给质量的提高，由谁支持？

因此，如何持续创新，怎样产生更多大家，最好手段可能还是维持规范法学与社科法学阵营的长期竞争。这就关乎相应的学术宽容问题，包括观点的宽容与考核的科学化。如此，学人将敢于更多的、真正的批评与交流，将乐于长期的、默默的学术生产。当然，这些只是基本条件，制度外的学术自律与学术热爱也不可或缺。

2009 年诺贝尔经济学奖第三次颁给了广义法经济学家——威廉姆斯与奥斯特诺姆，前者是新制度经济学奠基人，后者是公共治理学专家。这给了正在多方尝试的法学界以启示。当然，也可将部分希望寄托于经济学、社会学及管理学界。如此，学科间的竞争与合作也应在更大范围展开。

（朱桐辉　南开大学法学院）

王善迈：教育学　《规划纲要》与学科发展

当前我国正在制定《国家中长期教育改革和发展规划纲要》（简称《规划纲要》），这是继 1993 年中央和国务院颁布《中国教育改革和发展纲要》以来又一次关于教育改革与发展的重大决策制定工作，它将设计中国未来 10 年的教育改革和发展。为了使《规划纲要》的制定更加民主和科学，教育部向全社会广泛征求意见，社会各界也积极参与了讨论，发表了不同意见。

《规划纲要》虽然属于政府行政法规性质，但它也涉及教育理论研究中的若干重大问题。正是由于人们对一些重大理论认识不同、利益诉求不同、掌握的相关信息不同，导致了人们对未来教育改革和发展怀着不同的看法和期望。

就理论方面而言，《规划纲要》至少涉及了以下重大问题：如何认识教育和经济、社会发展之间的关系；在新的社会历史时期，教育应发挥怎样的特殊作用；在社会主义市场经济体制下，在教育领域中如何认识和处理政府与市场的关系，包括各级各类教育中政府与市场的关系；层级政府间教育职责和财政支出责任如何界定和划分；在教育管理中，如何认识和处理政府与学校的关系，以及学校内部的治理结构；在职业教育和高等教育中如何认识教育和劳动力市场的关系；在教育和教育资源配置中如何认识和处理充足、公平与效率的关系；在建立创新型国家和建设人力资源强国中如何培养创新型人才；等等。

这些重大理论问题需要学者深入探讨，以便为制定《规划纲要》提供理论支持，推动教育学科发展。在探讨中，应从中国实际出发，进行独立的、原创性研究，对外国的理论和政策制度是否正确、是否适合中国国情应作出理性判断，简单移植和照搬不可取。中国经济社会和教育的发展为学术研究提供了广阔的空间，经过学者的长期共同努力，中国的教育学科定能步入世界先进行列。

（王善迈　北京师范大学经济与工商管理学院）

张越：历史学　60年回顾是焦点

2009年，回顾和总结新中国成立60年以来历史学各研究领域走过的历程、取得的成就成为史学界关注的焦点。伴随着共和国前进的步伐，新中国史学经历了20世纪五六十年代的建设、十年"文革"的劫难、70年代末至80年代中期的拨乱反正、90年代以来的健康发展，一步步走向新的阶段。对新中国史学60年的回顾和总结，不仅全面展现了新中国史学的发展面貌，也集中反映了人们对中国史学进一步发展的思考和展望。

张 越

新中国已经走过了60年的历史征程，加强国史教育和国史研究，在新中国60华诞之际也受到更为广泛的重视。国史教育与弘扬爱国主义精神、增强民族凝聚力的关系及重大意义被主流媒体反复提及。与之相应的，是国史研究成果的不断涌现，当代中国研究所编纂的《中华人民共和国史编年》1949年卷至1955年卷共7册在2009年出版面世。这是一部全面反映中华人民共和国各个领域重大史事的资料书，凡涉及中华人民共和国各个方面的大事，均在编写之列。各卷叙事，由纲文、目文、文献、图片和注释五个部分共同完成，以精确、精炼和精彩为编纂标准。作为编年史性质的国史资料书，《中华人民共和国史编年》在继承和发扬中国史学翔实和信实传统的基础上，朝着国史研究和编纂的创新之路迈出了可喜的第一步。此外，金冲及著4卷本《二十世纪中国史纲》也在今年出版。这部100余万字的著作以"二十世纪"的100年为时间线索，在阐述近代中国这关键的100年的历史发展过程中，写出了许多新的内容和历史评价观点。"一部20世纪中国史，始终贯穿的鲜明主题是：为实现中华民族的伟大复兴而奋斗。中华民族面对两大历史任务：一个是求得民族独立和人民解放，一个是实现国家的繁荣富强和人民的共同富裕。它必须分两步走：后者是人们憧憬和奋斗的目标，前者是后者的必要前提。"这是《二十世纪中国史纲》对这段历史的论断。

近年来的"国学热"随着今年11月清华大学国学研究院的成立而持续升温，已有多所高校成立了"国学"研究机构，与"国学"相关的各种活动也层出不穷。在经济全球化趋势不断加强的今天，"国学热"成为中国文化领域的一种文化现象的确令人深思。从学术研究的角度对经史子集中所涵盖的诸项专门学问进行研究，甚或做挽救式的整理，当然是必要的；从传统文化中继承和弘扬中华民族优秀的民族精神，向世界文化丛林展现中华文化中的精髓及其具有生命力的长久价值，也是当下亟待进行的文化系统工程。对于"国学"在当今时代之意义以及"国学"的内涵、价值等范畴之界定，仍需全面深入地研究讨论。

中国文明起源与国家形成问题因其重大的历史意义和现实意义而长期以来备受学界重视。由于新的考古发现、新的理论观点以及新的分析视角与方法的不断涌现，对这一问题的研究在 2009 年更趋深入，其影响也更为广泛。9 月，国家文物局、科技部、财政部和文化部在北京首都博物馆联合举办了"早期中国——中华文明起源展"，受到了中外学者和普通民众的关注。11 月，中国社会科学院世界历史研究所主办学术会议，从世界史的角度，以"古代国家的起源与早期发展"为主题进行了热烈讨论。何兹全、张光直、童恩正、王震中、谢维扬、王巍、沈长云、王晖等学者对中国文明起源与国家形成问题的观点都成为不容忽视的一家之言。对这一问题的研究在相当一段时期内必将仍呈方兴未艾之势。

早已成为国际性显学的简帛学在不断传来令人振奋的新发现之消息的同时，随着简文内容不断地被公之于众，引起学术界的热烈讨论。2007 年和 2008 年，湖南大学岳麓书院和清华大学分别收藏了两批流失海外的秦简和战国简，各 2000 余枚。2009 年初，北京大学收藏了一批西汉竹书，总数达 3300 多枚。这些珍贵材料的内容因涉及传统文化的经史类先秦典籍文献而更显其无法估量的学术价值。清华简中一篇《尚书》体裁的简书《保训》已于今年公布，学术界反映强烈。相信通过对这些新发现材料的释读与研究的不断深入，必将极大地改变中国古史研究的面貌。

2009 年中国史学在学科建设、研究成果、材料发现、理论探索等各个方面的进展，无不令人对中国史学发展的前景充满憧憬与期待。

（张越　北京师范大学历史学院）

刘世哲：民族学人类学　人类、发展与文化多样性是主题

2009 年民族学人类学研究的主旋律应该是国际人类学与民族学联合会第十六届世界大会的主题，即"人类、发展与文化多样性"。这个主题覆盖了民族学各个学科，也是今年民族学人类学研究的集中和总体反映。

2009 年对于中国民族学人类学来说是具有里程碑意义的一年，而今年最大的亮点是 2009 年 7 月 27—31 日在中国昆明召开的国际人类学与民族学联合会第十六届世界大会，这是中国人类学民族学在经过了百年发展历程之后，最重要的人类学民族学国际学术盛会。标志着我国人类学民族学研究走向成熟、发展和在国际学术舞台上享有更为广阔的发展空间，也标志着国际人类学民族学界的交流与合作迈上了一个新台阶。

刘世哲

来自全球近 100 个国家和地区的 4300 多名专家学者，围绕"人类、发展与文化多样性"的主题，开展了深入而广泛的交流，大会共组织 165 场学术专题研讨，涉及文化多样性、种族、民族关系与民族认同、生态/环境、语言、宗教、都市、旅游、教育、心理、性别与女性、儿童、考古、历史、体育、影视人类学、医学人类学和流行病学等内容，突出地展示了我国的民族政策和民族工作成就，特别是突出了中国人类学民族学的百年发展历程及其最新研究成果。

文化多样性和人类发展是全球化背景下国际社会面临的带有普遍性的问题，它的核心是国际社会要尊重发展中国家、少数民族、弱势群体及底边社区参与经济发展的平等权利，同时必须尊重其文化资源、社会尊严及话语权利。文化多样性是人类社会的基本特征，也是人类文明进步的重要动力，它体现着人类独特的创新能力，不同文化群体的相互尊重与公平博弈是生态平衡、社会和谐及共同繁荣的保障。

大会各个专题的讨论，反映了当前国内民族学人类学界研究的热点和方向。

人类是生物进化及社会文化演变的结果，经济发展是人类社会的永恒命题。经济人类学暨民族经济学专题，围绕经济人类学基础理论与案例研究、中国发展经验的世界意义：民族经济学的启示，以及一些比较前沿与综合性的主题展开研讨。法律人类学"文化多元与法律多元"专题，讨论了多元文化背景下的法律、民族区域自治法律制度、习惯法研究、人类学视野中的权利保护。而女性人类学方面的专题，讨论了性别·文化·自然资源管理和利用、不同国家女性人类学的学科经验、多民族省份云南的妇女与发展、女性研究的全球化和本土化等问题。"跨国游牧民族文化比较研究"专题，讨论了跨国游牧民族文化的概念与特征、跨国游牧民族文化在世界文化遗产中的地位、跨国游牧文化的历史与现状、跨国游牧文化的发展趋势、跨国游牧民族传统文化与语言的特征、跨国游牧文化之间的差异、跨国游牧文化变迁等方面的内容。"解读客家历史与文化：文化人类学的视野"专题，讨论了客家综论、客家方言与文学、客家宗族、客家民俗、民间信仰、文化产业等。"移民与可持续发展：全球视野、政策、实践和人类学知识应用"专题，讨论了移民政策与实践、民族学和人类学应用于移民研究、生态移民、移民风险及其规避。

这一系列的专题说明中国人类学民族学的研究已遍布各个学科，也说明了跨学科研究有进一步发展，并涌现出一批有发展前景的分支学科，如生态/环境人类学、企业人类学、发展/经济人类学、都市人类学、教育人类学、旅游人类学等。这次会议有不少专题会议研讨了中国少数民族的非物质文化遗产、民族文化的保护与传承、民族地区的社会经济与生态环境变迁、宗教问题与民族矛盾、城市流动人口与民族关系、少数民族的就业与民族企业的发展、民族地区的文化开发与旅游，这些问题也是研究的热点。

在马克思主义民族理论和族际政治理论方面，今年也有集中的讨论。2009年8月30—31日，由《民族研究》编辑部主办的庆祝《民族研究》复刊30周年暨理论发展与创新学术研讨会在北京举行。会议研讨了当前理论界的热点问题，关于经典民族理论的反思和关于"民族"概念、"土著民族"、"原住民族"、"民族自治"、"民族自决"等热点学术概念的讨论以及关于中国民族理论研究、中国民族政策实践的反思。在此基础上，与会学者还就中国的民族问题、民族理论研究的方法创新及学科建设、怎样看待互联网中出现的有关民族问题的讨论（即民族问题的制度外表达）、如何评价国家为保护少数民族平等权利提供的优惠政策、如何有效加强国家和地方民委在民族事务中的管理等问题，展开了深入讨论。以上问题反映了理论界的关切和思考。

在民族史学方面，2009年10月，在山东省青岛市举办了中国民族史学会第七届学术会议，讨论了中国民族史研究60年的发展历程及前景展望、中国民族史研究的理论与方法创新、当前中国民族史研究的热点与前沿问题、中国民族政策的反思与民族史研究者在促进民族团结及和谐社会建设中的责任。这些可以说都是当前民族历史学界重点思考的问题。

（刘世哲　中国社会科学院民族学与人类学研究所）

陈定家：中国文学研究　转型与创新是关键词

陈定家

在这个学术"大跃进"的时代，专著和论文必须用天文数字计算。即便是日益边缘化的文学研究，其学术"成果"也连年呈现出爆炸式增长趋势。在对2009年度文学书刊和网络文献作粗略扫描时，笔者深为海量成果之繁复驳杂所震慑，顿失综而述之的信心，姑且管窥蠡测，简略谈谈匆匆一瞥之后的点滴印象。

中国文学的"三十年"与"六十年"

2009年，中国文学的"三十年"与"六十年"成为学术研究热点几乎是顺理成章的事情。许多全国性学术研讨会都不约而同地把"三十年"或"六十年"的"回顾与展望"作为会议中心论题，如中国当代文学研究会举办的"共和国文学研究六十年"、全国马列文论研究会举办的"改革开放30年"、华东师范大学等单位举办的"九十年与六十年"等大型学术研讨会皆是如此。与此论题密切相关的著作和论文数量巨大，如张炯《文学研究大跨越的时期》、钱中文《三十年间》、杜书瀛《时逢三六九，重读马列毛》（即《国际共产党人的文艺美学发展史》）、童庆炳《走向新境：中国当代文学理论》、高建平《新中国文论60年回顾与展望》、白烨《文学批评的新境遇与新挑战》等文章从不同角度对中国生存状况与发展态势进行了历史性探讨。"三十年"和"六十年"涉及的问题域相当广泛，如三十年审美价值创新、文学精神生态等论题受到部分学者深度关注。总之，大规模的"回顾、反思与展望"是本年度标志性"学术事件"。

文学研究的范式转型与理论创新

近年来，文学研究领域多元共生、杂语纷呈的现象愈演愈烈，传统学科的急剧分化和新型学科的大量涌现，使得"转型"与"创新"成了文学研究的必然趋势。事实上，转型与创新都是本年度文学研究无可争议的关键词，它们极为频繁地被用做文学论文和学术会议的标题。如哈尔滨召开的"文学理论范式及其转换"研讨会、武汉"文学话语转型与和谐文化建设"研讨会等无不体现出对转型与创新的热切期望。以马克思主义文论研究为例，多年以来，呼应主流意识形态的文学研究始终保持着强劲活力，本年度一些重要学术刊物刊发了一系列颇有分量的研究文章，如陆贵山《马克思主义文艺学的理论创新》、毛崇杰《马克思主义文艺理论发展中的几个问题》等都一如既往地占据着刊物最显要的位置。从大量相关著述和"马克思主义美学与当代社会"等学术会议反映出的情况看，该领域的研究虽保持着稳健向前推进的势头，但仍未走出"持守坚决、创新乏力"的学术困境。不言而喻，转型与创新，依旧任重而道远。

理论建构的"着力点"与"问题域"

就文学研究的"着力点"与"问题域"而言，文化研究、审美意识形态、读图时代、网络文学与公共空间等热点问题，在本年度依然热度未减。古代文论的现代阐释及其"当代性"意义生成等问题仍被津津乐道。王元骧《文艺理论的创新与思维方式的变革》、党圣元《建构文学理论的中国话语》、南帆的《文学类型：巩固与瓦解》等都是该领域的年度力作。从一些全国性学术机构和高校召开的学术会议、《文学评论》等刊物组织的专栏文章不难看出，文学研究的"着力点"已不局限于后现代或文化研究等常见论题，其"问题域"正在不断突破既有研究范式的藩篱和传统学科界限。在古代文学研究领域，恰当运用现代知性批评方式和电子检索技术，细读作品，开掘出了大量前人视野之外的信息，却未忽略从生命体验等角度研究创作机制和欣赏习惯的传统。如蒋寅对"神韵"语源的追溯，破除成见，澄清谬说，揭示出了"神韵"概念嬗变的可靠历史踪迹。在现、当代文学研究领域，对60年来历史的回顾与反思也是本年度的重头戏，相关学科的基础研究和前沿探索皆有骄人实绩，譬如说鲁迅研究、网络文学研究领域都是一派丰收景象，如秦弓、孙丽华编译的《耻辱与恢复》、欧阳友权《比特世界的诗学》等均为相关研究领域增添了光彩。

（陈定家　中国社会科学院文学研究所）

背景链接

2009 年中国社会科学界大事记

◆ 1 月

14 日，由中国马克思主义研究基金会主办的"《共产党宣言》与中国特色社会主义"优秀论文评选颁奖大会在北京举行。

◆ 2 月

8 日，由华中科技大学和张培刚发展经济学研究基金会主办的第二届"张培刚发展经济学优秀成果奖"在北京颁奖。香港中文大学教授 Lawrence J. Lau（刘遵义）等撰写的《非竞争型投入占用产出模型及其应用——中美贸易顺差透视》（《中国社会科学》2007 年第 5 期）、中国社会科学院研究员蔡昉撰写的《中国经济面临的转折及其对发展和改革的挑战》（《中国社会科学》，2007 年第 3 期）等论文获奖。

25 日，中国人民大学校长办公会审议通过《中国人民大学首批教授一级岗位聘用实施办法》和《关于授予部分（离）退休老专家荣誉一级教授称号的决定》，聘任 14 名人文社科类教授为一级教授，同时授予 9 位已退休的人文社科类教授为荣誉一级教授，引起社会各界广泛关注。

◆ 4 月

11 日，由中国社会科学院文史哲学部等主办的第一届中国社会科学论坛在浙江金华举行。

本月，国务院批准立项的《中国大百科全书（第二版）》，由中国大百科全书出版社出版，在全国发行。

◆ 5 月

17 日，本年度国家社科基金年度项目评审工作会议在北京召开。中宣部部长刘云山出席会议并讲话，他强调，哲学社会科学战线要进一步增强责任感使命感，团结凝聚在中国特色社会主义伟大旗帜下，把握正确方向，珍惜良好机遇，发扬优良传统，坚持改革创新，不断开创哲学社会科学工作新局面，更好地为党和人民事业发展服务。据悉，2009 年国家社科基金 22 个学科共申报了 22547 项课题。经过匿名通讯初评，有 3600 多项课题入围本次会议评审。

◆ 6 月

5 日，中国社会科学院授予俄罗斯科学院涅基别洛夫院士和齐赫文斯基院士"中国社会科学院荣誉学部委员"称号。

6 日，内蒙古自治区第三届哲学社会科学普及活动周启动仪式在呼和浩特举行。

10—11 日，点校本"二十四史"及《清史稿》修订工程第三次修纂工作会议召开。

17 日，新疆自治区第八届哲学社会科学奖获奖项目揭晓。

28 日，《甘肃省志·社会科学志》出版，这是甘肃首部社会科学志书，历时近 20 年完成。

◆ 7 月

1 日，《中国社会科学报》创刊。

3 日，贵州省第七次哲学社会科学优秀成果评奖工作启动。

11 日，著名学者季羡林、任继愈逝世。

本月，教育部社科委学风建设委员会组织编写的《高校人文社会科学学术规范指南》由高等教育出版社出版发行。

◆ 8 月

12 日，教育部草拟的《通用规范汉字表》面向社会公开征求意见，引起广泛关注。

30 日，第 24 届全国古籍出版社社长年会暨 2009 年度全国优秀古籍图书评奖会在天津召开。

上海古籍出版社《中国家谱总目》、中华书局《敦煌经部文献合集》、文物出版社《殷墟书契考释原稿信札》等图书获奖。

◆ 9 月

月初，第五届"中国高校人文社会科学研究优秀成果奖"在北京揭晓，共有 648 项成果获奖。

24 日，由中国社会科学杂志社主办、陕西省社科联与西北大学承办的第三届中国社会科学前沿论坛在西安开幕。

◆ 10 月

13—28 日，中国社会科学院举办纪念改革开放 30 周年系列学术报告会。

15 日，河南省社会科学院建院 30 周年庆祝大会召开。全国政协副主席、中国社会科学院院长、党组书记陈奎元题词："融汇古今文化唤起民族千年梦，弘扬革命精神引领文明新潮流"。

18 日，由河南省社会科学院组织承办的"全国社会科学院院长高层论坛暨 2009 年度中南地区社科院院长联席会"在郑州闭幕。

28 日，由中国社会科学院学术交流委员会、中国社会科学杂志社主办，澳门基金会、澳门大学承办的第二届"两岸四地学术名刊高层论坛"在澳门大学召开，会议通过了"澳门共识"。

30 日，2009 年教育部人文社会科学研究专项任务项目"高校思想政治理论课"评审结果公示。

31 日，司法部在北京召开第三届"全国法学教材与科研成果奖"颁奖大会，颁发一等奖 15 项，二等奖 42 项，三等奖 57 项，优秀作品奖 36 项。

◆ 11 月

5—6 日，2009 年广东省社会科学学术年会举行。

18 日，贵州省社会科学界联合会第五次代表大会开幕。

20 日，陕西省人民政府发布关于表彰第九次哲学社会科学优秀成果的通报。

21 日，第十三届"孙冶方经济科学奖"颁奖大会在山东省日照市举行，共有两部著作和七篇论文分别获得著作奖和论文奖。在我国近 3000 家社会科学期刊中，获奖论文仅出自《中国社会科学》、《经济研究》和《改革》三家。

23 日，全国哲学社会科学规划办公室发布关于设立"国家哲学社会科学优秀成果文库"的公告。

24 日，2009 年度教育部哲学社会科学研究重大课题攻关项目评审结果面向社会公示。

25 日，青海省第八次哲学社会科学优秀成果奖获奖成果向社会公示。

◆ 12 月

1 日，第五届"胡绳青年学术奖"在北京颁奖，评选出 5 项获奖成果、5 项提名奖成果。

15 日，南京市社会科学界第七次代表大会在宁举行。

16 日，上海市第七次哲学社会科学学术团体工作会议举行，表彰2006—2008 年度上海市优秀社会科学学会、上海市优秀民办社会科学研究机构、上海市优秀社会科学学会工作者及获得"上海市社会科学学会特色活动奖"的单位。

25 日，《马克思恩格斯文集》、《列宁专题文集》出版座谈会在北京举行，中央政治局常委李长春出席并发表重要讲话。

本月，江苏省开始启动建设 13 个首批高校哲学社会科学重点研究基地。

（童力　袁华杰　潘启雯/整理）

盘点 2009 年中国学术

105

社会科学家展望 2010

希望之路 未有穷期
学界展望 2010 年学术研究

在刚刚过去的 2009 年，本报回顾了新世纪头十年的中国学术发展现状（详见 2009 年 12 月 22 日 1—4 版），那么在崭新的 2010 年，中国学术下一步将如何实现又好又快地发展，推动中国学术继承传统、直面现实、走向世界？带着这些问题，我们随机采访了中国哲学社会科学界部分学者。从他们 2010 年的学术期待中，我们或许可以窥见中国学术的走向。

学术研究将获得更多支持

在国家哲学社会科学研究专项工程和重大项目的推动下，一批对经济社会发展和哲学社会科学发展有重大影响的项目都得到了全面的支持，为研究者创设了更好的研究条件和环境。更多的学者有充分的时间和精力来潜心于项目的研究，完成了多项具有重大理论价值和实践意义的标志性研究成果，推进了中国哲学社会科学研究的长远发展。

南开大学文学院教授孙克强告诉记者，2010 年将是他的几个项目陆续结项的一年。"第一个是《大鹤山人词话资料汇编》将在 2010 年 1 月付梓出版，这个项目属于全国古籍整理出版规划项目。大鹤山人，是晚清四大家郑文焯的别号。《大鹤山人词话》20 世纪 30 年代曾经龙榆生整理发表于《词学季刊》，后收入《词话丛编》。但当时编纂时，囿于时代局限，掌握的资料并不完整。这次的汇编资料历经 7 年，内容将扩充到原来的

10 倍，相信这个集子会得到词学界和词学批评界同仁的欢迎。第二个是《龚鼎孳：定山堂集》的整理、出版。第三个是前后花费 10 年功夫得以完成的《清代词话考述》也要结项。"

复旦大学哲学系教授俞吾金主持的教育部重大攻关项目《国外马克思主义的现状、发展态势和基本理论》也将在 2010 年圆满结项。该项目从马克思主义的当代意义入手，出版了一套当代马克思主义研究的丛书，从生态学、女性主义等全新领域和角度阐释了马克思对当代社会的意义和价值。

深度诠释现实热点问题

哲学社会科学具有认识世界、传承文明、创新理论、咨政育人、服务社会的重要作用，只有研究回答好现实提出的重大问题，才能体现自身价值，实现自身发展。在新世纪新阶段，面对经济社会发展中的一系列矛盾和问题，在治国理政、建设社会主义政治文明的实践中，哲学社会科学对于推动党和政府决策的科学化、民主化、社会管理的法制化，发挥着越来越重要的咨询和参谋作用。也正是在这样的观念影响下，哲学社会科学各界学人的研究重点都聚焦于现世的国计民生。

俞吾金强调，"当前学者应该走出书斋，关心国家正在发生的重大理论事件，更要抽出精力研究中国特色的社会主义理论，从理论上对中央提出的观念和问题作出更具深度的诠释，这是理论工作者应该做的事情。"俞吾金的国家社科基金重大项目《科学发展观》获答辩通过，2010 年后正式立项启动，主要围绕胡锦涛同志十七大政治报告中的一些观点和构想作出理论上的深度阐释，并撰写对政府决策有一定作用的咨询报告。

清华大学历史系副教授彭刚阐释了史学与现世的关系，"史学理论的一个重要任务，是有效地把握和解释史学实践中的诸多问题和现象。新的一年中，我希望能够对 20 世纪西方史学实践中一些重要成就有更翔实的了解。就解决某些具体的社会问题而言，历史学大致是无用之学。然而，倘若人的生存需要扩展自己的思想世界和精神时空的话，历史学就和其他人文学科一样，起到一种'无用之用'。另一方面，现代史学无论在中国还是西方，在构建民族国家和族群认同方面，都起过重要作用。"

与社会现实问题联系最为紧密的社会学当仁不让地承担起研究的重任。南京大学社会学系教授成伯清将继续深化情感社会学研究。"为了弥补社会学偏重理性或者利益解释而对于'社会人'（Homo Sociologicus）把握欠充分的不足，应加强对于当代社会情感控制、利用和开发新形态的社会学解释的力度。情感社会学研究主要以情感为切入点，通过透视当代情感话语'爆炸'，进一步探寻影响和塑造情感的社会机制、'情本体'中国文化在情感的社会建构和管理上的取向和策略，进而揭示深层的'时代精神'。"

东北财经大学副校长、公共政策研究中心主任吕炜作为财政领域的研究者，将继续关注公共服务均等化、民生发展和公共支出安排等方面的制度化建设和具体的政策设计。"2009年是中国经济改革与发展历程中十分重要的一年，我们在应对全球金融危机、扩大内需的过程中，也在有意识地将调结构和保民生等中长期的改革政策融入其中。现在回过头来看，扩内需保增长的目标基本实现，未来的可持续发展将更加注重结构调整和民生改善，这两个方面任重道远，意味着公共财政和财政保障将承担越来越重要的责任，发挥着越来越重要的作用。这既是财政和公共服务领域的改革方向，也是完善社会主义市场经济体制的应有之义。"

期待与世界深层次学术对话

中国哲学社会科学研究，不能离开相关学科的国际联系和国际背景，因此，中国哲学社会科学研究领域进一步向国际开放，无疑是促进前沿研究取得更大进展的必不可少的一个方面。深化和拓展我国哲学社会科学研究，必须以放眼全球的宽广视野，以贯通古今的历史深度，准确把握当今世界的发展趋势，深刻认识当代中国的发展规律，从人类历史的走向中去拓宽研究空间。

在长达60年的发展中，我国哲学社会科学研究已改变过去的封闭研究状态，对外积极进行学术交流。一方面是走出去的学习与交流，另一方面是迎接走进来的外国学者和思想，这些举措都有力地推动了中国哲学社会科学走向世界。

外交学院党委书记秦亚青教授表示，在 2010 年里他会继续深入探讨国际关系理论中国学派的基本内涵、核心概念及其方法理路，尤其是要研究中国学术传统中对不确定性及其变化的认识和阐释，考虑其在国际关系理论方面的应用和创新的可能。"通过与英国学派的学术对话，进一步充实完善仅具雏形的过程理论，讨论关系性这一中国概念在社会领域的意义，并将过程理论应用到中国与国际社会关系的研究之中，以此为框架思考不同文化和文明的核心理念、基本制度和社会规范之间的互动、对话、冲撞与融合。"

秦亚青对于中国学术寄予了更大的期待，"我期待在国际学术界有更多的中国声音，期待中国学术界与世界学术界能够展开真正意义上的学理对话甚至交锋。因为只有实现这样的对话，学术才能在更加激荡的争鸣中发展。更期待中国能够出现真正学术意义上的思想流派，使中国学术在世界学术之林中占有一席之地。"

营造良性的哲学社会科学研究氛围

学术风气和哲学社会科学研究的环境氛围多年来一直是学术界关注、讨论和呼吁的热点问题。新的一年，老中青三代学人都对目前学术不正之风表示了担忧，并群起恳切呼唤学术界能吹来一阵净化之风，营造良性的哲学社会研究风气。

孙克强对记者表示，"整体来说，现在一些刊物产生了很多学术垃圾，公开卖版面，应当对该现象进行治理。希望学界同仁真正做些学术，不要单纯为学位、职称或沽名钓誉做学术。"

彭刚认为，虽然学术泡沫、学术腐败、剽窃抄袭等学界丑闻不绝于耳，但与二三十年前相比，如今国内学术研究的整体水准还是有了长足的进步。然而，在对西学某些领域的引介研究方面，却依然有着只凭道听途说和一知半解就放言纵论的情形。在他看来，对后现代史学及其理论的评论当中，就有不少这样的例子。充分尊重研究对象的智商，不轻易将其漫画化，即便是批判，也应建立在足够了解的基础上，这是严谨的学术研究应有的态度。彭刚期望能见到更多建立在深入了解基础上的研究和批判。

俞吾金也热切期望着，"更多的学界人能耐得住清贫，耐得住坐冷板凳，只有这样，才能沉下心来，做出一番学问。"

（记者　张微　实习记者　吴婷　庞楠）

李东东：新闻出版业体制改革将向报刊业深化

李东东

刚刚过去的 2009 年，国际金融危机对我国新闻出版业的发展产生了一定的冲击。但是，困难和挑战中也蕴含着机遇和有利条件。新闻出版业具有反向调节功能，在经济下滑的现实中，新闻出版业具有逆势而上的特点，这为创新文化体制机制、做大做强新闻出版业带来了机遇。因此，我们要抓住机遇，大力振兴新闻出版业，为保增长、扩内需、调结构、促改革、惠民生作出贡献。

目前，国有经营性文化单位转企改制取得重要进展，已经涌现出一批具有较强实力和竞争力的文化企业集团，文化产业规模逐步壮大，以公有制为主体、多种所有制共同发展的文化产业格局已经初步形成。同时，文化"走出去"步伐加快，文化进出口贸易逆差逐步缩小，我国文化产业的国际竞争力正在不断增强。2009 年，我国新闻出版业总产值已达一万亿元，每天出版的报纸一亿多份，已连续 8 年稳居世界第一，新闻出版业在我国物质生活和精神生活中占据着非常重要的位置，新闻出版业在社会主义文化建设中发挥着越来越大的作用。

在信息技术突飞猛进的今天，新闻出版业更要注重创新，加快转型步伐。要充分发挥自身优势，利用报纸、杂志、图书、网络等各种渠道，传播创新知识和创新理念，提供创新的信息服务。同时，充分利用信息技术高速发展的契机，大胆创新，进军网络出版、无线出版等新兴领域，为人民群众提供更多种类和更加丰富的精神食粮，为建设创新型社会贡献自己的力量。

我国有 1.2 万余种报刊，主办单位多达 5000 多个，2008 年报纸全行业的年广告收入为 342.67 亿元人民币，期刊只有 31.02 亿元人民币。与国际著名传媒集团动辄上百种报刊、年收入几百亿美元相比，我国报刊业的规模不够大、产业集中度不够高。到 2010 年年底，图书和音像出版单位改革将全部完成，中央非时政类报刊出版单位转企工作则要在上半年开始。深化报刊业体制改革主要解决报刊社市场主体资格和集约化发展两个问题，要把依附于政府部门和其他单位的报刊出版单位转制为具有独立法人资格的市场主体，通过改革和资源重组，还要组建若干大型传媒出版集团。

在十七大和十七届三中、四中全会精神指引下，报刊业改革已有路线图、时间表和任务书，即将全面开始的报刊业改革要在坚持审批准入、主管主办、属地管理的原则下，通过今后两年全行业的努力，实现做强做大一批、整合重组一批、停办退出一批的改革目标。

总之，经济社会的发展进步，必然呼唤文化的兴盛繁荣；中国特色社会主义事业的全面推进，必然催生社会主义文化建设新高潮。随着 2010 年新的征程的开始，我们国家必将走向更高水平的繁荣昌盛，新闻出版事业也必将更加繁荣昌盛。让我们抓住改革发展的重要机遇，乘势而上，结合实际，努力创新，为推动文化体制改革、构建社会主义和谐文化、实现社会主义文化大发展大繁荣作出新的更大的贡献。

（李东东　国家新闻出版总署副署长）

李扬：2010 年宏观政策——调结构和促改革更重要

全球经济进入"后危机"时代

对于目前的经济形势，理论界大致有三种不同的概括：一是"经济复苏"，确定经济已重回持续增长之路；二是"危机后"，认定危机业已过去；三是"后危机"，其主词仍是危机，强调当前仍处于危机过程之中，止跌回稳仅仅意味着阶段性调整。我注意到，多数经济学家倾向于用后一种概

李 扬

括来判定当前的形势。年前结束的中央经济工作会议上，胡锦涛同志也明确使用了这个概括。

多数经济学家都赞同"后危机"这个谨慎的判断，那是因为，一方面，造成此次百年不遇的全球金融危机的主要因素基本上没有被根除；另一方面，危机中各国所采取的大量非常规的救助措施，其负作用正渐次显现。

导致危机的基本因素大致有实体经济和金融两大类。在实体经济领域，全球经济失衡以及与之互为表里的各国经济失衡问题、南北发展的不平衡问题，不仅没有解决，反有恶化之势；在金融领域，国际货币体系不合理、金融发展对实体经济的"疏远化"、金融监管严重滞后、货币政策效力递减、金融业治理机制扭曲等等，也基本上依然故我。

为了救助危机，各国政府近两年均以强力推出了大量非常措施。这些措施的积极作用，是迅速止住了经济的下滑趋势，其负作用则是可能延长恢复的进程。这方面的表现，当推经济结构进一步扭曲、天文数字的货币信贷投放、财政赤字严重恶化以及市场秩序全面崩坏等等，最为突出。

旧患未除，新忧又至，人们自然不敢轻言危机已经过去，保持宏观经济政策的连续性和稳定性，堪称老成谋国。

2010 年中国的宏观调控：调结构和促改革更重要

在全球各经济体中，中国经济恢复的速度和质量无疑名列前茅。2009年"保八"已成定局，2010 年保持大致相同的增长速度亦无问题。其根据有二：第一，从国内因素看，消费需求保持平稳向上，投资需求可以保持相当的强度，出口对经济增长的贡献将从 2009 年的负数转为 2010 年的正数。综合起来看，国内因素当能保证 2010 年的国民经济沿着 2009 年的势头继续向上。第二，从国外因素看，全球经济已经企稳，尽管在短期内很难恢复到危机前的水平，但终究回归了正增长的路径。据分析，净出口对中国经济增长波动的影响率在 65% 左右。基于这种联系，全球经济的企稳将对我国经济增长产生正的影响。

基于以上判断，2010 年中国宏观调控的格局以保持连续性为宜，但工作重点可以不特别关注保增长，而应把调整结构和深化改革置于首要位置。

需要认真分析 2009 年的货币政策操作

2009 年，中国的货币供应增长率和信贷扩张均达到创纪录的水平。人们习惯于认为，货币和信贷的扩张或紧缩，是央行的事情。这是一个传统的概念，无论在国际上还是在国内，均已不甚适用。这里当然涉及相当复杂的金融理论，但亦可通过简单的现象予以说明：如果货币供应和信贷供应的高速扩张归因于央行的政策操作，则我们理应看到这样的情况：2009 年央行的货币政策操作具有相当强的扩张性。但是，回顾这一年央行对"价格"调控手段和"数量"调控手段的运用，我们却很难得出这样的结论；全面、综合评估央行在过去一年的政策操作，我们倒倾向于得出"中性偏紧"的判断。

中性偏紧的货币政策操作，却产生了相当扩张性的货币供应和信贷增长的结果，个中缘由值得认真分析。我们认为，长期持续且居高不下的高储蓄率，是造成这种现象的最主要原因。

众所周知，近 20 年来，我国储蓄率一直呈上升之势。粗略地说，不断增加的储蓄，对内，表现为银行存款增加；在外，则表现为外汇储备的增加。这就是说，基于国民经济的高储蓄，即便央行不向金融体系投放资金，整个金融体系都不乏资金来源。这一点，与美国完全不同，在那里，若无央行投放资金，其金融体系将趋于干涸。

由于中国的金融机构一直不缺少依以发放贷款的资金，所以自 20 世纪末以来，我国货币政策操作一直处于相当被动的地位，以至于在 2007 年和 2008 年危机发生之前，在所有的市场化调控手段均已使用且没有产生预期效应的条件下，为了控制银行贷款，央行不得已而启动了具有相当强行政管制色彩的信贷控制手段。

这里分析的政策含义就是，近年来，我国货币政策的效力是递减的。正因为如此，在 2010 年的货币政策操作中，我们必须另辟蹊径。现在看来，大致的方向是：在保持传统宏观调控政策稳定的同时，我们应当透过微观层面并通过加强监管的手段来解决各种可能出现的问题。

货币政策要与时俱进

传统的货币政策效力递减，是一个全球性问题，而且20余年来，这个问题是逐步恶化的。在此次金融危机之前，国际社会为解决这一问题，先后进行过很多探讨，例如，提出了通货膨胀目标制、金融状况指标和更加关注金融稳定等等，但是这些探讨均未获得预期效果。

此次危机则更直接地宣判了上述所有的努力基本上徒劳无功。主要原因是，它们均没有直接针对导致传统货币政策效力递减的原因，因而解决方案并未脱出传统理念。在危机剧烈冲击下，一个新的概念，即"宏观审慎监管"得到了国际社会的广泛关注。

"宏观审慎监管"概念意味着对传统宏观经济理论的挑战和发展，其基本逻辑和内容可以概括为如下三点：

其一，由于金融自由化不断深化、金融创新层出不穷和金融市场不断扩展，货币政策传导渠道已经发生革命性变化，致使传统的货币政策已经不足以有效调控货币和信贷供应；其二，传统的宏观经济理论以及基于此的货币政策理论严重缺乏微观基础，并忽视了监管的货币政策效应；其三，有效的货币政策操作，必须充分考虑市场的微观结构和监管的货币政策效应。所谓关注市场的微观结构，就是要从被监管对象的资产负债表入手，高度关注它们的资本充足率、资产质量、盈利能力和收益率、流动性、市场风险的敏感性等结构性指标，同时调整会计标准，以便更准确地反映非金融机构及金融机构的风险。所谓从监管角度来实施货币政策，就是要扩大监管范围、合理化薪酬制度、完善公司治理机制等，并将压力测试制度化。

（李扬　中国社会科学院学部委员、副院长）

洪安瑞：2010年人文社会科学展望

在中国近几十年的现代化进程中，有两个主要趋势应引起我们的重视：全球化和中国化（sinicization）。从外部环境看，中国快速建立了全球范围内成功的、具有高度竞争力的教育和工业基础，同时中国在国际政治舞台中也扮演着越来越具有决定性影响的角
色。从内部环境看，越来越多的目光聚焦在
了 30 年高速经济增长所带来的一系列社会、
环境和政治的负面影响上。自 20 世纪 90 年
代起，这些关注催生出大规模的"修正运动"
（revisionary movements），例如本土文化的
复兴，其中包括对于儒家思想的重新评价，
现代审美和意识形态追求与传统艺术学科的
融合。在这种中国化的过程中，对于中国历
史的重新评价具有非常独特的意义，因为它

洪安瑞

为同质性的全球文化提供了唯一可能的替代方案。

　　人文社会科学已经要开始着手应对未来 10 年的挑战了，但是我们必须在两个层次上做出更大努力。首先，我们应该更透彻地研究世界现代化的过程，以跨学科合作的视角，追溯现代化的历史根源，在历史的大背景下理解现代化的影响，包括明显的和暗藏的影响。无论在全球范围内还是在中国，现代化的发展带来了不平衡和不平等。其结果之一便是，旧社会结构的摧毁和大规模的社会动荡；与此同时，出现了新的社会结构以应对现代化带来的问题。科技创新、有效的法律以及国际和地方的行政机构等因素形成了一股合力，使人类能够对抗恶劣的环境损害和其他的公共危机。全球通讯系统使我们能够有效地进行跨国反恐和应对大规模流行病。这些方面都是社会科学的传统研究领域。其次，对地方社团的全面了解，将有助于我们评估各地产生的对现代化的特定文化回应，不管这种回应是大众性的还是精英性现象。文化生产者依靠先天的品质，比如敏感性、创造性和好奇、开放的头脑，去理解这个世界，或者用他们的思想去改变这个世界，最不可预知的、创造性的回应在他们的工作中是最先出现的。在第二次世界大战之前，人文学科更多关注连续性、持久性的审美价值，并不擅长对上述问题作出回应。但是现在，我们需要社会科学和人文科学的携手合作，这种合作可以持续不断地提高研究水平，从而使我们得以更好地进行研究。

　　由于现代性的多样性和人类之间的破坏性敌对，我们的未来将比以往

任何时候都更依赖一种有效的机制来实现人与自然、各国人民之间以及社会中不同性别、阶层和代际之间的和谐与平衡。无论是理论研究者还是当前社会实践的观察者和报道者，都要从历史中学习，分析各种文化形式（包括文学、艺术、电影、戏剧、音乐等等），要鼓励新一代学者敢于向有利可图却无多大益处的主流知识产品挑战，创造出他们自己的、独立的研究路径。只有这样，才能更深入地理解人类真正的生存状况。任何有助于推动和平、减少敌对的研究都将受到欢迎。当前，许多领先的理论家都宣布，全球性危机已经逼近。如果人类对权力和金钱的追求不能与可持续发展协调起来，资本主义全球化将真正成为可能。我们不仅要摧毁资本主义全球化的精神基础，也要摧毁它的物质基础。除了要执行各种有效的国际政治法律制度外，我们也需要关注人类共同的道德价值和标准的发展，推动人文科学与社会科学之间在研究内容与研究方法方面的建设性对话，这是我们未来 10 年需要完成的一个重大课题。

（洪安瑞 Andrea Riemenschnitter　瑞士苏黎世大学教授）

叶嘉莹：新年多读好诗书

叶嘉莹

　　王国维以后，近百年来，西方的哲学、美学都有了很大的进展。王国维说，一个时代有一个时代的文学。我们还可以引申说，一个时代有一个时代的文学批评。不论是"一个时代有一个时代的文学"，还是"一个时代有一个时代的文学批评"，我们生在这个时代，如果我们不能把这个时代所能见到的东西、所能够接受的东西用于我们的研究，使它更有开拓，我们就对不起这个时代。所以，这些年来，我就是想用西方的文学理论，把词学中古人不曾说清楚的道理加以说明。

　　至于说读国学、读旧诗有什么好处？我觉得，还是应该推溯到中国原有的传统。中国的诗，是言志抒情的，是表达作者的思想、志意和感情的东西，是情动于中而形于言的。所以，诗歌最重要的，就是带有一种感发的力量。诗人因外物而引起内心的感动，而他用言语把这感动传述出来，也使读者进入到同样的感动之中，这是中国诗歌一个宝贵的传统。经过几千年来历史的淘汰，凡是流传到今天的佳作名篇——那是经过多少淘汰才流传下来的——那些个作者，他们的思想、感情、志意、修养、学问等各方面，都分别有各自的长处。那么，当你读他的诗歌，你就会感受到他的作品强大的、感发的力量。你读他诗的时候，吟诵他诗的时候，你是自然而然地，不是受外在强加的教训，而是自然就受到他的感动的。所以，读诗对于培养一个人的性情、修养是有很好作用的。其实，像西方的接受美学家也承认这一点，像沃尔夫冈·伊瑟尔，他说，读书是让你更清楚地认识你自己，同时提升你自己。所以，读诗，读古典作品，你就在与古人的交流与感动之中，把自己的品格与感情提升了。所以，古典诗歌对于提升国民的品质，是有作用的。我们说，人性有善的一面也有恶的一面，你怎样引导，后天的熏陶、习染很重要。所以，我一向主张年轻人要吟诵古典诗歌。要把你自己的感受用声音表达出来。这种声音或者说音乐性，本身就是直接的、感性的。你要用自己的心灵，去体会诗歌的感情，给它声音，而不是去模仿一个老师的声音，或者抄袭一个歌曲的声音，如果是死板地模仿，那样你所记住的，就是歌曲的1、2、3、4，不是诗。把你自己的感受用声音表达出来，这个才是吟诵真正的意义与价值所在。

在新的一年，希望青年人多读一些可以提升自己之品质的好书和好诗。

（叶嘉莹　加拿大皇家学会院士，不列颠哥伦比亚大学荣休教授，南开大学中华古典文化研究所所长）

梁桂全：建设新智库　服务新发展

2009年，我们经历了改革开放以来来自世界的最严峻的危机冲击。高度融入经济全球化进程的中国经济，经受着严峻考验。国际上一些专家

梁桂全

学者甚至政治家怀着复杂心理，既把解脱危机困境的希望投向中国，又断言中国不能幸免大衰退。但是，疾风知劲草！在党中央的正确领导下，充分发挥中国特色社会主义制度优势，上下一心、众志成城，重拳加组合拳——拆招，成功化解危机冲击，在世界危机冲击下的一片乌云惨雾中，中国的经济发展射出耀眼的希望之光，成功实现"保八"目标，令世人惊诧。危机助推中国在世界的崛起。

在中国人民齐心搏击世界金融危机冲击的奋战中，广东人民勇立风口之上，在科学发展观的指引下，以宏大的世界视野和巨大的历史气魄，全力贯彻《珠江三角洲地区改革发展规划纲要》，落实省委、省政府"三促进一保持"方针，一手化解危机冲击，保持国民经济平稳较快发展，一手借助危机倒逼机制，加快促进传统产业转型升级、加快促进提高自主创新、加快促进建设现代产业体系，在外经贸大幅下滑的逆境下，保持了国民经济增长9%的佳绩，超过预期0.5个百分点。同时，全面推进体制改革和各方面社会事业发展，成功跨越危机冲击，展示了党的领导下，社会主义制度的优越性和广大人民群众的伟大历史主动性。极目五洲四洋，既是风光这边独好，更是无限风光在险峰！值得自豪的是，我们社会科学工作者迎着风浪而上，与党和人民同呼吸、共命运，抓住决策重大课题，下农村、走城镇，深入开展调研，看世界、谋大局，提出了一系列重大研究报告，用科学理论和创新智慧为党和人民成功抗击世界金融危机冲击作出了应有的贡献。

2010年，是我们执行和实施"十一五"发展规划的最后一年，更是我们继续按照中央既定方针，进一步稳定形势，最后走出危机冲击阴影，同时加快转变发展方式，率先跨入新的发展周期的关键一年。胡锦涛总书记在最近视察广东时强调，要把加快经济发展方式转变作为深入贯彻落实科学发展观的重要目标和战略举措，坚定不移调结构，脚踏实地促转变，着力推动经济发展从要素驱动向创新驱动转变，真正打好转变经济发展方式这场硬仗。这为广东2010年的经济发展指明了方向。可以预见，2010

年将是广东全面走出危机冲击困境，把握后危机战略机遇，全面推进落实《珠江三角洲地区改革发展规划纲要》以及一系列重大决策，进一步加快由传统发展方式向科学发展方式转变，推进经济国际化战略迈上新台阶，深化体制改革，推进富民强镇战略，加快文化软实力建设，把中国特色社会主义现代化建设推向新高度的重要一年。新的形势、新的发展给我们社会科学工作者提出了新的研究课题和任务。可以预见，这次危机冲击进一步推动我国智库大发展时代的来临。地方社会科学研究机构必须坚持思想库、智囊团的功能定位和发展方向，一手抓面向改革、开放、发展主战场，充分发挥思想库、智囊团作用，为党带领人民彻底摆脱危机冲击，开创下一发展周期新局面出谋献策；一手抓好自身智库建设，努力探索在知识文明时代和现代信息技术环境下，中国特色社会主义智库建设的规律、模式和方法，推进科研方式和智力服务方式创新。特别要依据新的功能定位，具体探索科研创新集成系统构建和人机结合集群化科研工作方式创新，全面提高社会科学研究机构的理论创新能力和服务决策能力，使社会科学研究机构成为民族复兴伟大事业的重要组成部分；同时努力走向世界，以先进的理论和先进的文化基础获得国际话语权，为民族的伟大复兴作出新的贡献。

（梁桂全　广东省社会科学院院长）

欧阳康：在激荡疾变的世界格局中提升"中国自觉"

刚刚敲过的新年钟声带给我们很多追忆与反思，其中最为重要的一个警示，也许是中国应当在错综复杂、激荡巨变的世界格局中更加准确地探寻自己的科学合理定位，更加自觉地谋划中国未来发展的方向、模式、速度与节奏。

如果说，当今世界的冲突与矛盾在新的时期再次提醒我们高度关注人类的局限性，对于中国来说，则还应当更加清醒认识自身在现代化发展

欧阳康

方向和道路方面的不成熟性和不自觉性，进一步提升"中国自觉"。

自觉守护"中国利益"与合理履行"中国责任"

近年来世界诸国关于"中国责任"的各种议论来自多种背景与复杂心态，既反映了中国在国际事务中的作用提升与地位强大，也不排除来自对于中国的疑惑与猜忌。30 年来中国的快速发展受益于世界投资和世界市场，发展中的中国当然也应当积极履行自己的世界责任，但与此同时我们也应警惕和辨析来自各方面的过度期盼和不良"忽悠"。在 G20 峰会和哥本哈根气候峰会上的尖锐对峙和激烈争执，尤其一些国家对于中国的无端指责，再次提醒我们应当特别自觉守护全球化背景下"中国利益"和"中国价值"。世界经济一体化并没有取消和削弱国家间的利益分化与价值冲突。西方发达国家无疑仍然是西方价值的守护者和各自国家利益的捍卫者。国家利益仍然是国家交往的根本基础。因此当有人出于种种原因要把中国作为大国和富国而置于冲突的中心和矛盾的漩涡之时，我们应当格外清醒地看到，中国尚处于现代化发展的早期阶段，我们仍然是最大的发展中国家，中国的人均 GDP 仍然是世界上较低的国家之一，中国对于世界的责任应当也只能作为发展中国家来定位才是合理的和可行的，积极履责，量力而行。从某种意义上可以说，继续努力把中国自己的事情办好，这也许就是中国对于世界的最根本责任，也是最为重要和最合理的贡献。

自觉探寻"中国道路"与清醒回应"中国期盼"

与当前西方世界仍然深陷严峻经济危机相比，中国经济的较快回升与复苏情况显得格外引人注目，于是当前国际学界围绕现代化模式和道路的讨论中出现了"围城中心"的奇妙转移现象：过去是以西方社会作为现代化的中心而探讨发展中国家如何加入现代化的"围城"问题，今天则有很多人士对于中国的现代化道路充满了好感和赞誉之辞，提出所谓"北京共识"，宣传"中国模式"，甚至出现了"中美共治"等说法，表达了对于中国道路的复杂期盼。笔者认为，文化与现代化的"围城"都产生于社会价值的非中立性和多样性，不同的价值主体有不同的价值追求，也会有不同的价值评价。应当看到，"现代化围城"的漩涡移到中国尚为时过早，处于世界焦点之中的中国应当对自己在现代化进程中所面临的困难与问题保持高度清醒的头脑，低调奋进，重在建设创新。"中国道路"仍然处于极为艰难的探索与创造过程之中：我们在搞的社会主义，既不是当年马克思、恩格斯设想的社会主义，也不是苏联、东欧的统一模式的社会主义，还不是其他一些国家仍然在坚持的传统社会主义；我们在搞的现代化，既不是西方发达国家在过去几百年里成功走过的现代化，也不是近几十年里"亚洲四小龙"所走过的现代化道路，也不同于其他发展中国家正在搞的现代化；我们正在建设的社会主义市场经济，既不同于西方早期的自由主义市场经济，也不同于二战后西方国家加强了政府干预的市场经济，还不同于其他发展中国家的市场经济；等等。中国特色社会主义现代化的实质与核心，就是要借助于经济全球化和世界多极化的世界格局，借助于新科技革命的技术条件，在保存和发扬中华优秀传统文化的基础上，把社会主义与现代化和市场经济等要素内在结合起来，这是一项前无古人的伟大创造，也是一项充满风险的伟大事业，需要中华民族的共同智慧与努力。我们一方面要以前所未有的开放心态继续向世界各国学习，也要敢于竞争，善于转化，善谋发展，切实走出一条成功的发展道路。

自觉化解"中国难题"与恰当彰显"中国信心"

改革开放 30 年来中国经济政治和社会文化快速发展，取得了巨大进步，也积累和产生了诸多难题，形成了错综复杂的社会矛盾与难题体系。由于这些复杂局面的存在而产生了对历史的肯定与否定、对现实的认同与排斥，对未来的悲观与乐观等不同态度，形成不同的心态与群落，以各种方式影响到现实的决策与未来发展。尤其是其中的困惑与悲观心态妨碍着民众的政治与社会认同，造成了理想信念的迷失，消解着社会核心价值体系，妨碍着民族的团结与统一，甚至冲击着"中国信心"。在这种意义上，"中国自觉"首先是对于中国面对现实难题的充分认识与科学把握。各个时期的问题与矛盾集中的中国大地，时序交错，空间异构，问题交织互渗，带有很强的悖论性特点，可以被看做当前中国所独有的"中国难题"。复杂的问题只能以复杂性的思维来应对和解决，需要复合式的法律法规和政策体系来系统解决，需要超前的战略谋划与系统的可行性运作。

难题交织往往是人类文明革命性发展的重要契机。"中国难题"既是对于中华民族的智慧考验，也是提升民族能力的难得机会。在激荡疾变的世界格局中化解"中国难题"，提升"中国自觉"，需要政党的努力，需要政府的努力，需要民众的努力。人文社会科学工作者也责无旁贷，应当在应对时代挑战的过程中发挥出自己应有的社会功能。

（欧阳康　华中科技大学党委副书记　哲学研究所所长）

王振民：高等法学教育应和法律职业衔接

王振民

随着世界经济全球化的进展，中国的法律服务业正在逐步向国外律师开放，中国的法律工作者也面对来自国外同行强有力的竞争和挑战。因此，大学法学教育如何应对这样的情况，为国家和社会培养更多更好外向型的法律人才，是我们不得不认真考虑的问题。

法学教育不应当仅仅是高等教育的一部分，而应当成为一个国家司法制度的重要组成部分，是一种特殊的职业教育。法学教育的目的是培养法律工作者，而不是一般有教养的公民。学习法律应该被看做是一种职业教育，而不是一般的文科学习。而我国的情况是，一方面，法律职业对任何专业的毕业生都开放，培养律师不是法学院的"专利"；另一方面，法学院还要培养诸如行政管理人员之类的人才。这种矛盾正是法学教育的病根所在，因此，我们需要重新定义法学教育的性质。法学院应该是唯一可以培养法律工作者的场所。法学院培养的学生应该主要从事法律实务工作，而不是像以前那样以培养法学理论工作者为目标。评价一个法学院应该主要以一个法学院开展职业教育的程度、其毕业生解决实际法律问题的能力如何为标准。

现在很多大学提出要建设研究型大学（research university），对于不同的学科，这有不同的含义。对于法学学科而言，研究型大学主要意味着教学方式的改变，教给学生分析法律问题、解决法律问题的方式方法，学会如何查找法律资料，如何做法律研究。建设研究型大学对于法学院而言，绝对不是要把法学院变成一个纯粹的研究所，而是要求法学院进一步改进教学，更好地以教学为中心，培养高素质人才。法学院的研究应该主要是为了提高教学水平。

除此之外，各个高校法学院都把教师发表的学术成果作为教师职称评定和考核的重要指标，这也是目前我国法学教育存在的一个主要问题。毫无疑问，这样必然导致教师会把主要精力放在科研上，教学就成为第二位的、次要的任务，大学法学院越来越像研究机构，本末倒置。而等这些年轻教师发表了足够学术成果，评了教授乃至"博导"后，他们又不再给本科生授课，只"带"硕士生、博士生。这样，法学院的教学尤其是核心的本科教学始终徘徊在比较低的水平上，始终是附带性的。因此，大学必须改变职称评定制度和教师的考核制度，要更多地强调教学工作的分量，尤其是核心学位项目即本科和法律硕士的教学，要求所有的教授都必须给本科和法律硕士授课。对于科研，并非没有要求，每年应该适当要求教师发表1—2篇创造性论文，强调原创性和质量，不要过分看数量。为了提高教师的教学水平和科研能力，法学院还应该建立教师带薪学术休假制度，使他们在每工作几年后可以到国外或者外校充实提高自己的专业水平。

中国的法律界和法学教育界已经意识到法学教育存在的这些问题。许多人正在就有关问题进行研究调查，一些改革方案正在进行或草拟中。如果说过去几十年是中国法学教育和法律职业的自由发展时期，那么现在应该到了认真进行检讨和反思的时候了。我们应该认真研究如何在中国确立正规的法学教育制度和法律职业资格体制，并使法学教育与法律职业紧密地衔接起来。

（王振民　清华大学法学院院长）

施耐德：警醒市场化给学术研究带来的简单化风险

我们现在面临一个新的全球性趋势，就是印度和中国的发展，很多人将此称为印度和中国的崛起。他们在面对这种变化时，看到更多的是政治、经济方面。但我觉得真正的问题不在于此，而在于政治背后文化价值系统的挑战。

舆论中存在一个严重的问题，就是不够细致和具体，且对很多学术概念和思想过于笼统化。譬如"特色"这个词，如今在中国很流行，类似"我

施耐德

们和你们不一样"、"东方和西方不一样"的看法，但是我认为"特色"这个词不应该随便用。其实，不同国家和地区的现代化有很大差别，比如说德国和法国的现代化就很不一样。因为彼此加入现代化的趋势有早晚之别，自己原有的文化也各有不同，所以在具体的现代化过程中采取不同的方式和手段，存在着不同的现象，甚至实行不同的政治体制，这些都是正常的。换句话说，现代化没有一个固定的模式。在谈论一个概念时，我们不应该太笼统，或者过分强调特色，否则唯一的后果就是什么都不能讨论、什么都不能比较。特别是我们这些研究思想史，而且是从事近现代化研究的学者，更是要分得细，要看哪一方面不一样，有哪一种不一样，而不是用很笼统的概念来概括一切，要注意到各个方面的异同。比如，我们要特别注意中国近现代话语里对中国传统思想的看法，其中有很多成见，例如认为儒家传统就是强调权威、不尊重人权，同时也要注意看到儒家中一些有关和谐社会的思想内容。其实，"儒家思想"这个概念本身就很笼统，因为"儒家思想"至少有儒家传统那一部分，也有与佛教比较接近的那一部分。

而且，由于市场化的影响日益加深，舆论甚至学术研究都有越来越简单化的趋势。举一个中国过去 10 年、20 年儒家思想复兴方面很市场化的例子——于丹说《论语》。不管我们是否赞成她的说法，但是她对儒家传统的复杂性完全没有交代，她把儒家思想笼统化了。她所表达的立场，我个人觉得很符合现在的意识形态，这可能也是她很成功的原因。但是，她真正的问题不在于此，而是在于她把儒家思想简单化得太彻底、太离谱了。这些都与市场需求有很大的关系。同样，一些反对这一趋势的人也存在类似的问题，他们往往过于简单化地将中国传统一概否定。当然，也许在市场的要求下不可能把东西讲得太详细。但对我们学者而言，细化、复杂化是学者的态度和立场，我们有责任把研究分得很细，而不能简单地将

东方与西方用二元化的概念做简单地划分。

我们在抵抗市场化带来的简单化趋势这个问题上，基本上只能依靠政府资助和企业捐助这两种途径。当然，这本身会受到政府或商人的影响，但是似乎没有其他更好的选择。我们应该尽量平衡这两种力量，而且同时强调学术之自由与独立。中国与西方存在一定的差异：基本上，西方的学术界和知识分子完全依靠政府支持，政府一向很重视思想自由，所以限制不是很大。但这种情况在过去一二十年间也有一些改变，政府越来越注重实用性，逐渐向市场靠拢。研究经济的学者可能可以较容易地说服政府他们的研究是有用的，但是研究隋唐佛教史的学者就很难向政府说明他们的研究到底有多大实用价值。这是西方面临的问题，当然中国也有，但是中国和西方有一点不同，即中国有一个很长久的商人和地方政府捐助研究的传统，如中国很多大学能够得到香港商人的捐助。

另外，中国近现代思想史的研究在很多方面也取得了很大的进步，我们很难说今后会有哪些具体的成就，但是可以从过去的一二十年的进步中有所体会。过去 10 年与前 20 年或者 30 年比较，总体上已经自由很多，许多以前不能谈的话题现在都可以谈了。1978 年以前中国思想史研究基本上是一个模式，现在变得非常多元了。在过去 15 年国学复兴的过程中，我们看到很多新的研究著作越来越意识到西方科学论述的优势以及这些优势同时对中国传统思想所带来的曲解，因为过去往往用西方的术语以及这些术语背后的理论来看中国，比如说宗教这个概念，很多研究中国传统思想的人把道教和儒家说成是宗教，这都是有问题的。但是今天很多进行思想史研究的人，他们在术语运用方面以及资料引用方面都很有价值。

举个简单例子，25 年前，做近现代思想史、哲学史的学者，他们必看的书中十本有八本是英文的，还有至少有一本是中国台湾的。但现在情况大不一样了，十本中只有两本是英文的，两本是中国台湾的，其余六本是中国大陆的。所以在整个思想史方面，中国的研究做得比以前好很多了。

（施耐德 Axel Schneider　荷兰莱顿大学和德国哥廷根大学教授）

陶文钊：2010 年的中美关系

陶文钊

2010 年我主要要做的事情就是完成现在承担的两个重点课题：一个是"美国思想库与冷战后的对华政策"；另一个就是与张海鹏教授一起编写《台湾史》。对于中美关系而言，2009 年应该说中美关系的发展还是很平稳的。2009 年是奥巴马上任之后的第一年，中美关系没有受到美国政局的影响，过渡得比较好。2009 年 11 月奥巴马总统对中国的访问也很成功，双方发表的联合声明既反映了中美两国的共同利益，也反映了在不断变化的国际格局之下中美两国的地位。当然中美两国关系在平静的表面下仍然存在暗流，现在有媒体报道说，美国的一些军工集团拿到了台湾的军火订单，另外我觉得在 2010 年中美两国之间的贸易摩擦问题也有可能会影响两国关系，因此美国售台武器问题以及贸易摩擦问题会成为 2010 年人们关注中美关系的热点问题。但是我认为两国之间大的方向仍然会向好的方向发展。2010 年的中美关系将会有两个重大事件。一个事件是胡锦涛主席将访问美国，上一次胡锦涛主席访问美国是在 2006 年 5 月，时隔 4 年之后，这是胡锦涛主席在奥巴马总统任期内的第一次访问，这次访问一定会令人瞩目，一定会为中美关系的发展注入新的活力。第二件事就是中美战略与经济对话的第二次会议 2010 年夏天将在北京举行，这也是世人瞩目的事件。在 2009 年中美战略与经济对话第一次会议的基础上，我认为 2010 年的第二次对话会取得新的进展。所以 2010 年中美关系总体上会继续向好的方向发展，但是在涉台武器和贸易摩擦上可能会有些波折。

（陶文钊　中国社会科学院美国研究所研究员、中美关系史研究会会长）

历史的记忆与失忆

记者　童力

记忆、价值与史学

据说，在黑格尔的理论中，叙述是回忆的同义语。只有进入回忆的东西才成其为历史，只有变化的东西才进入回忆。

这段颇为拗口的话表明，历史与记忆、叙述天然地结合在一起。

假如人类失去记忆，叙述就无从谈起，历史就会中断。

两千多年前，大历史学家司马迁在给朋友的一封信中说，他在撰写《史记》的过程中，曾经"网罗天下放失旧闻"。全书写成后，要"藏之名山，传之其人"。

司马迁之前，孔夫子发出这样的感叹："夏礼吾能言之，杞不足征也。殷礼吾能言之，宋不足征也，文献不足故也。足，则吾能征之矣。"

在司马迁心目中，他有一个使命，即传承历史记忆。而杞国和宋国，在孔子看来，由于他们没有将历史记忆传承下来，因此造成了历史的中断。

恩格斯提供了另一个因失忆而导致历史中断的例子。古希腊的阿提卡，部落、胞族、氏族的集团划分非常细密，然而这是怎样发生，什么时候发生，发生的原因何在，希腊历史都没有提到，因为"希腊人自己关于他们的历史所保存下来的记忆仅仅追溯到英雄时代为止"。

历史储存在人类的记忆之中，历史学将人类的记忆记载下来，叙述开来，传承下去。假如历史学不传承、叙述记忆，历史学就不能成立。"记"

127

与"忆"是历史学最基本的功能。

一部二十四史，正是储存中华民族历史记忆的大仓库。许多民族没有这样的仓库，所以历史中断了、文明断流了。

我们走过，我们回忆，我们记述，我们前进。历史与记忆，相互交融，不可分割。

记忆与失忆相生相伴

"文学家、埃及学家、史学家、传媒学家、神经生理学家、社会学家和心理学家们研究回忆和记忆现象，至今已足足 20 年有余了。"

这是德国汉诺威大学社会心理学教授哈拉尔德·韦尔策在 2001 年写下的一段话。它表明，记忆虽然与人类的历史几乎一样长久，但对它的专门研究，还非常短暂。而且，记忆研究具有跨学科、综合性的特点，是多种学科共同关注的对象。

2009 年 12 月，在南开大学，一场学术研讨会正在举行。会议的主题是：历史的记忆与失忆——价值选择与史学功能。

这场以"第三届历史学前沿论坛"冠名的会议，由中国社会科学杂志社《历史研究》编辑部与南开大学历史学院联合主办。它是中国历史学界第一次专门就历史记忆问题进行研讨。

研讨的目的，已经不限于揭示历史记忆的价值和意义。换言之，历史记忆多么重要、多么必要之类的话，早已是无须多说的老生常谈。学者们需要回答的是：为什么有些东西被记住了，而有些东西却被遗忘了？这里面是否反映了人们的某种价值选择？它对历史学的功能又意味着什么？

哲学家培根说过，人的精神总是天生地倾向于记住肯定的东西和忘记否定的东西。

是的，谁不喜欢宣扬自己"过五关斩六将"的英雄业绩，而热衷于谈论"走麦城"呢？好汉武松常挂在嘴边的也是景阳冈上如何打老虎，而非其他。喜欢与不喜欢之间，隐约闪动着记忆与失忆、突出与隐没的主观牵引。

于是，学者们首先想到的一件事，就是给"记忆"划出类别，指明其中套路。结果，读者便在学者们笔下看到了各式各样的记忆样态：个人记忆与集团记忆，文化回忆与沟通回忆，有意识的回忆与无意识的回忆，精神创伤式回忆与日常回忆，解释性回忆与创造性回忆，否定性回忆与代际回忆，等等。

不论哪种情况，有一点是相同的，即记忆与失忆总是相生相伴，如影随行。

历史记忆无法脱离价值选择

记忆是一面筛子，既留下什么，又漏掉什么！

"门前有客通名姓，一别十年记忆无"，这是人脑记忆机能弱化的无奈。"风流总被雨打风吹去"，这是记忆在时间流逝中的挽歌。个人记忆在时间中剥蚀，集团记忆在时间中传递。

然而，记忆绝不仅仅是一种自然生理现象。学者们要进一步追问的是，在现实历史中，人为什么往往故意强化某些记忆，同时故意弱化乃至抹除某种记忆？

纪念碑、地方志、家谱、图片、影像、仪式等等，均具有存储与强化历史记忆的功能，而篡改与抹杀一类行为，无疑是要删除记忆。这一切的背后，蕴含的是立场、观点、方法，即价值。

记者注意到，在西方学者笔下，"纳粹大屠杀"是他们解剖记忆问题使用频次最高的实验麻雀。他们总是不停地追问：德国人是如何反省那场战争的？老一辈德国人与新一代德国人在反省上具有怎样的共识和差异？在追问中，他们试图揭示记忆的深层结构。

相对来说，中国学者更关注记忆的变形。从陈峰教授对"宋朝开国史与士人记忆及改造"的考察，到张明富教授对"乾隆末安南国王阮光平入华朝觐假冒说"的考证；从王先明教授对清末民初"绅权"流变的梳理，到苏智良教授对"慰安妇"幸存者的调查说明，"变形"（包括变异）明显地构成了目前中国学者考察历史记忆问题的一线伏脉。

上世纪 20 年代，著名历史学家顾颉刚先生曾提出，古史是层累造成的，发生的次序和排列的系统恰好相反。具体说，时代愈后，传说的古史期愈长；时代愈后，传说的中心人物事迹愈放大。因此，即使人们不能知道某一件事的真实情况，也可以知道那件事在传说中的最早状况；即使无法知道夏商时的夏商史，也至少能知道东周时的夏商史。

这就是著名的层累地造成的古史说，曾引发持续多年的古史大讨论。今天的学者换个角度看顾颉刚先生的论断，发现顾先生其实通过历史传说和历史记载，揭示了历史记忆的一个特点，即变形，具体表现就是放大与拉长。

当然，与西方学者对"纳粹大屠杀"的关注相对应，中国学者同样非常关注邻邦日本的战争记忆样态。"靖国神社"、"慰安妇"一类问题，从历史记忆研究的角度讲，显然意味着某种历史记忆的强化，同时又是另一种历史记忆的弱化。突出与隐没、荒谬与正义，取舍之间，得以展露。

谁能说记忆与价值无关？谁能说记忆研究与价值无关？

"子在川上曰：逝者如斯夫。"记忆在历史长河中流淌，也在历史长河中流失。流淌的记忆会放大、缩小、扭曲、变形。流失的记忆会消磁、重建、虚构、填充。

记忆的主观性与客观性

所有这一切，都离不开"动机"。受"动机"驱使，记忆甚至会成为"作局"的对象。

在《自然辩证法》中，恩格斯曾揭示，特定情况下被催眠的人会具有双重记忆，"一种是清醒时的记忆，另一种是催眠状态中的完全独立的记忆"。这两种记忆，实际都是在特定动机驱使下制造出来的东西。

情感与痴迷也会对记忆产生强化与弱化的双重作用。马克思说，1848年以来，在全欧洲大陆上流行着一种特殊的病症，即议会迷。染了这种病的人会"失去一切理智，失去一切记忆"。因为他们的全部情感都痴迷在了议会上，所以失去了"对外界世俗事物的一切理解"。

但是，不论记忆具有怎样的主观性，都无法脱离特定的历史环境，并且是特定历史环境的产物。

"述往事，思来者。"在中国古人看来，传承历史记忆，既是延续历史，更是为未来发展提供借鉴。在历史记忆的仓库中，储存着民族的基因与密码，蕴含着人类的良知与祈盼。"君子以多识前言往行，以畜其德。"通过历史记忆，人类的精神境界得以净化与升华。

历史记忆的民族形式，历史记忆的主体因素，历史记忆的丰富多彩、多元一体，显然都无从否定。阶级利益、民族利益、国家利益、集团利益乃至个人利益，从来不曾脱离过历史记忆。

但是，历史的真实同样无从否定。真实的历史永远是记忆的基础与前提。历史的真实性总是穿透记忆的模糊性和变异性，顽强地表现自己。试图制造、利用记忆的变形来抹杀历史真实，归根结底是徒劳的。

形式化与形而上学，将记忆全部归结为主体的外化，或者简单地将记忆等同于据实直抒，都不能洞彻历史记忆的本真。

在此，唯物论与辩证法再一次证明着它的穿透力。

记忆研究，一刻都不能脱离历史唯物主义的指导。记忆研究，同样丰富着历史唯物主义的话语体系。

"记忆"贯穿于历史学的始终。史实、史家、史书，由历史记忆的红线横贯起来。通过历史记忆与失忆的研究，中国史学将愈加丰满、健壮！中国的马克思主义史学理论将愈加丰富、充实！

郭小凌：作为史学本原的历史记忆

在古希腊神话中，神灵均有明确的谱系。历史保护神克丽奥系主神宙斯与记忆女神尼莫苏妮所生的九个私生女之一。九女统称为著名的缪斯，司文学、艺术。在古希腊人看来，基于对过去进行思考的记忆—回忆同视觉对于形象艺术、听觉对于音乐艺术一样，是神灵或上天赋予人类的固有本能。这种认识实际上解答了史学的两个基本问题：历史或史学的本质和历史的起源。

郭小凌

在古希腊人眼中，"历史"从词义上讲是通过调查获得的知识，从关于历史起源的神话上看则是对过去的记和忆，二者本质上都属于认识的历史。在现代西文中历史和史学用同一个词表示，而非像中文有所区别。

这种古今认识的相似之处还表现在对史学起源的解释上。古希腊人把记忆女神视为历史或史学女神之母，其明显隐喻在于史学源出于人类的记忆本能。

把本能的记忆视为史学本原的理由是记忆同史学有若干明显的相同之处。第一，记忆与史学都具有传递经验的基本功能。工具的制作既标志人类的诞生，又意味人类开始在头脑中产生并存储最简单的工具概念以及相应的制作工艺的知识，随之也产生出将这种记忆传递给他人的新意识，这便是最原始的历史意识。同人类的这种原始历史意识一道，也产生了史学的基本价值——传递经验。假设人类没有这种经验的传递，一切就只好从零开始，那将会出现多么可怕的情景：我们将不知我们是谁，从哪里来，现在在哪里，将要到何处去，我们将成为丧失记忆的白痴。

第二，记忆的对象与历史学记载的对象都是有选择的。回忆总要经过大脑的过滤，永远是经过挑拣后的过去的断片。生理的回忆所具有的这种特征，也为历史学具有。尽管现代史学提倡整体史、全球史等全面的历史记述，但没有一部史学著作能够对人类的过去面面俱到。

第三，记忆与史学记载都不是对记忆对象的纹丝不差的复制。人们的记忆并非一成不变，它会随记忆对象在时间距离上的不断推移而发生变形，像头发和指甲一样自然生长。人们在一小时前说过的话和做过的事若没有同步记录（笔录、录音、录像），后一小时的回忆便已有所增删，不再是业已消失的真实的全部。不仅与事件同步的记忆会出现偏差，而且即便是同步笔录也会产生或多或少的误记漏记。所以人类的记与忆的过程也孕育着历史学难以超越的局限，即它同客观历史永远不能纹丝不差地吻合。因此，对于大量观念形态的一手史料也有必要进行去粗取精、去伪存真的过滤工序，对史料怀疑和批判的原则是历史学永恒的原则。

第四，记忆—回忆与史学记载都带有对过去的价值诠释。从远古到当代，所有的人，除了大脑功能不健全者，都在重复同一过程，向其他人传递着有关个人、家庭、地区、国别（国家形成之后）乃至不同时代的人们所认识到的世界的各种故事和经验。这些故事和经验是讲述者从无尽的记忆中筛选出来的，每一个都多少附之以好坏优劣之类的价值评估，它们不仅是对过去的有选择的记录，还是对有选择的记录的一定解释。从这个意义上说，美国历史学教授伯克尔（Carl Lotus Becker）所作的宣扬相对主义的讲演《人人都是他自己的历史学家》（Everyman His Own Historian）是可以成立的。

然而，本能记忆与史学的上述相同之处仅说明二者之间的亲本和遗传的关系，却不能说史学完全等同于生理的记忆。史学与本能记忆之间还存在变异关系。这是因为本能记忆是自发的，其表现形式一般是非连续性的、缺乏整理的，而史学记忆的表现形式是连续性的、有明确的时空位置，也就是必须集中在第一维度之内，而非像文学一样可在三个维度之间随意游移，有真实人物的活动及因果关系解释。这样的记忆内容异常庞大繁复，本能的记忆显然不敷需要，需要创设新的、非本能的、理性的新记忆形式，即以复杂的书写文字符号为载体的史学记忆。可见，史学记忆需要一定的思维高度，这样的高度并非每个古老民族都可以达到，所以"人人并不都是他自己的历史学家"。

（郭小凌：首都博物馆馆长）

董丛林：传承"历史记忆"是史学最基础的功能

从与"记忆"本义密切联系的意义上，"历史记忆"应确定为人们（主体）对社会成员的思想和活动（历史客体）的记忆。历史客体的认知离不开"记忆"。英国哲学家沃尔什在名作《历史哲学——导论》中说，"有关记忆知识的特殊情况"，"对历史学家是最为重要的"，尽管如同有人所论证的，"历史的过去不能等同于记忆的过去"，"但是却并不改变一个事实，即历史思维是以一种十分特殊的方式而有赖于

董丛林

记忆"，"记忆（至少有时候）带给了我们与过去的直接接触，使我们能对它做出在原则上没有任何疑问的陈述"。诚然，记忆对于所记忆的客体事

物来说难能全部符实保真，受种种生理和社会因素的制约，记忆往往会产生程度不同的漏失和变异，然而，没有记忆也就难以有历史的保留。

"记忆"须通过一定的形式传达出来，才可能成为社会文化资源。而它的呈现，除了口头表述之外，还有文字、图像、实物等记录形式，并且，对于时人已逝条件之下的"历史"来说，文字、图像、录音（当然只可能在有了此技术的条件下）、实物等记录，自然也就成了主要乃至唯一的呈现形式。但仍需要强调，这是"载体"形式而非其本身，这种"历史记忆"载体，显然与"史料"有着颇大的通同性。按照史料学中的一般看法，史料可以分为文献、口传、实物三大类，它们显然都可以成为"历史记忆"的载体形式。以此呈现的"历史记忆"，与社会成员的"原生态记忆"当然会有差别。

综合近年来关于史学功能的众多说法，主要涉及伦理教育、文化积累和传播、经验借鉴、认识社会规律性、预测未来、增人智慧和才能等方面。依次来看，进行伦理教育与"垂训"分不开，只不过此"训"要用新时代的眼光来甄别选择，而不是不分青红皂白地唯帝王、"圣贤"之言是取。文化积累和传播自然属"传世"的范围，而"传世"更可赋予"传承历史记忆"的更广泛而深刻的含义。经验借鉴、认识社会规律性、预测未来这几项，与广义的"明道"分不开，并且又都与"资治"相关。当然，此之"资治"，显然也不再是旧的范畴，而是要为新时代条件下的国家治理、政权建设，为实现国强民富、社会和谐，提供历史资鉴。"明道"，在新时代条件下包括明社会演进、历史规律之"道"，这是史学应该探索的世之"大道"。至于"增人智慧和才能"，尽管与"明道"关联，但若着眼于从中国近世"新史学"以来的重"民史"与开"民智"的追求，特别是当今时代全民性文化素质提高的需要，不妨再增加"益智"一项，作为新时代史学功能的又一方面。这样，连同前述四项，就成为"五大功能"。

这五项在"层次"上是不一样的。其中"传世"一项最为基础，而"传世"又可基本认定为就是"传承历史记忆"。

（董丛林：河北师范大学历史文化学院教授）

鲁道夫·宾尼：灾难记忆是欧洲认同产生的基础

如果要思考欧洲认同的产生，我们不应该忽略一个重要因素：灾难记忆。我说的这个灾难，指的是欧洲历史上的黑死病。14世纪中叶，当黑死病开始在欧洲大陆传播时，欧洲人还不存在一种内部的认同，因而，他们不认为这是一场欧洲的灾难。但是随着瘟疫的传播，欧洲人从心理上团结起来，因为他们成为瘟疫共同的攻击目标，在命运上生死与共，这最终促成了一种自觉的欧洲意识。

鲁道夫·宾尼

心理史学的一些概念和理论有助于解释这一历史现象。一个重要概念是"群内心理凝聚"，指一个群体在受到危害时，其成员会无意识地共同行动。长期以来，科学家将人类的行为动机解释为个人的意识的目的。实际上，人还有可能追求自己并不知道的无意识的结果。同时，个人在追求自己目的的时候，也有可能不自觉地成为集体无意识的一部分。在这种情况下，大多数的群体意识产生于共同遭受的创伤和威胁。在威胁之下，原本单纯的外在认同会逐渐发生内化，嵌入于文化传统之中。在黑死病肆虐之前，欧洲有一种外在认同，即与东方或伊斯兰世界相对的"基督教世界"。黑死病初袭之际，欧洲人倾向于将之解释为宗教的惩罚。但是，随着瘟疫的传播，所有欧洲人，无论是基督徒、犹太人、异教徒还是基督教社会内部的圣人和罪人都平等地受传染。因而，欧洲人意识到这不是上帝的惩罚，与宗教身份无关。群体认同的基础从基督教转向了欧洲。

另一个概念"创伤"也有助于我们理解欧洲认同产生的历史。这种泛欧的创伤经验以艺术、文学、戏剧、宗教仪式等形式被记忆下来，并在一代又一代人中不断进行仪式性、象征性的再现，不断地提醒着曾经的共同灾难记忆。与之相关的一个现象是欧洲的"暴乱瘟疫"，各种政治、社会和经济抗议活动都带来某种灾难重现的意义。瘟疫不是历史记忆的唯一素材。欧洲历史上的战争、屠杀都加深了这种记忆，为认同增加了新的素材。近代以来的多次大规模战争，特别是二战期间的纳粹屠杀，在战后欧洲共同体的建构过程中有着重大的记忆意义。

（鲁道夫·宾尼 Rudolph Binion：
美国布兰代斯大学 Brandeis University 历史系教授）

张佩国：口述史、社会记忆与表述的政治

张佩国

口述史作为一种研究方法，最初是在历史学领域里运用的，如唐德刚先生在做张学良、李宗仁回忆录时即以口述史为基本方法。唐德刚先生是追求"信史"的编史学目标的，在做口述史访谈时，就曾和传主张学良因对"史实"的争议而发生了激烈冲突，乃至没有把张学良的口述史做完。在政治史的编史学层面，口述史是作为一种辅助方法，以弥补文献资料之不足。而在社会史、文化史的编史学框架内，口述史的"信史"规范就要大打折扣了。在社会文化史的研究中，对口述史访谈和诸如民间故事、传说、曲艺等口头叙事中，如果还纠缠于是否"信史"，就无法发掘其资料价值了。

而引入社会记忆的视角，则可以在两个方面凸现口述史和口头叙事的意义。人作为地方社会成员，其表达和社会记忆本身就构成关于地方社会的想象，因而也成为地方性秩序场境的组成部分。作为口述史的不同形式，上述资料的意义则是相通的，不能简单地以研究者的逻辑考证其对错，而须将其放到充满"当地感"的地方社会历史场境中去揭示其所象征的意义世界，即把当事人的行为归位到他们的生活史中，再把他们的生活史归位到他们所属的那个社会场景下的历史中。个人生活的叙述是相互关联的一组叙述的一部分，它被镶嵌在个人从中获得身份的那些群体的故事中。将当事人的表述置于当地社会的历史脉络中加以把握，离不开在田野调查中所获得的那种对地方社会历史的体验。最近两年，我在作"林权与

民间法秩序"的研究，田野点在安徽省绩溪县的两个村庄，我强调要在地方社会历史脉络中将口述访谈和参与式观察有机结合起来，以达到"历史的民族志"的文本目标。

如果将口述史放在民族志实践层面，则其"表述政治"是一个更大的方法论问题。在日常生活中，人们"言行不一"（道德表述与实践的背离）甚至是生活常态，为自己赚取好名声，积累道德资本，是人之常情，表述的道德正当性与行为的利益化取向可能是并存的。如仅仅停留在报道人个体的道德体验和表述层面，有可能会落入"偏听则暗"的道德陷阱。田野调查者不应由此产生对报道人的"信任危机"，而应赋予其全新的田野工作伦理，那就是充分意识到，和人类学者一起工作的当地人并不仅仅是情况提供者，更是情况的共同解释者。民族志研究者在田野工作中将不断面对"他性"的挑战，这种挑战不仅仅是田野工作者身处异文化的精神寂寞和遭遇报道人的不合作态度，更多的是面对作为"共同解释者"的报道人，其实践和解释对民族志研究者固有知识框架的冲击，这种冲击具有道德的和"表述政治"的震撼力，从而使其不断地修正自己的工作目标。

（张佩国：上海大学社会学系暨人类学研究所教授）

沈坚：法国记忆史视野下的集体记忆

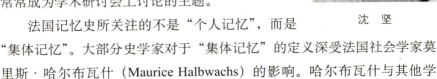

20 世纪 70 年代中叶，在法国史学研究中，以勒高夫等人为代表的历史学家提出了"新史学"概念。在新史学推动下，"记忆"成为历史研究的对象，由此逐渐形成关于记忆史的研究热点。到 20 世纪 90 年代甚至进入 21 世纪后，记忆史随着法国表象史的逐渐升温依然保持着不减的势头，常常成为学术研讨会上讨论的主题。

沈坚

法国记忆史所关注的不是"个人记忆"，而是"集体记忆"。大部分史学家对于"集体记忆"的定义深受法国社会学家莫里斯·哈尔布瓦什（Maurice Halbwachs）的影响。哈尔布瓦什与其他学者不同的是，他更强调记忆的社会性。1925 年，他出版了代表作《记忆的社会框架》首次引入了"集体记忆"这一概念。他认为，即使我们的记忆完全是个人的，它们也仍然具有社会意义。我们的记忆来自于我们的生活经历，而我们总是生活在集体中间，我们常常是其中一些社会集团的成员，如家庭、学校、职业圈等。我们的记忆并不因为这些集体的消失而消失，有时这种记忆常常因此而显得更加强烈和生动，我们经历过那些事件的地点和残留的印记常常会使得我们的记忆清晰起来。哈尔布瓦什由此将记忆分为三个层次：第一层次，他称之为"个人记忆"，它主要是与个人的生活经历有关。第二个层次是"集体记忆"，它是由一些经历过同样事件的人们的共同记忆和相关的事件留下的客观痕迹（与事件有关的空间、留下的制度、与此相关的文字和口头档案材料等）构成的。第三个层次是"传统"，它是在相关事件的当事人消失以后才出现的。

在史学研究领域中，"集体记忆"具有三方面的特征。首先，"集体记忆"总是和当今现实联系在一起的。集体记忆的一个重要功能就是重构过去，满足当今的精神需要，所以为过去"昭雪"和"否定"过去常常是记忆的中心话题。其次，记忆总是具体的、主观的、带有感情色彩的，集体记忆总是和一些特定的集体和共同体联系在一起，所以有多少共同体，就会有多少种集体记忆。因为"集体记忆"常常是通过仪式、信仰、神话传说、庆祝和纪念活动、对某些事件的态度和情感等表现出来的，所以，对这些记忆"亮点"的研究就成了"集体记忆"研究的主要内容。最后，"集体记忆"具有可操控性，人们可以有意地强化某些部分的记忆，也可以刻意淡化某些记忆，因此，"遗忘"也是"集体记忆"另一方面的表现。

历史学家对记忆的研究不同于心理学对记忆的研究。心理学家、精神病学家和精神分析学家更多地关注"个人记忆"，而历史学家更多地关注"集体记忆"。心理学家主要关注记忆的功能，研究的时段往往是短暂的，方法论上是实验和经验式的；历史学家对记忆的研究则注重长时段的记忆，在方法论上借助于现象学的方法。记忆史研究从记忆的内容和方式入门，试图通过了解人们记住了什么，遗忘了什么，哪些记忆是自然涌现的，哪些记忆是刻意追寻的，记忆如何并以何种方式复现等问题，进而达到深刻认识主体记忆的属性、认识记忆主体本身的目的。法国哲学家李科称之为反思型的方式，即从对"什么"问题的探讨入手，经过深究"如何"，最终达到认识"谁"的问题。

记忆史研究的一大意义是，它使得记忆与历史的关系发生了有趣的变化：记忆从历史的组成部分和历史的来源发展为历史的研究对象，历史记忆其实成了历史学家们的集体记忆！

（沈坚：浙江大学历史学系教授）

李剑鸣：危机想象下的美国革命

关于美国革命的动因，多数历史学家依据常规革命逻辑，致力于从革命前夕的北美殖民地找出足以引发革命的社会和政治危机，或者把邦联描绘成一个风雨飘摇、险象环生的时期。但是，美国革命的行动者似乎并不是用这种方式来看问题的。他们进行革命的理由，同其他国家的革命者的确很不一样。在美国革命时期，的确有很多人在谈论局势的险恶和危急，给人一种"山雨欲来"之感；但他们所谈论的不是通常意义上的社会或政治危机，而是

李剑鸣

"自由的危机"。正是这样一种"危机"想象，在革命中发挥了重要的动员和辩护功能，而且还在一定程度上塑造了美国革命的历史特性。

"自由的危机"的建构是以殖民地居民对英国自由历史的集体记忆为基础的。殖民地政论作者从英国的传统和殖民地的历史中，找到了殖民地居民实际享有自由的证明。他们声称，英国自古以来就存在自由的传统，人民享有一系列与生俱来的自然权利；殖民地居民虽然远离英国本土，但仍旧是大英帝国的国民，他们的移民先辈将英国的自由和权利带到了北美，因而他们和英国本土居民一样享有自由、权利和各种豁免。可以说，他们正是用"英国人的自由"的观念，来反对英国政府的政策。

在反对英国对北美殖民地控制的过程中，主导政治潮流走向的力量来

自两个方面：一是社会精英的宣传鼓动，二是基层民众的积极行动。这两股力量实际上是交叉乃至合流的，而把它们结合在一起的核心因素，就是以"自由话语"形式表达的共同的利益诉求。

在美国联邦立宪运动中，不同的群体再次以"自由"为核心元素制造各种"危机话语"，以支持和强化各自的建国主张。对于拥护强大的全国政府的建国者来说，"民主"所固有的"无法无天"式的"滥用自由"是危害"自由"、使"自由"再次陷入"危机"的主要根源；因而只有确立一种有效的政府来抑制这种"滥用自由"的危害，才能真正挽救"自由的事业"，使"合众国人民"得以永享"自由的福祉"。然而在对立的一派人看来，新宪法所要确立的恰恰是一种危害自由、走向奴役的体制，可能使美国的"自由"跌入万劫不复的深渊。

美国的革命者懂得，像革命这样剧烈而重大的事变，只能产生于重大的"危机"之中，因而唤起社会的"危机"意识就成了革命动员的主要手段。对于一个存在强烈的自由情结的社会来说，没有什么比高呼"自由处在危险中"更具有鼓动性和动员效果。由于高呼"自由的危机"的建国精英，本身也是成长于这样一种政治文化环境中，因而他们从自由着眼来构建"危机话语"，可能并不是一种刻意选取的策略，而是一条自然而然地形成的路径。对于一个怀有强烈自由情结的人来说，自由的感召力是不需要刻意证明的。

也许正是因为美国革命不是一场以应对社会危机，而是以消除"自由的危机"为指向的革命，所以它对于广泛存在严重社会问题（普遍贫困、社会分化、阶级对抗）的国家的革命者，就不免缺乏借鉴意义。19世纪欧洲的革命者大多不甚看重美国革命的经验，20世纪世界各地的革命者也很少从美国革命中吸取灵感，其缘故可能与美国革命的这种特征有关。

（李剑鸣：北京大学历史学系教授）

陈峰：不断追述与放大的宋朝开国史

人类的历史文献记载，从来都是在后世不断追述与放大的过程中延续的，人们眼中的本朝历史更是如此。从北宋中叶以后大量士人留下的文字材料来看，有关宋朝开国史的描述就带有夸张的色彩。

陈　峰

赵匡胤结束唐末五代的武夫乱政，开创了宋朝三百多年的基业，尤其是其后很长一段时期内呈现高度的"崇文"气象，使得太祖统治时期在本朝士人心中笼罩着神圣的光环。那么，宋太祖究竟采取了哪些重要举措？在这些举措的推动下，当时是否已经形成了"崇文"的气象？

宋太祖在位期间采取的"崇文"措施包括：收兵权、削藩镇，抑制武将势力；保护文臣，使其免遭武夫加害；恢复儒学的地位；重视科举制度；鼓励臣子读书。应当看到，这些举措中的确有"崇文"的内容，但若将其描述成具有时代特征的气象，则显然失之夸张。事实上，这些举措一方面在于调整当时严重失衡的文武关系，力图使文官武将集团回归各自正常的状态；另一方面在于尽快结束因武人跋扈、藩镇割据导致的长期动乱，确保君主专制和中央集权统治。因此，这些措施的宗旨更大程度上在于提升过低的文臣地位，制衡超强的武将势力，同时提倡儒学的君臣大义和纲常思想。

作为时代变迁的记录者，宋代的文官士大夫在崇文院、史馆、会要所等官方编修机构中编纂了本朝历史，使得宋朝开国史或多或少地被描述有"崇文"色彩，宋太祖也因此获得高度的赞美。其实这些光环在很大程度上是本朝士人有意识选择、不断添加理解的结果。随着时间的推移，士人们所写的野史、诗文、笔记小说乃至其他文字，对开国史也不断附加上自己的理解。

宋朝"崇文"路线的发展，大致始于太宗朝。自太宗两次北伐失败后，宋朝不再走传统的汉唐发展之路。出于加强君主专制统治的需要，国家的统治重心转向内部建设，防范武将势力对皇权的威胁，加大对其压制、打击的力度，以制约其在国家政治生活中的影响。同时，进一步重用文臣，科举出身的文官士大夫的地位遂不断获得提升。正因为如此，宋太祖时代萌芽的"崇文抑武"方略得到发展，在国家政治各个层面中基本确立了重要地位。历经真宗、仁宗朝的统治，科举出身的文臣已成为执政的主体力量。对于到北宋中叶才真正出现的"崇文"气象，主导朝政的文官士大夫们并不满足，出于对唐末五代乱政的恐惧，这一群体在强烈的自保意识下，坚定地支持皇权壮大，积极协助统治者实施一系列的"抑武"举措，并期望朝廷复兴儒教。于是，宋太祖基于自身统治需要而初步实施的"崇文抑武"方略，自然得到他们的拥护和歌颂。基于现实需要，他们不仅要坚持高举"崇文"旗帜，而且从诸多方面宣扬其由来已久的精神，并追溯到开国时代。

北宋中叶以来一部分士人对本朝开国史的追忆，特别是对"崇文"气象的描述，其实是在包含历史记忆的过程中，逐渐地、有目的地选择和改造的产物。显然，这体现出宋代主流士大夫自身的价值评判。修正记忆的结果，在一定程度上疏离了真实的历史，却具有显著的现实意义。

历史的记忆就是这样延续的，多少附加着后世的理解和想象。现实远离过去，但总能修正过去的历史影像。

（陈峰：西北大学文博学院教授）

王先明：清末民初的"绅权"变异

王先明

"历史记忆"并不只是对过往或逝去历史的单纯记述，当其作为一种"集体记忆"并被社会认同时尤其如此。首次提出"集体记忆"概念的哈布瓦奇（Halbwachs），就特别强调历史记忆的当下性。他认为人们头脑中的"过去"并不是客观实在的，而是一种社会性的建构。人们如何构建和叙述过去在很大程度上取决于他们当下的理念、利益和期待……记忆是社会中不同人群争夺的对象，也是他们之间权力关系的指标。主流文化往往控制记忆资源，对异文化采取压制态度，因为异文化抗争的重要手段，便是保存一种相对于主流文化记忆的它类记忆或者福柯所说的"反记忆"（Counter-Memory）。

清末民初，随着社会结构和制度的变迁，乡村社会权力结构也处于频繁的变动与重构之中。与传统时代的发展走向不同，地方权力的重建开始张扬"民权"的旗帜，而不再是在皇权与绅权的平衡制约中有所取舍。在1898年的湖南新政和1927年的湖南农民运动两大历史事件中，关于"绅权"的集体记忆竟然呈现着截然相反的价值取向，其中不免有绅士阶层"蜕变"劣化的因素，但也蕴涵着社会结构变动、利益主体重构的复杂因由。对于传统绅士的"历史记忆"，也在社会结构或权力结构的重建过程中，产生着潜在的却是不容低估的影响。这种嵌入社会—权力结构的"历史记忆"，在一定程度上构成"打倒绅士"这一时代号召的历史因缘，并由此造就了"大革命时代"农村变动的特定情景。

清末民初关于绅士阶层不同的"历史记忆"并不外在于社会生活本身，它与社会生活进程和社会结构的联系难以分割，或者它本身也内化为社会重构的要素之一。晚清以来，关于绅士阶层不同的"集体记忆"，不仅呈现出不同利益主体的"选择性记忆"或"失忆"，而且这种"历史记忆"也成为重构的社会权力和利益关系的"社会认同"因素。

（王先明：南开大学历史学院教授）

苏智良：从"慰安妇"幸存者调查看真实记忆的艰难

无论是宏大事件，还是日常生活琐事，对人类文明而言均具有重要的价值。被人类保存下来的信息，通常是历史学家为主体的人们自觉行为的结果，也是选择性记忆的结果。在人类文明的长河中，真正被保存下来的历史信息数量少之又少，大量的信息已经在有意或无意间流失。因此，历史学家需要从自己的体验和感知中去设定搜集记忆的课题，以便尽可能地重构和复原历史。

人们往往不自觉地喜爱记住胜利与欢悦，对于失败与苦痛，常怀排拒

苏智良

之心，民族的记忆也不例外。正因为如此，我们应该非常敬佩在战争刚刚结束就完整保存奥斯维辛集中营的人们，而为我们辽阔大地上寥寥无几的抗战遗址而感到遗憾。那些灾难性的、具有负面影响的历史事件，或者是被阻挠与回避，或者因为令当事人难堪而不便被公开地记忆，或者是人们强迫自己去遗忘、不去思考、不去记忆。事实上，人们强迫遗忘的企图往往并不成功，一旦人们被告知不要谈论某件事情的时候，这些事情却往往被记忆下来；在特定条件下，由于这些事件没有得到合理的解决，会使得记忆变得更加深刻。

"慰安妇"制度是二战时期日本政府实施的军事性奴隶制度。由于"慰安妇"制度具有隐秘性，加之日本军队与国家刻意销毁，留存的文献相对较少。因此，在田野调查中，以访问者口述印证他人口述、以口述印证文献的方法便显得极为重要。当然，对被访问者的了解和尊重、设问的角度、情感的交流、访谈中的倾听等细节，也可能决定访谈的成败。

中国"慰安妇"问题研究中心多年来坚持调查研究，搜集了近百个幸存者的个性体验和苦难经历。为了检验幸存者记忆的可靠性与准确性，还尽可能地寻访历史知情人即见证人，甚至寻访加害者——日本老兵；并将口述材料与文献相印证，从而局部再现了日本在中国推行性奴隶制度的场景和史实，当然我们所记录的还只是冰山之一角。在调查中，研究人员也多次遭遇幸存者的否认与失忆，她们以回避来避免打开痛苦的记忆之匣。

口述记录使得幸存者的记忆个案得以保存，并从个人遭遇的视角，展示了残暴战争状态下无助女性的悲惨遭遇，翔实地呈现了时代的悲剧。这样的个案我们可以举出许多，如中国大陆第一个站出来揭露日军暴行的山西幸存者万爱花的曲折遭遇，曾躲入山洞当"白毛女"的云南人李连春的记忆，广西瑶族受害者韦绍兰及她的"日本仔"罗善学的往事。

这些"慰安妇"幸存者的个案资料弥足珍贵，这既是揭露日本法西斯罪行的重要证据，也是我们民族必须直面的伤痛记忆。中国受害者的口述与朝鲜、韩国、荷兰、菲律宾、东帝汶等受害者的记忆连在一起，组成了日本右翼和保守政治家难以攻破的证据链。

当代中国社会的高速发展，让中国人有了能够更加自信和自觉地思考历史的条件，有了能够直面 20 世纪中国悲痛历史的可能。但许多记忆已经消逝，这是无法弥补的损失。对某些历史事实采取集体回避的态度，令许多战争的亲历者、受害者的个人经历没有得到保存，我们应该记取这沉痛的教训。

（苏智良：上海师范大学人文学院教授）

唐力行：评弹与苏州城市文化的记忆符号

每个城市都有自己的记忆。苏州是历史文化名城，建城已逾 2500 年。唐宋以后经济重心南移，苏州"风物雄丽为东南冠"，明清时期更成为称雄天下的商业大都会，有着丰厚的历史记忆。这些记忆在漫长的历史层累中，逐渐形成超越时空的文化记忆符号，包括精神的或物质的，评弹就是其中之一。

评弹文化记忆符号的意义有二：一是评弹书目中有着通常意义的苏州历史描述和市民社会生活、民风习俗的细致叙说；二是书场的茶馆元素、说书人的吴侬软语

唐力行

说噱弹唱和品茗听书的听众构成特有场景。评弹成为苏州城市文化记忆符号和市民的生活方式。评弹从形成之初便走出苏州这一江南的中心城市，向吴语地区扩散。这是由评弹的艺术形式和内涵所决定的。传统社会是一个熟人社会，人口流动量小，评弹艺人每一场演毕就要变换场地，这就是"走码头"。苏松常嘉湖地区是吴语的核心区，评弹艺人穿梭其间，评弹由此成为呈片状结构的文化记忆符号和生活方式。

在一定的历史条件下，文化记忆的中心会发生空间上的位移。近代，评弹的中心由苏州向上海转移。这与太平天国战争对江南的破坏和大批江

145

南绅商避难租界相关。江南人占了租界华人的四分之三，租界为评弹提供了前所未有的新天地。男女拼档演出及男女同场听书，极大丰富了评弹的表现手段，扩大了受众面。20世纪20年代租界的电台广播增强了评弹的传播力，使评弹北上官语区的南京，南下宁波。1949年后评弹艺人的组织化与政治动员相结合，使评弹在境内和境外呈点状传播。"十年浩劫"使评弹受众断层。评弹受众的老龄化使评弹在上海经历了失忆的过程，听评弹作为市民的生活方式逐渐被淡化。评弹的中心正在回归苏州。

改革开放后，评弹作为江南人的文化记忆符号，在境内外吴语移民相对集中的城市呈内生型点状发展的态势。评弹在港台和北美广受欢迎，其中纽约和北京先后建立的票友组织使评弹的传播有了强大的后续性。这种境内外点状分布的评弹文化记忆符号，反过来对江南本土的评弹传送能量，呼唤着评弹的复苏。评弹的空间传播与时代变迁间的互动关系，为我们考察中国近现代文化社会史提供了一个新视角。

（唐力行：上海师范大学人文学院教授）

王晴佳：历史学的"记忆转向"

王晴佳

20世纪70年代以来，全球范围的历史研究发生一系列重要变化。变化之一，就是人们对"记忆"（memory）与"史学"（history 或 historiography）逐渐产生出新的认识。有人甚至提出，二战以后史学的发展，不但有所谓"语言学的转向"，还有一个"记忆的转向"。前者产生于1970年代，后者则在1980年代后成为热点。

记忆是史学的起点。史学研究的开端，常常起源于保存记忆的愿望。记忆与历史之间，既相互依存，又有一种相对紧张的关系。史学成为一门学问后，又企求建立自己的独立性和自主性，因此就不满足于与记忆相等同。

史学虽然在广义上而言也是一种记忆的表述或再现，但史家写作历史，希望通过回顾过去，以便更好地了解现在和展望未来。到近代，史家还有一个宏伟目标，就是分析、解释并预测人类历史的整体走向，因此有不少人开始探寻历史规律，希图勾勒古往今来的演变进程。由此，史学与记忆之间便产生了一道鸿沟。

记忆虽然可以分享，但主要是个人的、主观的。它可以被分享，但又受时空的限制，常常属于一个时代的和一个特定的文化、政治和经济共同体。甚至，性别的区分，也造成了记忆的不同。因此，就特征而言，可以说没有一个放之四海而皆准的超越时空、文化、地域、语言的共同记忆。

史学思想家柯林伍德说，如果某人说"我上周写信给某某"，这只是一个记忆的表述，而不是历史的表述。但如果这个人又说："我没有记错，因为这里有对方的回信"，那就变成了一个历史的表述。对于柯林伍德来说，记忆与史学的区别，在于后者必须要有证据。史学在近代的根本变化，在于史家研究方法的改进，史学与记忆由此也被区分开来。

从 20 世纪末至今，为什么记忆又开始与史学联手了呢？抑或更准确地说，为什么史家愿意降低身段，开始研究记忆了呢？

第一，有关记忆的研究，是战后发展起来的一个显学。相对其他学科，史家开始研究记忆，相对较晚。第二，记忆研究之所以会引起史家重视，与史学本身在战后的诸种变化息息相关。

记忆研究在战后的兴盛，当然与二战的爆发及其特点有关。二战中有一个相对特殊的现象，就是希特勒的种族灭绝政策，也即屠犹。战后，犹太幸存者及各种犹太人团体使用种种力量，推动这一事件的研究。目前发行的专业杂志《史学与记忆》（History and Memory），就是由以色列特拉维夫大学编辑、美国印第安纳大学出版社发行的。近年南京大屠杀也成为记忆研究的一个热点。美籍华裔作家张纯如的《南京大屠杀》一书，在1997 年出版以后引起了许多反响。这个例子表明，记忆研究并不是史家的专利。有学者指出，记忆研究虽然以跨学科为特征，但其主要的研究者来自文学、电影和文化研究等注重"再现"的领域。记忆研究的材料，也往往超越文献资料，而特别注意实物（博物馆、纪念碑、陵园等）和口述回忆（采访录、回忆录等）。

如果史学观念本身没有发生变化，史家仍然专注政府的档案为其基本史料，那么记忆研究在史学界也无法开展。如果说记忆研究的一个方法就是进行采访，搜集口述材料，那么史家在这方面，既有传统，又有创新。二战以后口述史的兴起，更早于记忆研究的兴盛。口述史研究为史家从事记忆研究提供了前提。如果史家仍然像 19 世纪的兰克那样，坚持认为史学研究必须基于"硬邦邦"的一手史料（最好是政府档案），那么口述史就无从兴起，当今的记忆研究也无法进入史学的殿堂。

近代史家兰克被人尊崇为"客观史家"，因为他曾主张"如实直书"。但记忆研究，主观性和现实性很强。就史料而言，往往是受害者的回忆，可以让人声泪俱下。即使研究一些如纪念碑、纪念馆等建筑物，其中的设计也明显反映了建造师或者营造者的主观意念。如果史家对史料的态度一如其旧，那么记忆研究也就无法在史学界登堂入室。记忆与口述回忆、采访等虽然带有个人性、时间性和主观性的特点，但并不因此而阻碍它们成为有价值的史料。

相反，有学者认为，当代史家之所以研究记忆，抑或史学界"记忆的转向"的出现，正是因为记忆不像历史事实那样"客观"和"硬邦邦"。史学界"记忆的转向"所突出的，正好是史料的不确定性和主观性，以及史家如何从现在出发再现历史。上述特征，反映了后现代主义思潮对历史研究和著述的影响。从后现代主义的立场出发，有人已经提出"记忆"应该取代原来的"传统"、"民俗"和"神话"等观念，因为后者其实都并不客观存在，只是依靠记忆或通过记忆打造出来的。

近代史学的前提，是要把过去与现在隔离开来。而当今史学的记忆研究，则不但容忍过去与现在的交融，而且还把这种交融和互动视为历史现实的一部分。用 James E. Young 的话来解释，就是"一旦我们把目击者的回忆、他们回忆中的确实或不确实的部分以及他们回忆中的解释的成分一并加以考虑的话，我们会对受害者的遭遇，有一种更深入的了解。这些对于过去的叙述已经成了他们人生的一部分，因此，他们如何叙述他们的遭遇，也就成了历史现实的一个部分了"。剔除口述史料中的主观成分，已经不再是史学研究的必要前提了。

当今史学界的"记忆转向"，也得益于记忆研究在其他学科的发展。特别要指出的是社会学家哈布瓦奇在 20 世纪初提出的"集体记忆"

（collective memory）这个概念以及在此以后其他人对之不断提出的商榷和修正。有人主张用"公共记忆"（public memory）来取代"集体记忆"，还有人主张去掉"集体"或"公共"这些形容词，因为记忆虽然看起来是个人的，但其实都是在特定的集体、文化等场域形成的。这些修正工作，都有助于推动人们对记忆的了解和认识。自"集体记忆"概念提出后，人们开始注意到，记忆的各个层面及其形成过程在民族建构、族群构成和文化变迁等方面扮演着重要角色。

（王晴佳：北京大学长江讲座教授）

（本期特别策划采写工作组：李红岩、欧冶、晁天义、焦兵、张小溪）

背景链接

记忆与失忆：价值选择与史学功能

——"第三届历史学前沿论坛"论文目录

主办：中国社会科学杂志社《历史研究》编辑部、南开大学历史学院
时间：2009 年 12 月 12—13 日

唐宋"富民"阶层的崛起及其历史意义
林文勋

宋朝开国史与士人的记忆及改造：
以宋朝"崇文"气象为中心考察
陈峰

中近古历史记忆的"长时段"复原：元和明前期南北差异的博弈整合
与社会发展　李治安

历史的记忆与失忆

莫让绝学成绝响

——绝学研究亟须加强

　　绝学负载的是文化的基因，绝学中流淌着中华文明的血脉。割裂了文化传统，就丧失了未来。保护绝学，就是保护中华民族的文化遗产，就是保护我们的历史和未来。

　　梵文、八思巴文、西夏文字、契丹文字、纳西东巴文、因明学、简帛学、甲骨学……这是一串仿佛在哪里听到过的学科名称，但掷诸学界，真正能把它们的来龙去脉说个清楚，对它们有深切了解的学者却少之又少。

　　它们，已经有了或者即将拥有一个令学界心颤的名字——绝学。什么是绝学，目前学术界尚未给出统一、完整的定义来描述它。中国社会科学院一项关于"特殊学科"调查情况的分析认为，绝学是指具有重要的文化传承意义、国内外从事研究的学者人数较少的学科。

　　少到什么程度了呢？以梵文为例，目前全国学界能将梵文翻译成中文的人不到 10 人。而懂西夏文字、契丹文字的学者，更是罕见。

　　绝学的命运究竟如何？绝学能否不"绝"？绝学存亡续断的关键在哪里？本报记者日前围绕着上述问题，走访了多位绝学专家、学者。

其文已死　乏人问津

　　中国社会科学院荣誉学部委员照那斯图是当今世上屈指可数能解读八思巴文这一"能译写一切语言文字"的专家。今年已经 70 多岁的他，近日由于胃病严重住进了医院，病床前出现了刚刚开始跟随他学习八思巴文的学生的身影，这或许给他带来些许安慰。

作为元朝国书的八思巴文，已经是一种死文字了。加之时下世风学风浮躁，在各大学和科研院所中，人文学科受到冷落，这门学问的问津者寥寥无几。此外，由于照那斯图客观上不符合招生资格的规定，所以长时间未能招硕士生、博士生，因而形成了后继无人的状态。这些因素直接导致八思巴文这一学问成为绝学。

这一现象绝不是孤立的。契丹王朝创造的契丹文字（契丹大字、契丹小字），早在明代就成了不为人们所识的死文字。20世纪初，契丹文字失传数百年之后首次重见天日，学术界对它的研究也逐渐开展起来，也曾先后掀起几次此呼彼应的契丹文字研究的高潮。但是，由于没有字典之类的字书传世，对契丹文字的解读异常艰难，致力于此的人也越来越少，目前只有中国社会科学院民族所的刘凤翥研究员能够解读这一死文字。

诘屈聱牙　知难而退

梵文，不仅是印度的古典语言，也是佛教的经典语言，对古代印度文化研究具有重大意义，即便这样的文字也一度面临"灭顶之灾"。著名学者如季羡林虽开拓榛莽，但"梵文十分难学，培养人才十分不易，很少有能坚持学下来的。现在，能将梵文翻译成中文的人总计不到10人。"著名梵文专家、中国社会科学院外文所原所长黄宝生对此忧心忡忡。学习梵文不是一朝一夕之事，三五年的磨练仅仅能够让心沉下来，想出成效就得把冷板凳坐八到十年。学习梵文的人，要能吃得了苦，更要甘于清贫。

如果说外来的梵文不是我们擅长做的学问，那么中华民族的文化瑰宝——甲骨文呢？我们能够轻松掌握吗？同样不能。甲骨文发现至今已历经一百余年。经过几代学者钩深索颐，今天的甲骨学，已积累了大量研究资料，形成了严密的规律，并有力地促进了古文字学、考古学、历史文献学等学科的发展。但是，仔细观察这一学科的研究队伍却是日渐减弱。"上世纪80年代，出现了甲骨学研究的鼎盛时期，那时，历史所有28位学者专门研究甲骨学，是被海内外都看好的一支团队。而我们现在这个团队虽然也是最大的研究甲骨学的团队，却只剩下五六个人了。"全国政协第十一届委员、中国社科院历史所研究员宋镇豪惋惜之余不免感叹："甲骨学这样的'显学'，即使在全国，也只有几十人真正在坚持做研究了。"显然，甲骨学由显学沦为绝学，刺痛的恐怕不只是学者的心。

大师已逝，后继乏人

古文字学的发展，似乎浓缩了许多绝学的发展轨迹。古文字学在清末民国初年是发展鼎盛时期，著名古文字学学者罗振玉、王国维这样响亮的名字就出现在这一时段。其后又涌现出了郭沫若、董作宾这样的古文字学大家，成就斐然，贡献巨大。

新中国成立后，古文字学研究的深度和科学性都有了增加，研究成果众多。然而不可否认的是，这些研究成果的质量殊无特观，像上述前辈大师那样的学术大家再也难觅踪影。而目前这一学科情况更为严峻，国内仅剩三个研究力量较强的单位——复旦大学、吉林大学和中国社会科学院。面对这种由繁花似锦渐趋花果飘零的现状，中国社会科学院考古所研究员冯时说："古文字学的发展可直接推动考古学、语言学、历史学、文献学等学科的发展。我们的祖先创造了无数辉煌灿烂的历史文化遗产，传至今日却日益沉沦。传统文化是国家软实力的象征，要重视对国家历史的把握和了解。"

花果飘零，内外有因

绝学研究为何陷入如此境地？记者在采访调查中发现，其根源大致可以归为七个方面：经费、人才、对外交流、专业、研究基础、资料、成果。正是这7个方面条件的欠缺，成为绝学发展的主要困难。

经费短缺，造成项目无法立项，研究条件无法得到改善。这是绝学形成的客观原因，也是绝学救亡无法回避的主要困难。绝学研究人才队伍萎缩，人员年龄结构不合理，无法形成老中青梯队，主要学科带头人面临退休，引进、培养和留住人才不力，造成后备力量不足。这些原因几乎每个绝学学科都普遍存在。

除此以外，很多绝学都有一个共性，那就是出成果周期长，无利可图。"十年磨一剑"是说一些高质量的学术成果往往要投入很长的时间，然而许多绝学的成果恐怕十年都未必能出来。没有成果，在学术圈里意味着职称不能晋级、收入不能增加、地位不能提高、价值不能体现……有多少人能够坐得住这样的冷板凳？

这是个不难回答的问题，答案只能是——越来越少。

还有很多绝学学科对语言或专业要求较高，需要较长的训练时间，而国内的大学很少设置这些专业课程或近年没有招生。例如绝学契丹文字研究就要有蒙古语基础，世界上唯一能解读契丹大字的专家刘凤翥对此深感痛苦。"我曾经也想带几个学生，但是许多想学契丹文的学生大部分不懂蒙古语，只能望洋兴叹，这是造成契丹文字成为绝学的一个重要原因。"

另外，一些绝学学科在国内研究基础薄弱，又没有得到足够重视，也使得学科日渐萎缩。"墙内开花墙外香"在某些绝学学科中不胜枚举，照那斯图先生就经常被国外邀请去讲学，国内的关注程度远不及海外。此外，有关文献流失海外，国外书籍购买困难，造成研究资料匮乏；缺乏对外交流和合作，造成信息沟通不畅等原因也是造就绝学学科的重要原因。

培育英才，延续学脉

几种无人再用的文字、几门不能产生利润的学问，正在被边缘化。甚至我们来不及熟悉它们，就要向它们永远地告别了。与此同时，为了延续学脉，为了传承文明，还是有人在努力追寻这些绝学，终老不放，终生无悔。因为他们都坚信绝学负载的是文化的基因，绝学中流淌着中华文明的血脉。割裂了文化传统，就丧失了未来。保护绝学，就是保护中华民族的文化遗产，就是保护我们的历史和未来。

西夏文字专家史金波感慨，"绝学"代表着一个民族、一个时期的历史、社会和文化；"绝学"往往是科学探索的疑难课题，很多是社会科学的基础。社会科学研究者对解读这类疑团，负有时代和学术的重任。中国作为世界文明古国之一，也应深入了解、研究世界古代文明。通过古文字了解世界上的古代文明是不可逾越的一个阶段。这对于我们深刻认识现实的世界具有重要意义。

"当务之急是培养接班人。"刘凤翥曾多次呼吁，"不能让契丹文字绝在我的手里。"刘凤翥说出了所有绝学学科"传人"的心声。

"学问要靠人来传。"冯时掷地有声，让人为之动容，"不要让一个人支撑一个学科。"

人才的培养需要有完整的计划，要有有关部门的积极支持，要有稳定的人才队伍。在采访中，记者听到最多的就是——人才。许多绝学学科的"传人"年事已高，但由于某种原因他们不符合招博士生的资格，不能成为博士生导师。他们希望，不要因为这种"死"的规则把活着的人框住，将绝学"赶尽杀绝"。或许博导是某种利益的代名词，但至今仍能坚守绝学研究的学者若不是早已抛弃各种利益诱惑又怎能一生坚守"无利可图"的绝学？利益在他们眼中，远不及"绝学"这门学问来得重要。

"通过开展大课题、大项目来训练、提升现有队伍。"宋镇豪很乐观地建议，"在课题研究过程中出精品、出人才，是一举两得的办法。"

虽然绝学学科亟需人才，但切不可操之过急。"培养绝学学科的人才不能急，要慢慢来。也不能大批大批地培养，那样不符合绝学学科的规律。星星之火可以燎原，绝学的发展是长远的事情。"黄宝生语重心长地告诉记者，"对于绝学学科的教学，老师不仅要传道授业解惑，更重要的是要和学生有思想上的交流，要交心，用心传授。"

绝学学科的发展离不开领导者的支持，更要有政策保障。黄宝生说："与从前相比，现在梵文研究的环境已有所好转。"近些年来，随着文化遗产保护、非物质文化遗产保护、国家软实力等话题深入人心，人们越来越意识到了绝学学科保护的重要性。

评价机制也是影响绝学学科发展的重要因素。绝学要发展下去，需要一个有别于一般的基础研究和应用对策研究的评价体系。单纯庞大的成果数量，只是利益的狂欢，而绝不是真学术。给"刘凤翥们"一个安心做学问的大环境，10年中有一、两个能做出成绩，就是对他们每个人莫大的嘉奖。

事实上，有些部门已经在拯救绝学方面作了大量工作。中国社会科学院目前已经启动了第二批绝学申报项目。相信在不久的将来，在传承绝学和弘扬中华文化的神圣事业中，我们能取得更多成就，看到更多希望。

（记者　张微　实习记者　李先枝　周悦）

秦家华：贝叶经研究的成绩与困难

秦家华，云南大学贝叶文化研究中心研究员，编著《贝叶文化与民族社会发展》、《云南少数民族生葬志》等书。

准确来讲贝叶经从研究到现在才经历了十多年。不过在 20 世纪 80 年代初就出版了《贝叶文化论》，该书收集了早期研究贝叶经的一些文章。2000 年，云南省和浙江大学开展了一个名为"云南旅游文化资源开发研究"的合作项目，其中一个子项目是贝叶经的研究，从此以后贝叶经的研究才进入了较为全面系统的阶段，参与人增多，成果也更多。也就是从那时起，西双版纳州政府开始专门组织学者进行研究，并委托人民出版社出版《中国贝叶经全集》，这套书共一百辑，现在已经印刷完成了六、七十辑，到明年会全部印完。2001 年，西双版纳州政府和云南大学联合组建了贝叶文化研究中心，迄今为止已组织召开三届全国性的贝叶文化研讨会，每一届都出版一本论文集，大约有两百多篇文章。贝叶文化的研究者分布广泛，海内外很多学者都感兴趣，像联合国教科文组织的一个西班牙官员也曾来参加过贝叶文化研讨会。将于明年四月份召开的第四届贝叶文化国际研讨会，预计邀请 150 位国内外学者。

贝叶文化研究的作用很大。第一，塑造了民族精神，调动了民族积极性，增加了自豪感。同时也加强了与东南亚、南亚，像老挝、缅甸、泰国、柬埔寨、斯里兰卡这些国家的友好交往，因为贝叶经在这些国家都存在，甚至有些贝叶经的内容完全一样，它像文化纽带把东南亚、南亚各国联结在一起。其中，泰国清迈大学所藏的贝叶经在数量上超过我们，那里的研究手段也很先进，采用了数字化管理。第二，促进了西双版纳旅游业的发展，当地很多旅游文化产品的素材、风格都是从贝叶经中提炼出来

莫让绝学成绝响

的。第三，对研究中国宗教史很有帮助，因为贝叶经记录了佛教初期的情况，为研究宗教发展状况提供了重要材料。最后，贝叶经体现了一种和谐文化，第三届研讨会的主题就是"贝叶经中的和谐文化对傣族地区和谐社会构建的作用"，贝叶经中宣传的理念与和谐社会的构建本质上是相通的，因为上面有关于如何处理人与自然、人与人、人与社会的关系，以及如何加强自身修养、实现心理和谐等内容的记载。

但是，贝叶经的研究还存在很多困难，主要是研究经费不足和人才短缺。像《中国贝叶经全集》的出版就费尽周折，需要好几百万，我们想了很多办法，最后在西双版纳州政府和人民出版社共同支持下才得以出版。而每次研讨会后出版论文的费用更是个大问题，贝叶文化研究中心这几年虽然连续申请到三个国家社科基金课题，但得到的支持力度还是太小。另一方面，贝叶经上的文字是"老傣文"，由于现在通行的是"新傣文"，一般年轻人已经读不懂了，只有傣族的老知识分子才能读懂。有些"老傣文"中还穿插了印度的巴利文，能读懂的人就更少了。所以亟需培养一些年轻的、能读懂方言的人才，这是最重要的。

贝叶经是民族文化的瑰宝，就像敦煌古迹一样，不能得到重视是非常可惜的。再过几年，老知识分子，特别是傣族老知识分子去世后就更无法挽回了。去年几位台湾的大学校长来到中心，我把保存的贝叶经拿给他们看，他们都感叹不已，觉得这是国宝，要好好保护、发掘、利用起来。我很希望关于濒危文化的研究能够得到更多的关注，国家能够投入更多的人力、物力来抢救、保护、研究这些文化宝藏。1950年，受邀进京的傣族"头人"将贝叶经作为礼物献给了毛主席，可见它在傣族人民心中的地位。同样，贝叶经在中华民族文化中也是非常光彩夺目的，它的光彩现在已经发出了，但是照耀到的人不多，我希望它能照到更多的人。

王邦维：梵文作为一个学科不会走向消亡

我认为梵文不是绝学，它作为一个学科不会走向消亡。梵文是古代印度的一种语言，很多珍贵的文献、典籍以及印度传统文化都是以梵文这种语言形式保留下来的，因此我们的研究也涉及印度的宗教、文学、古代历史等领域。中国与印度在历史上有很密切的联系，佛教是从印度传过来的，中国古代文献里保留了大量从印度古代语言翻译过来的佛教经典，研究中国文化了解这方面的知识也十分必要。中国人学习梵文已经有将近两千年的历史，可以说梵文是中国人最早学习的外语。

梵文作为一个学科，有它存在的价值和必要性，这一点不必担忧。在全世界的一流大学里，都在进行这个学科的研究，比如哈佛、牛津、剑桥等等。梵文本身不同于经济、工商管理等热门学科，它就像熊猫一样，本身的生存能力比较弱，数量不多但很珍贵，这个学科不会有很多人研究，不会有很多人关注，这很正常。我并不认为它面临危机，从事梵文研究的人数本来就很少。1946 年，北大新设东方语言文学系，胡适与汤用彤聘请从德国留学归来的季羡林先生做新成立的东方语言文学系的教授并担任系主任。1948 年，在印度学习过的金克木先生从武汉大学来到北大，进入东语系。一直到上世纪 60 年代中期，季羡林和金克木二位先生，是东语系梵巴专业仅有的两位教员，这并不妨碍那一时期的印度研究就在那时产出了一批宝贵的研究成果。与那时相比，现在在北大的教研人员有七八个，数量并不算少。全国从事梵文研究的人员大概有不到二十个。北京大学东语系的"印度语言文学"硕士点、博士点是全国最早设立的一批，近几年学生数量多了一些，今年有八名本科生，两三名硕士生和两三名博士生从这个专业毕业。我们的学者近年来出版了一些研究专著，也有博士论文获得全国优秀博士论文奖，总体来说，这个学科还是在不断发展的。

（王邦维，北京大学东方学研究院教授。主要从事梵语文学、梵语与汉语佛教文献、印度和中国佛教史、中印文化关系史等方面的教学和研究。）

照那斯图：古文字尤其是"死文字"具有不可替代的历史价值

我国各少数民族古文字是祖国的宝贵文化遗产。有部分民族古文字已经不再使用，成为死文字。但这些文字都是难能可贵的历史文献，各有自己独特的价值。研究它们具有多方面的意义。

首先，在我国历史上产生的各种民族文字是本民族的发展进入一个历史新阶段的标志，不仅促进了本民族文化的进一步发展，同时为我国历史文化宝库增添了一份独特的新内容，是祖国灿烂文化宝库的重要组成部分。对这些民族古文字的发掘，是国家民族平等政策的体现，又是贯彻民族政策的具体表现，有助于加强民族团结和各民族的共同繁荣发展。

其次，各种民族文字本身都是一个独立的系统，是文字学研究的对象。普通文字学的建立，是个体文字研究成果的综合，每种文字都有自己的特殊性，为文字学研究能够发挥自己一份不可替代的作用。

第三，文字是语言的载体，记录语言的语音、词汇、语法整个系统。对语言的研究，尤其对语言史的研究，民族古文字是直接的资料，有不可或缺的作用。

第四，民族古文字文献内容包罗万象，有本民族的，也有其他民族的；有人类社会的，也有自然世界的，无所不包。对于历史学、民族学研究具有重要意义，对于任何学科都有可能提供有价值的证据。

第五，每种民族古文字文献有自己的独特意义，能够填补汉文等其他各文中文献的空白，补充其欠缺，订正其差错。

第六，各民族古文字都有自己独特的价值，其中的"死文字"，尤其是那些作为"国字"的死文字，例如辽朝的契丹字、金朝的女真字、西夏国的西夏字、元朝的八思巴字、清朝的满文，对于我们具有更加特别的意义。因为现在没有人用了，没有人懂了，这些文字对后人应有的积极作用发挥不出来，也就是说我们祖先创造的这些优秀历史文化遗产发挥不出应有的作用。为发挥它们应有的作用，后代应有人掌握、精通这些文字，彻底研究这些文字系统，向社会广泛介绍这些文字文献的内容，对有关学科的发展，对全社会的进步，发挥其应有的重要作用。

契丹文、西夏文、女真文、八思巴文、满文等，这些文字本身在语言学方面的意义和它们的重要文化传承价值是不言而喻的。这些文字是祖国历史文化遗产的重要组成部分，具有不可替代的、独特的历史价值，永世成为发掘和研究的对象，一向吸引学术界的关注，将长期存在国内外的竞争问题。我认为绝对不能放弃对这些文字的研究。某些文种上我们已获优势地位，这不可再丧失；尚未取得优势的那些学术界瞩目的攻关文种，也应具备条件迎头突破，尽早解读。

现在，中国社会科学院对包括这些文字在内的"特殊学科"采取了强有力的扶持政策，历史将证明这一政策的正确。

（照那斯图，蒙古族，中国社会科学院荣誉学部委员，国际知名的蒙古语言学、八思巴字研究专家。著有《八思巴字和蒙古语文献（Ⅰ研究文集）》（1990）、《八思巴字和蒙古语文献（Ⅱ文献汇集）》（1991）等重要专著。）

杨福泉：民间绝学亟待传承

绝学的意义有两种，一种是学术意义上的绝学，另一种是民间传承的绝学，比如东巴文化。民间绝学的传承有利于一个社会的多元文化的发展，在云南就更为典型，它对于云南的文化产业，对云南的旅游，对中国民族文化的传承起着非常关键的作用。

杨福泉

由人才断代导致的文化濒危现象在东巴文化中已经非常明显。现在认得东巴图画、象形文字的人还有一些，但是能够释读音标文字（音节文字，也称格巴文）的人已经找不到了，这实际上已经变成了一种绝学。国外藏有一大批东巴经典，但是认识并能够解读这种占卜文字的老东巴都已经去世，年轻的东巴没有继续培养下来。到 2003 年，东巴文化研究院聘请的十几位造诣精深的东巴祭司全部去世，过去老东巴解读经典时相互辩论的情景已经成为历史。

东巴文化现在炒得很热，看上去一片繁荣，实际上其中很大一部分流于肤浅，用作表演或者旅游商品，真正东巴经典当中比较艰深的那一套知识已经失传。我们不能迷惑于商业操作、旅游开发所带来的繁荣假象，忽略了其真正的文化及其精神的传承。像东巴文化这样正在消失的东西还很多，关键在于巨大的文化变迁后，忽略了民间文化精英传承人的培养。打一个比方，在民间知识体系中有中专生、大专生，但是没有博士，没有教授，这种局面正在形成。我们非常注重学院知识分子的培养，但现在没有一种机制来促成民间绝学的传承。比如，研究机构中的格萨尔研究不会断，但是真正在云南，民间能够吟唱格萨尔的艺人已经是凤毛麟角。还有纳西古乐，过去演奏的时候伴有一些舞蹈和一些相应的仪式，这些随着最后一个传人的离开，也成为了绝学，现在已经简化成一种器乐的演奏。

肤浅的知识、文化可以在舞台上或者旅游市场上进行展示，但是真正深层文化的学习和传承不容乐观。一方面，我们需要培养大量的懂得一般知识的人才，用于像云南旅游、文化产业等等；另一方面，更需要一批大师级的人才，来研究和传承文化中最难的、最艰深的部分，像哈佛大学收藏的那批东巴经典，里面涉及天文、地理、占卜等知识，几乎已经无人可以准确释读。

因为不注重传承，随着民间精英的流失和民间文化大师的消失，分布在中国广袤民间的各种绝活绝学已经在真正地向"绝"的方向发展，我们应该认真地做一次普查，看看哪些东西非常重要却已慢慢消失，肯定还有很多，大到一种文化，小到一种技艺的流传。之所以濒临消失，是因为我们没有一套机制来保障它。

在这些方面，我们正在努力，也在想方设法让民间的乡土文化精英、文化大师尽量带一些徒弟，把他们手上的绝活流传下来。我们想培养一些真正的东巴精英，让他们至少能够释读国内的东巴经典，并且把民间的一些仪式做下去，年轻的东巴和秀东是目前比较出色的东巴文化传人。如果没有这样的人，以后我们就只能靠书本来讲这些知识，许多东西将无法解读。20 世纪 80 年代，在丽江成立了东巴文化研究室，历经二十余年，发展到现在的东巴文化研究院，也有了一些知识比较全面的东巴，如果不大力保护，抓紧时间培养学生，那么这些东西很可能面临衰落。在这些方面，还是需要有一套机制来保障。像云南的滇剧，如果没有政府的大力支持，这样的地方剧种也会慢慢地消失。

（杨福泉，纳西族，云南省社会科学院副院长。

著有《现代纳西文稿语法分析和翻译》、《火塘文化录》。）

冯培红：敦煌学中的"绝学"

还没有人把敦煌学称为绝学，但在敦煌学的分支学科内部，却有不少内容也被视作绝学。从这一意义上来说，敦煌学与我们今天讨论的绝学也搭上了关系。

到今年，敦煌学刚好走过了一百年的历程。这是一门新兴的学问，由于众所周知的特殊历史原因，它从一开始就走向了国际，但也因此而成为了一门曾经让人伤心的学术史。和其他学问不一样，在过去的一个世纪里，敦煌学曲高和寡、阳春白雪，直到今天全世界的敦煌学者加起来，也不过数百人而已。这和"敦煌"的名声与魅力之大，恰恰形成了鲜明的对比。

敦煌学中的"绝学"，可以从中国传统文化、地方社会历史、少数民族文字、中西文化交流等四个领域观之。

中国传统文化以儒家的经史子集为主体，目前流传下来的都是印刷术时代的典籍，宋元版的都被认为是珍贵的善本书；但莫高窟藏经洞出土的敦煌文献大多是唐代的写本，有的时代更早至六朝，保留了许多更接近于原本的典籍，此堪称一绝。

地方社会历史，尤其是不受中原史家关照的西陲历史，由于缺乏史料而难解真相；但敦煌文献的出土与敦煌石窟的遗存，揭开了长期笼罩的神秘面纱，展现了敦煌及河西地方社会的历史风貌。此外，对于大唐帝国治下庶民百姓的日常生活，是传统史籍所难以描述的，而敦煌则提供了一个绝佳的个案。即使在整部中古历史上，这也几乎是绝无仅有的。

用少数民族文字书写的敦煌文献，在藏经洞出土的五万余件敦煌文献中，占有可观的比重，包含了藏文、回鹘文、于阗文、粟特文、西夏文、蒙古文等多种文字。这些少数民族文字文献，对于研究中古西北史、民族史、语言史等具有重要的学术价值，受到了国际学术界的关注。由于它们中的有些已属于死语言，解读不易，国际上的研究者人数亦少，故而往往被称为绝学。

中西文化交流是丝路明珠敦煌所具有的一个鲜明特色。早在汉代，敦煌就被称为"华戎所交一都会也"；到了隋代，西域三道"总凑敦煌，是其咽喉之地"。中古陆上丝路的兴盛，催生了贸易的流通、民族的迁徙、宗教的传播与文化的交流。中国丝绸的西运，西域马匹的东来，以及印度佛教、波斯摩尼教与祆教、拜占庭景教的东传，构筑了丝绸之路上中西文化交流的一道奇绝的风景线。体现在敦煌，最典型的莫过于莫高窟所反映的佛教艺术。

改革开放以来，敦煌学这门特殊的学问得到了长足的进步，在国家的重视与支持下，在学者们的共同努力下，改变了屈辱的学术命运，确立了"敦煌在中国，敦煌学也在中国"的局面。在中国传统文化与地方社会历史领域，已取得了明显的优势；但在少数民族文字与中西文化交流领域，则还有很长的路要走，需要我们加强对精通少数民族古文字的绝学人才的长期培养，扩大包括中亚、西亚、南亚在内的"大敦煌学"的开阔的国际视野，才能最终确立敦煌学研究的制高点。

（冯培红，兰州大学萃英学者特聘教授，敦煌学研究所副所长。）

张勇：从《云南丛书》看绝学

张 勇

张勇，云南文史馆副馆长，云南地方文化研究专家，曾参与主持《云南丛书》的编撰。

涉及云南地方文化的研究，近些年我们做了很多工作，但是也有很多问题令人忧虑。尤其是由于云南地处边远，内地对它的了解不多，这就导致云南地方文化的研究不为外界所知了。我们的工作中最重要的一项就是《云南丛书》的编撰。早在民国初年，我们的前贤们就开始在编撰这么一套大型的地方文献丛书。当时看到北京、安徽、江苏、河北等地都在编撰这一类丛书，云南学术界的人士就提出也要做这件事情，并得到当时云南的当政者唐继尧的支持，成立了一个"辑刻云南丛书处"，由著名学者赵藩来领衔，主要搜集记载云南事迹的书籍，以及云南人的著述。搜集的文件从汉代一直到民国初年，这么大的一个历史跨度，通过将近三十年的时间来完成，最终收入的历史文献，大概有205种，1600多卷。但是在20世纪30年代末40年代初，由于日本的入侵，这项工作被迫停止了。这些年来，我们经过研究，在报请省政府批准之后，又开始继续做这方面的工作。我们对这部丛书进行重新整理，把已经刊刻流通的部分全部收集起来，另外把编好但尚没有刻印的部分，采用拍照的方法，重新整理。大概今年八九月份，这部丛书就可以完整出版。出版之后，我们会将这套丛书分送到云南县级以上的公共图书馆，无论是从弘扬学术还是保护绝学的角度，这都是有意义的。

在做这件事情的过程中，确实也看到在关于绝学以及地方文史研究方面存在着一些问题。首先是资金投入不够，其次是资源整合的问题。比如一部古籍，一部分保存在图书馆，另一部分在社科院，还有一部分在大学，没办法整合在一起。资源的整合要有利于运用，有利于研究，为学术创造便利的条件；另外，我们出现了人才的断层，现在搞绝学研究的主要是一些年老的学者，后继人才的培养没有跟上，这是令人担心的。

孙晶：延续梵文哲学经典的翻译和研究传统

在古代印度，从公元前1200年左右就开始形成了举世闻名的吠陀文献，奠基了婆罗门教的基本教义。吠陀文献由梵语写成，所以最早期的梵语也可以称为"吠陀语"或"上古印度语"，统称为"古代印度-雅利安语"。最早使用梵文写作的是文学作品，后来又被用来写作哲学、宗教、历史、叙事诗、戏曲等。在印度产生的学术典籍，基本都可以归类为四大宗教所有，即：婆罗门教、印度教、佛教和耆那教，这些文献大多用梵文写作。其中梵文哲学文献占了很大的份量，它们被称为"论证与求索之学"；特别是尊吠陀为其思想根本渊源的正统六派哲学，它们在与宗教伴生的过程中，形成了自己独立的哲学体系，撰写了大量的梵文哲学经典著作。这些经典涉及各个领域，哲学思想非常丰富，代表着印度古代人的重要精神财富。

梵文自1500多年前就随着佛教传入中国，梵文哲学文献也一同传入。由于佛教的推动，梵文学研究的伴生物和梵汉文化交流的产物音韵学也得到了发展，其中梵语《悉昙章》的出现就是标志。但在过去，佛教学研究才是主流，梵文哲学经典著作研究只是佛学研究辅助学科，一直得不到重视。

近代以来，随着欧洲哲学研究的兴盛，印度哲学的研究也得到了重视。在亚洲，中国和日本等国家也将对印度正统派哲学的研究列为正式学科。于是，开始出现印度古代梵文哲学经典著作翻译和研究的热潮。但是，由于梵语的艰深和学科的冷僻，从事这方面的研究人才极少，成果也不多。

在上个世纪，我国从事梵文哲学经典翻译和研究的人才并不太多，主要集中在北京大学和中国社会科学院。北京大学以季羡林先生为代表。中国社会科学院也是一个主要研究基地，这方面的力量主要分布在哲学所、外文所、亚太所和宗教所。外文所以黄宝生研究员为首，组织翻译出版了印度古代大史诗《摩诃婆罗多》。而哲学所东方哲学研究室主要从事梵文哲学经典著作的翻译和研究，其中主要代表人物为中国社会科学院荣誉学部委员巫白慧研究员。梵文哲学经典的翻译和研究，主要是以单兵作战为主，靠的是学者的梵文基础和长期的学术积累。这是一项毫无经济利益可言、单调枯燥的文献案头工作，学者必须要耐得住寂寞，坐得了冷板凳，往往要十数个年头才能见到成果，需要奉献精神。中国社会科学院哲学所有这个学术传统，在国内外有较高的学术地位和深远的历史影响。近年来出版了由巫白慧研究员译释的《圣教论》和我翻译并解说的《示教千则》。巫白慧近年来还译释了许多《梨俱吠陀》的神曲。

然而随着时间的推移，学者们的年龄越来越大，退休和自然减员相当严重。因此，为了维持这种历史的传承，维护中国社会科学院以及哲学所的学术地位，继续加强和发展梵文哲学经典的翻译和研究是必不可少的。必须要让梵文哲学经典的翻译和研究传统不断延续下去，要与我国作为文化大国的地位相匹配。中国社会科学院自去年以来积极采取措施，为振兴绝学出台了多项优惠政策。我们也呼吁年轻学者能够献身于学术，为祖国的文化事业做出应有的贡献。当然，"为往圣继绝学"绝非一日之功可以完成，这需要一代又一代的传承。同时，在新时期做学问也应该有新的观念和新的研究方法，既要传承老一辈学者的优良学术品格，又要体现新时代学人的创新精神；培养人才要求精求深，但绝不能专攻单一。对于梵文哲学经典的专门人才，就必须要求会梵文并懂哲学，否则很难出高水平的成果。其实人才流失并非只是这个学科才有的问题，我们不但要考虑如何培养人才，而更应该考虑如何留住人才，通过采取各种有利措施和实行特殊的优惠政策，让学者安心于本职工作，从而改变自己的价值观，安心于冷门学科的研究。如果有这些做基础，绝学的复兴之日也就不会太远了。

（孙晶，中国社会科学院哲学研究所研究员，印度哲学、梵文专家，编著有《东方哲学与文化》和《月亮国的智慧》等。）

编辑后记："绝学"不可"绝"

学术界对绝学的理解各不相同，但笼统而言，说绝学主要指的是对文化传承具有重要价值而现在又面临失传的学问，当不会有大的问题。

人类的文明历史是一幅完整的图景。这幅图景由不同民族、不同人群、不同文明的知识、技艺、成果和精神组成。在这幅图景上，每一门学科、每一种知识都有其存在的合理性，都有其不可替代性，都反映着一个时代独特的历史和文化。任何环节的缺失，不但意味着某些历史记忆的永久丧失，而且直接影响着我们对人类文明的全面理解。因此，绝学不能绝。绝学能否传承，不是简单的某个学科的问题，而是关系到人类文明与历史的完整性问题。

古人云："学问之道，当识其大者。"现在我们谈论的绝学，还往往停留在语言、文字等"小学"层面。就全面而深入的学术研究而言，这当然远远不够。但也要看到，语言、文字从来都是理解一个时代的钥匙，离开了"小学"，"大学"就会成为空中楼阁，故汉学家认为："经以明道，而求道者不必空执义理以求之也，但当正文字，辨音读，释训诂，通传注，则义理自见，而道在其中矣。"重视绝学，先从语言、文字抓起，从基础做起，不失为为学之正道。

（记者张微、吕莎、王建峰、郭烁，实习记者郑巧、周悦采访整理，记者王宙摄影）

莫让绝学成绝响

文化基因的失落与承传

——新发现语言需要科学对待

记者　郑巧　张微

◎在历史的车轮即将驰入 21 世纪又一个十年之际，人类交流的重要工具——语言的多样性却受到了前所未有的巨大挑战。

◎语言消亡意味着人类将失去不可复得的语言样品，将失去不可再生的文化基因，将失去珍贵的历史记忆。

◎中国语言学家尤其是少数民族语言学界的专家对濒危语言问题的关注和重视几乎与国外同步，我们并不落后。

语言是人类文明的表征。语言既是一种交际工具，促进了人类的交流与合作，又是一种文化载体，生动地记录、叙写着人类文明进程；更是人类建构文明大厦的基石，构成了人类文明的重要组成部分。

在历史的车轮即将驰入 21 世纪又一个十年之际，在经济全球化愈益席卷全球，交通、通讯高速发展的当代，人类的交流前所未有的便捷、频繁。然而，与此同时，人类交流的重要工具——语言的多样性却受到了前所未有的巨大挑战。有很多语言使用人数越来越少、行将灭绝，这些语言在被国家和社会力量发现之前，是实际意义上的"濒危语言"；在被国家和社会力量发现之后，被一些学者称为"新发现语言"。

2008 年 11 月 4 日，《中国社会科学院报》曾在"深度"版以"我国少数民族濒危语言亟需重视"为题报道"濒危语言"问题，引起有关方面关注。一年之后，我们继续探讨这个话题，希望推进对"新发现语言"的认识。

语言：人类文明的载体

"劳动创造了人"，恩格斯在《自然辩证法》一书中提出的著名论断广为人知。然而，恩格斯对语言在人的进化过程中的作用的强调，却时常被人忽视。实际上，按照恩格斯的观点，首先是劳动，而后是语言和劳动一起成为人类文明发展最主要的推动力。有学者认为，抢救和保存一种即将消亡的语言，其意义与保存自然界的物种一样。

"语言是文化的载体，它反映了使用这种语言的民族的特殊文化。语言的消失意味着信息的丧失，意味着语言使用者的特殊民族文化的断裂和消亡"，中国社会科学院学部委员江蓝生认为。

"毫不夸张地说，无论一个民族或者一个群体，他们千百年来所创造和积累的物质的和精神文化知识和经验，包括他们和自然界作斗争的知识和经验，他们作为社会的一个细胞，组成社会并不断地生存所积累的知识和经验，这一切的一切，都保存在语言里，并依赖语言代代相传，并得以超越时间和空间加以传播"，中国社会科学院民族学与人类学研究所研究员孙宏开指出，"语言的逐渐衰亡对使用该语言的群体来说，是一种损失，一种无法弥补的损失，也是人类共同财富的损失。因为，有了多元文化才使得这个世界变得丰富多彩。"

与孙宏开共同主持"新发现语言调查研究"课题的徐世璇也表达了相同的担忧，"每一种语言都承载着一种独特的文化，凝聚着一套知识体系，是人类文明成果的重要组成部分。语言、尤其是占绝大多数的无文字语言一旦消亡，这种文化也随之丧失。作为非物质文化遗产的重要组成部分，众多语言的消失无疑将是文化多样性和人类文明遗产不可挽回的损失。"

借助媒体的力量，大众也逐渐认识到了保护环境、保护文化遗产和濒危物种的重要性，然而民族文化的载体——民族语言的保护，却并未引起广泛关注。

文化基因的失落与承传

"若从文化角度着眼，语言的消亡就是国家资源的流失"，国家语言工作委员会副主任李宇明表示，"语言消亡意味着人类将失去不可复得的语言样品，将失去不可再生的文化基因，将失去一些历史记忆。"

新发现语言的保护之旅

近十年来，联合国教科文组织和国际语言学界对濒危语言问题越来越关注和重视，曾经召开多次会议并形成了"行动纲领"，不少抢救濒危语言的基金会、网站、论坛相继建立。很多国家，例如日本、美国、德国都设立了记录濒危语言资料的长期性课题。2003 年由英国伦敦大学主持管理的"濒危语言资料保存"项目开始实施，这是目前国际语言学界规模和影响最大的联合课题，计划在十年内将全球范围内濒危程度严重的语言用文献和音像等多种形式记录存档。

对语言调查与保护，中国其实并不落后。早在 1956 年，我国就组织了由 700 多人构成的 7 个工作队，对全国少数民族语言进行普查，大体摸清了主要语言的情况。此后，"一些不容易按照既定分类归类的语言被陆续发现。这些语言大都分布在边境、高寒地区、海岛以及交通十分不便的山区，尤其是目前茶马古道还在运行的地区"，北京大学教授陈保亚表示。现在，中国大约有 130 多种语言，却有很多种语言没有文字记载。

孙宏开、徐世璇主持的"新发现语言调查研究"课题，就是致力于调查那些新发现的、鲜为人知的语言。"这个项目始于 1992 年，我们希望，除了分布在台湾省的少数民族语言以外，至 2010 年基本上可以完成分布在大陆的少数民族语言的初步描写研究。"孙宏开介绍，"现已出版了四十几本民族语言系列研究，整套丛书全部出版，恐怕要 2012 年，离 1992 年开始立项调研，这套丛书的调查研究整整用了 20 年。"

在十几年的时间里，参与这一课题的几十位学者不畏艰辛，深入到边境、交通十分不便的山区，默默无闻地记录着使用人数极少的民族语言。中国传媒大学教授李大勤是参与者之一，谈起调查经过，一些死里逃生的经历让他刻骨铭心。"有一次我们下乡，调查到夜里 12 点才回县城。司机因为过度疲劳，把车开到了因塌方造成的泥石流中，等我们意识到时，车只有一尺来高露在外面。一起去调查的中国社会科学院民族学与人类学研究所研究员江荻和我都不约而同地先把装有资料的电脑扔出去。还好我们运气好，钻了出来。后来在十几个藏民的帮忙下，才把车拖出来了"，"当时，我们都变成泥猴子了"。李大勤告诉记者。

正是因为有了他们的努力与奉献，"中国语言学家尤其是少数民族语言学界的专家对濒危语言问题的关注和重视几乎与国外同步，我们并不落后"，孙宏开告诉记者。他还不时地从书架中抽出几本外文书，饶有兴致地翻到他的文章被翻译、转载处，指出这是英文、这是西班牙文。

正视消失中的新发现语言

今年年初，联合国教科文组织在巴黎发布了 2009 年世界濒危语言图谱的电子版，称全球近 7000 种语言中有 2500 多种面临从世界上消亡的风险。这引起了一些学者的严重担忧。中央少数民族壮侗学研究所所长张公瑾认为，濒危语言的消失打破了语言生态的平衡，进而也会对强势语言的生存发展带来不利的影响。因此，不仅应该记录和研究濒危语言，还应该创造使用环境，延缓其消亡的速度。

"但是我们不得不十分无奈地承认，一些语言的衰败消失是不以人的主观愿望为转移的，我们不可能根本性地阻止它的衰亡，顶多只能延缓其衰亡的过程。因此，更紧要、更有意义的工作是及早地把它记录下来，出版成书，或制成可以永久保存的声像资料，供后人了解研究"，江蓝生这样认为。中央民族大学教授戴庆厦也赞同这种观点，他指出，母语的消失，语言的转用常常同经济发展和社会进步联系在一起。语言群体以解决自身生存、发展为首要任务，因此，语言学家的任务之一主要是记录和保存濒危的语言。

甚至有评论人士认为，我们完全不必为"90% 的人类语言将消失"而担忧，因为这恰恰是语言发展进步的结晶。一些地方语言之所以消失，是这些地方由闭塞走向开放的必然，是世界走向"地球村"带来的进步。

然而，从某种意义上说，人类重视新发现语言，意味着保护人类文化的多样性、连续性和完整性，但人类社会的发展带给语言的冲击，毕竟是任何人都无法阻挡的潮流。因此，正视消失中的新发现语言，一方面要做好保护工作，多记录、多整理、多保存，另一方面也不能杞人忧天，被语言这个人类文明的工具束缚住手脚，忘记了人类发展的正途。

江蓝生：科学挖掘少数民族语言"富矿"

江蓝生

中国有56个民族，可中国的语言却不止56种。迄今发现的中国境内的语言竟有130多种。这130多种语言从语言类型学上看，有分析型语言、黏着型语言、曲折型语言三种；从语言系属关系上划分，分属汉藏语系、阿尔泰语系、南岛语系、南亚语系和印欧语系，有的语言属于"混合语"，少数语言系属未定。

新发现语言中，许多语言使用人数已不足万人，有的甚至更少。如木佬语，调查者在2000年调研时，仅有两位80多岁的老人会讲，是名副其实的濒危语言。语言是文化的载体，它反映了使用这种语言的民族的特殊文化。语言的消失意味着信息的丧失，意味着语言使用者的特殊民族文化的断裂和消亡。但是我们不得不十分无奈地承认，一些语言的衰败消失是不以人的主观愿望为转移的，我们不可能根本性地阻止它的衰亡，顶多只能延缓其衰亡的过程。因此，更紧要、更有意义的工作是及早地把它记录下来，出版成书，或制成可以永久保存的声像资料，供后人了解研究。中国境内的语言，尤其是少数民族语言是语言研究的"富矿"，它的纷繁多样，它的复杂奇特，是一般人怎么也难以想象的。由于这些新发现语言处于相对封闭的环境，很多语言保留了古代语言的面貌，对构建语言演变的历史脉络和汉藏语学科研究具有重要意义，其研究价值之高是不言而喻的。

科学史上的大成就、大事业几乎都不是出于个人功利的目的，而是出自科学家、学者为追求真善美而表现出的事业心和献身精神。重大发现、精品力作都是长期学术探索和积累的产物，并非仅靠才气和一时的灵感，更没有什么运气可言。必然经历一个认识由浅入深、由表及里、由量变到质变、由零碎到系统的过程，所谓"十年磨一剑"、"板凳要坐十年冷"说的就是这个道理。另外，在科学理论与方法的指导下进行深入细致的田野调查是了解现代活语言的最有效办法，调查研究的深浅决定了课题研究的质量。这种调查不是一次两次就可以完事大吉的，往往需要多次、反复的调查，以核实、修正和补充以往的资料。

近些年来，我国学者的研究成果已经引起国际汉藏语学家的重视、承认和吸纳。另外，我还想说，重大项目的实施和完成需要三个条件：国家支持；真抓实干的课题负责人；有学术素养、合作精神的团队。集体项目的研究是建立在各有专长的学者个人研究的基础上，否则十加十还是等于零，他们必须形成合力，相互融通、启发，才能产生出新思维、好成果。集体项目的设计规划以及最终集约、综合都要靠主持者个人来提炼、总结，选好带头人也至关紧要。

十年前，我曾谈到自己对新世纪中国语言学的愿景，即逐步实现以下三方面的沟通：第一，语言学内部纵横两方面的沟通。比如古代汉语、近代汉语、现代汉语之间的沟通，方言学与汉语史的沟通，语音学、语法学、词汇学的沟通，汉语研究与少数民族语言研究的沟通，中国境内语言的研究与外语研究的沟通等等。第二，语言学与其他人文社会科学的沟通。比如与历史学、考古学、文学、哲学、社会学、民族学、人类学等的沟通。第三，语言学与计算机应用研究的沟通。

要实现以上三方面的沟通不是易事，但我们别无选择，要想在语言学研究上有大的突破，有新的拓展，就要对语言学研究自身进行革命，就要对语言学研究者特别是未来的语言学家的知识结构提出新的要求。

（江蓝生　中国社会科学院学部委员）

李宇明：到田野去　做田野派

我国有 56 个民族，但语言却不止 56 种。《爱我中华》这首传唱不衰

李宇明

的名歌，其原歌词是：

五十六个星座，五十六枝花，五十六族兄弟姐妹是一家。五十六种语言，汇成一句话：爱我中华，爱我中华，爱我中华……

有人在"百度贴吧"上将"五十六种语言"改做"五十六族语言"；国庆60周年，宋祖英高唱《爱我中华》，歌词也改做"五十六族语言"（虽然字幕仍是"五十六种语言"）。一字之易，便实现了艺术与科学的和谐。

《中国大百科全书》说我国少数民族语言有80多种，这也是当今学界通用、官方采用的说法。其实，1980年至1987年出版的"中国少数民族语言简志丛书"，只描写了59种少数民族语言的简况，这反映出当时的认识水平。近20年来，通过诸多新语言的发现，中国的语言已有134种，这一数据，足令国人开眼，国外注目。

国家的语言决策依赖语言国情，国家的许多决策都需参考语言国情。比如民族与语言的关系的认识，就影响到国家的语言政策、民族政策、教育政策和文化政策。过去，常把民族与语言的关系理解为"一对一"，其实"一对一"只是一般情况，还有"一对多"、"多对一"等情况。民族与语言的关系"一对多"，即一个民族使用多种语言。比如景颇族使用景颇语、载瓦语、浪速语、波拉语、勒期语、仙岛语等语言；瑶族使用勉语、布努语、拉珈语、巴哼语、炯奈语等语言；珞巴族使用博嘎尔语、苏龙语、义都语、崩汝语等语言；怒族使用怒苏语、柔若语、阿侬语等语言。民族与语言的关系"多对一"的，比如有些民族放弃或基本放弃了本民族语言，而转用了别的语言，如满族、回族转用了汉语；汉语便为多个民族所使用。在现实语言生活中，民族同语言的关系更是错综复杂，需要仔细梳理。

新发现语言，多是学界不熟悉的语言，或是过去未被发现，或是了解些线索但未及调查，或是虽有调查但不全面不深入。这些语言，往往使用人口较少，处在濒危状态，或正在走向濒危。发现这些语言，记录下来，公布出去，就是莫大贡献。

语言不仅是交际工具，还是国家重要的资源。它能够提供不可复得的语言样本。比如，四川贡嘎山一带的尔龚语，竟然有复辅音200多个，举世罕见。四川省甘孜藏族自治州有一种倒话，是藏语和汉语的混合语。倒话表现出混合语的许多重要特点，为语言学家提供了难得的素材。

语言既是语言的资源，也是文化资源。哈萨克语有关马的毛色的词语350多个，形容骏马的词汇100多个，有关马的其他特征的词汇600多个，非马背上的民族，实难有这样的语言奇观。中国首批公布的518项非物质文化遗产保护名录，其中传说、故事、号子、歌谣、戏曲等等，都无不牵涉到语言问题。

随着社会交通、通讯、传媒、教育等的迅速发展，许多语言可能走向衰落甚至濒危。语言消亡了就难以复生，就此而言，语言资源是不可再生资源。仅论交际，一些语言消亡也许不是什么大事，但若从文化角度着眼，语言的消亡就是国家资源的流失。当前，国际上都在呼吁保护语言的多样性，尽力抢救濒危语言，因为语言消亡意味着人类将失去不可复得的语言样品，将失去不可再生的文化基因，将失去一些历史记忆。在国内，保护濒危物种、保护文化遗产、保护环境等等，呼声不断，社会也在迅速觉悟，但对于作为民族文化支点的语言，却并未引起广泛关注。《中国新发现语言研究丛书》记载的60种语言，可以说是在抢救60座中华民族的文化宝库，同时也是在敲击守望国家语言资源的警世洪钟。

新发现语言大都分布在边境、海岛、高寒地带、人烟稀少的偏僻地区，有些语言还跨境使用。调查这些语言所遇困难、所付艰辛，不说也可以想见。到田野去，才有可能发现新的语言线索，才能获取第一手的语言资料。到田野去，描写陌生的活语言，才能切实培养学力，提升学术水平。到田野去，才能掘得学术富矿，冶炼出具有理论意义的高品位的学术钢铁。重视语言的田野调查，是一种优良学风，是一种学术使命，是一种科学精神，也是获取学术真谛的不二法门。

(李宇明　国家语言文字工作委员会副主任)

陈保亚：语言的独特类型具有很高的学术价值

陈保亚

新发现语言中，所谓的"新"实际上主要在于独特性，这是一个很有价值的取向。一种语言如果类型不独特，即使处于濒危状态，或者是被新发现的，也不一定有迫切记录的价值。目前不仅存在濒危语言问题，还存在濒危特征问题。

如果说 20 世纪 80 年代"中国少数民族语言简志丛书"的出版标志了中国语言大调查的第一个重要历程，其要点在"完整"，即在于对中国语言的全面完整的了解，那么 20 世纪 90 年代以后《中国新发现语言调查研究》成果的完成应该标志了中国语言大调查的第二个重要历程，其要点在"独特"，即突出中国语言在类型上的独特性或差异。语言的独特类型在语言研究中具有很高的学术价值。

众多新发现语言说明中国的语言实际上比过去估计的要多。人们会追问，中国只有 56 个少数民族，会有这么多语言吗？回答这样的问题需要严格分开民族识别标准和语言识别标准。在民族识别中，人们经常会用到"地域、经济、认同"等标准，在此基础上如果通过民族界限来规定语言界限，就会出现问题。语言识别的主要标准应该建立在语言差异上。

如果细究中国语言内部差异，还可以分出更多的语言，如果不细究内部差异，也可以把有些语言合并在一起。语言和方言的区分难以在语言学内部找到严格的界限，难点在于怎么定义"同一种语言"。无论是从宽还是从严，这只是研究者的态度问题，中国境内土语的差异事实是不可否定的。罗常培、傅懋勣《中国少数民族语言文字的概况》认为中国的少数民族语言有 48 种。经过我国学者进一步调查，20 世纪 60 年代增加到 64 种。"中国少数民族语言简志丛书"共包含 59 种。20 世纪 80 年代《中国大百科全书·语言分册》认为中国的语言有 80 多种，新发现语言调查将中国的语言增加到 134 种，其中主要增加的是南方少数民族语言。凡是经常到南方做田野调查的学者都有这样的体会，以往作为一种语言来对待的，其实内部存在很大差异。

新发现语言的界定有一个具体的同源词标准。在 2000 个词中，同源词 30% 以下的属于不同的语言，50% 以上的属于方言，处于两者之间的再参考认同因素或社会文化政治因素。在语言调查中，调查者基本参照这个标准，每本书增写语言地位的一章，对该语言是否是一个独立的语言进行论证，并与同语系、语族、语支的语言进行比较研究，论证该语言在语系、语族、语支中与哪些语言最接近。这个同源词标准实际上比确立日耳曼语族诸语言的标准要严格。

在识别新发现语言时，使用了结构标准，包括语法结构和语音结构。目前这个标准不容易量化，人为的因素会大一些。不过我们从该项成果已经发表的材料中注意到，作者基本上是在同源词汇标准的前提下再用语法标准，所以独立出来的语言，不仅在同源词汇上有大的差异，在结构类型上也有大的差异。一般地说，同时根据同源词比例差异和结构差异来确定语言的远近，实际上是一种谱系和类型不加区分的分类。所以新发现语言研究有关各语族内部的分类、类型标准和发生学标注并没有完全区别开，所分出来的不同语言之间的差异既可能是语言演化的结果，也有可能是同源语言在不同地区和其他语言接触而导致的类型差异。但这并不影响新发现语言的参考价值，因为一种土话无论是在词汇还是结构上，只要和其他语言有大的差异，这样的土话就有理由作为独立的现象来研究。

（陈保亚　北京大学中文系教授）

黄行：我国少数民族语言研究的国际影响

新中国成立 60 年来，我国学术界对分布在中国大陆的少数民族语言进行了全面调查、记录和研究，积累了丰富的资料，刊布了相应的研究成果。而国际学界和社会组织报道引用我国民族语言研究成果的内容大致包括以下几方面内容。

其一，语言资料和知识。中国是语言富矿国家，世界的语言可以分为

黄 行

十几个语系，其中汉藏和阿尔泰两大语系的主体语言都分布在中国。近年来随着开放力度的加大与国际合作渠道的拓宽，已有国外以及港台地区学者通过与国内科研机构或学者的合作，直接到民族地区调查语言，并在国内的出版社和杂志发表中国语言的研究成果，我国学者的研究成果有些也在国外翻译发表。

其二，语言识别与分类。国际学术界确定语言身份的标准与我国有所不同，世界少数民族语文研究院和联合国教科文组织等公布的世界 6900 余种语言中包含了 300 种左右中国的语言，而这 300 种语言如按我国学者的语言识别标准大约仅为 130 种语言，其余皆为同一语言内部的不同方言。

国外学者通常强调用可以通话的程度和说话人对民族语言群体认同的程度来区分语言和方言，即语言内部的方言既要有较高的沟通度，又要有语言群体的认同，否则应该是独立的语言。而国内民族语言学界则比较注重民族对语言识别的作用，因为在我国共同的语言是构成民族的基本要素之一，所以对一个民族内部使用几种语言情况通常是将它们处理为同一语言的不同方言；另外也比较注重属历史语言学范畴的同源词对语言识别的作用。

其三，记录描写语言的方法。目前国内外语言学界基本都是按语音系统、词汇和构词法、句法及长篇话语的框架来记录和描写一种语言，这样的描写框架既可概括语言本体的结构范畴，同时又有实际话语材料与之相印证。但是也有国外学者指出，我国民族语言研究明显受到汉语描写范式的影响，例如用声韵调的音节结构来描写语音系统，用词组和句子成分来描写句法，将复杂的附着于实词的语法标记统称为助词等。

其四，抢救保护濒危语言。联合国教科文组织今年发布的 2009 年世界濒危语言图谱，以 9 项指标、6 个安全—濒危等级作为综合考察体系，将全球 6912 种语言的 2511 列为不同等级的濒危语言。该濒危语言图谱中中国的语言有 9 种已灭绝（基本为台湾少数民族使用的南岛语系语言），24 种面临极度危险（满语、赫哲语、畲语、云南文山部分彝族使用的普标语、部分壮族使用的拉基语、怒江部分怒族使用的阿侬语等），20 种面临严重危险（土家语、裕固语、仡佬语、锡伯语、青海尖扎县回族使用的康家语等）。

另外，我国政府有关部门正在开展的少数民族语言和非物质文化遗产保护工程，就是保护国家语言多样性和语言资源的具体措施。

（黄行　中国社会科学院民族学与人类学研究所研究员）

20 年发现　刊布 60 种新语言
——访中国社会科学院民族所研究员孙宏开

我国有 55 个少数民族，基本每个少数民族都有自己的语言，有一些少数民族除了使用母语，还使用另外一种或几种语言。上个世纪 80 年代，"中国少数民族语言简志丛书"陆续出版，丛书显示，中国有 60 多种语言，而丛书基本上是 1956 年至 1958 年国家对少数民族语言进行大调查收集的资料。那么，半个多世纪过去了，中国究竟有多少种语言，带着这个问题，本报记者专访了少数民族语言学家孙宏开研究员。

从"空白语言"到"新发现"语言

记　者：新发现语言近年来在学术界引起了强烈关注，请您简要介绍一下新发现语言调查的大致情况。

孙宏开：1980 年至 1987 年，国家民族事务委员会民族问题五种丛书之一"中国少数民族语言简志丛书"陆续出版。作为官方出版的语言描写性专著，原则上每个民族语言都应该出版一本。但是实际上共出版了 57 本，包括了 59 种少数民族语言。除了满族、俄罗斯族和回族没有编写语言简志外，其他每个民族都有语言介绍。有的民族使用的语言不止一种，如裕固族、门巴族、景颇族各出版 2 本，瑶族语言简志虽然仅出版了一本，但是包括了 3 种语言。

事实上，除了这 60 多种语言，我国还有很多种"不为人知"的语言。这些"不为人知"的语言仍有极少数人在使用，严格上讲，不能称之为"新发现"语言。

记　者：这个调查为什么要叫新发现语言调查？

孙宏开：这里还有一段历史。20 世纪 80 年代以来，国际上对濒危语言问题开始关注，我也希望对中国的濒危语言问题进行调研，但是有人反对，认为中国不存在濒危语言问题，因此濒危语言调研的立项工作遇到阻力。我不得不改用傅懋勣先生提出的"空白语言"的概念，当时他认为，"所谓空白语言，是指过去少数民族语言普查时尚未来得及调查的语言或已经知道一些线索，但调查研究不深的语言。"于是，1992 年"中国空白语言调查研究"顺利立项，从那时起，我们对"空白语言"的调研正式开始。但后来我认为空白语言也不确切，就改成了现在的名称——新发现语言。这些语言往往使用人口比较少，处在濒危状态或正在走向濒危的过程之中。

56 个民族，134 种语言

记　者：您认为我国境内究竟有多少种语言？如何确定一种"语言"是独立语言而不是方言？

孙宏开：通过这次新发现语言调查基本上摸清了我国的语言种类和特点，我们认为中国境内共有 134 种少数民族语言。

在近 20 年的调研中，要确定一种"语言"为独立语言时，必须综合社会历史和语言结构特点两个方面加以考虑。社会历史方面主要考虑五方面情况。第一，使用这种语言的居民有没有单独的自称。还要注意自称的来源和意义，不同的自称之间是否有关系。第二，除自称不同外，还有其他不同特点。造成目前语言差别的社会原因和历史原因。第三，调查这种语言的外缘是否清楚。一般来说，除了方言岛（或语言岛）外，语言的外缘是清楚的，方言的外缘是不清楚的。以尔龚语与嘉戎语为例。过去有人把尔龚语说成是嘉戎语的西部方言，但是我们在尔龚语与嘉戎语接壤的四川阿坝藏族羌族自治州壤塘县调查这两种语言，他们都是在本地世居，但他们彼此完全听不懂对方的语言。第四，调查使用这种语言的群体的历史传说和文献记载。第五，本民族对周围其他民族语言的语感，一般有共同感的为方言，无共同感的为语言。

这些原则是从许多语言识别的实践活动中总结出来的，仅仅相对而言，不能把它绝对化。以自称来说，有的语言自称相同，但语言并不一致。但类似这种反例，在实践中是少数。

记　者：我国有 56 个民族，为何会有这么多种语言？

孙宏开：出现语言数多于民族数这种情况，有各种复杂原因。首先，民族内部不同支系历史来源不同，由于长期共同生活在同一地区或相邻地区，民族意识和民族特点接近，解放后，按民族意愿定为同一民族，但同一民族的人使用着差别很大的语言。例如，瑶族分别使用属于不同语族和不同语支的多种语言，自称"勉"的使用勉语，自称"布努"的使用与苗语支语言接近的布努语，自称"拉珈"的使用与侗台语族语言接近的拉珈语等。

其次，由于征战、迁徙等历史原因，一个民族（或其中一部分）放弃了原来的民族语言，完全使用另一种新的语言。

第三，同一民族，由于长期隔绝，彼此完全断绝来往，他们使用的语言分别朝不同的方向发展，久而久之，它们之间的差别越来越大，形成了不同的语言。

还有一种情况是使用一种被学术界叫做"混合语"的语言，这些语言在谱系分类上十分困难，它们往往是不同语系、不同语族或不同语支的语言长期接触形成的既非甲、又非乙，或者既有甲的特点又有乙甚至还有丙语言特点的语言。例如青海的五屯话就属于这种情况。五屯话是汉语、藏语、保安语混合而成，但是学术界还有一些不同的看法。

此外，有一些境外相邻的民族，在某个历史时期陆续迁徙到我国境内定居，长期以来，繁衍生息，他们目前仍然保留着与境外民族相同或相近的语言。这个情况在我国境内并不少见。

初步统计，我国 56 个民族中，使用两种以上语言的民族有 24 个，占我国民族总数的 42.9% 左右。还有一些待识别族群也分别使用着一种或两种语言。这表明语言和民族既有着密切的关系，但也不完全画等号。

调查研究遭遇"四难"

记　者：对一种语言进行界定涉及多方面复杂因素，那么新发现语言调研项目中还遇到了哪些困难？

孙宏开：新发现语言的调查研究有许多困难，最主要的是"四难"：发现难、调查难、记录难、鉴定难。

首先是发现难。新发现语言调查最大的难点是如何发现它。一些新发现语言实际上包含在某些大语种里，过去往往在调查研究该大语种时，发现它与大语种差别大，不像是某个大语种的方言。在人文特点方面也与周围民族不大相同。但是多数新发现语言是在进行大语种调查时偶然发现的，有目地去发现、调查新发现语言，是非常困难的。我们的办法是发动所有开展少数民族语言实地调查的学者，通过各种方式对有差异的民族语言进行地毯式的排查、访问、记录和分析。

在调查中遇到的各种困难更是数不胜数。新发现语言基本上分布在边境、海岛、高寒山区、人烟稀少或交通不便的偏僻地区，有些还跨境分布，调查研究新发现语言要比调查大语种付出的艰辛多得多。以调查分布在西藏自治区察隅县的格曼语、达让语和义都语为例，该地区在喜马拉雅东段中国西藏、印度和缅甸三国交界地区。无论从拉萨或昌都去县里，都要翻越多座 4000 至 5000 米的雪山，而且没有班车，我们只能雇私人车，不仅车费昂贵，而且一路上"抛锚"、修车、推车是家常便饭，饥一顿、饱一顿也经常发生。在当地调查，住在乡政府的"招待所"，即使撒了许多"六六六粉"，仍不能消灭虱子、跳蚤。在那需要自己做饭，购物也困难，通讯不畅，这些困难是住在大城市的人难以想象的。

记　者：在实际操作中，调查者对调查对象语言不熟悉，是否也会造成一定的困难？

孙宏开：这就是我之前提到的记录难。我们对新发现语言的结构特点、分布状况、来龙去脉基本上没有可以借鉴的资料，完全靠个人已往的调研经验。我们编写了统一的调查大纲，但是，由于对调查对象语言的情况不熟悉，尤其遇到语音、语法系统比较复杂的语言，记录、分析起来非常困难。有时，为搞清楚一项动词的语法范畴，往往要问几百上千个句子，才有可能将不同声韵母的动词词形曲折变化搞清楚。

新发现语言多数正在走向濒危或已经濒危，调查者往往要用极大的耐心启发发音合作人回忆自己母语中固有的词语和语法现象。有时一不小心，就有可能把汉语或其他民族语言的语言现象来替代本来母语中应该有的语言现象。

除此之外，鉴定难也是一个不可忽视的问题。如前所述，为了界定一种语言是独立语言而不是方言，我们提出了一些识别语言的方法以及区别语言和方言的标准。但是，在实际操作过程中仍然有许多理论问题不容易解决。这方面的问题有待于继续摸索。鉴定难的另一个问题是新发现语言的定位问题。对新发现语言的调研，我们要求在论证它为一个独立语言的同时，要进一步论证它在同语系、同语族、同语支中的历史地位，而且这项要求在本项研究中占重要比重。这就要求研究者具有较广博的知识，收集大量亲属语言的相关资料，进行历史比较研究，找到同源关系的确凿证据，并在此基础上，解决该语言的谱系分类问题。在实际研究过程中，也出现同一个语言，不同学者在调研后，得出的结论完全不同的情况。我们认为，由于掌握的资料不同，站的角度不同，研究者的学术背景不同，出现这种情况是允许的。这为进一步的研究提出了新的要求。

抢救濒危语言刻不容缓

记　者：这些新发现语言使用人口少，调研难度大，投入 20 年的精力苦苦调研的意义何在？

孙宏开：语言中蕴藏着丰富的文化现象，是该语言使用者传统民族文化、传统经验最直接、最集中的具体体现。

就语言学本身来说，我国丰富的语言资源是发展中国语言学的宝贵财富，从某种意义来说，积累的语言资源越丰富，发展语言学的潜力就越大。目前，我国有许多小语种，至今还没深入调研，这些语言使用人口不多，但学术价值极高，其中不少语言保留了汉藏语系、阿尔泰语系语言的许多古老面貌。有的语言资料，通过深入研究，是揭开历史上许多谜团的钥匙，因此对即将消亡的语言资料，进行抢救性记录和保存，是发展中国语言学刻不容缓的重要任务，也是少数民族语言研究的一项打基础的工作。

记　者：目前，抢救濒危语言已经成为一个国际关注的话题。

孙宏开：是的。随着国家改革开放步伐的加快和我国一些弱势语言研究情况已经为外界所知，已经发现有十多个国家的语言学家到我国新发现语言分布地区进行实地调研。抢救濒危语言是当今国际语言学界的热点问题，也是联合国教科文组织非常重视的一项国际性工作，重视对濒危语言的保护，重视弱势语言资料的调查研究，并由我们自己加以记录、保存和刊布，这就意味着在国际上争取了主动。

中国是多民族、多语言的国家，新中国成立后，虽然对中国语言资源进行过大规模普查，但是由于普查的目的、要求和细致程度不同，因此直到今天，我们仍然无法回答除汉语以外我国究竟有多少种少数民族语言。对于这样一个重要的国情，中国语言学界有责任、有义务把它基本查清楚。

（记者　张微）

台湾"族语保护"成效知多少？

台湾少数民族人口约 50 万人（未包括平埔人），约占台湾总人口数的 2%，族群种类时有更新，目前认定的有 14 个族群，包括阿美族、泰雅族、赛夏族、布农族、邹族、排湾族、鲁凯族、卑南族、达悟族、邵族、噶玛兰族、太鲁阁族、撒奇莱雅族和赛德克族。少数民族语言的数量也有不同说法，关于台湾族语保护工作，我们知道的不多。为此，本报记者特别采访了两位从事相关工作的人士，他们分别来自台湾政界、学界，并对"族语教学"、"濒危语言保护"等问题有不同的看法。通过比对，以期为濒危语言保护工作提供一些借鉴。

巴苏亚·博伊哲努：切实加强台湾少数民族语言保护工作

"行政院原住民族委员会"曾对少数民族开展族语认证工作，共分了

42 种语言。这些语言目前都是被正常使用的活语言，但是人口数较少的族群如邵族（约 600—700 人）、赛夏族（约 5000—6000 人）、邹族（约 7000 人）及与汉族混居的卑南族（约 1 万人）的语言使用、传续遭到严重威胁。保存最好的还是人口最多（约 17 万人）的阿美族、排湾族、泰雅族等。

在台湾，"中研院"历史语言研究所及各大学会对少数民族语言进行调查研究。在行政上，"教育部国语委员会"则负责推动相关传承事项，台湾少数民族语言书写系统就是由这一部门公布实施；同时"教育部"与"原民会"依据"原住民族教育法"的规定，分别在学校与小区、部落进行语言文化的教学。目前，"原民会"每年会进行族语认证，同时少数民族学生可以凭借族语认证通过证明，获得进入高中与大学 35% 的加分优惠，如果没通过，则只有 25% 的加分，希望藉此鼓励家长、孩子学习族语。

我本身是阿里山邹族人，在担任"考试院"考试委员之前，主要在师范院校及大学担任教职。我早年受教于研究《文心雕龙》的名师王更生先生，进入博士研究后，发现很多人对已经进入濒危状态的民族语言与文学视若无睹，作为台湾少数民族的一员，我深感担忧。所以我的博士论文研究主题就确定为"阿里山邹族神话"。之后近二十年，我频繁进入山区部落进行调查，搜集过邹族、布农族、太鲁阁族、阿美族、卑南族等族的口传文学和语言材料，先后撰写了《台湾邹族风土神话》、《叙事性口传文学的表述》、《被遗忘的圣域：台湾原住民族的神话、历史与文学的追溯》、《台湾原住民族文学史纲》等专著。

我还曾经主持一项阿里山邹族辞典编纂的计划，同时曾与俄罗斯社会科学院通讯院士李福清（B. Riftin）一起翻译俄籍学者涅夫斯基在 1927 年到台湾阿里山所记录由俄文、罗马拼音写成的《台湾邹族辞典》。另外，本人还曾经参与台湾少数民族有关教育文化相关的法规的制定，如"原住民族基本法"、"原住民族教育法"和语言文化短中程计划的拟定。目前"原民会"定期举办族语认证及台湾少数民族学生升学优惠族语认证办法，本人亦曾参与制定。

长时间对少数民族语言的关注，我感到难以忘怀的是，由于部落耆老日渐凋零，外来文化强势入侵，部落与族群语言文化快速消亡，这使我非常难过。而少数民族语言的复杂性与使用人口数量的局限，使语言文化的复兴显得极为艰苦，但是我们这一代仍然坚持要传承祖先遗留下来的重要遗产。

语言是文化的载体，所以语言不仅是口说的工具，它蕴藏民族文化丰富而深沉的内涵，也是文化多样性的基础，所以保存一种语言就是维系一种文化宝库。虽然有人认为，全球化时代大部分语言消逝是一种大趋势，这可以省却翻译的麻烦。但语言的差异与翻译并不是严重的问题，何况工具性的技术可以解决大部分的难题。

我们还是要采取各种方法，切实保护濒危语言。我认为主要有以下几种措施：一是进行语言的全面调查整理，编撰各种语言的工具书；二是大量训练师资以及相关工作人员，从事教学、研究与推广工作；三是将族语纳入学校教学活动，让族语师资进入学校参与教学；四是将族语作为公务用语，在台湾少数民族地区作为第一语言；最后是可以给予一些优惠条件，鼓励台湾少数民族家庭实际去讲、实际去用本族语言。

（巴苏亚·博伊哲努（浦忠成），阿里山邹族，现任台湾"考试院"考试委员，中国文化大学中文系兼职教授。）

（记者　郑巧）

林英津："族语教学"不能是一项表面政策

人类的发展使语言多样性遭受破坏。目前，英语几乎是世界各国共享的语言，但各种不同的英语现在也已经趋向同一了。语言消亡其实是个很难定义的概念。

台湾少数民族语言研究方面，我写过巴则海语的调查报告，这是一种属于平埔族的语言。1988 年，一次偶然的机会，我跟台湾史田野工作室的同仁们去台中做访谈。在那里，有人跟我说，他的家乡埔里有些人会说不一样的语言，既不像汉语，又不像日语、英语，可能是种少数民族语言。那时的埔里是台湾少数民族的汇集地，我很有兴趣，就约好去那边调查。当时，我遇到的发音人是个七十多岁、满头白发的老太太。她刚开始说自己小时候的语言时，还是很生涩、很困难的。但是她拿出了自己的日记本，我一看就觉得很感动。这些语言都装在她的脑袋里，只是她没有语境去说。

此后很长一段时间里，我们俩每个礼拜有一天半待在一起，开始一起锻炼、回忆她的语言。当时我手里有日本学者土田滋先生写的巴则海语的语汇集手稿，大概有两千个词汇。土田滋是个很优秀的语言学家，十来年前做过台湾少数民族语言的调查，留下了大量田野笔记。我拿他的语汇集做底本，做词汇分析，慢慢引导老太太回想她的语言，后来她对自己十六七岁以前使用的语言，都可以回忆起来。我试着读语汇集，老太太会凭印象纠正我的发音。半年之后，老太太在偶然的机会下，跟我说了一个非常精确、完整的语句。这属于典型的南岛语，动词有了很明显的变化，像英语的被动句。我拿着纸笔，老太太用一张嘴，俩人慢慢切磋，共同记录这种语言。此外，我还曾做过卑南语、阿美语、葛玛兰语、泰雅语和邵语的调查和记录。

台湾少数民族的语言不是完全没有书写系统，他们有西方传教士传给他们的罗马字书写法。老太太就能够用罗马字写日记，她写的语言是闽南语、巴则海语。1990年以来，台湾透过"公权力"给少数民族创造了一个书写系统，基本上便是采用廿六字母字的办法。书写系统有没有人用，则是另外一个问题。书写系统能否用到很流畅，需要不停锻炼，这是无法由基因遗传的。

语言反映很多文化，是人类看世界的窗子，死掉一种语言等于被关掉一扇窗子。这些比较抽象的价值，往往敌不过方便、经济。事实上，多学一门语言很难，如果强制学习，效果也不好。语言、声音是很难保存的。我认为语言的博物馆比文字的博物馆难做，效果可能也不大好，但其指标性效果是可以肯定的。

台湾近几年开始推行少数民族语教学。作为一个语言学研究者，我是不会提出族语认证、考试加分的建议的。不能说世界上所有类似族语认证、考试加分的政策都不好，但因为我身在其中，比较了解台湾族语认证、考试加分的实际操作状况。事实上，绝大多数都是违反语言科学的。

比如说，该由谁来进行族语认证？

再比如，现在族语认证的考试题库和评量标准是由"教育部"制定的，因为这是他们的事业。其实就是直接照搬英语托福考试的办法，却不管台湾少数民族的语种和社会形势是很不同的。

实际上，保护濒危语言很困难。以考试加分作为诱因，并不是不可以。但执行之前要慢慢规划。如果真的要做族语、濒危语言的保护、恢复，需要极为细腻的先行工作。

一个人如果没有意愿说一种语言，你强迫他去说，其实是不人道的。但保护濒危语言，从情感上和学术上都是有必要的。世界上各种语言会变化，会有生生灭灭。台湾少数民族语言绝大多数其实已经"消失"。但是经过"原住民运动"的社会教育，有些汉人开始意识到在台湾有很多跟汉语不一样的语言，开始接触它们。有的人甚至采取行动，去学习。我曾在台北的社区大学台湾族语教学的课堂里遇到汉人。所以，有时我会阿Q地想，将来台湾的少数民族可能可以发展出一两种少数民族的语言，跟汉语、英语、日语都不一样。我乐观地看，这是有可能的。这其实也达到了保护的作用。

我在川藏地区做木雅语、羌语的调查时，看到木雅人的小孩上学时学的都是汉语，但也没禁止他们说母语。推动族语教学是个百废待举、千头万绪的事情。大陆那么大，语言种类更多，担子也会更重。

（林英津，"中研院"语言学研究所研究员）

背景链接

近年来新发现语言

◆毕苏语——新发现语言中跨国界最多的语言

系属分类：属汉藏语系藏缅语族缅彝语群，在语言结构上具有缅彝语言的基本特征。

使用人数：毕苏人总人数将近 1 万，其中中国境内 5000 多人，为待识别民族。

分布地区：分布在中国、泰国、缅甸、老挝四国的边界地区。中国境内主要分布在云南省南部的澜沧县、勐海县和西盟县等地。

特色：毕苏人居住分散，各地的毕苏人与不同的民族混杂而居，处于其他语言的包围之中，因此绝大多数都是掌握两种或两种以上语言的双语使用者。毕苏语一般只在村寨中使用，有限的语言使用环境使不少杂居村寨的年轻毕苏人逐渐放弃自己的母语而改用当地主要民族的语言。

◆苏龙语——新发现语言中调研最艰辛的语言

系属分类：属汉藏语系的藏缅语族，由于语言特点特殊在归类上尚无定论而引起语言学界的广泛关注。

使用人数：由于历史的原因，苏龙人居住的地区大都处在中印边界东段有争议地区，因此对该部落整体的人口数量一直不能进行精确的调查统计。

分布地区："苏龙"是邻近部落崩尼人对该部落的称呼，主要分布在我国西藏自治区喜马拉雅山东段隆子县以南地区。

特色：苏龙人传统上都是珞巴族崩儒、崩尼人的奴隶，由于需要经常为主人提供各种劳役，该部落的绝大多数成员都是双语者或多语者。不过到目前为止，几乎所有的苏龙人在本部落内部的日常交际中都使用自己的语言。

◆拉坞戎语——新发现语言中最古老的语言

系属分类：属汉藏语系藏缅语族羌语支嘉戎语族。

使用人数：不到 1 万人。

分布地区：是四川省阿坝藏族羌族自治州大金川河流域藏族居民所说的一种语言，俗称观音桥话。

特色：该语言是汉藏语系藏缅语族中保留古老面貌最多的语言，有390 多个复辅音和 40 多个单辅音，声调作用不大。有丰富的黏附性前后缀，表达语法意义的主要手段为形态变化。

◆倒话研究——新发现语言中最具特色的语言

系属分类：混合语。这种语言，表现出兼有藏、汉两种语言特色的特殊性质，也就很难归结为藏语或是汉语，被学术界认定为混合语。

使用人数：1995年统计时共有2685人。

分布地区：分布在青藏高原东部腹地、四川西部甘孜藏族自治州雅江县内。

特色：倒话的基本词汇主要来自汉语，句法上则与藏语有着高度的同构关系；倒话在语音和词汇结构上和汉语基本上对应，在语法要素格局上则又与藏语基本一致，属SOV型语言。

◆木佬语——新发现语言中使用人数最少的语言

系属分类：汉藏语系侗台语族仡央语支。

使用人数：0人。

分布地区：黔——麻江、凯里、黄平、都匀、翁安、福泉等地。

基本状况：声母27个、韵母22个、5个声调。2000年调查者发现该语言只有2位80多岁的老人会说木佬语，原来一直有联络，近几年完全没有音讯。

◆临高语——新发现语言中使用人数最多的语言

系属分类：汉藏语系侗台语族台语支。

使用人数：60多万，民族成分为汉族。

分布地区：海南省海口市、琼山县、临高县、儋州县、澄迈县等。

特色：该语言1957年统计时约有30万人使用，据1980年的估计，约有51.6万人使用，目前，约有60多万人使用。在该地区的青壮年均以临高语为主要交际工具。人们不但在家庭内部、在集镇、甚至在临高县城和各政府机关里，都用临高话互相交谈和办理公务。其他民族语言在县城和政府机关内使用这样普遍的几乎没有。

◆阿侬语——调研次数最多的语言

系属分类：汉藏语系藏缅语族景颇语支。

使用人数：不到 400 人，属怒族的一个支系。

分布地区：云南省怒江傈僳族自治州福贡县。

特色：调研者从 1960 年代至今先后 7 次到该地调研该语言，经过近 50 年的跟踪调研、反复核对，目前认为该语言为独立语言。但调研者同时发现，该语言使用人数由 20 世纪 60 年代拥有 800 多人，骤降至目前只有不到 400 人，已成为即将消亡的濒危语言。

◆布芒语——最近发现的一种语言

系属分类：南亚语系孟高棉语族佤－德昂语支。

使用人数：200 余人，民族成分为傣族。

分布地区：云南省红河哈尼彝族自治州金平苗族瑶族傣族自治县勐拉地区的曼仗上寨和下寨。

特色：布芒语于 21 世纪初被发现，仅通行于两个寨子内部，年轻人同时又能操当地其他民族语言。布芒语是新发现语言里使用范围较小、使用人口稀少、濒危程度较高的语言，已濒临消亡。

（记者　张微　郑巧／整理）

文化基因的失落与承传

节日传统与文化记忆

记者　吴婷　郑巧

我们的节日我们的根

节日，不仅仅是某种仪式的重演和某些公众的集会，而且深深地镌刻着一个民族的文化记忆，传承着一个民族的文化精神，表征着一个民族的价值认同。绵延至今的节日传统，是古老文化记忆、不朽文化精神的当代展示。

日前，中央文明办下发通知，指出 2010 年将以春节、元宵节、清明节、端午节、七夕节、中秋节、重阳节为重点，在全国继续大力开展"我们的节日"主题活动。这是深入贯彻落实党的十七大提出的弘扬中华文化、建设中华民族共有精神家园的战略任务的重要举措。

即将到来的虎年春节，因与西方情人节"撞车"，也让"过传统春节，还是过洋节"的话题颇为引人关注。而在这个话题背后，其实隐藏着一个更深刻的命题：我们的节日传统是否正在遗失，我们的文化记忆是否出现了断裂？在全球化和现代化的今天，节日传统与文化记忆将走向何方？

传统节日是中华民族的文化烙印

正如"每逢佳节倍思亲"这一诗句所形象描述的一样，在节日活动中蕴涵着深刻的文化认同。就像每逢十月一日国庆节，注目鲜艳的五星红旗从天安门前升起时，我们总能燃起爱国激情、升腾起报效祖国的力量一样，每逢农历春节，何人不起故园情，强烈的家园之感总能油然而生。

文化记忆，是一个民族不断延展、生息繁衍所不可替代的生存经验，一个人从出生那一刻起，就烙上了这个民族特有的文化印记。文化记忆更是一个人寻求"我是谁，我要往哪里去"的宝贵依据。同西方传统节日相比，我们的传统节日更具有世俗性，更多地与人间的家庭伦理相联系。除尘沐浴、辞旧迎新、敬天祭祖、尊老爱幼、团圆祝福，都是"天人合一"、"自强不息"、"和为贵"等民族伦理和精神的反映，其所包纳承载的文化对于一个民族的精神记忆有着一份独特的价值。

文化部副部长王文章在接受记者采访时谈道，"一个民族的文化传统和价值观，跟文化记忆是密切联系在一起的。文化记忆的中断，就是民族意识的中断。中华民族有绵延五千多年的历史，在世界上也是独树一帜的，本身就包含了一种文化的延续。"

澳大利亚社会科学院院士、莫纳什大学经济学系黄有光教授出生在马来西亚，他告诉记者："在马来西亚，有马来人、华人、印度人三大民族，各民族的传统节日都会放假，但传统节日各族各自庆祝。春节、清明、端午、七月十五、中秋都是马来西亚华人的重要节日，都会隆重庆祝或纪念。一般来说，马来西亚人过西洋节日，只过圣诞节和耶稣受难日、复活节等宗教节日。如果不是基督信徒，即使过这些节日互送礼物，也只是作为开心的日子，不是真正代表其中宗教的意味。"

中国民俗学会会长、国家非物质文化遗产保护专家委员会副主任刘魁立则对记者表示，"作为中华民族的子民，看见红颜色，我们就想到喜庆；听到锣鼓声，我们就激昂振奋；中秋时节，举头望月，就会在内心里油然产生对亲人和故土的拳拳思念。这些情感是其他民族的人们所没有的。这些传统节日里包含着的我们群体的价值观，恰恰就是我们民族认同的标志。"

"传统节日是历经数百年上千年，一个民族不断积累、约定俗成的生活的高潮，终极价值观的载体，是一种全民参与的文化创造。一个民族精神的 DNA，特别鲜明地表现在节日文化中，其他文化形式——戏剧、歌舞、年画、剪纸等也有这些特点，但不如节日文化这么强烈、集中，它是

193

一个民族凝聚力、亲和力的'具体表现'。"中国文联主席冯骥才也如此表示。

"汤圆热，花灯俏，庙会闹，又是一年元宵到。""天阶夜色凉如水，坐看牵牛织女星。"在采访中，中国社会科学院社会学研究所研究员司马云杰还现场给记者背起了民谣和古诗，"如果你细细品味这些传统节日的习俗，就会觉得古人的日子竟然是如此和乐有趣，而这恰恰是民族集体文化记忆中的重要符号。"

当今时代，文化越来越成为民族凝聚力和创造力的重要源泉，越来越成为综合国力竞争的重要因素。国务院参事室主任陈进玉曾指出，中华传统节日作为中华传统文化中的重要组成部分和表现形态，已成为弘扬中华民族优秀文化和传承中华美德的重要载体。春节、元宵、清明、端午、七夕、中秋、重阳等众多传统节日，是中华民族鲜明的文化符号和文化记忆，是维系祖国统一、民族团结、社会和谐的精神纽带。传统节日所凝结的人与自然、人与社会、人与人和谐的核心价值观念一脉相承、历久弥新，体现着中华民族的传统美德，承载着中华民族精神。

节日记忆或面临"失忆"

无疑，中国的节日传统异常丰富，构成了我们传承民族文化精神的一个宝库。北京师范大学民俗学与社会发展研究所所长萧放在接受记者采访时就谈道，"我们应该明白我们民族的立身之本不仅仅是经济，到了一定的阶段，文化更是我们民族的精气神。从另一方面来看，我们保护中国传统节日事实上也是在为人类传承共享的文化财富，为保护世界文化的多样性作贡献。"

然而，在当前的现实生活中，很多传统节日离我们越来越远。同时，圣诞节、情人节等外来节日正逐渐形成社会的焦点，尤其成为年轻人关注的社会流行文化。冯骥才就曾表示了对节日文化淡漠的担忧："我们虽是一个节日的大国，但我们的传统节日越来越淡化，这是一个不争的事实。"

在农业文明向工业文明转型的过程中，随着全球一体化进程的不断迈进，中国传统社会中形成的各种观念受到了较大冲击。快节奏、高强度、流水线式的生活方式和工作流程，极大地聚焦于个体的生存空间，个体的情感体验被无限放大，而与家庭、社会、文化共同体的各种联系则被渐渐忽略。在这种大的时代境遇中，作为民族共同文化记忆的节日传统也不同程度地被忽视。

中国人民大学经济学院教授李义平就对记者表示，"中国现在处于市场经济阶段，正在向工业化、工业文明转换，人们对节日的看法，人们的节日观念也会随之变化。改革开放以来，人们生活节奏不断加快，生活方式也在发生着变化。特别是在全球化的影响下，不仅经济日益全球化，文化也在国际间相互渗透，相互融合。随着经济基础和生活方式的变迁，整个庞大的上层建筑，包括人们的思想观念和文化认同都在发生着变化。在这个变化过程中，一些传统节日赖以存在的经济基础、生活方式不存在了，这样的节日慢慢地就会被淡化，甚至被忘记。"

与此同时，商业炒作的因素也不可小觑。香港浸会大学传理学院传播系主任马成龙就对记者表示，"今天是西方情人节，明天是七夕……鲜花、餐饮价格都高于平时，不买又没面子。所以商业利益在其中起了很大的作用。"虽然如马成龙所言，"这些人为创造出来的东西根本不能称为'传统'，更谈不上'文化认同'"，但传统节日在市场上的失落、西方节日和西方文化话语在市场上的流行，却也在潜移默化中影响到我们对民族传统的记忆。

刘魁立也对记者表示了这样的忧虑，"曾几何时，我们的传统节日好像被遗忘了，甚至有一段时间遭到贬斥。这期间外国文化引进，在一定程度上影响了人们对传统文化的价值观，这些国家的强势经济使他们的文化也变得强势起来。强势的文化，会成为一种时尚，被许多人所追逐，追逐久了，就会改变人们的价值观。"

多方努力传承优秀节日传统

近些年来，我们也看到国家和政府在恢复与重建传统节日、发扬中华民族优秀文化方面，作出了多种努力。

2005 年 6 月，中央宣传部、中央文明办、教育部、民政部、文化部联合发出《关于运用传统节日弘扬民族文化的优秀传统的意见》，强调突出传统节日的文化内涵，充分展现和传承中华民族文化的优良传统。

2006 年，国务院公布了第一批国家级非物质文化遗产名录，把春节、清明、端午、中秋、七夕、重阳等节日列入非物质文化遗产名录之中。

2007 年，国务院经过长期调研，确定把春节（含除夕）、清明、端午、中秋作为法定假日，自 2008 年起开始实施。

"将传统节日纳入国家法定假日、恢复传统节日的内容，是延续和发展民族文化的一种重要方式，但仅有此显然不够。"在刘魁立看来，一种文化和传统的生命力在于大众参与，只有深得大众认可，并在日常习惯中内化为一种文化记忆的自觉，才可能一代又一代地传下去。这种文化自觉不是国家一厢情愿式的倡导，而需要内化为每位中华儿女的责任，自觉去维护，去深入发掘、保护和传承春节优秀文化内涵。

正如美国威灵顿基金会董事长 Sharon Crain 对记者所说的，一个国家可以出很多书，介绍本国的节日或相关情况，通过图片、文字等各种方式，使之生动地展现在读者面前，但是具体的实践往往是通过具体的人，特别是家庭成员或者说家长的身体力行才得以被一代代习得并延续下去，孩子们往往是通过父母或祖父母的实践和他们在这一过程中的亲身体验，才更深刻地了解某一节日的特殊含义，并继续传给他们的孩子。无论是在中国这样一个有着悠久历史的文明古国里，还是美国这样一个仅有二百多年历史的年轻国家里，这一点都是一样的。

虽说传统节日具有很强的历史稳定性，但无论它的内容还是形式，都会随着社会环境的发展而有所变化。"但是无论怎么变，它的符号象征的内核不能丢，"萧放在记者采访中多次强调符号的重要性，"有意味的文化是需要象征符号的，而不是直观的表达，仪式就是节日的象征符号之一。我们要恢复节日的仪式活动，让人们在观看和参与仪式的解释、操练和表演过程中来强化民族记忆和文化认同，所以说仪式也是记忆的一个过程。"

当前，面对现代信息文化和生活方式的冲击，节日传统的延续发展还是遇到了仪式复杂、活动单一、不被年轻人认同等瓶颈。如何解决这些问题，真正让传统节日回归生活，也许还需要艰辛的探索。但无论如何，只有民族的，才是世界的。只有继承发扬中华民族的文化记忆，我们才能更加理直气壮地走向世界。

王文章：熔铸民族传统　彰显文化自信

——文化部副部长王文章畅谈传统节日

2月4日，恰逢二十四节气之首——"立春"。按北京传统习俗，"立春"要吃春饼、春卷，名曰"咬春"。在这个万物复苏的特殊日子里，记者在中国艺术研究院见到了文化部副部长、中国非物质文化遗产保护中心主任王文章。在他堆满了书的办公室里，王文章副部长跟记者畅谈了传统节日的文化内涵及保护意义，而由他主编的《中国的传统节日》一书，也将于近期出版。

王文章

丰富节日内涵　延续文化记忆

记　者：和个人的记忆一样，对于一个民族来说，特定日子的周而复始，就产生了节日。节日加深了我们对一种文化的体验和认同，是超越个人回忆的"文化记忆"，您觉得这种文化记忆之于一个民族，有哪些意义？

王文章：一个民族的文化传统和价值观，跟文化记忆是密切联系在一起的。文化记忆的中断，就是民族意识的中断。中华民族有绵延5000多年的历史，在世界上也是独树一帜的，本身就包含了一种文化的延续。文化当然可以通过典籍传承，但典籍只是一种辅助，更需要一种"活"的传承，像民间会通过习俗来延续文化。

近代以来，我们以西方为师，这本来是没有问题的。今天，我们也仍需更好地学习西方。问题是，在当时的学习过程中，对自身的文化采取了片面过激的否定。文化当然需要自省，但这种自省要建立在文化自信的基础上，不能盲目崇拜西方。新中国成立之初，对文化记忆的认识、把握并不完全科学。"文革"期间，曾排斥中华民族的一些优秀文化，把很多传统的东西丢掉了，现在需要很长时间才能恢复。所以我们要加倍努力，把断裂的链条重新接起来。

中国的传统节日，形式多样，内容丰富，是中华灿烂文化的重要组成部分，是我国丰富的非物质文化遗产宝库中的瑰宝，它作为中华民族传统文化的重要表现形态，凝结着中华民族的智慧，寄托着中华民族的感情，积淀着中华民族的历史，蕴涵着中华民族的精神与文化，是维系国家统一、民族团结、家庭和社会和谐的重要精神纽带，也应是发挥当代社会主义先进文化影响力的重要载体。

在中华民族的历史发展进程中，传统节日融入人们的生活和精神、情感世界，激发着民族的生命力、创造力和凝聚力，推动着中华文化历久弥新、不断延续发展。因此，大力弘扬传统节日文化，推动传统节日在与新的发展着的时代的整合中呈现旺盛的生命活力，是传承中华民族优秀文化传统和当代文化创新的必然要求，也是维护和保障中华民族文化与生活方式多样化的必然选择。

记　者：2007 年 12 月，国务院公布了《关于修改〈全国年节及纪念日放假办法〉的决定》，正式将清明、端午、中秋等中华民族的传统节日纳入国家法定节假日。这是政策上对传统节日保护的支持，您觉得在保护传统节日过程中，还需要注意哪些问题？

王文章：把传统的民族节日确定为国家法定假日，对于整个国家的社会生活和广大民众的生活方式来说意义非凡。社会和民众有了一个生活的节点，人们通过历史的记忆和现实具有丰富内涵的节日形式呈现，对自身的文化及社会和国家加强认同。这对于全民正确认识传统节日宝贵的文化价值、积极参与节日活动、努力保护节日文化传统、注重节日文化资源的运用与创新，都具有深远影响。

当然，由于我国历史悠久和民族多样性，传统节日遗产十分丰富，把传统节日确定为国家法定假日，是在充分论证的基础上进行的，它们必须同时具备悠久的历史性、现存的活态性、广泛的群众性和仪式的原生性等几个标准。清明、端午、中秋、春节等传统节日确立为国家法定假日，适应了广大群众的普遍性要求。

今天要延续民族的文化记忆，应该把节日过得丰富多彩，要让民众喜欢过。我觉得首先要充分挖掘传统节日的文化内涵，让民众特别是青年人充分了解它。经过了上千年乃至几千年的积淀，节日的文化内涵是非常丰富的。比如贴春联和门神，就不仅仅是种简单的仪式，而是寄托了平安、吉祥的美好愿望。传统节日有了文化内涵，还要有标志性符号。如今把文化内涵化为标志性符号也很重要，比如圣诞节中的圣诞树就深入人心。

延续、弘扬乃至发展传统节日的另一个重要方面，是要努力将传统节日的文化资源转化为当代人的生活方式或生活实用品。如浙江嘉兴市的人们普遍热情参与赛龙舟、插艾草、吃粽子等端午活动，真正把具有丰富而独特文化内涵的端午节当成自己充实的节日。与此相呼应的是，这里是全国最大的粽子产地，年产粽子 2.5 亿个，占全国年产量的一半以上。通过努力挖掘传统节日的文化内涵，开发传统节日的文化资源，像年画、剪纸等，就会从文化影响力和日常生活两个方面吸引人们欢欢乐乐过节。

记　者：但有学者指出，传统节日放假，有助于民众更加珍视传统节日的价值。另外，它也很容易流于形式，变节日为普通的公共假日。您如何看待这个问题？

王文章：这种担心并非没有道理。现代社会人们很忙碌，节奏越来越快，在过节时也停不下来。所以只有通过增加节日产品，丰富节日文化内涵，才能吸引人们自觉地停下来过节。

事实上，现代社会中的任何传统节日都不会原汁原味地保留历史传统的原貌，因为它的原始土壤和环境已经改观，在现代化的过程中，都会遇到传统淡化和节日"变味"的尴尬情况。其实我们现在所有的传统节日都是以历史遗留物和文化象征物的形式保存下来的，不可能、也没必要完全回到过去，我们只需更好地保存文化记忆中的"合理内核"，把民族文化的精华部分留存下来就可以了。

重视传统节日　体现文化自信

记　者：当前，民众，特别是青年人更热衷于圣诞节、情人节等西方节日。全球化时代，我国的传统节日该如何重新发挥魅力？

王文章：我们不能一味排斥西方节日，就像不能盲目崇尚西方节日一样。圣诞节、情人节之类的"洋节"，本身也是西方民族文化的结晶，承载着西方国家人民的文化遗产，也是人类优秀文化的一部分。

但是，我们对青年人热衷于西方节日的现象也不能听之任之。我们应该反思的是，在全球化时代，在文化竞争日趋激烈、文化发展相对不平衡的今天，我们优秀灿烂的民族节日文化为什么缺乏当代吸引力，又该如何在提升本民族传统节日的魅力上做文章？

这要求我们首先要改变观念，即传统节日不可能完全复制古代的原始形态，必须加以改造、整合、提升，以适应现代人的审美需求和文化诉求。同时通过有效的形式，使中国人特有的集体意识、和谐理念与社会道德感不断地被激发出来，在现代社会中发出光彩。

其次是需要全社会都来参与，齐抓共管，形成合力。政府部门要发挥组织协调作用；民间协会、相关事业单位的主动实施也很重要，专家学者的参与会提升节日活动的学术含量和品位，同时也需要各类媒体的宣传报道，让民众乐于参与。

记　者：现在有很多国家也在过春节，您觉得有必要把我国的传统节日推广到世界各地吗？

王文章：当代中国的国际地位提升很快，随着我们对传统节日认识的加深，对传统节日价值的肯定，也必然会影响世界。像现在的春节，不仅是华人，很多外国人也参与到了其中。

现在提倡保护世界文化的多样性，我们看重自己的传统文化，也尊重其他民族的文化，不会强求别人过我们的传统节日。但中国的传统节日有其独特的文化品格，能吸引不同族群的人，可能会在更大范围内传播。所以我们也乐于向世界宣传自己的传统节日，也欢迎他们来认识、了解我们的文化。这是很好的事情，也是一种文化自觉、文化自信的体现。

加强生产性保护　科学对待"非遗"

记　者：商业经济冲击着节日的内涵，热炒"洋节"某种意义上是商业操作的结果，而某些地方也将传统节日文化包装开发借以提升旅游点的品位，您觉得商品经济是有助于传统节日的传承还是消解、破坏了节日？

王文章：这个问题挺有意思。节日离不开商品经济，因为传统节日本身呈现的形态就是跟商品经济密切联系的。比如在农村，节日时会唱戏，台下就有很多小商小贩。有商品经济，才能让节日有氛围，才能满足人们对饮食、仪式、娱乐的需要。

商品经济对推动"洋节"起了很好的作用。我们也要注重商品经济跟节日文化内涵的结合，生产相关产品。在文化多样化的时代，人们对生活的追求也呈现出多样化形态。时代在发展，中国的传统文化元素也要更多地融入人们的生活中。

确实，有的地方将传统节日文化包装开发借以吸引游客，这不是个别现象。事实上，我们并不反对对非物质文化遗产资源进行合理开发和利用，而且提倡对某些类型的非物质文化遗产项目，如手工技艺类的项目进行生产性保护。去年，我们在北京召开了一个学术研讨会，主题就是研究非物质文化遗产的"生产性保护"问题。所谓"生产性保护"，就是鼓励经营、开发、生产，但前提是对非物质文化遗产的保护，而不是破坏。如果是"生产性破坏"，那是我们坚决反对的。

记　者：您长期致力于非物质文化遗产的保护工作，节日文化也是"非物质文化遗产"中重要的一环，请谈谈非物质文化遗产保护过程中存在的问题与困难？

王文章：我国对非物质文化遗产非常重视，《中华人民共和国非物质文化遗产保护法》也在制定之中。联合国教科文组织公布的非物质文化遗产，我国的数量排第一位。七八年来，我国"非遗"保护的成果非常显著，建立了四级名录保护体系，即国家级、省级、地市级和县级，并且还建立了传承人保护体系，给有特殊技艺的人提供补贴和创造传承条件。我们还划定了一些文化生态保护区，对文化遗产进行立体性保护，并大力筹建非物质文化遗产数据库。同时还开展了很多国际活动，赢得了世界对我们保护工作的肯定。

然而，保护过程中确实也存在不少问题。最突出的是不少地方"重申报，轻管理"，保护措施跟申报没有结合起来，成了一种空头保护。同时"重开发，轻保护"，过于重视经济效益。比如某些少数民族的舞蹈，本来是在特定的区域中流传的，现在为了旅游开发，融入了很多时尚元素，与"原生态"的歌舞有了很大的差别。此外，对"非遗"的科学认知还存在一些问题。这是一个飞速发展的时代，不能轻易判断或否定某些文化，比如传统民间信仰，也不能轻易忽视，应该记录下来。总的来说，要科学、慎重地对待非物质文化遗产。

（王文章，研究员，现任文化部副部长、中国艺术研究院院长、

中国非物质文化遗产保护中心主任）

（记者　郑巧）

刘魁立：提升民族传统节日的文化自觉

——访刘魁立教授

刘魁立

历经千年演变的中华民族传统节日蕴涵着极高的文化和精神价值，深入挖掘其丰富的内涵，不仅可以提高民族的凝聚力，还可以促进社会经济的发展和繁荣。然而，一个严峻的现实是，我国很多民族传统节日的气氛越来越淡，有些甚至已经名存实亡。本报记者就此专门采访了中国民俗学会会长、国家非物质文化遗产保护工作专家委员会副主任、"民族传统节日与国家法定假日"课题组组长刘魁立教授。

国家法定假日新规定具有划时代意义

记　者：尊敬的刘教授，您好！请您谈一谈我国民族传统节日与国家法定假日演变的历史过程。

刘魁立：在此前近 100 年的时间里，我们对于民族传统节日一直持有淡漠的甚或是漠视的态度。1912 年 1 月，孙中山先生签发临时大总统历书令，确定从当年的 1 月 1 日起改历。过去我们惯用的农历也就是夏历，虽然依旧有效，但国家日历改为以西历（或称公历）为主，把西历称为"新历"，把农历称为"旧历"，新旧历同时并存。到了 1928 年 5 月 7 日，内务部又向国民政府呈送了一个要求废除旧历，采用所谓"国历"也就是西历的呈文。当时有报道说，1929 年的春节，一些地方政府居然动用行政手段，查抄卖年货的商家。

1949 年 12 月，新中国的政务院发布 270 号令，对于全国年节和纪念日的放假办法作出了新的规定。当时放假的节日有五一、国庆、元旦。很幸运的是在传统节日当中，春节仍然给假。总之，多年来，对于我们民族在历史中形成的传统节日，始终没有给予充裕的时间来度过。这样的状况到了 2007 年底才有了改变：2007 年 12 月 7 日，国务院关于修改《全国年节及纪念日放假办法》的决定经由国务院第 198 次常务会议通过，从 2008 年 1 月 1 日起施行。办法规定，除春节长假之外，清明、端午、中秋增设为国家法定节假日，各放假 1 天。所以说，这一次的关于民族传统节日与国家法定假日的新规定具有划时代的意义，是一个了不起的举措，是我们国家日历演变历史中的一个新篇章。

　　记　者：构建和谐社会是当今社会生活中一个非常重要的主题。而民族传统节日对于我们整个社会的每一个成员来说，都具有非常重要的意义，这不仅仅是休息，它远比休息更加重要。民族传统节日一旦被纳入国家日历当中，作为公众的假日，其社会意义是什么？

　　刘魁立：在某些特殊时刻，人们会用一种非常态的心理对待自己的生活、对待周围的人、对待我们的社会环境以及自然环境。与有些民族的节日体系是以宗教纪念日作为核心不同，我们民族传统节日的重要特征在于，这些节日是以协调我们和自然的关系为核心而建立的。不仅二十四节气是这样，我们的民族传统节日也大都是这样。

　　所谓和谐，首先要心情舒畅，在自己内心和谐的同时，也要和周围的人、和家庭、和自己所在的单位、和自然环境建立亲密的关系。只有这样，我们才能够说生活在这样一个世界是快乐的、幸福的，我们才有前进的内在力量。而民族传统节日一旦被纳入国家日历当中，作为公众的假日，它的意义就由隐性的变为显性的，被整个社会所关注，成为全社会的公共时间。而这个公共时间作为一种资源，可以发挥很大的效益。一切传统只有在对今天或者对未来具有重要意义的时候，它才获得了价值，我们才努力地去保护它、爱护它、传承它。

善待"洋节"重建民族节日情感

　　记　者：有一段时间，人们热衷"洋节"，很多人（尤其是年轻人）也许未必对"洋节"有很清楚的了解，仿佛这是一种"时尚"——如果不这样做的话，就觉得自己是落后于潮流。您认为出现这种现象是由什么因素造成的？您怎么看待这种现象？它对我们的民族传统节日将会产生哪些冲击？

刘魁立：曾几何时，我们的民族传统节日好像被大家遗忘了，甚至有一段时间遭到贬斥。这期间外国文化引进，在一定程度上影响了人们对传统文化的价值观，这些国家的强势经济使他们的文化也变得强势起来。强势的文化，会成为一种时尚，被许多人所追逐，追逐久了，就会改变人们的价值观。

当然，在看待"洋节"时，我们不是要贬斥"洋节"或者另眼看待过"洋节"的人，而是强调我们应特别尊重自己的民族传统节日。在相当长的一段时间里，很多人对我们自己民族传统节日悠久的历史渊源以及相关的庆祝活动，都不甚了解。更为可惜的是，人们对这些节日的情感也渐渐淡漠了。

实际上，我们的节日和"洋节"比起来具有更丰富的内容和情趣。为了让我们自己的民族传统节日发挥更重要的作用和更好的功能，需要我们以更为虔敬的态度、更为真挚的情感来善待民族传统节日，欢度民族传统节日。我们需要恢复、重建对待民族传统节日的虔敬情感。

记　者：那您觉得我们的民族传统节日与"洋节"有哪些不同之处？我们的民族传统节日是不是民族文化身份的一种标志？

刘魁立：我们的民族传统节日同其他一些国家以宗教纪念日为核心的节日体系有极大的不同。这种历史积淀下来的群体性庆祝活动，其核心功能在于认识自然、亲近自然、协调人与自然的关系，促进家庭和睦、亲族团结、社会和谐，培育人们美好情操，发扬乐观向上的进取精神。

这些节日在一年的周期中严整分布，循环往替，形成一套体系，而且内涵丰富、多彩多姿。无论是在植物符号方面（春节的梅花、水仙，清明的柳枝，端午的菖蒲、艾蒿，中秋的丹桂，重阳的菊花……）、食物符号方面（春节的饺子、年糕，上元的元宵，端午的粽子，中秋的月饼……），以及居室装饰和衣物配饰符号等方面，都各具特色。在不同节日里还伴随着各自特有的色彩纷呈的艺术表现形式和诸多竞技、游艺项目（旱船、秧歌、龙灯、高跷、拔河、划龙舟……）。严整的体系，丰富的内涵和无与伦比的多姿多彩特色，使得具有悠久历史而延续至今的民族传统节日历久而常新，装点着、美化着我们的生活，是广大民众心中一首永远唱不完的欢乐之歌。

出生在同一个地方，操同一种方言，我们就彼此认同为"同乡"，就多了一层亲近感。具有相同的民族成分、相同的国籍、相同的文化背景，我们彼此认同为"同胞"。特别是在异文化的环境中，同胞之间就会有强烈的亲近感、认同感。作为中华民族的子民，我们在许多问题上有着共同的价值观。看见红颜色，我们想到喜庆；听到锣鼓声，我们就激昂振奋；中秋时节，举头望月，就会在内心里油然升起对亲人和故土的拳拳思念。这些情感是其他民族的人们所没有的。这里包含着我们群体的价值观，这也是我们民族认同的标志，它具有一种内在的力量，让我们在情感上产生一种向心力。民族传统节日尤其具有这种强大的精神力量。

在其他民族看来，我们的民族传统节日也是我们民族文化身份的标志。在国外许多城市的唐人街，每逢佳节，侨胞们都要举行庆祝活动，体现出我们的民族自尊心和自豪感。这时节通过这些仪式和活动，我们民族的文化身份就会鲜明地显现出来，作为重要的民族文化符号昭示于其他民众。

饮食是最丰富重要的节日象征

记　者："吃"与民族传统节日总是紧密相连：春节吃饺子、元宵节吃汤圆、端午节吃粽子、中秋节吃月饼……民族传统节日为什么总是离不开吃？民族传统节日的"吃文化"是不是同宗教信仰、民间习俗有什么内在联系？

刘魁立：我个人认为，过去我们民族传统节日的象征体系是非常丰富的。别的民族传统节日中也有吃的问题，因为"吃"标志着生活的富裕、幸福。举凡所有民族的传统节日，在饮食这一点上都是十分强调和讲求的。

春天的时候，好多民族都要吃类似我们"春饼"一类的食品。美国人过圣诞节往往要有烤火鸡，这也是节日的食品。我们大家忽略了民族传统节日象征体系的其他内容，"吃"却作为一个明显的节日象征物仍保留在记忆中。于是，就产生了一种印象，过年、过节就剩下吃了。我们不能忽略象征体系的其他内容。比如说我们的服饰、佩戴，什么时候佩戴什么东西，这和节日是直接关联的。过年，南方都要买一棵橘子盆景，摆在家里，象征吉祥如意；过清明要有柳枝；过端午也有相应的植物，艾蒿或者菖蒲；过中秋有菊花、桂花；北方过年往往要摆几盆水仙。每一个民族在节日当中都有一些相应的植物，我们的最为丰富。我们的穿戴、佩饰、食物也都是这样。

说到象征体系，不止这些。照理说，中秋的时候，同样也可以划船，但是为什么我们偏偏要在端午的时候"划龙舟"，到中秋的时候就变成了喝桂花酒赏月了呢？每一个节日都有它自己特定的节日活动。仅仅强调饮食，是因为近百年来我们淡漠了自己的民族传统节日，把我们对节日非常浓厚的情感联系给隔断了。随着生活的改变，我们平日的饮食变得越来越丰富、越来越好。平常随时可以享用过去的节日食品，当我们把"吃"看成是节日核心内容的时候，自然就会以为年味儿、节味儿"淡"了。我们应当把节日中的象征体系再重建起来，这时，我们的感受就会有所不同。说到象征，我举一个特殊的例子：除夕交子之前，垃圾可以往外扫，扔弃它。可是一过了12点，垃圾只能往屋里扫，它变成了财富的象征。而过了初五，我们通常叫"破五"，它的身份又恢复了，它又依旧是垃圾了。

节日体系外现民族身份

记　者：节日文化和老百姓的生活方式、生活水平密切相关。过去人们的生活空间较小，平时活忙，逢年过节一般都要热闹庆祝一下，但现在很多人工作在外，逢年过节也是"来去匆匆"，年味儿淡了。您对当下"过节模式"的转变有什么看法？

刘魁立：随着人们生活方式的变化，现在大家生活节奏变得特别快，原来我们过年、过节的悠闲，那样一种从容不迫，可能就有所变化。这个变化并不意味着我们对节日的情感淡薄了。现在大家过年还是要回家，无论如何困难还是要回家过年。这说明大家对节日的情感依然很浓，这个习惯仍然还在。所谓年味儿淡了，可能在城市里才有这样的感觉。在广大农村，过年、过节依然隆重，依然热闹。所以我觉得随着国家法定假日体系的重新制定，节日成了法定假日，我们节日的兴盛是会与日俱增的，不必特别担心。

记　者：您认为民族传统节日在中华民族的文化记忆中到底扮演什么样的角色？

刘魁立：要说一个民族对整个人类能够有所贡献的话，除了我们的发明、发现、技术进步之外，还应该包括精神文化的创造。非物质文化的创造，也是对人类的一种贡献。比如说孔子的学说是贡献，是可以被别人拿来作为参考的。在这种情况下，我们的假日制度，其中包括我们的民族传统节日体系，当然也是对于人类的一种贡献。它既是我们民族认同的一个基础，也是我们民族身份的一种外现。

文化自觉是传承与发展的关键因素

记　者：在全球化时代，您认为传承与发展我们民族传统节日文化的关键因素在哪里？

刘魁立：民族传统节日是我们整个民族群体重要的"公共时间"，每一个人都在过。节日的主体就是我们每一个人。这当中，关于民族传统的文化自觉，就是我们过好节日的非常重要的基础。节日不是别人要我们如何过好它，而是我们首先自觉地感到这是一个特殊的日子。

我觉得这种文化自觉非常重要。如何才能提高文化自觉，有多方面的因素。比如政府的倡导、媒体的宣传，各种社会团体的辅助，包括知识界对节日意义的阐发，同时也靠我们每一个人的心情、每个人的感受。所有这些加在一起，会使我们关于节日的文化自觉有所提升。

很快就要过年了，我祝大家虎年吉祥！

（记者　潘启雯）

（刘魁立，中国民俗学会会长、国家非物质文化遗产保护
工作专家委员会副主任）

Sharon Crain：文化与节日代代相传
家人的示范最为关键

每个国家和民族都有他们自己的文化传统和习惯，有他们自己的节日。这些文化传统及节日的传承，一方面要依靠国家的支持与鼓励，另一

Sharon Crain

方面也需要个人的努力，因为文化也好，节日也好，都需要具体的个人来将之继承和发扬。一个国家可以出很多书，介绍本国的节日或相关情况，通过图片、文字等各种方式，将之非常生动地展现在读者面前，但是具体的实践往往是通过具体的人，特别是家庭成员或者说家长的身体力行才能使之得以一代代地习得并延续下去。

以我家举例，我的祖母 Van Denbark 在孩子们生病时，泡一种茶，准备桂皮味吐司给孩子们吃，这有助于他们更好地康复。如今，在我的孩子和孙儿们生病时，他们依然会说，请给我沏杯茶，准备一些桂皮味吐司，就像我的祖母做的那样。他们不仅在继续一种习惯，也是在延续家人之间的爱，相互关心、相互尊重的爱。虽然他们从没见过这位祖母，但是他们在继续着她传下来的习惯。因此，延续传统文化与习惯，虽然政府的促进和鼓励起着积极意义，但是个人特别是家庭成员在其中发挥着更关键的直接作用。

如今，春节似乎更多是通过鞭炮声来表达庆祝与喜悦，这与最开始相比有了很大的变化。美国也一样，比如说圣诞节，起初是基督教徒们的一个宗教性节日，如今圣诞节可以说已经风靡全球，不仅在美国，中国和世界其他很多国家都在庆祝圣诞节，它更大程度上是被作为一个相互送礼物的节日来欢度。又比如情人节，最初是为了纪念公元前 3 世纪的一位修士瓦伦丁（Valentine），他在古罗马君主禁止年轻人结婚以忠于战争的情况下，偷偷为年轻人举行婚礼而被投入地牢并被折磨致死，因此而受到人们的尊敬并被纪念。如今，情人节已经成了年轻人向自己心爱的人表达爱意的日子。这些节日在不同时期被赋予了时代的特殊诠释，以新的面貌和方式为人们庆祝。如今，时代更是发生了很大的变化，人与人、社会与社会、国家与国家之间的交往在全球化大背景下日益密切，彼此间的交流方式越来越多样，速度也越来越快，我们了解并在很多情况下有机会亲身体会其他民族和国家的传统节日，并将之带入到自己的国家，同时本国的传统节日也日益为其他国家和民族的人们所了解并融入了他们的文化中。

但我还是要强调，在庆祝国外的节日过程中，家庭成员在其中扮演着十分重要的角色。比如说我家，我和丈夫对中国有着很深的情结，我们自33年前第一次接触中国以来，与中国一直有着深入的交往。这些年来我几乎每年都有一段时间去西安教书，同时也一直致力于推动两国教育的交流与师生间的互访。我几乎已经把自己看成是一名美籍华人了，我生活的一部分已经完全贡献给中国了。我的孩子们也和中国有着越来越深的关系，比如我的小儿子在丹东工作，我最小的女儿马上也要和她的孩子及丈夫来北京工作。一起包饺子成了我们家的一个传统，每当孩子们来我家，第一件事就是要一起包饺子，在他们看来，包饺子已经不仅仅是在准备一顿饭，而是一个大家庭团聚的象征。我过春节主要有两个庆祝活动，一是与华美协进社（China Institute）一起共度春节。我在协进社当过25年的董事会成员，现在也经常参加他们的活动，包括每年的春节，我帮忙准备中国大餐，和很多中国人、美籍华人还有一些美国人一起庆祝这个特殊的节日，来表达我们对中国传统的尊敬之情，并将之传承下去。二是与家人和朋友一起欢度春节。我们会准备一些有特色的食物，如北京烤鸭、面条之类，并邀请邻居和好友们参加。

如今中国人有更多机会接触外面的世界，对他国文化的了解也越来越多、越来越深，特别是年轻人，更容易接受外面的文化，更容易受它们的影响，比如说欧美文化。他们会过情人节，在这个特别的日子里给自己心爱的人送花或者巧克力，他们喜欢在圣诞节聚会、相互交换礼物。但是，我认为在全球化观念不断深入每个人的过程中，必须要珍惜并发扬自己原有的文化和特点，而在这过程中，家庭成员的言传身教十分重要，因为一旦这一环节有了断裂，那么年轻一代就没有类似的经历，也就很难将之继续传给他们的下一代。

（Sharon Crain：美国威灵顿基金会董事长、陕西师范大学客座教授）

节日传统与文化记忆

Marylin Chou：春节仍是重要而特殊的日子

Marylin Chou

我的童年是在纽约市的中国城度过的。当时，中国春节是一年中最重要的节日，每逢春节，大人们会告诉我们要打扫自己的房间来迎接新年。奶奶、妈妈和姑姨她们会忙着张罗各种菜，然后把大家叫过来，在爷爷奶奶家里一起吃年夜饭。年夜饭的菜很丰盛，除了几道特色菜，奶奶还会准备各种广式点心，爷爷会预定特别的水果，在亲朋好友来拜年时与大家一起分享。作为孩子，我们最盼望的是从大人那里收到红包。

那都是 70 多年前的往事了。如今，我的亲人们基本都迁出了唐人街，去了其他地方。我住在康涅狄格州，离纽约市大约有一个小时的车程。虽然很多年过去了，但是过中国新年对我的重要性并没有随着岁月的流逝而变得黯淡，中国春节在我和我的一些朋友心里依然是一年中一个非常特殊的节日。每当春节来临时，我们会尽量与家人、朋友聚在一起。由于我们中间知道如何准备传统中国菜或者广式点心的人不多，大家一般选择在中国餐厅聚餐，我会点一些我觉得很特别的菜肴，如鱼、鸭、佛手和饺子，甚至有一些美国朋友也要求加入我们的聚会，一起享用新年盛宴。每年在春节前后的 10 天里，我会有三场聚会。

除了与家人、朋友一起庆祝中国新年，我们中还有很多人聚在一起，以美华社（Mei Hua Society）的名义举行新年义卖活动。美华社的主要宗旨是帮助纽约当地的一些组织，以促进亚洲文化，并给那里的亚洲人提供一些社会服务。我们的活动包括举办展览、播放亚洲电影和戏剧，举办关于历史、建筑、当代问题和饮食文化的讲座。我们在春节有特别的公益活动——举办公益春节盛宴，举行传统活动，如舞狮子和义卖，拍卖的东西主要来自朋友和美华社成员捐赠的物品。我们 20 来个成员中有中国人和美国人，包括男女老幼，在春节期间一直忙着为一些基金会进行募捐活动，如订饭店、发邀请函、装饰桌子、卖商品，大家因能做一些善事而非常高兴。我们的努力也有了回报，比如在过去 4 年中，我们为"美籍华裔老年人计划委员会"募捐了一台 50 英寸的电视机，为"麦迪逊华人精神健康服务中心"募捐了餐桌餐椅，为"陈舞蹈中心"募捐了一台复印机，还为"纽约亚洲妇女中心"和"泛亚洲剧团"举办了一些外展服务。今年，我们准备了 10 道菜的盛宴，将向每位就餐者收取 125—150 美元的餐费，期望能募捐到 1 万美元。这些募捐或许微不足道，但我们相信这有益于当地社区的发展。这次，我们为"纽约亚洲妇女基金"募捐，将努力帮助那些受丈夫、男友或者雇主虐待的妇女，给她们提供咨询服务和临时避难所。参加这一救助项目的职员会说 10 多种亚洲语言和方言。

和家人、朋友一起过春节也好，为推动纽约市亚洲人社区的发展而举行各种新年特别活动和美华社的大家庭一起过新年也罢，一直是我用来庆祝中国春节的重要方式。虽然我不在中国，但是春节对我而言有着很特殊的意义，是一个十分重要的节日。

（Marylin Chou：美国 At Home 项目主席）

萧放：节日仪式是文化记忆的要素和过程

中国的传统节日文化是经过长期发展、由历史累积起来的文化体系，是民族文化的重要遗产。从当代社会意义的角度来看，它是传统文化的集中体现和载体，具有承载与传递传统文明的重要功能。传统节日通过众多具体节俗和时间节点的周而复始来不断强化人们对民族文化的记忆，对外是文化身份的表现，对内则是文化认同的方式。只有内外的结合一致，才能让一个民族的文化在世界多元文化体系中找到自己的位置，而彰显民族的文化特色和意义。

萧 放

211

　　节日从来都不是空洞的东西，它有丰富的仪式内容；节日的意义正是通过仪式得以体现。中国的节日不是通过文字记录来传承，而是通过仪式活动和身体表达来实现，在仪式中实现人与自然、人与神灵以及人与人之间的交流。传统的仪式活动多与信仰和人间伦理观念相联系，仪式活动一方面显示了节日的存在，另一方面也是人们表达情感和愿望的重要方式。人们在观看和参与仪式的解释、操练和表演过程来强化民族记忆和文化认同，所以说仪式也是记忆的一个过程。如果将节日仪式省略，那么节日就成了空洞的东西，跟平常的时间没有区别，仅仅成为一个时间符号。节日之所以为节日，是因为它有所区别于平日的仪式活动。所以我们目前应当重现或复现以往被遗落的有价值的仪式，同时给它们注入新的内容。

　　有意味的文化需要拥有象征符号，而不是直观的表达，仪式就是节日的象征符号之一。现在很多人认为春节的拜年就是简单的见面打招呼，实则不然，春节的拜年是很有讲究的，从拜天地、拜祖先、拜长辈，再向邻里、朋友一圈一圈地拜过去，这是非常重要的仪式，它将人们和祖先、社会联系起来，是一种情感的表达，能起到修复与牢固社会关系的作用。受到现代社会生活方式和理念的冲击，我们的仪式被省略了很多。随着电子传媒的出现，磕头拜年已经被短信、电话拜年等新方式冲淡。对于新的多种表达方式的出现我们要给予肯定，这是时代的需要，因为无论方式怎么变，其中祝福的内涵没有变，与自然协调和祖先沟通的感情是一样的。传统节日里的仪式活动所表达的情感更为直接、更为强烈，传统节日的仪式活动似乎可以用短信和电话来替代，但事实上这种替代不如面对面的交流来得直接、真切。节日就是给大家平日里难得的面对面交流的机会，所以提倡大家尽量面对面的交流与互动，通过参与仪式活动来表达思想与情感。如果因为一些因素的限制，无法到达现场，那么无论是用短信还是电话，一定要直接地表达自己的心声，比如亲自编写与对方息息相关的短信内容，让对方感受到真挚的情感，从而让节日变成真正属于我们自己的节日。中国正处在跨越式大发展的历史阶段，是传统与现代对接，农业文明向工业文明乃至后工业文明转变的特殊时期。因为历史的原因，传统节日文化目前出现了一些断层。面对这一现状，我们要让传统节日文化传承下去，应该把握三个关键因素。

首先，象征物不能丢。节日的象征物组成了节日的物质文化系统，它是节日文化的载体。比如春节的年画、春联、灯笼、桃板和桃符，中秋的兔儿爷和月饼，清明团子和七夕巧果。每个节日都有一套很丰富的物质文化系统，象征物不仅有象征层面的意义，还有烘托节日氛围的作用。其次，仪式活动不能省略。像春节的祖先祭祀，清明的扫墓，端午的赛龙舟，中秋的拜月和重阳的登高，这些都是人们情感和愿望的表达，是对先人感恩的体现，是祈福迎吉的方式。最后，我们节日的精神核心不能忘。节日的精神核心决定了节日的发展生命力。在传承文化传统的时候，更要不断地赋予传统以新的解释。精神核心拓展了，节日才会有持续发展的动力。古代的节日偏重于人与神、人与家族的和谐，偏重家庭的内聚力，在当代我们可以重新强化人与自然、人与社会的和谐，从而增加社会的凝聚力和团结精神。只有将象征物品、象征仪式和精神核心三者融为一体，我们的传统节日才能在未来得到很好的传承。

（萧放：北京师范大学文学院民俗学与社会发展研究所所长）

马成龙：节日　共享的历史背景与文化遗产

　　节日对文化认同起着重要作用。它就像一种仪式，是到了固定的时间就会被重复的行为模式。共同经历这种仪式的人们，一定有一个共享的历史背景、共享的文化遗产。所以当他们在一起吃同样的东西，做同样的事情的时候，就会有一种认同感，认为属于同一群人。

　　节日对文化认同是一种维系的作用。当然，有时候这种文化、这种仪式会慢慢淡化。当它淡化的时候，就很难用人为的方式来再创造。如果它一直存在，就是一种维系。

马成龙

有些文化行为可以恢复、可以推行，但跟原来的性质不再一样。听一些中国大陆的朋友谈"孔孟"，就跟在台湾地区谈"孔孟"不一样。我听有些中国大陆朋友说，现在他们虽然讲"孔孟"，但心里并没有这个根基。类似事例很多。有些东西消失了，再把它拿回来，就不太一样了。因为传统是要经过岁月慢慢沉积的，真正的传统应该融入一个人生活的点点滴滴当中。

华节、洋节背后是不同的文化观念

节日不但是一种仪式，很大程度上象征着一种文化观念。比如，中国人的清明、重阳等传统节日，其实都与儒家的"慎终追远"思想密切相关。西方就没有类似的节日。西方节日有不同的文化背景，比如感恩节（Thanksgiving Day），它有自己的历史渊源。

每一个国家、每一个社会的历史背景不一样。但大家庆祝节日的方式，无外乎一群有共同历史背景的人在一起做同样的事，吃同样的东西或者穿戴同样的服饰。比如，圣帕特里克节（St. Patrick's Day），这是爱尔兰的节日。到了这一天，大家就会全身穿戴绿色的东西。在美国一到圣帕特里克节，我的爱尔兰裔学生的鞋子、帽子全都是绿色。他们以这种方式来表达这个节日是属于他们的。

"洋节热"谈不上文化认同

我认为中国人心中的洋节和中秋、端午是不一样的。中国人过洋节，未必是对西方文化的认同。比如，圣诞节对于美国人来说就像是中国人的春节，是一个家人团聚的节日，应该很安静地度过。和家人在一起过平安夜，或去教堂，一切都是很安静的。圣诞节对中国人来说则是热闹的节日——大吃大喝、狂欢……性质已经变了，它已变成年轻人的一种"流行文化"。情人节也是如此。在西方，圣瓦伦登节（St. Valentine's Day）是象征爱的节日。这天可以寄卡片给祖母、给妈妈，只要是爱的人都可以为寄送的对象。但这一节日到了亚洲就完全变了。

产生"洋节热"的另一个重要原因是商业炒作。今天是圣瓦伦登节，明天是七夕……商业利益在其中起了很大的作用。这些人为创造出来的东西根本不能称为"传统"，更谈不上文化认同。

全球化与传统节日兴衰无必然关系

社会变迁影响到传统节日的变化。小时候我在台湾地区，一到大年夜的12点钟鞭炮声就不绝于耳，一直响到天亮，那种气氛现在已很难找到。以前过年，在外工作的人要走很漫长的返乡路才能与家人团聚。某种意义上，过年可能是一年中能够与家人团聚的唯一时节。可是现在，在西方社会或者中国大城市，交通便利，人们回家不回家其实也没有什么差别。过年最多就是大家聚在一起吃顿饭，和以前过年的感觉是有差别的。因此，同样的节日，不同时期也有不同的内涵。

内涵变了，节日的形态也会变。比如春节，在农业社会，冬天有了收成，基本就没什么事了，大家就可以坐在一起吃。现在社会形态不一样了，在节日的表现上也会有很大不同。

全球化与传统节日的兴衰没有必然关系。全球化主要的特点是资讯透明，全球共享，可以快速传送不同的信息。它也许改变了我们的生活方式，但对传统节日不见得有必然的直接影响。就像中国人的过年，让它一下子消失是不太容易的，也不存在"强势文化侵蚀弱势文化"，例如在美国，中国新年越来越热闹。民俗是一个民族自己的东西，不见得和经济是否发达有关。只是社会形态变了，聚散变得容易，人们对"年"的概念自然也就产生了变化。

（马成龙：香港浸会大学传理学院传播系主任）

司马云杰：节日是遥远深邃的文化记忆

节日在中国文化里就是生活的节奏。有些节日赋予了其文化内容，如春节。春节本身不仅是自然界的节奏，更赋予了它一种文化意义，即天地万物一年的发展变化终于此、始于此，于此时万象更新，一派生机，一片新气象。现在的春节，是按夏历来算的。夏历实际上是在唐虞时制定的。《尚书》第一篇《尧典》，讲尧"乃命羲和，钦若昊天，历象日月星辰，敬授民时"，就是指最初的夏历，距今已有4300多年的历史。这就是说，中华民族远在4300多年前就过春节了，它要比西方的圣诞节早2300多年。

司马云杰

后来的历书，虽有改变，如夏以十三月为正月，商建于丑，以十二月为正月，但中华民族过春节的习俗几千年来并未改变。春节不仅是遥远的记忆，而且有很深邃的文化内涵。每年春节一到，万物复苏，万象更新，不管过去的一年有多少麻烦事，多少不如意、不顺心的事，甚至彼此还可能有一些积怨，但春节一到，爆竹声声，新桃换旧符，一切都终于此、始于此，一切都重新开始，一拜年、一磕头，就全部化解了、合好了。这就是中华民族赋予春节的深刻文化含义。因此，节日不仅是生活的节奏，更是文化氛围、文化意义的存在。如果过春节不贴春联、不放鞭炮、不拜年，也就没有文化氛围与文化意义。这就像过元宵节应该有花灯一样，"有灯无月不误人，有月无灯不算春"。

中国文化的节日，不仅具有遥远的记忆、深邃的文化内涵，而且意境都是非常美好的。如元宵节观花灯，放烟花，"东风夜放花千树，更吹落星如雨"；七夕节，牛郎织女相会，喜鹊为之搭桥，在葡萄架下还可以听到牛郎织女的哭声。这是多么富有想象力与人情味！而且这个节日常常是"东家娶妇，西家归女，灯火门前笑语"。中秋节，"海上生明月，天涯共此时"，"但愿人长久，千里共婵娟"。中华民族把中秋节看成是"团圆节"，不是没有道理的。

中国文化节日的意义，是随着时代发展不断深化、转换的。比如端午节原是纪念爱国诗人屈原的，因其投汨罗江而死，每年端午节，人们向江里投米团以示纪念；而现在的端午节，不仅家家包粽子，而且年年举行赛龙舟的活动，成了民族的一大节日，其纪念活动已远远超出了最初纪念屈原的意义。清明虽然是二十四节气之一，但它又是与纪念介子推的"寒食"联系在一起的。晋国重耳内乱时逃亡在外 19 年，及至即位封赏所有从者，唯独忘记了介子推。而子推无怨，不言禄，逃隐于绵山。文公召而不出，遂放火焚山，介子推抱木焚死，于是以"寒食"祭祀这位不计功名利禄的贤者。"寒食"在清明前一天（一说前两天），现在农村清明、"寒食"已不分，由原来的祭祀纪念介子推，已变成了亲人的祭日，城市更有对死难烈士的哀悼与追思，且增加了植树的活动。这些都是时代赋予节日的新内容，转换了原来节日的文化意义。

但不管怎样转换，节日总是一种文化的存在、意义的存在，历史是一个民族国家存在的根据与理由，而文化则是一个国家民族信仰信念与生命精神的存在。没有了历史，国家民族就没有了存在的根据与理由；没有了文化，国家民族就失去了信仰信念与生命精神。因为国家民族的存在，不是生物群体，而是文化群体、精神群体；节日则是文化的一部分，是国家民族文化与精神不可或缺的一部分。过节日，不仅是回忆国家民族那遥远的记忆和深邃的文化内容，更是缅怀国家民族文化历史的存在。忘记了节日，也就忘记了国家民族的文化历史，忘记了国家民族存在的理由和根据，忘记了自己文化的价值观与精神存在。近现代以来，西方一些哲学社会科学学者，如文化人类学家或社会人类学家，研究殖民地一些少数民族的文化，恰恰抱有两个未明言的目的与动机，那就是让殖民地人民忘记自己的文化，忘记自己的历史。

现在，中国为了实现文化复兴，重新规定春节、清明、端午等为中华民族的盛大节日。从一定意义上讲，这也是一种文化上的自觉。现在，一个值得注意的现象就是用商业动机或西方文化的"洋节"消解中国文化的节日，掩盖、肢解、消溶它的文化意义。凡过中国节都大搞旅游，利用年轻人爱凑热闹大力炒作圣诞节、情人节，就是属于这种现象。节日是有民族性的。民族不同，节日的文化意义不同，不懂其文化背景，是很难理解其意义的。古代西班牙的斗牛节，全国美人都要揭开自己的面纱，受人们的仰视与尊重，而男士要用一场与牛的殊死搏斗展示自己的英雄行为，向美人致敬。现在的斗牛节，除了旅游观光价值，人们已经很难理解它伟大崇高的意义了。西方的圣诞节、阿拉伯人的朝圣节，不知文化背景，没有宗教感，也是很难理解它的意义的。西方的情人节，有说源于纪念古代罗马丰产神，因其脾气暴躁，像天气一样喜怒无常，因而送些东西给他吃（如现在送巧克力），以安慰他；有说源于纪念牧神宗教信仰的，因其能把饿狼赶走，而送东西给他吃；有说源于殉道者范伦斯坦（又译为华伦泰），而以书信、名片、东西与之联系的。不论情人节源于何处，没有西方宗教

217

文化知识，是很难理解它的文化意义的，而且它也不像中国的"七夕节"那样美好动人，那样具有想象力与人情味。现在中国一些年轻人过西方的"情人节"，不过是青年男女的一次聚会而已，许多人并不理解它的文化意义。

正是因为不同国家民族的节日，有着不同的文化意义，所以节日是不能代替的。试想用西方的圣诞节代替中国的春节可乎？信仰基督教的人，有那份宗教感情，可以过圣诞节。而对大多数中国人来说，对整个中华民族来说，文化上早已隐退了上帝（中国上古也是有"上帝"存在的，如《诗》、《书》中的"皇矣上帝"、"昊天上帝"），今天仍让他们相信上帝的存在，过圣诞节，根本是不可能的。商家利用节日赚钱，本无可非议，但不能因此掩盖、肢解、消溶中国节日的文化意义。我在文化上是不完全赞成解构主义的，特别是对中国文化的根本精神与核心价值观念。中国文化的节日，不仅有深刻的文化意义，而且具有一种不可代替的人文精神。元宵不见月，点几盏灯，为日月增辉；惊蛰不打雷，擂数声鼓，为天地助威。节日是人的节日，是人生意义的存在，人怎么可以在节日里丧失自身存在，或依附于其他文化的节日呢！因此，我在文化上不赞成解构主义，不赞成完全消解节日的文化意义；不仅不赞成解构主义，而且主张搞点建构主义，即发掘原来节日文化意义，使其美好的东西得以发扬，同时，随着时代发展，不断扩大它的文化内涵，赋予它新的文化意义，并把它内化为国家民族的文化意识。如是否可以把"七夕节"正式定为中国的情人节，并在这一天为两地分居的夫妇放假一天，使其过个夫妻团圆日。这种体现以人为本的过节法，是非常具有人情味的事情。它不论是对企业管理，还是对国家民族文化发展，都是非常有意义的。这样做，自然也就把节日遥远深邃的文化记忆拉近了，中国几千年的文化历史，也就不是没有意义的存在了。

（司马云杰：中国社会科学院社会学研究所研究员）

李义平：经济模式、生活方式与节日变迁

　　节日是一个国家在特定的经济形态和生产方式下的产物，是人们在特定状态下的生活方式的反映，是对特定的生产方式和生活方式的文化认同和价值认同。毋庸讳言，中国的传统节日是在长期的自然经济、农耕文明和相对封闭的背景下形成的，是依附在特定的经济模式上的一种习俗，是人们对当时文化认同的一种载体，承载着人们的价值判断和所认同的一种价值观念，例如春节就是中国农耕文明的产物。春节是相对闲暇的时间，人们利用这个时间祭拜祖先，孝敬父母，走亲串友。春节承载着中国人民辞旧迎新、和谐团圆、顺利圆满的价值观念和文化取向。

　　中国现在是市场经济以及工业化、工业文明的转型时期，人们对节日的看法、人们的节日观念也会随之改变。改革开放以来，人们生活节奏不断加快，生活方式也在发生着巨变，特别是在全球化的影响下，不仅经济日益全球化，文化也在国际间相互渗透、相互融合。随着经济基础和生活方式的变迁，整个庞大的上层建筑，包括人们的思想观念和文化认同都在发生着变化。在这个变化过程中，一些传统节日赖以存在的经济基础、生活方式不存在了，这样的节日慢慢地就会被淡化甚至被忘记。一部分人开始接受"洋节"，这是可以理解的。有些传统节日即使被传承下来，也具有了新时代的色彩，例如"大迁移"式的过年、这是过去交通不发达、人们在村子里不相往来时所少有的现象，这也说明春节承载着的文化是深入人心的，这是无需记忆也不会被忘记的。

　　"洋节"并没有把中国的所有传统节日全部冲淡，这主要取决于什么样的传统节日容易被冲淡，而什么样的传统节日更容易被人们继承下来，越是人性化的节日、越是依然与现代人的生活方式相协调的节日就越容易被现代人所接受。例如每年的春节，火车票再难买人们也要回家过年，说明春节这个传统节日是能够得到大家认同的，是任何西方节日都无法比拟和替代的。然而中国的"七夕"与西方的情人节相比，大概就相对逊色了。严格意义上讲，"七夕"并不是一个什么节日，即使现在把它作为中国的情人节，也与西方的情人节寓意不同，最初的出发点不同，所涉及的群体和范围也不同。"七夕"蕴涵着一个离别伤感的故事，寓意很有局限性，

中国社会科学报 （2009—2010） 特别策划（下卷）

而西方情人节则更加人性化，因此"七夕"相比西方情人节就显得逊色，容易被冲淡。此外，现在一些"洋节"之所以在中国甚至全球盛行，其中一个重要原因是随着全球化的发展，人们盲目地追求时尚使然，比如很多中国人过"圣诞节"只是凑热闹，并不知道"圣诞节"的由来及所承载的文化内涵，因此对中国的传统节日文化也不会造成冲击。追求时尚，会使人们迅速地接受很多被认为是"时尚"的东西。

一个国家的文化是在一定的经济基础上形成的，同时文化也会影响和制约一个国家经济的发展。如美国的工业文明与中国相比，产生的结果就是大企业大都出在美国，而中国大多是加工式的中小企业；与内地重农轻商、重本抑末的文化不同，浙江利义并重、工商皆本的思想使得当地老百姓有着面对市场经济的传统，市场经济会率先在这些地方发展，并由此推动经济的发展。事实上，一个国家或一个地区的经济发展水平如何，不在于文化底蕴是否深厚，关键在于蕴涵的是什么样的文化，如果是重农轻商、官本位、中庸、依附、平均主义的文化，这个国家、地区就会落后。经济与文化有着非常紧密的关系，但是与市场经济相适应的上层建筑的文化，与传统文化并非相同。我们选择了社会主义市场经济，一定要对传统文化进行改造，继承其精华，并使之与现代市场经济相适应。囫囵吞枣不加分析地全盘接受传统文化是不可取的。基于中国的国情，全盘接受西方的东西也是值得商榷的。

谈及"洋节"的经济价值，它能够带来经济收益是肯定的，关键是要看消费的是哪个国家的商品，是哪个国家获得经济收益。中国人过"洋节"大多数是在中国消费，消费的是中国的商品，是中国的商家在赚钱，"洋节"也好，本土节也好，只要是"节"，就能拉动消费；只要是"节"，商家就会抓住机会，其中包括借机炒作。没有"节"，大家都在制造机会；有了"节"，明摆着是机会为什么不抓住呢！消费会拉动经济的增长，商业炒作也并不会对传统节日造成冲击。其实"土节"和"洋节"炒作的性质是一样的，相比圣诞节等"洋节"的炒作，春节的炒作其实更加厉害，只不过人们对春节商家炒作熟视无睹，觉得是自然而然的事情。因此，我们保护传统文化、传统节日与发展"洋节"经济并不矛盾。

总之，只要我们认识了经济与文化的关系，认识了经济模式、生活方式与节日的关系，我们就可以理解人们节庆观念的变化，就可以理解为什么有的节日有生命力，而有的节日会逐渐被人们淡忘。

（李义平：中国人民大学经济学院教授

本期春节特刊采写工作组：郑巧、吴婷、潘启雯、

褚国飞、王宙、耿显家、孔任远、刘方圆）

节日传统与文化记忆

记者眼中的中国年

——本报记者春节返乡见闻

　　春节长假刚刚结束，本报记者从全国各地带回了诸多鲜活的返乡见闻，这些来自北京、河北大城、河南新县、安徽阜阳、湖北蕲春、广西来宾、浙江温州及温岭等地的见闻，从经济、政治、文化、社会等各个视角展现了国家日新月异的变化。

构建乡村"文化绿洲"进行时

　　"加油！加油！"虎年的大年初一，在来宾市兴宾区良江镇最偏僻而且社会文化生活严重落后的松柏村，一个刚建不久的灯光篮球场上正在举行一场篮球赛，村民扶老携幼前来观看，有拄着拐杖步履蹒跚的老人，也有怀抱幼儿的妇女。

　　当天，来自周围村庄的 6 支篮球队在此展开角逐，让当地村民大饱眼福。一名群众自豪地告诉记者："自从 2009 年 5 月建成新灯光篮球场至今，我们看到更多更好的比赛了！"春节期间，记者欣喜地发现，包括灯光篮球场在内的"求乐、求知、求技"这一逐渐成熟起来的"三求"文化惠农工程，为构建乡村"文化绿洲"探索出了一条好路子。

"三求" 文化惠农工程在调研中产生

位于广西中部的来宾市,农业人口占 86%,有着丰富的民族民间文化、麒麟山文化、盘古文化、红水河文化、瑶族文化等别具特色,山歌彩调、壮剧壮欢、戏龙舞狮、劳动竞技等有着深厚基础。世界体操王子李宁就是从这片崇尚体育的桂中大地走出去的。

但农村的文化体育设施很缺乏,已有的设施简陋、功能不齐全。为此,乡村文化活动在开展方面一直曾呈现出散、乱、小、质量不高、不经常、不普及等问题。一时间,农村的文化体育设施的滞后已远远满足不了农民大众对精神文化的实际需求。

没有排练场,不少农民文艺队至今还在低矮昏暗的泥瓦房里排练节目;没有大戏台,群众平时就聚在村头的老榕树下看戏赛歌、在简陋的晒谷场上舞狮打球。甚至在一些偏远村屯,"早上听鸡叫,白天听鸟叫,晚上听狗叫"已被视为"歌曲联唱"充当精神调剂,"一天劳累,倒头便睡"成了农村生活的真实写照,同时也折射出许多农民朋友精神生活的贫瘠,如此单调的生活,更是赌博、打架等乡村不良之风滋生的"温床"。

2008 年 11 月,来宾市委书记、市人大常委会主任张秀隆在调研时发现,来宾的农民对文体活动的渴求非常强烈,有一次农民问他:"政府能不能帮村里建篮球场和戏台?"张秀隆从中得到启发,提出了加快农村文体设施建设的总体思路,经过多次研究,"三求"文化惠农工程具体做法终于出笼:拟用 3 年时间,每个行政村建设一个灯光篮球场、一个文艺舞台、一个科技文化卫生综合活动室,组建一支农民文艺队和一支农民篮球队。

通过文体活动,要让农民的篮球蹦起来、健身热起来、山歌唱起来、舞蹈跳起来⋯⋯《"三求"文化惠农工程实施方案》出台后,掀起了"财政补、部门帮、企业助、群众捐"的建设热潮,广大群众还无偿出让建设用地、无偿投工投劳。

"文化新苗"让村民充满期待

松柏村60多岁的石有平老人是当地小学的一位退休老师，他组织的篮球队曾长期活跃在乡村内外，但比赛时却经常找不到球场。如今却是什么时候高兴就什么时候组队比赛。在松柏村村口，记者看到那个被村民喻为"农民广场"的5000多平方米的范围里，除了建有一个标准的灯光篮球场，还有一个古色古香的戏台。戏台对面的科技文化综合活动室和卫生室正在筹建之中。

今年年近50岁的石有亮是松柏村篮球队的记分员——这位壮族中年人向记者回忆并描述了松柏村的"旧貌"：以前村里没有像样的体育设施，更别提娱乐设施了，每天干完农活后村民们只能互邀到家里打牌、搓麻将、喝酒、划拳，打场篮球更是奢侈的运动，需骑车到十几公里外的镇上。"过去羡慕城市里热闹，现在有了'三求'文化惠农工程，咱们农民的日子过得那才有滋有味呢。"石有亮如是说。

"哨子一吹，打架不去；锣鼓一响，麻将收场。"松柏村村支书林松敏逢人便说，"随着村级公共服务中心的建成使用，村里风气日善，就一个篮球场而言，它就像春天里撒下的'文化新苗'，让村民充满期待。"

林松敏进一步介绍说，现在的"农民广场"已经成了村民集会、议事、放电影、宣传党和国家政策的重要场所，其功能得到了最大的发挥。与此同时，各业余文艺队结合当前维护社会稳定、农业生产知识、计划生育、家庭伦理等宣传教育内容，演出群众喜闻乐见的小品、彩调、山歌等，也深受群众欢迎。

另外，通过开展球赛、演出等活动，还拉近了村与村之间的距离，化解了矛盾，促进了农村社会的和谐。来宾市兴宾区政府一位姓蒙的办公室主任对此深有感受，他告诉记者，以前跟随镇干部到农村做工作时，经常会感到各种阻力。现在村里唱戏会邀请干部去看，镇干部也时不时到村里与农民打一场篮球友谊赛。"在球场上我们成为朋友，感觉现在群众工作好做多了。"

其实，松柏村的乡村文化建设仅仅是来宾市实施"三求"文化惠农工程的一个缩影。记者在走访中发现，这样的活动如今已在来宾市 100 多个村委遍地开花……

乡村文化：不仅要"种"还要"护"

近年来的乡村文化建设，有的地方却止步于"种"，后续跟不上，文化品种单一，往往过年过节热闹一阵就偃旗息鼓，不能满足群众经常性的文化需求。如何"种"好、"护"好乡村文化是一个更加重要的话题。

另外，过去各部门建设农村文化事业时，还容易出现"东一榔头、西一棒槌"的情形：体育部门负责农村体育健身工程、卫生部门出资农村卫生室、新闻出版局建设农家书屋……虽然有了资金的投入、政策的支持，效果却不一定理想。

针对这些问题，张秀隆在接受记者采访时指出，由政府引导，整合资源，建设农村文化事业，这样既节约土地等资源，又方便管理。"文化新苗"既已"下地"，就要"护"好——松土薅草、浇水施肥，管理好、引导好、扶持好，让种子生根发芽、开花结果。在这一环节，广大农民是主体，有关部门和农村各基层组织也应大有作为。

（记者　潘启雯　通讯员　侯珏　发自广西来宾）

大别山变奏：村落空心化与城镇化发展

再次回到大别山老家山寨，已是一年以后。绕过绵延的盘山路，立在郁郁葱葱的崇山峻岭间，呼吸着清新空气，我渴望着守望这片似未掺杂尘世气息的山林和土地。

除了冻雨消融后清晰透脆的溪水声，剩下的全是寂静。这个坐落在鄂东大别山的山区村落，方圆四五千亩，经历鼎盛时期近千人规模后，如今常住人口只剩下一百余人。几年前，一到春节，外出务工村民回乡，村子还能热闹几天，然而，如今就算到了春节，村子依旧沉寂，了无人烟。与

225

此形成鲜明对比的是，城镇车水马龙、热闹非凡，并呈现向郊区农村扩张的趋势。

山区村落"空心化"

山区农村面临的最大现实是，村民大量自主搬迁出村庄，于是"空心村"出现了，剩下贫困而孤寂的老弱病残。在村子的山林深处，住着两位八十多岁的老人，他们的孩子在外地工作、求学，除老人寿辰和春节回家外，二老常年相依为命。"就在2009年，爷爷苍老了许多……"面对记者，在北京工作的老人的孙女哽咽了，"他们不愿离开这里，舍不得这里的一切。爷爷说，他要守护这里的树木，防止人偷盗；他要守在已经住了一辈子的老屋里，防止屋子倒塌，儿孙回来时无家可归。这里的一切已融入他们的生命中，就算父亲百般请求爷爷搬到县城同住，他也不愿意……"

一路走访，记者观察到，除了少部分旱地种上白菜外，大部分田地已荒芜。同行的本村人介绍，"在集体经济时代，春节之前村民已种上油菜和小麦，到了二三月份，油菜和小麦长出一尺多高，远望绿油油一片，看不到一块荒田。但是现在老百姓有了打工收入，种田种地也只是农民个人的事情，最多老年人愿意种种口粮，田地大部分都荒了"。

村里的香火延续了几百年，现在纷纷迁离。在问及村支书对这个问题的看法时，他感叹道："山区农村向城镇转移，这是大趋势，只能顺其自然。"

对于这个村庄的未来发展，村支书进一步谈道："如果能争取到国家的扶贫资金，把这些分散居住的老弱病残户集中到一起就好了。或者引进外资，进行山林开发，否则村子无路可走。"

城镇生存首先要有基本保障

以山区农民的迁居为中心，山区村落"空心化"伴随着城镇人口的聚集和城镇化发展。

据记者调查，迁居至城镇的村民其生计渠道分为两大类：一是除春节回家外，常年依旧外出务工；二是在城镇当地就业。依旧外出务工的村民，通常是在外地已经创业的中年人和新生代农民工。特别是后者，在他们还没有能力在大城市买房定居之前，在县城居住只是过渡性的选择，就算在城镇已经有不错的工作机会和收入，他们依旧希望在城市中扩展视野、接受历练。在城镇当地就业的村民，通常是中老年人和部分守家的妇女。由于当地县城乡镇产业近几年发展迅速，县域服务业也随之兴起，迁居至县城的离地农民的就业在短期内已不成问题。他们或在乡镇企业做临时工，或从事服务业，或做点小生意。

迁居至城镇的山区村民，越是依赖城镇企业，保持县域产业经济可持续发展就越发重要。蕲春县副县长詹习文在接受记者采访时介绍道："县委县政府始终重视招商引资，在规划上有意识地引导'一镇一业'的发展格局。每个乡镇都有一产业集中区，产业区再带动镇区扩张，吸纳四面八方的农民，让这些农民在离家不远的地方就能就业，半工半农，增加现金收入，带动该区城镇化发展。"

面对记者对乡镇企业可持续发展前景和保持工业发展、生态环境平衡的疑惑，詹习文强调："我们相当注重科学规划，在引领招商引资时，提前对投资商说明了哪些地方能做什么、哪些地方不能做什么。凡是化工产业或者污染较大的企业，我们全部将其集中，建设统一的污水排放和处理系统。"

平日奔波于生计，春节期间，村民的社会关系网络及其支撑的情感、精神生活需求突显出来。与记者的担忧形成鲜明对比的是，建立在血缘、地缘基础上的传统社会互助网络，并没有因村民离开村落而濒临解体，反而因城镇交通更加便利而有所增强，依旧是村民抵抗风险、情感寄托的支撑所在。

迁离山地的村民，不约而同地选择了同样的迁入地，仅在县城郊区的高新埔村，源自山区同村的新居民就有 8 户。最初，潘志美家庭于 2008 年底迁入此地，不到两年时间，原来村落的亲朋好友也纷纷迁居至此。春节期间，他们互相拜年，互喝迁居、结婚、贺年的喜酒；平时，他们来来往往，互相照应。虽然与迁入地的本村村民也有来往，但来往频率和情感依托远不及同村同源的亲朋好友。

然而，我们不可忽视的是，这些在城镇建新居且经常保持往来的村民，大部分是中老年人。他们曾共同参与公社集体劳作，共同参与村社文化活动，有着共同的村落生活体验及情感联系。但是，源自同村的新生代农民工之间，联系和情感却疏远许多。他们虽然有过几年共同的学校生活，但学校生活的记忆早已被十几年各自不同的外出务工经历冲淡。

因此，需要进一步注意的是，这些没有了土地作为最基本保障，尚难以享受城镇职工保险，抵御风险的传统互助网络也濒临解体的新生代农民工，他们最终抵御风险的机制在哪里？国家正规的保险保障制度对已经原子化的新生代农民工尤为重要。

迁居县城是折中选择

大部分山区村民，不愿意重新回到面朝黄土背朝天的农耕生活状态，无法回到已经了无人烟的山区孤独生活，对乡土的认同和归属感也已经消散。但同时他们又没有完全适应并融入大城市，难以承受高昂的生活成本。这一两难现实使他们大部分采取了折中的方案——迁居到交通相对便利的城镇。这是中国城市化和工业化发展的必然。

自 20 世纪八九十年代开始，中国农民自发地外出务工的个体化行为，已经结构性地影响了中国 30 年的城市化和工业化发展。长久漂泊在城市和农村间的他们，如今折中地将生活归属选在了大都市和农村之间的"县城"。而这是在中国大都市与农村两极化地域发展的今天，中国农民再次开创的一条符合中国城乡实际情况的"城乡一体化"新道路。

面对农民自发的这种开创，詹习文谈道："农民迁居进县城，给城镇发展注入了很多新的活力。从城镇化和城市发展角度看，这是一种趋势，也非常必要。但是，一味地强调农民弃土地进城，从长远角度讲，并不现实，也会带来一些根本性问题。同时，并不是人口进入县城或城市就意味着城镇化或城市化，即'城镇化'的概念不一定就是'人住在城镇'。从这个意义上说，人住在农村，但是如果农村也有城镇气息，能够慢慢接近城镇水平，这也是城镇化。保持新农村建设和城镇化的平衡，我们正在有意识地引导农民往这个方向流动。"

2010 年中央一号文件明确提出，要协调推进工业化、城镇化和农业现代化，把发展现代农业作为转变经济发展方式的重大任务，把建设社会主义新农村和推进城镇化作为保持经济平稳较快发展的持久动力，努力形成城乡经济社会发展一体化新格局。这正是中央在充分认识到山区村落田地荒芜、公共设施相对落后、山区村民迁入城镇这一趋势的基础上，作出的宏观、前瞻性的政策决策。

（记者　鲁小彬　发自湖北蕲春）

"新农合"撑起惠农医疗保障伞

新型农村合作医疗制度（以下简称"新农合"）作为覆盖城乡的医疗保障制度的重要组成部分，在保障农民健康，缓解农民因病致贫、因病返贫等方面发挥了积极作用。革命老区河南新县自 2006 年就开始陆续推进"新农合"，如今已覆盖 5 镇 10 乡的所有乡村。农民生病住院可以报销了，他们就医看病又是何种情况？记者利用春节放假期间在老家进行了走访。

得病有"依靠"　看病能报销

吴集华是新县陈店乡细吴村二组村民。吴集华告诉记者："农民看病可以报销了！"

吴集华家境非常困难，妻子早逝，儿子智障，整个家庭开销就靠他自己常年在外面打工来维持。2009 年 12 月中旬，吴集华突然得了脑血栓，完全不省人事，后来还是在邻居和村医的帮助下，被送到县医院并得到及时的治疗，现在已基本康复。出院后，"新农合"及时为他报销医疗费用几千元。一提到这事，吴集华就抑制不住内心的激动。"近几年吃穿不用愁了，就怕生病。平时要犯病，基本是小病拖，大病扛，真是扛不住，最多也就是靠一些价格便宜的药物维持。现在医疗费这么贵，我一年在外打工也就挣那么点钱，哪敢去住院。我要是一倒下，傻儿子谁管呀。"他感慨地说，"好在我参加了'新农合'，加上大病救助补助，报销了大部分医药费，自己才花了不到3000块钱。生了这场大病，家里也没借别人的钱。真没想到，咱农民现在看病也能报销！还是党的政策好呀！"

在新县，像吴集华这样在"新农合"中受益的农民不止一位。据新县县长杨明忠介绍，截至2010年1月27日，新县全县共有253083人参加"新农合"，参合率达到95.46%，较上年提高2.76个百分点。

再困难也要参加"新农合"

近两年，不断完善新农合的服务，让越来越多的农民在享受实惠的同时还能享受到更多的方便。农民有了病能及时到医院就医，不再小病拖，大病扛着了。

陈店乡细吴村的另一位农民吴文新用自家的亲身经历讲述了参加"新农合"的迫切性。就在2009年底，吴文新的哥哥举办婚礼，按照农村的习俗，他们开了一辆农用四轮车，带着几个青壮年小伙子去女方家里拉嫁妆。可是，在回程中由于路陡加上车上物品多，在转弯时没控制好，不幸发生了翻车。当时车上除了司机，其余5个小伙子全都摔了出去，不同程度地受了伤。幸运的是，事故发生后伤者都被及时送到医院，得到了很好的治疗。

但吴文新一家马上又面临着一个新的问题，高达十几万元的医疗费用如何解决呢？"对我家来说，十几万元就是天文数字，倾家荡产也凑不上。"吴文新对记者说，"要不是我请的这几个人都参加了农村合作医疗，每个人最高能得到3万块钱的医疗补贴，大年底我到哪里去借钱呀？真是农村合作医疗救了我们全家。"吴文新还告诉记者，他们兄弟三个常年在外务工，对农村合作医疗不是很了解，认为参加"新农合"没啥用。经历这件事情后，他心有余悸地说："就是再困难，也要参加'新农合'，而且全家都要参加。"

确保政策"含金量"还须多管齐下

应该说，"新农合"从 2003 年试点开始，从无到有、从局部试点到全面覆盖、从低水平起步到逐年提高完善，已经逐渐形成了一套由政府领导、卫生部门主管、相关部门配合、经办机构运作、医疗机构服务、农民群众自愿参加的管理运行机制。

但"新农合"的发展也存在一些问题不容忽视，譬如筹资成本高、大病报销比率低、基层医疗水平较差、基金运行风险大、人员编制紧张等等。新县的相关负责人坦诚地告诉记者，面对"新农合"这一新生事物，筹资是启动之初最艰难的第一步。中央为"新农合"确定的基本原则是：坚持自愿原则，反对强迫命令。可是一些农民还是不愿意参保，有的去年交了钱，今年就要求退出。每年筹资都是开展"新农合"工作的头等大事，需要做大量的宣传和动员工作。据这位负责人介绍，每收一个农民 30 元，成本就要 3 元左右，实在太高了。但他还是满怀信心地说："辛勤的付出是为了更好地服务群众，让群众得到实惠。"因此他建议，各级政府在加大宣传力度、增强农民的自我参与意识、降低基金征收难度的同时，还应完善筹资机制，规范医疗服务行为，提高服务水平，让这个民生项目得到顺利实施，切实解决农民"看病难"和"看病贵"的问题。

(记者 耿鑫 发自河南新县)

"90 后"的小新娘：透视农村早婚现象

庚寅年正月初六是个好日子，家家户户还沉浸在过年的喜庆气氛中。这一天对于农村少女亚男来说，更是非比寻常。一大早，她盘起长发，穿起大红的嫁衣，在"噼噼啪啪"的鞭炮声中与相恋一年的男友小斌步入婚姻的殿堂。

浓浓的新娘妆仍掩不住亚男眉眼间流露的稚气。谁能想到，这位即将嫁为人妇的女孩竟是标准的"90后"。亚男1992年出生，刚刚18周岁，新郎小斌也不过19岁，正是城里孩子踏入大学校门的年龄。

与"剩男剩女"越来越多、结婚越来越晚的大都市形成鲜明对照的是，在农村，早婚现象十分普遍，甚至已经成为一种潮流。农村的"90后"新娘已非罕见。

早婚早育扰乱基层管理

我国《婚姻法》第六条明确规定："结婚年龄，男不得早于二十二周岁，女不得早于二十周岁。晚婚晚育应予鼓励。"

而在记者的家乡，华北平原的这个小村镇里，像亚男一样虚岁还不到20岁就已经出嫁的姑娘再平常不过。"前几年还好些，这两年结婚越来越早。如果老姑娘二十二三（岁）了还呆在家里没嫁出去，村里肯定有人说闲话"，一位正在逗弄孩子的大婶告诉记者。她指指怀里的男孩，一脸喜色地说，她今年47岁，这已经是第二个孙子了。

然而，早婚给基层婚姻管理乃至人口计生管理、户籍管理都带来了很大隐患。在村民眼里，新婚夫妇在村里摆了酒席，举行过仪式就算是正式结婚，国家的婚姻政策乏人问津，先办仪式后领证的事情已经不足为奇。往往是等孩子生下来需要上户口了，年轻的父母才赶忙托人修改年龄、补结婚证、补准生证。

早婚导致的另一个后果就是早育。在这里，至今仍保留着"早生儿子早享福"的传统观念，一般结婚不出一年，新娘子就都抱上了娃娃。刷在马路边的标语"晚婚晚育，少生优生"成了一句空口号。记者算了一笔人口账，以农村平均20岁生育计算，60年的时间有三代人出生，而在如今的大中城市，年轻人大多要到30岁才开始孕育下一代。这样计算的话，仅仅60年，城乡就相差了整整一代人。早婚早育不仅加大了地方人口压力，使稳定生育水平的任务更加艰巨，而且影响了出生人口素质，早育的夫妇年龄偏低，新生儿质量堪忧。

过早辍学成早婚诱因

亚男和小斌是在附近镇里的造纸厂上班时相识相恋的。小斌读到了初中毕业，而亚男初中只上了两年就因为成绩不好自愿退学了。

读书—辍学—打工—结婚—生子，对于农村的孩子来说，这几乎是一条必经之路。"知识改变命运"是一个诱人的口号，然而在现实的农村，这样的可能性小到令人心寒。特别是在落后的村镇，只有极少数孩子能够通过读书考入大学，赢得留在城市的机会。

在村里，多数孩子是初中毕业或肄业，甚至有的念完小学就不念了。走出校门的青少年大都只有十四五岁，他们当中一些人背起行囊，开始过早地闯荡社会，更多的则留在家乡，托门路、瞒报岁数进入效益比较好的乡镇企业打工。两三年以后，结婚自然成了头等大事。

因为文化水平偏低、年龄偏小，很多早婚夫妇心智还未完全成熟，法律知识淡薄，生活经验严重匮乏。他们当中有些尚未明白婚姻意味着什么，就迫于父母之命和旧习俗的压力过早涉足婚姻。有专家指出，早婚的青年玩心重、缺乏责任感，一旦夫妻间发生矛盾很容易导致感情破裂，为社会增加不稳定因素。据记者耳闻，丈夫和妻子吵了架后跑去打游戏，再被父母从网吧找回来的例子并不在少数。

"早婚族"变身"啃老族"

走进亚男和小斌的婚房，记者着实吃了一惊。虽然外表看起来仍是普通的平房，但是内部装备十分"豪华"，空调、冰箱、电脑、液晶电视样样齐全，屋内装潢丝毫不逊于城市，还装上了宽带。据男方亲属介绍，新房三年前建成，是小斌父母专门为儿子娶媳妇攒钱盖的，自建成起小斌和父母、妹妹就从老房搬了进来。为了看起来更新、更气派，婚前又装修了一次。这一盖一装，花掉了老人大部分的积蓄。

"那小斌结婚了，他父母和妹妹住哪儿？"记者脱口而出。"搬回老房呗。村里都这样，小两口进新房，老两口回旧房。给儿子盖好房，娶上媳妇，当爹妈的任务也就完成了。"这位老乡三言两语道出了乡里父母的心声。

亚男和小斌一年来忙着操办婚事和家里的杂事，早已从工厂辞工。"结了婚还回厂里上班吗？"记者问道。"先生孩子，等孩子大点了再说"，亚男的婆婆抢着回答。在村里，新婚的小夫妻婚后两三年甚至四五年不工作，从父母手里要钱花的事情很常见。他们的父母往往还不到 50 岁，有劳动能力和固定收入，认为挣钱给儿孙花天经地义，他们最关心的是，什么时候能抱上孙子。

早婚的这些青年人，其实大多还是稚气未脱的孩子，他们本应在校园里追寻人生的真谛，却过早地承担起家庭的重任，懵懂地为人父母。当稚嫩的肩膀难以承受时，养育孩子和支撑家庭的担子自然而然地转嫁给了上一代。"早婚族"变身"啃老族"，令人担忧的，不仅仅是他们的明天，而且是这一代代的轮回。

（记者　吕莎　发自河北大城）

饺子可以速冻　文化会否冰封

除夕夜吃饺子，寓意喜庆、团圆、吉祥如意，是我国悠久的传统文化，饺子早已成为北方过年标志性的当家"大餐"。腊月三十的清晨，北京市石景山区一个普通两居室的厨房里，传来阵阵剁饺子馅声。一位来自河北的母亲，正在为她的"80 后"女儿女婿及 2 岁的小外孙女准备年夜饺子。

从腊月廿八开始，北京的大街不再拥堵，越来越多的外地人已经或正在争先恐后地离开这个他们执著追求的城市，回乡过年。但也有许多因为各种各样原因不能回去的人，只能留在这里。来自河北的苗苗就是其中之一。

苗苗是一位"80 后"，大学毕业后在京工作，结婚生子。她爱人家远在闽西，孩子不到 2 岁，路途遥远、天气冰寒，短短 7 天假日，回家过年成为可望而不可及的梦想。虽然不能回乡过年，但小夫妻俩也算幸福，因为有母亲为他们做年夜饭、包年夜饺子。苗苗告诉记者，她很了解春节吃饺子这个民俗传统，但是她并不完全会包饺子，自己从来没独自做过饺子。

实际上，"80后"不会做饺子绝不是个别现象。苗苗的同学中很多人只知道其中一两个步骤。苗苗坦言，除夕夜吃饺子这个传统会继续沿袭，今后有时间自己一定要学会包饺子。

腊月廿九下午，记者在北京市海淀区一家超市里"买年货"，发现速冻食品区竟然被围得水泄不通，年轻购物者居多。

速冻食品柜台的营业员说，这几天忙得天昏地暗。"快过年了，买年货的人很多，速冻食品卖的特好。"记者问："这几天每天大约能卖出多少袋饺子？"营业员告诉记者，她负责的这个品牌的饺子昨天卖出四五万元。

记者替她算了一笔账，按照一袋饺子平均 20 元计算，4 万元就能买 2000 袋。如果把其他品牌的饺子加一起，必然超过万袋，这只是一家超市的日出货量。据她说，大店（超市）卖得更多。

冰柜旁一对抱着孩子的小夫妻引起了记者的注意。25 岁的徐敏（化名）来自吉林省吉林市，孩子刚刚 1 岁。因为孩子太小，今年春节她和丈夫也选择在北京度过，但身边没有老人照顾他们。速冻饺子、汤圆等占据了他们购物车的"半壁江山"。徐敏告诉记者，年三十晚上一定要吃饺子，但自己不会包，所以买了很多不同馅儿的速冻饺子。

虽说"纵有珍肴万席，不如饺子一垫"，但饺子不仅是用来吃的，更是中国人团圆时的一个"念想"。"旧历的年底毕竟最像年底"。春节是中国人生命中最重要的节日。中国人把春的希望、夏的汗水、秋的收获、冬的积淀一起酿成喜悦与甘甜，一年的企盼和期待都汇聚在春节这一天。出门在外的人们哪怕海角之远也要回家吃团圆饺子。饺子包含着中国人对来年幸福、平安的期冀，也包含着新一年里对收获的渴望，它承载着中国源远流长的传统文化，也深深地渗透到每个中国人的日常生活之中。

社会发展速度之快，让人来不及欣赏饺子上那精致的小褶和千变万化的馅料，更来不及沉下心来学习那繁琐又有诸多讲究的一招一式。速食概念逐渐"深入人心"，传统技艺渐趋匿迹。"80后"、"90后"有多少人能独立做顿饺子，尚说不清楚，但逐渐减少的趋势是确信无疑的。

近年来非物质文化遗产保护之声不绝于耳，对传统文化的传承发展起到至关重要的作用。像饺子这样如此家常的传统食品，现在还不至于列入"非遗"保护的范围。然而，值得警醒的是，如果有一天饺子也被列入"非遗"，那我们的传统文化还能留下什么？

（记者　张微　发自北京）

闽南人过年年味足

今年春节，记者来到位于闽南金三角的漳浦县过年，其浓浓的年味给记者留下了很深的印象。

初到漳浦，正值大年三十。天空下着蒙蒙细雨，行车经过漳浦县城附近的乡村，家家门前贴着春联，红艳艳的春联在蒙蒙细雨中显得特别喜庆。过了晌午，街上的人已渐渐少了，商家早早打烊，大家都提早回家，准备除夕的年夜饭。就连高速路的收费站也挂起免收过路费的牌子。辛苦了一年，大家都急着回家跟家人团圆。

漳浦人管吃年夜饭叫"围炉"。摆一桌好菜，桌底下放一个烧木炭的小炉，炉身圈上一条红纸，寓意来年日子过得红红火火。一家人围坐在一起痛饮畅谈，其乐融融。这是一场真正的家人团聚，也是最重要的过年活动！多少人紧赶慢赶，千里迢迢赶回家，就是为了能赶上在家"围炉"。通常，在家"围炉"的人也会为不能回家过年的家人摆上一副碗筷，寓意一家团团圆圆。漳浦人的"围炉"一般在下午三四点开始。自家"围炉"之后，有的还会相互串门，到亲朋好友家去"围炉"。而在农村，"围炉"之前还有一项重要的活动，那就是祭祖。同宗族的几家人会聚集到祠堂或祖屋，祭祀祖先。这种仪式造就了闽南人很强的宗族观念。

围过炉，吃过年夜饭，大家少不了一项重要节目——看春晚。边看春晚，边喝茶、嗑瓜子、吃水果和蜜饯，这又是一件非常惬意的事。闽南人好喝功夫茶，漳浦人也不例外。每家每户都有一套功夫茶具，客人来了请喝茶，家人在一起也泡茶聊天。清茗几盏下肚，确能消除大吃大喝所产生的腹中油腻。随着大家生活水平的提高，茶的档次也在不断提高，几百块钱一斤的茶叶已成为平常百姓家茶桌上的寻常之物。

当春晚节目主持人在倒数秒的时候，漳浦人已在准备放鞭炮。新年钟声一响，鞭炮齐鸣，这叫放"开门炮"。十多年来，漳浦县城禁放鞭炮。但县城附近的乡村可以放，许多人便驱车到城郊放鞭炮。除了放"开门炮"，闽南的习俗是大年初一需早起。俗话说："一年之计在于春，一日之计在于晨。"初一作为农历新年的头一天，这一天的早晨当然具有特殊意义。但是现代人的生活习惯已与古时"日出而作，日落而息"大不相同，许多人除夕夜彻夜不眠，初一早上沉睡不醒。也许人们可以说，初一凌晨还醒着也可以算早起。

在漳浦的几天里，记者感受到久违的浓浓年味，这种年味来自对传统的继承与发扬。许多在漳浦创业的台胞选择在此过年，一个重要原因是漳浦的过年习俗与台湾相似。由此记者想到，在推进海峡两岸关系的时候，深挖两岸文化中的相同习俗，加强两岸人民间的认同，也是一项势在必行的任务。

（记者　褚国飞　发自福建漳浦）

铿锵锣鼓舞动喜庆日子——记海阳大秧歌

海阳市地处黄海之滨、胶东半岛南翼，南临黄海，北接半岛内陆，有"东方夏威夷"的美誉。海阳大秧歌产生于明朝初期，是一种集歌、舞、戏于一体的民间艺术形式，以严谨的表演程式和恢弘的表演气势著称，展现了胶东人的豪放和质朴。曾经是"乡下秧歌进了城，先拜娘娘后要景；正月十五不进城，过日来了撵出城"的节庆活动，要家庙、拜祖宗，总与祭祀祈福相联系，如今海阳大秧歌不仅登上了高等学府的讲坛，成为民间舞蹈必修课教材内容，更是当地百姓丰富业余生活的主要活动之一。

1997 年海阳市被国家文化部命名为"中国民间艺术之乡"，海阳大秧歌开始走出山东、走向全国。2006 年，海阳大秧歌被列入国家首批"非物质文化遗产名录"；2007 年获得第四届 CCTV 电视舞蹈大赛大秧歌专场比赛三等奖，并被评为"最受观众喜爱节目"；2008 年 1 月参加了中央电视台"倾注三农"专题文艺晚会；2008 年 8 月参加了第二十九届北京奥运会开幕式前的演出。在传统的"三出三进"基础上，改成排山倒海的阵式。整个演出将古朴豪放的传统艺术风格与快捷多变的现代审美情致恰到好处地融为一体，既体现了浓郁的民族特色和民间气息，又展现出现代中国的豪迈气概和宽广胸怀。作为海阳市的城市"名片"，2010 年，海阳大秧歌又登上央视十套科学·教育频道，向全国人民拜年，展现了海阳民间艺术的魅力。

海阳大秧歌在表演形式上分大场子和小场子两种，大场子是群舞，锣鼓铿锵、万马奔腾，宛若大河滔滔。小场子多是双人舞、多人舞，恰似小桥流水，一波三折，美不胜收。海阳大秧歌的结构很严谨，队伍主要有三部分组成，出行时排在最前列的是执事部分，有三眼铳、彩旗、香盘和大锣。其次是乐队，有大鼓、大锣、大钹、小钹、堂锣等。随后的是舞队，各类角色几十人，其中又分为指挥者——乐大夫；集体表演者——花鼓、小嫚、霸王鞭等；双人表演者——货郎与翠花、箍漏匠与王大娘、丑婆婆与傻小子、老头与老太太、相公与媳妇等。排在最后的是秧歌剧人物及戏曲杂扮者，整场表演粗犷奔放又诙谐幽默。

目前，海阳全市 700 多个自然村中，有 600 多个都有秧歌队伍，商业演出队伍 20 多支，每年表演场次达到 300 多场。在政府合理的引导和扶持下，海阳市注重抓好秧歌表演的市场化开发，使其逐渐成为一种新兴的文化产业。

（记者　项江涛　发自山东海阳）

汩汩温泉水　绚丽新兴城——"温泉之乡"咸宁的巨变

时隔一年，又回到了亲切的故乡湖北咸宁。虽然每次春节回家探亲都会发现故乡有些许变化，但这次，记者明显地感觉这里发生了巨变。探亲访友期间，听到、谈到最多的话题莫不是"中国·咸宁首届国际温泉文化旅游节"和"武广高铁"。正是它们，让故乡面貌一新。

咸宁位于湖北省东南部，长江中游南岸，湘、鄂、赣三省交界处，是南下北上的主要通道。素有湖北"南大门"之称，是武汉城市圈中的核心城市之一。这个人口近 300 万的城市有着厚重的历史底蕴和丰富的生态资源，享有中国"桂花之乡"、"楠竹之乡"、"茶叶之乡"、"苎麻之乡"和"温泉之乡"等美誉。山青、水秀、洞奇、泉温、桂香、竹翠，旅游资源得天独厚。国家级风景名胜区九宫山俊秀清凉，沸波温泉神奇妙用，天然溶洞鬼斧神工，灿灿桂花百里飘香，星星竹海终年滴翠，赤壁古战场雄风千古，九宫闯王陵悲天憾地。然而，可惜的是，一直以来，咸宁没有走向外界，外界也没有了解咸宁。

直至 2009 年 11 月 6 日，由国家旅游局和湖北省人民政府联合主办的"中国·咸宁首届国际温泉文化旅游节"开幕才使咸宁小有名气。借温泉文化旅游节的契机，咸宁市政府大力宣传咸宁的温泉资源。万人同泡温泉的吉尼斯纪录和《梦寻咸宁》的大型民俗风情歌舞诗向外界展示了咸宁的地方文化和旅游特色，大大促进了咸宁旅游的全面升温，使咸宁的美誉度和知名度大幅提升，同时也带来了丰厚的经济收益。自旅游节举办以来，咸宁各温泉旅游酒店游客天天爆满，日接待游客 5000 人以上，累计接待游客达到 8 万人次，实现旅游收入 3000 多万元，创同期历史新高（数据截止到 2009 年 12 月）。除了经济效益，老百姓最切身感受到的莫过于城市环境的改善了。一位在咸宁生活了 60 多年的老教师说，通过举办旅游节，咸宁的各项基础设施建设和文明城市的创建工作得到了极大的促进。市容环境卫生和交通运输秩序有了根本好转，特别是通过大力推进桂香大道景观路建设、潜山国家森林公园改造、旅游生态新城建设、城市亮化绿化工程、城市路网基础设施等一系列城建举措，改善了城市环境，增强了城市功能，提升了城市品位，扮靓了城市形象。如今，走在咸宁的街道上，你会发现马路宽了，绿树多了，路面干净了，交通秩序好了，市民文化生活丰富了。

现在，咸宁市已建成了近 20 个温泉景区，其中近 10 个集中在咸宁市温泉区，较有代表性的有温泉谷、碧桂园、楚天瑶池温泉、太乙温泉、温泉国际酒店、汉商温泉、三江温泉等 7 家酒店。趁着春节，记者去了人气最旺的温泉谷。虽然正值新年，但来泡温泉的人并不少。在交谈中了解到，他们中的许多人来自武汉、广州和长沙。来自较远的广州游客跟随旅行团，乘坐不久前开通的武广高铁，只花三个小时就到了咸宁。来自附近城市武汉、长沙的游客则大多采取自驾游的形式。温暖怡人的温泉池子成了春节假期旅游的好去处。

在与广州游客的交谈中，记者发现武广高铁一下子拉近了广州和咸宁两地的距离。本来需要十多个小时的路程现在缩短到了三个小时，极大地便利了两地的往来，为咸宁的旅游发展带来一片新天地。广州、深圳、珠海、港澳这些地区的潜在游客都可以通过武广高铁聚集到咸宁境内，游客周五到，周日返程，一个周末就可以跨省换城游。交通条件的改善对城市的经济发展有如此巨大的促进作用，这是记者第一次深切地体会到。据咸宁市发改委透露，未来 3—5 年，咸宁还将在交通方面至少投资 350 亿元。武广高铁的开通，将会促进长株潭、武汉城市圈两个改革试验区快速通道无缝对接，构建以咸宁为轴心的现代交通半小时经济生活圈。现在，咸宁正在打造鄂湘赣（咸宁、岳阳、九江）交通经济"金三角"，以此推进区域间的良性互动，以交通"金三角"带动旅游、经济"金三角"，实现区域间的合作互动，形成岳阳楼、黄鹤楼、浔阳楼、九宫山、庐山、岳麓山、赤壁古战场、咸宁温泉构成的大旅游圈。可以预见，有了便利的交通条件，咸宁的特色生态资源就能沿着交通动脉绵延不绝地向外流淌，让咸宁走向外界，让外界了解咸宁。

天蓝水清，树绿花香，在有限的春节假期里，记者贪婪地呼吸着故乡清新的空气，享受着眼前秀美的景色，感受着家乡发展悸动的脉搏。市政府对咸宁城市自身的特点已经有了深入了解，并且正在充分发掘咸宁的自然资源。城市定位已逐渐明确，就是要将咸宁打造成绿色城市、旅游城市、宜居城市。而且，抓住武广高铁开通这一历史机遇将大大加快城市的发展。有充分的理由相信，故乡的明天会更美好！

（记者　李欣　发自湖北咸宁）

承德新春花会表演侧记

2月18日是农历正月初五，河北省承德市一年一度的迎春花会活动拉开了帷幕。伴随着欢快的锣鼓声和清脆的鞭炮声，当地区政府组织的多支老年腰鼓队在市中心广场进行了精彩的表演，以原始而古朴的民间艺术形式喜迎新春。

今年的迎春花会由多支来自承德民间的腰鼓队在中心广场为广大市民表演。腰鼓队的大爷大妈们来自市区的各行各业，他们常年自发组织起来打腰鼓，娱乐健身。在花会现场，只见各个腰鼓队的大爷大妈们身穿大红、大绿的中国传统服装，腰系红红的腰鼓，手舞系有彩带的鼓棒，他们时而敲出骤雨一样急促的鼓点，时而舞动手中的彩绸，这些老年人灵活的身体、轻盈的步伐一点也不亚于年轻人。在腰鼓队前方打钹的大妈们更是卖力，两片钹上下翻飞，划出优美的线条。在她们的指挥下，参加腰鼓表演的大爷大妈们不但把鼓点敲得整齐有序，而且舞蹈队形也不断变化。

寒冷的天气，阻挡不了老人们表演的兴致，也阻挡不住观众看节目的热情。精彩的腰鼓表演让在场的观众目不暇接，中心广场上笑声、掌声、喝彩声此起彼伏，一时间成了欢乐的海洋。一些老人被表演所感染，不知不觉中也随着节奏分明的鼓点舞动起来，孩子们更是笑开了花，围着腰鼓表演的队伍跳着、闹着。年近80的张奶奶特意带着垫子准备坐着看，可没多久就坐不住了，站着看起来，她说："今天一大早我就起来到街上转，等着看演出了。今年的腰鼓表演真是好看，如果像以前一样有秧歌、耍狮子、舞龙等表演就更有意思了。"旁边的市民王先生说："今天的腰鼓表演很精彩，也很有意思。敲腰鼓不但锻炼身体还能使心情更加愉悦，一举两得。但是美中不足的是近几年过年期间的文化活动不像以前那么热闹了，年味也不如以前那么浓了，以前每到正月初五的时候市里面都会有耍龙灯、扭秧歌、踩高跷、玩狮子灯活动，晚上还有花灯展览，那个时候真是万人空巷呀，街道两旁都是人，甚至树上都有人，这几年基本上无法再看到这种景象了。"看表演的市民李阿姨告诉记者，参加表演的基本上以中老年人为主，他们在闲暇时自娱自乐，节假日出来表演。现在老百姓的生活条件好了，过年的方式多种多样，年轻人很少参加这种传统的活动了，许多年轻人对时髦的旅游过年更感兴趣。邻居家的儿子年前从外地回来后，在家过完大年三十就组织全家人去海南旅游了，而且自己的亲戚朋友也有好几家人都去南方或者国外旅游过年了。

随着社会不断发展，人们选择过年的方式也越来越多种多样，人们在追逐时尚生活的同时如何弘扬我们的传统民俗文化，寻找传统民俗与现代文明的平衡点也是一个值得思考的问题。

（记者 金辉 发自河北承德）

家乡的羊汤

记者的家乡单县，古称单父，位于山东省西南部，苏鲁豫皖四省八县的交界处，隶属中国牡丹城——菏泽市。单县是座古城，距今约有 4000 多年的历史。《路史》记载："单父为舜师。单卷所居……故称单父。"夏商时为单父邑，秦时置单父县，至明洪武二年（1369）定名为单县，沿用至今。勤劳、善良的人们在这块肥沃的土地上创造了灿烂的文化，有 13 处龙山文化遗址和天台、琴台、晒仙台等地方名胜。

据说，单县羊肉汤已有数千年的历史。原始社会末期，舜的老师单卷及其部落过着半耕半渔半牧的生活，青山羊是他们当时饲养的主要家畜。关于羊的吃法，逐渐由原始的烧烤演变为以吃肉喝汤为主。经过几千年的改进，单县羊肉汤的制作工艺越来越完善。1908 年，单县徐桂立、曹西胜、朱克勋三人在县城开设"三义和羊汤馆"，正式挂牌经营羊肉汤。1939 年，三人分开各自经营。由于徐桂立制作精细，不断改进熬汤技术，从而在竞争中逐渐占据上风，后来被公认为单县羊肉汤的正宗。

正宗的单县羊肉汤呈白色乳状，鲜美爽口、不腥不膻、不粘不腻，独具特色。单县羊肉汤名目繁多，品种各异：天花汤健脑明目，适宜老年人和神经衰弱者食用；口条汤壮身补血，最适合病愈大补；肚丝汤可细嚼慢饮，眼窝汤肉烂如泥，奶渣汤沙苏带甜，另外还有马蜂窝汤、三孔桥汤、腰花汤、肺叶汤、肥瘦汤等十几种。

单县羊肉汤的熬制程序非常精细，特别在选料和烧制工艺上十分讲究。上乘的羊肉汤当选用三年龄的青山羊为主要原料，尤以单县黄河故道和大沙河两岸的羊为佳。听专业师傅讲，单县羊肉汤的烧制有三个关键之处：一是选用平原地区农家饲养的羊，这样的羊长得膘肥体壮，熬出的汤也比较鲜美；二是选用佐料，佐料的选用一定要适量，多则料味过浓，少则腥膻不除；三是用火，火候一定要足，使汤锅始终处于沸腾状态，从而可以使羊油快速融化，达到水油交融，形成乳状。因此，熬制羊肉汤的人必须要有耐心，性急的人是很难熬制出口味纯正的单县羊肉汤的。

（记者　刘维维　发自山东单县）

一位阜阳"的哥"的幸福生活

出租车被视为一个城市的形象和名片，其行业的发展折射出时代的变迁，见证了城市人的生活足迹。出租车司机（"的哥"）是人们在日常生活中经常见到的一类群体，他们多为改革开放初期较早"下海"的个体户，素以"见多识广"著称。日前，记者在春节回乡假期中偶遇一位名叫牛达（化名）的"的哥"，随机记下了他的人生经历。从其经历中，不难窥见一个城市乃至一个时代的变迁。

记者的家乡阜阳是安徽省一个不大不小的地级市，系京九线乃至全国的重要铁路枢纽站，交通便利，是全国五大农民工源头之一。近些年随着我国城镇化进程的加快，阜阳市也在悄然发生着变化。阜阳的出租车出现于20世纪末，兴盛于21世纪初，车型由"夏利"到"富康"、"奥拓"再到今天的"千里马"和"捷达"。出租车行业一方面见证了城市的发展，另一方面也提供了许多就业机会。

2月17日是农历初四，按家乡的习俗应该走娘家亲戚。春节期间的士很不好打，等了近15分钟，记者才打上车，司机叫牛达。牛达的车看起来不错，虽然这几天天气不好，可是他的车从里到外都是干干净净、清清爽爽。

牛达今年 47 岁，是出租车的小老板，平时自己开夜班，另外雇了一名司机跑白班。这几天，司机回家过年，所以白天牛达也亲自上路了。他向记者吐露，现在雇人难，都不愿意给别人打工，有点手艺、有点钱就想自己单干。大年三十包红包，多包了 200 元给司机，可是他到现在还没来。不过，牛达说起来仍是笑意盈盈，末了还补充道，和谐社会需要相互理解。

开了近 20 年出租，另外拥有一个养殖场的牛达以前是个工薪阶层，后来干上了这一行。牛达有两儿一女，大儿子在部队开车；小儿子在家里和母亲一起照料养殖场；女儿是教师。现在，牛达的出租车一个月能挣不少，再加上养殖场的收入，在阜阳这样的城市，牛达一家人早已跨进小康，大踏步迈向富裕。女儿给牛达买的东西吃不完、用不完。平时牛达不抽烟、不赌牌，只有两个爱好：一是喜欢交朋友；二是喜欢养宠物和花花草草。"我家里养了三只藏獒"，牛达用神秘而又充满骄傲的口气对记者说，"还有各种各样漂亮的盆景，最乐的事情莫过于坐在自家院子里和朋友喝点小酒，聊点小天。"说着他还拿起手机给记者看家里的藏獒照片。那是只幼年藏獒，在平原地带被照顾得相当不错，已经初露勇猛。另外还有几张自家院子的盆景照片。谈及养殖场的生意，牛达表示，2009 年猪卖得不好，因为饲料涨价，猪的价格便宜，因此收入不太理想，其他畜禽还不错。

在与记者聊天的半个小时里，牛达接了三次电话，是家里人催他回去吃饭。

据记者了解，在家乡像牛达这样有着自己的生活理念和价值观，愿意捣腾小生意的人有不少，并且大多收入可观。他们依靠勤劳和聪明把自己的小日子过得有滋有味，虽然有点苦、有点累，却乐在其中。文化程度不高、视野不开阔是他们的不足；但另一方面，脑子活络、勤劳善良、能够很好地把握机遇是他们的优点。也许，正是千万个如牛达这样看似在社会里出演着"小剧"的人，绘就了今天中国在社会转型期的众生相。

（记者　陈静　发自安徽阜阳）

回家的路越来越"短"——亲身体验"高铁后"生活

从北京飞到上海要 2 个小时，从上海坐上去年国庆期间开通的甬台温高铁，再花上 4 个小时 10 分钟，记者就到达了乐清家中，回想起一年前上海到乐清的高速公路还要 7 个小时，甬台温高速铁路的开通让回家的路越来越"短"。

甬台温高速铁路于 2004 年 10 月 27 日全线开工，建成后，将宁波、台州、温州 3 市连为一体，形成浙江省内铁路环形布置格局，有效改善了交通运输条件和投资环境，并加强了浙江与其他省区市的联系，促进了东南沿海地区经济社会的持续、快速、和谐发展。

2009 年 9 月 1 日上午，台州到宁波段开始动车试运行，为正式开通做筹备工作。10 点 44 分启动，11 点 27 分到达，台州至宁波全程 43 分钟，最高时速达到 253 公里／小时，果然神速！

高铁"冲击"公路老大

甬台温高铁建设耗时 5 年，在去年国庆期间提前正式营运。刚开始营运，就出现了一票难求的局面，有许多人是为了体检高铁而蜂拥购票。在杭州某大学读大三的黄一波告诉记者，在正式售票那天，他早早就来到售票大厅，排了整整 40 分钟的队，最后也没能买到。这样的局面足足持续了近两个月，一直到 12 月中旬后，高铁票才不那么抢手。

短途的高铁票也热销许久，从台州温岭到温州雁荡山，高铁只需要 5 分钟，从温州雁荡山到温州南，到瑞安都只有十几分钟的车程，温台两地的很多市民为了体验高铁，不厌其烦地从城镇中心坐车到火车站，再从火车站坐车到另一城镇。

据温州雁荡站站长陈建伟介绍，因为市民对高铁的热切关注，在保证安全的前提下，正式营运的日子一再提前，最后在 9 月 28 日就发售了第一趟车票，半小时内，8 组列车的票就一售而空。

高铁的出现，一下就撬动了温州地区客源市场资源配置的格局，公路"老大"的位置受到了很大冲击。据"浙江快客"公司经理褚立强介绍，

2009 年 10 月以来，客运量与 2008 年同期相比下降不少。比如宁波快客的客流量在 2009 年 12 月份同比下降了 35% 左右，杭州线路客流下降了 10%。

参观火车站成新休闲方式

对于台州、温州两地的市民而言，高铁第一次走进他们的生活。

台温沿线站点的居民兴起了新型的"旅游项目"——参观火车站。雁荡乐燕旅行社经理叶乐燕笑着告诉记者，自从高铁一开通，从上海、杭州方向来的游客在 2009 年 10 月同比增长了近 3 倍。很多游客一到乐清都不着急奔赴雁荡山，而是让导游带着大伙好好参观一番车站。

在火车站前熙熙攘攘的人群里，很大一部分是当地居民。家住雁荡镇中心 76 岁的包秋莲阿婆，自从火车站建好后，她的散步路线已经改为从家—火车站—家一个来回，每天雷打不动。"这个点你能看到从上海过去到福州的那班车，只经过不停，雁荡目前停的只有两个班次。"阿婆对火车运行状况的熟悉程度丝毫不亚于车站工作人员。

甬台温高铁春运不紧张

春运一向让中国铁路系统的工作人员面临巨大压力。但从记者这次对春运的亲身体验和调查来看，甬台温高铁的春运却不紧张。

记者在调查中发现，作为一个县级市的乐清，却拥有雁荡、绅纺、乐清三个停靠站点。绅纺站一位工作人员说，"这在全国都是罕见的!"

"三个火车站，当然有好处，方便铁路沿线乡镇旅客，但也从某种程度上导致班次不够集中，缩小了旅客的选择空间。"绅纺站站长张建伟介绍，从今年 1 月 30 日到 2 月 6 日，该站最大的一次客流量也才 113 人次。

春运不紧张也体现在另两个车站，陈建伟统计，2 月 5 日和 6 日客流量达到最大为 280 人次，据他估计春运最高峰大概为 400 人次，对于车站运营依然不会有压力。

春运不紧张还在于相应配套设施没能及时跟上，前往三个火车站的公交虽已开通，但出现了高峰期没有车，不是高峰开空车的现象。火车站周边的道路和停车场也未能及时整修，给私家车前往火车站也带来难题。

春运不紧张更是源于车次较少，甬台温高铁仍是一票难求。就乐清地区而言，在外经商有 36 万人，高速铁路的开通，对于一向选择高速汽车回家的乐清人而言，他们期待更多高速、安全而又舒适的铁路得以开通，让回家的路越来越"短"。

（记者　吴婷　发自浙江乐清）

回乡人讲述买票"历险记"

一阵急促的铃声响过，火车缓缓启动，车厢里挤满了人，记者站在狭窄的过道上，今天是大年廿九，是春运高峰中的高峰，很多人买的都是站票，要在火车上站好几个小时，但是这比起买不到票的人已经算是很幸运了。

莫然是记者在火车上遇到的一位民工，家住吉林省松原市长岭县，今年 40 岁，走南闯北加上风餐露宿使他比实际年龄老很多。前年随镇里的包工头出来务工，这是三年来他第一次回家过年。去东北的火车和南下的火车一样，一到了过节就突显出铁路的运力不足，这也是记者能够与其得以攀谈的一个机缘。莫然和两个大编织袋占去了两个半人的地方，由于车厢内不允许吸烟，而车廊也是人满为患，根本没有吸烟的地方，于是和陌生人聊天便成了陌生人之间的默契。记者的票是朋友转过来的，但莫然的票却有着辗转曲折之路。"都说北京的火车票不好买，我就不信，我去了火车站两趟，第一趟是问明白到底哪天几点卖 12 号的票，"莫然颇有些自豪地说，似乎为了显示他特有的精明，"那我就知道了，3 号早晨九点卖，你猜我几点去排的队，早晨四点钟。"记者惊叹了一声："哇，这么早！""可是在我前面已经有三个人了，他们一看就是票贩子，坐在小马扎上，腰一弯，头靠着膝盖睡觉。我当时想，没事，第四个肯定能买到票，本来想买个慢车的，反正也没啥事，到车上就睡觉呗，我这是第一次在北京买火车票，在俺们那疙瘩，买个票啥的，老容易了。"莫然说着说着就跑"回乡"了，"俺们村是贫困县中贫困村，老少爷们为了几个钱，都东奔西跑地打工，今天干这个，明天干那个，开始呀，都是筛沙子，扛水泥袋，然后逐渐学些细活，像抹灰啥的，一些小年轻的，有的还学点技术，但能看懂图纸的没几个。一年下来，能剩个万把块钱，这几年，也有拖欠工钱的，但我没赶上，反正你要是跟对人，他就是打不开点，欠个个把月的，也都可靠。"莫然一看就是个烟鬼，虽说不能吸烟，但烟一会儿在手里敲着，一会儿在嘴里哂着。

"跑题了，跑题了。"记者似乎对他到底怎么买的票更感兴趣。

"哦，买票是吧，我就一直在那排着，这人啊，是越来越多，到了七点多，整个火车站购票大厅就都是人了，我当时还给照了下来，你看。"

说着，莫然从里怀兜里掏出手机，里面存了很多照片，有在天安门国旗附近的，有在王府井步行街的，有在西单天桥的，有在后海酒吧前面的，"找到了，就这个，你看当时多少人。我们村也没这么些人啊。"

"接着说，买票。"记者生怕他跑题。

"对，对，那场面就像赵本山小品里说的'真叫人山人海'，然后警察就来了，大门一关，九点卖票前，就不让进人了。八点时，旁边的窗口出了问题，大家伙都嚷嚷起来，好像那个窗口叫'无障碍窗口'，突然来了几个残疾人，直接排到了第一位，你不知道，那些排到前几位的都是头天十一点就来了，人家'老黄牛'也挺辛苦的，赚点钱也不容易，可就被生生地给挤到后面去了，我们说挡路可以，但不能挡人家财路，人家是要拼命的，然后就来了几个警察，我才不看这热闹呢，还有一分钟就卖票了，大家就都看着那个大表，最后一起倒计时，终于卖票了，我算计着也就几分钟就能轮到我了，手里攥着钱，可排在第一位的人却和售票员问个没完，手里也是一大把钱，怎么也有个几千吧，好不容易他买完了，就站在了第二个人的后面，第二个人又问个没完，买完后，刚才排第一位的人又重复地买，就这样，前面三个人折腾了有半个小时，队伍一直都没有动，排在后面的人不明白为什么这么慢，纷纷从队伍中出来看前面到底怎么回事，并呼喊起来，这时警察又来了，强行把前三个人赶走了，而我亲眼所见，妈呀，他们手里能有半个手指头高的票。我一问，我要回家的所有的车次都是没票，才不到半个小时啊。"

"你不会是在票贩子手里买的吧？"

"我今年是一定要回家的，70岁的老太太就等着我回去过年呢，家里的猪都杀了埋在雪里了。我是遇到好心人了，我没买到票，没招儿没招儿的，一边想自己咋就不能早起几个小时呢，多睡那几个小时觉有啥用啊，这时候，原来排在我前面的，刚才被警察撵走的一个人跟我说，老哥帮我捎几张票，你问问卖票的，还有没有这几个地方的票，说完就给我递过一张纸，上面密密麻麻的都是车次，我一寻思，都不容易，就帮他买了几张。结果呢，我买完票后，他就问我去哪里，然后就正常价卖了我这张票，我是遇到好人了，真没想到北京买票这么难。"

莫然一路上讲了很多很多，是个很能聊，一提到回家便兴奋的人。说完这一段似乎有些疲惫，他依偎着那两个袋子，声音越来越小，在噪杂声中睡去了。

（记者　宋晖　杨阳　发自吉林松原）

交通改变家乡

2 月 11 日，拿着千辛万苦买到的火车票，记者踏上了回家的列车。

记者的家乡位于辽宁、内蒙古、河北三地交界的辽宁省凌源市，曾入选过全国考古十大发现的"牛河梁红山文化遗址"，世界级旅游资源——热河生物群化石产地的核心地域，以及被国务院批准并公布为第一批国家级非物质文化遗产名录项目的凌源皮影就在这里。

不过，由于凌源市地处辽宁西部的丘陵地带，交通曾是影响这一地区经济发展的难题。从凌源到北京只有两趟火车，400 多公里的路程要坐上近 10 个小时，按这个时间计算，坐动车从北京出发早已到达哈尔滨了。近年，随着京四高速公路的通车，大大缩短了由凌源到北京和沈阳的距离与时间，奔驰在高速公路上的各种车辆也成了家乡的一道风景。

每次回家，都感觉像到了一个新的城市，路不仅变宽了，而且低矮的平房也难寻踪影，新式楼房近乎遍布了整个市区。凌源市政府的一位工作人员表示，这仅仅是凌源城市建设的开始，毕竟凌源只是一个县级市，它在很多方面需要向国内其他优秀城镇学习，春节过后他们将组织工作人员到河南郑州去考察，看看郑州是怎样规划和建设城市的。

城市的建设刺激了当地群众的消费热情，在大城市随处可见的大型综合超市在这里出现了，过去露天的集市也都搬进了室内。超市中，货品的摆放和工作人员的服务完全有如在家乐福这样大超市的感觉。超市的服务人员告诉记者，他们在上岗前参加了培训，还到大城市的家乐福、物美等超市去学习。

几年前，凌源人是不大愿意去新华书店买书的，因为那里面不仅看不到自己需要的图书，而且经营面积狭小，有人甚至说，"看门面是书店，进去发现是杂货店"。那么，现在的新华书店是什么样子？新华书店的一位负责人告诉记者，现在的书店从图书摆放、店内环境等方面，根据不同年龄读者的需求做了很多改进。比如，在儿童读物区由原来冷冰冰的摆放，加入了更为童趣和互动的元素，现在儿童都特别喜欢这里。近年来，国家加大了非物质文化遗产的保护和宣传，书店也引进了一些传统手工艺作品，如年画等等，效果非常好，群众特别喜欢。有的读者表示，比起以前死气沉沉的新华书店，他们更喜欢现在的书店。

交通的改善不仅改变了城市面貌，也提高了群众的生活质量。7天的春节长假转眼即逝，期待下一次回到家乡可以发现更多的变化。

(记者 孙龙 发自辽宁凌源)

温岭：一座需要寻找文化灵魂的城市

温岭隶属浙江台州，枕山面海，这一地理特征造就了温岭"山的硬气"与"海的灵气"两大文化基因，激发和培育了"敢冒险、有硬气、善创造、不张扬"的人文精神。温岭人分散在全国各地经商，过年时，有深厚乡土观念的他们大多会选择回家。作为一名过年回家的温岭人，记者得以再次近距离地观察自己的家乡。

惯于无规则的社会运行模式

大年初二，记者拦下一辆出租车，司机隔着玻璃问清目的地，随即报价 30 元。平时，出租车的起步价是 5 元，而这次的目的地，按常理也在起步价之内。当记者要求打表或便宜点时，司机撂下一句话——过年没听说过打表的，你连这都不知道啊，没 30 元没人会载的，随即扬长而去。

大年初四，记者再次拦出租车，一位和气的女司机同样隔着玻璃问清目的地，报价 20 元。面对记者有关出租车不规范的疑问，女司机说："大年初一到初三随意报价是多年来的规矩啦。只是今天已经初四了，我上班时还问同行今天要不要开始打表，被他们嘲笑，我就按着他们的规矩办喽。不打表的情况大概会持续到初七正式上班前吧。"这位女司机很和善，因为目的地实在太近，最后主动减了 5 元车费。

过年时出租车司机直接喊价，而且可以讨价还价。针对这种情况，很多温岭人表示可以理解，认为过年时工资至少该翻倍，司机也挺不容易。

大年初七，记者来到温岭火车站，搭乘从温州开往上海通车不久的动车，途经温岭。候车厅外，来送客的轿车横七竖八地堵塞了交通。记者看到路旁放置着一块"此地禁止汽车长时间逗留"的牌子。

一进候车厅，过完安检，就见一块木牌上写着"D5558……车次请上二楼候车"，除此之外没有任何标志或说明。二楼检票口黑压压地堵着一群人，没人排队，这与旁边先进的硬件设备形成了鲜明对比。8 点 20 分出发的火车，8 点 5 分开始检票。大家都向前涌，"插入车票—取出车票—通过"的检票模式让很多乘客摸不着头脑，只有一个工作人员在检票口教乘客如何通过，于是又是一阵混乱，检票的速度奇慢。

温岭人已经习惯了这种没有规则的社会运行模式。改革开放以来，从一开始的经营小作坊到发展民营企业，温岭人一直在规则外行走，摸爬滚打，也就习惯了这种无规则。

高素质人才无处归依

温岭这座陆地面积只有 926 平方公里的小城，有着"中国小型泵业名城"、"中国鞋类出口基地"等美誉。

她的产品远销世界各地，却缺乏吸引高素质人才的高新产业，温岭人在外学成之后返乡的不多。毕业于英国圣安德鲁斯大学，拿了国际商务专业硕士学位的温岭人曾莹莹现在供职于上海一家法资企业，她告诉记者，

"我非常喜欢温岭，也很想在这个城市生活。但是如果回到这里，除了考公务员，没有合适的工作可以做了。"

钱江摩托在温岭算数一数二的大企业，然而它的职工基本来自外地。"我的同事基本是外地人，连我的领导都是江西人，在那里我属于异类，"一位在钱江摩托从事翻译工作的温岭籍员工对记者说。

从全国各大高校毕业的学生选择回家，要么是因为要接手父辈的产业，要么是为进入公务员、事业单位系统，大部分人不屑于为别人打工，并且觉得家乡的公司没有发展前途。"80 后"的金大中毕业后就直接到父亲经营的工厂里工作，他每月象征性地拿 1800 元的工资，开的车却是宝马。

凸显独特的城市精神成为难题

东方夏威夷温泉酒店矗立在闹市街头，欧式建筑显得富丽堂皇，但它实际上是温岭人很喜欢去的一个洗浴中心。走在温岭街头，你会时常看到各式各样的足浴中心、饭店、迪厅。

这里没有百年老店。温岭人追求新奇，会一窝蜂地拥到新开的饭店或迪厅。比如温岭最受欢迎的迪厅，前年是阿曼尼，去年是 0576，今年应该是外滩 18 号了，一位在温岭生活的年轻人这样告诉记者。

记者发现，温岭的书店少得可怜，销售最红火的则是新华书店的教辅区。记者高中时很喜欢逛的经营人文社科类书籍的席殊书店经营不下去，于几年前倒闭了。"我想买 2009 年的十大畅销书，但跑遍了温岭的书店，却只找到其中的两本，"从事教学工作的林国华对记者说。

一本装帧精美的温岭宣传册上写着，"这是一座浸润着石魂与海魄的城市，坚如磐石而又灿若骄阳；这是一座孕育着钟灵与毓秀的城市，浑厚凝重而又清纯典雅……"

这样的描述自然很美。然而，如何凸显自己的城市特色，找到属于自己的独特灵魂，从而走得更远、更稳，则是温岭不得不面对的问题。

（记者　郑巧　发自浙江温岭）

人文社会科学视野下的中医药

中医药：科学抑或文化

西学东渐，社会转型，关于中医的争论不断在国人耳畔回响。"中医是伪科学"、"必须废除中医"！在"唱衰中医"的洪潮中，人们可以毫不费力地列举出一长串社会名人。

中医药，这个伴随了中国人数千年的古老医学形态，果真如此不堪？

3月12日，全国人大代表、中医药专家唐祖宣向记者表示：在今年的"两会"上，关于发展中医药的提案明显增加，国务院2009年发布的《国务院关于扶持和促进中医药事业发展的若干意见》引起许多代表委员的广泛共鸣。

无独有偶，北京多家机构最近联合发出制定《中医药人文社会科学发展规划》的倡议。专家指出，现在我们面对的不是废除中医药的问题，而是如何发展中医药，从人文社会科学角度研究中医药，将为其发展注入强劲动力。

事实上，关于中医药的争论早已不仅仅限于医学界，而是成为了一个社会文化话题。

中医药既是医术，也是医道

"中医药不仅具有医学和自然科学的属性，也是人文和科学的统一，中医药既是医术，也是医道，是人文和科学的结合与统一。"2009年12

月26日，在"弘扬中华文化与推进中医药发展理论研讨会暨中医影响世界论坛"上，卫生部副部长、国家中医药管理局局长王国强如是说。

王国强指出，中医药理论具有独特的生理观、病理观以及疾病的防治观，其本质特征就是从整体的功能和运动的变化角度来把握生命的规律和疾病的演变。中医药在实践中体现为追求阴阳平衡和谐的防治原则。个性化的辨证施治、人性化的治疗方法、多样化的干预手段、天然化的用药和诊疗的取向，这些都体现了中医药理论"天人合一"、"天地一体"、"天地人和"的整体思想，以及系统论、辨证论治的指导原则和"以人为本，大医精诚"的核心价值。

那么，为什么一些人要声讨中医呢？

"关键是在哲学理论上出了问题，在思维方式上出了问题。"中国社会科学院学部委员方克立认为，近代以来，西方重分析、重实证的思维方式被看做唯一科学的思维方式，而东方的系统整体思维、阴阳平衡理论被看做非科学的，甚至被指责为"伪科学"，这是中医存废争论的根本原因。

"我认为两种医学都是正确的。"针对"中医存废之争"，倒是某些"老外"表现得非常冷静。奥地利维也纳大学哲学院教授沃尔纳认为，在欧洲最近30年里，科学哲学产生了新的方法，即认为科学是从属于文化的。西方文化决定了欧洲医学（西医），中国文化决定了中医。两种文化都是对的。没有什么标准可以使人们在两者间作出合理的选择，这对科学哲学来说的确是个挑战。

中医药学是否科学

"中医药学没必要拜倒在'科学'的脚下。"中国中医科学院教授陆广莘说，不懂医学的人贬低中医药学，本身就有悖于科学的精神。

中医药科学化、现代化、标准化、规范化、定量化，以及教学的西医化，使中医药有走上歧路的危险。中国中医科学院研究员傅景华认为，科学是一个试验研究的体系，但将泛化、西化乃至神化的科学作为衡量一切、鉴定一切的武器，就不适当了。

陆广莘表示，西医即使治不好病，也被认为是科学的；中医即使能治好病，也常被认为不科学。"这实际上蕴藏着一个重大的科学问题，中医为何能治好病？比如'非典'来了，科学家还没有研究清楚呢，中医就把病人治好了。这不是重大的科学问题吗？这不就是我们的原创优势吗？"

以30年之力完成《本草纲目》全英译本的中国社会科学院哲学研究所研究员罗希文说，西医没有传入前，中医药学是中国唯一的医学科学。中国并没有发生像欧洲中世纪那样一次死亡人数达到几千万的传染病，这证明中医药学是科学的。

北京大学哲学系教授楼宇烈表示，现在有些人总拿"科学"说事，什么"科学"、什么"不科学"。其实，这个问题不一定要去争论，因为科学是讲事实、尊重事实的。不承认我国几千年历史里中医药对国人健康、疾病治疗方面的作用，本身就是不科学的。科学不能解决全部问题，科学之外还有人文需要解释。我们应认识到中医药学并不是一个单纯的学科，它还有人文、文化、哲学的内涵。

综合创新　会通超胜

许多专家认为，《国务院关于扶持和促进中医药事业发展的若干意见》体现了对中国特色知识体系的尊重。

"坚持中西医并重，把中医药摆在和西医药同等重要的主流医学的位置，而不是把中医药当成从属、辅助的部分，这个思想是对中西医并重的一个很重要的阐述和补充。"全国人大法律委员会副主任洪虎说。

沃尔纳则认为，中医是以综合性文化为基础的，而西医则源于分析性文化。"中医是科学的，因为它表现出与西医相同的结构，所以我们面对两种有效的治疗体系。中医应该面对西医的理论挑战，并且应该得到应有的、平等而完整的医疗体系地位，这样的认识对中医来说非常重要。"

"中医失去了中医的主体意识。"楼宇烈说，所谓中医主体意识就是对中医药文化传统要有所认同、有所尊重、有信心，并且继承和发展。当然，也不要用中医药的知识体系去排斥科学知识体系。

对此，方克立表达了同样的观点。他说，中国哲学研究的视野需要扩展，决不能忽视中医哲学这部分。他认为，应下大力气改变普遍存在的崇拜西方文化而轻视民族文化、片面的科学主义和"现代化就是西化"的观念。他还说，中医药需要自强，但并不应以西医为对手，也不需要排斥西医，而是要以"和而不同"、"有容乃大"的胸怀，善于吸纳西医的长处。

事实上，中医"悟道"的思维方式有其优点，但也有朴素性、直观性、个体经验性等局限性。中医需要借鉴西医重实证、重定量分析的方法，克服笼统直观，在分析的基础上达到更高的综合和对事物的整体性认识。可以说，这是一条在唯物辩证法指导下，既不丧失主体性，又能有效地实现中西医结合的道路，是一条综合创新、会通超胜的道路。

走向世界的中医药文化

中医药的独特疗效，使其在世界范围内被越来越多的外国民众接受。在国外发展的中医药已成为传播中华优秀传统文化的重要方式。

2008年以来，中国社会科学院中医药事业国情调研组赴13个省市区的40多个市县，就"扶持中医药和民族医药事业发展"等12项内容进行调研，调研报告引起有关方面的高度重视。

调研组执行组长陈其广表示，改革开放30年来，中医药对外交流与合作不断深入，越来越多的各国民众选择中医药作为医疗保健手段。这说明世界科学文化多样性的存在价值和必要性。作为中华文明的组成部分，中医药文化必然会发展弘扬。

中医药不可替代的疗效，决定其在医学领域具有独立的地位。北京中医药大学管理学院院长张其成指出，近年来，我国抗击"非典"、防治"甲流"的临床实践证明，中医药不但是建设有中国特色的医药卫生体系和国民健康保障体系不可或缺的宝贵资源，而且是中国在国际医药学领域不可替代的核心竞争力资源。

中国中医科学院广安门医院主任医师张培彤认为，应重视中医药的疗效与中医药文化的普及。"中医影响世界论坛"发起人、博爱堂名医馆馆长李俊峰表示："中医药文化要复兴，首先是中医药学、哲学社会科学、文化艺术等各领域的专家共同参与到中医药文化的研究中去。"

具有西方医学背景的北京中医药大学生物制药系主任王春梅，对西医有着深刻的认识，归国后她选择了中医药事业。王春梅认为，中医药文化要走向世界，最主要的是疗效，把我们好的产品推向国际市场，中医药文化的先进性自然会吸引外国人。

"应采取多样化的手段和途径，开展高层次、高水平的交流与合作，推动中医药文化进一步走向世界。"北京中医药大学教授高彦彬表示，通过学习和借鉴国外先进的管理经验，加速国内中医药文化水平的整体提高，可以展示中医药文化的魅力，彰显人类文化的多样性。

人文社会科学研究者的参与，是中医药事业在新时期、新阶段发展的必然。在新成立的中国哲学史学会中医哲学专业委员会的支持下，我国第一部《中医哲学史》（先秦两汉时期）正式出版发行。该书的魏晋南北朝时期部分已被列入国家社科基金项目。这是继"中医典籍研究与英译工程"之后，中医药人文社会科学研究课题在国家社科基金再次立项。

"中医药典籍在中国古代文献中占有很大比例，国内图书馆收藏的书目就有13000多种，很有必要在进一步调查研究、科学整理的基础上，编纂一部《中华医藏》，保护和传承好这份珍贵的文化遗产。"方克立对中医药文化的发展充满期待。

（记者　河阳　李博）

王国强：增强发展中医药的紧迫感

2009年4月，国务院发布《国务院关于扶持和促进中医药事业发展的若干意见》，专门就关于繁荣中医药文化的建设提出了明确要求。当前，研究中医药文化，弘扬中华文化，使中医药文化、中华文化加快走向世界的步伐，具有非常重要的现实意义。中医药，包括我们的各民族医药，是我国各族人民几千年来，在生产生活实践中、在与疾病的斗争中，总结出来并且不断丰富发展的医学科学。同时，中医药又是中华文化和人文哲

王国强

学思想的集中体现，是我国文化软实力的重要组成部分。

中医药不仅具有医学性和自然科学的属性，而且具有文化和哲学的性质及人文社会科学的属性。中医药是人文和科学的统一，它既是医术，也是医道。它不是简单的"术"，而是"道"，人文和科学的结合与统一才能称之为道。中医药在理论上具有独特的生理观、病理观、疾病的防治观，其本质特征就是从整体的功能和运动的变化角度来把握生命的规律和疾病的演变。中医药在实践中体现为追求阴阳平衡和谐的防治原则、个性化的辨证施治、人性化的治疗方法、多样化的干预手段、天然化的用药和诊疗的取向。这些都体现了中医药的理论如"天人合一"、"天地一体"、"天地人和"、"和而不同"的整体观、系统论、辨证论治的指导原则，以及以人为本、大医精诚的核心价值。

中医讲的"天人合一"值得学者研究。《黄帝内经》讲人与天地相参，人与日月相映，现在我们讨论气候变化，讨论传染病，只围绕地球不行。天气变暖变冷有地球上的问题，但不完全是地球上的问题。"天人合一"，人和天体要作为一体考虑，我们既要关注环境的变化，要保护我们的生态，要保护我们的地球，也要把我们的地球和人放到宇宙中间，用一个更长的时期来观察它。中医讲五运六气，它能测算出多少年会出现什么样的状况，这是总结历史经验而成的。所以，我们的祖先把人和天体的这种关系研究得非常透彻，这都是文化。用人文哲学来指导医学和自然科学，两者结合，研究大有意义。我非常赞成制定《中医药人文社会科学发展规划》这个倡议，希望《中医药人文社会科学发展规划》的制定为全国加快中医药人文科学的研究做个示范，并产生全国性的影响。

我希望能够通过讨论在以下方面有所启示。

第一，中医药在当今世界的意义是什么？它的先进性体现在什么地方？我认为它有先进性，尽管是传统的理论，但是传统并不等于落后，它现在越来越显示出独特的优势。现代医学呈现出越来越以病为中心，依靠高科技的仪器设备来治疗病的趋势。而中医是预防为主，治未病。治未病如果没有对人的正确认识、对天体的正确认识，没有对疾病的正确认识，怎么去预防呢？所以，现在有人提出来，最好的医生不是治好病的医生，而是让人不得病的医生。中医的理论就是要求人不得病，少得病，晚得病，不得大病。所以要研究透它的先进性。

第二，中医药文化为什么长期以来没有受到国人的重视，没有得到很好的传承？它是否有缺陷？它的缺陷在哪里？这也值得我们深思。

第三，中医药文化当中以人为本、大医精诚的理念和核心价值，在现实生活当中的现实意义是什么？我们应怎么去认识？

当前，看病难、看病贵要解决，医患关系紧张要解决，因而大家呼吁医改。在这样的形势下，不能仅仅靠希波格拉底的誓言，用外国人的誓言来指导我们的医疗服务。我们中国孙思邈的大医精诚理念内涵何等丰富，不仅仅是指导人怎么当医生，还蕴涵了很多做人的哲学思想，这为什么不能弘扬成为我们中华民族的医德医风呢？这种核心价值，它的优秀成分在哪里，在现实生活中我们怎么来衡量？我认为具有重要意义。这也是值得我们中华文化骄傲的地方，我们要把大医精诚的理念推向世界，翻译成外文，让外国的医生知晓中国的医德。在市场经济条件下，在医患关系紧张的情况下，在医生的道德要重塑的情况下，学习它具有强烈的现实意义。

第四，中医药文化走向世界的优势和我们面临的机遇、挑战是什么？中医药文化是优秀的、先进的，中医药的理论和技能越来越受到其他国家的关注和重视。在这个时候，中国人应该做什么？我们应该把握这个机遇。但怎样走向世界？我们应该总结什么经验和教训？

中医药是我国原创的宝贵知识和技能财富，我们捧着金饭碗，要重视和研究。在中医药领域的论争中，不仅存在着医学和技术的竞争，而且还有文化和利益的竞争，在这方面我们要增强责任感和紧迫感。

（王国强：卫生部副部长、国家中医药管理局局长）

陆广莘：大德曰生　厚德载物

中医传统在近百年来被严重扭曲。

中医不是疾病医学，人们却非从疾病医学角度考虑它，觉得不认识病就不科学。

中医是什么？中医是健康医学，中医是一门生命哲学。推进中医药的

陆广莘

发展，必须回归到中华文化这样一个土壤上来。

中医界如何能够挺起腰板，为我国医学的创新提供源泉呢？这就是我们的文化自觉问题。文化自觉，就是首先体现以人为本、实践主体的自觉，就是人作为实践主体的自觉，而不是以物为主体。

中国文化与西方文化区别的关键是生和物的关系。"天地之大德曰生"，西方哲学家的解读是：宇宙演化中最伟大的事件就是在物质世界中出现了生命。而中国的学问、中国文化的观念就是赞天地之化育。

西医的对象局限于疾病。问病从哪里来？病在什么地方？是什么原因？然后找到药物进行对抗。中医为什么不认识病，还能治好病呢？主要就在于它的诊断是寻找健康的钥匙。

中医理论中，生命的第一个层次是"阴阳自和"。第二个层次，在人和环境的相互作用中，表现为生命体以物质的依赖性为基础的自我独立性、自组织演化的自我独立性、整合性调节的自我独立性，自我独立性才是我们医学研究、依靠、发展的对象。成功或者失败全是你自己造成的，因此，每个人都是他自己的健康或者疾病的制造者。

"上工治未病"是很好的理念，寻找健康的钥匙，然后你才能选择相应的条件。

"大德曰生"，我们体内是生态共演，体外也是生态共演。你想把病毒杀光，那是不可能的。中医是一门健康医学。中医有一个非常重要的理念："针药治其外"是"神气应乎中"的效果。疾病是机体对环境的反应和适应过程，是由人的主体反应决定的；健康也是机体对环境的反应和适应过程，同样也是由人的主体反应决定的。

如果"大德曰生"是一种境界，那么上升到以人为本，是生命的最高形式。厚德载物，是胸怀，是对物质的超越包容。生命过程的主体性开放、自组织演化、生态性调节的方向是向前、向上、向内的，医学的创生性实践也是向前、向上、向内的功能目标动力学。它能和而不同，自组织演化。一定要让生命体的主体开放，提升人的自我生存和发展能力，也就是我们人类或生命内生性的卫生资源。医疗卫生体制改革是外源性的医疗手段，通过这个手段，提高和发掘内生性的卫生资源，这个事情就前途无量了。

（陆广莘　中国中医科学院教授）

刘长林：双向理解"医易同原"

我一直认为，从学术角度来看，当前中医学发展的瓶颈在于对哲学的认识。如果不从根本上弄清楚中国哲学与西方哲学的区别，不了解中国认识论的特殊性和不可替代的价值，中医学就建立不起自信，就找不准方向。

一千多年前，医药学家孙思邈说过："不知易，不足以言太医。"这一论断说明，中医学与中国哲学有着深远的渊源和密不可分的联系。因此，中医学作为一门学术，它的继承、传授和管理，它的研究、应用和发展，都离不开对中国哲学的正确把握。

刘长林

近百年来，中国哲学之所以没有能够对中医学发挥应有的作用，原因之一是中国文化和中国哲学长期不能得到全面和准确的阐释。

自清末以来，尤其是近半个多世纪，在中西医结合，用现代科学发掘、整理、提高中医的口号下，我们把"医易同原"的道理丢弃了，这主要是受了西方哲学和科学的影响。西方学术走的是分解、还原的道路，首先是科学与哲学的分离，然后是分支学科越分越细。而我们中国的学术走的是综合、整体的道路，不仅"医易同渊源"，而且"医易同流向"。西医学与西方哲学也有相互支撑的关系，但是它们的关系没有中医学与中国哲学的关系密切，其性质也不一样。这是由中国和西方两种文化、两种学术的根本出发点不同决定的。

医学是研究人的生命的。现代西医对人体细胞和遗传基因等各种组织结构的物质构成了解得越来越精细，而且倾向于以此来解释一切生理、病理现象与过程。但这不是认识生命唯一正确的道路。应当明确，生命现象和生命的本质只能属于生命的整体，所以还原论最多可以触及局部的生命，而不可能进入生命的本质，在这些方面，中医学则具有优越性。中医学从自然整体出发，把人的生命看做是一个多层结构的整合，它由"心、神、气、形"四个层面组成。中医的基础理论和临床辨证，都体现了"心身合一"、"天人合一"的整体观念。

我们高兴地看到，现代医学也越来越重视心灵和信息以及生态环境在维护健康中的作用。相比而言，西医学擅长研究人体的物质构成及其对生命过程的意义，而中医学则更贴近生命的本来面目。但是，中医与西医可以互补。如何互补，中医如何在互补的情况下继续发挥自己的特长，依旧沿着自己本有的道路向前发展？这必须与中国哲学合作。我们要把中医学和中国哲学作为一个"同原"的整体来研究。

（刘长林　中国哲学史学会中医哲学专业委员会副会长）

陈其广：发展中医药事业需尊重文化多样性

陈其广

文化多样性不但是历史遗留给我们的宝贵财富，而且是人类文化进一步发展和繁荣的重要基石和目标。不加区别地把经济领域的"全球化"概念和某些现象移植到文化相关领域，或者认为无论是科学还是文化都只存在唯一的正确和合理，进而得出唯有对中医药进行改造、使之与世界其他医药学理论和应用方法"同化"，才能走向世界，实现国际"接轨"的观点是非常值得商榷的。这种观点之所以存在，与目前我国学术界、管理界乃至企业界内科技与人文的严重分离倾向有着密切关系。

历史实践表明：中医药在防御、克服自然灾难和社会动乱对民众身心健康造成的危害，确保中华民族的繁衍昌盛方面作出了卓越贡献。即便在西方当代医药理论和应用技能在我国已经占据主要地位的情况下，国民养生保健、农村和边远地区中低收入群体日常医疗以及在治疗 SARS、AIDS 等诸多方面中医药依然发挥着有效的、不可替代的作用。如果没有错位管理和利益分配等体制、机制设计方面的问题的影响，中医药"简、便、验、廉"的特点和优势一定可以为建设有中国特色的医药卫生体制和国民健康保障体系发挥更大作用。如果从世界医药卫生事业发展的方向看，世界卫生组织发表的迎接 21 世纪挑战报告所提出的适应新世纪医疗卫生方式的要求，恰恰就是中医药的特点和优势。

如果能够全面、系统地理解与辨析中医药基本原理和内在创新发展规律的工作，在继承真谛的基础上创新，我们就完全有可能使中医药文化成为重新塑造人类生存模式的一个有效途径。即便单纯从中医药的文化本质和特性而言，也应该奉行"和而不同"的方针，那才是促进文化多样性造福人类的正道。

我们应该在做好国内中医药有关工作的前提下，通过与国外的交流和沟通，逐步增强中医药的国际影响力。

（陈其广　中国社会科学院中医药事业国情调研课题组执行组长）

波克特：中医是成熟的科学

早在 20 世纪 50 年代，我就被中国传统文化深厚的底蕴征服了。在巴黎大学求学期间，我有幸结识了李约瑟博士，更加深了对汉学的兴趣。我的博士论文就是关于《道藏》的研究。取得博士学位后，我又回德国学习西医，同时研读了南京中医学院编著的《中医学概论》。从此我与中医药结下了不解之缘。

《黄帝内经》、《神农本草经》、《伤寒杂病论》等中国古代医书表明，中国早已形成了一套较完整的中医药理论体系，确立了中医药学辨证施治

波克特

的理论体系与治疗原则。这是中医药最突出的特色，也是西医不可替代的独特优势。

西医学的发展只有几百年的历史，快速发展只是近几十年的事。西医学不能像中医那样对个体机能失调作出精确、特异的判断，并进行治疗。西医盲目用药的现象很普遍，动辄使用抗生素、激素，很容易造成药物依赖，破坏人体自身的免疫力。当然，西医在物理、化学方法基础上发展的医疗技术是很可贵的，但技术与科学是两回事。

我开始是学西医的，而且在慕尼黑大学医学系当过教师，也有行医资格。如果不了解西医，我就没有资格批评西医。我决不是说西医一无是处。但从长远来看，中医药应该比西医有更广阔的前景。

最大的问题是，中国把自己的宝贝当做垃圾忽视甚至丢掉，这是令人痛心的。国外有不少人认为中医药不科学。奇怪的是，居然也有许多中国的中医们对中医药的科学性表示怀疑。

近百年来，许多人固执地相信用西医的方法可以发掘和发展中医药，这样做的结果，使中医药受到教条式的轻视和文化摧残。中国有些人表现出不可理喻的民族虚无主义，一味追求时髦，用西医的标准和术语改造中医药，扼杀中医药。

在中国，对中医药的歧视倾向如不迅速而有力地加以扭转，这个曾在理论上、实践上达到最成熟、最有效水平的医学，将成为过时的东西。

中国自己不把中医药学当成科学，不重视中医药的发展，其根源是文化自卑感。中国人应该理直气壮地弘扬自己优秀的传统文化，大力宣传和发展中医药学，要在世界范围内为中医药"正名"。中医是成熟的科学，不是经验医学，更不是伪科学。现在，西方人已觉察到西医西药的局限性，但又没有其他办法，很多人把目光转向植物药物，希望从传统医药中寻找出路，这是中医药发展的好时机。

为此，中国应该加强中医药的教学和研究，培养大批真正能用中医药学理论和方法诊病治病的中医师，制定中医药学的标准，并使它逐步成为国际遵循的唯一标准。

现在迫切要做的事情有三件：一是设法使中国的一些一流学者掌握认识论，即有关现代科学在方法学上与中医药学相适应的认识论。二是继承、开发中国传统医学宝库。三是系统地发展属于中医药自己的现代技术。这些工作要靠中国的同仁来做，也需要进行广泛的国际合作。

（波克特　满斯博　德国慕尼黑大学东亚文化研究所前所长）

柳长华：中医药要坚守"医道"

自然界的万象，生克制化，保持着平衡，一旦平衡被破坏，就会成为致病的因素。自然界的风寒暑湿燥火，失常则成为致病的外因；人体的喜怒忧思悲恐惊，失常则成为致病的内因。因此，中医首先会选择养生来预防疾病，其次则利用药物的自然属性如寒热温凉、辛甘酸苦咸来组成方剂，治疗疾病。在中医药学中，本草和方剂是两个门类的知识，药物是用来组方的，方剂才是直接用来攻病的，就像兵法中把兵组成阵来攻敌是一样的道理。

柳长华

早在几千年前，中国人就发明了把药物按一定的理论组成方剂来治病，这是很了不起的。证有阴阳表里寒热虚实，药有寒热温凉、升降浮沉，方有君臣佐使、大小缓急奇偶复。每一个方剂，都有一个核心理念。"补中益气汤"组方的主旨是甘温除热，功效是升阳举陷。以上这些就是中医、中药的文化内涵。

中医药在中华民族文化之中孕育发展，"天人合一"、脏象、经络、精神、气血、内因、外因、药物的自然属性等，是中医的核心思想，这种独特的生命观和疾病观，是人类文化多样性的生动体现，是人类可持续生存发展的重要需求。但是，现在的情形恰恰相反，西方文明改变了我们的生活和价值观，人们缺乏对传统的真正理解，又热衷于站在传统之外对其品头论足。

中华民族形形色色的文化可以归结为一个字，即"道"，道即自然，即法自然。中医药源于中华民族传统文化，其核心价值是"医道"。医道是究天人之际、效法自然的一种智慧。《黄帝内经》、《伤寒论》等历久弥新，为什么？因为天地之道未变，医之道亦未变。医道与医术相辅相成，医术依附于医道，道无术则不行。可惜近世以来，人们舍本而事末，医道之不讲久矣。

医之为"道"，乃中华民族所特有。"道"不是科学技术，"道"是思想智慧。章学诚谓："学于道也。道混沌而难分，故须义理以析之；道恍惚而难凭，故须名数以质之；道隐晦而难宣，故需文辞以达之；三者不可有偏废也。"然而医学在进入 20 世纪以后越来越技术化了，医疗行为被各种各样的标准保护着，医学的人文关怀被淡化了，医生与患者变成了商品关系，中医药也被裹胁其中。

中医学传承数千年而至于今，还有一种价值的体现，即可以被现代科学技术所利用。但是，这种可利用的价值却误导了人们，认为这就是中医生存发展的必由之路。我们有必要弄清楚中医的存在价值和可利用价值。中医要持续生存，必须发扬光大中医药文化。

（柳长华　国家非物质文化遗产保护工作委员会委员、
中国中医科学院中国医史文献研究所所长）

洪虎：贯彻《意见》，推动中医药事业发展

2009 年 4 月 21 日，国务院颁发了国发 2009（22 号）文件，即《国务院关于扶持和促进中医药事业发展的若干意见》，这是一个指导新世纪中医药事业发展的纲领性文件。作为国务院的文件，专门来谈中医发展，据我了解还是第一次。

《意见》的五项基本原则

这个文件体现了科学发展观的新思想，突出强调了中医药发展自身应

该遵循的规律、特点和要求，强调要促进中医中药协调发展。

洪 虎

文件的基本原则，提到了五个坚持。一是坚持中西医并重，把中医药和西医药摆在同等重要的位置。"同等重要"，我理解就是都要摆在主流医学的位置，而不是把中医药放在从属辅助的部分，这个思想是对中西医并重的一个很重要的阐述和补充。二是坚持继承与创新的辩证统一，既要保持特色优势，又要积极利用现代科技。文件没有再提中医药现代化这个提法。为什么不这样提？现在人们把西医定位为现代医学，你提出中医现代化，那就是要用现代医学来改造中医，那不就是西化了吗？所以现在的提法是，中医药的发展要积极利用现代科技手段。三是坚持中医与西医相互取长补短，发挥各自优势，促进中西医结合。这个提法赋予了中西医结合新的含义。在这个文件里，特别强调的具体内容是鼓励西医师学习中医，培养一批中西医结合的人才。这个和毛泽东同志提出的中西医结合的初衷是一致的。四是坚持统筹兼顾，推进中医药医疗、保健、科研、教育、产业、文化全面发展。五是坚持发挥政府扶持作用，动员各方面力量共同促进中医药事业的发展。

为何不再提中医药现代化与国际化

这个文件没有再出现中医现代化的提法，没有再出现中医药国际化的提法。它把中医药国际化表述为中医药走向世界。因为所谓的国际化是拿国际的规则来套自己，中医药走向世界就不是这个概念，不是用国际现成的规则去"化"自己，而是自己要努力走向世界，让世界了解和接受。没有提中医药现代化，然后赋予了中西医结合新的含义。所以我觉得这个文件渗透了很多新的思想。

《意见》反映了对中医药的新认识

中医药的体系更加清晰、完整。谈到中医药，《意见》开宗明义，把民族医药看成是我国传统医药的重要组成部分，而不是和中医药分列。如此，中医药的体系分类比较科学。确立了中医药是医学科学，但又不单纯是医学科学，它蕴涵着丰富的哲学思想和人文精神，体现了中国文化的内涵。

肯定了中医药事业的贡献。《意见》肯定了中医药为中华民族的繁衍昌盛作出了重要贡献，而且对世界文明进步产生了积极影响。我国的传统医学有符合先进理念的哲学思想和人文精神做指导，所以，它具有极强的生命力。也是基于这样一种认识，才需要把传统医学和现代医学放在并重的位置上。

《意见》明确了中医药的特点和优势。疗效是判断医疗方式有没有生命力的关键，如果你这个疗效能够被别的代替，人家也就不一定选择你。但是你这个疗效明显，又简便易行、费用低廉，人家就容易选择你。随着健康观念变化和医学模式转变，中医药越来越显示出独特的优势。对此，我们要有充分的认识，这样才能增强发展中医药的信心。

《意见》从增强国家综合实力的层面，揭示了发展中医药事业的重要性，指明了中西医并重是我国医疗事业的重要特征和显著优势。我国《宪法》是这样表述的，两种共同发展。所以我国的主流医学是二元的，不是一元的。

《意见》客观分析了我国中医药发展面临的新问题，明确提出了我国当前存在四个方面的问题：中医药特色优势逐渐淡化，服务领域趋于萎缩；老中医专家的很多学术思想和经验得不到传承，一些特色诊疗技术频频失传，中医药理论和技术方法创新不足；中医中药发展不协调，野生中药资源破坏严重；中医发展基础条件差，人才匮乏。《意见》指出，要把扶持和促进中医药事业的发展提升到深化医药卫生体制改革，提高人民群众健康水平，弘扬中华文化，促进经济发展与社会和谐的高度来看待。

《意见》确立了按照自身特点和规律管理中医药的原则。现在大家认为很多管理体制不顺，关键在于没有按照中医药自身的特点和规律来管理中医药事业。

中医药发展是个涉及医疗、保健、科研、教育、产业、文化的全面系统工程，单独靠一个部门很难胜任这些工作。所以，必须健全完善体制机制以适合全面发展的需求。

《意见》强调，要积极推广使用中医药的适宜技术，推动中医药进乡村、进社区、进家庭，普及中医药知识。此外，如何将扶持和促进中医药事业发展的规划、目标、任务、政策措施纳入到"十二五"发展规划中去，还需要重点研究。

（洪虎　全国人大法律委员会副主任委员）

李慎明：充分发挥中医药独特的作用　积极推进中医药产业化

中医药学是以汉医药为主体，包括中华各少数民族医药学在内的集大成的一门科学。它既包括医学，又包括药学，还包括针灸、推拿等多方面的医学医术。中医药学是中华民族优秀文化的瑰宝，是我国各族人民在几千年生产生活实践和与疾病做斗争中逐步形成并不断丰富发展的医学科学，为中华民族繁衍昌盛作出了重要贡献，并将对世界文明进步继续产生积极影响。1953 年，毛泽东同志曾说："中国对世界有三大贡献，第一是中医……"1954 年，他还在一次重要批示中指

李慎明

出："中药应当很好地保护与发展。我国的中药有几千年历史，是祖国极宝贵的财产，如果任其衰落下去，将是我们的罪过。"从当今我国中医药的现状及面临的问题看，积极推进中医药事业发展极其重要和紧迫。

充分发掘中医药学蕴涵的哲学思想和人文精神。中医药学凝聚着中华各个民族的智慧，蕴涵着优秀、丰富的人文科学和哲学思想。中医药学以中国古代朴素的唯物论和辩证法思想为哲学基础，形成了自己独特的理论体系。古代唯物论和辩证法始终贯穿在中医药的基本理论当中，并对中医药学起指导作用。而唯物和辩证的观点也正是中医药思想的精髓。

所以，中国的哲学包括中医药哲学理论，极具生命力，并具有长远的指导性。中医药学中的"五行之法"，体现了我国古代哲学关于事物彼此

人文社会科学视野下的中医药

联系、相克相生、相容相和的哲学思想；中医学关于人体是一个整体，人"与天地相应，与四时相副"，形神相即的统一体的观点，体现了我国古代唯物主义哲学关于人与自然关系"天人合一"的思想；作为中医学最高范畴的"气"论、"气"说，体现了我国古代唯物主义哲学朴素的物质一元论的思想；中医学的阴内阳外、阴阳相合的"阴阳说"，体现了相容相和、相辅相成的一分为二、对立统一的辩证法思想等，而不能对其赋予唯心主义的解释，变成不可捉摸的"玄学"。

长期以来，中医药和西医药互相补充、协调发展，共同担负着维护和增进人类健康的任务，这是我国医药卫生事业的重要特征和显著优势。随着健康观念变化和医学模式转变，中医药越来越显示出独特优势和不可替代的作用。面对社会主义初级阶段的基本国情，要实现"人人享有基本医疗卫生服务"的目标，切实解决"看病贵、看病难"问题，必须充分利用中医药这一宝贵的卫生资源。

只有中医药产业强大，才能带动整个中医药事业的发展。中医药的产业化将会成为我国经济发展的重要推动力量。当前中医药产业面临前所未有的发展机遇：一是 2009 年 4 月国务院制定了《国务院关于扶持和促进中医药事业发展的若干意见》，对中医药发展提出了很多政策支持。二是现代中医药产业作为高新技术产业将以具有中国独立知识产权和比较优势的特色产业，与生物医药产业并列为 21 世纪中国健康产业发展的两大支柱。三是当今科学技术的迅猛发展尤其是生命科学的突破，为中医药产业化提供了重要技术支持和驱动力。四是中医药产业化有了一定的规模和发展基础。

中医药是我国具有原创优势的科技资源，中医药的创新，不仅对医疗保健服务的发展具有重要的支撑作用，还将对生命科学产生深远影响。为此，要正确处理中医药继承与创新的关系；要加强医经、药经及针灸、推拿等各种医学、医术之间的交流切磋，共同提高。提倡中医药理论研究工作者、临床实践医务工作者与有志于振兴中医药事业的企业家等协作配合，共谋发展，这是时代发展的必然趋势，是中医自身完善与发展的必需。中医要吸纳西医的成就，引进西医微观实验和实证的分析方法，这样既保持中医整体综合的优越性，又使分析与综合在更高层次上统一，进而不断发展。

（李慎明　中国社会科学院副院长）

方克立:《中华医藏》编纂工作应适时提上日程

2007 年 1 月 29 日，中国哲学史学会中医哲学专业委员会成立那天，91 岁高龄的任继愈先生亲自到会支持，即席发言，讲话意味深长。他说:"回想我们的爷爷，我们爷爷的爷爷是靠什么维持健康的呢？怎么治病的呢？就是靠中医，这是不能够忘本的。但今天忘本忘到了这么一个程度，竟然说中医不科学，这是不对的。怎么不科学？中国数千年的实践就证明中医是科学的。"他还说，"研究中医，我们守土有责，对这个科学的领地不能轻易放弃。"这些话好像还在耳边回响。我们要永远记着他"不能忘本"、"守土有责"的教导。

方克立

在酝酿成立中国哲学史学会中医哲学专业委员会的过程中，我曾与任先生讨论过编纂《中华医藏》的问题。中医典籍在中国古代文献中占有很大比例，国内图书馆收藏的中医书目就有一万三千多种，很有必要在进一步调查研究、科学整理的基础上，编纂一部《中华医藏》，保护和传承好这份珍贵的文化遗产。我们现在已经有"佛藏"（《中华大藏经》）、"道藏"（《中华道藏》），近年来又在编"儒藏"。儒、释、道、医四大"藏"集中体现了中国古代精神文明的特色和水平，也应该适时地把编纂《中华医藏》的工作提上日程。

任先生同意我的看法，他说:"这件事情迟早是要做的，但它不同于一般的古籍整理项目，需要有一批懂中医和中医学史的专家参与，去粗取精，去伪存真，才谈得上科学整理。现在能做这件事情的人已经不多了，应该提醒有关主管部门，及早把这个项目列入国家重大文化建设工程。"

人文社会科学视野下的中医药

他主张先做论证，然后提出可行性方案。

中医哲学专业委员会成立 3 年来做了大量工作，成绩显著，在我看来作用与影响比预期的还要大。我建议能否把任继愈先生生前关注的《中华医藏》的编纂工作也作为一项列入计划，积极准备，做调查研究和可行性论证，推动这个项目早日列入国家重大文化建设工程。

如果把《中华医藏》编出来了，中华医道的传承与发展轨迹一清二楚，后人做辨章学术、考镜源流的工作，就有了切实的依据，谁也不能轻易把中医药的发明权、话语权拿走。

《中华医藏》作为国家重大文化建设工程一旦立项，就不是少数专家所能完成的，而需要文化部、卫生部、教育部、科技部、中国科学院、中国社会科学院、中国中医科学院、新闻出版总署等单位通力协作，设立由中医学专家和古典文献专业人士组成的工作班子来具体实施。这是关系到中华民族健康生存和发展的一件大事，也是关系到中国文化，特别是中医学的传承和创新的一件大事，不论任务多么艰巨，我们这一代人都要以高度的责任感来完成它。

（方克立　中国社会科学院学部委员）

楼宇烈：树立中医主体意识　发扬中医人文特色

楼宇烈

中医要影响世界，首先要影响我们的国人。如果医学没有影响及国人，要想去影响世界大概很难做到。

中国文化方面存在的问题是什么？我觉得最大的问题就是失去了中国自己的文化主体意识。同样，中医也失去了中医的主体意识。时至今日，人们在对中医的认同方面还存在着许许多多的误解。

树立中医主体意识并不是不加区分地全盘继承。所谓中医主体意识就是对中医文化传统要有所认同，要有所尊重，要有信心，要继承和发展。

中医不必处处都跟科学去比附。中医是个独特的知识体系，没有必要处处用科学知识体系来衡量中医的知识体系，当然，也无须用中医的知识体系去排斥科学知识体系。

随着近代的学科分类明确，知识体系开始分化，思维方法也开始分化，科学知识体系得以形成。特别是近代西方的实证科学发展起来以后，形成了一整套实证科学的思维方法。中国近代思想家章太炎先生在比较了西方哲学和中国哲学的差异后，认为西方哲学所注重的是物质，中国哲学所注重的是人事。

由于人类知识体系里面有针对物质、人事的区分，这两种知识体系形成了不同的思维方法。在研究以人事为主方面，还是要以传统的人文学科研究方法为主；而研究科学知识体系的，还应以科学的思维方法为主。两者相互吸收、相互补充。

中医整个学术体系不是一个单纯的疾病医学体系，而是一个具有丰富人文文化色彩和内容的知识体系，包括了哲学、艺术、宗教、方技等各方面的内容。它是一种综合了中国传统文化中有关养生、摄生、贵生等在内的整体的生命学体系。由此可见，中医不是单纯的疾病医学，而是中国的生生之学。

中医里具有丰富的人文思维的方式，由此能够推出中医的根本特点。西医是注重外敌的，以克敌为主。这就要求必须要具体化、要准确，要具体落实到一个"敌人"身上。而中医注重的则是"内乱"，以平"内乱"为主。中医是要解决你身体里面各个经络、脏器之间气血通不通、平衡不平衡的问题。中医是要来调适它，要固本培元。

（楼宇烈　北京大学哲学系教授）

（本期特别策划采写工作组：李博、刘维维、杨阳）

中國社會科學報

● (2009——2010)

特别策划（下卷）

本报调查

大多数读者赞成中医应与西医并重

你怎样看待中医药？日前，本报记者就中医药话题设计问卷，共 12 项问题，调查本报读者 126 人，收回有效问卷 98 份。记者发现被调查者在一些问题上，几乎有一致的看法。

例如："你是否赞同废除中医"、"中医药是否过时、落伍"、"中医是否可以与西医并重"、"《本草纲目》是世界经典医学文献吗"、"随着现代医学技术在我国发展普及，中医药是否会逐渐消亡"、"中医药作为我国的传统医学，是否存在进一步发展空间"等选项上，读者有近 100% 的倾向性选择，认同、支持中医药。似乎没有受"废除中医"等"科学卫士"们观点的影响。

中央财经大学王教授认为，近代以来，随着西方列强入侵，西学东渐，现代医学传入，中医在国内遭遇冷落打压，这不是两种医学自身角逐的结果。近几十年来，中西医结合应是理想的选择。可事实上，在目前的医疗政策体系下，固化的利益结构，使中医成了西医的附庸。2009 年，国务院出台文件，强调发展中医药事业，强调中西医并重就是对症下药，很及时。

"中医药有强盛的生命力，并不会因为有人否定而灭亡。"北京师范大学一位硕士生认为，"防病于未然、治未病"是中医药最大的特色和优势，现在的关键是如何支持它发展，发挥出西医所没有的医疗保健作用。

人才培养最重要，医学院校应加强中医学科教育。中医药大学一位退休的老教授表示，"现在学中医的高校毕业生不会号脉，中医学博士生看不懂古代医学典籍，令人痛心，中医学如何传承光大？"这说明我们目前的医学教育有问题。就中医问题进行争论也是好事，至少会引起社会关注，促使政府管理部门出台政策推动其发展。

加强中医文化的教育和传播，弘扬中华民族优秀文化。中国人民大学一位博士生认为，在当前的动漫题材创作中，可以将中医药文化列为一项内容，通过传播优秀的中医药文化，推进中医药产业的发展。

必须树立中医的社会形象。中国中医科学院下属医院一管理干部认为，学好中医很难，好中医是越老越值钱。现在一些大医院中医诊疗部门的医生连号脉都不会，或者为了利益不号脉，动辄抽血化验，有损中医形象。他建议，中医教育、培训应设立严格的从业人员资质评估体系，以及加强中医职业道德建设，避免庸医败坏中医药名声。

（记者　河阳）

背景链接

关于制定《中医药人文社会科学发展规划》的倡议

近年来，随着文化多样性对全球发展作用的日益显现，中国文化的影响力越来越大，为充分发挥中医药促进人类健康、建设和谐世界的巨大潜力提供了时代机遇。党中央和国务院审时度势，及时确定了关于扶持和促进中医药事业发展的基本方针，在社会各界的共同努力下，全国中医药工作正在扎实推进，并逐步走上了以文化为基础的原创发展道路。

实践证明，制定和实施关于扶持和促进中医药事业发展的政策措施，释放中医药的原始创新潜力，走中国特色的自主创新道路是一项以认识为先导，理论性强，兼具全局性、前瞻性的战略性工作，需要人文社会科学研究成果的基础性支撑。但是长期以来，中医药的人文社会科学研究得不到重视，中医药的科技发展与人文发展不平衡，由此导致对中医药的认识依然模糊，影响了扶持政策和措施的实施，也影响了中医药服务现代社会、贡献全球发展的能力发挥。我们一致认为，应当尽快改变这种局面，以全面总结中医药发展的历史经验为基础，统筹兼顾，面向未来，制定中医药人文社会科学发展规划，促进中医药决策的科学化、民主化和制度化进程。

值此"弘扬中华文化推进中医药发展理论研讨会暨中医影响世界论坛

第二次会议"召开之际，北京市中医管理局、北京中华文化学院、中国农工民主党北京市委员会、中国哲学史学会中医哲学专业委员会、中国社会科学院中医药事业国情调研组、北京奥运经济研究会、中国中医科学院中国医史文献研究所和博爱堂名医馆及全体与会专家，经过协商，一致同意发出《关于制定〈中医药人文社会科学发展规划〉的倡议》，共同呼吁政府部门大力支持，社会各界通力合作，制定发展规划，指导未来发展。我们相信，促进中医药人文社会科学的研究，以全面扎实的人文社会科学研究成果为基础，有利于进一步解放思想，深化改革，更好地发挥文化引领中医药事业发展的作用。让我们共同努力，通过文化创新、管理创新和制度创新，不断开拓中医药工作的新局面。

（北京市中医管理局

北京中华文化学院

中国农工民主党北京市委员会

中国哲学史学会中医哲学专业委员会

中国社会科学院中医药事业国情调研组）

文学的非理性主义倾向

特约记者　朱首献

　　非理性主义是 19 世纪末 20 世纪初盛行于西方的哲学思潮，其后成为 20 世纪上半叶西方形形色色的现代主义文学流派的理论基础。至少自 20 世纪 80 年代开始，非理性主义随着西方文化思潮的涌入，就进入了国内文学及其研究现场，并且受到某些学者的大力推崇。这种文学倾向发展到极致，就是以本能与身体为核心，鼓吹野性和纵欲，反对道德伦理、亵渎崇高、消解历史。在 20 世纪 80 年代末至 90 年代初期，它甚至还引发了那场旷日持久的"理性—非理性"大讨论。

　　进入 21 世纪以来，非理性主义思潮再次在国内文学创作和理论批评中掀起波澜，且有愈演愈烈之势，最近一两年，这一现象有增无减。中国文学版图上的"非理性"战火越烧越猛，甚至到了严重危及文学健康发展的地步。一些作家推崇"快乐的牲口"原则，大胆地宣泄着他（她）们的本能欲望，大篇幅的色情描写、无遮拦的情欲展示，堂而皇之地招摇过市、毫不谦虚地登台亮相。这些本能狂欢的书写，广泛地渗入了文学的各个层面，包括现在受众广泛的大量影视剧作品。针对这种不良的文学态势，理论界也表现出高度和强烈的关注。一场关于"理性—非理性"的争论在 21 世纪的文学研究领域又重新开幕。

　　党圣元等学者尖锐地指出，除了热衷于本能癫狂，沉溺在下半身狂欢，迷恋于丛林法则外，叙事空转、语言粗鄙、逻辑混乱、意义悬空和叙述失禁等，也是当下文学领域非理性主义的另一副面孔，而肆意篡改历史与亵渎崇高则是当下文学领域非理性主义的显著特征。针对这种非常态的文学逆流，诸多学者立足于文学的理性精神，从道德论、人性论、历史观、新理性精神等方面对之进行了严厉的批评和鞭挞。

非理性主义：新世纪文学版图上的幽灵

非理性主义介入当下文学现场的表征之一，是对本能主义疯癫、下半身狂欢的热衷。在当前的文学领域中，本能与身体成为两个重要的关键词，所谓的"身体独白"、"下半身书写"广泛地渗入了文学创作的各个层面。"全面的欲望释放，坚决的形下姿态，贴肉的文学爬行，追求肉体的在场感以及以下半身为圭臬等写作伦理合谋架空了文学所应该秉有的精、理、气、神，而只剩下一曲杂乱的肉体交响乐在当前的文坛上施虐、游走。"

而讴歌丛林法则，倡导动物兽性，鼓吹"野性"和宣扬"奴性"，也是当下文学领域一股典型的非理性主义倾向。2004 年的《狼图腾》、2005 年的《藏獒》以及 2007 年的《刺猬歌》，都是推崇、讴歌动物兽性，鼓吹"动物哲学"的代表性作品。评论家李建军在谈到《狼图腾》时说："在一个王纲解纽、价值混乱的时代，一切都有可能被颠倒过来，一切都有可能被弄'拧巴'。无耻便是荣耀，下流等于高雅，'流氓'成为'英雄'。"《狼图腾》将对狼的精神的仰慕提升到中华民族复兴的高度，视其为"20 年改革的主要成果之一，也是中华民族复兴的希望所在"，但是纵观人类历史，如果一个民族的复兴以狼的精神为图腾，那么，这个民族离灭顶之灾也就近在咫尺——德国的法西斯主义和日本的军国主义就是活生生的例证。

篡改历史和亵渎崇高是当下文学领域非理性主义的另一个显著特征。例如，盲目歌颂清王朝的康乾盛世，把它描写得阳光普照、充满生机，却不顾当时清政府闭关锁国、远离现代文明、危机重重的历史真实；打着"人性化描写"的旗号，给慈禧太后"翻案"，为李鸿章"昭雪"，对历史进行仿拟、戏说；官渡之战成了曹操和袁绍争夺小寡妇的战争，历史的血腥被涂抹成一出暧昧的闹剧；经典被随意消解，《阿 Q 正传》、《药》和《孔乙己》在影视作品中被"改编"成阿 Q 卖人血馒头并和孔乙己的女儿结了婚。

此外，在当下的文学版图上，还能感受到非理性主义的文学叙事空

中国道路

中國社會科學報

（2009——2010）

特别策划（下卷）

转、语言粗鄙、逻辑混乱等特征。按照党圣元的归纳：非理性主义过分追求语言的个人化，打破语言常规，导致了语言链条的断裂；拒绝理解，认为通俗易懂对文学来说是不道德的；倡导"三还原"（感觉还原、意识还原、语言还原）、"三逃避"（逃避知识、逃避思想、逃避意义）、"三超越"（超越逻辑、超越语法、超越理性）；推崇"不及物写作"；任凭"随意性"、"即兴性"、"零乱性"、"拼凑性"和反逻辑、反理解、反完整性、反元意义等无限度溢出，造成了文本的碎片化，普遍性、规律性的逃逸以及非理性的泛滥。

批评与扶正：对文学理性精神的捍卫

针对这一文学创作的倾向，诸多批评家表现出了极大的忧虑和深切的关注，他们呼唤文学的理性精神，从道德论、人性论、历史观、新理性精神等方面对非理性文学思潮展开批判。

批评家们倡导理性写作，反对当下文学中以表现本能、欲望为代表的非理性主义倾向。有人认为，在当下的文学创作中，女性的性欲、生育、流产等生命经验被许多作家不厌其烦地描写，沉浸于"一个人的战争"与"私人生活"的私人性表达，陷入了题材和主题等的低水准重复。排斥"理性"的结果只会导致意义的严重混乱，新的美学原则应该是"以身体为准绳"与"以理念为准绳"的融构，作家必须让自己的心灵不断强大起来。有人则将当前文学中非理性主义思潮的蔓延称之为当代文学的"第三次转型"，并且称"欲望是人的本能欲望，当欲望受到压抑的时候，·人是不完整的，是异化的；但是如果一味让欲望无限膨胀，则又走向了另一个极端。"他强烈反对这个所谓的"第三次转型"，认为21世纪文学的这个转型是以牺牲理性为代价的，并对此表示忧虑。

重新呼唤道德在文学中的回归，是学者们针对文学的道德属性面临的危机所作的努力。文学是作用于人的心灵和精神、关怀人生价值和提升精神境界的，因此必然肩负一定的道德理想。应该重视文艺道德在影响作品生产、作品传播中的作用，重视文学中的道德理想对文学作品内涵和格调的影响，我们很需要"具有道德激情的作品"。

针对目前的某些作家反对在人性表现上追求真善美，大力挖掘粗鄙的人性并且肯定它的合理存在，以粗鄙为深刻，把红色变成桃红色，文学评论家王干指出："下半身写作"将身体写作推向极端，文学被剥离了广阔的社会内容，潜意识被狭义地理解为赤裸裸的性意识、性内容，这种打着身体至上、性至上的口号而取消文学丰富性的做法是非常错误的。中山大学中文系教授谢有顺批评说，这种把"兽性"当人性来写的创作，其"精神上的狭窄和浅薄一目了然"。

20 世纪末，倡导非理性主义的论者曾提出过非理性是中国文学"埋葬古典主义、走向现代主义的必要环节"，认为应该把是否具有非理性倾向作为判断中国文学是否具备现代性的准绳。他们认为中国文学目前尚处于近代阶段，不具备现代性，因为它"还缺乏非理性精神"。针对这种观点，中国作家协会雷达指出：现代性充满了运动、变化，是与进步、发展相关联的一个概念，但同时是一个充满了矛盾的概念，一方面它代表了理性，另一方面，它把精神焦虑植入人类生活的各个层面。但是据此认为20 世纪的中国文学不能称为真正意义上的中国文学则是荒谬的，如果人的觉醒与反封建不算现代性，人道主义不算现代性，工具理性与人文理性不算现代性，那么现代性到底是什么？那种认为非理性主义居于主导地位的文学才能叫具有现代性的文学的观点显然是有失偏颇的。

针对当下文学写作中对于历史的非理性处理，理论界倡导历史题材写作的理性主义精神。时下一些戏说历史的作品中，出现了一些完全不顾史实的改编，这些作品以娱乐性、时尚性、消费性、世俗性消解了历史内容和思想深度。中国人民大学文学院教授陆贵山指出，这一现象的本质是用主观虚构的文本决定论和语言决定论来代替历史决定论。"不违背所表现的历史对象的基本性质，尊重历史的客观性、真实性和规律性，是艺术创作应当恪守的一条底线。那些轻狂和嬉戏的历史题材作品，消解了民族精神，玷污了人们纯洁的思想情感和正直的伦理道德情操，不利于培养和提升青年一代的正义、高尚的人格追求和精神境界。"也有意见认为，历史小说更应该能显示我们的民族文化精神，要求历史小说的作者具备进取的历史精神，以新的理性精神、人文精神来平衡、抵御粗俗与精神沉沦，又提出"用新理性精神来重建文学创作的价值和精神"，使其"成为文学艺术的灵魂"。

回归崇高：文学创作的必然选择

有学者指出，当下是一个欲望叙事充斥文本的时代，消费主义制造的欲望膨胀正像一个恶性肿瘤在慢慢吞噬文学的神性、理性和诗意精神。

针对当下文学尊严失落的问题，学者们呼吁要积极应对，弘扬严肃的创作态度，创造一种良好的文学环境，从而使文学重归人的精神家园、情感栖息地，重归"更高的悬浮于空中的意识形态领域"。在当前的文学领域，把坚持社会效益放在首位，放弃那种宣扬非理性主义的错误文学倾向，已成为许多评论家的共识。而自觉增强社会责任感和历史使命感，紧紧把握健康的审美脉搏，用高质量的作品去感染读者，同时坚持"二为"方向和"双百"方针，则得到更多人的认同。

事实上，近年来大多数作家都能坚持文学创作的"二为"方向，密切保持同人民群众的血肉联系，把满足人民群众不断增长的精神文化需求，多出人民群众需要和满意的好作品当做衡量自己创作成败的基本标准，抵制不良趣味，追求思想性和艺术性的统一。另一方面，也有学者指出坚持"双百"方针要以坚持"二为"方向为前提，在此基础上继续为广大作家营造宽松的创作环境。许多学者表示，坚决抵制打着"非理性主义"标记的"垃圾文学"，反对低俗之风，以优秀的作品陶冶读者、鼓舞读者、慰藉读者；以理性的态度介入社会，加强自身道德修养，关注时代、关注民生，正确认识非理性在文学创作中的作用，才能进一步繁荣文艺。

（作者单位：浙江大学文学院）

艾克拜尔·米吉提：非理性主义渐受冷落

非理性主义作为一种文学现象存在，是一个历史过程。对于它，作为实践者的作家也好，作为归纳者的评论家也好，作为热衷者的读者也好，作为盈利者的出版商也好，似乎都由最初的新奇、而后的发展、之后的

"鼎盛"之势、再到今天的某种失落，大家都是共同感受过来的。作家也开始感受到了日渐被社会和读者冷落的孤独，评论家似乎也开始逐渐将视线从这个狭小的领域移开，读者也被更加纷繁的文化现象吸引去，出版商也看到了这一领域里的利润空间日渐萎缩，开始重新选择市场卖点。而经济的强势发展，社会法制化进程的加快，人们对生存质量和自然环境的关注，对道德伦理的呼唤，对于历史的重塑，对于崇高的认同，再度消解了非理性主义文学自认为的辉煌态势。更为主要的是，随着冷战的结束，随着中国的进一步开放，随着中国经济的日渐崛起，来自于外部世界的喝彩也渐行渐远。精明

艾克拜尔·米吉提

的世界商人更加注重与中国强势发展的经济交往，以获得他们最大的利益空间，于是对于他们熟悉的、在二战以后兴盛过的非理性主义文学，似乎也没有了太大的兴趣。

　　文学创作与文艺领域应该是多姿多彩的，应该是丰富的，应该让不同层面的人都能获得精神享受。非理性主义文学作为一种历史文化现象，是可以存在的（也会有人喜欢）。但是，它不能也不应该成为覆盖文学创作和文艺领域的全部内容。因为社会是丰富多样的，人的精神文化生活选择也是丰富多样的，而人类社会千百年来所认同的"真、善、美"与"假、恶、丑"的美学价值依然畅行，所以读者同样有权领略和欣赏非理性主义文学以外的更为宽泛的文学艺术。非理性主义对文学创作和文艺领域在特定时期是产生过某种较为广泛的影响的，但是，时间和历史是最终的评判者，读者和社会才是最终的选择者。不然，就不会出现作家和文学"被边缘化"、"被冷落"的现象。许多按照非理性主义模子做出的文学作品，似乎已经开始被读者和社会淡忘。这是一个严酷的现实。我是一个比较严格的理性主义者，在我个人文学创作中，应该说是现实主义占据主导地位。

　　作家的责任是一个古老话题。作家的责任是多种多样的。作家有语言责任——要为你所创作使用的语言立场负责，要对这种语言丰富、发展、规范和美丽服务。作家还有社会责任、时代责任，要对你生存的这个社会

负责，要对你生活的这个时代负责。作家有艺术责任，你所提供给社会的作品，应当具有"这一个"作家的艺术心智。当然，作家还要对你的读者负责。你的读者可能是社会他人，也无可避免的可能是你的亲人，甚至是你的子女，我们写出的作品恐怕不能愧对他们。无愧于时代、无愧于社会、无愧于历史、无愧于民族、无愧于祖国，那是一个作家和文学的大境界，我想，但凡执笔（敲字）写作的人，都是抱有这种思想的。

国家和政府在引导文学创作和文艺创新的潮流时，应该在《中华人民共和国宪法》范围内依法管理、依法行政。《宪法》第二十四条规定："国家提倡爱祖国、爱人民、爱劳动、爱科学、爱社会主义的公德，在人民中进行爱国主义、集体主义和国际主义、共产主义的教育，进行辩证唯物主义和历史唯物主义的教育，反对资本主义的、封建主义的和其他的腐朽思想。"提倡什么反对什么十分清楚。第四十七条规定："国家对于从事教育、科学、技术、文学、艺术和其他文化事业的公民的有益于人民的创造性工作，给以鼓励和帮助。"显然，国家和政府是以鼓励和帮助的方式来引导文学创作和文艺创新的。新时期以来，特别是进入新世纪、新阶段以来，国家和政府设立的各种文学奖项，出版的各种文学期刊、报纸，都发挥着积极的导向作用，并以此来"发展为人民服务、为社会主义服务的文学艺术事业"。

（艾克拜尔·米吉提　哈萨克族，中国作家出版集团管委会副主任、
《中国作家》主编）

何继青：要科学理性地对待文学的非理性主义倾向

贵报在这个时候对"文学的非理性主义倾向"问题进行研讨非常及时、非常重要。这主要是因为：第一，文学是创作之母，撇开表演不说，文学还包括戏剧和影视在内，都到了需要引导、需要理清思路的时候。第二，这种引导、理清思路不应该用纯行政的视角和思路，而必须从理论的层面进行思考和清理。但相当长一段时间以来，从事这项工作的部门并没有很好地把这个事情做好。

在 20 世纪 70 年代末到 80 年代初的几年中，我认为非理性主义还是

起着非常积极的作用的，那时的非理性主义创作基本上是在健康的轨道上进行。从哲学的层面和历史的层面来理解，我赞同非理性主义逻辑的调整。因为相当长时间以来，我们已经把理性创作引导到了一个非常狭隘的轨道上，乃至成为了一种僵化，用别的方法进行纠偏或者拓展，可能效果不会太好。所以，能够从哲学层面进行非理性创作，哪怕开始是粗糙的，甚至是杂乱的，都对过去存在的狭隘僵化起到有益的作用。

何继青

20 世纪 80 年代中后期，特别是 80 年代末 90 年代初，非理性主义已经发展到了鼎盛期，各种西方思潮非常迅猛地影响着中国的文学创作。当时的文学创作流派、写作方法很多，很多文学创作甚至把哲学的、宗教的观点直接引进来，不转化地使其成为文学创作的主题，非理性主义由此逐渐走向了极端。非常遗憾的是，当时并没有多少人意识到这一点，也不明白文学创作的风景应该在过程中间，是渐进的，这样风景才更精彩。如果走得太快，像"大跃进"一样，恨不得一步将别人80 年、100 年的历史都走完，沿途的过程省略就容易导致极端，而任何东西走向极端就离破灭不远。

实际上，非理性是相对于理性而言，当非理性成了为非理性而非理性，这就很要命！不是为了解决创作中文学没法解决的问题，所以需要在文化层面、哲学层面寻找非理性主义，动因变成为了彰显非理性而非理性。当把手段变成目的，就会不择手段，就会出现一些不好的现象，但那还仅仅是现象，更为严重的是，文学抛弃了读者，远离了社会，扭曲了自己。

非理性主义首先导致文学抛弃了读者，当你抛弃读者时，读者也抛弃了你。其次是远离了社会。社会是一个洪流，不能远离。历代的文学作品，哪怕是非常纯粹的文学作品，实际上都在很深层的地方关注着所处社会。完全不关注社会的作品，不可能称为传世之作、时代的代表作，也不可能成为经典。最后扭曲了自己。现在有相当一部分作家，我认为在思维上、精神情感上是有些问题的，因为他们完全沉醉在自己的非理性化世界中，思维和眼光都出了问题。

非理性主义对当前文学创作和文艺领域的影响很大。有相当一部分人认为，作家"不值钱"、对社会的影响力不大，是时代造成的，因此必须用非理性创作去改变现状。但我不持这样的观点。实际上，在西方发达国家，作家对社会、对人民的影响依然比较大。一些纯文学的创作，不是从非理性的角度进行的，但依然有比较大的、稳定的读者市场。这是为什么呢？这说明作家的地位和价值，不完全受时代变化因素的影响。

关于如何对待非理性主义，在我个人的创作中，包括现在所从事的行政工作，还有办亚运会的过程中，我对自己的把握都是创新不守旧。创新非常重要，但是这种创新本身不是目的，不能一刀割断与历史的联系，与传统的联系，与客观存在的联系，与社会方方面面的联系，而是要建立在此基础之上。我始终不赞成极端，尤其是极端的个人主义，更不赞同极端的心灵主义。创作过程中要拓展视野，把更多、更新的东西放进去，而不是让自己的路越走越窄，把心变得越来越小。

当然，不仅我自己这样，我还要求我们单位的编辑们、导演们一定不要抛弃读者、抛弃观众，要在理性和非理性中寻找一个折中点。可能我是一个折中主义者，我要寻找一条既能表达个人的某些独特的想法，但同时至少让一部分人愉快地接受。不能让别人像吃药一样，很受罪地接受。我希望我的作品能够贴近读者，不离开时代，但又不被读者和时代完全吞没。

至于国家和政府的有关部门应该如何对待文学的非理性主义倾向，我认为，除了需要从理论层面引导文学创作和文艺创新的潮流外，还要站在平等的、对话的立场上来交流和引导，而不能简单地用行政命令的方式进行，只有这样，才能取得比较好的效果。

（何继青　第16届亚运会组委会庆典和文化活动部部长，国家一级作家。20世纪90年代与人合作23集电视连续剧《和平年代》，1997年获全国"五个一工程"奖和电视界最高荣誉"飞天奖"和"金鹰奖"）

文学的非理性主义倾向

周桂钿：要严肃编写重大题材历史剧

周桂钿

近年编历史剧成了一种时髦。从秦始皇、汉武帝、唐太宗到明清时代的皇帝，特别是清代的皇帝，一个一个编过，编了皇帝编皇后。曾经轰轰烈烈，热闹一时。后来许多学者发现，对历史不怎么了解的人却以为这些电视节目中的皇帝就是历史上真实的皇帝，产生了极大的误解。历史上的一些人物可以塑造，而有些影响大的人物，却不能随便编造。例如孔子，他是儒家创始人，是代表中华民族精神的人物形象。这是全世界人的共识，西方人讲文明冲突时，孔子儒教就是世界几大文明之一。因此，像《孔子》这样题材重大的电视剧，不可掉以轻心。

现在如果要编电视连续剧《孔子》，宗旨应该是树立孔子的正面形象，而不是丑化他。当然，我们也不能像汉代儒者那样神化孔子。关于孔子的资料，不但中国有，其他国家也有很多，如日本、韩国、越南以及西方国家。孔子是世界性的教育家、思想家、政治理论家、政治哲学家，已经成了世界人民的共同精神财富，不允许任何人糟蹋他。我们如果不按典籍上提供的信息来编写，就会产生负面影响，就会受到来自国内外的各种指责和批评。现有40多个孔子儒学研究机构发表联合声明，提出需要尊重孔子，就表达了这种态度。

历史人物的编写，首先要尊重历史的记载。还是以孔子为例，孔子的事迹，已经有各种版本的著作问世。那些基本事实不可违背。例如孔子周游列国，到过许多国家，但没有到过吴国和越国，我们就不能写他如何到吴国和越国进行政治活动，如何参与吴越之争。齐鲁的夹谷之会，是两国双边会谈，就不能编成许多诸侯参加的结盟会。孔子与伍子胥没有见过面，不能编他们两人如何争论之类。那时还没有实行郡县制，特别是吴、越还没有这个概念，却说越国成了吴国的一个郡。战国时代的赵武灵王

"胡服骑射"，此前中原地区没有人骑马，不能为了好看，增加许多骑兵战争的场面。历史剧应该有很强的时间观念。生活在古代的孔子，不能随心所欲地将现代的观念、价值观都编进去，将历史现代化。当然，这个电视剧是现代人编的，要让现代人看懂，在语言方面和思想方面不能没有现代性。

孔子时代的儒家思想，有很多人研究，当时批评儒家的其他思想也多有记载，新编的内容包括对话不应违背这些思想。孔子培养学生首先是要参加政治活动。入世参政、出仕行义是以孔子为代表的儒家的特点，不宜出现孔子及其学生不想当官，反对当官的言论。孔子周游列国，无所容止，但还是坚持宣传自己的政治主张，知其不可而为之。孔子主张仁义礼智信，提倡学习典籍，传承文化，不应出现与此相违背的说法。

电视剧创作者对两千年前的春秋时代的风俗习惯、政治观念、价值观等都应该有所了解，尽量做到真实反映当时的时代特点和时代精神。孔子是教师，是万世师表，是文质彬彬的君子，是智慧的圣人，他不可能破口大骂别人，如果编出他大骂别人，肯定不像孔子，是歪曲孔子的形象。

孔子及其弟子的说话要尽可能使用《论语》等典籍中的话，增加真实性，也起到弘扬儒学的作用。《论语》中有"知之为知之，不知为不知，是知也。""见得思义"，"己所不欲，勿施于人。""志士仁人，无求生以害仁，有杀身以成仁。""君子和而不同，小人同而不和。""学而时习之，不亦说乎！""学而不厌，诲人不倦。"这些话已经成为社会流行的通俗语言，都可以编入剧本。在《左传》、《易传》、《孟子》、《礼记》、《韩诗外传》、《说苑》、《新序》等著作都有许多关于孔子的故事和言论，有的还很生动，所反映的儒家思想也很深刻，都可以编入剧本。如果不用这些资料，而是自己另编一套，思想水平达不到，看不出孔子的特点，似乎与秦始皇相似，那就不是成功的。

重大历史题材的电视剧应该有严肃性，不宜用"戏说"来随便调侃。"戏说风"在传媒系统时髦了一阵子，产生了很坏的影响。由于无知与随意性，以为历史可以随便编排，这种观念在文艺界和传媒中还相当严重地存在着，不能让它在重大历史题材中表现出来。

历史剧不但要有历史性，也要有剧的特点即艺术性。历史剧也要避免写成历史，没有艺术性，缺乏文学色彩，让观众看了不感兴趣。艺术加工，不能违背历史事实，在空缺的地方可以加入细节描写，这些描写也不能违背情理。《三国演义》对《三国志》的加工是成功的典范。作为史书的《三国志》只说刘备去请诸葛亮"凡三往焉"几个字，在《三国演义》中编成了著名的"三顾茅庐"故事。每一顾都有奇遇，从不同情景中，刻画人物的不同性格。如果还用"凡三往焉"，就没有剧的特点，如果编成四次或更多次，就违背基本事实。关于曹操与孙吴的赤壁之战，在《三国志》的《魏书·武帝纪》中只说："冬十月，治兵，遂征孙权，十一月至谯。二十二年春正月，王军居巢，二月，进军屯江西郝溪。权在濡须口筑城拒守，遂逼攻之，权退走。三月，王引军还，留夏侯敦、曹仁、张辽等屯居巢。"在《蜀书·诸葛亮传》中记载：诸葛亮对孙权说了一番话以后，"权大悦，即遣周瑜、程普、鲁肃等水军三万，随亮诣先主，并力拒曹公。曹公败于赤壁，引军归邺。"在《三国志》中所记赤壁之战的内容几处合起来也只有几百字。而在《三国演义》中，从第四十三回"诸葛亮舌战群儒"到第五十回"关云长义释曹操"，却是有声有色的八回，是场面宏大、斗争复杂、内容丰富的赤壁之战。如果将后续"三气周瑜"的内容加进去，分量占了全书的十分之一左右。关键的情节着重描写，以此展现各种人物不同的内心世界。

以上是原则要求，难度比较大，需要作者具备丰富的历史知识，对儒家思想有相当的研究，对孔子事迹有全面的掌握，还要有崇高的民族精神与一定的理论思维水平。一般历史剧应该在大情节上符合历史记载，在细节之处，加以艺术加工是可以的。如果没有这些思想基础，编出来的就只能是粗制滥造的、破绽百出的、格调低下、品位不高的庸作和劣品，会受到社会各界观众的严厉批评。

现在的电视剧本，制片人非常重视经济效益，要吸引人，于是就以卑劣的心态，迎合低级趣味的观众，投其所好，将严肃的历史题材庸俗化，妄加戏说。这是不可取的。真正有水平的节目，还是能吸引广大观众的。《三国演义》就是历史剧的好典型。它并没有什么黄色的东西。战争自然吸引人，而其中诸葛亮的智慧是不是也很吸引人呢？孔子是教师，是思想家，编出来的应该是文剧，而不是武剧，应该以智慧取胜。现在的电视剧时兴打打杀杀，不打不过瘾，道德与智慧被人们所淡忘，现在应该恢复它们。多一些有教育意义的情节，表现高尚风格与情操，多一些冷静的思考与深刻的内容，引导群众求真、向善、爱美。富而后教，是儒家的主张，中国经济上虽然不是很富裕，比过去已经好多了，也是需要教育的时候了。传媒应当在这方面大有作为，这是历史使命，也是社会责任。不论电影《孔子》，还是电视剧《孔子》，都将成为这一方面的突出代表，受到各方面的关注，不可不慎。

（周桂钿　北京师范大学哲学与社会学学院教授，主要研究中国传统哲学，著有《董学探微》、《虚实之辨》等学术著作）

党圣元：新世纪呼唤中国文学艺术的尊严

党圣元

近年来，随着我国社会主义市场经济体制的确立和消费社会的日益成型，文学艺术也得到了迅速的发展，出现了一大批弘扬社会正气、讴歌精神文明的优秀作品。然而，在非理性主义创作思潮的推动下，文艺领域确也出现了道德失范现象，是非、善恶、美丑界限混淆，拜金主义、享乐主义、极端个人主义、各种粗俗的低级趣味、精神上的消极腐化堕落等有所滋长、蔓延，严重地损害了文艺的形象，亵渎了艺术的尊严，对我们的文艺实践造成了不可忽视的影响，阻碍了社会主义先进文化和精神文明的建设进程。

当前文艺领域所出现的文艺尊严丧失现象与社会生活中的一些消极现象互为表里，其中片面的消费主义倾向尤其值得注意。这种消费主义在文艺功能上鼓吹个人享乐主义、在创作宗旨上鼓吹拜金主义，导致部分作家的道德意识日益淡薄。今天所谓的"身体写作"、"下半身写作"等固然不能一概而论，但其中确有打着人性解放旗号而兜售不顾基本道德底线的低级趣味的倾向。它不仅表现在涉"性"题材中，还有其他许多表现，诸如

文学的非理性主义倾向

289

对各种奢侈、豪华乃至腐化、丑恶生活方式有意无意的美化，等等。在建立和发展社会主义市场经济的今天，包括文艺作品在内的精神产品具有商品性，但承认文艺作品的商品性决不意味着在创作目的上鼓吹拜金主义，一些道德意识淡化的文艺家却将两者相混淆。

在这样复杂的情境下，强调文艺家的道德意识对于捍卫文艺的尊严就显得尤为必要。捍卫文艺的尊严，是社会对文艺家的基本要求。文艺家作为社会的一员，也应遵守文艺的基本底线，文艺创作作为一种社会生产，也有其基本的职业操守。在物质产品连同精神产品一起市场化的语境下，判断物质产品是否有害，我们可以有一些非常量化的技术指标，而判断包括文艺作品在内的精神产品是否有害，其标准则往往很难量化。但另一方面，文艺家对自己生产出的作品是否有害，又往往心知肚明，消费者在欣赏中也较容易作出判断。文艺产品相对于物质产品的这种独特性，使文艺家的道德意识在净化社会精神生产环境中的作用显得尤为突出。

从对文艺家的最低要求来讲，文艺创作与其他任何一种社会性活动一样都应该有一个道德底线。一般地说，我们不必强求所有的商业化文艺作品都能做到"有益"，但至少应做到"无害"，此即文艺家的道德底线。

更为重要的是，我们强调文艺的尊严，其意义决不仅仅局限在文艺领域，还与社会主义道德体系建设、发展先进文化、弘扬民族优良传统、培育民族精神等密切相关。高度重视社会主义道德建设，是发展先进文化的必然要求。全面建设小康社会，不断推进中华民族的全面复兴，是我们的历史使命，要求我们把法制建设与道德建设、依法治国与以德治国紧密结合起来，逐步形成与发展社会主义市场经济相适应的社会主义道德体系。而文艺对这种道德建设有着特殊的渗透力和影响力，在积极营造有利于道德建设的社会氛围上可以发挥独特而重要的作用。一方面，文艺宣传科学理论、传播先进文化、塑造美好心灵、弘扬社会正气、倡导科学精神，大力宣传体现时代精神的道德行为和高尚品质，激励人们积极向上，追求真善美。另一方面，中国特色社会主义道德建设强调"重在建设、以人为本"、"促进人的全面发展"等为文艺家把捍卫文艺的尊严与道德担当高度统一起来提供了极大的发展空间。

而强调文艺的尊严，也是弘扬民族精神的时代需要。社会主义道德体系建设要求把中华民族的传统美德与体现时代要求的新的道德观念相融合，要求把坚持继承优良传统与弘扬时代精神相结合。从文艺活动来看，强调道德担当、重视文艺的社会功能，是我们民族文艺非常悠久的优良传统。优秀的传统民族文艺，不仅以审美意识吸引着后人，而且也以道德意识感召着后人。

总之，当前文学理性精神之弱化或缺失、尊严失落的问题，需要我们认真应对。文艺产业的发展不能片面地追求速度，而更应始终注意其发展方向的先进性。只有统一到先进文化的前进方向上来，文艺产业才能真正做到经济效益与社会效益的统一，才能既直接地促进经济的发展、增强综合国力，又能为经济及社会全面均衡发展提供源源不断的强大精神动力和智力支持。

（党圣元　中国社会科学院文学研究所副所长）

张炜：文学创作不能离开理性参与

感性、理性与文学创作的关系，是文艺学中的一个复杂的理论问题，也是文艺实践中具有不同意见的问题。毛泽东在《实践论》中曾指出，人类的认识过程是从感性阶段上升到理性阶段的过程。他说，"认识的感性阶段，就是感觉和印象的阶段。"理性认识的阶段则是"经过感觉而到达于思维，到达于逐步了解客观事物的内部矛盾，了解它的规律性，了解这一过程和那一过程间的内部联系，即到达于论理的认识"。那么，文学艺术创作的过程是否跟一般的认识过程一样，或是完全不同呢？是止于感性呢，还是也能上升到理性呢？

有种意见认为，艺术都是感性的，应该跟着感觉走，不能有理性参与，艺术创作中一旦加入理性，艺术就会失败。在近代西方学者中，尼采的反理性主义、柏格森和克罗齐的直觉主义、弗洛伊德的"白日做梦"说，

张　炜

文学的非理性主义倾向

都为文艺创作非理性的观点提供了理论根据。尼采是唯意志论和生命哲学的主要代表之一。他否定理性主义和传统的真、善、美的价值观。柏格森也把生命哲学与直觉主义联系在一起，强调理智的本质与生命相反。克罗齐的美学更发展了艺术的直觉主义。弗洛伊德的《自我与本我》一书则以潜意识（即无意识）概念为基础，把文学艺术的创作看做是有如"白日梦"，而创作的动机则被归结为"性冲动"。

反理性主义的创作理论曾为现代主义的某些艺术家所遵循，如意识流小说、荒诞派戏剧等。超现实主义的鼓吹者布列东也断言创作是"纯粹的精神的无意识活动。人们凭借它，用口头、书面或其他方式来表达思想的真实过程。在不受理性的任何控制，又没有任何美学或道德的成见时，思想的自由活动"。

主张艺术的非理性观点的人还曾引证马克思关于艺术掌握世界的方式与理论掌握世界的方式不同的论断。马克思在《〈政治经济学批判〉导言》中说，"整体，当它在头脑中作为思想整体而出现时，是思维着的头脑的产物，这个头脑用它所专有的方式掌握世界，而这种方式是不同于对于世界的艺术精神的、宗教精神的、实践精神的掌握的。"这里马克思所指的"专有的方式"实际指的是理论的抽象思维的方式。因为在同一篇文章中讲到人类思维的两种道路时，他说，"在第一条道路上，完整的表象蒸发为抽象的规定；在第二条道路上，抽象的规定在思维行程中导致具体的再现。"这无异于指出人类有两种思维，即理论的抽象思维和艺术的形象思维。

在西方，最早提出"形象思维"说的是德国美学家鲍姆加敦。19世纪俄罗斯文艺理论家别林斯基也明确认为，艺术家是"用形象来思维"。而我国古代文论家陆机和刘勰则早就论述过文学创作的思维特点。

当代我国文艺理论界在关于形象思维的讨论中，曾有人完全否定形象思维的存在，认为思维都是从感性上升为理性，科学研究是如此，艺术创作也如此。但毛泽东在与陈毅谈诗的信中明确地说过，"诗要用形象思维"。实际上，形象思维虽然离不开感性的形象，却不等于停留在感性认识的阶段而没有理性认识的参与。否定理论的抽象思维与艺术的形象思维的区别是不对的。但认为艺术的形象思维中应该排斥理性认识的参与，也不符合实际。艺术需要借助想象来加以形象化。因此艺术家不能没有对形象的感觉，不能没有对于现实生活的形象世界的敏锐的感受力和细致的观察力，也不能没有丰富的想象力和幻想力。而艺术家的感觉又有别于一般人的感觉，艺术家需要的是艺术感觉，即审美的感觉。

人是社会的动物，人在历史的社会实践中不断发展自己的感觉，包括艺术的感觉、审美的感觉。脱离人类社会而生存下来的狼孩，只有动物的感觉，没有人的感觉。人的感觉本身就带有一定的社会理性。社会的人总拥有从一定社会历史积累的传统和思想资料中所接受、所形成的世界观、人生观、价值观和艺术观，而这些观念沉淀了一定社会的科学理性和人伦理性，并必然影响到每个人对世界的感受和认知。艺术家的审美感觉更是如此。艺术家需要从审美的视角去感受生活、观察生活，并运用自己的想象力和幻想力去创造具有审美作用的艺术形象和意境。审美的视角是人在社会历史的发展过程中、在艺术的实践活动中形成的，它也离不开社会理性包括世界观、人生观、价值观、艺术观的制约。

文学创作难以离开理性的参与，还在于它与音乐、绘画、舞蹈、雕塑等艺术不同。在表现自己的艺术意蕴时，音乐借助音响与旋律，绘画借助线条与色彩，舞蹈借助形体动作和节奏，雕塑借助实物材料的形态，而文学则借助语言，也即文学是一种依赖约定俗成的抽象的符号艺术。语言本身就具有抽象性。在文学创作中，艺术思维的特点是，尽管也有理性认识的参与，但始终没有离开形象，如马克思所说，"在思维行程中导致具体的再现"。

当然，在文学创作中，非理性的个别写瞬间感觉的作品，或写某种梦境的作品，确实是存在的。但这不能概括文学创作的普遍规律，特别是不能概括作为文学发展两大潮流的浪漫主义和现实主义创作的规律。

西方后现代主义的某些理论家认为现实世界只是一堆碎片，本来是没有意义的，人生本来就没有希望。他们主张凭感觉和本能的驱动，抓住眼前的现实享乐。对他们来说，文学创作是一种现实享乐的生活方式，是以消费性、享受性地"玩"文学。因此，要求艺术只写出感觉。这种理论对我国改革开放以来成长的作家不是没有影响。如有人鼓吹要回到"前文化状态"，强调意义与价值解体，不仅要反传统，还要反语法。他们主张只停留在现象"平面"，所谓"要削平深度"；在艺术上注重生活流、印象流、感觉流的展示。他们甚至把人的感觉混同于人的欲望，把文学写作变成"欲望写作"。而他们最爱写的欲望，就是追求性与金钱的欲望。在这样的作品中，性行为的心理感觉或猎取金钱的快感被淋漓尽致地加以渲染。

对这样的一种理论及其影响，我们应该严肃地对待，批判地接受。这种完全反对理性认识参与的创作理论，对于广大文学爱好者来说，必然会产生误导的作用，是不利于我国文学的健康发展的。它必然会降低文学的真善美相统一的审美魅力，消解文学的现实认识意义和惩恶劝善的思想教育意义，会使我们的文学创作丧失反映现实大千世界的深度和广度。曾将非理性主义推向极端的超现实主义者布列东，后来经过反思，终于承认了自己理论的偏颇。他说："我在那时欺骗了我自己，因为我提倡运用自动的思想，不仅避开了理性所行使的一切控制，而且也摆脱了'一切美学或道德的成见'。"应该说他的反思是富于启示意义的。

（张炯　中国社会科学院荣誉学部委员，中国作家协会名誉副主席）

江宁康：西方非理性主义思潮与文学创作

江宁康

　　西方非理性主义思潮对西方文学创作和文学理论的影响很大，对中国现当代文学的影响也不容忽视。西方非理性主义思潮主要体现在两个时空维度上：19 世纪末 20 世纪初的非理性主义思潮；20 世纪中期以来的非理性主义思潮。前者体现在现代主义文学运动上，后者以后现代主义文学思潮为典型代表。自 18 世纪西方启蒙运动兴起以来，西方人都把"理性"视为对抗宗教迷信、弘扬人性与科学的思想武器。"理性"思潮占据人文思想主流，对人的解放和科学进步起了极大推动作用。没有"理性"就没有当今科学技术突飞猛进的发展，也不会有现代法制社会的建立。但是西方人在这两个时空维度上曾对"理性"产生过怀疑，第一次是 19 世纪末在西欧兴起的非理性主义思潮，第二次是 20 世纪中期在欧美兴起的非理性主义思潮。这两次非理性主义思潮都是对启蒙运动以来"理性"传统的反驳。第一次是在发现了人的"非理性"精神活动以后所产生的，即发现了"理性"的他者，如直觉、幻觉、潜意识、无意识等；第二次则是在质疑"理性"本身的真理性，特别是后现代主义的"不确定性"原则导致怀疑主义蔓延的非理性主义思潮。

在康德等人看来，"理性"是一种知性活动，是知识的体系化建构过程，因而这是人类心智成熟的一种标志。没有人类的理性活动，19 世纪的科学技术大飞跃是不可想象的。然而，19 世纪欧洲社会的动乱和 20 世纪西方经历的世界大战等也使西方人对理性本身的进步性产生了怀疑。叔本华主张的无意识、柏格森主张的直觉观念、尼采的权力意志、弗洛伊德的性意识等虽然在一定程度上揭示了人类精神的深层现象，但由此而来，非理性主义对于人的心智中那些无法用逻辑概念系统建构的精神活动更加重视，甚至走到排斥科学和理性的极端方面。在这种思潮的影响下，西方现代主义文学注重对人的各种非理性活动进行描写与再现，例如卡夫卡的《变形记》、普鲁斯特的《追忆流水年华》、艾略特的《荒原》等。这些作品体现了深刻的人文反思意识和艺术创新冲动，正如英国的意识流小说家伍尔芙说的"我要描述生与死、理智与疯狂：我要批判当今的社会制度，揭示其最本质的东西"。这种倾向一直延续到 20 世纪中期，加缪的《局外人》、戈尔丁的《蝇王》，甚至是加西亚·马尔克斯的《百年孤独》等也都表现了这种倾向。

存在主义曾经质疑人的存在合理性，而到了 20 世纪六七十年代以后，欧美思想界开始质疑"理性"本身是否存在的问题。这就导致了第二次非理性主义思潮的蔓延。利奥塔的"后现代报告"直接把科学、理性与人类解放对立起来，他认为科学的发展不是促进了人类的解放，反而导致了人类的退化，而电脑控制人脑的现象直接体现了启蒙思想的悖论：人被自己所创造的物再次禁锢。一方面，后现代主义思潮引起了怀疑主义、虚无主义的蔓延，正如一位当代美国作家所言："无论那是什么，我都反对"；另一方面，它也引起文学界对于传统艺术观念创作方法的突破与更新，例如后现代文学观念所主张的"拼贴"、"戏仿"、"碎片化"和"多种结尾"等表现手法的创新。约翰·福尔斯的《法国中尉的女人》、索莱尔的《公园》和卡尔维诺的《寒冬夜行人》等就是其中的代表作。

从思想观念的传承上看，西方非理性主义思潮对现代主义文学和后现代主义文学都产生了重大影响。但近年来西方学界也在重新评价"理性"的积极意义，重申启蒙运动和历史进步性，而在文学创作和文学批评上也在重建审美价值观念和社会批判功能。对于我国的文学创作来说，中国现当代文学大都受到了西方非理性主义思潮的影响，并出现相关的文学创作。但是，文学不是游戏，不是猎奇，更不是发泄私欲的场所。文学是民族文化建构的核心，是陶冶情操的园地，是社会批判的阵地。所以说，"非理性主义"可以是我们认识的对象，而不应该是"玩文学"的借口。

（江宁康　南京大学外国语学院教授、博导）

范方俊：非理性主义与中国现当代文学的百年历程

范方俊

在历经洋务运动的科技救国和戊戌变法的政治救国失败以后，中国的一批先进知识分子开始以西洋文化思想为镜寻求文化反思和价值重建的救国之路，而西方新近发生的以反叛传统为己任的非理性主义，恰好为他们批判旧传统改造国民性提供了一个有力的理论依据和思想武器。

非理性主义是 19 世纪末 20 世纪初盛行于西方的哲学思潮，主要代表是叔本华的唯意志论、尼采的权力意志论、柏格森的直觉主义和弗洛伊德的精神分析说。在西方，19 世纪末 20 世纪初是一个由传统社会向现代工业社会急剧转型的动荡时代，现代工业的飞速发展在极大地提升了物质生产的同时，也给西方人的精神信仰造成了巨大的冲击，西方社会深陷人与自然、人与社会、人与他人以及人与自我异化的精神困境无力自拔，非理性主义哲学思潮应运而生。

从哲学上讲，非理性主义终结了传统理性哲学独尊统治地位，开启了西方现代哲学的新纪元；从文学上讲，非理性主义对于西方现代社会现状的反思和重塑，特别是其对现代人个体命运的本位意识和重心倾斜，使之成为20世纪上半叶西方形形色色的现代主义文学流派的理论基础，无论是象征主义诗歌的神秘"感应"和表现主义戏剧的"异化"主题，还是意识流小说的"意识流动"、"心理时间"和精神分析小说的"潜意识"、"性本能"，无不深刻地带有非理性主义哲学清晰而持久的印记。不仅如此，某些非理性主义哲学流派如存在主义，其本身就直接对应了一个影响力丝毫不亚于存在主义哲学的存在主义文学流派。二战以后，随着西方后工业社会的来临，以后结构主义和解构主义为代表的后现代主义的出现，非理性主义循着后现代主义的发展线索，继续在西方当代社会中扮演着重要的角色。而以黑色幽默、荒诞派戏剧、"新小说"和元小说为代表的后现代主义文学，也一如既往地从非理性主义的后现代主义思潮中寻求理论依据和创作动力。

（范方俊　中国人民大学文学院比较文学与世界文学教研室主任）

非理性主义的中国译介及其影响

1902年梁启超发表《进化论革命者颉德之学说》，第一次向中国读者介绍了西方非理性主义哲学的代表人物——"尼至埃"（即尼采）。1904年王国维发表《释理》一文，从语源入手，详考了"理性"一词在西洋各国语种的本义及流变，并把"理性"在西方哲学的发展作三阶段的划分。1905年以后，王国维先后发表《德国哲学大家叔本华传》、《叔本华之哲学及其教育学说》、《叔本华与尼采》和《德国文化大改革家尼采传》等文章，细致地介绍叔本华、尼采的非理性主义哲学主张，并肯定了他们在变革西方传统哲学、开启现代哲学方面所做的努力和贡献。稍后，鲁迅、陈独秀、茅盾等中国现代文学的开创者，进一步从文学层面关注非理性主义哲学及其伴生的现代主义文学对于中国新文学的借鉴意义。这样，浸染非理性主义的西方现代文学与植根理性传统之上的浪漫主义文学和现实主义文学一道，从一开始就成为培育中国现代新文学的源头活水。

非理性主义在新中国成立后曾一度沉寂。改革开放以来，伴随着西方现当代思潮的引入，西方非理性主义文艺思潮再度成为中国译介的热点，成为催生中国新时期文学的一个外在助力。20世纪80年代中期，在中国新生代作家掀起的一股先锋文学和实验文学的热潮中，形形色色的西方非理性主义文艺思潮在中国大张其道。在新潮作家不断标榜"发现自我"、"追求自我"、"回归自我"、"表现自我"之下，中国当代文学中的非理性主义倾向已经引起创作界和理论界的关注，并由此引发了理性/非理性之间的大辩论。进入20世纪90年代，随着西方后现代主义在中国的走红，有关中国当代文学中的非理性主义倾向的论争，再次成为当代中国文艺界引人注目的焦点话题。理性地审视中国现当代文学中的非理性主义倾向，已经成为当代中国理论界一个刻不容缓的问题。

应理性审视非理性主义倾向

非理性主义在中国的百年历程，可谓头绪纷繁，剪不断，理还乱。从积极的方面上讲，非理性主义对于中国现代新文学的创生起到过正面的推动作用。比如，非理性主义除旧立新的反叛性质，曾经受到包括鲁迅在内的中国现代文学开创者们的热情推崇。自19世纪中叶中国沦为西方列强的殖民地、半殖民地以来，救亡图存一直是近现代中国的时代主题，向先进的西方寻求真理成为时代的共识。在历经洋务运动的科技救国和戊戌变法的政治救国失败以后，中国的一批先进知识分子开始以西洋文化思想为镜寻求文化反思和价值重建的救国之路，而西方新近发生的以反叛传统为己任的非理性主义，恰好为他们批判旧传统改造国民性提供了一个有力的理论依据和思想武器。非理性主义对于"自我"的强烈关注，对于个体精神能动作用的积极肯定，尽管带有唯心主义色彩，但毕竟开启了西方现代主义文学的"人学"转向，而在中国现代新文学的发展初期，同样强调人的解放和个体本位意识，这就使得中国现代新文学与西方非理性主义在对"文学是人学"的认知及探索上形成了几无痕迹的精神契合。

从消极的方面上讲，非理性主义也给中国的现当代文学带来了诸多的负面影响。党圣元、朱首献在文中所归列的中国当代文学中的种种"非理性主义怪象"：热衷于本能主义癫狂，沉溺在下半身狂欢，迷恋上丛林法则；叙事空转、语言粗鄙、逻辑混乱、意义悬空、叙述失禁；肆意篡改历史与亵渎崇高等等，也着实让人触目惊心甚至出离愤怒。显然，对于非理性主义这样一个相伴中国现当代文学走过百年并对中国现当代文学有着正反两方面影响的文艺思潮，单纯的肯定或否定都非问题的解决之道，必须予以冷静和客观的分析和评价。

然而，当我们冷静地审视当代中国在非理性、理性上的论争时，不难发现，我们的论争一直执于"理性"和"非理性"的两端。"非理性"论者片面夸大非理性主义对于中国现当代文学的"现代意义"，把非理性主义简单地同中国现当代文学的"现代性"画等号，罔顾非理性主义之于中国的异质性质以及中国独特历史文化语境下对于包括浪漫主义、现实主义和非理性主义在内的西方各种文艺思潮进行选择性吸收的事实，盲目地成为西方现代论的附庸。"理性"论者则片面强调非理性主义对于中国现当代文学的消极影响和恶劣后果，不愿正视或承认非理性主义对于中国现当代文学存在的正面影响，这同样无助于我们对于中国现当代文学中的非理性主义倾向的客观认识和公正评价。

在谈及当代中国的"理性"与"非理性"之争时，不能不说到我们对于"理性"和"非理性"的界定和理解。诚如王国维在《释理》中已经指出的，"理性"一语，本身所指涉的义项就很庞杂，加之中西方对"理"的释义既有相近之处也有不同的解释，因此，我们在使用"理性"和"非理性"的语词时就应特别的小心。比如，我们是在何种文化语境下来使用"理性"和"非理性"？在同一文化语境下我们又是使用的哪一种或某个人的概念界定和理论解释？我们对于"理性"和"非理性"的解释和使用是否真的那么恰如其分？从这个意义上讲，准确地厘清"理性"和"非理性"之间的概念界定，冷静地梳理非理性主义在西方的发生发展及其对中国现当代文学的复杂影响，对于我们理性地审视当代中国文学中的非理性主义倾向，应该是不无裨益的！

（本期特别策划采写工作组：许航、张微、陈静、郑巧、褚国飞）

文学的非理性主义倾向

299

短　评

文学创作离不开理性主导

　　文学是以语言为手段，通过塑造形象来反映社会生活、表达作者思想感情的一门艺术。文学创作是最基本的文学实践，是作家在对生活的审美体验进行审美提升和审美创造后创作出可供读者欣赏的文学作品的过程。

　　这种对文学和文学创作的界定，实际包含了两个方面的内容，或者说规定性：第一，文学和文学创作，是作家的一种审美体验，是作家的一种思想感情表达方式，它离不开感性的参与；第二，作家的这种审美体验和思想感情表达，来源于现实的社会生活，是客观社会现实在作家头脑中的反映，离不开理性的主导。

　　在作家进行文学创作的过程中，非理性因素有时也是必要的，因为现实生活是丰富多彩的，是千姿百态的，每个作家对生命的独特感受，对生活的本真领悟，都会因其人生经历、性格特点、关注生活面、语言表达方式的不同而呈现出各不相同的特征。作为作家的一种审美体验，文学既应该是激情的、热烈的，是作家最真挚的情感宣泄，又应该是千变万化、各具特色的生命体悟。

　　然而，强调文学的非理性主义参与，并不能否定文学的理性主导作用。因为文学既来源于生活，但又高于生活。文学不是对现实生活的简单还原，不是对个人经历的机械复制，而是作家在个人审美体验的基础上，经过审美提升和审美创造以创作出可供读者欣赏的文学作品。在此，客观的社会现实规定了文学的创作源泉和创作空间，规定了文学必须从深层次上反映最广大人民的生存状况，反映历史和时代的发展规律。

　　另一方面，文学创作最终要通过文学作品反映出来，供读者欣赏阅读，要为读者负责，这就为作家的文学创作赋予了一种社会道德责任。文学创作若不能站在理性的高度，不是宣扬先进的、积极的、向上的文化观和世界观，而是宣扬落后的、消极的、颓废的文化观和世界观，就不但违

背了作家的社会道德责任，而且最终将不为读者所接受，不为广大读者所
认可，最终被社会和读者所抛弃。

（贾鸣）

文学的非理性主义倾向

曹操墓的考古发现与确认

刘庆柱：曹操墓的考古学证明

西高穴墓位于河南省安阳市西北安阳县安丰乡西高穴村。该墓近年来不断被盗掘，为了对其进行抢救性保护，河南省文物考古研究所于2008年12月至2009年进行了考古发掘，已经考古发掘完成的西高穴墓有两座，编号为一号墓和二号墓，二号墓的田野考古发掘工作已基本完成，一号墓考古发掘正在进行之中。从已经考古发掘的资料来看，南北并列的二号墓与一号墓，前者应为主墓。据目前已经取得的田野考古发现资料，可以确认二号墓就是历史上著名的政治家、军事家、文学家曹操的墓葬。

西高穴二号墓确认为曹操墓的主要考古依据是：考古发现的西高穴二号墓形制规格、遗迹与遗物所反映的墓葬时代、出土"石牌"及其文字内容、人骨遗存鉴定结果、墓葬地望、文献记载与考古发现遗存的对应关系、其他出土旁证遗物等。

西高穴二号墓的形制与规格

二号墓为"甲"字形墓，坐西朝东，由墓道、前室、后室和4个侧室构成，属于斜坡墓道的双室砖券墓。

墓道长39.5米、宽9.8米，东西长18米。墓门宽1.95米，高3.02米，墓门4层，外3层为砖砌，内层为石门。墓圹平面东边22米、西边19.5米，东西长18米。

墓室有前室与后室，二室平面均为方形，边长约3.8米，四角攒尖顶。前室与后室南北两侧各设置一个侧室，侧室平面均为长方形。墓室石板铺地，石板长95厘米、宽90厘米。4个侧室均置石门。

在西高穴二号墓考古发掘之前，考古发掘的汉代诸侯王墓近50座，其中东汉时代诸侯王墓有7座。东汉时代的7座诸侯王墓中，有前期2座、中期3座、晚期2座。考古发现的东汉晚期的诸侯王墓为河北定县北陵头43号墓（东汉中山国中山穆王刘畅墓）、江苏徐州土山墓（东汉晚期某代彭城王或王后墓），二者均由墓道、前室、后室与左右耳室或侧室组成。

晚于东汉时代的三国时代东吴高级贵族墓（或帝王陵墓）考古发现有江苏南京江宁区上坊墓、安徽马鞍山宋山墓（东吴景帝孙休墓）和朱然及家族墓等，其墓葬形制均由墓道、前室、后室及侧室（或耳室）组成，墓内安置石门，墓室地面铺地砖规格大（如安徽马鞍山宋山东吴墓铺地砖、江苏南京上坊东吴墓铺地砖边长50厘米）。宋山墓墓室长17.68米、宽6.6米。上坊东吴墓墓室长20.16米、宽10.5米，前后二室平面均近方形，顶部为四隅券进式穹隆顶，前室与后室两侧各有2个耳室。

东汉时代考古发掘的诸侯王墓一般在王国都城附近的高地或山冈之上，东汉时代前期诸侯王墓的墓葬形制是题凑石墙回廊多室墓，东汉时代晚期诸侯王与魏晋时期高等级墓葬则为单墓道、前后室及四侧室（或耳室）、穹隆顶砖室墓。西高穴二号墓墓葬形制恰与东汉时代晚期诸侯王墓和魏晋时期高等级墓葬形制相同，它们的规格相近。从考古发现的西高穴二号墓墓葬形制规格来看，二号墓应为"王陵"。

考古发现遗迹与遗物所反映的墓葬时代

西高穴二号墓墓葬形制规格与东汉晚期诸侯王墓基本相同，墓内发现的3枚东汉五铢钱，有"魏武王"铭刻石牌7件及物疏石牌51件，均不晚于东汉晚期或曹魏初期。因此可以判定其时代为东汉时代晚期至曹魏初期。

出土"石牌"的文字用语及书法特点

在西高穴东汉晚期墓葬出土的"魏武王常所用挌虎"铭文石牌7件，"魏武王"在东汉晚期曹操去世至曹丕称帝之间，只能是曹操。"常所用"为汉魏之际所使用语言，如《三国志·吴书·周泰传》裴松之注引《江表传》有"常所用"语，《宋书·肖思话传》有"常所用铜斗"，此外其他文献中还有"常所用弩"等。有"魏武王"铭石牌中的"挌虎大戟"、"挌虎短矛"及被盗的石牌中的"挌虎大刀"等铭刻，"挌虎"为当时常用语，如《魏书》有"格虎车四十乘"、《文选》谢灵运《拟魏太子邺中集诗》注王肃《格虎赋》、《全汉文·谏格虎赋》、《太平御览》引崔鸿《十六国春秋·后赵录》载"格虎车"等。

"刀"作为短柄武器，东汉时代晚期在军队中已基本取代了长剑。东汉晚期的诸侯王墓（河北定县43号墓）之中，出土有长105厘米的大刀。"戟"是东汉末年、三国时期最主要的格斗兵器。

西高穴二号墓出土的刻铭"魏武王挌虎大戟"与缴获盗墓者从此墓盗出的"魏武王挌虎大刀"，从其"挌虎"的用语与"大戟"和"大刀"的兵器，都说明它们是东汉末期至曹魏时期所流行的。

西高穴二号墓出土的58枚刻铭石牌分为两种类型，一为刻铭"魏武王常所用"者，计7枚；另一为物品名称及数量刻铭。其中后者应为"物疏"（即一般所说的"遣册"）遗存，这是随葬品记录，它们流行于战国时代至魏晋时期。

二号墓发现的刻铭石牌文字，绝大多数为汉隶，亦即"八分体"，这是东汉时代流行的书法。

人骨遗存鉴定

西高穴二号墓发现人骨个体3个，鉴定认为男性1个，年龄约60岁；女性2个，年龄分别约为50岁和20岁。《三国志·魏书·武帝纪》记载：建安二十五年春正月"庚子，王崩于洛阳，年六十六"。二号墓发现男性个体头骨鉴定年龄与曹操去世年龄基本吻合。

其他出土旁证遗物

在西高穴村以东14公里为曹魏都城——邺城遗址。20世纪80年代以来进行的考古勘探、发掘工作，基本探明了邺城遗址的范围、布局形制。根据中国古代帝王陵墓埋葬规律，一般帝王陵墓安排在帝王都城附近，如商代晚期都城——殷墟的王陵区在殷墟西北部的西北岗一带，春秋时代秦国都城雍城的附近有在此执政的秦公陵，战国时代秦咸阳城西北部有秦王陵，西汉一代9座帝陵埋葬在汉长安城北部，唐十八陵在唐长安城以北的"北山"一带东西排列着；朱元璋以南京为都城，去世之后葬于南京。明十三陵是在北京当皇帝的帝陵。曹操以邺城为王都，作为"魏王"的曹操陵墓理应埋葬于邺城附近。曹魏邺城的"魏王"只有曹操，邺城作为东汉晚期曹操的王都，这里东汉晚期的王陵则非曹操莫属，其他王陵不可能在此。

1998年，西高穴村村民徐玉超在村西取土时，发现了后赵建武十一年大仆卿驸马都尉鲁潜墓志，志文记载：鲁潜"墓在高决桥陌西行一千四百廿步，南下去陌一百七十步，故魏武帝陵相比较西行四十三步，北迥至墓明堂二百五十步"。墓志上述文字记载锁定魏武帝高陵就在西高穴村。西高穴村发现的东汉时代晚期曹操墓与鲁潜墓志互为佐证。

文献记载与考古发现遗存的对应关系

《三国志·魏书·武帝纪》载：曹操于建安二十三年六月在"西门豹祠西原上为寿陵，因高为基，不封不树"。西门豹祠遗址在今河南省安阳县安丰乡丰乐镇，遗址地面常有东汉、北朝时期的砖瓦残块发现。《水经注》又载："西门豹祠东侧有碑，隐起文字，祠堂东头石柱，勒铭曰：赵建武中所修也。"该石柱现存于临漳县文物保管所。西高穴村在西门豹祠遗址以西7公里，西高穴二号墓所处地势高亢，地面没有发现封土遗存。古代帝王陵墓的"薄葬"，历来将"不封不树"作为十分重要的内容，西高穴二号墓就是一座东汉时代末期具有王陵形制与规格的"不封不树"的墓葬。

唐代《元和郡县制》记载："魏武帝西陵在县（唐代邺县，即魏晋时期邺城故址）西三十里。"西高穴村东距邺城遗址15公里。

西高穴二号墓的地望与上述文献记载的方位是一致的。

《三国志·魏书·武帝纪》记载：建安二十二年"天子进公爵为魏王"。又载：建安二十五年"王（曹操）崩于洛阳。……谥曰武王。二月丁卯，葬高陵"。西高穴二号墓出土的有"魏武王常所用"石牌，其称谓与上述文献记载是相同的。

从以上所述可以认为，西高穴二号墓就是曹操墓，前面提出的所有证据是一个完整而又相互佐证的证据链。曹操作为魏王，王都在邺城，曹魏邺城的魏王只有曹操，曹操去世之后只能葬于邺城附近，曹操的陵墓只能是东汉时代晚期的，其墓葬形制规格应该与东汉晚期至三国时代的"王陵"形制规格是一致的，东汉时代晚期的"魏武王"只能是曹操的"谥号"，西高穴二号墓具备了上述证据链中的所有方面，因此我认为西高穴二号墓就是曹操墓。

（刘庆柱：中国社会科学院考古研究所研究员、《历史研究》编委）

王巍：西高穴大墓与考古学的认知程序

在近期围绕曹操墓的热议之中，考古学成为公众关注的焦点。那么，考古学究竟是一门什么样的学问？考古学家是如何进行研究的？西高穴大墓的考古工作是否科学？

考古学是一门自然科学和人文社会科学交叉的学科

考古学是主要通过地下出土的实物资料研究人类过去的生活、探索人类历史与其文化的发展状况的一门学问。考古调查和发掘是她的主要工作手段。考古地层学和考古类型学是考古学的两大基本研究方法，这两种方法分别是从地质学和生物学借鉴过来的。随着自然科学的进步，大量自然科学技术手段被广泛地应用于考古学之中，产生了很多新的研究分支，如科学测年、植物考古、动物考古、环境考古、体质人类学、分子生物学、遥感考古、古代遗存的化学和物理成分分析等，因而考古学的科学性不断增强。她的研究手段和方法中自然科学技术的比重逐渐增强，使获得的信息量较之于数十年前有几何级数的增长。可以说，考古学是人文社会科学中自然科学方法占比重最大的一门学科。

考古学有一整套严格的工作程序和规范

任何一门科学都有自己的一整套工作程序和研究规范。考古学更是如此。考古发掘是考古学最为基础的工作环节，就如同自然科学的实验室工作。如果这个环节做不好，将会导致整个工作的失败。所以，是否在考古发掘中严格按照田野考古操作规程去做，决定着此项考古工作的成败。所以，评价一项田野发掘工作的好与坏，不是看此项发掘发现了什么，而是看是怎么发现的，看发掘工作是否符合操作规程，是否细致、科学，是否最大限度地获取了古代人类生活的各种信息。每年一次的中国社会科学院考古论坛评选的当年重大考古发现，在注重该项考古发现的学术价值之外，一项重要的标准就是看该项考古发现是否严格按照田野考古操作规程

中国道路

中國社會科學報

（2009——2010）

特别策划（下卷）

去做。为此，国家文物局还设置了田野考古奖，奖励那些模范遵守田野考古规程的发掘项目，而能获这一奖项是每一个考古工作者的最大荣耀。

以墓葬发掘为例，事先要详细收集该墓葬所在区域的有关信息，包括该地区有哪些历史文献的记载、迄今做过哪些考古工作、有什么研究成果、还存在什么学术问题有待解决。对墓葬的发掘，要遵循操作规程，如果该墓被盗，要先清理盗洞中的部分，将被盗部分和未经盗掘部分的出土物严格区分开来。对墓葬发掘要按照程序一步步地实施，对墓葬的结构和出土的遗物都要进行详细的拍照和文字记录，即使是被盗部分出土的遗物，也要详细地进行记录，以便进行分析。墓葬发掘结束后，要收集所有出土遗物，包括墓葬中的石块等自然遗物。墓葬发掘结束后，要详细地对墓葬的资料进行整理分析，包括多学科的检测分析。最后，撰写考古发掘报告。如果是有多座墓葬构成的墓地，要在墓地或该发掘区发掘结束后进行整理分析，对墓葬的年代、性质、墓主人身份及墓葬所反映的历史文化信息进行阐述。

尊重事实、从实际出发是考古学家的天职

由于考古学的研究对象是古代人类生活遗留下来的实物资料。因此，注重实际，就成为考古学家必须具备的思维方式。在考古学界有一句名言——"让材料牵着鼻子走"，就形象地反映出考古学家的这种理念。一切从实际资料出发，一切认识要通过对实际资料的研究中得出，有一份材料说一分话，这是考古工作者的基本原则。因此，在对一项考古发现进行说明时，往往考古学家的发言会比较谨慎。这是由其学科特点和长期的思维训练所决定的。在没有足够证据的情况下，考古学家是不会轻易下结论的。

考古学家的认识要不断地接受新的考古资料的检验

我们发现的考古资料仅仅是过去人们生活遗留下来的很小的一部分，地下埋藏的状况是不可预测的。考古学的认识都是以目前的考古发现为基础的，而还有大量的地下埋藏等待着我们去发现，因此，考古研究得出的认识需要接受今后考古资料的检验。所以，考古学家提出的认识要留有余地。尤其是在证据不足的情况下提出的推论，更是如此。相比于一些没有文字等确切证据、墓主人难以确定的墓葬，西高穴大墓的墓中出土了魏武王铭文的随葬品，是属于确认墓主人很有力的证据，可以据此结合其他直接和间接的证据认定此墓的主人为曹操。当然，由于这座墓葬旁边的一号墓还没有发掘完毕，墓葬中出土的遗物还没有进行整理和分析，因此，我们目前可以说认定西高穴大墓的主人为曹操，但还不是最终的结论。这并不是对这一认定结果的怀疑和否定，而是对考古发掘工作程序的遵循和考古学研究科学性的体现。

（王巍：中国社会科学院考古研究所所长）

段清波：从高陵发掘想到的

2009 年年底，有一次我和著名秦汉考古学者焦南峰研究员交谈，那时他刚参加完对安阳西高穴大墓的考察和论证，他对我讲述了大墓的基本情况和他的判断，该墓葬的一些特征引发他对该时段陵墓制度因素演变过程的强烈兴趣，听了他的介绍后，我对该墓的判断也和他一样。其时我正在西北大学开设《中国古代陵墓制度》的课程，在大墓消息发表前我就在课堂上对同学们转述了这一信息，从同学们对这一发现没有表现出强烈的兴趣看，对考古从业者而言，这一承前启后考古发现的意义是填充了一项时代空白，而这种补白符合我们的学科预期。

曹操高陵的发现、发掘以及确认，在社会上引发的巨大轰动与激烈争执出乎考古学界的意料，而这一消息在业内并没有引发实质性的争议，我想其原因是就现有的发掘资料而言，西高穴大墓的墓葬形制、墓室结构、出土器物等资料，基本符合考古学者心目中对汉末三国时期陵墓制度的认识和了解，其地理位置尤其是多件"魏武王"字样石牌的面世，无疑使得大家相信该墓的主人几乎就只有曹操一个人可以对号入座。

正统化情结是古代文人心目中挥之不去的纠结。虽然曹操本人的政治远见使他拒绝了部下劝其加冕称帝的愿望，但两宋以后他还是遭到文人们无端贬低，尤其是《三国演义》流传后。而且这一影响已经不限于民间，即使在所谓的学者圈内也留下很深的烙印。假使当年的曹操在部属的鼓噪下，一时头脑发热过了把皇帝瘾，那么曹操在古代学者们的心里会是一种什么形象呢？曹操统一北方后的所作所为，其历史贡献，包括一定程度的政治清明、经济的逐步恢复、阶级压迫稍有减轻、社会风气有所好转等等，恐怕都会有更多负面的评价。高陵的出土文物，证实了曹操其人有着通达的个人素养，他身体力行开一代丧葬风气之先，一扫两汉以来奢靡的丧葬习俗，在魏晋南北朝300多年的陵墓制度中、文化的时代性上，不经意间我们都可以随时看到曹操主政期间建安文化的影子。就此而言，曹操的贡献其实并不仅仅局限在丧葬制度的节俭上，在社会文化特质的重构上更是居功甚伟，曹操的作为，影响了其后时代社会文化进展的路径。

近十年来，困惑考古学界的一大课题是东西两汉帝陵之间为什么有这么大的差异。尽管西汉的前期和后期，帝陵制度本身也发生着变化，但和东汉帝陵比较的话，这种差异既不是量上的，也不是时代发展变化上的，学者们发现两汉之间的变化是质的区别，从纯考古学意义上讲，这种变化是考古学无法解释的。

根据我个人的理解，导致这一差异是文化特质上的原因，也就是影响东西两汉社会发展的主流文化特质发生了变化。而什么样的文化特质才能有如此这般的能力？是儒学。这种儒学，不是春秋战国的儒学，也不是两宋之后的儒学，而是自西汉后期形成的汉代儒学。汉代儒学在安汉公王莽、大儒刘歆等人为代表的儒生群体改造下，通过办学等途径，使汉代儒学以前所未见的成效得以推广，并最终成为被社会各界接纳和认可的文化，王莽在其中的贡献无人可匹。

当然，王莽在政治上是失败的，他所推行的治理社会的一套综合措施也有为人诟病的地方，并且也确实存在着理想化的书生气。而我觉得他最大的失败还不是这些，使他成为千夫所指的是因为他"篡汉"，在这一点上他不如曹操聪明，王莽缺乏政治智慧。正是如此，王莽遭到彻底的否定，包括他在真正意义上使儒学成为全社会的行为准则的历史贡献，而这奠定了东汉社会的文化思潮，也是造成东西两汉在文化特质上显著差异的根本原因。从这个方面来探讨两汉帝陵的差异，可能是一条合理的途径。

从摄政开始到新朝的构建，王莽在影响社会发展的二三十年间，殚精竭虑执著的一件大事就是托古，这不仅在礼制上，还在社会行为上。事实上我们发现，不论是王莽时期还是东汉以后，学者们对先秦和西汉的一些名物制度往往意见相左，并且还各有所据，而追本溯源的话，问题往往出现在东汉，正是由于东汉儒生按照已经发生了剧烈变化的东汉社会现实来注释先秦文献，乃至记述西汉往事时，才会出现不合理的偏差。比如自先秦以来古代社会中最重要的建筑形式、蕴涵丰富政治文化内涵的阙和观，直到今天诸如《辞海》等一类的权威著作，还是把这两种先秦时不论是形态还是功能都完全不同的建筑物当做同一建筑对待，长久地、实实在在地误导了我们。经过研究，我们发现造成我们误入歧途的正是从东汉儒生开始注释先秦文献开始的。

经过汉代儒学重构的东汉社会，在方方面面和西汉相比都发生了根本性的变化。我们需要认真对待的问题是，王莽究竟托的是什么样的古，所托的《周礼》在哪些方面影响了东汉社会，这些和我们考古所发现的遗存之间是如何关联的。从东汉开始直到当代，人们对王莽其人其事基本上是全盘否定的，这包括这个非常特殊时期的文化特质，因为我们基本上没有就王莽时期的文化进行过认真和理性的分析。

秦始皇、王莽、曹操，如果可能的话还需要加上隋文帝杨坚，以他们为代表的四个时期其兴也迅乎，其亡也迅乎。对仅有 15 年历史的秦代以及开创者秦始皇，我们的评价还算公允；对有着 30 余年历史的隋朝及其创建者杨坚，我们的评价还算客观。唯独对仅有 15 年历史的新朝及其缔造者王莽，因为"篡汉"，因为短命，我们在倒掉洗澡水的同时也倒掉了孩子。

曹操高陵，尽管屡经盗掘，但劫后余存的文物和形象的墓葬形态，为我们研究汉末三国时期陵墓制度提供了丰富的资料，同时为我们研究这一时期的社会文化、更加深入认识曹操本人创造了一个新的契机。

（段清波：西北大学文博学院教授、秦陵考古队前队长）

王子今：关于曹操高陵出土刻铭石牌所见"挌虎"

曹操高陵出土"魏武王常所用挌虎大戟"、"魏武王常所用挌虎短矛"刻铭石牌，是非常重要的考古发现，以文物实证增益了我们对于曹操个人品性以及汉魏时代社会风尚的认识。

据《三国志·魏书·武帝纪》，在"遗令"之后，明确记载："谥曰武王。二月丁卯，葬高陵。"对于曹操高陵出土文物所见"魏武王"称谓的合理性，不应有所怀疑。所谓"常所用"，有人提出疑问，已经有学者指出，《三国志·吴书·周泰传》裴松之注引《江表传》记录孙权事迹，可见"敕以己常所用御帻青缣盖赐之"，可知"常所用"实际上是当时社会的习用语。以"常所用"兵器随葬，与曹操强调薄葬原则时"敛以时服"的要求也是一致的。

王子今

"挌虎"即"格虎"。《说文·手部》："挌，击也。"《逸周书·武称》："穷寇不挌。"晋孔晁注："挌，斗也。"宋王观国《学林》卷五"格"条写道："《字书》：'格字从手，古伯切，击也，斗也。'《文选》相如《子虚赋》曰：'使专诸之伦，手格此兽。'五臣注曰：'格，击也。'"左思《吴都赋》也说到野生动物"啼而就擒"、"笑而被格"事。五臣注曰：'格，杀也。'史书言格杀、格斗者当用从手之挌，而亦或用从木之格。如《汉书》《子虚赋》用从木之格。盖古人于从木从手之字多通用之。如檛枪捬抢之类是也。"同书卷九"摧"条也有类似的说法。

《三国志·魏书·任城王传》记任城威王曹彰，"少善射御，膂力过人，手格猛兽，不避险阻。数从征伐，志意慷慨。""手格猛兽"的说法较早见于《史记·殷本纪》帝纣事迹，《汉书·东方朔传》亦说到汉武帝行猎"手格熊罴"行为。此后，"手格猛兽"事在魏晋南北朝史记录中颇为密集。具体如"格虎"，《太平御览》引崔鸿《十六国春秋·后赵录》及《魏书》卷九五《石虎传》有"格虎车"，《水经注·洈水》有"格虎山"，《搜神后记》卷九："义熙中，左将军檀侯镇姑熟，好猎，以格虎为事。"又《文苑英华·常僧景等封侯诏》有"前军将军宣合格虎队主马广"字样。汉代文献，则有《孔丛子》卷下孔臧《谏格虎赋》，而朱熹评断："《孔丛子》说话多类东汉人，其文气软弱，全不似西汉人文。"（《朱子语类》卷一二五）

曹操墓的考古发现与确认

而东汉"格虎"故事有《太平御览·安成记》曰："平郡区宝者，后汉人，居父丧。邻人格虎，虎走趋其孤庐中，即以襄衣覆藏之。"

在曹操所处的时代，多有勇敢者与虎争搏的历史记录。《三国志·魏书·诸夏侯传》裴松之注引《世语》说，夏侯称年十六，参与田猎，"见奔虎，称驱马逐之，禁之不可，一箭而倒。名闻太祖，太祖把其手喜曰：'我得汝矣！'"又《诸夏侯传》记载，曹操哀惜族人功臣孤儿曹真，"收养与诸子同，使与文帝共止。常猎，为虎所逐，顾射虎，应声而倒。太祖壮其鸷勇，使将虎豹骑。"《三国志·魏书·王朗传》说：曹丕"车驾出临捕虎，日昃而行，及昏而反"。我们虽然没有看到曹操亲自"格虎"的明确记载，但是从其身边后辈少年贵族上述事迹和曹操本人的态度，可以了解他欣赏"慷慨"、"鸷勇"的精神倾向。曹操高陵出土刻铭石牌"魏武王常所用挌虎大戟"、"魏武王常所用挌虎短矛"文字，虽然目前没有看到相关史籍资料，但是作为反映当时时代精神的文物实证，确实是十分宝贵的。孙权则有与猛虎近距离遭遇，且冒险"乘马射虎"的故事。《三国志·吴书·吴主传》："二十三年十月，权将如吴，亲乘马射虎于庱亭。马为虎所伤，权投以双戟，虎却废，常从张世击以戈，获之。"《三国志·吴书·张昭传》："权每田猎，常乘马射虎，虎常突前攀持马鞍。昭变色而前曰：'将军何有当尔？夫为人君者，谓能驾御英雄，驱使群贤，岂谓驰逐于原野，校勇于猛兽者乎？如有一旦之患，奈天下笑何？'权谢昭曰：'年少虑事不远，以此惭君。'然犹不能已，乃作射虎车，为方目，间不置盖，一人为御，自于中射之。时有逸群之兽，辄复犯车，而权每手击以为乐。昭虽谏争，常笑而不答。"这些体现当时人与虎的关系的故事，不仅是当时生态形势的反映，也可以理解为汉魏时代风尚的写照。孙权"常乘马射虎，虎常突前攀持马鞍"，而逸兽犯车，"每手击以为乐"的情节，给人们留下了深刻的历史印象。苏轼《江城子·猎词》有"亲射虎，看孙郎"的名句（《东坡词》），体现了这一历史记忆的长久。

我们注意到西汉上层社会曾经流行斗兽风习，而东汉帝王未见幸兽圈斗兽的事迹，似乎上层执政者这方面的嗜好已有所转移。从出土文物看，民间习俗亦已由斗兽向驯兽演变。这一情形，或许也可以部分反映汉代社会风尚演化的趋势。儒学的普及，或许与这一历史变化有关。而汉末三国时期，一些政治领袖推重法家之学，当时急烈之风再起，英雄人物多有"任侠"行迹。曹操少即"任侠放荡"，是符合当时世风的。这位史称"非常之人，超世之杰"者，其个人风格，其实也是时代精神的某种标志性象征。而曹操高陵出土"魏武王常所用挌虎大戟"、"魏武王常所用挌虎短矛"刻铭石牌，可以看做相关历史文化现象的一种物证。

（王子今：中国人民大学国学院教授、中国秦汉史研究会会长）

王学理：拨开高陵疑云　还原真实曹操

王学理

政治家、军事家、文学家、诗人的曹操，作为历史名人，其"生"与"死"向来备受关注。由于历史的局限性、个人性格的缺陷及处事的失察，就免不了使其形象受损。长期来，人们受传统史观的支配，加上世俗的偏见，对曹操的评价可说是"毁誉参半"。近期曹操"高陵"的发现与发掘成果一经公布，再次使这一久有的历史话题升温。那么，对过去"盖棺未能论定"的研究作一检讨，对今后的探讨引出启示，也实属必要。

对曹操墓发掘和成果本身的释疑

曹操墓地的所在，过去流行几种说法：在邺城西的"七十二疑冢"中、在漳河河床底下、在安徽老家亳州、埋在许昌、出殡时从邺城的四门抬出真假棺材而不知去向……

以上说法并不可靠，或早为事实所否定。所谓"七十二疑冢"，指的是在今河北临漳县西南15公里处邺城故都遗址，从讲武镇至磁县一带即"西原"。那里确实是墓冢累累，森然弥望。但在晚清年间，灾民曾挖过的是齐王陵、齐高阳王湜墓。民国初年，盗发疑冢的墓志也表明多为北魏、北齐时代的王公要人。20世纪80年代，考古探明有134座大墓，证明那里实为东魏、北齐的帝王和皇族墓葬区。

安徽亳州市曹操家族墓地，有近60座东汉墓，已清理发掘出曹腾、曹嵩、曹炽、曹胤、曹鼎、曹鸾、曹勋、曹水、曹宪等人的墓葬，并没有曹魏时期的帝王墓葬。

许昌虽然曾经是汉献帝之都，但曹操不可能埋在那里。从四门出殡之说，显系无根据的猜想。至于曹操墓在漳河底下，则是清代褚人获在笔记小说《坚瓠续集》中离奇的编造。1997年，拍摄影视时我去过那里，漳河滔滔，瓦砾遍地，谁有能力排水、筑墓，再以水灌之？

当安阳西高穴大墓被确认为曹操的"高陵"之后，这次质疑之声首先来自一些学者。因为社会上人们对"权威"的信任，容易引起定向思维也并不奇怪。在这里，他们主要有以下两个疑虑。

一个是铭刻"魏武王"的石牌和石枕并非发掘品，而是从盗墓分子手里缴获的；另一个口头流传而不便于在桌面上或形诸文字的话是，那一方人惯于造假，不光在日常用品上，就连从人文景观到自然景观也能忽悠人。

对前一说法，我以为来自不了解全部真相。刻"魏武王"铭文的石牌共有8件，其中仅有一件是追缴品，其余均为发掘出土，而且形制、作风一致。如果是伪造置入者，没有可能、也无必要，临时作伪绝无人敢于冒险。对此，安阳方面也作了说明，无需赘言。

对后一说法，我以为不可以偏概全。河南省文物考古研究所是省一级考古研究的权威单位。作为考古同行，我认为他们田野工作是扎实的，结果是可信的。对此，经过国家文物局批准，从发掘前后的两次论证到发掘成果的推出，也都体现了慎重的态度和严谨的科学作风。

安阳西高穴大墓被确认为曹操的"高陵"，河南省文物考古研究所和考古专家们曾给出"六大证据"。我以为是成立的，这也是我们作为进一步研究的基础与出发点。在这里，我要补充说明的是下面的话。

"高陵"石质文物上的铭文，绝不是曹操生前的刻字，而是殡葬期间曹丕所为。道理很简单，今人除在自己的书籍、绘画、信札上加盖记名的印章之外，有谁在日常用品、工具、武器上刻写上"某某人常用"的字眼吗？以今况古，情况相同。况且刻"魏武王常所用挌虎大戟"、"魏武王常所用挌虎大矛"者，并不是戟，也不是矛，它只是一块加工了的石头，并非真实的武器，是没有格斗功能的。我以为它的作用，只是一块"说明牌"。因为铁质的真武器或者没有，或者早已被盗墓贼掠走，就只剩下了"说明牌"。而这些"铭牌"和盗墓贼看不上眼的那一块石头——"慰项石"，正是曹丕留给后人判断墓主的凭据。再以刻文而言，其书体正是东汉隶体向魏楷过渡时演化出的"八分书"。"铭牌"书写严谨，带有更多魏体的韵味；"慰项石"飘逸潇洒，则留有"汉三颂"的余辉。但这些铭文的书体特征则具有一致性，显系同一时间完成。这就为墓葬的断代提供了又一证据。

从大节着眼，恢复一个真实的曹操

曹操是个什么样的人？在晋初陈寿编著的《三国志》一书里有传。这是一部可信的正史，但失之简略。后由南朝宋裴松之作注，增补史实，成就了一部完整的"不朽"之作。而过了900年左右的时间，元末明初的罗贯中综合民间长期演化着的传说、戏曲与话本，写成了故事性极强的《三国演义》，这便使得曹操、刘备、孙权、诸葛亮、周瑜等人家喻户晓、妇孺皆知。但小说中的曹操则成了乱世的奸雄，已经同历史中的曹操相去甚远。

曹操（155—220），字孟德，小字阿瞒，沛国谯（今安徽亳州）人。出身于官僚世家，其父曹嵩是大宦官曹腾的养子。20岁举为"孝廉"（即孝敬父母、办事廉洁的意思），后至"议郎"（见习性质的"郎官"）。东汉灵帝中平元年（184），跟随皇甫嵩镇压黄巾起义，拜"骑都尉"，因军功升为"济南相"。这时东汉王朝衰败已极，权臣专政，贵戚横行，曹操称病回乡。后讨伐挟持汉献帝的董卓，任"东郡（今河南濮阳）太守"。献帝初平三年（192），再次打败黄巾军，得叛降者30余万人，挑选精锐，组成"青州兵"，力量由此壮大。建安元年（196），汉献帝逃离长安返回洛阳，曹操迎之于许昌。控制小朝廷，封"武平侯"，挟天子以令诸侯，取得了政治上的主动权。在许下募民屯田，进而军屯，并兴修水利，对恢复农业生产、发展经济起到了积极的作用。建安二年（197）击败袁术，第二年杀吕布得徐州。官渡大战败袁绍，至建安十年（205）完全铲平袁的残部，得冀、青、幽、并四州，基本上统一了黄河流域。建安十三年（208），进位"丞相"。南击刘表，得荆州。同孙权、刘备的联军大战，败于赤壁，从此在中国版图上形成了三国鼎立的政治格局。建安十八年（213），曹操进封"魏公"，二十一年（216）进爵"魏王"。二十五年（220）病死洛阳，葬邺之"高陵"，谥"武王"。同年，曹丕称帝，追谥为"武皇帝"。

对如何认识曹操，即历史评价问题，我在这里不准备全面展开，只想就以下三个争议较大的问题介绍一下情况，供人们思考。

第一，镇压农民起义问题。

东汉后期政治腐败，人民困苦，阶级矛盾尖锐化。自安帝起，农民就起而反抗斗争，此起彼伏。到灵帝时，终于在184年爆发了"迩迩动摇，八州并起"的全国性的"黄巾大起义"。东汉政府对黄巾军的镇压，是整个地主阶级统治者（外戚、宦官和官僚集团）大联合的反扑。北地太守皇甫嵩和朱儁被任命为左、右中郎将，率主力对付直接威胁洛阳的颍川黄巾军。交战后，政府军败退长社（今河南长葛东北），骑都尉曹操援军赶到，经过激战，黄巾军惨败。192年，曹操在济北（今山东长青南）打败青州黄巾军，收编30万人。最后，"黄巾大起义"失败了，虚弱的东汉王朝也苟延残喘地等待着自己的末日。曹操作为地主阶级的一员，也必然以其军事指挥才能为这个统治集团服务，这也是他的政治地位使然。如果说曹操是在镇压黄巾起义中发展成一股割据势力的话，如此起家的岂止他一人！像袁绍、袁术、公孙瓒、刘表、刘焉、刘备等，哪个不是豪强地主的代表人物？而又有哪个不是配合官军围攻起义军，或是利用黄巾起义造成的形势发展成一方割据势力的？

第二，北征乌桓问题。

东汉末年，东胡别种的乌桓（又称"乌丸"）占据辽西、上谷、右北平三郡，各自称王，常侵扰北方四州，"杀略吏民"。乌桓蹋顿"总摄三王部"，并跟袁绍要好，曾帮袁攻灭了公孙瓒。官渡之战后，袁绍退回冀州不久就病死，而他的儿子袁尚、袁熙又投奔了乌桓蹋顿。曹操北征乌桓，完全出自战略的需要。既要彻底消灭袁氏势力，又要统一三郡。在白狼山（今辽宁凌源东之布虎图山）一战，曹军大胜，并把乌桓俘虏去10余万户的汉人和幽、并二州的乌桓万余"落（乌桓户口的基层单位）"迁入内地，促进了乌桓人同汉族逐渐融合，这对巩固北方社会秩序、使人民生产与生活获得安定有着积极的作用。

第三，"挟天子以令诸侯"问题。

关中遭董卓之难，行旅断绝，长安城周围几十万户居民死于战乱，城中已是白骨委积、臭气冲天。汉献帝逃回洛阳，面临的也是"宫室烧尽"的残破景象。各州郡牧守都在拥兵自重，断绝纳贡。整个中国的局面可以说是群雄割据，军阀混战。像袁绍据冀、青、并三州，曹操据兖、豫二州，公孙瓒占幽州，陶谦占徐州，袁术占扬州，刘表占荆州，刘焉占益州，孙策占江东，韩遂、马腾占凉州，公孙度占辽东。刘备没有固定地盘，逼得到处投靠。这些大大小小的割据势力之间，兼并战争不断，使得生产凋敝、百姓涂炭，中华大地出现的是"白骨露于野，千里无鸡鸣"（《曹操集》）的惨状。汉献帝的小朝廷，远远没有控制政治局势的能力。在这危难之际，曹操挟持穷途末路的皇帝，迁都许昌，以武力削平北方群雄，力图进而统一中国，结束长期战乱，还百姓以安居乐业，这不也是顺乎历史潮流吗？

复杂的性格带来蒙尘的后果

《三国志》作者陈寿对曹操的评价是："非常之人，超世之杰"。这主要还是从结束"汉末，天下大乱，雄豪并起"的局面着眼的。其实，赤壁之战后，他在北方扩大屯田、兴修水利、奖励农桑、重视手工业、安置流亡人口、实行"租调制"，从而使中原社会渐趋稳定、经济出现转机，其历史功绩应该是不可抹杀的。另外，不重门第、广招贤才，也是博得人们赞许的。

但是，曹操毕竟不是、也不可能是完人。其阶级立场、豪强利益与性格因素，还决定了他残暴冷酷、阴险狡诈的一面。为保证兵源，实行世世为兵的"士家制度"，为报徐州牧陶谦士兵杀父之仇，引兵东征，"死者万数，泗水为之不流"。出于嫉妒，罗织"招合徒众，欲规不轨"（《后汉书·孔融传》）的罪名，竟残忍地杀害了"建安七子"之一的孔融全家，连收尸的人也不能幸免。还对许攸、娄圭、崔琰、边让、华佗、杨修、荀彧等名流，都是以言论罪杀死。其人品比起同时代的孙权、刘备等风云人物来，口碑甚差。那么，曹操杀害正直敢言的文人学者，遭到时人和后人的恶评就不足奇怪了。

文人的一支笔，如受情绪化的支配，是褒是贬，往往就会成为难以抹去的历史印记。曹操的遭遇正是这样。

历史的"超世之杰"一变而为"白脸奸臣"，这分水岭是在宋朝，原因同"政治导向"有关。在此之前，曹操还是作为正面形象给予赞颂的。但宋太祖赵匡胤发动的"陈桥驿兵变"，黄袍加身做了皇帝，又演出了一场"杯酒释兵权"的闹剧，随后又采取一系列"重文、轻武、防内"的措施，加强了专制主义中央集权统治。那么，后周的"叛臣"成了至高无上的皇帝，反过来要求臣下绝对"忠君"，他怎么能允许出现"挟天子以令诸侯"的事发生呢？于是，从宋代汴梁城的说书人、话本，到一些文人雅士，特别是理学家朱熹倡导正统思想的言论一出，曹操的正面形象就被严重地歪曲了。元末明初的小说家罗贯中，在写《三国演义》时，尊刘抑曹，故事化的结果给人们直接洗了脑。明清以来，推崇"节义"，"桃园三结义"的故事成了人们结交的道德标准。关羽作为典型，从"关公"升至"关帝"，立庙供奉。从都府县邑到荒僻乡村，无处不敬"关老爷"。关羽和曹操，一个红脸，一个白脸，忠、奸分明。"高台教化"的结果，使历史的曹操与人们越来越远。

今天，当我们面对安阳曹操墓，再引出曹操的话题时，不能不用历史唯物主义的史观看待他和所有的历史人物。评价时，首先应该看他们的行为符合不符合历史潮流？对国家，对人民，对民族的利益是否有利？其次也要分清主流与过错的界限，既不可责备求全，也不应跟风一边倒。曲折的历史，既成的事实。正确的舆论导向应该是，把历史的曹操同艺术化了的曹操严格区别开来。

而曹操墓的发现，多方质疑说明国民意识的增强。那么，以此为契机，通过曹操提倡"薄葬"又身体力行的事实，学会历史的、辩证的、客观的看待历史问题，也十分有益。

（王学理：陕西省考古研究院研究员）

李梅田：“曹操墓”是否“薄葬”？

“曹操墓”考古发现引发的质疑，可能是很多考古学者始料未及的。这本是一次普通的考古发掘，从考古学的角度讲，将出土实物与历史文献相互印证，得出“曹操墓”的结论并无不妥，尤其“魏武王”铭文石牌的发现，更是考古学上难得的直接证据。为什么一个对考古学者来说已经较为可靠

李梅田

的结论，会引发如此强烈的质疑呢？其中的主要原因可能在于学者们对历史文献和出土实物的理解发生了偏差。在一片质疑声中，一个很有代表性的观点就是：文献记载的曹操墓是“薄葬”，但考古发现的“曹操墓”规格甚高，不是“薄葬”，因此这座墓不可能是曹操墓。

我们将“曹操墓”放置在汉唐之间的考古学大背景下，尤其与汉代的“厚葬”作对比，就会发现“曹操墓”与文献记载的“薄葬”并不矛盾，它是一个不折不扣的曹魏“薄葬”的实例。

曹操先后在其《终令》和《遗令》中，分别对自己的寿陵规制提出具体要求，其中既包括对地面陵前设施的规定，如“因高为基，不封不树”，也有对墓内随葬品的数量和种类的限定，如“敛以时服，无藏金玉珍宝”。曹操的这些规定显然不是无的放矢，而是非常有针对性的，主要是针对汉代以“厚葬”为特征的陵寝制度所作的变革。

汉代“厚葬”的具体体现，包括地面和地下两方面。地面往往有树有封，封土都非常高大，或依山为陵，或凿山为藏，封土前还建有祠堂、阙、神道及人、兽石刻、墓碑等，附近还有陪葬墓群，这些都是非常醒目的地面标志，墓碑更是直接标明墓主身份的设施。地下墓室内除了“梓宫便房”、“黄肠题凑”等复杂的墓室、棺椁设施外，还有随葬种类繁多的随葬品，如珠玉珍宝、印绶、金钱财物、食物、日用饮食器皿、乐器、兵器以及各类偶人、车马等象征物。其中最能体现帝王身份并严格受到礼制约束的墓内物品当属金缕玉衣。汉代这些厚葬元素不但在正史中有明确记载，而且已经被考古调查或发掘的众多帝后陵和诸侯王陵所证实。

曹操对汉代"厚葬"之风的变革，简单说是对汉墓的简化，但这种简化并不意味着简陋，仍然要体现帝王之尊，也要遵循一定礼制，"魏武以礼送终之制，袭称之数，繁而无益，俗又过之"（《晋书·礼仪志》）。于是，形成了一种有别于汉代、以"薄葬"为特征的新的陵墓制度，具体表现在三个方面。

首先，禁绝了醒目的地面标记，如"不封不树"，地面不再有高大的封土，也没有了墓碑、祠堂、神道等，如魏文帝曹丕的《终制》所言："寿陵因山为体，无为封树，无立寝殿，造园邑，通神道。"曹操父子的这种变革有可能是出于对陵墓被盗的担忧，曹丕《终制》明言："自古及今，未有不亡之国，亦无不掘之墓也。丧乱以来，汉氏诸陵无不发掘，至乃烧取玉匣金缕，骸骨并尽，是焚如之刑，岂不重痛哉！祸由乎厚葬封树。"无论出于何种原因，这些禁止地面标记的规定并非仅仅停留于纸上，而是真正实施了的，因为与汉代陵墓形成鲜明对比的是，至今没有发现曹魏时期高等级墓葬的地面设施，既没有封土，也没有墓碑，更没有发现寝殿、祠堂、神道等设施，山东东阿鱼山的曹植墓如此，这次发现的"曹操墓"也是如此。

地面上的标记性设施被禁绝之后，某些原本在这些设施内举行的一些礼仪活动可能改在别处进行，如在邺城西北角的铜雀台上"施八尺床，张繐帐，朝晡设脯，备之属月，朝十五日，则向帐作伎"（陆机《吊魏武帝文》）。

其次，禁绝了随葬品中的明器。汉代的随葬品一般包括两类性质迥异的物品：一类是专为丧葬而设的明器，包括遮盖遗体的物品（如玉塞、玉琀、玉覆面、金缕玉衣等各类"葬玉"）和具有象征意义的物品（如人俑、动物模型、家具模型）；一类是墓主生前所用之物，或为具有纪念意义之物（如曾用的兵器），或为日用之物（如各类衣物和佩戴饰物）。第一类物品并无实用价值，其中的葬玉之类贵重物品又很容易诱发盗墓，所以在经济十分凋敝的曹魏时期，曹操提出"无藏金玉珍宝"应该主要指的是这类明器。"曹操墓"中没有发现任何"葬玉"，也没有发现汉代盛行的偶人与俑。至于出土的玉珮、铜带钩、铁甲、铁剑、玉珠、水晶珠、玛瑙珠等物，都应该是身前佩戴之物或珍爱之物，与衣物一样，都是"曰有不讳，随时以敛"的第二类物品，与"无藏金玉珍宝"并不矛盾。

"曹操墓"中还发现了一批非常特殊的铭文石牌，包括"魏武王常所用挌虎大戟"、"魏武王常所用挌虎短矛"、"魏武王常所用慰项石"、"渠枕"、"漆唾壶"、"竹簪"、"樗蒲扑"、"刀尺"、"胡粉"、"黄豆"等物品名称，与汉代盛行的遣册文字格式相同，尽管它们的性质不一定与遣册相同，也无法确定这些物品是否曾以实物的形式出现，但可以肯定的是，它们属于墓主生前日用之物，并非明器，所以不在禁绝之列。

再次，简化了地下墓室的结构。从已经发掘的徐州、永城等众多典型厚葬的汉代诸侯王陵来看，地下墓室都非常宏大，在山体内凿出墓道、甬道和前后墓室，再在两侧凿出大量的龛、耳室和侧室，以模拟墓主生前的府邸。如徐州狮子山楚王陵全长 117 米，永城梁孝王陵全长 90 米，孝王后李氏陵除前后室外，还有 30 多个侧室。而这次发现的"曹操墓"是带有一条斜坡墓道的双室砖墓，只有前后墓室和四个侧室，全长不超过 60 米，而且这种砖室墓在建筑难度和耗费上远不如"凿山为藏"的汉代诸侯王陵，所以"曹操墓"的规模与同等级的汉墓相比，已经简化了很多，算不上"规模宏大"。

"曹操墓"除了对汉代陵墓进行简化外，也出现了一些新的创造，如"阶梯式内收"的斜坡墓道，这种墓道不见于曹魏以前，而在被推测为西晋帝陵的洛阳枕头山墓地和竣阳陵墓地也发现了类似形制的墓道，可能代表了魏晋帝陵的普遍形制。西晋的陵墓制度也大多继承魏制，所以可以理解为曹操倡导的"薄葬"新制的延续。

因此，从地面遗迹、随葬品种类和地下墓室结构来看，"曹操墓"无疑是一种"薄葬"，这种"薄葬"是针对汉代"厚葬"所作的变革，是葬制上的简化而并不简陋，代表着一种新埋葬制度的形成，这种新制到西晋时期已经确立下来。曹操父子倡导的"薄葬"影响到了整个魏晋南北朝时期的墓葬，"薄葬"的现象到主张汉化的北魏时期有所改观，但直到隋唐时期才出现新一轮的"厚葬"。

（李梅田：北京师范大学历史学院副教授）

刘瑞：曹操高陵四题

2009 年 12 月 27 日，河南省文物考古研究所公布安阳西高穴东汉大墓为东汉魏公曹操高陵（编号 M2），引起了社会各界的高度关注。今想就目前该墓所公布资料中一些尚有争议或诸专家讨论尚少的几个问题，谈一些粗浅看法。

"薄葬"与"不封不树"

M2 资料公布后，因其中出土一些珍贵的玉饰、金饰等物，似与曹操遗令中"金珥珠玉铜铁之物，一不得送"的"薄葬"相违，成为质疑墓主为曹操的一个重要"证据"。而我认为，从有关文献看，其实"薄葬"应至少由两方面组成，一是墓内陪葬品的种类与数量较少，二则是外在的"不封不树"（即没有"封土"或俗称的"坟堆"）。其中"不封不树"不仅是构成墓葬"薄葬"的最重要特征和外在表象，而且也是目前学者甚少注意的一个重要问题。

首先，在汉代正统学者的认识中，"不封不树"体现的乃是忠孝之制的古礼——"薄葬"。如在《汉书·楚元王传》所附《刘向传》收录刘向（公元前 77—前 6 年）给西汉成帝的一篇著名上疏中，刘向阐述了"封树"的来源，"易曰：'古之葬者，厚衣之以薪，臧之中野，不封不树。后世圣人易之以棺椁。'棺椁之作，自黄帝始。黄帝葬于桥山，尧葬济阴，丘垄皆小，葬具甚微。舜葬苍梧，二妃不从。禹葬会稽，不改其列。殷汤无葬处。文、武、周公葬于毕，秦穆公葬于雍橐泉宫祈年馆下，樗里子葬于武库，皆无丘陇之处"。并最后指出，这种"不封不树"的做法，乃是"圣帝明王贤君智士远览独虑无穷之计也。其贤臣孝子亦承命顺意而薄葬之，此诚奉安君父，忠孝之至也"。表明在西汉后期最著名学者刘向的眼中，"不封不树"本身就是"薄葬"。

到东汉时期，著名学者王符（85—162）的《浮侈篇》也指出（《后汉书·王符传》)，"古之葬者，厚衣之以薪，葬之中野，不封不树，丧期无数。……古者墓而不坟，中世坟而不崇。仲尼丧母，冢高四尺，遇雨而崩，弟子请修之，夫子泣曰：'古不修墓。'及鲤也死，有棺无椁。文帝葬芷阳，明帝葬洛南，皆不臧珠宝，不起山陵，墓虽卑而德最高。……案鄐毕之陵，南城之冢，周公非不忠，曾子非不孝，以为褒君爱父，不在于聚财，扬名显亲，无取于车马。昔晋灵公多赋以雕墙，《春秋》以为(非)[不]君；华元、乐举厚葬文公，君子以为不臣。况于群司士庶，乃可僭侈主上，过天道乎？"其对"不封不树"也与刘向认识近似。因此曹操《遗令》中要求的"不封不树"本身，其实正是两汉学者眼中符合古代圣贤之礼的"薄葬"。

其次，《宋书·礼志五》中罗列有汉末以来魏晋帝王的"丧礼"。如魏武帝《终令》"因高为基，不封不树"、魏文帝《终制》"寿陵因山为体，无封无树"、晋宣帝"豫自于首阳山为土藏，不坟不树"，而晋"文、景皆谨奉成命，无所加焉。景帝崩，丧事制度，又依宣帝故事"。而在《宋书》记述魏晋帝陵"薄葬"的这些丧礼中，"不封不树"的内容都位列"金珥珠玉铜铁之物，一不得送"（曹操）、"敛以时服，不设明器"（晋宣帝）之前。体现出在沈约（441—513）写作《宋书》的时代，"不封不树"仍然是描述"薄葬"时首先要阐述的重要问题。

《宋书》中还特别指出，曹丕《终制》"诏藏之宗庙，副在尚书、秘书三府，明帝亦遵奉之"，而"明帝性虽崇奢，然未遽营陵墓也"。即魏明帝"性虽崇奢"，但其丧礼依然采取"薄葬""不封不树"，同样表明"不封不树"乃是"薄葬"的重要特征。

再次，在两汉魏晋人物的传记中，同样以"不封不树"构成"薄葬"。如《汉书·张临传》"薄葬不起坟"；《后汉书·吴汉传》注引《东观记》曰"汉但修里宅，不起第。夫人先死，薄葬小坟，不作祠堂也"；《三国志·王观传》"遗令藏足容棺，不设明器，不封不树"；晋皇甫谧"著论为葬送之制，名曰《笃终》"中（《晋书·皇甫谧传》），"夫古不崇墓，智也。今之封树，愚也"，要求其死后"土与地平，还其故草，使生其上，无种树木、削除，使生迹无处，自求不知"；《晋书·石苞传》"苞豫为终制……定窆之后，复土满坎，一不得起坟种树"；《北史·刁雍传》载"冲曾祖雍作行孝论以诫子孙，称古之葬者，衣之以薪，不封不树。后世圣人，易之以棺椁。至秦以后，生则不能致养，死则厚葬过度"。均表明在两汉魏晋人物的眼中，"不封不树"本身就是"薄葬"。

因此在西高穴村 M2 未发现封土的情况，就不仅与《三国志·魏书》

卷一曹操《遗令》中"因高为基，不封不树"的记载相符，更与两汉"薄葬"的理论相符，同时也与魏晋时期薄葬的实践一致——"不封不树"是构成曹操高陵"薄葬"的最重要特征，与西汉孝文帝"遂薄葬，不起山坟"（《汉书·楚元王传》）的"薄葬"做法完全一致。

无藏金玉珍宝

《三国志·武帝记》："庚子，王崩于洛阳，年六十六。遗令曰：天下尚未安定，未得遵古也。葬毕，皆除服。其将兵屯戍者，皆不得离屯部。有司各率乃职。敛以时服，无藏金玉珍宝。""无藏金玉珍宝"的记载于是成为各方质疑出土有金玉饰品的 M2 为曹操墓的重要证据。而我认为，其实西汉文帝霸陵应是我们检讨曹操"无藏金玉珍宝"是否确切的最重要资料。

据史汉等文献记载，开创文景之治的汉文帝崇尚节俭，在张释之等大臣建议下（《汉书·张释之传》），其"治霸陵，皆瓦器，不得以金银铜锡为饰，因其山，不起坟"（《汉书·文帝记》），汉文帝及霸陵成为历代"薄葬"的典范。那是否霸陵真的就无金玉之物？这个问题其实早在西晋就已揭晓。据《晋书·孝愍帝记》记载，建兴三年（315）"六月，盗发汉霸、杜二陵及薄太后陵，太后面如生，得金玉彩帛不可胜记"。而《晋书·索琳传》"三秦人尹桓、解武等数千家，盗发汉霸、杜二陵，多获珍宝"的记载也与此相似。可见在素称"皆瓦器，不得以金银铜锡为饰"的霸陵中，"金玉"之物不仅有，而且还"不可胜记"。

因此对帝王们"无藏金玉珍宝"、"皆瓦器，不得以金银铜锡为饰"等等的言辞，我们大不可深信而无疑。曹操可以在《遗令》中规定"无藏金玉珍宝"，但其墓中依然可以与汉文帝霸陵一样出现金玉之物。抛开任何一项制度都有一定的施行范围和施行程度不说，在浩瀚的文献中，古代帝王又有多少人言行如一？且不说 M2 中所出土的金玉之物甚少，而即使是其中满布金玉，我们也完全不必因之而奇怪，并据之否定其墓主为曹操。

卞夫人

据文献记载，曹操之妻、曹丕之母为卞氏，"二十五年，太祖崩，文帝即王位，尊后曰王太后，及践阼，尊后曰皇太后，称永寿宫。明帝即位，尊太后曰太皇太后"（《三国志·后妃传》）。据裴松之注引《魏书》，卞后生于延熹三年（160）十二月，而据《后妃传》，其去世于魏明帝太和四年（230）五月，寿约70岁左右。而从M2出土的3具人骨鉴定看，其中男性约60岁左右，女性约50岁和20岁左右。因此有学者据之质疑墓主并非曹操。我想M2中出土的这两具女性骨骼中是否存在卞后、是否可据之否定墓主为曹操的认定其实尚需时日。原因如下。

首先，有关卞后去世之后的埋葬，《三国志》本身存在两种说法。《明帝记》指出"秋七月，武宣卞后祔葬于高陵"，但《后妃传》讲"合葬高陵"。很明显"祔葬"、"合葬"的用词不同。

"祔葬"一词史汉不见，正史中其首见即《三国志·后妃传》，之后则屡见正史。从《晋书·五行志》载"晋惠帝世，杜锡家葬，而婢误不得出。后十余年，开冢祔葬，而婢尚生"看，"祔葬"是为开冢合葬。《宋书·后妃传》的记载与此相同："少帝即位，加崇曰太皇太后。景平元年，崩于显阳殿，时年八十一。遗令曰：'孝皇背世五十余年，古不祔葬。且汉世帝后陵皆异处，今可于茔域之内别为一圹。孝皇陵坟本用素门之礼，与王者制度奢俭不同，妇人礼有所从，可一遵往式。'乃开别圹，与兴宁陵合坟。初，高祖微时，贫约过甚，孝皇之殂，葬礼多阙，高祖遗旨，太后百岁后不须祔葬。至是故称后遗旨施行。"可见"祔葬"应是先有冢中埋葬，之后封闭，当夫妻等家族成员陆续去世后开冢而入的埋葬形式。

而有时"祔葬"的形式则与上述情况完全不同。如《南史·萧综传》，"综在魏不得志，尝作听钟鸣、悲落叶以申其志，当时莫不悲之。后梁人盗其枢来奔，武帝犹以子礼祔葬陵次"。很明显，萧综的"祔葬"应非置于武帝陵内，只可能在帝陵之旁的"陵次"。

"合葬"在正史中所见甚早，如《史记·秦本纪》"尊唐八子为唐太后，而合其葬于先王"；《史记·外戚世家》"高后崩，合葬长陵"、"窦太后后孝景帝六岁（建元六年）崩，合葬霸陵"；《集解》引《关中记》曰："高祖陵在西，吕后陵在东。汉帝后同茔，则为合葬，不合陵也。诸陵皆如此。"也就是说，"合葬"乃异穴同茔。而从我们多年来对西汉帝陵的调查和发掘情况看，其帝、后陵确实同茔（位于同一陵园）而异穴（各有封土"不合陵"）。因此所谓"合葬"在当时应主要为同茔异穴。虽《礼记》称孔子曰"合葬非古也，自周公以来未之有改也"，但据《汉书·哀帝记》"帝太后丁氏崩。上曰：朕闻夫妇一体。诗云：谷则异室，死则同穴。昔季武子成寝，杜氏之殡在西阶下，请合葬而许之。附葬之礼，自周兴焉。郁郁乎文哉！吾从周。孝子事亡如事存。帝太后宜起陵恭皇之园"。其所谓"附葬之礼"即孔子所言"合葬"。从"帝太后宜起陵恭皇之园"看，其"同穴"依然指同茔异穴。

到东汉时期，有"合葬"之礼（《后汉书·礼仪志》），从调查所知东汉帝陵陵园中仅有一座封土的情况看，东汉天子的"合葬"应已为同穴合葬，与前述"祔葬"的第一种形式大体相同。但天子之下阶层是否完全采用此种形制我们并不知晓，而如《宋书·后妃传》中的同茔异穴我们也同样不能排除。因此从这些情况看，无论"祔葬"还是"合葬"，在都存在着同茔异穴、同穴合葬两种形式的情况下，就卞后去世后埋葬情况的记载差异，我们也就很难进行贸然的确定。

第二，卞后是否会埋葬在曹操墓内呢？据《晋书·礼志》，魏文帝"及受禅，刻金玺，追加尊号，不敢开埏，乃为石室，藏玺埏首，以示陵中无金银诸物也"，明确记载魏文帝"不敢"打开曹操墓葬。因此在这种情况下，当卞后去世后，魏明帝是否"敢"打开曹操墓，让卞后与曹操同穴合葬，也就成为一个难以确定的问题。因此，从卞后去世后埋葬情况的"祔葬"、"合葬"两种记载，均具有同穴合葬、同茔异穴合葬的情况看，从曹丕未敢打开曹操墓的记载看，卞后能否与曹操同穴合葬实在两可之间。

所以，目前在 M2 中出土两具女性骨骼的年龄与卞后不合的情况也就并不奇怪，而在 M2 旁还存在一座规模略小墓葬的情况也就很容易使人联想到其是否会是卞后之墓。即 M2 中出土两具女性骨骼年龄与卞后不合的情况，并不违背文献的相关记载；M1 的墓主可能与卞后有关。如是，则在 M2 发现的两具女性骨骼中，20 余岁的一具，不排除即为"生子脩及清河长公主""刘夫人"的可能，而 50 岁左右的女性，同样不排除为"建安初"被废的"丁夫人"的可能。当然这些疑问，看来只能希望在 M1 发掘完成后有所破解。而 M1 如果被盗，那它们很可能成为千古之谜。

陵园与画像石

目前未报道 M2 周围发现陵园的遗迹。而据文献记载，曹操墓肯定存在陵园和陵园建筑。如《三国志·魏书·武帝记》建安二十三年（218）"令曰：其规西门豹祠西原上为寿陵……其公卿大臣列将有功者，宜陪寿陵，其广为兆域，使足相容。"而据《晋书·志十》、《宋书·志六》："魏武葬高陵，有司依汉立陵上祭殿。至文帝黄初三年……高陵上殿皆毁坏，车马还厩，衣服藏府，以从先帝俭德之志。……自后园邑寝殿遂绝。"此外，在高陵陵区应有陪葬墓，即前述"陪寿陵"。如《三国志·邓哀传》裴注引《魏书载策》邓哀"迁葬于高陵"。

因此，从高陵陵园的存在、高陵陪葬墓的存在看，高陵应在当时及之后很长一段时间内，都被人们所熟知，不仅并非疑冢，而且还因此成为一个重要的地理坐标，于是才能见诸于鲁潜墓志。而正因为陵园及一系列陪葬墓的存在，因此曹操墓的"不封不树"，也就与通过不加封树来隐蔽、藏匿墓葬的墓葬防盗措施间关系甚小。在曹操墓中，"不封不树"的最主要功用，应是"薄葬"的具体体现而非其他。

在曹操墓中，出土有一定的画像石残块。据介绍，它们主要出自盗洞周围，墓室少见。虽自"距地表深 5m 处"，但其地点乃砖厂取土后的地表。即画像石残块可能与墓葬本身并无多大关系。而其在 M2 附近的出土，不排除其为原高陵陵园建筑破坏后所遗。据《三国志·于禁传》载，"文帝践阼，权称藩，遣禁还。帝引见禁，须发皓白，形容憔悴，泣涕顿首。帝慰谕以荀林父、孟明视故事，拜为安远将军。欲遣使吴，先令北诣邺谒高陵。帝使豫于陵屋画关羽战克、庞德愤怒、禁降服之状。禁见，惭恚发病薨"。表明在曹操高陵的陵园建筑中，存在有画像之屋。虽然我们不知曹丕所"豫画"者一定为石屋，但画像石在墓外的大量发现，却提示我们这种情况有存在的可能，希望今后周边地区的考古调查和发掘能有更多相关遗迹、遗物的发现。而从上引《于禁传》看，曹丕一方面对于禁"慰谕以荀林父、孟明视故事，拜为安远将军"，但另一方面又在高陵"豫画"图画于禁"降服之状"，致使于禁谒高陵见到图案后"惭恚发病"。其言行之颠倒，帝王权术之狠辣，均可见一斑。那么，我们还能真的去相信曹操"无藏金玉珍宝"的《遗令》而不疑？

（刘瑞：中国社会科学院考古研究所）

（本期特别策划采写工作组：童力、杨阳、张微、王宙、王建峰）

曹操墓的考古发现与确认

327

背景链接

遗令

曹操

吾夜半觉小不佳。至明日，饮粥，汗出，服当归汤。吾在军中持法是也，至于小忿怒、大过失，不当效也。天下尚未安定，未得遵古也。吾有头病，自先著帻。吾死之后，持大服如存时勿遗。百官当临殿中者十五举音，葬毕便除服。其将兵屯戍者，皆不得离屯部。有司各率乃职。殓以时服，葬于邺之西冈，上与西门豹祠相近，无藏金玉珠宝。吾婢妾与伎人皆勤苦，使著铜雀台，善待之。于台堂上安六尺床，施繐帐，朝晡上脯糒之属。月旦十五日，自朝至午，辄向帐中作伎乐。汝等时时登铜雀台，望吾西陵墓田。余香可分与诸夫人，不命祭。诸舍中无所为，可学作组履卖也。吾历官所得绶，皆著藏中。吾余衣裘，可别为一藏。不能者，兄弟可共分之。

（录自《全三国文》）

古文献中的曹操墓

●曹操《终令》：古之葬者，必居瘠薄之地。其规西门豹祠西原上为寿陵，因高为基，不封不树。……其公卿大臣列将有功者，宜陪寿陵。其广为兆域，使足相容。

●曹丕《毁高陵祭殿诏》：先帝躬履节俭，遗诏省约。子以述父为孝，臣以继事为忠。古不墓祭，皆设于庙。高陵上殿屋皆毁坏，车马还厩，衣服藏府，以从先帝俭德之志。

●曹丕《武帝哀策文》：卜葬既从，大隧既通。漫漫长夜，窈窈玄宫，有晦无明，曷有所穷。卤簿既整，三官骈罗。前驱建旗，方相执戈。弃此宫庭，陟彼山阿。

●曹植《武帝诔》：祸锺圣躬，弃离臣子，背世长终，兆民号啕。仰溯上穹，既以约终。令节不衰，既即梓宫。躬御缀衣，玺不存身。唯绋是荷，明器无饰。陶素是嘉，既次西陵。幽闺启路，群臣奉迎。我王安厝，窈窈玄宇。三光不入，潜闭一局。尊灵永蛰，圣上临穴。哀号靡及，群臣陪临。伫立以泣，去此昭昭。

●左思《魏都赋》：墨井盐池，玄滋素液。张载注：邺西、高陵西、伯阳城西有墨井，深八丈。

●陆机《吊魏武帝文》：元康八年，机始以台郎出补著作，游乎秘阁，而见魏武帝《遗令》。……又曰：吾婕好妓人，皆著铜爵台，于台堂上施八尺床繐帐，朝晡上脯糒之属。月朝十五，辄向帐作妓。汝等时时登铜爵台，望吾西陵墓田。……悼繐帐之冥漠，怨西陵之茫茫，登爵台而群悲，眝美目其何望？既睎古以遗累，信简礼而薄葬。

●陈寿《三国志·武帝纪》：庚子，王崩于洛阳。年六十六。遗令曰：天下尚未安定，未得遵古也。葬毕，皆除服。其将兵屯戍者，皆不得离屯部。有司各率乃职。敛以时服，无藏金玉珍宝。谥曰武王。二月丁卯，葬高陵。

裴松之注引《魏书》：常以送终之制，袭称之数，繁而无益，俗又过之，故预自制终亡衣服，四箧而已。

关于曹操"七十二疑冢"的传说

【北宋】王安石《将次相州》：青山如浪入漳州，铜雀台西八九丘。蝼蚁往还空垄亩，骐麟埋没几春秋。功名盖世知谁是，气力回天到此休。何必地中余故物，魏公诸子分衣裘。

【南宋】罗大经《鹤林玉露》：漳河上有七十二冢，相传云曹操疑冢也。北人岁增封之。范石湖奉使过之，有诗云："一棺何用冢如林，谁复如公负此心。岁岁蕃酋为封土，世间随事有知音。"

【南宋】刘辰翁《金缕曲·贺新郎》：寂寞西陵歌又舞，疑冢嵯峨新土。

【元】陶宗仪《南村辍耕录·疑冢》：曹操疑冢七十二，在漳河上。宋俞应符有诗题之曰："生前欺天绝汉统，死后欺人设疑冢。人生用智死即休，何有馀机到丘垄。人言疑冢我不疑，我有一法君未知。直须尽发疑冢七十二，必有一冢藏君尸。"此亦诗之斧钺也。

【元】纳新《河朔访古记》：魏武帝高平陵在邺镇西南三十里，周回二百七十步，高一丈六尺。……十二月，余登铜雀台，西望荒郊烟树，永宁寺僧指示余曰：此曹公西陵也。

【明】罗贯中《三国演义》：操令近侍取平日所藏名香，分赐诸侍妾，且嘱曰："吾死之后，汝等须勤习女工，多造丝履，卖之可以得钱自给。"又命诸妾多居于铜雀台中，每日设祭，必令女伎奏乐上食。又遗命于彰德府讲武城外，设立疑冢七十二："勿令后人知吾葬处，恐为人所发掘故也。"嘱毕，长叹一声，泪如雨下。须臾，气绝而死。寿六十六岁。时建安二十五年春正月也。

【清】蒲松龄《聊斋志异·曹操冢》：许城外有河水汹涌，近崖深黯。盛夏时，有人入浴，忽然若被刀斧，尸断浮出，后一人亦如之。转相惊怪。邑宰闻之，遣多人闸断上流，竭其水。见崖下有深洞，中置转轮，轮上排利刃如霜。去轮攻入，有小碑，字皆汉篆。细视之，则曹孟德墓也。破棺散骨，所殉金宝尽取之。异史氏曰："后贤诗云：'尽掘七十二疑冢，必有一冢葬君尸。'宁知竟在七十二冢之外乎？"

【清】陆次云《疑冢》：疑冢累累漳水头，如山七十二高邱。正平只有坟三尺，千古安眠鹦鹉洲。

【清】查慎行《曹操疑冢》：分香卖履独伤神，歌吹声中總帐陈。到底不知埋骨地，却教台上望何人？

【清】刘青藜《孟德疑冢》：铜雀凋零鸳瓦残，西陵疑冢遍河干。不知歌吹层台妓，冷魂还从何处看。

鲁迅《清明时节》：曹操设了"摸金校尉"之类的职员，专门盗墓，他的儿子却做了皇帝，自己竟被谥为"武帝"，好不威风。……相传曹操怕死后被人掘坟，造了七十二疑冢，令人无从下手。……阿瞒虽是老奸巨猾，我想，疑冢之流倒未必安排的。

（童力／收集整理）

治学先要正风气

学术界尤其要风清气正

近些年来，哲学社会科学研究在取得重要成绩和长足进步的同时，由于种种原因，在学术氛围、学术风气上也出现了种种弊端。在个别领域，自尊自重之风渐衰，功利庸俗之习蔓延；求实严谨之风不兴，轻浮贪功之气弥盛。严肃批评之声渐微，坚持真理之行不彰。我们可以看到，所谓的学术评论，往往谀辞充斥，媚语多有；所谓的学术论文，往往新瓶旧酒，冷饭翻炒；所谓的学术创新，往往基础不牢，虚妄浅薄。学术期刊界也暴露出类似的情况，个别期刊为追求所谓的业绩和"排名"，置职业道德于不顾，千方百计、挖空心思、不择手段地追求转载率、被引率，甚至要求作者允诺该文能被转载才予以发表。种种学术不端行为的屡屡出现，败坏着中国学术的声誉，制约着社会科学研究的深入和发展，也给当代中国学人提出了沉重而严肃的警示：学术界尤其要风清气正。

学术研究是千秋之事。真正的学者，必须坚持做人、做事、做学问相统一，老老实实做人，踏踏实实做事，扎扎实实做学问；必须胸怀浩然之气，坚持正直之风，弘扬严谨治学，杜绝浮躁虚华，不为虚名所诱，不为近利所动，脚踏实地，志存高远。自尊、自重、自爱、自律，应该成为学者最基本的道德操守。

如今，当圣洁的学术殿堂在一些场合遭到玷污，当严谨的治学精神被无情亵渎，当学术共同体让位于利益共同体，当象牙塔的光彩逐渐黯淡，人们不禁要问，谁来还学术界清正的学风，如何重塑学术的尊严？围绕这一话题，本期特别策划约请了国内外学者，就此众人关心的话题展开一场整肃学风的讨论。

学风问题正在侵蚀学术肌体

3月30日，中共中央政治局委员、国务委员刘延东主持召开科研诚信与学风建设工作座谈会。刘延东在会上指出，在看到我国科研诚信与优良学风主流的同时，也应当清醒地看到，一段时间以来，随着经济和社会环境的变化，在科研诚信和学术风气上出现了一些不容忽视的问题，学风浮躁、学术不端行为滋长，正在侵蚀学术的肌体，对科技事业健康发展产生的消极影响不可低估，已经成为社会的热点问题，解决这个问题迫在眉睫、刻不容缓。刘延东强调，对于学术不端行为，要"有一个处理一个，并公开曝光，决不让弄虚作假、剽窃抄袭行为有立足之地"。

学风问题，是哲学社会科学繁荣发展的根本性问题。事实上，一段时间以来，学风问题已经引起了学术界乃至社会各界的普遍关注。早在2003年，中国社会科学院就颁布了《中国社会科学院关于加强学风建设的决定》（以下简称《决定》），就加强学术道德自律的基本准则提出"八个提倡，八个反对"，从源头建立有效的学风约束机制。该《决定》提出，"学风问题，是人们世界观、人生观、价值观的反映，是学者治学精神、治学态度和治学方法的集中体现。它贯穿于学术研究的全过程，是关系到哲学社会科学繁荣发展的根本性问题，必须给予高度重视。"

教育部科学技术委员会及其学风建设委员会的有关章程于日前公布。学风建设委员会是教育部科学技术委员会内设的专门委员会。早在2006年5月，教育部就在社会科学委员会内成立了学风建设委员会，以促进高等学校哲学社会科学学风建设经常化、规范化。作为学风建设的咨询机构，学风建设委员会更多地担负指导任务，一般不受理具体事件。在整肃学风、惩处学术不端事件上，高校仍然负有直接责任。

根据教育部2009年3月下发的《关于严肃处理高等学校学术不端行为的通知》（以下简称《通知》），对于各类学术不端行为，高校必须"采取切实措施加以解决，绝不姑息"。《通知》要求，高等学校要建立健全处理学术不端行为的工作机构，并强调，"学术委员会是学校处理学术不端行为的最高学术调查评判机构。

学术委员会要设立执行机构，负责推进学校学风建设，调查评判学术不端行为等工作。"在《通知》下发前，被誉为高校"最高学术权力机构"的学术委员会就已在各高校相继成立，然而对于其在整肃学风中的作用，外界褒贬不一。进一步淡化学术委员会的行政色彩，使其真正履行起为学术把关的职能，成为众望所归。

"学术测谎仪"的介入

又是一年的 5 月，大批高等院校毕业生答辩的季节又临近了。参加答辩之前，很多高校的研究生学位论文必须先过"反剽窃"这一关。今年，被称为"学术测谎仪"的学术不端文献检测系统（AMLC）在高校的使用已经十分广泛。据介绍，在近一个月的高峰使用期内，每天的高等院校研究生学位论文检测量达到 6000 份以上，学术期刊的检测量达到 1 万篇以上。

经了解，学术不端文献检测系统于 2008 年 12 月正式推出，开始是面向学术期刊编辑部的，在首次推出的一个月内就有 600 家期刊参加了这一检测系统的培训。该系统于 2009 年 3 月开始走入高校，经过一年的时间已经被学术期刊、普通高等院校和政府科研部门广泛使用。据统计，目前有大约 4000 家的学术期刊、500 家高校使用该系统，其中学术期刊的使用比率为 57%，高校的使用比率为 71%，此外还有几家出版社也在使用这一检测系统。

据同方知网科研诚信管理系统研究中心主任孙雄勇博士介绍，AMLC系统将提交的文件与涵盖 6000 万条数据的中国知识总库、上百亿网页资源、数百万英文文献资源比对，并创建了一个完整的文献复制报告。在报告中，不仅包括检测文献总的文字复制比例，还详细列出检测文献中每一段雷同文字的详细出处，并准确定位每一段文字的具体位置。该系统使用国际上惯用的颜色预警体系，30% 标黄、50% 标红，这种预警体系具有辅助和提醒功能。

"学校使用反剽窃系统，让我们写作毕业论文更有压力，也更谨慎规范。我的很多同学在上交论文前，都会仔仔细细再查看一遍，特别是引文注释。把论文发到学校的指定邮箱后大约 20 分钟，我收到了一个反馈邮件，告知我通过了论文的反剽窃审查。"北京师范大学文学院今年毕业的 2007 级硕士研究生小董说。

孙雄勇同时强调，AMLC 系统的主要功能是作一个定量的分析，为期刊和科研院所提供辅助的提醒功能，而不是作定性分析。在山东大学发布的《关于启用"学位论文学术不端行为检测系统"的通知》中，记者看到如下字样，"系统的检测结果只作为判断参考，不作为处理依据。对系统所得出的超过规定值的论文检测结果，需由相应学科专家组成的评议组进行人工鉴定，是否构成抄袭的结论由专家组给出最终鉴定"。

各高校都根据各自的实际情况制定了论文抄袭的界定和评判标准。在湖南大学政治与公共管理学院《启用"学位论文学术不端行为检测系统"管理办法（试行）》中提到，所有硕士学位申请者在论文送审前将学位论文电子版交学院研究生办公室统一进行检测，检测后方可进入送审程序。根据规定，检测文字复制比≤ 5% 的硕士学位论文可直接进行论文送审。5% ＜文字复制比≤ 15% 的硕士学位论文需进行修改，由导师在修改说明上签字认可后方可进行论文送审。15% ＜文字复制比≤ 35% 的硕士学位论文可修改后复检。文字复制比超过 35% 的硕士学位论文，由学位申请人员对论文检测重复部分作出详细说明并由导师签署意见，学院将组织专家组对论文检测结果进行评议和分析。

学者自律和体制规范　仍是端正学风的关键

依靠"测谎"技术扼制抄袭剽窃风气，被高校和学术期刊视为"没有办法的办法"。中国正处在社会转型的特殊时期，社会上急功近利的浮躁心态不可避免地蔓延到学术界，令人痛心的是，清正笃实、洁身自好的学术传统在部分学者身上已经找不到踪影。中国科学院院士、南开大学教授张伟平指出，这种潜移默化的风气，比癌症更可怕。在今年 4 月中国艺术研究院主办、中国艺术研究院公共文化政策研究中心承办的"学术规范与学术道德重建"研讨会上，与会的多位学者也一致疾呼，学术规范和学术道德的重建首先要从学者自律做起。

《文艺研究》主编方宁认为，学者的"责任心"是关键，"学术规范也好，

治学先要正风气

335

学术道德也罢，其实和学者的责任感和责任意识应该是联系在一起的。学术的责任就是一种自律，没有这种自律，规范、制度根本无从谈起。"中国艺术研究院美术研究所研究员牛克诚则将自律归结为学术的伦理要求，"学术伦理的要求体现在诸多方面，最重要的是每一位学者都要对得起自己，要尊重自己的劳动，珍惜成果，尊重读者的期待。"

针对一些学术不端事件发生后，当事人将个人行为归咎于社会环境与特殊历史阶段的现象，清华大学哲学系教授肖鹰认为，中国文人自古以来就有自律传统，用《大学》话说，就是"君子必慎其独"。肖鹰指出："自律是做学者的底线，丧失自律就丧失了做学者的人格。今天许多学者把个人的学术不端行为推诿和嫁祸于时代，只能证明他们缺少起码的学术人格意识。"

除道德约束外，更多专家针对当前的现状，提出解决问题的核心仍在于从制度层面建立起公认的学术规范，其中应包括建立科学的学术评价机制和学术监督制度。"在国外，很难见到报刊上就抄袭问题发生的争论。因为学术不端事件一旦发生，证据就会被交到学术管理部门或者法律部门，一般不在媒体上进行道德讨论。整肃学风，关键在于体制机制的建立。"北京电影学院文学系教授钟大丰如是说。

谈到学风问题，目前的学术评价体系与奖励机制也为不少学者所诟病。中国政法大学校长、教育部社科委学风建设委员会副主任委员黄进在接受记者采访时特别强调，要把立足创新、提升质量，出精品力作放到更加突出的位置，改变重数量轻质量的发展理念、管理模式和评价标准，在保证有一定数量的基础上着力提升质量，特别是要在对教师考评、评价、晋职晋级时要建立更加科学的学术评价标准。

针对当下人文科学、社会科学、自然科学评价体系"一刀切"的状况，中国艺术研究院马克思主义文艺理论研究所副研究员李世涛提出，学术评价机制要结合学科特点来建立，"体现评价机制的人文精神和人性化一面"。

期刊不要成为学风败坏的推手

随着学术研究的不断进步，学术期刊在研究中的载体和导向作用更加凸显。特别是在当前的学术评价体系下，期刊论文与评奖、评职称挂钩，更使得学术期刊被学者无限热捧。

正因如此，学术期刊中的腐败现象频频出现。部分学者急功近利，学风不端，利用抄袭剽窃等手段制造学术垃圾。"拉大旗作虎皮"式的师生联合署名与"一女十嫁"式的一稿多投早已屡见不鲜，虚假注释更是多如牛毛。一部分处于"把关人"位置的学术期刊难把质量关。

不容忽视的是，更严重的腐败滋生于期刊界内部。"发论文先交版面费"在学者中早已不是什么新闻。部分学术期刊打着"办刊经费紧张"的旗号大肆卖版面，这种赤裸裸的权钱交易正在严重危害整个期刊界的学术公信力。千方百计、不择手段地追求转载率、被引率，甚至要求作者承诺文章能被转载才予以刊发，也成为近年来为学界诟病的另一怪象。一些期刊为了提高转载率，想出了种种招数。然而，当转载率被盲目"神化"时，它的存在已经变味儿。本应以学术质量为生命的期刊，把心思都花在卖版面赚钱、提高转载率上，学术研究的质量谁来保证？学术界的风气谁来把关？

不让期刊成为学风败坏的推手，成为一切有良知的学术期刊的共识。2008年10月15日，在第七届全国综合类人文社会科学期刊高层论坛上，中国社会科学杂志社联合内地50家学术期刊，联合签署了《关于坚决抵制学术不端行为的联合声明》（又称《武汉宣言》），这是我国社会科学学术期刊界首次发出这类呼声。《武汉宣言》称，凡属一稿多投、抄袭剽窃、重复发表、虚假注释、不实参考文献等任何一种情况者，均属学术不端行为。凡被发现有任何一种学术不端行为者，签署《武汉宣言》的刊物将相互通报行为不端者的有关情况，并在各自刊物上对其曝光，且十年之内拒发其任何文章。

2009年10月底，来自中国大陆和港澳台地区学术期刊界的代表汇聚澳门，参加第二届"两岸四地学术名刊高层论坛"，共同签署了题为《打造中文学术名刊，推动两岸四地学术发展》的"澳门共识"。"澳门共识"的签署，是学术期刊联手抵制学术不端、积极倡导优良学风的又一举措。《学术研究》主编叶金宝就此谈道，"中国当代学术和学术期刊的发展无疑都取得了巨大成就，但是学术的问题意识和方向感的缺乏、理性对社会引导作用的弱化、学者自我认同的整体丧失同样让人感到忧虑。"因而，"学术和学术期刊要摆脱当下功利主义或者工具主义文化的倾向，还学问的尊严，还学者的人格，实现新的学术自觉，达到新的理性高度，培养其内在精神。"

（记者　吕莎　吴婷　伊然）

李汉林：高度重视科研诚信和学风建设

——访中国社会科学院科研局局长李汉林

李汉林

学风问题是一段时期以来知识界关注的一个热点问题，并引起了我们国家和政府的高度关注，科技部等十部门和单位为此联合发布了《关于加强我国科研诚信建设的意见》。本报记者就此问题专访了中国社会科学院科研局局长李汉林。

记　者：李局长，您好，您认为造成目前不良学风的原因是什么？

李汉林：前不久，刘延东同志召集科技部、教育部、中国科学院、中国社会科学院、中国工程院等12部门的有关负责同志，召开科研诚信与学风建设座谈会，布置各部门共同防治学术不端行为，构建良好学术风气。但应该看到，目前还没有一部全国性的法律来惩治学术腐败，其原因是产生学术不端行为的因素复杂，界定和认定也比较难。

整体看来，造成学术界出现不正之风的原因比较复杂，除了一些学人的个人品质问题外，还有复杂的社会因素：一方面，学术界作为社会的一部分，难以避免社会上不正之风的侵蚀；另一方面，目前学术界一些评价制度的不规范和监督机制的缺失，如论文发表和专著出版中的引证不规范、研究成果评价缺乏公认的评估标准、严肃的学术批评难以开展等，则为这些弊端的产生提供了间隙。与此同时，我们一些高校和研究机构推行的简单化的量化考评，乃至将这样的考评结果不适当地与某些激励措施直接挂钩，可以说在一定程度上刺激着学风浮躁和种种非学术因素问题的丛生。记者：目前，中国社会科学院在抵制不良学风方面做了哪些工作？

李汉林：学风是哲学社会科学工作者的立身之本。作为国家哲学社会科学研究机构，我院一直高度重视学风问题，维护哲学社会科学的最高殿堂的声誉，引导科研人员加强学术自律，践行优良学风。在自觉抵制不良学风方面，近些年来我院主要做了两方面的工作。

一是严格把好学术期刊关口。1999 年，《历史研究》等 7 家史学刊物发表了《关于遵守学术规范的联合声明》，宣布要以身作则，抵制不良学风。2008 年，中国社会科学杂志社发起了《关于坚决抵制学术不端行为的联合声明》。近几年，《中国社会科学》、《世界经济》等刊物相继开始实行双向匿名评审制度，从制度上保证选稿的公正性和刊物的学术水平，有力推进了学术规范和学风建设。

二是积极倡导优良学风。我们院党组 2003 年颁布了《中国社会科学院关于加强学风建设的决定》，就加强学术道德自律的基本准则提出"八个提倡，八个反对"，引导科研人员树立良好的学风自律意识。

"八个提倡，八个反对"具体内容是：

提倡理论联系实际的作风，反对闭门造车、生搬硬套

提倡为科学献身的精神，反对沽名钓誉、追逐功利

提倡严谨求实的治学态度，反对粗疏浮躁、弄虚作假

提倡开拓创新的进取精神，反对因循守旧、固步自封

提倡尊重他人研究成果和权益，反对抄袭剽窃、不实挂名

提倡朴实凝练的文风，反对故弄玄虚、言之无物

提倡积极健康的学术评论，反对阿谀吹捧、恶语相向

提倡团结协作，反对门户之见、文人相轻

记　者：学风建设重在完善学术体制机制，中国社会科学院在科研体制机制建设方面又是如何保障学风建设的？

李汉林：长期以来，我们院党组一直高度重视科研诚信和学风建设，把学风建设纳入惩治预防腐败体系建设之中。每年院工作会议和反腐倡廉建设工作会议，都把加强学风建设作为重要任务来部署，并进行责任分解

治学先要正风气

和责任检查，使树立优良学风、纠正学术不端行为的工作融入惩防体系的实践格局。

一是注重制度建设，从源头建立有效的学风约束机制。例如，建立匿名评审制度，在院优秀成果评奖、重点课题立项和验收、职称评审等工作中，实行同行专家背对背地评审。院所两级优秀科研成果奖评选实行一票否决制，凡存在政治倾向问题、学风问题以及知识产权争议的著作不得参评。

建立期刊审读制度（季度），定期组织期刊审读，发布"期刊审读通报"（季度），对期刊的编辑和出版质量进行监督。期刊审读会还邀请院直属机关党委、监察局的负责同志，一起参加专家审读情况通报会，加强对期刊的学术质量和政治理论倾向方面的审读和评议。

二是尊重学术研究和科研人才成长规律，进一步完善科研资助体系。在原有院重大重点课题、交办委托课题、所重点课题体系的基础上，实施了后期资助制度和"基础研究学者资助计划"、"青年学者资助计划"，支持和鼓励科研人员潜心学术研究、多出精品，对营造风清气正的学术环境起到了很好的导向作用。

记　者：据了解，中国社会科学院目前正在制定《关于处理学术不端行为的实施办法》，请介绍一下相关情况。

李汉林：为进一步健全不良学风预防惩治机制，加大学术不端行为的惩治力度，2009年我院成立了专项课题组，研究制定《关于处理学术不端行为的实施办法》。

课题组对近年来教育部及所属高校学风、学术道德建设情况进行了调研，对比分析了各高校对违反学术规范的受理、处理模式，在此基础上，结合我院的实际情况，制定《关于处理学术不端行为的实施办法》。《实施办法》对学术不端行为的界定、处理学术不端行为的办法程序等方面都作了规定，共七章二十一条，现已完成送审稿，相信《实施办法》颁布实施后，对有效遏制不良学风将会起到积极的作用。

记　者：学风建设工作纳入了中国社会科学院反腐倡廉建设工作，今年在这方面有哪些新举措？

李汉林：2009年7月，结合贯彻落实国务院纠风办行风建设会议精神，院党组召开了学风建设工作会议，部署今后一个时期的学风建设工作。今年，我院的学风建设将根据此次工作会议的部署，按照我院反腐倡廉建设工作的总体要求，实施优良学风建设行动。

作为预防腐败的"三大行动"之一，优良学风建设行动将从五个方面展开。一是强化自律意识，制定《科研人员学术道德自律准则》和《期刊图书编辑人员行为自律规范》；二是完善制度约束机制，实施"社会科学成果评估指标体系"，建立评审专家数据库，实行结项课题成果同行专家匿名评审制度，完善课题后期资助机制和国情调研管理机制；三是执行职称评审同行专家推荐制、代表作制、答辩制，把坚持优良学风作为优秀成果、优秀期刊和优秀科研工作者评选的重要标准；四是选树优良学风典型，学习宣传学术界公认、品学俱佳的学术大师和老专家学者的优秀事迹，形成老中青学者优良学风"传帮带"的良性循环；五是组建院、所学术道德委员会，建立不良学风记录，处理学术不端行为。

记　者：去年科技部等 10 部门和单位联合发布了《关于加强我国科研诚信建设的意见》，旨在进行学风问题综合治理，净化学术环境。在完善宏观学术环境尤其是学术评价制度上，您有什么看法或建议？

李汉林：要有效治理目前学界存在的不正之风，需要从学术环境、学术机制和学术规范等多方面入手，进行综合整治。科技界、教育界、社科界等应认真分析产生问题的原因，深入开展调研，总结经验教训，完善哲学社会科学学术制度尤其是评价体系和激励机制，从而更好地推动我国哲学社会科学的繁荣发展。

一是改进和完善学术管理制度。要全面、认真地总结在课题评审、成果评奖、职称评审、岗位聘任以及人员考核方面的经验教训，进一步完善相关规章制度，推行并不断完善同行专家评价、匿名专家评审以及评审结果公示制度，形成以科研成果质量为核心的业绩考评体系，为学术研究营造良好的制度环境。

二是积极推进学术规范建设。要根据科技部、教育部等部委联合发布的《关于加强我国科研诚信建设的意见》，建立、完善学术自律和监督惩戒机制，引导科研人员将学术道德规范内化为行为准则。同时有针对性地开展学术道德自律教育，学习宣传老专家学者治学严谨的学术风范。

治学先要正风气

三是研究设立国家哲学社会科学奖。设立该奖项，一方面可在国家政策层面体现哲学社会科学与科学技术"同样重要"，使社会科学工作者和科学技术工作者同样享有国家级荣誉，从而更充分地调动广大哲学社会科学工作者的积极性和创造性；另一方面可以借此有效规范全国哲学社会科学的奖励工作，有利于根治目前学术界评奖过多过滥的现象，鼓励和引导广大哲学社会科学工作者深入研究经济社会发展中的重大理论和现实问题，更好地为社会主义现代化建设服务。

黄进：建立以质量为导向的学术评价制度

——专访中国政法大学校长黄进教授

黄　进

身为一校之长，黄进教授事务繁忙，但他在近日欣然接受了本报记者有关"学风建设"的专访。

黄进指出，要区别对待学术失范、学术不端和学术腐败。他表示，现有的学术评价制度过分强调数量、形式，而忽视质量和作品本身的水平。要认真处理好数量与质量的关系，建立以质量为导向的学术评价制度，就可能引导学人潜心做学问。

记　者：学术腐败、学术不端现象屡禁不止，您认为根源在哪里？

黄　进：总的来说，可以从社会、学术管理和学者个人三个层面来看待这个问题。

目前，中国正处于社会转型期。在这样一个时期，各种利益关系在不断地进行新的调整，人们的价值观和对于事物的判断、评价标准也会相应地发生变化，大浪淘沙，沉渣泛起。这种情况下，社会上的浮躁风气或多或少地会对学术界产生影响。同时，学术界本身也步入打破旧制度、建立新制度的变革时期。比如，过分量化的学术评价制度就是新建立起来的，这在一定程度上容易导致不好的学风，如只看数量、忽视质量等。从学者个人层面来讲，学界确有极少数学者在为学、为师、为人方面存在一些问题，学风不正，急功近利，弄虚作假。

我认为，学风不正不能一概而论，要分三个层面来讲：第一层面是学术失范，涉及治学的规范问题；第二层面是学术不端，包括抄袭、剽窃等；第三层面则是最为严重的学术腐败，如权学交易、利学交易等。三个层面的严重程度逐级递增，处理起来也要区别对待。对于学术不端和学术腐败要坚决实行"零容忍"，严肃处理，而对因过失造成的一些学术不规范，主要在于批评教育，督促其改正，让其走向规范。

记　者：杜绝学风不正的现象，应该从哪些方面努力？是应该更多地用道德的力量去约束，还是应该先从制度建设入手？

黄　进：从道德方面来讲，在由学者组成的学术共同体内有着公认的学术规范、学术道德底线，比如严谨的学风，求精、求真、务实的态度，不弄虚作假，尊重他人的知识产权等。作为学者，在道德上自律，洁身自好、独善其身是很重要的。以上这些都是作为一名学者要遵循的最基本的学术品德。道德主要是靠个人自律和社会舆论来保障的，不具有强制性，因此，光靠道德的约束是不够的，还要靠制度和监督。

邓小平同志曾说过，"制度好可以使坏人无法任意横行，制度不好可以使好人无法充分做好事，甚至会走向反面"。所以，制度好，坏人不敢做坏事；制度不好，好人也可能会变坏。建立好的学术评价制度很重要，学术不端现象的出现也和学术评价制度脱不了关系，现有的学术评价制度过分强调数量、形式，而忽视质量和作品本身的水平。我们要认真处理好数量与质量的关系，建立以质量为导向的学术评价制度，就可能引导学人潜心做学问，十年磨一剑。有句话说得好，"板凳宁坐十年冷，文章不写一句空"，这才是做学问应有的境界。

此外，还要加强监督。发生了学术腐败、学术不端现象以后，各方面应该充分发挥监督作用，包括来自舆论、社会、媒体的监督，来自高校、科研管理部门和学术共同体的监督，等等。

记　者：对于 20 世纪 80 年代的学风问题，学界争论颇多，您怎么看？

黄　进：谈到 20 世纪 80 年代，有一点必须要注意，那时候学人对学术规范的了解十分不够。这些年来，学界在学术规范方面实际上是进步很

治学先要正风气

343

大的，不能忽略这个事实。

算起来，"文革"后的中国学术史也只有 30 多年。改革开放之前，国内学术一直比较封闭，对国际上学术共同体的一些规范和共识还不太清楚，中国的学术规范经历了一个从不规范到逐渐规范的演变过程。在早期，对于学术规范，大家都不太了解、不太熟悉，比如，过去很多学术期刊为了节约版面，在刊发论文时常常将作者的注释全部删掉，这些都是不规范的，很多学者都经历过。我想说的是，在学术规范方面，从某种意义上讲，现在及以前的几代学人是有"原错"的。我记得，在我读研究生的时代，很多人写文章是以没有注释为荣的，有的学者写文章只有为数很少的注释，但常常被杂志编辑删得一干二净。我们都有一个从懵懂到懂得、从不知到知道、从不太遵守到逐渐遵守学术规范的过程，这个世界上没有生而知之者。但时至今日，在学术共同体日益高度重视学术道德建设、学风建设，坚决反对学术不端、学术腐败的今天，我们就不能再推诿自己懵懂、无知，甚至所谓"过失违反"了。对于历史遗留的学术失范现象，要作相应的处理，但不能把人一棍子打死，要历史地看，要给人认识错误、改正错误的机会。我主张从现在做起，从自身做起，从一点一滴做起，更多地着眼于将来如何规范和发展。

记　者：作为高校管理者，您认为学校在端正学风方面应当发挥怎样的作用？

黄　进：总体来说，在学风方面，在学术规范方面，要加强制度建设，采取一系列的措施，做到以正面引导、正面教育、自律、预防为主。我们对学术不端行为不仅要"零容忍"，而且要实行"严格责任"，无论故意或过失，都要严肃处理。当然，我们的方针是"教育为主，惩处为辅；预防为主，惩防并举"，严肃处理的目的也是为了惩前毖后、治病救人，在学界树立一个风清气正的好学风。大学在端正学风方面发挥的作用，具体可以从三方面来讲。

首先是宣传教育。大学作为教育机构，有义务也有责任通过教学向学生传授做学问的方法，让学生懂得如何进行学术研究、遵守学术规范、尊重知识产权等等。坦率地说，在学风建设方面，也有一个对教职员工的培训教育问题，因为有人不太懂，有人懂得不多，有人懂得而不知道遵循。

通过反复的宣传教育，在整个校园营造一个学风端正、敬畏学术、尊重知识、尊重学者、尊重劳动、尊重创造的氛围，这很重要。

其次是建章立制。也就是说，大学要建立起一套科学的、符合教育教学规律和学术共同体行为准则的学术规范，并将其制度化。特别是要建立科学的学术评价制度，比如说，要强化学术评价的质量意识，以质量为导向和核心；要科学地把握评价的质量标准，更加注重研究成果的学术创新性和实际应用价值；要推进代表作评价制度，建立健全评价听证与答辩制度、回避制度、公示制度、反馈制度、申诉制度等；要完善以同行评价为主的评价机制，突出同行专家在学术评价中的主导地位，注重发挥"小同行"的重要作用。建章立制后关键在于执行。学校应将学风建设纳入学校考核评价体系，将学风、教风与考核、奖惩、职称评聘有机地结合起来，敦促和激励大家遵守学术规范，在整个学校形成实事求是、求真务实的氛围。

最后是严肃查处。高校对本校有关机构或者个人的学术不端行为的查处负有直接责任。高校学风出现问题，高校应该是处理的主体。一旦出现了学术不端、学术腐败事件，高校一定要认真对待，弄清事实，分清责任，严肃处理。高校开展这项工作应当遵循客观、公正、合法的原则，坚持标本兼治、综合治理、惩防并举、注重预防、教育为主、惩处为辅的方针。在查处学术不端行为中，要查清事实、掌握证据、明辨是非，要正确把握学术不端行为与正当学术争论的界限，正确把握应受到惩处的学术不端行为与其他学术失范行为的界限。

记　者：为促进高等学校学风建设经常化、规范化，2006 年 5 月，教育部社会科学委员会学风建设委员会成立。您作为委员会副主任委员，能否介绍一下委员会成立后的相关工作。

黄　进：学风建设委员会的主要任务是贯彻落实国家和教育部有关学风建设的精神，拟订高校进一步加强学风建设、惩处学术不端行为的基本准则与实施细则等相关文件；结合高校学风建设的实际与存在的问题，总结和推广学风建设的典型经验，指导和推进高校学风建设；针对高校学术失范、学术不端行为，选择典型事例，通过组织调研、专家鉴定、召开听证会等方法，提出意见和建议等。它不受理具体事件，具体事件一般是由学校来处理。

去年3月，教育部发布了《关于严肃处理高等学校学术不端行为的通知》，这个通知就是在学风建设委员会大量调研后形成的《高等学校哲学社会科学学术不端行为处理的意见》的基础上出台的。北京师范大学教授、学风建设委员会副主任委员王宁受学风建设委员会的委托，主持编写了《高等学校哲学社会科学学术规范手册》。学风建设委员会还就高校学风建设情况进行了一些专题调研，写出了一些有分量的调研报告。同时，学风建设委员会在中国人民大学设立了秘书处，对有关学术腐败和学术不端的申诉举报函件作了适当的处理。

（黄进　中国政法大学校长、教育部社会科学

委员会学风建设委员会副主任委员）

（记者　吕莎）

杨光：构建教育、制度、监督相结合的
学风建设工作体系

杨　光

最近，刘延东国务委员在科研诚信与学风建设座谈会上强调，必须把学术道德和学风建设作为一件大事摆在科技工作的突出位置，坚持教育引导、制度规范、监督约束、惩防结合、标本兼治。广大科研人员要弘扬科学精神，恪守科学伦理道德，践行科研行为准则，做科技创新的先锋、学术道德的楷模、社会诚信的表率。延东同志的讲话精神，对加强高校哲学社会科学学风建设具有重要指导意义，增强了我们做好这项工作的决心和信心。

深刻认识加强学术道德和学风建设的重要性

学风建设是提高人才培养质量、建设人力资源强国的必然要求，是弘

扬科学精神、提高创新能力、建设创新型国家的必然要求，是践行社会主义荣辱观、引领社会风尚、建设社会主义核心价值体系的必然要求。长期以来，广大科研工作者以高度的社会使命感和学术责任心，恪守职业道德，弘扬优良学风，潜心研究，严谨治学，取得了显著成绩，在建设中国特色社会主义伟大事业中发挥了重要作用。但是，在社会深刻转型过程中，学术界理论脱离实际、粗制滥造的浮躁之风有所抬头，沽名钓誉、投机取巧、滥用学术权力的失范现象开始滋长，抄袭剽窃、伪造数据、篡改事实的学术不端行为时有发生，有的性质还非常恶劣，严重败坏了学术风气，侵蚀了科学研究的道德根基，阻碍了科研事业的健康发展，造成了恶劣的社会影响，引起社会舆论和学界的广泛关注。可以说，加强学术道德和学风建设，已成为当前高校哲学社会科学科研工作面临的一项紧迫而重要的任务。

多年来，教育部一直致力于加强学术道德和学风建设，先后印发了《高等学校哲学社会科学研究学术规范》、《关于树立社会主义荣辱观进一步加强学术道德建设的意见》、《关于严肃处理高等学校学术不端行为的通知》、《关于在学位授予工作中加强学术道德和学术规范建设的意见》等一系列文件；成立了学风建设委员会，作为高校学术规范、学术道德和学风建设的咨询指导机构，开展了多方面的工作。2009 年 10 月，教育部正式成立学风建设协调小组，下设社科类学风建设办公室和科技类学风建设办公室，负责宏观指导和协调推进高校加强学术道德和学风建设。这是教育部加强对高校学风建设的领导，有效遏制学术不端行为的又一项重大举措。今后高校学风建设的工作重点，是要按照"惩防并举、标本兼治"的原则，构建教育、制度、监督相结合的学风建设工作体系，力求在全面推进高校学风建设方面取得实效。

以诚信教育为基础，努力提高科研人员自律意识

学术自律是开展学术研究、维护学术道德的基础。教育部学风建设协调小组将推动在高等学校广泛深入地开展学术道德宣传教育活动，使大家对坚持什么、反对什么、提倡什么、抵制什么，是非清楚，旗帜鲜明，提高遵守学术道德、规范学术行为的自觉性。各地各高校要大力宣传高校科研工作者淡泊名利、潜心治学的先进事迹，以他们的高深学识和人格魅力感染师生，发挥好身边榜样的教育激励和示范引导作用。要组织编写学术规范知识读本和辅导性读物，阐明从事科学研究的基本伦理、学术纪律和法律约束以及相关技术规范，为普及学术规范知识提供基础教材。要加强学术规范的培训，将职业道德、学术规范和知识产权等方面知识作为教师培训尤其是青年教师岗位培训的重要内容，将科研诚信教育纳入大学生思想政治理论教育的教学内容，使他们知晓学术规范，自觉自愿遵守，防微杜渐。

教师是知识的拥有者和创造者，理应成为社会风气的表率和典范，道德标准应该更高，要求应该更严。广大科研工作者要树立正确的荣辱观，增强对国家、对人民、对社会的责任感和使命感，严于律己、淡泊名利，教书育人、潜心学问，力戒心浮气躁、弄虚作假，努力做学术道德和良好学风的维护者、践行者和弘扬者；以铁肩担道义的气魄，牢记社会责任，勇于担当学术责任和义务，正确行使学术权力，自觉抵制社会不良风气的侵蚀，以诚实守信和严谨治学精神，成为学生健康成长的引路人、成为引领社会风尚的模范。

以惩防结合为手段，建立对学术不端行为的惩处与监督机制

按照分级负责的原则，教育部负责查处直属高校领导班子主要成员的学术不端行为和具有重大影响的学术不端事件；省级教育行政部门负责查处本省高校领导班子成员的学术不端行为；高等学校对本校的学术不端行为负有直接责任，负责查处学术不端行为并进行行政和纪律处理。各地各高校要坚决贯彻教育部《关于严肃处理高等学校学术不端行为的通知》精神，建立学术不端行为的惩处和监督机制。

一是制定学术不端行为处理办法和实施细则。处理办法要界定受理范围，明确处罚标准，规范调查处理程序，做到有法可依、有章可循。

二是认真受理对学术不端行为的举报并及时严肃处理。对学术不端行为，要态度坚决、旗帜鲜明，实行"一票否决"、"零容忍"，发现一起、调查一起、处理一起。无论涉及什么人、什么事，都要态度坚决、一查到底，做到不护短、不姑息、不手软。

三是在调查处理学术不端行为过程中遵循客观、公正、合法的原则。要根据学术不端行为的性质和情节轻重，依法对学术不端者给予通报批评、中止科研项目、撤销学位、取消学术荣誉，直至警告、记过、解聘、辞退或开除等行政处罚。同时要严格掌握政策界限，在查清事实的基础上实事求是、宽严相济，正确把握应受到惩处的学术不端行为与其他学术失范行为的界限。

四是建立健全学术不端行为监督机制。要建立科研项目和学术奖励的信息公开、结果公示制度，完善评审专家遴选、回避、问责制度，增加科研管理的公开性和透明度，接受社会监督；建立学术兼职审批制度，反对虚名兼职。要充分发挥媒体、网络和学术团体的监督作用，形成以遵守学术道德为荣、以违反学术道德为耻的良好氛围，使更多的人能够引以为戒、自尊自律。高校出版社、学术期刊要加强对学术出版的规范化管理，在出版与发表的环节上筑起防火墙、把好稿件关，有效防范学术不端行为的发生。动员全社会力量，形成强大合力，营造良好的学风环境，为深入推进高等学校哲学社会科学繁荣发展奠定基石。

以建章立制为根本，改进和完善科研管理制度

教育部成立学风建设协调小组和学风建设委员会，宏观指导和协调推进高校加强学术道德和学风建设。高等学校是推进学风建设的主体，要充分认识、深刻领会加强学术道德和学风建设的重要性和紧迫性，将其放在重要位置，切实抓紧抓好。

一是改进和完善加强学风建设的组织领导制度。要建立学风建设工作专门机构，完善加强学风建设的制度和实施细则，形成领导有力、责任明确、协调配合、监督到位的工作机制。要把抓学术道德和学风建设的成果作为领导干部政绩考核的重要内容，定期对本单位的学术道德和学风建设进行自查自纠；各级领导干部要以身作则，率先垂范，做学术道德的楷模。

二是改进和完善以创新和质量为导向的科研评价制度。要确立质量第一的评价导向，更加注重科研成果的原创性和应用价值，克服重数量轻质量、重形式轻内容的倾向，改变简单以数量多少评价业绩、评价人才的做法。健全符合哲学社会科学特点的分类评价标准，大力推进优秀成果和代表作评价制度，构建定性评价与定量评价相结合、同行评价与社会评价相协调、过程评价与结果评价相衔接、适时评价与延时评价相补充的多元评价体系。

三是改进和完善职称评定和职务聘用制度。要尊重教育和科研规律，着眼长远，建立鼓励潜心治学、甘坐冷板凳的职称评定、职务聘用和人事考核制度，建立能上能下、能进能出的职称聘任和人才流动制度。将师德表现作为教师聘任聘用、考核评价的首要内容，学术评价不与科研人员的待遇简单挂钩。制定符合人才成长规律的评价方法和指标体系，营造宽松环境，扶持青年教师成长成才。

（杨光　教育部社会科学司司长）

Andrew Gordon：杜绝不诚实　德育不可缺

Andrew Gordon

不诚实，或者把他人的成果据为己有，这不仅被学校也被整个美国社会视为极其严重的问题，而澄清某一想法是自己的而非他人的，也成了整个国家生活的重要内容。就学校而言，不仅本科生或研究生才出现类似问题，更早教育阶段的学生就已经存在了，当然，学校教育也从一开始就十分重视。我认为，要杜绝不诚实或抄袭，不仅仅是制定规章制度就能解决的，它还需要德育方面的努力。

就哈佛大学而言，当学生刚刚跨入大学，成为一名新生时，学校在第一个星期或者在"学校入门"（orientation）期间就高度重视这个问题并尽可能详细地向学生说明抄袭行为的严重后果。学校不只是把规章制度手册发到每个新生手中要求他们仔细阅读，还专门举行研讨会，花很多时间和精力对具体内容进行仔细解释、认真讨论，加强他们的问题意识，使学生从一入学就对这个问题引起足够重视。我不清楚世界上其他地区是如何具体实践的，但我认为这一点十分重要且必不可少，如果只是制定规章制度并强制执行却没有这些努力，可能无法达到比较好的效果。当然，我们现在也遇到一些问题，最大的问题就是学生们获得信息的渠道正变得日益多样化，特别是互联网带来了信息大爆炸，剪贴、复制信息并将其变成学术论文变得如此简单易行，甚至还出现了专门以帮助做研究为名义的公司替学生写论文。此外，学生们看网上的信息、做笔记等都是合法的，最后在自己论文中承认他人的研究成果，清楚地注明这些情况，完全要靠自觉的行为。这是一个诱惑，而且比以往任何其他抄笔记的形式的诱惑都要大，一方面是因为抄袭变得更加容易，另一方面也因为这种抄袭更隐蔽、不易被察觉。虽然现在网上出现很多检查功能很强的搜索引擎，但是这样的操作既费钱又费时，应用的程度不高。

针对以上问题，哈佛大学的做法是，只有对那些被认为存在抄袭嫌疑的论文才使用检查软件或相关的搜索引擎来进一步查究。虽然学生研究的领域与教授的不一定一致，特别是如果学生比较多时，学生研究的方向可能与教授的有很大距离，但凭教授多年的学术背景和教学经验，基本还是能够进行批判性阅读并对一些论文的质量做出甄别，特别是那些看上去过于优秀或者超过了一个学生应有水平的论文。

还有一个问题是在招收国际学生方面。有些国家的教授让学生自己写推荐信，然后以教授的名义发给申请的院校，这种做法十分不可取，对学生的帮助也不大。事实上，这些教授自己的行为已经是一种非常严重的抄袭，因为他们将学生写的作为自己写的并正式地寄给相关院校。因此，针对国外的申请者，我们还通过其他的认证方式，比如面试或者看他们的作品。当然，有时他们的作品也会存在一定的问题，而这也日益成为普遍性的问题，即使在美国也有很多公司专门教授如何写这方面的论文，从而掩盖了学生原有的水平。这些问题都是很严重的问题而且也是大难题，但我们尽最大的努力，并采取"德育"的教育方式，"德育"这个词的语气是很强的。庆幸的是，我认为我们招收的国际学生中不存在大规模类似的问题，而只是个别人，虽然我没有准确的数据，但凭我多年来与同事聊天过程中得出的印象和感觉，我认为大多数人在学术诚信方面表现还是很好的。

（Andrew Gordon 哈佛大学 Lee & Juliet Folger 基金历史学教授）

治学先要正风气

肖逸夫：寻找引文规范与鼓励创新的平衡点

肖逸大

什么是良好的学术规范，这几乎是一个在世界范围内广为关注的问题，甚至在诸如美国、加拿大这些学术规范比较成熟的国家也不例外。谈到学术规范，欧美学界在对抄袭的判断及态度上达成了一定程度的共识，但在如何平衡注明资料来源与鼓励学术创新的关系上仍有争论，很难找到较为满意的答案。我认为，北美和英国众多期刊实行的同行评审制度使作者在引用资料上更趋谨慎，但很大程度地导致文章在学术上的自我重复，阻碍了学术创新。发表的文章动辄标注，唯恐有抄袭之嫌，结果使引文数量不断增加，愈加依赖现存理论，越来越缺乏观点上的标新立异，对更重大、更有难度的问题缺乏自己独特的见解。

限于篇幅，这里我将简单谈及良好的学术规范应具备哪些特征、如何杜绝抄袭等问题，并对注明资料来源与鼓励学术创新之间的关系说一些个人见解。

在社会科学（及其他学科）领域，大家对良好的学术规范基本上有着共识。高质量的学术文章或著作应该具备以下几个特征：第一，相关性，即提到的有意义的新问题应该与该领域主要理论有关；第二，理论贡献，新的研究成果应该有助于推动理论进展、增加该领域的知识；第三，论证过程有着清晰的因果推论，应该通过贯穿全全文的、清晰的因果逻辑推理来分析并解决所提出的研究问题或假设；第四，可证伪性和对其他解释的思考，在充分论证自己观点的同时，也会认真思考他人的解释和分析，并有理有据地分析自己观点的更有价值之处；第五，与现有文章、著作之间的联系，好的作品应该对已发表的相关内容（包括理论型的和实证型的）有很好的把握，并清楚地标注出其他人的观点及看法，以避免抄袭；第六，新发表的作品应该注明各种数据及资料（包括统计数据、采访数据和主要书面资料等）。

抄袭，无论是未加注出处地使用已发表的材料，还是整篇、大部分或仅有一小部分文字（甚至只是一句话）的抄用，在国际学术界都被认为是严重的"学术犯罪"。当然，如果某位教授使用学生的研究或是其研究成果却没有给予相应的说明，这也是抄袭。

有效地杜绝学生甚至是教授或学者发生抄袭的恶劣行为，要防患于未然。我认为，现存的一些检索工具和规范机制能较有效地防止类似行为的发生。就学生而言，目前，一些软件、网站（如 turnitin.com）可以将某篇文章与所有已发表材料进行比照，以检索其中的内容是否存在雷同。这些检索方式十分有效，可以用来预防学生们在写论文时萌发抄袭的念头。就教授和学者而言，最主要的制止抄袭的方式则是同行评审程序。评审者往往是该领域的专家，他们对已有成果十分熟悉。如今，任何被怀疑的作品都能够很方便地通过互联网搜索引擎做进一步检查，从而更有效地甄别作品是否存在抄袭。在北美，任何抄袭事件（即使程度十分轻微）也足以毁坏作者的事业。比如，在高校，他／她将失去任何晋升或被评为终身教授的机会；在其他研究机构，该学者从此将名誉扫地。因此，抄袭带来的高风险极具威慑力。

但是，严谨的学术规范如何促进创新是一个令人头疼的问题。被公认为是核心衡量标准的同行评审程序制定了十分严格的研究方法和研究规范，要求严格注明被引用材料的出处，并在假设和理论模型应用过程中设定了严格的标注规范。这当然无可厚非，但同时却导致了另一个问题，很多学者更愿意强调对材料的引用，而不大愿意尝试创新，唯恐被误会为抄袭，结果他们不愿意用新的理论和模式来论证新问题。长此以往，学者们所讨论的问题更多地是那些需要使用大量的数据和材料的问题，而不是一些对该领域发展有益甚至是对人类发展更具意义的问题。他们可以很好地用严格、规范的学术研究方法来进行论证，并使自己的作品具有很高的学术质量，但是从长远看，这些研究往往缺乏意义。

总而言之，理想的状态是在引文规范和鼓励创新之间找到一个平衡点，以探索更重要、更具价值的问题。

（肖逸夫　加拿大不列颠哥伦比亚大学政治学系副教授）

李曙光：遏制学术不端重在教育防范

李曙光

目前，社会正处在转型期，很多人存在急于求成、快速致富的浮躁心态，有些人为了达到目的不择手段，明知故犯，投机取巧，包括不尊重知识产权、盗版、搞假货。这样的心态体现在做学问上，就容易造成学术诚信的缺失。

科学研究本是追求真理、非常严肃的一项事业，来不得半点虚假，但有些人不求科学真理而追求名誉和地位上的认同，这就会产生诸多问题。假如社会上有太多的人没有羞耻心，不把抄袭、剽窃当做一回事，认为没有什么了不起，那将是很可怕的。要解决学术不端问题，诚信教育和人生观教育是关键，并需要通过媒体舆论来共同营造一个诚信社会。

早期的科学研究是科学家为了满足个人兴趣和追求真理而从事的活动，不是生存的一种手段，也不是一种职业。随着科学技术慢慢扮演起社会生产力的角色，我们的科学研究就具有了两面性，它不仅是人类追求真理的探索行为，也变成了一种职业，成为科研工作者谋生的手段。这种两重性使得科学研究工作必然与科学家的个人利益相联系。所以，也就不难理解为什么科技界也不能"脱俗"，社会上存在的某些丑行也会在科技界出现。当然，任何一个科研工作者考虑个人利益都是自然的，从社会大环境、管理层面来看，为了让知识分子安心做科学研究，应该创设一个体面的生活条件。在中国的社会条件下，体面生活是指在经济上科研工作者不必为"柴米油盐"等生活问题花很多精力，能过上中等偏上的生活，从而能集中精力于科学研究。科学研究需要全力以赴，社会管理者需要考虑、关照科研工作者的切身利益。对科研工作者而言，在追求真理和追求个人利益之间，真理应放在首位。作为科研工作者，我们需要回报的不仅仅是物质利益，更多的应该是社会对我们工作成果的认同。

我们还要使每个科研工作者认识、遵循科技共同体的行为规范，科学的第一追求就是探索真理。自然科学的任何一个发现和实验数据都应可重复、可检验，这是自然科学自我约束的法则，不能重复的实验是不能被大家承认的。在这样的法则下，任何造假的数据都会暴露，科研工作者们不能抱任何投机心理。

在科学研究中，要特别强调知识产权观念教育。我们都知道，技术研究强调尊重知识产权，实行专利保护制度，保护技术发明者的利益，这是促进技术研究发展的重要措施。同样，科学研究的成果也需要得到社会的承认。这种承认表现在两方面：一方面，国内外各种科学奖的授予、职称晋升等；另一方面，对科学家知识发现权的承认和尊重。设身处地去想，我们每个人都希望自己的科研成果在引用时被标注，同样，在引用他人数据时我们也应自觉标注。尊重他人的劳动成果，在引用时必须标注，不得私下剽窃。只有彼此尊重，才能促进科技共同体行为规范的良性循环。

除了事先的教育防范外，事后的严格处罚也非常需要。如果学术造假、抄袭剽窃问题已经发生，无论该事件涉及什么人，都要态度坚决地严肃处理。国际上对学术不端行为的处理非常严肃。一旦出现造假、抄袭问题，你在自然科学界就无法生存发展。由于犯错成本高，惩戒教育威慑力极大，国外的科研工作者不敢去造假。相比而言，国内对学术不端行为的处罚仍过于宽松，导致犯错成本很低，根本起不到教育惩戒的作用。有些学术造假甚至可能骗取、浪费了国家巨额财产，但是最后的处理往往只在内部进行。处理学术不端行为具有社会意义，公开、严肃的处理对遏制学术不端行为的泛滥极有必要。

真正的科学家把探索真理视为第一目标，最在乎自己在专业领域里能否干成一件事，最在乎自己的工作能否对社会进步有所贡献。若工作成果能在业内获得公认，并应用于生产实践，这就是莫大的荣耀。作为一名院士，我曾被问及如果自己是一位普通的科研工作者，科研能力达不到院士水平，那去追求什么，工作动力又是什么？我想，科技发展不是仅靠少数院士推动的，大多数的科研成果都包含有普通科研工作者的辛勤付出。每个科研工作者在自己领域内都会作出或大或小的贡献，哪怕是一辈子教书，你的学生也可能会在各行各业中成为推动社会发展的重要力量。所以我们不要妄自菲薄，正如毛泽东同志所说："人民，只有人民，才是创造世界历史的动力。"在当前社会转型期浮躁风气的影响下，我们一定要摆正心态，如果决定来做科学研究，那么就要踏踏实实、全身心地投入这份事业。

（李曙光　中国科学院院士、中国科技大学地球和空间科学学院教授）

孙正聿：学术资源配置不合理必然导致学术腐败

孙正聿

对于中国学界的现有状态，首先应当肯定一个整体事实：自改革开放以来，中国学术界表现出很明显的进步和繁荣，在很多领域都取得了重要的研究成果。从我所在的哲学学科来看，走出了原来那种空洞抽象的论争，进行了切实的学术研究，取得了切实的研究成果。

在这个过程中，出现了三个值得深入思考的问题：一是学术界的状况和学术界自身的问题，二是现有的体制性支撑和体制性问题，三是整个专业队伍的进步和现有队伍存在的问题。三者应当有所区别。

第一，整个学术研究领域在急剧拓宽。比如，改革开放之前，哲学学科基本上是将唯物、唯心的划分套到整个哲学研究上去，这样就比较空洞抽象。文学、史学也都不同程度存在这样的问题。法学、社会学、心理学等学科也很少进行学术讨论，有的学科甚至一度被当做伪科学看待。

在拓展的过程中，每个领域都取得了相应的研究成果。如果一说到学风问题，就将现在的学术研究批评得一无是处，我不同意这个看法。对于改革开放，必须持有肯定态度，这是一个总的前提，包括对学界、学术、学风的评价也是如此，要把学术界的进步和面临的问题区别开来。

现阶段，世界、中国都在发生急剧变化，学术界要回答很多理论问题和重大现实问题，但目前学术界的研究水平、能力和状况同时代提出的要求仍然远远不相适应。

第二，谈到学风问题，学术资源的配置是关键。改革开放以来，特别是近些年来，随着经济的飞速发展，高校和科研机构获得的体制性支撑是巨大的，这种支撑为开展学术研究提供了很好的条件和保障。比如，对于高校来说，就有"985 工程"、"211 工程"、重点基地建设、重点学科建设、国家级教学团队建设、精品课程建设，等等。

作为高校哲学社会科学研究者，我对其带来的益处有着深切的感受，而问题也恰恰出现在这种体制性支撑和学术资源的配置中。我认为学风不正最重要的问题不在于个别人剽窃造假，而在于学术资源配置中的腐败。给谁项目？给谁评奖？这是最重要的。学术资源配置的不合理，必然导致学术腐败的发生。

学术团队建设最重要的是正气。应该凭实力、凭信誉、凭论证去争取学术资源，而不是靠不正当手段去"跑"资源。这种体制性支撑的问题，具体说来是学术资源配置的问题，这才是学风问题的症结所在。造假和学术资源配置是联系在一起的。如果一个实力不足的团队采取不正当手段把项目"跑"来了，若想完成，只能拼凑造假。体制层面的问题为本，个人为末，不从学术资源配置出发考虑学风问题，那是舍本求末。

第三，个人、团队在学术研究过程中出现的种种问题，又不单单是道德问题，应该追究我们目前的学术研究状况。我对目前的学术研究作过这样一个判断：学术研究欠踏实，学术创作欠真实，学术批评欠老实。回归到学术本身，应当去强化其自身的研究机制、评价标准和奖惩措施。学风建设不仅要和道德关联，更要和学术本身相关联。

整治学风，首先要引导学术界踏实地进行学术研究，关注理论现实问题，更重要的是对学术研究状况和现实中遇到的问题、体制性支撑和体制性问题、学风建设中出现的问题和学者道德问题的关系进行重新思考。

（孙正聿　教育部社科委学风建设委员会副主任委员、
吉林大学哲学基础理论研究中心主任）

涂肇庆：借鉴香港高校评价体制　拟定整肃学术不端策略

涂肇庆

香港在 20 世纪 90 年代之前的学术氛围比较浓厚，因为香港当时只有两所研究型大学，即香港大学和香港中文大学。这两所大学竞争非常激烈，所以考进这两所学校的学生就是为学术研究而来，和其他学院培养的实践性人才有所区别。

但是，1997 年后，所有的学院都提升到了大学，每个大学都希望模仿港大、中大和科大成为研究型大学，但实际上面临很多障碍和困难。一是很大一部分学生的兴趣并不在研究上，二是学校教员的研究素质无法同时跟进。所以高等院校的定位应有所区分，有些学校是训练学生做工匠的，有些则是训练学生做研究的。

全部往研究型大学发展后，带来的结果是看似繁荣，但其实学术界存在很多问题。

香港高校原有评价体制显弊端

香港也曾采用类似内地、以发表著作的数量作为评比教职的方式。尤其到评终身教职之时，教员的研究和出版著作变得很重要。

然而，后来发现这样的评价体制不太切合实际情况。香港大学的教员多数从欧美聘任，到香港后，人文社科特别是社会学和政治学很多教员都集中做中国研究，如果要把研究拿到国际性期刊去发表是很不容易的，尽管有些很有意义，但因为单纯做中国研究的论文很容易被国际性期刊拒绝，这对教员很不公平。

另外一个问题是，教员的初聘期一般是六年，在第五年结束时会决定评估是否要给予他终身教职，五年时间要求他不仅教学很突出，而且能在一流期刊发表研究论文，这对年轻教员来说不太现实。

教学研究相结合的现行评价体系

香港的大学有另一套评价体系。对教员而言，第一是对教学的评价。

除去现行通用的学生评估因素，我们还设立终身教职评审委员会或教员教学与研究评估委员会（一般由五位老教员组成）。到第四、五年聘期时，评估委员两人一组，不定期去听该教员每学期的课，两两一组，共有三次。至少从教员本身来讲，老教员对新教员的评价更客观。评估时，每个人可以非常客观地评价这个教员，再讨论学生的评估，这样做不会让教员为赢取学生的评估而有错误的教育引导方式。

第二是对教员的研究作评估。第五年，除去发表的研究成果外，我们会请他把自己正在写的具有代表性的、突破性的研究课题上交，然后学校会寻找亚洲或西方对此相关课题有深入了解的十位专家，组成评审委员会来评审没有发表的文章，并给出比较详细的报告，讨论有多少人认为他的研究领域在未来有潜力。如果大多数认为有潜力，就留下来，相反就需要淘汰。这样的方式比较残酷，但是更客观，我们会尽量避免主观因素影响而尽最大努力地客观评价。相比较而言，中国内地、台湾、澳门、新加坡采用以著作的数量来衡量教员研究水平的方式，可能会在这样的过程中损失有潜力的教员，也会形成不严整的学风。

解决学术不端的可行策略

学术研究需要一个良好的大环境，目前，我认为最大的问题是高等院校校长多是行政任命，对校长角色不太明确，所以也不太知道怎么治理一个学校，并且任期太短。相比之下，哈佛大学校长的标准和责任非常明确：第一，一定要发展出一些有特色的学术研究；第二，在任期间，不可从事与学术相关的研究工作和带博士生，其职责就是好好经营学校，否则对学术发展不利。

此外，内地教授的工资还是偏低，当前也有一些奖励方式，但是它的内容如何评估仍然值得讨论。应该创设一个环境让教员能够安安心心、规规矩矩地在学校做学问，而不是到处去演讲、发表东西和赚外快。这样不仅影响教员的个人学术研究，也对大学教育不利。这是一个严重的问题，也是导致学术不端的原因之一。

香港高校即使是新来的教员，工资也不低。对于新来的教员，头三年或头五年，他们的研究方案能得到专门为年轻人创设的研究经费，不受资历限制，也可以在其他的研究项目上和老教授共同竞争。在审核项目方

治学先要正风气

面，一般不由香港各个大学的学术评估委员会来评估，而是从全世界找与这个项目相关的某几位知名专家来组成委员会评价，从而跳出这个圈子，获得客观评价。

像研究型的香港科技大学，规定教员一年最多开两门课，为的是鼓励教员做研究。香港高校都很注意为教员创设做研究的环境，假如一个教员同时进行几个研究项目，还可以用经费来抵免一门课。这些都是很人性化的做法，既然这所大学是以研究为主的大学，那么我们就要为学术研究创设良好的环境和氛围。

（涂肇庆　香港科技大学社会科学部教授）

周树华：做学术研究就不要期待发财

周树华

台湾大学曾邀请一位以色列知名学者来作演讲，当演讲结束我们抱歉演讲费较少时，教授却说："既然决定做学术研究了，第一件事就是下定决心不要发财，也不要期望变得有钱。"

然而非常不幸，期待发财和剽窃的事情都在台湾发生了。钱的问题是小事，剽窃和抄袭更为严重，甚至还出现杰出学者抄袭他人著作的现象。

在台湾，帮助提升高等教育学术水准的机构有多种，其中扮演最重要角色的是"国家科学委员会"，简称"国科会"。在台湾，所有研究课题都可以申请"国科会"的学术补助，"国科会"的专家通过审查并下拨经费，经费补助对老师是很大的鼓励。申请到"国科会"的补助也是个人学术水准的反映，同时是个人申请职称的考核标准。

"国科会"的补助为老师做学术研究提供了所需经费，同时也产生一个问题。近十年来，各个学科的研究项目越来越细致和专门化，按照审查惯例，要在台湾找到五个和此课题相关的审查人却不容易，所以就导致很多时候审查课题的人往往不是研究该课题的学者。带来的结果是，审查者往往凭个人的好恶和意识形态来评价课题并否决研究，而不是从学术价值的角度。一个审查人应该能站在课题整体学术研究的高度来判断该课题有没有突破和特别的价值，这才是最重要的。

由于每年资助经费固定，往往存在经费被某些热门学科包揽的情况。这意味着课题要符合热点和潮流才能拿到"国科会"的资助，结果导致冷门学科和课题得不到补助，使得这些学科更加边缘化，学科发展也越来越窄。除非课题和热点研究挂钩，甚至和掌握有经费的专家挂钩才能获得补助，这对学术研究的整体氛围非常不好。

此外，由于审查制度不周全，形成小圈圈现象。如果审查委员会的学科召集人是女性主义领域的，那么女性主义的课题就会更易得到。在我身边甚至出现过这种情况，一位研究文学的教授，由于几次都申请不到资金，就换了研究方向，将自己的研究挂在社会科学里头才得到了补助，这样的做法无法起到积极提升学术的作用。

最近，台湾给每个重点大学学术发展的"5年500亿"，初衷很好，但实际却造成非常多的浪费。有了钱后，经费使用不当，虚报经费、巧立名目时有发生，甚至出现500亿经费中，打印机碳粉的报销达到1亿新台币的情况。在我看来，对学术研究，特别是人文社科研究而言，两项资助足矣：一是补助老师出国开会，二是补助老师短期出国进修。这能让他们时刻掌握最新学术动态，不再闭门造车，并能做出和国际接轨的有价值的研究。对学术研究而言，经费补助的适度非常重要。

"教育部"和"国科会"都是推动学术研究的重要机构，一个好的机构需要好的学科带头人。最近"国科会"学术研究审查的学科召集人都是做热点研究的，当前什么流行就去做什么，导致台湾整个学术研究没有往下扎根，基础研究都没有做好。各学科带头人的研究方向也都很重复，彼此的研究性质差不多。学科召集人一定不要重复，要多样化，同一学科的不同方向都应顾及，只有这样，学术研究才可以做得深、做得广。

对于当前很多高校出台的一项政策，如果发表一篇论文，就给发表人两万元的奖励，我不是很赞同。对学者而言，有著作是天经地义的。奖励

治学先要正风气

361

需要适度，有一定补助即可。对教员而言，也要抱有做学术研究不期待赚钱的目的。只有形成这样的风气，我们的学术研究才能扎扎实实地做下去。

（周树华　台湾大学外文系教授）

柯锦华：学术期刊不要做学术腐败推手

柯锦华

近年来，随着市场原则向学术领域的不断渗透，以及单一量化管理评价体系的全面推广，学术期刊逐渐由学术领域的边缘地带向中心区域转移，并从幕后走向前台，成为关注焦点。

一方面，在一些高校、科研机构，是否在所谓"核心期刊"、"CSSCI 来源期刊"发文以及发了多少文已成为职称评定、科研考核、奖项评审的重要甚至唯一标准。符合标准者可获重奖，否则，其各类评审便屡屡受挫。另一方面，弄虚作假、低水平重复等学术不端行为不断地被揭露出来，抄袭剽窃、滥收版面费等学术腐败事件也频见报端；人们在抨击造假剽窃者、自我复制者时，也将刊载其作品、滥收版面费的学术期刊推上了被告席。于是，学术期刊在充分享受被高度重视、热烈追捧的"荣耀"的同时，也被抛向备受批评指责的学术腐败的风口浪尖！那么，在近年几乎席卷全国的学术腐败之风中，学术期刊究竟扮演了何种角色？学术期刊应当如何从中吸取经验教训，引以为戒？

客观地看，即便在学术腐败之风普遍盛行的今天，大多数学术期刊人仍然能够坚守学术良知，保持对学术的敬畏之心，在自己的岗位上兢兢业业，克尽职守。不仅如此，他们之中的佼佼者正与一线主流学者一起携手引领中国学术的发展。正是他们让我们看到了中国学术的希望。

但是也不可否认，学术腐败之风的盛行，确有少数期刊人难逃其咎。近些年，市场渗透与量化管理的双重夹击，使学术生态遭到严重破坏，学术腐败事件频发现象真实地反映了人性中"物欲诱发"以及制度缺位在学术领域导致的恶果。而少数学术期刊人主动为之，视学术良知为敝屣，将学术期刊作为谋利工具，而与少数无良"学者"沆瀣一气，对刊发文章明码标价、滥收版面费，甚至明目张胆制假造假，他们已成为名副其实的学术腐败制造者。揭露打击其丑行，遏制其蔓延势头，是学术期刊不可推卸的责任。

还有一些期刊在办刊过程中或为进入"核心期刊"、"CSSCI来源期刊"，千方百计提高自己的引证率，甚至通过私下交易等不正当手段"互引"文章；或为在转载排名榜上名列前茅而唯转载率马首是瞻，甚至要求作者承诺文章刊登后能为文摘类杂志选用；或碍于情面而对学术不端行为过度宽容，乃至熟视无睹；或一味追求"名人效应"而对所谓名人粗制滥造的"名作"开绿灯……这些不端行为从不同的方面对学术腐败之风起了推波助澜的作用。事实上，这些期刊已经自觉或不自觉地沦为学术腐败之风的推手。这一事实不能不引起期刊界的警醒！

遏制学术腐败，最根本的是铲除滋生学术腐败的土壤，尊重学术发展规律，构建符合学术自身发展规律的管理评价体系，让学术回归学术。为此，需要在观念上澄清几个误区。其一，"CSSCI来源期刊"设定的初衷是通过量化形式标准，确立学术期刊的公信地位，有其相对合理性。由于"CSSCI来源期刊"的遴选标准难以完全避免人为因素，片面强调则会扭曲其作为评价标准的客观公正性。其二，引证率或转载率，其本意也是通过对期刊所载文章被引用率或转载率的统计结果，评价学者或期刊的学术水准及影响力。需要指出的是，无论引证率或转载率都只是学术评价的一种手段，且是事后的统计结果，如果把它作为事前追求的目的，必然因手段与目的倒置而与其初衷相悖，更何况其本身具有相当复杂性，过分强调倚重同样会降低其客观公正性。其三，符合学术发展规律的管理评价体系必然是定性与定量相结合的综合性管理评价体系，任何单一量化评价体系都有其片面性，将其绝对化，只会对学术发展造成极大伤害。

（柯锦华　全国政协委员，《中国社会科学文摘》常务副主编）

治学先要正风气

高明霞：学术研究可以量化吗

高明霞

高校学术不端现象屡禁不绝，引起了社会各方面的诟病。究其原因，大概有这样几方面：学风浮躁并浮夸，高校学术研究日益凸显快捷、批量、规模趋势，严谨、求是、创新的学术品质日渐淡化；教师职业操守失范，对高校教师而言，论文论著成果是决定岗位级别、职称的重要评定条件，一些人为了最大限度地获取提高身份和待遇的"资本"，采取粘贴拼凑，甚至抄袭剽窃手段炮制论作；刚性惩治缺失，没有明确的"警戒线"，学术不端行为得不到应有的惩治，就会产生"传染病"效应；学术水平低下，面对快捷、批量、规模要求，研究者难以潜心钻研思考，以知识储备匮乏、思想积累不足之状态应对急功近利的要求，势必形成学术水平不断下降、学术不端行为日渐上升的恶性循环。归根结底，造成上述种种问题的根本原因是目前高校管理体制中普遍盛行的量化原则。

学术研究具有高校向社会提供优势知识和先进思想文化的使命，对教师而言，其责任是为专业教学提供新知识和独立见解，从而培养学生的创新意识和创新能力，提高人才培养质量。学术研究的使命和责任要求研究者应该确立追求真理、实事求是的科学精神，确立尊重理性、为寻求真理纯美而孜孜不倦的人文精神。这两种精神在本质上是统一的，是大学文化很重要的一个方面。它们体现在研究实践中，需要丰厚的知识积累，需要不断发现和探索新的问题，需要反复证实和深入思考，需要平静的心态。不论就其精神特质抑或实践特征而言，都决定着学术研究不能用量化原则来衡定。学者们在某一时期科研成果大量涌现的"井喷"现象，是厚积而薄发的结果，之前不可能没有一段较长时间潜心钻研的沉寂。当然，一定的质量是以相应的数量积累作基础的，因为学术研究不可能一蹴而就，需要不断地行进，从数量的积累进入质量的提升。问题在于，学术研究应当以知识创新和思想创新为目的，遵循学术的自身规律，顾及各学科内在的学术特征，不应有太多的外力支配。

社会对科研和学术创新速度的要求日益提高，加之信息的空前发达，"十年磨一剑"的研究速度已满足不了社会需求，但快速的社会需求并不意味着学术价值的异化。在量化指挥棒的匆匆驱使下，学术研究追逐着多与快的目标，学术价值直接体现了个人的地位、名利，很难使人沉下心来做学问，因而催生了大量学术垃圾，更为甚者则偷天换日，抄袭剽窃，严重地损害了大学的社会公信度，知识分子的良知和尊严被种种不端现象践踏。要彻底杜绝高校学术泡沫和学术腐败问题，不能不反思量化原则的合理性。

当行政管理模式甚至企业管理模式渗透到高校后，各种评估体系均以量化方式体现，成为评价各部门、各教学单位乃至个人业绩的硬指标。各部门和各教学单位领导为了对上级负责，采取各种措施激励教师尽快尽多地出成果。学科建设很大程度成为数字的角逐，学术研究变成了应对管理的行为。在行政化、企业化模式的引导下，学术研究的数量，不仅是个人获取利益的条件，也是衡量各单位领导政绩、业绩的准则，大学培养人才的首要宗旨被泡沫学术所侵害，特别是被学术不端所污染。教学远不如发表论文、出书、获取课题重要，讲好课远不如写论文和出书光荣、实惠。大学不可或缺的培养人才、追求知识和真理的核心价值观，沉沦在躁动不安的功利目标中。可以说，采用行政和企业方式管理大学，向学术研究要政绩时，学术研究肯定变味，学术不端势必泛滥。在计划经济时代，违背经济规律的行政指令调控各种生产指数，造成了所谓"大跃进"的浮夸、造假之风，最终伤害的还是经济本身。历史的经验告诉我们，任何领域的管理都必须尊重客观规律。在高校，如果以非学术的、非科学的方式管理学术研究，以急功近利的态度对待学术研究，特别是用计划经济量化原则来决策和管理学术研究时，学术研究的品格和社会担当就要丧失掉。教育部、卫生部联合举办的国庆 60 周年成果发布会上，相关人员公布：2004年以来中国科技论文数量，以 SCI 数据库统计排序仅居美国、英国、德国、日本之后的第五位，但并不意味着我国目前的科研能力也排在第五位。学术和科学研究绝非数量的概念，而是质量的概念。在行政化、企业化的管理模式下，数量的原则变成了首要原则，这是违背科研和学术研究

治学先要正风气

365

规律的。学术不端屡禁不绝现象暴露的是高校行政化、企业化管理模式的弊端。

如何杜绝学术不端行为？最根本的治理就是立法，用刚性的法规制约和惩治学术不端行为，就像明确的交通法规对行人和车辆所发挥的规范作用。而源头上的治理，则需要改变高校过分行政化、企业化的管理模式，加大民主管理的权限，加强专家学者决策和监督的力度，建立适应各学科学术研究规律的评价机制和评价标准，尊重学术自由和学术独立，营造宽松的学术研究环境。在注重大学的社会服务功能时，切不可降低大学作为知识殿堂的地位，尤其是基础理论学科的学术研究，更应该具有相对的独立性和批判性，因为它们不仅为社会和人类提供新的知识，还要为社会和人类提供理性精神，用优良的知识提升人的认知能力，用美好的精神塑造人的灵魂。大学的这种贡献，赢得了它高尚尊贵的社会历史地位，在物欲横流的时代，更显出它坚守人类崇高信仰的品质。所以说，学术研究体现着大学文化、大学精神。过多的行政干预，过分具体的量化原则，不符合学术研究的品格和规律，也有悖于大学文化的核心价值观。

（高明霞　内蒙古大学国家大学生文化素质教育基地主任）

（本期特别策划采写工作组：吕莎、吴婷、伊然、褚国飞）

近年部分学术风波盘点

◆ 2010 年 3 月，南京大学中文系教授王彬彬在《文艺研究》发表了长篇论文《汪晖〈反抗绝望——鲁迅及其文学世界〉的学风问题》。文中指责了清华大学中文系教授、《读书》杂志前主编汪晖 20 多年前的著作《反抗绝望——鲁迅及其文学世界》存在多处抄袭。"挺王派"认为汪著涉嫌抄袭不容否认；"挺汪派"认为，汪著只是引述不够规范，不构成抄袭。汪晖回应称，"希望此事由学术界自己来澄清"。

◆ 2009 年 12 月，国际学术期刊《晶体学报》官方网站发表文章称，通过检测程序发现，至少有 70 篇发表在《晶体学报》C 分卷和 E 分卷上的晶体结构报告存在数据造假行为，决定撤销。经查实，这 70 篇被撤销的论文的作者是来自井冈山大学化学化工学院的讲师、硕士钟华（49 篇）和工学院的讲师、硕士刘涛(21 篇)。12 月底，井冈山大学经过调查认定，召开新闻发布会，宣布撤销当事人的造假学术成果、追回奖励、开除公职等一系列处分。

◆ 2009 年 7 月，西南交通大学决定取消该校副校长黄庆博士学位，撤销其研究生导师资格。2007 年 12 月，西南交通大学接到关于副校长黄庆博士学位论文第四章涉嫌抄袭问题的匿名举报。经国内外 6 位该学科的资深专家进行评审，认定抄袭成立。黄庆成为自教育部发出《关于严肃处理高等学校学术不端行为的通知》以来，首位遭到所在学校严肃处理的校长级别的学术官员。

◆ 2009 年 7 月，郑州大学作出决定，对该校新闻与传播学院副院长贾士秋的学术不端行为严肃处理，免去其新闻与传播学院副院长职务，解除教授聘任。此前，有人在网上发表博文称，贾士秋在 2006 年正教授职称评定中所提交的学术著作有造假嫌疑，并指出其高级职称评审申报表中有诸多疑点。郑州大学随即成立调查组展开调查。经查，贾士秋在申报教授职称过程中，提供虚假材料，属于学术不端行为。

◆ 2009 年 6 月，辽宁大学副校长陆杰荣及北京师范大学在读博士杨伦在核心期刊发表的文章系抄袭一事被确认基本属实。据报道，《哲学研究》当年第 4 期刊登了署名"陆杰荣、杨伦"的文章《何谓"理论"?》，文章涉嫌抄袭自云南大学讲师王凌云多年前的一篇讲稿《什么是理论(Theory)?》。经比对，《何谓"理论"?》至少有 80% 的内容原封不动地复制了王凌云的文章。对此，学校方面表示，抄袭系杨伦一人所为，陆杰荣署名仅为帮助学生的论文得以发表。

◆ 2008 年 10 月，浙江大学药学院收到反映该院副教授贺海波学术不端的邮件。在整个"贺海波论文事件"处理过程中，学校共核查了贺海波及其所在研究室相关人员涉嫌学术道德问题的论文 20 篇。贺海波本人供认不讳，被撤销副教授任职资格，解除聘用合同。对于贺海波 8 篇造假论文中中国工程院院士李连达的署名，浙江大学认为，是在李连达院士不知情的情况下被贺海波擅署的，但李仍负有疏于管理、教育不力、监管督察不严的责任，药学院院长任期届满后，学校不再续聘。

◆ 2007—2008 年，6 位教授几次联名投诉中国工程院院士、中国科学院东北地理与农业生态研究所研究员刘兴土涉嫌"抄袭剽窃等学术道德问题"。2008 年 7 月 23 日，中国工程院科学道德建设委员会给 6 位教授及另一举报人回了信。信中说，经核查，刘兴土同志在其著作中存在引用他人文章标注不严谨问题，在院士增选提名书中对本人取得的研究成果的表述也存在一些不当之处，但还不足以构成剽窃。事后，刘兴土院士就相关投诉问题作了解释，并就此事向相关当事人致歉。

国史教育有待加强

记者　郑巧　陈静

10 月 20 日，为期一个月的"辉煌 60 年——中华人民共和国成立 60 周年成就展"在北京展览馆落下帷幕。新中国 60 年的辉煌成就，通过丰富生动的图片、视频和模型等展示，给几十万民众留下了深刻印象。

为了庆祝新中国 60 华诞，国家广电总局从 8 月 20 日起，在全国城乡开展"向祖国汇报"重点国产影片展映展播活动，展出的献礼片达 40 余部。其中，《建国大业》以崭新生动的艺术表达形式，创造了国产影片，尤其是主旋律影片的票房奇迹，全民接受了一次国史知识的集中教育。

重大节日时，报纸、电视、网络等大众媒体对新中国历史的全方位回顾，给民众开启了了解国史的方便之门。然而，节日大宣传，并不能代替日常的国史教育。尽管近年来国家加强了对民众的国史教育，但关于国史知识的调查显示，青年学子对国史大事知识的回答正确率仅为 63.4%。

必须高度重视国史教育

1987 年，邓小平在会见加蓬总统邦戈时曾提到，"中国走资本主义道路不行，中国除了走社会主义道路没有别的道路可走。一旦中国抛弃社会主义，就要回到半殖民地半封建社会，不要说实现'小康'，就连温饱也没有保证。所以了解自己的历史很重要。青年人不了解这些历史，我们要用历史教育青年，教育人民。"

此后 20 余年的历史已充分证明，邓小平这番话的高瞻远瞩和恒久价值。

　　早在 2002 年，时任北京师范大学副校长的郑师渠不无焦虑地指出，对本国历史的教育在近些年来已经削弱到不能再削弱的地步了。因为各种原因，中学课程关于本国历史课时不多，再加上电视台的各种历史节目都是戏说历史，这就造成了一个很大的问题：如果学生考上大学的历史系，可以接受本国史教育；如果选择的是非历史系，在常规教育程序上，则不再接触本国史；遑论初中、高中毕业或辍学后走向社会的年轻人。除历史系外，更多的国民还有多少本国史知识呢？

　　郑师渠的焦虑很有道理，但他那微弱的呼喊早已淹没在"戏说历史"的浪潮声中。而就在戏说历史的电影、电视剧被频频搬上荧幕之时，歪曲新中国伟大历史进步等历史虚无主义的错误思潮乘虚而入。"历史搞乱了，就会引起思想的混乱，进而造成政治的动乱。"中国人民大学原校长李文海说，"这不是危言耸听，而是实实在在已经发生过的深刻教训。苏联垮台的原因，学术界从不同角度分析会有不同的意见，但有一点是共同的，那就是因为否定了历史，导致了思想混乱。从赫鲁晓夫到戈尔巴乔夫再到叶利钦时期，把苏共的历史描写得一无是处。这种观念成为一种普遍的社会心理，当有人宣布共产党非法时，就没有人站出来维护。"

　　"对自己民族和国家历史的认知，历来是一个民族、一个国家主流文化和核心价值体系的重要组成部分，是这个民族、这个国家的重要精神支柱之一。各个阶级、各种政治力量，无论是为了维护一个政权，还是为了推翻一个政权，无不高度重视对历史，特别是对国史解释的话语权。我们一方面要加强国史研究的针对性，理直气壮地批驳各种歪曲、攻击国史的谬论；另一方面，要在广大群众，尤其是青年学生中开展国史教育，普及国史知识，把正确认识和理解国史纳入建设社会主义核心价值体系的工作中，融入国民教育和精神文明建设的全过程。对于树立广大青年以爱国主义为核心的民族精神、坚定全国各族人民建设中国特色社会主义的决心和信心，具有积极的作用。"中国社会科学院副院长、当代中国研究所所长朱佳木表示。

国史教育要打牢学术研究根基

胡锦涛同志曾经讲，"我们的国史，就是党领导人民群众的奋斗史、国家的发展史。……我们写国史，除了要继承发扬我国历史上修史的传统外，也要为全党全国工作的大局服务，也要资政育人，这与写党史是一样的。"对此，研究国史的同志必须时刻铭记。

清人龚自珍说，"欲知大道，必先为史"，"灭人之国，必先去其史"。周恩来曾形象地将历史称作"民族的记忆"。他说，历史对一个国家、一个民族，就像记忆对于一个人一样，一个人丧失了记忆就会成为白痴，一个民族如果忘记了历史，就会成为一个愚昧的民族。

"在苏联解体、东欧剧变的过程中，这些国家的资产阶级自由化势力就是通过丑化社会主义国家执政党的历史，歪曲和诬蔑这些国家社会主义建设的历史，从这里打开缺口，搞垮社会主义制度的。"北京大学教授沙健孙说，"对于这个惨痛的教训，我们应当认真记取。"

要记取历史教训，了解国史，对国史的相关研究必不可少。国史研究是一项学术性工作，"首先必须像其他史学研究一样，要尽可能详尽地收集、掌握和仔细考证史料，并通过运用科学的理论和方法，对史料进行归纳分析，从而弄清历史事实，阐明历史原委，总结历史经验，探寻历史规律，预测历史前途。"朱佳木在接受记者采访时如是说。

上海社会科学院研究员童世骏认为，在国史的研究和宣传中，既要防止历史出现空白和断裂，又要防止历史失去实质内涵，更不能将历史仅仅视为历史。研究国史，必须把握国史的本质和主流。中国共产党在中华人民共和国时期的历史，就是中国共产党领导全国各族人民进行社会主义革命和建设，并取得伟大胜利的历史。沙健孙认为，这不仅是新中国成立以来党的历史，同时也是共和国历史的本质和主流。把握了这个本质和主流，国史研究才能显示出其价值，才能找准写国史的方向。

学校是国史教育的主阵地

"学校是国史教育的主阵地。"北京师范大学政治学与国际关系学院教授张静如认为，"中小学通过语文、历史、地理、政治等课程进行教育，但除历史课的现代史部分较集中外，其他课有关这方面的内容都比较零散。目前，中小学国史教育的相关内容融合在历史大科目下，占的分量不是很足，往往被忽视。"云南大学历史系教授金子强认为，由于国史教育在中学课程中所占课时很少，那些没进大学就工作的学生，有可能终身不再接触本国史，只能从电视上看到对历史的"戏说"。

大学生是国家的未来和希望，是国史教育的重点对象。2006 年，教育部将《中国近现代史纲要》纳入全国普通高校本科生的必修课，国史首次以单独的面目出现在大学课堂。而在此之前，国史教育基本上整合在党史、政治理论教育中，不够系统全面。

新中国成立之初，国史教育主要体现在日常的一些政治学习和形势政策教育之中。1956 年以前，进行党史教育的教材一般采用胡乔木的《中国共产党的三十年》，基本不涉及"国史"。60 年代初，普通高校的党史教育开始采用中国人民大学何干之等编写的《中国革命现代史》，其中包括 1949 年至 1956 年的历史。

改革开放以后，高校在中共党史之外，增设了国际共产主义运动史，在讲述社会主义国家或其他国家的共产党交往时，涉及了国史内容。1987 年，教育部对政治理论课进行了改革，将与国史息息相关的中国革命史、中国社会主义建设、世界政治经济与国际关系列为必修课，国史教育有所加强。1998 年，实行"两课"（马克思主义理论课和思想政治教育课）改革，教材和教学实践中涉及"国史"内容的变更为毛泽东思想概论、邓小平理论概论和当代世界经济与政治三门课，对国史的教授从重内容转变为重理论。也正因为如此，历史教育被弱化，为改变这一现象，才有了 2006 年教育部《中国近现代史纲要》的出炉。

《中国近现代史纲要》作为全国普通高校本科生的必修课，是加强国史教育的重要举措之一。曾任《中国近现代史纲要》教材编写组首席专家的沙健孙告诉记者，为了使教材内容准确、鲜明、生动，不落俗套，编写组一方面学习有关中央文件和中央领导同志讲话，明确教材编写工作的指导思想；另一方面做了大量的问卷调查，旨在使教材内容贴近未来大学生的实际。"《中国近现代史纲要》是全体大学生必修的思想政治理论课，而不是历史系本科生的专业课。它的主要任务是通过事实阐明中国近现代的基本问题和相关理论观点，帮助大学生了解国史、国情，确立并增强对于中国共产党、对于马克思主义、对于社会主义的信念。"

但国史作为《中国近现代史纲要》的一部分，其课时甚少，教师不好发挥。在某高校马列部担任教师的李老师向记者分析，在这种情况下，久而久之，国史教育容易成为一种装饰门面的形式主义。

2005 年，韩国开始推进加强国史教育的方案，从初中"社会"科目中分离出历史部分，改为独立科目，并把高中选修科目"韩国近现代史"指定为必修科目。从课程设置上直接加强对青年的近现代史教育。普京任俄罗斯总统时，曾对当时使用的历史教科书表示不满，认为书中对苏联时代的观点过于消极，呼吁在历史学和社会学的教学中增加一些爱国主义教育。2007 年，俄罗斯政府开展了历史教科书的重新编写工作。韩国和俄罗斯的国史教育经验都曾在我国国内引起广泛关注。

社会宣传是国史教育的重要途径

国史教育要想获得预期的效果，既要有理论高度，又要让群众能接受。我们要在加强科学研究的基础上，努力做到科学宣传，善于总结国史宣传的规律，丰富和完善国史宣传的技巧，把国史的宣传教育当做一个系统工程来对待。除了学校教育，也要充分重视社会宣传的作用，把社会宣传作为国史教育的重要途径。诚如军事科学院战争理论和战略研究部副部长齐德学所说，多种方式结合十分重要，可以加深人们对国史的了解。

社会宣传的手段多种多样，包括报纸、影视、网络等等。正如记者调查所显示的，在年轻一代人当中，传统纸质媒体的影响越来越弱化，而影视和网络在个人生活中所占的分量越来越重。因此，充分重视影视和网络的国史教育功能，将有益于推动年轻一代的国史知识普及和爱国精神的培养。

国史教育的加强，有赖国家、学校和社会的共同努力。在新中国成立60年，中华民族取得伟大成就之时，加强国史教育不仅适得其时，而且有着巨大的历史和时代价值。

朱佳木：加强国史宣传教育，弘扬爱国主义精神

朱佳木

一个民族要树立自豪感和自信心就不能割断历史，不能用轻率的、历史虚无主义的态度对待自己的历史。因此，从事国史研究，既要用国史咨政育人，也要用国史维护国家的荣誉和利益。这与史学尤其是国史研究所具有的经世致用的功能完全一致，也与近代以来中国史学家尤其马克思主义史学家的爱国主义优良传统相互吻合。

当前，一些人为了反对中国共产党的领导和中国的社会主义制度，总是喜欢拿历史尤其是国史做文章，竭力歪曲、丑化、伪造、诬蔑、攻击新中国的历史。对此，我们一方面要加强国史研究的针对性，理直气壮地批驳各种歪曲、攻击国史的谬论；另一方面，要在广大群众尤其是青年学生中大力开展国史宣传教育，普及国史知识，把正确认识和解释国史纳入建设社会主义核心价值体系的工作中，融入国民教育和精神文明建设的全过程。这对于树立广大青年以爱国主义为核心的民族精神，坚定各族人民建设中国特色社会主义的决心和信心，都具有重要的积极意义。

在解释新中国60年历史的主流为什么是成就时，既要看那些错误是普遍的全局性的还是个别的局部性的现象，要把所犯的错误与取得的成就放在一起加以比较，也要把犯错误和犯错误的时期加以区别，把错误放在当时的历史条件下加以分析，还要把好心办坏事与个人专断、个人专断与专制制度加以区别。

又如，在解释新中国前30年与后30年的关系时，既要讲清楚改革开

放与前 30 年相比的巨大飞跃，也要讲清楚前 30 年在政治上、经济上、人才上、经验上、国际环境上为改革开放所提供的前提条件；既要讲清楚前后两个 30 年的区别在哪里，也要讲清楚二者的一致性和连续性在哪里。

再如，在解释前 30 年人民生活水平的提高为什么不如改革开放后那么快那么高时，既要指出前 30 年急于求成和缺少经验等主观原因，也要指出前 30 年面对的国内外恶劣条件和为给工业化打基础而必须抑制消费、节衣缩食等客观原因。

总之，要把马克思主义的基本原理与新中国的历史实际相结合，把事实摆充分，把道理讲深透。只要这样做，国史宣传教育就一定能增强说服力，使广大群众和青年学生心服口服。

国史宣传教育要以国史研究为基础，而国史研究要以国史宣传教育为目的和检验手段。因此，要搞好国史的宣传教育，一方面要加强国史研究成果的转化工作，另一方面要使这个转化尽可能适应时代的特点，使广大群众和青年学生喜闻乐见，易于接受。在这方面，当代中国研究所近几年做了一些尝试，收到了一定效果。

例如，我们从 2002 年起开始编纂的《中华人民共和国国史编年》，是一套具有编年史性质的国史学术性著作。其宗旨既是为国史学者提供资料，也是为国内外读者查阅国史提供方便。因此，我们不仅借用古代的纲目体，逐年逐月逐日记录重大事件，附加考证性的注释，而且还配了许多历史照片和图表，以增加这套书的生动性、可读性，受到了读者好评。

为了更加生动地普及国史知识，我们从去年开始，还与中国新闻电影制片厂等部门合作，着手摄制一套名为《当代中国》的大型系列电视专题片，准备把新中国各行各业的奋斗史制成电视片，不仅拿到电视台播出，而且制成影视教材，进学校，进课堂。最近，《当代中国水利》、《当代中国智力引进》等片子已制成，正陆续在电视台播出。我相信，只要肯动脑筋，勇于创新，国史宣传教育还会产生出更多的好形式、好途径。

（朱佳木　中国社会科学院副院长、当代中国研究所所长）

李文海：让民族记忆转化为民族振兴的巨大精神力量

李文海

历史是一部生动而丰富的教科书。一个民族如果不尊重自己的历史传统，不善于从历史中吸取营养，就不可能深刻地了解现在和正确地走向未来。正如周恩来总理指出的："历史对一个国家、一个民族，就像记忆对于个人一样，一个人丧失了记忆就会成为白痴，一个民族如果忘记了历史，就会成为一个愚昧的民族。而一个愚昧的民族是不可能建设社会主义的。"

因此，向广大群众进行历史教育，是一件极有意义的事情。而国史教育，则在历史教育中具有更加重要的意义。这是由新中国 60 年这个历史阶段在中华民族五千多年文明史中的特殊地位所决定的。

有人或者会问：新中国的历史，是当代每个中国人都或长或短地生活过来的，都有着亲身历经的直接体验，为什么还必须进行历史教育呢？这是因为，在这个历史时期，生活变革是如此之深刻，社会发展是如此之迅猛，历史内容是如此之丰富，前进的道路又是如此之曲折，以至仅仅凭着个人的具体感受，是很难达到对历史全貌的了解和理性认识的。

国史教育的特殊重要性，可以从正反两个方面来谈。从正面说，当人们清楚地看到新中国的成立，怎样结束了旧社会政治黑暗、经济凋敝、国家动荡、民族危殆、民不聊生的悲惨境地；怎样实现了综合国力的极大增强、人民生活的根本改善、国际地位的空前提高，社会主义经济建设、政治建设、文化建设、社会建设取得举世瞩目的巨大成就，人们就会极大地振奋民族精神，增强对领导这个宏伟大业的中国共产党的信任，坚定对中国特色社会主义和中华民族伟大复兴的信念。通过对中国化马克思主义和中国特色社会主义道路的艰难探索历程的经验总结，也可以进一步提高对共产党执政规律、社会主义建设规律和人类社会发展规律的认识水平，不断提高自觉运用这三个规律的能力。

从反面讲，如果不进行国史教育，否定革命、否定社会主义道路、否定新中国伟大历史进步，污蔑新中国是"极权统治"、是"脱离人类文明主流的轨道"之类的历史虚无主义的错误思潮就会乘虚而入。历史搞乱了，就会引起思想的混乱，进而造成政治的动乱。这不是危言耸听，而是实实在在已经发生过的深刻教训。对此，我们决不能掉以轻心。

进行国史教育，要努力做到四点。

一是真实性。历史的教育作用，就存在于客观历史本身之中。只要实事求是地把历史的真实面貌讲清楚了，人们就必定会从中吸取历史智慧，得到历史借鉴。新中国的历史进程，既有伟大的成就，也发生过严重的失误。成就应该充分肯定，失误也不应该回避掩饰。

二是生动性。历史本来是丰富多彩、生动活泼的。但是，我们的国史研究存在着一个很大的矛盾，那就是尽管学术成果十分丰富，但科学研究的成果同社会、同群众、同现实的结合，却还有着较大的差距。有的文章从概念出发，没有具体的历史情节和历史场景的描写，只是抽象的逻辑推理，读起来枯燥乏味。相反，群众广泛接触的如像电视剧、历史讲座等形式，由于从事这项工作的不少人是非史学专业学者，在传播历史知识时往往存在不少"硬伤"，有的甚至为了提高收视率、发行量等，不惜歪曲历史，起到了误导的作用。要改变这种状况，需要专业史学工作者在潜心学术研究的同时，也以更多的精力做好历史知识的普及工作。

三是针对性。当前，世界范围各种思想文化相互激荡，呈现出多元、多样、多变的特色。在进行国史教育的时候，要加强针对性，有说服力地回答广大群众关心的热点问题，而不是空洞说教，更不是以势压人。要主动做好意识形态工作，既尊重差异、包容多样，又有力抵制各种错误和腐朽思想的影响。

四是思辨性。进行国史教育，不仅要告诉人们新中国成立以来，在神州大地上发生了哪些激动人心的故事，出现了哪些令人景仰的人物；不但要真实地描述历史，客观地评析历史，还应该努力地去揭示历史发展的规律性。所谓规律，实际上是指历史现象中本质的必然联系，历史发展过程的一种主导趋势。只有这样，才能够避免就事论事，使人们达到理性的认识。

（李文海　中国人民大学原校长）

沙健孙：进行国史教育，要把握好国史的主题、主线

沙健孙

晚清龚自珍讲过，"欲知大道，必先为史"；又说过，"灭人之国，必先去其史"。他从正反两方面讲了正确认识历史的重要性。在"苏联解体"、"东欧剧变"的过程中，这些国家的"资产阶级自由化"势力就是通过丑化共产主义的执政党的历史，歪曲和诬蔑这些国家社会主义建设的历史，从这里打开缺口，搞垮社会主义制度的。对于这个惨痛的教训，我们应当认真记取。

进行国史教育对于全国人民、各级干部，特别是年轻一代，都是非常重要的。共和国的历史是一部伟大的教科书，是进行爱国主义、集体主义和社会主义教育的生动有效的教材。

我们进行国史教育，首先要科学地认识和把握国史的本质和主流、主题和主线。1981年通过的党的第二个历史问题的决议明确地指出，中国共产党在中华人民共和国时期的历史，就是中国共产党领导全国各族人民进行社会主义革命和建设并取得伟大胜利的历史。我认为，这不仅是新中国成立以来党的历史，同时也是共和国历史的本质和主流，或者叫主题或主线。认识和把握国史的这个本质和主流、主题和主线，对于我们正确看待毛泽东领导时期新中国建设的历史，具有根本性的指导意义。

邓小平在1979年明确说过："社会主义革命已经使我国大大缩短了同发达资本主义国家在经济发展方面的差距。我们尽管犯过一些错误，但我们还是在三十年间取得了旧中国几百年、几千年所没有取得过的进步。"这个基本的事实，是任何人抹煞不了的。对这个情况，有一些西方人士也不否认。美国历史学家莫里斯·迈斯纳就说：毛泽东时代"是世界上最伟大的现代化时代之一，与德国、日本和俄国等几个现代工业舞台上的后起之秀的工业化最剧烈时期相比毫不逊色"，中国取得了"全世界所有发展中国家和主要发达国在同一时期取得的最高增长率"。美国经济学家萨缪

尔森当时在《经济学》（第十版）里也说：关于中国的基本事实是，"它向每一个人提供了粮食、衣服和住房，使他们保持健康，并使绝大多数人获得了教育，千百万人并没有挨饿，道路旁边没有一群群昏昏欲睡、目不识丁的乞丐，千百万人并没有遭受疾病的折磨。以此而论，中国的成就超过世界上任何一个不发达国家"。进行国史教育，我们首先要讲清楚这个基本的事实。

加强国史教育，我认为，首先就是要围绕国史的主题、主线，围绕马克思主义中国化的进程和革命与建设事业的发展，展开有说服力的论证。其次，应该充分掌握第一手材料，包括综合性的材料和典型的材料，在此基础上对有关历史进行科学的分析，使读者和青年学生感到可读、可信。再次，还要注意运用比较的方法，包括新中国与旧中国的比较，新中国的发展与同一个时期世界上其他国家发展的比较，以便增强有关论断的说服力。

（沙健孙　北京大学教授）

张静如：国史教育应该节日大宣传、平日常教育

进行国史教育要分层次、分对象来安排内容繁简和时间长短，选择宣讲或展览等教育方式。而不管什么对象，都要密切联系实际，既要有全国的和地方的各领域的统计数字，又要有与不同对象有关的具体事例，以说明新中国60年来的变化，展示未来的前景。有一次我打车，司机夸奖这届政府，说他的父母住在朝阳区农村，这两年得到很多实惠，不但坐公交车、逛公园不花钱，而且看病也能报销不少，

张静如

每年还发钱、发粮食，老两口整天乐呵呵的。这种个人感受很具体，如果能在此基础上加强国史教育，肯定会有好效果。

学校是国史教育的主要阵地。中小学通过语文、历史、地理、政治等

课程进行教育，但除历史课的现代史部分较集中外，其他课有关这方面的内容都比较零散。大学目前有个"中国近现代史纲要"课，与国史有关，但只有一学期的学时，从 1840 年讲到现在，国史部分所占比例太少。

大学校园里平时有很多讲座，但鲜有国史方面的讲座。说实在的，即便有这方面的讲座，学生们也未必愿意去听。一是学生认为这方面的知识多少知道一些；二是每个学生都对自己的专业知识更感兴趣。总的来说，在大中小学校，国史教育还是比较弱的。

今年是新中国成立 60 周年，电视、报刊等各类媒体都加强了这方面的宣传、教育，肯定会有好的效果。特别是十一阅兵、群众游行，还有联欢活动。但是，平时就很少有人注意到国史教育。

怎样进行国史教育？我认为，首先要在制度上加以保障。比如，大学现在的"中国近现代史纲要"课要让教师有充分时间发挥，把课教好，讲得生动，吸引学生；除了课堂教学之外，还要设法组织一些与国史教育相关的讲座。至于社会上的宣传、教育，只要各地宣传部门重视就会好起来，看一部电影、电视剧，学习一部书、一篇文章，都能够有收获。

总之，国史教育应该是：节日大宣传、平日常教育。

（张静如　北京师范大学教授）

齐德学：切实加强新中国国防史、军队史的宣传教育

齐德学

新中国成立 60 年来，国防和军队建设发生了翻天覆地的变化。回顾 60 年来国防和军队建设的历程，大体有几个基本特点：第一，国防和军队建设始终是在积极防御战略方针指导下进行的。新中国成立 60 年来贯彻这个方针和随着历史发展对这个方针理解的不断深入，始终决定和影响着中国的国防和军队建设。第二，国防和军队建设是在极为薄弱的基础上进行的。第三，新中国 60 年来国防和军队建设发展，经历了上升—下滑—再

上升这样一个曲折的过程。第四，解决国防和军队现代化建设的基本方针是抓住主要矛盾，有所为，有所不为。

新中国成立 60 年来国防和军队建设的成绩和经验是主要的，但也有失误和教训，这些为未来国防和军队建设提供了有益的启示，归结起来也有几个方面。

第一，加强国防和军队建设必须坚持中国共产党的领导。中国共产党领导中国人民经过长期革命斗争，建立了中华人民共和国，中国共产党领导中国走上繁荣富强的道路。国防和军队建设的巨大成就与国家其他建设的巨大成就一样，都是在中国共产党领导下取得的，中国人民解放军是中国共产党缔造和领导的人民军队，是中国共产党领导的中华人民共和国武装力量，坚持中国共产党对人民解放军的绝对领导是中国人民解放军的军魂。加强国防和军队建设必须坚持中国共产党的领导。

第二，国防和军队建设必须依靠经济建设来加强。

第三，国防和军队建设必须与国家经济建设协调发展，这也是国防和军队建设的基本规律。新中国 60 年来的历史表明，凡是国防建设与经济建设关系处理比较好的时候，国防建设和经济建设就能相互促进、同步发展。而国防建设与经济建设关系处理偏颇时，要么对经济建设造成不利影响，要么军队现代化建设停滞不前。

第四，加强国防和军队建设必须跟踪世界军事发展形势，并从中国国情出发。

第五，加强国防和军队建设必须走自主创新的发展道路。中国是发展中大国，军费有限，加强国防和军队现代化必须走自主创新的发展道路，必须有自己的"撒手锏"。

作为一个中国人，有责任关心本国的历史。军事科学院军事历史研究所致力于国防、军队史的研究，一些党史、国史的研究机构，如当代中国研究所也做了一些具体研究。多种方式结合宣传国史十分重要，从小学到大学的教育中，国史教育都应该占重要一块。还可以通过一些影视作品加强宣传效果，加深人们对国史的了解。

一直以来，国防和军队建设史都缺乏专门的教材。为了解决这个问题，军事科学院军事历史研究所组织编写了《中国人民解放军军史》，该书讲述了南昌起义到"文化大革命"期间解放军的历史，将于年内出版。国防和军队建设是整个国家建设的安全保障，现在，大众对国防史、军事史了解得较少，需要加强宣传。

（齐德学　军事科学院战争理论和战略研究部副部长，少将）

吴志良：应将澳门本土历史纳入到国史教育中

吴志良

澳门自明代中叶开埠成为中国南部最早对外开放的港口城市以来，一直是中国对外交往的窗口，也是中西文化交流碰撞的前沿。可以说，澳门历史是中国近现代史的一个缩影，亲历、见证了中国国势国力的兴衰。

然而，由于鸦片战争后葡萄牙在澳门逐渐实施殖民统治，国史教育有其特殊性：在葡语学校，教葡萄牙历史；在中文学校，教中国历史。这也是澳门社会、文化和教育多元化的一种体现。而此一多样性，在回归后依然保持。当然，由于澳门以华人为主，中华文化一直占主导地位，中国历史教育是绝大多数学校的选择，也是爱国主义教育的重要组成部分。

澳门国史教育的特殊性不仅体现在中葡学校的差异，即使在中文学校，国史教育也存在多样性，有使用内地教材的，也有采用港台教材的，在某些历史事件上存在不同表述，甚至出现南辕北辙的观点。虽然这主要是因为学生升学的取向不同，要适应两岸四地的考试，但不可避免造成某些混乱。澳门回归后，采用内地教材的学校越来越多，可至今还没有自己编写出版的课本。此外，澳门本土历史尚未得到足够重视。如果将本土历史纳入国史教育中，历史更具亲近感，教学效果会更好一些。

澳门虽然在相当长时间内受殖民统治，但从来没有割断与祖国相连的血脉，澳门华人居民一直与祖国同呼吸、共命运。一方面，澳门与广东陆地相接，交往密切，其生存发展也完全依赖祖国；另一方面，乡族、宗族的力量紧密维系着居民的中国心、民族情。

国史教育也发挥着举足轻重的作用。澳门回归后，不仅学校更加重视国史教育，社会各界也时常举办各种各样的爱国、爱澳活动，使澳门居民更加了解祖国源远流长的历史文化和日新月异的发展进步，并且将澳门的发展与祖国的发展紧密联系起来。

我认为，针对澳门特别行政区的特殊情况，应该在不妨碍教育多元化发展的前提下，编写出版统一的教学大纲和教材并将本土历史纳入其中。与此同时，还应紧跟国内外教育改革的步伐，改变说教式的教学方法，提高学生的学习兴趣，令他们在轻松有趣的环境下接受历史文化的熏陶。只有这样，国史教育才能产生更好的效果。

（吴志良　澳门基金会行政委员会委员）

加强国史教育，增强民族凝聚力
——专访第二炮兵原副司令员张翔将军

初秋的一个下午，在解放军第二炮兵招待所，张翔接受了本报记者的采访。他亲切而儒雅，却在不经意间透露出一股军人特有的硬气；他曾任中国人民解放军第二炮兵副司令员，离开军队领导岗位后担任了"两弹一星"历史研究会理事长。他的父亲张爱萍将军也曾为"两弹一星"事业呕心沥血。近三个小时的采访，张翔将军畅谈了"两弹一星"历史研究会的基本情况以及推广国史教育的重要意义。

"两弹一星"的历史不该被遗忘

记　者：您是军人出身，离开军队领导岗位后致力于"两弹一星"历史研究工作是基于哪些考虑？"两弹一星"历史研究会又是怎样的一个机构？

张　翔：2006年10月16日成立了"两弹一星"历史研究会。它是国史学会的二级学会，学会成员基本上由这段历史的亲历者组成，大部分来自军队、工业部门和科研单位。"两弹一星"事业是党政军最高领导直接抓的一项举国大业，规模宏大，影响深远。这是一项全世界公认的成功事业，把这段历史总结出来，一则可以激励广大群众，特别是年轻人的爱国热情，鼓励大家为国家的最高利益而奋斗；二则这段历史距离现在较近，其经验也更容易为人们接受和借鉴。因为大部分参与者年事已高，有些已经永远地离开了我们，再加上过去的保密和封闭环境，现在再不把这段历史整理出来，就会丢失掉。学会为了便于开展工作，大致上把研究年限划到从20世纪50年代至80年代末。

为什么"把裤子当了也要搞出原子弹"？

记　者："两弹一星"的研制工作是在极其保密的情况下进行的，大多数工程参与者的事迹都鲜为人知，进行抢救性的研究意义非凡。研究会成立近三年，取得了哪些成果？

张　翔：学会是个社团组织，除了上级学会给予的指导和支持外，基本是白手起家。我们首先加强了组织建设，成立了理事会及各职能部门，编辑了《两弹一星历史研究》刊物，并且已经有了自己的网站。

关于"两弹一星"的历史研究，我们理清了基本史实，已拟制出研究大纲，划定了研究的历史时段、范围，并提出了一些需要深入探讨的问题，比如"两弹一星"的影响和作用。在那个艰难岁月，新中国刚刚成立不久，百废待兴，为什么陈毅老总说"把裤子当了也要搞出原子弹"？中央为什么下那么大决心、花那么大的代价？值不值？前一个时期有人说：原子弹把中国搞穷了？小平同志那句名言——如果60年代以来中国没有原子弹、氢弹，没有发射卫星，中国就不能叫有重要影响的大国，就没有现在这样的国际地位——出来以后，那些人就不吭气了。但最有说服力的办法就是让历史来说话。"两弹一星"事业的出发点源于国家安全的迫切需要。冷战时期，最重要的、也是最有效的制敌和保卫国家安全之策，就是发展各自的国防实力，尤其是战略核力量，也就是我们所说的"两弹一星"。从军事实力上压倒对手，起码是不能落后到被动挨打的地步，这就是老一辈革命家常说的在国际军事较量中的"还手之力"。因此，要弄明白发展"两弹一星"事业的必要性，就需要搞清楚当年的情形。

发射洲际导弹　苏联不得不缓和

再一个是中苏关系。如果说我们当时没有研发出核武器，很难估量中苏关系破裂直到军事对抗，会给我国带来什么样的严重后果。当时双方尽管都是百万大军对峙，但是我方承受的压力远大于对方。我记得 1974 年底主持军委工作的叶剑英元帅再三动员我父亲出来工作——父亲在"文革"中被关了五年，当时刚恢复自由。叶帅是一位杰出的军事战略家，他很清楚中苏军事对抗的严重态势，也很了解我父亲的为人和工作能力。他要求我父亲所做的最急迫的事就是尽快拿出制衡对手的洲际导弹来，以摆脱我军在中苏军事对峙中的被动地位。1975 年初父亲一接手工作，连机关的办公室都没去就直奔航天部研制现场。经过调研和快刀斩乱麻的整顿，提出了集中力量于 1977 年拿出洲际导弹的目标。这个方案得到了毛主席的批准。后来因"四人帮"的破坏，父亲第二次被打倒，洲际导弹的研制工作再次被打乱。"四人帮"倒台后，中央于 1977 年 3 月 7 日明确叶帅主持军委工作。3 月 9 日他就动员我父亲再次出山，继续抓好急迫的战略核武器。父亲恢复工作后，第一个抓的也是继续研制被"四人帮"破坏而耽误的洲际导弹。1980 年 5 月我国向 8000 公里以外的太平洋地区发射洲际导弹获得成功，将对手国家的各个核心地区纳入了我核导弹的射程之内。苏联看到了中国的这种核反击能力，知道百万大军压境已起不到作用了。随后，勃列日涅夫讲话的调子变了，苏联方面率先透露出要跟中国缓和的信号，外交部及时捕捉到这一信息，中苏关系缓和下来。由此，我军开始了工作重点从临战状态向和平时期的转换，进行了百万大裁军。我国真正进入把人力、物力、财力集中投入到国民经济建设新时期。

所以说，"两弹一星"事业的最大贡献是为我们国家赢来了和平，为改革开放和国家发展提供了有力的安全保障。搞清楚这些历史真相的目的，不仅仅是要证明老一辈革命家们当年决策的正确和"两弹一星"事业的巨大作用，而且是为了更好地汲取前人的治国经验，尤其是如何正确处理好国家发展与国家安全的关系。

加强民族凝聚力就要多讲历史

记　者：您现在主持"两弹一星"的历史研究工作，请谈谈面向大众开展国史教育的重要性。

张　翔：老一辈革命家和前辈们致力于国家的独立、解放，建立人民的政权，而我这一代人，从小受到的教育就是长大了要建设好祖国、保卫好祖国。我们现在已生活在一个比较富裕、比较强大的国家里。但问题是，一个国家、一个民族如果只有富裕和强大，缺乏国家与民族的认同感和凝聚力，这种富裕和强大还能维持多久？一个国家的公民对自己先人的奋斗精神、对自己民族的英雄都看不上，这个民族还能存在多久？

记　者：您觉得哪些精神需要传承下去？

张　翔：现在有两方面的精神文化要传承下去：一是我们民族自古以来的优良传统和优秀文化；二是革命战争年代形成的共产党人精神，现在有人把它称为"共产党文化"。我之所以要说这种共产党精神，是因为它并不完全来自中国的传统理念，而是在马克思主义中国化后产生的，是世界先进的社会科学思想、共产主义思想在中国革命实践中形成的精神产物。这两种精神，都是老一辈革命者留给我们的宝贵精神遗产。

记　者：开展国史教育过程中需要注意哪些问题？

张　翔：最重要的是要搞清历史事实、历史真相，不能脱离当时的环境来谈那时人们的情感和精神。如现在有的年轻人对抗战时期共产党与国民党所起的作用搞不清楚，甚至对共产党在抗日战争中的发展壮大颇有微词，其中的主要原因就是没有认真回到当时那个年代去看问题。当时的国民党是统治者，虽然也提出抗日，但实际上又怕老百姓都起来抗日。因为老百姓的武装、共产党的武装发展，它就难以驾驭和控制了。所以它不敢去发动全民抗日，而仅仅是政府抗日。但是，从当时的中日力量对比，又必须发动全民抗战。结果是，一方面他单纯地自己打，但又老打败仗；另一方面压制人民起来打，但也压不住，眼睁睁地看着共产党在敌占区内发展壮大。这就是说，在当时的历史条件下，国民党统治集团因其私利代表不了大多数中国人民的利益。我问过一些老同志，包括我母亲，当时她在上海读书，作为一个正直的中国青年，很自然要参加抗日，但怎么抗日？结果先找到了国民党的抗日训练营，但到了那里整天就是法西斯那套教育，不谈抗日，只能对长官说是。渐渐她们发现走错抗日的路了，于是就逃到了共产党这边。共产党就不一样，上上下下抗日热情高涨，动员老百姓参军，支援前线。这才发现这条路走对了，真正实现打鬼子的愿望了。这就是当时国共两党抗日的真实面貌，如果我们现在不把历史的本来面目呈现给年轻人，就会造成他们的思想混乱，也很难抵御外来的一些奇谈怪论。

科学家也有烈士

记　者：历史教育现在存在形式单一、内容枯燥等问题，您认为在推广国史教育中，如何在方法上进行创新？

张　翔："两弹一星"历史研究会设有"宣传教育部"、"文史项目部"等部门，其中就包括开展"寓教于乐"的活动，让大众在休闲娱乐中，接受传统文化、共产主义精神的教育。

事实上，宣传也要讲究故事性，宗教中如佛经、圣经中都有很多故事、寓言。现在我们的宣传教育普遍抽象成精神、理论，这就使宣传成了干巴巴的教条。我觉得历史教育也应多以故事的形式来开展，特别是面对青少年的读物更要强调故事性。举个例子，从事"两弹一星"研究工作的科学家郭永怀在飞机失事时，与警卫员抱在一起，用身体夹住了装有宝贵科研资料的公文包，最后两人都被烧死，但资料留下来了，他也成了获得"烈士"称号的科学家。这种感人故事都离不开当时的背景，现在讲的很多故事脱离了背景，让人无法理解，年轻人就误以为是假的，是编造出来的。另外，我们还可以通过多种文化形式加强历史教育。如电视剧、电影、小说、网上游戏、现场体验馆、主题公园等，这些都对年轻人具有吸引力。不能再把对我们这一代的教育方式搬到对现在孩子的教育上来了。我们那一代人有很多东西都是亲身体会过的，比如饿肚子的岁月，现在年轻人就没有体会过，所以教育方式也要随着时代而变化。

国家对文化产业的政策也值得关注。现在采取文化产业市场化的方针，我觉得总体方向是对的，但不能完全放任市场发展，必须有党和政府的引导，重要的不是堵，而是疏。这就要求国家要拿出财力，调动社会资源，促进主流文化的发展。建议推进红色文化的产业化工作，并得到更多的政府与社会支持。

（张翔 1943 年生，中将，曾任中国人民解放军第二炮兵副司令员，现任全国政协委员、中华人民共和国国史学会副会长、"两弹一星"历史研究会理事长）

（记者　郑巧）

独家调查

青年学子国史知识知多少

近期，为了解青年学子对国史知识的掌握程度，本报特别组织了一次问卷调查。

参与调查的有清华大学、北京大学、中国人民大学、北京师范大学、首都师范大学、中国农业大学、中国传媒大学、北京理工大学、中国地质大学、中国矿业大学等 18 所高校的学生。调查对象以本科生为主，占总数的 82.5%；专业分布比较均匀，理工类学生占 50%，文史类学生占 20%，教育管理类学生占 10%，艺术及其他专业共占 20%。

对近二十年大事较为了解

采取随机发放问卷的方式，共发放问卷 200 份，收回 189 份，有效率达 94.5%。问卷共设 20 道单项选择题、2 道开放题。单项选择题主要考察青年学子对新中国成立 60 年来政治、经济、文化等领域发生大事的熟悉程度，开放题主要了解大学生获取国史知识的主要方式和对国史掌握程度的自我评价。

调查显示，青年学子对近 20 年的大事较为了解，189 位学生中有 184 人知道世界上首次培育成籼型杂交水稻的人是袁隆平，是问卷中正确率最高的一题。而香港、澳门回归祖国的时间，正确率达到 96%。

89% 的学子知道谁是新中国第一块奥运金牌获得者。81% 的学子了解科教兴国战略是中共中央为实现我国社会主义现代化而做出的重大部署。在成长过程中发生的大事，被大多数学生牢记。

国史知识总体掌握情况令人担忧

然而，对离自己生活经验较远的事件，青年学子的掌握情况却令人担忧。统计显示，选择题的正确率为 63.4%。

仅有 7% 的学子知道新中国成立之初为巩固人民政权开展的三大运动——这是问卷中正确率最低的一题。知道通过《中华人民共和国宪法》的会议、我国第一颗原子弹爆炸成功的时间和中国恢复在联合国合法席位的时间的人不到 40%。标志着除台湾外全国获得解放的事件、中美两国关系开始走向正常化的标志和恢复高考的时间三题的正确率均低于 50%。不到一半的学子知道"一国两制"构想最早是针对台湾问题提出的。

书本和课堂教育是国史知识主要获取途径

在列举的四种获取国史知识的途径中，超过半数的人选择了书本和课堂教育，22.8% 的同学选择了影视剧，19% 的人选择了网络。调查显示，学校教育在国史知识传播中非常重要，而影视剧等生动活泼的宣传方式则有待加强。网络是当今年轻人最热衷的活动领域和交流途径，但只有 19% 的人利用网络了解国史。

在总结自己对国史的了解程度时，超过半数的人选择了"不太了解"，而 41.4% 的同学选择了"比较了解"，选择"不了解"和"非常了解"这两个态度明确的答案比例分别为 4.8% 和 2.7%。

（本期特别策划采写工作组：王广、郑巧、陈静）

（调查工作人员：陈静、吕莎、李博、金辉、陈志宏、郑巧；

报告撰写：郑巧）

短　评

要高度重视国史教育

1949 年新中国的成立，掀开了中华民族历史的新篇章。自此开始，全国各族人民在我们党的团结带领下，承前启后、继往开来，经历和战胜种种艰难曲折，取得了举世瞩目的伟大成就。一部中华人民共和国史，就是一部中华民族的奋斗史、创业史和辉煌史，就是一部总结过去、立足现在、启示未来的思想史。

60 年来新中国所走过的道路，60 年来新中国所取得的辉煌成就，必须认真进行总结，必须切实告诉广大人民。当前，革命战争的硝烟早已散去，改革开放初期的艰难选择也在逐渐淡漠；一些人不清楚今天的成就从何而来，也不知道中国的未来和前途指向何方。加强国史教育，不仅适当其时，而且十分必要。

恩格斯说，我们根本没想到要怀疑或轻视"历史的启示"；历史就是我们的一切。列宁说，忘记过去就意味着背叛。加强国史教育，必须认真总结国史，在科学研究的基础上科学地宣传国史。

胡锦涛在 2002 年全国宣传部长会议上的讲话中明确指出，宣传思想战线要"深入研究新形势下宣传思想工作的特点和规律，积极探索开展宣传思想工作的新途径、新方法"。国史教育是我党宣传思想工作的重要组成部分，应在遵从宣传思想工作一般规律的情况下，认真探求自身的规律和特点，注重宣传的策略性和艺术性，不断丰富宣传的技巧和手段，以人民喜闻乐见的形式，达到为人民服务和为社会主义服务的目的。

（贾鸣）